LE LIVRE NOIR DU COLONIALISME

MARC FERRO

LE LIVRE NOIR
DU COLONIALISME

XVIᵉ-XXIᵉ siècle :
de l'extermination à la repentance

ont participé à cet ouvrage :

Thomas Beaufils, Yves Bénot, Carmen Bernand,
Pierre Brocheux, Catherine Coquery-Vidrovitch,
Pascale Cornuel, Sylvie Dallet, Alastair Davidson,
Marie Fourcade, Arlette Gautier, Leslie Manigat,
Elikia M'Bokolo, Marcel Merle, Claire Mouradian,
Pap Ndiaye, Jacques Poloni-Simard,
Jacques Pouchepadass, Alain Ruscio,
Pierre-François Souyri,
Mariella Villasante Cervello, Nadja Vuckovic

HACHETTE
Littératures

Collection fondée par Georges Liébert
et dirigée par Joël Roman

ISBN : 978-2-01-279183-1

© Éditions Robert Laffont, 2003.

Introduction

Le colonialisme,
envers de la colonisation
par Marc Ferro*

Les événements de septembre 2001, les soubresauts de l'Algérie, les manifestations de repentance qui se sont manifestées en France, ne sont-ils pas le choc en retour des temps de la colonisation, du colonialisme ?

L'actualité du *Livre noir* s'impose ainsi, même si, comme on le vérifiera, la colonisation ne se réduit pas à ses méfaits et si certains de ceux qu'on lui attribue ne lui sont pas imputables. Inversement, il est vrai, d'autres méfaits ont survécu à la colonisation[1].

Le colonialisme : un totalitarisme ?

Que *Le Livre noir du colonialisme* forme couple avec *Le Livre noir du communisme*[2] relève par ailleurs d'une évidente nécessité. Pourtant ceux qui travaillent sur les régimes totalitaires n'ont lu Hannah Arendt que d'un seul œil, semble-t-il. Ils ont ainsi omis de s'apercevoir qu'au nazisme et au communisme elle avait associé l'impérialisme colonial[3]. Entre ces régimes, en effet, il existe une parenté qu'avait bien repérée le poète antillais Aimé Césaire, au moins en ce qui concerne nazisme et colonialisme : « Ce que le très chrétien bourgeois du xxᵉ siècle ne pardonne pas à

---

* Je remercie les autres auteurs de cet ouvrage, à qui j'ai soumis cette introduction et m'ont suggéré d'utiles corrections.

1. Voir *infra* la table des témoignages, qui en restitue la trace.

2. Christian Courtois (dir.), *Le Livre noir du communisme*, 2ᵉ édition, Paris, Robert Laffont, 2000.

3. Hannah Arendt, *Les Origines du totalitarisme. L'Impérialisme*, Paris, Fayard, 1997.

Hitler, ce n'est pas le crime en soi, ce n'est pas l'humiliation de l'homme en soi, c'est le crime contre l'homme blanc [...] d'avoir appliqué à l'Europe des procédés colonialistes dont ne relevaient jusqu'ici que les Arabes, les coolies de l'Inde et les nègres d'Afrique[4]. » À la conférence de Durban, en 2001, ne les a-t-on pas considérés comme des crimes contre l'humanité[5] ?

Des procédés « colonialistes », écrit Aimé Césaire, dès la fin de la Seconde Guerre mondiale. De fait, le colonisé parle moins de colonisation que de colonialisme, un terme tard arrivé dans le vocabulaire et perçu comme la forme péjorative donnée à la colonisation, alors qu'à l'origine — se substituant à colonisme — il visait seulement à légitimer l'expansion outre-mer.

Or, s'il est évident que la colonisation ne s'identifie pas tout entière au « colonialisme », puisque au moins elle a sécrété également un discours anticolonialiste[6], *le terme « colonialisme » s'est envolé tout seul.*

Depuis ce dernier demi-siècle, c'est lui qui s'est saisi de la totalité du phénomène — la colonisation, ses excès, sa légitimation —, puisqu'une fois achevée la décolonisation — un terme mal choisi, européocentrique, qui ignore la part des peuples opprimés dans leur libération — on évoque désormais le néocolonialisme, une expression qui est concurrencée par d'autres, peut-être plus conformes à la réalité. On y reviendra.

Évidemment, ce qu'implique le colonialisme chez ceux qui l'évoquent aujourd'hui existait avant que le terme apparaisse. Mais sa réalité a survécu à la colonisation et à la « décolonisation ». En métropole — Angleterre, France, Russie, etc. —, le racisme, qui en est une de ses figures, s'est répandu et la contagion a pu gagner, outre-mer, des colonisés ; de plus, est née depuis les indépendances, en Afrique noire notamment, une forme nouvelle d'exploitation : *le colonialisme sans*

---

4. Aimé Césaire, *Discours sur le colonialisme*, Présence africaine, 1955.

5. Voir *infra* l'article de Nadja Vuckovic, « Qui demande des réparations et pour quels crimes ? ».

6. Voir *infra* l'article de Marcel Merle, « L'anticolonialisme ».

colons. Comment analyser et définir les nombreux conflits qui sont nés depuis la fin de la colonisation[7] ?

Pour un premier trait, notons déjà que l'étude du colonialisme peut emprunter ses instruments ou observations à l'analyse d'autres expériences historiques, tels les régimes totalitaires. Dans ces derniers cas, à côté d'un *Livre noir*, un *Livre rose* était apparu. Tous ces régimes ont été simultanément l'objet d'un même opprobre, d'un même éloge. S'agissant de l'URSS faut-il rappeler, tout près de nous, quels récits les « retours de Moscou » ont pu faire du « paradis des Soviets », ce pays enchanté dont les pèlerins rapportaient un engagement inébranlable. Alors que d'autres pèlerins étaient fascinés par les succès du fascisme ou du nazisme dans des nations qui avaient réduit le chômage, engagé de grands travaux et « où les trains arrivaient à l'heure ».

Et dans le même temps, ces régimes étaient l'objet de critiques violentes, appuyées sur des faits, des faits sanglants : mais qui voulait les entendre ?

Dans le cas de la colonisation, on observe que son *Livre noir* a précédé son *Livre rose*. Le premier *Mémoire* de Las Casas date de 1540. Mais, peu à peu, le « colonisme » l'a emporté, au nom du Christ, de la lutte contre la traite, au nom de la civilisation : il est vrai que son argumentaire était alimenté par ceux qui bénéficiaient de l'exploitation des colonies, à Bristol comme à Nantes ou à Lisbonne ; à moins que, pour légitimer leur présence outre-mer, n'interviennent en propre les colons.

La mise en cause a pris de nombreuses figures. Entre autres, l'idéologie socialiste n'a pas manqué d'évoquer les aspects négatifs de la colonisation, sinon son principe. Son argumentaire participait à la substance du discours marxiste. Pour que les professeurs d'histoire le connaissent bien et le diffusent, « il fallait les contraindre par des programmes bien définis », disait Lénine à l'historien Pokrovski. « Dans ces programmes, fixez les thèmes qui les obligeront objectivement à adopter notre point de vue ; par exemple, mettez au

7. Bien que le terme colonialisme n'ait pas été appliqué à la colonisation arabe, celle-ci est traitée dans cet ouvrage ; voir *infra* l'article « Autour de la traite et de l'esclavage ».

programme l'histoire de la colonisation. Le thème les mènera
à exposer leur point de vue bourgeois, c'est-à-dire ce que les
Français pensent du comportement des Anglais dans le
monde ; ce que les Anglais pensent des Français ; ce que les
Allemands pensent des uns et des autres. La littérature du
sujet les obligera ainsi à dire les atrocités des capitalistes en
général. » Dans cet esprit, au lendemain de la Seconde Guerre
mondiale, Jacques Arnault écrivait un *Procès du colonialisme*, aux éditions de la Nouvelle Critique (1958).

À ce tournant du millénaire, par un retournement des mentalités lié aux drames du siècle passé, à la prise de conscience
des violences commises ici et ailleurs, une partie de l'opinion
des vieilles nations européennes s'est inscrite dans une
idéologie des droits de l'homme qui pointait l'ensemble des
crimes commis au nom de l'État rouge ou brun, de l'État-
nation et des « victoires de la civilisation ». Généreuses dans la
dénonciation des crimes du communisme ou du nazisme,
ces sociétés occidentales affectent volontiers de croire
aujourd'hui que ceux du colonialisme leur ont été cachés. Or
cette croyance est un mythe, même si certains des excès
commis ont bien été expurgés de la mémoire commune.

Ainsi, en France, les manuels scolaires des deux premiers
tiers du xxᵉ siècle relataient avec quel entrain Bugeaud et
Saint-Arnaud brûlaient les douars lors de la conquête de
l'Algérie, comment aux Indes, lors de la révolte des cipayes
en 1857, des officiers anglais plaçaient des Hindous et des
musulmans à la bouche des canons, comment Pizarro exécuta Atahualpa Yupanqui, comment Gallieni passait les Malgaches au fil de l'épée. Ces violences étaient connues et,
pour l'Algérie, dès l'époque de Tocqueville[8]. Au Tonkin, des
témoins ont vu cent fois « des piquets surmontés de têtes,
sans arrêt renouvelées », ce que reproduisaient les magazines
de la métropole[9]. Le manuel Malet-Isaac, édition 1953, écrivait qu'après la révolte kabyle de 1871 « la répression fut
prompte et vigoureuse, avec exécutions, déportation des

---

8. Tocqueville, *De la colonie en Algérie*, 1847, Bruxelles, rééd.
Complexe, 1988.
9. Sur l'imagerie coloniale, voir *Images et Colonies*, N. Bancel,
P. Blanchard, L. Gervereau (dir.), Nanterre, BDIC, 1993.

chefs, lourdes amendes et confiscation des terres ». Le général Lapasset, que cite Ch.-R. Ageron en 1972, jugeait dès 1879
que « l'abîme créé entre colons et indigènes serait un jour ou
l'autre comblé par des cadavres[10] ».

Tous ces faits étaient connus, publics. Mais, s'il était avéré
que les dénoncer avait pour but de mettre en cause l'« œuvre
de la France », leur existence était niée : le gouvernement
peut avoir tort, mais mon pays a toujours raison... Intériori-
sée, cette conviction demeure ; elle se nourrit autant de
l'autocensure des citoyens que de la censure des autorités,
encore aujourd'hui : par exemple, aucun des films ou émis-
sions de télévision qui « dénoncent » des abus commis aux
colonies ne figure parmi les cent productions en tête du box-
office ou de l'indice d'écoute[11].

Outre-Atlantique, le retournement concernant l'extermination des Indiens a eu lieu, un type de western succédant à un
autre, avec *La Flèche brisée* de Delmer Daves (1950), film pro-
indien et antiraciste produit avant les crimes commis par
l'aviation américaine pendant la guerre du Vietnam et qu'allait
perpétuer le retournement. Mais, dans la réalité, cette prise de
conscience n'a guère modifié la politique de Washington vis-
à-vis des « réserves » indiennes. En Australie, la prise de
conscience, due à l'action des Aborigènes et des juristes, est
encore plus récente. Seulement la « majorité démocratique »
blanche s'oppose à ce qu'elle soit vraiment suivie d'effets.

Ces constatations nécessitent une remise en perspective du
rôle des principaux acteurs de l'Histoire, en métropole ou
aux colonies, voire des découpages chronologiques que la
tradition a institués.

Autour de l'an 2000, venant à la suite de témoignages émanant d'Algériens victimes de la torture, des militaires de haut
rang, tels les généraux Massu et Aussaresses, ont reconnu les
faits, les associant néanmoins à la lutte contre le terrorisme[12].

10. Ch.-R. Ageron, *Politiques coloniales au Maghreb*, Paris, PUF,
1973, cité p. 229.
11. Béatrice Fleury-Villate, *La Mémoire télévisuelle de la guerre
d'Algérie*, Paris, L'Harmattan, 1992.
12. Général Aussaresses, *Services spéciaux, Algérie 1955-1957*,
Paris, Perrin, 2001.

Ces faits-là, d'ailleurs, n'étaient pas plus inconnus que d'autres, et durant la guerre d'Algérie bien des voix s'étaient élevées, celle de Bonnaud, par exemple — comme aujourd'hui, en Russie, devant les exactions commises en Tchétchénie —, pour stigmatiser des actes que nient ou niaient les autorités militaires. Or, s'agissant des départements d'Algérie, des sévices étaient pratiqués contre les nationalistes bien avant que la guerre éclate, par la police essentiellement[13].

La paix des Nementchas [14]

Serait-il possible que six mois de tortures vues, entendues, acceptées, voire exercées, serait-il possible que ces visions d'Afrique d'un genre nouveau n'alimentent pas les cauchemars de nos nuits de France ?

À Chéria, dans les postes du GMPR, un suspect, ligoté, couché dans la poussière, en plein midi, au soleil de juillet. Il est nu, enduit de confiture. Les mouches bourdonnent, jettent des éclairs verts et dorés, s'agitent voracement sur la chair offerte. Les yeux fous disent la souffrance. Le sous-officier européen en a marre ! « S'il n'a pas parlé dans une heure, je vais chercher un essaim d'abeilles. »

À Guentis, quatre gendarmes tiennent garnison avec nous. Ils occupent un gourbi de l'ancien hameau et y interrogent les suspects cueillis dans la montagne. Peu de temps après notre arrivée, un gendarme rend visite à l'électricien de la compagnie, lui demande deux morceaux de fil téléphonique. Le camarade propose de faire la réparation lui-même et, intrigué par le refus du gendarme, le suit, assiste à l'interrogatoire, revient horrifié. Le suspect est ligoté sur une table avec des chaînes, garnies de chiffons mouillés, auxquelles on fixe les électrodes. Un gendarme tourne la manivelle du téléphone de campagne ; il fait varier l'intensité de la décharge en changeant le rythme de son mouvement ; il sait que les variations d'intensité sont particulièrement douloureuses ; il raffine, il fignole, il est à son affaire. Le supplicié hurle, se tord dans ses liens, a des soubresauts de pantin burlesque, des convulsions désespérées d'agonisant. « Tu parleras, salopard ? Tu parleras ? »

Les électrodes se fixent aussi bien aux tempes, sous la langue, au sexe ou à toute autre partie sensible du corps humain. Des piles ou une génératrice peuvent remplacer la dynamo du

---

13. Pierre Vidal-Naquet, *La Torture sous la République*, Paris.
14. Robert Bonnaud, Paris, *Esprit*, avril 1957, p. 581-583. (NDLR)

téléphone. Le supplice ne laisse pratiquement aucune trace. Il procure à ceux qui y assistent sans préjugés moraux un plaisir d'ordre sexuel d'une qualité rare.

La France a-t-elle encore des préjugés moraux ? Les gendarmes de Guentis en avaient-ils ? Entre les siestes, les parties de bridge, les lectures érotico-policières, les tournées d'anisette au foyer, les repas chargés et les discussions vantardes, ils exerçaient la surabondante énergie de leurs grands corps adipeux sur les minables constitutions des fellahs sous-alimentés du canton.

Je me souviens du jour où la compagnie, d'une patrouille matinale, ramena deux Algériens, rencontrés dans la steppe, que le capitaine, je ne sais pourquoi, avait trouvés suspects. Ils s'en occupèrent aussitôt, sans même prendre la peine de préparer « l'électricité ». Poings velus armés de lourdes chevalières, avant-bras charnus, pieds chaussés de Pataugas : ils visaient le bas-ventre, le foie, l'estomac, le visage. Quand le sang coula, quand le sol du gourbi en fut trempé, les malheureux, agenouillés, durent lécher le terrible mélange de leur propre terre et de leur propre substance. C'est dans cette position qu'ils reçurent, pour terminer (les tortionnaires étaient en nage), un grand coup de pied en pleine figure. On leur fit pendant une heure encore déplacer d'énormes pierres sans autre but que de les épuiser et d'aggraver les saignements. Et le soir même ils furent libérés.

Histoire absurde, sadisme gratuit ? Non. Dans ce pays, l'énorme majorité des suspects, et aussi de ceux qui ne le sont pas, aident réellement les patriotes, ne serait-ce que par leur silence. On ne court pas grand risque, par des tortures ou des brimades intempestives, de se mettre à dos la population : le peuple algérien a perdu confiance en notre faux libéralisme et nos promesses menteuses.

Les gendarmes de Guentis, comme tous les pacificateurs de quelque expérience, partaient du point de vue qu'on ne saurait être algérien innocemment. Le déchaînement de brutalité perverse dont ils nous donnaient l'exemple, exemple parfois suivi, hélas, dérivait de cette constatation élémentaire, de l'exaspération aussi et du sentiment d'impuissance.

Il faut savoir ce que l'on veut. Le maintien de notre domination a exigé, exige, exigera des tortures de plus en plus épouvantables, des exactions de plus en plus générales, des tueries de plus en plus indistinctes — il n'y a pas d'Algérien innocent du désir de dignité humaine, du désir d'émancipation collective, du désir de liberté nationale. Il n'y a pas de dieu suspect arrêté à tort et torturé par erreur. Ces deux Algériens de Guentis dont je parlais tout à l'heure, tellement silencieux et tellement pitoyables avec leur démarche chancelante, leur visage ensanglanté, les accoutrements bizarres (l'un portait un sarouel rouge vif que nos yeux perçurent longtemps dans le poudroiement jaune de la steppe), ces deux misérables devaient bien avoir quelque relation avec les patriotes des djebels, puisque, la nuit qui suivit leur aventure, le *bordj* fut harcelé par le tir des Statti, sanction habituelle de nos écarts de conduite.

Dans ces conditions, les mieux intentionnés et les plus naïvement pacificateurs glissent très vite sur la pente de l'immoralisme répressif. J'ai vu des officiers s'initier au tabassage et, empruntés au début, devenir d'excellents auxiliaires ès tortures; d'autres, qui en avaient déjà le goût, comme ce forcené, lieutenant du bataillon de Corée, qui commanda quelque temps une compagnie en poste dans la montagne, se réserver l'interrogatoire des suspects, c'est-à-dire des Algériens quelconques, parfaitement en règle souvent, rencontrés au hasard des patrouilles. J'ai vu des soldats, saisis d'émulation, encouragés par les gendarmes, frapper eux aussi, garder trois jours la main enflée, recommencer à la première occasion.

Et qui s'étonnait à Chéria de la baignoire du GMPR dans laquelle on mettait d'abord le suspect, ensuite l'électricité ? Qui s'étonnait des ongles arrachés et du gonflage à l'eau ? Qui ignorait qu'à Tébessa, dans les salles de police où on interrogeait, les portes étaient, vers le bas, d'une étrange tonalité grenat sombre, parce que, la peinture partie, le sang des malheureux avait imprégné le bois, ineffaçablement ?

Que les victimes de ces horreurs soient favorables aux rebelles, que les rebelles tuent et supplicient éventuellement des civils français, est-ce une bonne raison ? Car précisément celui qui a commencé, celui qui a imposé à l'Algérie cette guerre civile, celui qui le premier a torturé et massacré des non-combattants, qui est-ce, sinon l'envahisseur colonial, sinon le maintenteur de l'ordre colonial ?

Selon les Algériens, le terrorisme était une réponse à cette violence du colonisateur. Au binôme du colonisateur terrorisme/torture, le colonisé oppose ainsi le trinôme répression/ terrorisme/torture.

« La faute originelle de la colonisation a précédé toutes les agressions unilatérales des indigènes », écrivait Paul Ricœur dans *Réforme* dès 1947. Dès 1949, *Témoignage chrétien* publiait un récit de Jean Chegaray sur les tortures pratiquées en Indochine — des faits que Jean Roy confirma dans ses *Mémoires barbares* quarante ans plus tard.

Sans doute, il faut le répéter, la colonisation ne se limite pas à ces excès du colonialisme. Mais il ne faut pas pour autant négliger ce qui les a précédés — les violences de la conquête, la « pacification » — en les rejetant dans un passé révolu, comme s'il s'agissait d'un chapitre de l'Histoire sans relation avec la répression et le terrorisme des luttes pour la libération, durant les années 1950.

À cette observation s'ajoute une constatation : qu'outre-mer, aux instances de l'État et aux colonisés, il ne faut pas oublier de joindre d'autres acteurs de l'Histoire : les colons et les lobbies qu'ils constituaient en métropole. Tout comme il ne faut pas oublier que l'histoire du communisme et du nazisme n'a pas été seulement celle de l'idéologie ou du fonctionnement de ces régimes, de leur politique, mais celle également de la participation plus ou moins active et consciente des citoyens à leur action, à leur succès, à leur faillite[15].

Par un autre de ses aspects, l'analyse du colonialisme peut se référer à celle du totalitarisme : l'examen des intentions de ses promoteurs. On sait bien qu'en amont des excès commis par le nazisme et le communisme, le programme respectif de leurs dirigeants était plus que différent, inverse. Comment peut-on « oser » comparer le projet raciste des nazis avec celui de la tradition socialiste, même subvertie ? Alors qu'en est-il des projets de la colonisation et des résultats de sa pratique ? D'un côté, s'enrichir, christianiser, civiliser… De l'autre, le travail forcé, le développement modernisé, le déclin de l'économie de subsistance… Opérer cette confrontation s'impose, en premier lieu, tout comme établir les bilans, vérifier ce qui a été accompli sciemment, ce qui n'a été accompli qu'à demi, ou pas du tout. Combien d'écoles ou d'hôpitaux, de barrages, et pour quels bénéficiaires… ? Mais au bilan conscient de cette colonisation, à ses aspects noirs, dont l'identification constitue un des objets de ce livre, doit s'ajouter le repérage de situations et de bilans qui n'ont été ni voulus ni attendus[16]. Voici deux exemples de ces résultats « pervers ».

15. Un problème que, pendant longtemps, ne se posent pas les analystes du totalitarisme. Sur la colonisation, on s'en est tenu souvent à l'étude de la politique coloniale à force de ne consulter que les archives officielles…

16. Marc Ferro, *Histoire des colonisations. Des conquêtes aux indépendances XIIIe-XIXe siècle*, Paris, Le Seuil, nouvelle édition 2001.

D'abord, les effets de la politique scolaire de la France en Algérie. Fanny Colonna montre bien que, développée, l'école laïque a nourri d'idées les élites, formant des émancipés qui sont devenus des émancipateurs — ce qui, au vrai, n'était pas son but. En outre, elle n'a pas permis aux humbles de s'élever, alors que, selon le projet républicain, l'école, au contraire, devait travailler à réduire les inégalités : or celles-ci se sont au contraire renforcées[17].

Autre exemple : le bilan médical de la politique anglaise en Inde. La métropole a renoncé à pouvoir soigner trois cents millions d'indigènes, réservant ses soins aux Anglais et à ceux des Indiens qui étaient en contact avec ses propres agents et colons pour les mieux protéger : militaires, agents du fisc, etc. Afin d'essayer de répondre aux exigences de la situation dans le pays, la métropole a jugé qu'il fallait créer un corps de médecins indigènes. Le résultat ? Cinquante ans plus tard, un afflux de médecins indiens peuple les hôpitaux de la métropole, se substituant aux praticiens anglais qui ont fui vers la médecine privée les effets du *Welfare State*[18].

Cette double leçon atteste qu'il peut y avoir loin des intentions d'une politique à ses résultats — ce qui ne signifie pas qu'il faille ignorer les premières au seul regard des seconds. Indépendamment de ces observations, bien des traits rapprochent les pratiques colonialistes de celles des régimes totalitaires : les massacres, la confiscation des biens d'une partie de la population, le racisme et la discrimination à son encontre, etc. On en examine ici les variables, les similarités, l'héritage.

Variables

Dix ans après la disparition de l'Empire soviétique, on remarque que, quelques mois plus tard, l'ancien apparatchik et ministre des Affaires étrangères Chevarnadze a été élu prési-

---

17. Fanny Colonna, *Instituteurs algériens, 1833-1939*, Paris, FNSP.
18. Radhika Ramasubban, « Imperial Health in British India », in *Disease, Medicine and Empire. Perspectives on Western Medicine and the Experience of Europa-expansion*, éd. par Roy Macleod et Milton Lewis, Londres, 1988, 336 p.

dent de la République de la Géorgie indépendante, que parmi les tout premiers leaders de la révolte tchétchène se trouvaient des Russes, que bien des dirigeants actuels des États musulmans de l'ex-URSS étaient auparavant des apparatchiks : pareil phénomène n'a pas d'équivalent ailleurs. On imagine mal, il y a cinquante ans, un ministre de Guy Mollet diriger l'Algérie indépendante aux côtés de Ben Bella, Macmillan choisi par les Birmans pour gouverner à Rangoon, d'anciens administrateurs hollandais appelés à gouverner une des îles de la Sonde, ou des Japonais la Corée[19].

Ces hypothèses d'histoire-fiction témoignent, certes, de la spécificité de la colonisation russe et soviétique, sans que cela signifie qu'elle fût exempte de colonialisme[20]. Elles font surtout apparaître, ailleurs, un rejet unanime de l'ex-État colonisateur, quitte à ce que celui-ci ne se nourrisse pas partout des mêmes ressentiments. Qui se doutait que, trois décennies après son indépendance, il n'y aurait plus de Français en Algérie, si peu d'Anglais en Inde, seule l'Afrique noire faisant exception, qui accueille encore Portugais et Français ? En Afrique noire, après l'indépendance, avec ou sans coopération de l'ancienne métropole, sans changement des frontières qu'elle avait instituées, les pays nouvellement libres ont été la proie successivement, ici d'une forme économique de néocolonialisme, là de guerres intestines liées ou non aux effets pervers de la « décolonisation » — Biafra, Tchad, Rwanda, Mauritanie, Côte-d'Ivoire, etc. Partout, ils ont été confrontés à un impérialisme multinational, sorte de colonialisme sans colons[21].

En Amérique espagnole, moins de deux cents ans après l'indépendance-colon — une indépendance qui n'émane pas

19. Voir *infra* l'article de Pierre-François Souyri, « La colonisation japonaise ».
20. Voir *infra* l'article de Claire Mouradian, « Les Russes au Caucase ».
21. Jean-Paul Chrétien, *L'Afrique des Grands Lacs*, Aubier, Paris, 2000 ; Mariella Villasante-de Beauvais (dir.), *Groupes serviles au Sahara. Étude comparative à partir du cas des arabophones de Mauritanie*, Paris, CNRS Éditions, 2000.

des indigènes mais des colons espagnols — due aux Bolivar, Iturbide, etc., ces pays ont été les premiers à expérimenter, à l'extrême fin du XIXe siècle, un transfert de domination, les Anglais puis les Américains prenant la relève économique des Espagnols depuis longtemps éliminés[22]. Ces pays ont connu les premiers une sorte de préfiguration de ce néocolonialisme sans drapeau ni occupation[23]. Les effets lointains de tous ces changements, dont les Indiens n'avaient guère profité, ont animé, ici le mouvement zapatiste, là des révolutions — à Cuba, en Amérique centrale, etc. —, ailleurs le Sendero luminoso (Sentier lumineux), une organisation « maoïste » qui définit le Pérou d'aujourd'hui comme une société coloniale.

C'est dire que les formes de la colonisation, ses objectifs, la figure que cette domination a prise, les traits différenciés des pays libérés constituent un ensemble à variables multiples. Or la mondialisation croissante et accélérée a suscité pourtant l'apparition d'un combat solidaire, plus ou moins initié un temps par l'Internationale des peuples colonisés, et imaginé par Sultan Galiev après le Congrès de Bakou au début des années 1920, puis par la Tricontinentale, en 1966 à La Havane, repris par la nébuleuse arabo-islamique, puis islamiste, et qui lutte aujourd'hui avec des perspectives nouvelles. Hier, il était encore associé ou non à des militants du monde occidental, à la fois contre le néocolonialisme, le racisme et l'hégémonie des grandes banques ; par sa branche la plus extrême, il lutte aujourd'hui contre les États-Unis et leurs alliés, mais aussi en pays d'islam, contre l'existence des États-nations qui constituent des « prisons » pour l'unité de ces derniers.

Traditionnellement, le terme de colonisation s'applique à l'occupation d'une terre lointaine étrangère et s'accompagne de l'installation de colons. Pour la plupart des puissances dites coloniales, cette installation s'effectue outre-mer, ce qui

22. On observe le même transfert à Haïti, à partir de la domination française. Voir *infra* l'article de Leslie Manigat.
23. Stanley et Barbara Stein, *L'Héritage colonial de l'Amérique latine. Analyse d'une dépendance économique* (trad. de *The Colonial Heritage of Latin America*, 1970), Paris, Maspero, 1974.

fait la différence avec l'extension territoriale par contiguïté. Mais dans le cas de l'Espagne pour le Rif, du Japon pour Yeso-Hokkaido, surtout dans celui de la Russie en Sibérie, il y a continuité territoriale, même si, en Asie centrale, le désert du Turkestan joue le rôle d'une séparation, d'une mer qui l'isole de la terre russe. À la différence des « nations sibériennes à petits effectifs[24] » permettant une extension territoriale facile vers l'est, la conquête des pays tatar, turc, caucasien fut difficile, parce que ces peuples appartenaient également à une communauté autre, plus vaste, soit ethnique, soit religieuse. Il reste qu'expansion territoriale et colonisation n'en sont pas moins, en Russie, souvent synonymes, alors qu'en Occident on les distingue soigneusement.

Autre aspect du problème, l'âge et l'ancienneté de l'installation, jugés critères de légitimation. À la Martinique, il est des Blancs et des Noirs qui se pensent « plus français » que les Lorrains ou les Savoyards, car sujets du roi avant eux, depuis 1638. Au Mexique, en demandant dans son testament de 1547 que, s'il venait à mourir en Espagne, ses restes fussent ramenés dans sa ville de Cocoya, Hernán Cortés est bien le premier des conquérants à juger que sa vraie patrie est l'Amérique. Plus tard, en Algérie, les colons évaluaient la légitimité de leur présence au regard de l'ancienneté de leur arrivée : 1871, 1850, 1834, etc. En Tchétchénie, les Russes rappellent qu'ils sont venus au xvie siècle, à l'appel des populations locales, pour les défendre contre les khans de Crimée, et que l'annexion aux temps de Pierre le Grand a été reconnue plus tard par les puissances en 1774 — sauf que les Tchétchènes ne participaient pas à cette négociation-là et qu'ils n'ont jamais reconnu ce rattachement. Après 1917, pour les « récompenser » de leur attitude pendant la guerre civile, les bolcheviks ont inclus les Tchétchènes dans la Fédération de Russie — au lieu d'en faire une République soviétique, tels ces États d'Asie centrale. D'où un obstacle supplémentaire à la conclusion du conflit actuel, tout comme la création et la

24. Nous retenons cette formulation « nations à petits effectifs » que la conférence de Krasnoïarsk (1991) a substituée aux termes traditionnels « petites nations », « grandes nations ».

dénomination de « départements » ont pu alimenter le mythe de l'Algérie française.

Aujourd'hui, en Palestine comme au Sri Lanka, l'ancienneté de la présence constitue un des points de l'argumentaire : ici les Tamouls, là les Juifs. On trouve le même problème au Kosovo entre Serbes et Albanais — et ce point-là n'est pas négociable.

Ces pratiques et ces manières de voir supposent que l'Histoire est unilinéaire, irréversible ; c'est ignorer pourtant que des nations ou des communautés peuvent disparaître à jamais, tels les Khazars, et d'autres apparaître ou réapparaître, tels le Bangladesh, la Palestine, Panamá, Israël, etc.

L'Histoire n'est pas programmée.

Première donnée : on doit constater que l'imaginaire est une entrée qui aide à comprendre les réactions d'une société à l'expansion, à la colonisation — également à la revendication d'indépendance. Ainsi les Russes sont-ils les seuls à considérer que la colonisation constitue « l'essence même de leur histoire » (Kljusevski). Pour les Espagnols, l'expansion outre-mer a été la manifestation de leur grandeur, de leur puissance, et sa fin a signifié le début de leur décadence. Pour les Portugais, elle a été le signe de leur audace : « Et si la Terre avait été plus grande, on en aurait aussi fait le tour » ; plus tard, ils ont jugé qu'elle avait été la marque de leur particularité : au Brésil, les Portugais ont créé une « race nouvelle » de société (mais pas en Angola). En Angleterre, l'identification s'est faite d'abord avec la maîtrise des mers, puis avec la présence de sujets britanniques partout dans le monde — plus qu'avec la mainmise sur des territoires. Le premier Commonwealth s'est ainsi différencié de l'Inde ou de l'Égypte. Du côté français, à l'heure de l'impérialisme, la définition de la République a primé et a différencié les départements des autres possessions impériales. Il s'y est ajouté cette autre idée, un acte de foi : l'aspiration de tous les hommes est de devenir des citoyens, des citoyens français de préférence, aussi cette « récompense » n'est-elle décernée qu'avec parcimonie.

Ces considérations ne sont pas sans conséquence : elles rendent compte, en partie, du fait que l'Angleterre a pu perdre l'Inde sans sourciller, mais qu'elle a fait la guerre aux Malouines (Falkland) pour défendre les sujets de Sa Majesté. De même, considérées comme terre russe depuis toujours, les Kouriles ne sont pas un territoire négociable avec le Japon, alors que les républiques d'Asie centrale — et d'autres — ont pu acquérir leur indépendance sans coup férir, l'exception étant la Tchétchénie « qui fait partie de la Fédération de Russie ».

Seconde donnée, les conditions de l'expansion ont varié dans l'Histoire, n'étant pas nécessairement les mêmes pour chaque État, pour leurs acteurs, tout comme étaient différentes les sociétés qui ont eu à les connaître.

Dans le cas de l'Espagne et du Portugal, on peut se demander si la motivation première a été l'or ou le Christ. L'or, en l'occurrence les épices et l'accès direct à leurs zones de production en contournant l'Empire ottoman ; le Christ, pour autant qu'est présente chez Albuquerque comme chez Christophe Colomb l'obsession, liée à un messianisme crypto-juif, de conquérir Jérusalem. L'or y aidera pour celui-ci, et la prise à revers de l'Empire ottoman par l'Inde et l'Éthiopie pour celui-là. En outre, le souci de conversion ne cesse d'animer les hispaniques : en Amérique, aux Philippines, etc. Autre motivation pour ces sociétés : le dépérissement de leurs noblesses qui cherchent dans l'expansion des formes de régénération. En France, on imagine les trouver en se saisissant des richesses de l'Italie.

En ce qui concerne les villes italiennes — Gênes, Venise —, dont l'expansion et les colonies avaient préfiguré, à Caffa comme au Maghreb, le dispositif futur des Portugais, l'objectif était le développement du commerce, comme ce le fut ultérieurement pour les Hollandais, tandis que c'est la pêche ou le goût de l'aventure qui entraînèrent les Français jusqu'aux Caraïbes et au Canada ; mais bientôt, pour le roi, il s'agit d'affaiblir la puissance espagnole, puis ailleurs, de contrer la présence de colons protestants.

Tandis que l'installation de colons russes en Sibérie est encouragée par les tsars pour multiplier le nombre de leurs contribuables, le cas de l'Angleterre est intéressant, parce qu'il témoigne de la continuité de vues de ses dirigeants depuis l'époque de Humphrey Gilbert, au xvie siècle, jusqu'aux temps de l'impérialisme aux xixe et xxe siècles. Gilbert définit le double objectif de l'expansion : des bases navales pour le commerce et des terres pour installer des colons protestants qui ne possèdent rien. Cette double motivation se retrouve, plus tard, dans la politique orthodoxe du tsar à l'époque impérialiste, avec le départ plus ou moins forcé de populations vers la Sibérie — et des ambitions qui visent à faire du tsar l'« empereur du Pacifique ».

Pour la Sibérie, rien à voir, par conséquent, et malgré la fréquence de ce parallèle, avec le peuplement, au xixe siècle, des espaces nord-américains, qui est individuel, multinational et volontaire[25].

En quoi l'époque dite de l'impérialisme diffère-t-elle de celle de l'expansion coloniale des siècles précédents ?

Pas par les atrocités commises, comme on le vérifiera plus loin. Mais d'abord par ce trait : l'opinion publique est mobilisée par les agents de l'expansion — parti colonial, banques, militaires, marins, etc. —, alors que, jusque-là, la presse était embryonnaire et que la politique des gouvernements se faisait au coup par coup, au moins en France. Il a été montré qu'outre-mer, au xviiie siècle, la rivalité franco-anglaise, souvent accidentelle, est devenue un mythe construit précisément à l'époque impérialiste.

Les chantres de l'expansion ont réussi à faire triompher cette idée, encore vivante aujourd'hui dans bien des secteurs de la vie économique, que l'expansion outre-mer était le but final de la politique, les Anglais étant, entre autres, les premiers à associer les bienfaits de l'impérialisme au triomphe de la civilisation, cet accomplissement des « peuples supérieurs ». À l'heure où les progrès de la science, le succès du darwinisme assuraient aux plus doués la tâche de répandre les bienfaits du progrès dans le monde, les Anglais se jugeaient nécessairement destinés, pour l'essentiel, à remplir cette tâche. « Je crois en cette race », disait Joseph Chamber-

25. Marc Ferro, *Histoire des colonisations, op. cit.* ; F. X. Coquin, *La Sibérie, peuplement et émigrations au xixe siècle*, Paris, Mouton, 1969.

lain en 1895. L'Anglais grâce à son avance, à son savoir-faire, se chargeait de civiliser le monde, « ce fardeau de l'homme blanc ». Mus par la doctrine des Lumières et l'éclat de la Révolution de 1789, les Français jugeaient surtout qu'ils accomplissaient une mission libératrice ; la traite abolie, ils avaient mis fin à l'esclavage — supprimé pendant la Révolution, rétabli par Bonaparte, supprimé à nouveau par Schoelcher en 1848. En outre, tenant les indigènes pour des enfants, leurs convictions, républicaines ou non, les conduisaient à juger qu'en les éduquant ils se civiliseraient. Leur résister était donc faire preuve de sauvagerie[26].

Or cette idée de civilisation n'était pas neutre. L'histoire et le droit occidental en avaient codifié les fondements : principe et formes de la propriété, modalités de transmission des héritages, législation douanière, liberté des mers, etc. Ainsi, un concept culturel, la civilisation, et un système de valeurs avaient une fonction économique précise[27]. En ne se conformant pas à ces règles de droit, on devenait des délinquants, des criminels, donc punissables : en Inde, les Anglais dénonçaient les « tribus » criminelles[28].

Aux temps de l'impérialisme, l'expansion avait des motifs économiques nouveaux que Jules Ferry avait énoncés clairement : acquérir des matières premières à bon compte grâce au travail (forcé) des indigènes — surtout en Afrique noire ; disposer de marchés pour assurer la diffusion des produits industriels et de l'équipement — surtout en Asie.

À cette étape de la mondialisation économique, où la concurrence des nouveaux pays industriels — Allemagne, États-Unis, Russie — menace l'hégémonie des Anglais, des Français, des Belges, acquérir des territoires et leurs populations préventivement devient une sorte de placement qui permettra de pérenniser l'avance économique dont on dispose. Cette « course au clocher » sécrète des conflits entre la France et l'Angleterre au Soudan — Fachoda, 1901 —, entre la

26. Marc Ferro, *Histoire des colonisations*, *op. cit.*
27. W. Gong Gerrit, *The Standard of Civilization in International Society*, Londres, 1984.
28. Voir *infra* l'article de Marie Fourcade, « Les Britanniques en Inde… ».

France et l'Allemagne au Maroc — Agadir, 1911 — mais aussi entre l'Angleterre et la Russie aux marges de l'Inde — Afghanistan, Tibet —, entre la Russie et le Japon — Mandchourie, 1905 —, etc. En Afrique noire, les possessions portugaises ou belges sont visées lors des partages de l'Afrique. En Asie Mineure, l'Allemagne inaugure la politique nouvelle d'un impérialisme sans conquêtes dans l'Empire ottoman.

Ce que Schumpeter a bien vu, au début du XXe siècle, c'est qu'il y a impérialisme pour autant qu'un État manifeste une disposition dépourvue d'objectifs précis à l'expansion par la force au-delà de toute limite définissable. Ce trait rend compte de ce contraste : alors que l'opinion publique anglaise était de plus en plus hostile à l'expansion coloniale, identifiée au trafic d'esclaves et aux humiliations liées à la naissance des États-Unis, elle devint favorable à l'impérialisme pour autant qu'il flattait les intérêts et l'orgueil anglais, qu'il la détournait des désillusions de la politique intérieure. De ce point de vue, le retournement de Disraeli était emblématique : autrefois « anticoloniste » et devenu impérialiste. À la fin du XIXe siècle, en Angleterre, « il n'y avait pas un mendiant qui ne parlât de nos sujets rebelles[29] ».

Avant l'âge impérialiste, la doctrine mercantiliste visait à associer l'État aux entreprises d'outre-mer pour assurer le monopole des échanges. En interdisant aux colons de produire « même un clou », on donnait un prétexte de révolte à ceux de l'Amérique du Nord (puis du Sud) tout en ruinant les peuples colonisés, comme en témoigne l'exemple du textile en Inde. À l'ère impérialiste, ces pratiques se perpétuent et s'élargissent par la force avec les développements de la « révolution industrielle ». C'est en ce sens que, reprenant une idée de Boukharine, Lénine a pu écrire que l'impérialisme était le stade suprême du capitalisme.

C'est la haute finance qui a presque toujours été l'animatrice de la politique impérialiste, suscitant des interventions militaires, moins pour acquérir des marchés ou des territoires que pour contraindre les dirigeants des pays emprunteurs à

---

29. Joseph Schumpeter, « Zur Soziologie der Imperialism », 1941, trad. in *Impérialisme et classes sociales*, présentation de Jean-Claude Passeron, Paris, Minuit, 1972.

rembourser leurs dettes (Égypte, Tunisie, Venezuela, etc.), et le reste a pu suivre. Après les indépendances, la haute banque a pu garder cette mainmise, et aujourd'hui plus encore qu'aux débuts du néocolonialisme[30].

Ainsi l'impérialisme peut s'accommoder de la décolonisation et se perpétuer sans contrôler pour autant des territoires : on le vérifie aujourd'hui. À la différence de l'expansion de type colonial ancien, l'expansion de caractère impérialiste s'est donné les moyens d'agir et elle ne s'est pas contentée d'égratigner les structures des sociétés conquises — elle les a brisées à la fois en ruinant les activités industrielles des pays conquis et aussi l'économie de subsistance à l'avantage des plantations dont les produits étaient destinés à l'exportation. Jusqu'à l'ère impérialiste, seule l'Amérique indienne avait connu pareille déstructuration. À l'ère impérialiste, celle-ci a atteint les profondeurs de l'Inde et de l'Afrique noire. Après les indépendances, cette dernière s'est vue piégée par l'effondrement du prix des matières premières. « Mal partie », en abandonnant plus ou moins ses cultures vivrières pour les produits d'exportation, elle avait ainsi lâché la proie pour l'ombre.

On y reviendra.

Le Livre noir du colonialisme s'ouvre nécessairement, au xvie siècle, sur l'extermination d'une grande partie des populations aux Caraïbes et en Amérique du Nord, un vrai génocide, comme celui qui suivit en Australie. L'Afrique noire fut également victime de massacres qui accompagnèrent la conquête de territoires, mais plus encore de l'achat ou de la chasse aux esclaves transportés outre-Atlantique dans des conditions ignominieuses, pour s'y substituer à la main-d'œuvre indienne qui avait été exterminée ou qui avait réussi à fuir au-delà des cordillères[31], dans le piémont amazonien.

30. P. J. Cain et A. G. Hopkins, *British Imperialism*, Londres, 1993 ; ainsi que Jacques Tobbie dans *La France impériale*, Megrelis, 1982.

31. Voir les articles d'Yves Bénot : « La destruction des Indiens de l'aire caraïbe », Alastair Davidson : « Une race condamnée : la colonisation et les aborigènes d'Australie », Pap Ndiaye : « L'extermination des Indiens d'Amérique du Nord », Elikia M'Bokolo : « Afrique centrale : le temps des massacres ».

Les côtes de l'Angola et du golfe de Guinée furent les principaux pourvoyeurs de ces esclaves que convoyèrent d'abord les Portugais, puis les Espagnols, les Hollandais, les Anglais et les Français ; la grande déportation se situant entre 1640 et la fin du XVIIIe siècle. Le total des déportés atteignit un chiffre évalué entre 10 et 15 millions d'êtres humains. De fait, comme il est montré plus loin, il existait déjà à la fois une traite noire et une autre qui alimentait en esclaves le monde arabe avant l'arrivée des Portugais et qui se prolongea au-delà de la traite atlantique jusqu'à l'extrême fin du XIXe siècle. Elle émanait tantôt de princes africains pour qui ces esclaves constituaient un produit d'échange, tantôt elle était le résultat de razzias et de guerres aux confins du Soudan, de l'Afrique orientale et de l'océan Indien. Les mêmes mécanismes alimentèrent la traite atlantique du XVIe au XIXe siècle, mais celle-ci dépassa en nombre et en inhumanité, en horreur, ce que l'histoire avait jamais connu[32]. Les conséquences démographiques furent considérables[33].

Au chapitre des déportations, on doit rappeler qu'une autre des fonctions de la colonisation, en Europe il s'entend, a été de se débarrasser des « indésirables ». Une fois de plus, ce furent les Portugais qui donnèrent l'exemple en déportant à São Tomé, vide d'habitants, la première colonie de criminels… et de juifs. En France, le roi François Ier fit déporter au Canada une vingtaine de condamnés « qui devaient retrouver là-bas la rédemption de leurs fautes par le travail ». Plus tard, Henri II préféra envoyer les criminels « en l'isle corse » — alors sous son autorité —, « à charge d'être pendus et estranglez s'ils quittaient ladite isle ». Mais ce fut la Guyane qui, d'éphémère berceau d'une communauté chrétienne de paysans noirs, un « paradis » jugé sans intérêt par la métropole, « devint un enfer[34] ». Elle acquit le statut de terre de bagne, en

32. John Thornton, *Africa and Africans in the Making of the Atlantic World, 1400-1680*, Cambridge, Cambridge University Press, 1992.
33. Voir *infra* l'article de Catherine Coquery-Vidrovitch, « Évolution démographique de l'Afrique coloniale ».
34. Voir *infra* l'article de Pascale Cornuel : « Guyane française : du paradis à l'enfer du bagne ».

alternance bientôt avec les Marquises et la Nouvelle-Calédonie, tandis que l'Algérie devenait terre d'exil forcé. En Guyane, le nombre des déportés grossit sous le Second Empire, atteignant 12 778 condamnés dont 329 pour raison politique (Michel Pierre). De fait, le régime le plus répressif fut la IIIe République à ses débuts qui comptabilise 81 341 récidivistes déportés en 1881, la relégation d'un certain nombre étant considérée comme la peine capitale. Or, si des crimes de sang avaient bien été commis par une infime minorité de bagnards, la plupart des condamnés — les politiques mis à part — ont été relégués pour des infractions légères et répétées[35].

Il en avait été de même pour les milliers de convicts envoyés en Australie, comme en témoigne l'ouvrage magistral de Robert Hughes, *The Fatal Shore*[36]. En Algérie, il s'est agi surtout d'immigrants forcés : délinquants, puis Alsaciens-Lorrains après 1871, etc. Durant l'entre-deux-guerres, le cinéma français ne manque pas de faire de l'Algérie et du Maroc des terres d'asile pour les mauvais garçons. Ils s'engagent souvent dans la Légion[37].

Toutefois, il serait hasardeux d'associer les violences dont les indigènes ont été les victimes à l'origine sociale d'une partie de ces colons. Au XIXe siècle, les grands massacreurs ont été des militaires, et ils appartenaient à l'élite sociale : Laperrine, Bugeaud, Saint-Arnaud sont issus de familles titrées, ce dernier lisait *L'Imitation de Jésus-Christ* pendant qu'il faisait flamber les douars. Il en va de même des conquérants anglais : pour la plupart des « gentlemen[38] ».

Pour les populations vaincues et soumises, l'époque de la colonisation d'Ancien Régime et celle qui suit sont en continuité, même si les modalités de la dépendance ont changé, ou encore ont différé, selon qu'on pense aux Amériques dont

35. Michel Pierre, *La Terre de la grande punition*, Paris, Ramsay, 1982, rééd. Autrement.
36. Pan Books, 1988.
37. Voir *infra* l'article de Sylvie Dallet, « Filmer les colonies, filtrer le colonialisme ».
38. Ch.-A. Julien (dir.), *Les Techniciens de la colonisation XIXe-XXe siècle*, Paris, PUF, 1947.

les colons ont acquis l'indépendance aux dépens des métropoles entre 1783 et 1825 ou aux populations des autres continents victimes des formes nouvelles du colonialisme et qui se sont soulevées à la fois contre les colons et contre les métropoles — un exemple qu'Haïti avait montré dès l'époque de Bonaparte.

Parmi les figures d'un *Livre noir*, on trouve ou on retrouve le travail forcé, imaginé à l'origine pour l'exploitation des richesses en Amérique espagnole, mais qui, après avoir frappé les Indiens, concerne à son tour les Noirs en Amérique et ultérieurement en Afrique centrale où il prend la relève de l'esclavage. Autre figure « noire » du colonialisme, le quadrillage de l'espace avec la mise en place de cultures forcées destinées à l'exportation, système minutieusement et durement instauré par les Hollandais en Insulinde, plus souple et plus évolutif dans les plantations britanniques, portugaises ou espagnoles du Nouveau Monde ou des Indes.

Pour s'assurer travail forcé et exploitation des terres destinées à des plantations, le pouvoir colonial cherche l'appui, ici de caciques, là de notables[39]. Une différence pourtant : alors que les Hollandais s'en sont tenus à une politique d'intervention minimale dans le fonctionnement de la société de Java, les Anglais en Inde ont au contraire démantelé peu à peu les fondements de l'administration indigène. L'objectif était double : transformer l'Inde en économie de marché, l'équiper à cette fin, mais tout autant faire rendre au maximum la machine fiscale du pays, notamment l'impôt foncier.

On trouvera plus loin les éléments d'une comparaison entre les pratiques des trois puissances coloniales de l'Asie du Sud-Est, la Grande-Bretagne aux Indes, les Hollandais en Indonésie, les Français en Indochine. Elles sont différentes en Afrique du Sud, avant et après l'instauration de l'apartheid ; également en Algérie, une colonie de peuplement, où la saisie des terres a constitué une des formes privilégiées de la

---

39. Voir *infra* les articles de Carmen Bernand : « Impérialismes ibériques » et Jacques Poloni-Simard : « L'Amérique espagnole : une colonisation d'Ancien Régime ».

dépossession[40]. Elles varient dans leur relation avec les populations selon que l'on croit, ou non, pouvoir convertir ou assimiler.

Enfin, par certains de leurs aspects, les pratiques des puissances coloniales *à l'égard de l'islam* représentent une sorte d'angle mort dans le savoir traditionnel.

Sans doute, on n'ignore pas que la conquête de l'Algérie, par exemple, s'est voulue par instants missionnaire, comme avait pu l'être, à ses débuts, l'installation des Portugais en Inde ; sans doute aussi, s'agissant d'une époque plus contemporaine, sait-on également qu'à l'ère du communisme le régime soviétique a pratiqué une active politique antireligieuse qui a visé tout autant les chrétiens que les juifs ou les musulmans ; encore doit-on rappeler qu'auparavant Pierre le Grand avait déjà fait détruire 418 des 536 mosquées du gouvernement de Kazan et qu'après une période de tolérance l'offensive orthodoxe contre l'islam avait repris sous Alexandre III et Nicolas II (1881-1917).

Ce qui demeure un angle mort est bien l'évaluation de la politique religieuse de la France quand les Églises ont été séparées de l'État et que la laïcité l'a emporté.

La IIIe République a ainsi introduit les principes de la laïcité dans les pays d'islam qu'elle contrôlait, en identifiant ce changement à cette même « libération » qu'en métropole ces mesures avaient pu signifier.

Or, observe Abdessalem Yassine, en ce qui concerne l'Algérie, « le bien long séjour des Français dans ce pays ne leur avait pas suffi pour s'apercevoir qu'en islam il n'y a pas de cléricature, que la séparation de la religion et de la politique ne s'est jamais posée pour la simple raison que l'allégeance à Dieu ne passe par l'entremise de personne. Or, ce qui en France était un acquis historique positif, cette laïcité, en l'occurrence, a été pour les musulmans l'arme avec laquelle

---

40. Voir *infra* les articles de Jacques Pouchepadass : « L'Inde : le premier siècle colonial », Pierre Brocheux : « Le colonialisme français en Indochine », Alain Ruscio : « Au Vietnam : un siècle de luttes nationales », Thomas Beaufils : « Le colonialisme aux Indes néerlandaises », Elikia M'Bokolo : « Les pratiques de l'apartheid », et Marc Ferro : « La conquête de l'Algérie ».

on a détruit et dévasté leur liberté […]. Ce que la loi musulmane avait régulé, la laïcité l'a détrôné au bénéfice de lois
faites pour encadrer juridiquement la conquête coloniale ».
Dans *L'Islamisme en face*, François Burgat a bien montré que
« la violence modernisatrice, c'est-à-dire sécularitrice, a sans
doute brisé les liens qui, au Maghreb, rattachaient l'individu à
l'univers public ».

Au vrai, au regard de la politique du colonisateur, comme
s'en fait l'écho la tradition historique, il s'agissait de désarabi-
ser et de désislamiser une partie des populations berbères qui
avaient recours au cadi pour leur statut personnel tout en
sauvegardant leurs coutumes pour ce qui se rapporte aux
affaires pénales. Les autorités françaises se portaient garantes
du changement. Au Maroc, écrivaient-elles, « notre intérêt est
de faire évoluer les Berbères hors du cadre de l'islam ». Cette
opération dite du Dahir berbère (1930) se situait dans le
cadre d'une politique de dissociation des Berbères d'avec le
sultan et du reste de la population arabisée à la façon dont,
en Algérie, le gouvernement avait voulu jouer les Kabyles
contre les Arabes et réussi, d'ailleurs, à en convertir quelques-
uns par une sorte de retour à leurs pratiques religieuses
d'avant l'islam. Au Maroc, ce Dahir — qui souleva des protestations — devait constituer, via l'école, une sorte d'étape vers
la christianisation par un appel simultané au doublement du
nombre des missionnaires franciscains et par l'appel à des
instituteurs kabyles précédemment convertis[41]. Ainsi, dans
l'esprit de certains colonisateurs, la laïcité pouvait servir le
catholicisme…

On observe un comportement voisin en Indonésie où le
colonisateur hollandais a promu la revalorisation des coutumes hindouistes, préislamiques (les *adat*) pour faire front à
l'islamisation du pays, à l'application de la charia, la loi islamique : dès l'indépendance en 1947, Soekarno abolit la coutume des textes constitutionnels.

41. Abdessalem Yassine, *Islamiser la modernité*, al Ofok Impressions, 1998 ; François Burgat, *L'Islamisme en face*, Paris, La Découverte, 1995, 2001 ; Ch.-R. Ageron, *Politiques coloniales au
Maghreb*, Paris, PUF, 1972.

Les populations soumises avaient le sentiment que les métropoles vampirisaient les richesses de leur pays. Cette conscience du « drain » était particulièrement sensible aux Indes où on avait connu d'autres occupations étrangères avant l'arrivée des Anglais. « Les empereurs afghans et moghols dépensaient sur place les lourds impôts qu'ils levaient. Ces revenus faisaient fructifier le pays, même si leurs grands travaux témoignaient de la vanité de ces souverains. Avec l'arrivée des Anglais, ce dispositif a pris fin : c'est l'Angleterre qui tire les bénéfices du pays, industrie et artisanat sont ruinés. »

Excessif sans doute, ce jugement de B. C. Pal[42] dit bien ce que, de leur côté, les nationalistes des pays du Maghreb dénonçaient également : que la France pillait les richesses en phosphate, en fer, en minerais, que le dispositif des chemins de fer avait été conçu pour aider à l'acheminement de ces matières premières vers les ports d'où elles partaient en métropole.

On retrouve le même procès dans les pays tropicaux que l'Europe contrôle au lendemain de la Seconde Guerre mondiale : le caoutchouc d'Indochine ou de Malaisie, le pétrole des îles de la Sonde, l'arachide, le cacao et le café d'Afrique noire sont embarqués pour l'Europe, de sorte que ces pays sont d'une certaine manière, eux aussi, saignés à blanc.

Mieux que d'autres, Nehru a su faire la différence entre la colonisation telle qu'elle est perçue par les métropoles et le colonialisme que ressentent les colonisés. « L'un des traits les plus remarquables de la domination anglaise aux Indes, écrit-il, est que les plus grands maux qu'elle a infligés à ce peuple présentent extérieurement l'apparence des bienfaits du ciel : chemins de fer, télégraphe, téléphone, radio et le reste furent les bienvenus ; ils étaient nécessaires, et nous avons une grande gratitude envers l'Angleterre de nous les avoir apportés. Mais nous ne devons pas oublier que leur premier objet fut le renforcement de l'impérialisme britannique sur notre sol en permettant le resserrement de l'étreinte administrative et la conquête de nouveaux marchés pour les produits de

---

42. Cité *in* Claude Markovits, « Le nationalisme indien », *Annales ESC*, 3, Paris, Armand Colin-Éditions de l'EHESS, 1979, p. 512-525.

l'industrie anglaise... Cependant, malgré toute ma rancœur pour la présence et la conduite des maîtres étrangers, je n'avais nul ressentiment à l'égard des Anglais comme individus. Au fond de moi-même, j'admirais plutôt cette race. »

Mais y avait-il réciprocité ?

Similarités

Précisément, ce sont les attitudes racistes des colonisateurs qui ont constitué un des traits structuraux du colonialisme le rendant odieux, insupportable. Deux sortes de racisme ont interféré.

La première se fonde sur une assertion d'inégalité. Celle-ci s'appuie parfois sur une conception évolutionniste du progrès indéfini de civilisation porté par les races les plus évoluées qui évaluent le degré d'avancement des races dites inférieures et, par conséquent, plus ou moins assimilables[43]. L'idéologie coloniale de la IIIe République en représente la forme emblématique. Mais déjà, dans sa polémique avec l'anticolonialiste Las Casas, en 1550, Sepulveda insistait sur les péchés des Indiens, leur cruauté et les maux qu'ils infligent, le caractère arriéré de leur culture, la nécessité d'en faire des chrétiens.

Tantôt, dans le même registre, cette assertion s'exprime de façon plus radicale en jugeant qu'il existe des races inaptes au progrès : autant les laisser périr.

Autre forme de racisme, pas spécialement occidentale : celle qui consiste à estimer qu'il existe des différences de nature ou de généalogie entre certains groupes humains. La hantise principale porte alors sur le mélange ; mais cette hantise peut avoir des relents biologiques et criminels, le croisement étant jugé, par les nazis notamment, comme une transgression des lois de la nature[44].

Dans la pratique, les attitudes racistes peuvent se croiser. Alors que le racisme de la différence, pas nécessairement biologique, est relativement répandu et stable, le racisme universaliste à l'occidentale n'a cessé de voir ses effets

43. Voir *infra* l'article de Catherine Coquery-Vidrovitch : « Le postulat de la supériorité blanche et de l'infériorité noire ».
44. P. A. Taguieff, *Les Fins de l'antiracisme*, Paris, Michalon, 1995.

s'aggraver aux XIXe et XXe siècles avec l'expansion coloniale, la « révolution industrielle », les progrès techniques de l'Occident. « Nous avançons, disent les colons ; ils n'avancent ni ne reculent. » De fait, après que l'écart technique et militaire n'a cessé de croître entre l'Europe et les autres continents (au XVIe siècle, les flottes portugaise et indienne faisaient encore partie égale), celui des niveaux de vie n'a cessé de s'élargir à son tour. Confortant l'idée d'une supériorité, Paul Bairoch a calculé que l'écart entre les niveaux de vie de l'Europe et ceux des colonisés est passé en un siècle et demi de 1,5 face à 1 à 5,2 face à 1[45].

Mais le racisme de la différence s'est développé lui aussi, prenant même des formes réglementaires : aux Indes, par exemple, une décision de 1791 exclut désormais les métis (alors dénommés *half-breed* ou *chichi*) d'exercer des fonctions dans l'East Indian Company. Avec le temps diminua proportionnellement le nombre des Anglais à vivre avec des Indiennes, et, à mesure que l'écart entre les sociétés s'accroissait, ce racisme d'État se développa.

En Amérique ibérique, les croisements entre Européens et Noirs faisaient l'objet d'une telle classification que s'est instituée une sorte de « système pigmentocratique » très complexe qu'a étudié Magnus Mörner, mais qui n'est pas demeuré figé parce que le processus n'a cessé d'évoluer au point qu'à la première opposition Espagnol/Indien s'est substituée celle du *hacendado*/péon confondant le métis et le Blanc pur dans un groupe de « ladinos » — ces Indiens hispaniques opposés aux autochtones purs : le social interférait avec le racial[46]. Cette fluidité se retrouve sur d'autres lieux des rapports hispano-indiens[47]. Le vocabulaire a défini tous les métissages possibles, et sur plusieurs générations. Dans le cas des Caraïbes, comme il est montré par Arlette Gautier[48], c'est la femme noire qui a vu son statut se dégrader le plus.

45. Paul Bairoch, « Le bilan économique du colonialisme », *History and Development*, p. 29-42.

46. Magnus Mörner, *Le Métissage dans l'histoire de l'Amérique latine*, préface de H. Favre, Paris, Fayard, 1971.

47. Voir *infra* l'article de Jacques Poloni-Simard.

48. Voir *infra* l'article d'Arlette Gautier : « Femmes et colonialisme ».

Alors que jusqu'au milieu du xxᵉ siècle, au regard
européen, le racisme était essentiellement associé à l'antisémitisme, aux pratiques discriminatoires contre les Noirs américains, à la spécificité du cas brésilien, ce champ s'est élargi
avec les écrits émanant des colonisés et des anticolonialistes
des colonies[49].

Dans *Les Damnés de la terre*, Frantz Fanon, un Noir
antillais, a marqué le fossé qui sépare les deux communautés du Maghreb : « Le regard que le colonisé jette sur la ville
du colon est un regard de luxure, un regard d'envie. Rêve
de possession, s'asseoir à la table du colon, coucher dans
un lit de colon, avec sa femme si possible. » Jean Cohen,
dans un article pionnier paru, en 1955, dans *Les Temps
modernes*, a dessiné au burin le caractère raciste de la mentalité colon en Algérie. « Un Européen témoigne un jour
devant le tribunal : — Y avait-il d'autres témoins ? — Oui,
cinq ; deux hommes et trois Arabes... — Ce médecin a-t-il
une grosse clientèle ? — Oui, mais ce sont des Arabes. » À
l'auteur, ce père répond à propos de sa gamine, qui, dans le
bled, ne va pas à l'école : « Ici, vous n'y pensez pas ! À
l'école, il n'y a que des Arabes. » S'il y avait beaucoup de
communistes à Oran, explique Jean Cohen, c'est que les
travailleurs et les fonctionnaires de cette cité jugeaient
qu'ils constituaient le prolétariat des Français d'Algérie, le
dernier échelon de la hiérarchie sociale. « Ils oubliaient seulement qu'il y avait des Arabes. C'est que l'Arabe ne comptait pas, il n'avait même pas de nom : Ahmed, Fatma[50]. » Et
même Albert Camus, qui défend leurs droits, ne leur donne
pas de nom dans *L'Étranger*.

En Nouvelle-Calédonie également, les Canaques sont des
non-êtres. « L'administration ne s'occupait d'eux que pour
frapper à tort et à travers [...] opérations conduites derrière
une juridiction en apparence favorable aux indigènes. » Par-

49. P. de Comarmont et Claude Duchet (dir.), *Racisme et société*,
Paris, Maspero, 1969.
50. Jean Cohen, « Colonialisme et racisme en Algérie », *Les Temps
modernes*, 1955, p. 580-590 ; ainsi que *Chronique d'une Algérie
révolue*, Paris, L'Harmattan, 1997. Voir également O. Mannoni, *Psychologie de la civilisation*, Paris, Le Seuil, 1961.

qués ou mis « en réserve » dans certains coins de l'île, aboutissement d'une longue spoliation foncière, ils sont gommés de
l'avenir avant d'être asservis. Alban Bensa a pu parler de
« racisme d'anéantissement », un peu comme cela s'est passé
en Australie[51].

Ces formes croisées de racisme, à variables multiples,
comportent des attributs donnés aux colonisés qui se retrouvent un peu partout : paresseux, ingrats, peu fiables, etc. Il
revient à un Hollandais, J. Siberg, d'avoir codifié une théorie
de la paresse indigène au début du XIXᵉ siècle. En l'occurrence, il s'agissait de Malais. Or un des avatars du post-
colonialisme est bien que, ayant intériorisé ces traits nés de
l'imagination du conquérant, les dirigeants de la Malaisie
indépendante en ont fait, dans *Revoluci mental* (1971), une
sorte de catéchisme à l'usage des bons citoyens.

Un autre trait du racisme colonialiste tient à une des caractéristiques de la population colon elle-même — agriculteurs
ou administrateurs : sa non-culture. « Non qu'elle manquât
d'individualités brillantes, mais elles étaient aspirées par la
métropole, qu'il s'agisse de Kipling né à Bombay, de Camus
né à Alger, de Senghor né à Dakar. Non-culture ou plutôt anti-
culture… À Oran, on interpelle les jeunes qui vont au lycée
comme des tapettes. »

Et Nehru de confirmer ce trait des colons pour l'Inde.

« Un jeune Anglais venant chez nous ne tardait pas à succomber à une sorte de torpeur intellectuelle et culturelle. Au
sortir de sa journée de bureau, il prenait un peu d'exercice,
puis allait retrouver ses collègues au club, boire des whiskies
et lire des illustrés de son pays. De cette détérioration de
l'esprit, il rendait l'Inde responsable. »

Et on note la même dégradation chez les Hollandais : un
observateur du XVIIᵉ siècle remarque que leurs peintres, à La
Nouvelle-Amsterdam (future New York), n'ont pas le même
talent que leurs frères de la métropole.

Dans ces conditions, à part quelques spécialistes, quelle
idée de vouloir s'intéresser à la société autochtone… En Inde,
« il était ridicule, ce Strickland, qui voulait en savoir plus sur
les habitants de ce pays et portait ses explorations en pleine

---

51. Alban Bensa, *Chronique kanak*, Ethnies, 18-19, 1995.

fripouille indigène[52] ». C'est bien aussi ce que pensaient les jeunes élèves de l'auteur, au lycée Lamoricière d'Oran, en 1948 : quand il leur dit qu'après les grandes invasions du Moyen Âge on étudierait la civilisation arabe, il déclencha un immense éclat de rire… « Mais, m'sieu, les Arabes, ils ne sont pas civilisés. »

Quand on est soi-même sans culture, comment concevoir que ceux qu'on domine puissent être civilisés ?…

Au vrai, il est des racistes qui allaient être victimes de leurs propres préjugés. À Madagascar, par exemple, en 1947, administrateurs et colons ne veulent pas croire à l'existence d'un complot, d'un soulèvement ; ils jugent que les Malgaches sont bien incapables de s'organiser ainsi et ils sont tout surpris quand le soulèvement a lieu. Faute de l'avoir cru possible (« J'ai rigolé », témoigne l'administrateur Jean Ducaud), ils s'en prennent ensuite à ceux qui voulaient obtenir l'indépendance du pays par des moyens politiques[53]…

En Algérie, les colons et les petits Blancs affectent aussi de penser que les Arabes ne sont pas capables de s'organiser politiquement. Lorsque le mouvement national s'exaspère, au début des années 1950, ils jugent qu'il est nécessairement manipulé ou commandé de l'extérieur. Par les Américains ou par les Soviétiques, par Nasser après 1953. Jacques Soustelle en était encore convaincu dans un entretien qu'il eut avec moi un peu avant sa mort. Il est certain qu'il avait, pour le croire, d'autres raisons aussi : républicain de tradition antifasciste, résistant réformateur lorsqu'il est nommé gouverneur général en Algérie, il n'imagine pas que les Algériens puissent refuser l'intégration, c'est-à-dire devenir d'une certaine façon des Français à part entière. En vérité, ces réformes venaient trop tard et le FLN n'allait plus se laisser dessaisir de l'emprise qu'il avait désormais sur les populations. Il avait

52. Pandit Nehru, *Ma vie et mes prisons*, Paris, Denoël, 1952 ; J. Allal Greenberger, *The British Image of India*, Oxford, Oxford University Press, 1969. Ce qui n'empêche pas d'analyser le passé de l'Inde, pour pouvoir mieux contrôler le pays.

53. *L'Île rouge*, film de D. Rousselier, Arte ; Pierre Stibbe, *Justice pour les Malgaches*, préface de Claude Bourdet, Paris, Éditions du Seuil, 1954.

accompli sa « révolution » : d'organisation politique, il s'était institué en « État »[54] ; il répondit aux réformes par des massacres. Et Soustelle ne pouvait admettre la faillite de son action, de ses convictions ; ces mesures eussent-elles été prises dix ans plus tôt, la suite des événements eût sans doute été différente, tant, justement à cette date, un grand nombre d'Algériens eussent souhaité l'intégration. Mais c'est de l'histoire-fiction, car, ni en 1954 ni après, les colons n'étaient prêts à faire des concessions significatives aux élites algériennes, dussent-ils le payer très cher.

Et, pour les y contraindre, la main du gouvernement français eut la consistance de la glaise.

Confrontations et héritage

C'est sur la lutte des peuples colonisés pour leur indépendance qu'à nouveau *Le Livre noir* comporte les pages les plus sanglantes[55]. Du côté des Français, par exemple, on évoque, dès mai 1945, les massacres de Sétif ; en novembre 1946, les deux cents morts et milliers de blessés lors du bombardement de Haiphong, une provocation ; en 1947, à Madagascar, suite à un soulèvement qui avait fait plusieurs centaines de morts français et malgaches, un massacre qui a causé plus de quarante mille victimes.

Mais on ne peut s'en tenir à la chronologie courte de ces excès-là.

Avant d'être un insurgé, Pham Van Dông a passé douze ans dans les prisons de Poulo Condor ; Messali Hadj a été interné, Abd el-Krim exilé, combien d'autres arrêtés, incarcérés et ayant souvent subi des sévices ; plus anciennement, la répression a frappé les populations dès après la conquête. En avril 1956, l'ancien député Ahmed Gouda parle du génocide commis par les Français à une date où la guerre d'Algérie

54. Sur l'histoire du FLN, lire Mohammed Harbi, *Archives de la révolution algérienne*, Paris, Jeune Afrique, 1981 ; Gilbert Meynier, *Histoire intérieure du FLN, 1954-1962*, Paris, Fayard, 2002.
55. Voir *infra* les articles d'Yves Bénot : « La décolonisation (1943-1962) » et d'Alain Ruscio : « Au Vietnam : un siècle de luttes nationales ».

commence à peine. Par son excès, la formule donne la mesure de la souffrance, de l'exaspération, du désir de vengeance, pour tout dire du traumatisme qu'ont subi les colonisés au moins en Algérie et au Vietnam ; et Dong Sy Binh dit la haine que « 90 % des Vietnamiens ressentent à l'égard des Français ».

En vis-à-vis, les colons vivaient sur une autre planète, refoulant l'idée qu'une menace, voire une mise en cause, pût venir de l'« indigène » ; et, quand ce dernier revendique, les colons entendent ne céder sur rien. Ils forment corps avec l'administration, qu'ils câlinent, à condition qu'elle ne se dissocie pas d'eux ; même la force militaire en Indochine est traitée de « capitularde » quand le général Morlière estime nécessaire de négocier avec le Viêt-minh pour prévenir une catastrophe. Dix ans plus tard, un attentat vise le général Salan, en Algérie, lorsqu'on le soupçonne — à tort — de vouloir traiter avec le FLN. Les ultras ne veulent pas entendre ceux des nationalistes qui jugent que l'avenir pourrait être dans une association avec la France : le MDRM de Raseta à Madagascar, l'UDMA de Ferhat Abbas en Algérie ; quant à Hô Chi Minh, il accepterait cette idée si, en France, les communistes participaient au pouvoir.

Cependant, en Algérie, s'est entrouvert un autre livre, celui de la honte ; quand les commandos de l'OAS, lors des accords d'Évian, ont brûlé la bibliothèque d'Alger — reniant ainsi les principes au nom desquels la France s'était autorisée à coloniser le pays ; puis quand elle a abandonné une grande partie des harkis à leur sort, les livrant à la vindicte du FLN au lieu d'assurer la sauvegarde de ceux qui lui avaient fait confiance jusqu'au bout.

Ajoutons qu'en métropole ceux qui dénonçaient le colonialisme ont volontiers considéré comme suspects — « collaborateurs » — ceux des colonisés qui voulaient demeurer au sein de la République française. Ils ont eu une attitude semblable à ces Européens qui, souvent les mêmes, une fois l'indépendance reconnue, appelaient les nouveaux dirigeants, au Sénégal par exemple, à se séparer plus encore de l'ancienne métropole suspecte de néocolonialisme[56].

56. Pierre Fougeyrollas et F. George, *Un philosophe dans la Résistance*, Paris, Odile Jacob, 2001, chap. 13 et 14.

Cette expression de néocolonialisme a été employée par Nkrumah, Premier ministre du Ghana (ex Gold Coast), pour définir « la situation d'un État indépendant en théorie et doté de tous les attributs de la souveraineté, qui a, en réalité, sa politique dirigée de l'extérieur ». Cela signifiait que les anciennes puissances impérialistes n'avaient plus intérêt à contrôler du dedans les anciennes colonies, mais bien à les aider à se développer et à substituer à une présence visible un gouvernement invisible, celui des grandes banques : Fonds monétaire international, Banque mondiale, etc.[57].

Les peuples colonisés ont pu ainsi se débarrasser des colons, mais ni de l'impérialisme ni de certains traits du colonialisme.

On peut donc parler d'un impérialisme des multinationales, mais, vu l'interférence de ces intérêts avec ceux des États, on peut aussi bien parler d'un impérialisme multinational. Or, peu à peu, celui-ci a été dominé par les Américains : aujourd'hui, sur les 200 premières multinationales, 74 sont contrôlées par les États-Unis, 41 par le Japon, 23 par l'Allemagne, 19 par la France, 13 par le Royaume-Uni, 6 par la Suisse, soit au total 88 % pour ces six pays[58]. Comme au XIXe siècle pour l'Égypte ou la Tunisie, au début du XXe siècle pour le Venezuela, les pays qui ont fait appel à cette « aide » sont désormais « tenus » par le remboursement de leur dette.

À partir des années 1980, aucune politique de bascule entre l'Ouest et l'Est n'est plus possible comme aux temps de la guerre froide, de Bandung ou de la Tricontinentale ; aujourd'hui se cherchent les forces qui, aussi bien dans les secteurs économiques menacés de l'Europe, s'essaient à contrebalancer ce nouveau rétrécissement du monde, corollaire de la concentration de ses centres de décision.

Autre phénomène nouveau, l'existence d'un colonialisme sans colons qui a créé une nouvelle classe dirigeante,

57. Kwame Nkrumah, *Neocolonialism. The Last Stage of Imperialism*, Londres, 1965-1971. Voir également « Faut-il être colonialiste ? », *Cahiers de la Torpille*, n° 1, sept., collectif, Éditions Kime, 1998.

58. F. F. Clairmont, « Ces deux cents sociétés qui contrôlent le monde », *Le Monde diplomatique*, avril 1997, repris dans *Manières de voir*, n° 58, 2001.

autochtone, très minoritaire, venue se greffer sur celle des grandes puissances bancaires. Dans *L'Afrique sans Africains, le rêve blanc du continent noir*, Antoine Glaser et Stephane Smith ont démonté les ravages et les interférences du système qui est ensuite devenu, au Gabon et ailleurs, l'affaire Elf. Dans *Les Dossiers noirs de la politique africaine de la France*, publiés en 1996, on évoque le nouveau type de rapports qui sont apparus au Rwanda, au Tchad, au Soudan, etc. Sauf qu'au temps des colonies les populations dominées savaient quel était leur oppresseur étranger, alors qu'à l'ère de la mondialisation leur dépendance est anonyme ; elles ne peuvent que s'en prendre à leurs dirigeants, et les changer ne modifie guère la dépendance vis-à-vis du marché mondial. Pour attirer les entreprises étrangères, vient de se créer en Afrique une agence pour assurer aux échanges un relatif équilibre.

Autre effet : avec la libération des peuples colonisés, une partie de leur population s'est retrouvée en métropole, ce qui a élargi le champ du racisme, l'a revivifié. Ce racisme a pu s'exacerber en France comme en Angleterre, ou en Russie contre les Caucasiens. En France, devant cet état d'esprit, l'intégration politique ou sociale de ces immigrés ne s'effectue que très mollement. Elle se fait au moins culturellement, car on constate que les descendants de ces victimes du colonialisme — les beurs notamment — sont présents dans le spectacle, le sport, l'université. Comme s'ils réalisaient ce que leurs parents n'avaient pu qu'espérer, mais pas connaître, au Maghreb.

On constate aussi que les mariages mixtes, interdits par chacune des deux communautés du temps de l'Algérie française, sont beaucoup plus fréquents en métropole ces dernières années, unissant beurs et métropolitains.

Est-ce une page noire qui est en train de virer au rose ?...

Mais ce colonialisme a-t-il couvert seulement le champ de la colonisation ? On le croirait, au moins en France, où, rien qu'à la rentrée littéraire en 2001, on compte près de dix ouvrages qui dénoncent les crimes qu'il a commis dans le passé. Au point que le terme lui-même porte de telles stigmates qu'on l'applique à Israël et qu'on l'emploie désormais à tort et à travers.

En Israël, nul doute que depuis la création de l'État, en 1948, les populations non juives n'aient été victimes de procédés de caractère colonialiste, comme l'étaient les Arabes en Algérie, même si ces Arabes d'Israël étaient dotés d'une représentation politique à la Knesset. Depuis 1967, suite aux attaques convergentes en provenance des États voisins, la multiplication des colonies juives sur les territoires occupés et dévolus à l'État palestinien a trahi une volonté expansionniste qui allait au-delà du souci de renforcer, par la démographie ou autrement, la capacité du pays à se défendre ; elle visait à prévenir la constitution de cet État par tous les moyens. Cependant, si elle relève pour les Palestiniens d'une forme de colonialisme, l'existence même de l'État d'Israël diffère des autres colonisations pour autant qu'elle n'est pas le prolongement d'une métropole située ailleurs ; et que la légitimité de son existence a été reconnue par l'ONU en 1948 et, depuis, par des pays arabes ou musulmans.

En Corse, certains nationalistes n'ont pas manqué de parler du « colonialisme français » dans l'île, d'autres de comparer sa situation à celle de l'Algérie. Or, s'il est vrai que l'île est demeurée sous-développée économiquement, que certains nationalistes emploient les méthodes terroristes qui ont pu être celles du FLN, là s'arrête le bien-fondé du parallèle. Car, en Algérie, il n'y avait pas de haut fonctionnaire arabe, de parti indépendantiste autorisé, et, à Paris, le gouvernement français ne comprenait pas de ministre arabe, de haut responsable économique arabe — alors qu'aujourd'hui il y a, à Paris des ministres corses, sur le continent des préfets corses, en Corse des députés nationalistes corses[59].

Pour apprécier le *« degré » de colonialisme*, la façon dont il est ressenti, le cas de l'URSS fournit des exemples et des contre-exemples instructifs. Pour y procéder, Rasma Karklins a proposé quelques critères : nombre relatif des mariages mixtes, choix de sa nationalité par l'enfant d'un couple

---

59. Sur le problème corse, renvoyons à notre *Histoire de France*, Paris, Odile Jacob, 2001, p. 521 et suiv., ainsi qu'à Nicolas Giudici, *Le Crépuscule des Corses*, Paris, Grasset, 1997.

mixte, pratique de la langue de l'autre, entrée dans les grands corps de l'État, etc.

Le bilan atteste que l'Estonie et le Tadjikistan se trouvaient être les deux États dont les populations ressentaient le plus le Russe comme un occupant, un colonialiste : peu de couples mixtes, peu de leurs enfants choisissant la nationalité russe, peu de bilingues des deux côtés, peu d'Estoniens ou de Tadjiks dans les hautes sphères de l'État. Rien de semblable du côté des Ukrainiens, des Arméniens, des Géorgiens, des Azéris[60]…

Or dans les cas évoqués, à fort ressentiment, on a affaire tantôt à un pays perçu comme une colonie (le Tadjikistan), tantôt à un autre perçu comme un État rattaché (l'Estonie).

Ainsi, les pratiques dites colonialistes ne sont pas réservées aux seules « colonies ». C'est aussi ce que l'on peut juger du comportement des Serbes au Kosovo, dont Milošević a accentué les traits, ou encore de celui des protestants en Ulster.

Légitime ou pas, le déni de colonialisme n'a cessé de gagner du terrain. En 1995, nous écrivions que, « par une ultime exigence d'orgueil, la mémoire historique européenne s'est assuré un dernier privilège, celui de parler en noir de ses propres méfaits, avec une intransigeance inégalée ». Cette audace fait problème, ajoutions-nous, parce qu'elle ne donnait pas la parole aux colonisés — or cela change peu à peu. Mais elle fait problème également parce qu'elle s'inscrit dans une mise en cause plus généralisée de l'État, de ses institutions et qu'elle vise à innocenter la société — quitte à rejeter tout l'opprobre sur les gouvernements et sur les colons.

Dès lors, on doit rappeler que, si le système colonial pouvait être honni par une majorité de colonisés, les rapports d'individu à individu étaient parfois amicaux, comme en témoignent Nehru, Hô Chi Minh, de nombreux nationalistes algériens — et pas seulement à leur niveau : dans la vie quotidienne de la ferme du colon aussi, malgré et à côté du racisme quotidien[61].

60. Rasma Karklins, *Ethnic Relations in the SSSR*, Unwin, 1986.
61. J. Verdès-Leroux, *Les Français d'Algérie de 1830 à aujourd'hui*, Paris, Fayard, 2001.

Et puis s'il est juste de souligner et de stigmatiser les pratiques de la justice coloniale, celle des juges en particulier, ne faudrait-il pas évoquer à l'inverse le comportement de ces avocats qui furent souvent les chantres de la liberté, tant à Madagascar qu'au Cameroun, en Afrique du Sud, en Algérie[62] ? Et pourquoi ne pas rappeler ceux de ces militaires qui, à l'exemple du général Bollardière, ont condamné les méthodes colonialistes ou qui, tournant les ordres reçus, ont réussi à sauver une partie des harkis du massacre ?

Indépendamment des comportements anticolonialistes, de Las Casas à Wilberforce et à Schoelcher, faut-il ne voir que l'aspect négatif de l'action des missionnaires en Afrique noire, de la lutte contre la traite — « un alibi » —, de la vaccination des coolies, des succès de la médecine pastorienne ou des Lister Institutes, du rôle des écoles dans l'espace colonial, de l'émancipation des femmes juives au Maghreb, etc., un catalogue bien connu et qui n'est pas illusoire ? Il ne l'est pas, même si l'on observe qu'au Congo belge, par exemple, l'éradication de la trypanosomiase (maladie du sommeil) avait pour fin la sauvegarde du « capital humain » — une formulation révélatrice —, car les Belges peuvent faire valoir que le Congo était le pays le mieux équipé sanitairement de toutes les colonies d'Afrique centrale[63].

Puisque — comme on l'a vu plus haut en établissant le bilan du communisme — on estime quelquefois qu'au regard des intentions le résultat compte plus encore, observons donc que dans le cas de la médecine au Congo, des transports ferroviaires en Inde, des progrès de l'agriculture en Indonésie, des barrages au Maroc, des progrès des idées démocratiques au Maghreb, en Iran, etc., le résultat a compté, pour les populations dominées, autant que les intentions des colonisateurs, qui étaient plus troubles, plus ambiguës…

Lorsqu'en Algérie, jugeant que, dans le passé, il ne voyait pas trace d'une nation algérienne, Ferhat Abbas disait après 1936, reprenant une phrase du socialiste Violette : « Les

---

62. Pierre Stibbe, *op. cit.*

63. Maryines Lyons, « Sleeping sickness, colonial medicine and imperialism : some connections in Belgian Congo », in *Disease…,* cité note 18.

Algériens n'ont pas de patrie ; donnez-leur la patrie française, avant qu'ils n'en choisissent une autre », cela signifiait que la colonisation ne s'identifiait pas totalement au colonialisme, et à lui seul : beaucoup d'entre eux espéraient devenir français ; il y avait ainsi encore quelques pages roses au sein du *Livre noir*.

Pourtant, ces dernières années et depuis septembre 2001, les violentes réactions d'une des familles de l'islam, l'islamisme intégriste, témoignent que, pour bon nombre de ses victimes, la mondialisation et ses effets négatifs sont désormais plus ou moins identifiés à l'action des États-Unis qui ont pris la relève des anciennes puissances coloniales, au moins en ce qui concerne l'écart entre leurs discours et leurs pratiques.

Dès que leurs intérêts l'exigent, sans effort apparent les Américains contreviennent aux principes au nom desquels ils sont censés agir. Ils reproduisent ainsi aujourd'hui ce que l'Algérien Hamdane Khodja écrivait en français dans *Le Miroir* en 1834 : « Je vois la Grèce secourue [...], le gouvernement anglais immortaliser sa gloire par l'affranchissement des nègres [...] et, quand je reviens porter les yeux sur les pays d'Alger, je vois ses malheureux habitants placés sous le joug de l'arbitraire, de l'extermination [...], et toutes ces horreurs sont commises au nom de la "France libre"[64]. » Certes, cette perversion ne date pas de 1830 et ne s'y limite pas ; mais le postcolonialisme la ressuscite par bien de ses traits.

Cela étant, on observe un écart troublant entre les principes et idéaux que proclame la vieille Europe coloniale, plus ou moins devenue actuellement l'Union européenne, et les « réalités » auxquelles elle se soumet : l'affaire Rushdie a témoigné que l'intérêt pour les exportations en Iran l'a emporté sur la défense des droits de l'homme[65]. Une honte qui ne justifie en rien les crimes commis précisément par les intégristes pour condamner ces perversions.

64. Cité *in* Abdelwahab Medded, *La Maladie de l'islam*, Seuil, coll. «La couleur des idées», 2002, p. 36.
65. Sur le postcolonialisme, lire le n° 5/6 de *Dédale*, printemps 1997.

À se demander si, ayant ainsi de ce fait déteint, les crimes commis par l'Occident ne génèrent pas à leur tour une forme nouvelle de totalitarisme.

À l'aube du XXIᵉ siècle, avant comme après le 11 septembre 2001, on constate que les maladies que la colonisation a causées, ou qu'ont suscitées ses nouvelles figures — néocolonialisme, globalisation ou mondialisation accélérée, impérialisme multinational — concernent à la fois les territoires et les populations anciennement dominés, également les métropoles — et leurs anticolonialistes aussi bien. Le croisement de ces situations rend compte d'un autre fait : qu'une partie de ce passé est interdite d'histoire.

Les populations dominées ont pu croire après l'indépendance que la plupart de leurs difficultés provenaient de la déchéance due à la domination étrangère. Ce traumatisme a été à l'origine d'un violent choc en retour, en particulier dans les mondes de l'islam, au moins dans une de ses familles. Mais on a pu juger aussi bien que la colonisation puis le colonialisme ont été autant la conséquence que la cause d'une déchéance qui, au moins au niveau de la puissance guerrière, avait précédé l'arrivée des Européens. Ensuite, après les indépendances, on ne saurait non plus imputer aux seuls colonialisme, néocolonialisme et mondialisation les tragédies que, par exemple, l'Algérie a connues ces vingt dernières années. Certes, la rente pétrolière s'est effondrée avec la chute des prix survenue en 1985, et la dette s'est accrue, mais l'industrialisation n'avait pas su répondre aux besoins d'une population à la croissance galopante. Cette faillite humiliante, qui rappelle celle de l'Égypte à la fin du XIXᵉ siècle, d'autres pays ex-colonisés comme la Corée du Sud ou Singapour ont su y échapper et sont entrés dans le club très fermé des puissances dynamiques sans posséder les atouts de l'Algérie (gaz et pétrole).

Il reste que, globalement, outre le traumatisme qu'a pu causer l'occupation étrangère télescopée par la mondialisation, l'indépendance n'a pas partout répondu aux attentes des anciens colonisés. Le néocolonialisme et ses suites ont élargi encore l'écart entre les sociétés les plus riches et les plus pauvres, tout comme en leur sein propre s'est accrue la distance entre le niveau de vie des plus aisés et celui des plus

démunis. Les sociétés les plus pauvres ont vu leur revenu global croître en Afrique noire de 3 à 4 % par an pour un revenu
individuel annuel de 400 dollars, alors qu'aux États-Unis il a
crû de 2 % pour un revenu de 23 000 dollars par habitant.
Chaque jour, 40 000 personnes meurent de faim en Afrique
noire et quotidiennement la télévision y rend visible ce double écart, totalement insupportable.

Quelle est la part des puissances coloniales, du néocolonialisme, de la mondialisation dans la politique qu'ont suivie les
États nouvellement indépendants : notamment ce choix de
l'abandon des cultures vivrières, au bénéfice des cultures
d'exportation, dont, vingt ans après l'indépendance, le cours
a chuté. La Françafrique, entre autres, a vu décoller le Sénégal
et plus encore la Côte-d'Ivoire — avant que s'effondre le prix
du cacao, de l'arachide et du café, la régression et les crises
prenant la relève. Réseaux et lobbies s'y sont plus ou moins
perpétués, qui contrôlent encore le pétrole au Gabon, au
Congo. Or, dans ce pré carré de la présence française
jusqu'aux années Mitterrand, l'administration absorbait, ici ou
là, jusqu'à deux tiers du budget. Elle renforçait les mondes du
pouvoir et perpétuait le contrôle indirect qu'exerçaient leurs
protecteurs : pétroliers et autres affairistes.

Mais en France aussi, les méfaits du colonialisme ont gagné
du terrain après les indépendances. À cause des crises économiques, a succédé au mouvement des colons vers l'outre-
mer, au XIXe siècle et aux débuts du XXe, une émigration
inverse, celle des victimes de la misère, de la guerre, vers les
métropoles. Le racisme s'y est développé et il suffit d'observer la hiérarchie des tâches sur les chantiers d'aujourd'hui
pour constater qu'entre Européens et Maghrébins ou Noirs,
elle est la même qu'autrefois aux colonies.

En outre, avec cette immigration le racisme a étendu le
champ de ses agressions : il a regénéré des groupements néo-
nazis en Allemagne, contribué à la montée du Front national
en France. Certes, de puissants mouvements antiracistes,
majoritairement de gauche, luttent contre ce fléau. Mais,
s'agissant des militants qui y participent, n'ont-ils pas été frappés, eux aussi, par les effets pervers de leur héritage idéologique… alors qu'ils se disent anticolonialistes ?

De fait, depuis un demi-siècle en France, symptomatique est le comportement des léninistes de toute branche : d'abord des staliniens puis des trotskistes et des maoïstes. Avant l'insurrection algérienne, les staliniens préfèrent prendre langue avec les extrémistes messalistes, bien qu'attachés à l'islam, plutôt qu'avec les nationalistes de Ferhat Abbas, plus modérés, volontiers républicains et réputés « bourgeois » donc « sans avenir »… Après l'indépendance de l'Algérie, leurs rivaux trotskistes participent à l'aventure tiers-mondiste, qu'animent Ben Bella, Castro, le Che. Puis les désillusions d'après 1968 rendent compte de l'exaspération de ces états-majors de l'ultragauche qui assistent au réinvestissement de l'ordre social et politique, de l'État, par « la bourgeoisie dominante » dont elle a gardé le contrôle. Trotskistes et maoïstes sont plus proches des Palestiniens, voire des Corses, de tous les révolutionnaires, que de ces immigrés maghrébins qui ont choisi la France et la République. Certes, ils sont à leurs côtés dans la lutte contre le racisme, mais ils n'osent pas les faire voter et ne les intègrent pas dans leurs rangs.

Depuis 1981, jugeant désormais illusoire l'avenir de la révolution, ils s'infiltrent dans les organisations politiques au pouvoir, ou encore dans la presse et les médias qui en constituent l'autre versant[66]. Dans ce contexte, survivance de leur passé rompu, mais enseveli et refoulé, ils ne sauraient penser à appeler à côté d'eux ces beurs qui avaient voulu faire confiance à l'État républicain. Est-il alors surprenant que ce soient Chirac et Raffarin — et pas la gauche longtemps au pouvoir — qui aient appelé deux d'entre eux au gouvernement ?

Pour n'avoir jamais fait l'objet d'un commentaire, n'a-t-on là un nouvel épisode d'une histoire interdite ?

---

66. « En 1994, témoigne Gérard Filoche, quand je suis arrivé rue de Solférino (siège du Parti socialiste) pour rencontrer Emmanuelli, il y avait une trentaine de personnes dans la cour, au moins vingt étaient d'anciens trotskistes. [...] Au dernier congrès de la gauche socialiste, sur cinq cents délégués, il y avait cent quatre-vingts anciens de la Ligue, dix anciens lambertistes, et trois anciens de Lutte ouvrière », in Christophe Nick, *Les Trotskistes*, Paris, Fayard, 2001, p. 551.

I
L'extermination

La destruction des Indiens de l'aire caraïbe

par Yves Bénot

Avec le deuxième voyage de Christophe Colomb à Haïti à la fin de 1493, il ne s'agit plus d'exploration aventureuse, mais d'occupation armée de l'île rebaptisée Hispaniola. L'arrivée d'une armada de dix-sept navires avec douze à quinze cents hommes marque l'acte inaugural d'une colonisation européenne qui va bientôt s'abattre sur tout le continent américain. Et qui se distingue d'emblée par sa violence sans limites contre les peuples envahis qu'elle entend contraindre à produire ce qu'exige le colonisateur. Dès son premier voyage, Colomb en avait tracé le programme. Les naturels de l'île, écrivait-il, « sont donc propres à être commandés et à ce qu'on les fasse travailler, semer et mener tous autres travaux qui seraient nécessaires, à ce qu'on leur enseigne à aller vêtus et à prendre nos coutumes[1] ». Dès le 18 décembre 1492, il tenait ces hommes si accueillants pour des « vassaux des rois de Castille ». Le cacique Guacanagari, qui l'a fort bien reçu du 14 décembre 1492 au 4 janvier 1493, n'avait rien dit ni pensé de tel. Il reste que le programme tracé a été rapidement appliqué. Les Indiens ont dû cultiver différemment pour nourrir les Espagnols ; ils ont dû construire les maisons en dur et les villes des occupants ; quant aux « autres travaux » non précisés, ils comprenaient la recherche et l'extraction de l'or, puisque c'était le premier objectif des expéditions européennes outre-mer à cette date. C'était là un labeur pénible, avec un rythme de travail inhabituel pour le peuple d'Haïti, disproportionné par rapport à leur mode de vie, même à leurs capacités physiologiques. Ils y succomberont très vite.

---

1. Christophe Colomb, *La Découverte de l'Amérique*, Paris, 1979, I, p. 148, édité et présenté par Michel Lequenne.

Les Indiens ont tenté de résister à l'envahisseur. À son retour, le 27 novembre 1493, Colomb en prend conscience immédiatement. Il avait laissé en janvier trente-neuf Espagnols pourvus de munitions, artillerie et provisions de bouche ; en novembre, tous sont morts. Deux de leurs chefs, Pedro Guttierez et Rodrigo Escovado, étaient partis à la recherche des mines d'or du Cibao, et, chemin faisant, ils ont tué un Indien sur le territoire du cacique Caonabo. Ce dernier les a fait exécuter. Quant à ceux qui étaient restés dans leur fortin sous la conduite de Diego de Arana, personnage réputé violent et néanmoins fort cultivé, ils ont cru pouvoir user et abuser à leur guise des Indiennes, mariées ou non, tant et si bien que le cacique Guacanagari a fini par réagir. Colomb écrira, avec un certain sens de la litote : « *Si fortes raisons qu'ils aient données aux Indiens de faire ce qu'ils ont fait* (mes italiques), jamais ceux-ci n'auraient osé entreprendre de leur nuire s'ils les avaient vus bien gardés[2]. » Dans un autre rapport exhumé assez récemment, Colomb disait en clair que ces hommes avaient pris chacun plusieurs femmes, ce que l'on savait déjà par l'enquête ultérieure de Las Casas. Sur le moment, Colomb, par prudence, a feint de croire que Caonabo était seul responsable des meurtres.

Ce heurt initial montre que les conquérants ne sont pas mus seulement par la « maudite faim de l'or », mais tout autant par la « maudite faim du sexe ». La colonisation européenne va accumuler les viols non moins que les meurtres, comme si les Espagnols prenaient leur revanche d'un catholicisme rigoriste en passant outre à toute règle morale à l'égard des peuples dits « païens ». Quelques missionnaires élèveront la voix contre ces mœurs coloniales, d'autres n'y résisteront pas. Colomb, quant à lui, fait sans doute exception, mais il l'accepte de la part de ses compagnons. Il va jusqu'à leur donner lui-même des Indiennes, en cadeau, dirait-on. Ainsi en offre-t-il une à Michele de Cuneo, qui racontera dans une lettre comment il l'a violée[3]. Le rapport des missionnaires dominicains, en 1519, est non moins accablant. Il relate

2. Lequenne, II, p. 87.
3. Cité par T. Todorov, *La Conquête de l'Amérique*, Paris, 1991, p. 65-66.

comment les contremaîtres espagnols envoyaient aux mines les maris, pendant qu'eux-mêmes couchaient avec leurs femmes, et fouettaient les maris s'ils se permettaient de protester. Le rapprochement de tels exemples dément la tentative de Colomb pour expliquer les excès par l'origine des coupables qui seraient seulement des « gens du commun » ou « de peu d'éducation » ; en réalité, la frénésie sexuelle se manifeste dans toutes les couches sociales, tout autant chez les individus cultivés autour de Colomb ou, plus tard, de Cortés, que chez les rustres. D'une manière générale, les Européens agissent comme s'il n'existait chez ces peuples dits païens aucune sorte de régulation de la vie sociale, familiale et sexuelle. Au surplus, ils sont capables de croire que c'est la vérité[4]...

Un peu plus tard, en avril 1494, survient ce que Las Casas tiendra pour la « première injustice » commise aux Indes. Hojeda a été envoyé par Colomb dans l'intérieur, vers le Cibao où doit se cacher l'or. En cours de route, il s'emporte à propos d'une obscure histoire de vol, et fait couper oreilles et nez à deux coupables présumés. Après quoi, il ordonne l'arrestation d'un cacique local et de son fils, puis il les envoie à Colomb pour qu'il les mette à mort. Certes, Colomb s'en abstiendra ; mais c'est bien lui qui avait donné l'ordre de couper oreilles et nez à tous ceux qui seraient soupçonnés de vol, sous prétexte que ce serait visible pour tout le monde, et dissuasif. C'est lui qui exige que Caonabo soit pris par flatterie et ruse, ce qui sera accompli quelques semaines après

---

4. On connaît le passage du *Mundus Novus* d'Amerigo Vespucci (1504) : « Ils n'ont pas de vêtements, ni de laine ni de soie, parce qu'ils n'en ont nul besoin. Ils n'ont pas de biens qui leur appartiennent en propre, mais toutes choses sont en commun ; ils vivent sans roi, sans autorité supérieure, et chacun est son propre maître. Ils ont autant de femmes qu'ils veulent, le fils couche avec sa mère et le frère avec sa sœur, et chacun avec la première qu'il trouve à sa portée et qu'il rencontre. Chaque fois qu'ils le veulent, ils divorcent et ne suivent aucun ordre à cet égard. En outre, ils n'ont pas d'églises, n'ont pas de lois, et ne sont pas non plus idolâtres... » (H. Vignaud, *Améric Vespuce*, Paris, 1917, p. 308). En vérité, les Taïnos d'Haïti ne correspondent pas tout à fait à ce modèle, mais Colomb les décrit avec les mêmes rêves en tête.

l'incident des voleurs[5]. Le commentaire ultérieur de Las Casas sur toute cette affaire a une portée qui dépasse les circonstances de la conquête. C'est, écrit-il, cette injustice « première [qui] donnait juste titre et bon droit [aux Indiens] d'engager et mener contre les chrétiens une juste guerre ». Il estime que l'amiral n'avait pas le droit de se déplacer dans les parties de l'île sans en prévenir d'abord les souverains ou caciques, ni sans leur accord[6]. De fait, à l'été 1494, tout Haïti est entré en guerre. Colomb revient alors d'un voyage d'exploration à la Jamaïque et sur la côte sud de Cuba. Il ramène aussi les premiers exemplaires de ces fameux chiens de combat qui seront utilisés contre les Indiens et contre les esclaves ou insurgés noirs, et, comme on sait, jusqu'en 1803, dans la guerre d'indépendance d'Haïti. Voici ce qu'en dit Colomb lui-même, et qui se passe de commentaire : « Un chien fait ici grande guerre au point que nous les estimons l'égal de dix hommes et que nous en avons fort besoin[7]. » Car, avec la résistance indienne, le jugement sur ce peuple a changé du tout au tout. Aux premières rencontres, on les avait tenus pour des hommes et femmes pacifiques, doux en général, et même faciles à convertir au christianisme. Dès qu'ils engagent le combat, ils ne sont plus regardés que comme des gens perfides, voleurs, meurtriers ou pillards.

Si, à la fin du XVIIIe siècle, Lichtenberg a pu remarquer que l'Indien qui aperçut le premier Christophe Colomb a fait une découverte fâcheuse, il est de fait qu'ils n'en ont pas eu conscience tout de suite, et que le premier contact fut dépourvu d'hostilité, marqué davantage par la curiosité. Les difficultés n'ont commencé que quand les Indiens ont bien dû constater que les nouveaux venus n'étaient pas des visiteurs de passage, mais des envahisseurs despotiques. Haïti est significatif parce que c'est la première entreprise de conquête. Des échos de ce qui s'y passait ont probablement

5. Pour l'ordre de couper les nez et les oreilles, voir Lequenne, II, p. 106.
6. *La Historia de las Indias,* Mexico, éd. Ranke-Millarès, 1951, I, chap. XCII.
7. Christophe Colomb, *Œuvres complètes*, Paris, 1992, p. 293 (ci-après, Colomb, O.C).

atteint la terre ferme. De toute façon, les diverses populations indiennes étaient capables d'accueillir des étrangers pour un temps, mais elles n'ont jamais pensé à leur concéder un droit d'occupation permanente. Encore moins à travailler sous leurs ordres.

Pour y parvenir, Colomb mène la guerre vigoureusement ; en mars 1495, les Indiens sont écrasés à la bataille de la Vega Real. Le nombre des morts est inconnu, probablement très élevé. Quelques centaines de prisonniers sont envoyés en Espagne pour y être esclaves ; toutefois la reine Isabelle s'y refusera. Sur place, les Indiens tentent de pratiquer la stratégie de la terre brûlée, mais, refoulés dans les montagnes, ils meurent de faim en grand nombre. Dès lors, les survivants doivent se résigner à travailler aux mines et aux champs. Colomb avait prévu de faire venir d'Espagne des artisans et ouvriers qualifiés pour les encadrer et les former. Il en est effectivement venu quelques-uns, mais l'amiral a vite constaté que les Espagnols dans la colonie ne travaillaient pas, ne cherchaient qu'à obliger les autres à travailler pour eux. Et de leur imposer un effort physique sans répit : l'horaire de travail n'est limité par aucune règle, la sécurité du travailleur taïno à l'égard des agressions des maîtres n'existe pas. On a déjà cité des exemples de mauvais traitements de la part des contremaîtres ; il en est beaucoup d'autres. Que des maladies épidémiques, notamment la variole, surgissent, elles frappent des organismes gravement affaiblis ; au surplus, les malades indiens ne sont guère soignés. On ne saurait donc tenir les Espagnols pour innocents de ces vagues épidémiques.

Le résultat s'inscrit dans des chiffres accablants. L'estimation la plus courante de la population de l'île à l'arrivée de Colomb, et que rappelle le rapport des dominicains de 1519, la porte à 1,1 million de personnes. En 1507, le trésorier Juan de Pasamonte n'en compte plus que 60 000. En 1520, il ne subsisterait plus qu'un millier d'Indiens à Hispaniola, plus aucun à Porto Rico. Le déficit d'une main-d'œuvre qui, officiellement, n'est pas esclave, mais qui est traitée comme si elle l'était, devient tel qu'il entraîne des déportations à partir de terres plus ou moins voisines : quarante à cinquante mille des îles Lucayes vers Hispaniola, sans compter un nombre indéterminé d'Indiens pris sur la terre ferme et vendus

comme esclaves aux Espagnols de la première colonie
d'Amérique. La même catastrophe va s'abattre sur Cuba, où
s'étaient réfugiés quelques groupes de Taïnos, et qui fut occupée à partir de 1509-1511, sur la Jamaïque et enfin sur San
Juan de Porto Rico.

Tel est l'aboutissement de ce régime de travail forcé que
l'on peut aujourd'hui qualifier de concentrationnaire. Il allait
à l'encontre des traditions, du mode de vie, de toute la culture
des Indiens Taïnos. Il détruisait toute leur structure sociale. À
l'arrivée de Colomb, Haïti était une société qui reposait sur
une organisation étatique naissante, à la différence de Cuba
ou des Petites Antilles. Il y avait de grands caciques, avec, en
dessous d'eux, des chefs locaux ; les Espagnols ont employé
le terme de cacique pour tous, régionaux ou locaux. Il est
assez vraisemblable de supposer que, si Colomb s'est arrêté à
Haïti plutôt qu'à Cuba, c'est précisément parce qu'il y ren-
contrait des pouvoirs établis avec qui il pouvait traiter, fût-ce
pour essayer de les utiliser à ses fins. Il cherchait à les exploiter pour obtenir l'or tant convoité et y faire travailler leurs
sujets ; il voulait les amener à reconnaître l'autorité supérieure de la Couronne d'Espagne, il jugeait aussi nécessaire de
créer aux Indiens des besoins nouveaux avec l'aide de leurs
caciques, de sorte qu'ils soient dans la dépendance des Espagnols pour les satisfaire. Enfin, n'était pas oublié l'objectif
de la conversion au christianisme, seule justification déclarée
de la colonisation. Colomb a d'abord tenté le gouvernement
indirect, par l'intermédiaire des grands caciques auxquels il
imposait des tributs en or et en vivres, qu'il leur appartenait
de soutirer à la population ; en fait, ils étaient calculés de telle
manière qu'ils dépassaient très largement les capacités des
Indiens. Le système n'a pas duré. Dès le troisième voyage de
Colomb (1498-1500), on s'engage dans la voie qui mène au
système des *encomiendas*, concessions accordées à tel ou tel
Espagnol d'un certain nombre d'Indiens dont il est chargé
d'assurer la conversion tout en les faisant travailler sur ses
terres moyennant un salaire, disent les textes qui ne seront
pas appliqués à cet égard. De cette répartition autoritaire, nul
n'était exclu, pas même les caciques. C'était la destruction de
tout l'ordre social haïtien au profit d'un esclavagisme dont la
seule limite était la disparition physique du peuple asservi.

Les grands caciques encore vivants ont alors repris la lutte. Sous le gouvernement de Colomb, deux d'entre eux, Caonabo et Guacanagari, avaient déjà perdu la vie. Sous le gouvernement de Bobadilla, Mayobanix, qui a engagé le combat avec des troupes armées d'arcs et de lances, est capturé et mourra en prison. Guarionex, pris par ruse, décède sur le bateau qui devait l'amener en Espagne, dans la baie de Santo Domingo, à cause d'un cyclone qui engloutit le convoi et Bobadilla lui-même, qui venait d'être rappelé. L'épisode le plus célèbre de la répression, l'exécution de la cacique Anacaona, veuve de Caonabo, et qui régnait sur la partie appelée Xaragua, dans le centre de l'État actuel d'Haïti, n'a eu lieu qu'un peu plus tard, en 1502 ; rien ne prouve qu'il y ait eu dans ce cas un projet d'insurrection. L'île est alors gouvernée par Ovando ; Colomb, lui, est à la Jamaïque où il a besoin de secours. Il a envoyé Diego Mendez auprès du gouverneur pour en demander. Or celui-ci écrit qu'Ovando le retint « sept mois jusqu'à ce qu'il eût fait brûler ou pendre quatre-vingt-quatre caciques, seigneurs et vassaux, et avec eux, Anacaona, la souveraine la plus puissante de l'île et à laquelle tous les autres obéissaient[8] ». C'est au cours d'une fête offerte par la cacique à Ovando que le gouverneur a lancé ses soldats contre les seigneurs indiens pour les enfermer dans une grande case à laquelle il a fait mettre le feu : trois cents morts ! Anacaona, elle, a été amenée à Santo Domingo pour y être pendue. Le massacre visait à intimider les Indiens et à satisfaire les colons espagnols exaspérés par la présence de la dernière des grands caciques. Il y eut pourtant encore un soulèvement dans le Higuey, à l'est, en 1506 : Cotubana qui était à sa tête fut pendu dans la capitale. Toute trace de l'ancienne structure de l'Haïti précolonial disparaissait. L'insurrection dirigée par le métis Don Henrique de 1522 à 1533 est déjà d'un tout autre type : révolte dans le cadre du régime colonial où se mêlent Indiens survivants, métis et esclaves noirs en fuite, marrons, comme on commence à dire, et où tous gagnent des montagnes écartées pour y créer une communauté libre.

La disparition rapide de la masse indienne qui devait servir de main-d'œuvre quasiment gratuite aux colonisateurs créait

8. Cité *in* Lequenne, II, p. 203.

cependant problème. Pour combler les vides, on a donc importé des esclaves noirs en provenance d'Espagne, puisque l'esclavage subsistait en Espagne comme au Portugal (ou à Venise, en Sicile…). La date exacte n'est pas connue avec certitude ; toutefois il est vraisemblable que les premiers sont venus dès 1498. En effet, en 1502, Ovando, à son arrivée, écrit en Espagne pour prier que l'on cesse d'en envoyer parce qu'ils se mêlent aux Indiens fugitifs pour aller « marronner » dans les montagnes. Mais, quelques mois plus tard, il change d'avis et demande au contraire qu'on reprenne les envois de Noirs[9]. Ceux-là ont déjà un statut d'esclave, ils ont pu être utilisés en tant que tels comme ouvriers agricoles en Andalousie, ils peuvent aussi avoir quelque savoir-faire métallurgique, c'est une situation simple. Ainsi, dans la décennie 1520-1530, les esclaves noirs ont remplacé la main-d'œuvre indienne, alors que, pour un demi-siècle, Hispaniola passe de la production d'or à celle de canne à sucre. Ceux-là sont maintenant déportés directement d'Afrique.

Or le remplacement des Indiens par des Africains n'est pas la seule raison de l'indifférence des colons à l'extermination des premiers, pas même la principale raison. Las Casas l'explique ainsi : « Les colons passaient d'une île à l'autre ou d'un point de la terre ferme à un autre, quand ils avaient déjà pillé, volé, détruit, tué tous les Indiens d'un lieu avant d'aller piller et tuer dans l'autre[10]. » Au bout du compte, la conquête des grands empires des Aztèques et des Incas leur permettra de se fixer. Dans l'intervalle, le travail forcé des Taïnos aura produit, de 1503 à 1510, cinq tonnes d'or dûment enregistrées à la douane de Lisbonne, plus les quantités passées en contrebande et la production d'avant 1503 ; la colonisation se révèle donc profitable, n'importe les méthodes mises en œuvre.

De toute façon, l'image de la colonie vue de la métropole diffère de celle des colons, et de l'histoire réelle qui s'y joue dans le sang. Les décisions officielles du pouvoir en Espagne ne correspondent pas non plus à la politique effectivement

9. Voir Georges Scelle, *Histoire politique de la traite négrière aux Indes de Castille*, Paris, 1906, I, p. 122 et suivantes.
10. Las Casas, *La Historia de las Indias*, III, chap. XXI.

menée sur place. Il semble que ce soit une règle générale dans toute la colonisation européenne outre-mer. Le statut des Indiens illustre ce genre de divergence. En 1492, Colomb les présente aux Rois très Catholiques comme des « vassaux », du moins leurs chefs, ce qui ne devait pas déplaire en Espagne. Mais on a vu qu'en 1495 il en envoie quelque six cents à la métropole pour qu'elle les emploie en tant qu'esclaves. Isabelle s'indigne, refuse ce cadeau, renvoie ceux des Indiens qui ont survécu au voyage par mer : elle ne cessera d'en vouloir à Colomb pour cette initiative. L'amiral éprouvera encore le besoin de s'en justifier dans une lettre sans doute contemporaine de son dernier voyage (1502-1504) : « J'avais aussi imaginé de fonder de grands villages d'Indiens et de faire d'eux des chrétiens, et je m'étais mis à l'œuvre [...]. J'ai toujours rapporté par écrit à Vos Altesses que les Indiens étaient ici l'or et la richesse ; car dès que les chrétiens arrivent ici, d'aussi modeste origine soient-ils, ils prétendent descendre du roi Priam, et veulent être traités comme si c'était vrai. Perdus les Indiens, perdue la terre[11] ! » Ces paroles d'apparence généreuse ne précisent pas si les Indiens sont des sujets, des vassaux, des esclaves, des travailleurs salariés. La métropole, elle, par les instructions remises en 1500 à Bobadilla, en 1501 à Ovando, ordonne de les traiter avec justice et humanité, mais sans oublier de veiller à leur conversion. En effet, la raison d'être de la conquête coloniale, celle qui est proclamée *urbi et orbi*, c'est la conversion au christianisme de l'Église romaine et apostolique des nations païennes, motivation qu'en ces temps nul ne s'avisera de contester : la quête de l'or, pour n'être pas dissimulée, ne vient qu'après. Or l'exigence de conversion suffit à faire apparaître certaines formes de contrainte. Un ordre royal de 1503 énonce qu'il faut « contraindre lesdits Indiens à fréquenter les chrétiens, à travailler à la construction de leurs maisons et à recueillir l'or et les autres métaux [...] à charge pour les chrétiens de leur payer le salaire que vous avez fixé et étant entendu qu'ils sont soumis à ces obligations comme hommes libres[12] ». La vie et la

11. Colomb, O.C., 587.
12. Cité *in* Marcel Bataillon, *Las Casas et la défense des Indiens*, Paris, 1971, p. 59-60.

mort réelle de ces supposés « hommes libres » sont pourtant
bien loin de ces prescriptions, renouvelées en 1512-1513. Les
Rois très Catholiques n'objectent pas à l'esclavage par principe, puisqu'il existe dans la péninsule Ibérique ; la question
est seulement de définir qui peut être esclave. Parmi les
Indiens, il est licite, voire nécessaire, de réduire en esclavage
les « cannibales », donc les Caraïbes des Petites Antilles, mais
non les Taïnos qui ne sont pas anthropophages. Il peut aussi
être licite de réduire en esclavage les païens qui résistent
quand les chrétiens mènent une guerre juste. Ces considérations théoriques issues des réflexions des philosophes ou
théologiens du Moyen Âge paraissent planer au-dessus de
l'histoire réelle et de ses successions de violences telles
qu'elles se déroulent outre-mer. Des violences, car le climat
de violence règne entre Européens aussi bien qu'entre Européens et Indiens. Les colons se révoltent contre l'amiral, les
conflits de personnes sont fréquents, et Bobadilla passera à la
postérité pour avoir fait arrêter et enchaîner Christophe
Colomb, outrepassant ses instructions.

On sait qu'il y eut assez tôt des protestations de la part de
religieux qui prenaient au sérieux le *Sermon sur la montagne*. Le premier fut le dominicain Fray Montesinos dans un
sermon vers décembre 1511 à Santo Domingo où il cria aux
colons qu'ils étaient tous en état de péché mortel pour les
crimes commis contre les Indiens. Et d'ajouter : « Ne sont-ils
pas vos frères[13] ? », futur mot d'ordre des campagnes pour
l'abolition de l'esclavage. Si le jeune Las Casas en est boule-
versé au point de s'engager dans une lutte pour la justice qui
occupera toute sa vie, le gouverneur, alors Diego Colomb, fils
de l'amiral, dans sa colère, expulse de l'île Montesinos en
compagnie d'autres dominicains animés du même esprit. On
sait qu'ils feront rapport à la cour de Madrid, que le combat
pour les droits des Indiens continuera. En 1537, le pape
reconnaîtra qu'ils ont une âme et ne doivent pas être esclaves.
Pour ceux des Grandes Antilles, il est trop tard.

Restaient les Caraïbes des Petites Antilles. Ils formaient des
sociétés restreintes, sans structure étatique, groupées dans

13. Le sermon de Montesinos est connu par Las Casas, *La Historia
de las Indias*, III, chap. IV.

leurs villages ou carbets, avec des assemblées générales s'il y
avait à prendre une décision importante, des palabres, en
somme. Il leur arrivait de se réunir à plusieurs centaines ou
milliers pour des expéditions de quelque envergure, soit sur
la côte de l'actuel Venezuela où ils capturaient d'autres
Indiens, des Allouagues, soit contre des terres occupées par
les Espagnols. C'étaient les cannibales dont Colomb avait
entendu parler à son premier voyage. Comme les îles qu'ils
habitaient se trouvaient sur la route nautique des Espagnols,
la Guadeloupe par exemple, ces derniers ont bien tenté à plusieurs reprises de les déloger, ils leur ont sans doute infligé
des pertes, mais ils n'ont pu occuper que Trinidad. Les
Caraïbes ripostèrent par des raids sur Porto Rico notamment,
au cours desquels ils ont pris comme butin des esclaves noirs,
entre autres choses ; et ils les ont utilisés à leur tour, alors
que jusque-là ils n'avaient pas d'esclaves. Leur division du travail affectait aux femmes la culture de quelques champs et les
tâches domestiques, tandis que les hommes pêchaient, chassaient, construisaient les canots creusés dans un tronc d'arbre
et guerroyaient de temps à autre. Comme chez les Taïnos, travail assidu et productivité ne correspondaient pas à leur idéal
ou à leur vision du monde.

Dans le cours du XVIᵉ siècle, ils ont vu passer devant leurs
rivages non plus seulement les galions d'Espagne, mais des
navires anglais et français qui s'attaquaient aux premiers chaque
fois qu'ils pouvaient. Instruits par l'expérience, les Caraïbes
avaient dû assez vite prendre le parti de refuser toute installation permanente d'Européens chez eux, mais d'accueillir
éventuellement les naufragés, déserteurs, équipages ayant
besoin de provisions et rafraîchissements quand c'étaient des
ennemis des Espagnols. C'est ainsi que, vers 1620, il se trouvait un certain nombre de réfugiés de ce genre à la Guadeloupe pour un assez long séjour. Un document exceptionnel
découvert à Carpentras il y a quelque douze ans retrace
l'aventure de corsaires français qui, à bout de vivres et de ressources, abordèrent à la Martinique en 1619, furent accueillis
par les Caraïbes, à la suite d'une palabre de trois jours. Les
Indiens ont pris soin de les nourrir, de les remettre sur pied,
les ont aidés ; selon l'auteur anonyme de ce récit, quand les
Français sont repartis, leurs hôtes auraient aimé les retenir,

en leur faisant valoir que chez eux ils n'auraient pas d'aussi bon tabac, d'aussi bons hamacs, d'aussi bonne bière de manioc[14]... Quelques années plus tard, il en ira tout autrement des relations franco- ou anglo-caraïbes.

À partir du moment où Français et Anglais, sans cesser de s'opposer aux Espagnols, s'engagent à leur tour dans la voie de la colonisation, ils vont se heurter à leurs amis de la veille. Le massacre des Indiens des Grandes Antilles avait cependant suscité une forte émotion en Europe ; aussi les instructions royales prescrivent-elles aux gouverneurs de traiter les Indiens avec douceur et humanité, sans négliger pourtant de chercher à les convertir, auquel cas, précisent certains textes, ils pourraient acquérir les droits des régnicoles. Dans les faits, dès 1626, les représentants des deux puissances sur place agissent de telle manière que la disparition de la population originelle est déjà à l'horizon. Ce sera une lutte inégale avec des hauts et des bas, des périodes de répit et d'autres d'affrontements, mais, au XVIIIe siècle, ce peuple ne compte plus.

Donc, en 1626, un groupe d'Anglais avec à sa tête un nommé Warner et un groupe de Français commandé par un certain Belain d'Esnambuc s'établissent sur l'île de Saint-Christophe (aujourd'hui Saint-Kitts-et-Nevis), où les Caraïbes avaient précédemment recueilli des Français, déserteurs, naufragés, on ne sait ce qu'ils deviendront. Les deux chefs se partagent le territoire ; et, comme les Indiens auraient, dit-on, projeté de les assassiner, ils prennent les devants et en massacrent, non la totalité des individus masculins, comme le raconte le père Dutertre[15], mais un bon nombre.

14. Voir *Un flibustier français dans la mer des Antilles, 1618-1620*, manuscrit du début du XVIIe siècle présenté par Jean-Pierre Moreau, Paris, 1990.

15. In *Histoire générale des isles de Saint-Christophe, de la Guadeloupe, de la Martinique et autres*, Paris, 1654 ; il affirmait qu'ils avaient tué les hommes « sans en excepter un seul, sauf quelques-unes des plus belles femmes pour assouvir leurs brutales passions et en faire leurs esclaves ». Il faut noter que le texte du tome I de la nouvelle édition publiée par Dutertre en trois volumes, de 1667 à 1671, n'est pas identique à celui de 1654 et comporte des omissions et atténuations, peut-être dues à certaines pressions.

En 1635, les Français débarquent à la Guadeloupe et à la Martinique. Et très vite c'est la guerre contre les Caraïbes. Sur les événements de la Guadeloupe, il est bon de laisser la parole au père Dutertre, dominicain et missionnaire, ami du père Breton à qui on doit le premier dictionnaire français-caraïbe. Il vient de rappeler que les Français débarqués, pour la plupart des engagés dont le travail pendant trois ans remboursait le prix de la traversée, étaient en grandes difficultés, menacés par la famine. « Nos Français, dans l'extrémité de leurs maux, auraient sans doute reçu beaucoup de soulagement des sauvages de l'île si leur humeur impatiente ne les eût rebutés ; car ces barbares ne se doutant point du dessein qu'*on avait de leur faire la guerre* [mes italiques] venaient souvent les visiter, et jamais les mains vides ; ayant même remarqué que nos gens avaient nécessité de vivres, leurs pirogues étaient toujours remplies de tortues, de lézards, de cochons, de poissons, de cassave, de patates et de toutes sortes de fruits du pays. Mais nos gens, ennemis de leur propre bonheur, se plaignaient de leurs trop fréquentes visites, disant qu'ils ne venaient que pour reconnaître leur faible et en tirer avantage. Dans cette pensée, on en maltraita quelques-uns, et même on fut sur le point d'en défaire deux ou trois pirogues qui se présentaient. Les sauvages à qui peu de chose donne l'épouvante s'enfuirent et ne retournèrent plus[16]. »

Certes, la guerre est plutôt une suite d'actions de guérilla, où il y a tout de même des morts de part et d'autre, mais c'est bien un conflit déclaré et qui vise, pour les Français, à s'assurer la maîtrise sans partage de la Guadeloupe, de la partie appelée Basse-Terre. Il en est ainsi de 1636 à 1640 ; finalement, les Caraïbes se retirent à la Dominique qui sera leur dernier refuge. C'est à la Dominique que se rendra le père Raymond Breton, qui entend étudier et connaître les « sauvages » avant d'essayer de les convertir — à quoi il renoncera[17].

16. Dutertre, *op. cit.*, p. 121-122, passage que l'on ne retrouve pas en 1667.
17. Les conversions se sont révélées impossibles, pour une raison déjà relevée lors des premiers voyages de Colomb. Le père Ramon

D'autres actions seront menées à la Martinique, d'abord
pour refouler les Indiens vers la zone dite Cabesterre —
exposée au vent, à la différence de la Basse-Terre. Il y eut successivement des périodes de bonne entente et d'affrontements. Mais un élément nouveau intervient ici avec le rôle
des esclaves noirs. Français et Anglais en ont utilisé dès le
début, il y en avait à partir de 1626 à Saint-Christophe, pris
aux Espagnols ou apportés par les négriers hollandais ; les
engagés blancs ne suffisaient pas à tout. Par ailleurs, les tentatives d'emploi d'esclaves indiens, chez les Français des
Allouagues de la terre ferme, chez les Anglais, Caraïbes ou
Allouagues indifféremment, se sont heurtées à l'impossibilité
d'en obtenir une somme de travail satisfaisante. D'où le développement du recours à l'esclavage des Africains. À la Martinique où sa croissance a été rapide, ils vont par deux fois
faire cause commune avec les Caraïbes insurgés, en 1654 et
en 1657-1658. La révolte de 1654 a été bien proche d'un succès complet ; seule l'arrivée inopinée de vaisseaux hollandais
a permis de briser le blocus établi par les Indiens et les Noirs.
D'autres conflits ont eu lieu à la Grenade dans les mêmes
années. Il en résulte que les Indiens de la Martinique se retirent à la Dominique, ceux de la Grenade à la terre ferme. L'île
de Sainte-Lucie qu'ils avaient reconquise en 1639 leur ayant
été reprise par les Français en 1654, la Dominique devient la
dernière terre qui leur soit propre, et qui leur est reconnue
par un accord franco-anglo-indien de 1660. Les Anglais ne le
respecteront pas toujours. À la suite de la guerre de Sept Ans,
le traité de Paris de 1763 leur concédera la possession de
cette île, de même que celle de Saint-Vincent où d'autres
Caraïbes s'étaient longtemps maintenus. Mais, à cette date, il
ne reste plus de tout ce peuple que quelques familles dispersées çà et là. Sans avoir procédé à de grands et rapides

Pané, aumônier de l'amiral, avait commencé à apprendre les prières
chrétiennes au cacique Guarionex, quand des « notables » l'en ont
détourné en lui rappelant que « les chrétiens étaient méchants et
qu'ils prenaient nos terres par la force », *in* Ramon Pané, *Relazione
sulle antichita degli Indiani*, Palermo, 1992, p. 59-60. Le père Raymond Breton, à la Dominique, recueillera des réponses analogues, un
siècle et demi plus tard.

massacres à la manière des Espagnols, les nouveaux colonisateurs n'en ont pas moins éliminé la population originelle, en combinant refoulement dans certaines zones et répressions momentanées. Quant aux Black Caribs de Saint-Vincent que les Anglais déporteront sur la côte du Honduras, en 1797, après leur dernière révolte, ils sont issus de Noirs qui avaient adopté le mode de vie des Indiens, s'étant en quelque sorte naturalisés Indiens. Eux aussi succomberont.

Ainsi s'est créée une situation dans laquelle toutes les Antilles ne sont plus peuplées que d'immigrés, descendants des maîtres venus d'Europe ou descendants des esclaves déportés d'Afrique. Les populations originelles ont été sans doute éliminées pour n'avoir pas eu en partage cette idéologie du travail qui est ce que l'on appelle civilisation, encore moins le culte du travail intensif qu'exigeait l'accumulation capitaliste qui se jouait pour une bonne part dans ces mêmes Antilles.

Peuples agriculteurs :

- Zone de forte densité (jusqu'à 50 h/km²)
- Zone de faible densité (de 1 à 5 h/km²)
- Tribus nomades (moins d'1 h/10 km²)
- → Migration en cours au XVᵉ siècle

1000 km

Source : Jean Meyer, L'Europe et la conquête du monde, Paris, Armand Colin, 1975-1990.

Le peuplement indien de l'Amérique en 1492

L'extermination des Indiens
d'Amérique du Nord
par Pap Ndiaye

La catastrophe démographique

À l'arrivée de Christophe Colomb, le Nouveau Monde n'était nouveau que pour les Européens. Depuis plusieurs milliers d'années, des hommes vivaient en Amérique du Nord. Il est pratiquement certain que ceux qu'on appelle aujourd'hui les Indiens vinrent d'Asie via la Bérengie, une étendue de terre qui reliait périodiquement jusqu'à il y a dix mille ans l'Alaska à la Sibérie (à l'emplacement actuel du détroit et de la mer de Béring). Des groupes d'hommes s'y établirent, avant de descendre plus au sud à la faveur de la fonte des glaciers, il y a peut-être vingt-cinq mille ans. En quelques siècles, des populations émigrèrent en Amérique du Nord, tandis que d'autres groupes allaient plus au sud, jusqu'à la Terre de Feu[1].

Les premiers Européens à se fixer en Amérique du Nord auraient été les Scandinaves, au début du XIᵉ siècle, lorsque des fils d'Erik le Rouge (vivant au Groenland) colonisèrent brièvement Terre-Neuve. Quoi qu'il en soit, les Européens ne s'installèrent définitivement en Amérique du Nord qu'à partir du début du XVIᵉ siècle, dans le sillage de Colomb.

L'évaluation de la population indienne d'Amérique du Nord au moment de l'apparition massive des Européens fait l'objet, au moins depuis le XIXᵉ siècle, de débats qui n'ont pas été seulement historiques mais aussi politiques. Dans les années

1. La découverte archéologique récente, dans l'État de Washington, d'un squelette vieux de neuf mille cinq cents ans, correspondant apparemment à un homme aux traits caucasiens appelé « homme de Kennewick », a relancé le débat sur l'origine des Indiens.

1830, l'artiste George Catlin[2], qui voyagea longuement dans l'Ouest, évaluait la population indienne d'Amérique du Nord à seize millions en 1492, avant que ce chiffre soit drastiquement révisé à la baisse par le Bureau du recensement américain, qui parlait à la fin du XIXᵉ siècle d'un demi-million d'Indiens à l'arrivée de Colomb, répartis en « bandes éparses ». À l'évidence, ce chiffre minimisait délibérément l'effondrement démographique de la population indienne à une époque où celle-ci avait été pratiquement exterminée. En 1910, l'anthropologue James Mooney fournit une évaluation essentiellement fondée sur les témoignages des premiers explorateurs européens, s'établissant à 1,148 million d'Indiens[3]. Ce chiffre ne fut pas fondamentalement remis en cause jusqu'aux années 1960, tant il est vrai que les Indiens étaient considérés avec dédain, y compris par ceux-là mêmes qui prétendaient en faire leur sujet d'étude.

La révision la plus spectaculaire intervint avec les travaux de Henry Dobyns, qui estima en 1966 la population indienne à une fourchette de 9,8 à 12,25 millions de personnes, avant de réviser son évaluation à la hausse en 1983 (18 millions) en se fondant sur des hypothèses de ressources disponibles[4]. Pour parvenir à ce chiffre, Dobyns partait de la population indienne recensée en 1930 qu'il multipliait par 20 ou 25 (un coefficient de dépopulation qui prenait en compte les maladies et l'effondrement démographique des premières années de la colonisation, contrairement à Mooney). À l'époque des travaux de Dobyns, les anthropologues et les historiens commençaient à contester les travaux de leurs prédécesseurs pour des raisons politiques et scientifiques, en entendant non seulement donner la parole aux vaincus de l'Histoire, mais aussi

2. George Catlin, *Les Indiens d'Amérique du Nord*, Paris, Albin Michel, 1992.

3. James Mooney, « Population », *in* Frederick W. Hodge (dir.), *Handbook of American Indians North of Mexico*, U.S. Government Printing Office, Washington, 1910.

4. Henry F. Dobyns, « Estimating aboriginal American Population : An Appraisal of techniques with a new Hemispheric estimate », *Current Anthropology*, 7, 1966, p. 395-416 ; *idem*, *Their Number Become Thinned : Native American Population Dynamics in Eastern North America*, Knoxville, University of Tennessee Press, 1983.

récrire l'histoire de la colonisation américaine non pas comme celle de la conquête d'un territoire vide par les hommes blancs, mais comme celle de l'extermination, parfois systématique, d'êtres humains, en même temps que de la réduction en esclavage de millions d'autres, déportés d'Afrique.

Certes, plus récemment, les anthropologues ont revu à la baisse les estimations de Dobyns en combinant différentes techniques statistiques et ethnohistoriques, pour proposer des évaluations comprises entre 2,2 millions (Douglas Ubelaker) et 7 millions d'Indiens en Amérique du Nord (dont au moins 5 millions sur le territoire correspondant aux États-Unis actuels, d'après les calculs de Russell Thornton) vers 1500[5]. Les débats ne sont pas clos, mais une fourchette de 6 à 8 millions de personnes recueille aujourd'hui l'assentiment de la plupart des spécialistes.

Ce que l'on sait de manière plus certaine est que, vers 1800, la population indienne n'était plus que de 600 000 personnes (États-Unis actuels), et qu'elle diminua jusqu'à un nadir de 375 000 personnes vers 1900 (250 000 aux États-Unis), soit 5 à 10 % de la population d'origine, avant la lente convalescence démographique du xxe siècle. Même s'il est probablement impossible d'en mesurer précisément les effets, l'installation des Européens en Amérique du Nord a entraîné une catastrophe démographique d'une ampleur probablement unique dans l'histoire de l'humanité. Des groupes entiers, des sociétés et des cultures raffinées ont disparu à jamais de la surface de la terre.

5. Voir notamment Russell Thornton, *American Indian Holocaust and Survival : A Population History since 1492*, Norman, University of Oklahoma Press, 1987 ; *idem*, « The Demography of Colonialism and "Old" and "New" Native Americans », *in* Russell Thornton (dir.), *Studying Native America ; Problems and Prospects*, Madison, University of Wisconsin Press, 1998 ; Douglas H. Ubelaker, « North American Indian Population Size : Changing Perspectives », *in* John W. Verano et Douglas H. Ubelaker (dir.), *Disease and Demography in the Americas*, Washington, Smithsonian Institution Press, 1992. Une synthèse commode est proposée par John D. Daniels, « The Indian Population of North America in 1492 », *William and Mary Quarterly*, 49, 1992, p. 298-320.

Le déclin continu de la population indienne de 1500 à 1900 est dû à un ensemble de facteurs directement liés à la colonisation. Au plus simple, on peut d'abord dire que la population a décliné parce que les morts l'ont emporté sur les naissances, à quoi il faut ajouter les phénomènes migratoires, relativement marginaux ici. Les maladies, les guerres, les massacres, les déportations, les destructions des modes de vie n'ont pas été des conséquences malheureuses de la colonisation ; ils en ont constitué l'essence même.

Économie et violence de la colonisation

À l'arrivée des Européens en Amérique, rien n'était déterminé à l'avance quant aux formes de domination qu'ils exerceraient sur les Indiens. L'esclavage, en particulier, aurait pu concerner massivement la population indienne — n'était-il pas plus économique que d'organiser la déportation transatlantique de millions d'Africains ? De fait, l'esclavage des Indiens fut envisagé et pratiqué : il concerna en particulier des guerriers défaits ou kidnappés. En 1708, le gouverneur de Caroline du Sud estimait que son État comptait 1 400 esclaves indiens pour une population totale de 12 580 personnes. Beaucoup d'entre eux se fondirent progressivement dans la population esclave noire.

Cependant, l'esclavage des Indiens demeura relativement marginal. Les hommes indiens refusaient souvent les tâches agricoles qu'on leur assignait et ils mettaient à profit leur connaissance de la région pour s'échapper. Il a toujours été difficile de réduire des hommes en esclavage dans leur pays natal. Il fallait donc transférer les prisonniers dans des contrées inconnues, comme lorsque des Indiens rebelles du Massachusetts furent déportés dans les Caraïbes vers 1676[6]. De toute manière, il n'y eut bientôt plus assez d'Indiens vivants pour satisfaire les énormes besoins de main-d'œuvre des plantations coloniales. Les colons firent donc venir d'Europe des travailleurs sous contrat et surtout, à partir de la fin du XVIIe siècle, des esclaves africains. L'utilité économique

---

6. Voir Peter Kolchin, *Une institution très particulière : l'esclavage aux États-Unis, 1619-1877*, Paris, Belin, 1998, p. 14.

des Indiens étant marginale, voire inexistante aux yeux de la grande majorité des colons, il n'était nul besoin d'épargner leur vie. Bref, les Indiens représentaient un obstacle à la colonisation de l'Amérique du Nord, plutôt qu'un moyen par lequel elle pouvait se réaliser.

Une des questions qui ont longtemps occupé les historiens traitait des liens de causalité entre le racisme et les différentes formes de domination et de violence auxquelles les esclaves venus d'Afrique et les Indiens ont été soumis. L'historien Ulrich B. Phillips écrivait au début du xxᵉ siècle que le racisme et l'esclavage étaient naturellement liés et se légitimaient réciproquement, comme deux facettes inévitables de la mission civilisatrice des Blancs[7]. La question fut reprise dans les années 1950, à la faveur d'un nouveau contexte politique de délégitimation progressive du racisme. Un vif débat opposa ceux, comme Oscar Handlin et Kenneth Stampp, qui estimaient que l'institution esclavagiste « inventa » l'idéologie raciste pour se justifier, et ceux, comme Carl Degler et Winthrop Jordan, qui remarquaient que les préjugés racistes étaient largement répandus chez les Européens bien avant la colonisation du continent américain[8]. Les deux points de vue ne sont pas contradictoires. Au vrai, on s'accorde aujourd'hui sur le fait que les stéréotypes raciaux préexistaient à la colonisation, mais qu'ils furent renforcés et légitimés par deux siècles et demi d'esclavage.

Plus récemment, d'autres historiens ont montré que les Indiens n'étaient pas en meilleure position que les Africains

7. Ulrich B. Phillips, *American Negro Slavery*, New York, Appleton & Co, 1918.

8. Oscar Handlin, *Race and Nationality in American Life*, Boston, Little, Brown & Company, 1957, et Kenneth Stampp, *The Peculiar Institution : Slavery in the Ante-bellum South*, New York, Knopf, 1956. Carl N. Degler, « Slavery and the Genesis of American Race Prejudice », *Comparative Studies in Society and History*, II, octobre 1959, p. 49-66 ; Winthrop D. Jordan, *White Over Black : American Attitudes Toward the Negro, 1550-1812*, Baltimore, Johns Hopkins University Press, 1968, et Alden T. Vaughan, « The Origins Debate : Slavery and Racism in Seventeenth-Century Virginia », *Virginia Magazine of History and Biography*, XCVII, juillet 1989, p. 311-354.

dans le panthéon racial des colons[9]. Dès le xvie siècle, des explorateurs et écrivains espagnols élaborèrent un arsenal de considérations racistes pour stigmatiser les Indiens. Certains de leurs ouvrages les décrivaient comme des hybrides humain-animal, des « cannibales » à « tête de chien », coupables de déviances sexuelles et autres péchés mortels. Bref, des êtres inférieurs qui devaient être réduits en esclavage ou purement et simplement anéantis. Malgré quelques rares voix dissidentes, parmi lesquelles celle de Bartolomé de Las Casas, ces affabulations étaient largement diffusées en Europe, et notamment en Grande-Bretagne, dont les représentants en Amérique du Nord reprirent à leur compte la rhétorique raciste des conquistadores dès les premières années de la colonisation britannique, au début du xviie siècle. En outre, les colons britanniques ne tentèrent jamais sérieusement de convertir les Indiens. En dépit de quelques velléités missionnaires, leur objectif premier était de contrôler des territoires (les alliances passées avec certains chefs indiens n'étaient que provisoires, pour tenir compte d'un rapport de force momentanément défavorable), et peu importait s'il fallait pour cela anéantir les populations locales.

Au début du xixe siècle, Thomas Jefferson, deuxième président des États-Unis et propriétaire d'esclaves pourtant tourmenté par la mauvaise conscience, recommandait d'exterminer les Indiens ou de les déporter le plus loin possible. Un siècle plus tard, Theodore Roosevelt lui faisait écho en déclarant : « Je n'irai pas jusqu'à dire qu'un bon Indien est un Indien mort, mais enfin c'est le cas pour neuf sur dix d'entre eux, et je ne perdrais pas mon temps avec le dixième[10]. »

Peut-on alors parler de génocide, voire d'« holocauste américain », à propos du massacre des Indiens, pour reprendre

9. Voir Neal Salisbury, *Manitou and Providence : Indians, Europeans, and the Making of New England, 1500-1643*, New York, Oxford University Press, 1982, et Alden T. Vaughan, « From White Man to Redskin : Changing Anglo-American Perceptions of the American Indian », *American Historical Review*, 87, 1982, p. 917-953.

10. David Stannard, *American Holocaust : Columbus and the Conquest of the New World*, New York, Oxford University Press, 1992, p. 245.

l'expression de plusieurs auteurs contemporains, en particulier Russell Thornton et David Stannard[11] ? Il est clair que la colonisation de l'Amérique du Nord ne se fit pas avec l'objectif primordial d'exterminer des êtres humains : elle répondait plutôt à un ensemble de motivations économiques et politiques étrangères à la population indienne proprement dite. Mais il est également clair qu'une fois installés sur place les Européens durcirent progressivement leur attitude à l'égard des Indiens, jusqu'à les considérer, le plus souvent, comme une variété inférieure et nuisible d'êtres humains dont l'élimination était légitime, voire souhaitable. Le terme de génocide, qui se réfère à la destruction systématique d'un groupe humain, est donc approprié. Il y eut bien un génocide en Amérique du Nord, qui, avec l'esclavage, constitua la facette la plus tragique du processus de colonisation.

Les maladies

Les maladies infectieuses, en particulier la tuberculose, n'étaient pas inconnues des Indiens avant 1492, mais ceux-ci n'avaient jamais été exposés à la plupart de celles que connaissaient les Européens, les Africains et les Asiatiques. Les colonisateurs amenèrent avec eux la variole, la rougeole, la peste, le choléra, la fièvre typhoïde, la diphtérie, la malaria, la scarlatine, la fièvre jaune et certaines maladies vénériennes qui causèrent près d'une centaine d'épidémies majeures en cinq siècles. Les Européens et les esclaves africains furent également touchés par les maladies, et la colonisation s'en trouva certainement ralentie. Mais les Indiens, pour des raisons tout autant génétiques qu'historiques, souffrirent incomparablement plus des différentes pathologies venues d'outre-mer.

La maladie qui causa le plus de ravages fut la variole, qui s'installa en Amérique du Nord dès 1520 et balaya des groupes entiers de populations dépourvues de défenses immunitaires. La nation des Hurons, par exemple, perdit par la variole entre la moitié et les deux tiers de ses effectifs entre 1634 et 1640, suite à l'installation des Français dans les parages du lac Érié.

---

11. Thornton, *American Indian Holocaust and Survival...*, *op. cit.*, et Stannard, *American Holocaust...*, *op. cit.*

Les rescapés furent ensuite attaqués et défaits par les Iroquois (avant qu'eux aussi soient durement touchés par la même maladie, surtout au XVIIIe siècle). Dès lors, la nation Huron avait disparu, deux petits groupes de survivants s'établissant l'un près de Québec, l'autre, après une longue pérégrination, dans l'Oklahoma. Innombrables sont les témoignages de nations détruites par la variole, de rescapés, désespérés et souvent défigurés, mettant fin à leurs jours. En 1836, notamment, une épidémie de variole ravagea les Grandes Plaines et tua au moins dix mille Indiens en quelques mois. Chez les Mandans, qui vivaient dans la vallée du Missouri, le premier cas de variole fut recensé le 14 juillet 1837. La plupart d'entre eux étaient morts le 30 juillet, comme le rapporte George Catlin, qui décrit ainsi la mort de leur chef, Four Bears, qui avait pourtant réchappé à la maladie : « Cet homme de qualité était assis dans son wigwam, et voyait tous les membres de sa famille, ses femmes et ses petits-enfants, morts autour de lui… Il couvrit les cadavres de tissus, puis sortit pour s'asseoir sur une colline […] résolu à se laisser mourir. Au sixième jour, il eut encore assez de force pour revenir à sa tente, s'allonger près des cadavres, rabattre la couverture sur lui et attendre la mort, qui survint au neuvième jour de son jeûne[12]. »

Les épidémies ne survinrent pas comme une conséquence malheureuse de la colonisation, ainsi qu'on le présente trop souvent. D'abord, parce que les Européens se réjouissaient souvent de l'affaiblissement des sociétés indiennes, et considéraient la variole et les autres maladies comme envoyées par Dieu. Ensuite, parce que ces maladies étaient parfois volontairement répandues : des historiens ont ainsi pu parler d'une « guerre biologique » qui, au XVIIIe siècle, aurait éliminé les forces vives de plusieurs nations indiennes. Le cas le mieux documenté est celui de Fort Pitt (Pennsylvanie) en 1763, lorsque le général britannique Amherst ordonna de « répandre la variole parmi la vermine [les Indiens] », à quoi son subordonné, le colonel Henry Bouquet, répondit qu'il l'avait fait,

12. George Catlin, *Letters and Notes on the Manners, Customs and Conditions of the North American Indians*, New York, Dover Publications, 1973 (1844), vol. 2, p. 258, cité par Thornton, *American Indian Holocaust...*, *op. cit.*, p. 99.

au moyen de couvertures contaminées[13]. Il faut ajouter que, d'une manière générale, les campagnes de vaccination des Indiens (en particulier contre la variole) demeurèrent modestes jusqu'à la fin du XIXᵉ siècle.

Enfin et surtout, les épidémies ne peuvent pas être considérées isolément. Après tout, en d'autres temps et d'autres lieux, des populations ont aussi été affectées par de terribles épidémies, mais sans conséquences démographiques irréversibles, y compris en ce qui concerne la fameuse Peste noire qui ravagea l'Europe au XIVᵉ siècle. Si les maladies infectieuses eurent de telles conséquences en Amérique du Nord, c'est parce que l'explosion des taux de mortalité s'accompagna d'un effondrement de la natalité, dans le contexte de la destruction générale des sociétés indiennes. Il ne s'agit donc pas de prendre les épidémies pour des phénomènes biologiques indépendants de la volonté des hommes, mais au contraire pour l'une des facettes de la colonisation.

Aux maladies il faut ajouter l'alcool. L'alcoolisme devint un problème majeur à partir de la fin du XVIIᵉ siècle. Les trappeurs et les négociants en fourrure pouvaient proposer un verre de rhum aux Indiens lorsqu'ils faisaient affaire avec eux. Une fois ivres, ceux-ci étaient dépossédés de leurs fourrures. À d'autres occasions, l'alcool servait à extorquer des traités iniques, quand il n'était pas tout bonnement utilisé pour endormir et tuer. La distribution libérale d'alcool aux populations indiennes fut un moyen parmi d'autres d'affaiblir les sociétés locales[14].

Les guerres

Les Indiens souffrirent également des guerres. Certes, des conflits violents entre nations indiennes avaient régulièrement

13. Une bonne analyse de la notion de guerre biologique se trouve dans Elizabeth A. Fenn, « Biological Warfare in Eighteenth-Century North America : Beyond Jeffery Amherst », *Journal of American History*, 86, 4, mars 2000, p. 1552-1580.

14. James Axtell, *The European and the Indian : Essays in the Ethnohistory of Colonial North America*, New York, Oxford University Press, 1981.

éclaté avant l'arrivée des Européens, et les prisonniers faits à l'issue des combats étaient parfois traités avec cruauté. Mais les Européens firent de la guerre une méthode d'annihilation générale des tribus, de dévastation de leurs moyens de subsistance, de destruction des cultures. D'une côte à l'autre, de la Floride à l'Oregon, les conflits firent rage dès les premières années du XVIe siècle jusqu'à la soumission des Sioux, en 1890[15].

Il faut aussi compter la guerre de Sécession, qui détruisit de nombreuses nations comme les Cherokee. Dans tous les cas, les Indiens étaient souvent considérés comme des obstacles à la réalisation de la « destinée manifeste », et les colons comme les fers de lance de la civilisation. Il ne s'agit pourtant pas de présenter indistinctement les Indiens comme des héros : si certains n'eurent recours à la violence qu'en dernière extrémité, d'autres étaient des guerriers impitoyables.

Comment les sauvages du Canada traitent leurs prisonniers [16]

L'histoire des guerres est courte chez les sauvages ; ils se hâtent de l'écrire. Comme les fuyards pourraient revenir en force sur leurs pas, le vainqueur ne les attend pas. Sa gloire est de marcher avec précipitation, sans jamais s'arrêter en route jusqu'à ce qu'il soit arrivé sur son territoire et dans sa bourgade. C'est là qu'on le reçoit avec les transports de la plus vive joie, avec des éloges qui sont sa récompense. Ensuite, on s'occupe du sort des prisonniers, unique fruit de la victoire.

Les heureux sont ceux qu'on choisit pour remplacer les guerriers que la nation a perdus dans l'action qui vient de se passer ou dans des occasions plus éloignées. Cette adoption a été sagement imaginée pour perpétuer des peuples qu'un état de guerre continuelle aurait bientôt épuisés. Les prisonniers, incorporés

15. Une description commode des guerres indiennes se trouve dans Carl Waldman, *Atlas of the North American Indian*, New York, Checkmark Books, 2000.

16. L'abbé Raynal, *L'Anticolonialisme au XVIIIe siècle. Histoire politique et philosophique des établissements et du commerce des Européens dans les deux Indes*, Introduction, choix des textes et des notes par Gabriel Esquer, Paris, PUF, 1951 ; liv. XV, chap. IV, t. IV, p. 33.

dans une famille, y deviennent cousins, oncles, pères, frères, époux ; enfin ils y prennent tous les titres du mort qu'ils remplacent et ces tendres noms leur donnent tous ses droits, en même temps qu'ils leur imposent tous ses engagements. Loin de se refuser aux sentiments qu'ils doivent à la famille dont ils sont faits membres, ils n'ont pas même d'éloignement à prendre les armes contre leurs compatriotes. C'est pourtant un étrange renversement des liens de la nature. Il faut qu'ils soient bien faibles pour changer ainsi d'objet avec les vicissitudes de la fortune. C'est que la guerre en effet semble rompre tous les liens du sang et n'attacher plus l'homme qu'à lui-même.

Mais quelquefois un captif refuse cette adoption et quelquefois il en est exclu. Un prisonnier, grand et bien fait, avait perdu plusieurs doigts à la guerre. On ne s'en était pas d'abord aperçu. « Mon ami, lui dit la veuve à laquelle il était destiné, nous t'avions choisi pour vivre avec nous, mais dans la situation où je te vois, incapable de combattre, de nous défendre, que ferais-tu de la vie ? La mort vaut mieux pour toi. — Je le crois, répondit le sauvage. — Eh bien, répliqua la femme, tu seras attaché ce soir au poteau du bûcher. Pour ta propre gloire, et pour l'honneur de notre famille qui t'avait adopté, souviens-toi de ne pas démentir ton courage. » Il le promit et tint parole. Durant trois jours, il souffrit les plus cruels tourments avec une constance qui les bravait, une gaieté qui les défiait. Sa nouvelle famille ne l'abandonna pas ; elle l'encouragea même par des éloges, lui fournissant de quoi boire et de quoi fumer au milieu des supplices. Quel mélange de vertu et de férocité ! Tout est grand chez ces peuples qui ne sont pas asservis. C'est le sublime de la nature dans ses horreurs et ses beautés.

Les captifs que personne n'adopte sont bientôt condamnés à mort. On y prépare les victimes par tout ce qui peut, ce semble, leur faire regretter la vie. La meilleure chère, les traitements et les noms les plus doux, rien ne leur est épargné. On leur abandonne même quelquefois des filles jusqu'au moment de leur arrêt. Est-ce commisération ou raffinement de barbarie ? Un héraut vient enfin dire au malheureux que le bûcher l'attend. « Mon frère, prends patience, tu vas être brûlé. — Mon frère, répond le prisonnier, c'est fort bien ; je te remercie. »

Ces mots sont reçus avec un assentiment universel. Mais les femmes l'emportent dans la commune joie. Celle à qui le prisonnier est livré invoque aussitôt l'ombre d'un père, d'un époux, d'un fils, de l'être le plus cher qu'il lui reste à venger. « Approche, crie-t-elle à cette ombre, je te prépare un festin. Viens boire à longs traits le bouillon que je te destine. Ce guerrier va être mis dans la chaudière. On lui appliquera des haches ardentes sur tout le corps. On lui enlèvera la chevelure. On boira dans son crâne. Tu seras vengée et satisfaite. »

Cette furie fond alors sur le patient qui est attaché à un poteau près d'un brasier ardent et, frappant ou mutilant sa victime, elle donne le signal de toutes les cruautés. Il n'est pas une femme, il n'est pas un enfant dans la peuplade que ce spectacle assemble qui ne veuille avoir part à la mort, aux tourments du malheureux captif. Les uns lui sillonnent la chair avec des tisons ardents ; d'autres la tranchent en lambeaux ; d'autres lui arrachent les ongles ; d'autres lui coupent les doigts, les rôtissent et les dévorent à ses yeux. Rien n'arrête ses bourreaux que la crainte de hâter sa mort ; ils s'étudient à prolonger son supplice durant des jours entiers et quelquefois une semaine.

Au milieu de ces tourments, le héros chante d'une manière barbare, mais héroïque, la gloire de ses anciennes victoires, il chante le plaisir qu'il eut autrefois d'immoler ses ennemis.

De même les colons européens se partageaient-ils entre certains, qui défendirent les droits des Indiens, d'autres qui les exploitèrent sans vergogne, d'autres encore qui profitaient des persécutions, et même quelques criminels enchaînant les actions meurtrières. Il n'en demeure pas moins que les relations entre colons et Indiens furent généralement marquées par la violence, et que, si les Indiens ont perdu la « guerre de quatre cents ans », ce ne fut pas en raison de leur manque de vaillance ou de savoir-faire, mais parce qu'ils furent démographiquement écrasés par les Européens. Plutôt que de retracer en détail les nombreux conflits qui se sont succédé jusqu'à la fin du XIXe siècle, on soulignera les principales scansions de la poussée coloniale en Amérique du Nord.

Vers 1570, Espagnols, Anglais et Français sillonnaient déjà la côte est du continent, du Saint-Laurent à la Floride. Dans un premier temps, la population autochtone réserva un accueil bienveillant aux Européens, qu'ils fussent trappeurs, marchands, fermiers ou missionnaires. Les premières escarmouches furent liées à l'essor de la traite des fourrures, et, plus secondairement, de la pêche à la morue, sur la côte atlantique. Au fur et à mesure de l'épuisement des terrains de chasse, les trappeurs se déplaçaient vers l'ouest. Mais les tensions les plus vives naissaient lorsque des colons s'appropriaient la terre à des fins agricoles. Puis les conflits se multiplièrent, comme dans les années 1620 et 1640 entre les colons anglais et les Indiens de la confédération Powhatan

(Virginie), ou dans la colonie de Plymouth (Nouvelle-Angleterre), lorsque les Indiens Pequots furent massacrés par les puritains.

Après quelques succès initiaux, les Indiens étaient régulièrement défaits et massacrés, les survivants dispersés ou réduits en esclavage. Lorsqu'un traité de cession des terres était signé, les Indiens n'en comprenaient pas toujours les arguties, pas plus que le concept de propriété individuelle de la terre, qui, en tout état de cause, ne devait pas compromettre à leurs yeux les droits de chasse.

Les rivalités impériales entre Britanniques, Français et Espagnols sur le continent nord-américain affectèrent aussi les Indiens, qui servirent souvent de forces supplétives, négociant leur ralliement en fonction de leurs intérêts propres. Les épisodes américains des guerres de la Ligue d'Augsbourg (1689-1697), de Succession d'Espagne (1702-1713), de Succession d'Autriche (1744-1748), et, surtout, celui de la guerre de Sept Ans (1756-1763) mirent à contribution des milices indiennes — notamment les Abnakis et Mohawks du côté français, les Chickasaws et les Cherokees du côté anglais. Après la défaite française, sanctionnée par le premier traité de Paris (1763), la France ne fut plus une puissance coloniale majeure en Amérique du Nord. Mais les vrais perdants furent bien les Indiens : les alliés des Français en premier lieu, mais aussi les alliés d'Anglais qui n'avaient plus besoin de négocier d'alliances avec les chefs indiens.

Il faut ajouter qu'à la même époque, parallèlement aux guerres impériales, d'autres conflits mirent aux prises les colons européens aux Indiens : ces derniers affrontèrent les Britanniques en Virginie, dans les Carolines, et surtout autour du lac Érié, où le chef Ottawa Pontiac remporta plusieurs victoires jusqu'en 1763, tandis que les Natchez guerroyaient contre les Français dans la vallée du Mississippi.

Aux yeux des Indiens, les colons qui s'installaient sur leurs territoires en faisant fi de la frontière définie par la proclamation royale de 1763 représentaient une menace plus grande encore que le gouvernement britannique. C'est pourquoi, dans l'ensemble, les Indiens se rangèrent aux côtés de la Couronne pendant la guerre d'Indépendance. Mais les Britanniques ne surent pas tirer parti de ces nombreux et puissants alliés. Après le second traité de Paris (1783), qui mettait fin à la révolution américaine, les Britanniques abandonnèrent les Indiens à leur sort, dans un pays dont la majorité des citoyens les considéraient comme des ennemis. L'indépendance américaine accrut donc la marginalisation des Indiens à l'est du Mississippi, et favorisa à terme la colonisation européenne et la destruction des nations indiennes. La guerre de 1812, qui vit le grand chef Shawnee Tecumseh et ses alliés britanniques menacer un temps la jeune république américaine, fut sans doute la dernière occasion pour elles de créer une grande confédération, et, pourquoi pas, un État indépendant.

Dès lors, face à des colons chaque jour plus nombreux, soutenus par un pouvoir politique déterminé à déporter les autochtones le plus loin possible vers l'ouest ou à les tuer, le rapport de force tourna largement en faveur des envahisseurs. Ce fut le cas en Floride, où les Séminoles opposèrent pourtant une résistance opiniâtre lors de trois conflits, de 1818 à 1858, avant d'être partiellement déportés vers le territoire indien (correspondant à l'Oklahoma actuel). Cela concerna aussi les nations indiennes qui tentèrent de résister par des moyens légaux. Ainsi les Cherokees, l'une des nations dites « civilisées » du Sud-Est qui avait réussi à s'adapter à la présence coloniale, bataillèrent-ils juridiquement contre la décision du président Jackson de les déporter vers l'ouest. Bien que la Cour suprême leur ait donné raison, les Cherokees et les autres nations civilisées durent prendre, entre 1831 et 1834, la tragique « piste des Larmes » qui mena les rescapés jusqu'en Oklahoma (la moitié des Cherokees périrent en chemin[17]). En Alaska et aux îles Aléoutiennes, les chasseurs et pêcheurs russes installés depuis le milieu du XVIIIᵉ siècle combattirent les Aleuts et les

17. Michael Paul Rogin, *Fathers and Children : Andrew Jackson and the Subjugation of the American Indian*, New York, Knopf, 1975, et Russell Thornton, « Cherokee Population Losses during the "Trail of Tears" : A New Perspective and a New Estimate », *Ethnohistory*, 31, 1984, p. 289-300 ; Bernard Vincent, *Le Sentier des Larmes. Le grand exil des Indiens Cherokees*, Paris, Flammarion, 2002.

Tlingits jusqu'à la vente de ce territoire par le gouvernement russe aux Américains en 1867. Les Grandes Plaines
s'étendant du Mississippi à la côte pacifique furent le théâtre, des années 1820 aux années 1890, d'une multitude de
conflits enchevêtrés qui, joints à l'essor du chemin de fer,
au massacre des bisons et à l'installation des colons, aboutirent à la fin de la résistance indienne contre la colonisation
blanche.

C'est surtout à partir des années 1850 que la guerre se
généralisa à l'ensemble de l'Ouest, après l'annexion du Sud-
Ouest et la ruée vers l'or californien de 1849. L'armée américaine se dota d'armes du dernier cri et accrut ses effectifs,
en particulier ses unités de cavalerie commandées après
1865 par des vétérans de la guerre de Sécession, aptes à
combattre les cavaliers hors pair qu'étaient les Sioux, les Arapahos, les Cheyennes, les Comanches, les Apaches. Mais les
grandes batailles rangées étaient rares. Le plus souvent, les
militaires pratiquaient une stratégie de destruction systématique des chevaux, des lieux d'habitation et des réserves de
nourriture, à quoi s'ajoutaient fréquemment des massacres
de civils, comme à Sand Creek en 1864 ou à Wounded Knee
en 1890.

Partout, la même histoire lamentable se répétait. Au nord,
malgré la destruction de la cavalerie du général Custer à
Little Big Horn, en 1876, par une coalition menée par Crazy
Horse et Sitting Bull, les Sioux, une partie des Cheyennes et
les Arapahos furent défaits et parqués dans des réserves
misérables. Au sud, près de la frontière mexicaine, les Apaches furent également vaincus, malgré la bravoure de Geronimo, qui se rendit en 1886 et mourut en captivité en 1909.
Sur la côte Ouest, en dépit de la résistance des Nez-Percés
de Chief Joseph, l'armée rassembla les nations indiennes
dans des réserves, situées sur des terres inhospitalières. Et,
partout, la guerre ne consistait plus à se battre seulement
contre l'ennemi blanc : il s'agissait aussi d'une guerre contre
les maladies et contre la faim, car les bisons avaient pratiquement disparu et les colons occupaient les meilleures
terres.

Lorsqu'en 1890 le Bureau du recensement annonça que la
frontière avait disparu, le processus de colonisation était

achevé : les Américains contrôlaient effectivement l'ensemble
du territoire, et les Indiens ne représentaient plus nulle part
de menace militaire sérieuse[18].

Du colonialisme au postcolonialisme

La fin de la conquête ouvrit une période marquée par la
tutelle du Bureau des affaires indiennes, institué en 1824, sur
les nations indiennes officiellement reconnues. C'est dans ce
cadre que la loi Dawes de 1887, prévoyant un lotissement foncier (64 hectares par famille), aboutit à une diminution des
deux tiers des terres indiennes dans le demi-siècle qui suivit, en
même temps que les colonisateurs accaparaient les meilleures
d'entre elles et les ressources. Pourtant, plusieurs centaines de
réserves avaient été créées, surtout entre 1867 et 1887, afin de
contrôler et d'isoler la population locale tout en lui garantissant
la propriété collective de la terre. Mais les réserves, de même
que les traités sur lesquels elles se fondaient, pesaient peu face
aux intérêts économiques et au racisme des colonisateurs.

Une politique de destruction des cultures indiennes fut mise
en œuvre : dans les réserves, les Indiens étaient pratiquement
considérés comme des prisonniers de guerre, vivaient dans
des conditions de grande pauvreté, tandis que leurs enfants
étaient envoyés dans des pensionnats lointains au motif de
l'assimilation nécessaire dans la société blanche. Les conseils
de tribus avaient été remplacés par une administration indifférente ou hostile, parfois complice des spéculateurs fonciers.
Dans ce contexte, la loi de 1924, qui accordait la citoyenneté
américaine aux Indiens, n'avait qu'une valeur formelle.

18. À ce propos, la notion de « frontière » a été profondément repen-
sée par les historiens : on s'accorde aujourd'hui pour définir la frontière
non comme un « front » se déplaçant vers l'ouest et séparant les colons
des Indiens, mais comme un espace mouvant, une zone intermédiaire
de contacts sans délimitations nettes. La déclaration de 1890 est donc
une déclaration politique performative, plutôt qu'un constat factuel.
Voir Patricia Limerick, *The Legacy of Conquest. The Unbroken Past of
the American West*, New York, Norton, 1987, et Richard White, *The
Middle Ground : Indians, Empires and Republics in the Great Lakes
Region, 1650-1815*, New York, Cambridge University Press, 1991.

La loi de réorganisation indienne (Indian Reorganization Act) de 1934 marqua un tournant net, puisqu'elle exprima la volonté de l'administration Roosevelt — représentée par John Collier, le premier chef du Bureau des affaires indiennes désireux d'aider les Indiens plutôt que de les soumettre — de mettre fin à certaines des injustices les plus criantes. La possession collective de la terre, par l'intermédiaire des nations, fut réaffirmée, ainsi que différents droits (liberté religieuse, éducation dans les réserves). Mais les années 1950 enregistrèrent un nouveau revirement, à l'époque de la guerre froide et d'un anticommunisme virulent, lorsque les nations indiennes furent suspectées de socialisme et que le gouvernement, rompant avec la politique de Collier, tenta de mettre fin en 1953 à l'organisation tribale. Parallèlement, la Commission des griefs indiens (Indian Claims Commission), élaborée en 1946 afin de permettre à certaines nations de réclamer des terres volées, de dénoncer les traités iniques ou non respectés, versa des compensations financières en échange de renonciations définitives à des terres.

Comme pour les autres minorités, les années 1960 constituèrent un tournant majeur. En cela, la question indienne aux États-Unis est passée de l'ère coloniale, marquée par un rapport de pouvoir brutal et globalement méprisant à l'égard des cultures indiennes, à un nouveau moment, que l'on peut qualifier de postcolonial. Celui-ci se caractérise par des facteurs d'oppression moindres, par des marges d'autonomie plus grandes — même si les discriminations demeuraient, à peine corrigées par la politique d'*affirmative action* — et par une réévaluation positive, quoique non dépourvue d'ambiguïtés, des cultures indiennes.

À l'appui de ce changement, deux grandes séries de raisons peuvent être avancées. Premièrement, la politique du gouvernement américain changea de manière significative dans les années 1960, puisque les administrations Kennedy et Johnson encouragèrent l'autonomie politique, économique et culturelle des nations indiennes, en se fondant notamment sur des rapports officiels dénonçant les conditions de vie des réserves et recommandant l'abandon de la politique d'assimilation au profit de l'autodétermination des Indiens. Deuxièmement, dans le contexte général du militantisme des groupes minori-

taires (en particulier des Afro-Américains), la résistance
indienne aux facteurs d'oppression se fit très forte. Au vrai,
depuis la fin du XIXe siècle, elle ne s'était jamais complètement
éteinte : la Society of American Indians, fondée en 1911, avait
milité pour la citoyenneté, obtenue treize ans plus tard, de
même que le National Congress of American Indians, à partir
de 1944, s'était efforcé de fédérer les organisations indiennes
tribales. Mais le militantisme indien prit une tout autre dimension dans les années 1960 et 1970. Certains militants avaient
fréquenté les universités et étaient influencés par la nouvelle
gauche et les mouvements radicaux de contestation politique.
Ils ne se satisfaisaient pas des chefs de tribu modérés et parfois corrompus, souhaitaient passer à l'action, créer un « Red
Power », à l'imitation du Black Power de leurs frères noirs.
L'une des actions les plus spectaculaires intervint en 1969,
avec la prise de la prison d'Alcatraz, près de San Francisco,
qui attira l'attention du monde entier sur l'organisation radicale de l'American Indian Movement, et, plus largement, sur
ses revendications et le sort fait aux Indiens d'Amérique.

Proclamation dite d'Alcatraz [19]

Au Grand Chef, Père des Blancs, et à tout son peuple

Nous, Américains indigènes, réclamons la terre dite île
d'Alcatraz, au nom de tous les Indiens américains, par droit de
découverte.
Nous souhaitons être loyaux et équitables envers les Blancs
qui habitent cette terre, et c'est pourquoi nous proposons le
traité suivant :
Nous achèterons l'île dite d'Alcatraz pour la somme de vingt-
quatre dollars (24) payable en verroterie et cotonnade rouge,
conformément aux termes du marché passé par les Hommes
Blancs il y a environ 300 ans pour l'achat d'une île semblable.
Nous savons que 24 dollars d'articles de traite pour ces 16 acres
de terre représentent plus que ce qui fut payé lors de la cession de l'île de Manhattan, mais nous savons aussi que la valeur
de la terre s'est accrue avec le temps. Notre offre d'un dollar

19. Citée p. 11-14 *in* Robert Jaulin, *L'Ethnocide à travers les Amériques,* Paris, Librairie Arthème Fayard, 1972.

vingt-quatre cents l'acre est supérieure aux quarante-sept cents l'acre que les Hommes Blancs payent actuellement aux Indiens de Californie pour leurs terres.

Nous réserverons aux habitants de cette île une portion de terre pour leur propre usage, sous la double responsabilité du service américain des Affaires indiennes et de notre bureau des Affaires blanches, afin qu'ils en jouissent à perpétuité, aussi longtemps que brillera le soleil et que les rivières iront à la mer. Ultérieurement, nous les guiderons vers des formes de vie convenables. Nous leur offrirons notre religion, éducation, nos usages, de façon à les aider à s'élever jusqu'à notre niveau de civilisation, afin qu'eux et tous leurs frères blancs puissent échapper à l'état de sauvagerie et de malheur qui est le leur. Nous offrons ce traité en toute bonne foi et désirons être justes et loyaux dans toutes nos négociations avec les Hommes Blancs.

Nous pensons que cette île dite d'Alcatraz convient on ne peut mieux à l'établissement d'une réserve indienne, en fonction des propres critères de l'Homme Blanc. Nous voulons dire par là que cet endroit présente avec la plupart des réserves indiennes les ressemblances suivantes :

1. — Il est écarté de toutes les facilités de la vie moderne et privé de moyens de transport adéquats.

2. — Il ne possède aucun cours d'eau.

3. — Ses installations sanitaires sont insuffisantes.

4. — Il ne recèle ni minéraux ni pétrole.

5. — Aucune industrie n'y est implantée, ce qui fait que le chômage y est grand.

6. — Il ne détient aucune installation ou service de santé.

7. — Le sol est rocheux et improductif ; il n'y a aucun gibier.

8. — Il ne possède aucune école ou service d'enseignement.

9. — Sa population a toujours été excessive.

10. — Ses habitants ont toujours été considérés comme des prisonniers et placés sous la dépendance d'autrui.

C'est pourquoi il serait donc juste et symbolique que des navires venus du monde entier, lorsqu'ils passent la Porte d'Or, découvrent en premier lieu une terre indienne, et puissent ainsi se rappeler la véritable histoire de cette nation. Ce modeste îlot serait le symbole des vastes territoires gouvernés autrefois par de nobles et libres Indiens.

*

CE QUE L'ON FERA D'ALCATRAZ
Quel usage voulons-nous faire de cette île ?

1. — UN CENTRE CULTUREL INDO-AMÉRICAIN où nos jeunes gens viendront apprendre ce que nos arts et techniques spécifiques

ont de meilleur, en même temps qu'ils y acquerront la théorie et la pratique nécessaires pour développer la vie et l'esprit de tous les peuples indiens. Des universités itinérantes, dirigées par des Indiens, seront rattachées à ce Centre et parcourront les réserves, pour étudier les éléments caractéristiques des cultures indiennes.

2. — UN CENTRE SPIRITUEL INDO-AMÉRICAIN où seront célébrées nos anciennes cérémonies religieuses et sacrées de purification collective. Nos arts y seront exercés, et nos jeunes gens entraînés à la pratique de la musique, de la danse et de la médecine rituelles.

3. — UN CENTRE D'ÉCOLOGIE INDIENNE qui fournira à nos jeunes gens les connaissances et les moyens matériels nécessaires pour rétablir nos terres et nos eaux dans leur état de pureté originelle. Nous combattrons la pollution de l'air et de l'eau de la baie d'Alcatraz. Nous chercherons comment restaurer la vie animale et revivifier les espèces marines menacées par les usages des Hommes Blancs. Nous rechercherons le moyen de dessaler de l'eau de mer pour le bénéfice des Indiens.

4. — UNE GRANDE ÉCOLE INDIENNE où nos peuples apprendront comment vivre en ce monde, élever leur niveau de vie, et supprimer définitivement la faim et le chômage pour tous. Cette école de formation comprendra un Centre d'arts et techniques indiens, et un restaurant servant de la nourriture indigène, pour restaurer les arts culinaires indiens. Ce Centre fera connaître les arts indiens et offrira au public des mets indiens afin que tout le monde sache la beauté et la valeur spirituelle des traditions indiennes.

5. — Certains des bâtiments existants seront transformés de façon à installer un MUSÉE INDO-AMÉRICAIN qui exposera nos nourritures indigènes et les autres contributions d'ordre culturel que nous avons apportées au monde. Une autre section du musée montrera certaines des choses que l'Homme Blanc a données aux Indiens en échange de la terre et de la vie qu'il leur prenait : maladies, alcool, pauvreté et déchéance culturelle (que symbolisent de vieilles boîtes de conserve, des fils de fer barbelés, des chambres à air, des boîtes de plastique, etc.). Certains cachots seront conservés comme partie du musée pour rappeler à la fois les Indiens qui y ont été incarcérés pour avoir défié l'autorité des Blancs, et ceux qui ont été emprisonnés dans les réserves. Le musée montrera certains événements nobles et tragiques de l'histoire indienne, y compris les traités rompus, les documents relatifs à la piste des Larmes (Trail of Tears), à l'assassinat de Wounded Knee et à la défaite de Yellow Hair Custer et de son armée.

C'est pourquoi, au nom de tous les Indiens, nous réclamons cette vente pour nos nations indiennes et, pour toutes ces raisons,

nous pensons que cette réclamation est fondée en justice, et
que cette terre doit de plein droit nous être consentie pour
aussi longtemps que couleront les rivières et que brillera le
soleil.

Signé :
Indiens de toutes les tribus.
Novembre 1969. Territoire indien. Île d'Alcatraz.
CENTRE INDO-AMÉRICAIN.
3189, 16, rue San Francisco, 94103.

D'autres actions suivirent aux États-Unis et au Canada, qui
démontraient que les Indiens n'étaient pas un peuple passif
ballotté par l'Histoire. À l'évidence, ceux-ci souhaitaient, peut-
être plus que tous les Américains, préserver et développer
leurs cultures propres, et que le gouvernement reconnût non
seulement les injustices historiques, mais aussi les discriminations diverses (sociales, médicales, scolaires) qu'ils subissaient[20].
Aujourd'hui, le taux de pauvreté dans les réserves indiennes
est quatre fois supérieur à la moyenne nationale. Les indicateurs sociaux fournis par le recensement américain démon-
trent que les Indiens constituent le groupe le plus pauvre, le
plus discriminé et le plus marginal de la société américaine,
à quoi il faut ajouter que leur nombre (deux millions de personnes environ) ne leur permet guère de peser sur les instances politiques.

Plus d'un siècle après la fin de la colonisation de l'Amérique du Nord, les Indiens en subissent toujours les conséquences. Avec les Noirs, leurs compagnons d'infortune, ils
ont été les grands perdants de l'histoire américaine. Mais
contrairement aux Noirs, qui furent déportés d'Afrique pour
servir la colonisation et asservis pour des motifs économiques, les Indiens furent considérés comme des obstacles à
la colonisation, comme des parasites à éliminer. Jusque vers
1890, ils furent massacrés dans des proportions génocidaires.
Puis, pendant la première moitié du XXe siècle, une politique
de type colonial s'appliqua à leur égard, avec pour objectif de
les surveiller et de les assimiler, afin de faire disparaître des

20. Joëlle Rostkowski, *Le Renouveau indien aux États-Unis*, Paris,
Albin Michel, 2001.

cultures indiennes, regardées avec dédain ou parfois avec mauvaise conscience. Si aujourd'hui la reconnaissance de la pluriculturalité des États-Unis, jointe au militantisme politique et culturel des Indiens, a permis des changements significatifs, ceux-ci, toutefois, n'effacent pas la somme inouïe de malheurs qu'a été l'histoire de la colonisation nord-américaine.

Une race condamnée : la colonisation et les Aborigènes d'Australie*

par Alastair Davidson

« Coloniser, v. trans. et intrans. […] A. trans. 1) S'établir dans un pays, généralement dans un pays sous-développé, loin de son propre pays, et développer ses ressources agricoles et autres : les Anglais et les Hollandais colonisèrent l'Afrique du Sud. 2) Établir des personnes dans une colonie en vue d'en débarrasser la mère patrie, dans l'espoir qu'elles seront plus utiles dans le pays neuf : on nous enjoint d'envoyer nos criminels et nos indésirables coloniser des terres étrangères » (Wyld[1], *The Universal Dictionary of the English Language*).

Le dictionnaire poursuit : du latin *colonia*, « domaine foncier, ferme, colonie » ; de *colonus*, « cultivateur du sol, paysan, fermier » ; de *colere*, « labourer, s'occuper, prendre soin du sol ; demeurer, habiter ». Sous-jacent à cette notion, on trouve *kwel* — « retournement, rotation » —, et le sens de *colere* est apparemment dérivé de l'idée de « tourner la main en effectuant un travail », ou éventuellement de l'idée de « retourner » la terre avec une charrue. La fertilité est au fondement de ces concepts ; et de l'idée de cultiver le sol découle celle de s'y établir et de l'habiter, comme en latin *incola*, « habitant » […] 1) espace géographique, généralement cultivé de façon primitive et peu peuplé, qui est colonisé par des personnes venues d'une contrée lointaine, qui cultivent la terre du pays, développent toutes ses ressources et, pour finir, construisent des cités, créent les conditions de la civilisation, la font progresser et, parfois, constituent un État indépendant, ou se gouvernent de façon autonome.

* Traduit de l'anglais (Australie) par Andrée May.
1. Henry C.K. Wyld (1870-1945), lexicographe et linguiste anglais. (NdT)

Cette classification « objective » recèle involontairement l'idéologie des Blancs[2] ; elle fonde l'idée qu'ils se font de la colonisation de l'Australie. Jusqu'à ces dix dernières années, les grands textes historiques des Australiens racontaient en termes épiques comment s'était créée leur identité nationale, grâce à des explorateurs et à des colons héroïques qui, avec leurs vaillantes épouses, avaient bâti la civilisation en débroussaillant le bush, créant ainsi l'une des sociétés les plus riches, les plus urbanisées et les plus modernes du monde, tout en maintenant une social-démocratie généreuse fondée sur la « camaraderie ».

Vue par les Aborigènes d'Australie, de l'autre côté de la « frontière[3] », cette colonisation signifiait ceci : « Nous sommes de toute évidence un peuple qu'ils [les colons] combattirent et conquirent, mais ils ne parvinrent jamais à reconnaître ce que cette guerre impliquait. On refusa, on refuse de nous reconnaître en tant que groupe distinct de personnes, en tant que peuple — le peuple aborigène — issu de cette terre. Quand la survie d'un peuple est menacée, il contre-attaque. Cet état de guerre fut clairement perçu par les premières autorités coloniales, mais il n'était pas de l'intérêt du ministère de l'Intérieur britannique de reconnaître que les tribus aborigènes formaient une nation, ni de leur accorder un statut en conséquence. Le peuple aborigène fut massivement assassiné, violé, mutilé et dépossédé de ses terres tribales. Aujourd'hui, nous constituons la fraction la plus pauvre du pays ; la plus pauvre dans le domaine de la santé, la plus pauvre en ce qui concerne l'éducation, nous avons le taux de chômage le plus élevé et comptons proportionnellement le plus grand nombre de détenus qui soient au monde. Il est donc peu étonnant, si l'on considère notre histoire, que nous ayons aujourd'hui de grandes difficultés à accepter notre statut juridique de sujets britanniques, alors que tous les facteurs politiques, sociaux et économiques

2. Henry Reynolds, *The Other Side of the Frontier, Aboriginal Resistance to the European Invasion of Australia*, Pelican, Harmondsworth, 1982.
3. Terme désignant la limite des terres colonisées. (NdT)

indiquent que nous ne faisons pas partie de l'ensemble de la société blanche[4]. »

Ces mots d'Irene Watson nous rappellent que la colonisation, telle que le *Universal Dictionary* la définit, signifie que les propriétaires originels furent chassés de leurs terres, dépossédés de leurs moyens traditionnels de produire de quoi se nourrir, qu'ils furent par conséquent forcés de s'adapter pour survivre et donc de renoncer à leur culture. La colonisation a impliqué la destruction de la société aborigène. L'identité nationale des Australiens fut construite sur cette destruction et la façon de la penser. Mais ce projet de destruction a échoué. C'est pourquoi, aujourd'hui, tous les Australiens sont obligés de repenser leur identité nationale.

C'est la privation de leurs terres qui a tué la plupart des Aborigènes au cours des deux siècles postérieurs à 1788, car elle provoqua la famine, à laquelle s'ajoutèrent les maladies introduites par les Blancs — la variole et les affections vénériennes —, et surtout l'alcoolisme. Leur destruction est donc l'œuvre de la colonisation des Blancs « éclairés », pour qui les vertus et les valeurs étaient liées à la sédentarisation, à la culture du sol et à l'observation de l'état de droit, fondé sur la propriété de chaque individu, homme ou femme, et des produits qu'elle fournissait. Aucune de ces valeurs n'avait de sens pour les Aborigènes que les envahisseurs blancs rencontraient à leur « frontière ». Leur répugnance à les adopter, marquée par deux siècles de guérilla, fut perçue par les envahisseurs comme une conduite condamnable qui méritait des sanctions. La politique des Blancs consista à forcer les Aborigènes à se dégager de leurs propres traditions et à adopter celles des Britanniques.

Cette tentative de destruction comporta trois étapes distinctes qui se chevauchèrent dans le temps. La première, qui débuta en 1788 avec l'arrivée des colons, prescrivait de façon quasi officielle le meurtre des indigènes qui résistaient au processus « civilisateur ». Les rapports officiels admettent qu'elle a duré pour le moins jusqu'en 1928, date à laquelle trente-deux Aborigènes furent massacrés en représailles de

4. Irene Watson, *The White Invasion Booklet*, Adélaïde, Volcano, 1982.

l'agression d'un Blanc qui chassait le dingo dans le Territoire-du-Nord, représailles que la Cour de justice trouva « justifiées ». On peut avancer que cet état de fait se poursuit en 2000 avec le nombre extraordinairement élevé de « décès d'Aborigènes en garde à vue ». Comme il y en avait un peu partout, ces carnages émurent l'opinion progressiste du XIXe siècle et l'État fut obligé de les sanctionner dès 1838.

Au début de ce siècle, une politique d'assimilation forcée contribua à détruire un peu plus les communautés indigènes. Elle s'accrut au cours du XXe siècle, dans la mesure où la plus grande partie du continent était désormais colonisée ou conquise et où la guerre noire s'était progressivement éteinte avec la défaite des Aborigènes. La première forme d'assimilation consista à contraindre les Aborigènes à se sédentariser et à cultiver la terre comme les Blancs. Partout où le procédé échoua, on pratiqua la politique de la séparation en les fixant dans des postes et des réserves, où on les laissa mourir « sans que cela se vît ni se sût ». Cette politique dura jusqu'en 1970 dans les régions récemment investies par les Blancs. Elle atteignit son apogée quand on passa à la « sélection biologique » en vue d'éliminer le « sang de couleur », dans les années 1920, à la suite du transfert forcé de tous les enfants « métis », qui furent arrachés à leur famille pour être élevés dans des institutions ou dans des familles blanches où on leur apprenait le tout-venant des tâches serviles.

Toutefois, la troisième phase de la destruction de la société aborigène avait déjà commencé dans les années 1980, lorsque la population autochtone, de nouveau en expansion, chercha à faire reconnaître l'interminable génocide dont ses ancêtres avaient été victimes pendant deux siècles, et demanda des dédommagements ainsi que la restitution de ses terres. Mais la majorité des Australiens de l'an 2000 comme leur État trouvent que prendre conscience de cette histoire occultée et du génocide dans toute sa vérité est une trop grande menace pour leur identité. Les effets psychologiques du colonialisme n'en finissent pas de vivre au fond de l'âme.

Les statistiques démographiques montrent que la société aborigène fut détruite au cours des deux premières phases. Bien que les estimations pour 1788 varient considérablement d'un chercheur à l'autre, celle de Radcliffe-Brown compte

300 000 têtes et celle de Butlin 750 000 ; en 1901, au moment où les colonies australiennes se fédérèrent, la population aborigène se réduisait à 94 564 têtes. Le « succès » de la politique d'assimilation se dégage clairement des chiffres atteints par les « métis » en 1939, comme en témoigne le tableau ci-dessous[5].

Recensement des Aborigènes au 30 juin 1939
Population aborigène australienne et population aborigène des métis de 1921 à 1939 [6]

30 juin	Aborigènes « sang pur »				Métis				
	Adultes	Enfants	Total	% pop. aborig.	Adultes	Enfants	Total	% pop. aborig.	Pop. aborig. totale
1921	46 723	12 048	58 771	82,31	7 931	4 699	12 630	17,69	71 401
1928	48 044	12 619	60 663	78,29	9 763	7 055	16 818	21,71	77 481
1929	49 078	12 723	61 734	78,80	9 450	7 179	16 629	21,20	78 430
1930	49 167	12 567	61 734	77,62	10 213	7 584	17 797	22,38	79 351
1931	46 676	12 225	58 901	75,60	10 923	8 091	19 014	24,50	77 915
1932	47 345	12 374	59 719	75,68	10 891	8 305	19 196	24,32	78 915
1933	47 321	12 780	60 101	75,53	10 999	8 468	19 467	24,47	79 568
1934	42 955	11 893	54 848	71,93	12 040	9 359	21 399	28,07	76 247
1935	42 492	11 886	54 378	70,44	12 800	10 017	22 817	29,56	77 195
1936	41 950	11 748	53 698	69,59	13 137	10 324	23 461	30,41	77 159
1937	41 306	11 529	52 835	69,81	13 596	10 354	23 950	31,19	76 785
1938	40 487	10 892	51 379	67,52	13 988	10 730	24 718	32,48	76 097
1939	40 482	11 075	51 557	66,72	14 275	11 437	25 712	33,28	77 269

5. Wray Vamplew, *Australian Historical Statistics*, Syme, Weldon, Sydney, Fairfax, 1987, p. 3, 4, 104 ; Noel Butlin, *Our Original Aggression*, Sydney, Allen et Unwin, 1983 ; Russell McGregor, *Imagined Destinies. Aboriginal Australians and the Doomed Race Theory, 1880-1939*, Melbourne, Melbourne University Press, 1997, p. 123.

6. R. McGregor, *ibid.*

En revanche, les statistiques montrent l'échec des politiques d'extermination et d'assimilation, car la population aborigène, selon la définition qu'elle donne d'elle-même, plutôt que celle de l'administration officielle, recommença à croître : elle comptait 171 150 têtes en 1981 et 386 000 en 1996, en dépit du taux élevé de mortalité infantile et de la faible espérance de vie (recensement de 1996). Le projet du colonialisme de faire disparaître les Aborigènes et leur culture a donc échoué.

L'extermination

Quand le capitaine James Cook prit possession de la côte orientale du continent australien pour le compte de Sa Très-Haute Majesté britannique en 1770, il fit dans son livre de bord une observation qui se révéla fatale aux Aborigènes : « Le nombre des habitants de ce pays semble être extrêmement petit en proportion de son étendue. Nous n'avons jamais vu un groupe qui rassemble trente personnes à la fois. [...] Quand ils prenaient la résolution manifeste de nous livrer bataille, ils ne purent jamais réunir plus de quatorze ou quinze combattants, et nous n'avons jamais vu un ensemble de huttes ou de maisons qui puisse abriter une collectivité plus nombreuse. Il est absolument vrai que nous n'avons vu que la partie orientale de la côte et qu'entre celle-ci et le rivage occidental s'étend une immense étendue de pays entièrement inexplorée, mais il y a de bonnes raisons de croire que celle-ci est ou bien totalement désolée, ou bien encore plus pauvrement peuplée que les parties que nous avons visitées. Il est impossible que le pays intérieur fasse vivre des habitants en toutes saisons sans qu'il y ait de culture ; il est extrêmement improbable que les habitants de la côte ignorent complètement les arts de culture qui seraient pratiqués à l'intérieur des terres ; et il est également improbable que, s'ils les connaissaient, il n'y en ait pas traces chez eux. Il est certain que nous n'avons pas vu, dans tout le pays, un seul pied de terre qui fût cultivé, et c'est pourquoi on peut fort bien conclure que, là où la mer ne contribue pas à la subsistance des habitants, le pays n'est pas habité[7]. »

---

7. James Cook, *Captain Cooks Voyages, 1768-1779*, Folio, Londres, introduction et sélection de textes choisis par Glynder Williams, 1997.

Ces propos reflètent bien la mentalité des Européens de la fin du XVIIIe siècle ainsi que leur perception de l'Australie et des peuples qui en étaient originaires : ils étaient en très petit nombre et ne cultivaient pas le vaste territoire qu'ils occupaient.

Bien que les premiers colons de Nouvelle-Galles-du-Sud eussent très vite reconnu, après 1788, que « […] la population était plus dense qu'on ne l'avait cru généralement en Europe à l'époque où [ils] firent voile », ils en induisirent une donnée supplémentaire d'importance, sans attendre que l'expérience la vérifiât, à savoir que « cette remarque n'était pas censée s'appliquer aux parties intérieures du continent, car il y avait toutes raisons de conclure, d'après leurs recherches et la manière dont vivaient les indigènes, qu'elles étaient inhabitées[8] ».

Des hommes étranges : les Whitefellas [9]

Un jour, les Aborigènes avaient harponné du poisson et ils virent un navire avec des hommes étranges. Les Aborigènes furent effrayés et se cachèrent derrière des buissons ; puis ils montèrent au haut de la colline et, quand les hommes étranges s'approchèrent, ils firent dévaler de gros rochers. Les Aborigènes pensèrent qu'ils étaient morts mais pas du tout, ils tirèrent avec leurs fusils. Les Aborigènes se cachèrent à nouveau, puis leur lancèrent leurs javelots. Les hommes étranges réussirent à les esquiver, montèrent à bord de leur navire, puis disparurent. […]

Un jour, l'un d'eux revint, s'appelait le capitaine C. s'avança dans la brousse. Soudain, un javelot jaillit et le rata de peu. Il eut très peur, surtout lorsque les Aborigènes noirs le poursuivirent, javelots pointés de noir bien aigus. Il rama jusqu'à son navire et disparut […].

L'armée anglaise arriva à Fort Dundas en 1824. Nous ne les avons tués parce que nous étions amis. Ils étaient cinquante,

8. Watkin Tench, *A Narrative of the Expedition to Botany Bay, 1789-1793*, Sydney, Library of Australian History, rééd. de 1979, p. 52.
9. Traduit de *The Aboriginal Children's History of Australia*, Melbourne, 1970, cité p. 295-296, *in* Marc Ferro, *Comment on raconte l'histoire aux enfants à travers le monde entier*, Paris, Éditions Payot, rééd. 1992 (NDLR).

nous, deux mille, n'avions pas peur de leurs canons : dans la brousse nous étions invincibles. Ils avaient des bottes noires qui remontaient aux genoux, des pantalons blancs, des vestes et des visages rouges. On les appelait Murumtawi qui veut dire visages-rouges. Ils savaient pêcher mais étaient des chasseurs tout à fait incapables. Ils faisaient des briques avec de la terre et avaient la fièvre pendant les temps humides. Ils avaient dit qu'ils resteraient cinq ans. On ne s'entre-tuait pas, mais ils attrapèrent un des nôtres appelé Tambu, firent chavirer son canoë et écrasèrent sa tête avec des pagaies. […]

Quand les Aborigènes virent pour la première fois un homme blanc sur le dos d'un cheval, ils crurent qu'ils ne formaient ensemble qu'un seul être et ne virent leur erreur que lorsque l'homme descendit de cheval. Les uns disaient que les hommes blancs étaient leurs ancêtres qui revenaient sous cette forme, d'autres que c'étaient des esprits, d'autres qu'ils étaient des animaux, comme les kangourous. Yagan, un héros aborigène, alla les voir, se fit ami avec eux, mais ils firent la guerre ; alors il dit qu'il tuerait un Blanc pour un Aborigène. Justement, des gens tirèrent alors sur son frère qui passait par là. Cela alla de pire en pire jusqu'à ce que Yagan et son vieux père soient tués.

La vieille maman a beaucoup pleuré.

Au vu d'une récente recherche[10], il importe de souligner que, tout compte fait, les premiers commentateurs concédèrent que les Aborigènes de chaque clan considéraient leur territoire comme leur bien propre et qu'ils combattaient pour le défendre dans la majorité des cas.

Les individus qui occupèrent la terre, même quand ils la savaient appartenir aux Aborigènes locaux, comprirent ces faits de façon bien particulière. Dans les années 1930 encore, *The Universal Dictionary* se conforma à leur point de vue, resté l'orthodoxie régnante. Ils pensaient que, bien que les Aborigènes défendissent leur terre, ils n'y avaient néanmoins aucun droit puisqu'ils ne la cultivaient pas et n'en tiraient pas le maximum. Cette croyance faisait la quasi-unanimité dans le monde européen de la fin du XVIIIe siècle, dominé qu'il était par l'opinion commune. Ainsi les colons

10. H. Reynolds, *Aboriginal Sovereign : Three Nations, One Australia ? Reflections on Race, State and Nation*, Sydney, Allen et Unwin, 1996.

supposaient que c'étaient les individus qui travaillaient la terre, y établissaient la propriété privée et fondaient une société civile afin de vaincre la pénurie de ressources naturelles, qui étaient les créateurs de la société. Bien que ce point de vue général fût inscrit dans les profondeurs de la théorie du contrat social, il avait modelé, sous l'influence de John Locke, les idées de Cook et de ses pareils. Fait plus important encore, il était devenu le critère de la juridiction internationale en matière de colonisation, ainsi que le montre expressément Emmerich de Vattel[11]. La justification légale de l'occupation de l'Australie, invoquée à maintes reprises entre le commencement de la colonisation et 1992, tenait au simple fait que l'Australie était une *terra nullius* (« terre nulle »), c'est-à-dire un « désert » et un lieu « inhabité », termes qui signifiaient non pas que les Aborigènes en fussent absents, mais qu'ils n'y avaient pas droit du fait qu'ils étaient trop peu nombreux et ne la cultivaient pas comme les Européens.

Les Blancs éclairés pensaient que personne n'avait le droit d'errer dans la nature et de vivre simplement de ses fruits, mais qu'il fallait la cultiver. C'est ce qui fit que des hommes comme Cook, d'honnêtes fonctionnaires de l'État britannique et de nombreux Australiens bien intentionnés, qui avaient un point de vue positif sur la société aborigène, appuyèrent des déclarations et une politique qui semèrent la confusion, l'ambiguïté et des contradictions pendant deux siècles. Leur projet global était de promouvoir l'État australien et sa règle juridique, et non le racisme aberrant qui se cachait derrière chaque étape de la destruction de la société aborigène. Reste que celui-ci poussa la plupart des Australiens à ne pas prendre de position ferme face au meurtre de milliers d'Aborigènes.

L'Australie fut d'abord colonisée par des forçats. Jusqu'au milieu du XIXᵉ siècle, ceux-ci et les anciens repris de justice constituaient la majorité de cinq colonies sur les six qui existaient en 1859. Ces délinquants, des jeunes gens pour la plupart, étaient soumis à une politique pénitentiaire extrêmement répressive. Les quelques récalcitrants marchaient

11. *The Law of Nations or the Principle of International Law (1758)*, New York, Occana, rééd. de 1964, p. 37-38.

encore chaînes aux pieds à la fin du siècle. Ces forçats étaient
souvent envoyés dans des lieux isolés pour garder des troupeaux ou pour effectuer d'autres tâches rurales, qu'ils fussent
en train de purger leur peine ou libérés. Lorsqu'un animal disparaissait ou qu'un tout autre dommage survenait dans la propriété dont ils étaient responsables, on les fouettait sans pitié.
Les Aborigènes, qui n'avaient jamais vu d'animaux de ferme,
en prenaient pour eux. Ces voyous et ces assassins mirent sur
pied un système de représailles sauvages qui devint la norme.
Dans le Queensland, des Aborigènes furent empoisonnés par
des appâts à la strychnine ; leur tête servait ensuite de ballon
de football. En Australie-Occidentale, d'autres furent traînés
par un cheval jusqu'à ce que mort s'ensuive, sans que jamais
l'État prît de sanctions sérieuses. Qui plus est, le manque de
femmes blanches permettait de justifier les viols fréquents de
femmes aborigènes. La guérilla fut une norme de vie à la
frontière après 1788. On estime ainsi que 20 000 Aborigènes
furent tués, contre 2 000 à 2 500 Blancs.

On ne peut s'étonner que, échappant aux punitions, les
violences des Blancs aient perduré. Cet état de choses éveilla
le sentiment de culpabilité des dirigeants australiens au cœur
sensible. Bien qu'à l'origine ils eussent enjoint leurs sujets de
traiter les Aborigènes de façon convenable et qu'ils eussent
souvent condamné les représailles, ils encourageaient également la défense de la propriété par la force. Tandis que tout
acte de vengeance ou de justice populaire était férocement
sanctionné quand il touchait des Blancs, la clémence administrative à l'égard des crimes que ceux-ci perpétraient contre
les Aborigènes les encouragea à les poursuivre, même de
façon préventive[12]. Par la suite, l'indulgence avec laquelle on
traitait l'assassinat et les sévices commis sur les Aborigènes
créa une situation telle que la société blanche commença de
s'interroger sur l'ordre juridique qui devait régner en Australie. L'État affirma alors son autorité en interdisant le génocide,
plongeant du même coup la population blanche dans l'amer-
tume et l'agitation. La réaction du *Sydney Morning Herald*

---

12. A. Davidson, *The Invisible State : The Formation of the Australian State, 1788-1901*, Cambridge, Cambridge University Press,
1991, chap. III.

devant le massacre de Myall Creek, en 1838, illustre de façon saisissante la confusion engendrée par la contradiction entre la doctrine de la *terra nullius* et l'interdiction du génocide : « Ce vaste pays n'était pour eux [les Aborigènes] qu'un terrain communal — ils n'accordaient aucun travail à la terre —, leur propriété, leur droit ne valaient pas plus que ceux de l'émeu ou du kangourou. Ils n'accordaient aucun travail à la terre et cela — cela seulement — est ce qui donne un droit à sa propriété [...]. Le peuple britannique [...] en a pris possession [...] et il avait parfaitement le droit de le faire, de par l'autorité divine, selon laquelle il est ordonné à l'homme d'aller de l'avant, de peupler et de cultiver la terre[13]. »

Le massacre de Myall Creek en Nouvelle-Galles-du-Sud, la première frontière, eut lieu pour soi-disant venger des dommages causés par des Noirs. Vingt-huit Aborigènes — femmes, enfants et vieillards — furent ligotés ensemble et égorgés à pleine main par les forçats : « Foley tira une des épées de la case et me la montra, elle était entièrement couverte de sang. » L'État inculpa onze prisonniers pour meurtre. Les grands propriétaires terriens, pour lesquels travaillaient les accusés, payèrent les frais de leur défense. Sept furent condamnés à l'exécution capitale dans un tumulte de protestations, mais « cinq échappèrent à la pendaison quand l'administration perdit son sang-froid face à la pression des masses[14] ». On avait jusqu'ici déclaré à cor et à cri que de telles « représailles » méritaient la sanction de l'État. Il n'est pas difficile de comprendre ce qui motivait cette déclaration. Les massacres étaient chose courante en ce temps-là, dans cette région, et ils restaient impunis. Des épisodes d'une cruauté équivalente et des massacres de masse, souvent perpétrés par la police d'un État, et suivis de sanctions tardives, eurent lieu dans le Queensland dans la seconde moitié du XIXe siècle, ainsi que dans le Territoire-du-Nord et l'Australie-Occidentale

---

13. James Jupp (dir.), *The Australian People. An Encyclopedia of the Nation, its People and their Origins*, Sydney, Angus et Robertson, 1992, p. 217.
14. Heather Goodall, *Invasion to Embassy Land in Aboriginal Politics in New South Wales, 1770-1972*, Sydney, BlackBooks, Allen & Unwin, 1996, p. 31 et 34.

jusque dans le deuxième quart du XXe siècle. Certaines polices du Queensland étaient réputées pour « exécuter leur devoir avec une férocité contre nature[15] ». Rowley, le grand pionnier des études sur les Aborigènes, pouvait écrire, en 1972 : « Il existe des personnes encore en vie qui, dans leur jeunesse, pouvaient tuer un Aborigène en toute impunité, sinon dans la légalité ; et il y a encore des membres de tribus aborigènes qui s'en souviennent[16]. » Le génocide physique vit dans les mémoires, il ne vit pas dans l'histoire reculée.

Il continue d'y vivre de génération en génération, porté par la puissante tradition orale de nombreux Aborigènes, comme le révèle cette histoire rapportée en 1980 :

« Vieille Mamie nous racontait, y vivaient en bas d'ici à un endroit appelé Bundabreena, au bord de la rivière. Mauvais Blancs sont venus ici un jour [...] quand y avait là plein d'hommes à nous. Cette vieille femme portait des p'tits bonhommes, pauv' p'tits gars, deux jumeaux elle avait dans une chose, y disent *gulay*, un sac comme les Chinois portent. Il a tiré sur la vieille femme et il a tiré sur le père, et il a pris les deux p'tits gosses et il a mis une poignée de terre dans la bouche et il a étouffé eux, mais y [Murris] pouvait pas attraper eux, y [les Blancs] tuaient eux. Y tuaient eux très vite[17]. »

Si beaucoup d'Aborigènes se rappellent cet aspect du génocide, un plus grand nombre se souvient de l'extermination plus lente et plus subtile dans les réserves et autres lieux où la plupart d'entre eux étaient forcés de vivre, il y a encore vingt ans.

L'histoire de l'Australie des Blancs a très tôt montré que les Aborigènes ne se laisseraient pas sédentariser ni n'adopteraient facilement les traditions agricoles de l'Europe. Aucune tentative pour les allécher ou les éduquer ne semblait les guérir de leurs « habitudes vagabondes ». L'opinion commune identifiait la sédentarisation et la culture du sol à la civilisation. Cela impliquait que ceux-là mêmes qui concédaient aux Aborigènes une certaine intelligence ne parvenaient pas à

15. Charles Rowley, *The Destruction of Aboriginal Society*, Hardmondsworth, Penguin, 1972, p. 169.

16. *Ibid.*, p. 7.

17. Cité dans H. Goodall, *op. cit.*, p. 34.

comprendre ce refus du travail ni même à le permettre. Emblématique est le point de vue du révérend William Shelley, de la Société des missions religieuses : « Où est-il, l'être humain qui serait content de vivre à la table d'un gentilhomme et de porter ses habits, sans avoir d'autres perspectives que celles de se pourvoir en nourriture et en vêtements, alors qu'il est inutile et méprisé dans la société où il vit[18] ? »

Cela étant, en Nouvelle-Galles-du-Sud et en Tasmanie, les toutes premières colonies, puis plus tard dans les autres, on institua une politique forçant les Aborigènes à se rendre autonomes, en les parquant dans des réserves. Cela prit, en Tasmanie, la forme d'une véritable chasse à l'homme menée par une colonne de Blancs armés, déployée à travers toute l'île. Les Aborigènes se faufilèrent à travers les mailles du filet, mais en vain. Là, ils étaient tous incarcérés dans de petites îles au large de la côte tasmanienne. Dans ces lieux, loin de leurs terres traditionnelles, on espérait qu'ils apprendraient les vertus du travail et de la culture, isolés qu'ils étaient des Blancs qui, pour leur part, préféraient tout simplement tirer sur tout Aborigène qu'ils voyaient. Mais, au lieu d'apprendre à cultiver la terre, les indigènes commencèrent rapidement à mourir de maladie et de malnutrition partout où ils se trouvaient.

On peut considérer que ces réserves faisaient partie de la politique d'assimilation, comme nous le discuterons plus loin. Toutefois, nous pouvons déjà souligner que ces caractéristiques relèvent d'un système concentrationnaire, qui dissimulait une politique d'extermination lente, loin des yeux des Blancs moyens qui habitaient l'Australie. Dès 1828, l'archidiacre Scott écrivait, à propos des réserves de Nouvelle-Galles-du-Sud : « Il y a eu accord général, premièrement, sur la difficulté de l'entreprise ; deuxièmement, sur l'échec complet d'une grande diversité d'expériences conduites avec une grande attention, beaucoup de persévérance et des dépenses considérables ; troisièmement, sur la quasi-impossibilité pratique de les maintenir [les Aborigènes] hors du contact des forçats qui gardent des troupeaux dans les postes reculés, et

18. Texte du 8 avril 1814 du révérend W. Shelley à Lachlan Macquarie, HRA I, VIII, cité *in* Davidson, 1991, p. 80.

dont ils voient les tendances naturelles pernicieuses et le mauvais exemple, qu'ils imitent ; quatrièmement, sur la très
grande dépense qui accompagne toute expérience conduite à
une grande échelle, seule chance de succès ; cinquièmement,
sur les progrès très lents d'une telle entreprise et, vu le conti-
nuel accroissement de la population européenne ainsi que de
ses troupeaux de moutons et de bétail, sur la possibilité que
les quelques tribus éparpillées sur un vaste espace de terre ne
finissent entre-temps par être exterminées ; sixièmement, et
pour finir, sur la probabilité plus que douteuse qu'après avoir
encouru une telle dépense un bénéfice quelconque en
résulte, ou du moins qu'il soit d'une nature assez triviale pour
contrebalancer les très grandes dépenses[19]. »

L'idée accréditée selon laquelle on dépenserait trop
d'argent en éduquant les Aborigènes à la façon des Blancs
devint un leitmotiv, qui permettait de justifier l'absence d'un
encadrement adéquat sur les lieux de la déportation. Ainsi
que Scott le montre clairement, l'objectif de l'État était de
remplir le continent de cultivateurs blancs, et quiconque se
mettait en travers de ce projet ne pouvait compter longtemps
sur une aide de l'État, quelles que fussent les professions de
foi initiales. La rapide occupation du pays par les éleveurs de
moutons, après 1840, repoussa les Aborigènes hors de leurs
terres, tandis que l'exploitation agricole détruisait les cycles
écologiques dont dépendait leur nourriture. Ils commencèrent rapidement à mourir de faim et de soif, puisqu'ils
n'avaient pas accès aux points d'eau, et ce avant même que
l'État eût introduit le système des protectorats, après 1835.

Paradoxalement, ces protectorats, administrés par un protecteur, étaient de vastes étendues de terres réservées à
l'usage des Aborigènes. Robinson, qui avait supervisé la destruction et le transfert de ceux de Tasmanie, fut le premier
protecteur de l'État de Victoria. À l'intérieur de ces espaces,
loin des colonies blanches de l'époque, les Aborigènes
étaient supposés vivre selon leurs traditions. Le système dura
jusqu'en 1849, moment où les producteurs de laine réclamèrent ces terres. Toutes les réserves furent progressivement
vendues. Le cas de l'État de Victoria est typique. Furent

19. Cité *in* A. Davidson, *op. cit.*, 1991, p. 82.

cédées les réserves suivantes : Mont Rouse, instituée en 1842, vendue en 1858 ; Narre Warren, fermée en 1843 ; d'autres furent vendues en 1858. Les Aborigènes restants furent transférés à Corranderrk en 1864, qui demeura en l'état jusqu'en 1948. En 1902, plus de la moitié de la totalité des réserves créées étaient retournées à l'État ou avaient été vendues.

La terre avait tout simplement trop de valeur aux yeux des éleveurs de moutons pour qu'ils la laissent à ses propriétaires aborigènes. Déjà, dès les années 1830, il avait été légalement décidé que ceux-ci n'étaient nullement souverains sur le territoire australien et qu'ils ne pouvaient conclure aucun traité concernant la vente de leurs terres aux Blancs. L'État déclara au procès Congo Murrell (1836) et au vu des dispositions établies lors du traité entre Batman et les Aborigènes de Port Phillip que cette prise de possession de 1770 annulait tout droit des indigènes à la terre.

Cela leur fut fatal dans la seconde moitié du XIXe siècle. Aucun espace de l'Australie ne leur était assuré. S'ils ne se sédentarisaient pas et ne cultivaient pas la terre à la façon des Blancs, et bien peu y consentirent, ils étaient repoussés hors de leurs terres ancestrales, « dans des lieux plus que jamais reculés ». Cela équivalait à une condamnation à mort, faute de vivres. Ce n'est que dans les quelques régions où ils s'avérèrent être d'excellents bouviers qu'ils furent intégrés dans l'économie rurale des Blancs. Pour se les procurer, certains Blancs allaient jusqu'à les enlever, et le mythique garçon du bouvier aborigène, qui se révéla être une fille, devint une figure classique de la littérature australienne. Une fois qu'il fut établi par la loi que les Aborigènes n'avaient aucun droit, quels qu'ils fussent, il leur devint impossible de modifier leur statut. S'ils ne vivaient pas comme les Blancs en abandonnant leurs traditions culturelles, ils ne pouvaient même pas manger.

Le plus grand historien de l'Australie de l'époque écrivit, en 1930 : « Le progrès de la civilisation britannique a rendu inévitable la progression naturelle de la race aborigène vers son extinction — tels sont les mots lénifiants du gouverneur de l'Australie. En vérité, une culture de la chasse et une économie pastorale ne peuvent pas coexister à l'intérieur des mêmes limites. Néanmoins, les envahisseurs britanniques

Réserves australiennes [20]

Nom et localisation	Date de création	Surface (ha)
— Mission gouvernementale Yarra (Jardins botaniques, Yarra méridional)	1837-1839	2 000
— Poste-protectorat Naree Naree (Nord Doveton)	1841-1843	1 536
— Mission wesleyienne Buntingdale (près de Colac)	1838-1850	16 384
— Keilambete (près de Terang)	1838	25 600
— Burrumberet (près d'Ararat)	1838	25 600
— Protectorat Goulburn (près de Murchison)	1840-1857	12 800
— Neeriman (Mont Tarrangower)	1840-1841	400
— Mont Franklin (près de Daylesford)	1840-1860	16 429,2
— Réserve Mordialloc	1841-1860	16 429,2
— Mont Rouse (Penshurst)	1841-1853	332,8
— Pentridge (pour la police indigène)	1842-1852	600
— École Merri Creek (Northcote, Yarra Bend)	1845-1851	10,8
— Pirron Yallock (près de Colac)	avant 1850	1 024
— Réserve Warrandyte (Pound Bend)	1841-1859	763,2
— Lac Boga	1851-1856	6 528
— Yelta (près de Mildura)	1855-1878	256
— Ebenezer (lac Hindmarsh près de Dimboola)	1859-1904	1 442,8
— Miagararoon (avant Mohican)	1859-1860	1 800
— Réserve Maffra de la police indigène	1859-1861	1 256
— Mohican ou Acheron (près de Taggerty)	1859-1863	6 400
— Steiglitz (près d'Anakie)	1859-1901	256
— Carngham (Winchelsea)	1860-1875-1900	1,2
— Mission Buchan	1861-1863	non mentionnée
— Mont Duneed	1861-1907	0,4
— Réserve/poste de la mission Framlingham	1861-1971	1 400
— Woori Yallock (haut Yarra)	janv.-déc. 1862	480
— Tangambalanga (haut Murray)	1862-1971	1 680
— Ramahyuch (lac Wellington)	1863-1908	0,9424
— Poste Corranderrk (près de Healesville)	1863-1905	1 940
— Kangerton (près de Hamilton)	1866-1879	44,4
— Lac Condah (réserve de la mission Cofe, près de Heywood)	1858-1959	1 516
— Réserve Ellimunyl (Colac)	1872-1948	16
— Réserve Gayfield (près de la réserve Hah Hah du lac Murray)	1874-1910	800
— Réserve Dergholm (Casterton)	1879-1895	25,6
— Tallageira (près d'Apsley)	1887-1907	248
— Lac Moodemere (près de Rutherglen)	1891-1937	8,4
— Rumbalara (Mooroopna)	1958-1970	2
— Manatunga	1960-1968	3,6

20. A. Davidson, *op. cit.*, 1991.

firent parfois leur travail de destructeur avec la brutalité inutile d'enfants profondément stupides[21]. »

Aux environs de 1880, les quelques Aborigènes demeurant encore dans les parties colonisées de l'Australie vivaient dans la plus grande détresse. Ils trouvaient refuge dans le lit de petits cours d'eau ou à la périphérie des villes. Beaucoup échouaient dans les ghettos urbains. Pour ces hommes, la résistance armée avait généralement cessé, mais, en l'absence de droits juridiques, ils n'avaient aucun moyen de se protéger de l'exploitation des Blancs. On pouvait les battre, les violer et même les assassiner en toute impunité, comme le rappelle leur littérature[22].

Le droit britannique concernant la propriété reposait, au niveau du droit international, sur l'allégation que l'Australie était une *terra nullius*. Elle n'appartenait à personne, puisque la propriété de la terre était fondée sur sa culture. La principale conséquence légale de cette conception fit que seuls la loi et les droits britanniques étaient supposés valoir depuis la prise de possession en 1788. Aucun droit aborigène ne se perpétuait au-delà de ce moment. Cette mesure joua un rôle important dans le jugement Congo Murrell. Une autre mesure fut tout aussi néfaste aux Aborigènes. Elle déclarait qu'ils n'avaient pas droit aux règles juridiques fondamentales des Blancs, puisqu'ils ne croyaient pas à une divinité unique et qu'ils ne pouvaient donc pas prêter serment ni témoigner en justice. Autrement dit, seule la loi britannique avait cours sur le continent australien depuis que les Anglais en avaient pris possession, ce qui avait pour corollaire légal que tous les habitants étaient dès lors sous sa protection, mais qu'elle ne valait pas pour les Aborigènes.

Ce point mérite d'être souligné, car il est souvent affirmé que les Aborigènes furent des sujets britanniques dès 1788 et qu'en vertu du *jus soli* (droit du sol) ils devenaient automatiquement des citoyens britanniques. On a ainsi dépeint leur histoire comme celle de l'obtention de leur citoyenneté qu'ils

21. Keith Hancock, Brisbane : Jacaranda, Australie, 1964.
22. Kath Walker, *My People. A Kath Walker Collection*, Brisbane : Jacaranda, 1970, p. 80 et *passim*. Kath Walker (née en 1920), poétesse, a repris par la suite son nom d'origine : Oodjero Noonuccal.

auraient acquise de droit, et toutes les pratiques procédurières de sa dénégation comme une aberration[23]. En fait, le déni de toute souveraineté autre que celle exercée par l'État britannique impliquait que les seuls droits qu'ils avaient étaient ceux que leur accordaient les Blancs. Les Aborigènes ne purent jamais négocier ou conclure un traité quelconque qui aurait témoigné d'un compromis culturel entre des parties et ce que chacune d'elles considérait comme des droits importants. Leur situation différa donc complètement de celle de la plupart des peuples colonisés de l'Empire britannique qui avaient passé des traités avec leurs colonisateurs, même si ces derniers les dénonçaient ensuite. Cette caractéristique prenait une importance particulière chaque fois que les droits sur la terre ou relatifs à la terre étaient en cause. Remarquons au passage l'écart grandissant qui séparait l'opinion en Grande-Bretagne, où on reconnut en 1837 que les Aborigènes possédaient des terres, et les jugements rendus dans les colonies australiennes. Au regard des États institués en Australie, les Aborigènes n'avaient aucun droit à la terre sur laquelle ils vivaient. L'État pouvait la transférer entre les mains de quiconque lui semblait bon, sans offrir de compensations. Ce point de vue engendra des controverses entre l'État et les Blancs, disons quelques Blancs. Une suite de procès, qui débuta par celui de l'attorney général [le ministre de la Justice] contre Brown en 1847, institua le droit des Blancs à posséder la terre, en le fondant sur l'assomption que les Aborigènes, eux, n'y avaient pas droit. En 1889, la règle était que, puisque l'Australie était une *terra nullius* au moment de la colonisation, la loi britannique était la seule applicable et que ses conclusions ne pouvaient être contestées. En 1971, le juge Blackburn J.[24], un progressiste, fut obligé de déclarer, conformément à la jurisprudence, qu'« on avait toujours pris les mots "désert et non cultivé" [...] comme des termes incluant des territoires où vivaient des habitants dépourvus de civilisation et socialement organisés de façon primitive

23. Brian Galligan et John Chesterman, *Citizens Without Rights : Aborigines and Australian Citizenship*, Cambridge, Cambridge University Press, 1997.
24. La lettre « J. » désigne la fonction de juge. (NdT)

[…] [et que] l'attribution d'une colonie à une classe spécifique était une affaire de loi, qui s'était progressivement fixée et ne devait pas être remise en question au vu d'une reconsidération des faits historiques[25] ».

En fait, à la fin du XIXe siècle, les Aborigènes n'étaient que des citoyens potentiels, plutôt que des citoyens sans droit. La doctrine régnante considérait que l'Australie était inhabitée au moment de la conquête et que ses occupants n'y vivaient pas au même titre que des êtres humains civilisés — en 1902, en effet, un membre du Parlement du parti conservateur déclara en séance qu'ils étaient des « animaux ». Par conséquent, le statut légal qu'on leur accorda fut celui des étrangers arrivant sur le sol britannique, et non celui des personnes nées sur le sol britannique, seuls citoyens. Dans le procès de McHugh contre Robertson (1885)[26], le juge déclara : « […] Le gouvernement anglais et, par la suite, les autorités coloniales avaient pris la responsabilité de leur [les Aborigènes] appliquer une juridiction comme s'ils étaient des étrangers immigrés sur le territoire britannique, et de les punir pour toute désobéissance à des lois qu'ils pouvaient à peine comprendre et qui étaient manifestement inapplicables à leur condition. »

Pour autant que les Blancs de tendance progressiste prenaient la mesure de ce que la colonisation avait produit au siècle précédent, ils conclurent que l'extinction des Aborigènes était inévitable en raison de l'incompatibilité des cultures aborigène et britannique. Ils entreprirent alors d'« adoucir le lit de mort de la race exsangue ». Et, de nouveau, ils facilitèrent et se firent complices de la nouvelle phase de destruction de la société aborigène, car leurs attitudes favorisèrent une législation et une administration soucieuses de hâter l'extinction d'une culture à laquelle ce peuple était tellement attaché. Cette nouvelle étape prit le nom d'« assimilation ». Elle avait déjà été pratiquée à l'aveuglette avant la constitution de

25. Milirrpum and ors versus Nabalco Pty Ltd and the Commonwealth of Australia (1971), *FLR* (*Federal Law Reports*), 17, p. 141 à 201. (Nabalco Pty Ltd est une compagnie minière.)
26. *85 VLR* (*Victorian Law Reports*), p. 410-431.

la Fédération australienne. Elle devint l'une des caractéristiques des soixante-dix années suivantes.

Voici ce qu'en dit Markus :

« Alors que les actes de violence physique contre les Aborigènes se faisaient moins fréquents dans la partie la plus colonisée du pays, leur relation avec les Anglo-Australiens prit une nouvelle tournure, à savoir que l'imposition de la législation s'accompagnait parfois du contrôle de presque tous les aspects de leur vie : leur liberté de mouvement et d'associations, le choix de leurs emplois, le droit de disposer de leur argent — gages compris — selon leur désir, et le droit de se marier et d'élever une famille. Tandis que le manque de bureaucrates et de ressources financières réduisait tout contrôle, presque tous les Aborigènes furent privés des droits politiques fondamentaux. Leurs libertés personnelles étaient limitées, et ils subissaient communément le rejet discriminatoire des employeurs. Nombre d'entre eux vivaient dans la terreur des fonctionnaires gouvernementaux, qui avaient le pouvoir — notoire pour sa dureté dans le Queensland — de les contraindre à résidence dans des réserves et, dans la plupart des États, de déplacer les enfants de force[27]. »

La situation frappe par sa ressemblance avec le régime que l'apartheid introduisit cinquante ans plus tard en Afrique du Sud. Le jeu de mots, qui porte sur ce que l'un nommait « assimilation » et l'autre « développement séparé », ne devrait pas cacher la similarité de leurs conséquences pour les Noirs des deux pays.

L'assimilation

Chaque fois qu'un nouveau contact entre Blancs et Aborigènes s'établissait aux frontières, qui ne cessèrent de s'allonger à un rythme accéléré après 1840, les premiers considéraient en général les seconds sous un jour favorable. Le commentaire qu'en fait, en 1838, le major Mitchell, un explorateur, est un bon exemple : « Mon expérience me permet de parler

---

27. Andrew Markus, « Blood from a Stone : William Cooper and the Australian Aborigines League », in *Monash History Publications*, 2, 1986, p. 3.

des Aborigènes en termes hautement favorables, alors que leur position avilie au milieu de la population blanche ne nous offre pas de critère pour apprécier leurs mérites à leur juste valeur. La rapidité de compréhension de ceux de l'intérieur est tout à fait extraordinaire, car aucune de toutes les adaptations compliquées que suppose tout ce que nous véhiculons ne les étonne ni ne les déroute. Ils ne sont jamais lourdauds, au contraire, ils se montrent, par leurs manières et la portée de leur intelligence, supérieurs à toutes les classes de campagnards de race blanche que j'ai rencontrées. Leur pouvoir d'imiter semble extraordinaire, la sagacité dont témoigne leur langage, si imparfait qu'il soit, en fait des compagnons très agréables[28]. »

C'est à la frontière, où se déroulait la guerre, qu'on trouve le plus souvent des descriptions de ce peuple héroïque, séduisant, intelligent, possédant un sens profond de son identité. On a comparé les Aborigènes aux habitants des îles du Pacifique, rencontrés au cours de traversées précédentes, et on les a fréquemment rangés en deuxième position, après les Polynésiens, qui étaient considérés comme le modèle absolu de la beauté et du courage. De son côté, Nicolas Baudin, les rapprochant des Africains, les voyait avec un « nez moins aplati », et moins belliqueux[29]. Il n'y a point de laides amours. Je remarque que les Sarawakiens ne se gênent pas pour appeler les singes proboscis des « Hollandais » !

Au tout début de la colonisation, il était admis que les Aborigènes possédaient des terres et que chaque petit clan tenait son territoire pour son bien propre, qu'il défendait par les armes, avec l'aide d'autres Aborigènes ou des Blancs. À partir de 1840, les Blancs commencèrent à progresser lentement vers l'intérieur et à occuper le gros du vaste continent avec leurs moutons et leur bétail. Ils s'aperçurent alors que non seulement les Aborigènes entretenaient un rapport subtil avec

28. Thomas Mitchell, *Three Expeditions into the Interior of Eastern Australia*, 1838, vol. 2, Adélaïde, Libraries Board of South Australia, 1965, p. 334 ; *History* (1889), p. 131.

29. Jean Copans et Jean Jamin, *Aux origines de l'anthropologie française : les mémoires de la société des observateurs de l'Homme en l'an VIII*, Paris, Sycomore, 1978, p. 209 et 213.

la terre et les ressources naturelles, mais que leur culture complexe reposait sur des règles de conduite élaborées et nuancées.

Pourtant, cette reconnaissance n'empêcha pas l'occupation de leurs terres, l'expulsion de leurs terrains de chasse et des points d'eau, ni la destruction de la flore et de la faune d'origine. Refoulés dans des « endroits reculés », sur des terres qu'ils ne connaissaient pas et où ils s'efforçaient de maintenir leurs traditions culturelles, les Aborigènes se retrouvèrent fréquemment contraints de choisir entre mourir de faim ou entrer dans des relations d'échange avec les envahisseurs en acceptant les vivres qu'ils leur proposaient. Mais ceux-ci ne leur étaient accordés qu'à la condition qu'ils se fixassent dans les missions et autres réserves, créées à leur usage. De plus, ces vivres se révélèrent inappropriés à leurs besoins. Outre cela, les conditions sanitaires étaient épouvantables pour un peuple qui avait toujours été nomade, et le froid se montrait parfois extrême (comme sur l'île de Bruny où les Tasmaniens les avaient déportés). Si bien que les occupants des camps périrent en grand nombre. Ces lieux méritent le nom de « camp de concentration » car, pour reprendre les mots d'un de leurs porte-parole, les Aborigènes furent victimes d'un « holocauste ».

Si bien qu'une génération après que les deux cultures se furent rencontrées — la date du premier contact varie selon les lieux —, on décrivait les survivants comme les spécimens d'une race répugnante, dégénérée et hideuse. La variole, les maladies vénériennes et l'alcoolisme avaient fait de grands ravages. Dans bien des cas, on les avait presque forcés à boire. Beaucoup perdirent leur héritage tribal. Peu à peu, leur culture d'origine était détruite. En se mettant à ressembler aux brutes qui leur prenaient leurs terres, ils étaient en voie d'« assimilation ». C'est ce processus, fondé sur la destruction d'une autre culture, que nous allons maintenant examiner. Il faut rappeler qu'il s'engagea en même temps que l'extermination physique, mise en place souvent dans les mêmes régions. La condition des Aborigènes loin de la frontière — et, avec l'évolution de la situation, dans les régions frontalières — porta les Blancs à penser qu'ils leur étaient supérieurs, point de vue que ne partageaient pas les Noirs, même ceux d'alors.

D'où la théorie qu'ils appartenaient à une « race condamnée », incapable de s'accorder avec la marche inéluctable de la civilisation blanche[30]. Selon l'opinion commune, ils ne pouvaient espérer survivre que s'ils abandonnaient leur culture et adoptaient celle des Blancs.

On appliqua les mesures législatives et administratives que décrit Markus afin d'assurer cette transformation de ce qui restait du peuple aborigène. Les unes et les autres étaient discriminatoires et coercitives, mais on les disait charitables, menées qu'elles étaient par des missions ou des institutions d'État. Le système des Bureaux de protection, institué à la fin du XIXᵉ siècle, fut conçu pour protéger les Noirs de « sang pur », tandis que les Aborigènes de sang mêlé étaient incités à adopter les mœurs des Blancs. Dans l'État de Victoria, en 1886, et en Nouvelle-Galles-du-Sud, entre 1909 et 1910, on vota des textes de loi qui mettaient hors la loi les Aborigènes vivant dans des postes, c'est-à-dire loin du contact des Blancs. Ce système, du fait de cette mesure, différait complètement de celui des protecteurs. Le commerce sexuel pratiqué à une vaste échelle et la progéniture qui en résultait recevaient un soutien quasi officiel, puisqu'ils faisaient partie du programme d'« élimination biologique » du sang noir. Au début des années 1930, le protecteur général des Aborigènes du Territoire-du-Nord, le docteur Cecil Cook, déclara : « Tous les efforts sont faits pour éliminer le sang de couleur en élevant les standards de conduite des métis[31] du sexe féminin à la hauteur de ceux des Blancs, en vue de faire absorber ces dernières par la population blanche en les croisant avec celle-ci. » Plus loin, il explique : « Dans une Australie blanche, l'existence d'une communauté de couleur, qu'elle soit étrangère, aborigène ou hybride, reste obligatoirement une menace permanente sur le plan social et sur le plan économique aussi longtemps que ses membres, premièrement, ne réussissent pas à se conformer aux standards des Blancs et que, deuxièmement, ils ne sont pas acceptés en tant que citoyens blancs.

30. R. McGregor, *op. cit.*
31. On pourrait même traduire *half-caste* par « demi-sang », terme réservé aux animaux.

Là où ces conditions sont satisfaites, le facteur de couleur est, en soi, sans conséquence[32]. »

Les femmes blanches des régions concernées n'appréciaient guère cette politique. Toutefois, elles ne s'y opposèrent pas dans la mesure où elles bénéficiaient ainsi de bonnes à tout faire. Entre 1920 et 1970, avec un record dans les années 1950, il fut de règle de placer de force les enfants métissés dans des institutions ou chez des particuliers où on leur enseignait les pratiques domestiques et autres qualifications élémentaires. Dans l'Australie du Sud, un tiers des enfants métissés furent arrachés à leurs parents. La proportion varie ailleurs, selon l'éloignement de ces communautés indigènes. On débat sur le nombre total des enfants transférés, mais le docteur Peter Read, désigné par le gouvernement fédéral pour enquêter sur la nature et l'étendue de la génération « volée », estime que cinquante mille enfants furent déplacés en l'espace de cinq générations, c'est-à-dire jusqu'en 1980. Bien qu'on justifiât cette politique en déclarant que ces enfants étaient « en péril », Read reconnaît que « les buts de l'assimilation, ménagée par la séparation, l'adoption et la procréation, étaient essentiellement racistes[33] ». Les mères et les pères désespérés cachaient leurs enfants sous leur maison et se battaient avec les fonctionnaires qui venaient les prendre. Le traitement infligé aux enfants dans les institutions était bien souvent effroyable et le tort qu'on leur fit en les coupant de leur famille — car ils étaient fréquemment maintenus de force loin d'elle — les éprouve profondément aujourd'hui. L'athlète aborigène Cathy Freeman, une célébrité du sport, qui déclare ignorer le nom de sa grand-mère, est loin d'être une exception. Dans une société fondée sur la famille, cela en dit long !

Encore en 2000, lors de la première poursuite judiciaire entreprise par des « enfants volés », qui demandaient des dommages-intérêts pour les sévices endurés dans ces institutions — dans un cas, il y avait eu abus sexuel —, le juge crut devoir décider que les plaignants n'avaient pas été enlevés « de force », et que les conventions internationales signées

32. R. McGregor, *ibid.*, p. 161-162. (NdT)
33. Rapport de 7 h 30, ABC TV, 3 avril 2000.

par l'Australie n'avaient pas été enfreintes, car la mère du garçon avait signé un accord autorisant le départ de son fils[34]. Un tel « légalisme » soulève l'indignation et la stupéfaction.

On pourrait mesurer le succès de l'« assimilation » à l'aune des souhaits énoncés par des porte-parole des Aborigènes : ceux-ci voulaient être traités comme les Blancs. Après la Première Guerre mondiale, les Aborigènes vivant le long de la côte orientale exprimèrent d'une voix redoublée leur désir d'être traités « en égal ». Peu de Noirs de « sang pur » avaient survécu le long de ce rivage, et la plupart des Aborigènes, en l'espace de trois générations, du fait qu'ils vivaient dans des camps et des ghettos de la frontière proches des communautés de colons, avaient expérimenté la vie des Blancs. En 1925 et 1926, des associations pour l'Avancement des Aborigènes se formèrent en vue d'obtenir les pleins droits de citoyenneté. En 1936, les leaders, dont certains venaient de la classe ouvrière et possédaient une expérience de militant, passèrent par la Ligue des Aborigènes pour ajouter à la liste des premières revendications de nouvelles mesures leur accordant des droits économiques et sociaux et l'accession à la scolarité, sans laquelle leur exigence du droit de vote aurait été purement formelle[35]. En 1938, le célèbre pamphlet *Les Aborigènes exigent le droit d'être citoyens* réitéra cette exigence, assortie d'autres revendications réclamant une représentation séparée des Aborigènes au Parlement du Commonwealth.

Les revendications des porte-parole mettaient à l'occasion l'accent sur leur bonne volonté sociale et leur degré d'intégration dans la « vie blanche ». Ils établissaient aussi des distinctions entre leur nature propre et celle des Noirs de « sang pur », restés « primitifs[36] ». Ce faisant, ces leaders entraient

---

34. *Australian*, 12 août 2000.
35. A. Markus, *Blood From a Stone. William Cooper and the Australian Aborigines Leagues*, Melbourne, Monash Historical Publications, 1986, p. 25-27 et 39 ; J. Horner, *Vote Ferguson for Aboriginal Freedom : A Biography*, Sydney, Australia and New Zealand Book Company, 1974, p. 48.
36. A. Davidson, *From Subject to Citizen. Australian Citizenship in the Twentieth Century*, Cambridge, Cambridge University Press, 1997, p. 207.

dans le jeu des « bonnes âmes » que comptaient les experts blancs, souvent des anthropologues, qui contrôlaient le processus d'assimilation. Le professeur A. P. Elkin, qui devint l'un des principaux conseillers auprès de l'État en matière d'affaires aborigènes pendant la Seconde Guerre mondiale, appuya leur demande de citoyenneté, parce que, affirmait-il, il y voyait la preuve que le passage vers une société blanche était en train de s'effectuer. Dans les documents officiels où il retraça cette période transitoire, il utilisait d'ailleurs une terminologie raciste et biologique[37].

Le recours au biologique montre de plus en plus clairement que les politiques d'assimilation visaient la destruction de la société aborigène. On refusait aux Aborigènes, quel que fût leur degré d'intégration dans la société blanche, de faire entendre leur voix parce qu'ils étaient porteurs d'une culture distincte et séparée. Le prix à payer pour être admis dans l'espace public était leur disparition en tant que tels. Chaque individu devait s'humilier en prouvant qu'il était suffisamment blanc pour que l'ensemble de la société le trouvât acceptable.

Comme les demandes répétées de citoyenneté des Aborigènes le suggèrent, la juridiction les avait complètement bannis de la vie civile et publique dans le Commonwealth d'Australie. La Constitution de 1901 excluait qu'ils fussent jamais comptés comme une partie de la population australienne — situation qui ne fut rectifiée qu'en 1967. Pour obtenir ne serait-ce que le minimum des droits que possédaient les Blancs, ils devaient leur adresser des pétitions, et il en allait de même quand ils voulaient changer les lois racistes qui variaient d'un État à l'autre du Commonwealth, ce qui créait des régimes de traitement différents. Ces pétitions étaient toujours rejetées. Les lois des États tenaient le plus grand compte de l'apparence physique, et la délivrance des droits propres aux Blancs se jugeait au cas par cas, dépendant du caprice arbitraire de tel ou tel fonctionnaire, qui décidait si le requérant était réellement suffisamment blanc. Pour exer-

---

37. A. P. Elkin, *Citizenship for the Aborigines : A National Aboriginal Policy*, Sydney, Australasian Publishing Company, 1944, p. 28 et 90-91.

cer ces droits limités, les Aborigènes devaient habituellement produire un certificat de dérogation qui dispensait le porteur d'observer les lois relatives à son ethnie. Ce certificat pouvait leur être retiré pour une violation mineure de la loi.

Ella Simon a raconté son expérience après que son certificat lui eut été délivré en 1957, conformément à l'arrêté 56 des Lois de protection des Aborigènes en Nouvelle-Galles-du-Sud (1909-1943), section 18c.

« Les nouvelles élections arrivèrent et je suis partie voter avec la famille. Ça se présentait bien. J'étais contente de pouvoir déposer mon bulletin de vote et je sentais que j'appartenais quelque part à quelque chose […]. Je sentais que j'étais devenue une adulte […]. Le jour des élections, je suis arrivée au bureau de vote de Glenthorne et je leur ai dit que j'étais sur la liste de Sydney et non de Taree. "Oh ! Oh ! m'a dit l'homme. Vous n'êtes pas admise à voter. Les gens qui ont du sang aborigène ne sont pas autorisés à voter. C'est la loi." […] Au même moment, j'ai vu plusieurs personnes que je connaissais déposer leur bulletin. Personne n'a essayé de les en empêcher. Ils avaient bel et bien du "sang" aborigène, mais leur peau était beaucoup plus claire […]. Je savais que je ne pourrais pas aller plus loin ce jour-là, je suis donc partie […]. Connaissez-vous, comme elle est apparue, la vraie raison pour laquelle ils ont eu le toupet de m'empêcher de voter ? C'est parce que nous vivions dans le "camp des Noirs" que nous ne pouvions pas voter, et c'est la vérité. Et c'est l'unique raison qui me fait penser et dire que les Blancs de la petite bourgeoisie sont les pires pour ce qui est des préjugés. Ils ne pensent pas ce qu'ils font […]. Si vous viviez là-bas, vous ne pouviez être qu'un désespéré[38]. »

Le caractère coercitif de la législation de l'Australie-Occidentale, à la fin de 1944, montre clairement que son but était délibérément raciste : il fallait détruire la société aborigène. Le requérant devait faire une déclaration statutaire selon laquelle, « pendant les trois années antérieures à la date de la demande [sic], il avait rompu avec une association tribale ou indigène, à l'exception de ses descendants en ligne

38. Ella Simon, *Through my Eyes*, Sydney et Melbourne, Rigby, 1979, p. 183-186.

directe et de ses parents au premier degré, et qu'il était, jusqu'à preuve du contraire, une personne convenable, apte à recevoir un certificat de citoyenneté ». Le magistrat qui accordait ce certificat devait être convaincu que, durant les deux années précédant la demande, le requérant « avait adopté les manières et les habitudes de la vie civilisée ; que les pleins droits de citoyenneté étaient souhaitables pour le requérant et susceptibles de le conduire au bien ; que le requérant était capable de parler et de comprendre la langue anglaise ; que le requérant ne souffrait pas d'une lèpre virulente, de la syphilis ou du pian ; que le requérant avait des habitudes de travail, une bonne conduite et une bonne réputation ». Une fois que le requérant avait obtenu le certificat, il n'était plus considéré comme un natif ou un Aborigène. Mais si quelqu'un se plaignait que le requérant n'eût pas, en fait, adopté les habitudes de la vie civilisée, ou qu'il eût été condamné pour une violation mineure de la loi, ou qu'il eût l'une des maladies énumérées, le certificat était retiré et il était de nouveau considéré comme un natif ou un Aborigène.

L'unique dessein de cette procédure était de séparer les Aborigènes qui avaient appris à se comporter politiquement comme les Blancs de leurs compagnons moins « assimilés » et de les empêcher de se rallier à leurs causes politiques. Les Blancs virent d'un œil inquiet les associations qui revendiquaient de meilleures conditions de travail prendre leur essor au tournant des années 1940.

Reste que ces associations aborigènes se renforcèrent après la guerre et, en 1958, le Conseil fédéral des insulaires aborigènes du détroit de Torres vit le jour. Plus question désormais de donner la priorité aux revendications assimilationnistes des premières organisations aborigènes. Les nouvelles revendications prirent un autre cours, parce que leurs leaders se tournèrent vers le centre et le nord du continent, où la violence des traitements avait toujours été la norme et où le souvenir du génocide physique perpétré par les Blancs restait très vivace, et où, pour finir, les Aborigènes continuaient de quitter les camps de la frontière pour s'en aller à l'aventure. Le thème central des revendications tournait autour de la restitution des terres à leurs premiers propriétaires de plein droit. Ces exigences n'étaient pas absentes des doléances des premiers temps, quand les Aborigènes déploraient de n'avoir passé aucun traité comparable à celui que les Blancs avaient conclu avec les Maoris à Waitangi en 1840. Mais, après les années 1960, cette revendication devint le cri de ralliement des défenseurs de la culture aborigène, fondée sur leur rapport spécifique à la terre. Ce slogan politique indiqua la fin de toute complicité avec une quelconque politique assimilationniste.

Des slogans tels que « Rendez-nous la terre ! » provoquèrent un violent remous politique chez la majorité des Blancs, dont tous les droits de propriété reposaient sur la doctrine affirmant que l'Australie était une *terra nullius* à l'époque de son occupation. Le gouvernement conservateur, qui dirigea le pays de 1949 à 1972, refusa simplement d'accorder tout nouveau droit aux Aborigènes, à l'exception du droit de vote qui fit suite au référendum de 1967, par lequel une majorité écrasante de Blancs australiens se prononça en faveur d'un changement de la Constitution. Cela permit aux Aborigènes d'être comptés comme une partie de la population australienne et du même coup de jouir sur-le-champ des droits de tout sujet britannique. Cette réforme marque l'apogée de l'« assimilation », puisqu'elle témoigne du fait que la plupart des Blancs pensaient que les Aborigènes leur ressemblaient désormais suffisamment pour rejoindre la nation[39].

Mais, quand des organisations ou des particuliers aborigènes entreprirent des poursuites judiciaires pour faire valoir leur droit à la terre, les cours supérieures de justice soutinrent que le droit natif avait été aboli en 1788 et que les Aborigènes n'avaient droit à rien, pas même à la terre inaliénée de la Couronne. Ces décisions furent prises en toute conscience, au mépris d'un document historique qui attestait que les envahisseurs blancs avaient occupé le continent par la force. Ainsi que nous l'avons vu plus haut, à propos du procès Gove, en 1971, qui joua un rôle déterminant au cours des vingt années suivantes, Blackburn J. déplora que la jurisprudence l'empêchât de corriger une injustice à la lumière de faits historiques.

---

39. Scott Bennett, *White Politics-Black Australians*, Sydney, Allen et Unwin, 1999.

C'est seulement après 1972, quand le parti travailliste initia une nouvelle politique, qu'il fut permis d'espérer qu'une solution à l'impasse serait trouvée. En 1975 fut voté un décret relatif à la discrimination raciale, concrétisant les principes de la Convention des Nations unies pour l'élimination de toutes les formes de discrimination raciale. Il permettait de soumettre la doctrine de la *terra nullius* aux nouveaux principes des droits de l'homme. En 1980, Eddie Mabo, un insulaire du détroit de Torres, entreprit une suite de procès qui cherchaient à faire valoir le droit des Aborigènes à la terre, procès qui, au bout de douze ans, aboutirent à la décision Mabo, qui marque un tournant décisif. Celle-ci reconnaissait en effet que, là où le « droit natif » n'avait pas été expressément aboli, il continuait d'avoir cours après 1788. Cela signifiait que les Aborigènes et les insulaires du détroit de Torres pouvaient revendiquer, avec succès, la possession de terres inaliénées de la Couronne — terres qui recelaient souvent d'importantes richesses minérales en sous-sol —, à condition que les poursuivants fissent la preuve qu'ils les avaient continuellement réclamées. Le procès Wik, en 1997, permit d'étendre ce principe aux propriétés louées à bail[40]. Dans le premier procès, trois juges admirent que les faits « tels qu'ils étaient connus aujourd'hui » n'étaient pas conciliables avec une « absence de loi » ou les décisions « barbares » qui avaient jusqu'ici légiféré la condition des indigènes dans cette colonie.

Mabo fut une victoire des faits historiques sur l'idéologie légaliste. Néanmoins, en dépit de la décision concrétisée par la loi sur le droit natif de 1993, le gouvernement conservateur, de nouveau au pouvoir, a dès lors cherché à le modifier afin d'abolir le droit natif dans les régions qui présentaient un intérêt économique pour les grandes compagnies et où le contre-courant politique des Blancs, essentiellement des fermiers, était devenu une menace pour son pouvoir. En 2000, le Comité des Nations unies pour l'élimination de la discrimination raciale condamna ces agissements. Le gouvernement

---

40. Mabo versus Queensland (1992), *ALJR* (*Australian Law Journal Reports*), 66, p. 408, Wild Peoples versus Queensland (1997), *ALJR*, 71, p. 173.

réagit en déclarant qu'il n'écouterait plus les Nations unies, contredisant ses engagements à en respecter les conventions[41].

Cette réaction révèle à quel point l'assimilation fut et resta un processus imposé par les Blancs et qu'elle n'était en rien une menée volontaire ni une matière à négociations par les deux parties. L'assimilation est morte le jour où les Aborigènes tentèrent de discuter un compromis tenant compte de leurs valeurs fondamentales, qui excluait l'exploitation de la terre. Si bien que la lutte se déplaça dans les années 1990 sur un nouveau terrain : les Aborigènes entreprirent de faire admettre, tant par la nation que par la communauté internationale, que les événements constitutifs de leur mémoire collective seraient le lieu d'où ils négocieraient. Ils firent fréquemment appel aux normes et aux institutions internationales de défense des droits de l'homme. Cette tentative marqua leur volonté d'outrepasser le terrain national où une majorité de Blancs conservateurs refusaient de reconnaître qu'un génocide avait été perpétré en Australie et répugnaient à considérer des dédommagements ou quelque forme d'excuse — qui auraient ouvert la voie à un processus de réconciliation et d'apaisement.

Détruire un passé

La politique bicentenaire visant à « faire disparaître » les Aborigènes passa par une troisième période qui commença lorsque ces derniers essayèrent d'exhumer l'histoire de leur oppression. Cette histoire n'avait jamais figuré dans les principaux textes de référence, même ceux du plus grand historien de l'Australie, Manning Clark.

Comme le rappela Malcolm Fraser, le précédent Premier ministre conservateur de l'Australie, au cours d'un débat sur la reconnaissance par l'État du transfert forcé des enfants aborigènes (qui est un génocide selon les termes de la Convention des Nations unies) :

41. Garth Nettheim, « Governance Structure for Indigenous Australians on and off Native Lands », in *Discussion Paper, 2, Introduction of International States*, 1998.

« Une des choses les plus dures à comprendre pour des Australiens non indigènes, et particulièrement pour la vieille génération, c'est que l'histoire qu'on nous a enseignée sur les premiers temps de la colonisation, pour autant qu'on nous l'ait enseignée, cette histoire-là n'était pas particulièrement exacte. L'histoire qu'on nous a enseignée, que nous fûmes conduits à croire, n'est pas conforme à ce qui s'est passé. [...] Or, pour toute une quantité de personnes, ce changement, ce saut d'une représentation, la vieille représentation de l'Australie, à ce qui est la réalité de l'Australie est très difficile à faire. C'est pourquoi il est extrêmement important, pour ceux qui occupent une position, d'influencer l'opinion et d'avertir les Australiens de ce qui s'est passé et de ce qui devrait maintenant en résulter. [...] Nous avons besoin d'une grande détermination nationale pour aborder les injustices passées et, symboliquement, l'élément le plus important dans cette affaire est peut-être d'aborder les injustices concernant la génération volée. Si ces torts pouvaient être réparés, cela représenterait à l'évidence un pas de géant vers une réconciliation[42]. »

Cette relecture de l'histoire était difficile à avaler, car elle critiquait l'essence de l'image nationale. En novembre 1992, Paul Keating, le Premier ministre travailliste, avait mis les choses au clair dans un discours prononcé dans le faubourg aborigène de Redfern, banlieue de Sydney. Corriger la mémoire collective des Blancs exigeait, disait-il, de « [...] reconnaître que c'était nous qui les [les Aborigènes] avions dépossédés. Nous, qui avions pris leurs terres ancestrales et foulé aux pieds leur manière de vivre traditionnelle. Nous, qui avions introduit les maladies, l'alcool. Nous, qui avions commis les meurtres. Nous, qui avions arraché les enfants à leur mère. Nous, qui avions pratiqué la discrimination et l'exclusion. C'était le fait de notre ignorance et de nos préjugés[43] ». Conformément à la théorie de Renan sur la construction d'une nation, cette histoire avait été exclue de l'« enseignement du folklore[44] » et le reconnaître, c'était, selon les mots

42. *Age*, 5 mai 2000.
43. *Australian*, 13 mai 2000. (NdT)
44. *SMH* (*Sydney Morning Hercule*), 3 mars 2000.

du porte-parole aborigène, Pat Dodson, « [...] faire affront aux formes de pensée et aux représentations fondamentales qui étayaient les principes institutionnels de la société australienne, coulés dans le moule britannique[45] ».

Toutefois, c'est précisément l'exhumation de l'histoire enterrée dont le Comité pour la réconciliation aborigène fit l'une de ses conditions dans sa Déclaration pour la réconciliation, rédigée à grand-peine au cours des dix ans précédant le centenaire de la Fédération, en 2001. Cette Déclaration disait que, « [...] si une partie de la nation exprimait son profond chagrin et regrettait profondément les injustices du passé, alors l'autre partie acceptait ses excuses et pardonnait ». L'histoire de ces injustices, les Aborigènes l'avaient vécue et ils s'en souvenaient, parce qu'elle faisait partie de la mémoire de leur peuple. Leurs leaders appartenaient souvent à la génération des enfants volés. De leur côté, nombre de Blancs courageux, hommes et femmes, souvent de gauche, avaient contribué à exhumer ce passé pendant plus de vingt ans, en dépit des sanctions qu'ils encouraient. Leurs rapports montraient clairement que, si l'Australie avait réussi à construire une société égalitaire, démocratique et respectueuse de la loi, elle reposait sur des montagnes d'ossements aborigènes. Reconnaître une histoire si récente, si horrifiante, dont les élites au pouvoir s'étaient faites complices, était une conversion trop difficile pour ne pas provoquer de résistance. L'exemple de *My Place*, l'autobiographie de Sally Morgan[46], racontant l'histoire d'une femme qui « découvre » sa famille aborigène, dont tout le passé lui avait été caché, mettait en cause des membres actuels de grandes familles de propriétaires terriens de l'Australie-Occidentale, dans des événements qu'ils auraient volontiers oubliés. Ces « rois du *squatting* » avaient gouverné l'Australie pendant une centaine d'années et refusaient parfois d'ouvrir leurs archives familiales. Des municipalités entières de l'État de Victoria gardèrent le silence quand on les questionna sur la rumeur disant que le « vieil homme » avait l'habitude de jeter des Aborigènes du haut des falaises. Néanmoins, il était impossible d'arrêter les

45. *Age*, 13 mai 2000.
46. Éd. Morgan, 1992.

récits d'empoisonnements par la strychnine, de massacres punitifs et même de juges partiaux. Finalement, le parti travailliste, qui avait été longtemps complice du profond racisme des Blancs de la classe ouvrière, adopta le point de vue des révisionnistes. Dans les années 1990, des cercles intellectuels, et même des ultra-conservateurs, comme Robert Manne, acceptèrent, d'abord à reculons, puis ouvertement, que l'histoire de l'Australie comportât le génocide. Aucune différenciation logique par rapport à l'Holocauste nazi ne pouvait cacher que la politique de l'État australien était souvent tombée sous le coup des définitions du génocide posées par les actes juridiques internationaux.

La récupération de cette histoire occultée ressemble à celles d'autres pays à la même période, particulièrement ceux de l'ancien Empire britannique. Au Canada, en Afrique du Sud et en Nouvelle-Zélande, on avait reconnu que la colonisation avait conduit à l'échec de la destruction des peuples colonisés, tant des individus que des cultures, et l'État avait exprimé des regrets, offert des dédommagements et sollicité les mesures nécessaires à un processus d'apaisement. La Commission d'Afrique du Sud pour la vérité et la réconciliation en est l'expression la plus dramatique. C'est pourquoi il est frappant que la négation du génocide soit devenue la politique de l'État australien, et que son Premier ministre, John Howard, surnomme la perception qu'en ont les Noirs « leur brassard de deuil ». Alors que le président de l'Allemagne a présenté des excuses aux juifs et que le Premier ministre britannique a fait de même pour l'Irlande du Nord, que des regrets semblables ont été exprimés dans d'autres lieux où guerre et invasion n'étaient pas à l'origine des mesures concernant une « minorité », l'État australien se défend d'en faire autant. En 2000, le processus de la réconciliation australienne est en plein chaos. L'Australie est devenue, à la place de l'Afrique du Sud, la plus réactionnaire et la plus raciste de toutes les anciennes colonies britanniques.

La question est : pourquoi ? Pourquoi, alors même que des ultra-conservateurs « confessent » qu'ils se sont faits complices du transfert forcé des enfants aborigènes, le Premier ministre australien s'obstine-t-il à ne pas demander pardon ? Une première réponse est qu'en contestant la véritable histoire il refuse d'assumer la responsabilité des actes commis par les générations qui l'ont précédé. Avec d'autres personnalités officielles, il allègue que cette histoire est partiale, qu'elle constitue un hiatus ou une exception qui se sont produits autrefois au cours, jusqu'à preuve du contraire, de l'édification prometteuse d'une société moderne, juste, démocratiquement libérale, fondée sur le règne de la loi. Jamais la supercherie des nombres n'a été plus évidente que lorsque ces hommes récusèrent catégoriquement le terme de « génération volée » (inventé par un fonctionnaire de l'État) parce que « 10 % seulement » d'enfants aborigènes furent touchés par la politique de transfert forcé et d'assimilation[47]. Cela rappelle la position des révisionnistes sur l'Holocauste, qui arguent que les chiffres étaient imprécis, qu'on était mal documenté, ou, pis encore, que la plupart des victimes moururent de maladie, de malnutrition, et qu'on n'avait pas l'intention de les tuer.

Mais le Premier ministre Howard pourrait aussi avancer, à juste titre, qu'il ne fait qu'exprimer le point de vue de 60 % des Australiens, dont l'hostilité à l'égard de quoi que ce soit qui réparerait les injustices passées s'est dramatiquement accrue au cours des vingt-cinq dernières années, quand ils furent contraints, d'abord par l'action politique des Aborigènes, puis par les historiens, d'affronter la vérité. L'appel à des votes demandé par le Comité pour la réconciliation aborigène et d'autres parties intéressées le montre bien. L'histoire partiale qu'on enseigna, et que les meneurs d'opinion incitèrent à croire, a tristement contribué à prolonger la politique du silence sur le passé occulté, qui avait déjà le soutien de la population. Des protestations déloyales affirmèrent qu'on avait introduit les nouveaux programmes scolaires relatifs à cette histoire pour cacher la réalité, qui était, selon les conservateurs, que la construction d'une nation exigeait un récit civique, héroïque et mythique qui ne pouvait pas inclure le génocide[48]. Les nouveaux programmes insistaient

47. Rapport de 7 h 30, ABC TV du 3 avril 2000.
48. A. Davidson, « Democracy and Citizenship », *in* Hudson, Wayne, Kane et John (dir.), *Rethinking Australian Citizenship*, Cambridge, Cambridge University Press, 2000.

sur l'aspect positif de cet « héritage », qui permettrait aux
Australiens de se dire avec fierté « l'Australie, ma patrie ». On
notera que, tandis que les chroniqueurs avertissent de temps
à autre l'opinion que le refus de rectifier l'Histoire risque de
déclencher la colère des Aborigènes et de les pousser à se
retourner contre ces 60 % de négationnistes, peu de spécialistes s'interrogent sur le retard d'une telle attitude de la part
des Australiens[49].

Les scrutins montrèrent que la majorité approuvait le Premier ministre et que les Blancs et l'État ne devaient aucune
excuse — rappelons qu'« excuse » est le terme qui ressuscite
l'histoire refoulée de la destruction par les Blancs d'autres
êtres humains, et qui permet que la voix de l'autre soit entendue. Ce refus massif tend à confirmer la remarque de Pat
Dodson citée plus haut : admettre le génocide, c'était impli-
tement critiquer les valeurs civiques essentielles du peuple
australien, car cette reconnaissance révélait une société dont
la structure gouvernementale se différenciait très peu de celle
de l'apartheid en Afrique du Sud et des régimes racistes et fascistes. Parmi les raisons données dans les scrutins, on relève
des phrases comme « une identification empathique avec
l'expérience des Aborigènes serait trop douloureuse ou trop
menaçante pour nous » et « c'est trop déstabilisant d'admettre
que notre démocratie recèle un défaut grave[50] ». Cela corrobore la vieille idée juridique qu'« il se peut bien qu'il y ait en
Australie un pouvoir qui passe des lois semblables aux
décrets sur les Groupements d'habitats en Afrique du Sud et
aux lois antijuives de Nuremberg en Allemagne[51] ». Mais
énoncer publiquement des points de vue qui relient le traitement des Aborigènes aux défauts structurels de l'État australien relève de l'« absurde », au dire de la presse conservatrice.

Constater que c'est « trop douloureux ou déstabilisant
d'admettre que notre démocratie recèle un défaut aussi
grave » a conduit les porte-parole des deux grands partis politiques blancs à refuser d'écouter les critiques réitérées des
organisations internationales, qui condamnaient les infrac-

49. *Sydney Morning Herald*, 20 mai 2000.
50. *Ibid.*, 3 mars 2000.
51. *Herald Sun* et *Age*, 15 mai 2000.

tions aux droits de l'homme et qui mettaient l'Australie au bas de la liste des pays de l'Organisation de coopération et de développement économique (OCDE) en 1991[52]. Ces porte-parole utilisent les mêmes arguments défensifs qu'il y a quarante ans, à savoir que l'Australie est par définition une démocratie libérale et qu'il est par conséquent inutile de tenir compte de toute évaluation négative de son observance des droits de l'homme (qui concerne en l'occurrence bien plus que le traitement des Aborigènes). Le Comité des droits de l'homme des Nations unies a récemment condamné le gouvernement du Commonwealth pour n'avoir pas su éviter que l'Australie-Occidentale et le Territoire-du-Nord aient introduit des lois punitives sanctionnant des violations mineures et frappant majoritairement les Aborigènes par rapport aux autres communautés. Le Premier ministre du Territoire-du-Nord a simplement rejeté cette condamnation en déclarant qu'elle était « fragmentaire » ou « instable », puisqu'elle provenait d'étrangers qui ignoraient les réalités australiennes.

Comme on peut le supposer, l'empressement des Aborigènes à faire appel aux organisations internationales des droits de l'homme pour solliciter leur soutien contre un État qui refuse qu'ils fassent entendre la voix de leur histoire se heurte continuellement aux accusations de déloyauté et de trahison[53]. Par ailleurs, la position des Nations unies sur la mise en œuvre des conventions que l'Australie a signées auprès d'elles, ou celle de l'Organisation internationale du travail, de l'Union européenne et du Conseil de l'Europe, ainsi que les critiques des organisations non gouvernementales, sont récusées parce que non pertinentes et mal documentées, et sont, en général, officiellement ignorées.

La réaction du Comité pour l'élimination de la discrimination raciale à l'appel que lui adressèrent les Aborigènes à l'issue du procès Wik est un exemple typique : il condamna le fait que l'État eût à reverser les gains produits par les terres mises en cause dans les procès Mabo et Wik. Ainsi que nous

---

52. *Humana*, 1992 ; Lateline, Rapport de ABC TV, 30 avril 2000.
53. Mick Dodson, « Indigenous Peoples and Globalization », *in* A. Davidson et Kathleen Weekley (dir.), *Globalization and Citizenship in Asia-Pacific*, Londres, Macmillan, 1999.

l'avons vu, les deux procès, et plus particulièrement celui de
Mabo, eurent une importance énorme, car ils faisaient chavirer les bases de la souveraineté politique que les Australiens
avaient toujours revendiquée et formulée tout au long de leur
histoire. Mabo trancha en faveur du droit natif à la terre toujours en vigueur après l'introduction de la colonisation, et Wik
étendit ce règlement non seulement aux terres inaliénées de
la Couronne, mais également aux terres louées à bail. Jusqu'à
cette première décision, la loi appliquée au cours du procès
Gove, en 1971, avait conduit Blackburn J. à décider, une fois
encore, que le droit natif avait été aboli par la colonisation.
Permettre au droit natif d'avoir cours, c'eût été admettre que la
doctrine de la *terra nullius* était juridiquement fausse et, par
conséquent, faire tomber la pierre angulaire des arguments
qui légitimaient le pouvoir souverain de l'État australien[54].
Cela menaçait non seulement les immenses intérêts des possessions acquises, la propriété minière particulièrement, mais
cela réveillait également le spectre du mouvement séparatiste
aborigène, en donnant à celui-ci une assise légale. Le décret
sur le droit natif faisait désormais partie de la législation. Après
le procès Wik, lorsque le gouvernement, redoutant les demandes de réparations, introduisit en toute hâte une législation
qui limitait les prétentions du droit natif aux terres libres et
non aliénées de la Couronne encore investies par l'État, les
organisations aborigènes déposèrent une plainte devant le
Comité des Nations unies pour l'élimination de la discrimination raciale. Elles furent diffamées pour avoir porté la question
hors de l'univers australien et, dans un accès de dépit, le gouvernement les accusa de ne pas se comporter en citoyens.

On peut en outre expliquer la position sensiblement
contradictoire des Aborigènes, tendus entre leur désir d'« aus-
tralicité » et celui d'obtenir la réparation des torts subis, par le
durcissement qu'impliquaient la reconnaissance du droit natif
et leur exigence d'autodétermination. Ils maintinrent ces exigences jusqu'en 1938 pour le moins, et elles se renforcèrent
chaque fois qu'était exhumé un épisode de leur histoire qui

54. A. Davidson, *The Invisible State. The Formation of the Australian State, 1788-1901*, Cambridge, Cambridge University Press,
1991 ; H. Reynolds, *op. cit.*, 1996.

empêchait qu'elle ne sombre dans l'oubli. Ainsi lors des marches pour la liberté, qui imitaient celles du mouvement pour les libertés civiles aux États-Unis. En 1972, les Aborigènes installèrent une ambassade symbolique, en dressant une tente face au Parlement de Canberra pour exiger leurs droits à la terre, des dédommagements et la reconnaissance de la souveraineté indigène. Le Premier ministre conservateur, William McMahon, fit mettre la tente en pièces et ses occupants en furent éjectés après des bagarres ignominieuses qui ne servirent qu'à souligner le défi lancé à la souveraineté aborigène. En 1979, le Congrès national des Aborigènes décida de rédiger un *Makaratta* (un traité) et, en 1987, après plusieurs réunions dans l'Eva Valley, en Nouvelle-Galles-du-Sud, une première ébauche était composée. Le Premier ministre travailliste, Bob Hawke, accepta officiellement cette déclaration, dite Barunga, qui réitérait les exigences de 1972, et il l'intégra à la Déclaration des droits de l'homme et de la souveraineté, qui était alors une nouveauté. Les pourparlers autour de ce traité furent interrompus par l'élection de Howard, et ils débouchèrent sur la création du Comité pour la réconciliation.

Certains commentateurs considèrent que Howard perçut une menace dans l'exigence d'« autodétermination » qui apparaît dans la Déclaration pour la réconciliation proposée par le Comité pour la réconciliation. Il est certain que, dans les années 1990, le gouvernement rejeta d'emblée toute possibilité de conclure un traité comme celui de Waitangi ou ceux conclus en Amérique du Nord, bien qu'il fût clair, vu la dispersion des communautés aborigènes, que leurs sous-entendus sécessionnistes étaient purement symboliques[55]. Cependant, leur Déclaration pour la réconciliation cherchait plutôt à faire respecter la communauté des Aborigènes et des insulaires du détroit de Torres, leur culture et leurs traditions légales. Mais même cette concession symbolique fut rejetée, en dépit des décisions de la Cour fondées sur le ICCPR, articles 18, 9, 27, le ICESR, articles 1, 2, 3, 15, et la Déclaration universelle des droits de l'homme, articles 18, 19. Un fait les illustre clairement : lorsqu'un Aborigène brisa la caméra d'un Blanc qui filmait les « activités secrètes » de plusieurs enfants, sous

55. *Age*, 13 mai 2000.

prétexte qu'il capturerait leur « âme », on considéra qu'il s'agissait d'un acte de défense relevant du droit coutumier[56].

Il est donc déroutant que l'« autodétermination » reste à ce point menaçante — à moins que ce ne soit les valeurs qu'elle pourrait exprimer qui menacent les conservateurs. Le résultat des votes suggère en effet que c'est la valeur de la « différence » qui arrête la population australienne. Que les Aborigènes veuillent être traités avec justice, sans surseoir à la condition expresse d'adopter les manières des Blancs, est inacceptable pour 60 % de la population australienne, dont Howard prétend exprimer l'opinion. La survivance des relations traditionnelles et spirituelles entre la communauté aborigène et la terre, où la première se considère surtout comme un gardien de la seconde plutôt que comme son propriétaire, n'étant pas, de ce fait, en droit de l'exploiter, semble constituer le cœur du problème. Comme ce chapitre l'a montré, cela a même toujours été le problème pour une société basée sur l'idée que sa construction procède d'un contrat entre des individus, qui établit une seule règle législative, égale pour tous. Cette théorie du contrat social provient directement de Locke, selon lequel c'est la culture de la terre qui fonde et permet la construction d'un édifice social dans tout groupe humain civilisé. C'est de là que découle la nécessité d'une exploitation sédentaire de la terre. Un être humain disposant d'une nature fertile n'est pas un nomade. Pas plus qu'il ne doit aller d'une femme à l'autre, ni d'une femme à un homme. Il est un propriétaire, et non un gardien.

Il est encore trop tôt pour soulever la question de l'alternative entre le bien et le mal devant les deux tiers, ou presque, de la population d'Australie. Le fait que les Aborigènes vivent aujourd'hui bien loin, sinon coupés, des traditions et des parlers qui étaient les leurs en 1788, s'y maintenant et s'en écartant tout à la fois, ne peut pas effacer les frayeurs des Blancs, même quand il s'agit seulement de discuter de valeurs différentes. Et que les Aborigènes soient dirigés par de nouvelles personnalités, pour qui la fonction de gardien de la terre

56. Merkel, « The Right to Difference », *ALJ (Australian Law Journal)*, 72, p. 939-945.

pourrait déboucher sur la propriété, ne constitue pas un compromis suffisant, pas plus que le fait que ces leaders aient demandé des votes et reconnu que le processus de réconciliation entrepris dure déjà depuis cinquante ans.

Lors du Corrobore 2000[57], jour de la réconciliation nationale, le 27 mai 2000, le Premier ministre n'était pas présent. La masse des manifestants représentait 30 % des Australiens en faveur de la réconciliation et du nouveau contrat social. Les 60 % qui approuvent Howard suivirent sans doute l'événement à la télévision. Le leader aborigène, Pat Dodson, annonça que lui non plus ne serait pas présent quand on discuterait d'un renouveau orienté vers un futur meilleur, parce que même une décision tournée vers l'avenir ne pouvait être prise sans jeter de temps à autre un regard en arrière. Son discours a également retracé les souffrances endurées par sa famille au cours de l'Histoire et il a déclaré que la réconciliation n'était pas simplement une affaire de droits économiques, sociaux et autres : « La réconciliation porte sur des choses beaucoup plus profondes [...] sur le sang et la chair des vies que nous devons mener ensemble, et non sur les détails pratiques dont nous devrions tous jouir en tant que citoyens attitrés [...]. Si nous ne pouvons pas faire état des vérités de notre passé, notre avenir est sans espoir en tant que nation [...]. Nous n'aurons pas d'âme[58]. »

57. Le « Corrobore » est une manifestation propre à l'Australie. Il consiste en une assemblée d'Aborigènes qui se réunissent pour chanter, danser et parfois pratiquer les rites sacrés de leurs ancêtres.
58. Mick Dodson, « Indigenous Peoples and Globalization », *in* A. Davidson et K. Weekley (dir.), *op. cit.*, 1999.

II
La traite et l'esclavage

Autour de la traite et de l'esclavage
par Marc Ferro

Avant la conquête de l'Amérique, le monde occidental avait connu des formes d'esclavage, dont la caractéristique était que ses victimes n'avaient plus de lien avec leur famille ou leur communauté. Il s'agissait le plus souvent d'esclaves domestiques ; ce n'est qu'à l'intérieur du monde romain que les esclaves jouèrent un rôle économique marquant, pour autant que dans les grandes propriétés ils fournissaient aux citadins les produits alimentaires nécessaires à leur subsistance : ainsi 2 à 3 millions d'esclaves représentaient, en Italie, jusqu'à 30 % de la population de la péninsule. Ce système esclavagiste, qui préfigure celui que connut ultérieurement l'Amérique, prit fin avec les invasions barbares et le déclin des villes qui les accompagna — le servage prenant alors la relève de l'esclavage même si, sous sa forme domestique, il survécut encore quelques siècles, mais il avait perdu son rôle économique. Une certaine renaissance se manifesta avec les conquêtes arabes, à l'est de l'Europe notamment où furent associés les termes de slave et d'esclave, puis à l'ouest aussi bien, où les plantations de sucre, cultivées par des esclaves et des hommes libres, apparurent dès l'époque des croisades ; le commerce du sucre en Méditerranée est aux mains des Arabes, des Génois, des Vénitiens, gravitant longtemps autour de Chypre et de la Crète, puis de l'Algarve au Portugal.

L'identification de l'esclavage avec la culture de la canne à sucre a ainsi précédé la conquête du Nouveau Monde, mais il comptait alors pour peu, la forme domestique, avec quelques esclaves seulement par grande famille, demeurant le modèle dominant.

L'esclavage existait également en Afrique noire, la forme domestique y étant aussi la dominante ; les esclaves y représentaient un produit d'exportation vers l'Afrique du Nord, ce commerce étant alors aux mains des Arabes : du IXe au XVe siècle,

ce trafic se développa ; la majorité des victimes étant des
femmes et des enfants : par cinq ou six routes, il atteignait
5 000 à 10 000 personnes par an destinées à l'Afrique du
Nord, puis à l'Arabie et à l'Égypte, l'Afrique orientale étant le
fournisseur le plus sollicité.

Peu nombreuses étaient les sociétés africaines pour qui la
vente des esclaves constituait la principale ressource : la vallée
du Niger, le Soudan, la côte orientale de la Corne de l'Afrique ;
le royaume du Songhaï, grand fournisseur aussi mais qui fut
détruit par les Marocains en 1590. Au total, avant l'arrivée des
Européens, de 3,5 à 10 millions d'Africains furent ainsi déportés, mais ce trafic ne semble pas avoir détruit les structures des
pays concernés, et on peut se demander également quel fut le
plus important du trafic interafricain ou de la traite arabe.

Pour la tradition anticolonialiste, devenue tiers-mondiste,
évoquer les excès commis par les victimes de la colonisation
est en quelque sorte un tabou. Autant elle stigmatise le
racisme des Européens, la manière dont ils ont pratiqué la
traite et l'esclavage, autant elle demeure discrète sur ces
mêmes pratiques commises aussi par les Arabes.

La première raison est sans doute que ces pratiques-là
avaient servi d'alibi aux visées impérialistes du XIXe siècle :
pour justifier la conquête de l'Afrique noire, Livingstone lançait le chiffre de 21 millions d'esclaves qui auraient transité à
Zanzibar — « chiffre extravagant », a-t-on jugé depuis, réduit à
présent à 4 millions —, alors que demeurent bien les
13,2 millions d'esclaves déportés outre-Atlantique.

Deuxième raison : aux temps de la colonisation, à l'esclavage et à la traite a succédé le travail forcé ; pour les anticolonialistes, la nécessité n'apparut pas de condamner ce qui
l'avait précédé.

Quant aux victimes des Arabes — les Noirs d'Afrique centrale et occidentale —, ils ne parlent que rarement, et avec
gêne, de cette période antérieure à la colonisation européenne.
Quand il s'agit d'évoquer l'islam d'origine et les razzias des
Arabes, la main de l'historien africain tremble encore...

Une des données est bien que l'esclavage et la traite
existaient en Afrique noire <u>avant</u> l'arrivée des Arabes et les
conquêtes européennes. Pour autant que la notion de la propriété de la terre n'existait pas, les hommes et les femmes

constituaient la seule source de richesses. Leur capture et leur commerce, par la guerre ou autrement, animaient les conflits entre les royaumes. Ces activités furent stimulées par la demande extérieure, celle des Arabes dès le XIe siècle, des Européens à partir du XVIe siècle. Le bétail humain servait ainsi de monnaie d'échange, et il fut déporté dans le monde arabe et outre-Atlantique.

À l'époque pré-islamique, lorsque éclatent les conflits entre les Arabes et les Éthiopiens, le sort traditionnel des prisonniers était l'esclavage.

Il en allait de même dans l'Empire romain, puis dans l'Empire byzantin.

Lorsque triomphe l'islam, le Coran, qui en fonde le principe, répudie toute forme d'inégalité entre les musulmans, et il condamne, autant qu'il l'ignore, le racisme qui pouvait exister entre les Arabes et les Noirs.

Tout change avec la création d'un vaste empire, au titre de la guerre sainte ou pour d'autres raisons. Dès lors, les Arabes se distinguent des non-Arabes convertis à l'islam en s'attribuant une position privilégiée, les vaincus étant assujettis à des obligations diverses, tandis que les non-convertis pouvaient devenir esclaves.

Alors que la loi islamique n'établit de hiérarchie qu'à partir des degrés de la piété, les Arabes distinguent bientôt, parmi les vaincus, ceux qui ont la peau blanche (Circassiens, Arméniens, Slaves) et ceux qui ont la peau plus foncée (sur le Haut-Nil et en Afrique). Ils jugent ces derniers plus primitifs, qui, au reste, avaient pu être déjà des esclaves. Les Arabes eurent ainsi des esclaves blancs et des esclaves noirs, souvent soldats les uns et les autres.

Aux siècles suivants, les Ottomans héritèrent de cette situation. Au XIXe siècle, à l'ère des réformes et sous l'influence occidentale, les Ottomans tentèrent de mettre fin à la traite, mais ces pratiques se perpétuaient au Hedjaz et vers Tripoli. Affaire « intérieure », l'esclavage continuait à sévir, mais il était beaucoup moins cruel que celui pratiqué par les Européens lorsqu'ils convoyaient outre-Atlantique des Noirs en provenance de l'Angola, du Congo et de l'Afrique occidentale.

Lorsqu'en Occident la traite fut interdite, les Européens se sont greffés sur celle que pratiquaient les Arabes, comme le montre, plus loin, l'article de Catherine Coquery-Vidrovitch sur la colonisation de Zanzibar.

S'il reste peu de traces de ces Noirs dans le monde arabo-islamique — en Irak, au Maghreb, en Égypte, etc. —, c'est bien qu'une partie des hommes ainsi amenés par la traite furent castrés et devinrent des eunuques. Surtout, leurs conditions de vie étaient telles que leur mortalité dépassa celle des autres habitants. « Elle était épouvantable, selon un contemporain anglais vivant en Égypte au XIXᵉ siècle : cinq ou six ans suffisaient pour supprimer une génération d'esclaves, si bien qu'à la fin de cette période il fallait à nouveau faire le plein. » Le premier État arabo-musulman sous domination ottomane à abolir l'esclavage fut la Tunisie, en 1846 ; mais ce ne fut totalement effectif que sous l'occupation française, après 1881. Dans la partie turque de l'Empire ottoman, le processus commença vers 1830, concernant d'abord les Blancs — Géorgiens et Circassiens —, puis les Noirs au Hedjaz (1857). L'esclavage restait pourtant actif dans certaines parties du monde arabe : en Arabie saoudite, il fut aboli en 1862 ; en Mauritanie, en 1980.

Depuis, l'enlèvement des femmes, éthiopiennes ou autres, par des princes arabes des États du Golfe, constitue-t-il une survie de ces pratiques que couvre le « respect de la tradition » ?

Estimations chiffrées de la traite des Noirs[1]

Une mise en garde s'impose : il n'est pas possible de parvenir à un chiffre exact concernant le nombre d'esclaves africains embarqués sur les négriers européens. Des éléments manquent, car le nombre d'esclaves embarqués et de ceux débarqués n'a pas été exactement enregistré pour toutes les expéditions négrières, et il y a des lacunes dans les séries conservées. De plus, des chiffres ont certainement été falsifiés pour échapper au paiement des taxes et des droits de douane.

1. D'après Yves Bénot. Le tableau a été établi par Catherine Coquery-Vidrovitch.

Les recherches les plus méticuleuses aboutissent donc à des résultats qui ne peuvent être que des minima, comme le soulignent notamment Charles Becker pour la traite française[2] et Joseph Inikori pour la traite anglaise[3]. Voici en tout cas les estimations auxquelles ils parviennent.

I. Pour la traite française au XVIIIe siècle, Charles Becker avance le chiffre de 1 017 010 esclaves déportés.

L'auteur s'est appuyé sur les recherches de Mettas et Daget qui avaient publié le *Répertoire des expéditions négrières françaises au XVIIIe siècle*[4], auquel il a pu apporter des compléments. Il a en outre introduit une estimation pour les 691 expéditions recensées sans le nombre d'esclaves embarqués et débarqués. Il conviendrait d'ajouter la traite illicite française sous la Restauration, qui pourrait avoisiner les 100 000 esclaves, et celle, officielle, du dernier tiers du XVIIe siècle : 75 000 esclaves peut-être. Encore une fois, ce total, qui approcherait les 1 200 000 esclaves embarqués, ne peut être qu'inférieur à ce qui fut, sans qu'on puisse préciser davantage ce chiffre pour l'instant.

II. Pour la traite anglaise, entre 1655 et 1807, Joseph Inikori avance le chiffre de 3 887 630 esclaves déportés.

Ce chiffre inclut les expéditions négrières anglaises parties des Antilles britanniques, mais non celles qui sont parties des colonies anglaises d'Amérique du Nord, et ensuite des États-Unis jusqu'en 1807 également. C'est pourquoi l'auteur estime que, si on tenait compte ainsi que des erreurs par défaut dans son estimation, on arriverait à un chiffre très supérieur à 4 millions.

Ainsi les traites française et anglaise, les plus importantes, représentent un minimum de 5,2 millions et, plus vraisemblablement, entre 5,5 millions et 6 millions d'Africains déportés. Pour la traite illicite du XIXe siècle, un autre chercheur,

---

2. *Cahiers d'études africaines*, n° 104, 1986, p. 633-679, article de Ch. Becker.
3. *Ibid.*, n° 128, 1992, article de Joseph Inikori.
4. Publié respectivement en 1978 et 1984.

David Eltis[5], arrive à une estimation de 2 293 000 pour la période 1811-1870. Restent la traite portugaise jusqu'en 1810 et la traite hollandaise. Concernant la première, Frédéric Mauro estimait que le Brésil aurait reçu, jusqu'en 1800, 2 250 000 esclaves. On voit que ces estimations incomplètes dépassent déjà les 10 millions de déportés.

On sait que les évaluations globales varient toujours entre ce chiffre de 10 millions et de 14 ou 15 millions.

	xvıᵉ siècle	xvııᵉ siècle	xvıııᵉ siècle	xıxᵉ siècle	TOTAL
Du fait des Arabes	900 000	700 000	700 000	1,8 million	4,1 millions
Du fait des Européens	900 000	1,8 million	6,1 millions	3,3 millions	13,2 millions

Depuis la fin de la colonisation, au silence relatif sur les méfaits commis par les conquérants non européens — les Arabes essentiellement — fait écho le silence sur le racisme qui sévissait en pays d'islam. Le mythe de l'absence de préjugé racial chez les Arabes est né, semble-t-il, lorsque les missionnaires chrétiens ont constaté qu'en Afrique noire ils avaient moins de succès que les prédicateurs musulmans : cela tenait au fait, sans doute, que tout Noir converti devenait un homme libre, à l'égal des conquérants ; mais aussi au fait que ces prédicateurs étaient noirs, alors que les missionnaires chrétiens étaient blancs (on le voit bien dans le film de Sembène Ousmane, les *Ceddo*, dont l'action se passe au Sénégal).

On cherche en vain la moindre trace de racisme dans le Coran ; mais, comme dans l'Occident chrétien, le racisme se développe du fait de la conquête, de la rencontre avec des populations soumises. Très tôt, celles-ci, les noires surtout, ont mis en cause les fondements de ce racisme arabe. Dès le ıxᵉ siècle, Jahis de Basra, de descendance partiellement africaine, probablement, écrivait en arabe un essai, *L'Enorgueillissement des Noirs vis-à-vis des Blancs*, qui défendait les Zanj, Noirs d'Afrique orientale et Bantous, contre leurs

5. *Economic Growth and the Ending of the Transatlantic Slave Trade*, 1987, p. 249.

détracteurs — il avait dix siècles d'avance sur les écrivains noirs francophones d'Afrique occidentale ou des Caraïbes. Il y eut d'autres ouvrages de ce type, en arabe puis en turc.

Mais, peu à peu, les stéréotypes inverses l'emportent — les plus diffus concernent les Noirs qu'eux-mêmes reproduisent : « Tu es un Zanj par ton nez et par tes lèvres, dit un Africain à un autre, et toi aussi, tu es un Zanj par ta couleur et par tes aisselles. » Quant aux femmes, « elles ont de nombreux défauts ; plus elles sont noires plus leurs visages sont laids et leurs dents pointues [...]. Elles ne peuvent dispenser aucun plaisir à cause de leur odeur et de la grossièreté de leur corps ». Globalement, on juge les Noirs frivoles, musiciens, d'une piété simple. Inversement, on retrouve à propos d'autres Noirs des stéréotypes identiques à ceux que les Européens ont forgés : la puissance sexuelle, les pulsions insatiables et des convictions inverses des précédents qu'énoncent les contes des *Mille et Une Nuits*.

Qu'elles sont nombreuses les tendres filles des Zanj
Qui portent en elles un foyer brûlant
Aussi large qu'une coupe...

L'arrivée des Portugais marque un tournant, même si, après leur première cargaison d'esclaves en 1444, ce commerce à ses débuts différa peu des formes du trafic qui l'avait précédé. En effet, les Portugais s'intéressaient surtout à l'or, aux épices, à l'ivoire, eux-mêmes échangeant les esclaves qu'ils avaient achetés ou saisis contre de l'or. Leur premier dépôt, à São Tomé, devint ensuite un marché et une terre à plantation, de canne à sucre essentiellement, ce qui fut à l'origine de la première grande traite à partir du Congo ; elle était déconnectée de l'ancien trafic d'avec les Arabes. Ces échanges négociés avec les rois du Congo survenaient au rythme de deux cents esclaves par an dès la fin du xve siècle, au moment où les Espagnols exterminaient la population des Caraïbes.

Marchands génois et portugais assurèrent la relève, ce qui donna un élan décisif à la traite à partir de São Tomé. Les premiers à traverser l'Atlantique venaient de cette partie de l'Afrique où bien des captifs avaient été christianisés, tels ces esclaves domestiques qu'on trouvait alors à Cadix ou à Lisbonne.

L'histoire de l'esclavage racontée aux enfants des Caraïbes (Trinidad, Jamaïque)[6]

« Être libre est faire ce qui nous plaît, quand il nous plaît, sans faire de tort aux autres. Si un être humain devient un esclave, il perd cette liberté et appartient à quelqu'un d'autre, comme s'il était un animal ou un objet. Si un esclave fuit son maître, s'il est "volé", la loi aidera à le lui ramener. Il est la propriété de son maître.

« Nous ne savons pas qui fut le premier homme à posséder un esclave. Quel qu'il fût, nous pouvons être sûrs qu'il désirait avoir quelqu'un à son service sans avoir à se préoccuper de le payer ou de le rémunérer. Nous pouvons être sûrs, aussi, que cette pratique d'avoir des esclaves est ancienne, très ancienne. Il y a des gens qui croient que seuls les nègres ont été esclaves. Il n'y a pas d'erreur plus grossière. Des gens de tous les pays, hommes, femmes, enfants, ont été esclaves à une époque donnée de leur histoire : Inde, Chine, Égypte, Perse, Angleterre, France, Espagne. Les Blancs aussi ont pu être, quelquefois, les esclaves des Noirs. [...]

« Naguère, un homme devenait quelquefois esclave pour avoir commis un crime, ou bien toute sa famille pouvait être vendue pour dettes. Quand une tribu partait en guerre contre une autre, celle qui était vaincue était souvent vendue comme esclave ; autrement on l'eût tuée. Dans la Bible, nous lisons que toute la tribu d'Israël fut vendue comme esclave en Égypte.

« En Grèce [...] les esclaves avaient charge du commerce ou étaient maîtres d'école. Ils étaient bien mieux traités que ne le furent les esclaves des époques ultérieures.

« Il existe une histoire célèbre de jeunes garçons anglais qui furent vendus à Rome sur un marché d'esclaves. C'était au temps de l'Empire romain. Ils étaient si beaux avec leurs cheveux blonds et leurs jolis visages qu'un prêtre chrétien leur demanda d'où ils venaient. Ils dirent qu'ils étaient Angles, *Angli*, qui est le mot latin pour Anglais. Le prêtre ne les appela pas Angli mais *angeli* (des anges) et il les envoya en mission dans son pays.

« [...] L'extension du christianisme aboutit à la disparition de l'esclavage en Europe et les esclaves devinrent des serfs. Ceux-ci étaient liés à la terre et ne pouvaient la quitter sans l'autorisation de leur maître. Quand on vendait la terre, les serfs étaient vendus avec elle. Il y a trois cents ans encore, les serfs d'Écosse portaient un collier de fer au cou. Mais en Angleterre il n'y a plus de serfs depuis cinq cents ans. En Russie, il y avait encore des serfs il y a quatre-vingts ans.

6. Cité p. 52-53 *in* Marc Ferro, *Comment on raconte l'histoire aux enfants à travers le monde entier*, Paris, Éditions Payot, rééd. 1992.

« Il y eut une très vilaine forme d'esclavage pendant des centaines d'années autour de la Méditerranée. Les musulmans de Turquie avaient l'habitude de vendre comme esclave tout chrétien capturé, à moins qu'il n'abjure sa religion et ne se fasse musulman. Aucun musulman ne pouvait réduire un autre musulman en esclavage. Pour eux, c'était mal ; on le leur enseigne dans leur Bible, qui s'appelle le Coran. Pendant longtemps, également, les Maures d'Algérie et d'Afrique du Nord peuplèrent la Méditerranée de leurs navires, la rendant peu sûre pour les chrétiens. Ainsi, des Européens de toute origine devinrent esclaves et passèrent leur vie comme rameurs sur les galères des Maures, enchaînés au pont, subissant toutes sortes de sévices, dont le plus terrible, le fouet. Quand une de leurs galères était coulée dans une bataille, tout l'équipage sombrait avec elle. Naguère, aussi, les Turcs peuplaient leurs armées de captifs, qui, enfants, avaient été enlevés à leurs parents, qui étaient chrétiens. Puis ils étaient entraînés à se battre et devenaient des guerriers redoutables. […] »

Ainsi dédramatisée par son encadrement, la traite apparaît comme un phénomène non spécifique. Il n'est rien dit de sa masse, de son ampleur, de sa permanence. Il n'est pas dit que tous les Noirs, habitants du continent américain, furent amenés ici comme esclaves.

Désormais, les captifs partirent directement du Congo puis de Luanda, et le nombre d'Africains déportés passa de cinq à six mille par an. Espagnols et Hollandais participèrent au trafic, à côté des Portugais, les uns et les autres étant fort peu nombreux à vouloir demeurer en Amérique. Dans le Nouveau Monde, comme précédemment à Madère puis aux Canaries, la première tâche attribuée aux esclaves fut de travailler dans les plantations de canne à sucre, essentiellement.

En Amérique espagnole, les conquérants n'avaient pu faire des Indiens christianisés des esclaves, car la Couronne s'y opposa, et les conquistadores durent chercher des formes de travail forcé qui utilisèrent les structures politiques et sociales des empires qui avaient préexisté à leur venue. Au Brésil, les Portugais ne purent non plus s'appuyer sur une population indienne fluide, et la nécessité d'importer des esclaves s'imposa plus impérieusement : car ni les Espagnols ni les Portugais de la vieille Europe n'avaient d'intérêt à s'expatrier pour aller travailler. Entre 1451 et 1870 arrivèrent ainsi aux

Amériques 1,6 million d'esclaves dans les pays contrôlés par l'Espagne, 4 millions au Brésil, 3,7 millions dans les Caraïbes anglaises, françaises, hollandaises et danoises. Et plus d'un demi-million en Amérique du Nord.

Il apparaît clairement que les exportations agricoles et même la colonisation n'auraient pas atteint les mêmes résultats sans l'esclavage des Africains. Sauf pour les métaux précieux, presque tous les produits venus d'Amérique en Europe furent récoltés par des Noirs. On peut même se demander si le Brésil et les Caraïbes auraient pu être mis en valeur sans eux. L'enjeu était trop important pour que les discours humanitaires aient pu être entendus. Au XVIIIe siècle, les plantations d'esclaves des petites îles des Caraïbes avaient plus de valeur pour Londres et pour Paris que des continents entiers peuplés de travailleurs libres...

Le commerce d'esclaves évolua très lentement à ses débuts, s'insérant en quelque sorte dans le trafic africain, composé surtout de captifs. Pendant deux ou trois siècles, il s'est agi essentiellement de populations vivant près des côtes, mais la demande des colons américains et le prix de l'esclave ne cessant d'augmenter, le mouvement s'accrut au XVIIIe siècle et au début du XIXe siècle, la moyenne de 80 000 esclaves par an étant atteinte autour des années 1780. Dès lors, le golfe de Guinée, le Biafra et l'Angola devinrent, avec le Congo, les principaux pourvoyeurs, mais on ne se limita plus aux prisonniers de guerre : des expéditions allèrent rafler des esclaves jusque dans l'intérieur des terres. L'Angola puis le Mozambique furent ainsi ruinés, les paysans sans défense se faisant embarquer par des raiders noirs et blancs qui pouvaient faire la guerre entre eux dans cette chasse aux captifs. L'Afrique de l'Ouest résista mieux à ce désastre, l'exportation d'huile de palme y prenant peu à peu la relève du trafic d'esclaves, notamment en Sénégambie et en Côte-de-l'Or (Ghana). Mais en Afrique centrale, la ruine des campagnes accompagna le drame humain des déportations ; en outre, le trafic d'esclaves se perpétua après que les abolitionnistes eurent mis fin à la traite atlantique, désormais au seul avantage de potentats africains.

L'ensemble des territoires contrôlés par les Portugais fut encore plus que d'autres victime de ce drame humain, parce que le transport d'esclaves, plus long qu'à partir du golfe de Guinée, y fit plus de morts qu'ailleurs : il prenait trente à trente-trois jours en provenance de l'Angola — contre une vingtaine depuis la Sénégambie —, et jusqu'à quarante à partir du Mozambique.

Pour rentabiliser le voyage, il y avait en moyenne 569 captifs par navire depuis Lourenço Marques, contre 410 depuis l'Angola, et moins plus au nord. La mort frappait trois fois : d'abord, au moment de la capture ; ensuite, par maladie et mauvais coups pendant la traversée ; enfin, à l'arrivée en Amérique lors des tentatives de fuite. Ainsi, sur 170 642 Africains en route pour Rio de Janeiro entre 1795 et 1811, 15 587 moururent en mer et 606 sur le sol brésilien. Il semble que, si les conditions du « passage » étaient aussi cruelles que le roman et le cinéma les ont montrées dans *Roots* et *Amizdat*[7], les négriers veillaient toutefois à ce que leur cargaison n'arrive pas en trop mauvais état pour la vendre au meilleur prix.

Le traumatisme du voyage est tel qu'à peine débarqués aux Caraïbes, en Guyane ou au Brésil, les « Noirs nouveaux » veulent s'échapper. Si on les rattrape, ils se mutilent, s'étranglent, bien plus qu'ils ne cherchent à tuer leur nouveau maître. « Trente se sont pendus en une habitation de Saint-Vincent », rapporte Malenfant dans son *Histoire de Saint-Domingue*, parue en 1814. Bientôt, entre les « Noirs à la houe », voués à la culture, et les « Noirs à talents », l'écart se creuse, ceux-ci essayant de se faire affranchir. Vers 1780, à la Guadeloupe, pour 101 991 habitants, sur 88 525 Noirs, il y a 3 044 libres de couleur, proportionnellement plus nombreux dans les îles françaises qu'anglaises, formant des groupes notables à Saint-Domingue et à la Martinique, où certains ont leurs esclaves.

7. Ce film de Spielberg (1997) évoque avec force les violences et les crimes commis pendant le transport. On observe néanmoins qu'il attribue à Lincoln la suppression de l'esclavage alors que les mesures du président américain ne visaient que les États-Unis et que la traite et l'esclavage avaient été supprimés plusieurs décennies auparavant par le méthodiste Wilberforce et par le Français Schoelcher.

**Le rapport du chirurgien Falconbridge
relatant son expérience à bord d'un négrier
pendant une tempête de plusieurs jours
qui avait empêché toute sortie des captifs
sur le pont pour s'y aérer[8]**

Un grand vent, accompagné de pluie, nous ayant forcés de fermer nos sabords, et même de couvrir les caillebotis, le flux et la fièvre se mirent parmi les nègres. Pendant le temps qu'ils furent dans cet état malheureux, je descendais souvent parmi eux, ainsi que ma profession le requérait ; mais à la fin la chaleur de leurs appartements devint si insupportable qu'il n'était plus possible d'y rester au-delà de quelques minutes. Cette chaleur excessive n'était pas la seule chose qui rendait leur situation affreuse. Le pont, c'est-à-dire le plancher de leur chambre, était tellement couvert d'odeurs putrides et de sang, conséquence du flux dont ils étaient attaqués, qu'en y entrant on aurait pu imaginer être dans une tuerie.

Il n'est pas possible à l'esprit humain d'imaginer un tableau plus horrible et plus dégoûtant que l'état où ces êtres misérables se trouvaient alors. Un grand nombre des esclaves avaient perdu connaissance ; on les porta sur le second pont, où plusieurs moururent, et l'on eut bien de la peine à faire revenir les autres. Peu s'en fallut que je ne fusse du nombre des victimes.

Beaucoup se sont échappés : ces « marrons » qui ont disparu cherchent un refuge, ce qui est plus aisé en Guyane que dans les îles, excepté la Dominique, qui est grande, ou encore ces îles espagnoles tenues avec plus d'indolence que les îles françaises ou anglaises.

Saint-Domingue : première révolution d'esclaves réussie

Aux Amériques, les révoltes des Noirs ne sont pas entrées dans l'Histoire pour n'avoir pas abouti, sauf celle de Toussaint Louverture en Haïti. Cependant, elles ont été nombreuses et on en comptabilise, dès le XVIe siècle, trois à Saint-

8. Cité *in* Jean Métellus, Marcel Dorigny, *De l'esclavage aux abolitions, XVIIIe-XXe siècle*, Paris, Cercle d'Art, 1998.

Domingue et dix au moins, entre 1649 et 1759, dans les différentes Antilles anglaises ; on en compte une cinquantaine dans le sud des futurs États-Unis, également dans le nord du Brésil, en Guyane et au Surinam où se sont même créées des « républiques » noires, la plus durable ayant été celle des Boni.

À Haïti, Charles Najman a filmé, en 1991, la célébration du bicentenaire du soulèvement de l'île, *Le Serment du roi Caïman*, qui retrace la révolte de l'esclave Boukman en août 1791, qui aboutit, en 1804, à la première des indépendances des peuples colonisés. La victoire y est toujours placée sous le double signe du vaudou et des libertés républicaines qui, au temps de Toussaint Louverture, donna aux Noirs la force de combattre et de vaincre les armées de Bonaparte puis de Napoléon.

Pressentant les effets de la Déclaration des droits de l'homme, les Blancs suscitèrent à Saint-Domingue une sorte de mouvement d'indépendance-colon pour en prévenir les conséquences ; ils prirent des mesures sécessionnistes. Mais en 1792, à la suite de l'insurrection des mulâtres et des Noirs qui avait éclaté un an plus tôt, l'Assemblée législative, à Paris, ratifia le décret qui conférait sa liberté à la classe mulâtre.

Or le problème de l'esclavage demeurait entier, et, Révolution française ou pas, la traite continuait comme si de rien n'était, avec 112 départs depuis les ports français en 1788, 134 en 1789, 121 en 1790, 107 en 1791 ; c'est seulement en 1792 que leur nombre décrut encore : 59 départs de négriers, la majorité provenant d'Afrique ou partant aux Antilles comme souvent, via Nantes et Bordeaux.

Ce fut l'insurrection de Toussaint Louverture, un esclave affranchi en 1776, apôtre de l'égalité entre les Noirs, les mulâtres et les Blancs à Saint-Domingue, qui finit par aboutir à l'abolition de l'esclavage, ratifiée par la Convention nationale en 1794. Passé officier, promu général par la République, il repoussa alors la contre-révolution mulâtre que soutenaient les Anglais des autres îles des Caraïbes ; puis il résista à l'expédition envoyée par Bonaparte et fut fait prisonnier. Emmené en France, où il mourut, il avait déclaré : « En me renversant, on n'a abattu à Saint-Domingue que le tronc de l'arbre de la liberté des Noirs ; il repoussera par les racines. »

Bonaparte rétablit l'esclavage, mais un des successeurs de Toussaint Louverture, Jean-Jacques Dessalines, procéda à l'union sacrée entre Noirs et mulâtres qui permit de triompher des Français. Il proclama l'indépendance de l'île le 28 septembre 1803[9].

Bientôt la partie orientale, hispanophone, faisait sécession, et devenait plus tard la République dominicaine, tandis que la partie mère de l'indépendance prenait le nom d'Haïti.

Première et seule grande victoire d'esclaves, dont les Haïtiens sont fiers au point de s'immobiliser dans le temps, comme pour perpétuer ce moment unique que leur envient les autres peuples de la Caraïbe, aujourd'hui pourtant plus développés.

Les événements d'Haïti eurent un extraordinaire effet de souffle. Cette révolution, suivie d'une indépendance obtenue par des esclaves, épouvanta les sociétés coloniales. Dans les Caraïbes d'abord, où les Anglais abolirent l'esclavage à la Barbade et à la Jamaïque après des débuts d'insurrection ; en Guyane, au Surinam, dans le reste de l'Amérique ibérique ; à se demander quelle est la part de ces événements dans les mouvements d'indépendance-colon, de la Nouvelle-Grenade au Río de la Plata. Du reste, observant qu'aux Caraïbes les insurrections étaient menées au départ par des mulâtres, les Anglais commencèrent à réglementer en Inde les mariages mixtes (1793). De son côté, la France mit fin à l'esclavage en 1848 pour la deuxième fois grâce à l'action de Victor Schoelcher.

Quant à la traite, son interdiction avait bien été décrétée par la Grande-Bretagne en 1807, puis par la France en 1815, mais cela ne l'avait pas pour autant abolie : elle se détourna en partie vers le Brésil et vers Cuba. Plus encore, par une sorte d'effet pervers, en Afrique les courants transsahariens d'avant l'Europe se restaurèrent : pour la traite soudanaise, Georges Prunier avance le chiffre de 750 000 déportés vers l'Égypte et le golfe Persique entre 1820 et 1885.

9. *Cf*. Yves Bénot, *La Démence coloniale sous Napoléon*, Paris, La Découverte, 1992.

À propos des massacres de Blancs en 1804[10]

Il faut sans doute tempérer les exagérations verbales relatives aux estimations outrancièrement délirantes des victimes du massacre des colons français en 1804, avant l'extinction de l'incandescence vengeresse des hauts fourneaux de la révolution anti-esclavagiste. Voici ce qu'en dit le Français Catineau-Laroche, un contemporain et lui-même ex-colon de Saint-Domingue, dans une spirituelle mise au point à l'adresse du ministre français des Affaires étrangères quelque quinze ans après l'événement tant reproché aux Haïtiens de Dessalines : « Mais ne pourrait-on pas évaluer l'importance de ces massacres faits sur la race blanche par la race africaine, de ces massacres qui sont le plus grand argument des écrivains coloniaux contre le caractère des Noirs, et dont ils entretiennent sans cesse l'univers de leurs romans ? Il y avait à Saint-Domingue 30 000 Blancs seulement avant la Révolution. Sans doute, il en a été tué quelques-uns de bonne guerre et bien loyalement dans les armées coloniales de 1791 à 1793 ; dans l'armée anglaise de 1793 à 1798 ; dans celle du général Leclerc en 1801 et en 1802, et on ne dira pas, je pense, que ceux-là ont été massacrés par la race africaine en haine de la race européenne, car les Européens attaquaient et les Noirs étaient réduits à la nécessité de se défendre. Pour ces trois guerres, mettons 6 000. Ce n'était pas trop assurément. Il y a 3 000 colons à Saint-Domingue dans les États-Unis, et particulièrement dans les États-Unis du Sud ; 3 000 à 4 000 à Puerto Rico ; 10 000 dans l'île de Cuba ; 4 000 au moins en France ; quelques centaines aussi à Samana, à Porto Plata, à Santo Domingo dans la partie espagnole ; il y en a 1 000 au moins dans les troupes et la marine des indépendants de l'Amérique du Sud ; il y en a dans les îles du Vent, et enfin, depuis vingt-huit ans, la mort en a bien aussi, je pense, enlevé naturellement quelques-uns. Mais, en additionnant, il me semble qu'après avoir été exterminée par la race africaine, la race des colons de Saint-Domingue n'est pas trop diminuée, et si on jugeait de son ardeur belliqueuse par celle qui anime encore aujourd'hui ses écrivains, on ne pourrait s'empêcher de convenir qu'en général les colons qu'on a tués se portent assez bien. »

Surtout, l'épuisement de la traite atlantique régénéra l'esclavage proprement africain au moment même où, se parta-

10. Leslie Manigat, « La révolution de Saint-Domingue débouche sur l'indépendance nationale », in *Éventail d'histoire vivante d'Haïti, Annexes documentaires*, tome I, Port-au-Prince, 1999.

geant l'Afrique, les puissances coloniales étaient censées être venues y mettre fin au nom de la civilisation. D'abord, parce que, les Maures payant les esclaves deux fois moins cher que les Européens, les rois africains devaient en capturer le double. Ensuite, parce que, au lieu de les vendre, ils trouvaient désormais intérêt à les faire travailler sur des plantations d'arachide, ce qui rapportait plus.

Or, montre fortement R. Botte, que la fin de l'esclavage ait fait loi depuis 1848 dans les possessions françaises d'Afrique de l'Ouest, « voilà qui gêne la politique de conquête coloniale en contrecarrant les projets d'annexion par les Français des sociétés et États indépendants (et esclavagistes) d'Afrique de l'Ouest. Pour que d'autres puissances ne se substituent pas à nous, il faut permettre à des populations possédant des esclaves de se placer avec eux sous la dépendance de la France ». En outre, pour certaines de ces populations musulmanes qu'il fallait se concilier, la suppression de l'esclavage allait contre le Coran. Pour se rallier ces indigènes une fois qu'ils sont soumis, on les dénomme des « sujets » et non des « citoyens français », demeurant ainsi hors des dispositions du décret de 1848 et conservant le droit de posséder des esclaves ; les administrateurs appellent à ce qu'on les dénomme plutôt captifs qu'esclaves, voire serviteurs ; pour justifier ces transgressions, ils jugent que ces captifs sont peut-être moins maltraités qu'en France « nos propres prolétaires ».

Bref, pendant un demi-siècle, jusqu'en 1902-1905, plus que la suppression de l'esclavage, c'est la non-application du décret de 1848 qui est la pratique...

En 1905, la teneur du décret qui supprime l'esclavage en Afrique-Occidentale française réglemente, pour en provoquer la disparition, un esclavage qui officiellement n'existait plus depuis 1848...

Désormais, si l'on affranchit le captif, un nouveau problème apparaît : il convient de réglementer le travail libre ; sinon, l'esclave libéré « deviendrait un vagabond ». Ainsi astreints au travail forcé, beaucoup d'anciens esclaves sénégalais s'engagèrent, en 1914, dans les tirailleurs...

Mais les Noirs n'ont pas été les seuls inscrits sur le registre du racisme. Un texte du XIe siècle propose *Dix conseils pour acheter des hommes et des femmes esclaves* : y sont décrits femmes et hommes des pays soumis[11]

Les Indiennes vivent au Sud-Est, elles ont une bonne stature, leur peau est brune. La beauté a été largement dispensée : pâleur, peau claire, haleine agréable, douceur et grâce. Mais elles vieillissent vite. Elles sont fidèles et affectueuses, très sûres, sages, et ont la langue bien déliée. Elles ne supportent pas d'être humiliées mais supportent la douleur sans se plaindre jusqu'à la mort. Les hommes conviennent bien à la protection des personnes et des biens, au travail artisanal minutieux. Ils attrapent facilement froid [...].

Les femmes yéménites sont de même race que les Égyptiennes avec le corps des Berbères, la gaieté des femmes de Médine et la langueur des filles de La Mecque. Elles donnent le jour à de beaux enfants qui ressemblent quelque peu aux Bédouins arabes [...].

Les femmes éthiopiennes ont des corps gracieux, doux et faibles. Elles sont sujettes à la phtisie et n'ont aucun don pour le chant et la danse. Elles sont délicates et ne s'adaptent à aucun pays autre que le leur. Elles sont bonnes, souples, et se distinguent par la force de leur caractère et la faiblesse de leur corps, exactement comme les Nubiennes se distinguent par leur force physique, malgré leur minceur, leur faiblesse de caractère, et la brièveté de leur vie causée par leur mauvaise digestion [...].

Les Turques associent la beauté, la pâleur et la grâce. Leur peau est d'un brun soyeux, elles sont plus petites que la moyenne sans être minuscules. Ce sont des îles au trésor pour la procréation. Rares sont celles qui ont de gros mamelons. Elles ont cependant quelques mauvais penchants et sont peu loyales [...].

Les Arméniennes sont belles si elles n'étaient pas affligées de pieds particulièrement laids, bien qu'elles soient bien bâties, énergiques et solides. La chasteté est rare et le goût du vol répandu. Elles sont rarement avares, mais leur nature est grossière. La propreté ne doit pas exister dans leur langue. Si vous laissez un esclave arménien sans travail pendant une heure, son penchant naturel ne le conduira à rien de bon. Seule la peur de

---

11. Cité *in* B. Lewis, *Race et couleurs en pays d'islam*, Paris, Éditions Payot, 1971, 1982, p. 140-147.

la trique lui dicte un comportement correct et son seul mérite est celui de résister aux longs et rudes travaux. Leurs femmes ne sont d'aucune utilité pour le plaisir. En un mot, les Arméniens sont aux Blancs ce que les Zanj sont aux Noirs, la pire espèce. Et que de points communs : leur force physique, leur immense méchanceté, leur nature grossière.

La *Marseillaise* noire[12]

Enfants des Noirs, proscrits du monde,
Pauvre chair changée en troupeau,
Qui de vous-mêmes, race immonde,
Portez le deuil sur votre peau !
Relevez du sol votre tête,
Osez retrouver en tout lieu
Des femmes, des enfants, un Dieu :
Le nom d'homme est votre conquête !

Le discours prononcé par le moine dans cette même œuvre est tout aussi évocateur.
« Je suis de la couleur de ceux qu'on persécute !
Sans aimer, sans haïr les drapeaux différents,
Partout où l'homme souffre, il me voit dans ses rangs.
Plus une race humaine est vaincue et flétrie,
Plus elle m'est sacrée et devient ma patrie.
Vous, insectes humains,
Que le plus vil des Blancs peut encor mépriser,
Que le fou peut railler, que l'enfant peut briser,
Qu'un revendeur de chair vend, colporte et transplante
Hors la loi de tout peuple et hors la loi de Dieu. »

La déclaration de Schoelcher[13]

N'hésitons pas à reporter la responsabilité des horreurs commises dans ces affreuses journées, comme dans toutes celles qui suivirent, sur les colons qui, en ravalant les nègres au niveau de la brute, leur avaient fait perdre les sentiments humains.

12. Imaginée par Lamartine dans sa pièce *Toussaint Louverture,* in *Œuvres poétiques*, Paris, Gallimard, la Pléiade, NRF, 1963, p. 1265, cité p. 7 *in* Jean Métellus, Marcel Dorigny, *op. cit.*
13. Citée p. 27-28, *in* Jean Métellus, Marcel Dorigny, *op. cit.*

Cette torche avec laquelle les esclaves incendièrent la plaine, c'est la cruauté du régime servile qui l'avait allumée. C'est la barbarie du maître qu'il faut accuser de la barbarie de l'esclave. Les Blancs qui ont massacré et noyé les nègres par centaines à la fois, qui les ont fait dévorer par des chiens, qui ont déchiré à coups de fouet des femmes enceintes, se sont retiré tout droit de condamner les actes de férocité que la soif de la vengeance fit commettre aux esclaves déchaînés...

À travers les colères furieuses causées par les souffrances d'un esclavage si cruel que les récits en font frémir, la pitié ne perdit pas partout ses droits ! On s'arrête, ému, à contempler le nègre Bartolo qui d'abord cache son maître puis, au risque de passer pour traître, le conduit sous un déguisement aux portes du Cap, et, cela fait, retourne avec les siens. Hélas ! dès que l'ordre est rétabli, Bartolo, dénoncé comme ayant pris part au soulèvement, est condamné à mort. Et qui le dénonce ? Qui ? Celui qu'il avait sauvé ! Ce monstre s'appelait Mangin. De pareils exemples montrent-ils assez à quel point l'esclavage déprave le maître ?

L'*Asiento* et la traite atlantique

Le transport des esclaves d'Afrique aux Amériques est demeuré longtemps un monopole, l'*Asiento*, ce contrat entre la Couronne d'Espagne et un particulier ou une compagnie. Ou bien l'État vendait sa concession contre une indemnité forfaitaire, ou bien il avait avantage à ce que l'Asiento fonctionne dans l'intérêt de ses dépendances ; pour la Couronne d'Espagne, le contrat servait de substitut aux comptoirs en Afrique puisqu'elle n'en n'avait pas, à la différence du Portugal. Sauf que, de 1580 à 1642, le Portugal fut sous la domination du roi d'Espagne.

Jusqu'à la fin du XVIe siècle, Séville est la ville où se négocient la plupart des contrats, les Portugais constituant les principaux clients. Vers le milieu de ce siècle, le contrat type est de 20 à 25 ducats par tête, pour 4 000 à 5 000 esclaves par an. Au XVIIe siècle, les Hollandais prennent la relève du Portugal, et les principales tractations s'effectuent à Curaçao. L'obtention du monopole constitue bientôt un des enjeux de la guerre de Succession d'Espagne, et Philippe V le cède à la Compagnie de Guinée dont Saint-Malo est un des points d'attache. Au traité d'Utrecht en 1713, la France abandonne l'Asiento à l'Angleterre ; celle-ci le confie à la South Sea Company, qui prévoit un transport de 144 000 Noirs sur trente ans. Or l'Asiento perd de son intérêt à mesure que croît la population de l'Amérique, que métis et mulâtres s'y multiplient.

Avec l'abolition de la traite négrière en 1817, l'Asiento prend fin, mais les transports clandestins continuent en contrebande. Ceux-ci diminuent une nouvelle fois avec la guerre de Sécession aux États-Unis, autour de 1865, qui met un terme à l'esclavage.

Entre-temps, en Afrique même, une nouvelle ère de colonisation trouvait un de ses principes de légitimité dans la lutte contre la traite et l'esclavage ; il leur fut substitué une sorte de travail forcé.

Bibliographie

Yves BÉNOT, *La Révolution française et la fin des colonies*, Paris, La Découverte, 1987 ; *La Démence coloniale sous Napoléon*, Paris, La Découverte, 1992.

Roger BOTTE, « L'esclavage africain après l'abolition en 1848. Servitude et droit du sol », in *Annales*, 5, septembre 2000, p. 1009-1039.

Catherine COQUERY-VIDROVITCH, *Afrique noire, permanences et ruptures*, Paris, Payot, 1985, rééd. L'Harmattan, 1993.

Yvon DEBBASCH, « Le marronnage, essai sur la désertion de l'esclave antillais », *L'Année sociologique*, 1961, p. 1-195.

Herbert S. KLEIN, *The Atlantic Slave Trade*, Cambridge, Cambridge University Press, 1999.

Bernard LEWIS, *Race et couleurs en pays d'islam*, Paris, Payot, 1982 (éd. originale Harper and Roco, 1971).

Am M'BOW, J. KI-ZERBO, J. DEVISSE, *Histoire du VIIe au XVIIe siècle*, 1978.

Gérard PRUNIER, « La traite soudanaise (1820-1885). Structures et périodisation », *in* S. Daget (éd.), *De la traite à l'esclavage*, 2 vol., Paris-Nantes, 1988.

John THORNTON, *Africa and Africans : The Making of the Atlantic World, 1400-1680*, Cambridge, Cambridge University Press, 1992.

Lucette VALENSI, « Esclaves blancs et esclaves noirs à Tunis au XIXe siècle », *Annales ESC*, 1970.

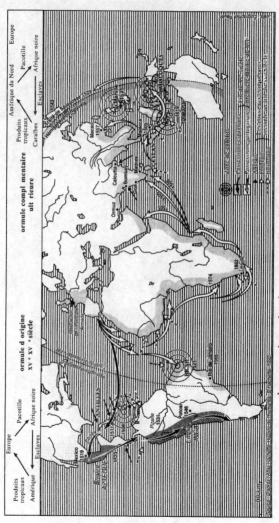

Le partage du monde et le commerce triangulaire, XVᵉ-XVIIᵉ siècle

Les esclaves du sud des États-Unis
par Pap Ndiaye

Pendant les deux siècles et demi qui s'écoulèrent entre l'arrivée d'une vingtaine d'Africains en Virginie, en 1619, et les derniers coups de canon de la guerre de Sécession, en 1865, l'esclavage occupa une position centrale dans la société et l'économie des États-Unis. Il constitua une réponse à une demande pressante en main-d'œuvre, en particulier dans le sud du pays, où de grandes plantations de tabac, de canne à sucre, de riz, de coton apparurent dès le xviiᵉ siècle. Ce système de travail forcé fut étroitement associé à ces plantations, bien adaptées à un travail enrégimenté et à la culture coloniale à grande échelle. En ce sens, il représenta le moteur principal de la colonisation du continent nord-américain par les Européens[1].

Dans les premiers temps, la main-d'œuvre européenne, représentée par les « travailleurs sous contrat » (*indentured servants*), suffit aux besoins. Des Anglais, des Irlandais et des Allemands pauvres se mettaient au service temporaire d'un maître qui leur payait le voyage transatlantique et leur extorquait ensuite le plus de travail possible jusqu'à l'expiration du contrat. Mais le manque de main-d'œuvre devint si criant à la fin du xviiᵉ siècle que les Britanniques, appuyés par leur marine, maîtresse de l'Atlantique, mirent en place un commerce négrier à grande échelle avec la Royal African Company. Certes, les esclaves étaient plus chers à l'achat que

---

1. Pour une bonne bibliographie de la question, on se reportera à Peter Kolchin, *Une institution très particulière : l'esclavage aux États-Unis*, Paris, Belin, 1998. Voir aussi Randall M. Miller et John D. Smith (dir.), *Dictionary of Afro-American Slavery*, Westport, Conn., Greenwood, 1997, et Ira Berlin, *Many Thousands Gone. The First Two Centuries of Slavery in North America*, Cambridge, Harvard University Press, 1998.

les travailleurs européens, mais ils avaient l'avantage d'être asservis à vie, et leur descendance aussi[2].

La plupart des esclaves étaient africains ou d'origine africaine, tandis que leurs maîtres étaient européens ou d'origine européenne. Contrairement à d'autres formes de travail forcé comme le servage russe, l'esclavage américain était donc fondé sur un rapport de domination des Blancs sur les Noirs. La majorité des historiens s'accorde aujourd'hui pour considérer que l'esclavage et le racisme ont interagi dans le contexte spécifique de la colonisation nord-américaine. Le débat classique (le racisme est-il un produit dérivé de la colonisation et de l'esclavage ou vice versa ?) n'est plus de mise aujourd'hui. Dans les débuts, pourtant, le rapport de domination n'était pas rigide. Mais, progressivement, la ségrégation raciale se durcit, pour franchir une étape importante à la fin du xviie siècle, lorsqu'un arsenal de lois définit la condition des Noirs et les isola de la société coloniale blanche. Vers 1750, l'esclavage représentait le système de travail principal des colonies du sud des États-Unis.

Dans leur grande majorité, les Africains étaient d'abord acheminés vers les Caraïbes, d'où une partie d'entre eux était ensuite dirigée vers le continent nord-américain. Entre 1680 et 1770, la proportion de Noirs dans la population totale passa de 6 à 40 % dans les colonies du Sud. Jusqu'en 1808, date de l'interdiction de la traite transatlantique, les treize colonies anglaises qui formèrent les États-Unis importèrent environ 600 000 Africains, soit 6 % du total des esclaves déportés vers le Nouveau Monde (environ 10 millions[3]).

Autre conséquence de l'interdiction de la traite : l'essor spectaculaire du commerce des esclaves entre les régions du sud des États-Unis. On estime qu'entre 1790 et 1860, environ un million d'esclaves furent déportés des régions côtières (celle de la baie de Chesapeake notamment) vers le sud-ouest (Kentucky

2. Voir John J. McCusker et Russell R. Menard, *The Economy of British America, 1607-1789*, Chapel Hill, University of North Carolina Press, 1985.
3. Voir, par exemple, Hugh Thomas, *The Slave Trade : The Story of the Atlantic Slave Trade, 1440-1870*, New York, Simon and Schuster, 1997.

et Tennessee, puis Géorgie, Mississippi, Alabama, Louisiane et Texas). Soit les esclaves suivaient leurs maîtres, soit ils étaient transférés d'une plantation à une autre, par l'intermédiaire de marchands d'esclaves à la recherche de jeunes gens robustes aptes à travailler dans les champs de coton et de canne à sucre. Nombreux sont les récits d'esclaves qui évoquent les souvenirs terribles de la séparation familiale, des convois terrestres, fers aux pieds, vers les marchés aux esclaves de La Nouvelle-Orléans ou de Montgomery, dans l'Alabama[4].

De ce trafic plutôt modeste, par comparaison avec celui des Caraïbes ou du Brésil, émergea cependant la plus vaste population d'esclaves du continent. Ce paradoxe n'est qu'apparent : aux États-Unis, le taux de natalité des esclaves excéda leur taux de mortalité bien avant l'interdiction de la traite, tandis que partout ailleurs, au Brésil, en Jamaïque, à Cuba, à Saint-Domingue, le maintien des effectifs de la population d'esclaves dépendit de l'importation continue d'Africains. Dans ces pays, lorsque la traite s'arrêta, le nombre d'esclaves décrut. En 1810, les 1,1 million d'esclaves des États-Unis représentaient le double des Noirs déportés d'Afrique au cours des deux siècles précédents. Pendant les cinquante ans qui suivirent, cette population fit plus que tripler, pour atteindre un total de 4 millions en 1860. Par contraste, le Brésil et les Caraïbes consommaient une énorme quantité d'esclaves. La Jamaïque, par exemple, importa plus de 750 000 Africains, mais il n'en restait plus que 311 000 en 1834, date de l'émancipation. Aux États-Unis, la population esclave était six fois plus importante en 1860 que le nombre d'Africains importés ; en Jamaïque, elle l'était deux fois moins.

Cette situation singulière des esclaves des États-Unis était pour l'essentiel due à un taux de natalité plus élevé et à un taux de mortalité plus bas que dans les Caraïbes et au Brésil. Si tous les historiens font ce constat, ils débattent de la part relative des facteurs d'explication : de meilleures conditions

---

4. Voir Michael Tadman, *Speculators and Slaves : Masters, Traders and Slaves in the Old South*, Madison, University of Wisconsin Press, 1989, et Walter Johnson, *Soul by Soul : Life Inside the Antebellum Slave Market*, Cambridge, Harvard University Press, 1999.

de vie, un meilleur régime alimentaire, l'absence de certaines maladies qui ravagèrent les autres contrées esclavagistes, la proportion plus élevée de femmes, une situation politique particulière ? Ces éléments se combinaient dans des proportions malaisées à déterminer[5].

Il est cependant clair que les caractéristiques démographiques singulières au sud des États-Unis eurent des conséquences culturelles et sociales majeures. Tout d'abord, à la différence du reste du continent américain où la plupart des esclaves adultes étaient nés en Afrique, les esclaves d'Amérique du Nord nés sur place devinrent majoritaires dès avant l'interdiction de la traite. Au moment de l'indépendance américaine, 80 % d'entre eux étaient nés en Amérique. L'américanisation de cette population a fait l'objet de débats majeurs entre spécialistes. Jadis, le sociologue E. Franklin Frazier estimait que les esclaves avaient complètement abandonné les cultures africaines de leurs ancêtres ; mais à partir des années 1970, sous l'influence du nationalisme noir et de nouvelles approches d'histoire culturelle inspirées par les travaux pionniers de Melville Herskovits, l'héritage culturel africain a été réévalué[6]. Au vrai, il convient sans doute de dépasser l'opposition entre « américanisation » et « survivances africaines » : la culture africaine-américaine émergea de cultures africaines transformées par l'expérience de l'esclavage. Les esclaves provenaient de régions d'Afrique culturellement et socialement diverses, mais l'expérience des fers contribua à la construction d'une culture commune et originale. Reste que si les descendants des Africains n'étaient plus africains, et si l'Afrique elle-même ne devint plus à leurs yeux qu'une référence

5. Voir Peter Kolchin, *Une institution très particulière, op. cit.*, chap. I.
6. E. Franklin Frazier, *The Negro Family in the United States*, Chicago, University of Chicago Press, 1939 ; Melville J. Herskovits, *The Myth of the Negro Past*, Boston, Beacon Press, 1958, et Sterling Stuckey, *Slave Culture : Nationalist Theory and the Foundations of Black America*, New York, Oxford University Press, 1987. Voir aussi l'ouvrage classique de Lawrence Levine, *Black Culture and Black Consciousness : Afro-American Folk Thought from Slavery to Freedom*, New York, Oxford University Press, 1977.

lointaine, il est certainement exagéré de parler d'une fusion culturelle entre Noirs et Blancs dans le Sud[7].

Ensuite, les propriétaires d'esclaves résidaient très majoritairement dans leurs plantations — à l'exception notable des régions rizicoles de Caroline-du-Sud —, y compris lorsqu'ils confiaient la gestion quotidienne à des régisseurs. La situation était bien différente dans les autres grandes régions esclavagistes des Amériques où les maîtres résidaient dans les villes coloniales, quand ce n'était pas en Grande-Bretagne ou en France. Les esclaves de la Jamaïque, par exemple, avaient très peu de contacts avec les Blancs. Même les gros propriétaires du sud des États-Unis s'occupaient attentivement de leurs affaires, surveillaient de près leurs régisseurs, réputés négligents, et s'assuraient que tout le monde savait qui était le vrai chef. À cela il faut ajouter que la plupart des plantations nord-américaines étaient de petite taille, à la différence des immenses domaines des Caraïbes. En Jamaïque, plus des trois quarts des esclaves vivaient dans des plantations de plus de cinquante esclaves, et la moitié dans des plantations de plus de cent cinquante esclaves, tandis qu'en Amérique du Nord plus de la moitié des esclaves vivaient dans des plantations de moins de dix esclaves. En 1860, seuls 2,7 % des propriétaires possédaient cinquante esclaves ou plus. Or travailler dans de petites plantations signifiait vivre à proximité immédiate des maîtres.

Les régions esclavagistes des États-Unis furent donc marquées par des interactions constantes entre Noirs et Blancs, qui accélérèrent l'érosion des héritages africains, contrairement aux Caraïbes, dont l'énorme majorité noire conserva de nombreuses pratiques culturelles africaines. Alors qu'en Jamaïque, à la veille de l'émancipation, on comptait dix Noirs pour un Blanc, la proportion était de deux Blancs pour un Noir dans le sud des États-Unis.

Les relations entre les deux populations n'étaient pas seulement caractérisées par la violence. Certes, rares étaient les esclaves qui ne connurent pas les brûlures du fouet. Le pilori, le cachot, les humiliations, les viols étaient monnaie courante. Mais, à partir de la fin du XVIIIe siècle, les brutalités les

---

7. Voir Peter Kolchin, *Une institution très particulière, op. cit.*, p. 47-53.

plus atroces se firent plus rares et des codes de comportement plus ou moins explicites se mirent en place. Au XIXᵉ siècle, l'existence de lois prohibant les mauvais traitements était le signe que les pires abus n'étaient plus acceptables, même si ces lois n'étaient pas suivies d'effets.

De surcroît, des sentiments vinrent progressivement se glisser dans l'ordre esclavagiste, d'abord entre compagnons de jeux d'enfance, noirs et blancs, puis entre maîtres et esclaves adultes. Le paternalisme des Blancs à l'égard des Noirs s'exerça de diverses manières, analysées par Eugene Genovese dans son ouvrage devenu un classique, *Roll, Jordan, Roll*[8]. Les maîtres appelaient leurs esclaves « *my people* » et nombre d'entre eux se considéraient comme des patriarches bienveillants, attentifs au bien-être et à la bonne conduite de leurs esclaves. Ces comportements n'invalident pas la cruauté essentielle de l'esclavage. Ils révèlent néanmoins que le pouvoir des maîtres n'était pas seulement fondé sur la brutalité physique, mais aussi sur des stratégies paternalistes, et donc sur la reconnaissance, même limitée, de l'humanité des esclaves. Le paternalisme ne signifie pas qu'il exista un « bon esclavage » aux États-Unis, plus magnanime qu'ailleurs, mais que les maîtres portaient intérêt à leurs esclaves en tant que personnes. Le relatif adoucissement de l'esclavage des États-Unis par rapport à ses équivalents d'Amérique latine n'impliquait en aucune manière l'effacement des frontières entre hommes libres et esclaves, bien au contraire. Au XIXᵉ siècle, une attention réaffirmée pour leur bien-être matériel alla de pair avec de nouvelles lois imposant des restrictions et des contrôles supplémentaires (comme l'interdiction de l'alphabétisation, la limitation des émancipations ou la multiplication des patrouilles de surveillance). Tandis que les tensions politiques s'avivaient entre le nord et le sud du pays, l'esclavage devint donc à la fois plus rigide et plus paternaliste.

Au fur et à mesure que la population afro-américaine croissait, ses occupations se diversifièrent. Les travaux agricoles prédominaient, mais les emplois domestiques et artisanaux

8. *Roll, Jordan, Roll : The World the Slaves Made*, New York, Pantheon, 1974.

étaient répandus. Dans les très grandes plantations en particulier, une division du travail élaborée favorisa l'émergence d'un artisanat esclave réputé (charpentiers, forgerons, maçons, tonneliers…). La plupart des plantations étaient cependant trop petites pour permettre une stratification professionnelle rigide. Quant aux domestiques, les « esclaves de maison », leur sort pouvait paraître plus enviable, alors qu'ils étaient les plus dépendants, directement soumis aux caprices et, souvent, à la violence de leurs maîtres.

Au travail, les Blancs avaient les esclaves à l'œil, mais, dans leurs moments de loisir, ces derniers vivaient, aimaient, jouaient et priaient dans un univers inconnu des maîtres. La vie sociale des esclaves constitue aujourd'hui un thème de recherche privilégié des historiens. Cela n'a pas toujours été le cas. Dans les années 1950, Stanley Elkins comparait les esclaves aux déportés des camps nazis[9] : infantilisés et dociles, ils auraient été privés de toute capacité de défense, et la communauté noire serait sortie laminée et brisée de deux siècles d'esclavage. Ce point de vue a été largement remis en cause. Tout d'abord, les comparaisons faites avec l'esclavage des pays latino-américains montrèrent que, contrairement à ce qu'affirmait Elkins, celui des États-Unis était globalement moins dur, qu'il n'était pas une « institution totale ». Ensuite, la nouvelle histoire sociale, fondée sur les récits autobiographiques d'anciens esclaves et les interviews du Federal Writers' Project menées dans les années 1930, conduisit les historiens des années 1970 à mettre en valeur les capacités de résistance et d'autonomie des esclaves en essayant de reconstruire leur vie sociale, familiale, religieuse[10]. Pour oubliée qu'elle ait été, l'autonomie familiale restait relative :

9. Stanley Elkins, *Slavery : A Problem in American Institutionnal and Intellectual Life*, Chicago, University of Chicago Press, 1959.

10. Les quelque deux mille récits recueillis dans le cadre du Federal Writers' Project constituent une source d'informations inestimable sur la vie quotidienne des esclaves. Vingt-deux volumes ont été publiés, sous la direction de George P. Rawick : *The American Slave : A Composite Autobiography*, Wesport, Conn., Greenwood, 1977 et 1979. Quelques extraits en français dans James Mellon, *Paroles d'esclaves : Les jours du fouet*, Paris, Seuil, Point Virgule, 1991. Voir également Yuval Taylor (éd.), *I Was Born a Slave. An Anthology of Classic*

la famille protégeait les esclaves des pires aspects de l'esclavage, et les liens familiaux étaient solides, malgré les ventes
et les intrusions des maîtres[11]. De même, bien que la religion
des esclaves ait été marquée par l'influence des Blancs (au
XIXᵉ siècle, la grande majorité étaient chrétiens et avaient
adopté les dénominations du monde protestant blanc, notamment le baptisme et le méthodisme), elle était caractérisée
par des pratiques originales faisant appel aux sentiments et à
l'émotion[12]. Leurs services religieux faisaient la part belle aux
promesses d'émancipation (les récits de Moïse menant son
peuple vers la Terre promise étaient très prisés) plutôt qu'à
des sermons d'obéissance, et ils se déroulaient dans une
atmosphère intense et fervente.

En tant que système, l'esclavage était spoliateur, brutal et
injuste. Mais, dans la vie quotidienne, la plupart des esclaves
connaissaient les joies et les peines des autres êtres humains,
et leurs rapports avec les Blancs allaient au-delà de l'exploitation de leur force de travail. Ils purent développer une
culture propre mais fragile, et, dans leurs relations avec leurs
maîtres, l'affection et l'intimité pouvaient coexister avec la
peur et la violence pure.

Il ne faut cependant pas perdre de vue que ces relations
étaient fondamentalement soumises à un impératif de profit,
qui exigeait un minimum de coopération de la part des
esclaves, et donc des concessions de la part des maîtres.
Celles-ci dépendaient des situations locales : les caractéristiques de la plantation, le degré de cohésion des Noirs, la personnalité du planteur. Certains d'entre eux, particulièrement

Slave Narratives, Édimbourg, Payback Press, 1999. Quelques travaux
majeurs : Eugene D. Genovese, *Roll, Jordan, Roll, op. cit.* ; Lawrence
Levine, *Black Culture and Black Consciousness..., op. cit.* ; Leon F.
Litwack, *Been in the Storm so Long*, New York, Oxford University
Press, 1979.
11. Herbert G. Gutman, *The Black Family in Slavery and Freedom, 1750-1925*, New York, Pantheon, 1976.
12. Voir l'étude classique d'Albert Raboteau, *Slave Religion : The
« Invisible Institution » in the Antebellum South*, New York, Oxford
University Press, 1978, et John Boles (dir.), *Masters and Slaves in
the House of the Lord : Race and Religion in the American South,
1740-1870*, Lexington, University of Kentucky Press, 1988.

pragmatiques, introduisirent des stimulants économiques comme des rémunérations en espèces ou des lopins de terre pour les équipes d'esclaves qui avaient, par exemple, cueilli le plus grand volume de coton. Des historiens parlent même, dans les régions rizicoles de Caroline-du-Sud et de Géorgie, de l'émergence d'une classe de « proto-paysans », à l'instar des esclaves des Caraïbes ou des serfs de Russie qui travaillaient une partie de la journée pour leur propre compte et commercialisaient leurs produits[13].

Les esclaves étaient jadis considérés comme des travailleurs paresseux, indolents, beaucoup moins efficaces que des travailleurs libres. La raison avancée fut d'abord raciale. Pour Ulrich B. Phillips, l'esclavage constituait pour les Noirs une étape indispensable entre l'animalité des tribus africaines et la civilisation. À l'exemple de la colonisation de l'Afrique, Phillips expliquait que l'esclavage était le « fardeau de l'homme blanc », en l'occurrence celui de planteurs débonnaires plus préoccupés par le bien-être de leurs esclaves que par la rentabilité de leurs exploitations[14].

Jusqu'aux années 1960, on ne remit pas fondamentalement en cause l'idée de la faible productivité de l'esclavage, même si d'autres explications que la paresse des Noirs étaient proposées. La première était d'ordre économique : les esclaves étaient négligents, enclins au gaspillage, travaillaient mal et de mauvaise grâce parce qu'ils n'étaient pas à la hauteur de leurs possibilités, en raison de l'absence de motivation et de stimulants économiques, et parce que leurs conditions de vie très dures diminuaient gravement leurs capacités physiques et intellectuelles[15]. La seconde, plus psychologique, mettait en jeu

13. Philip D. Morgan, « The Ownership of Property by Slaves in the Mid-Nineteenth Century Low Country », *Journal of Southern History*, 49, 1983, p. 399-420 ; Thomas F. Armstrong, « From Task Labor to Free Labor : The Transition along Georgia's Rice Coast », *Georgia Historical Quarterly*, 64, 1980, p. 432-437 ; Julia Floyd Smith, *Slavery and Rice Culture in Low Country Georgia*, Knoxville, University of Tennessee Press, 1985.

14. Ulrich B. Phillips, *American Negro Slavery*, New York, Appleton, 1918.

15. Eugene D. Genovese, *Économie politique de l'esclavage*, Paris, Maspero, 1968.

l'esprit de résistance des esclaves, qui les aurait poussés à un insidieux travail de sabotage des activités de la plantation[16] : de la sorte, le système esclavagiste était historiquement voué à disparaître, la guerre de Sécession ne faisant que précipiter sa fin.

Un changement d'interprétation se produisit avec l'utilisation de nouvelles techniques économétriques et informatiques, qui permirent un traitement systématique des données chiffrées des archives des plantations. *The Economics of Slavery,* de Conrad et Meyer, ouvrit la voie au début des années 1960, puis, en 1974, parut le retentissant et controversé *Time on the Cross*, de Fogel et Engerman, dont certains calculs économiques peuvent être pris en compte[17] : l'esclavage fut un système économique rationnel qui générait des profits comparables à ceux de l'industrie, et il n'était pas sur le déclin en 1860, bien au contraire ; l'agriculture esclavagiste, de par son utilisation intensive du capital et de la main-d'œuvre, était très efficace ; l'esclave moyen n'était ni paresseux ni incapable, mais dur à la tâche et plus efficace qu'un travailleur blanc. Cela ne signifie pas que l'économie esclavagiste fût un facteur de développement pour le Sud : le mode de réinvestissement quantitatif des profits (en terres et en esclaves) condamnait le pays à la stagnation et réduisait le volume des capitaux disponibles pour d'autres activités[18].

16. Melville J. Herskovits, *The Myth of the Negro Past, op. cit.* ; Kenneth M. Stampp, *The Peculiar Institution : Slavery in the Antebellum South*, New York, Knopf, 1956.

17. Alfred H. Conrad et John R. Meyer, *The Economics of Slavery and Other Studies in Econometric History*, Chicago, Aldine, 1958 ; Robert Fogel et Stanley Engerman, *Time on the Cross : The Economics of American Negro Slavery*, Boston, Little, Brown, 1974. Une lecture critique de ce livre se trouve dans Herbert Gutman (dir.), *Slavery and the Number Game : A Critique of Time on the Cross*, Urbana, University of Illinois Press, 1975. Les publications récentes confirment la rentabilité du système esclavagiste. Voir notamment la synthèse historiographique de Peter J. Parish, *Slavery : History and Historians*, New York, Harper and Row, 1989 ; Robert Fogel, *Without Consent or Contract : The Rise and Fall of American Slavery*, New York, Norton, 1989.

18. Eugene D. Genovese, *op. cit.* ; voir aussi Fred Bateman et Thomas Weiss, *A Deplorable Scarcity : The Failure of Industrialization in the Slave Economy*, Chapel Hill, University of North Carolina Press, 1981.

Une décomposition élaborée du travail en tâches précises attribuées à différentes équipes, le *gang system*, permettait, au moins dans les grandes plantations, d'obtenir de remarquables résultats. Le gang system, qui forçait les esclaves à travailler à la cadence d'une chaîne d'assemblage, les rendait plus efficaces de 30 à 40 % que des travailleurs libres qui refusaient la dictature de l'horloge et la monotonie des tâches induites par cette méthode. Genovese estime que les esclaves restaient tout de même maîtres de leur rythme de travail, qu'ils pouvaient ralentir ou accélérer selon les moments, en particulier en fonction d'activités agricoles saisonnières. Quoi qu'il en fût, il apparaît désormais clairement que la résistance plus ou moins passive des esclaves ne pouvait, au mieux, que limiter les gains de productivité autorisés par le système des équipes, et que leur objectif essentiel était de protéger leur famille plutôt que de renverser le système. Dans ce cadre, les esclaves tendaient plutôt à travailler et à acquérir une compétence technique, meilleurs garants des espaces de liberté possibles — sans pour autant se conformer aux objectifs et aux valeurs de leurs maîtres.

Toutefois, certains esclaves ne courbaient pas l'échine et résistaient activement au joug esclavagiste. Il existe encore trop peu de travaux historiques sur la résistance des esclaves du sud des États-Unis. On sait que la présence de Blancs en grand nombre et la stabilité politique de la région (sauf pendant la guerre d'Indépendance et la guerre de Sécession) étaient peu propices à une révolte de grande ampleur. Les rares tentatives échouèrent lamentablement. Sans doute la plus connue est-elle celle d'août 1831, dans le comté de Southampton, en Virginie : une centaine d'esclaves rebelles menés par Nat Turner semèrent la panique dans la population blanche et assassinèrent soixante personnes en vingt-quatre heures. Toutefois, l'armée écrasa rapidement la révolte, élimina ou captura les rebelles. Turner lui-même, après avoir un temps échappé aux poursuites, fut arrêté, jugé et pendu, le 11 novembre 1831[19]. Les révoltes individuelles

---

19. Voir l'interrogatoire de Nat Turner, « The Confessions of Nat Turner, the Leader of the Late Insurrection in Southampton, Va. », *in* Taylor, *I Was Born a Slave, op. cit.*

étaient nombreuses, en particulier celles d'esclaves enragés par un régisseur ou un maître brutal, qui ripostaient violemment, s'exposant par là à une punition presque certaine[20].

La fuite constituait aussi un affront direct au pouvoir blanc. Les Noirs libres du Nord faisaient rêver leurs frères et sœurs du Sud, mais fuir la région relevait de l'exploit : il fallait déjouer la surveillance de la plantation, les patrouilles et leurs chiens dressés pour tuer, les dénonciations, voyager de nuit, souvent à pied et pendant plusieurs mois, au long du fameux « chemin de fer clandestin », un réseau de Noirs et de Blancs qui offraient gîte et couvert. Chaque année, un millier d'esclaves parvenaient à s'enfuir. Certains fugitifs restaient dans le Sud et rejoignaient des colonies d'esclaves « marrons », établies dans des lieux inhospitaliers. Toutefois, cette forme collective de résistance était rare dans une région densément peuplée, contrairement au Brésil, au Surinam ou à la Jamaïque, où prospéraient d'importantes communautés de marrons. Les caractéristiques géographiques et démographiques du Sud empêchaient l'essor de stratégies communautaires. Seule une guerre pouvait mettre fin à l'esclavage, officiellement interdit par le 13e amendement à la Constitution, voté en janvier 1865 à l'issue de la guerre de Sécession — à laquelle les Noirs, libres ou esclaves, prirent d'ailleurs une part décisive. Les suicides et les automutilations constituaient aussi une forme de résistance, désespérée, celle-là. Leur nombre semble avoir été élevé, en particulier chez les esclaves récemment arrivés d'Afrique qui se noyaient ou se laissaient mourir de faim, comme à Charleston en 1807. Les mutilations des mains ou des pieds n'étaient pas rares chez ceux qui, vendus par leur maître, devaient quitter leur famille.

Enfin, plus modestement, des formes de résistance quotidienne étaient très répandues, par le biais de sabotages, de ralentissements de la cadence, de maladies simulées, de vols de nourriture ou de matériel. Ces comportements pouvaient servir d'exutoire aux haines et aux frustrations, mais ils ne remettaient pas totalement en cause l'autorité des maîtres.

20. Voir par exemple Melton McLaurin, *Celia, a Slave*, Athens, University of Georgia Press, 1991, à propos d'une jeune esclave qui tua son maître et fut pendue.

Dès les premiers temps de la colonisation, l'Amérique dépendit largement du travail forcé, puis de l'esclavage. Comme une tumeur cancéreuse, l'esclavage se répandit dans les colonies anglaises, qui allaient devenir les États-Unis, au fur et à mesure que les colons occupaient de nouvelles terres en exterminant et en chassant la population indienne. La révolution américaine ne changea pas fondamentalement la situation. La plupart des pères de la Constitution n'étaient-ils pas de grands propriétaires d'esclaves ? En revanche, la fin de l'esclavage bouleversa les relations sociales du sud des États-Unis. Ainsi que l'écrit Peter Kolchin, « le marché, étayé par la loi, remplaça le fouet comme arbitre suprême des relations de travail[21] ». Mais les espoirs de redistribution des terres se dissipèrent rapidement, ainsi que les droits civiques et politiques, pourtant formellement accordés à la fin de la guerre de Sécession. À cela s'ajouta la violence raciste des anciens propriétaires — qui avaient remisé le paternalisme de jadis — et des Blancs pauvres en concurrence avec les Noirs sur le marché du travail. À la fin du XIXᵉ siècle, le sud des États-Unis se trouva corseté dans les fameuses lois « Jim Crow », qui légalisaient la ségrégation raciale et empêchaient les Noirs de voter[22]. Le combat pour la liberté ne cessa pas avec la fin de l'esclavage.

Il fallut attendre les lendemains de la Seconde Guerre mondiale pour que les Afro-Américains, conduits par quelques figures charismatiques comme celle de Martin Luther King, secouent le joug de la ségrégation, aidés en cela par une Cour suprême nouvellement acquise à l'égalité des droits. En dépit des actions de terreur menées par une partie de la population blanche sudiste, les Noirs du Sud se virent confirmer leurs droits civiques en 1964, en même temps que le Congrès votait différents dispositifs de correction des inégalités des chances liées à la race ou au sexe. Il est certain que la situation économique et politique de la majorité de la population noire américaine s'est considérablement améliorée depuis les

---

21. Peter Kolchin, *Une institution très particulière, op. cit.*, p. 247.
22. C. Vann Woodward, *The Strange Career of Jim Crow*, New York, Oxford University Press, 1955.

années 1960, même si un tiers de ses représentants vivent en dessous du niveau de pauvreté, bien souvent dans des conditions de misère et d'abandon indignes du plus riche pays du monde.

Est-ce à dire que l'esclavage n'est plus aujourd'hui qu'un lointain souvenir, un objet d'histoire froid ne mobilisant plus que quelques centaines d'universitaires ? En vérité, on n'insistera sans doute jamais assez sur l'importance historique de l'esclavage aux États-Unis, à la fois du point de vue de l'économie (le travail des esclaves a fourni le capital fondateur de la croissance américaine), et du point de vue des relations entre Noirs et Blancs, établies sur un rapport de domination raciste qui n'a jamais été totalement effacé, ni dans les mentalités ni dans l'organisation sociale.

La reconnaissance du poids historique de l'esclavage a conduit à poser la question des réparations morales et financières dues aux descendants des esclaves. Dans un ouvrage retentissant, *Debt : What America Owes to Blacks*, le juriste Randall Robinson a défendu l'idée de réparations, à l'instar de celles dont ont bénéficié les Américains d'origine japonaise enfermés dans des camps, ou les travailleurs-esclaves des usines du Reich pendant la Seconde Guerre mondiale. Pour ce qui concerne l'esclavage, il paraît bien difficile et hasardeux de fixer la moindre somme d'argent (combien ? qui paierait et au nom de qui ?), et la communauté noire elle-même est très divisée à ce sujet. Robinson propose, raisonnablement, la création d'une fondation, financée par le gouvernement et toutes les institutions qui ont bénéficié de l'esclavage, en charge d'attribuer des bourses universitaires et de construire un musée national de l'esclavage à Washington.

Le débat n'est pas clos. Quoi qu'il en soit, l'idée d'une réparation morale, plutôt que financière, recueille aujourd'hui l'assentiment d'un grand nombre d'Américains. La Conférence mondiale contre le racisme de Durban, tenue en septembre 2001, est allée dans ce sens, en reconnaissant que l'esclavage avait été un crime contre l'humanité, et en exprimant les « regrets » des pays qui en avaient, à un titre ou à un autre, bénéficié. Mais les États-Unis ont refusé de s'associer à la déclaration finale, officiellement pour ne pas placer Israël et le sionisme en position d'accusés... peut-être aussi pour

Statistiques du marronnage en Caroline-du-Sud
Motifs et destinations des marrons de Caroline-du-Sud [23]

	A. Métier		B. Aptitude linguistique			C. Sexe		Total
	Esclaves qualifiés	Esclaves agricoles	Parle bien	Parle mal	Non mentionnée	Hommes	Femmes	Total
En visite	157 *21,4* *61,6*	576 *78,6* *71,9*	95 *13,0* *57,6*	26 *3,5* *55,5*	612 *83,5* *72,5*	523 *71,4* *65,3*	210 *28,6* *82,3*	733 *100* *69,4*
Passer pour libre	79 *41,1* *31,0*	113 *58,9* *14,1*	55 *28,6* *33,3*	3 *1,6* *6,4*	134 *69,8* *15,9*	164 *85,4* *20,5*	28 *14,6* *11,0*	192 *100* *18,2*
Éviter d'être vendu	17 *15,9* *6,7*	90 *84,1* *11,2*	11 *10,3* *6,7*	16 *15,0* *34,0*	80 *74,7* *9,5*	94 *87,9* *11,7*	13 *12,1* *5,1*	107 *100* *10,1*
Éviter les punitions	2 *8,3* *0,8*	22 *91,7* *2,7*	4 *16,7* *2,4*	2 *8,3* *4,3*	18 *75,0* *2,1*	20 *83,3* *2,5*	4 *16,7* *1,6*	24 *100* *2,3*
Total	255 *100* *100*	801 *100* *100*	165 *100* *100*	47 *100* *100*	844 *100* *100*	801 *100* *100*	255 *100* *100*	1056 *100*
Plantation	151 *18,3* *38,6*	673 *81,7* *49,4*	98 *11,9* *34,3*	47 *5,7* *57,3*	677 *82,4* *48,9*	656 *79,7* *48,9*	167 *20,3* *40,7*	823 *100* *47,0*
Ville	121 *26,5* *31,0*	335 *73,5* *24,6*	62 *13,6* *21,7*	18 *4,0* *22,0*	377 *82,4* *27,2*	298 *65,4* *22,2*	158 *34,6* *38,4*	456 *100* *26,0*
Hors colonie	74 *28,2* *18,9*	188 *71,8* *13,8*	91 *34,7* *31,8*	6 *2,3* *7,3*	165 *63,0* *11,9*	233 *89,3* *17,4*	28 *10,7* *6,8*	262 *100* *15,0*
Arrière-pays	7 *13,7* *1,8*	43 *86,3* *3,2*	8 *15,7* *2,8*	8 *15,7* *9,8*	35 *68,6* *2,5*	50 *96,1* *3,7*	2 *3,9* *0,5*	51 *100* *2,9*
Plantation en ville	38 *23,6* *9,7*	123 *76,4* *9,0*	27 *16,8* *9,4*	3 *1,9* *3,6*	131 *81,3* *9,5*	105 *65,2* *7,8*	56 *34,8* *13,6*	161 *100* *9,1*
Total	391 *100* *100*	1362 *100* *100*	286 *100* *100*	82 *100* *100*	1385 *100* *100*	1342 *100* *100*	411 *100* *100*	1753 *100*

23. Cité p. 583 *in* Philip. D. Morgan, « Marronnage et culture servile », in *Annales ESC*, n° 3, Paris, Éditions de l'EHESIS-Armand Colin, mai-juin 1982. En caractères romains les nombres, en italique les pourcentages.

172 LE LIVRE NOIR DU COLONIALISME

éviter un débat sur l'esclavage et ses conséquences aux États-Unis même — au soulagement de beaucoup d'Américains, y compris de dirigeants noirs en désaccord sur la question.

Cela est d'autant plus regrettable que les Noirs, aux États-Unis comme ailleurs, ont souffert de l'absence de reconnaissance institutionnelle de l'esclavage et de la colonisation comme moments catastrophiques de l'histoire des hommes. Il ne s'agit pas seulement de rendre justice aux victimes d'un malheur historique, mais de construire une mémoire collective fondée sur une histoire explicitée et assumée par tous, plutôt que sur le refoulement et la honte.

ANNEXE

Étapes de l'abolition et résurgences[1]

1772 Grande-Bretagne : en l'absence de toute loi admettant l'esclavage, un juge libère un esclave noir qui s'était enfui
Un arrêt proclame la liberté de tout esclave débarquant en Grande-Bretagne

1787 Grande-Bretagne : fondation d'un Comité pour l'abolition du commerce des esclaves
Arrivée en Sierra Leone de Noirs libérés en Grande-Bretagne

1788 Paris : création de la Société des amis des Noirs[1]

1791 Insurrection des esclaves de Saint-Domingue

1792 Le Danemark décide l'abolition du trafic des esclaves

1794 La Convention abolit l'esclavage dans les colonies

1802 Bonaparte rétablit l'esclavage

1807 La Grande-Bretagne abolit la traite

1808 Les États-Unis abolissent la traite

1815 Traités de Vienne : accord des États européens pour abolir la traite

1817 La France abolit la traite

1833 Abolition de l'esclavage dans les colonies britanniques

1848 Victor Schoelcher fait abolir l'esclavage dans les colonies françaises

1857 Abolition de la traite dans l'Empire ottoman

1865 Abolition de l'esclavage aux États-Unis

1888 Abolition de l'esclavage au Brésil

1962 Abolition de l'esclavage en Arabie saoudite

1980 Abolition de l'esclavage en Mauritanie

1. Sur le discours anticolonialiste qui accompagne ou précède ces décisions, voir *infra* l'article de Marcel Merle, « L'anticolonialisme ».

Depuis cette dernière date, les décisions des États-Unis ont-elles vraiment aboli les excès de la traite, de l'esclavage ? Pas l'exploitation des enfants, en tout cas, qui sont contraints au travail forcé, à la prostitution, ou destinés à la mort dans des guerres postcoloniales. L'Unicef s'efforce de combattre ces horreurs, et les États de traquer ces nouveaux « négriers » à qui les bouleversements économiques nés de la mondialisation ont ouvert de nouveaux chantiers[2].

2. Claire Brisset, *Un monde qui dévore ses enfants*, Paris, Liana Levi, 1997. On évalue à 250 millions le nombre d'enfants astreints à ce travail forcé. Cinq millions d'entre eux vivent en Inde.

III
Dominations et résistances

Le Nouveau Monde

Impérialismes ibériques
par Carmen Bernand

La première forme moderne de l'impérialisme occidental fut l'œuvre de l'Espagne et du Portugal. Le Nouveau Monde fut certainement la pièce maîtresse d'un ensemble dont les réseaux et les contours dépassent toutefois le cadre américain et doivent être saisis à l'échelle planétaire. L'expansion ibérique débute au XVe siècle, avec les premiers voyages exploratoires des Portugais le long des côtes africaines. En 1487, Bartolomeu Dias double le cap des Tempêtes ou de Bonne-Espérance, rendant ainsi possible la liaison maritime avec l'Asie. Quelques années plus tard, en 1492, Christophe Colomb débarque dans les Antilles, et, en 1498, Vasco de Gama atteint le port de Calicut en Inde. L'Espagne et le Portugal se partagent le monde. Par le traité de Tordesillas de 1494, qui exclut des découvertes la France et l'Angleterre, toutes les contrées situées à l'orient d'un méridien passant à 370 lieues du Cap-Vert seront portugaises.

L'Espagne et le Portugal se partagent le monde

La conquête des Philippines, occupées par des sultanats islamisés, rencontrées pour la première fois par l'expédition de Magellan, est entreprise depuis les côtes de la Nouvelle-Espagne (Mexique). En 1566, le premier navire à destination de l'archipel quitte le port d'Acapulco, et la ville de Manille est fondée en 1568. Pendant une soixantaine d'années, entre 1580 et 1640, l'Union des Deux Couronnes espagnole et portugaise transforme le Pacifique en un océan espagnol. L'ensemble des territoires réunis sous le sceptre de Philippe II, ce qu'on appelle la monarchie catholique, forme un immense espace d'interconnexions politiques, économiques et culturelles dans lequel les royaumes des Amériques, et notamment la Nouvelle-Espagne, jouent un rôle de premier plan[1].

Ces dates, qui remontent donc à la fin du Moyen Âge, indiquent que l'impérialisme ibérique était d'une autre nature que celui des Empires britannique et français qui se constituèrent au XIXe siècle, dans des contextes bien différents. La « Conquête », pour employer une expression courante dans l'historiographie de l'Amérique hispanique, fut en quelque sorte le prolongement de la *Reconquista*, c'est-à-dire la reconquête chrétienne des royaumes musulmans, qui s'étaient développés dans la Péninsule depuis le début du VIIIe siècle. Car aux intérêts politiques et économiques de l'Espagne et du Portugal il faut ajouter le puissant moteur idéologique que furent l'évangélisation des Indiens et l'extension du christianisme aux dépens de l'islam.

Les conquistadores n'étaient pas des colons, comme le furent les familles anglaises et françaises qui s'installèrent en Nouvelle-Angleterre et en Nouvelle-France au XVIIe siècle. Leurs expéditions étaient des entreprises privées et le projet n'était pas de cultiver la terre mais de vivre au détriment des laboureurs indiens. La renommée, le prestige et, bien entendu, la richesse constituaient les motivations de ces hommes d'armes. Mais les aventuriers qui avaient rendu possible la présence ibérique dans le Nouveau Monde furent très vite écartés ou contrôlés par la Couronne, qui imposa un ordre administratif et religieux qui se maintint jusqu'au début du XIXe siècle. C'est dire que les expéditions de conquête ne représentent qu'un des aspects d'un phénomène plus complexe, et qui est irréductible aux exactions des conquistadores.

L'imposition du tribut aux Indiens est un trait évident de domination coloniale. Colonial est aussi le transfert d'une grande partie de la richesse du Brésil et de l'Amérique hispanique vers l'Europe, dont il favorise le développement industriel. Les taxes payées par la population des Amériques permettaient à la Couronne de subvenir aux frais de l'admi-

1. Serge Gruzinski, « Les mondes mêlés de la monarchie catholique et autres connected histories », *Annales HESS*, janvier-février 2001, n° 1, p. 85-117.

nistration et de la défense de l'empire, et le surplus bénéficiait à la métropole. Cependant, du moins aux XVIᵉ et XVIIᵉ siècles, le Pérou ou la Nouvelle-Espagne n'étaient pas à proprement parler des colonies, mais des royaumes rattachés à la Couronne, au même titre que ceux de Naples ou de Navarre. Il faut également rappeler que tous les territoires conquis ne présentaient pas les mêmes caractéristiques démographiques et culturelles. Au Mexique et au Pérou, des sociétés complexes, fortement stratifiées et centralisées, enracinées dans un passé millénaire de bâtisseurs de cités, fournirent, malgré l'effondrement démographique, une main-d'œuvre indigène importante. La conquête du Mexique par Hernán Cortés et ses hommes fut rapide, et les premiers missionnaires, formés à l'humanisme renaissant, purent avec la collaboration des élites mexica sauver une partie du patrimoine ancien. Celle du Pérou fut plus tardive et plus brutale. Pendant une trentaine d'années, les Andes furent le théâtre des affrontements entre les différentes factions des conquistadores d'abord, puis entre ceux-ci et les représentants de la Couronne. Les Indiens profitèrent de ces luttes intestines pour attaquer les bourgades et les villes espagnoles. Le dernier foyer insurrectionnel inca ne fut réduit qu'en 1572.

D'autres différences marquent le monde hispano-américain. Les noyaux forts de la domination espagnole étaient la Nouvelle-Espagne et le Pérou, prolongé au nord par la Nouvelle-Grenade (la Colombie actuelle). Aux frontières nord, est et sud de ces royaumes, des tribus indiennes insoumises menaçaient les installations espagnoles. Ces groupes résistèrent à la domination coloniale tout en empruntant aux envahisseurs armes et chevaux, et en s'insérant dans des réseaux commerciaux. Le Yucatán resta longtemps périphérique à cause de son éloignement et de l'absence d'or, et la langue maya l'emporta sur le castillan. En revanche, sur les hautes terres du Guatemala, le pouvoir central put difficilement exercer un contrôle sur les conquistadores, qui décimèrent l'aristocratie Cakchiquel, Quiché et Potoman. Des territoires de difficile accès, comme l'Amazonie, furent explorés par des missionnaires, mais ils demeurèrent pendant longtemps relativement en marge du contrôle administratif des grandes villes coloniales. Enfin, au fil des siècles, des provinces, comme le Venezuela et le Río de la

Plata, prirent une importance économique du fait de leur position stratégique et devinrent les deux principaux foyers des luttes indépendantistes.

La colonisation portugaise fut menée de façon un peu différente. Le Brésil, découvert en 1500 par Pedro Álvares Cabral, revenait au Portugal en vertu du traité de Tordesillas. Sur ses rivages, il n'y avait pas de sociétés étatiques comme celles des Mexica ou des Incas, mais deux millions et demi environ d'Indiens, sédentaires ou nomades, dispersés sur un immense territoire aux confins inconnus. Au début, les contacts avec les Indiens côtiers furent pacifiques et se bornèrent essentiellement à des échanges. Contre des outils de fer, métal inconnu dans le continent, les Tupi donnèrent aux Portugais des plumes d'oiseaux exotiques et surtout du brésillet, ce bois connu sous le nom de *pau brasil,* avec lequel on pouvait obtenir une teinture rouge. Afin de mieux contrôler les territoires côtiers, la Couronne portugaise créa des circonscriptions appelées capitaineries, et les jésuites regroupèrent les Tupi dans des villages. Or la concurrence entre Portugais, Français et Hollandais pour l'obtention du brasil exerça sur les Indiens une pression telle que ceux-ci se révoltèrent contre les étrangers. En 1546, le capitaine Duarte Coelho, qui avait reçu le Pernambouc, dénonça les abus des marchands. « Pour inciter les Indiens à leur fournir du brésillet, écrit-il, les outils de fer ne suffisent plus. Il faut leur donner en outre des perles de Bahia, des étoffes de qualité et, pire encore, des épées et des arquebuses. Car, depuis qu'ils disposent d'outils, ils sont devenus plus paresseux que jamais, insolents et fiers, et se révoltent contre nous[2]. »

L'impérialisme portugais se fondait sur le contrôle de la mer et sur la supériorité maritime. Lisbonne était le centre de ce commerce, et le rez-de-chaussée du palais royal était occupé par des magasins. Dans les colonies du Portugal, il n'y eut pas de bureaucratie tentaculaire comme dans les possessions espagnoles, du moins dans les deux premiers siècles, mais des comptoirs, des factoreries et des paysans lusitans

---

2. Cité dans Robin Blackburn, *The Making of New World Slavery. From the Baroque to the Modern, 1492-1800,* Londres, Verso, 1997, p. 163-164.

envoyés dans les possessions d'outre-mer. Au Brésil, les
Indiens étaient dispersés dans un immense territoire et les
épidémies épargnèrent en partie les peuples qui vivaient loin
du littoral. N'ayant pas vécu comme les Mexicains et les Péru-
viens, dans des sociétés fortement hiérarchisées et centralisées, les Indiens ne se soumettaient pas facilement au travail,
malgré les raids esclavagistes.

La Nouvelle-Espagne était déjà le plus beau fleuron de
l'Espagne, et sa capitale Mexico dotée d'une université
depuis 1555, quand les Portugais s'engagèrent à l'intérieur
des terres du Brésil. L'une de ces têtes de pont était São
Paulo, alors une bourgade poussiéreuse dont le tiers de ses
habitants étaient des métis. C'est de là que partaient les
colonnes de *bandeirantes* portugais avec leurs « mamelouks »
indiens et métis afin de se procurer des esclaves indiens. Ces
avancées continueront jusqu'au XIXe siècle : des bandeirantes
modernes s'attaquaient aux missions espagnoles en Amazonie, emportaient les Indiens, les réduisaient en esclavage et
repoussaient toujours vers l'ouest les frontières brésiliennes.
Le territoire d'Acre, qui appartenait à la Bolivie républicaine
en 1899, fut colonisé par les exploitants brésiliens du caoutchouc, déclaré indépendant et rattaché en 1903 au Brésil
contre une indemnité de 15 000 livres sterling. Cet exemple
montre bien que la conquête du Brésil ne fut achevée qu'au
XXe siècle et qu'elle dépasse largement les limites chronologiques de la « Conquista » espagnole...

L'extension de l'Empire ibérique produisit une littérature
juridique et historique considérable, dont l'un des thèmes
majeurs fut la question de la légitimité de la domination
espagnole. Celle-ci reposait sur une bulle papale de 1493,
mais l'intervention du Saint-Père dans les affaires civiles
posait des problèmes juridiques. François Ier avait contesté ce
privilège accordé à l'Espagne et au Portugal, qui n'apparaissait dans aucune clause du testament d'Adam. Exclus des
territoires immenses du Nouveau Monde avec la mission de
convertir les Indiens, les royaumes européens cherchaient
par tous les moyens à ouvrir une brèche dans cet « empire
où le soleil ne se couche jamais ». Dans le Nouveau Monde,
les criques des Caraïbes se prêtaient aux incursions étrangères. Cuba devint une proie facile pour les corsaires

français, anglais et hollandais, désireux de s'introduire aussi dans cette région. En 1554, Santiago de Cuba est mise à sac par les corsaires français, et, l'année d'après, Jacques Sore incendie La Havane et s'y établit temporairement. Les Espagnols, conscients de l'importance stratégique de l'île, protègent le port de La Havane avec des fortifications. Mais les menaces constantes des pirates provoquent une instabilité économique et sociale durant tout le XVIIᵉ siècle.

Au Brésil, les Français créent la France antarctique dans la baie de Guanabara en 1555 et y demeurent jusqu'en 1560. Leurs dissensions religieuses — calvinistes et catholiques s'affrontèrent sans répit — facilitent la conquête de cette zone par les Portugais, sous les ordres du gouverneur Mem de Sá. Celui-ci chasse les Français et fonde la ville de Rio de Janeiro, refermant par cette action la brèche étrangère sur le littoral atlantique. La trêve est de courte durée, car, en 1624, les Hollandais envahissent Bahia et y restent une année, puis, en 1630, ils occupent le Pernambouc jusqu'en 1654. Ils s'installent également dans les Caraïbes, à Aruba, Tobago et Curaçao, entre 1631 et 1634, et restent dominants en Guyane jusqu'à la fin du XVIIIᵉ siècle. En 1635, la Compagnie des Isles d'Amériques occupe la Guadeloupe et la Martinique. La France a aussi sa part dans le partage du Nouveau Monde.

Le détroit de Magellan est l'autre point faible du dispositif hispanique. Francis Drake, qui avait pillé les convois en provenance du Pérou dans l'isthme de Panamá, en 1572, réussit en 1577 à contourner le faux cap Horn, où il n'y a pas de vigilance espagnole. Il longe la côte du Chili jusqu'au port de Callao, mais échoue à s'emparer de Lima. Le corsaire doit mettre le cap vers la Californie et, de là, il traverse le Pacifique en direction de l'est. Mais le verrou de Magellan a sauté et l'Empire hispanique est menacé par les Anglais, dont les raids se multiplient après la mort de Drake. En Guyane, à la fin du XVIᵉ siècle, Walter Raleigh prépare une expédition pour l'Orénoque et fait courir le bruit que les Anglais vont restaurer le trône des Incas. Cette croyance restera ancrée jusqu'aux luttes de l'indépendance. Dans les Caraïbes, la Jamaïque tombe aux mains des Anglais en 1655. D'ailleurs, en 1762, La Havane est occupée pendant quelques mois par les Anglais, au cours de la guerre de Sept Ans.

L'impérialisme ibérique doit donc se confronter à d'autres acteurs européens qui luttent pour l'obtention des matières premières américaines et pour le contrôle des voies maritimes. La traite des esclaves et son monopole deviennent un des principaux enjeux des différentes puissances européennes. Lorsque la domination coloniale ibérique s'achève, entre 1810 et 1898, la France mais surtout l'Angleterre amorcent de nouvelles formes d'impérialisme. Avec la perte par l'Espagne de Cuba et de Puerto Rico, ainsi que de l'archipel des Philippines, l'impérialisme espagnol fait place à celui des États-Unis, jusqu'à aujourd'hui. En 1904, après l'intervention des États-Unis dans l'indépendance du Panamá, Theodore Roosevelt modifie de façon substantielle les principes panaméricains contenus dans la doctrine de James Monroe énoncée en 1823, dans le contexte de l'émancipation des colonies hispano-américaines. Désormais, par la politique du *big stick*, les États-Unis s'érigent en gendarme du continent, pour défendre leurs intérêts nationaux. La dollarisation de l'Équateur, en octobre 2000, n'est que le dernier volet colonialiste par lequel se clôt le XXᵉ siècle en Amérique latine.

Le cas du Brésil fait exception, puisque l'indépendance avec le Portugal a lieu en 1821. Dom Pedro, fils du régent portugais qui s'était réfugié à Rio pour échapper à l'invasion napoléonienne de Lisbonne, est proclamé roi du Brésil. Le régime monarchique permet au Brésil de conserver son unité politique et de ne pas subir de démembrement territorial, comme les autres États latino-américains. La République ne sera instaurée qu'en 1889, un an après l'abolition de l'esclavage.

La conquête animale

L'expédition de Hernán Cortés était partie de Cuba pour atteindre les côtes du Mexique. Elle comptait 508 hommes, plus une centaine d'autres qui faisaient partie des équipages, 17 chevaux, 32 arbalétriers, 13 porteurs d'escopettes, 10 canons de bronze et 4 fauconneaux. En face des Espagnols, il y avait une vingtaine de millions de Mexicains. Au Pérou, le rapport de force était aussi a priori défavorable aux Espagnols, car « ceux de Cajamarca », comme on appelle les hommes de Francisco Pizarro, n'étaient que 168, parmi

lesquels 8 arquebusiers[3]. Ce déséquilibre montre bien que les
armes n'ont pas suffi, même si les lames d'acier et le feu des
arquebuses ont joué un rôle important. Moins de cent Espagnols renversèrent la domination mexica et seulement trente-
cinq cavaliers accompagnèrent Francisco Pizarro à Cajamarca,
où ils s'emparèrent de l'Inca Atahualpa. Plusieurs autres
facteurs ont rendu possible la conquête. Les alliances des
étrangers avec les groupes ethniques, les Tlaxcaltèques au
Mexique, les Cañari au Pérou, les tactiques militaires des
Espagnols face à la ritualisation des combats indiens, la
crainte inspirée par les chevaux, même s'ils étaient peu nombreux, ont servi la cause des envahisseurs.

Incontestablement, les meilleurs auxiliaires des Espagnols
furent les microbes, qui se propagèrent très rapidement dans
un continent qui s'était maintenu pendant des millénaires
isolé de l'Ancien Monde. C'est pourquoi des maladies qui
étaient endémiques en Europe et transmises par l'air, comme
l'influenza, la rougeole et la coqueluche, provoquèrent une
véritable hécatombe chez des populations qui n'avaient développé aucune immunité contre ces bactéries. D'autres maux
plus terribles, comme le typhus exanthématique, appelé au
Mexique *cocolitzli*, et la variole, décimèrent les communautés
indiennes. Plusieurs vagues épidémiques furent responsables
de la disparition de près de 90 % de la population indienne en
un siècle. La plus meurtrière fut probablement celle de 1545
au Mexique. Une autre épidémie, la *gran pestilencia*, gagna
tout le continent à partir de 1575. Il s'agit d'une pandémie
d'influenza dont le foyer se situait dans la péninsule Ibérique
en 1557. Dans le Nouveau Monde, elle se répandait à grande
vitesse, du Mexique jusqu'aux Andes, de la cordillère jusqu'à
la côte du Brésil. La variole prit le relais[4].

3. Carmen Bernand et Serge Gruzinski, *Histoire du Nouveau
Monde*, t. I, Paris, Fayard, 1991, p. 296-298 et 466-470.
4. Parmi les nombreux ouvrages traitant des épidémies, nous avons
suivi, pour les dernières estimations : Noble David Cook, *Born to Die.
Disease and New World Conquest, 1492-1650*, Cambridge, Cambridge University Press, 1998 ; ainsi que le livre de référence
d'Alfred W. Crosby, *Ecological Imperialism : The Biological Expansion
of Europe, 900-1900*, Cambridge, Cambridge University Press, 1986.

Le fléau épidémique stimula les études de botanique afin de tester l'efficacité des plantes exotiques. Au Mexique, en 1552, un médecin indien hispanisé, Martin de la Cruz, rédigea un texte médical important qui fut traduit en latin par Juan Badiano, un natif de Xochimilco, sous le titre de *Libellus de medicinalibus indorum herbis*. Il y décrit la fièvre contre laquelle il préconise un certain nombre de remèdes végétaux. Dans cet ouvrage, connu également sous le titre de *Codex Badianus*, l'auteur nous a laissé la représentation picturale d'un homme couvert de pustules, en train de vomir. Ce livre remarquable s'inscrit dans une série de textes de botanique produits par le colonialisme ibérique. Dix ans plus tard, le médecin portugais d'origine juive García d'Orta publia à Goa *Coloquios dos simples,* qui introduisit en Europe la flore de l'Inde. Enfin, en 1571, le médecin espagnol Nicolás Monardes étudia à Séville les plantes médicinales américaines et rédigea un traité sur les usages de ces drogues. Les herbes et les idées circulaient dans le monde ibérique, des Indes occidentales aux Indes orientales.

Juste retour des choses, dès le mois de décembre 1494, un mal étrange caractérisé par l'apparition de chancres sur les organes génitaux contamina toute l'Italie, à l'occasion de la campagne de Charles VIII, roi de France, pour reconquérir le royaume de Naples. On l'appelait le « mal français » ou le « mal de Naples ». En espagnol, on le nommait *bubas* (allusion aux bubons, qui présentaient une analogie avec ceux de la peste). En 1504, un médecin espagnol, Rodrigo Díaz de l'Isla, décrit cette maladie et lui donne pour foyer la Hispaniola, où elle existait à l'état endémique. Le premier syphilitique aurait été Martin Alonso Pinzón, l'un des commandants de Colomb, qui rentra de l'expédition en 1493 pour y mourir. Le nom de syphilis n'apparut que plus tard, en 1530, sous la plume de Girolamo Fracastoro. À cette date, elle s'était déjà propagée en Afrique et, peu de temps après, elle gagna le Japon et la Chine[5].

Les animaux importés d'Europe, bovins, porcs, chevaux, brebis, chèvres et poules, bouleversèrent la vie des populations

---

5. Marcel Sendrail, *Histoire culturelle de la maladie*, Paris, Privat, 1980, p. 318-328.

indiennes et leur environnement naturel. Le cheval avait été l'instrument principal de la conquête. Mais, dans les premières années de cette entreprise, ces bêtes étaient encore peu nombreuses car la traversée de l'océan leur était souvent fatale. Pour pallier ces inconvénients, les Espagnols créèrent des haras dans les Antilles et sur le littoral des Caraïbes. En quelques années, les chevaux se multiplièrent de façon remarquable et la plupart, ensauvagés, errèrent dans les prairies du Nouveau Monde. Cette invasion animale eut dans un premier temps des conséquences néfastes sur la vie des populations indigènes. À Cuba, l'augmentation exponentielle des bovins et des chevaux provoqua une grande mortalité par famine chez les Indiens. Au Mexique, les troupeaux d'ovins transformèrent la très fertile vallée de Mezquital au temps des Aztèques en un semi-désert. Dans les Andes, l'irruption des chèvres et des moutons éroda les pentes des montagnes, mais la laine rivalisa avec celle, plus fine et plus chère, des lamas, des alpagas et des vigognes, et l'abondance des toisons fit tourner les ateliers textiles.

Dans le Río de la Plata, le conquistador Pedro de Mendoza apporta quelques chevaux en 1536. Lors de la seconde fondation de Buenos Aires, en 1580, Juan de Garay trouva des milliers de chevaux sauvages qui parcouraient la plaine environnante. Les Indiens, qui avaient craint ces animaux étranges, comprirent très vite l'utilité qu'ils pouvaient en tirer et devinrent des cavaliers très habiles. À la fin des années 1550, dix ans à peine après la conquête de l'Araucanie par Pedro de Valdivia, les Indiens Reche, ancêtres des Mapuche, disposaient déjà d'escadrons de cavalerie. Grâce à cet animal, les Indiens acquirent une mobilité impossible jusque-là et une capacité décuplée de résistance aux avancées espagnoles[6]. Mais le cheval ne doit pas être envisagé de façon isolée, puisqu'il s'inscrit dans le complexe de l'élevage diffusé avec succès dès les premières années qui suivirent la conquête. L'introduction du bétail était une forme d'occupation du sol par les animaux. Les marins portugais embarquaient toujours des animaux domestiques et, dès qu'ils accostaient sur des côtes inconnues, ils lâchaient des bêtes. Les vaches se repro-

---

6. Guillaume Boccara, *Guerre et ethnogenèse mapuche dans le Chili colonial*, Paris, L'Harmattan, 1998, p. 276-281.

duisaient en liberté et constituaient également pour les futurs
conquérants une réserve de viande. En 1530, le bétail,
importé par les Portugais, abondait sur les côtes du Brésil. En
Amérique hispanique, il faisait déjà partie du paysage dans la
seconde moitié du xvie siècle[7]. Le gouverneur Hernandarias
avait laissé en 1587 cent bêtes autour de Santa Fe du Paraná
(Argentine) ; quinze ans après, il y en avait environ cent
mille.

Les vaches et les cochons modifièrent les habitudes culinaires des Indiens et des Espagnols. Boucanée, la viande fut
exportée en Espagne et en Europe. Elle servit aussi pour l'alimentation des esclaves noirs des plantations, notamment
ceux de la côte brésilienne. Dans le Río de la Plata, l'abondance de vaches sauvages, que l'on chassait pour le cuir,
assura aux habitants du port de Buenos Aires une nourriture
carnée quotidienne. Mais les Indiens des plaines australes
bénéficièrent également de la manne bovine. Ailleurs, dans le
Nouveau-Mexique, la reproduction rapide des troupeaux et
l'abondance de viande et de lait qui en résulta eurent des
conséquences politiques inattendues, puisque les chefs des
chasseurs des *pueblos* perdirent leur spécificité et leur prestige[8]. Parmi les animaux de taille plus modeste, le rat noir,
débarqué lui aussi des navires européens, se répandit en quelques années dans toute l'Amérique, grâce aux plantations de
maïs qui le firent prospérer.

La Destruction des Indes et la Légende noire

En 1552, le dominicain Bartolomé de Las Casas publia à
Séville le plus violent réquisitoire jamais écrit contre les excès
du colonialisme. *La Très Brève Relation de la destruction des*

7. Pierre Deffontaines, « L'introduction du bétail en Amérique
latine », *Les Cabiers d'outre-mer*, n° 37, janvier-mars 1957, p. 5-22 ;
Jean-Pierre Digard, « Un aspect méconnu de l'histoire de l'Amérique :
la domestication des animaux », *L'Homme*, n° 122-124, avril-décembre
1992, XXXII (2-3-4), p. 253-270.
8. Ramón Gutiérrez, *When Jesus Came, the Corn-Mothers Went
Away. Marriage, Sexuality and Power in New Mexico, 1500-1846*,
Stanford, Stanford University Press, 1991, p. 57.

Indes connut un succès énorme hors de l'Espagne. En 1579, elle fut traduite en français par un protestant flamand, Jacques de Miggrode, sous le titre biaisé de *Tyrannies et cruautés des Espagnols*. Depuis cette date, elle fut rééditée plusieurs fois et enrichie à partir de 1598 des gravures de De Bry. Cette iconographie réaliste et terrible donna naissance à la Légende noire sur la cruauté intrinsèque des Espagnols[9].

Sans prétendre ici minimiser les atrocités de la conquête, il convient de situer ces écrits dans leur contexte afin de comprendre le parti qui en fut tiré par les monarchies européennes, jalouses de la puissance de Philippe II. Las Casas se montra sans doute excessif et son texte est un pamphlet politique aux accents apocalyptiques, car, comme le titre l'indique bien, le dominicain croyait vraiment que l'Espagne serait châtiée par Dieu pour ses méfaits dans les Indes. Pour saisir la portée de son livre, il faut remonter aux premiers temps de la conquête et à l'effroyable expérience antillaise qui provoqua la disparition quasi totale des Indiens. En 1502, avec l'arrivée du commandeur de l'ordre militaire d'Alcántara, Nicolas de Ovando, à la Hispaniola, avec deux mille cinq cents hommes parmi lesquels se trouvait Bartolomé de Las Casas, la colonisation débute. Jusque-là, Christophe Colomb et ses frères avaient agi selon leur arbitraire. Ovando fut le créateur de la *encomienda* des Indes, véritable instrument de domination des Indiens. Cette institution d'origine médiévale signifiait avoir « en commende » des peuples soumis militairement. Elle donnait droit au bénéficiaire de percevoir les tributs, commuables d'ailleurs en corvées, en échange de la protection des populations qui lui avaient été confiées et de leur donner une instruction religieuse.

Les premiers conquistadores furent recompensés de leurs efforts avec des encomiendas dont la taille dépendait de l'importance de leurs actions militaires. Les Indiens étaient des hommes libres — sauf les insoumis et les cannibales qui pouvaient être réduits en esclavage —, mais, en tant que vassaux, ils devaient payer le tribut. Les lois stipulaient que les

9. Bartolomé de Las Casas, *La Très Brève Relation de la destruction des Indes (1552)*, Introduction d'Alain Milhou, analyse iconographique de Jean-Paul Duviols, Paris, Éditions Chandeigne, 1995.

Indiens ne devaient pas être maltraités ni traités en esclaves. Toutefois, les Indiens, terrorisés par les abus des premiers conquistadores, refusaient le dur labeur dans les placers aurifères et prenaient la fuite. Cette situation posa en d'autres termes la question de la mise au travail des populations indigènes : en fait, l'obligation de travailler était incontournable ; néanmoins, en contrepartie, les Indiens devaient recevoir un salaire, puisqu'ils étaient des « personnes libres et non pas des serfs ». C'est ce que stipulait une cédule royale émise en 1503, à Medina del Campo, par Isabelle la Catholique.

La dureté des *encomenderos* et de leurs contremaîtres, malgré les mises en garde de la Couronne, suscita des protestations véhémentes de la part des dominicains. Le premier défenseur des Indiens fut Antonio Montesinos, qui s'éleva contre la encomienda en 1511 et alla même jusqu'à refuser d'administrer les sacrements aux encomenderos, les menaçant d'excommunion. Ses diatribes firent scandale et il fut rappelé en Espagne. Malgré la prudence de la Couronne, il eut gain de cause, du moins sur le plan juridique, et ses critiques aboutirent à la promulgation des lois de Burgos de 1512. Celles-ci instauraient de meilleures conditions de travail, précisaient le temps de repos et la quantité de nourriture qu'il fallait donner aux Indiens, et rappelaient qu'ils étaient des hommes libres, bien qu'astreints au travail en tant que vassaux.

Ces lois ne furent guère respectées, et la question des abus et de la maltraitance des Indiens se posa à nouveau. L'infatigable Bartolomé de Las Casas poursuivit son combat en faveur de la liberté des Indiens. Grâce à ses efforts, un corpus de lois, les *Leyes nuevas*, exhortant le vice-roi du Pérou et les *Audiencias* (tribunal) de Lima et de Guatemala à améliorer leur système juridique et à organiser une administration plus efficace, fut promulgué en 1542. Les services personnels furent interdits et les conditions de travail des Indiens furent améliorées, du moins en principe. Par exemple, aucun porteur ne pouvait transporter un chargement s'il l'estimait excessif, et pour sa peine il devait recevoir un salaire. Afin de tarir progressivement les bénéfices, il fut interdit d'assigner de nouvelles encomiendas. Celles qui avaient été attribuées, en guise de prébende, au personnel de l'administration coloniale furent supprimées. À la mort de son détenteur, l'encomienda et les tributs qu'elle rapportait passaient sous le contrôle direct de la Couronne.

Cependant, la réaction des encomenderos fut extrêmement violente, surtout au Pérou, où les Leyes nuevas attisèrent la rébellion contre la Couronne, qui coûta d'ailleurs la vie au premier vice-roi envoyé là pour pacifier le pays. Dans les Andes, les privilèges furent difficiles à extirper. Pour donner une idée de ce qu'ils représentaient, prenons le cas de l'encomendero des Indiens Chupacho, à Huánuco, Pérou. Outre la perception du tribut (et les Chupacho sont relativement nombreux, autour de deux mille tributaires), Gómez Arias recevait pour sa maison quarante Indiens dits *mitimas*, trente tisserands avec leurs femmes, six pêcheurs, vingt charpentiers, huit porchers et, en outre, vingt-neuf personnes de service dont le statut est proche de l'esclavage[10]. Il est clair que les services personnels, pourtant interdits, continuaient à être exigés.

Le déclin des encomiendas fut plus important au Mexique central dès la fin du XVIe siècle. Selon une statistique de 1631, les encomiendas du vice-royaume du Pérou rapportaient 323 000 ducats, plus du double de celles de la Nouvelle-Espagne (150 000). La recette la plus faible correspondait au Río de la Plata, avec à peine une rente de 2 000 ducats[11]. Mais il faut attendre le XVIIIe siècle pour que les derniers vestiges du système fussent abolis. Les causes de sa disparition ne furent pas humanitaires mais tout simplement utilitaires. L'État, dont les finances étaient au plus bas, avait besoin de disposer de l'ensemble des recettes tributaires. La puissante raison fiscale l'emportait sur l'humanitarisme. On trouve cependant encore, dans la seconde moitié du XVIIIe siècle, des encomiendas, comme au Paraguay, au Yucatán et au Chili. Elles subsistent dans des régions périphériques comme le Chili, le nord-ouest de l'Argentine (Calchaquis), la Nouvelle-Grenade et l'Amérique centrale.

10. Ortiz de Zuñiga, *La Visita de Huánuco*, t. I, 1967, p. 308.
11. Selon les chiffres fournis par Silvio Zavala dans son ouvrage de référence, *La Encomienda indiana*, Mexico, Porrúa, 2e éd., 1973, p. 242-243.

Au Brésil, les premiers colonisateurs portugais reçurent en récompense des terres (*sesmarias*) des propriétaires de chaque capitainerie. Théoriquement, ils pouvaient réclamer des services de la part des Indiens qui y habitaient, mais ces mesures furent difficiles à respecter, étant donné la tendance des Indiens à prendre la fuite devant les étrangers. Les rapports entre Portugais et Indiens devinrent hostiles. Par la suite, la concession des terres, qui, en principe, était accordée à une famille pour subvenir à ses besoins, aboutit dans la pratique à concentrer la propriété foncière dans les mains de quelques-unes.

Dans la conjoncture des années 1530, celles de la « destruction » des Indes, Bartolomé de Las Casas avait préconisé l'importation d'esclaves africains pour soulager les Indiens. Il s'exprimait avec les préjugés de son temps, nourri des lectures d'Aristote et des classiques qui justifiaient l'esclavage. Cela lui fut souvent reproché. Pourtant, lui-même se rétracta dans son *Histoire des Indes*[12], reconnut que la cause des Noirs était la même que celle des Indiens. Las Casas croyait en la possibilité d'une colonisation pacifique sous l'égide des missionnaires, et il avait envisagé une sorte de protectorat qui laisserait une autonomie aux Indiens, dans le cadre de leur appartenance à la religion catholique. Il pensait qu'il fallait restituer le Pérou aux descendants des Incas. L'année de sa mort, en 1566, un protocole d'accord qui allait dans ce sens fut signé entre le gouvernement espagnol et l'Inca Titu Cusi, réfugié à Vilcabamba. Mais aucun des deux partenaires ne respecta les règles du jeu, qui impliquaient la christianisation et la reconnaissance, de la part de l'Inca, de la suzeraineté de Philippe II, et le rêve du dominicain fut brisé. Il est toutefois important de souligner que l'impérialisme espagnol engendra sa propre contestation du système, et, à juste titre, Las Casas est considéré aujourd'hui comme un précurseur des droits de l'homme. Cette réputation, il l'avait d'ailleurs déjà acquise à la fin du XVIIIᵉ siècle, et l'abbé

12. Elle parut en 1560. Dans le livre III, chapitres 102 et 129, Las Casas exprime ses regrets concernant la question de l'esclavage des Noirs.

Grégoire, promoteur de l'émancipation des juifs et des Noirs, en fit l'apologie en 1800[13].

Une autre utopie pacifiste inspirée de Las Casas se développa au Guatemala, dans la Vera Paz, à partir de 1547. Après de grandes difficultés, les dominicains réussirent à pacifier des Indiens insoumis, comme les Lacandon, en leur offrant des outils indispensables au défrichement de la forêt. La Vera Paz fut le premier des territoires de mission et regroupa quelque 25 000 Indiens, sous le gouvernement paternaliste des dominicains. Au XVIIᵉ siècle, cette expérience fut reprise par les jésuites, qui créèrent un réseau de réductions[14] le long des frontières luso-hispaniques (Paraguay, Argentine, Uruguay et Brésil). Ces réductions-là furent d'une tout autre ampleur, notamment au Paraguay, puisqu'elles réunirent plus de 150 000 Indiens Guarani. Elles étaient caractérisées par un collectivisme agraire qui n'excluait pas la jouissance familiale de parcelles ; le produit du travail était emmagasiné et servait pour payer le tribut, pour subvenir aux frais du culte et pour venir en aide aux nécessiteux, comme les orphelins et les veuves. Les Indiens apprirent à labourer les champs mais aussi des métiers artisanaux et les arts de la peinture et de la musique. Il semble que l'utopie jésuite ait trouvé son inspiration moins dans Thomas More que dans la description que fit Garcilaso de la Vega du gouvernement des Incas du Pérou.

Vasco de Quiroga, un homme de lettres qui devint évêque du Michoacán, connaissait le combat de Las Casas en faveur des Indiens. Mais c'est surtout l'*Utopie*, de Thomas More, qui fut pour cet homme généreux et érudit la véritable révélation. L'année même de la décapitation de More en Angleterre, il proposa la création d'une République indienne formée de l'emboîtement d'unités familiales encadrées par des religieux et consacrées aux travaux de l'agriculture pour leur subsistance. Deux villages-hôpitaux furent conçus selon ce modèle, l'un près de Mexico, l'autre dans le Michoacán.

13. Voir l'introduction d'Alain Milhou au livre de Las Casas, 1995, p. 59-60.
14. On donne le nom de réduction au regroupement, dans des villages, de familles indiennes vivant en habitat dispersé.

Comme toutes les constructions utopiques, celle-là sombra,
mais Vasco de Quiroga eut le mérite d'introduire de l'ordre
dans le chaos de la conquête et de l'exploitation.
Aujourd'hui, avec le recul, on peut s'interroger sur cette
forme d'occidentalisation qui consiste à planifier l'existence
des travailleurs et à gérer de façon rationnelle les activités et
les loisirs des hommes.

Désenclavement

La colonisation du continent américain s'inscrit dans un
processus de globalisation et d'intégration de populations qui
avaient jusque-là vécu isolées du Vieux Monde. Il peut sembler paradoxal que ce soit une institution archaïque, le tribut,
qui ait facilité l'intégration économique des Indiens. Cette
forme d'imposition était différente de toutes les autres taxes,
car elle était prélevée sur une catégorie de la population
singularisée par ses origines. La justification était clairement
exposée par la législation : « Parce que c'est chose juste que
les Indiens, qui seraient pacifiés et réduits à notre obéissance
et vassalité, nous servent et nous doivent tribut, en tant que
suzerains, comme tous les sujets et les vassaux le font[15]. » Un
autre argument en faveur du tribut était son existence à l'époque préhispanique, surtout sous la forme de corvées exigées
par l'autorité centrale mexica ou inca. Cette continuité facili-
tait l'organisation fiscale coloniale. Cependant, il y avait entre
les deux formes d'imposition des distinctions importantes de
nature et de quantité : les Indiens durent fournir des quantités taxées de produits. Or ces taxes, évaluées en fonction
d'une population donnée estimée à un moment précis de
l'inspection fiscale, devinrent rapidement, avec le déclin
démographique, très lourdes et arbitraires. Ce déséquilibre
entre la taxation du tribut et la population qui se réduisait
comme une peau de chagrin demeura pendant toute l'époque coloniale, malgré quelques efforts de recomposition des
redevances fiscales.

L'Indien tributaire était un adulte entre dix-huit et cinquante ans d'âge. Les caciques indiens et leur famille étaient

15. *Leyes de Indias*, livre VI, chap. v, loi 1.

exemptés de tribut. Dans un premier temps, le tribut fut prélevé en nature : coca, produits agricoles, animaux, œufs,
vêtements, cordages... Mais très vite, dès la seconde moitié
du xviᵉ siècle, le tribut fut exigé en argent. Pour l'obtenir, les
tributaires furent obligés de travailler contre un salaire dans
les mines, les ateliers textiles ou les divers corps de métier.
Dans les aires minières de la Nouvelle-Espagne et du Pérou, le
travail salarié et l'agriculture du marché devinrent un trait
permanent du système économique. Mais comment obliger
les Indiens à abandonner leurs cultures traditionnelles pour
fournir une force de travail bon marché dans les mines et les
ateliers textiles ? La solution à ce problème fut l'instauration
d'un travail obligatoire par roulement : le *repartimiento* en
Nouvelle-Espagne, la *mita* au Pérou, dont il y avait aussi des
antécédents préhispaniques.

Au Pérou était astreint à la mita le cinquième des tributaires. À tour de rôle, chaque groupe devait s'acquitter des
tâches obligatoires. Comme les services personnels avaient
été supprimés, chaque *mitayo* recevait un salaire qui lui servait à payer le tribut. Au Pérou, la mita fut instaurée tardivement, en 1565, par le gouverneur García de Castro, et la
codification définitive eut lieu quelques années plus tard,
sous le règne du vice-roi Francisco de Toledo. Le cacique
indigène n'avait pas le droit d'envoyer à la mita des Indiens
venus d'ailleurs, les *forasteros*, installés dans la communauté
qu'il présidait. Mais cette exemption favorisait l'errance, qui
était un des fléaux des campagnes. Progressivement, les forasteros furent incorporés au système des travaux obligatoires,
selon des modalités qui variaient en fonction des régions.

À vrai dire, la frontière qui sépare la mita des services personnels est ténue. Sans les Indiens, les Espagnols ne pouvaient ni bouger, ni manger, ni vivre, « et malgré cela nous
attendons l'heure de les achever[16] ». C'est en ces termes que
s'exprime, en 1586, Fray Rodrigo de Loayza : « Si on lui fait
porter une charge au-dessus de quatre ou cinq *arrobas*
[1 arrobe = 11,5 kg], il la transporte pendant dix lieues
jusqu'à tomber sous le poids sans pouvoir se relever, et
l'Espagnol l'aide à force de coups de pied et lui tire les

16. Silvio Zavala, *op. cit.*, p. 214.

cheveux que tous ont très longs pour leur malheur, parce
que les Espagnols s'en servent comme si c'étaient des cordes,
pour les traîner [...] et beaucoup d'Indiens n'attendent pas
qu'on vienne les relever et se voyant écrasés par le travail, les
taxes et les tributs, ils s'étouffent en s'enroulant les cheveux
autour du cou, et certains, encore plus désespérés, se pendent à un arbre et pendent leurs enfants pour les délivrer
d'une telle sujétion et misère[17]. » Ce témoignage, parmi beaucoup d'autres, est révélateur de la détresse des Indiens devant
l'exploitation dont ils étaient victimes.

Le travail salarié facilita le passage d'un système statutaire à
un système de classes. Dans les villes, les Indiens qui trouvèrent refuge devinrent des artisans ou des journaliers. Mais
cette entrée dans l'économie monétaire eut souvent pour
conséquence l'endettement, qui devint endémique dans les
ateliers textiles de l'Équateur et au Tucumán. La ville de
Potosí, notamment, à cause de ses richesses, entraîna le développement du marché interne régional dès le XVIᵉ siècle[18]. Au
XVIIIᵉ siècle, pour relancer le marché interne, les représentants de la Couronne obligèrent les Indiens à acheter des
biens de consommation, qu'ils obtenaient à crédit, entrant
ainsi dans la spirale infernale de la dette. Cette situation fut
d'ailleurs l'une des causes de la grande rébellion indienne qui
embrasa les Andes en 1780.

Dès les premières années de la conquête, la monnaie, sous
ses deux formes matérielle et virtuelle, s'inséra dans les systèmes traditionnels d'échanges et imprégna les relations
sociales et les valeurs. L'Église joua un rôle fondamental dans
ce processus. Les émoluments des prêtres, les frais liés aux
sacrements fonctionnaient comme des offrandes d'un certain
type sans lesquelles le salut de l'individu était sérieusement
compromis. Du reste, le verbe *pagar* (« payer ») était toujours
employé dans les Andes pour signifier « donner quelque

17. Bernand et Gruzinski, *op. cit.*, t. II, 1993, p. 689.
18. Comme le montre le texte de référence de Carlos Sempat Assa-
dourian, « La producción de la mercancía dinero en la formación del
mercado interno colonial », *in* Enrique Florescano, *Ensayos sobre el
desarrollo económico en México y América latina (1500-1975)*,
Mexico, FCE, 1979, p. 223-292.

chose en offrande » : *pagar la tierra*, par exemple, impliquait
verser de la bière de maïs sur le sol pour nourrir les entités
telluriques. Il est probable que le modèle de payer pour le
baptême, le mariage, l'extrême-onction, l'enterrement, les
messes commémoratives ait servi à réinterpréter les anciens
rites. Les rapports de parenté subirent aussi des changements
radicaux. Les seigneurs et les caciques puissants adoptèrent
très vite la coutume espagnole de rédiger un testament, afin
de distribuer leurs biens auprès de leurs héritiers. Les paysans
suivront leur exemple et, chez eux, la coutume se généralisa
à la fin du XVIIe siècle. Contrairement à des croyances très
répandues parmi les indigènes, qui voyaient dans la mort une
souillure dont il fallait se purifier, les biens du défunt, au lieu
d'être détruits, étaient récupérés et transmis : terres, propriétés,
mais aussi objets personnels, vêtements, ustensiles, meubles,
caisses, etc.

Un des effets du tribut fut de détruire la polyculture préhispanique et de pousser les Indiens vers une spécialisation
agricole en fonction des besoins premiers des marchés :
maïs, blé, laine, viande et porc. Le tribut força les Indiens à
s'adonner à l'élevage des cochons, des moutons, des vers à
soie. Les réseaux anciens se transformèrent et, si certains
circuits se maintinrent durant l'époque coloniale, les conditions du commerce changèrent. Pour prendre un exemple,
car il existe une grande diversité de cas dans toute l'Amérique, le sel du Yucatán continua à être échangé à Tabasco
contre du cacao. Cependant, ce ne furent plus les Mayas
qui se chargèrent de ce commerce, mais des métis et des
mulâtres. L'imposition coloniale orienta le travail des
Indiens vers des tâches qui étaient importantes pour les
Espagnols. La grande majorité des Indiens de Méso-Amérique et des Andes devinrent paysans. Des communautés isolées, éloignées des grands centres de production et
d'échange, sans échapper complètement à l'emprise coloniale, conservèrent une partie de leurs traditions. Ces
« régions de refuge » étaient en fait des poches d'archaïsmes
davantage que des noyaux de résistance politique. Ailleurs,
dans les régions de frontière et en périphérie des lieux de
pouvoir, en Amazonie, au sud du Chili, dans les plaines du
Río de la Plata ou dans le Nouveau-Mexique, la restructura-

tion des tribus indigènes produisit des sociétés originales, relativement autonomes mais insérées néanmoins dans des circuits marchands.

Découpages de l'espace

Une des conséquences de l'implantation coloniale fut le redécoupage de l'espace américain et la création de frontières séparant la « civilisation » de la « barbarie ». Le cas de l'Amazonie est exemplaire des restructurations géographiques, politiques et sociales qui bouleversèrent cet immense territoire au cœur de l'Amérique du Sud. Avant la conquête, les contacts entre les hautes terres andines et la forêt amazonienne étaient courants et la totalité du bassin amazonien était traversée de circuits d'échange intertribaux, avec des marchés qui se tenaient à des endroits déterminés. Or, au milieu du XVIe siècle, le développement de la production minière à Potosí réorienta toute l'économie coloniale, et l'Amazonie fut abandonnée aux missionnaires, qui regroupèrent les Indiens plus dociles dans des réductions, sans toutefois contrôler les insoumis. En peu de temps, une frontière invisible se dressa entre les hautes terres et les basses terres, entre la civilisation et les contrées sauvages. Cette barrière s'est maintenue jusqu'au XXe siècle. De cette « glaciation » des relations témoigne l'absence de villes et de routes.

Pour les sociétés indiennes, les conséquences de cette rupture des contacts entre hautes terres et basses terres, ainsi que la présence des missionnaires, se répercutent sur l'organisation des sociétés. Des chefferies puissantes s'effondrent, mais d'autres tirent profit de la présence des Européens. Au Brésil, dans le Pará et le Maranhão, la population d'origine européenne est faible, et le métissage est général. Très tôt émerge une catégorie d'Indiens détribalisés, les *caboclos*, qui rejettent toute identification avec les Indiens pour échapper aux raids esclavagistes. Car, dans toute cette région jusqu'au bassin de l'Orénoque, des métis mais surtout des Indiens comme les Carib, qui détiennent le monopole de ce commerce, se procurent des captifs pour les vendre aux Européens contre des objets en fer[19]. Dans le sud de l'Amazonie, les Chiriguano, de langue guarani, s'adonnent également au trafic d'esclaves, en contournant l'interdiction de la législation espagnole à l'égard de l'esclavage des Indiens.

L'exemple des Omagua dans le piémont amazonien est révélateur de cette dynamique. Au moment de la conquête et des expéditions menées par Gonzalo Pizarro et Orellana en Amazonie, à la recherche du fabuleux pays de la cannelle (Pizarro échoue, mais Orellana découvre l'Amazone), des groupes de langue tupi émigrés du Brésil vivaient en amont du río Napo, relativement proche de la ville de Quito. Ils occupaient trois aires interfluviales : les vrais Omagua, comme ils s'autodésignaient, se trouvaient dans les sources du río Napo. En aval, treize tribus furent englobées sous la dénomination de « petite Aparia ». Enfin, sur le haut Amazone, des groupes omagua contrôlaient l'embouchure du Napo jusqu'au Putumayo. Les vingt-six chefferies situées dans cette aire constituaient la « grande Aparia », avec une population de dix mille hommes.

Grâce à leur dispersion géographique, les Omagua pouvaient contrôler le haut Amazone et les réseaux avec les hautes terres de l'Équateur. Vers le début du XVIIᵉ siècle, l'accès aux sources de production des objets en fer devint un des enjeux principaux de ces tribus. Les Indiens Quijo, qui habitaient les contreforts andins, jouaient le rôle d'intermédiaires entre les Espagnols et les métis, d'une part, et les Indiens de la forêt, d'autre part. Mais la demande en outils et en armes transforma les termes traditionnels des échanges. Par tradition, les groupes Tupi, dont les Omagua, incorporaient à la tribu des captifs, qu'ils se procuraient au cours des guerres incessantes avec d'autres ethnies. La situation coloniale renta-

---

19. Anne-Christine Taylor, « Une ethnologie sans primitifs. Questions sur l'américanisme des basses terres », *in* Serge Gruzinski et Nathan Wachtel (coord.), *Le Nouveau Monde-Mondes nouveaux ; l'expérience américaine*, Paris, EHESS-Éditions de Recherche sur les civilisations, 1996, p. 623-642 ; Simone Dreyfus-Gamelon, « Les réseaux politiques en Guyane occidentale et leurs transformations aux XVIIᵉ et XVIIIᵉ siècles », *L'Homme*, n° 122-124, XXXII (2-3-4), avril-décembre 1992, p. 75-98.

bilisa cette coutume, et les captifs, en tant qu'esclaves, furent troqués contre du fer sous toutes ses formes. Alliés aux Cocama, les Omagua entreprirent des raids redoutables pour se fournir en prisonniers. L'un des marchés était le village de Lamas, où les Espagnols achetaient des Indiens pour travailler dans leurs domaines.

En Guyane, entre 1613 et 1796, un système fondé sur la guerre et le trafic d'esclaves se développa. Les principaux acteurs de ce grand circuit commercial qui unissait divers groupes ethniques de l'Amazone et de l'Orénoque furent, d'une part, les Hollandais, qui contrôlaient le littoral entre Waini et le Maroni, ainsi que les voies fluviales, à l'exception de l'Orénoque, et, d'autre part, les Carib. Là encore, l'économie coloniale transforma en raids esclavagistes l'ancienne tradition indienne de capturer des prisonniers de guerre pour accomplir des rituels anthropophagiques. Certes, l'asservissement des Indiens était interdit, mais on pouvait détourner cette prohibition en achetant des captifs faits non par des Européens, mais par d'autres Indiens de guerre vivant hors des territoires hollandais.

L'attrait pour les objets en fer se manifesta dans tout le continent, du Petén au Paraguay. Dans cette région, le fer fut utilisé dans les années 1540 comme une sorte de monnaie équivalant à 100[20] maravedis ; le couteau, le ciseau et le hameçon avaient des valeurs inférieures. Les fluctuations de la valeur du fer, soit parce que les spéculateurs stockaient des objets, soit parce qu'ils en inondaient le marché pour faire baisser les prix, rendirent cet équivalent difficile à manier et il fut remplacé par l'herbe *maté*. Pour tous les Indiens forestiers, les machettes et les haches en métal offraient des atouts considérables. Le saut dans l'âge du fer alla de pair avec la conversion au christianisme et la soumission à la domination européenne.

Les découpages de l'espace concernent également les redéfinitions des groupes autochtones par les Espagnols et par les Portugais, la distinction entre les tribus « amies » ou « dociles » et les insoumises et « sauvages », l'attribution de

20. Fernando Santos, *Etnohistoria de la alta Amazonia. Siglos XV-XVIII*, Quito, éd. Abya Yala, 1992.

dénominations ethniques qui ne correspondaient pas aux ethnonymes anciens. Les groupes indigènes qui échappaient à l'emprise coloniale en conservant leur autonomie, comme les Mapuche du Chili, subissaient néanmoins des transformations politiques et sociales, et on peut parler à leur égard d'un processus d'ethnogenèse marqué par l'affrontement avec les Espagnols et les créoles des villes. Mais les conflits n'excluent pas une forme d'intégration dans des circuits commerciaux. Au XVIIIᵉ siècle, grâce aux nombreuses femmes parmi les captives qui se consacrent au tissage, l'économie indienne dégage un excédent de ponchos, vêtements de laine qui sont destinés aux marchés hispano-créoles mais aussi indigènes, contre des vaches et des chevaux, vendus souvent clandestinement aux Indiens[21].

En Méso-Amérique et dans les Andes, la politique coloniale de regrouper les Indiens dans des villages bouleversa également les limites spatiales. Les congrégations sont organisées dès 1544 en Méso-Amérique, tandis que les réductions des Andes sont réglementées par les ordonnances du vice-roi Francisco de Toledo en 1570. Le cas du Paraguay, connu justement pour ses réductions, était singulier, puisque les villages étaient construits sous l'égide des jésuites et vivaient en autarcie. La concentration des Indiens, qui vivaient autrefois dans des hameaux dispersés, provoqua la fragmentation des anciennes chefferies en unités villageoises, selon le modèle réduit du damier urbain, avec la place centrale, les institutions (église, siège des autorités municipales), les quartiers et la délimitation du finage. Ces nouveaux centres étaient aussi des unités fiscales (*repartimientos*). Cette nouvelle forme d'habitat, dont le modèle était celui des villages espagnols, produisit nécessairement de nouvelles solidarités, car la responsabilité du paiement du tribut était collective. Dans les Andes du Centre et du Sud, le quadrillage de la réduction se doublait d'une division en moitiés selon des principes dualistes qui remontent à des temps préhispaniques. Au Yucatán, la fragmentation en villages était compensée par l'organisation

---

21. Guillaume Boccara, *Guerre et ethnogenèse dans le Chili colonial. L'invention du soi*, Paris, L'Harmattan, 1998, p. 294-296.

des doctrines par les franciscains qui semblent avoir respecté les limites juridiques préhispaniques[22].

Cette politique de regroupement poussa les Indiens à abandonner leur terroir traditionnel, qui n'était pas simplement un lieu de production mais également une terre peuplée d'entités sacrées. Les villages à l'espagnole réorganisaient l'espace environnant de façon concentrique : un noyau peuplé et chrétien, des cultures placées sous l'advocation d'un saint, des pâturages et, enfin, une étendue sauvage constituée de montagnes et de landes éloignées, qui était aussi le refuge des divinités indiennes. On retrouvait cette structure dans toute la cordillère des Andes, depuis le Venezuela jusqu'en Argentine, et aussi au Mexique central. Ainsi, les croyances anciennes, ce que les missionnaires appelaient les idolâtries, étaient reléguées dans une zone bien précise, hors du contrôle de l'Église et des saints. En fait, depuis l'époque coloniale, l'urbanisation et le plan en damier, répété à l'échelle villageoise, traduisaient la volonté de lutter contre le désordre extérieur, perçu comme néfaste dans toute la tradition ibérique. L'opposition entre la ville et la campagne, qui sous-tendait celle entre la civilisation et la barbarie, était reproduite à l'échelle du continent. Un même terme, *pueblo*, désigne à la fois le village et le peuple qui l'habite. Dans les zones rurales des Amériques, les identités locales effaçaient les anciennes appartenances.

L'espace concentrique villageois excluait d'autres formes d'appropriation du sol. Ainsi, les archipels verticaux des Andes du Sud, constitués de communautés pluriethniques exploitant des territoires discontinus et situés dans des zones écologiques différentes, ne résistèrent guère au nouveau quadrillage territorial. Les réductions et les congrégations impliquaient aussi la répartition de terres inaliénables entre les familles. Dans le courant du XVIᵉ siècle, le déclin démographique de la population indigène avait provoqué l'abandon de terres, qui étaient alors cédées aux Espagnols pour leur exploitation. En principe, la Couronne était seule à pouvoir disposer de terres vides. Pour les Indiens, en revanche, laisser des terres

22. Nancy Farriss, *Maya Society under Colonial Rule. The Collective Enterprise of Survival*, Princeton, Princeton University Press, 1984.

sans labour par manque de bras ne justifiait pas l'amputation du terroir. D'autre part, estimant que la propriété foncière avait été mal répartie au début de la colonisation, Philippe II décida le réexamen des titres de propriété accordés aux Espagnols afin de traquer les usurpateurs. Cette vaste politique de redistribution de la propriété foncière s'accompagna en Méso-Amérique d'une deuxième vague de congrégations, visant à réunir dans un même village les familles dispersées et à regrouper dans un seul centre les survivants des épidémies.

Ces mesures se heurtèrent à l'opposition farouche des Indiens[23]. Le principal motif de leur mécontentement fut la crainte (fondée) qu'à la faveur des nouvelles congrégations les communautés ne perdissent encore des terres. La contre-offensive lancée par les Indiens fut de réécrire l'histoire de leur terroir, dans des codex où les pictogrammes et l'écriture se combinaient de façon originale, alliant la tradition ancienne des peintures à des conceptions occidentales de représentation. Ces documents étonnants du XVIIe siècle sont connus sous le nom de « Titres primordiaux ». Les titres de propriété établis par les Indiens rappelaient également le pacte originel qui liait les Indiens à l'empereur Charles V, par l'intermédiaire du vice-roi Antonio de Mendoza. Par ce pacte, le roi reconnaissait pour vassaux les communautés indiennes et leur rétrocédait la terre, leur garantissant ainsi la libre possession. Les Indiens, à leur tour, acceptaient de payer tribut à la Couronne. En s'appropriant des friches, Philippe II avait rompu le contrat.

La politique de sédentarisation forcée fut ressentie de façon plus violente par des populations qui pratiquaient le nomadisme. En Nouvelle-Galice, au nord de Mexico, les Indiens réagirent contre les franciscains, brûlèrent les églises et tuèrent des religieux. Leur mouvement, connu sous le nom de « guerre de Mixton », révéla la fragilité de la frontière nord. Au Brésil, les Indiens qui ne purent pas trouver refuge dans les

23. Margarita Menegus Bornemann, « Los títulos primordiales de los pueblos de indios », *in* Margarita Menegus Bornemann (coord.), *Dos décadas de investigación en historia económica comparada en América latina,* El Colegio de México, CIESAS, Mexico, Instituto Mora, UNAM, 1999, p. 137-161.

forêts n'échappèrent pas non plus à la politique de regroupement. En 1570, le roi Sébastien Iᵉʳ déclara que les Indiens ne pouvaient pas être réduits en esclavage sauf s'ils se révoltaient ouvertement contre les Portugais ou s'ils s'adonnaient aux pratiques cannibales. Ils furent placés sous l'égide des jésuites dans des hameaux bâtis à cette fin, où les grandes maisons disposées en cercle furent remplacées par des rangées de maisons familiales. Dans ces villages, ils purent apprendre un métier mais durent abandonner la polygamie, le cannibalisme rituel et le mariage avec des cousins croisés. Ils reçurent une instruction religieuse en langue tupi, considérée comme une langue de communication *(lingua geral)*. Ces villages fournissaient également des travailleurs libres pour les domaines environnants. Mais beaucoup d'Indiens évitèrent ces lieux, préférant vivre dans les terres des colons plutôt que sous la vigilance constante des religieux.

Bien entendu, les villages qui étaient l'ancrage des communautés rurales indiennes ne constituent pas une garantie de sédentarité, et durant toute l'époque coloniale on assista, surtout dans les Andes, à un vaste déplacement des individus, les forasteros, qui quittaient leur communauté originaire pour échapper au tribut et aux corvées, et qui s'installaient dans les villes ou dans d'autres villages où ils jouissaient du privilège de ne pas exécuter le service de corvées obligatoires puisqu'en principe ils ne possédaient pas de terres. Quitter le cadre rural et partir chercher sa chance dans la ville furent une tendance constante dans le monde colonial. Les femmes, notamment, y trouvaient leur compte, loin des contraintes traditionnelles. Les foires, les marchés, le maniement de l'argent et ses conséquences — le prêt et l'usure —, en endettant les uns, libéraient les Indiennes du poids de la tradition et de la terre[24].

---

24. L'émergence sociale des femmes indiennes dans le cadre de la ville est illustrée par de nombreux documents, aussi bien concernant la Méso-Amérique que les Andes. Pour l'Équateur, Jacques Poloni-Simard fournit de nombreux exemples de cette ascension sociale : *La Mosaïque indienne. Mobilité, stratification sociale et métissage dans le corregimiento de Cuenca (Équateur) du xvıᵉ au xvıııᵉ siècle*, Paris, EHESS, 2000.

Frontières internes

La diffusion de langues de communication, comme le nahuatl, le quiché, le guarani, le tupi ou le quechua, sans compter la prégnance de l'espagnol, créa des liens nouveaux entre les peuples mais dressa aussi de nouvelles barrières. Parler en langue « générale » (tupi dans le nord de l'Amazonie, guarani dans le Sud) faisait d'un Indien un *caboclo*, et de celui qui l'ignorait un Tapuya. En Méso-Amérique, la maîtrise de l'espagnol transformait un Indien en *ladino*, et en *cholo* dans les Andes. Un clivage très marqué séparait les Noirs qui s'exprimaient en sabir, les *bozales*, encore empreints d'africanité, des créoles hispanisés ou parlant correctement le portugais.

Les distinctions linguistiques recouvraient en partie les différences culturelles et sociales. L'époque coloniale détruisit les anciennes hiérarchies et imposa un nouvel ordre social, où les Espagnols occupaient la position la plus élevée et où les Indiens étaient leurs subordonnés. Cette distinction hiérarchique entre Européens et natifs (*nativos*), entre vainqueurs et vaincus, se concrétisa par la création, dans les premières années qui suivirent la conquête, de deux formes de gouvernement ou deux « républiques » : celle des Espagnols et celle des Indiens. Chacune avait ses devoirs et ses obligations et, en principe, son territoire, puisque les Indiens vivaient dans leurs terres, qui ne pouvaient être ni usurpées ni envahies par des membres d'autres groupes statutaires. Mais l'absence de femmes espagnoles précipita les métissages et, très vite, la distinction fut impossible à conserver de façon stricte. Or le statut des métis était ambigu. La législation les assimilait aux Espagnols, mais leur double identité les rendait suspects aux yeux des pouvoirs coloniaux. Dans des régions où les contrôles étaient moins présents, dans les marges et la périphérie des vice-royaumes, les frontières entre Indiens et Européens étaient perméables, comme le montrent les documents relatifs à ces Espagnols, Portugais ou Français qui partaient vivre avec des indigènes et adoptaient leurs coutumes.

Avec l'arrivée des Noirs, la stratification sociale se compliqua. La condition d'esclave était la plus basse dans l'échelle sociale, mais la proximité des Africains avec leurs maîtres fai-

10

sait de ces hommes des gens de confiance et des instruments du pouvoir. Contremaîtres, valets, marchands, artisans, hommes de main de couleur étaient de fait supérieurs aux tributaires. Sans compter qu'il y avait aussi des Noirs affranchis et des mulâtres qui ne pouvaient plus être considérés comme des esclaves ni même comme faisant partie d'une « nation » africaine, comme tous ceux qui étaient nés dans les Amériques. Au XVIIIe siècle, la généralisation des métissages donna lieu à une tentative de classification des groupes « de couleur », appelés *castas*, dont la variété s'avère rétive à toute taxinomie.

À toutes ces différences s'ajoute celle, profonde, entre Espagnols métropolitains et créoles, c'est-à-dire ceux qui étaient nés dans le Nouveau Monde. Les Espagnols péninsulaires occupaient les charges administratives les plus prestigieuses, et les créoles qui s'adonnaient au commerce devaient se plier aux lois monopolistes de l'Espagne. Cette contradiction au sein des élites fut la cause des guerres d'indépendance. Pour comprendre cette tension, il faut rappeler que le contrôle du commerce d'outre-mer était exercé par la *Casa de contratación* de Séville, créée en 1503, installée à Cadix en 1717 et abolie en 1790. Cet organisme travaillait étroitement avec la corporation des marchands, le *consulado*. Mexico fut la première ville à recevoir l'autorisation d'avoir son consulado en 1594. Quelques années plus tard, Lima jouit aussi de cet atout. Mais Buenos Aires, dont l'importance commerciale fut tardive, n'eut sa corporation marchande qu'à la fin du XVIIIe siècle. Bien entendu, la rigidité du monopole mercantile encouragea la contrebande, qui fut florissante dans les Caraïbes et dans le Río de la Plata. En 1765, la Couronne espagnole réduisit progressivement les restrictions sur le commerce colonial et instaura le commerce à l'intérieur de l'empire. En 1789, la Nouvelle-Espagne et le Venezuela pouvaient commercer directement avec seize ports de la métropole. Ces mesures profitèrent aux élites créoles qui s'adonnaient au commerce. Désormais, la logique du marché ne pouvait que briser les dernières chaînes qui rattachaient les royaumes américains à la métropole. Avec la liberté politique, le libéralisme économique triomphait et, avec lui, le pouvoir des négociants créoles, nourris des idées d'Adam Smith et des physiocrates.

Évangélisation : contrôles et recours

L'évangélisation des Indiens et la colonisation de l'imaginaire, pour reprendre la formule de Serge Gruzinski, sont une
réussite de l'Église. Le contrôle les rites de passage par l'obligation du baptême, du mariage et des funérailles religieuses,
la lutte contre la polygamie, l'imposition de nouvelles valeurs
morales, l'intégration sociale des couches les plus humbles
sont des aspects de ce processus d'occidentalisation qui
commença au xvie siècle. Mais il est difficile de parler de
l'Église de façon uniforme en faisant abstraction de la diversité des attitudes, des politiques et des stratégies des ordres
religieux chargés de la christianisation. Dominicains, franciscains, augustins, mercédaires et jésuites possédaient leurs
propres vues sur les modalités de la conversion des Indiens.
Traversés par des rivalités internes, les ordres réguliers
s'affrontent aussi au clergé séculier, qui finit par être prépon-
dérant au xviiie siècle. Quant aux curés de campagne, les *pár-
rocos*, ils entrent dans bien des cas en conflit avec les prélats
et la hiérarchie.

L'évangélisation ne se déroula pas de façon identique selon
les époques. Celle des Indiens du Mexique fut accomplie
dans la première moitié du xvie siècle par une élite de moines, dominicains et franciscains notamment, formés à l'éras-
misme. L'évangélisation du Pérou, plus tardive, fut menée
surtout par les jésuites, hostiles aux méthodes jugées plus
laxistes des curés séculiers qui les avaient précédés. Les franciscains et les augustins furent actifs dans le piémont amazonien. Au Brésil, la Compagnie de Jésus eut le monopole des
âmes des Indiens. Dans l'impossibilité de retracer ici la
complexité de la christianisation des Amériques, nous nous
bornerons à présenter quelques aspects de la religion, à la
fois violence et recours, répression du paganisme et création
de nouvelles formes de religiosité.

Les Indiens avaient accepté le christianisme dans un premier
temps, l'intégrant à leurs propres pratiques, malgré deux
points de doctrine qui faisaient problème : la portée universelle de cette religion et son égalitarisme, qui mettaient en
cause l'ordre hiérarchique du passé. Comment les moines pouvaient-ils s'adresser de la même façon aux princes mayas et aux

paysans ? Comment pouvait-on accepter que tous les hommes descendent d'Adam et Ève, alors que chaque communauté andine reconnaissait ses propres ancêtres ? D'une manière générale, les Indiens restèrent fidèles à leurs rites, cachés sous le vernis chrétien. Dans le Yucatán, par exemple, les élites mayas occupèrent les charges prestigieuses de maître de chapelle dans les églises, tout en présidant clandestinement des banquets cérémoniels à l'ancienne et en pratiquant, malgré les difficultés, des sacrifices humains. En 1562, le franciscain Diego de Landa découvrit l'existence de nombreuses idoles et de pratiques païennes. La réaction ne se fit pas attendre : le procès des Indiens de Mani se termina par la torture de près de cinq mille personnes, la mort de cent cinquante-huit et le suicide de plusieurs dizaines d'idolâtres. Les codex anciens furent débusqués et brûlés à Mérida en un immense autodafé.

Au Pérou et en Nouvelle-Grenade (Colombie), la campagne d'extirpation des idolâtries contre le paganisme fut particulièrement violente et dura une cinquantaine d'années, jusqu'au milieu du XVIIᵉ siècle. Car dans les Andes aussi le catholicisme indien était superficiel. Pour traquer les vestiges des croyances anciennes, les jésuites menèrent une enquête approfondie dans les villages soupçonnés d'idolâtrie, détruisant les objets matériels qui servaient de support aux croyances, sans pouvoir toutefois s'attaquer aux manifestations plus abstraites de la religiosité indienne, qui s'enracinaient dans le paysage — les lacs, les montagnes et les pierres. Pour obtenir des informations, les religieux encouragèrent la dénonciation, brisant ainsi la solidarité entre les familles. Les enfants furent l'instrument idoine de cette politique. À Fontibon, près de Bogotá, on les incita à cracher sur les idoles, à les piétiner et à les marteler. La volonté d'humilier les anciennes croyances était manifeste, et chacun de ces actes était rendu public, pour l'édification de tous. Ailleurs, au Pérou, de telles scènes furent courantes. Les jésuites d'ailleurs n'avaient rien inventé, puisque, avant eux, les franciscains du Mexique avaient misé sur les jeunes pour réprimander les parents idolâtres[25]. Cette

25. Carmen Bernand, « Le chamanisme bien tempéré. Les jésuites et l'évangélisation de la Nouvelle-Grenade », *Mélanges de l'École française de Rome*, t. 101, 1989, p. 789-815.

expérience s'était révélée dangereuse, car l'un de ces enfants, prénommé Cristóbal, avait été torturé et mis à mort par son père, un seigneur de Tlaxcala, qui refusait d'abjurer sa religion. Mais l'essentiel de ces faits est bien la rupture du lien générationnel. Cette violence s'exerça aussi à l'égard des ancêtres, condamnés pour leur « gentilité » aux flammes éternelles de l'enfer.

Mais les Indiens n'étaient pas la seule population à contrôler. L'Inquisition, implantée au Pérou et au Mexique en 1571, mais absente du Brésil — le seul tribunal inquisitorial du monde colonial portugais fut instauré à Goa en 1560 —, était chargée de juger Espagnols, Européens, Africains, métis et mulâtres, les Indiens ne relevant pas de sa juridiction. Utilisant la dénonciation et la torture, mais aussi la peine de mort, les inquisiteurs mettaient au jour des réseaux de sorcellerie dans lesquels les Espagnols, les Noirs et les métis étaient impliqués, normalisaient le langage en châtiant les excès blasphématoires, débusquaient les bigames, relativement nombreux dans le Nouveau Monde, et surtout combattaient les hérétiques protestants et les juifs convertis. La culmination de la répression des marranes[26] se situe en 1649 à Mexico, avec le grand autodafé qui sonne le glas de cette communauté, obligée de fuir pour échapper au bûcher. Cet événement est contemporain de la consécration officielle du culte de la Vierge de Guadalupe et marque l'unification des nations qui composaient le vice-royaume[27].

Avant la création de ces tribunaux spéciaux, il existait une Inquisition apostolique au Mexique qui avait à son actif des procès contre des Indiens jugés hérétiques parce qu'ils avaient adopté la religion chrétienne. Le plus retentissant fut celui de don Carlos Ometochtzin, cacique de Tezcoco, vers 1531. Après une enquête menée par le franciscain Andrés de Olmos, sa culpabilité fut établie, malgré ses dénégations. Il fut tonsuré et fouetté, puis condamné au bûcher en 1539. Cette

26. Les marranes sont des anciens juifs convertis officiellement au catholicisme et soupçonnés de conserver des rites de leur ancienne religion.
27. Serge Gruzinski, *La Guerre des images*, Paris, Fayard, 1990, p. 189.

exécution souleva une vague de protestations, et l'évêque de Mexico, Juan de Zumárraga — qui avait sévi en Espagne contre les sorcières de Biscaye —, fut réprimandé. D'autres Indiens furent jugés par l'Inquisition apostolique, accusés de pratiquer la sorcellerie, la magie, voire des sacrifices humains. Tous subirent la torture mais furent épargnés des flammes[28].

La reprise en main de la vie chrétienne par l'Église s'effectua vers le milieu du XVIIe siècle, dans le contexte d'une urbanisation influencée par le baroque, au service du spectacle et de la représentation. C'est à partir de cette date que prend forme ce qui sera appelé, à l'époque contemporaine, le catholicisme populaire, avec ses confréries, ses spectacles, ses processions et le culte marial. Le cas de la Vierge de Guadalupe est significatif de ce processus. S'il est vrai que, vers 1530, une chapelle consacrée à la Vierge fut construite à Tepeyac (Mexico) sur l'emplacement du sanctuaire consacré à la déesse mère Tonantzin, « papillon d'obsidienne », la codification de ce culte eut lieu un siècle plus tard, avec la rédaction d'une version officielle et canonique de l'apparition de Notre-Dame de Guadalupe à l'Indien Juan Diego. Bien que nous ne puissions pas ici entrer dans les détails de la création de dévotion promue à un grand avenir, puisque l'image de la Guadalupe protège aujourd'hui tous les foyers *chicanos* des États-Unis, on peut dire que la diffusion du culte marial en Amérique latine supposait toujours une relation entre la Vierge et le peuple, qu'il fût indien, métis ou noir : la Vierge de la Candelaria au Pérou et en Bolivie, celle de Chiquinquirá à Tunja, en Colombie, ou Notre-Dame de Luján, dans les faubourgs de Buenos Aires, pour ne citer que les vénérations les plus répandues, s'organisaient selon un schéma comparable, qui permettait d'intégrer, au sein de l'Église, les différentes couches de la société. Au Brésil, la Vierge, sous divers noms, s'introduisit dans le panthéon de divinités yoruba et se superposa généralement à la déesse de l'eau salée, Yemanja. Au-delà de leur fonction religieuse, les pratiques populaires

28. Bernard Grunberg, *L'Inquisition apostolique au Mexique. Histoire d'une institution et de son impact dans une société coloniale (1521-1571)*, Paris, L'Harmattan, 1998.

furent la matrice d'un nationalisme balbutiant à l'époque coloniale.

On ne peut pas réduire le rôle de l'Église à des aspects répressifs. Ses agents et ses institutions constituèrent souvent le seul recours pour les nécessiteux ou les opprimés. Nous avons déjà mentionné l'importance des utopies chrétiennes pour la protection des Indiens. L'apprentissage des techniques agricoles européennes et des métiers doit beaucoup aux religieux. Il ne faut pas oublier non plus que les jésuites étaient les seuls à s'intéresser au sort des esclaves noirs débarqués dans le Nouveau Monde et à panser leurs blessures. Les témoignages qu'ils nous ont laissés de l'arrivée des navires négriers à Cartagena montrent bien l'extension d'une charité, même si elle ne mettait pas en question la légitimité de l'esclavage. Pour échapper à l'arbitraire des maîtres et réclamer le droit au congé dominical, les esclaves pouvaient recourir à l'Église. Enfin, la création de confréries religieuses, qui fonctionnaient comme des institutions d'entraide, était un moyen pour les Indiens et le petit peuple des villes de disposer d'un cadre social et d'un fonds, aussi modeste fût-il, pour pallier les infortunes et les revers de la vie.

L'importance des fêtes religieuses et de l'apparat, dans les villes baroques du XVIIe siècle et des premières années du XVIIIe siècle, fut un trait caractéristique. Le plan en damier, les perspectives rectilignes mettaient en valeur les spectacles : cortèges, processions, représentations théâtrales, danses. Les nations devaient se montrer dans les processions, les fêtes religieuses, celles données par leur confrérie en l'honneur du saint de leur advocation. Il ne faut pas oublier que, jusqu'au milieu du XVIIIe siècle, les fêtes se succédaient dans les villes hispano-américaines, occupant une grande partie de l'année. Ces sociétés baroques aimaient mettre en scène la diversité culturelle et raciale des « nations » qui les composaient. On entend par « nation », à l'époque coloniale, tout groupe ayant une « origine commune ». Exhiber les différences entre les états de la société était une façon de montrer la puissance du souverain. Les Noirs constituaient une nation distincte de celle des Indiens et de celle des Espagnols. Mais cette nation noire est à son tour fragmentée en nations plus petites : Congos, Guineas, Benguelas, Angolas, Moçambiques, etc.

Ces noms ethniques furent inscrits sur les registres parois-
siaux, dès que les cargaisons d'esclaves accostaient dans un
port du continent.

Les Noirs libres et les créoles, c'est-à-dire ceux qui étaient
nés dans les Amériques, formaient d'ordinaire leurs propres
confréries, séparées de celles des Africains esclaves. Mais toutes ces associations prenaient une part active aux événements
publics de la cité et, dans ce sens-là, les gens de couleur
n'étaient pas marginalisés. Les confréries religieuses avaient
pour fonction de développer entre leurs membres l'entraide
dans les moments difficiles de l'existence : maladie et funérailles. Les confréries noires pouvaient également réunir des
fonds pour racheter leurs frères esclaves. Chaque confrérie
était placée sous l'advocation d'un saint, avec l'obligation de
célébrer une fête publique en son honneur. Ces associations
créèrent en tout cas chez leurs membres un sentiment
d'appartenance très fort qui favorisa les identifications ethniques, puisque la division en nations : Benguelas, Luandas,
Congos, Angolas, recoupait des fraternités spécifiques. Les
cortèges de Noirs devaient s'exhiber aussi, à côté des cortèges des prélats, des notables, des corporations et des Indiens.
Chaque état de la société devait se vêtir des plus belles paru-
res. Les instruments de percussion des Africains introduisirent des rythmes nouveaux qui se mêlèrent à la tradition
musicale européenne[29]. Bien évidemment, ces fêtes donnaient lieu aussi à des excès de boisson et à des scandales.

Cette particularité hispanique des confréries et de la participation aux fêtes baroques n'apparaît pas dans d'autres cités
du continent à la même époque (XVIIᵉ-XVIIIᵉ siècle), comme à
New York (La Nouvelle-Amsterdam à l'époque) où les pasteurs hollandais marginalisaient les Noirs et les maintenaient
délibérément hors du christianisme. La fragmentation progressive des Noirs en nations, dans le cadre des confréries,
obéit sans doute à un objectif politique : éviter l'expression
d'une conscience commune au sein de la masse de couleur

29. John Thornton, *Africa and Africans in The Making of the
Atlantic World, 1400-1680*, Cambridge, Cambridge University Press,
1992, p. 228-229, signale qu'en Afrique la musique européenne était
connue et appréciée au Congo et en Sierra Leone.

qui peuplait les villes espagnoles. L'« ethnicisation » des Africains apparaît donc comme un moyen de contrôle et de fragmentation d'une masse de couleur. La musique et les danses
constituaient l'expression la plus évidente de cette « identité
africaine ». Cette ségrégation ne s'étendait pas à d'autres
sphères de la vie civile, les unions matrimoniales, par exemple.

À partir de la seconde moitié du XVIIIe siècle, la Couronne,
au nom de la modernisation et de la lutte contre l'abus de
l'Église, restreignit le nombre de fêtes. Les danses des Noirs,
très appréciées du public, ne correspondaient plus aux nouveaux critères esthétiques. Les nouveaux enjeux de l'administration coloniale dans les dernières décennies du XVIIIe siècle
concernaient l'éducation des masses et l'inculcation de modèles « cultivés » européens. Cette attitude critique se poursuivit
jusqu'à la fin de l'époque coloniale. Elle obéit en grande partie à la peur que suscitaient les masses de couleur et l'immi-
nence d'une rébellion, qui ne se produira pourtant pas. Dans
les campagnes, le clergé régulier perdit en Méso-Amérique et
dans les Andes l'influence dont il avait joui au temps de
l'évangélisation, au bénéfice du clergé séculier.

Conséquence de la sécularisation des doctrines administrées jusque-là par des réguliers, le nombre de paroisses augmenta. Les moines jouèrent toutefois un rôle dans la
poursuite de l'œuvre missionnaire dans les zones périphériques de l'empire, mais l'expulsion des jésuites porta un
coup sérieux à l'expansion des missions. Sous l'influence des
Lumières, les autorités coloniales dénoncèrent les abus de
l'Église dans les campagnes, l'imposition de nombreuses
fêtes religieuses qui entraînaient des frais considérables pour
les paysans, l'utilisation des Indiens comme serviteurs, les
émoluments perçus par les curés. Ceux-ci exerçaient en effet
un pouvoir considérable sur leurs paroissiens et pouvaient
leur appliquer des châtiments corporels à l'occasion.

À partir des années 1740, les réformes des Bourbons redéfi-
nirent le rôle des prêtres au sein de l'État et en limitèrent les
pouvoirs. En fait, cette politique visait le catholicisme populaire, assimilé et réinterprété par les Indiens, religiosité qui
confortait les trois pôles du pouvoir régional constitués par
les curés, les propriétaires fonciers et les représentants du

gouvernement colonial. Au Mexique surtout, des curés disposaient d'une petite fortune grâce à leurs privilèges. Mais les mesures libérales du gouvernement contre les abus de l'Église eurent un effet contraire : la diminution des chapellenies, des dîmes et du salaire minimal obligea les curés à prélever directement de leurs ouailles des émoluments, des droits élevés pour la célébration des sacrements, des services personnels pour nettoyer et restaurer les églises.

Il serait pourtant erroné de croire que les Indiens s'éloignaient de la religion à cause de leurs curés. En réalité, à partir de la seconde moitié du XVIIIe siècle, un catholicisme indien « intégriste » se développa dans les campagnes, aussi bien au Mexique que dans les Andes, et se confronta aux curés, à qui on reprochait leur avarice et leurs comportements trop séculiers. Le temps des simulacres était passé. Désormais, les Indiens entretenaient une relation personnelle avec leurs saints, qui ne passait pas nécessairement par la médiation ecclésiastique. La Vierge de Guadalupe est un exemple de cette appropriation indigène du catholicisme.

À la vérité, le christianisme fournit dès le XVIe siècle un nouveau langage pour exprimer l'espoir en un avenir meilleur et le rejet de l'exploitation. Nombreux sont les mouvements millénaristes qui surgirent au cours du premier siècle colonial, empruntant à la religion des conquérants des thèmes mobilisateurs. Au Paraguay, en 1556, les Guarani se rebellèrent contre les encomenderos et leurs brutalités, « avec un enfant qu'ils disaient être le fils de Dieu ». Pendant des jours et des nuits, ils dansaient et chantaient, abandonnant les semailles, « comme s'ils étaient fous ». Des colonnes indiennes partirent dans la forêt à la recherche de la Terre sans mal et parvinrent jusqu'aux contreforts des Andes. Au Pérou, le dogme chrétien de la résurrection des corps, diffusé chez des peuples qui croyaient en l'ancestralité, encouragea le millénarisme inca[30]. Au Brésil, dans l'arrière-pays de Bahia, un culte syncrétique appelé *santidade* prospéra dans les années 1560.

30. Comme l'a montré Juan Carlos Estenssoro-Fuchs à partir de l'analyse des sermons de Francisco de Ávila à Huarochiri, « Les pouvoirs de la parole. La prédication au Pérou. De l'évangélisation à l'utopie », *Annales*, n° 6, nov.-déc. 1996, p. 1225-1257.

Des Indiens formés dans des missions adaptaient le christianisme à des croyances anciennes relatives à la quête de la
Terre sans mal et mélangeaient les symboles chrétiens avec
les croyances tupinamba. Les adeptes furent accusés d'attaquer les moulins des plantations de canne à sucre et de casser
les machines, mais ils ne furent matés qu'après de nombreuses années[31]. Enfin, à l'approche du XIXᵉ siècle, le grand
rebelle que fut Túpac Amaru ne se prononça jamais contre
l'Église.

Production et marché : les ateliers

À partir de la seconde moitié du XVIᵉ siècle, en Méso-Amérique, dans les vallées de Puebla-Tlaxcala et de Mexico et dans
les Andes, notamment dans la région de Quito, des ateliers
de confection appelés *obrajes* connurent un grand essor.
Ces établissements tenaient à la fois des ouvroirs, des manufactures et des prisons, et recueillaient en grande majorité
une main-d'œuvre indigène. On y fabriquait des étoffes de
laine, du drap, des chapeaux, des vêtements et des teintures.
Les travailleurs étaient surtout des personnes endettées, et
cette situation devint même si courante que la Couronne
décida de limiter les avances consenties aux Indiens à quatre
mois de salaires. Exploitant le savoir-faire incontesté des tisserands andins, les ateliers espagnols de Quito et du Pérou
furent très tôt pourvus de métiers à pédale, qui permettaient
de confectionner de larges pans d'étoffes appelées *bayetas*,
destinés à l'usage courant. Des prêtres réguliers, dominicains,
mercédaires, augustins, regroupaient des jeunes filles et des
veuves dans ces obrajes, prolongeant ainsi une coutume préhispanique d'exploitation de la main-d'œuvre féminine pour
la confection de tissus. Guaman Poma de Ayala les décrit,
pour la fin du XVIᵉ siècle, comme des lieux d'enfermement
gardés par des religieux qui n'hésitaient pas à frapper ceux
qui ne s'exécutaient pas assez vite. Une partie des revenus de
cette industrie allait aux ordres religieux. À Sigchos, près de
Quito, les Indiens accomplissaient une partie de leur service

31. Robin Blackburn, *The Making of New World Slavery. From
the Baroque to the Modern, 1492-1800*, Londres, Verso, 1997.

de mita dans des ateliers dirigés par des augustins. Ils s'y rendaient avec toute leur famille pour accomplir plus vite la
tâche qui leur était impartie.

En fait, il existait deux sortes d'obrajes aussi bien dans
toute la province de Quito qu'en Nouvelle-Espagne : ceux qui
avaient une autorisation royale et qui employaient dans les
Andes au moins sept mille ouvriers au début du XVIIᵉ siècle, et
ceux, plus nombreux, qui étaient clandestins. En comparaison, les deux mille deux cent cinq Indiens mexicains
employés dans ces manufactures semblent bien peu. La réglementation du travail dans ces fabriques était une préoccupation constante de la Couronne, en raison de multiples abus.
Ce n'est que dans les années 1680 que des mesures drastiques furent prises à l'égard de ceux qui enfreignaient ouvertement la loi. Certains ateliers clandestins, menacés de
destruction, furent fermés et les contrôles furent renforcés.
Mais, au début du XVIIIᵉ siècle, le système déclina, et d'autres
formes de production textile fondées davantage sur le travail
salarié se développèrent ailleurs[32].

En Nouvelle-Espagne, les ateliers textiles employaient surtout des condamnés de droit commun, qui y purgeaient leurs
peines, en l'absence d'un bagne ou des galères. Coyoacán, au
sud de Mexico, fournit un bon exemple de cette situation.
Nous connaissons les conditions de vie dans ces lieux grâce à
des inspections menées dans la seconde moitié du XVIIᵉ siècle,
dans le but de débusquer des fraudes, notamment l'emprisonnement illégal de travailleurs libres. Parmi ces prisonniers, les
Noirs et les mulâtres étaient majoritaires. Ils s'entassaient
avec des apprentis et des journaliers dans une grande pièce
qui faisait office de dortoir, comme à La Limpia Concepción
del Pedregal, dans la ville de Coyoacán. C'était un luxe, car,
dans d'autres ateliers des environs, il n'y avait même pas de
grabats et les travailleurs couchaient sur la paille. La nuit, ils
étaient enfermés à clé. Les prisonniers devaient carder dix
livres de laine par jour et les nettoyer. La perte de matière
première était punie et on décomptait sa valeur du salaire.

32. Bernand et Gruzinski, *op. cit.*, 1993, p. 239-241 ; John Leddy
Phelan, *The Kingdom of Quito in the Seventeenth Century*, Wisconsin University Press, 1967, p. 69-85.

Les premières lois sur les obrajes stipulaient des conditions minimales de vie et d'alimentation. Mais, comme toujours, la législation n'était pas respectée. Au début du XIXᵉ siècle, l'humidité, la chaleur et le bruit des ateliers frappèrent Alexander von Humboldt, en visite à Querétaro. « Chaque atelier ressemble à un cachot sombre », écrivit-il. Pour compenser la fatigue et l'ennui, les travailleurs s'adonnaient au jeu, à la boisson et aux relations homosexuelles. C'étaient des réduits de marginaux.

Un autre type de manufacture proche de la prison était les fabriques de pain ou *panaderías*, qui fonctionnaient avec des délinquants et des esclaves punis par leur maître. Ces ouvriers étaient souvent enchaînés. Sur les murs de l'église d'Acomayo, au Pérou, le peintre cusquénien Tadeo Escalante reproduisit, à la fin du XVIIIᵉ siècle, une scène courante dans une fabrique de pain avec ses Noirs et ses métis dont la plupart portant des fers au pied. À Lima et à Buenos Aires, ces établissements étaient particulièrement sinistres. Les documents décrivent les ouvriers comme « des gens de la plus vile origine, insolents et enclins à conspirer contre leur maître, les contremaîtres et tous ceux qui les dominent ».

L'économie de plantations

Dans le Nouveau Monde, les plantations de canne à sucre et les moulins furent, avec l'argent des mines, la principale source de profits. Cette plante n'était pas originaire du Nouveau Monde mais du Moyen-Orient. Les Portugais l'importèrent dans les Açores et le premier moulin fut construit à Madère en 1452. En quelques années, la culture prospéra. L'extension de l'industrie sucrière eut pour effets le déboisement de l'île — dont le nom témoigne de l'importance des forêts —, l'appauvrissement des sols, qui devinrent impropres aux cultures vivrières, et l'esclavage. Ce modèle fut transporté au Brésil dans les années 1520, d'abord dans le Pernambouc, puis dans le Sud, à São Vincente et à Espírito Santo. Le climat, l'abondance de ruisseaux et les immenses étendues de terre disponibles, contrairement au cas des Açores, expliquent son succès. Dans la seconde moitié du XVIᵉ siècle, la production brésilienne dépassait largement celle de Madère et de São Tomé, en Afrique, qui étaient auparavant les deux principales sources d'approvisionnement en sucre en Europe. Pour donner un ordre de grandeur, en 1580, la production du Brésil évaluée en arrobas était de 180 000, contre 20 000 à São Tomé et 40 000 à Madère. En 1614, elle atteignait les 700 000 arrobas. Le sucre sera le principal produit d'exportation du Brésil jusqu'en 1830, où il fut remplacé par le café.

Le début de l'économie de plantation au Brésil est dû aux initiatives du gouverneur Mem de Sá (1557-1572). Dans le courant des années 1570, plusieurs planteurs de São Tomé en Afrique s'installèrent avec leurs machines sur la côte du Brésil. Aux jésuites, qui étaient les ennemis jurés des protestants hollandais, la Couronne du Portugal accorda des concessions généreuses et l'autorisation d'ouvrir des écoles dans tous les centres peuplés. La Compagnie de Jésus développa l'élevage et les moulins sur les terres qui leur furent données pour subventionner les missions[33]. Dans les premiers temps, le travail dans les moulins était effectué surtout par une main-d'œuvre servile indienne. Mais la forte demande mondiale de sucre exigeait un rendement toujours plus fort, et progressivement les Indiens furent remplacés par des Africains, plus résistants et plus habiles. Entre 1600 et 1650, au moins 200 000 esclaves furent introduits au Brésil.

En principe, chaque *engenho* ou plantation possédait un moulin qui broyait aussi les cannes des agriculteurs indépendants de la région. Le transport du produit en Europe était facilité par la distance relativement courte entre le nord-est du Brésil et Lisbonne. Les profits des planteurs dépendaient du coût des esclaves (achat et manutention) ainsi que des fluctuations du marché. Jusqu'au milieu du XVIIe siècle, les prix se maintinrent relativement élevés. Au XVIIe siècle, le nombre d'esclaves noirs était tel qu'ils constituaient environ la moitié de la population coloniale du Brésil, alors qu'à la même époque ils ne représentaient que 2 % de la population de l'Amérique hispanique.

Bien évidemment, le contrôle de cette population d'esclaves se révéla bien difficile et le marronnage devint une pratique

---

33. Blackburn, *op. cit.*, p. 166-174.

courante. La création, dans un environnement nouveau, de *quilombos*, sociétés africaines d'esclaves fugitifs, fut un phénomène de grande ampleur. Parmi les dix principaux quilombos brésiliens, sept furent détruits deux ans après leur constitution. Mais ces cas, pour importants qu'ils furent, ne peuvent pas se comparer à la « République noire » de Palmares, dans le Pernambouc, qui se maintint pendant presque tout le xviie siècle. Les habitants de Palmares obéissaient à un roi qui disposait d'une résidence et d'une garde. Curieusement, les rebelles n'avaient pas perdu leur attachement à l'Église et bâtirent une chapelle pour honorer les saints. Palmares connut des moments de répit et sa population augmenta régulièrement, composée à la fois d'Africains angolas et de créoles, *crioulos*, nés au Brésil. La défaite finale eut lieu en 1694, au terme de deux années de lutte. Près de deux cents Noirs se lancèrent du haut d'une falaise, et deux cents autres périrent dans des combats corps à corps. Les troupes firent cinq cents captifs des deux sexes, qui furent vendus comme esclaves, et le roi fut décapité pour l'exemple[34]. Palmares constitua le noyau de résistance le plus important, en nombre et en durée, mais d'autres quilombos ou *palenques* se développèrent au Brésil, surtout autour de Bahia de Todos los Santos, capitale du Brésil colonial jusqu'en 1763, dans les Caraïbes et en Amérique hispanique.

Le début de la crise sucrière du Brésil commence aux alentours de 1680, avec la concurrence des plantations de la Jamaïque et de Saint-Domingue. Dans la première moitié du xviiie siècle, la production de Cuba était modeste et beaucoup des cinquante mille esclaves de l'île travaillaient comme journaliers et comme domestiques. Plus que le sucre, c'est le tabac qui connaissait un grand succès dans l'île. La main-d'œuvre noire était chère et difficile à acquérir en raison des restrictions mercantiles de l'Espagne. En 1774, sur une population totale de 175 000 individus, 44 000 étaient des esclaves et 31 000 des Noirs affranchis. Mais en 1778, à la suite du

---

34. Il existe une vaste littérature sur Palmares. Nous avons suivi ici R. K. Kent, « Palmares, un estado africano en Brasil », *in* Richard Price (comp.), *Sociedades cimarronas*, Siglo XXI, Mexico, 1981, p. 133-151 (édition originale en anglais, 1973).

règlement du conflit qui opposait l'Espagne et le Portugal, les comptoirs de Fernando Po et d'Anabon furent transférés aux Espagnols, qui purent ainsi être à l'une des sources de la traite. Cet événement donna un coup d'envoi à l'industrie sucrière de Cuba[35]. La révolte des esclaves de Saint-Domingue et la ruine de son industrie sucrière accélérèrent ce processus : les techniciens et les entrepreneurs de Saint-Domingue se réfugièrent à Cuba avec leurs capitaux, leur expérience et leurs techniques, et la culture de la canne à sucre, introduite en 1510, connut un essor sans précédent.

En 1792, Cuba devint le troisième pays producteur de sucre, après la Jamaïque et le Brésil. Entre 1790 et 1820, 369 000 Africains furent introduits à Cuba, malgré l'abolition de la traite par l'Angleterre en 1807, puis par l'Espagne en 1817. Les esclaves continuèrent d'affluer jusqu'en 1841. Mais les temps avaient changé et la bourgeoisie sucrière craignait une insurrection de la population noire, suivant l'exemple d'Haïti. Ces peurs étaient fondées, car depuis 1790 l'île était régulièrement secouée par de nombreuses rébellions d'esclaves, aussi bien dans les villes que dans la campagne. Au fil des années, les révoltes des ateliers devenaient plus fréquentes que le marronnage, et, en 1843, l'exécution de José Mitchell, mulâtre libre soutenu par le consul britannique, ne suffit pas à démanteler le réseau rebelle. La traite des esclaves, malgré son abolition par l'Angleterre et l'Espagne, connut une dernière pointe entre 1851 et 1860, avec la venue à Cuba de 131 000 esclaves détournés du Brésil.

La bourgeoisie sucrière acquit une énorme richesse grâce au travail des 720 000 esclaves arrivés à Cuba entre 1790 et 1860. Les plantations de canne s'étendaient au détriment des terres des paysans ; la culture du tabac, jadis si florissante, déclina, et celle du café disparut en 1860. À cette date, la canne à sucre représentait 89 % de la production agricole totale, centrée dans les départements de La Havane et de Matanzas. Autour de 1885, la concurrence du sucre de betterave marqua le déclin de l'économie cubaine. Le sucre ne pouvait être compétitif qu'au prix de transformations technologiques radicales. La fermeture des marchés européens

35. Blackburn, *op. cit.*, p. 497-500.

rendit Cuba dépendante des États-Unis, surtout après la ruine de la Louisiane. Les Américains achetèrent des plantations, concentrèrent les raffineries et fixèrent le cours du sucre. En quelques années, tout le cycle de production sucrière passa dans leurs mains. L'esclavage, signe d'arriération, fut aboli progressivement à partir de 1878 et disparut définitivement en 1886.

C'est dans ce contexte de crise qu'éclata la guerre de Dix Ans, dite guerre de Yara (1868-1878), déclenchée par des paysans auxquels se joignirent des intellectuels, dont le poète José Martí, et des gens des classes moyennes et inférieures, contre la bourgeoisie sucrière et, par extension, contre la Couronne d'Espagne. La dernière phase de la lutte fut initiée en 1895, année de la mort de José Martí, par les Espagnols. En 1898, la canonnade du *Maine*, navire américain qui se trouvait dans la baie de La Havane, fournit le prétexte aux États-Unis pour intervenir militairement. L'Espagne ne pouvait plus résister et capitula. Elle abandonna Cuba et céda aux États-Unis, en guise de compensation, Porto Rico et l'archipel des Philippines. La domination espagnole en Amérique prit fin. L'impérialisme américain, sous couvert de la doctrine de Monroe, prenait la relève, et les intérêts des producteurs de sucre étaient garantis.

Le Brésil et Cuba ne furent pas les seuls à développer l'industrie sucrière. Au Mexique, dans la région de Morelos, celle-ci fut prépondérante et utilisa également une main-d'œuvre esclave ou asservie par l'endettement. Au nord de Quito, les jésuites administraient huit grands domaines exploités par des esclaves. Ils les conservèrent jusqu'à leur expulsion, dans les années 1760. Sur la côte du Pérou, les plantations de canne à sucre étaient plus vastes et occupaient la moitié des 40 000 esclaves du vice-royaume. Dans toutes les régions sucrières, la production de l'eau-de-vie accompagna le travail agricole et industriel. La place de l'alcool dans la vie des populations américaines était prépondérante. Très vite, les boissons distillées s'imposèrent dans les villes et dans les campagnes. Plus fortes que les bières traditionnelles de maïs, d'agave et de manioc, elles devinrent omniprésentes dès le XVIIIᵉ siècle, avec des conséquences connues : ébriété, alcoolisme, violences, mais aussi, en raison de la ritualisation de leur consommation, une manière de renforcer le lien social.

Enfin, d'autres cultures que le sucre employèrent des esclaves ou des Indiens asservis, suivant le modèle de la plantation. Le tabac, l'indigo et le cacao jouèrent un rôle important dans l'économie coloniale. Les produits des plantations étaient considérés en Europe comme des denrées de luxe. Mais, comme ils étaient obtenus par une main-d'œuvre d'esclaves, ils pouvaient être fournis à plus vaste échelle que les autres biens, et les prix baissèrent. On a attribué les origines du tabac à l'Amérique centrale *(Nicotiana rustica)* et aux Andes *(Nicotiana tabacum)*. Nous ne savons pas qui le transporta en Europe, mais, en tout cas, il était déjà connu en Espagne en 1520, avant la diffusion que lui donna Jean Nicot, ambassadeur de France au Portugal. Quoi qu'il en soit, l'importance du tabac illustre bien ce que fut cette première mondialisation des marchés. Les Portugais transportèrent la plante dans le golfe Persique et l'Inde, et le marché d'exportation de Bahia s'étendit en Afrique, en Europe et dans la vallée du Saint-Laurent, en Amérique du Nord. Le tabac fut introduit dans le Deccan au xvie siècle ; au Japon, il était déjà cultivé en 1605. Avec le café — autre produit de plantation originaire de l'Arabie heureuse mais développé à Cuba et au Brésil — et l'alcool, le tabac, prisé ou fumé en pipe, constituait un élément fondamental des loisirs populaires européens, comme en témoignent les tableaux hollandais du xviie siècle.

Le cacao était une denrée très importante à l'époque préhispanique et fonctionnait comme une sorte de monnaie : avant la conquête, les marchands du Yucatán se procuraient du cacao contre du sel. Cette graine possédait également des fonctions rituelles. Près de la moitié du tribut provenait des terres chaudes de Soconusco, rattachées à l'Audiencia de Guatemala. Le climat et l'humidité, qui rendaient le travail très pénible, favorisaient cette culture. Comme le nombre d'Indiens tributaires de la région était extrêmement restreint, en raison de la forte mortalité qui avait frappé les communautés depuis la conquête, on y transplanta des Chichimèques du Nord, réduits en esclavage en raison de leur résistance. Avec eux, on plaça dans les plantations des délinquants de droit commun. Le cacao connut un succès considérable avec la diffusion du chocolat, breuvage qui était à l'époque préhispanique réservé aux élites. Des aventuriers ou des officiers royaux prirent le contrôle des cacaotiers, mais la production de Soconusco déclina au XVIIe siècle, pour reprendre avec grand succès à Guayaquil et, surtout, au Venezuela.

Un autre produit de plantation était le *xiquilite* dont on obtenait une teinture bleue très appréciée, l'indigo. Malgré son nom nahuatl, il était importé de l'Inde. On l'emmagasinait dans un atelier où il trempait plusieurs heures, cette fermentation dégageant un liquide gluant qu'on laissait s'oxyder entre trois et cinq heures, en agitant continûment la surface de l'eau pour faciliter l'opération. La culture de cette plante se diffusa le long de la côte du Pacifique, à San Salvador et au Nicaragua. C'était une industrie facile à développer, car elle ne nécessitait pas un savoir-faire subtil, comme ce fut le cas de la *grana* ou cochenille, cultivée uniquement par les indigènes. En principe, le travail des Indiens dans les plantations était interdit par la loi, mais on la détourna aisément. À la fin du XVIIIe siècle, les haciendas d'indigo étaient peuplées de travailleurs ladinos (métis).

Une place à part doit être faite au caoutchouc, même si son essor est plus récent et dépasse pour l'essentiel les cadres chronologiques étroits du colonialisme ibérique. Le latex était connu des peuples préhispaniques et l'ethnonyme d'Olmèque signifie « habitant du pays de la gomme ». Les Portugais n'ignoraient pas l'usage que les Indiens d'Amazonie en faisaient pour imperméabiliser leurs tissus et leurs vanneries. Le roi dom Joseph Ier du Portugal envoya d'ailleurs en 1755 plusieurs paires de bottes au Pará pour qu'elles fussent enduites de cette substance. En 1802, sur ordre du gouvernement portugais, une enquête fut réalisée sur l'usage du latex par les indigènes[36]. Cette prospection s'avéra intéressante, et, dans la première moitié du XIXe siècle, les exportations brésiliennes de caoutchouc étaient en progression continue. Le boom se situe après 1870, suite à la découverte par Charles Goodyear

---

36. Jean Piel, « Le caoutchouc, la winchester et l'empire », *Revue française d'histoire d'outre-mer*, t. LXVII, n° 248-249, 1980, p. 227-252.

du processus de vulcanisation et de l'utilité de cette matière à la fois élastique et imperméable pour l'industrie. Dès 1879, à Manaus, la collecte du caoutchouc sylvestre l'emporta sur l'agriculture. Il s'agissait d'un travail épuisant, dans des conditions proches de l'esclavage. Les *seringueiros* fournissaient douze heures de travail, ils devaient repérer les arbres d'*hevea*, les saigner et préparer les boules de caoutchouc. La nuit, ils étaient enfermés dans des baraquements. Le moindre ralentissement des activités, la moindre incartade étaient punis du fouet, et les contremaîtres avaient le droit d'abattre les fugitifs. La main-d'œuvre était surtout recrutée par endettement : on avançait à ces hommes de l'alcool et des fusils, et ils étaient ensuite contraints de travailler pour les payer. Ce système se généralisa dans toute l'Amazonie au début du xxe siècle, jusqu'à ce que, en 1914, le boom du caoutchouc américain se tarît. Un planteur britannique avait réussi, dans les années 1870, à faire sortir de façon clandestine soixante-dix mille graines d'hévéa, dont deux mille furent replantées à Ceylan d'où elles essaimèrent en Malaisie et en Indonésie. Le caoutchouc de plantation se développa alors en Asie et la production amazonienne sombra.

L'argent et l'or : les richesses des mines

L'attrait de l'or et l'espoir de trouver dans les confins du monde connu des mines inépuisables nourrirent l'imagination des premiers conquérants. Le mythe de l'Eldorado, sous toutes ces variantes, exprime cette quête, que la découverte du temple du Soleil de Cuzco et de ses richesses inouïes ne fit qu'encourager. Dès le premier voyage de Colomb, l'espoir de trouver dans les îles des sables aurifères était présent. Les Indiens Taïnos, pour leur malheur, indiquèrent aux Espagnols l'existence des mines de Cibao, à la Hispaniola. La fièvre de l'or naît pour la première fois sur le sol américain. Les orpailleurs indiens cherchaient des pépites dans des conditions d'exploitation très dures, délaissant les cultures. Très vite, la famine s'installa. L'or des Antilles est ainsi associé au désastre démographique et écologique de la région. Même les aventuriers espagnols qui cherchaient pour leur compte le précieux métal étaient punis avec rigueur par les hommes de

Colomb. Comme les Indiens, ils étaient mutilés du nez et des oreilles. Mais l'or des Antilles n'était pas aussi abondant que l'on avait cru. Dans l'isthme de Panamá, surnommé pourtant Castilla del Oro, il était franchement insuffisant. Les Espagnols fondèrent donc leur richesse moins sur l'exploitation des placers que sur le pillage des bijoux indigènes, qu'ils fondaient et envoyaient sous forme de lingots en Europe. Le cycle de l'or s'acheva vers le milieu du XVIᵉ siècle, bien qu'en Colombie (Antioquia, Chocó) et en Équateur (Zaruma, Zamora) l'extraction aurifère fût relativement rentable.

L'essor reprit au XVIIIᵉ siècle, au Brésil, à Minas Gerais. La découverte de mines transforma la région : des réseaux routiers se développèrent, la bureaucratie s'étendit et, surtout, l'arrivée massive d'esclaves noirs modifia la population. Quelle était la quantité d'or obtenue dans ces mines ? Il est difficile de tenir des registres fiables. Au moment le plus intense de l'exploitation, la valeur du minerai dépassait celle de l'argent produit à Zacatecas et à Potosí. Entre 1735 et 1764, on calcule que plus de 27 000 kilos d'or furent extraits de Minas Gerais. Au nord de la capitainerie, la découverte de mines de diamants conférait à toute cette région une importance économique de premier plan. Le boom minier encouragea la création de grandes propriétés (*fazendas*) consacrées principalement à l'élevage.

La capitainerie de Minas Gerais au XVIIIᵉ siècle possédait une physionomie propre, caractérisée par son développement urbain, par la diversification des activités économiques et par un nombre important d'affranchis, bien que les esclaves constituent encore 38 % de la population en 1767. Tout se mesurait en or. On y trouvait des vêtements brodés de fils d'argent, des ornements somptueux, des produits de luxe, abondance qui contrastait avec la pénurie ou la cherté des haricots noirs ou des poules. La ville de Vila Rica (Ouro Preto) connut un essor artistique remarquable et pouvait se vanter de posséder la plus belle architecture baroque du Brésil. Le campement de Tejuco, qui deviendra la ville de Diamantina, était entouré d'un espace désertique. Il s'agissait d'une zone interdite ou réservée, et, pour en franchir les limites, il fallait une autorisation spéciale. C'était une façon d'éviter les fuites de pierres précieuses.

Comme partout au Brésil, il y avait aussi à Minas Gerais des quilombos, des républiques noires créées par des esclaves en fuite. Ils étaient très nombreux mais de petite taille. Ces enclaves de liberté étaient en fait en contact avec les centres urbains et les esclaves en fuite faisaient des échanges avec des hommes libres. L'offensive militaire contre les quilombos s'organisa à partir des années 1740. Cependant, le déclin des mincs d'or et de diamants s'amorçait déjà, même si continuaient à affluer dans la région des aventuriers venus de tout le Brésil et du Portugal.

En Amérique hispanique, la principale ressource minérale était constituée par l'argent, les trois principales mines étant Potosí, dans le vice-royaume du Pérou, Zacatecas et Guanajuato. Dans ces deux grandes régions minières, les Indiens étaient mis au travail, mais les Noirs aussi, surtout en Nouvelle-Espagne. Au XVIe siècle, pour pouvoir mobiliser la main-d'œuvre, il fallait être encomendero et disposer de travailleurs corvéables, recrutés au Pérou selon le système rotatif de la mita. La rentabilité des mines américaines était due moins à la qualité du minerai, inférieure à celle des mines européennes, qu'au prix dérisoire de la main-d'œuvre[37]. Il faut également moudre le minerai, le stocker, le taxer et le transporter, souvent à travers des distances considérables et peu sûres. Les mines de Zacatecas furent pendant les premières quarante années régulièrement menacées par les Indiens insoumis de la Ligue chichimèque. En effet, le territoire qui séparait les ranchs d'élevage autour de Querétaro et les montagnes d'argent était contrôlé par des tribus hostiles qui furent pacifiées à partir de 1590 non pas par les armes, mais par les missions franciscaines et la distribution de vêtements, de souliers, d'outils en fer et de nourriture[38].

Selon la légende, les filons d'argent de Potosí furent découverts en 1545 par un Indien nommé Gualpa, qui pourchassait des cervidés sur les pentes de la montagne. Très vite,

37. Ruggiero Romano, *Les Mécanismes de la conquête coloniale : les conquistadores*, Paris, Flammarion, « Questions d'histoire », 1972, p. 135-147.

38. Voir sur ce sujet Philip W. Powell, *La Guerra chichimeca, 1500-1600,* Mexico, Fondo de Cultura Económica, 1977.

l'exploitation des mines fut organisée. En peu d'années, la montagne ocre-rouge, ancienne puissance tellurique des Indiens, devint une véritable termitière. Le métal était fondu dans des fours de pierre placés sur les hauteurs et, en l'absence de bois, on utilisait comme combustible le guano, cette fiente d'oiseaux maritimes qui abonde sur la côte du Pérou. L'organisation de la production se faisait selon différentes modalités. L'une d'elles était la mita, qui s'étendait sur des centaines de kilomètres et qui n'épargnait pas la population aymara. Afin de mobiliser plus aisément la main-d'œuvre indigène, le pouvoir de Lima créa des unités administratives qui correspondaient approximativement aux royaumes préhispaniques, et plaça à la tête de ces « capitaineries » des membres des dynasties locales indiennes. Ces seigneurs disposaient d'un pouvoir réel sur leurs hommes ; ils s'habillaient à l'espagnole, adoptaient le mode de vie des groupes dominants, possédaient des esclaves et de nombreux serviteurs. C'était une forme de gouvernement indirect, modalité qui disparaîtra au XVIIIe siècle avec le développement de la bureaucratie et l'accroissement du contrôle de la population. Les élites indiennes perdaient ainsi une partie de leur légitimité. Les rivalités entre familles, les usurpations, les prétentions infondées accélérèrent leur déclin.

Malgré les conditions très pénibles d'exploitation — Potosí était considérée comme l'une des bouches de l'enfer —, beaucoup de ces corvéables préféraient rester dans la ville comme ouvriers salariés plutôt que de retourner dans leur terre d'origine. Cela leur permettait d'utiliser le temps libre pour travailler à leur compte. Car la vie urbaine comportait des aspects positifs et la possibilité de se soustraire à la condition paysanne. Il est difficile aujourd'hui d'imaginer que Potosí fût une des villes les plus importantes du XVIIe siècle, avec une population cosmopolite, un théâtre et plusieurs académies de danse. Il ne faut pas oublier que l'afflux d'argent du haut Pérou provoqua en Europe un véritable bouleversement économique qui ne profita pas à l'Espagne mais aux royaumes du Nord. Dans les Andes du Sud ainsi que dans des régions plus excentrées, l'essor minier de Potosí eut des conséquences importantes pour l'expansion des marchés textiles, l'élevage, l'agriculture de la pomme, la production de coca et de guano. La grande époque de Potosí commença en

1580 et dura jusqu'en 1620, date à laquelle s'initia un lent déclin. Mais les mines continuèrent d'attirer les Indiens, qui fuyaient leur communauté d'origine et devenaient des *yana-conas*, sortes de travailleurs libres exemptés de tribut dans les premiers temps de la domination espagnole.

Le centre économique le plus dynamique du Mexique était Zacatecas, où la découverte des mines d'argent en 1546 provoqua une véritable ruée d'Indiens, de métis et de mulâtres. Cette ville perdue au milieu d'un désert hostile devint la tête de pont de la Nouvelle-Espagne vers la conquête du Nord. Dans les mines de Zacatecas, ce n'étaient pas les encomende-ros qui avaient du pouvoir, mais les entrepreneurs mineurs et les commerçants, qui disposaient d'une véritable fortune, comme à Guanajuato et à Pachuca. En fait, contrairement à ce qui se passait pour le Pérou, le *repartimiento* — version méso-américaine de la mita — était moins développé que le travail libre. Cette liberté est pourtant relative puisque beau-coup étaient endettés, ce qui les rendait dépendants de leur employeur. Mais on trouvait, comme à Potosí, le brassage caractéristique de la population ouvrière et la diversité d'emplois liés à la mine. Après une baisse du rendement au XVIIe siècle, cette industrie connut une reprise capitale au XVIIIe, en raison des innovations techniques. À cette époque, en effet, on ne pratiquait plus l'exploitation à ciel ouvert, et pour atteindre les filons il fallait creuser des puits perpendi-culaires, opération qui augmentait énormément les coûts. Ces investissements s'avérèrent rentables, puisque au début du XIXe siècle, 67 % des exportations provenaient du Mexique. L'argent de Zacatecas reposait dans les mains d'une aristocra-tie minière constituée de descendants des conquérants bas-ques du XVIe siècle et de la noblesse coloniale de Mexico. Lors de son voyage au Mexique, Alexander von Humboldt y ren-contrera les hommes les plus riches du monde, des entrepre-neurs biscayens qui ont également investi dans l'achat de titres nobiliaires[39].

---

39. La bibliographie sur Zacatecas est très riche. Citons pour l'étude de ces élites le livre de Frédérique Langue, *Mines, terres et société à Zacatecas (Mexique) de la fin du XVIIe siècle à l'indépen-dance*, Paris, Publications de la Sorbonne, 1992.

Esclaves et affranchis des villes

Les plantations sucrières, les mines et l'élevage ont employé une main-d'œuvre esclave considérable. Au cours du XVIIIᵉ siècle, la traite des Noirs a connu un grand développement, surtout en Amérique hispanique, avec la levée progressive des entraves à la libre circulation des navires négriers. L'image popularisée par Gilberto Freyre des esclaves rattachés aux *engenhos* du Brésil et vivant sous un régime autoritaire paternaliste, ou celle, moins romantique, des plantations des Caraïbes n'épuisent cependant pas la réalité esclavagiste des Amériques. Car, jusqu'à la fin du XVIIIᵉ siècle, beaucoup d'esclaves étaient achetés pour être à la fois des domestiques et des journaliers par des familles qui n'étaient pas toujours des plus aisées, et qui subsistaient grâce à l'ingéniosité et au labeur de leurs serviteurs. L'importance de l'esclavage urbain, aussi bien dans les royaumes d'Espagne qu'au Brésil, n'est plus à démontrer et, dans bien des cas, il préfigure l'émergence d'un prolétariat de couleur.

Quelles en étaient les caractéristiques ? En premier lieu, la proximité physique entre l'esclave et le maître. D'une manière générale, l'esclave cohabitait avec son maître, bien qu'on puisse trouver de nombreux cas où il résidait ailleurs, chez le patron d'un atelier, par exemple, ou dans une fabrique de pain. Il faisait aussi partie de sa famille, en vertu d'un modèle médiéval que les conquistadores introduisirent dans le Nouveau Monde à partir du XVIᵉ siècle. En effet, le groupe de parenté hispanique appelé *linaje* (lignage) impliquait que cohabitent sous le toit du maître de maison, seigneur ou hidalgo, outre ses parents proches, toutes les personnes qui en dépendaient en tant que *criados*. Ce mot, que l'on traduit couramment par domestique ou serviteur, contient également l'idée d'élever quelqu'un, de le nourrir et de l'abriter. La catégorie même des criados était hiérarchisée, et les esclaves occupent le rang le plus bas.

Mais l'esclave urbain n'était pas confiné à la maison et circulait dans les espaces publics : la rue, les places, les marchés, les tavernes, les parcelles cultivées en périphérie de la ville. La fréquentation de ces lieux le mettait en contact avec les autres, lui procurait de l'information et l'entraînait dans la rumeur et les commérages. La rue lui offrait un espace de liberté que d'autres personnes, les femmes des élites par exemple, pourtant de condition libre, ne connaissaient pas. Enfin, même si les villes de l'Amérique hispanique n'avaient pas encore la densité de celles d'aujourd'hui, elles étaient tout de même très peuplées pour l'époque et favorisaient, dans certaines zones, l'anonymat ou la dilution des liens personnels.

La circulation des esclaves urbains était consubstantielle au système, puisque la plupart de ces serviteurs étaient placés comme journaliers dans des ateliers. L'argent qu'ils recevaient pour leur travail allait au maître, qui rentabilisait ainsi le prix d'achat et l'entretien de l'esclave, mais celui-ci pouvait garder une partie de ce pécule en vue du rachat de sa liberté. L'exercice d'un métier manuel, que l'on appelait à l'époque coloniale les « arts mécaniques » (*artes mecánicas*), était une marque d'appartenance aux basses classes. Dans cette hiérarchie, les corporations de métier occupaient la position la plus élevée. Or les statuts sélectifs et discriminants de beaucoup de ces groupes empêchèrent les hommes de couleur de devenir des maîtres de métier. Il est intéressant de remarquer que ce n'est pas dans le cadre étroit et archaïque des corporations que les Noirs et les mulâtres exercèrent leurs activités, bien qu'on les y trouve malgré les interdits, mais dans le travail libre salarié, modalité que la Couronne d'Espagne s'efforça d'encourager dès le XVIᵉ siècle, et qui finit par déplacer l'esclavage, trop coûteux. Or ce furent les mulâtres et les métis, les gens désignés sous le terme générique de *castas*, qui constituèrent ce prolétariat.

S'il est vrai que, d'un point de vue juridique, les seuls à être réduits en esclavage étaient les Noirs africains, dans les faits, beaucoup de situations équivoques montrent les difficultés d'établir une frontière entre ceux-là et d'autres catégories sociales. L'esclavage indien avait été interdit par les *Leyes nuevas* au milieu du XVIᵉ siècle. Cependant, certains statuts intermédiaires et ambigus, comme les *naborías* des Antilles et de Terre ferme, les *yanaconas* ou les *peinadillos* andins, impliquent la privation, ou la restriction, de la liberté. Au XVIIIᵉ siècle, le développement du *concertaje* dans le monde rural indigène constitue une forme d'esclavage par dettes.

Sans compter le statut servile des *chinos filipinos* introduits à Acapulco, en provenance des Philippines. Nous ne disposons pas encore des études comparées des variétés de relations serviles, qui nous permettraient de mieux cerner la spécificité des gens de couleur, si tel était le cas.

Enfin, n'oublions pas qu'à l'époque coloniale la liberté n'est pas, dans la pratique, le contraire de l'esclavage. Les Noirs affranchis jouissaient d'un statut ambigu et, à plusieurs reprises, on voulut les obliger à vivre avec des « maîtres » pour les sédentariser[40]. Et que dire de la liberté des femmes, surtout quand elles font partie des élites ? La frontière entre la privation de liberté et sa jouissance est dans bien des cas difficile à tracer[41]. En Amérique hispanique, le statut des esclaves était régi par un corpus médiéval de lois, les *Siete Partidas*, promulguées par Alphonse le Sage. Bien qu'étant privés de liberté, ils jouissaient de quelques droits : ils pouvaient se racheter et l'Église les encourageait à se marier, car on pensait que la vie conjugale était un élément de stabilité et d'intégration. Le maître ne pouvait pas les maltraiter sans raison. Il avait l'obligation de les vêtir et de les nourrir convenablement. Si ces conditions n'étaient pas remplies, l'esclave pouvait exiger devant un tribunal présidé par le défenseur des pauvres de changer de maître. Pour cela, il lui fallait obtenir une sorte de « reçu », appelé « papier de vente », où le maître marquait le prix estimé par l'esclave et signalait ses défauts. Muni de ce papier, qui, en principe, ne pouvait pas lui être refusé, l'esclave parcourait la ville à la recherche d'un nouveau maître disposé à payer cet argent pour l'acquérir. Si, au bout d'un certain temps, il ne trouvait pas d'acquéreur, il lui restait trois possibilités : prendre la fuite (ce qui n'était pas toujours facile), retourner chez son ancien maître, ou encore — et c'était la pire des solutions — être vendu « hors du pays », c'est-à-dire dans une autre ville ou campagne.

Telles étaient donc les lois, mais celles-ci n'étaient pas toujours respectées. Ce qu'il est important de signaler, c'est qu'entre le maître et l'esclave il existe au moins deux intermé-

40. Aguirre Beltrán, *op. cit.*, 1972, p. 280-281.
41. Konetzke, Colección, II-1, p. 291.

diaires : l'Église et, surtout, le système juridique. L'Église constitua pour les esclaves et les Noirs libres un recours pour faire
valoir leurs droits de se marier et de choisir leur conjoint. Lorsque le maître refusait de les marier, seule l'Église pouvait modifier la situation. Quant au dispositif juridique, il se renforça
dans la seconde moitié du XVIIIᵉ siècle, sous l'influence de la
modernisation introduite par les réformes administratives des
Bourbons. Des défenseurs des pauvres furent appointés pour
régler les différends entre maîtres et esclaves. Dans bien des
cas, l'esclave eut gain de cause. Nous avons surtout travaillé
dans les archives de Buenos Aires, ville où l'esclavage se mani-
festait sous sa forme la plus « bénigne ». Il faudrait bien évidemment comparer ces documents si particuliers avec d'autres du
même genre recueillis dans d'autres cités de l'Amérique hispanique comme Caracas, Lima, Cartagena ou Quito.

La valeur des esclaves variait selon l'âge, les forces et les
défauts. En général, elle augmentait avec l'instruction et
l'apprentissage. Il y avait des esclaves qui avaient été acquis
uniquement pour travailler dans la rue, avec l'obligation de
remettre à leur maître tout l'argent du salaire jusqu'à atteindre le prix que celui-ci avait payé pour les acheter. Ils ressemblaient aux « engagés » français du XVIIᵉ siècle ou aux
indentured men de la même époque. Le maître pouvait acheter pour son esclave, s'il était habile de ses mains, une « boutique », à condition que le journalier lui remette la totalité de
ses gains. Mais, si l'esclave avait du succès, il était très difficile de le contrôler. Ainsi le mulâtre Basilio Baldés, qui pratiquait à Buenos Aires des saignées auprès d'un maître barbier
de qualité *pardo*[42], refusa de rentrer tous les jours coucher
chez son maître. Il préférait rester la nuit dans la boutique
comme *agregado* (autre statut de dépendance) mais exigeait
que le maître lui payât à manger. Comme ce dernier dépendait pour sa subsistance des salaires du Noir, il s'inclina[43].

Nombreux sont les documents rédigés dans le dernier tiers
du XVIIIᵉ siècle à Buenos Aires qui présentent des arguments

42. *Pardo*, littéralement : gris, grisâtre. Terme employé pour désigner des mulâtres au teint relativement clair.
43. Archivo General de la Nación (Argentina), *Autos de Basilio
Baldés*, IX-35-5-3, 1772.

inspirés dans l'esprit des Lumières. Un esclave demande son papier de vente après dix-sept ans de service et invoque comme justification de sa démarche les mauvais traitements que lui inflige son maître — celui-ci, dit-il, a un caractère « impossible » et « ne le traite jamais comme un être humain (*racional*) » — et le fait qu'il ne peut plus souffrir de vivre en servitude. Un autre esclave de dix-sept ans, José Atanasio, connaît les recours que lui offre la loi et se rend chez le défenseur des pauvres pour obtenir sa lettre de liberté, en disant : « Mon maître, contre les sentiments les plus intimes du droit naturel, s'oppose à ce que je rachète ma liberté en payant l'argent de mon prix de vente, alors que tous devraient joindre leurs efforts pour abolir l'esclavage, comme chose qui répugne à notre religion. » Il est probable que ces arguments leur furent inspirés par le défenseur des pauvres, mais on ne peut pas exclure que quelques esclaves se soient familiarisés avec des thèmes politiques débattus au cours des réunions entre leurs maîtres. Souvent, l'esclave se plaignait que les nombreuses tâches qu'il était obligé de remplir l'empêchaient de sortir dans la rue pour « acheter sa liberté ». Les esclaves journaliers étaient durement exploités. Quand l'esclave possédait un métier qualifié (musicien, cuisinier, parfumeur, perruquier, etc.), le maître répugnait à s'en séparer, même si l'esclave avait réuni l'argent du rachat. Un des arguments avancés par le maître dans ces cas-là était que l'esclave n'avait pas le droit de tirer profit des investissements qu'il avait faits pour lui apprendre un métier. Il est difficile de trouver justification plus cynique de l'esclavage[44].

Mais la liberté, que l'esclave souhaitait par-dessus tout, était dans bien des cas difficile à vivre pour ceux qui n'avaient pas de famille. Voici un exemple parmi d'autres, celui de Juan Rodrigo. Affranchi à Buenos Aires, il traversa le Río de la Plata et se rendit à Montevideo. Là, n'ayant pas de lieu où s'abriter, il se plaça au service de don Domingo de Irrazaval, en tant qu'agregado. Il porta plainte contre cet homme qui le traitait

44. Ces exemples, tirés des archives de Buenos Aires, sont analysés dans le détail dans Mónica Quijada, Carmen Bernand et Arndt Schneider, *El Proceso de homogeneización : el caso de la Argentina*, Madrid, CSIC, 2001.

bien plus mal que s'il avait été son esclave. Ce cas est révélateur de la frontière ténue qui séparait l'esclavage des autres formes de dépendance, si nombreuses et courantes dans toute l'Amérique latine, hispanique et portugaise. Quant aux femmes esclaves, on considérait comme une marque d'estime de les avoir achetées pour servir à l'intérieur de la maison (et leur éviter les dangers de la rue). Elles n'hésitaient pas à dénoncer leur maître, lorsqu'il les envoyait faire des courses, bien qu'elles trouvent là une plus grande liberté de mouvement.

La violence des maîtres est un fait incontestable : coups, enfermement, humiliations, injures sont des accusations fréquentes. Cette violence s'exerçait davantage sur les femmes que sur les hommes, sur les personnes vieilles et malades que sur les jeunes bien portants. Quand l'esclave n'était plus capable de se rendre utile, il pouvait être rejeté comme un objet usagé. Les victimes portaient plainte contre cette ingratitude, qui apparaissait comme l'injustice majeure. Les coups à la rigueur étaient plus tolérables que cette indifférence ou ce mépris affiché par un maître à l'égard de celui ou de celle qui avait partagé sa vie.

Mais, du côté des esclaves et des affranchis, on découvre aussi des comportements violents, du moins selon les critères de l'époque. À la fin du XVIIIᵉ siècle à Buenos Aires, nombreux sont les documents qui évoquent l'impertinence de serviteurs qui osent contredire leur maître, lui désobéissent, refusent de travailler, omettent de se découvrir devant lui ou s'affrontent directement à lui. Certains osent même lever la main sur leur maître, ou le dénoncer devant les tribunaux pour mauvaise conduite, bigamie, adultère ou propos subversifs contre le gouvernement colonial.

Les guerres d'indépendance proclamèrent le rejet de toutes les formes de servitude. La mita fut supprimée en 1811, mais l'esclavage se maintint encore quelques décennies ; à Cuba et au Brésil, il ne fut aboli qu'en 1886 et 1888 respectivement. Les raisons de cet ajournement sont à la fois économiques et politiques. D'une manière générale, les propriétaires terriens s'y opposèrent, donnant comme argument l'état désastreux des campagnes au terme des luttes civiles. On avança aussi l'intérêt supposé des esclaves à rester sous le toit des maîtres, où ils trouvaient protection contre les aléas de l'existence. Mais on craignait surtout l'instauration d'une petite bourgeoisie de couleur, cette « pardocratie » qui avait commencé à émerger à Caracas à la fin du XVIIIe siècle et à l'égard de laquelle le *Libertador* Simón Bolívar éprouvait une méfiance ouverte. Car le ressentiment des descendants d'esclaves ne pouvait déboucher que sur une explosion sociale.

Au Pérou, où la condition des esclaves urbains avait été plus dure qu'au Venezuela, l'arrivée des troupes du *Libertador* San Martín à Lima, en 1821, fit craindre une rébellion des Noirs et des mulâtres. Selon les témoignages des voyageurs, Lima était dominée par la plèbe. À partir de 1840, les manumissions se multiplièrent, mais, pour s'acquitter du prix de leur liberté, les esclaves s'endettaient et retombaient dans une forme de dépendance qui ressemblait fort à leur ancienne condition. Et si l'esclavage fut aboli en 1854, la discrimination dont les Noirs avaient fait l'objet demeura. Dans tous les nouveaux États latino-américains se posa la question de la place que devait occuper le peuple de couleur dans la nation.

L'Amérique espagnole :
une colonisation d'Ancien Régime
par Jacques Poloni-Simard

L'arrivée de Christophe Colomb dans les Caraïbes et plus encore les expéditions de Hernán Cortés au Mexique et de Francisco Pizarro au Pérou marquent une rupture dans l'histoire de l'expansion européenne[1]. Même si les grandes découvertes ne sont, à bien des égards, que la poursuite de la *Reconquista* castillane ou, pour le Brésil, un prolongement de la reconnaissance portugaise des côtes africaines, et si la colonisation ibérique a été précédée par l'exploitation des îles atlantiques, c'est avec la conquête des territoires densément peuplés de l'espace américain, le renversement des structures étatiques locales et l'assujettissement des populations qui vivaient sur ce continent que s'ouvrent les Temps modernes et s'inaugure le basculement de l'épicentre du monde du côté de l'Europe. Il n'est pas dans notre propos, ici, d'envisager les causes — par ailleurs bien connues[2] — de cette expansion ibérique ou de dresser le tableau des formes de l'exploitation des Indiens et des Noirs, présentées dans une autre contribution de cet ouvrage[3]. Il s'agit plutôt de comprendre comment, au-delà du rapport colonial fondé sur la violence et la coercition — communes à toute situation de conquête et d'assujettissement —, il y a une spécificité de la

1. *Cf.* Pierre Chaunu, *Conquête et exploitation du Nouveau Monde*, Paris, PUF, « Nouvelle Clio », 1969 ; voir aussi Carmen Bernand et Serge Gruzinski, *Histoire du Nouveau Monde*, Paris, Fayard, 1991.
2. On pourra se reporter à Ruggero Romano, *Les Mécanismes de la conquête : les conquistadores*, Paris, Flammarion, 1972.
3. Voir *supra* l'article de Carmen Bernand : « Impérialismes ibériques ».

colonisation conduite entre XVIe et XVIIIe siècle, dont l'entreprise castillane est l'exemple le plus complet, distincte en cela des expériences antérieures et surtout postérieures. On sait l'intensité de la déstructuration induite par la conquête de l'Amérique pour les populations indiennes, leurs structures sociales et leurs systèmes de croyances[4], et on a mesuré l'ampleur de la catastrophe démographique, de l'exploitation des mines — comme celles de Potosí — ou de la traite négrière sur lesquelles se construisit la prospérité européenne[5]. Le contrôle des espaces et des hommes qui les habitaient s'effectua selon des modalités et des instruments (normatifs, juridiques, fiscaux, politiques) qui non seulement confèrent ses spécificités au rapport colonial instauré par la conquête espagnole, mais surtout rendent compte de sa capacité à se maintenir et reproduire. C'est dans cette confrontation entre les formes de l'exploitation coloniale, le cadre juridique dans lequel elles se développèrent et la mobilité et le jeu social, que, paradoxalement, la colonisation espagnole permettait, que l'on voudrait envisager l'Amérique à l'époque moderne[6]. À cette fin, on propose de qualifier cette construction de « colonisation d'Ancien Régime » : quelles

4. Voir l'ouvrage classique de Nathan Wachtel, *La Vision des vaincus. Les Indiens du Pérou devant la conquête espagnole*, Paris, Gallimard, 1971.

5. Voir *supra* l'article de Yves Bénot : « La destruction des Indiens de l'aire caraïbe ».

Dans une bibliographie importante, on pourra se reporter à Noble David Cook, *Demografic Collapse. Indian Peru, 1520-1620*, Cambridge, CUP, 1981 ; Peter J. Bakewell, *Mineros de la Montaña Roja. El trabajo de los Indios en Potosí. 1545-1650*, Madrid, Alianza Editorial, 1989 ; Enrique Tandeter, *Coacción y Mercado. La minería de la plata en el Potosí colonial, 1692-1826*, Cusco, Centro Bartolomé de Las Casas, 1992 ; Germán Peralta Rivera, *Los mecanismos del comercio negrero*, Lima, Kuntur Editores, 1990.

6. Il est utile de faire remarquer que le *Tesoro de la lengua castellana o española* (Covarrubias, 1611) ne connaît que le terme *colonia* : « Es pueblo o término de tierra que se ha poblado de gente estranjera, sacada de la ciudad, que es señora de aquel territorio o llevada de otra parte. » Le modèle est bien sûr celui des colonies romaines : « También se llamavan colonias las que pobladas de sus antiguos moradores les avia el pueblo romano dado los privilegios de tales. »

sont les formes spécifiques de la colonisation ibérique — et tout spécialement espagnole ? En quoi leur développement au cours de la période moderne détermina la formation d'une société coloniale originale ? Et comment, enfin, c'est dans l'interaction entre les cadres administratifs imposés par la Couronne, leur mise en œuvre par les représentants de l'autorité royale et leur appropriation, voire leurs détournements par ceux qui subissaient cette domination, que l'on peut sortir d'une vision schématique et réductrice de la colonisation ? Pour ce faire, l'espace andin sera privilégié comme laboratoire d'une telle construction.

Naissance et statut de l'Indien

Christophe Colomb ayant pensé avoir atteint les Indes, ou tout au moins Cipangu, en avant de la mythique Cathay dont avait parlé Marco Polo, et dont le *Livre des merveilles du monde* avait bercé ses rêves d'accéder aux richesses de l'Orient par la route maritime directe, le terme subsista, quand bien même on s'aperçut, après les nombreuses expéditions qui suivirent le premier voyage transatlantique, que les terres découvertes étaient un « nouveau monde » et que le passage tant recherché vers l'Asie, lorsqu'il fut enfin trouvé par Magellan en 1521, ouvrait sur un autre océan. Et lorsque ce que l'on suspectait être un nouveau continent fut désigné en 1507 du nom d'« Amérique » sur la carte de Martin Waldseemüller, qui accompagnait la publication à Saint-Dié des *Quatuor navigationes* d'Amerigo Vespucci, la couronne de Castille continua à utiliser l'expression des Indes, désormais occidentales, pour les distinguer de celles situées à l'est. Au-delà des débats et controverses sur l'humanité des populations qui étaient restées jusqu'à l'extrême fin du XVe siècle hors de toute connaissance des Européens, sur leur origine au regard de la conception chrétienne de l'Histoire et sur leur place dans le plan divin du salut, les habitants de ces terres furent appelés quant à eux « Indiens ». Il faut prendre toute la mesure de cette dénomination, y compris et surtout pour les natifs. Au regard des conquistadores, des chroniqueurs comme des fonctionnaires chargés de répondre aux questionnaires envoyés par

Madrid pour informer le roi sur ses nouveaux territoires (et connus sous le nom de *Relations géographiques*), tous les groupes qui les peuplaient, avec leurs ethnonymes, leurs coutumes et leurs particularismes, étaient fondus dans une seule et même catégorie, celle d'Indiens. Vaincus par les expéditions faites au nom du souverain de Castille, ils constituaient autant de nouveaux sujets de sa couronne. Libérés de l'assujettissement à leurs princes qualifiés de tyrans, pour asseoir la légitimité de la conquête espagnole[7], ils étaient soumis à sa juridiction mais pouvaient — et devaient, conformément aux obligations du souverain à leur égard — bénéficier de la protection royale. Reconnus comme des êtres libres et doués de raison, ils ne devaient ni ne pouvaient, selon les lois de Burgos en 1512-1513, être soumis à l'esclavage, à l'exception des rebelles à l'autorité monarchique, bien qu'ils fussent considérés comme mineurs du point de vue juridique (ils ne pouvaient ester seuls en justice) et néophytes du point de vue religieux (ils dépendaient de l'ordinaire du lieu et non de l'Inquisition, mais l'accès au sacerdoce leur fut interdit). En tant que propriétaire éminent du sol par droit de conquête, le souverain, rétrocédant et reconnaissant les terres de ses nouveaux sujets, était en droit d'imposer le prélèvement d'un impôt : le tribut (capitation personnelle pesant sur les hommes âgés de dix-huit à cinquante ans, dont le montant était réparti entre les collectivités qui servaient d'unités fiscales de base), et d'exiger des services en travail : *mita*, au Pérou, ou *repartimiento*, en Nouvelle-Espagne (Mexique). À ce titre, le statut des Indiens était voisin des *pecheros* de Castille à la même époque, et les obligations auxquelles ils étaient soumis évoquent aussi bien les prélèvements seigneuriaux ou royaux que les prestations précoloniales[8].

7. Sur les débats concernant le droit et la légitimité de la conquête, on peut se reporter à Thomas Gomez, *Droit de conquête et droits des Indiens*, Paris, Armand Colin, 1996.
8. Il faut noter en effet que ni l'imposition du tribut ni l'exigence de services en travail ne représentaient des innovations hispaniques : la fourniture de produits en nature ou l'approvisionnement des dépôts, de grains par exemple, comme ceux de travailleurs pour l'entretien des infrastructures de transport, de soldats pour les armées, de serviteurs et servantes pour les aristocraties et les prêtres,

Le caractère juridique de la définition de l'Indien faisait de lui le membre d'un corps d'Ancien Régime, avec ses obligations, ses droits et ses autorités naturelles (on le verra plus en détail dans la section suivante). Une telle conception se lit clairement dans la législation concernant les Indiens : le regroupement de la population dans des villages particuliers (*reducciones* ou *congregaciones*) pour en faciliter le contrôle, l'évangélisation et l'exploitation ; l'interdiction faite aux Espagnols, aux Noirs et aux métis de résider dans ces localités pour les protéger de leurs exactions et mauvais exemples ; l'octroi d'institutions particulières, les *cabildos de indios*, avec leurs institutions propres (*regidores* et *alcaldes*). De telles dispositions sont autant d'éléments qui établissent ce que l'on appelle la *república de los indios*, à côté et sur le modèle de la *república de los españoles*. Que cette politique de séparation — pour éviter l'anachronisme du terme ségrégation, encore qu'il en comporte bien des traits, aussi bien par son caractère de développement séparé que par l'exclusion qu'elle instaurait[9] — ne se réalisât de manière ni totale ni parfaite n'ôte rien au fait qu'elle était le modèle qui inspirait et que souhaitaient établir les représentants de la Couronne.

Les Indiens eux-mêmes intégrèrent ce nouveau statut juridique, puisque c'est bien ainsi que, devant les juges, les notaires ou les curés de paroisses, ils se désignaient ou étaient désignés : *indio natural de tal pueblo* (Indien natif de tel village). Les anciennes dénominations ethniques, hors les chroniques du XVIe, les cartes de missionnaires du XVIIe ou les récits de voyages du XVIIIe siècle disparaissent de la documentation coloniale, puisque aussi bien il s'agissait alors de documents à caractère essentiellement administratif ou fiscal.

étaient exigés par les souverains inca et mexica. Le terme lui-même de *mita*, qui ne se limite pas au seul travail dans les mines, est d'origine quechua, et de telles corvées, dont bénéficiaient les *kurakas*, l'Inca et les sanctuaires, existaient avant l'arrivée des Espagnols (voir John V. Murra, *La organización económica del Tawantinsuyu*, Mexico, Siglo XXI, 1978).

9. Pour une telle conception qui considère l'exclusion au fondement de la définition de l'Indien, voir Henri Favre, « Du colonialisme externe au colonialisme interne », *Cahiers des Amériques latines*, 29/30, 1984, p. 29-40.

Bien que les éléments de la nomenclature qui définissait l'individu fussent le plus souvent complétés par d'autres qui renvoient à la survie de structures sociopolitiques préhispaniques : l'appartenance à tel groupe de parenté ou la dépendance à l'égard d'un cacique, le modèle juridique des corps d'Ancien Régime s'établit solidement en Amérique. C'étaient donc le paiement du tribut et l'obligation des services personnels en travail qui définissaient fondamentalement l'Indien, dans une sorte de stigmate attaché à la personne, voire de macule qui le désignait parmi le reste de la population.

À cette conception juridique était aussi attaché un ensemble de préjugés. Il n'est pas besoin de longs développements pour rendre compte de l'image dépréciative de l'Indien. Après les premiers contacts, marqués par l'irénisme d'un Colomb qui donna naissance aux mythes du bon sauvage et de l'état de nature — malgré la répulsion de l'anthropophagie — ou par l'éblouissement d'un Cortés devant les richesses de Tenochtitlán et de son « empereur » — doublé cependant de l'effroi suscité par la pratique systématique des sacrifices humains —, l'image positive de l'Indien se mua bien vite en un mépris et une dépréciation qui donnèrent naissance à toute une série d'autres lieux communs : ceux de l'Indien barbare et vil, incapable de se gouverner, s'adonnant à la luxure, la paresse et la boisson[10]. Vaincus et soumis, assujettis aux obligations qui leur étaient imposées, les Indiens étaient non seulement ceux que la conquête avait fait échapper à la barbarie et l'évangélisation sortir des ténèbres de l'idolâtrie, mais ils possédaient aussi une nature qui les excluait de la culture. Définis comme appartenant à une « race » — la documentation et l'esprit du temps ne s'embarrassaient pas des guillemets —, le terme opère comme une catégorie dans les recensements. Il y a donc une nature de l'Indien, mieux, une race indienne. Sans que l'on puisse parler de projet raciste pour caractériser la colonisation espagnole, il y a bien cependant une conception « racialiste » de l'Indien, tout aussi prégnante que celle, juridique, qui jetait les bases institutionnelles d'une « nation » indienne, au sens ancien du terme.

10. *Cf.* Thierry Saignes (dir.), *Borrachera y memoria*, La Paz, Hisbol/IFEA, 1993.

Le caractère juridico-fiscal de la catégorie indienne ou, pour le dire autrement, le fondement juridique de la définition de l'Indien peuvent être mis en évidence par les distinctions de statuts que la Couronne elle-même établit au regard de la fiscalité, particulièrement dans les Andes. Assis sur l'accès aux terres dites de communauté qu'elle reconnaissait aux Indiens, le tribut et les services personnels en travail n'étaient dus à taux plein et conformément aux tours de *mita* que par ceux qui en disposaient, soit les Indiens originaires. L'abandon de ces terres exemptait alors de la corvée et réduisait le montant payable de la capitation, et la Couronne elle-même sanctionnait cet état de fait en accordant de tels avantages à ceux qui avaient délaissé leur village d'origine, appelés *forasteros*, leur reconnaissant ce statut fiscal particulier. Or la colonisation s'accompagna du développement de migrations internes d'une grande ampleur et à une vaste échelle : les villes attiraient, les usurpations de terres réduisaient l'accès aux meilleurs terroirs, les centres miniers absorbaient la main-d'œuvre qui s'établissait à demeure dans ces campements, la crise des structures sociopolitiques traditionnelles ébranlait l'autorité caciquale sur leurs sujets. Tous ces facteurs favorisèrent les migrations et alimentèrent la croissance du nombre des *forasteros*[11]. Non que ces migrants fussent des vagabonds : les caciques et des Indiens leur louaient des terres, ils étaient employés dans les haciendas, ils étaient même parfois, semble-t-il, chasés dans des finages inexploités, jusqu'à constituer à leur tour des collectivités reconnues par la Couronne avec leurs propres autorités, soit de nouvelles *parcialidades*. Dans nombre de cas cependant, le lien avec le cacique d'origine n'était pas rompu, et les *forasteros* continuaient à payer le tribut à leur « seigneur naturel » et à effectuer leur tour de *mita* selon les rôles qui étaient tenus dans leurs village et *parcialidad*. Au-delà de cet écart entre le statut reconnu et la condition réellement

11. Sur les *forasteros* et la croissance de leur nombre, voir Nicolás Sánchez Albornoz, *Indios y tributos en el Alto Perú*, Lima, IEP, 1978 ; Thierry Saignes, « Parcours forains : l'enjeu des migrations internes dans les Andes coloniales », *Cahiers des Amériques latines*, 6, 1978, p. 33-58.

vécue, écart que l'on observe à chaque détour de la documentation, il importe de noter que la logique des corps fragmentait le monde indien au regard de la fiscalité coloniale[12].

La force de cette approche juridique se mesure d'autant mieux que le statut de *forastero* était héréditaire et que le privilège fiscal se transmettait à la descendance. On peut alors se demander pourquoi tous les Indiens ne cherchèrent pas à en bénéficier, et pourquoi la Couronne continuait à exiger avec force un tribut dont elle sapait elle-même les bases. Il y eut bien des voix, au XVIIIᵉ siècle surtout, pour demander la suppression de cette distinction entre Indiens originaires et Indiens *forasteros* au nom de la rationalisation et de l'efficacité fiscale. La Couronne ne revint pourtant jamais sur cette « aberration ». Il faut faire remarquer qu'elle disposait de bien d'autres sources de revenus et que les prestations en travail n'avaient plus l'importance qu'elles avaient au début de la colonisation pour ceux qui en bénéficiaient. L'octroi et le maintien de ces statuts étaient avant tout le signe du caractère prégnant de la conception juridique des corps. Pour les Indiens, l'abandon du statut d'originaire pour celui de *forastero* n'était pas un vain mot, puisqu'il leur faisait perdre les droits, protections et ressources que représentait l'appartenance à une « république », et qu'en revanche la migration les rendait plus fragiles devant les autres formes de dépendance et suspects de vagabondage.

Il n'est qu'à voir ces autres formes de dépendance qui permettaient de capter la main-d'œuvre indienne pour comprendre cette logique. Lorsque la *mita* n'alimenta plus en nombre suffisant les haciendas en travailleurs agricoles, ou pour maintenir dans le domaine les *mitayos*, les maîtres cherchèrent à s'attacher les services de tous ces pauvres hères qui étaient à la recherche de quelque source de revenus pour eux et leur famille. Le mécanisme de l'endettement, qu'il fût enclenché par des avances sur les salaires ou par le paiement d'une

---

12. Il y a bien d'autres cas d'exemption qui pourraient être évoqués : les Indiens d'Église (sacristains, maîtres de chapelle, chanteurs), les autorités des *cabildos*, pendant l'année d'exercice de leur charge, voire les artisans, mais dont l'effectivité de leur privilège était fragile.

dette antérieure, et entretenu par l'obligation tarifée de s'approvisionner auprès du dépôt de vivres tenu par le major-dome de l'hacienda, servit à attacher les ouvriers agricoles à l'hacienda, dans une sorte de néo-servage. Quel que soit le nom que ce système prit dans l'Amérique coloniale *(peonaje, concertaje)*, l'octroi d'un lopin de terre contre le travail sur le domaine du maître fixa la main-d'œuvre, mieux que la contrainte fiscale n'avait réussi à le faire. Car, là aussi, la dette des pères rejaillissait sur la tête des fils ; la main-d'œuvre libre devint servile, et les propriétaires d'haciendas disposaient de travailleurs permanents qu'ils n'avaient pas eu à acheter et qu'ils n'avaient pas à entretenir, comme c'était le cas pour les esclaves. Et si le *concierto* souhaitait recouvrer sa liberté, cherchant à obtenir, seul devant le juge, le paiement de ses journées de travail, sa parole était de peu de poids face à la preuve écrite des livres de comptes que pouvait exhiber le maître, dans le cas où, après de nombreuses citations, il concé-dait à comparaître.

Tribut et *mita* peuvent ainsi être interprétés comme des marqueurs de l'indianité en contexte colonial, faisant de ceux qui y étaient soumis un corps d'Ancien Régime, une répub-lique, avec ses obligations et ses droits, tout paradoxal que puisse apparaître ce terme à leur égard. Mais lorsqu'ils furent supprimés au XIX⁰ siècle, après bien des atermoiements et des restaurations, en raison de l'absence de rentrées fiscales per-manentes pour alimenter les caisses des nouveaux États indé-pendants, l'Indien ne disparut pas pour autant. Sans même évoquer les croyances, coutumes et langues « indiennes », la figure de l'Indien se reproduisit dans l'imaginaire et les repré-sentations sociales. Aussi, les formes de dépendance — même mâtinées de paternalisme — que l'on a qualifiée de néo-servage préparèrent l'épanouissement de nouveaux rapports sociaux, qui relèvent de rapports de classe plutôt que de rela-tions hiérarchiques entre des ordres[13]. Mais, dans le même temps, les préjugés raciaux, hérités de la période coloniale et qui étaient attachés à la figure de l'Indien, continuèrent à

13. Brooke Larson, *Colonialism and Agrarian Transformation in Bolivia. Cochabamba, 1550-1900*, Princeton, Princeton University Press, 1988.

s'exprimer avec toute leur force dans les relations sociales, et les pays issus de l'indépendance se construisirent sur l'exclusion de l'Indien à la citoyenneté, ainsi renvoyé à son indianité, au-delà même de l'incapacité d'écrire qui était la condition pour accéder au vote, sans jamais vraiment les intégrer à la nation, selon le principe de l'égalité des droits.

Caciques et autres intermédiaires

Les groupes qui peuplaient l'Amérique étaient placés sous l'autorité de chefs : *kuraka* dans les Andes, *tlatoani* dans la zone dominée par les Mexicas, *batab* dans l'aire maya, caciques dans les îles Caraïbes. C'est ce terme que les Espagnols reprirent et étendirent à l'ensemble de ceux qu'ils appelèrent et reconnurent comme « seigneurs naturels des Indiens ». Autorités traditionnelles des populations indigènes, les caciques étaient aussi les chefs des groupes de parenté (*ayllus* dans les Andes) qui constituaient les structures sociopolitiques au fondement de l'organisation des groupes ethniques ; garants de l'ordre naturel et sacré (et, à ce titre, intermédiaires avec les divinités ou les forces surnaturelles), ils devaient veiller à l'harmonie interne du groupe, assurer aide et protection à leurs sujets et leur donner les moyens de leur reproduction en octroyant une terre aux nouvelles unités domestiques tout en leur permettant d'accéder aux produits exotiques que d'autres régions fournissaient[14]. Cet accès s'effectuait par l'activité de commerçants spécialisés en Méso-Amérique (*pochteca*), grâce aux redistributions effectuées par le tlatoani ou l'Inca, et par le contrôle de terres dans différents étages écologiques (« l'archipel andin », dont John V. Murra a établi le modèle), si les pratiques commerciales ne semblent pas avoir été totalement ignorées par les populations de la côte péruvienne. Ce qu'il faut bien appeler, faute de mieux, l'élite

---

14. Sur l'*ayllu* et l'organisation socio-économique, voir John V. Murra, *Formaciones económicas y políticas del mundo andino*, Lima, IEP, 1975 ; *Etnohistoria y antropología andina. Primera y segunda jornada del Museo Nacional de Lima*, Lima, 1978-1981 ; Frank Salomon, *Los señores étnicos de Quito en la época de los Incas*, Otavalo, Instituto Otavaleño de Antropología, 1980.

préhispanique était en tout cas fortement hiérarchisé, depuis ceux qui avaient autorité sur quelques unités domestiques seulement jusqu'aux grands seigneurs des grands groupes ethniques, en une structure emboîtée et, dans les Andes, dédoublée, selon le principe dualiste de la division en moitiés des unités sociopolitiques, avant d'atteindre « l'aristocratie », soit les membres du groupe et du lignage du souverain régnant.

Ce sont ces caciques qui durent faire face à l'arrivée de ceux qui venaient d'au-delà de la mer. On s'est longtemps étonné de la rapidité et de la facilité avec lesquelles les conquistadores espagnols — si peu nombreux au demeurant — réussirent à s'emparer de territoires aussi vastes et à renverser des structures étatiques en apparence solides. C'est oublier le rôle des alliances dont bénéficièrent Cortés, Pizarro et tous les autres conquistadores après eux dans leur progression en ces contrées inconnues[15]. Nombre de *kurakas* en effet se portèrent au-devant de ces nouveaux venus et leur apportèrent leur aide. Certains pour se libérer du joug inca, dont l'expansion s'était accompagnée de son cortège de massacres, présents encore dans les mémoires, ou parce que l'assujettissement, avec les déplacements forcés de populations qui le scellaient, était durement ressenti ; d'autres pour avoir fait, quelques années avant l'arrivée des Espagnols, le choix de l'Inca vaincu (Huáscar) dans sa lutte contre son rival Atahualpa. À leur décharge, s'il faut rendre compte d'une telle collaboration, et sans même devoir invoquer la méprise funeste dans laquelle les Castillans auraient été pris pour des dieux ou leurs envoyés, rien ne laissait présager que ces étrangers arrivés par mer fussent venus pour s'installer, s'emparer des richesses et implanter un nouveau culte. À bien des égards, la divinisation des Espagnols fut une réécriture *a posteriori* de la Conquête, pour relater l'effondrement des structures qui organisaient la société et conférer un sens à cet événement incompréhensible : les dieux l'avaient voulu ou bien il s'intégrait aux cycles de « l'histoire », marqués par des catastrophes qui accompagnaient le

15. Waldemar Espinosa Soriano, « Los Huancas aliados de la Conquista. Tres informaciones inéditas sobre la participación indígena a la conquista del Perú. 1558, 1560, 1561 », *Anales científicos de la Universidad del Centro del Perú*, I, 1972, p. 3-407.

passage d'une ère à l'autre. Si ceux qui se présentaient comme
les envoyés d'un souverain et d'un Dieu inconnus n'étaient pas
les premiers étrangers à venir de contrées lointaines, ils ne partageaient pas les normes du fonctionnement interne des sociétés locales. Hommes d'armes montés sur des animaux étranges
et portant des protections de fer, ils ne respectaient pas les
règles de la guerre ; prêtres, ils prononçaient des formules
incompréhensibles qu'ils trouvaient dans des objets mystérieux. Car il ne s'agissait pas avec les Espagnols de l'imposition
d'un nouveau pouvoir en remplacement d'un autre, mais d'un
pouvoir nouveau, instaurant d'autres normes de domination.
Les événements survenus à Tenochtitlán ou à Cajamarca inau-
guraient une ère nouvelle et durable.

Ces caciques, et avec eux leurs sujets, furent distribués aux
conquistadores ainsi qu'à tous ceux que la Couronne souhaitait rétribuer pour les services qu'ils lui avaient rendus, dans le
cadre de l'*encomienda*. Cette vieille institution hispanique
avait été l'instrument par lequel les royaumes chrétiens
avaient établi leur contrôle sur les territoires conquis aux
dépens des souverains maures. Dans le Nouveau Monde, elle
portait sur les hommes, même si les *encomenderos* prétendi-
rent bien vite posséder des terres là où ils avaient reçu des
Indiens. Le maître devait protection à ses sujets et, surtout,
était responsable de leur évangélisation ; en retour, il était en
droit d'exiger le versement d'un tribut et la fourniture de corvéables dans le cadre de la *mita*. On retrouve, dans ses modalités comme dans ses fondements, les caractéristiques de la
fiscalité royale présentée dans la section précédente. L'*encomienda* fut dénoncée comme source de tous les abus ; elle le
fut effectivement. Cependant, il faut également mettre en
avant la dialectique qui s'établissait entre l'*encomendero* et les
caciques. Les exigences, la soif d'enrichissement rapide du
premier pesaient sur les seconds, mais les épidémies ou la
fuite vidaient nombre d'*encomiendas* de leur substance, c'est-
à-dire de leurs tributaires. Le rapport de force établi s'accompagnait de négociations pour diminuer les charges qui
pesaient sur les unités domestiques, ce qu'a bien montré Steve
J. Stern[16], et la possession de nombre d'*encomiendas*, même
dépeuplées, en vint à manifester l'appartenance à l'aristocratie
coloniale plutôt qu'à servir l'accumulation de richesses[17].

Un tel système était lourd, pour le souverain, d'une dérive féodale, en raison de la privatisation de l'exercice de l'autorité[18] — même si l'*encomienda* ne comportait pas de droits de justice — et de la perpétuité qui était attachée à la faveur royale octroyée. C'est bien ainsi qu'il faut comprendre les résistances de cette première élite coloniale, lorsque le souverain prit en charge ses nouveaux territoires par la mise en place progressive d'une administration et promulgua les Lois Nouvelles de 1542-1543 qui abolissaient la perpétuité des *encomiendas*[19]. Si ce passage d'un contrôle indirect à un contrôle direct des Indiens s'effectua sans trop de difficultés en Nouvelle-Espagne (le complot en faveur de Martín Cortés, en 1566, resta isolé), il se solda dans les Andes par une révolte ouverte contre le roi, appelée la « guerre des *encomenderos* », dont le frère du conquistador du Pérou, Gonzalo Pizarro, prit lui-même la tête. Pour s'attacher à l'exemple péruvien, c'est encore en prenant appui sur les caciques et avec leur concours qu'une telle entreprise fut réalisée. Le regroupement de la population dans de nouveaux villages (les réductions), l'organisation de la *mita* minière de Potosí et de Huancavelica — pour ne parler que des deux principaux centres de production d'argent et de mercure —, les réformes du tribut (désormais en numéraire) passaient par la collaboration des caciques. C'étaient eux en effet qui devaient conduire leurs sujets dans les nouveaux centres de peuplement, fournir les contingents de *mitayos* aux entrepreneurs miniers et remettre le tribut au

16. Steve J. Stern, *Los pueblos indígenas del Perú y el desafío de la conquista española*, Madrid, Alianza Editorial, [1982] 1986.

17. *Cf.* James Lockhart, *Spanish Peru, 1532-1560. A Colonial Society*, Madison, The Wisconsin University Press, 1968.

18. Ruggero Romano, « American Feudalism », *Hispanic American Historical Review*, 64-1, 1984, p. 121-134.

19. Ces lois ne mirent pas fin à l'institution de l'*encomienda*, qui subsista jusqu'au début du XVIIIe siècle, mais les concessions, pour trois vies désormais, permettaient au souverain d'en garder le contrôle et de la réintroduire dans le « marché de la grâce ». De fait, nombre d'*encomiendas*, à partir du XVIIe siècle, n'étaient que des rentes que la Couronne dispensait au titre de ses faveurs.

représentant de la Couronne lorsqu'ils ne dépendaient plus d'un *encomendero*.

Une telle collaboration s'explique facilement sans même évoquer les contraintes et les vexations dont ils étaient victimes lorsqu'ils ne remplissaient pas le « contrat ». À bien des égards, c'est la colonisation qui explique leur maintien et leur survie. Reconnus seigneurs naturels de leurs sujets (dans la mesure où ils étaient capables de fournir la preuve de leur légitimité, ce qui explique la présentation, en cas de contestation, de généalogies — patrilinéaires — et de successions — de mâle premier-né en mâle premier-né — dans le plus pur style hispanique, faisant ainsi remonter leur lignée aux temps préhispaniques, voire pré-incas), les caciques étaient exemptés du tribut et de la *mita*, ce qui alignait leur statut sur celui des *hidalgos* castillans, bénéficiaient de certains « privilèges » (ils ne pouvaient être soumis à des peines infamantes mais avaient la possibilité, moyennant licence, de porter les armes et de monter à cheval), même s'ils ne furent pas autorisés à accéder au sacerdoce. À ce titre, on peut dire que c'est la Couronne qui facilita le maintien et la reproduction des caciques à la tête des entités collectives indiennes. Reconnu par la législation en tant que noblesse indienne, le groupe n'en était pas moins tenu dans une position subordonnée, ce que l'on a garde d'oublier, tout comme il n'était qu'un instrument au service du pouvoir colonial.

Avec la conquête espagnole et les désordres qui l'accompagnèrent, les structures sociopolitiques amérindiennes furent ébranlées. L'aristocratie mexica et inca fut la plus affectée par le bouleversement. Elle perdit ses privilèges quand elle ne périt pas, l'éducation de ses fils fut prise en main par les religieux et nombre de ses filles devinrent concubines ou épouses de conquistadores. Mais c'est toute la hiérarchie caciquale qui fut ébranlée. On assista en effet à un processus de nivellement de la pyramide, la Couronne se défiant et n'ayant cure des plus grands seigneurs ethniques : seul lui importait l'échelon qui assurait directement l'exercice de l'autorité pour mobiliser les hommes et prélever les ressources. À quoi il faut certainement ajouter la disparition des chefs des unités sociopolitiques les plus petites, ramenés au rang de simples Indiens du commun, les épidémies ne devant jamais être oubliées pour rendre compte de l'extinction de lignées. Si l'on ne peut que conjecturer l'émergence de nouvelles familles au rang cacIqual, lorsque la recomposition de la société indienne fut opérée, son élite était fragmentée. Quoi qu'il en fût des bouleversements qui affectèrent l'élite indienne traditionnelle, les *kurakas* andins purent se maintenir à la tête de leurs sujets. On verra qu'il n'en fut pas tout à fait de même pour les caciques mexicains.

Les caciques surent dans le même temps adapter et renouveler les normes anciennes de leur autorité dans le nouveau contexte colonial. Garants de la reproduction des groupes de parenté qui étaient sous leur autorité, ils continuaient à distribuer des terres aux nouveaux foyers ; intermédiaires religieux, ils prirent en charge les confréries que le clergé régulier et séculier implantait dans les paroisses ; devant respecter la vieille réciprocité andine, ils effectuaient des dons pour embellir l'église du village ou remettaient les dettes de leurs sujets (arriérés du tribut, par exemple) ; comptables de la prospérité générale, ils estaient en justice ou contractaient par-devant notaire pour défendre les intérêts collectifs — en même temps que leur position sociale — et dénoncer les mauvais traitements. S'appuyant sur la législation royale, les caciques incorporèrent en particulier les normes juridiques de la propriété foncière que les Espagnols avaient apportées avec eux (*mercedes de tierras*, transactions foncières, etc.), pour défendre ce qui pouvait encore l'être des patrimoines collectifs dans un contexte de conjoncture démographique basse.

S'ils perdirent les serviteurs dont ils disposaient en propre (les *yanaconas*), les caciques continuaient à bénéficier du travail de leurs sujets pour exploiter leurs biens. Et le respect des modalités traditionnelles de leur accomplissement : requérir, fournir l'entretien, était un élément essentiel de leur survie. Il n'est pas même leur participation active à l'économie coloniale, sur laquelle nous reviendrons, qui leur permettait et de se démarquer du reste des Indiens du commun (en incorporant à leur tenue vestimentaire, par exemple, nombre d'éléments du costume espagnol) et d'acquérir des signes de richesse. De même, leur capacité à intégrer les règles du droit et du fonctionnement de la justice les installait comme défenseurs de leurs sujets. L'hispanisation — et donc le métissage socioculturel qui l'accompagnait — était la condition non seulement de leur reproduction en tant qu'élite indienne, mais encore de leur différenciation, par l'intégration des signes de prestige qui entouraient les Espagnols : la langue, l'écrit, la religion, la culture matérielle, etc. Cette adaptation, rapide et réussie, explique en fin de compte la facilité avec laquelle le système colonial se reproduisit.

Les obligations fiscales qui incombaient aux caciques les maintenaient dans ce rôle d'intermédiaires. C'était sur leurs biens qu'ils étaient responsables du recouvrement du tribut et de la fourniture des *mitayos*. Mais la pression qu'ils reportaient sur leurs sujets avait des limites qu'ils ne pouvaient enfreindre. Pris entre les exigences de la Couronne et les capacités contributives de leurs sujets, entre les contraintes coloniales et la légitimation de leur autorité en termes traditionnels, leur marge de manœuvre était étroite. Ils réussirent pourtant dans cette voie. D'un côté, les caciques devaient mesurer jusqu'où ils ne devaient aller trop loin, de l'autre, ils multipliaient les recours pour accroître autant que faire se pouvait cette marge de manœuvre. Soit une position instable, conflictuelle et précaire.

Il en alla différemment en Nouvelle-Espagne. Ici, en effet, les seigneurs naturels ne subsistèrent pas avec la même vigueur. S'ils se transformèrent plus vite en entrepreneurs fonciers, ils furent concurrencés, dans leur rôle d'intermédiaires, par les autorités communales que la couronne espagnole implanta dans les villages : les *cabildos de indios*. Calqués sur le modèle des conseils de ville espagnols, avec leurs *regidores* et l'élection annuelle des autorités, ces conseils de village prospérèrent en Nouvelle-Espagne jusqu'à éroder l'ancien pouvoir cacical. Si ces *cabildos* furent également mis en place dans les réductions andines, les dynasties caciquales réussirent à les contrôler et à les rendre inopérants. Aussi bien, cette institution ne réussit jamais vraiment à s'affirmer comme l'une des pièces de la recomposition du pouvoir colonial : la documentation ne mentionne ces conseils que de manière épisodique ou sans rôle politique clairement affirmé. Il fallut attendre la crise de l'institution caciquale au XVIIIᵉ siècle pour que les *alcaldes* et *regidores* apparussent comme les interlocuteurs de l'administration royale et les intermédiaires des communautés[20].

Les caciques, les *alcaldes* n'épuisent cependant pas la question des intermédiaires indiens. Il faudrait évoquer également les sacristains et les maîtres de chapelle qui, au service de l'Église et par le rôle occupé dans les paroisses, disposaient d'un certain prestige, et en tout cas de compétences, qui les distinguaient du reste des Indiens du commun.

Indiens des villes et métissage

La fondation de villes représente l'une des principales innovations apportées par les Espagnols en Amérique[21]. Non que le phénomène urbain fût inconnu avant leur arrivée — les agglomérations qui impressionnèrent tant les conquistadores, telles Tenochtitlán ou Cuzco, en sont le meilleur exemple —, mais, partout, la colonisation espagnole s'accompagna de la création ou de la refondation de cités, selon un rituel et un modèle hispaniques. Villes neuves établies selon un plan en damier avec le regroupement des édifices manifestant les différents pouvoirs autour d'une place centrale, l'espace étant loti et réparti entre les fondateurs et *vecinos* de la cité, elles étaient pensées comme l'expression, physique et institutionnelle, de la république des Espagnols. Seuls ceux-ci devaient y résider. Cadre d'une société, celle des *encomenderos* au début de la colonisation, corps politique par l'entremise du *cabildo* dont elle était dotée en même temps que juridiction sur laquelle les titulaires des charges, renouvelés annuellement, exerçaient leur autorité, la ville était le point d'ancrage

20. Pour une analyse de la crise caciquale au XVIIIe siècle, se reporter à Scarlett O'Phelan, *Kurakas sin sucesiones. Del cacique al alcalde de indios (Perú y Bolivia, 1750-1835)*, Cusco, Centro Bartolomé de Las Casas, 1997.

21. Sur la ville, on peut se reporter à Francisco de Solano, *Estudios sobre la ciudad iberoamericana*, Madrid, CSIC, 1986, et *Ciudades hispanoamericanas y pueblos de indios*, Madrid, CSIC, 1990 ; Luisa Shell Hoberman et Susan Migden Socolow (éd.), *Cities and Society in Colonial Latin America*, Albuquerque, University of New Mexico Press, 1986.

de la population venue de la péninsule, l'instrument de contrôle des territoires conquis et de leur population, le lieu des différents pouvoirs coloniaux et à partir desquels ceux-ci s'exerçaient.

Il est facile d'imaginer que ce modèle idéal de la société urbaine, conçue et pensée comme espagnole, ne put être tenu. Des Indiens furent transplantés pour fournir la main-d'œuvre nécessaire à la construction des édifices, d'autres étaient contraints de venir y effectuer leur tour de *mita*, d'autres enfin furent attirés par la perspective de pouvoir y vendre quelques surplus agricoles ou produits manufacturés, ou encore par la possibilité de se faire employer comme domestiques dans les demeures particulières et les couvents. Un tel développement de la présence indienne, presque contemporaine de la fondation des villes, invalidait le schéma juridique de la séparation des deux républiques. Les représentants de la Couronne établirent bien des paroisses indiennes à proximité de celles des Espagnols, qui, sur le modèle des réductions rurales, devaient regrouper et héberger la totalité des Indiens ayant abandonné leurs villages. Les autorités municipales, pour leur part, prirent nombre d'édits visant à expulser ces migrants du centre des villes et du milieu de la paroisse des Espagnols. Si ces tentatives d'une ségrégation stricte et totale de l'habitat furent un échec, elles inscrivirent dans l'espace les pôles hispano-métis, d'un côté, et indiens, de l'autre, en même temps qu'elles manifestaient la force du modèle de la séparation des corps sociaux. Or les cités espagnoles représentaient un facteur essentiel de perturbation du système colonial, tel qu'il était en tout cas envisagé de manière idéale, par le brassage des populations qu'elles opéraient. On peut même parler, en l'état, de subversion de l'ordre colonial, puisque l'urbanisation des Indiens modifiait les termes de la confrontation entre les membres des deux républiques.

Ce n'est pas le lieu ici d'envisager les multiples formes de la participation indienne au marché colonial et à l'économie d'échanges[22]. Pourtant, la diversification des conditions socia-

22. Brooke Larson, Olivia Harris et Enrique Tandeter (comp.), *La participación indígena en los mercados surandinos. Estrategias y reproducción social. Siglos XVI a XX*, La Paz, CERES, 1987.

les induite par les différentes modalités de l'intégration au système colonial et par celles de la participation économique représente une donnée essentielle de la transformation de la société indienne et, à ce titre, un facteur d'hétérogénéité qui permit en retour au système colonial de se maintenir et reproduire en laissant des marges d'initiative et de manœuvre qui étaient ainsi mises à profit[23]. Déjà le modèle juridique des corps était plus ouvert que son apparente rigidité formelle pouvait le laisser accroire. L'économie coloniale, à son tour, laissait des espaces qui pouvaient être investis par de nouveaux acteurs de la société indienne, encore Indiens au regard de la législation coloniale, mais déjà métis quant aux conditions et modes de vie (que l'on songe au vêtement, à l'habitat et aux sociabilités et réseaux sociaux établis).

Au chapitre de cette participation, il est sûr que les caciques furent les plus à même de mettre à profit ces opportunités commerciales. Disposant de ressources et de la capacité à mobiliser de la main-d'œuvre, à la tête d'importants moyens de production, nombre d'entre eux investirent avec succès l'économie coloniale. Quelques exemples sont bien connus dans les Andes, qui montrent l'ampleur de leurs entreprises, en particulier dans le domaine du commerce et des transports[24]. Seule la mine restait en dehors de leurs interventions. De ce fait, les caciques accumulèrent terres et troupeaux, y compris sur le mode hispanique de la propriété privée, certains devenant même avec le temps de véritables *hacendados* — et considérés comme tels au XVIIIe siècle par leurs sujets —, s'insérèrent dans les circuits du crédit pour financer leurs activités commerciales, disposèrent de résidences multiples et étaient capables de mobiliser des réseaux étendus

23. Jacques Poloni-Simard, *La Mosaïque indienne. Mobilité, stratification sociale et métissage dans le corregimiento de Cuenca (Équateur) du XVIe au XVIIIe siècle*, Paris, Éditions de l'EHESS, 2000, p. 113-300

24. Diego Caqui : Franklin Pease, « Las relaciones entre tierras altas y la costa del Sur del Perú: Fuentes documentales », *in* S. Masuda (éd.), *Estudios etnográficos del Perú meridional*, Tokyo, Universidad de Tokyo, 1981, p. 209-221 ; Diego Chambilla : John V. Murra, « Aymara Lords and their European Agents at Potosi », *Nova América*, 1, 1978, p. 231-243.

d'influence et de dépendance. Ces activités et les bénéfices qu'ils en tiraient rapprochaient sensiblement les caciques du monde des marchands et des *hacendados*. De fait, les testaments et les inventaires après décès nous les présentent avec tous les signes du costume espagnol, dans leurs maisons à patio au centre des villes, ornées d'images pieuses et avec leur mobilier. Pourtant, le succès de leur mutation n'entraînait pas de rupture avec leurs Indiens. Non seulement l'administration coloniale les rappelait à leurs obligations fiscales, mais leurs sujets représentaient aussi la meilleure garantie de pouvoir intervenir avec succès dans l'économie coloniale.

Les caciques ne furent toutefois pas les seuls à entrer dans ces jeux de l'échange sur le mode hispanique. On doit ici faire référence aux marchands, artisans et *arrieros* indiens[25]. Détachés ou non de leurs groupes d'appartenance, ils représentèrent les ferments d'une autre société indienne coloniale, différenciée, hétérogène, et ne relèvent pas de l'image de l'Indien vivant dans sa communauté rurale et défendant un modèle égalitaire issu d'une tradition trop vite présentée comme préhispanique, alors que cette institution s'est cristallisée également à partir d'éléments hispaniques.

L'histoire coloniale de l'Amérique espagnole est marquée par le développement du métissage[26]. Biologique avant tout, quoique non exclusivement, il permettait d'échapper au statut de l'Indien ; les métis étaient en effet exemptés du tribut et des services personnels. S'il y eut bien quelques voix, là encore au XVIIIe siècle surtout, pour demander de les soumettre au régime fiscal indien, de telles propositions ne furent jamais reprises ni mises en œuvre. La mobilité sociale dans l'Amérique espagnole coloniale peut certes être identifiée très largement au métissage, et celui-ci, à son tour, être tenu pour le principal facteur de souplesse de cette colonisation d'Ancien Régime en même temps que le signe de sa capacité

25. Luis Miguel Glave, *Trajinantes. Caminos indígenas en la sociedad colonial. Siglos XVI/XVII*, Lima, Instituto de Apoyo Agrario, 1989.

26. Angel Rosenblatt, *La población indígena y el mestizaje en América*, Buenos Aires, Editorial Nova, 1954 ; Magnus Mörner, *Le Métissage dans l'histoire de l'Amérique latine*, Paris, Fayard, 1971.

à se reproduire. Entre Espagnols, Indiens, puis Noirs, se glissèrent les métis et tous les sang-mêlé qui, de ce fait, indiquent la fluidité relative de la société qui se construisait dans le Nouveau Monde. La révolte ou la fuite n'étaient pas les seuls — ni peut-être les meilleurs — moyens d'échapper à l'exploitation coloniale, et, aux côtés de la migration qui permettait d'obtenir un autre statut juridico-fiscal, le métissage faisait échapper aux conditions indienne et servile, s'il ne libérait pas d'autres formes de dépendance.

Tous les métis n'étaient pas « égaux » cependant. Si les premiers fruits des unions métisses, au XVIe siècle, furent associés aux Espagnols, la croissance de leur nombre leur donna une « visibilité » dont les recensements prirent acte en créant la catégorie de *mestizo*. Pourtant, au quotidien, on distingua bien vite ceux qui étaient proches des Espagnols et ceux qui l'étaient davantage des Indiens — par la langue ou le vêtement par exemple —, et, dans les discours, les métis étaient dénigrés — cumulant les « défauts » des uns et des autres —, symptôme en tout cas que leur nombre était considéré comme une perturbation de l'ordre colonial idéal. Ces préjugés se retrouvent d'ailleurs au XVIIIe siècle, lorsque les sang-mêlé atteignirent des proportions suffisamment importantes en ville pour que l'on puisse parler de la mise en place d'une société de « castas ». Les autorités coloniales, tant administratives qu'ecclésiastiques, multiplièrent en effet les catégories par lesquelles désigner les diverses possibilités de croisement, dans une tentative pour mettre de l'ordre dans ce qui était pris pour un « désordre[27] ». Cette taxinomie manifeste à la fois la dynamique du métissage qui était à l'œuvre et les fondements racialistes qui tentaient de déterminer la place des individus dans la société par leur inscription dans des groupes dont le critère de définition était la proportion de « sang » espagnol, indien et noir.

27. Alberto Flores Galindo, *Aristocracia y plebe. Lima, 1760-1830 (Estructura de clases y sociedad colonial)*, Lima, Mosca Azul editores, 1984 ; R. Douglas Cope, *The Limit of Racial Domination. Plebeian Society in Colonial Mexico City, 1660-1720*, Madison, The University of Wisconsin Press, 1994.

En fonction de ces canaux et principes de mobilité mis en évidence, on peut se demander d'ailleurs pourquoi les Indiens ne disparurent pas par métissage, qu'il fût biologique ou socio-économique. C'est une preuve de la force du cadre colonial que d'avoir imposé, renouvelé et reproduit, tout en la déplaçant, la barrière qui séparait les Indiens des « autres », l'existence des métis servant aussi à amortir les conflits par la possibilité d'intégrer ce groupe, dont les membres cherchaient eux-mêmes à se distinguer d'autant plus des Indiens qu'ils en étaient plus proches. En même temps, les structures caciquales survécurent ou s'adaptèrent et, après leur étiolement, la communauté prit le relais, fondée sur le triptyque que constituaient le conseil de villages, les confréries et les terres dites de communauté, et dont le système de rotation des charges qui en assurait le fonctionnement était le ciment[28]. C'est bien une telle structure collective qui se mit en place après la crise des caciquats dans les Andes, et plus tôt en Nouvelle-Espagne. La communauté tenait lieu de refuge ou de repli pour la vie collective dans les secteurs les plus reculés, et, avec le développement des autres formes de dépendance et de contrôle de la main-d'œuvre, c'est encore selon un tel modèle que s'établirent les solidarités entre les travailleurs des haciendas.

Une similaire fluidité des conditions sociales coloniales peut être envisagée pour les Noirs, puisque les récents travaux qui envisagent les « Noirs des villes » montrent l'importance des libres (ce qui suppose de multiples voies d'affranchissement) et indiquent l'autonomie que nombre d'entre les esclaves avaient à l'égard de leurs maîtres[29]. La macule du tribut et le stigmate de la servitude, s'ils pouvaient se perdre ou se diluer, étaient à même de se maintenir, par

28. Nathan Wachtel, *Le Retour des ancêtres. Les Indiens Urus de Bolivie, XXe-XVIe siècle. Essai d'histoire régressive*, Paris, Gallimard, 1990, p. 414-435 ; Roger Rasnake, *Autoridad y poder en los Andes. Los Kuraqkuna de Yura*, La Paz, Hisbol, 1989 ; Antoinette Fioravianti-Molinié, « La communauté aujourd'hui », *Annales ESC*, 33-5/6, 1978, p. 1182-1196.

29. Carmen Bernand, *Negros esclavos y libres en las cuidades hispanoamericanas*, Madrid, Fundación Tavera, 2001.

déplacement des lignes de partage sociales, car les préjugés, qui étaient à leur fondement, se reproduisaient également. À ce titre, le système des catégories coloniales, issu des conceptions juridiques de l'Ancien Régime et fondé sur un mélange d'exclusion et de distinction, représente l'héritage essentiel de la colonisation, alors même que celle-ci se caractérisait par sa fluidité et sa souplesse, ce dont témoignent les multiples formes et possibilités de métissage.

La justice au centre du rapport colonial

En l'espace de quelques années en Nouvelle-Espagne, à l'issue d'une génération quasiment au Pérou, la couronne espagnole prit en main les destinées de ses nouveaux territoires américains, en mettant en place une administration qui, parce que d'Ancien Régime, était judiciaire plus encore que fiscale. Toutes les institutions qui découpaient l'espace américain (vice-royautés, audiences, *corregimientos*, municipalités) étaient des juridictions territoriales, et les autorités qui se trouvaient à leur tête (vice-rois, présidents et *oidores*, *corregidores* et *tenientes*-corregidores, *alcaldes*) étaient avant tout des juges dont la hiérarchie représentait autant de niveaux d'appels pour les plaintes et procès qu'ils instruisaient et tranchaient. Et l'échelon ultime en était le souverain, en son Conseil, des Indes en l'occurrence. La plus immédiate des tâches de ces représentants de la Couronne était le recouvrement du tribut indien, et leur première prérogative et principale fonction était de rendre la justice. Si donc, dans le rapport colonial établi par la conquête puis par la colonisation espagnole, les formes du prélèvement fiscal et les obligations en travail qui pesaient sur les épaules des Indiens sont essentielles, la justice était placée au cœur des relations sociales coloniales. Et les Indiens eux-mêmes y avaient accès. Ils étaient certes considérés comme des sujets mineurs de la Couronne (à l'instar des femmes mariées ou des individus de moins de vingt-quatre ans) — et ne pouvaient donc accéder aux cours que par l'intermédiaire d'un *protector de los naturales* —, mais, à ce titre même, ils étaient placés sous la protection du roi. Les Indiens, dès lors, ne se privèrent pas d'en appeler à la miséricorde royale, et la

monarchie elle-même reconnaissait la validité de cet appel,
qu'elle avait consacrée par toute une législation dont le but
était de les protéger des abus et mauvais traitements en
même temps qu'elle codifiait leurs obligations. Cette législation fut réunie en un corpus de lois, la *Recopilación de leyes
de las Indias*. Elle ne doit pas être tenue pour une sorte de
concession à ceux qui prirent la défense des Indiens, voire un
moyen de se dédouaner à bon compte de l'exploitation que
la colonie imposait, mais comme l'expression même d'un
mode de gouvernement et de la relation — en contexte
d'Ancien Régime — que le souverain établissait avec ses
sujets, faite d'obligations et de droits réciproques. Ainsi, une
législation protégeant les Indiens fut adoptée avec les voies
d'accès et de recours, qui représentait un corpus de lois que
pouvaient invoquer les Indiens dans la défense de leurs
droits, et que le souverain se devait de reconnaître et de faire
appliquer. C'est à ce titre que la justice doit être envisagée
comme l'institution centrale de la colonisation espagnole en
Amérique entre XVIe et XVIIIe siècle.

L'accès à la justice était donc ouvert aux Indiens, aussi bien
pour les litiges internes que pour les conflits qui les opposaient avec tel ou tel membre de la société coloniale. Cet
accès n'était pas un vain mot. Les archives judiciaires constituent le « pain quotidien » des historiens de l'Amérique coloniale, et ces dossiers représentent une source inépuisable
d'informations pour tous les aspects de la vie sociale de cette
époque. On ne peut qu'être étonné en effet de voir la quantité de procédures intentées par les caciques contre les abus
et mauvais traitements dont leurs Indiens étaient victimes, les
efforts qu'ils déployèrent pour défendre leurs terres ou obtenir une nouvelle taxation du groupe dont ils avaient la
charge. De même, nombre d'Indiens du commun cherchaient
à faire valoir leurs droits pour échapper au paiement du tribut et à l'obligation de la *mita*, mettre fin aux extorsions
dont ils souffraient de la part des majordomes d'haciendas ou
des collecteurs de la dîme, avant d'accuser les caciques à leur
tour de telles injustices. Si ces tentatives étaient vaines et
vouées à l'échec, pourquoi engageaient-ils de telles actions
en justice, sachant les aléas, la lenteur et le coût des procédures ? Et s'il n'était la perspective d'une sentence favorable,

comment expliquer ces appels successifs jusqu'à Mexico ou
Lima, voire Madrid ? Certes, les dossiers qui nous sont parvenus sur de tels faits ne doivent pas impressionner au point
d'oublier toutes ces violences qui n'ont pas fait l'objet de
dénonciations. Il faut cependant s'interroger sur le sens de
telles initiatives qui restent incompréhensibles si on ne les
replace dans le contexte d'Ancien Régime où la colonisation
espagnole — avec ses caractères — se développa et prospéra.

L'accès à la justice était plus que le moyen par lequel les
caciques se trouvaient confortés dans leur rôle d'intermédiaires
et de garants des intérêts collectifs, car les initiateurs des
plaintes débordent — et largement — le seul groupe caciqual. Plusieurs interprétations sont possibles pour rendre
compte d'une telle universalité du recours à la justice. On
peut envisager d'abord que la Conquête a sapé les bases des
instances et modes préhispaniques de régulation des conflits
internes, soit un chapitre supplémentaire de la déstructuration dont souffrirent les sociétés indiennes. On peut y voir
aussi un effet de l'imposition des nouveaux cadres sociopolitiques, ce qui serait un volet de la construction et restructuration de la société indienne coloniale, sur le mode de son
hispanisation ou, plus exactement, de l'intégration des institutions hispaniques imposées par les vainqueurs et adoptées
par les vaincus. On peut considérer alors qu'il s'agissait
d'une pièce centrale du « pacte colonial » : le roi étant le propriétaire éminent du sol et ayant rétrocédé son usage aux
collectivités indiennes — ce qui fondait l'exigence du prélèvement tributaire —, il était le garant des terres dont les
Indiens s'étaient vu reconnaître l'usufruit contre les usurpations et autres empiètements les plus divers. De même, les
Indiens ayant été placés sous la protection royale, ils pouvaient en appeler au souverain pour que leurs droits fussent
admis, conformément à la législation par ailleurs connue. On
peut voir enfin, dans ce rôle central et la place nodale de
l'autorité judiciaire pour les relations sociales, l'élément dis-
tinctif de la colonisation espagnole, par opposition à celles
qui fleurirent au XIXe siècle, parce que justement elle obéissait aux schémas du fonctionnement social de l'Ancien
Régime.

Une telle intégration peut expliquer la rapidité et l'efficacité avec lesquelles la colonisation espagnole s'est implantée puis mise en place, malgré le rapport numérique défavorable — même en intégrant la dépopulation dont souffrit la population indienne —, les difficultés administratives pour contrôler un espace démesuré et le manque de personnel pour réaliser ce projet. L'agrégation de la population indienne par la justice à la monarchie hispanique et, paradoxalement, son acceptation et sa soumission à l'ordre colonial par les Indiens eux-mêmes sont des données qu'il faut intégrer pour comprendre comment la colonie a pu s'implanter, se consolider et, enfin, se maintenir avec autant de facilité. La question de la résistance initiale et le cas des zones frontières mis à part, la plupart des révoltes ou tentatives de soulèvement — jusqu'à la rébellion de Túpac Amaru (1780-1781), qui, dans les Andes, est un cas particulier — peuvent être interprétées sur le modèle des révoltes antifiscales ou de la faim que connut l'Europe moderne. Elles peuvent aussi être regardées comme autant de manifestations violentes revendiquant le respect des prérogatives reconnues à la république des Indiens et invoquant la coutume établie par le roi lui-même dans ses nouveaux territoires. Le fait même que la justice espagnole fût placée au cœur des relations internes de la société indienne et fût le canal d'expression des tensions interethniques peut être tenu — paradoxalement — pour un élément décisif de la force du lien colonial que les Espagnols établirent en Amérique et que les Indiens intégrèrent. Autant que la coercition, la justice doit être considérée comme une pièce centrale du dispositif qui faisait coexister les corps, y compris dans leurs relations inégales.

Car les sentences n'étaient pas toutes défavorables aux Indiens, loin s'en faut, dans les procès qu'ils intentaient contre les propriétaires usurpateurs de terres, les fonctionnaires prévaricateurs, les clercs coupables d'ignominies eu égard à leur statut. Est-ce à dire que la justice coloniale tempérait les rigueurs du système colonial ? Ce serait commettre un anachronisme que d'interpréter cette institution en ces termes. S'il n'était pas une mascarade, l'exercice de la justice n'en était pas pour autant un rempart contre l'exploitation coloniale. Mais, à l'instar de l'étonnante et officielle polémique sur la légitimité de la conquête que le souverain, au nom duquel s'était effectuée cette même conquête, laissa se développer, organisa et écouta, la mise en place de toute une législation et d'institutions ayant pour but de protéger les Indiens correspond bien à cette image du souverain responsable, devant Dieu, du bien-être de ses sujets et auquel s'impose également le respect du droit. Il en allait de son salut — ce qui renvoie à sa figure paternelle — et de la prééminence de son autorité. Mettre en avant cette spécificité de la colonisation hispanique n'a pas pour but de la dédouaner de toute critique (encore qu'il ne s'agisse pas de porter quelque jugement de valeur), mais au contraire de rendre compte de sa nature particulière, qui la distingue d'autres colonisations.

Quoi qu'il en soit, il y avait loin entre le droit et le fait, et, pour obtenir l'exécution d'une sentence qui pouvait leur être favorable, les Indiens devaient recourir de nouveau aux juges. Un tel écart s'observe également lorsque l'on voit, à quelques décennies de distance, le même conflit resurgir, et dans les mêmes termes. Pour expliquer cela, il n'est pas besoin d'évoquer le lieu commun de la lenteur de la justice ou d'invoquer les solidarités familiales et la communauté d'intérêts, voire la collusion des juges avec la partie adverse, quand ils ne participaient pas eux-mêmes de l'exploitation des Indiens. Il n'est pas nécessaire non plus de suspecter un préjugé favorable à l'égard des intérêts espagnols mis en cause. C'est tout simplement le fait colonial qui explique cet improbable respect du droit, en raison du rapport de force qui s'imposait à la sentence, lorsqu'elle était favorable à ceux qui le subissaient. Il faut tenir en effet les deux éléments ensemble : la violence du rapport colonial et le droit reconnu. Et c'est dans cette contradiction que peut se comprendre la capacité du système à se reproduire. D'un côté, les conflits étaient portés devant la justice contribuant à maintenir le lien et facilitant l'incorporation des normes qui présidaient à l'articulation des différentes composantes de la société coloniale ; de l'autre, en raison de l'insertion de ceux qui l'exerçaient dans le tissu des relations sociales locales, la justice était à son tour l'objet des tensions qui traversaient cette même société coloniale.

Retour sur le rapport colonial

La violence est à l'origine du rapport colonial, puisque instaurée par la conquête. Autant que par les armes et la contrainte, c'est la déstructuration de l'essentiel des cadres sociaux existants qui a rendu possible la mise en place de la puissance espagnole. Plus que la collaboration des élites caciquales, c'est leur affaiblissement premier, puis leur insertion dans la machine administrative et les mécanismes économiques, dont ils bénéficiaient, qui permit au système de se maintenir et de se reproduire. Mais, si certains de ces éléments d'articulation se retrouvent dans d'autres colonisations, les espaces de mobilité, les marges de manœuvre laissés et mis à profit par les Indiens, en un mot, le jeu que comportaient les rouages coloniaux, étaient particulièrement importants dans l'Amérique espagnole. Car c'est là que réside l'originalité de l'expérience américaine, dans son aptitude à intégrer, par les multiples espaces de participation qu'elle laissait à la population. Et c'est, en retour, à partir des institutions hispaniques et des nouvelles formes de relations sociales que se sont reconstruites les sociétés indiennes, qui ont montré une capacité d'initiatives tout aussi remarquable. À ce titre, les Indiens ne furent pas seulement sujets de la colonisation, ils furent aussi acteurs de son développement historique. Dans ce double processus, le rôle des métissages et celui de la justice furent centraux pour permettre la stabilité de la société coloniale. Ce n'est donc pas le couple exploitation et résistance qui doit être uniquement mis en avant, mais toutes les formes d'adaptation, d'un côté, et, de l'autre, les lieux par lesquels le lien colonial réussissait — et réussit — à se reproduire. Loin de nous l'idée d'occulter la face obscure de la colonisation. Fondée sur la conquête, la violence était au cœur du système, et les préjugés « raciaux » qui recouvraient la division de la population en corps, sur un modèle juridique ancien, se déplacèrent au rythme des transformations successives. Si l'exploitation, les contraintes et les abus ne sont pas propres au rapport colonial, les formes que celui-ci prit en Amérique à l'époque moderne le distinguent d'autres formations sociales, intégrant tout en excluant, et reconnaissant, en droit, une place à ceux qui étaient en situation de dépendance. Les possibilités de la mobilité, le métissage, la justice comme lieu de régulation (certes asymétrique) des conflits et les diverses formes d'articulation sociale caractérisent cette colonisation d'Ancien Régime, conçue selon un modèle juridique de la société et construite dans l'écart à ses propres normes établies.

« México como nación independiente y libre[30] »

« J'avoue ne trouver aucune différence entre la condition de l'esclave noir et celle des Indiens sur nos haciendas. L'esclavage du premier a pour cause le barbare droit du plus fort, l'esclavage des Indiens a pour cause la fraude, la malice [des propriétaires] et l'innocence d'êtres presque incapables de volonté […] et c'est, il est vrai, une chose bien propre à nous étonner que de songer que la population indienne de la Nouvelle-Espagne a perdu au lieu que gagné dans la révolution (d'indépendance) : elle a échangé des droits abstraits contre des privilèges positifs […]. »

Ce qu'expriment les intéressés en 1829 dans *El Pajaro verde*, 26 septembre 1965 : « […] Ce qui est certain, c'est que les Indiens ne voient pas leur sort s'améliorer ; au contraire, chaque jour ils reçoivent de nouvelles déceptions […]. Si nous n'obtenons rien des gouvernants […] nous insufflerons à nos enfants la haine contre eux ; baignant nos yeux de larmes, nous leur conterons la persécution qui se déchaîne contre nous, nous les maudirons mille et une fois et, à l'heure de fermer pour toujours les yeux, nous emporterons l'espérance consolatrice du temps qui verra une de nos générations vraiment libre. »

Juan Rodríguez de San Miguel écrit[31] :
« […] Après l'abolition des privilèges et la proclamation de l'égalité légale, les privilèges des Indiens furent détruits et, en échange de ce qui leur apportait des bénéfices très positifs, ils reçurent le simple titre de citoyens […]. Ils ont porté presque tout le poids du terrible impôt du sang, puisqu'ils sont les victimes de la presse inhumaine et détestée […] écrasés d'impôts,

---

30. Attribué à Tadeo Ortiz, 1822, cité *in* Robert Jaulin, *L'Ethnocide à travers les Amériques*, Paris, Librairie Arthème Fayard, 1972, p. 67. (NDLR)

31. Voir *L'Ethnocide à travers les Amériques*, *op. cit.*, p. 67-68. (NDLR)

ils ont souffert de la suppression du *mirador en causas de indios*, de la suppression de la loi qui interdisait les prêts de la part des propriétaires quand ils dépassaient cinq pesos, c'est de là que date le développement énorme des dettes des travailleurs, dettes qui furent l'objet de décrets de l'État de Puebla, décrets qui ne furent pas censurés par les chambres de la Fédération[32]. »

32. Pétition de don Pedro Patina Ixtolinque signée par de nombreux lettrés au nom du peuple, le 17 septembre 1829 (archives de Luis Chávez Orozco). (NDLR)

ANNEXE

Interventions impérialistes et luttes en Amérique latine

Il serait abusif de considérer que tous les mouvements politiques latino-américains nationalistes, marxistes, populistes, castristes, maoïstes ou indigénistes sont réductibles à la lutte anti-impérialiste, même si cet aspect est souvent présent. La diversité des enjeux, des acteurs, des projets et des situations appelle à nuancer les propos, sans compter l'importance émotionnelle de l'idéologie liée à tous ces conflits, depuis les fresques des muralistes mexicains, en passant par l'iconographie d'Eva Perón et de Che Guevara jusqu'à la descente médiatisée des zapatistes cagoulés à Mexico. Le poids des oligarchies agro-exportatrices, des forces armées, des classes moyennes, des intellectuels, des paysans, de l'Église et des marginaux doit être pris en compte dans chacun des contextes historiques et géographiques. Notre propos n'est donc pas de dresser une liste exhaustive des actions politiques anti-impérialistes menées en Amérique latine depuis l'indépendance des États jusqu'au début du XXIᵉ siècle, mais de citer quelques jalons politiques indispensables à la poursuite d'une réflexion sur le colonialisme et l'impérialisme.

Contrairement à la situation de l'Europe, l'Amérique ibérique, espagnole et portugaise, connaît une stabilité politique rare pendant près de trois siècles. Les combats pour l'indépendance s'inscrivent dans un cadre temporel qui va approximativement de 1750 à 1850. Ils sont forcément d'un autre style et d'une autre nature que ceux qui ont marqué l'émergence du tiers-mondisme au XXᵉ siècle. Mais le fait même de leur antériorité chronologique est intéressant pour l'étude des ruptures politiques avec les régimes coloniaux et leurs conséquences. Sans entrer dans les détails des révoltes, insurrections et guérillas qui jalonnent cette longue période, notamment à partir des dernières décennies du XVIIIᵉ siècle, signalons deux grandes insurrections pré-indépendantistes. La première est celle qui embrase le Pérou et l'actuelle Bolivie entre 1780 et 1781 : le soulèvement de Túpac Amaru, qui appartenait à l'élite indienne de la région de Cuzco, suivi de celle de Tomás Catari. La défection des créoles, qui devaient se rallier à Túpac Amaru, et la non-participation de la plèbe urbaine — notamment les hommes libres de couleur de Lima — fragilisent et finalement contribuent à faire échouer la révolte. Les meneurs sont emprisonnés et exécutés, et les Indiens perdent les rares privilèges qu'ils conservaient, notamment ceux qui étaient accordés aux chefs locaux.

L'autre grand soulèvement est celui des esclaves et hommes libres de couleur à Saint-Domingue, sous la direction de Toussaint Louverture et de Jean-Jacques Dessalines. Cette guerre se prolonge de 1791 à 1803 et s'achève par le triomphe des Noirs et des mulâtres, qui acquièrent leur liberté et proclament l'indépendance d'Haïti en 1804. En échange d'une indemnité de 150 millions de francs, Charles X concède aux habitants de la partie française de Saint-Domingue « l'indépendance pleine et entière ». L'appauvrissement d'Haïti date de cette époque-là.

Au cours du XIXᵉ siècle, les désordres provoqués par les guerres d'indépendance amènent sur la scène politique des *caudillos* nationaux. La Grande-Bretagne, qui avait, sans succès, envahi Buenos Aires à deux reprises, en 1806 et 1807, et qui avait été repoussée, joue un rôle important dans la restructuration des relations de dépendance entre les nouveaux États indépendants et l'Europe industrielle. Cet impérialisme « informel », parce qu'il n'a jamais vraiment réussi à s'implanter localement — sauf dans le Belize et dans quelques régions marginales des Caraïbes —, est lié au commerce et aux finances. Il est marqué également par quelques actions, comme le blocus du Río de la Plata par la Royal Navy au milieu des années 1840 contre le dictateur Rosas, en faveur du libre commerce. Sans être vraiment anti-impérialistes, les deux guerres qui ont ensanglanté l'Amérique du Sud dans la seconde moitié du XIXᵉ siècle, celle de la Triple-Alliance et celle du Pacifique, restent tout de même liées à des intérêts néocoloniaux. La guerre du Paraguay (1864-1870) contre la coalition du Brésil, de l'Argentine et de l'Uruguay, aurait été la conséquence de l'intégration du Río de la Plata dans l'économie mondiale britannique, et l'opposition de l'Angleterre au modèle de développement autonome suivi par le Paraguay, bien que le rôle joué par la Grande-Bretagne ait été récemment mis en question. Cette guerre atroce ruine le Paraguay, qui perd quasiment toute sa population masculine et passe de 1,3 million d'habitants à 400 000. Au XX⁰ siècle, de 1932 à 1935, un nouveau conflit oppose la Bolivie au Paraguay et ce dernier pays est décimé. La cause de ce carnage est la découverte par la Standard Oil nord-américaine d'un gisement de pétrole dans la région de Santa Cruz de la Sierra.

Un autre conflit impérialiste qui marque le xıxᵉ siècle est la guerre du Pacifique (1879-1883). Il faut rechercher les raisons dans les intérêts extérieurs liés à l'exploitation des nitrates. Les compagnies britanniques appuient l'agression chilienne, alors que les groupes français soutiennent le Pérou et la Bolivie. Finalement, la Bolivie perd le port d'Antofagasta et tout débouché maritime, tandis que le Chili victorieux contrôle le nitrate et que son armée sort renforcée de cette expérience. Ailleurs, en Amazonie, l'essor du caoutchouc favorise la séparation du territoire d'Acre, contrôlé par l'Angleterre.

Parallèlement (et souvent en conflit), avec l'influence économique de la Grande-Bretagne, on assiste dès la fin du XIXᵉ siècle à la montée de l'impérialisme nord-américain. En 1865, les États-Unis, au nom de la doctrine de Monroe (prononcée en 1823 et dans le contexte des luttes contre l'Espagne), demandent le retrait des troupes françaises du Mexique, qui soutenaient l'empereur Maximilien, mis sur le trône par Napoléon III. Mais la véritable influence nord-américaine date de 1898, lorsque les marines interviennent à Cuba pour chasser les Espagnols. Les motifs économiques de cette intervention sont évidents : le contrôle de la production sucrière. En 1901, Cuba doit accepter l'amendement Platt qui donne aux États-Unis le droit d'intervention sur l'île et l'installation de bases navales nord-américaines.

Les enjeux économiques autour de la construction d'un canal transocéanique dans l'isthme de Panamá sont à l'origine d'une révolution fomentée par les États-Unis en 1903, qui débouche sur l'indépendance du Panamá, autrefois englobé dans la Colombie. Le gouvernement de ce pays accorde aux États-Unis une zone de vingt kilomètres le long des bords du futur canal, qui restera sous contrôle américain jusqu'à la fin du xxᵉ siècle. Le président Theodore Roosevelt inaugure donc la politique du *big stick* légitimée par une doctrine de Monroe *aggiornata* selon laquelle les régimes politiques instables des pays latino-américains doivent être surveillés par une police internationale, les États-Unis se réservant le droit de jouer le rôle de gendarme au service des relations financières. En 1914, craignant les débordements de la révolution mexicaine, les Américains débarquent à Veracruz. Ils y restent jusqu'en 1917. En 1915, Haïti est occupé par les marines et restera sous contrôle américain jusqu'en 1934. Après le débarquement des marines à Saint-Domingue, en 1914, pour garantir les intérêts financiers des États-Unis, la République dominicaine passe en 1916 sous le contrôle direct d'un gouverneur américain jusqu'en 1922.

L'ampleur de la révolution mexicaine et la complexité des groupes qui s'affrontent, les luttes agraires et celles qui opposent divers courants politiques révolutionnaires rendent difficile l'interprétation de ces faits comme une lutte anti-impérialiste. Cependant, on peut y trouver les premiers foyers de guérilla du xxᵉ siècle (Emiliano Zapata à Morelos, Pancho Villa à Chihuahua). La première grande révolution du xxᵉ siècle est marquée par le nationalisme, la réforme agraire et l'anticléricalisme. Cette période s'achève en 1930 avec l'institutionnalisation du parti révolutionnaire au pouvoir, le PRI, qui se maintiendra jusqu'à la dernière année du siècle.

La période qui s'étend jusqu'au milieu du xxᵉ siècle est jalonnée par une série de luttes anti-impérialistes qui serviront de modèle à des mouvements ultérieurs. Les partis communistes jouent un rôle de premier plan dans bien des cas. Au Brésil, en 1925, la colonne de Carlos Prestes traverse cet immense pays dans un exploit qui sera plus tard comparé à la « Longue Marche » de Mao Zedong. En Amérique centrale, Sandino oppose une résistance aux marines, de 1926 à 1933, afin de les déloger du Nicaragua. Au Salvador, Augusto Farabundo Martí déclenche une révolte en 1932, la première insurrection communiste en Amérique latine. Avant la révolution cubaine, l'histoire politique de l'Amérique latine est marquée par une série de conflits, alliances et affrontements entre des partis communistes régionaux et des mouvements populistes nationalistes dirigés par des leaders charismatiques, dont les plus importants furent Haya de la Torre, fondateur de l'APRA (Pérou, 1924), Getúlio Vargas (mis au pouvoir au Brésil en 1930 par un coup d'État militaire), Juan D. Perón (leader ouvriériste de l'Argentine de 1945 jusqu'en 1956) et Víctor Paz Estenssoro, porté par la révolution nationale bolivienne, en 1952. C'est le début des nationalisations massives et de la politique de substitution des importations. Incontestablement, il y a dans ces populismes des formes anti-impérialistes, bien qu'ils soient plutôt hostiles aux oligarchies terrienne et minière.

Au lendemain de la Seconde Guerre mondiale, l'affrontement entre l'Occident et l'URSS se porte également sur la scène latino-américaine. C'est au Guatemala, en 1954, que l'action de l'impérialisme américain se manifeste de façon évidente. Un coup d'État orchestré par la CIA renverse le président de gauche Jacobo Arbenz Guzmán pour défendre les intérêts de la United Fruit.

Assurément, la date la plus marquante, aussi bien sur le plan politique que symbolique, est la révolution cubaine du 8 janvier 1959, le modèle même de la lutte anti-impérialiste. Il s'agit d'un phénomène incontournable qui va orienter tous les combats qui seront entrepris dans les différents pays latino-américains. Les critiques qui ont été adressées au régime castriste dans ces dernières décennies ne peuvent pas faire oublier l'impact émotionnel de ces événements, qui vont réorienter toutes les actions anti-impérialistes.

À partir des années 1960 surgissent un peu partout des foyers de guérilla. Après une décennie de « violence » en Colombie déclenchée par l'assassinat d'Eliecer Gaitán, défenseur des mouvements populaires dès 1929, les FARC (Forces armées révolutionnaires colombiennes) sont créées en 1966 comme réponse à la destruction de Marquetalia, guérilla rurale la plus longue en Amérique latine, écrasée en 1965. Leader des FARC, Manuel Marulanda, « Tirofijo », a passé plus d'un demi-siècle à combattre. Les guérillas urbaines des années 1960 et début 1970 (Brésil, Chili, Uruguay, Argentine) sont une variante importante de la lutte armée de libération selon le modèle cubain. Coup d'État militaire au Chili, bombardement du palais présidentiel La Moneda et mort du président élu, Salvador Allende, le 11 septembre 1973 — soutenu par le MIR fondé en 1967. Ces mouvements sont anéantis dans les années 1970 et suivis d'une répression sans précédent qui dure plusieurs années.

Au Guatemala, plusieurs tendances de guérilla se développent dans les années 1960. En 1961, Carlos Fonseca Amador crée le Front sandiniste au Nicaragua. Le M-13, constitué en 1962, est fidèle à la mémoire d'Arbenz. Les groupes dirigés par Rolando Moran et Mario Payeras introduisent une innovation dans la guérilla, en mettant l'accent sur la composante indienne de la population. Mais, dans ce pays, les dissensions entre les divers groupes en lutte et surtout la guerre déclenchée par le général Efraín Ríos Montt de 1982 à 1983 ravagent les villages indiens. La guerre civile du Guatemala, qui a duré trente-six ans, s'achève par un accord de cessez-le-feu signé à Oslo en 1996.

Un autre jalon important dans les luttes anti-impérialistes est constitué par la révolution du Nicaragua qui commence le 19 juillet 1979. Elle se termine en février 1990 avec les élections qui donnent la victoire à l'opposition. Dans cette révolution, l'Église catholique et ses communautés ecclésiales de base jouent un rôle déterminant, avec l'aide castriste.

Dans les années 1980, c'est l'Amérique centrale qui devient le théâtre d'affrontements très violents entre les groupes de gauche, ancrés dans les milieux ruraux, et les forces armées. Au Salvador, où plusieurs tendances gauchistes en rupture avec la bureaucratie communiste poursuivent la lutte armée, une véritable guerre se déroule pendant plus d'une décennie. Celles qui ensanglantent l'Amérique centrale sont encouragées par le trafic d'armes qui passe par Cuba, en provenance de l'Éthiopie et du Vietnam.

Dans les dernières décennies du xxe siècle, malgré l'annonce fracassante de la fin des idéologies, la guérilla maoïste du Sentier lumineux, mouvement fondé en 1960 et devenu fort dans les années 1970, se développe au Pérou. Pendant plus de dix ans, les Andes sont dévastées par une guérilla qui s'étend aussi jusqu'à Lima et menace la continuité de l'État. Avec l'arrestation en 1992 d'Abimael Guzmán, le principal dirigeant, il semble que le mouvement ait été en grande partie anéanti. Deux points méritent d'être signalés : le Sentier lumineux, qui n'est pas un mouvement indien mais constitué de métis scolarisés et souvent d'universitaires, a incorporé à la lutte armée les marginaux urbains. D'autre part, grâce à ses liens avec la production et le trafic de cocaïne, il a pu bénéficier d'armes et d'argent, comme c'est toujours le cas avec les différents courants de guérilla de la Colombie.

À partir des années 1970, les mouvements contre les dictatures militaires soutenues par les États-Unis trouvent un appui auprès de groupes religieux ou éthiques inspirés de la théologie de la libération, née après le concile Vatican II (1962-1965) et la Conférence latino-américaine des évêques tenue à Medellín en 1963. L'influence des *comunidades eclesiales* de base se fait sentir dans tout le continent et notamment au Salvador, au Pérou et au Brésil. Ces communautés sont constituées de petits groupes de réflexion et d'action créés par des religieux et des laïques. Elles sont basées dans les bidonvilles et dans les zones rurales urbaines ou dans les campagnes et proclament l'option préférentielle pour les pauvres. Durement réprimés en Argentine sous la dictature militaire, ces militants agissent contre la militarisation et les politiques autoritaires touchant de préférence les marginaux, les Indiens et les femmes. D'ailleurs, celles-ci jouent un rôle considérable dans les luttes contre la dictature ; le mouvement des Mères de la place de Mai (Argentine), à partir de 1978, est probablement le plus représentatif, bien qu'il ne soit pas unique.

À la fin du xxᵉ siècle, alors que l'on croyait les guérillas révolues, le 2 janvier 1994, l'Armée zapatiste de libération nationale marque le début de la révolte du Chiapas. Ce mouvement, dirigé par un intellectuel, le sous-commandant Marcos, canalise le mécontentement indien, accru par la suppression des attributions des terres communales par le gouvernement de Salinas de Gortari. Le néozapatisme est contemporain de l'entrée du Mexique dans l'ALENA avec les États-Unis.

Le déclin des grands combats idéologiques va de pair avec le poids de plus en plus écrasant des marchés financiers et les exigences du Fonds monétaire international à l'égard du remboursement de la dette. Quelques dates méritent d'être rappelées :

— Août 1982 : début d'une crise financière extrêmement grave au Mexique qui aboutit à une très forte dévaluation du peso, à la renégociation de la dette et à la nationalisation des banques. Les effets de cette crise (« effet tequila ») se font sentir dans tout le continent latino-américain.

— Mai 1989 : en Argentine, Carlos Menem succède à Raúl Alfonsín, président radical, pour enrayer l'hyperinflation et mener à bien une politique libérale d'ajustement structurel. C'est le début de la paupérisation des classes moyennes argentines, ainsi que des couches populaires.

— Après le Panamá, la Barbade et le Belize, l'Équateur est dollarisé en octobre 2000, à la suite d'une longue crise qui a conduit les Indiens jusqu'à la capitale, Quito. La place de la drogue est prépondérante dans les économies régionales de la plupart des pays latino-américains.

À l'aube du XXIe siècle, l'Amérique latine devient donc le laboratoire privilégié de l'économie libérale, comme au XVIe siècle elle l'avait été de l'occidentalisation.

C.B.

Guyane française :
du « paradis » à l'enfer du bagne
par Pascale Cornuel

« Le bagne n'est pas une machine à châtiment bien définie, réglée, invariable. C'est une usine à malheur qui travaille sans plan ni matrice[1]. »

Dans la lettre ouverte au ministre des Colonies qui conclut son célèbre reportage, Albert Londres élargit ce propos sans appel à la Guyane française tout entière : « La main-d'œuvre ayant été remise en état, l'essentiel manquera encore : un plan de colonisation[2]. » Car c'est bien là le terrifiant paradoxe dont la Guyane fut victime : rares sont les colonies qui virent se succéder et capoter autant de plans de colonisation en une logique aussi destructrice. Celle-ci culminait avec la création du bagne de la transportation par la loi du 30 mars 1854, alors que trois mille condamnés avaient déjà mis pied en Guyane depuis le premier départ, deux ans auparavant, sans oublier les centaines de déportés, victimes, aux temps de la Révolution, de la première tentative du genre. Cette logique reposait sur un postulat que mettent tragiquement à nu les débuts de la colonisation du nord-ouest de la Guyane, des bords de la Mana à ceux du Maroni.

Des erreurs dont on n'apprend rien

Tout remonte à 1820, quand, pour pallier l'effondrement de son empire colonial, la France décide de relancer l'exploration de la Guyane, seul vaste territoire dont elle dispose

1. Albert Londres, *Au bagne,* dans *Œuvres complètes,* Paris, Arléa, 1992, 857 p., p. 13.
2. *Ibid.*, p. 96.

encore[3]. L'objectif est d'y envoyer des Blancs, la traite des
Noirs étant désormais interdite, à tout le moins rendue difficile, en Guyane particulièrement, colonie pauvre et dont
l'abord est desservi par un puissant courant marin qui porte
au large.

Le choix se fixe sur les bords de la Mana. L'envoi à grands
frais, en 1823, d'« ouvriers militaires[4] », de sapeurs et d'orphelins, 164 personnes au total, est un désastre. Le gouverneur
Milius incrimine la débauche, le vice et l'alcool d'une partie
des colons : « [...] Il s'en est glissé parmi eux un petit nombre
qu'il faut faire rentrer dans les égouts de nos arsenaux pour
n'en jamais sortir. Ces mendiants ont apporté à la Mana leur
paresse, leur ivrognerie et leur immoralité. J'en ai purgé la
nouvelle colonie[5]. »

Une hécatombe en juillet 1824 — 42 morts en quelques
semaines — provoque le rapatriement précipité à Cayenne
des survivants, souvent eux-mêmes en piètre état. Sans
changer d'avis sur le fond de son analyse, Milius concède
l'existence d'« un ennemi invisible, ces miasmes délétères
qui s'élèvent des eaux croupissantes soumises à l'action
d'un soleil brûlant ». Innombrables sont les dépêches locales
confirmant les effets néfastes du climat. La leçon est-elle
acquise ? L'administration pénitentiaire sous le Second
Empire répond encore ainsi aux attaques dont elle est
l'objet : « On a beaucoup exagéré la mortalité de notre colonie. [...] Pour peu que les Européens se plient à une vie
réglée et sobre et évitent les excès de boisson et de débauche, ils supportent le climat comme les créoles de la colonie. La vérité est que là, comme dans la plupart de nos
possessions d'outre-mer, l'Européen compromet souvent

3. En dehors de la Guyane, la France ne possède plus alors que des
îles (Martinique, Guadeloupe, Saint-Pierre-et-Miquelon) et des enclaves,
les unes en Inde (les comptoirs), les autres en Afrique (le nom de
« Sénégal et dépendances » ne donne guère idée de l'exiguïté d'un
territoire longtemps limité à Saint-Louis et à Gorée).
4. C'est ainsi que l'on nommait les hommes engagés et destinés à
la préparation de l'établissement colonial.
5. Dépêche du gouverneur Milius au ministre de la Marine et des
Colonies, 5 octobre 1824, CAOM/FM/SG/GUY60/F5 (17).

volontairement sa santé en abusant des liqueurs alcooliques et des amours faciles[6]. »

Fi du climat, vive la tempérance dont Milius, commentant les fièvres et les blessures de ses colons épuisés, tire la leçon : « Ma première pensée, en voyant ce spectacle affligeant, se porta sur cette vérité qu'il faut écrire en gros caractères au-dessus de la porte du ministère de la Marine : *"Pour réussir à coloniser la Mana, il faut en repousser les individus isolés, et n'y envoyer que des familles sobres et laborieuses : des Familles[7]"*. »

Œuvre de familles du Jura, la colonisation de la Mana, de 1824 à 1828, n'en est pas moins un échec : trop de dysfonctionnements ruinent l'entreprise. Le jeune officier qui en a la responsabilité, François Gerbet, a, dès 1821, bien avant cette nouvelle tentative, analysé, parfois en termes pathétiques, les erreurs d'appréciation, les décisions aberrantes relatives notamment au choix des sites et aux approvisionnements en outils, en nourriture ou en graines.

Les choses se sont-elles arrangées quarante ans plus tard ? Eugène Mélinon, commissaire-commandant du quartier de Mana depuis 1847, appelé à fonder la colonie pénitentiaire agricole de Saint-Laurent, témoigne : « [...] Commence la véritable colonisation, le 22 février 1858, par 24 concessionnaires choisis parmi les plus dignes d'entre les transportés. La culture de ces terres devait être ainsi entendue : un tiers en canne à sucre, un tiers en caféiers, un tiers en plantes alimentaires. [...] Des moyens mécaniques leur furent promis [...]. Des femmes leur furent également promises [...]. Ces 24 concessionnaires commencèrent avec ardeur. [...] L'émulation les animait tous. [...] Malheureusement, la construction de l'usine promise éprouva un ajournement. [...] La perte de leur récolte de cannes et les obstacles qui retardèrent pendant une

6. Cité par Michel Pierre dans *Bagnards – La terre de la grande punition, Cayenne 1852-1953,* Paris, Autrement, coll. « Mémoires », 2000, 262 p.
7. Dépêche du gouverneur Milius au ministre de la Marine et des Colonies, CAOM/FM/SG/GUY59/F5 (16), 15 décembre 1823. Les propos en italique sont accentués par l'auteur de la dépêche, ainsi que la majuscule à « Famille ».

année les unions entre condamnés des deux sexes produisirent un découragement profond et bien des chutes dans les résolutions des concessionnaires[8]. »

Innombrables sont encore les dépêches qui, de 1821 à 1828, relatent des situations totalement similaires. Il semble que les réelles difficultés techniques, hostiles à la colonisation de régions où la nature est si redoutable, ne se soient nullement atténuées au fil du siècle. Or des chefs de bureau compétents auraient déjà pu, depuis tant de temps, en tirer les leçons. Non seulement il n'en est rien, mais c'est l'inverse qui se produit.

Toutes les tentatives de colonisation des bords de la Mana obéissent au même scénario : joie de l'arrivée, bons vœux du gouverneur étayés d'un solide soutien financier et de la garantie de la ration pendant dix-huit mois, puis on se met au travail avec enthousiasme. Une année passe, la fatigue se fait sentir, les failles du système évoquées ci-dessus commencent à frapper, un colon meurt, cause de douleur et de désespoir de ses proches. Arrive le terme de la ration, les colons étant censés subvenir à leur propre subsistance, ce qui n'est pas le cas. C'est l'effondrement.

À tout le moins, ces personnes étaient, à partir de 1824, soudées par des liens affectifs solides qui compensaient partiellement la solitude des lieux. Que se passe-t-il quarante ans plus tard ? Les colons sont des contrevenants à la justice, espèce considérée à l'époque comme « vicieuse » par excellence, celle dont Milius voulait « purger » la colonie. Quelles familles pouvaient bien se bâtir dans ces conditions ?

« En quelques années, les mirifiques espoirs placés dans cet espace pénitentiaire, où les forçats auraient dû se régénérer par le travail, s'écroulent comme case rongée par les termites [...]. Certes, en 1866, les statistiques indiquent 899 concessionnaires mâles dont 155 mariés en bonne et due forme, ayant engendré 110 enfants [...]. En réalité, 126 seulement se suffisent à eux-mêmes. Les autres reçoivent encore la ration prévue pour les condamnés en cours de peine[9]. »

8. Rapport du commandant Mélinon, cité par Michel Pierre dans *Bagnards – La terre de la grande punition, op. cit*, p. 27.
9. Michel Pierre, *Le Dernier Exil. Histoire des bagnes et des forçats,* Paris, Gallimard, coll. « Découvertes », 1989, 192 p., p. 70-71.

Louis Napoléon espérait sincèrement la « régénération » par la colonie pénitentiaire.

Pourtant, les leçons d'un passé récent montraient bien que la dureté des conditions de vie ne faisait qu'aggraver les difficultés des colons et donc leur efficacité. Dès les premières tentatives, l'amiral Fourichon, gouverneur de la colonie, écrivait en 1854 : « Il ne me reste plus le moindre doute réservé à cette entreprise ; plus l'on y mettra de persistance, plus l'échec sera dommageable aux finances et à l'honneur du gouvernement[10]. »

Mais il n'est pas plus sourd que celui qui ne veut pas entendre. Un courant trop puissant plaide en France pour le bagne : on veut débarrasser la métropole de ces indésirables. Cette attente exclut toute démarche sensée, fondée sur les enseignements des précédentes tentatives. C'est elle qui procède du postulat évoqué ci-dessus, sans lequel la tragédie guyanaise reste incompréhensible.

Car rien n'était inéluctable. La colonisation du nord-ouest de la Guyane avait en effet connu le meilleur et le pire en un raccourci géographique fulgurant.

Au diable les inutiles

Le scandale de cette politique coloniale allait bien au-delà de la cécité évoquée ci-dessus. Il s'agissait bel et bien d'un choix et donc d'un renoncement à un autre modèle, dont Mana fut le théâtre de 1836 à 1846.

Mana naquit dans des circonstances exceptionnelles. Il fut construit par 477 Africains sous la houlette d'une religieuse, Anne-Marie Javouhey, fondatrice de la congrégation missionnaire Saint-Joseph de Cluny. Libérés aux termes de la loi contre la traite votée le 4 mars 1831, ces Africains devaient cependant un engagement à l'État de sept ans, soit à compter de l'année de la loi, soit, pour les plus jeunes, à compter de leur majorité. Jusqu'en 1835, leur vie ne changea guère, les « habitants[11] » de la colonie s'employant à vider la loi de son contenu. Le ministère voyait donc avec inquiétude le

10. Cité par Michel Pierre, *op. cit.*, p. 124.
11. On appelle ainsi les planteurs esclavagistes.

moment où ces personnes, totalement libres, s'adonneraient, à l'instar de nombreux affranchis, au vagabondage et à la mendicité. Les confier à Mère Javouhey, qu'il connaissait et appréciait de longue date[12], lui paraissait la meilleure garantie de « moralisation » de cette catégorie à part de la population noire. Un arrêté ministériel, le 18 septembre 1835, décida de la création de l'« établissement de la Mana », ainsi nommé car doté d'un régime spécial : il était placé sous l'autorité exclusive des sœurs de Saint-Joseph et interdit d'accès à toute personne non autorisée. En contrepartie de ce monopole, les religieuses devaient assumer le fonctionnement et les besoins de l'établissement[13] dont le territoire s'étendait de l'Organabo, petit fleuve à l'est de la Mana, jusqu'au Maroni, fleuve frontalier avec la Guyane hollandaise.

Après quinze ans de tentatives malheureuses, en 1836, le village vit enfin le jour[14]. Mais il était né d'un malentendu. Mère Javouhey voyait dans ces 477 Africains le noyau d'une société qui devait prospérer à la manière de ses propres ancêtres — paysans laborieux des confins de la Bourgogne et de la Franche-Comté. Plus encore, cette société devait prospérer à la manière des Guarani des missions[15] jésuites du Paraguay

12. La religieuse avait elle-même dirigé une tentative de colonisation blanche de 1828 à 1830 qui, tout en étant riche d'enseignements pour elle, n'en avait pas pour autant abouti.

13. En dépit de ce qu'en disaient les esclavagistes, la subvention de 25 000 francs accordée par l'État comme aide à l'installation les premières années ne pouvait suffire.

14. Les 477 Africains placés sous la responsabilité de Mère Javouhey sont arrivés à Mana en sept convois du 3 mars 1836 au 12 avril 1837.

15. Au XVIIe et au XVIIIe siècle, des jésuites sédentarisèrent les Indiens Guarani dans de vastes territoires, aux confins des États actuels du Paraguay, de l'Argentine et du Brésil. Ils faisaient partie à l'époque de l'immense diocèse du Paraguay. Les ruines de nombre de ces villages appelés « réductions » témoignent d'une acculturation remarquable des Guarani. Mère Jahouvey eut connaissance de l'œuvre des jésuites du Paraguay par la lecture de leurs *Lettres curieuses et édifiantes*, immense succès d'édition au début du XIXe siècle. Cette entreprise, contre laquelle les esclavagistes s'acharnèrent finalement avec succès, a inspiré, en 1986, le film *Mission* de Roland Joffé, avec Robert De Niro.

dont elle se réclamait explicitement[16]. Ainsi, là-bas, il n'y avait de Blancs que deux ou trois pères jésuites par village de trois milliers de Guarani ; à Mana, écrit Mère Javouhey, « il n'y aura aucun mélange de Blancs, tous seront noirs, les chefs noirs, le protecteur seul sera blanc ».

Ce projet de société entièrement noire de haut en bas de l'échelle sociale[17] valait à la religieuse d'être soutenue par les membres de la Société abolitionniste, surgie en 1834 dans la dynamique de l'abolition britannique. Elle y comptait même des amis comme Lamartine et surtout le baron Roger, un pilier de la Société. Cette dernière, attachée à l'idée d'une abolition graduelle[18] de l'esclavage, attendait de Mana la preuve du bien-fondé de sa revendication[19].

On comprend dès lors pourquoi Mère Javouhey était haïe des habitants de Guyane, conscients, à raison, du caractère subversif de cette petite société qui — c'était un comble — subvenait de mieux en mieux à ses besoins et n'était source d'aucun trouble particulier, alors même que les libérations définitives se multipliaient à partir de 1838. Mère Javouhey avait par conséquent fort à faire pour défendre le monopole de sa congrégation sur l'établissement, d'autant qu'elle avait proposé en 1841 au ministère de couper net le développement de l'esclavage en prenant en charge les trois mille cinq cents enfants d'esclaves de la colonie, par rachat forcé à leurs maîtres[20]. Éduqués, évangélisés — les deux allaient évidemment de pair —, ils auraient renforcé une population chrétienne dont les cadres seraient sortis du séminaire que la religieuse

16. *Correspondance d'Anne-Marie Javouhey,* Paris, éditions du Cerf, 1994, 4 volumes, lettre du 22 janvier 1834.

17. Mère Javouhey envisageait un séminaire dans le village, car elle prévoyait d'y poursuivre son projet de formation d'un clergé noir, déjà engagé en métropole et dont la conséquence fut l'ordination des trois premiers prêtres noirs français.

18. C'est seulement au début des années 1840 que l'idée d'une abolition immédiate se développe, y compris pour Victor Schoelcher qui la fait sienne à cette époque.

19. Exigence passablement équivoque, puisque l'on attendait la preuve de l'« utilité » des Noirs pour justifier leur affranchissement.

20. *Correspondance d'Anne-Marie Javouhey, op. cit.*, lettre au ministre de la Marine et des Colonies, 1er mars 1841.

envisageait de créer à Mana, et auraient constitué une population alphabétisée, acculturée, de plus en plus qualifiée grâce à une école d'agriculture également prévue dans ses plans.

Chimères. Non pas que cela fût irréalisable. Ce village de cent cinquante cases, sorti de terre en dix ans avec maison commune[21], église, hôpital, école et crèche, prouvait le contraire. Mais beaucoup de choses sont considérées comme irréalisables parce que non conformes aux intérêts de la classe dominante, ce qui était le cas. Le lobby colonial à Paris s'appuyait sur un gouvernement qui attendait de cette expérience, certes, une population moralisée et christianisée, mais aux fins d'une liberté conçue strictement comme celle d'accepter de produire les mêmes denrées coloniales que celles des habitations esclavagistes. Or les concessions que les Mananais recevaient en même temps que leur certificat de liberté produisaient abondamment riz, manioc, bananes et autres dachines. De girofle, de café ou de rocou[22], point. Pour cette raison, le ministre de la Marine et des Colonies mit un terme au monopole des sœurs. Leur succéda à la tête du village un jeune botaniste, Eugène Mélinon, à compter du 1er janvier 1847. En plein accord avec l'administration coloniale, il conditionnait le caractère définitif des concessions à la culture des denrées coloniales, au grand dam des Mananais qui, s'estimant grugés, implorèrent Mère Javouhey d'intervenir à Paris pour que justice leur fût rendue. La population du village amorça un léger déclin, alors même que les dépenses s'alourdissaient, la masse salariale d'une administration de quartier coûtant sensiblement plus cher que quelques religieuses. L'abolition de l'esclavage en 1848 rendait de toute façon obsolète l'exception mananaise. Le gouverneur Bonard y mit un terme définitif le 4 novembre 1854, par arrêté colonial. Mana devenait un quartier[23] comme un autre.

---

21. Ancêtre de l'actuelle mairie.
22. Le rocou est un colorant rouge-orange extrait des graines du rocouyer, arbrisseau d'Amérique centrale, longtemps cultivé par les habitants de Guyane.
23. La colonie était subdivisée en circonscriptions appelées « quartiers ». L'établissement de Mana, à la fin du monopole des sœurs, devint un quartier de la colonie.

Les mesures consécutives à la banalisation du statut de Mana étaient de deux ordres. Les premières consistaient à remettre en cause tous les avantages, sociaux avant la lettre, des Mananais. Mère Javouhey avait en effet capté et développé l'infrastructure coloniale à leur profit. Le gouverneur Bonard mit bon ordre à cela en supprimant « l'hôpital entretenu aux frais de l'État, établissement à peu près inutile, qui n'était maintenu qu'au profit des Noirs de ce quartier et qui ne se rencontre dans aucune autre partie de la colonie, ainsi que l'école des frères de Ploërmel, autre superfétation introduite dans cet établissement où il existe, en outre, une école pour les jeunes filles, tenue par les sœurs de Saint-Joseph[24] ». Et il concluait : « […] Je me propose de continuer à marcher peu à peu dans cette voie d'assimilation avec les autres parties de la colonie. » La suppression de la crèche suivrait de peu.

Le second ensemble de mesures relevait de la nouvelle direction donnée à la politique coloniale dans la région avec l'installation d'une colonie pénitentiaire. L'idée d'un bagne dans le nord-ouest de la Guyane française n'était pas nouvelle. Un fonctionnaire de la marine l'avait envisagée dès 1791[25]. Controversée sous la Restauration et la monarchie de Juillet, elle refaisait surface dans une métropole qui cherchait le moyen de se débarrasser de ses délinquants, criminels et réfractaires politiques. La Guyane avait été choisie mais avec le souci de préserver Cayenne et ses habitants, aussi respectables que les citoyens de la métropole, ce qui n'était pas le cas des Mananais. Le Nord-Ouest représentait donc une magnifique opportunité : « Il n'y a aucun scrupule à se faire quant à l'établissement d'un groupe de déportés à Mana. La présence de la population noire n'est pas une difficulté, du moment qu'on renonce à en tirer parti et profit pour le développement de la

24. Décision du 19 août 1854, communiquée au ministre par dépêche du 13 septembre 1854, CAOM/FM/SG/GUY61/F5 (21).
25. Dans son *Exposé des moyens de mettre en valeur et d'administrer la Guyane*, Daniel Lescallier prônait la colonisation par le bagne dans la région de la Mana. Fonctionnaire de la marine, Lescallier avait exercé la fonction d'ordonnateur de la Guyane de 1785 à 1788. Sur Lescallier et la Guyane, voir Yves Bénot, *La Guyane sous la Révolution*, Kourou, éditions Ibis rouge, 1997, 222 p.

colonisation dans ce quartier. Cette population donne au quartier un avantage, celui de fournir des bras et des moyens d'exploitation pour la création d'un lieu de déportation[26]. »

Et le ministre de préciser dans sa dépêche : « Il n'y a pas de propriétaires colons à ménager, et la présence de 700 à 800 Noirs qui peuplent cette localité y devient, au point de vue de la création d'un atelier de transportés, un avantage au lieu d'un inconvénient[27]. »

On le sait, les terres habitées par les Amérindiens étaient « vierges ». Peuplées de « 700 à 800 Noirs », voici qu'elles le redevenaient. L'absence de rendement de ces personnes, rebelles à toutes cultures leur rappelant la condition d'esclave[28], les rendait tout aussi évanescentes que les Indiens Galibi, à l'exception momentanée de quelques-unes, dont les bras seraient employés à la construction des carbets[29], prémices de l'établissement pénitentiaire à venir.

Certes, la microsociété érigée par Mère Javouhey n'était pas tenable : confessionnelle et strictement communautaire, elle était en contradiction totale avec les principes de la Révolution de 1789, et constituait de surcroît une enclave hors normes. « Peut-on astreindre la population libre de Mana à des règles en dehors du droit commun ? » demandait avec raison le gouverneur Layrle[30].

26. Note préparatoire à la dépêche ministérielle du 18 mai 1854, CAOM/FM/SG/GUY61/F5 (21).

27. Dépêche ministérielle du 18 mai 1854 au gouverneur de Guyane, CAOM/FM/SG/GUY61/F5 (21).

28. Les Noirs n'étaient pas rebelles au travail, mais ils cultivaient avant tout des cultures vivrières pour lesquelles ils avaient un intérêt direct. Les cultures coloniales comme le sucre, le café ou le rocou non seulement ne leur rapportaient rien, mais ressuscitaient en eux le douloureux souvenir de la condition d'esclave. Pour des raisons à la fois matérielles et psychologiques, ils rejetaient donc ces cultures avec force, ce qui leur valait le qualificatif de « paresseux » ou d'« oisif » de la part des esclavagistes.

29. Le carbet est l'habitat traditionnel indien, sorte de préau recouvert d'un toit de feuillage.

30. Dépêche du gouverneur Layrle au ministre de la Marine et des Colonies du 6 octobre 1843, CAOM/FM/SG/GUY61/F5 (21). Il est à noter que cette petite enclave choqua beaucoup plus que celle, pour-

Cependant, avec toutes ces restrictions, dans les limites d'un budget modéré, Mana avait démontré qu'il était possible de vivre sans les rations du ministère, et connaissait un essor démographique sans précédent en Guyane, aux antipodes des comportements des esclaves et des bagnards. Car, c'est bien connu, ces derniers n'ont jamais fait souche. À toutes les raisons avancées pour expliquer cette stérilité, Serge Mam Lam Fouck ajoute un élément : « Les bagnards ont vécu dans une double exclusion : la relégation dans la région la moins peuplée du pays et, après leur libération, l'enfermement dans la condition d'ancien bagnard voué à une vie misérable[31]. »

Un médecin-chef de la marine, en poste en Guyane à la fin du XIXe siècle, pousse dans ses derniers retranchements l'analyse sous-jacente à pareille exclusion : « Ces hommes, en général, ne doivent pas se reproduire, ils doivent disparaître tout entiers. [...] On a beau protester au nom de je ne sais quel sentimentalisme vague et mal raisonné, nous sommes autorisés, de par la science, à appliquer à ces enfants les vers que Racine met dans la bouche d'un de ses personnages en parlant des Atrides : "Tu sais qu'ils sont sortis d'un sang incestueux. Et tu t'étonnerais s'ils étaient vertueux[32]." »

Le grand mot est lâché : la vertu. C'est elle qui fondait idéologiquement la complémentarité de ces deux mesures, la suppression de toute politique sociale à Mana, aussi embryonnaire fût-elle en si peu de temps d'existence, et la création du bagne imposé aux habitants de la région. La vertu avait pour corollaire la purge, terme déjà utilisé par le gouverneur Milius

tant sans commune mesure, de l'établissement pénitentiaire du Maroni que son administration n'abandonna pas sans résistance à la fin du bagne (voir l'article de Xavier Dectot, « Le pénitencier, le maire et le préfet. Le rôle du préfet et des administrations centrales dans la transformation de la commune pénitentiaire de Saint-Laurent-du-Maroni en commune de plein exercice », in *Cinquantenaire de la création de Saint-Laurent-du-Maroni*, 1949-1999, Actes du Colloque des 9-11 novembre 1999, Saint-Laurent-du-Maroni, 2000, p. 123-143).

31. Serge Mam Lam Fouck, *Histoire générale de la Guyane française*, Paris, éditions Ibis rouge/Presses universitaires créoles/GEREC, 1996, 262 p., p. 73.

32. Cité par Michel Pierre dans *Bagnards – La terre de la grande punition, op. cit.*, p. 33.

en 1823, repris à l'envi tout au long du siècle ; la purge qui culmine dans les propos du médecin-chef : il est des êtres qui doivent purement et simplement disparaître. C'était le cas de ces Blancs « vicieux » dont on débarrasserait le sol de France. Comment la vertu, que Voltaire définissait comme « bienfaisance envers le prochain[33] », avait-elle pu mener à cela ?

Il y avait là l'issue malheureuse d'un débat, devenu combat en 1848. De la philanthropie, à son apogée sous la Restauration et la monarchie de Juillet, certains de ses acteurs étaient passés à l'exigence de l'action sociale, refusant d'incriminer le pauvre, alors que d'autres le jugeaient responsable de son infortune en l'accusant de mauvaises mœurs. Dans sa thèse sur le sujet, Catherine Duprat écrit : « Aux partisans d'une politique sociale, philanthropes, catholiques sociaux, socialistes — qui plaideront, avec Armand de Melun, pour "une grande association de défense, d'assurance, de protection mutuelle" —, les intégristes du libéralisme n'auront de cesse d'objecter le devoir fait à la société de préserver les mœurs du peuple[34]. »

Thiers, le 25 juillet 1848, un mois donc après les sanglantes journées de juin, devant l'Assemblée nationale constituante, est l'un des premiers à tenir ce discours : « Le but essentiel de la société est de protéger les individus qui la composent ; c'est pour elle une obligation stricte de faire de bonnes lois qui assurent la sécurité de tous. Le reste est du domaine de la vertu[35]. » Ce « reste », c'est notamment le bien-être social de l'individu. Santé, retraite, scolarité, règlements limitant l'exploitation au travail[36], tout cela relève de la sphère privée.

---

33. Catherine Duprat, *Pour l'amour de l'humanité. Le temps des philanthropes,* Paris, éditions du Comité des travaux historiques et scientifiques, 1993, 485 p., p. XVIII.

34. Catherine Duprat, *Usages et pratiques de la philanthropie, pauvreté, action sociale et lien social, à Paris, au cours du premier XIXe siècle,* Paris, éditions du Comité d'histoire de la Sécurité sociale, 1996, 2 volumes, 1393 p., p. 890.

35. Cité par Catherine Duprat, *op. cit.,* p. 890.

36. Annonciatrices du libéralisme triomphant sont à cet égard les réticences à la loi du 22 mars 1841 sur le travail des enfants, loi importante mais réduite ensuite à la plus grande inefficacité par ses modalités d'application.

Il ne peut rien arriver de mal à l'homme honnête et vertueux. N'incombe à l'État que la mission de le protéger de l'agression de ceux qui ne le sont pas. L'ordre qui s'instaure à l'été 1848 reprend entièrement à son compte cette idéologie fondée sur l'opposition du vice et de la vertu, argumentation commode dont les Africains, traités de « vicieux » par les esclavagistes de tout acabit, avaient déjà fait les frais[37]. Vicieux étaient aussi les ouvriers qui revendiquaient, vicieux, de manière générale, tous ceux qui nuisaient à l'ordre, que ce soit pour délit de pensée ou délit de droit commun. C'est ainsi que la vertu, à l'origine de tant de démarches charitables et philanthropiques, qui déboucheraient sur la conscience d'une nécessaire action sociale d'un côté, s'était, de l'autre, fossilisée en justificatif de l'exclusion de tous ceux qui n'allaient pas dans le sens de l'ordre moral et du libéralisme dominant.

Il fallait un lieu, exutoire de cette grande purge. Une colonie dorénavant sans intérêt économique, puisque l'esclavage avait été aboli, pouvait sans problème remplir cette fonction, particulièrement ce Nord-Ouest où vivaient si peu d'habitants « utiles » et tant de Noirs « inutiles ». Désormais ignorés, ces derniers étaient à leur manière des « disparus » de la société coloniale. L'utilité, indissociable de l'idée de vertu, comprise comme bienfaisance au XVIIIe siècle, accomplissait elle aussi sa dérive sémantique vers l'idée de rentabilité. Le vicieux et l'inutile, tels étaient les deux composants du postulat sur lequel reposait la politique coloniale guyanaise : le mépris.

Mépris assassin, mépris imbécile, car la logique du profit colonial elle-même y perdait. Plus soucieux de colonisation agricole que de colonisation commerciale, le Mana de Mère Javouhey n'en avait pas moins prospéré en quelques années, comme jamais cela ne s'était vu en Guyane. Alors, si l'on peut encore comprendre le souci de replacer son établissement

37. Minutes des séances du conseil privé, du conseil colonial, rapports et dépêches des administrateurs : on ne compte plus les textes où les Africains sont calomniés de la sorte. Les Indiens ne sont pas épargnés non plus, quoique moins souvent, ce qui tient à leur place marginale dans les préoccupations coloniales.

dans le « droit commun », n'était-il pas cependant possible de poursuivre une politique qui simplement avait besoin de temps ? Après tout, le passage dans les campagnes françaises d'une économie de subsistance à une économie d'échanges ne s'est pas fait en un jour, ni même en une génération. C'était pourtant ce que l'on demandait aux Mananais, d'univers culturels différents[38], arrachés d'Afrique, blessés, gravement traumatisés et qui commençaient tout juste à se remettre des plaies de la déportation et de l'asservissement. À vouloir du profit tout de suite, on ne récolta rien sinon leur méfiance, et, s'il y eut quelque chose de vicieux en Guyane, c'est bien le cercle dans lequel s'engagea la politique coloniale. Quel était en effet le « rendement » de la colonie pénitentiaire installée au bord du Maroni ? Son fondateur, Mélinon, celui qui avait échoué à Mana, écrit : « [...] Si la transportation quittait aujourd'hui la Guyane, il ne resterait pas trace, une année après, de son passage dans le pays[39]. » Le bilan du bagne, on le sait, est catastrophique en tant que plan de colonisation. Car le mépris détruit toute motivation : on a vu la désinvolture avec laquelle on ignora les expériences du passé, dont les leçons étaient étouffées par les préjugés d'une époque et ses intérêts mercantiles à courte vue. Étouffée aussi, la voix d'une Mère Javouhey accusant l'esclavage d'être la cause de l'« abrutissement » des Noirs[40], comme fut étouffée en France la voix de ceux qui plaidaient pour une action sociale : « Songez plutôt à égaliser les conditions, songez à élever le peuple, tendez-lui la main : multipliez les institutions charitables qui développent les facultés naturelles du pauvre[41]. » Mépris deux fois imbécile, car il était aussi

38. Les registres du conseil privé signalent plus de vingt « nations » parmi les fondateurs de Mana. Il faut bien noter que, d'arrivée récente, il s'agissait de personnes encore peu familiarisées avec le créole et qui parlaient des langues différentes.

39. Cité par Michel Pierre dans *Bagnards – La terre de la grande punition*, *op. cit.*, p. 32.

40. *Correspondance d'Anne-Marie Javouhey*, *op. cit.*, lettre au ministre de la Marine et des Colonies, 26 juin 1841.

41. Catherine Duprat reconnaît dans le ton de ces paroles celui de Lamartine. *Cf. Usages et pratiques de la philanthropie*, *op. cit.*, p. 562.

absence de vision, source d'une action désarticulée, de dysfonctionnements qui autorisaient tous les débordements de
l'individualisme poussé à l'absurde ; ruineux « chacun pour
soi » chez les bagnards qui ne survivaient que par la
« débrouille », mais aussi parmi le personnel de l'administration pénitentiaire souvent corrompu, sinon complice des
arnaques, qui détournait matériel et nourriture. Autant de
pertes pour les finances publiques, bien supérieures à celles
occasionnées par les dysfonctionnements des années 1820,
en même temps que facteur supplémentaire de criminalité.
« Le bagne pourrit », écrivait en substance Albert Londres[42].

Saint-Laurent-du-Maroni, bâti sur le territoire de l'établissement de Mana, fut inauguré par le gouverneur Baudin en
1858. « Capitale du crime[43] », anti-Mana, Saint-Laurent-du-
Maroni procédait donc de cette logique du mépris absolu des
êtres, qui déjà avait fondé la société coloniale sur l'esclavage,
dorénavant reconnu en France comme crime contre l'humanité par la loi du 10 mai 2001[44].

Bien sûr, pas plus qu'il n'y eut de « Terre sans mal » au pays
des réductions jésuites[45], il n'y eut de paradis à Mana. Mais le
microcosme mananais procédait de la foi d'une religieuse en
la dignité de tous les êtres humains, et donc des Noirs puisque, « Fils du même Père, ils sont hommes comme nous[46] ». Il
se bâtissait lentement et sûrement sur une valeur simple, le
respect de l'humaine condition. L'administration coloniale fit

42. Albert Londres, *Au bagne, op. cit.*, p. 96. À propos de la
sélection : « Quand un convoi arrive : allez ! tous au chenil, et que les
plus pourris pourrissent les autres. Le résultat est obtenu, Monsieur
le Ministre, il n'y faut pas un an. »
43. *Ibid.*, p. 55.
44. Article 1er : « La République française reconnaît que la traite
négrière transatlantique ainsi que la traite dans l'océan Indien, d'une
part, et l'esclavage, d'autre part, perpétrés, à partir du xve siècle, aux
Amériques et aux Caraïbes, dans l'océan Indien et en Europe contre
les populations africaines, amérindiennes, malgaches et indiennes,
constituent un crime contre l'humanité. »
45. La « Terre sans mal » est un mythe des peuples guarani.
46. *Correspondance d'Anne-Marie Javouhey, op. cit.*, lettre au
ministre de la Marine et des Colonies, 10 avril 1838.

avorter cet essai de colonisation. Le bagne, lui, essaima. Cruelle ironie, le camp le plus proche du village de Mana, Charvein, fut le pire de tous, ne le cédant en rien en matière d'atrocités à certaines que commettraient les nazis au siècle suivant.

Alors même que, le temps d'une décennie, Mana avait démontré que la Guyane aurait pu être bien autre chose qu'un enfer.

BIBLIOGRAPHIE

Catherine Duprat, *Pour l'amour de l'humanité. Le temps des philanthropes*, Paris, éditions du Comité des travaux historiques et scientifiques, 1993, 485 p. ; *Usages et pratiques de la philanthropie, pauvreté, action sociale et lien social, à Paris, au cours du premier XIXe siècle*, Paris, éditions du Comité d'histoire de la Sécurité sociale, 1996, 2 volumes, 1393 p.

Arthur Henry, *La Guyane française. Son histoire, 1604-1946*, Cayenne, Imprimerie Paul Laporte, 1950.

Anne-Marie Javouhey, *Correspondance*, Paris, éditions du Cerf, 1994.

Albert Londres, *Au bagne*, dans *Œuvres complètes*, Paris, Arléa, 1992, 857 p.

Serge Mam Lam Fouck, *Histoire générale de la Guyane française*, éditions Ibis rouge/Presses universitaires créoles/ GEREC, 1996, 262 p.

Michel Pierre, *Bagnards - La terre de la grande punition, Cayenne 1852-1953*, Paris, Autrement, coll. « Mémoires », 2000, 262 p. ; *Le Dernier Exil. Histoire des bagnes et des forçats*, Paris, Gallimard, coll. « Découvertes », 1989, 192 p.

Haïti : de l'hégémonie française
à l'impérialisme américain*
par Leslie Manigat

> *Il n'y a pas de peuple dont j'admire plus le*
> *génie et l'activité industrieuse [que le peuple*
> *américain]. [...] Mais lui abandonner nos*
> *douanes et nos finances, dépendre de lui :*
> *jamais, jamais. Aurais-je à choisir entre cette*
> *voie et la désintégration de mon pays : je choi-*
> *sirais la désintégration.*
>
> Docteur Rosalvo Bobo (1915)

Haïti, ancienne colonie française de Saint-Domingue, fut, en 1804, le premier État noir, dans l'histoire moderne, à obtenir son indépendance, et le seul exemple de « décolonisation » révolutionnaire purement indigène au XIXᵉ siècle. Au tout début du XXᵉ siècle, ce petit État souverain devient l'objet d'une « relation inégale » avec des puissances mondiales, ce qui va déterminer son avenir politique et économique.

Dès qu'il devint indépendant, Haïti constitua un objet de rivalité entre quatre puissances : la France, l'Allemagne, la Grande-Bretagne et les États-Unis. À la fin du XIXᵉ siècle, la rivalité entre ces quatre pays suscita la création de groupes de pression qui ne correspondaient pas exactement aux blocs existant en Europe en ces temps de paix armée. En outre, Haïti, ce gage qu'ils se disputaient, pouvait mener son propre jeu politique. Pour l'île, en effet, l'indépendance politique signifiait que le pays disposait au moins d'un droit

---

* Texte traduit à partir de l'anglais : « Haiti, the Shift from French Hegemony to the American Sphere of Influence at the Beginning of the XXᵗʰ Century : the "Conjoncture of 1910-1911" », in *The Carribean Yearbook of International Relations*, éd. par Leslie Manigat, Leyden, Mouton, 1976, p. 188-215.

d'initiative, même limité, et qu'il cherchait comment s'en servir à travers la rivalité des puissances. Ainsi, beaucoup d'Haïtiens voyaient dans la prédominance française une manière de se protéger contre l'avidité des Américains, alors que d'autres voulaient utiliser le bouclier américain contre les avances des Allemands. Un des nationalistes les plus clairvoyants de son temps, le député-ministre Louis Edgar Puget, dans un rapport adressé au Département d'État le 17 décembre 1910, en appelait « à Washington pour mettre un frein à la mainmise de l'Allemagne et de la France sur l'avenir d'Haïti et leurs plans conjoints d'une occupation déguisée du pays ».

Certains leaders essayaient de maintenir des liens économiques privilégiés avec de petits États pour prévenir toute possibilité de pression de la part des grandes puissances en cas de conflit, ce qui amena un ministre français à observer, amusé : « Ce qu'Haïti aime, en Belgique, c'est que ce pays n'a pas de marine. » Dans les limites de la liberté d'action dont le pays disposait, son ministre des Affaires étrangères déclarait, en 1883, qu'« Haïti serait amené à conclure un mariage de raison avec les États-Unis, faute d'un mariage d'amour avec la France ».

Entre autres caractéristiques, la passivité de l'île était inversement proportionnelle aux exigences du sentiment national. Seconde nature des Haïtiens, ce sentiment était bien, selon Elihu Root, secrétaire d'État américain, « la principale difficulté dans la relation avec ce pays ». Dans un rapport à Delcassé, ministre français des Affaires étrangères, le chef de la délégation française à Haïti confirma ce jugement en ajoutant que, « pour les Haïtiens, les Américains étaient seulement un peu plus blancs qu'eux (comme les Européens), mais que, de tous les Blancs, ce sont eux qui traitaient les Noirs avec le mépris le plus insultant ». De sorte que, finalement, depuis son indépendance, le pays s'était replié derrière un nationalisme économique étroit, empêchant les étrangers de posséder des biens et de jouir des facilités commerciales, imposant des conditions lourdes et contraignantes au développement des entreprises privées étrangères, ce qui constitua un obstacle efficace contre toute velléité de l'étranger à trop s'immiscer dans le développement du pays. De ce point de vue, il se noua là une formule inédite de « relations inégales » dans l'histoire des relations internationales.

Au tournant du XXe siècle, nous assistons à un changement dans le dispositif des sphères d'influence : la France a perdu sa position, les États-Unis ont pris sa place. Quand ce changement a-t-il eu lieu ? Certains historiens le font remonter à la Grande Guerre. En effet, en juillet 1915, les Américains, profitant de la paralysie qui affectait l'Europe du fait des hostilités, et jouant du désordre politique qui régnait à Haïti, ont pu procéder à l'occupation militaire du pays et assurer leur contrôle sur ses affaires pour les vingt années qui allaient suivre.

Pourtant, le changement essentiel s'était effectué avant 1914, et ce passage d'une hégémonie à l'autre eut lieu plus tôt encore. Les années qui virent l'émergence d'un nouveau « boss » se situent entre 1909 et 1911. C'est durant cette période que les Américains forgèrent l'arme de leur suprématie et de leur victoire : l'implantation économique et financière. Au point que l'on peut se demander si la mise en place de la prédominance économique et financière américaine est ou non à l'origine de l'intervention militaire et de la prédominance politique telle qu'elle fut notifiée dans le traité d'occupation. Ou bien est-ce alors l'initiative de groupes d'intérêts qui est le facteur moteur ?

Le passage d'une domination à l'autre semble suggérer une partie à trois partenaires, l'enjeu « Haïti » passant d'un joueur, la France, à l'autre, les États-Unis. En fait, la partie ne se joua jamais à trois joueurs mais à quatre, l'Allemagne intervenant de façon active. Le paradoxe fut que, pour chasser la France, ce fut contre l'Allemagne que jouèrent les Américains. Le secrétaire d'État Lansing alla jusqu'à écrire que l'attitude de l'Allemagne fut une des données majeures de la politique américaine à Haïti. Ce que confirma en 1909 le chargé d'affaires français à Haïti dans un rapport au Quai d'Orsay : « Les vrais adversaires des États-Unis à Haïti n'étaient pas les Français mais les Allemands. »

Il n'est pas sans intérêt de noter que, bien que l'Allemagne et la France fussent des adversaires déterminés en Europe depuis 1870 — une période interrompue, il est vrai, de quelques moments de détente ; voire de rapprochement —, ces deux pays travaillèrent plus ou moins ensemble lorsqu'il s'agissait d'Haïti entre 1909 et 1911.

L'adversaire commun était bien l'Américain, envers qui l'Angleterre avait renoncé à se rendre indépendante au moins en ce qui concernait l'île. Il n'en avait pas toujours été ainsi ; mais, désormais, la Grande-Bretagne s'aligna sur la politique américaine. Ainsi, elle manifesta, comme les États-Unis, son hostilité contre Antenor Firmin, leader des cercles intellectuels d'Haïti, en raison de son animosité envers les militaires, parce qu'il entendait mettre sur pied une politique de renouveau national par la voie d'une modernisation, d'une politique d'austérité, d'une rénovation des structures économiques et sociales, et d'un minimum de libéralisme politique dans le cadre méritocratique qu'il convenait d'instituer. Cet autonomisme allait contre les projets de l'étranger — les États-Unis surtout. Le ministre américain Furniss participa à la rédaction des *Notes* que le gouvernement anglais expédia à Haïti : « L'Angleterre n'enverrait plus de navires de guerre au large d'Haïti, sauf pour y protéger les intérêts américains. » Londres et Washington avaient ainsi une politique financière commune face à la France et à l'Allemagne.

Positions et intérêts réciproques des puissances à Haïti

Haïti intéressait les grandes puissances pour quatre raisons différentes. D'abord, sa situation stratégique sur la route de Panamá dont le canal était en voie de construction, avec son port protégé, le môle Saint-Nicolas que d'aucuns dénommaient « le Gibraltar du Nouveau Monde ». Dès 1891, les Américains s'intéressèrent à ce môle. En outre, la victoire du steamer (à la vapeur) sur le clipper (à voile) conduisit les puissances à rechercher des points de ravitaillement en charbon le long des routes commerciales. Or disposer, dans un État indépendant comme Haïti, au milieu d'une mer plus ou moins colonisée, d'un port ouvert à tous pour s'y ravitailler constituerait un atout. C'est ce qui intéressait les Allemands, entre autres, dans les ports haïtiens.

Le deuxième facteur d'intérêt était le besoin, pour Haïti, de se transformer économiquement, maintenant que la révolution industrielle était lancée. Jusqu'à la fin du XIXe siècle, le pays avait pu vivre avec les structures créées après l'indépendance, en restaurant ce qui restait de l'héritage colonial saccagé puis détruit au cours des événements révolutionnaires. L'association du travail libre et de structures féodales devint inopérante lorsque la population s'accrut et fut submergée, qu'elle le voulût ou pas, par la vague des grands changements économiques et technologiques de la seconde moitié du siècle, et soumise, en dépit de l'isolement du pays, aux pressions de la concurrence internationale. Mais la modernisation devait être financée, ce qui explique que des puissances financières soient entrées à leur tour dans l'arène. Il y aurait à exploiter la canne à sucre, le cacao, les bananes, les forêts, le café, et peut-être des gisements pétrolifères ou autres, comme ceux accordés à Edmond Roumain en 1906 pour une raffinerie de pétrole. Ces projets parurent d'autant plus attrayants que l'extraordinaire prospérité de Saint-Domingue au XVIIIe siècle demeurait dans les mémoires. De sorte que les projets élaborés étaient quelquefois sans relation avec le potentiel réel du pays, qui n'avait jamais été sérieusement évalué.

Troisième point, le contrôle, de fait, du commerce extérieur d'Haïti par les négociants américains, français, allemands, anglais, qui n'hésitaient pas, en cas de litige, à faire appel à leurs légations respectives, constituait une sorte de barrage à toute initiative haïtienne ; les navires étrangers assuraient même les échanges entre les différents ports haïtiens ouverts au trafic étranger, ce qui court-circuitait les possibilités haïtiennes de bien vendre les deux produits les plus recherchés par les Occidentaux : le café de Saint-Marc, très réputé, et le bois de campêche, très apprécié des Allemands avant qu'ils le remplacent par des produits chimiques dans la teinturerie. Mais surtout, handicap important, les marchands haïtiens payaient les produits américains ou européens en réglant des traites dont le montant était évalué en monnaie étrangère et qui étaient garanties par des livraisons de café, ce qui autorisait la spéculation.

Autre source d'intérêt d'Haïti pour les puissances : la dette contractée par les Haïtiens était garantie par des firmes étrangères installées dans l'île qui « aidaient » le gouvernement,

généralement en difficulté entre chaque récolte. Ce qui
venait accroître leur dette à l'étranger susceptible de recy-
clage, de moratoire, etc.

À tout cela s'ajoutait l'intérêt porté aux résultats que pouvait atteindre une république noire, une anomalie à une époque où l'idéologie de l'impérialisme continuait à considérer
qu'un État noir était incapable de se gouverner lui-même. Ces
théories avaient pour fonction de justifier, d'une part, les partages de l'Afrique entre les puissances occidentales et, d'autre
part, le maintien de la discrimination raciale dans la société
américaine qui se présentait pourtant comme la garantie des
principes démocratiques.

La prépondérance française menacée

Au début du XXe siècle, la prépondérance française était à la
fois culturelle et technologique. Le pays était francophone,
éduquait ses élites selon le système français, et la religion
était dite par un clergé concordataire que le Quai d'Orsay
contrôlait. La francophonie exprimait des préférences aussi
bien que des affinités, puisqu'il régnait une sorte de « goût
français » dans l'île : on préférait le tabac Scaferlati « petit
caporal » au tabac américain de Virginie, et la France constituait une sorte de modèle. Michelet n'avait pas tort de dire
qu'au XIXe siècle « Haïti, c'était la France noire ».

Cette prédominance était aussi commerciale : le café et le
bois de campêche étaient destinés aux ports français,
Le Havre surtout. Premier client, la France absorbait les deux
tiers des exportations haïtiennes et exportait ses produits de
luxe, ses « articles de Paris », mais également des livres et des
machines dont la réputation dépassait alors celle des machines allemandes, copiées sur elles.

Les marchands haïtiens obtenaient des crédits sur quatre à
six mois, suivis de traites à soixante ou même quatre-vingt-dix
jours. Le drapeau français flottait sur les ports haïtiens grâce à
la Compagnie générale transatlantique qui disposait de toutes
sortes d'avantages liés en partie à un protocole signé secrètement en 1889. Le câble sous-marin transatlantique, lui aussi,
était français.

Enfin, cette prépondérance était d'ordre financier : comme le rappelait l'historien Pierre Renouvin, « la France, c'était le tiroir-caisse ». Elle était le principal et même le seul créancier pour les emprunts haïtiens de 1825 à 1896, et, selon le Quai d'Orsay, Haïti remboursait bien ses dettes. Plus : la Banque nationale et la Banque centrale étaient françaises. Pour les nationalistes, la banque était « la Bastille du capital étranger ».

À l'aube du xxᵉ siècle, cependant, la prépondérance française était menacée. Elle avait son point faible : l'absence d'investissements dans la production haïtienne. Surtout, la France avait le sentiment que, sur ce terrain, il fallait éviter une confrontation avec les États-Unis, et il apparaissait qu'elle n'était pas déterminée à un combat à l'arraché pour défendre sa primauté. Cela ne tenait pourtant pas à un manque d'informations, puisque Pichon, ministre des Affaires étrangères, avait été à la tête de la légation française à Port-au-Prince.

D'abord, la menace américaine était commerciale, les États-Unis contrôlant 67 % des importations d'Haïti en 1907-1908 ; or ce trafic doubla entre 1900 et 1910. Les Américains avaient l'avantage de la proximité, le coût des transports étant moitié moindre qu'entre Haïti et l'Europe. En outre, les Américains vendaient des produits bon marché, de grande consommation : bleus de travail, matériaux de construction, etc. Surtout, la menace américaine prit une dimension stratégique qui se résume en trois mots : la politique du canal de Panamá. Dans ses lettres, Elihu Root l'indique dès 1905 : nous devons maintenir l'ordre dans la mer des Caraïbes, explique-t-il en substance, et contrôler les routes vers Panamá. Les étapes de la présence américaine sont connues : Cuba et Porto Rico en 1898, Panamá en 1903, la République dominicaine en 1907. Haïti, dans cette configuration, était, si l'on peut dire, « pris en sandwich ».

La concurrence américaine était réelle aussi sur le terrain des investissements financiers. Ils passèrent de 50 millions de dollars en 1898 à 200 millions en 1911 et à 500 en 1920. En Amérique centrale, United Fruit, installé depuis 1899, avait investi 17 millions dans les bananeraies et les chemins de fer en 1900, et 83 millions en 1913. Haïti était pour ainsi dire encerclé de capitaux américains. Cela avait commencé en 1905 avec des investissements dans les chemins de fer, puis s'était poursuivi en 1908 dans les tramways et les installations électriques. Pour les premiers, le contrat McDonald prévoyait la concession des terres de chaque côté de la voie ferrée, un monopole qui valait pour le sous-sol, le sol et l'espace aérien au-dessus de la zone donnée. Tous les contrats, certes, n'étaient pas de ce type. Reste cependant que les grandes banques américaines étaient partie prenante dans cette insertion conquérante, les États-Unis trouvant là un moyen de s'introduire dans l'économie haïtienne.

La menace américaine avait aussi un caractère culturel que révèle, à mon avis, le grand débat qui, à Haïti, divisa l'opinion autour de 1908-1910. On y opposait les mérites de la culture latine et ceux de la mentalité anglo-saxonne : pragmatisme, sens de l'efficacité et du rendement, esprit de solidarité et discipline, esprit d'initiative et d'entreprise. Un nouveau modèle culturel faisait son apparition.

En Europe, un autre rival entendait concurrencer la France à Haïti : l'Allemagne de Guillaume II. Depuis longtemps, elle était un gros acheteur de café haïtien, plaçant le marché de Hambourg juste derrière celui du Havre. L'Allemagne exportait de la bière, du ciment, des produits textiles et, beaucoup plus déterminant, des produits métallurgiques et pharmaceutiques. Elle réussit à s'introduire dans la société haïtienne en s'adaptant à ses goûts, en copiant les produits français, en expédiant les siens dans des emballages adaptés aux routes haïtiennes, tandis que les Américains n'exportaient que d'énormes envois, souvent intransportables. En outre, les Allemands pratiquaient des prix jusqu'à 30 % inférieurs à ceux des autres pays européens. En 1901, le gouvernement allemand n'hésita pas à mener une petite guerre des taxes douanières sur le café haïtien pour forcer Port-au-Prince à accorder à son pays les mêmes avantages qu'à la France.

De plus, les navires de commerce allemands assuraient les relations entre les différents ports d'Haïti et transportaient environ les deux tiers de la production de café. Deux bateaux par semaine reliaient Hambourg à Port-au-Prince, alors qu'en 1910 un navire par mois seulement rejoignait Le Havre.

Indépendamment de leurs projets — comme la création d'une ligne de steamer pour relier les ports haïtiens —, les

Allemands avaient des intérêts dans les chemins de fer et une de leurs sociétés s'était établie à Bayeux, dans le nord de l'île, pour diriger une plantation de produits tropicaux qui employait près de cinq cents journaliers. Surtout, ils étaient passés maîtres en spéculation, avec un génie particulier pour les « coups » boursiers.

Bref, il apparaissait clairement que l'Allemagne était prête à saisir toutes les opportunités pour acquérir des positions qui assureraient son hégémonie sur l'île, par le contrôle des douanes, comme en témoigne la multiplicité des incidents diplomatiques avec Haïti, inexistants avec la France ou les États-Unis, au moins entre 1870 et 1900. Les Américains étaient très attentifs à ces tentatives allemandes de pénétration en Amérique latine et à Haïti, et Elihu Root ainsi que Theodore Roosevelt envisageaient la possibilité d'une guerre contre l'Allemagne pour défendre la doctrine de Monroe[1].

Le combat décisif pour la prédominance (1909-1911)

La nouveauté fut l'intervention du gouvernement haïtien dans les conflits entre intérêts étrangers, et la prise de conscience du caractère politique de ces problèmes qui détermineraient l'avenir du pays. Tout ce qui concernait la constitution d'une banque nationale ne portait plus seulement sur le contrôle des relations économiques, mais, puisqu'elle était destinée à accorder les prêts, à arbitrer les investissements, etc., sur l'instance qui aurait la prédominance dans le pays. La diplomatie du dollar l'emporta sur les prétentions impérialistes de l'Allemagne (sa *Weltpolitik*), et elle s'attaqua à l'hégémonie française au nom de la doctrine de Monroe.

La Banque nationale qui existait alors était une entreprise française, à responsabilité limitée, émanant de la Société générale et du Crédit industriel et commercial. Sa concession valait pour cinquante ans, jusqu'en 1930. Elle assurait les

---

1. La doctrine de Monroe s'opposait à toute intervention européenne dans les affaires du continent américain.

fonctions d'une banque commerciale et d'une banque d'émission, au moins pour les billets, et elle exerçait également les fonctions du Trésor public. Il était donc vital qu'elle collabore avec l'État. De fait, cette banque remplissait des fonctions gouvernementales. Selon qu'elle se conformait aux besoins de l'État, haïtien ou non, elle était perçue comme un simple rouage en son sein ou comme un État dans l'État. Le système fonctionnait mal, car la banque était peu concernée par les effets de ses décisions sur le cours de la monnaie haïtienne ; elle traitait bien ses propres affaires mais était indifférente à celles du pays. En 1905, le gouvernement la priva de ses fonctions de Trésor public. Aussitôt, la banque passa au rouge et tomba en hibernation. Sa disparition prochaine semblait proche.

Comme la Banque nationale d'Haïti avait trahi les espoirs placés en elle en 1880, l'idée de la mettre en concurrence avec d'autres banques s'imposa. En 1893, la création d'une autre banque haïtienne échoua, faute de capitaux nécessaires ; mais l'étranger se présenta avec plusieurs projets. Deux émanaient des Américains qui envisageaient de se garantir sur les recettes de l'État, comme en République dominicaine. Au principal issu de la banque Morgan, le Département d'État répondit qu'il « n'avait pas de plan à la Dominicaine pour Haïti ». Il y eut également une proposition autrichienne, mais le courtier responsable de sa réalisation n'avait pas de capitaux. L'offre la plus sérieuse vint de la Dresden Bank qui proposa que le capital allemand porterait sur la moitié du total avec un quart pour la France et un quart pour les Américains. Ce projet ne vit pas le jour non plus, pas plus qu'une tentative de la Banque nationale d'Haïti pour renégocier ses accords avec le gouvernement.

Un pas nouveau fut franchi quand les banques allemande et française se constituèrent en groupe associé et ne demandèrent comme garantie que le contrôle des douanes. Le principal atout de ce consortium était l'appui des gouvernements respectifs des deux banques et le fait qu'il réintroduisait la Banque nationale d'Haïti. Ce groupe franco-allemand ne manqua pas d'acheter un certain nombre d'élus et pressa les démarches pour qu'un vote ait lieu dès que les accords préliminaires auraient été signés, en juillet 1910.

Un autre consortium américain, comprenant la National City Bank ainsi que le groupe Speyers and Cy, proposa à nouveau un prêt de 12,5 millions de dollars pour racheter la dette, ainsi qu'une réforme monétaire et une réorganisation financière tout en suggérant de multiplier les investissements sans demander le contrôle des douanes, mais seulement une part de leurs revenus pour garantir le prêt. Le but était clairement d'obtenir une place prépondérante dans les affaires haïtiennes. Le Département d'État soutenait ouvertement ce projet qui avait pour objectif de couler celui des Franco-Allemands.

Les Américains gagnèrent la première manche en obtenant que rien ne soit voté à Port-au-Prince tant que leur projet ne serait pas examiné avec les autres. Ils obtinrent également, en signe d'amitié, de consulter le projet concurrent, ce qui signifiait qu'ils s'octroyaient une sorte de droit d'ingérence dans les affaires haïtiennes. Ils purent ainsi faire la critique du projet franco-allemand au moment où il allait être adopté. Ils déclarèrent surtout que ce projet était attentatoire aux intérêts américains, puisqu'il les éliminait du système bancaire et du contrôle des douanes. « L'approbation de ce projet franco-allemand nous obligerait à reconsidérer toute notre action dans le pays », disait une *Note* du Département d'État. Néanmoins, le projet franco-allemand suivait son cours et allait, sous la menace du ministre de la Guerre en personne, une fois les opposants au projet arrêtés, être adopté. De son côté, le ministre allemand à Haïti parlait des « menaces américaines comme d'un bluff » et assurait qu'avec le soutien français les Haïtiens n'avaient rien à craindre.

De fait, bien que les Américains aient réitéré leurs menaces, la peur que leur intervention ne suscite une révolution les arrêta. Et, étant donné qu'en Europe les relations franco-allemandes se détérioraient, Paris fit savoir à Washington que les critiques faites au projet franco-allemand seraient prises en compte et que Paris demeurerait aux côtés des Américains dans l'affaire haïtienne.

La vérité est aussi qu'en octobre 1910 le consortium franco-allemand offrit aux Américains la possibilité de se joindre à lui. Le Département d'État retourna alors complètement sa position, considérant que, pour la première fois dans l'histoire d'Haïti, les banques américaines auraient un pied dans ce pays. Ensuite, il fut plus aisé de faire de la Banque nationale d'Haïti une institution américaine, en américanisant pas à pas son personnel, sa partie française demeurant antiaméricaine. Ainsi s'amorça un tournant décisif qui donna le départ de sa bureaucratisation ininterrompue et de son américanisation croissante. Le représentant américain de la National City Bank fut nommé représentant de la Banque d'Haïti à New York, jusqu'au jour où le directeur de la banque lui-même fut nommé par le Département d'État (1911). Enfin, du contrôle de cette institution financière, les Américains passèrent au contrôle des douanes, puis au contrôle politique de l'État.

À l'issue de ce processus qui aboutit à l'occupation militaire de l'île en 1915, Alain Turnier, ancien attaché haïtien à l'ambassade haïtienne à Washington, a pu juger que la politique américaine fut, à proprement parler, machiavélique, et que la banque servit de cheval de Troie pour aboutir au projet de contrôle du pays. À l'inverse, l'historien Dana G. Monroe estime que c'est plutôt l'anarchie qui régnait dans le pays et la peur d'une mainmise étrangère qui furent les principales données de cette histoire, avec la crainte que l'inadaptation d'une société aux exigences d'une modernisation voulue par les élites n'aboutisse à des troubles que la doctrine de Monroe entendait devoir régler sans qu'un autre gouvernement que celui des États-Unis intervienne : « La politique compta plus que l'économie. »

De fait, plutôt que ces oppositions, ou deux étapes, cette évolution confrontait à la fois des intérêts financiers antagonistes — les intérêts privés américains qui poussent à l'intervention jugée inévitable ; et ceux des dirigeants politiques américains qui veulent d'abord éliminer tout risque d'intervention européenne dans les affaires d'Haïti —, et un mélange contradictoire de fascination et d'anxiété que suscitait la multiplication des rapports avec les États-Unis. Les Haïtiens sont conscients que jamais, livrés à eux-mêmes, ils ne réussiront à moderniser leur pays. L'ambiguïté des attitudes d'un grand nombre d'Haïtiens vis-à-vis des Américains s'exprime alors dans l'Appel au peuple haïtien, trois mois avant leur intervention armée, en 1915, du docteur Rosalvo Bobo, candidat à la présidence : « Il n'y a pas de peuple dont j'admire plus le génie et l'activité industrieuse [que le peuple américain]. J'aime profondément ce grand peuple. Un de mes rêves serait qu'on dispose dans notre pays de ses méthodes ; que ses industriels disposent d'un régime préférentiel, et que nous bénéficiions, nous, du même régime chez lui en retour. Mais lui abandonner nos douanes et nos finances, dépendre de lui : jamais, jamais. Aurais-je à choisir entre cette voie et la désintégration de mon pays : je choisirais la désintégration. »

ANNEXE

Idéologie et mouvements politiques en Haïti, 1915-1946*
par David Nicholls

Les trois mouvements de protestation que j'étudierai ici
sont le nationalisme, le noirisme et le socialisme. Le premier
était dirigé contre l'occupation militaire d'Haïti par les États-
Unis, et contre l'impérialisme culturel français ; les nationalistes demandaient le retrait des forces américaines et le
développement d'une culture indigène créole. Le deuxième
était tourné contre la domination des mulâtres sur la vie économique, sociale et politique d'Haïti, et contre l'acceptation
d'une culture et d'une esthétique européennes ; les noiristes
plaidaient pour un pouvoir noir, et démontraient l'importance des coutumes et des croyances africaines à Haïti. Le
mouvement socialiste s'en prenait au contrôle de l'économie
haïtienne par des capitalistes locaux ou étrangers, au système de la « libre entreprise » et aux grandes inégalités de
fortune découlant, selon eux, de ces faits d'économie ; des
divergences existaient au sein des socialistes quant aux remèdes les plus appropriés : certains préconisaient une planification étatique de l'économie et un gouvernement d'experts ;
d'autres préféraient envisager la mainmise révolutionnaire
sur les rouages de l'État par la classe ouvrière, qui aboutirait,
selon des perspectives marxistes, à l'instauration d'un État
prolétarien.

Dans la période de l'occupation, le nationalisme prenait
appui sur un large éventail de classes : cela allait de la
classe ouvrière et des paysans à la classe moyenne des
villes et à l'élite mulâtre. Le noirisme était surtout l'idéo-

* David Nicholls, *Annales ESC*, n° 4, juillet-août, Paris, Armand
Colin-Éditions de l'EHESS, 1975, p. 655-657, 662, 663, 665.

logie de la classe moyenne des intellectuels noirs — enseignants, hommes de loi et médecins. Le socialisme, qu'il fût marxiste ou technocratique, était surtout le fait d'une partie de l'élite mulâtre : ses tenants essayaient de substituer à un affrontement politique en termes de race une lutte qui est cette fois entre les classes, ce qui aurait eu pour conséquence le maintien du « leadership » auquel ils étaient accoutumés.

L'occupation américaine

Il est nécessaire, pour comprendre l'émergence de ces mouvements de protestation, de s'intéresser d'abord à l'impact de l'invasion et de l'occupation d'Haïti par les États-Unis. Le 28 juillet 1915 est une date qui restera gravée dans la mémoire du peuple haïtien. Ce jour-là, les marines américains débarquaient à Haïti, et commençaient une occupation militaire qui allait durer presque vingt ans.

L'une des excuses invoquées pour justifier l'intervention fut l'instabilité du gouvernement haïtien ; le xxᵉ siècle avait vu se succéder des gouvernements éphémères (dirigés par des présidents dont la vie fut courte) : le phénomène avait atteint son zénith avec le président Sam, massacré par la foule après qu'il eut été évincé de l'ambassade de France où il avait trouvé refuge.

Un nombre considérable d'Haïtiens s'opposèrent à l'intervention militaire américaine, et ce, dès le commencement ; mais la résistance militaire fut minime. Ces nationalistes exprimaient leurs opinions dans des journaux tels que *Haïti intégrale*, *La Patrie*, *La Ligue* et *La Tribune*[1]. Élie Guérin et Georges Sylvain comptaient parmi les leaders nationalistes de cette première période. Certains groupes — dont l'Union patriotique — se constituèrent et commencèrent une longue campagne pour le retrait des troupes américaines. Alors que la résistance militaire avait été insignifiante en 1915, les troubles paysans se multiplièrent en 1918 ; ces paysans « sans

1. G.-S. Jean-Baptiste, *L'Attitude de la presse port-au-princienne sous l'occupation américaine 1915-1926*, thèse non publiée, faculté d'ethnologie, Université d'État, Haïti, 1968.

aveu », qu'on appelait *cacos*, étaient dirigés par Charlemagne Péralte et Benoît Batraville. La cause immédiate du soulèvement résidait dans une tentative de l'administration américaine pour imposer un système de travail forcé, la corvée. La gendarmerie fut complètement incapable de faire face à une révolte prenant de telles proportions ; une intervention directe des marines fut nécessaire et des renforts durent être envoyés à la hâte des États-Unis.

Le mouvement nationaliste avait donc pour objectif politique immédiat le retrait des troupes américaines, mais il s'intéressait aussi, et contribuait, au développement d'une culture créole autonome qui fût spécifiquement haïtienne. En 1929, à la suite d'une série de désordres, les Américains dépêchèrent une commission d'enquête à Haïti. Au président Louis Borno, collaborateur reconnu, succéda en 1930, après un interrègne de quelques mois, un politicien nationaliste : Stenio Vincent. C'était la première victoire politique des nationalistes. Quatre ans plus tard, les Américains évacuaient leurs troupes, et les partisans de Vincent le proclamaient le second libérateur d'Haïti. Les nationalistes avaient donc atteint leur premier but politique. Et, dans le domaine de la culture, les intellectuels haïtiens admettaient pour la plupart que la littérature de leur pays ne pouvait pas être envisagée comme une simple parcelle de la tradition française. Mais, dès 1934, deux idéologies intimement liées, encore qu'opposées à certains égards, avaient déjà largement remplacé le nationalisme en tant que mouvement idéologique d'opposition : le noirisme et le socialisme.

Noiristes et nationalistes

Quoique les noiristes se réclamassent du nationalisme, leur insistance sur les liens d'Haïti avec l'Afrique et leur reconnaissance explicite du facteur racial dans la vie sociale d'Haïti étaient désagréables à Vincent et aux « bourgeois » nationalistes, pour qui cet africanisme, en faisant prévaloir la race sur la nation, sapait les fondements d'un véritable patriotisme haïtien ; c'était par conséquent une force de division dans le pays. « Il semble que rien ne pouvait arrêter notre mystique raciste dans sa course tragique et vengeresse », se lamentait le président[2]. Et il faisait remarquer que, si ces écrivains noiristes et de la négritude parlaient beaucoup de l'Afrique, il n'était jamais question pour eux de penser à y aller effectivement pour s'y installer ; leur quartier général, c'était Paris[3]. Dantès Bellegarde, un nationaliste qui ne mâchait pas ses mots pour critiquer l'occupation américaine (encore qu'il ait collaboré à l'origine), s'en prenait à la « fausse conception de l'idée de race » qui, dans le passé, avait abouti à des luttes sanglantes entre Haïtiens, et la comparait au racisme de Hitler. Haïti n'est composé que d'une seule nation qui a été forgée par la « collaboration fraternelle des Noirs et des Jaunes[4] ». « Il est vraiment étrange, écrivait-il, que de jeunes esthètes, vêtus à la dernière mode de Paris ou costumés comme les danseurs de "tape" des night-clubs de Harlem, croient pouvoir en imposer à leurs compatriotes, écrivains, avocats[5]... » Bellegarde se refusait à considérer le vaudou comme une religion acceptable pour le peuple haïtien. C'était, selon lui, un système cosmologique absurde inventé par « l'imagination puérile de leurs ancêtres de l'Afrique primitive[6] ».

2. Stenio Vincent, *En posant des jalons*, I, Port-au-Prince, 1939, p. 41.

3. *Ibid.*, I, p. 153.

4. Dantès Bellegarde, « La race n'existe pas », *La Phalange*, 1er avril 1939, et « La nation haïtienne », *La Phalange*, 22 avril 1939.

5. Dantès Bellegarde, « Vaudou et civilisation chrétienne », *La Phalange*, 27 mai 1939.

6. *Haïti et ses problèmes*, Montréal, 1942, p. 95.

L'Asie

Le colonialisme aux Indes néerlandaises
par Thomas Beaufils

> *Il est près de la mer un royaume pirate,*
> *entre la Frise et l'Escaut...*

Avant la Seconde Guerre mondiale, les Pays-Bas constituaient la troisième puissance coloniale, après la Grande-Bretagne et la France. Dans le catalogue officiel de l'Exposition coloniale à Paris en 1931, un chroniqueur fit une remarque essentielle pour saisir la particularité du colonialisme néerlandais : « Les Pays-Bas sont un royaume qui comprend quatre parties : les Pays-Bas, les Indes néerlandaises, le Surinam et Curaçao. Cela n'est pas une appréciation personnelle, mais l'article premier de la Constitution de ce pays ami. Les Pays-Bas ne connaissent donc pas, en droit, de colonies : ils les ont identifiées avec leur propre territoire[1]. » Pour entremêler les destinées et assimiler les indigènes d'outre-mer à la métropole, les Néerlandais inventèrent des procédés d'expansion coloniale très efficaces. Ce sont ceux qui ont été mis en œuvre aux Indes néerlandaises à partir du XVIIe siècle que nous allons à présent étudier[2]. Cette « ceinture d'émeraudes qui serpente le long de l'équateur[3] » est aujourd'hui appelée Indonésie. Elle est sertie des principaux territoires suivants : Java, Sumatra, Bornéo (Kalimantan), les Célèbes (Sulawesi), l'Irian Jaya, les Moluques et Bali.

1. *Guide officiel de l'Exposition coloniale internationale*, Paris, 1931, p. 133.
2. Pour une étude du colonialisme au Surinam et aux Antilles néerlandaises, consulter l'ouvrage de G. Van de Louw et B. Verstraete, *L'Émancipation dans la littérature néerlandophone des Caraïbes*, Lille, Université Lille-III – La maison Coornhert, 1997.
3. Cette expression célèbre est de l'écrivain Multatuli, *Max Havelaar ou les ventes de café de la Compagnie commerciale des Pays-Bas*, Arles, Actes Sud, 1991 pour la traduction (1860), p. 397.

Naissance d'une nation de marchands

Par un jeu d'alliances et de mariages, Charles Quint puis son fils Philippe II se retrouvèrent, au xvie siècle, à la tête d'un empire sur lequel « le soleil ne se couchait jamais », comprenant, entre autres, l'Espagne, les Pays-Bas et le Portugal. Ces imbrications géopolitiques favorisèrent les voyages de marchands et d'aventuriers, ainsi que la circulation d'informations maritimes d'une partie à l'autre de l'Europe. Mais cet ensemble ne tarda pas à se morceler. Le Hollandais Guillaume d'Orange-Nassau (1533-1584) prit les armes contre son monarque catholique. Les provinces du Nord, converties au protestantisme, s'allièrent et signèrent l'Union d'Utrecht en 1579. Deux ans plus tard, elles fusionnèrent pour former la république des Provinces-Unies. Les principales villes des Flandres, d'une grande importance stratégique pour les Espagnols, choisirent le camp des rebelles bataves. Pour reprendre le dessus sur ses adversaires, Philippe II arrêta des mesures politiques radicales : il fit assassiner Guillaume, le port d'Anvers fut bouclé par un système de sas et les navires hollandais se virent interdire l'accès de Lisbonne. Ces réponses militaires, destinées à punir et à asphyxier économiquement les Pays-Bas, se révélèrent un très mauvais calcul : elles furent l'origine de la prospérité de la République. En fermant l'accès de ses ports, Philippe II incita en effet le nouvel État à développer ses aptitudes maritimes pour aller s'approvisionner directement aux Indes. Le blocus fit perdre à Anvers son prestige commercial et la ville fut supplantée par Amsterdam, où de richissimes immigrants juifs et protestants arrivaient par centaines, fuyant les persécutions catholiques espagnoles. Lorsque Anvers fut reprise par les troupes de Philippe II, en 1585, les Néerlandais bloquèrent à leur tour le port de la cité flamande, conscients du danger qu'un tel concurrent pourrait représenter pour leurs nouvelles activités.

Poussés par cette donne économique inédite, plusieurs négociants néerlandais fondèrent en 1594 une compagnie de commerce privée avec les pays d'Extrême-Orient, qui prit le nom de Compagnie Van Verre, la compagnie des pays lointains. L'année suivante, une première expédition, dirigée par Cornelis de Houtman, partit pour les Indes. Elle parvint à Banten le 22 juin 1596. Ce port de l'ouest de Java était alors la principale plaque tournante des échanges commerciaux de l'archipel. Cette flotte n'avait aucun dessein guerrier, aucun but de conquête. Les marchands espéraient seulement revenir en Europe les cales gorgées d'épices. Ce voyage de deux ans et quatre mois n'eut pas les retombées attendues. Les gains furent tout juste suffisants pour rentabiliser l'expédition. En revanche, les informations recueillies et un traité conclu avec le prince de Banten suscitèrent la convoitise des autres marchands, qui dépêchèrent à leur tour des vaisseaux vers ce nouvel eldorado. Inexpérimentés, ils commirent l'erreur de partir à la conquête du marché des épices en ordre dispersé. La confusion des efforts et l'impitoyable concurrence, notamment entre la Zeeland et Amsterdam, condamnèrent le succès de nombreuses expéditions. L'abondance provoqua également un effondrement des cours et la faillite de plusieurs actionnaires imprudents.

Afin de mettre bon ordre à ce manque de coordination, les actionnaires s'unirent pour regrouper dans un effort commun ces énergies souvent contraires. Ils créèrent en 1602 une nouvelle compagnie privée, plus puissante, la VOC, la *Vereenigde Oost Indische Compagnie*, la Compagnie des Indes orientales. Celle-ci reçut du prince d'Orange et des États généraux (*Staten generaal*) le privilège exclusif du commerce aux Indes, ainsi que le droit d'y bâtir des forts et d'y entretenir des troupes. Elle était dirigée par les Heren XVII, un conseil d'administration composé de dix-sept directeurs ou messieurs : huit sièges étaient basés à Amsterdam, quatre en Zeeland (Middelburg), un à Rotterdam, un à Delft, un à Hoorn, un à Enkhuizen et un était attribué à tour de rôle à chacune des villes minoritaires. Chacun était désigné en fonction de son ancienneté et/ou de l'importance de son apport en capitaux. Aux Indes, leurs représentants étaient chargés de négocier avec les chefs locaux l'achat des épices — essentiellement poivre, clous de girofle, noix de muscade, cannelle, camphre[4]. Acheminées aux Pays-Bas, puis revendues dans toute

4. Ces marchands faisaient également le commerce de l'opium, en provenance du Bengale surtout, de l'or, de l'argent, de l'étain, de porcelaines et d'éléphants.

l'Europe, ces épices firent la richesse des actionnaires, qui réinvestissaient leurs profits dans de nouveaux voyages et dans la construction de magnifiques demeures. Les Indes furent ainsi à l'origine de la naissance de ce siècle d'or, qui fait toujours la célébrité de la Hollande aujourd'hui.

Pendant cette première phase, la Compagnie ne cherchait pas encore à conquérir des territoires, mais plutôt à installer des relais pour ravitailler ses navires et des comptoirs tout le long de la route des Indes. Elle évitait de se trouver mêlée à des guerres territoriales qui auraient menacé sa prospérité. Et ses agents, habiles négociateurs très peu poussés par le prosélytisme religieux, étaient tout absorbés par des soucis commerciaux. Première puissance maritime du monde, maîtresse absolue des mers, la Hollande pouvait à volonté autoriser ou interdire l'accès aux îles. Refusant le libre-échange, trop risqué à son goût, et soucieuse d'éliminer le moindre concurrent, la Compagnie avait pour but premier de s'arroger le monopole sur l'ensemble de l'archipel. Elle imagina des méthodes très efficaces pour dissuader et intimider les autres nations européennes. Les autorités néerlandaises, par exemple, exagéraient à dessein les risques et les périls de la navigation dans ces parages, les cartes étant tenues secrètes. Et malheur à ceux, étrangers ou compatriotes, qui tentaient malgré tout d'enfreindre ce monopole. Leurs vaisseaux étaient arraisonnés et confisqués, et, quand il s'agissait de contrebandiers, ils étaient mis à mort. Un siècle plus tard, Bougainville fera le même constat que ses prédécesseurs. Toute relâche dans les ports des Moluques restait toujours formellement interdite : « À peine avions-nous jeté l'ancre que deux soldats hollandais, dont l'un parlait français, vinrent à bord me demander de la part du résident du comptoir quels motifs nous attiraient dans ce port, lorsque nous ne devions pas ignorer que l'entrée n'en était permise qu'aux seuls vaisseaux de la Compagnie hollandaise[5]. »

Les Heren XVII craignaient la surproduction et la chute des cours des épices. Pour réguler le marché, ils diminuèrent les espaces de production, concentrant les plantations de clous

5. Louis-Antoine de Bougainville, *Voyage autour du monde*, Paris, Gallimard, 1982 pour l'établissement du texte, la modernisation de la graphie, la Préface et le Dossier.

de girofle à Amboine, à Ternate et à Tidore, aux Moluques, déracinant ailleurs les précieux arbres. Aux îles Banda, quinze mille habitants furent assassinés ou déportés, et ces terres devinrent le centre de production de la noix de muscade. La VOC parvint ainsi avec succès à créer, en quelques dizaines d'années, un espace économique fermé à la concurrence.

Le prince de Banten gênait beaucoup ces transactions florissantes, car il frappait les marchandises de droits de douane considérables. Afin d'en finir avec ces ponctions douloureuses, les armées de la VOC s'emparèrent de Jacatra, petit port à quelques kilomètres vers l'est, pour en faire une implantation stratégique sûre d'où organiser leurs activités commerciales. La ville fut rebaptisée Batavia en 1619. Sur la longue durée, Banten ne survivra pas à cette concurrence : elle disparaîtra, tandis que Batavia deviendra Jakarta, actuelle capitale de l'Indonésie. Pour construire et embellir leur nouvelle ville, les Néerlandais utilisèrent des esclaves en provenance d'Inde, de Birmanie, du Bengale, du Sri Lanka et d'îles d'Asie du Sud-Est, de Bali notamment, et des Célèbes. En 1630, Batavia comptait un millier d'esclaves, et vingt-cinq mille à la fin du siècle, soit plus de la moitié de sa population. C'est ici désormais que s'effectuaient les principales transactions commerciales ; les cargaisons y étaient regroupées avant d'être acheminées vers l'Europe. La VOC y installa également le gouverneur général de l'archipel, Jan Pieterszoon Coen. Cette fonction politique consistait à mener à bien les visées économiques en ces terres lointaines. Chef suprême des armées des Indes, il signait les traités, possédait toute l'autorité des Messieurs et était responsable en leur nom des affaires. Ce représentant tout-puissant était un véritable souverain et son autorité était à peu près absolue durant les quelques années qu'il tenait son rôle.

Au début du XVIIe siècle, Java était sous l'influence de plusieurs princes musulmans, des sultans. Les armées du sultan Agung (1613-1646), à l'origine de la fondation du puissant empire Mataram[6], assiégèrent Batavia en 1629. Mais elles

6. L'empire Mataram s'étendait de Bandung jusqu'à la quasi-extrémité est de Java, soit les deux tiers de l'île. Les principales villes de cette région étaient Surakarta (Solo) et Yogjakarta.

furent tenues en échec par les troupes néerlandaises et le souverain perdit une bonne partie de son prestige auprès de ses pairs de Java. L'empire Mataram n'en resta pas moins une menace. Pour apaiser ses velléités guerrières, des traités accordèrent à ce sultan pleine propriété sur toutes les régions situées au centre et à l'est de l'île. Cependant, consciente du danger que ces armées ennemies représentaient, la VOC dut revoir ses ambitions territoriales à la hausse et se lança dans une seconde phase d'implantation, que l'on peut qualifier cette fois-ci d'expansionniste, tournée non plus seulement vers la conquête des mers et de comptoirs, mais aussi de larges territoires, pour consolider ses objectifs commerciaux. Ainsi, pour protéger ses arrières et renforcer ses positions sur les côtes, la Compagnie s'empara progressivement, de 1677 à 1684, du Preanger (encore appelé Priangan), au sud de Batavia. Banten, autrefois redoutable concurrente, devint un État vassal de la VOC en 1684. Les navires néerlandais prirent aussi possession de deux ports stratégiques : Malacca sur la presqu'île malaise en 1641, puis, en 1668, Macassar, aux Célèbes. Mais comme le signale Denys Lombard : « Qu'on ne s'y trompe pas, le processus de conquête fut extrêmement lent : il ne s'achèvera qu'à la veille de la Première Guerre mondiale[7]. »

À Batavia, les tensions avec les commerçants chinois de Java étaient vives. Les Néerlandais craignaient leur dynamisme économique, mais ils avaient besoin d'eux pour écouler leurs marchandises sur les marchés d'Asie. En 1740, le marché javanais de la canne à sucre s'effondra, concurrencé par le Brésil. De nombreux commerçants chinois firent faillite et leurs coolies se retrouvèrent sans travail. La VOC décida de les envoyer à Ceylan, en manque de main-d'œuvre. Mais le bruit courut qu'en fait, pour se débarrasser d'eux, ils étaient jetés par-dessus bord en pleine mer. Les coolies se révoltèrent alors et tentèrent d'attaquer Batavia. Pour mettre fin à cette rébellion, cinq mille à sept mille Chinois furent massacrés dans la capitale, du 9 au 11 octobre, par les troupes de la VOC.

_____

7. Denys Lombard, article « Indonésie-Histoire », Encyclopédie Universalis, p. 202.

Les querelles entre princes javanais troublaient également profondément la paix des États musulmans. Souvent ennemis entre eux, ils poursuivaient chacun leurs intérêts particuliers sans chercher à s'unir contre l'invasion néerlandaise. La Compagnie préférait les laisser s'entre-déchirer et s'affaiblir avant d'intervenir. Leurs rivalités éclataient généralement lors des brûlantes questions de succession au trône. L'islam acceptant la polygamie, à la mort d'un prince régnant, les compétiteurs susceptibles de s'emparer du pouvoir étaient fort nombreux. Ils s'opposaient ainsi dans une compétition acharnée. Avec une grande habileté, les gouverneurs généraux hollandais surent se faire passer pour les arbitres naturels. Leur appui résolvait les problèmes les plus insolubles. Les agents de la Compagnie accordaient leur alliance au prétendant qui leur était favorable et qui acceptait la suzeraineté de la VOC. Le protégé, bénéficiant de la force de dissuasion militaire néerlandaise, avait ainsi de fortes chances de remporter le trône. En échange, il concédait aux Néerlandais une partie des terres de son royaume. Après son établissement, la Compagnie lui communiquait des instructions agricoles pour assurer son train de vie, lui proposait de lui acheter d'énormes quantités d'une denrée dont ils convenaient. Le souverain encourageait alors une culture à l'exclusion des autres. Sur le plan politique, en revanche, la Compagnie lui laissait le champ libre. Cette adroite politique accentua la dépendance économique de nombreux princes javanais, obligés désormais d'aller acheter en dehors de leur royaume, à Batavia notamment, qui drainait l'ensemble des échanges, les produits nécessaires qui leur manquaient. À force de patience, la Compagnie acquit ainsi légalement, et non plus seulement en déclarant des guerres, de larges propriétés à Java, qui, à la fin du XVIIIᵉ siècle, était quasiment entièrement conquise.

Disparition de la VOC et mise en place du régime d'État

Plusieurs causes — qui ne sont d'ailleurs pas encore toutes élucidées — provoquèrent la disparition de la Compagnie. Tout d'abord, un exclusivisme aussi entier ne pouvait que succomber tôt ou tard. Vers la fin du XVIIIᵉ siècle, la VOC ne parvenait plus à boucler militairement cet immense territoire. Les navires des grandes puissances, de la Grande-Bretagne par exemple, qui avaient supplanté la marine hollandaise en plein déclin, entraient sans souci dans les ports de Java et des Moluques. Les princes, malgré les contrats qui les liaient aux Néerlandais, vendaient de bonne grâce leurs marchandises aux autres acquéreurs européens. Le monopole batave fut également battu en brèche par l'apparition de plantations d'épices dans d'autres régions du monde. Pierre Poivre (1719-1786) parvint à voler en 1753, à la barbe des Néerlandais, cinq muscadiers et quelques girofliers qu'il acclimata dans son jardin de Mont-Plaisir, le fameux jardin des Pamplemousses de l'île Maurice. Il y introduisit également la culture du poivre, de la cannelle et des dizaines d'espèces végétales, qui servirent à lancer des plantations à grande échelle. Le commerce clandestin menait également bon train. Les capitaines et les marins avaient pris l'habitude de se servir des vaisseaux de la Compagnie, afin de se livrer, pour leur propre compte, à un fructueux commerce. L'invasion de la Hollande par les armées de Napoléon en 1795 n'arrangea pas non plus les affaires des marchands bataves. L'archipel était désormais sous contrôle français. La perte de puissance sur les mers, la concurrence, la diminution des recettes et enfin l'occupation du pays entraînèrent somme toute de graves déficits. La VOC fut dissoute le 1er janvier 1800.

Après cette retentissante faillite, l'État néerlandais prit le relais et devint le responsable direct de l'exploitation coloniale. Les premières tentatives pour contrôler les échanges se révélèrent laborieuses. Les cultures étaient toujours prospères et le commerce actif, mais les étrangers, qui occupaient désormais un rôle actif, drainaient une grande partie des bénéfices vers leur métropole. Sur le plan intérieur, la situation restait incertaine et dangereuse. À Java, les souverains indigènes semblaient dociles, mais ils n'étaient pas totalement soumis. Sur le plan extérieur, la flotte anglaise avait ravagé les îles de la baie de Batavia en 1806. Une nouvelle attaque était imminente et il fallait donc se préparer à défendre Batavia. Pour parer à cette invasion prévisible, le maréchal néerlandais Herman Willem Daendels (1762-1818), bonapartiste convaincu, fut nommé gouverneur général des Indes le

28 janvier 1807. L'attention de cet homme autoritaire fut entièrement absorbée par les affaires de guerre. Il parvint de manière vigoureuse à calmer les princes javanais et il renforça les défenses de Java : il fit tracer d'un bout à l'autre de Java une gigantesque route carrossable pour le transport des troupes, il créa une milice indigène et une école d'artillerie à Semarang. Cependant, ses huit mille soldats ne purent s'opposer aux troupes anglaises, beaucoup plus nombreuses et puissantes.

L'île capitula le 18 septembre 1811. Le lieutenant général, sir Thomas Stamford Raffles[8] (1781-1826), fut à son tour chargé de réorganiser les affaires. Il affirma encore un peu plus la puissance de l'État, et ses armées poursuivirent la conquête de l'archipel, déjà bien engagée autrefois par la VOC. Java n'était désormais plus menacée par une attaque étrangère, et la vie économique y redevint très florissante. Durant cette courte interruption, l'administration anglaise n'eut cependant pas le temps de s'implanter en profondeur. Mais on peut souligner tout de même quelques-unes des orientations politiques de Raffles : « Son idée est d'introduire le système de la rente foncière (*landrent*) déjà expérimenté au Bengale : la terre étant considérée comme propriété du gouvernement, chaque cultivateur doit acquitter, en riz ou en numéraire, une taxe correspondant au loyer de son champ (du tiers à la moitié de la récolte selon la qualité du sol). Il encourage d'autre part à intensifier le contrôle à l'égard des régents javanais et intervient dans les affaires locales (création, en 1812, d'un quatrième prince à Java central : le Paku Alam, installé à côté du sultan de Yogyakarta)[9]. »

Après les défaites napoléoniennes, les Pays-Bas retrouvèrent leur indépendance. Le traité de Londres du 13 août 1814 leur restitua leurs possessions d'outre-mer. Les Anglais quittèrent l'archipel deux années plus tard, le temps d'effectuer la passation de souveraineté. Raffles, quant à lui, bien décidé à en découdre avec les marchands néerlandais, obtint l'autorisation du sultan de Riau-Johore de créer la ville de

8. Auteur d'un traité remarquable sur Java, *The History of Java*, 1817.

9. Denys Lombard, article « Indonésie-Histoire », *op. cit.*

Singapour en 1819, afin d'y établir un port franc. Il attira ainsi dans cette nouvelle cité, très bien située sur les routes commerciales d'Asie, une bonne partie des échanges autrefois presque exclusivement concentrés à Batavia.

Ces interludes régénérèrent pourtant l'esprit pionnier néerlandais. Les Pays-Bas poursuivirent les efforts de Daendels et de Raffles en vue d'implanter durablement un État influent sur l'ensemble des îles. Les intentions néerlandaises n'étaient plus uniquement commerciales, mais on peut relever une véritable volonté d'occuper le terrain et d'imposer des modèles identiques à ceux de la métropole. Les fermiers néerlandais, qui s'installaient aux Indes, reproduisaient, par exemple, l'ambiance des polders de Hollande[10]. Les colons se sentaient désormais naturellement chez eux en toute légalité. Le terme « colonie » était d'ailleurs peu fréquent au quotidien pour désigner ces terres conquises. On lui préférait un tendre mot néerlandais : *moederland* (terre mère), pour souligner le lien affectif désormais scellé avec les Pays-Bas, la *vaderland* (terre père, patrie). La vie de ce couple géographique continuait d'être tout entière animée et alimentée par les échanges de denrées agricoles. La création d'un jardin botanique à Buitenzorg (aujourd'hui Bogor), le 18 mai 1817, eut des répercussions considérables sur les îles. Des plantes arrivaient du monde entier dans ce laboratoire de recherche scientifique. Après leur sélection, les botanistes testaient à petite échelle leur faculté d'acclimatation. Si la plante s'adaptait bien au sol et au climat des Indes, le jardin fournissait graines et boutures aux colons néerlandais qui se lançaient dans des cultures à grande échelle. C'est ainsi que sont apparues aux Indes les plantations de thé (1826), de palmiers à huile (1848), de quinquina (1854), de tabac (à Déli, actuellement Medan, en 1863), d'hévéa (1876), mais c'est le café, la canne à sucre et le riz qui constituaient la principale richesse. Plante naturelle dans les divers pays au climat tropical, le riz avait toujours été la culture vivrière essentielle de l'archipel. La canne à sucre fut signalée à Java vers 400 après Jésus-Christ par le voyageur

10. F. Colombijn, « The Javanese Model as Basis for Nineteenth Century Colonial Policy in West Sumatra », *A Journal of Indonesian Human Ecology*, Depok, 3, 1995, p. 32-33.

chinois Fa-hien. La Compagnie en fit commerce dès 1637, avec l'aide de commerçants chinois. Cette culture, plus coûteuse, exigeait aussi davantage de soin. Le café (*Coffea arabica* et *Coffea liberica*[11]), quant à lui, fut apporté dans les cales des bateaux bataves en 1696. Au début du XIXᵉ siècle, ces deux dernières plantes évincèrent progressivement des circuits commerciaux les épices qu'exportaient jadis en grande quantité les navires néerlandais. À travers ces échanges, les Néerlandais façonnèrent ainsi progressivement les paysages à leur manière et effacèrent en partie le travail des habitants d'origine, pour prendre leur place et les chasser.

Les soldats néerlandais s'aventurèrent encore plus avant dans les terres afin de renforcer leurs positions militaires et de poursuivre les conquêtes, hors de Java. Si certains princes préféraient éviter la guerre en signant des traités de coopération, d'autres optaient pour le combat, dont ils ressortaient rarement vainqueurs. Entre 1817 et 1906, les conflits[12] furent longs et nombreux à Lombok, Bali, Sumatra et Bornéo notamment, mais il est difficile de connaître les pertes exactes en hommes. Ils permirent aux Néerlandais de contrôler toujours plus l'archipel. Le gouverneur général des Indes, Johannes Van den Bosch (1780-1844), créa, le 4 décembre 1830, un nouveau corps de soldats, le *Oost-Indisch Leger* (armée des Indes orientales[13]). Cette armée, commandée par des chefs blancs, était constituée d'insulaires, chrétiens en majorité : Ambonnais, Menadonais, Timorais, Madurais et Bugis. Ces hommes étaient particulièrement appréciés pour leur fidélité et leur efficacité au combat. Il n'existait alors pas encore de

11. *Coffea arabica* et *Coffea liberica* furent remplacés par le *Coffea robusta* en 1901, plus résistant aux maladies.
12. En voici les principaux : insurrection à Amboine, aux Moluques, en 1817 ; la guerre des Padri de 1821 à 1838 et la guerre de Jambi de 1858 à 1907 à Sumatra ; la rébellion de Palembang en 1848 et la rébellion de Lampung de 1825 à 1856 à Sumatra ; la guerre de Java (soulèvement de Diponegoro) de 1825 à 1830 ; la guerre de Bali de 1846 à 1849 ; la guerre de Florès en 1846 ; la guerre de Kongsi de 1850 à 1854 et la guerre de Benjarmasin de 1859 à 1906 à Bornéo.
13. La dénomination KNIL ou Koninklijk Nederlands-Indisch Leger (Armée royale des Indes néerlandaises), plus connue aujourd'hui, fut adoptée en fait en 1933.

conscience collective indonésienne. Leur origine leur permettait de combattre sans états d'âme les autres groupes ethniques
de l'archipel, avec lesquels ils ne sentaient aucune affinité. La
troupe était également accompagnée des *kettingberen* (littéralement, les « ours enchaînés »). Ils devaient, semble-t-il, leur
surnom aux animaux qui divertissaient le public pendant les
foires. Il s'agissait en général de criminels, à qui l'on offrait,
là, la possibilité de racheter leurs fautes. Plus les opérations
étaient dangereuses, plus la peine était réduite. L'armée coloniale néerlandaise a également accueilli quelques recrues
célèbres dans ses rangs. Parmi elles, Arthur Rimbaud, qui
s'engagea en 1876, à l'âge de vingt-deux ans, et, arrivé aux
Indes, s'empressa de déserter pour revenir en France.

Afin d'éviter ces guerres et de mieux contrôler les princes,
de nouveaux fonctionnaires furent tout spécialement formés
à partir de 1843, à la nouvellement créée École polytechnique de Delft aux Pays-Bas. Ces hommes, appelés familière-
ment les BB, pour *Binnenlands Bestuur* (administration de
l'intérieur), furent sensibilisés aux réalités du pays. Ils parlaient couramment une ou plusieurs langues de l'archipel et
connaissaient parfaitement les coutumes et les habitudes des
différents groupes ethniques. Ils étaient ainsi bien plus à
même de gérer les territoires qui leur étaient confiés et de
répondre aux nécessités commerciales dictées par l'État néerlandais. Comme au temps de la Compagnie, les chefs locaux
purent préserver leur autorité sur le peuple. Les régents,
anciens représentants des princes indigènes, conservaient un
plein droit de contrôle sur les paysans. Ils étaient assistés par
le *patih,* en général une personnalité expérimentée appartre-
nant à une grande famille[14] du pays. Très respectés, les
régents exerçaient également leur influence sur les différents
wedono ou chefs des districts. Pour les encadrer de près et
améliorer les rendements agricoles, les Néerlandais imaginèrent un système nouveau. Ils superposèrent à cet édifice
tous les rouages de l'administration néerlandaise : « Les princes

14. Pour une description de la noblesse javanaise, consulter l'article
de Romain Butrand : « La rencontre coloniale, une affaire de mœurs ?
L'aristocratie de Java face au pouvoir hollandais à la fin du
xixᵉ siècle », *in Genèse*, n° 43, juin 2001, p. 32-52.

et grands indigènes ont subsisté presque sans modification essentielle depuis le temps de la féodalité javanaise, mais par-dessus cette antique organisation est venue s'appliquer une autre administration construite de toutes pièces, pénétrant l'ancienne par le haut, sans en atteindre les couches infé-rieures, et en assurant le fonctionnement en même temps qu'elle est en mesure de lui imprimer au besoin une sage et utile direction[15]. » À tous les degrés supérieurs de la hiérar-chie javanaise, les nobles avaient à leurs côtés un fonction-naire du gouvernement néerlandais.

Ce fonctionnariat était hiérarchisé en trois classes. Ceux qui n'avaient quasiment pas fait d'études devenaient, aux Indes, fonctionnaires de troisième classe et s'occupaient des affaires mineures et du secrétariat. La première classe était essentiellement constituée de docteurs en droit, spécialistes de l'*adat*, le droit des peuples de l'archipel. Après avoir complété leur formation pendant deux ans à Delft, ils deve-naient sur place avocats ou juges et réglementaient de manière minutieuse les contrats, les questions de propriété, les testaments et les successions : « Le gouvernement hollan-dais a peu à peu pris et réuni dans ses mains tous les fils de la vie javanaise. Il en a pris la haute direction politique, il en a accaparé les sources de production et les éléments de richesse. À présent, il maintient en les autorisant et en les régularisant les formes juridiques, et, en leur donnant comme guide et comme contrôle les cours supérieures d'origine hol-landaise, il pénètre par ses juges, par ses hommes de loi, dans l'existence intime des indigènes, dans leur vie morale : tenta-tive plus dangereuse que toutes les expéditions, que toutes les entreprises militaires et politiques[16]. » Les Néerlandais contrôlaient ainsi tous les secteurs vitaux des sociétés indoné-siennes : l'économie, l'agriculture, la justice, les rouages poli-tiques, l'armée et les échanges maritimes.

Ceux qui n'étaient pas spécialistes du droit, mais qui avaient effectué un cursus complet à l'école de Delft, deve-naient en général des fonctionnaires de deuxième classe, en

15. Pierre Gonnaud, *La Colonisation hollandaise à Java*, Paris, Augustin Challamel, 1905, p. 447.
16. Pierre Gonnaud, *op. cit.*, p. 548.

poste dans les provinces indonésiennes. La plupart commençaient par devenir contrôleurs d'État. Cette fonction consistait à visiter tout au long de l'année, en général en compagnie d'un wedono, chaque village d'une zone géographique donnée. Au cours de leur itinéraire, à dos de cheval, les contrôleurs se renseignaient sur l'état de leur juridiction. Ils rencontraient les chefs locaux, leur faisaient des suggestions et vérifiaient la bonne marche des plantations. Ils répercutaient vers leur administration les moindres désirs des chefs indigènes afin de s'attirer leurs faveurs. Ils réalisaient également d'innombrables monographies très précises sur les habitudes de vie des indigènes pour anticiper d'éventuels débordements et éviter de réveiller leur susceptibilité, source de conflits. Leurs supérieurs hiérarchiques, appelés en néerlandais les *assistent resident*, administrateurs d'un district, étaient installés dans des villes secondaires. Dans la hiérarchie javanaise, ces fonctionnaires correspondaient aux patih. Les plus talentueux d'entre eux devenaient *resident*, personnages très importants, qui administraient des territoires de la taille d'une régence. Ils avaient un rôle de « frère aîné » et de conseiller auprès du régent. Si ce dernier voulait s'instruire, s'initier au métier d'administrateur ou même apprendre le néerlandais, le resident l'en dissuadait le plus souvent pour mieux le garder sous sa tutelle : « La vérité profonde, c'est que le Hollandais a voulu et continue à vouloir établir sa supériorité sur l'ignorance de l'indigène[17]. » Ainsi, « la politique coloniale néerlandaise [...] a essayé [...] de priver son pupille du contact avec le monde extérieur, en lui opposant la barrière d'une langue destinée à marquer la distance qui le sépare de l'Européen[18] ». Ce système de superposition ne nécessitait finalement qu'un petit nombre d'administrateurs : « En 1844, il y avait 18 resident et 32 assistent resident. En 1866, 18 resident, 60 assistent resident et 100 contrôleurs ; en 1897, 22 resident, 78 assistent resident et 114 contrôleurs[19]. » La puissance néerlan-

---

17. G. Bousquet, *La Politique musulmane et coloniale des Pays-Bas*, Paul Hartmann, 1954, p. 128-129.

18. *Ibid.*, p. 129.

19. J. Chailly-Bert, *Java et ses habitants*, Paris, Armand Colin, 1900, p. 207-208.

daise était ainsi présente à tous les échelons. En 1833, le gouverneur général Johannes Van den Bosch écrivait, dans un de
ses rapports : « Selon moi, nous devons nous attacher les
chefs indigènes par tous les moyens appropriés ; c'est ce que
j'ai tenté de faire, en respectant leurs droits héréditaires
chaque fois que j'ai pu, en veillant à ce qu'ils soient traités
avec le respect qui leur est dû, voire même avec attention, en
leur prêtant secours lorsqu'ils sont en difficulté financière, en
leur accordant la propriété des terres qu'ils convoitent ; bref,
en usant avec eux de façon qu'ils se sentent plus heureux
sous notre administration que sous celle de leurs princes[20]... »

Une des missions les plus importantes des fonctionnaires
néerlandais consista à encadrer les plantations et à faire appliquer le *cultuurstelsel*, ou système des cultures, conçu par
Van den Bosch en 1834. Le gouvernement des Indes demandait aux Indonésiens une exploitation plus active et plus
méthodique du sol. Van den Bosch déclara que les Pays-Bas
pourraient désormais bénéficier à leur gré du cinquième du
labeur des paysans et s'en servir dans le but qui leur plairait.
Il décida également qu'un cinquième des terres (à Java,
Célèbe Nord et Sumatra Ouest surtout) serait entièrement
consacré à la culture du café, du sucre, de l'indigo, du thé, du
poivre et de la cannelle, au détriment des cultures vivrières.
Pour s'assurer de la mise en place de ces directives, les structures sociales javanaises furent largement mises à profit : des
primes furent distribuées aux régents afin qu'ils fassent surveiller, par leurs hommes de main, le travail et les récoltes.
Dans certains cas, une partie des bénéfices fut également
reversée aux villageois, qui profitèrent ainsi de cette prospérité. Mais certains régents, aveuglés par le profit, obligèrent
leurs sujets à fournir beaucoup plus que ces quotas, souvent
sous l'œil bienveillant du colonisateur qui, lui, voyait ses coffres se remplir : « Les cultures d'exportation furent étendues
au-delà des limites prévues : on en vint à mettre à la disposition des sucreries non pas un cinquième, mais jusqu'au tiers
et à la moitié du sol, parfois même la totalité des terres irriguées.

20. Denys Lombard, *Le Carrefour javanais : Essai d'une histoire
globale*, vol. I, Paris, EHESS, 1990, p. 88 (*cf.* également BKI XI,
1863, p. 295).

Au lieu de soixante-dix jours, on exigea jusqu'à deux cent quarante jours et davantage de travail par an, sans compter les réquisitions non payées pour la construction des routes, des ports, des bâtiments nécessaires au système. Les maigres salaires attribués à la culture, variant suivant le cours des produits, pouvaient tomber à rien. Malgré les promesses, la taxe foncière continuait à être levée, et elle fut même doublée en quinze ans. Les principales productions demandées au travail forcé [...] étaient souvent inadaptées aux sols. Le paysan, manquant d'espace et de temps, négligea les cultures vivrières, adopta des variétés de riz à croissance rapide, mais à moindre rendement. Le riz, même, fut exporté de l'île populeuse. L'alarme fut donnée par la famine qui désola la région de Ceribon en 1843 : des milliers de familles émigrèrent, abandonnant au bord des routes des individus épuisés[21]... » Un livre s'éleva violemment contre les pratiques de ce système. Il s'agit du célèbre *Max Havelaar ou les ventes de café de la Compagnie commerciale des Pays-Bas* publié en 1860. Cette autobiographie romancée raconte les déboires de son auteur, Eduard Douwes Dekker (1820-1887), plus connu sous son pseudonyme, Multatuli (qui signifie en latin « J'ai tant souffert »), et dénonce l'oppression exercée sur les Javanais. Alors assistent resident au service du gouvernement néerlandais, il accusa dans son livre, mais aussi devant témoins, Karta Natta Negara, régent de Lebak, de maltraiter la population. Ce ne fut pas du tout du goût de ses supérieurs, qui avaient besoin de ce complice javanais pour engranger les richesses vers la métropole. Malgré ces accusations et le retentissement de son livre en Europe, Multatuli ne parvint pas à briser cette coopération et cette collusion entre la classe dominante indonésienne et le pouvoir néerlandais.

Sur le plan de l'esclavage, la situation ne s'était guère améliorée depuis le XVIIe siècle. Tout comme les Néerlandais, l'aristocratie javanaise s'accommodait fort bien de ces pratiques dont elle bénéficiait depuis des lustres. En 1824, le quotidien *Bataviasche Courant* proposait dans ses petites annonces des esclaves parmi tables de billard, chambres en

21. Roger Vailland, *Borobudur, Voyage à Bali, Java et autres îles*, Paris, éditions Kailash, 1996, p. 75-76.

location ou meubles. L'abolition de l'esclavage fut votée, aux Pays-Bas, le 7 mai 1859 et la loi fut mise en application le 1er janvier 1860. Les propriétaires reçurent du gouvernement une indemnisation pour chaque mise en liberté. Cependant, n'ayant souvent aucun moyen de subsistance, les anciens esclaves restaient au service de leur maître. Malgré la loi, les pratiques esclavagistes se poursuivirent encore longtemps. En 1875, le gouvernement continuait à débourser des sommes considérables pour les remises en liberté. À Bali, l'esclavage fut aboli en 1877 ; à Lombok, en 1901, on comptait encore 7 741 esclaves[22].

La fibre anticoloniale de l'écrivain néerlandais Multatuli en 1860 [23]

Si l'on persistait à ne pas me croire, alors, je traduirais mon livre dans les rares langues que je connais, et les nombreuses autres langues que je puis encore apprendre, pour demander à l'Europe ce que j'aurais cherché vainement aux Pays-Bas. Et l'on entonnerait, dans toutes les capitales, des chansons ayant ce genre de refrain : il est près de la mer un royaume pirate, entre la Frise orientale et l'Escaut ! Et si cela non plus ne me servait de rien ? Alors je traduirais mon livre en malais, en javanais, en soundanais[24], en alfour, en bouguinais, en batak… Et j'inspirerais des chants guerriers, des chants à affiler leurs *klewangs,* aux cœurs des pauvres martyrs à qui j'ai promis assistance, moi, Multatuli. Délivrance et assistance, par des voies légales, partout où c'est possible… par les voies légitimes de la violence, là où c'est nécessaire. Ce qui ne manquerait pas d'avoir des répercussions fort négatives sur « les ventes de café de la Compagnie commerciale des Pays-Bas » ! Car je ne suis pas un poète secourable aux mouches, un doux rêveur comme Havelaar, victime humiliée, qui accomplissait son devoir avec le courage d'un lion, et souffre la faim avec la patience d'une marmotte en hiver. Ce livre n'est qu'un commencement… Je croîtrai par la puissance et le tranchant de mes armes, autant qu'il sera nécessaire… Dieu veuille que ce ne soit pas nécessaire.

---

22. S. Kalff, *De slavernij in Oost-Indië*, Baarn, Hollandia-Drukkerij, 1920, p. 33.

23. Multatuli, *Havelaar, op. cit.*, p. 396-397. (NDLR)

24. Le soundanais est une langue de Java, au même titre que l'alfour, le bouguinais, le batak. (NDLR)

Non, cela ne le sera point ! Car c'est à Vous que je dédie mon
livre, à Vous, Guillaume III, roi, grand-duc, prince... mais plus
encore que prince, grand-duc ou roi... EMPEREUR de ce splen-
dide empire d'INSULINDE qui s'enroule là-bas autour de l'équateur, telle une ceinture d'émeraudes... À Vous, j'ose, en
confiance, demander si telle est bien votre impériale volonté
qu'un Havelaar soit éclaboussé de la fange des Slymering et des
Droogstoppel ? Et qu'au-delà des mers plus de trente millions
de vos sujets soient OPPRIMÉS ET PRESSURÉS EN VOTRE
NOM ?

Désengagement de l'État néerlandais
et privatisation des terres

Au fur et à mesure des conquêtes militaires, les plantations
s'étendirent à Sumatra, île dont l'administration néerlandaise
souhaitait le même développement qu'à Java. À partir de
1859, les exploitants néerlandais firent appel à des milliers de
coolies chinois[25] pour combler le manque de main-d'œuvre
indonésienne — dont ils n'étaient de toute manière pas très
friands — sur ce nouveau territoire : « La main-d'œuvre ? Surtout chinoise : paresseux, le Malais ; travailleur, le Javanais,
mais le Chinois, lui, est bûcheur. Et puis il préfère nos Indes
aux autres Indes où il n'est payé qu'un demi-cent au lieu
d'un[26]. » La politique impérialiste des Pays-Bas était toujours
justifiée par ce mythe colonial de l'indigène paresseux, qui
visait à confirmer l'incapacité du peuple à être autonome. Les
colons se considéraient comme les tuteurs naturels de ces
indigènes soi-disant immatures qu'il fallait civiliser. Très étroit
d'esprit, Johannes Van den Bosch estimait que les Javanais
n'atteignaient pas la capacité intellectuelle d'un enfant de
douze ou treize ans[27]. En fait, les habiles agriculteurs javanais
n'avaient pas le goût des grandes exploitations et des domaines
immenses à la hollandaise. Ils travaillaient beaucoup, mais à
leur manière et à leur rythme. Ils préféraient cultiver, dans les

25. En 1850, la population des Indes comprenait 250 000 Chinois.
26. Marie-Thérèse Gadala, *Fleurs océaniennes, Java-Bali*, Paris, Les
Presses françaises, 1938, p. 48.
27. S. H. Alatas, *The Myth of the Lazy Native*, Londres, Krank
Cass, 1977, p. 61.

plaines, de petites parcelles, de riz surtout, près de leur *kampung* (village). Les *sawah,* rizières artificiellement inondées, étaient patiemment labourées par les *karbaus* (les buffles). Ces propriétés étaient souvent communes et indivises à tous les habitants du village.

L'abandon du *cultuurstelsel* se fit sous l'impact du parti libéral, dirigé par Thorbecke, alors au pouvoir aux Pays-Bas. Celui-ci n'agissait pas par humanisme, mais parce que les cultures d'État, chères à entretenir, commençaient à être moins rentables, et que de nombreux entrepreneurs privés rêvaient de s'installer aux Indes. En 1870, deux lois mirent un terme à ce système. Place à présent au libéralisme. La *Suiker wet* (loi du sucre) décida que le gouvernement ne pourrait plus développer ses plantations de canne à sucre et qu'il réduirait même la production, à partir de 1878, d'un treizième chaque année, de sorte qu'à partir de 1890 toutes les plantations de canne devaient être laissées à l'initiative privée. Les cultures gouvernementales de café, qui rapportaient encore beaucoup à l'État néerlandais, ne disparurent qu'en 1918. L'*Agrarische wet* (loi agraire) établit une nouvelle réglementation de la propriété et de la location des terres. L'archipel était composé majoritairement de territoires sauvages. Une fois qu'il les avait fait débroussailler, le gouvernement en devenait le propriétaire légal, et personne n'aurait imaginé contester et réclamer ces terres sans cultivateurs. En revanche, pour les terres occupées de longue date par les habitants des îles, la situation était très épineuse. Malgré leurs batteries de juristes, les Pays-Bas ne parvinrent jamais à résoudre totalement la question des titres de propriété. Les lois néerlandaises imposèrent aux indigènes de prouver qu'ils étaient bien propriétaires de leurs terres ; dans le cas contraire, elles revenaient automatiquement à l'État. Les régents et les princes, de par leur statut aristocratique, possédaient souvent des titres de propriété en bonne et due forme. Mais les paysans, qui vivaient pourtant là depuis toujours, en tout cas bien avant les Néerlandais, n'avaient aucune preuve juridique à fournir, ce qui revenait à dire qu'ils ne possédaient rien. Conscients de l'injustice et en fait surtout du manque à gagner, les législateurs néerlandais décidèrent qu'à partir de 1879 les parcelles, régies autrefois par le système de la corvée (*cultuurstelsel*), diminueraient chaque année d'un dixième, pour être redistribuées aux insulaires afin qu'ils puissent en disposer librement, et éventuellement les louer aux colons européens pour une durée de soixante-dix-neuf ans. Participant désormais aux bénéfices, les Javanais prirent goût à l'agriculture intensive et ils la pratiquèrent d'eux-mêmes, sans que le gouvernement néerlandais intervienne. Ils tirèrent profit de la culture de la canne à sucre notamment. Le dynamisme agricole et industriel venait à présent du travail libre des Indonésiens et des nouveaux pionniers, qui arrivaient massivement, depuis que l'ouverture du canal de Suez, en 1869, avait rendu le voyage plus sûr et plus court. Autre nouveauté de cette modernisation : la venue d'un important nombre de femmes néerlandaises changea le visage de la société des Indes. Les hommes épousèrent moins d'Indonésiennes, ce qui contribua à creuser le fossé entre les communautés européenne et indigène.

La *Koelie ordonnantie* (l'ordonnance « Coolie ») de 1870 instaura de nouvelles règles lors de l'utilisation de la main-d'œuvre dans les plantations. Les coolies, dans leur grande majorité chinois, s'engageaient par contrat pour un terme de plusieurs années, celui-ci ne pouvant dépasser trois ans et les réengagements ne pouvant porter que sur un an et demi. Des sanctions pénales étaient prévues en cas de rupture de contrat. Le gouvernement a ainsi voulu donner des garanties aux employeurs qui devaient débourser des sommes considérables pour couvrir les frais de voyage, de logement et d'assistance médicale. Ces sanctions autorisaient la police à arrêter et à reconduire le coolie fugitif. Les entrepreneurs n'hésitaient pas à les frapper en public : « Une fois, quelques coolies s'étaient sauvés ; Isnan, à cheval, les avait rattrapés et ramenés ; ils s'accroupirent dans notre cour, tous trois côte à côte, et mon père commença par les invectiver, puis les frappa l'un après l'autre... », raconte Edgar du Perron dans *Le Pays d'origine*[28]. Des bureaux de recrutement furent installés à Java et en Chine du Sud. Mais les coolies, qui ne savaient en général pas lire, ne comprenaient pas leur contrat et n'imaginaient pas ce qui les attendait. Les conditions de vie sur les

---

28. Paris, Gallimard, 1980, p. 223.

bateaux qui les transportaient à Sumatra étaient désastreuses :
manque d'hygiène, de vivres, maladies. Et puis, comble du
cynisme, ils devaient parfois rembourser leur billet en heures
de travail dans les plantations. Une fois sur place, ils étaient
corvéables à merci. Certains se retrouvèrent dans les plantations du Surinam en pensant se trouver aux Indes. Cette
ordonnance ne fut abandonnée qu'en 1936, suite à l'indignation des États-Unis qui venaient de découvrir ce nouveau type
d'esclavage et qui menaçaient de boycotter les produits agricoles en provenance des Indes néerlandaises.

La politique libérale avait porté ses fruits, l'économie était
en pleine santé. Le XIXᵉ siècle fut le second siècle d'or des
Pays-Bas. Dès 1880, les exploitants se firent peu à peu absorber par de grandes compagnies et des banques renommées
qui construisaient de somptueux sièges dans la capitale, Batavia. Sur le plan intérieur, les guerres de conquête se poursuivaient et les résistances étaient de plus en plus affirmées.

En 1898, le recrutement de l'armée coloniale atteignit son
effectif le plus élevé avec 1 442 officiers et 42 235 sous-
officiers et soldats. En cette fin de siècle, deux guerres furent
particulièrement meurtrières. Celle d'Aceh (située à la pointe
extrême ouest de Sumatra), de 1873 à 1903, fit en quarante
ans plus de dix mille victimes du côté néerlandais, et soixante-
dix mille du côté des Acéens[29]. Edgar du Perron évoque dans
son roman *Le Pays d'origine* la violence des combats : « À
Aceh, tu n'avais pas fait deux pas dans l'herbe les gars te
sautaient sous le nez. Cette fois-là, j'en ai étendu deux sans
être blessé moi-même. Ces gaillards sont vifs comme l'éclair,
et bigrement décidés par surcroît, pas le temps de penser
quand tu as affaire à eux. Mais quand tu en as couché un à tes
pieds, que tu vois que tu l'as pris de vitesse et que tu lui as
fait ce qu'il voulait te faire, tu ne penses pas au sang versé ni
au meurtre commis, tu n'as qu'un sentiment, la fierté. Ces
gaillards-là sont des bêtes fauves pour toi, et, quant à toi, tu te
sens un homme[30] ! » Les Acéens, redoutables guerriers,
rendirent aux soldats la monnaie de leur pièce : « Il faut
voir les types qu'on relève quand les Atjehens leur ont fait

29. Autre orthographe pour Acéens : *Atjehens*.
30. Edgar du Perron, *op. cit.*, p. 385.

tjing-tjang[31], ou les soldats blessés qui tombent entre leurs mains et qu'on retrouve le drapeau anglais dessiné sur la figure[32]. » Le général Van Heutsz, de la trempe des militaires intransigeants, sanguinaire notoire, parvint finalement, après de longues et âpres batailles, à capturer les principaux chefs de la résistance. Tout auréolé de sa gloire et de ses succès militaires, il fut nommé gouverneur général des Indes le 20 juillet 1904.

À Sumatra, des combats se poursuivirent à plus petite échelle de 1903 à 1907. Du 8 février au 23 juillet 1904, le lieutenant-colonel Van Daalen organisa des expéditions contre les Gojos et les Alassers, alliés des Acéens, qui n'avaient pas abandonné la lutte. Les opérations se transformèrent en boucherie. Les villages furent rasés, la population décimée. Au total, plus de 2 900 personnes, dont 1 150 femmes, furent assassinées. De terribles photos prises par le photographe néerlandais Neeb témoignent de ces massacres qui étaient courants. Les militaires, en toute décontraction, posent devant l'objectif. Sur l'une d'elles, un soldat indigène place son pied sur un corps comme s'il s'agissait de la capture d'un lion lors d'un safari. Pendant la bataille, à Koeta Reh, Van Daalen fut obligé de menacer de son pistolet certains soldats qui, grisés par l'action, tiraient encore, malgré le cessez-le-feu.

Une autre guerre meurtrière fit également date dans l'histoire militaire des Indes. À Lombok, le radjah Anak Gde Ngurah Karang Asem était parvenu à contrôler de fructueux échanges commerciaux. Cette concurrence déplaisait fort au gouvernement des Indes, soucieux de renforcer ses monopoles. Le radjah possédait une fabrique d'opium, dont la vente rapportait des fortunes, ainsi que des intérêts dans des compagnies de bateaux à vapeur étrangères. Il était également soupçonné de faire un trafic d'armes avec les Anglais basés à Singapour. Une intervention militaire fut décidée. Comme à leur habitude, les Néerlandais inventèrent un habile subterfuge pour justifier cette nouvelle attaque et ne pas

31. Tjing-tjang : larder de coups de couteau, couper en morceaux et mutiler.
32. Edgar du Perron, *op. cit.*, p. 386.

froisser leur ennemi britannique. Selon leurs dires, les Sassak, une minorité ethnique de l'île, ne pouvaient faire face, seuls, aux dangers que représentaient les soldats du radjah. Pour rétablir l'équilibre et protéger les villages menacés, les Néerlandais proposèrent leur aide. Ils donnèrent ainsi l'impression d'intervenir en sauveurs, pour une cause humanitaire, alors que leurs motivations étaient purement économiques. Les troupes néerlandaises débarquèrent à Lombok le 6 juillet 1894. Le soir du 25 août, les hommes du radjah attaquèrent les troupes coloniales par surprise. Cent soldats furent tués et trois cents autres blessés. Les pertes ne furent pas considérables au regard d'autres défaites, mais l'honneur néerlandais était cruellement atteint. En représailles, une attaque fut lancée contre Tjakra negara, la capitale de Lombok, qui fut pillée, puis totalement rasée à coups de pioche par des coolies. Au cours de cette bataille, un jeune second lieutenant se distingua tout particulièrement : il s'agit de Hendrikus Colijn (1869-1944) qui deviendra un héros national et un célèbre ministre-président des Pays-Bas. En 1998, l'historien Herman Langeveld dévoila dans une biographie les lettres de Colijn écrites à sa femme et à ses parents après la bataille. Les sinistres exploits guerriers de Colijn éclataient au grand jour, et l'on découvrit avec stupeur que le héros fit exécuter de sang-froid des femmes et des enfants qui demandaient pitié. À sa femme, il raconte l'horrible devoir militaire des soldats coloniaux : « J'ai dû rassembler neuf femmes et trois enfants qui demandaient pitié et ainsi les livrer à la mort. C'était un travail déplaisant, mais je ne pouvais faire autrement. Les soldats les tuèrent à coups de baïonnette[33]. » Sa femme inscrivit sur la lettre : « Comme c'est horrible ! » Finalement, les Hollandais perdirent un général, quatorze officiers, cent soixante-cinq soldats et comptèrent près de cinq cents blessés ; on estime à environ deux mille hommes et femmes les pertes de Karang Asem. Le prince fut envoyé dans les geôles de Tanah Abang à Batavia, où il mourut un an plus tard.

---

33. Récit de la bataille de Tjakra Negara à Lombok par Hendrikus Colijn, 1894. J. de Bruijn, H. Colijn, *De slag om Tjakra Negara. Een verslag in drie brieven*, Amsterdam, VU Uitgeverij, 1998.

Les soldats n'eurent pas toujours le loisir de perpétrer eux-mêmes leur sale besogne. À Bali, il arriva que les habitants de villages, hommes, femmes et enfants, revêtus de leurs plus beaux habits, viennent au-devant des troupes néerlandaises. Plutôt que d'être tués par leurs ennemis, ils préférèrent se suicider collectivement en se poignardant face aux soldats stupéfaits. Cet événement historique est connu, à Bali, sous le nom de *Poepoetan*, c'est-à-dire « la fin ». Après avoir gagné une bataille, les troupes, souvent encadrées par un spécialiste en art, étaient chargées de collecter les butins. Parmi ces trésors, certaines pièces en or ont été fondues et incorporées aux caisses de l'État ; d'autres ont été récupérées par de nombreux musées. Leur provenance et les conditions macabres de leur acquisition sont rarement mentionnées sur les écriteaux ou dans les livres d'art.

Poepoetan à Bali en 1906[34]

Les Balinais voulaient mourir. Rien au monde ne pouvait arrêter leur course à la mort, ni les mortiers, ni les fusils infaillibles des meilleurs tirailleurs, ni le brusque silence qui tombait lorsque les Hollandais cessaient de tirer. Des centaines d'entre eux tombaient sous les balles, des centaines d'autres brandissaient leurs kriss et les plongeaient dans leurs propres poitrines. Ils se les enfonçaient au-dessus de l'omoplate, de façon que la pointe atteignît le cœur, selon l'antique et sainte coutume. Derrière les hommes vinrent les femmes et les enfants : garçons, petites filles, les cheveux parés de fleurs, nourrissons dans les bras de leurs mères, vieilles esclaves avec une poitrine d'adolescent et des cheveux blancs. Toutes étaient parées de fleurs dont les parfums se mêlaient aux fumées, à l'odeur de poudre et à l'arôme douceâtre de sang et de mort qui ne tarda pas à se répandre sur la place.

La *pax neerlandica* ne fut vraiment établie qu'à la veille de la Première Guerre mondiale. La plupart des territoires (correspondant aux frontières de l'actuelle Indonésie) étaient conquis et les combats militaires se faisaient plus rares : en 1916, bataille de Jambi; en 1926, actions contre

---

34. Vicki Baum, *Sang et volupté à Bali*, Paris, Stock, Le livre de Poche, 1966, p. 495. (NDLR)

les organisations communistes ; en 1927, quelques actions à
Tapanoeli.

Une politique éthique ambiguë
Naissance des mouvements nationalistes

Au début du XXᵉ siècle, aux Pays-Bas, les libéraux perdirent
leur influence parlementaire au profit de gouvernements à
tendance confessionnelle. En 1901, Abraham Kuyper, leader
du parti protestant ARP (Parti antirévolutionnaire), fut
nommé ministre-président du nouveau gouvernement. Il
forma une coalition avec les catholiques. Les lois votées prirent alors une couleur fortement chrétienne. La même année,
la reine des Pays-Bas, lors de son discours annuel, aborda officiellement la notion de « politique éthique ». Elle affirma que
sa nation, en tant que puissance chrétienne, avait un devoir
moral vis-à-vis des populations des colonies (Indes, Surinam
et Antilles néerlandaises) et préconisa une amélioration des
conditions de vie des plus pauvres aux Indes. En 1903, le
gouvernement Kuyper commanda un rapport (le « Rhemrev-
Rapport ») pour évaluer la situation économique et sociale
des classes les plus démunies dans les colonies et notamment
des cent mille coolies de Sumatra, dont le taux de mortalité
était fort élevé. Face à la montée du socialisme et des syndicats ouvriers, un gouvernement opposé à toute révolution du
prolétariat se devait de désamorcer ces mouvements en prenant les devants. Finalement, cette politique éthique permit
de subventionner des associations caritatives et également à
quelques Indonésiens de s'éduquer, à l'européenne,
s'entend. Mais les véritables intentions du gouvernement
étaient assez floues. On ne sait si cette politique visait à créer
du bonheur social ou à servir les intérêts des planteurs qui
avaient toutes les raisons de bien traiter une main-d'œuvre
qualifiée difficile à trouver pour garantir une productivité suffisante.

Malgré cette apparente bonne volonté, l'État ne faisait quasiment aucun effort pour développer les structures d'enseignement aux Indes, et le niveau d'éducation des Indonésiens
restait très bas. Était-ce pour mieux les confiner dans l'ignorance des affaires politiques et commerciales ? Les universités

n'existant pas aux Indes, les étudiants devaient forcément
effectuer un long et coûteux voyage aux Pays-Bas s'ils voulaient y suivre un cursus. Seules les riches familles pouvaient
se le permettre. Si certains Indonésiens parvinrent à faire de
brillantes études, ce n'est pas pour autant qu'ils furent acceptés au sein des élites européennes : « Avide de distinctions et
toujours plus ou moins nourri au régime des castes, l'Oriental
voit, avant tout, dans l'instruction supérieure qu'on lui offre
un moyen de se séparer effectivement des indigènes du
commun et de participer aux avantages et, partant, à la puissance de la race dominante. Dans cette marche au pouvoir,
un obstacle l'arrête : ce sont les Européens, résolus à conserver dans leurs mains le gouvernement et fort peu décidés,
malgré toutes les protestations d'égalitarisme qu'ils expriment,
à admettre l'indigène même instruit, même cultivé, dans leurs
rangs. Et ainsi, au-dessus et en dehors du paysan malais, javanais, annamite ou hindou, résigné à la servitude et peu soucieux, par conséquent, de la nationalité de ses maîtres, la
lutte s'engage entre les deux éléments actifs et ambitieux, et
la société européenne n'a pas ainsi de pire ennemi que l'indigène qu'elle a instruit, élevé presque jusqu'à elle, sans vouloir
toutefois lui ouvrir ses rangs[35]. » Ce sont souvent ces intellectuels indonésiens, formés en Europe, qui furent à l'origine
des mouvements nationalistes qui naquirent quelques années
plus tard. Jusqu'en 1915, les partis politiques furent interdits
aux Indes. Par contre, chacun avait la possibilité de créer un
syndicat ou une association. Deux mouvements firent ainsi
date dans l'histoire de l'Indonésie, marquant le réveil politique et la naissance des luttes pour l'indépendance : le mouvement Budi Utomo, fondé en 1908, était une association
d'étudiants javanais dont l'objectif consistait à « libérer le
peuple de la nuit de l'ignorance » ; Sarekat Islam, association musulmane créée en 1912, devint une des premières
organisations nationalistes de masse : en 1916, elle comptait
alors plus de 360 000 membres.

Pour calmer ces pressions nationalistes, le gouvernement
des Indes fit espérer une indépendance future de la colonie,

35. Pierre Gonnaud, *La Colonisation hollandaise à Java, op. cit.*,
p. 557.

bien entendu sous la supervision étroite des Néerlandais. Cela
revenait à proposer l'autonomie dans un avenir plus ou
moins lointain à la condition que les Indonésiens se tiennent
tranquilles et qu'ils se soumettent au colonisateur. Le gouvernement colonial forgea également un leurre pour donner
l'illusion de la démocratie : un organe représentatif des tendances politiques du pays, le *Volksraad* (Conseil du peuple),
fut institué en 1917. Sans véritable pouvoir, il était assujetti
au Parlement des Pays-Bas et ne pouvait qu'émettre des avis
sur la politique menée aux Indes. Il était constitué de
61 membres : 26 Néerlandais, 30 indigènes et 5 représentants
des communautés chinoise et arabe. Cette répartition correspondait à l'image de la société des Indes, également divisée
en trois groupes distincts : *Europeanen* (les Européens),
Vreemde Oosterlingen (les Orientaux : Chinois, Arabes, hindous) et les *Inlanders* ou *Inheemsen* (les indigènes). Il n'était
toutefois pas toujours aisé de savoir à quelle catégorie chacun
appartenait. En 1930, les Européens représentaient 0,4 % de
la population totale, soit 240 417 personnes, dont 8 948 Indonésiens (certaines femmes indonésiennes mariées à un
Européen), 3 000 Chinois ainsi que des Américains et des
Japonais. Le groupe des Européens était très hétérogène et
hiérarchisé. D'une manière générale, seule la reconnaissance
officielle de l'enfant par un père européen permettait l'appartenance à cette communauté. Les Néerlandais nés aux Indes,
de sang pur, étaient appelés les Totoks. Les métis, appelés
Indo's, reconnus par leur père européen, constituaient 60 %
de ce groupe. Mais cela posait problème : « Une chose est de
les tenir pour Hollandais, une autre chose de les traiter en
Hollandais. L'opinion qu'elle affecte n'est pas tendre pour les
métis. Elle est jalouse de ce que la loi leur concède, de tous
ces emplois où elle les admet. Elle leur impute toutes sortes
de méfaits ou de mauvais desseins. Elle les taxe tantôt d'incapacité et tantôt de perfidie[36]. » La population indonésienne,
immense carrefour ethnique, comptait, quant à elle, en 1930,
65 millions de personnes, et se composait d'une petite

---

36. J. Chailly-Bert, *Java et ses habitants*, Paris, Armand Colin,
1900, p. 95.

minorité de nobles et d'une majorité écrasante d'ouvriers et de paysans. Les Chinois étaient 1,250 million.

La période éthique correspond paradoxalement à un des moments les plus noirs de la politique militaire aux Indes. L'armée coloniale, la KNIL (*Koninklijk Nederlands-Indisch Leger*), fut encore engagée dans des opérations militaires très dures de façon ininterrompue jusqu'en 1913 et elle bénéficia d'armements toujours plus sophistiqués et meurtriers. De nouvelles guerres eurent lieu au début du xxᵉ siècle : la guerre de Bali de 1906 à 1908, Florès de 1907 à 1908, Toraja en 1905 aux Célèbes. Les Néerlandais ont toujours caché leurs véritables intentions impérialistes et, malgré les bonnes volontés apparentes et les espoirs d'indépendance qu'ils faisaient naître, ils étaient bien décidés à rester les maîtres incontestés de l'archipel. Dans les années 1920, de nouveaux mouvements de contestation apparurent. Le parti communiste, le PKI, fut fondé en 1920 et, face aux dangers qu'il représentait, ses leaders préparant grèves et rébellions armées, il fut interdit en 1927 et ses dirigeants enfermés dans des camps. Cette année-là, Sukarno créa le PNI, Parti national indonésien. Il revendiqua l'indépendance par le recours à la résistance passive. Il fut exilé de 1930 à 1933. En 1932, Sutan Sjahrir et Muhammed Hatta fondèrent quant à eux un parti promarxiste. De retour d'exil, Sukarno s'associa à leur groupe. Tous trois furent emprisonnés en 1934. La police secrète néerlandaise traquait les opposants. Le célèbre écrivain Pramoedya Ananta Toer, incarcéré à plusieurs reprises pendant l'occupation néerlandaise, raconte dans ses romans les conditions de détention et la brutalité des gardiens : « Arriva un autre Hollandais. Il portait un fusil à la baïonnette nue. Avec un rire de plaisir, il toucha ma tempe gauche avec son arme, tandis que le métis me portait un coup à la tempe droite. [...] Les coups cessèrent. Le métis s'adressa à moi avec arrogance : "Regarde ça !" Il me montrait son poing. Ses cinq doigts portaient une cicatrice, comme les traces d'une épée. "Tu vois ? Ça, c'est parce que j'ai été attaqué par des Indonésiens, à Surabaya." J'examinai ce poing solide. La main disparut soudain. Je reçus un coup sur le menton à m'en décrocher la tête. Je faillis tomber à la renverse. Suivit un éclat de rire. "C'est bon, hein ?" s'esclaffèrent les Hollandais, de plus en plus nombreux. Je n'avais pas fini de les entendre que les coups plurent à nouveau sur mes yeux et mes oreilles[37]. »

Sur la scène politique, les parlementaires du Volksraad, les membres du gouvernement et les entrepreneurs commencèrent, dès les années 1920, à engager des pourparlers pour régler la question de la location des parcelles dont le bail, de soixante-dix-neuf ans, ne se terminait pourtant qu'en 1949. Les planteurs souhaitaient que ces locations soient reconduites de manière uniforme selon les mêmes termes que ceux de la loi de 1870. L'État quant à lui envisageait de limiter le droit des Indonésiens à posséder ces terres. Il dut faire marche arrière sous la pression de grands juristes et professeurs de droit néerlandais, Van Vollenhoven en tête, qui connaissaient bien leur code civil. D'après eux, la loi de 1870 protégeait la communauté indonésienne de toute expropriation, ce que le gouvernement réfutait. La question fut tout simplement et cruellement réglée avant la date fatidique de 1949. La KNIL dut en effet faire face pour la première fois à un agresseur extérieur. Les Pays-Bas avaient déclaré la guerre au Japon le 7 décembre 1941, le jour de l'attaque de Pearl Harbor. En 1942, les troupes japonaises attaquèrent Java. La KNIL, peu entraînée, mal préparée, ne disposant pas d'équipements modernes, subit une lourde et rapide défaite. Lors de l'occupation japonaise, cent quarante mille Européens se retrouvèrent dans des camps de concentration. Près de 7 % y trouvèrent la mort. Ce chiffre peut paraître étonnamment bas au regard de ce qui s'est passé dans les camps en Allemagne. Mais il ne faut pas se méprendre. Les Japonais n'ont jamais opté pour la « solution finale ». Ils laissaient par contre les Néerlandais mourir à petit feu dans des conditions épouvantables.

Les combats pour l'indépendance

L'occupation japonaise des Indes, du 8 mars 1942 au 15 août 1945, avait fortement contribué à faire voler en éclats le prestige de l'Occidental. Le 17 août 1945, le président

37. Pramoedya Ananta Toer, *La vie n'est pas une foire nocturne*, Paris, Gallimard, 1993, p. 80.

Sukarno et le vice-président Hatta proclamèrent l'indépendance de l'Indonésie. Il s'écoula plus d'un mois entre la capitulation du Japon et l'arrivée des premières troupes alliées à
Java. En entrant à Batavia, le 28 septembre 1945, les troupes
britanniques et indiennes découvrirent une ville couverte
d'inscriptions anti-hollandaises. Les soldats durent assumer,
non sans mal, la double tâche de désarmer environ deux
cent cinquante mille Japonais et de libérer et protéger cent
quarante mille prisonniers de guerre et internés civils, alliés
et Néerlandais. Une fois sortis de ces camps, ces derniers
furent l'objet de menaces et d'intimidations de la part de la
population indonésienne, qui usa de tous les moyens nécessaires pour faire régner la peur et créer un climat d'insécurité, en vue d'accélérer leur départ définitif. Certains, pour
régler quelques rancunes et réparer leur humiliation, n'hésitèrent pas à assassiner leurs anciens maîtres. Cette période
de confusion est appelée *Bersiap*, un slogan indonésien qui
signifie « Tenez-vous prêt » et qui marque la détermination
des nationalistes à lutter contre toute nouvelle occupation
néerlandaise.

Les troupes hollandaises — cent cinquante mille hommes —
commencèrent à débarquer sous la protection des troupes
britanniques. De violents combats s'engagèrent en plusieurs
points de l'archipel. La véritable lutte armée de l'Indonésie
pour son indépendance avait commencé. La Grande-
Bretagne offrit une nouvelle fois sa médiation en août 1946,
et lord Killearn obtint la signature de l'accord de Linggadjati
le 25 mars 1947. Les Néerlandais reconnurent l'autorité du
gouvernement autoproclamé de la République sur Java,
Madura et Sumatra. La République, de son côté, s'engagea à
rétablir les non-Indonésiens dans tous leurs droits et leurs
biens, et à collaborer au projet d'instauration d'une union ou
fédération néerlando-indonésienne placée sous la Couronne
néerlandaise. Mais l'encre du document n'était pas encore
sèche que déjà ses termes faisaient l'objet d'interprétations
divergentes. L'accord n'était que de façade, recouvrant pour
chacun des antagonistes d'autres visées. Pour les Indonésiens, il s'agissait de l'indépendance, pour les Néerlandais,
d'une mission civilisatrice fondée sur la morale et le purita-
nisme. Les Néerlandais croyaient sincèrement que leur res-

ponsabilité dans le développement indonésien était encore engagée. Ils jouèrent la première carte en envoyant un ultimatum le 27 mai 1947 : accepter les conditions de l'accord ou la guerre continue. Le gouvernement justifia cette opération en affirmant que la perte des Indes était une catastrophe qu'il fallait à tout prix éviter. Un slogan très populaire fut lancé : « *Indië verloren, rampspoed geboren* » (Indes perdues, Pays-Bas fichus).

Du 21 juillet 1947 au 4 août 1947, les forces néerlandaises s'engagèrent dans ce qu'on appelle toujours au début une simple opération de police (*Eerste politionele actie,* encore appelée *Operatie Product*) à but économique. Elles parvinrent à s'emparer de l'est et du centre de Java, de la région pétrolifère de Palembang et des plantations de Medan à Sumatra. Sous l'impulsion de l'Inde et de l'Australie, le Conseil de sécurité des Nations unies ordonna le 5 août un cessez-le-feu. Les opérations militaires continuèrent pourtant. Les États-Unis firent pression à leur tour sur les belligérants, qui se retrouvèrent de nouveau à la table des négociations. Les Américains craignaient que l'influence de l'Union soviétique ne fasse tomber l'Indonésie dans le camp communiste. Le 17 janvier 1948, à bord du *Renville*, navire de guerre américain présent parmi d'autres dans les eaux indonésiennes devant Batavia, un nouvel accord fut signé. Mais on revint au point de départ : la souveraineté des Pays-Bas sur l'Indonésie fut confirmée en attendant la formation d'États unis d'Indonésie, dont la République ferait partie. Les élections néerlandaises de 1948, influencées par les difficultés aux Indes, renforcèrent le clan des conservateurs aux dépens des socialistes. Le 18 décembre 1948, les Pays-Bas se lancèrent dans une deuxième opération de police (*Tweede politionele actie*) beaucoup plus musclée. Les forces bataves occupèrent alors la plus grande partie du territoire de la République. De nouveau sous la pression des Américains, l'allocation attribuée par le plan Marshall aux Pays-Bas fut suspendue jusqu'à ce que ces derniers cessent les hostilités. Les Néerlandais, n'ayant plus les moyens de financer l'effort de guerre, acceptèrent, pour la troisième fois, de s'asseoir à la table des négociations, à La Haye cette fois. Le 27 décembre 1949, le négociateur indonésien, M. Hatta, obtint, après un vote à la seconde chambre des États généraux des Pays-Bas, le transfert de la souveraineté (*Soevereiniteit-soverdracht*) de la reine des Pays-Bas à la République indonésienne. Le capitaine néerlandais Raymond Westerling tenta en 1950 un dernier coup de poker. Cet électron libre, agissant contre son état-major, n'accepta pas cette indépendance. Il se rendit à Bandung avec un commando composé de soldats de la KNIL pour tenter, en vain, un coup d'État et renverser les nationalistes indonésiens. Aux Pays-Bas, ses méthodes expéditives et sanguinaires (tortures et exécutions) furent, après guerre, très controversées.

La tentative de coup d'État de Raymond Westerling en 1950[38]

Le dernier délai fixé par mon ultimatum était écoulé. Je n'avais reçu aucune réponse officielle. Le moment était venu de passer aux actes. Je n'ignorais pas, comme je l'ai déjà dit, que les républicains voulaient me pousser à agir le premier. Je n'ai pas pu éviter de leur faire plaisir. Je n'avais pas le choix, à moins de me dédire et de laisser le champ libre aux antifédéralistes. Je décidai donc de tenter un coup d'État. L'entreprise dépassait en envergure tout ce que j'avais entrepris jusque-là. J'étais à la tête d'une force de police dans le Pasundan. La portée de mon action allait dépasser maintenant les frontières de cet État et s'étendre à toute l'Indonésie. Je me proposais en effet de m'emparer de la capitale du gouvernement fédéral, Jakarta. Il s'agissait de rien moins que de renverser ce gouvernement de faux républicains et de prendre le pouvoir pour tout l'archipel. Une fois de plus, il me faut bien préciser le rôle que j'allais jouer en l'occurrence. Ce n'est pas en mon propre nom que je voulais me saisir du pouvoir. La pensée de devenir le radjah blanc d'Indonésie et de régner sur les îles de la Sonde était à cent lieues de moi. Ma personne n'était pas en jeu ; j'agissais pour le peuple indonésien. C'est dans l'intérêt de millions d'indigènes et non pas dans le mien que je m'apprêtais à renverser le gouvernement qui les avait trahis, qui, après avoir accepté le principe de la fédération, s'employait à le violer. La Constitution fédérale n'était qu'une façade, et les rares membres du gouvernement sincèrement fédéralistes n'étaient que des otages […]. Je me proposais de remplacer les oppresseurs du peuple non pas par un dictateur, quelque éclairé et bien

---

38. Raymond Westerling, *Mes aventures en Indonésie*, DR, p. 195-196. (NDLR)

intentionné qu'il fût, mais par un gouvernement composé de nationalistes indonésiens authentiques qui ne fussent pas d'anciens collaborateurs du Japon, ni des collaborateurs éventuels de Moscou.

La Nouvelle-Guinée occidentale, quant à elle, ne fut rattachée à l'Indonésie qu'en 1963. Ainsi, en un peu plus de quatre années de combats, l'indépendance proclamée était devenue réalité. Les Indonésiens estiment avoir perdu dans cette lutte entre 100 000 et 150 000 hommes, femmes et enfants, aucun chiffre n'est sûr. Les Pays-Bas ont perdu 2 500[39] soldats.

Conséquences économiques et sociales

Malgré la perte des Indes, l'économie des Pays-Bas continua à prospérer de façon spectaculaire après la guerre. Les conséquences humaines furent par contre alarmantes. De 1945 à 1960, plusieurs vagues d'exilés, menacés de représailles en Indonésie, durent définitivement quitter ce pays auquel ils étaient extrêmement attachés. Les services néerlandais de l'immigration estiment leur nombre à environ 300 000. Ces groupes, très hétérogènes, étaient composés des Totoks, sortis des camps de concentration japonais, des Indo's et des soldats de couleur de la KNIL d'origines ethniques très diverses, comme nous l'avons vu précédemment. Toutes ces populations arrivèrent aux Pays-Bas, encore bouleversés par la guerre, en pleine mutation sociale et politique. Les Néerlandais n'ont pas toujours su leur réserver un accueil chaleureux. Les métis étaient accueillis par des « *Indo's, ga weg* » (Indo's, foutez le camp) ; les militaires originaires des îles Moluques, les « Ghurkas » des Indes néerlandaises, se retrouvèrent contre leur gré dans un pays où ils n'avaient aucune attache. Ils avaient espéré pouvoir créer en 1950 un État indépendant, la République des Moluques du Sud. Mais cette région avait été bien vite occupée par les armées de Sukarno : le premier président de l'Indonésie souhaitait préserver l'unité de sa nouvelle république. La fidélité de ces soldats ne fut pas récompensée par le royaume des Pays-Bas.

39. D'autres chiffres parlent de 6 200 morts.

344 LE LIVRE NOIR DU COLONIALISME

Alors qu'ils croyaient être réintégrés dans l'armée néerlandaise, ils furent démilitarisés et hébergés dans des camps provisoires. Les autorités néerlandaises pensaient que ces Moluquois pourraient rapidement retourner dans leur pays et qu'ils seraient vite pardonnés. Mais les rancunes restèrent tenaces. Pour dénoncer leur situation précaire, entre le marteau et l'enclume, ils se lancèrent dans des opérations terroristes spectaculaires en 1975, 1977 et 1978, prenant en otages une école, un train, une ambassade et le siège d'un gouvernement provincial. Mais cela les décrédibilisa auprès de l'opinion publique et leur situation ne s'arrangea guère. En 1988, à Vught, quatre cents d'entre eux logeaient encore dans de vieux baraquements.

L'assimilation des autres groupes de rapatriés fut officiellement sans histoire. Ils portent pourtant toujours aujourd'hui une cicatrice, celle de l'exclusion de leur terre natale. Pour apaiser cette douloureuse coupure, les exilés ont recréé aux Pays-Bas l'ambiance des Indes. Ils ont apporté avec eux toute une mémoire familiale d'objets, de parfums, de mets savoureux dont la succulente et fameuse *rijsttafel* (table de riz), compilation de plats exotiques d'Indonésie. Peu à peu, ces ambiances exotiques ont fini par s'imposer jusque dans le quotidien de ceux qui n'avaient aucun lien avec cette région d'Asie. Au-delà du malaise de l'exil, c'est finalement toute la richesse humaine de ce métissage qui s'est révélée. Cette communauté est parvenue à imprimer un extraordinaire élan culturel à l'ensemble du pays. Malgré la disparition progressive des générations qui ont connu les Indes, les jeunes perpétuent les fêtes et les coutumes des îles, ils en réinventent d'autres également. Ils se mettent en scène lors de gigantesques *Pasar Malam* (marchés de nuit), dont le plus célèbre a lieu chaque année en juin à La Haye, ville appelée la « veuve des Indes », en raison du grand nombre d'Indo's et de Totoks qu'elle a accueillis. Plusieurs de ces exilés sont devenus de grands écrivains, traduits dans de nombreuses langues. Hella Haasse, Adriaan Van Dis et Jeroen Brouwers ont actuellement beaucoup de succès en France. Dans leurs romans, proches de l'autobiographie, ils éprouvent sans cesse un impérieux besoin de raconter, de retracer cette époque comme s'il restait quelque chose à réparer après la terrible perte. N'ayant pas vraiment compris les raisons de ce rejet soudain du ventre de l'archipel, ils s'interrogent et reconstituent l'univers du bon vieux temps, le *Tempo Doeloe*[40], le temps de l'insouciance, que l'écriture parvient, un moment, à restaurer pour en permettre le deuil.

La nostalgie des Indes néerlandaises [41]

Jana n'aimait pas la Hollande, c'était du moins ce qui se disait à la maison ; elle et son père regrettaient le plus leur terre natale : un verger de manguiers et de jambosiers, une terre où le moindre noyau jeté au hasard vous rendait une récolte, une terre gorgée d'eau, feuilles et pourriture, ah ! les brunes odeurs des îles ! Ils n'arrivaient pas à s'habituer aux ciels gris de Hollande, aux rudes hivers du bord de mer, aux vêtements épais et aux façades sombres des maisons qui n'avaient pas la blancheur éclatante de celles de là-bas. L'été, quand, passé quatre heures, nous prenions le thé dans le jardin, tournant le dos aux dunes encore rougeoyantes, ils rêvaient à la tiédeur des couchers de soleil. La *lingsir kulon* était la plus belle lumière des Indes, l'heure qui précède le moment où le soleil est immolé et où les ombres d'un rouge rose se glissent hors des buissons. *Kasian* — pauvre de nous —, les pluies d'ici n'invitaient guère à la danse et les arbres ne fumaient pas dans les lueurs de l'aube ! Aux Indes, le ciel du matin était vert.

Aux Pays-Bas, la question du colonialisme s'est toujours posée dans l'ambiguïté, avec, d'un côté, la mission civilisatrice que les Néerlandais se sont attribuée et, de l'autre, l'exploitation des populations et les interventions armées. Il y a eu Multatuli, mais il cache les autres, les massacreurs et destructeurs de la culture originelle. Le travail de mémoire fut long et difficile, il se poursuit encore aujourd'hui. Il fallut du temps aux historiens pour ressortir les archives, notamment

---

40. *Tempo* vient du portugais et signifie « temps ». *Doeloe* ou *dahoeloe*, du malais, et signifie « passé ». Il s'agit tout simplement du « bon vieux temps ». Depuis la réforme de l'orthographe en Indonésie, cette expression s'écrit aujourd'hui *Tempo Dulu*.

41. Adriaan Van Dis, *Les Dunes coloniales*, Arles, Actes Sud, p. 100. (NDLR)

celles prouvant les horreurs des guerres d'expansion. Pendant de nombreuses années, cette période tourmentée de l'histoire du pays fut refoulée : « L'histoire coloniale était tout autant hors de l'état de grâce et n'attirait pratiquement aucun étudiant[42]. Bref, il n'existait aucune image historique du passé de la colonisation et de la décolonisation. Personne n'en ressentait le besoin. Ce passé n'était pas devenu "histoire". Il était tout simplement extirpé, refoulé, disparu[43]. » Plusieurs affaires, cependant, se chargèrent de réveiller les esprits. Le 17 janvier 1969, l'opinion des Pays-Bas fut secouée par une émission de télévision. M. Hueting, ancien militaire devenu psychologue, fit des révélations sur les atrocités commises par les soldats néerlandais aux Indes : « L'émission eut l'effet d'une bombe. Les anciens combattants nièrent catégoriquement ces affirmations. D'autres, choqués, exigèrent une investigation et voulurent que les coupables passent encore en jugement. Le gouvernement fit ce qu'il devait faire, il ordonna une investigation. Le rapport, appelé "Excessennota", fut vague et comportait peu de matière. Il se limitait à mentionner quelques incidents[44]. » Il a été publié en 1995.

La société néerlandaise, comme d'autres, a la faculté de créer des écrans pour cacher ses cruautés et inventer des projections imaginaires d'un monde lisse et sans histoire. Pendant longtemps, les Néerlandais se sont bien gardés de remettre en cause leurs valeurs protestantes qui prônent des vertus telles que la responsabilité morale et qui en font des irréprochables. Cette question de la faute est en porte-à-faux avec la conscience nationale, persuadée de sa bonne foi civilisatrice. À chaque commémoration, les polémiques sur les responsabilités restent aussi vives. À l'automne 1994, la venue aux Pays-Bas du déserteur Proncke Princen (Johan Cornelis Princen) fut particulièrement mal ressentie. En 1947, ce traître, aux yeux des anciens combattants néerlandais, s'était rangé aux

---

42. La situation a aujourd'hui bien changé. Les études coloniales ont été remises à l'honneur aux Pays-Bas.

43. H. L. Wesseling, « Fin des empires, fin des nations ? », *in* Pim den Boer et Willem Frijhoff (rééd.), *Lieux de mémoire et identités nationales*, Amsterdam, Amsterdam University Press, 1993, p. 281.

44. *Ibid.*, p. 281-282.

côtés des Indonésiens et n'avait pas hésité à tirer contre ses compatriotes. En 1998, gravement malade, il désira se rendre aux Pays-Bas pour y être soigné. Ce voyage causa une autre série de controverses pour savoir si, oui ou non, il fallait le laisser revenir. Des policiers durent le protéger, des menaces de mort ayant été proférées à son égard. La mémoire aux Pays-Bas butte sans cesse contre ces questions d'excuses et de pardon. Le 5 août 1995, la reine Beatrix se rendit en Indonésie. C'était la première visite officielle d'un monarque néerlandais depuis l'indépendance. De grands quotidiens néerlandais l'exhortèrent à reconnaître officiellement les crimes que son peuple avait commis en Indonésie. Elle exprima sa tristesse mais ne s'excusa pas.

En ce début du XXIe siècle, la communauté des Indes aux Pays-Bas fait toujours parler d'elle. Depuis des années, les familles, dépossédées de leurs biens, ainsi que ceux qui, malgré leur internement, n'avaient pas reçu de salaire pendant la guerre, font pression sur le gouvernement pour obtenir réparation. Afin d'apporter une réponse à ces réclamations, le gouvernement mit en place en 1998 une commission, la *Commissie Van Galen*, chargée de faire l'inventaire des pertes matérielles des Totoks et des Indo's. Il leur fit une offre de 125 millions d'euros, ce qui représentait, compte tenu des 144 000 Totoks et Indo's rapatriés et encore vivants aujourd'hui, 900 euros par personne. Ce montant dérisoire, au regard de leurs souffrances, fut refusé. La communauté des Indes, représentée entre autres par l'association Het Indisch Platform, déposa une seconde requête et réclama la somme de 250 millions d'euros. En 2000, le gouvernement proposa la nouvelle somme de 190 millions qui fut finalement acceptée. Cet argent servira à réaliser des projets collectifs en mémoire des Indes.

Ces dernières années, plusieurs monuments en mémoire du *Tempo doeloe* sont apparus aux Pays-Bas et une Maison des Indes (Het Indisch huis aan de hogeweg) a été restaurée à La Haye en 2001. La statue du tyrannique général Van Heutsz, qui trônait fièrement à Amsterdam, a par contre été déboulonnée et placée dans le discret jardin du musée consacré à la KNIL, à Bronbeek, près d'Arnhem. Des associations ont proposé d'élever des statues pour se souvenir aussi de tous les Indonésiens assassinés ou tombés au cours des combats, victimes qui n'ont d'ailleurs jamais été dénombrées. Leur demande est restée lettre morte. Aux Pays-Bas, la mort d'un Néerlandais a, semble-t-il, toujours beaucoup plus compté que celle d'un Indonésien.

Au final

Aux Pays-Bas, le travail de mémoire peine et aboutit parfois aux exagérations des uns ou au négationnisme des autres. Comme en France, les questions sur la légitimité et les conséquences de la colonisation restent au cœur de l'actualité. Cinquante années représentent une période trop courte pour espérer fermer les blessures encore vives. Les jeunes générations indonésiennes et néerlandaises ont repris le flambeau de la mémoire pour honorer ou se réconcilier avec leurs ancêtres, qui leur ont légué des écheveaux à démêler. Pour beaucoup, ce passé ressemble à une photo floue, et ces Indes néerlandaises suscitent chez eux de nombreuses interrogations sur leur origine et leur identité. Le puzzle se recompose progressivement grâce à l'énergie de ceux qui cherchent, étudient et fouillent dans les archives familiales ou nationales. Mais ils se heurtent encore trop souvent aux non-dits d'histoires bien difficiles à exhumer : Obtenait-on des privilèges en fonction de la couleur de sa peau ? Les Européens des Indes étaient-ils racistes, voire fascistes ? Faut-il résumer le rôle des Pays-Bas aux Indes néerlandaises à trois siècles d'oppression et d'exploitation plutôt que de progrès éclairé ? Certains relativisent la situation : on ne peut juger la colonisation à l'aune de nos démocraties actuelles, et bien des donneurs de leçons pourraient se regarder dans le miroir. Il ne faut pas oublier non plus que de nombreux Néerlandais ont aussi participé aux combats des Indonésiens pour faire parvenir le pays à l'indépendance. Et puis après tout, dans le contexte de ces siècles passés, les Néerlandais ont assuré aux Indonésiens leur riz quotidien et mis en valeur la terre de l'archipel dans des réalisations remarquables toujours visibles et très profitables aujourd'hui : les travaux d'irrigation, les chemins de fer, les plantations, les villes et les ports. Mais quelques centaines de milliers de Néerlandais pouvaient-ils continuer d'administrer de manière autoritaire 80 millions d'Indoné-siens[45]?

BIBLIOGRAPHIE

Romans et récits

Vicki Baum, *Sang et volupté à Bali*, Paris, Stock, Le Livre de Poche, 1966.

Louis-Antoine de Bougainville, *Voyage autour du monde*, Paris, Gallimard, 1982 pour l'établissement du texte, la modernisation de la graphie, la Préface et le Dossier.

Jeroen Brouwers, *L'Éden englouti*, Paris, Gallimard, 1998 ; *Rouge décanté*, Paris, Gallimard, 1995.

Louis Couperus, *La Force des ténèbres*, Paris, Le Sorbier, 1986.

P. A. Daum, *Uit de suiker in de tabak*, Amsterdam, Querido, 1963 (1883-1884).

Adriaan Van Dis, *Les Dunes coloniales*, Arles, Actes Sud, 1999.

Marie-Thérèse Gadala, *Fleurs océaniennes, Java-Bali*, Paris, Les Presses françaises, 1938.

Robert Van Gulik, *Le Jour de grâce*, Paris, 10/18, Union Générale d'Éditions, 1992.

Hella S. Haasse, *Le Lac noir*, Arles, Actes Sud, 1991 ; *Les Seigneurs du thé*, Paris, Le Seuil, 1996.

Rudy Kousbroek, *Het Oostindisch kampsyndroom*, Amsterdam, Meulenhoff, 1995.

Multatuli, *Max Havelaar*, Arles, Actes Sud, 1991.

Edgar du Perron, *Le Pays d'origine*, Paris, Gallimard, 1980.

Pramoedya Ananta Toer, Pram, *La vie n'est pas une foire nocturne*, Paris, Gallimard, « Connaissance de l'Orient », 1993 ; *Le Monde des hommes*, Paris, Poyot et Rivages, 2001.

45. Pour évaluer de manière plus précise l'importance de ces réali-sations néerlandaises en Indonésie, consulter Thomas Beaufils, « Des polders sous l'Équateur. L'héritage spatial des Néerlandais en Insu-linde », *in* P. Pelletier et C. Taillard, « Identités territoriales en Asie orientale », *in Nouvelles Organisations régionales en Asie orientale*, Paris, 2003.

M. H. Székely-Lulofs, *Rubber*, Amsterdam, Manteau, 1984.

Roger Vailland, *Borobudur, voyage à Bali, Java et autres îles*, Paris, éditions Kailash, 1996.

Raymond Westerling, *Mes aventures en Indonésie*, Paris, Hachette, 1952.

Études et ouvrages de référence

S. H. Alatas, *The Myth of the Lazy Native*, Londres, Krank Cass, 1977.

Thomas Beaufils, « La Hollande, l'autre pays du structuralisme », *Gradhiva*, n° 21, Paris, Jean-Michel Place, 1997 ; « L'énigme du pavillon hollandais », *Gradhiva*, n° 26, Paris, Jean-Michel Place, 1999.

Pim den Boer et Willem Frijhoff (réd.), *Lieux de mémoire et identités nationales*, Amsterdam, Amsterdam University Press, 1993.

G. Bousquet, *La Politique musulmane et coloniale des Pays-Bas*, Paul Hartmann, 1954.

E. Breton De Nijs, *Tempo Doeloe, fotografishe documenten uit het oude Indië*, Amsterdam, Querido, 1961.

J. De Bruijn, H. Colijn, *De slag om Tjakra Negara. Een verslag in drie brieven*, Amsterdam, VU Uitgeverij, 1998.

J. Chailly-Bert, *Java et ses habitants*, Paris, Armand Colin, 1900.

Cees Fasseur, *The Politics of Colonial Exploitation : Java, the Dutch, and the Cultivation System*, New York, Ithaca, 1992.

Cees Fasseur, *De Indologen, Ambtenaar voor de Oost 1825-1950*, Amsterdam, Uitgeverij Bert Bakker, 1993.

Muriel Charras, « L'Indonésie, un archipel-nation », *Géographie universelle-Asie du Sud-Est-Océanie*, Roger Brunet (dir.), Belin-Reclus, 1995.

F. Colombijn : « The Javanese Model as Basis for Nineteenth Century Colonial Policy in West Sumatra », *A journal of Indonesian Human Ecology*, Depok, 3, 1995, p. 25-41.

Robert Cribb (éd.), *The Late Colonial State in Indonesia. Political and Economic Fondations of the Netherlands Indies 1880-1942*, Leiden, KITLV Press, 1994.

Pierre Gonnaud, *La Colonisation hollandaise à Java*, Paris, Augustin Challamel, 1905.

Guide officiel de l'Exposition coloniale internationale, Paris, 1931.

Vincent Houben, « Wachten op een mentale dekolonisatie », *Ons Erfdeel*, janvier-février, n° 1, 1996.

J.P.B. de Josselin De Jong, *De Maleische Archipel als ethnologische studieveld*, Leiden, Ginsberg, 1935.

S. Kalff, *De slavernij in Oost-Indië*, Baarn, Hollandia-Drukkerij, 1920.

Denys Lombard (éd.), *Rêver l'Asie*, Paris, éd. de l'École des hautes études en sciences sociales, 1993 ; *Le Carrefour javanais : essai d'une histoire globale*, volume I, *Les limites de l'occidentalisation*, Paris, éditions de l'EHESS, 1990 ; avec la collaboration de Michel Bruneau, « De la mosaïque ethnique aux États nationaux », *Géographie universelle - Asie du Sud-Est-Océanie*, Belin-Reclus, 1995, p. 39.

J.A.C. Mackie (éd.), *The Chinese in Indonesia,* Hong Kong, Singapore, Kuala Lumpur, Heinemann Educational Books (Asia) Ltd, 1976.

Tibor Mende, *L'Asie du Sud-Est entre deux mondes*, Paris, Le Seuil, 1954.

J.W.B. Money, *Java or How to Manage a Colony*, Singapore, Oxford University Press, 1985 pour la réédition.

Rob Nieuwenhuys, *Oost-Indische Spiegel*, Amsterdam, Querido, 1972.

Herman Obdeijn, « Vers les bords de la mer du Nord. Les retours aux Pays-Bas induits par la décolonisation », *in* Jean-Louis Miège et Colette Dubois, *L'Europe retrouvée. Les migrations de la décolonisation*, Paris, L'Harmattan, 2000, p. 49-74.

Simon Schama, *L'Embarras de richesse. La culture hollandaise du siècle d'or*, Paris, Gallimard, 1991.

W. R. Van Höevell, *De emancipatie der salven in Neerlands-Indië : eene verhandeling*, C.M. Van Bolshuis, 1848.

Ewald Vanvugt, *De schatten van Lombok. Honderd jaar Nederlandse oorlogsbuit uit Indonesië*, Amsterdam, Uitgeverij Jan Mets, 1995 ; *Het dubbele gezicht van de koloniaal*, Haarlem, In de Knipscheer, 1988.

H. L. Wesseling, *Indië verloren, Rampspoed geboren*, Amsterdam, Uitgeverij Bert Bakker, 1988.

Wim Willems, Remco Raben, Edy Seriese, Liane Van der
Linden, Ulbe Bosma, *Uit Indië geboren. Vier eeuwen fami-
liegeschiedenis*, Zwolle, Waanders Uitgevers, 1997.

L'Inde : le premier siècle colonial
par Jacques Pouchepadass

Ce qu'on appelle l'Inde quand on traite d'histoire de la colonisation, c'est en réalité l'Asie du Sud, immense espace, rarement unifié dans l'histoire, qui s'étend de l'Himalaya au cap Comorin et du Béloutchistan à la Birmanie. La conquête de cette région du monde par la Grande-Bretagne à partir de 1757 est un processus décousu qui s'est étalé sur plus d'un siècle. Elle a donné naissance à ce qui fut à l'époque la plus vaste entité coloniale de la planète, l'empire des Indes, conglomérat de territoires de statuts divers et véritable mosaïque culturelle, qui a accédé à l'indépendance en 1947, et d'où sont issus quatre des États du monde contemporain, l'Inde, le Pakistan, le Bangladesh et la Birmanie. L'historiographie britannique a longtemps présenté cette conquête comme le résultat involontaire d'un enchaînement d'initiatives militaires et diplomatiques imposées aux agents de la Compagnie anglaise des Indes orientales (*East India Company*, ci-après EIC) par la nécessité de protéger leur commerce contre les entreprises rivales de la Compagnie française des Indes, et contre les troubles liés à la décadence de l'Empire moghol. L'historiographie nationaliste indienne y voyait au contraire une entreprise délibérée visant à plier l'Inde par la violence à la plus impitoyable exploitation. Les historiens d'aujourd'hui relativisent considérablement cette opposition simpliste, en montrant à la fois que les Britanniques n'ont pas été pris dans cette spirale expansionniste simplement pour avoir voulu défendre leurs intérêts commerciaux menacés par un contexte agité, et qu'ils ont soumis le sous-continent sans chercher d'abord à transformer ou à détruire les structures politiques, économiques et sociales existantes, mais au contraire en les utilisant au mieux de leur intérêt dans chaque conjoncture particulière. Il y avait là, en effet, une forme économe mais efficace d'intervention coloniale, dont le mobile initial n'était ni une idéologie

354   LE LIVRE NOIR DU COLONIALISME

missionnaire ou progressiste ni la volonté de puissance, mais seulement la recherche pragmatique du meilleur profit au moindre coût matériel et humain.

La conquête

Le dessein colonial

Une chose est certaine : la conquête anglaise de l'Inde n'a pas obéi à un plan préconçu. Au milieu du XVIII⁰ siècle, l'EIC, comme les autres compagnies marchandes européennes, ne possédait en Inde que des enclaves dispersées situées sur les deux côtes du Deccan et dans le delta du Gange, dont chacune regroupait des villages d'artisans sur quelques kilomètres carrés. Or, entre le combat remporté par Robert Clive à Plassey contre le souverain (*nawab*) du Bengale (1757), que l'on présente habituellement comme l'événement inaugural de la conquête anglaise, et la Grande Rébellion dite des cipayes, qui souleva l'Inde du Nord britannique exactement un siècle plus tard, la Compagnie anglaise avait annexé près des deux tiers du sous-continent indien et régnait en suzeraine sur les princes qu'elle avait laissés en possession du reste. On a peine à croire qu'une si gigantesque entreprise poursuivie pendant si longtemps n'ait pas obéi à un vaste dessein. Il est clair pourtant qu'il n'y a pas eu au départ une « politique indienne » cohérente de la Grande-Bretagne. À Londres même, il n'y avait pas une mais deux instances susceptibles d'intervenir dans les affaires indiennes, le gouvernement, d'un côté et, de l'autre, la « Cour des directeurs », c'est-à-dire le conseil d'administration élu par les actionnaires de l'EIC. D'autre part, le contrôle que ces autorités exerçaient sur leurs représentants en terre indienne était limité, car il fallait compter seize mois en moyenne pour un échange de dépêches entre Londres et Calcutta, ce qui laissait aux agents de la Compagnie sur le terrain une marge d'autonomie considérable. Enfin, les établissements anglais de Calcutta, Bombay et Madras (les trois « présidences ») étaient plus ou moins indépendants les uns des autres et correspondaient séparément avec Londres.

La chaîne de commandement, cependant, se clarifia peu à peu, surtout après la création en 1784 du *Board of Control*, organe gouvernemental chargé du suivi des affaires de l'EIC. Mais on ne saurait encore parler pour cette époque d'une politique expansionniste claire et continue. La Compagnie jugeait qu'il y avait plus à perdre qu'à gagner à des aventures militaires nécessairement coûteuses et propres à désorganiser des réseaux commerciaux toujours fragiles. Ni l'opinion anglaise ni le gouvernement n'y voyaient davantage d'intérêt. La Chambre des communes déclarait, en 1782 : « La poursuite de visées de conquête et l'expansion de nos territoires sont des mesures contraires au désir, à l'honneur et à la politique de notre nation », et l'interminable procès à sensation intenté en 1786 au gouverneur général Warren Hastings par la Chambre des communes reposait entre autres sur le grief d'avoir mené des guerres injustifiées. Les partisans de l'expansion, toutefois, devinrent plus nombreux avec le temps. Ils la justifiaient par trois arguments principaux : les besoins de la défense des frontières des territoires déjà annexés, les bénéfices qui devaient nécessairement en résulter pour le commerce et l'entreprise britanniques, et enfin les bienfaits supposés de conquêtes « civilisatrices » pour les populations assujetties. On vit même grandir en Grande-Bretagne à l'époque de la troisième guerre contre le Mysore (1790-1792) une véritable poussée d'exaltation nationaliste. Les sympathies notoires de la France pour l'adversaire indien du moment, Tipu Sultan, n'y étaient pas étrangères, il est vrai. Mais l'opinion britannique ne s'opposa jamais par la suite de façon unanime et durable aux conquêtes militaires et aux annexions en Inde. Il n'en reste pas moins que la politique d'expansion donna toujours lieu, dans la colonie comme en métropole, à de vifs débats, voire à de vrais conflits internes, en raison notamment des très lourdes incidences budgétaires des opérations militaires.

Ce sont ces fortes réticences initiales face à l'expansion en Inde qui fondaient la thèse ancienne selon laquelle l'EIC avait été acculée à se transformer en puissance territoriale pour se préserver de l'insécurité causée par la décomposition de l'Empire moghol, et pour répliquer aux entreprises concurrentes de la Compagnie française des Indes, habilement menées par Dupleix et ses successeurs à la faveur de ce contexte troublé. La Compagnie britannique, selon cette

thèse, s'étant retrouvée maîtresse du Bengale en 1757, avait
dû poursuivre à son corps défendant sur la voie de la
conquête, parce que ses frontières étaient menacées par les
États indiens voisins, qui modernisaient alors leurs armées
avec l'aide de mercenaires français. En bref, les Britanniques
n'auraient donc été en Inde que des acteurs, les plus brillants
sans doute, dans une pièce qu'ils n'avaient pas écrite.

Cette interprétation a été sérieusement décrédibilisée par
les recherches récentes. Celles-ci ont d'abord considérablement atténué les assertions relatives à l'anarchie qui aurait
accompagné le déclin de l'Empire moghol. Ce tableau dramatique, nourri des stéréotypes des chroniques musulmanes de
l'époque, avait été cultivé par l'historiographie coloniale pour
faire ressortir le contraste avec la *pax britannica* imposée
ensuite à l'Inde conquise. Les études d'histoire régionale
menées depuis vingt ans ont révélé un paysage beaucoup
plus contrasté. Il y a certes eu abondance de désordres violents et de destructions dans diverses parties du sous-continent
indien au cours du demi-siècle qui a suivi la mort de l'empereur Aurangzeb, en 1707. Mais le Bengale, commercialement
prospère et tenu d'une main ferme par ses gouvernants, y a
assez largement échappé. Or c'est précisément au Bengale
que la conquête coloniale a commencé. Par ailleurs, on sait
maintenant que les États prémodernes du sous-continent
indien étaient généralement des structures décentralisées
comportant plusieurs niveaux de pouvoir intermédiaires, et
que les vastes dominations unifiées n'y ont jamais représenté
que des cas limites plus ou moins éphémères. De ce fait, la
dislocation de l'Empire moghol après cent cinquante ans
d'existence ne signifiait pas tant un effondrement général que
le retour de l'espace indien, une fois sa superstructure étatique panindienne disparue, au régime de fractionnement et de
fluidité politiques le plus constant de son histoire. On
commence à comprendre aujourd'hui que les principaux
États régionaux qui ont succédé à l'Empire moghol étaient
engagés à l'époque de la conquête coloniale dans des processus de modernisation capitaliste comparables à plus d'un
titre à ceux qui affectaient les royaumes d'Europe occidentale
au même moment. Le tableau de marasme généralisé traditionnellement associé à cette conjoncture politique du

XVIIIe siècle n'est donc plus guère crédible. Morcellement et prospérité économique ont d'ailleurs souvent coïncidé dans l'histoire indienne. L'Asie du Sud était depuis le XVIe siècle, et demeurait au XVIIIe, le foyer d'une des plus grosses productions textiles de la planète, qu'elle exportait vers l'est en Asie du Sud-Est et vers l'ouest jusqu'au Mexique, et qui partout concurrençait rudement les productions locales, y compris en Europe. Elle ne présentait pas alors de retard technologique sur l'Occident. Ses potentialités de développement commercial et manufacturier étaient considérables. Et si elle n'était pas, comme le voulait la légende née au XVIIe siècle du récit de voyage de Bernier, « le tombeau de l'or et de l'argent » du monde, elle en absorbait un substantiel pourcentage (du *bullion* d'argent avant tout), car elle vendait beaucoup et achetait peu. L'Inde, en somme, était effervescente mais non pas anarchique, et son économie était prospère.

La dynamique de l'expansion

S'il n'y a pas eu au départ de volonté expansionniste britannique dans le sous-continent indien, et si l'East India Company, confrontée aux ambitions concurrentes de la Compagnie française des Indes, n'a pas été happée malgré elle dans les conflits internes d'une Inde en pleine décadence, quel a donc été le moteur de la conquête coloniale ? Question d'autant plus troublante qu'il y a un paradoxe de cette conquête, qui s'est produite alors que le colonialisme de l'âge mercantiliste était entré dans une phase de repli général, et que le principe même de la colonisation était contesté par les idées libérales montantes, en particulier dans les écrits des philosophes et des physiocrates. Par ailleurs, on ne croit plus aujourd'hui à l'explication de la conquête de l'Inde par la nécessité où la Grande-Bretagne se serait trouvée de s'ouvrir des marchés, parce qu'elle était dans la phase ascendante de sa révolution industrielle. L'Inde a été conquise avant que le commerce mondial soit transformé par l'arrivée en masse des produits de l'industrialisation. En particulier, la concurrence des textiles fabriqués du Lancashire n'est devenue sérieuse en Inde qu'à la fin des années 1820. L'Inde conquise a certes fourni à cette production de précieux débouchés, mais la conquête n'a pas été entreprise pour les lui procurer. L'EIC appartenait à l'âge du mercantilisme, et son objectif au milieu du XVIIIe siècle était toujours d'accroître sa part dans le très vieux commerce entre l'Inde et l'Europe. La véritable réponse au problème est à chercher en Inde même, et du côté du commerce que les Européens y pratiquaient pour leur propre compte. Depuis la fin du XVIIe siècle, l'EIC avait pratiquement renoncé à contrôler le commerce « d'Inde en Inde » mené à titre privé par ses représentants en marge de leurs fonctions marchandes attitrées, comme à essayer d'empêcher des Britanniques qui n'étaient pas ses employés de se rendre en Inde pour s'y livrer au négoce « interlope » avec d'autres parties de l'Asie. Si elle maintenait de façon inflexible son monopole du commerce entre l'Inde et l'Angleterre, elle tolérait les entreprises que ces Européens menaient pour eux-mêmes et avec leurs propres bateaux le long des côtes de l'Inde et à travers l'océan Indien.

Après la démonstration de force de Plassey, Clive détrôna le nawab du Bengale Siraj-ud-Daula, et le remplaça par son général, Mir Jafar, avec lequel il avait conspiré, en échange d'une énorme somme d'argent pour lui-même et de primes importantes pour d'autres agents civils et militaires de la Compagnie. L'ascendant militaire et politique ainsi acquis ouvrait au négoce privé britannique, habitué à opérer à l'ombre des franchises obtenues par la Compagnie en les détournant illicitement à son profit, un champ d'action nouveau et extrêmement rentable, à savoir le commerce intérieur du Bengale. Les Anglais investirent rapidement et massivement dans ce secteur d'activité par des méthodes souvent brutales. La production de sel, d'opium et de noix de bétel du pays passa ainsi presque entièrement sous leur contrôle au cours des années 1760. Que des Européens en Inde usent de coercition envers les artisans ou cultivateurs auxquels ils faisaient (par le truchement de marchands indigènes) des avances sur production ou sur récolte pour constituer la cargaison de leurs navires, qu'ils saisissent la personne et les biens des marchands qui manquaient à leurs engagements, qu'ils enfreignent les monopoles imposés par les pouvoirs indiens locaux, qu'ils fraudent pour échapper aux taxes pesant sur le commerce, rien de tout cela n'était nouveau, et la Compagnie était rompue à la gestion des rapports de force avec les pouvoirs indigènes. Mais au milieu du XVIIIᵉ siècle, avec les forces constituées pour lutter contre la concurrence française, ses agents en Inde disposèrent de moyens navals et militaires suffisants pour affronter des conflits de plus grande 'envergure et les résoudre à leur avantage. Or les entrepreneurs privés étaient plus aventureux que la Compagnie elle-même et traitaient de marchandises plus variées, qu'ils n'hésitaient pas à aller se procurer assez loin dans l'intérieur si nécessaire. Leur activité, par conséquent, constituait potentiellement un facteur beaucoup plus redoutable de conflits avec les pouvoirs indiens. Les agents de l'EIC étaient tous engagés, jusqu'au gouverneur compris, dans le négoce privé, sur lequel chacun d'eux comptait pour rentrer en Grande-Bretagne fortune faite. On ne saurait donc s'étonner que les besoins de ce secteur de leur activité aient pesé d'un poids très lourd sur la façon dont ils géraient sur place les affaires de la Compagnie. De surcroît, l'autonomie dont ils jouissaient par rapport aux autorités de Londres leur permettait de pratiquer continuellement la politique du fait accompli, en faisant valoir qu'il était impossible, dans une conjoncture politique et militaire toujours fluctuante, d'attendre un an et demi pour prendre une décision.

Or les progrès du contrôle britannique sur le pays décuplaient les possibilités de bénéfices privés, en permettant de battre en brèche les monopoles des pouvoirs indigènes, de défier règlements douaniers et tribunaux, d'emprunter à bon compte, d'investir en imposant ses conditions à ses partenaires indiens. Les occasions de profits parallèles étaient par ailleurs multipliées, les agents de l'EIC monnayant leurs interventions officielles comme leurs faveurs privées. C'est la multiplication de ces abus qui fournit au nawab du Bengale un prétexte pour prendre les armes contre la Compagnie en 1763, après s'être assuré de l'alliance du royaume d'Aoudh (ou Oudh) et de celle de l'empereur moghol — lequel n'exerçait plus alors à Delhi qu'un pouvoir purement local, mais jouissait toujours d'un ascendant symbolique immense dans l'Inde entière. Cette coalition fut battue à Buxar en 1764. La Compagnie obtint l'année suivante la gestion civile et fiscale (*diwani*) du Bengale, le trône revenant à un nawab mineur entièrement dans sa dépendance. Une telle situation, qui lui

donnait de fait le contrôle direct de toute l'administration
— y compris la justice civile —, l'autorisait à récolter les profits du pouvoir sans en porter la responsabilité en titre. Elle
devait aussi lui permettre de financer désormais ses dépenses
civiles et militaires, et l'achat de ses marchandises sur les
recettes fiscales du pays. De surcroît, au lieu de devoir se soumettre à la loi du marché pour acquérir ses marchandises
d'exportation, elle allait pouvoir obliger les artisans et autres
producteurs à les lui fournir à des tarifs qu'elle fixerait elle-
même. C'est précisément ce genre d'aubaine mirobolante
que Dupleix avait su faire miroiter le premier aux yeux de ses
mandants parisiens pour justifier ses entreprises indiennes,
avant d'être finalement désavoué.

Un champ d'action beaucoup plus vaste que par le passé
s'ouvrait désormais au négoce privé européen. Un jeune
Anglais astucieux et assez hardi pour braver les risques élevés
du séjour aux Indes pouvait alors amasser une fortune au
Bengale en quelques années. Comme les Européens ne
venaient en Inde que pour y gagner de l'argent, et comme le
négoce individuel ainsi que la rentabilisation des positions de
pouvoir à des fins d'enrichissement personnel étaient les
moyens les plus sûrs de faire fortune, l'EIC finit avec le temps
par n'être plus guère qu'« une coquille entourant des intérêts
privés[1] ». C'est la logique de ces intérêts privés qui constitua
le moteur véritable de l'expansion coloniale initiale au
Bengale : il s'agit de ce qu'on a souvent appelé le « sous-
impérialisme » des agents de l'EIC. La même logique présida à
la mainmise anglaise sur d'autres régions maritimes du sous-
continent, en commençant par le Coromandel en 1763, puis
dans l'Inde occidentale (Malabar, Gujarat) à l'instigation des
négociants de Bombay. Les autorités de Londres, assurément,
ne visaient pas aux conquêtes territoriales, mais elles ne
disposaient d'aucun pouvoir de contrôle préalable sur la politique que leurs responsables menaient en Inde en leur nom,
et sur la façon dont ils utilisaient leurs troupes au jour le jour.
Même si ces représentants n'entretenaient pas a priori de vastes desseins conquérants, ils n'en imposaient pas moins aux

1. E. Stokes, *The Peasant Armed : The Indian Rebellion of 1857*,
Oxford, Clarendon Press, 1986.

gouvernants locaux, par la force ou sous la menace, des accords contraignants assortis de concessions fiscales, de privilèges commerciaux, de droits de contrôle ou de contrainte sur les producteurs, les marchands et les financiers, qui les amputaient d'abord d'une part de leur pouvoir, puis finissaient par les assujettir plus ou moins totalement, ou par les supprimer purement et simplement.

Par la suite, quand les armées britanniques commencèrent à pousser leurs entreprises à partir des zones côtières vers l'amont de la vallée du Gange et vers les régions centrales du Deccan, c'est à une dynamique plus complexe qu'on eut affaire. Des considérations proprement politiques et militaires entraient désormais nettement en ligne de compte. Il s'agissait, d'une part, de la nécessité d'assurer la stabilité des régions contiguës aux territoires dont l'EIC était devenue maîtresse, et de contrer la menace — en partie imaginaire — des machinations hostiles de la France dans les États indigènes de l'intérieur. Par ailleurs, la Compagnie, sous peine de banqueroute, devait impérativement arriver à financer ses dépenses militaires croissantes sur le revenu fiscal du pays, comme elle avait entrepris de le faire, avant même la canonnade de Plassey, au temps des hostilités contre les Français dans le Carnatic, sur la côte est du Deccan : elle avait alors passé un accord avec un prétendant au trône de ce royaume, en vertu duquel elle lui fournirait des troupes, à condition qu'il assure ensuite leur entretien en leur affectant certaines ressources fiscales. Elle passa de plus en plus d'accords de ce type au cours des décennies qui suivirent. Or quand un souverain indien, qui avait ainsi assigné les recettes de l'impôt d'un ou plusieurs de ses districts aux forces de l'EIC, était incapable de les lever effectivement de façon rapide et régulière, il était tentant pour celle-ci d'assumer par elle-même l'administration fiscale du territoire considéré. La Compagnie annexa ainsi de vastes districts du Carnatic en 1760, cinq ans avant de mettre la main sur la gestion fiscale du Bengale tout entier. À la fin des années 1770, les ponctions qu'elle opérait sur les finances du royaume d'Aoudh, protectorat de fait qui lui servait d'État-tampon face à la confédération marathe, avoisinaient de même la moitié du montant de l'assiette fiscale du pays. Ce revenu contribuait entre autres au financement des hostilités

contre le royaume méridional de Mysore, tout comme une
partie du revenu fiscal du Bengale servait alors à payer la
défense de Madras et de Bombay. L'Aoudh avait été investi
par les entrepreneurs privés européens, agents de la Compagnie ou négociants interlopes, engagés dans le commerce
d'exportation des cotonnades, de l'indigo, du salpêtre et du
sucre, qui s'y comportaient comme en pays conquis, bravant
sans vergogne lois et règlements, et suscitant avec le nawab
et ses sujets des conflits à répétition, qui entraînaient des
interventions. C'est cet engrenage économico-politique qui
fit peu à peu de cette compagnie marchande qu'était au
départ l'EIC un acteur diplomatique et militaire, puis une
machine à percevoir des impôts, et finalement un pouvoir
territorial.

Au tournant du xixᵉ siècle (1805), l'EIC était déjà maîtresse
d'un vaste Empire indien tenu en gouvernement direct (les
trois quarts de la plaine du Gange, toute la façade maritime
orientale, une partie du Deccan méridional et de la côte
ouest), et elle régnait indirectement sur de grands royaumes
vassalisés comme l'Aoudh et le Mysore. Elle avait acquis cet
empire en un demi-siècle par une combinaison empirique de
moyens de pression économiques, diplomatiques et militaires, mis en œuvre sans plan préconçu au gré des nécessités et
des opportunités de la conjoncture politique, et dans une
optique longtemps dominée par le souci prioritaire des intérêts du commerce. Le rôle des campagnes militaires et des
batailles rangées dans cette conquête n'avait pas été négligeable, mais il avait été limité par les réticences financières
permanentes de la Compagnie, qui ne visait pas à l'expansion
territoriale, et qui veilla toujours à régler autant que possible
ses dépenses militaires avec les recettes budgétaires des États
assujettis. Enfin, elle ne s'était engagée dans ces affrontements guerriers, qui opposaient d'ailleurs des armées indigènes, que lorsqu'elle y était acculée par ses adversaires,
préférant toujours s'imposer, quand c'était possible, par le
jeu combiné des pressions politiques et de la collaboration
intéressée de certaines fractions des élites princières, financières et marchandes locales. En Inde comme dans le reste du
monde colonisé, la conquête coloniale avait été le fruit d'un
mélange de violence et d'intrigue. La part de la collaboration

indigène dans son succès devint pour les générations indiennes ultérieures la cause d'une secrète blessure, qui même aujourd'hui n'est pas totalement liquidée.

Le « Company Raj »

Le caractère du régime

Qu'une compagnie de marchands, dont la visée principale était nécessairement le profit, fût à la tête d'un empire territorial qu'elle pouvait exploiter de façon irresponsable était une incongruité qui suscitait en Grande-Bretagne des critiques continuelles, et même à l'occasion de véritables campagnes d'opinion. Mais le gouvernement britannique, dans la seconde moitié du XVIIIe siècle, n'était nullement désireux d'assumer directement la conduite périlleuse de ces affaires lointaines, dont le cours imprévisible pouvait avoir de graves répercussions politiques. Il craignait en outre que le coût de la défense de ces possessions indiennes ne devînt rapidement supérieur aux revenus qu'elles rapportaient. Le Parlement prorogea donc périodiquement la charte de l'EIC quand elle venait à renouvellement, tout en lui imposant en 1767, à titre de participation aux profits et pour prix de sa mansuétude, le versement d'un tribut annuel conséquent. Le monopole du commerce avec l'Asie que cette charte reconnaissait à l'EIC faisait pourtant de plus en plus figure d'anachronisme en cet âge marqué par l'ascension puis la consécration du libéralisme politique et économique. Mais l'engrenage politico-militaire de la conquête coûtait cher, la Compagnie était lourdement endettée, et il fallait que ses actionnaires perçoivent leurs dividendes, faute de quoi ils risquaient de se désengager de la gestion de l'Inde. Cependant, la gravité des rumeurs et l'ampleur des polémiques suscitées par les abus du négoce privé européen au Bengale, la dénonciation de guerres de conquête attribuées à la pure cupidité, les procès à sensation que durent affronter de hauts responsables de la Compagnie comme Clive, Verelst ou Warren Hastings à leur retour en métropole, exigeaient à tout le moins que le gouvernement britannique instaure des procédures de contrôle politique permanent sur les affaires indiennes.

Ce fut l'un des objets du *Regulating Act* de 1773, première affirmation d'un droit de regard parlementaire sur les activités de la Compagnie, puis de l'*India Act* de 1784, qui imposait à cette dernière une tutelle gouvernementale effective. Le premier texte plaçait les trois présidences, jusqu'alors autonomes, sous la supervision unique d'un gouverneur général nommé à Calcutta (alors Fort William) pour cinq ans. Il adjoignait à celui-ci un conseil de quatre membres, où il ne disposait pas de voix prépondérante, et qui était donc susceptible de le mettre en minorité. Il en résulta, pendant les premières années du proconsulat de Warren Hastings (1772-1785), des oppositions internes féroces et paralysantes. La seconde loi corrigea le tir en accordant au gouverneur général le pouvoir de passer outre en cas d'urgence à l'opposition de son conseil, et lui donna une autorité plus effective sur les présidences de Madras et de Bombay, mais elle lui interdit de déclarer la guerre sans l'accord des directeurs de l'EIC. Elle instituait à Londres un conseil de surveillance politique de trois membres, le Board of Control, chargé de fixer, en concertation avec les directeurs de la Compagnie, les grandes lignes de la politique indienne (sans toucher aux questions commerciales), et dont le président était membre du gouvernement. Le gouverneur général, bien entendu, était tenu d'appliquer les décisions du Board. Mais il conservait de fait une très grande latitude de décision, en raison de la lenteur des communications entre l'Inde et la Grande-Bretagne. Les ordres qui lui parvenaient de Londres, où l'on connaissait mal le contexte local, étaient souvent inadaptés, ou inapplicables parce que dépassés. Il était donc toujours obligé de décider et de trancher entre les vues parfois très divergentes des hauts responsables civils et militaires et des groupes de pression de la colonie, sans attendre d'être couvert. Néanmoins, la responsabilité ultime, quoique distante, du Parlement britannique dans la conduite des affaires de l'Inde était désormais irréversiblement instituée. Lorsque la charte de la Compagnie arriva à renouvellement en 1793, la pression des intérêts commerciaux concurrents de la Compagnie entraîna un net assouplissement de son monopole, mais non pas encore sa suppression. Elle fut désormais tenue de faire une place dans ses cales à des marchandises de particuliers. C'est seulement en 1813, dans un contexte profondément transformé, alors que l'EIC était déjà depuis longtemps en Inde une vaste structure de gouvernement, que les avocats du libre-échange obtinrent l'abolition de ce monopole, tout au moins pour ce qui concernait les échanges avec l'Inde (il subsistait pour le négoce avec la Chine, qui constituait depuis longtemps déjà la principale source de revenus commerciaux de la Compagnie). Elle cessa de fait toute activité commerciale avec le sous-continent indien au renouvellement suivant de sa charte, en 1833. Elle ne constitua plus dès lors, jusqu'à son abolition en 1858, qu'un organe de gestion de l'Inde opérant pour le compte de la Couronne britannique.

Les Britanniques étaient arrivés en Inde en tant que commerçants. Lorsque des fonctions de gouvernement leur échurent à partir de 1765, c'est de façon croissante à la collecte de l'impôt qu'ils donnèrent la priorité, et l'*ultima ratio* des orientations politiques et des méthodes de gestion administrative qu'ils mirent en œuvre devint la nécessité de garantir, et si possible d'améliorer, le rendement fiscal de la colonie. Tout responsable colonial, pour n'être pas désavoué, devait pouvoir justifier ses initiatives à l'aune de cette exigence première, et l'action de tout administrateur était jugée en dernière analyse par référence à ce critère, que le gouverneur général Cornwallis définissait ainsi en 1793 : « Rendre la possession du pays aussi avantageuse que possible à l'East India Company et à la nation britannique. » S'il est vrai qu'on commença à voir à partir des années 1820 des visées réformatrices nouvelles se superposer à cet objectif fiscal de base, celui-ci n'en resta pas moins fondamental, tant il paraissait évident que la gestion coloniale de l'Inde, entendue une fois pour toutes comme facteur de progrès pour elle, devait être financée par sa fiscalité propre, tout en servant la grandeur et les intérêts économiques de la Grande-Bretagne. Pendant toute la phase la plus active de la conquête, c'est-à-dire jusqu'aux années 1810, cette défense du revenu des provinces passait d'abord par leur protection contre les États indigènes hostiles et par la guerre contre ceux-ci. Les dépenses militaires excédaient alors souvent 40 % des recettes budgétaires du gouvernement colonial. Elles se stabilisèrent ensuite aux environs d'un tiers.

Pour lever l'impôt dans les régions dont elle prenait le contrôle, et plus généralement pour les administrer, la Compagnie devait développer un appareil de gouvernement. C'est sa petite bureaucratie mercantile, strictement hiérarchisée par rang d'ancienneté en clercs, facteurs et marchands, qui fut adaptée à ces tâches nouvelles, c'est-à-dire à la prise en charge des fonctions de gestion des États régionaux issus du démembrement de l'Empire moghol, dont les puissantes traditions de gouvernement s'étaient partout perpétuées. Entretenir une armée, maintenir l'ordre, lever l'impôt, rendre la justice, voilà les vastes responsabilités que l'EIC devait assumer dans ce contexte oriental. Son personnel expatrié, cela va sans dire, ne représenta d'abord qu'une mince superstructure coiffant un appareil de gouvernement entièrement indigène. Le contrôle de la conduite des affaires au plus haut niveau, sans aucun doute, n'était plus, au même degré que dans les cours princières antérieures, l'enjeu d'une concurrence entre factions indigènes. Mais la Compagnie ne pouvait se passer des services des grands banquiers et marchands indiens et de l'aristocratie des grands *zamindars* (propriétaires fonciers), et cette élite indigène continua comme par le passé à se disputer la faveur des détenteurs du pouvoir, désormais britanniques, et à exploiter leurs rivalités internes. À tous les niveaux de la structure, les agents de l'EIC commencèrent par exercer leurs responsabilités en continuité avec les pratiques indiennes antérieures, et en recherchant par nécessité la collaboration des élites locales. Toutefois, ils menaient de front leurs nouvelles fonctions d'autorité et leur dessein personnel d'enrichissement rapide, situation nécessairement génératrice de corruption et d'abus, mais officiellement acceptée. Les salaires que la Compagnie leur versait étaient minimes, parce qu'il était entendu qu'ils pouvaient pratiquer le commerce privé, et aucune pension ne leur était versée lorsqu'ils quittaient leur emploi, ce qui les incitait à s'enrichir rapidement par tous les moyens possibles pour s'assurer un avenir confortable après leur retour en métropole.

Les historiens se sont beaucoup demandé pourquoi les Britanniques, au cours des décennies qui ont suivi Plassey, ont pourtant progressivement choisi de démanteler les principes,

les structures et les procédures de l'administration indigène
au lieu de s'en tenir, comme les Hollandais à Java, à une politique d'interférence minimale dans le fonctionnement de la
société locale, et de se contenter de se procurer par la
contrainte les produits de l'économie du pays qu'ils venaient
auparavant y acheter. Leur objectif, on l'a vu, ne pouvait pas
être à cette époque d'accélérer la transformation de l'Inde en
économie de marché et en fournisseur de produits bruts pour
les besoins de la révolution industrielle anglaise. Mais ils cherchaient assurément à maximiser le rendement de l'immense
machine fiscale indienne, ce qui impliquait d'en contrôler ou
d'en éliminer, autant que faire se pouvait, les rouages intermédiaires. Ce processus ne se mit en route que progressivement. C'est seulement à l'époque du gouverneur général
Cornwallis, dans les années 1790, que se manifesta au
Bengale une véritable volonté de rupture avec le système de
gouvernement précolonial. En Inde du Sud, la refonte administrative inspirée par Thomas Munro ne fut vraiment enclen-
chée qu'au début du siècle suivant. Il n'y avait d'ailleurs
aucune unanimité au sein même de la Compagnie, ni en Inde
ni en Grande-Bretagne, concernant les principes et les méthodes de gestion coloniale à adopter. Chaque province de
l'empire des Indes eut à terme sa propre « tradition » d'administration, variété entretenue par le fait que les administrateurs coloniaux faisaient en général toute leur carrière au sein
de la province dont ils avaient appris la langue. Ces traditions
avaient pris naissance dans chaque région au cours des
décennies postérieures à la conquête, sous l'effet combiné
des rapports de force idéologiques internes au personnel
colonial et des exigences empiriques imposées par les conjonctures successives et la nature du terrain.

On a parfois défini le Company Raj comme un despotisme
militaire, ou même comme un État-garnison. C'est là un raccourci trop simplificateur. Certes, l'effectif des troupes de la
Compagnie atteignit 115 000 hommes en 1790 et 155 000 en
1805. C'était là, parmi les armées permanentes entraînées et
organisées à l'européenne, l'une des plus grandes du monde
de l'époque. Il est vrai également que les dépenses militaires
consommaient une part très importante du budget de l'État
colonial et que, faute de personnel civil suffisant, beaucoup

d'emplois européens de l'administration étaient occupés par des militaires. Il faut donc reconnaître cette centralité de l'armée dans le dispositif colonial, et le rôle crucial que jouait, dans le maintien de la domination d'un nombre infime de Britanniques sur 180 millions d'Indiens (population estimée du sous-continent en 1750), la conviction générale que leur armée était invincible. Mais on ne saurait oublier que ces troupes étaient presque entièrement indigènes, et que leur loyauté était conditionnée par la régularité du versement de la solde — sujet périodique de mutineries. Plutôt qu'un régime d'occupation militaire inspiré par une politique de puissance, le Company Raj était un système bureaucratique à visée d'extraction fiscale, appuyé sur une armée mercenaire et sur la collaboration intéressée d'au moins une fraction de l'élite lettrée et des gens d'affaires. Sur une partie du territoire indien — environ un tiers du total au terme de la conquête — généralement moins riche et moins densément peuplée que le reste du sous-continent, ce régime n'exerçait qu'une souveraineté indirecte, imposée par traités à des princes petits et grands, qui étaient démilitarisés et interdits d'activité diplomatique, mais qui conservaient une marge d'autonomie interne, sous la tutelle redoutée de résidents ou d'agents politiques britanniques.

Ce régime, assurément, était imposé d'en haut et n'avait guère de racines dans la société indigène. Cette séparation se renforça avec le temps au lieu de s'atténuer. L'administration de la Compagnie, on l'a vu, ne faisait au départ que prolonger celle des régimes autochtones qui l'avaient précédée. Après le départ de Warren Hastings en 1785, les gouverneurs généraux nommés en vertu de l'India Act de 1784 ne furent plus des agents de la Compagnie sortis du rang, mais des hommes politiques ou des militaires de haut rang choisis en métropole. Ces personnalités, étant dépourvues d'expérience préalable de l'Inde, étaient beaucoup moins accessibles et perméables aux influences indiennes, comme d'ailleurs aux conflits internes entre les coteries qui divisaient le personnel britannique de la colonie. Le service administratif colonial se défaisait graduellement de ses connotations marchandes et de ses façons d'agir empruntées au monde indigène. Il s'imprégnait au contraire d'un esprit de corps de plus en plus consciemment britannique à mesure qu'il se professionnalisait dans ses différentes branches de compétence, et qu'il se formait une plus haute idée de sa mission et de ses mérites. Le corps des administrateurs civils (*civil servants*) comportait alors une moyenne de quatre cents membres, et l'écheveau de règlements disparates et improvisés qui régissait son action fut refondu par le gouverneur général Cornwallis en 1793 en un tout cohérent. La confusion des genres entre l'exercice de responsabilités de gouvernement et d'administration et le commerce privé, qui avait engendré tant d'abus et de corruption, était désormais interdite. En compensation, les salaires des administrateurs furent considérablement augmentés, ce qui devait écarter le risque de corruption et permettre d'attirer un recrutement de niveau plus élevé. Sans doute les opérations commerciales latérales menées à titre privé ne cessèrent-elles pas d'un coup, mais elles régressèrent et prirent plutôt la forme de placements réalisés auprès de ces négociants indépendants (les *private traders*) que la Compagnie tolérait en Inde depuis longtemps, quoique en petit nombre. À l'époque du gouverneur général Wellesley (1798-1805), ce corps des civil servants évolua nettement vers une attitude d'exclusivisme racial à l'égard des indigènes, auxquels on retournait désormais l'imputation générique d'incompétence et de corruption jusqu'alors accolée au personnel britannique de l'EIC, et qui se trouvèrent relégués pour longtemps aux échelons subalternes de l'administration (sauf toutefois dans la hiérarchie judiciaire). La Compagnie demeura cependant très attentive, pour se donner au moins les apparences d'une légitimité politique aux yeux des Indiens, à habiller ses procédures de gouvernement d'une symbolique langagière et cérémonielle d'allure moghole. Elle conserva en outre jusqu'en 1835 le persan comme langue d'administration — ce qui bénéficia à l'élite administrative lettrée. Et elle continua d'appliquer à ses sujets indiens leur droit traditionnel (hindou ou musulman), tout en anglicisant peu à peu la procédure judiciaire.

Il reste pourtant qu'un cadre d'administrateurs aussi restreint que celui de la Compagnie ne pouvait gérer un espace et une population aussi vastes sans s'en remettre pour l'exécution des tâches à une immense infrastructure de personnel

indigène. L'unité administrative de base était le district, dont
le responsable, appelé collecteur (*collector*), avait d'abord
pour fonction, comme son nom l'indique, d'organiser la collecte des impôts dans sa circonscription, et qui exerçait aussi
des pouvoirs judiciaires, encore que cette seconde attribution
lui ait été alternativement retirée et rendue selon que prévalait l'exigence libérale de la séparation des pouvoirs ou le
souci empirique d'épouser une conception indienne plus
englobante de l'autorité. À cet échelon de base, le contact
avec les administrés supposait la connaissance de parlers dia-
lectaux que les coloniaux maîtrisaient mal. La coutume, qui
variait à l'infini selon les lieux, jouait dans toutes les branches
du gouvernement un rôle aussi important que la loi écrite.
Les procédures en vigueur étaient souvent d'une grande
complexité. Enfin, la rotation rapide des titulaires de postes
les empêchait d'acquérir une expérience approfondie de
leurs circonscriptions. Ils dépendaient donc dans une très
large mesure, pour l'accomplissement de leur tâche, de leur
personnel indien d'assistants, de clercs, de comptables et
d'interprètes, et c'est ce personnel technique d'exécutants
qui donna pour une part à l'administration coloniale son
visage quotidien. C'était encore plus évidemment le cas pour
les résidents et agents politiques postés dans les États princiers dans le cadre de l'administration indirecte. Ce personnel
indigène était à la fois indispensable et impénétrable au collecteur, qui changeait trop souvent d'affectation pour pouvoir en pénétrer les arcanes, et on a pu démontrer qu'il était
souvent manipulé à son insu en fonction des enjeux locaux
de prestige, d'influence et d'intérêt que ses employés poursuivaient pour eux-mêmes. Mais il n'avait pas lieu d'en être
outre mesure préoccupé, aussi longtemps que cet état de
choses n'entravait pas l'accomplissement de sa tâche prioritaire, qui n'était pas de régenter le fonctionnement de la
société indigène, mais de faire rentrer l'impôt et de maintenir
l'ordre pour en stabiliser le rendement.

La fiscalité

À mesure que l'EIC se muait en puissance territoriale, en
effet, l'impôt foncier, qui restait de très loin en Inde la principale source de revenus de l'État, était devenu la pierre angu-

laire de son budget. Cet état de choses dura longtemps : au
milieu du XIXe siècle encore, la moitié des recettes du gouvernement colonial provenait de cette source, et, si l'on compte
les profits du monopole de l'opium et les droits de douane
sur l'exportation des produits agricoles, la contribution de
l'agriculture aux recettes de l'État représentait quelque 70 %
du total. Affligée comme elle l'était d'un déficit budgétaire
chronique, la Compagnie s'évertua, dès qu'elle acquit la
diwani du Bengale, à extraire du pays le plus fort revenu possible. Elle n'avait cependant en 1765 ni les moyens ni les
compétences nécessaires pour lever l'impôt elle-même, et
elle confia cette tâche à des fondés de pouvoir indiens. Mais,
personne n'étant en mesure de les contrôler, ces délégués
furent très vite suspectés de pressurer la paysannerie pour
s'enrichir à ses dépens en détournant à leur profit une partie
du produit de la taxe. Le gouvernement de Warren Hastings
décida en 1772 de se passer d'eux et de créer sa propre
structure de perception fiscale. Il nomma donc dans chaque
district un collecteur anglais. Ces collecteurs commencèrent
par affermer l'impôt au plus offrant. Non seulement le produit fiscal demeura très bas, mais la paysannerie fut mise en
coupe réglée par les spéculateurs qui avaient pris l'impôt à
ferme. On résolut finalement, après longue réflexion, de lever
l'impôt directement sur les zamindars, c'est-à-dire les dominants et chefs locaux qui régnaient sur les campagnes depuis
l'époque moghole, auxquels la propriété pleine et entière du
sol fut reconnue selon l'esprit moderne. Le montant de la
taxe fut fixé une fois pour toutes à 90 % du produit total des
redevances foncières que les paysans leur versaient. Les
zamindars, pensait-on, ne manqueraient pas d'investir dans la
terre, puisque tout surcroît de bénéfice leur reviendrait inté-
gralement : on espérait au Bengale une révolution agricole à
l'anglaise. Ce *Permanent Settlement* fut officiellement promulgué en 1793 et fut appliqué aux territoires d'administration directe de l'époque, c'est-à-dire toute l'Inde orientale (la
présidence de Calcutta), ainsi que la côte des Circars et une
fraction du pays tamoul, qui constituaient alors toute la présidence de Madras.

Cette solution simple et économique était une mauvaise
idée. Les zamindars, auxquels la loi coloniale reconnaissait

désormais tous les droits du propriétaire sans garantir efficacement ceux des cultivateurs qui travaillaient chez eux, se
comportèrent moins en entrepreneurs qu'en rentiers du sol,
alourdissant autant qu'il était possible le poids des redevances imposées à leurs tenanciers. Une véritable législation protectrice des droits des tenanciers ne devait commencer à
prendre forme que dans la seconde moitié du XIXe siècle, et
elle resta largement inopérante pour la masse des petits paysans, alors que la rareté grandissante de la terre leur rendait
toute résistance difficile. Ce fut là, pour l'immense peuple
rural de l'Inde orientale, la vraie malédiction de l'âge colonial,
dont il ne s'est toujours pas relevé. Enfin, l'État colonial, en
gelant le montant de la taxe, s'était privé par avance de toute
possibilité de prélever par l'impôt sa juste part de l'accroissement tendanciel des prix et des revenus agricoles, si bien que
la taxation de la terre, dans les zones de Permanent Settlement, finit par devenir insignifiante par rapport à la valeur
des propriétés et de leur produit, pour le plus grand bénéfice
des propriétaires.

L'erreur ne fut pas renouvelée dans les conquêtes ultérieures.
Dans la présidence de Madras, ensemble de conquêtes
achevé en 1802 sous lord Wellesley avec l'écrasement final
du Mysore et diverses annexions, l'assiette de l'impôt foncier
fut fixée avec les exploitants (raiyat) eux-mêmes, et il fut établi qu'elle serait révisée à intervalles réguliers, généralement
tous les trente ans. C'est un système du même type qui fut
institué dans les territoires de l'Inde occidentale conquis sur
les Marathes en 1818, et qu'on réunit avec quelques conquêtes
antérieures pour constituer la présidence de Bombay. Enfin,
dans la moitié nord de la plaine du Gange, saisie pour l'essentiel entre 1801 et 1803, comme au Pendjab, conquis en 1849,
et dans le royaume d'Aoudh, annexé en 1856, l'impôt fut fixé
solidairement avec chaque collectivité villageoise, à charge
pour ses membres de se répartir entre eux le poids fiscal,
conformément aux traditions communautaires supposées de
la paysannerie locale. L'assiette fiscale foncière fut soumise là
encore à réévaluation périodique.

D'une façon générale, il semble que le niveau de taxation
initialement imposé par l'EIC aux régions conquises ait été
très élevé. Il est néanmoins souvent difficile de découvrir

quels étaient les taux d'imposition fixés sur les mêmes régions par les régimes antérieurs, et les chiffres officiels, quand on les connaît, ne disent rien sur le pourcentage de ces montants théoriques qui était effectivement prélevé. Il est par ailleurs difficile de mesurer avec certitude l'impact que la demande fiscale britannique a pu avoir sur la masse des cultivateurs directs du sol. Cette demande pesait pour une bonne part sur des intermédiaircs, qu'il s'agisse des zamindars, des raiyat dans les zones *raiyatwari* (qui étaient souvent des paysans aisés employeurs de tenanciers), ou des communautés d'exploitants dans les zones *mahalwari* (*mahal* : domaine fiscal). Ces intermédiaires répercutaient évidemment la charge fiscale sur les cultivateurs, sous la forme de loyers fonciers et de redevances annexes, légales ou illégales, en se ménageant une marge bénéficiaire. Toute la question est de savoir si ces maîtres du sol disposaient d'un ascendant suffisant dans leurs villages pour s'assurer des marges substantielles et pour imposer à l'occasion, quand la conjoncture agricole s'y prêtait, des augmentations de loyer ou des redevances nouvelles. La réponse variait selon les régions, et dans chaque région d'un village à l'autre, en fonction notamment des capacités de résistance de la paysannerie locale et de son aptitude à tirer parti de l'atout que constituait pour elle à cette époque la rareté relative de la main-d'œuvre. Et elle a surtout varié dans le temps, à mesure que l'accroissement démographique (très accidenté jusqu'au début du xxᵉ siècle, mais tendanciellement positif), en raréfiant l'offre de terre alors que la main-d'œuvre devenait pléthorique, permettait au dominant d'imposer plus aisément ses conditions. En d'autres termes, l'assiette de l'impôt foncier a indiscutablement été fixée à un niveau trop élevé dans toutes les régions pendant les premières décennies suivant leur annexion, mais la thèse nationaliste selon laquelle son incidence sur le niveau de vie des masses paysannes aurait été massivement et uniformément plus lourde que sous les régimes indigènes précédents (et par là responsable d'une aggravation des famines) est très difficile à prouver. À partir des années 1840, le gouvernement s'est d'ailleurs nettement engagé dans une politique de baisse des taux d'imposition foncière dans les régions où l'assiette était périodiquement révisée. Il avait constaté en effet que le total

des recettes fiscales augmentait dans ce cas de figure au lieu
de diminuer, parce que les propriétaires étaient moins souvent en retard ou défaillants, et plus disposés à entreprendre
des défrichements, lesquels faisaient augmenter la surface
foncière imposable. L'effet le plus négatif de la situation coloniale dans ce domaine a peut-être moins résidé dans le montant
du prélèvement fiscal que dans la situation de vulnérabilité
aggravée où elle a placé les plus pauvres face aux exigences
de leurs dominants, en donnant à ces derniers des droits de
propriété sans protéger réellement les droits de leurs tenanciers, en instituant des tribunaux dont seule une élite était en
mesure de comprendre les procédures et avait les moyens
financiers de les utiliser (pour faire rendre gorge à ses dépendants), en perpétuant enfin une infrastructure de police
rurale sous-payée, souvent vénale, et qui penchait toujours du
côté du plus fort.

En tout état de cause, le rendement fiscal de la colonie
avait des limites qu'il était raisonnable de ne pas chercher à
franchir. Le produit de l'impôt avait permis à partir de 1765
d'augmenter considérablement le volume du commerce de
l'EIC avec la métropole, puis il était devenu le fondement
financier de la domination politique et militaire du pays (c'est
donc le contribuable indien lui-même qui finança la poursuite
de la conquête coloniale). Après l'abolition du monopole des
échanges avec la Grande-Bretagne en 1813, c'est encore lui
qui permettait d'acquérir en Inde le précieux opium qui partait pour la vente (illégale) en Chine, et y finançait les achats
de thé à destination de Londres, trafic qui constitua dès lors
la principale source de revenus commerciaux de la Compagnie jusqu'à l'abolition totale de son monopole en 1833.
Cette manne fiscale fournissait enfin à la Grande-Bretagne un
instrument stratégique pour le déploiement de son influence
et de son commerce dans le reste de l'Asie. Ce sont en effet
les troupes indiennes de l'EIC qui, entre 1820 et 1850, tout
en parachevant la conquête du sous-continent par l'annexion
du Sind (1843) et du Pendjab (1849), furent lancées contre
l'Afghanistan, engagées en Birmanie (dont l'annexion éche-
lonnée commença en 1826) et dans la péninsule malaise, et
qui intervinrent dans le golfe Persique, en Arabie et en
Mésopotamie, et enfin en Chine aux côtés de troupes métro-

politaines, entreprises d'expansion dans lesquelles figuraient presque toujours des enjeux commerciaux précis. Il fallait donc éviter de tuer la poule aux œufs d'or par une ponction fiscale insupportable. On a même qualifié de paternaliste l'idéologie sous-jacente aux régimes de propriété et d'imposition foncières dits raiyatwari puis mahalwari qui triomphèrent après l'abandon du principe du Permanent Settlement, en signifiant par là qu'ils incarnaient un souci d'équité et de respect des traditions locales. De bonne heure, et jusqu'à la fin de l'époque coloniale, le gouvernement se présenta d'ailleurs comme le protecteur des masses laborieuses des campagnes contre les abus de leurs maîtres indigènes. Malheureusement, le libéralisme dominant, la prudence politique et le conservatisme social de l'administration coloniale retardèrent jusqu'à la seconde moitié du XIXe siècle la mise en chantier de lois vraiment susceptibles de freiner la propension des propriétaires à la multiplication des redevances et aux expulsions abusives de tenanciers. Et si équitable qu'elle se prétendît, la politique fiscale coloniale n'en servait pas moins à financer une domination étrangère, dont la visée unique au départ, et l'un des objectifs majeurs jusqu'à la fin, était l'exploitation commerciale du pays.

L'exploitation du pays

L'Inde, il faut le rappeler, ne fut jamais une colonie de peuplement. Les conditions climatiques et sanitaires y étaient réputées meurtrières pour les Européens dont l'espérance de vie moyenne au Bengale, dans les années 1760, ne dépassait pas quarante ans : l'aventure indienne pouvait rapporter gros, mais à condition qu'on en réchappe. La population britannique dans le sous-continent était essentiellement composée d'expatriés temporaires affectés à des emplois militaires ou civils, et son effectif fut toujours microscopique en regard de la population du pays. À la fin des années 1820, elle ne comprenait encore que 35 000 soldats, 3 500 administrateurs et 2 000 immigrants exerçant des activités privées, parmi lesquels les Britanniques nés dans la colonie ne constituaient qu'une faible minorité. L'Inde était donc plutôt, pour reprendre la vieille (et réductrice) classification binaire des régimes coloniaux, ce qu'on appelle une colonie d'exploitation. Cette exploitation, cependant, changea progressivement de nature, à mesure que l'économie britannique s'éloignait de l'âge du mercantilisme pour entrer dans celui du capitalisme industriel.

Au début des années 1760, l'EIC investissait chaque année en Inde environ 400 000 livres sterling en bullion importé dans l'achat de sa marchandise d'exportation. Lorsqu'elle acquit la diwani du Bengale, elle commença par financer cet approvisionnement avec les recettes fiscales du pays, sur lequel elle levait ainsi un véritable tribut. À la fin des années 1770, son investissement commercial annuel dépassait nettement le million de livres. Il ne cessa plus ensuite d'osciller autour de ce chiffre. Cette stagnation relative, qui ne reflétait guère les fluctuations de la demande mondiale des produits concernés, s'expliquait en partie, mais en partie seulement, par la difficulté qu'il y avait à se procurer de quoi augmenter massivement les volumes de cargaison dans le contexte encore préindustriel du Bengale. La cause principale, c'est que le revenu fiscal de la province fut très vite entièrement absorbé par les charges du gouvernement territorial et les dépenses militaires, la Compagnie étant dès lors contrainte, pour financer son investissement, de recourir à l'emprunt. Ces expéditions annuelles étaient pour elle une obligation quasi structurelle, qui l'amenait parfois à vendre à perte à l'arrivée. Elles étaient en effet devenues avant tout un mode de transfert de fonds nécessaires au financement des très lourdes charges qui pesaient sur elle en Grande-Bretagne (ce qu'on appelait les *home charges*) : achats de fournitures, paiement des pensions du personnel colonial retraité, intérêts d'emprunts souscrits à Londres, et, bien entendu, dividendes de ses actionnaires. Le commerce privé, avant comme après 1813, opérait d'ailleurs dans le même esprit, puisqu'il concernait très largement des marchandises acquises avec les économies que les Anglais de la colonie voulaient transférer par ce moyen en métropole.

Le principal objet de ce commerce, depuis la fin du XVIIe siècle, c'étaient alors les luxueuses cotonnades du Bengale, dont l'EIC était devenue la principale pourvoyeuse en Europe comme en Asie et notamment en Chine. Après 1765, la Compagnie posta ses agents dans tous les meilleurs centres

de production textile du Bengale, en tolérant qu'ils usent de
méthodes coercitives pour s'assurer l'exclusivité de l'activité
des tisserands, transformés du coup en employés à domicile,
et mettre hors jeu le négoce indigène. La vraie concurrence,
toutefois, vint de l'industrie textile anglaise elle-même. Dès la
fin du XVIIIᵉ siècle, elle commença à chasser les calicots du
Bengale du marché métropolitain, aidée par la protection
douanière obtenue par le lobby textile de Manchester. À partir des années 1820, en apprenant à maîtriser ses coûts pour
être compétitive, elle les évinça de leurs autres débouchés
européens, puis des marchés asiatiques. Du moins l'autre
article majeur du négoce traditionnel de l'EIC, le fil de soie,
resta-t-il préservé de toute concurrence métropolitaine. À
côté de ces activités anciennes, il en surgit de nouvelles. La
plus importante fut l'exportation de l'indigo, que l'EIC achetait chaque année en grande quantité à des planteurs privés
européens installés au Bengale et au Bihar, pour le revendre à
Londres, d'où il repartait dans toute l'Europe et au-delà :
c'était alors la principale de ces marchandises qui lui servaient à transférer ses fonds en métropole. Les planteurs, qui
faisaient cultiver l'indigo par les paysans contre des avances
en argent liquide, avaient souvent recours, surtout dans les
premiers temps, à la contrainte physique, voire à la violence,
pour que ces cultivateurs acceptent et remplissent les
contrats. Un collecteur britannique du district de Faridpur, au
Bengale, alla jusqu'à écrire : « Pas une caisse d'indigo n'arrive
en Angleterre qui ne soit tachée de sang humain. »

L'exportation de sucre, autre production ancienne de la
paysannerie gangétique, obéissait à un schéma sensiblement
différent, car les négociants européens acquéraient leur marchandise auprès de marchands indiens au lieu de traiter directement avec le cultivateur, et ce commerce n'eut pas
l'ampleur du négoce de l'indigo en raison de la concurrence
du sucre antillais en Europe et des droits de douane élevés
qui frappaient en métropole celui qui provenait du Bengale.

En exportant l'indigo et le sucre, l'EIC vendait des produits
acquis dans une large mesure auprès d'entrepreneurs privés.
Le cas de l'opium était inverse. Ses agents au Bihar, au titre
de leur négoce privé, avaient réussi à supplanter les marchands
d'opium indiens au cours des années 1760. La Compagnie

Circulaire du gouvernement général du Bengale aux collecteurs du district, 13 juillet 1810

L'attention du gouvernement a été récemment attirée de façon particulière sur les abus et les actes d'oppression perpétrés par les Européens établis comme planteurs d'indigo[2] dans différentes parties du pays [...]. Les délits formellement prouvés commis par des planteurs identifiés peuvent être rassemblés sous les rubriques suivantes :

1) actes de violence qui, même s'ils ne répondent pas à la définition légale de meurtre, ont entraîné la mort d'indigènes ;

2) détention illégale d'indigènes, spécialement avec mise aux fers, en vue de recouvrer des sommes supposées dues ou pour d'autres causes ;

3) constitution de troupes d'employés des indigoteries et de gens du dehors à des fins d'agression et engagement d'affrontements violents entre planteurs ;

4) infliction illégale de châtiments corporels aux cultivateurs et autres indigènes.

[...] Vous prendrez les dispositions nécessaires pour vérifier sans délai si des planteurs d'indigo établis dans votre district ont installé des fers dans leurs manufactures et, si tel est le cas, vous exigerez leur destruction immédiate. Si le planteur met la moindre mauvaise volonté à s'exécuter, vous en rendrez compte au gouvernement, qui lui signifiera son expulsion du district avec ordre de se rendre à [Calcutta].

[...] Vous vous emploierez à empêcher la pratique, que le gouvernement a toutes les raisons de penser très répandue parmi les planteurs d'indigo, de l'application de peines corporelles aux cultivateurs et à d'autres. Lorsque de tels faits se produisent, et si leur gravité ne justifie pas l'introduction d'une procédure criminelle devant la Haute Cour, vous en rendrez compte au gouvernement, qui décidera s'il convient de retirer au responsable de ces actes son permis de résidence dans l'intérieur du pays.

décida, en 1773, de placer ce secteur d'activité sous monopole public, pour financer son commerce de thé entre la Chine et la métropole. C'est dès lors pour son compte que ses agents traitèrent avec les cultivateurs dans un cadre étroitement réglementé de production administrée. Les récoltes

2. Les planteurs d'indigo ont commencé à opérer au Bengale en 1777. (NDLR)

achetées aux paysans étaient traitées dans ses fabriques, et le produit fini revendu à des private traders de Calcutta. Leurs *agency houses* (sociétés de courtage européennes), proprié-taires de navires, le transportaient et le négociaient en Chine au mépris des lois de prohibition locales. Ils reversaient le produit des ventes aux agents de la Compagnie à Canton contre des lettres de change tirées sur la Compagnie à Londres. Ces fonds servaient à l'achat des cargaisons de thé de Chine que l'EIC exportait de là sur le marché britannique. Ce monopole de l'opium fournissait au Company Raj environ 15 % de ses recettes.

Il y a tout lieu de penser que l'essor considérable de ce commerce extérieur du Bengale à partir de 1765 entraîna pour le pays plus d'effets négatifs que d'avantages. Jusqu'en 1765, la Compagnie avait payé ses cargaisons en bullion importé. Après cette date, elle finança son investissement annuel avec les recettes de l'impôt. Quant aux négociants pri-vés européens, ils acquéraient leur marchandise avec les reve-nus accumulés sur place et les salaires (payés par l'État sur ses recettes fiscales) que le personnel britannique plaçait chez eux. L'Inde était donc victime d'un substantiel « drai-nage de richesse » (*drain of wealth*, expression créée autour de 1900 par les idéologues du mouvement nationaliste), une partie de la richesse qu'elle produisait étant ainsi exportée sous forme de bénéfices commerciaux, à quoi s'ajoutaient les home charges. Les méthodes de production employées impli-quaient le recours à la contrainte extra-économique sur une vaste échelle à l'encontre des artisans, qui n'étaient plus que des salariés sous-payés, et des cultivateurs, qui devaient vendre leurs récoltes à des tarifs imposés. Les régions intéressées ne récoltèrent aucun des bénéfices qui auraient normalement résulté, dans un contexte de libre concurrence, de l'accrois-sement de la demande, de l'essor des cultures de marché et de la stimulation de l'emploi. Aucune des activités productives concernées n'exerça le moindre effet d'entraînement sur l'économie environnante. Ces activités ressortissaient en effet à la petite agriculture paysanne et à l'artisanat traditionnel, secteurs dont les coûts de production étaient très bas. Les Euro-péens, qui se procuraient leur marchandise à un cours minimal pour la revendre au prix fort sur les marchés extérieurs, étaient ainsi assurés de marges bénéficiaires élevées. Presque tous les navires qui chargeaient ces exportations étaient armés par des Européens, principalement par les agency houses. La concurrence de ces dernières sévissait également dans le domaine bancaire, tout au moins à Calcutta, centre des affaires (les banquiers indigènes restaient prédominants dans l'arrière-pays). S'il y eut quelques cas d'entrepreneurs indiens qui surent prospérer dans le contexte colonial, la concurrence du capital européen était trop puissante pour que l'entreprise indigène pût se développer, comme les potentialités capitalistes du Bengale d'avant Plassey semblaient l'annoncer. Enfin, la croissance des villes portuaires coloniales engendrait une foule d'activités nouvelles, et une demande accrue de produits agricoles qui sans doute profita aux campagnes, mais aux dépens des anciennes métropoles de l'intérieur qui dépérissaient.

Au début du XIXᵉ siècle encore, l'activité marchande de l'EIC et des négociants privés restait de type mercantiliste. Il s'agissait toujours de réexporter à travers le monde des marchandises exotiques de vieille tradition, acquises en milieu indigène par des méthodes expérimentées depuis des siècles. La transformation de la Compagnie en puissance territoriale lui avait seulement permis de changer d'échelle : elle donnait désormais dans le mercantilisme d'État. Sans doute le fait que son commerce soit devenu avant tout un mode de transfert de fonds (*remittance trade*) de l'Inde vers la Grande-Bretagne était-il pour quelque chose dans l'entretien d'un tel anachronisme. Cet univers commercial d'Ancien Régime était étranger à la modernisation technologique, à la production de masse, aux pratiques concurrentielles percutantes de l'âge industriel, dans lequel la métropole était pourtant déjà bien engagée. Il est vrai que le maintien du monopole de la Compagnie jusqu'en 1813 représentait un obstacle infranchissable à l'importation de capital britannique en Inde pour le développement des exportations indiennes. Le contexte des guerres de la Révolution et de l'Empire y était également défavorable. Tout ce tableau se mit à changer après 1815. L'Angleterre devenait la principale nation industrielle et sa capitale le premier pôle commercial et financier de la planète. C'est alors que l'Inde, dont la conquête fut achevée pour l'essentiel en 1818 avec l'écrasement final des Marathes, commença véritablement à se transformer sous son influence en économie coloniale au sens moderne de l'expression, c'est-à-dire en économie structurellement dépendante, source de matières premières pour une industrie métropolitaine en pleine expansion, et marché non protégé pour les produits de cette industrie, que l'abaissement des coûts de production rendait compétitifs avec les productions locales. Le commerce extérieur fut le principal instrument de cette transformation, même s'il ne représentait qu'une fraction mineure de l'activité économique totale du pays. Entre 1815 et la Grande Rébellion de 1857, les échanges extérieurs du sous-continent firent tout de même plus que quadrupler en valeur comme en volume. C'est à cette époque que se cristallisèrent diverses caractéristiques de l'économie et de la société indiennes, que l'on interpréta par la suite comme autant de traits d'arriération d'origine socioculturelle et d'obstacles au développement. Nul ne saurait affirmer bien sûr, en arguant seulement des potentialités de croissance indiscutables qu'elle présentait à la veille de la conquête, que l'Inde aurait suivi la voie du capitalisme et de l'industrialisation si elle n'avait pas été colonisée. Mais une chose est claire, en tout cas. Le capital indigène, dépossédé par le Company Raj de ses anciennes responsabilités dans la gestion fiscale et le service bancaire des monarchies, qui lui donnaient de la surface et de l'horizon, exclu par l'entreprise coloniale des principales activités d'exportation, confronté à une concurrence européenne insurmontable dans le secteur manufacturier, se trouva cantonné dans un champ d'action subordonné, le plus local et le moins innovant, où d'ailleurs il prospéra : la terre, le commerce intérieur, le prêt à usure. Il fut par là, si l'on peut dire, « traditionalisé ».

Les historiens ont longuement débattu de la question de la « désindustrialisation » dont l'Inde, selon les auteurs nationalistes, aurait été victime du fait de la domination économique de la Grande-Bretagne. Le déclin des artisanats a certes été patent dans certaines régions et dans certaines branches, mais c'est là le sort que connurent tous les artisanats d'exportation au XIXe siècle, et ce déclin se serait probablement produit même si l'Inde n'avait pas été formellement colonisée. La désindustrialisation est en revanche quasiment impossible à

prouver à l'échelle de l'économie globale et du pays tout
entier, faute de statistiques utilisables de la population active
avant la fin du XIXe siècle. Et on sait que le pourcentage de la
population artisanale dans la population totale à l'échelle de
l'Inde dans son ensemble resta élevé jusqu'à la fin de l'époque
coloniale, quelles qu'aient pu être les oscillations régionales
de ce chiffre. C'était là, à vrai dire, un symptôme autrement
plus alarmant du point de vue du développement économique de l'Inde colonisée, parce qu'il signifiait en clair la faiblesse du mouvement vers l'industrialisation. L'Inde était bien
enserrée désormais dans le carcan de la dépendance économique coloniale. Non seulement elle servait de marché pour
les produits de l'industrie métropolitaine (surtout textile),
mais elle exportait sous forme semi-ouvrée des produits de
son agriculture paysanne (indigo, fil de soie, opium, coton),
financés pour une bonne part avec des investissements coloniaux issus des recettes fiscales du pays, et revendus sur des
marchés extérieurs (en Chine notamment) pour y acquérir
des importations dont la métropole avait besoin. Cette structure d'exploitation commerciale triangulaire de la colonie (et
notamment le circuit Calcutta-Canton-Londres), héritée de
l'EIC, survécut à l'extinction de l'activité marchande de la
Compagnie. À travers elle, la Grande-Bretagne imposait chaque année à l'Inde une déperdition de capital qui servait
l'équilibre de sa propre balance des paiements, au détriment
de l'accumulation et de l'investissement sur place. La domination des entreprises européennes interdisait aux hommes
d'affaires indigènes d'opérer à grande échelle dans les secteurs les plus rentables de l'économie. Seules les communautés marchandes indigènes de l'Inde occidentale, région de
conquête comparativement tardive (1818), parvinrent à conserver un rôle économique notable et purent fonder, dans les
années 1850, les premières unités de production modernes
de l'industrie cotonnière indienne.

Colonisateurs et colonisés

L'éloignement racial

Si étonnant que cela puisse paraître, l'attitude dominante
des Européens face aux Indiens dans la phase d'agression et de

pillage commercial débridé des années 1760-1780 n'était pas
encore l'arrogance méprisante qui devait se généraliser à partir
de la fin du XVIIIᵉ siècle. On constatait alors chez les Britanniques du Bengale, et notamment chez les plus éminents, un
véritable intérêt pour la grande et complexe civilisation exotique qui les entourait, et qu'ils ne considéraient pas comme
inférieure. Warren Hastings favorisa à Calcutta les premiers pas
de l'indologie et appuya la création de la Société asiatique du
Bengale par William Jones, le président de la Cour suprême de
Calcutta, qui fut par la suite le premier traducteur de la *Sakuntala* de Kalidasa, chef-d'œuvre du théâtre sanskrit classique. Il
est clair dès le départ que cet intérêt était moins orienté vers
l'étude de la culture et des pratiques religieuses de la majorité
du peuple que vers les traditions savantes de l'hindouisme et
de l'islam indien, celles des brahmanes et des oulémas, dont
l'emprise sur la vision britannique de l'Inde devait aller croissant avec le temps. Cela n'était sans doute pas sans rapport
avec le fait que le gouvernement de l'EIC jouait ostensiblement la carte de la continuité avec le régime indigène qu'il
avait supplanté et cherchait à se donner une image orientale,
battant monnaie à l'effigie de l'empereur moghol fantoche,
conservant le persan comme langue de la correspondance officielle et des tribunaux, appliquant aux hindous et aux musulmans leurs coutumes propres en matière de droit des
personnes, et accordant son soutien aux institutions des deux
religions indigènes, tout en décourageant l'activité missionnaire chrétienne. À quoi il faut ajouter que le concubinage
entre hommes européens et femmes indiennes était pratique
courante (il y avait très peu de femmes européennes dans
l'Inde de cette époque), et que le mode de vie des Européens,
surtout dans l'intérieur du pays, était très fortement indianisé.

Cet état d'esprit se transforma à partir des années 1790, à
l'époque où le Company Raj, un quart de siècle après son
émergence comme puissance territoriale, sortait définitivement de l'âge de l'administration marchande pour entrer dans
celui du gouvernement moderne. Les Européens expatriés en
Inde n'étaient certes pas exempts de préjugés raciaux jusque-
là, mais il semble que ces préventions ne faisaient pas obstacle à la fréquentation mutuelle, aux collaborations étroites,
à des partenariats d'affaires où l'associé européen n'était pas

toujours en position dominante. Ce qui se généralisa ensuite dans la minorité britannique au pouvoir, c'est un besoin de tenir le monde indigène à distance où se mêlaient complexe de supériorité et peurs refoulées, qui prit un tour doctrinaire et qui dégénéra en ségrégation. Ce racisme n'empêcha pas toutefois la pratique du concubinage de se perpétuer, mais les femmes indiennes concernées étaient ostracisées par la société européenne. Les Britanniques se mirent à vivre entre eux, dans une sorte de communauté morale de l'exil, et leurs liens avec la société locale tendirent à se réduire aux rapports imposés par les circonstances avec leurs domestiques et leurs subordonnés indiens immédiats, et aux contacts distants qu'ils entretenaient officiellement avec les membres les plus éminents des élites locales.

Le réformisme libéral

À partir des années 1820, un certain réformisme, inspiré par la montée de l'enthousiasme libéral des débuts de l'ère victorienne, commença à pénétrer, en Inde, les milieux coloniaux. L'admiration pour la civilisation indienne qu'affichaient au siècle précédent des hommes comme Burke ou Warren Hastings s'effaçait derrière l'image de l'Inde comme conservatoire de superstitions et exemple scandaleux d'arriération sociale. L'idée se répandait en métropole que le pouvoir conquis dans le sous-continent par la plus avancée des nations chrétiennes impliquait aussi pour elle une mission civilisatrice, un devoir de libérer l'individu de l'oppression sociale et de l'esclavage de la coutume, et de mettre le pays en route vers le progrès par la réforme des mœurs, la refonte de la législation et l'éducation. Deux courants de pensée aux fondements très distincts, voire opposés, confluaient dans ce réformisme à la fois moralisant et progressiste, dans lequel se retrouvaient aussi bien les milieux d'affaires libre-échangistes, convaincus que la modernisation renforcerait la domination coloniale tout en la rendant plus profitable, que les missionnaires, soucieux du salut des âmes. C'était, d'un côté, l'utilitarisme de Bentham et de James Mill, doctrine où s'exprimait la confiance de l'Occident moderne dans la supériorité des forces de la raison et de la science, et qui était à la base un hédonisme séculier. Et, de l'autre, le mouvement évangélique,

tendance à la fois fondamentaliste et radicale du protestantisme, qui œuvrait depuis la fin du XVIIIᵉ siècle pour l'abolition
de la traite des Noirs et l'expansion missionnaire, et qui
exerça tout au long du siècle suivant une pression considérable sur les politiques indigènes de la Grande-Bretagne dans les
diverses colonies de son empire planétaire. Les évangéliques
désapprouvaient particulièrement le conservatisme précau-
tionneux pratiqué par l'EIC, qui assurait scrupuleusement la
fonction de patronage des religions indigènes traditionnellement dévolue en Inde aux pouvoirs souverains, et qu'ils accusaient d'être « la nourrice sèche de Vishnou ».

L'agent le plus précoce de ce réformisme fut le réseau des
missions chrétiennes, dont l'EIC, par prudence politique, avait
refusé l'installation sur ses territoires indiens jusqu'au dernier
jour de son monopole, aboli en 1813, mais qui s'y répandirent
ensuite, ouvrant des écoles et des dispensaires tout en pratiquant l'évangélisation. Puis les idées nouvelles gagnèrent le
sommet du pouvoir colonial sous le gouvernement de lord
Bentinck (1828-1835), libéral disciple de Bentham. Diverses
mesures de réforme sociale furent alors décidées : interdiction
de la *sati* (auto-immolation des veuves de haute caste sur le
bûcher de leur mari) et de l'infanticide des filles, extermination
de la secte des « thugs » (bandits-étrangleurs de grand chemin)
— mesures à forte charge symbolique mais dirigées contre des
phénomènes marginaux (la sati), voire en partie fantasmés (les
thugs), ou en tout cas difficiles à contrôler (l'infanticide), et
dont l'impact fut donc limité. L'image du Company Raj comme
régime impie s'en trouva en revanche consolidée dans l'opinion populaire indienne, d'autant plus que le régime semblait
maintenant favoriser le prosélytisme chrétien.

On décida aussi de développer l'éducation anglaise (en
même temps qu'on substituait l'anglais au persan comme langue officielle de l'administration et des tribunaux supérieurs),
afin de former une classe d'Indiens anglophones qui servi-
raient d'intermédiaires entre le gouvernement britannique et
le peuple des gouvernés. L'historien Macaulay, membre du
conseil de Bentinck, donna la mesure du mépris pour les
cultures de l'Inde qui sous-tendait l'entreprise dans une
phrase de sa célèbre « Note sur l'éducation » de 1835 : « Un
rayon d'une bonne bibliothèque européenne vaut toute la

littérature indigène de l'Inde et de l'Arabie. » La nouvelle politique éducative, toutefois, allait dans le sens du vœu de la fraction moderniste de l'élite lettrée du Bengale, dont la figure emblématique était Ram Mohan Roy (1772-1833), fondateur du mouvement réformateur appelé Brahmo Samaj, et infatigable apôtre d'un hindouisme rénové par la raison, la science et la reconnaissance des libertés. Cette élite, pour permettre à ses fils d'accéder aux emplois du gouvernement par une formation à l'anglaise, comme les générations antérieures l'avaient fait en se formant au persan, avait créé de sa propre initiative, dès 1818, le Hindu College de Calcutta, première institution universitaire indienne de type européen. Nombre d'autres virent le jour ensuite dans les capitales des trois présidences à l'instigation du gouvernement ou de congrégations missionnaires, formant ainsi la base du plus précoce des systèmes d'enseignement supérieur modernes du monde non occidental.

Enfin, l'ambition modernisatrice passait par le développement des infrastructures et la diffusion du progrès technique, et notamment par l'amélioration du réseau routier, l'introduction de la navigation fluviale et maritime à vapeur, la construction de réseaux d'irrigation (nécessaires à la fois au rendement de l'impôt foncier et à la prévention des famines). Le gouvernement Bentinck donna quelques impulsions dans ces directions. Mais il s'agissait là de tâches de longue haleine, dont les progrès furent lents, parce qu'elles figurèrent rarement au premier rang des priorités financières de l'État colonial. C'est le gouvernement de lord Dalhousie (1848-1856) qui donna dans ce domaine l'élan le plus décisif depuis les débuts de la conquête. L'établissement en 1854 d'une première liaison câblée entre Calcutta et Agra fit entrer l'Inde dans l'ère du télégraphe. Et c'est Dalhousie qui sut convaincre Londres la même année, après dix ans de tergiversations, que la construction d'un chemin de fer le long des axes de pénétration reliant les capitales portuaires des présidences aux principaux centres de l'intérieur serait l'auxiliaire le plus efficace de la rentabilisation économique de la colonie, sans parler de son intérêt militaire stratégique. C'est dans cet esprit que le plan d'un réseau ferroviaire fut établi, et les premières lignes aussitôt mises en chantier.

La « traditionalisation » de l'Inde

Si bien attestées que soient ces prémices de l'« œuvre coloniale » britannique en Inde, les historiens sont bien revenus maintenant de l'idée autrefois admise que l'Inde était entrée à cette époque dans un « âge de la réforme ». En premier lieu, on mesure mieux aujourd'hui l'abîme qui séparait les courants d'idées réformateurs (chrétiens ou progressistes) qui agitaient la métropole et la politique économique et sociale effectivement suivie dans la colonie, où la prudence, la rotation des responsables, les contraintes du terrain et du budget, le contrecoup des alternances politiques londoniennes, les pressions contradictoires des groupes d'intérêts compliquaient énormément le passage des intentions à la mise en œuvre de mesures effectives. Les seules initiatives de réforme sociale et institutionnelle ou de modernisation technique qui aient véritablement abouti sont celles dont l'intérêt pour la stabilité et la rentabilité de la domination britannique s'imposait avec suffisamment d'évidence pour l'emporter sur les pressions contraires, et pour survivre aux fluctuations de la politique coloniale. En second lieu, on a commencé à comprendre depuis vingt ans que l'un des effets majeurs de la colonisation de l'Inde a été, à côté des innovations modernisantes qu'elle y a incontestablement importées, de figer la société indigène de diverses façons, voire de la « traditionaliser », conformément à l'image « essentialisée », statique et intemporelle de l'indianité qu'élaboraient alors les orientalistes européens.

L'une des tendances lourdes de l'époque fut l'expansion du mode de vie paysan sédentaire et villageois, qui constituait pour beaucoup de coloniaux le vrai visage de l'Inde « éternelle ». Cette évolution s'expliquait partiellement par le reflux vers la terre des soldats, des artisans, des employés, des prêtres qui se trouvèrent privés d'emploi par la disparition des pouvoirs et des cours indigènes à mesure que la conquête coloniale progressait. Mais la cause principale fut la fixation progressive, au sein des structures villageoises du monde rural, de la vaste proportion de groupes migrants occasionnels ou réguliers que comportait la population de l'Inde. L'instauration de l'ordre colonial allait partout de pair avec la répression des modes de vie nomades, toujours classés comme primitifs, immoraux et improductifs. Cette répression eut pour effet la relégation dans les zones marginales des populations forestières, qui auparavant circulaient largement dans le monde paysan, d'où elles étaient d'ailleurs souvent issues, et qui entretenaient des relations d'échange multiformes avec lui (la constitution de ces populations en « tribus » coupées de la société dominante est pour une part un artefact colonial). Elle amena aussi la sédentarisation graduelle des groupes d'essarteurs et de pasteurs, populations mobiles qui vivaient de l'exploitation extensive des régions forestières ou de vastes zones de transhumance, souvent turbulentes et rebelles à tout encadrement, que le colonisateur entendait « pacifier », discipliner et soumettre à l'impôt. Enfin, les pratiques coloniales d'enregistrement des droits fonciers et de cadastrage commencèrent à stabiliser l'importante population agricole qui migrait périodiquement au gré de l'ouverture des fronts pionniers, toujours prompte jusqu'alors à déguerpir pour échapper à un maître oppressif, ou à reprendre la route pour fuir la guerre ou les calamités.

Ce mouvement vers la sédentarisation se doubla d'une tendance à généraliser et à officialiser dans le monde indien la conception brahmanique de l'ordre social, à travers toute une série de pratiques et de politiques convergentes. L'intégration des populations marginales ou itinérantes dans le monde villageois entraîna pour elles l'assignation d'un statut rituel déprécié, souvent marqué par le stigmate de l'intouchabilité, dans le milieu social hiérarchisé où elles prenaient racine. L'aristocratie indigène désarmée par la conquête, étant privée des moyens militaires du prestige, se rabattit largement sur une autre fonction non moins prestigieuse habituellement associée à l'exercice du pouvoir, et qui lui restait ouverte, à savoir le patronage des institutions religieuses et la munificence à l'égard des brahmanes, dont l'ascendant social se trouva conforté d'autant. L'EIC de son côté, qui recrutait surtout dans les hautes castes pour ses armées, leur garantissait que leurs tabous rituels seraient scrupuleusement respectés, et conférait du même coup la sanction du pouvoir suzerain au principe hiérarchique de la gradation des castes et aux règles d'évitement qui en découlaient. Les tribunaux coloniaux, en voulant appliquer aux indigènes leur droit propre, se référaient systématiquement à l'interprétation que leurs assistants brahmanes leur donnaient

des traités de droit sanskrit, érigeant par là une jurisprudence
brahmanique particulière en norme fixe et applicable à tous les
hindous. D'une façon générale, l'État colonial, toujours soucieux d'asseoir sa légitimité dans l'opinion, s'affichait à tout
propos comme héritier et gardien de la « tradition ». Or, des
multiples traditions dont la société hindoue était tissée, c'est
une tradition savante, celle que les orientalistes, avec le secours
intéressé de leurs informateurs brahmanes, définissaient
comme la tradition hindoue par excellence, qui était privilégiée de façon exclusive. Cela contribua à figer le système des
castes dans son acception brahmanique la plus discriminatoire
et la plus rigide : le savoir orientaliste fut par ce biais un auxiliaire effectif du pouvoir. Paradoxalement, la *pax britannica*
réalisait ainsi pour la première fois dans l'histoire du sous-
continent une approximation du modèle du despotisme oriental, régime bureaucratique omnipotent régnant de très haut sur
une poussière de villages immobilisés dans des cadres sociaux
inaltérables, et pour lesquels l'histoire s'était arrêtée. Toutefois,
s'il est vrai que l'État colonial mit en œuvre, sous l'influence de
la vision orientaliste de l'Inde, une sorte d'ingénierie sociale
d'inspiration brahmanique, en sanctionnant par la reconnaissance qu'il accordait à la caste une conception hiérarchique
particulièrement inflexible de la société hindoue, on ne saurait
aller jusqu'à dire, comme l'ont fait des auteurs récents, que la
caste en Inde est une tradition inventée à l'époque britannique.
Ce pathos de la pétrification progressive de l'Inde colonisée
dans des formes sociales pseudo-traditionnelles, même s'il n'est
pas dépourvu de vérité, pèche sans doute par une appréciation
exagérée de la capacité du régime colonial à influer sur l'idéologie sociale du peuple qu'il dominait.

Les résistances à la colonisation et la Grande Rébellion

On a vu que les élites marchandes indiennes, à l'époque de
la conquête, se prêtèrent dans plus d'un cas à une collaboration intéressée avec les Britanniques. Il en fut de même pour
nombre de chefs locaux et d'éléments des élites princières,
qui surent tirer avantage des conflits entre l'EIC et des pouvoirs
indigènes dont ils étaient eux-mêmes concurrents ou dépendants pour se ménager des positions de pouvoir ou de
prestige dans le cadre du régime colonial, même s'ils le

méprisaient ou le détestaient par ailleurs. Inversement, il y eut aussi dans des régions conquises des cas de résistance armée parfois prolongée de la part de chefs locaux battus, spoliés ou ruinés par l'impôt, mais irrédentistes, et pas seulement dans des régions périphériques forestières ou accidentées, toujours difficiles à contrôler pour les pouvoirs centraux. On vit encore des zamindars vingt ans après la conquête se retrancher dans leurs forts villageois en plein cœur de la plaine du Gange, et défier l'EIC pour défendre leurs revenus ou leur statut au milieu de leurs paysans en armes. Ces résistances violentes purement locales et dispersées, dont la mémoire héroïque s'est dans plus d'un cas perpétuée dans les traditions populaires, étaient condamnées à l'échec. Mais elles forcèrent tout de même souvent les autorités régionales de l'EIC à des assouplissements fiscaux, ou à des concessions de droits ou de privilèges. Il faut y ajouter tous les faits de banditisme, les luttes de tenanciers contre les maîtres du sol, les conflits entre les populations nomades ou forestières et les prêteurs et paysans des plaines qui les exploitaient ou les concurrençaient, dont on trouve mention dans les sources, et que l'armée était chargée de réprimer, comme aussi dans les villes la récurrence des révoltes d'artisans ruinés par la concurrence anglaise, des émeutes frumentaires, des troubles religieux intercommunautaires. On ne sait pas toujours si ces troubles plus ou moins endémiques comportaient ou non une dimension explicitement antibritannique, mais ils étaient presque toujours liés de près ou de loin aux effets de la situation coloniale. Ils montrent en tout cas qu'il fallut des décennies pour que l'Inde conquise fût véritablement « pacifiée », et qu'il était encore difficile dans certaines régions, longtemps après la conquête, de distinguer nettement entre le maintien de l'ordre et la guerre.

La société indienne fut donc agitée pendant toute cette phase de consolidation du régime colonial que représente la période du Company Raj, et cette turbulence concernait les villes et les campagnes, les élites comme les classes populaires, les populations « tribales » aussi bien que la société paysanne. Il manqua cependant toujours à ces poussées de résistance hétérogènes et décousues une structure de commandement dépassant le cadre local, ainsi qu'un minimum de concomi-

tance chronologique. C'est là toute la différence qui les
sépare de la Grande Rébellion, autrefois appelée révolte des
Cipayes, qui éclata en 1857. Nombre d'ingrédients de ce
mouvement figuraient déjà largement dans les multiples
révoltes du siècle écoulé. Mais son caractère de déflagration
en chaîne embrasant en quelques semaines tout le nord du
sous-continent en fit un véritable séisme, qui menaça passagèrement l'existence même du régime colonial, avant de le faire
basculer dans un nouvel âge politique. La signification de ce
soulèvement, enclenché l'année même du centenaire de Plassey, a toujours été controversée : mutinerie de cipayes (les
soldats indigènes de l'armée des Indes) selon l'historiographie coloniale, première guerre d'indépendance de l'Inde
selon l'historiographie nationaliste, mouvement progressiste
pour la liberté ou mouvement rétrograde pour la restauration
de l'Ancien Régime, réaction féodale de l'élite terrienne ou
insurrection de la misère paysanne, mouvement séculier plu-
riconfessionnel ou guerre sainte, révolte anticoloniale ou
guerre civile entre résistants et collaborateurs... Chacune de
ces thèses, à vrai dire, contient une part de vérité.

L'armée mercenaire de l'EIC s'était déjà mutinée à de nombreuses reprises dans le passé. Mais ses chefs britanniques,
depuis le début des années 1850, commirent à son égard une
accumulation sans précédent de maladresses, en obligeant les
soldats à traverser la mer pour combattre en Birmanie (voyage
tabou pour les gens de haute caste), en recrutant de nouveaux
effectifs dans des castes inférieures, en supprimant les primes
pour service à l'étranger. Le royaume d'Aoudh, d'où venaient
beaucoup de ces soldats, fut brutalement annexé par lord Dalhousie en 1856, ce qui causa humiliation et ressentiment, et
les familles des soldats furent pénalisées par la fiscalité sévère
instaurée dans la région par le gouvernement colonial. L'étincelle qui mit le feu aux poudres fut la distribution de cartou-
ches graissées dont on déchirait l'extrémité avec les dents,
que la rumeur affirma enduites de graisse animale. La mutinerie d'une caserne proche de Delhi en mai 1857 fut le point de
départ d'un embrasement sanglant qui se propagea à travers
la plaine du Gange. Les mutins s'emparèrent de Delhi, où ils
se donnèrent pour chef symbolique le vieil empereur moghol
qui vivait reclus dans son palais. La révolte gagna en quelques

LE LIVRE NOIR DU COLONIALISME

semaines toutes les garnisons de la haute plaine du Gange, puis la plaine moyenne à travers l'Aoudh jusqu'aux confins du Bihar, avant de s'étendre à l'Inde centrale et à une partie du Rajasthan. L'administration britannique se désagrégea dans les zones soulevées, et la rébellion s'étendit rapidement des cipayes aux milieux princiers, aux propriétaires terriens et à la paysannerie, dans un élan où se mêlaient les nostalgies d'anciennes aristocraties déchues, le ressentiment de princes et de notables spoliés ou bafoués, les solidarités paysannes soudées dans la loyauté envers d'anciennes familles dominantes et dans la contestation de l'impôt. Il s'y ajoutait le malaise diffus, de nature religieuse, suscité par le réformisme social britannique, le prosélytisme des missionnaires et la modernisation, le ressentiment contre l'arrogance raciste ordinaire des Européens. Cependant, ni le Pendjab, récemment conquis et bien tenu en main, ni le Bengale, dont les élites avaient partie liée avec le régime colonial, ni le Deccan, toujours autonome par rapport à l'Inde du Nord, ne suivirent le mouvement. C'est avec des contingents du Pendjab, de Bombay, de Madras, puis avec des renforts arrivés par mer, que les Britanniques regagnèrent peu à peu les zones soulevées, depuis la prise de Delhi en septembre 1857 jusqu'à l'écrasement de la révolte en Inde centrale — où les rebelles venaient de restaurer le *peshwa*, souverain des Marathes — en mai 1858, et à la reconquête de l'Aoudh, achevée en décembre. La révolte avait frappé au cœur de la bonne conscience et du sentiment de supériorité de la société coloniale. Les épreuves et parfois les massacres subis par les civils européens, femmes et enfants compris, déclenchèrent en métropole des poussées d'hystérie collective. Les représailles, comme la révolte elle-même, furent souvent d'une sauvagerie extrême. Ce traumatisme laissa sur les relations entre Britanniques et Indiens une trace ineffaçable.

Il avait manqué aux cipayes un véritable chef, une stratégie concertée et l'indispensable unité d'action. La rébellion n'avait été qu'une addition de soulèvements locaux non coordonnés, que les Britanniques avaient pu réduire un par un dans l'ordre qu'ils avaient choisi. Les Indiens avaient payé jusque dans la révolte leur condition de dominés : les cipayes n'étaient qu'une armée de subalternes, car tous leurs cadres

supérieurs étaient depuis toujours britanniques. Et ils combattaient sous l'autorité de princes nés sous le joug colonial, qui
ne connaissaient plus l'art de la guerre. La reconquête britannique bénéficia en outre de précieux concours indigènes :
princes protégés favorables au régime, propriétaires enrichis
par l'essor de la valeur de la terre et des cultures commerciales, troupes indiennes non originaires de la plaine du
Gange. Ce caractère partiel du soulèvement donna par la
suite des arguments aux historiens coloniaux, qui le présentè-
rent comme une simple mutinerie aggravée par les rancœurs
de dominants locaux intéressés et par la délinquance d'une
plèbe toujours prompte à profiter de l'anarchie. Selon la
mythologie nationaliste, à l'inverse, la rébellion avait constitué une répétition générale du combat d'indépendance, et
donné à la nation indienne ses premiers héros et ses premiers
martyrs. La plupart des historiens s'accordent aujourd'hui
pour dire que le mouvement fut beaucoup plus qu'une mutinerie et moins qu'une guerre nationale. Il était traditionaliste
dans son principe, puisqu'il visait à la restauration de l'ordre
précolonial et ne véhiculait pas une véritable idéologie nationale. Mais c'était bien un mouvement populaire, remarquablement unitaire de surcroît, bien qu'hétérogène, puisque les
différences ethniques et l'antagonisme islamo-hindou fondirent le plus souvent face à l'ennemi commun. Et ce fut
incontestablement un mouvement politique, car avec la restauration de l'empereur moghol, d'un côté, du peshwa des
Marathes, de l'autre, l'objectif était bien un transfert de souveraineté et la suppression du pouvoir colonial.

En dépit de son échec, la révolte modifia sensiblement le
régime colonial et les relations entre Britanniques et Indiens.
Dès août 1858, une loi du Parlement de Londres mit fin au
régime de l'East India Company, et l'Inde passa sous l'autorité
directe de la Couronne britannique. La reine Victoria fit
publier solennellement un peu plus tard dans toutes les grandes villes une proclamation conciliatrice, où elle s'engageait à
protéger les princes et à respecter les religions et les coutumes
indigènes, et où elle accordait son pardon à tous les rebelles, à
l'exception des meurtriers de sujets britanniques. Aux velléités réformistes et à l'interventionnisme politique de l'époque
précédente succédèrent circonspection et conservatisme

Éditorial du *Times* de Londres, 31 août 1857

Il y a quelque chose de neuf pour un esprit anglais dans la nouvelle de ces violences atroces commises sur la personne d'hommes et de femmes anglais. Nous nous pensions inaccessibles à un risque aussi horrible, protégés par notre statut plus élevé que celui de citoyen romain, comme si quelque Palladium[3] empêchait qu'une personne de sang anglais pût subir les derniers outrages, même dans des circonstances aussi extrêmes que celles-ci. Eh bien, nous nous trompions. Voilà des hommes qui nous connaissent bien, qui n'ignorent rien de notre pouvoir, de notre supériorité, de notre discipline, qui ont bénéficié de notre bonté, que nous avons même portés à un niveau qu'ils n'auraient jamais atteint par eux-mêmes, et qui malgré tout peuvent encore [...] faire ce qu'ils ont fait aux corps de personnes anglaises, brisant l'inviolabilité qui semblait attachée à tout Anglais en tant que tel, et se précipitant tête baissée dans cet abîme de cruauté innommable. [...] Plus ils étaient vils et soumis avant — plus ils rampaient sous le regard du maître qui régnait sur eux —, plus leur insolence est effrénée maintenant. Ils jouissent et se vautrent dans l'irrespect comme dans la plus grande des voluptés et, une fois arraché le voile, se ruent voracement sur le sanctuaire pour le polluer. C'est là l'excès où mène l'irrévérence vulgaire, souiller de la plus infâme ordure le marbre du temple, cracher au visage de la Majesté, brutaliser la Royauté qui a conquis tant de respect, pour se venger de ce respect qu'elle a mérité.

Ce n'est pas parce que notre prestige est anéanti que ces misérables l'insultent maintenant de façon si outrageante ; non, c'est parce qu'il reste entier dans l'esprit même de ces hommes, parce qu'il est là et qu'ils ne peuvent s'en délivrer, qu'ils s'acharnent à le profaner et, pour autant que ce soit possible, à le dégrader. En fait, nous n'avons là qu'une mutinerie furieuse de soldats mus par leur égoïsme, qui suit son cours logique. On n'y voit pas la moindre étincelle de cet honnête patriotisme qui anime souvent les révoltes nationales. [...] Cependant, chaque heure qui passe amène des renforts d'Angleterre. Chaque matin et chaque soir, ils savent que l'espace entre les troupes anglaises et l'Inde s'est encore

3. Statue de Pallas (Minerve) qui protégeait la ville de Troie contre tout agresseur. (NDLR)

réduit. L'avenir, pour eux, n'est que ténèbres et horreur, seul le présent leur appartient, et ils entendent l'utiliser à leur guise. Nous voilà donc en présence de l'hindou véritable, livré à sa vraie nature, quand aucun pouvoir, civil ou militaire, n'est là pour le contraindre. Peu de gens pourraient subir pareille mise à l'épreuve sans aucune défaillance, mais l'hindou n'a pas même un atome de la force morale qu'il lui faudrait pour y arriver. Sa religion est de pure forme, ses croyances un tissu d'idioties, et sa conscience lettre morte.

social. On mit un terme aux annexions d'États princiers et on combla d'honneurs leurs souverains. On favorisa l'aristocratie terrienne pour s'attacher cette classe qui avait fourni trop de chefs à la révolte, et pour encadrer plus efficacement à travers elle les masses paysannes qui lui étaient fidèles. On renforça d'une façon générale les hiérarchies sociales indigènes. L'armée des Indes, en même temps, fut rééquilibrée (cent mille cipayes de moins, vingt mille Européens de plus), et réorganisée sur la base des castes et des religions. Fractionnée en communautés homogènes, elle devint en effet moins susceptible de faire bloc contre ses maîtres. L'ordre ainsi assuré, la domination britannique en Inde entrait dans sa phase d'apogée, qui devait durer jusqu'à la Première Guerre mondiale.

BIBLIOGRAPHIE

C. A. Bayly, *Rulers, Townsmen and Bazaars : North Indian Society in the Age of British Expansion, 1770-1870*, Cambridge, Cambridge University Press, 1983.

S. B. Chaudhuri, *Civil Disturbances during British Rule in India, 1765-1857*, Calcutta, World Press, 1955.

A. N. Chowdhury-Zilly, *The Vagrant Peasant : Agrarian Distress and Desertion in Bengal, 1770-1830*, Wiesbaden, Harrassowitz, 1982.

B. S. Cohn, *Colonialism and its Forms of Knowledge : The British in India*, Princeton, Princeton University Press, 1996.

Rajat Datta, *Society, Economy and the Market : Commercialisation in Rural Bengal, c. 1760-1800*, Delhi, Oxford University Press, 2000.

M. H. Fisher, *The Politics of the British Annexation of India, 1757-1857*, Delhi, Oxford University Press, 1993.

Ranajit Guha, *Elementary Aspects of Peasant Insurgency in Colonial India*, Delhi, Oxford University Press, 1983.

P. J. Marshall, *East Indian Fortunes : The British in Bengal in the Eighteenth Century*, Oxford, Clarendon Press, 1976 ; *Trade and Conquest : Studies on the Rise of British Dominance in India*, Aldershot, Variorum, 1993 ; *The British Discovery of Hinduism in the Eighteenth Century*, Cambridge, Cambridge University Press, 1970.

C. H. Philips, *The East India Company, 1784-1834*, Manchester, Manchester University Press, 2ᵉ éd., 1961.

S. N. Sen, *Eighteen Fifty Seven*, Delhi, Publications Division, 1957.

E. Stokes, *The Peasant Armed : The Indian Rebellion of 1857*, Oxford, Clarendon Press, 1986 ; *The English Utilitarians and India*, Oxford, Clarendon Press, 1959.

A. Tripathi, *Trade and Finance in the Bengal Presidency, 1793-1833*, Calcutta, Oxford University Press, 2ᵉ éd., 1979.

New Cambridge History of India (Cambridge, Cambridge University Press) :

Vol. II, 1 : C. A. Bayly, *Indian Society and the Making of the British Empire*, 1988.

Vol. II, 2 : P. J. Marshall, *Bengal : The British Bridgehead. Eastern India, 1740-1828*, 1987.

Vol. III, 2 : Sugata Bose, *Peasant Labour and Colonial Capital : Rural Bengal Since 1770*, 1993.

Vol. III, 4 : T. R. Metcalf, *Ideologies of the Raj*, 1994.

Vol. IV, 3 : S. Bayly, *Caste, Society and Politics in India from the Eighteenth Century to the Modern Age*, 1999.

ANNEXE
Luttes de résistance dans l'Inde coloniale

Du début de la conquête (1757) à la rébellion de 1857-1858

— Révoltes, dans les régions successivement annexées, de chefs et potentats locaux (zamindars de l'Inde orientale, *poligar* de l'Inde du Sud, Rajput et Rohilla de l'Inde du Nord et du Centre, etc.), suivis par leur paysannerie, contre les exigences du fisc colonial et le renversement de l'ordre politique ancien ;

— révoltes de populations « tribales » déstabilisées par l'emprise croissante des gens des plaines, qui favorisent la pacification et la commercialisation de l'économie : notamment les Bhil de la présidence de Bombay (années 1820) et, dans l'Inde orientale, les Kol (1829-1833) et les Santal (1855-1856) ;

— conflits agraires entre dominants fonciers et paysans dépendants, particulièrement violents et prolongés quand ils se greffent sur un antagonisme religieux entre musulmans et hindous : ainsi le mouvement des Faraizi au Bengale oriental (années 1820-1850) et celui des Mappilai (ou « Moplahs ») du Malabar (endémique pendant tout le XIXe siècle et au-delà) ;

— révoltes urbaines : émeutes de la faim ou du chômage, mouvements contre les marchands, contre les taxes coloniales, contre les musulmans, contre les conversions au christianisme ;

— mutineries de corps de troupe (retards de paiement de la solde, motivations religieuses, déficiences du commandement britannique…).

Ces poussées d'agitation populaire d'ampleur locale ou régionale sont le plus souvent menées par des éléments des élites « traditionnelles ». Elles sont dispersées, mais il en éclate continuellement, ce qui relativise l'image convenue de la *pax britannica*. Dans certains contextes régionaux, ces troubles sont de caractère récurrent, voire endémique. Même si certains mouvements s'expliquent clairement par une cause unique, la plupart présentent une pluralité complexe de motifs apparents et expriment un malaise global lié à la situation coloniale.

La Grande Rébellion de 1857-1858 rassemble tous ces aspects dans un vaste soulèvement hétéroclite et peu coordonné mais puissant, dont la répression sanglante marque la fin des velléités réformatrices qui avaient suivi la conquête coloniale, et l'entrée dans l'époque du grand Raj conservateur et centralisé de l'apogée victorien.

De la rébellion à l'avènement du nationalisme de masse (1858-1917)

L'agitation traditionaliste d'avant la rébellion s'essouffle progressivement après 1858 (consolidation des liens entre le gouvernement colonial et les élites princières et foncières indigènes, renforcement de l'appareil militaire, amélioration des communications et de la machine administrative).

On enregistre toujours des éruptions d'agitation populaire violente et radicale, de tonalité souvent religieuse, qui mettent en mouvement les segments des couches sociales les plus pauvres :

— ainsi les mouvements tribaux des zones forestières et montagneuses, toujours nombreux, souvent teintés de millénarisme. Les principaux sont la nouvelle flambée du pays Rampa en 1879-1880, et le soulèvement des tribaux Munda du Bihar sous la direction de Birsa Munda (1899-1900) ;

— ainsi encore les résurgences périodiques de l'agitation des Mappilai du Malabar (jusqu'en 1919).

On voit se développer par ailleurs des mouvements agraires organisés par la paysannerie moyenne ou aisée contre les dominants fonciers, le fisc ou les prêteurs :

— « émeutes de l'indigo » (1859-1862, mouvement de résistance des paysans des plantations d'indigo du Bengale) ;

— « émeutes du Deccan » (1875, dirigées contre les prêteurs ruraux du Maharashtra) ;
— mouvement anti-zamindars des paysans du district de
Pabna au Bengale (1873) (contre le montant élevé des loyers
fonciers), agitation pacifique imitée ensuite dans nombre
d'autres districts du Bengale ;
— mouvements antifiscaux divers (Assam, 1894 ; Maharashtra, 1896-1897 ; Gujarat, 1900, etc.).

L'intelligentsia nationaliste, qui émerge à partir des années
1860 dans le cadre d'une multitude de clubs et d'associations
militantes, puis se donne une structure d'expression unifiée
sous la forme du Congrès national indien en 1885, collabore
de façon ponctuelle aux mouvements du second type. Elle se
lance pour la première fois dans une entreprise de mobilisation paysanne à grande échelle au Bengale lors du mouvement
« swadeshi » (1905-1908), campagne d'agitation anticoloniale
et de boycottage des produits importés, conçue pour faire
échec à la partition du Bengale décidée par le gouvernement
en 1905. C'est à la même époque que naît au Bengale un terrorisme antibritannique de groupuscules clandestins pratiquant des attentats, qui essaime ensuite au Pendjab, dans la
présidence de Madras et au Maharashtra, puis dans l'émigration en Europe et aux États-Unis, où opèrent de petits groupes
de révolutionnaires indiens très isolés (propagande, liaison
avec des mouvements révolutionnaires étrangers, circulation
d'armes). C'est le milieu d'où sortiront les premiers communistes indiens après la révolution d'Octobre.

Les mouvements de la phase gandhienne (1917-1947)

Gandhi, rentré en Inde d'Afrique du Sud en 1915, organise
d'abord seul, en 1917-1918, des mouvements d'ampleur limitée, mais où il met en œuvre sa méthode originale d'agitation
non violente, et popularise son message de régénération
morale ainsi que son image de défenseur désintéressé des
plus pauvres (mouvement du district de Champaran au Bihar,
parmi les paysans cultivateurs d'indigo, mouvement antifiscal
parmi les paysans du district de Kaira au Gujarat, intervention

dans la grève des ouvriers du textile d'Ahmedabad). L'organisation réussie en 1919 d'une journée de manifestation nationale contre les lois d'exception dites *lois Rowlatt* l'impose à la tête du mouvement congressiste. Suivent les grandes campagnes nationalistes de masse qui ont ponctué la marche de l'Inde à l'indépendance :

— mouvement de non-coopération (1920-1922) ;
— mouvements de désobéissance civile (1930-1931 et 1932-1934) ;
— mouvement « Quit India » (1942).

L'histoire de ces trois décennies, selon l'idéologie nationaliste officielle, est celle de la convergence graduelle de l'intelligentsia et du peuple dans l'unanimité constitutive de la nation, processus catalysé par le charisme de Gandhi. Dans la réalité, le Congrès gandhien, dominé par une coalition de nationalismes « bourgeois » (intelligentsia anglophone et paysannerie aisée), refoule ou abandonne à la répression coloniale (quand il ne peut pas les récupérer politiquement) les poussées revendicatives radicales des tribaux et des paysans pauvres. Le mouvement communiste indien reste lui-même irrémédiablement minoritaire. C'est cette coalition, socialisante au sommet et conservatrice dans sa base rurale, qui accède au pouvoir à l'indépendance.

J.P.

Les Britanniques en Inde (1858-1947)
ou le règne du « cyniquement correct »
par Marie Fourcade

*La montée en puissance de la Grande-Bretagne
de 1830 à 1880 accapare environ 90 % de
toutes les superficies et populations colonisées.
Cette domination outrageuse, elle-même reflet
de la suprématie économique, politique et
culturelle dont jouit la Grande-Bretagne au
sortir des guerres napoléoniennes, n'a sans
doute pas d'équivalent dans l'Histoire. Avec la
seule occupation du sous-continent indien, les
Anglais disposent d'un ensemble plus étendu et
plus peuplé que l'Empire romain à son apogée.*

Bouda Etemad, *La Possession du monde*

*Les scandales de jadis, les pilleries de Clive, la
répression de la mutinerie des Cipayes [...],
font l'effet d'épisodes anodins auprès de ce que
découvre à présent le sondage de nos boues
vénérables. [...] Tout se consomme dans les
années 1940. Dans l'Inde, le British Raj est à
bout de souffle. C'est le moment pour lui de
bilans inquiets, d'un machiavélisme encore
astucieux, mais que tempère le consentement
à l'inévitable.*

Jacques Berque, *Dépossession du monde*

*Les cyniques passèrent donc du mépris des
vices au mépris des mœurs et des bienséances ;
ils devinrent impudents, ils mirent la sagesse à
ne rougir de rien.*

Condillac, *Histoire ancienne*, III, 48

402   LE LIVRE NOIR DU COLONIALISME

La conquête de l'Inde n'a pas coûté un sou à l'Angleterre, car c'était l'Inde elle-même qui devait en supporter les frais. C'est ce que la Compagnie des Indes a fièrement relevé, dans un mémorandum adressé en 1858 au Parlement britannique : « Pendant une période d'environ cent ans, les possessions britanniques aux Indes ont été acquises et défendues à l'aide des moyens mêmes de ces possessions sans qu'il en soit résulté les moindres frais pour le Trésor britannique. » Non seulement le coût de maintien des troupes autochtones a été à la charge des Indiens, mais également celui des régiments britanniques stationnés dans le sous-continent. Qui plus est, l'Inde a supporté en grande partie la charge financière des troupes indiennes utilisées dans les aventures coloniales anglaises ailleurs en Asie, et en Afrique. Ce constat a fait dire à un auteur anglais que l'Empire britannique a été acquis à des « prix de solde[1] ». C'est sans doute l'un des grands traits de cynisme que l'on peut attribuer à l'Angleterre, s'agissant de son empire aux Indes. Double langage, machiavélisme, byzantinisme sont d'autres notions, cousines proches ou lointaines du cynisme, que l'on retrouve de façon récurrente chez les auteurs pour qualifier les dirigeants du Raj et leur politique.

Le mot « colonialisme » s'est répandu dans l'usage courant au moment même où le phénomène qu'il désigne se dirigeait rapidement vers son déclin. Il s'est exercé dans l'expansion des sociétés industriellement avancées aux dépens des régions agricoles techniquement arriérées. Les Européens ont considéré leur civilisation comme « la » civilisation, celle-ci se mesurant pour eux non pas aux produits de l'esprit, mais au niveau technique. « Cela ne comptait pour rien d'avoir lu le *Ramayana*, ou le Coran, vu les temples d'Ellora ; ils n'avaient pas le canon, le métier à filer et l'arquebuse, donc ils étaient des barbares[2]. » De ce point de vue, le colonialisme a été essentiellement un chapitre de la lutte entre la civilisation

1. V. G. Kiernan, *European Empires from Conquest to Collapse 1851-1960*, Leicester, Leicester University Press, 1982, p. 140.
2. R. Luraghi, *Histoire du colonialisme, des grandes découvertes aux mouvements d'indépendance*, Turin, UTET, trad. fr. Gérard & Co, Verviers, p. 10.

industrielle moderne et d'autres formes de civilisation ou de culture — technicisées et principalement agricoles.

Comment la diffusion de la culture occidentale a-t-elle incité les vaincus à se rebeller contre leurs maîtres ? L'histoire de la lutte des peuples assujettis et du sang versé a déjà produit de nombreuses et douloureuses pages. En dernière analyse, ceux qui donnèrent un coup mortel au colonialisme furent les colonisateurs eux-mêmes ou, mieux, leur civilisation. Car, en même temps que les produits industriels, les produits intellectuels commencèrent à être exportés dans les pays coloniaux. L'heure ne devait pas tarder pour les Européens de voir les peuples coloniaux se soulever contre eux au nom de ces mêmes idéaux pour lesquels ces mêmes Européens avaient combattu chez eux un peu plus tôt.

Le point critique fut atteint pendant la Seconde Guerre mondiale. La lutte des peuples contre la tyrannie nazie et fasciste ne pouvait pas ne pas avoir une résonance dans le monde entier ; là encore, les Européens avaient donné l'exemple : la résistance armée et d'autres formes de combat se transportaient maintenant dans les jungles d'Asie et dans les sables du Maghreb. Le dernier acte commençait : le déclin du système colonial. En 1917, en Russie, se construisait le pouvoir soviétique. Son fondateur, Lénine, avait proclamé que le monde colonial constituait la « réserve » du monde capitaliste, et les communistes avaient aussitôt entamé une vaste entreprise d'agitation parmi les peuples dominés. Cela ne tarda pas à produire des effets incalculables et, surtout après la Seconde Guerre mondiale, à pousser les peuples d'Europe occidentale sur la voie de la liquidation du colonialisme. Au XIXe siècle, déjà, un renouveau d'attitude était visible. « Loin était le temps des conquistadores, qui jetaient au creuset les merveilleuses ciselures aztèques pour en faire des lingots d'or[3] » ; un vaste intérêt pour les civilisations non occidentales se préparait qui s'accroissait sans cesse. La littérature exotique servait de corollaire au développement de la civilisation technicienne, dont elle illustrait une compensation pathétique.

3. R. Luraghi, *op. cit.*, p. 14.

Comme l'écrit Sartre dans *Situations,* V : « À l'origine du pittoresque il y a la guerre et le refus de comprendre l'ennemi : de fait, nos lumières sur l'Asie nous sont venues d'abord de missionnaires irrités et de soldats. Plus tard sont arrivés les voyageurs — commerçants et touristes — qui sont des militaires refroidis : le pillage se nomme shopping et les viols se pratiquent onéreusement dans des boutiques spécialisées. Mais l'attitude de principe n'a pas changé : on tue moins souvent les indigènes, mais on les méprise en bloc, ce qui est la forme civilisée du massacre[4]. »

Depuis les temps les plus reculés, l'Inde fut pour tous les peuples l'objet de leurs convoitises, terre de fables et d'objets précieux — perles, diamants, parfums, eau de rose, éléphants, tigres, etc. —, ainsi que les trésors de la sagesse. « L'Inde, pays du désir », écrira Hegel… Or, passé le temps des conquêtes, vint celui de l'organisation. La responsabilité de celle-ci en revint pour partie au gouverneur lord Dalhousie (1812-1860), homme d'État authentique qui incarna au mieux l'essentielle duplicité de la domination britannique en Inde : exploitation et organisation, cynisme et bonne administration, saccages et œuvre de modernisation.

Bien que la Grande-Bretagne ait été aussi avide que les autres puissances coloniales (voire plus, parce que excellemment organisée), son rôle ne se réduisit pas à un pillage stérile. Les Anglais furent parmi les rares colonisateurs qui apportèrent également à leurs sujets les avantages de leur administration et de leur civilisation. Même s'ils ne furent pas les premiers connaisseurs de la civilisation indienne, ni les plus pénétrants — leur mentalité empiriste oblige —, ils professèrent toujours le plus grand respect pour les coutumes et les croyances religieuses locales, évitant d'offenser les opinions des Indiens et veillant à ce que personne ne les offensât. Ce ne fut que lorsque les rites religieux prirent le caractère de cérémonies cruelles qu'ils intervinrent énergiquement[5]. Par ailleurs, ils établirent la paix et l'ordre dans

4. J.-P. Sartre, *Situations,* V : *Colonialisme et néocolonialisme*, Paris, Gallimard, NRF, 1964, p. 181.
5. Voir *supra* l'article de Jacques Pouchepadass, « L'Inde : le premier siècle colonial ».

toute la péninsule et les maintinrent efficacement. Enfin, en unissant tous les Indiens sous une même domination et, paradoxalement, en leur donnant à tous un même ennemi, ils contribuèrent largement à jeter les bases d'une réalité jusqu'alors inexistante : la nation indienne[6] — l'introduction de la langue anglaise, qui est encore aujourd'hui pour les Indiens le seul moyen de se comprendre du Cachemire au Sri Lanka ; puis l'établissement d'un système uniformisé d'administration civile et judiciaire, même si, par respect pour les traditions locales, les Anglais ont laissé subsister de nombreuses institutions judiciaires préexistantes ; enfin, la diffusion d'un système de poids, de mesures et de monnaies, et la création d'un marché indien unifié. Il advint en Inde ce qui se produisit dans tous les pays coloniaux : dans le choc entre l'économie capitaliste moderne de l'Angleterre et celle, surtout agricole et artisanale, de l'Inde, cette dernière vola en éclats. Ce fut le grand drame de la domination coloniale et la raison pour laquelle la colonisation britannique, malgré ses qualités, devint à la longue une calamité qui fit progressivement empirer la situation en Inde.

La toile de fond chronologique de 1858 à l'indépendance

Le cruel épisode de la Grande Rébellion de 1857[7], où des centaines d'insurgés furent pendus ou ligotés à la bouche des canons et « volatilisés », eut pour conséquence immédiate l'abolition de l'East India Company et le passage de l'Inde sous la souveraineté de la Couronne britannique. Sur le plan formel, le principal changement était le remplacement du Board of Control de la Compagnie par un ministère dont le titulaire, le secrétaire d'État à l'Inde, était membre du cabinet britannique. Le ministère de l'Inde, l'India Office, distinct du Colonial Office, qui s'occupait des colonies de la Couronne, disposait d'un personnel de hauts fonctionnaires lui permettant d'exercer un contrôle étroit sur les activités du gouvernement,

6. Luraghi, *op. cit.*, p. 135.
7. Voir *supra* l'article de Jacques Pouchepadass, « L'Inde : le premier siècle colonial ».

contrôle facilité, à partir de la fin des années 1860, par la remarquable amélioration des communications entre la Grande-Bretagne et l'Inde (ouverture du canal de Suez en 1869, diffusion du télégraphe[8]).

Les Anglais réprimaient les insurrections d'une main pesante et sans reculer devant les atrocités, mais ils savaient tirer la leçon des événements et cherchaient, une fois la révolte apaisée, à satisfaire du moins en partie les revendications exprimées. L'introduction du papier-monnaie et la création de banques permirent le développement du crédit et encouragèrent de nombreux capitalistes anglais à fonder en Inde des entreprises industrielles. Cela entraîna à la fin du XIXᵉ siècle en contrepartie le mouvement *swadeshi*, c'est-à-dire « national ». Deux banques purement indiennes furent ainsi constituées : la Bank of India à Bombay, et l'Indian Bank à Madras. Les parsis, venus de Perse et fidèles de la très ancienne religion mazdéiste, formaient une bourgeoisie dynamique, économe et perspicace. Sous leur influence, une forte industrie cotonnière se développa, principalement à Allahabad ; une industrie de jute à Calcutta, une industrie lainière à Kanpur, et, créée par le riche parsi Yamshed Tata, la Tata Iron and Steel Company produisit de la fonte et de l'acier à partir de 1913.

En 1885 se réunit à Calcutta, à l'initiative d'un fonctionnaire anglais à la retraite, le Congrès national indien (*Indian National Congress*). En théorie, il avait seulement pour but de bien faire connaître aux gouvernants les véritables aspirations du peuple indien. Les vice-rois britanniques l'accueillirent avec la plus grande faveur. Bientôt, cependant, le Congrès s'aperçut que les réformes qu'il proposait n'étaient pas réalisées, et il s'engagea dès lors vers la lutte politique. Pendant ce temps se profilait une tendance grandissante à la division entre communautés musulmanes et hindoues.

Les musulmans n'adhérèrent pas au Congrès, et ce geste fut lourd de conséquences pour l'avenir, surtout quand les partisans de l'islam demandèrent et obtinrent qu'hindous et musulmans votent séparément aux élections pour le Conseil

8. C. Markovits, *L'Asie orientale* (sous la direction de Rotermund), Paris, Nouvelle Clio, 1999, p. 424.

législatif. Les plus myopes des fonctionnaires anglais firent bon accueil à cette tendance et l'encouragèrent, parce qu'ils espéraient qu'en divisant l'Inde ils la tiendraient plus longtemps assujettie. Mais ils durent bientôt se rendre compte que le temps des petites manœuvres était résolu : l'Inde se dirigeait vers de grands événements historiques. En 1909 fut introduit le principe de la libre élection par les Indiens des membres du Conseil législatif n'appartenant pas à la bureaucratie (c'est-à-dire non anglais). Parallèlement, on institua des conseils régionaux et communaux électifs. Le système judiciaire fut réorganisé et amélioré, et des juges indiens commencèrent à siéger à côté des Anglais. Un nouveau système fiscal fut établi et, en 1916, il fut rendu progressif de manière à peser principalement sur les classes riches. De vastes plans d'irrigation fournirent de l'eau aux paysans. On créa des universités, des instituts techniques, des fondations pour l'étude de la médecine et des sciences physiques, chimiques et naturelles. On y apprenait l'histoire de l'Europe, comment les nations européennes s'étaient constituées, comment elles étaient parvenues à l'unité et à la liberté ; on s'y imprégnait des principes du libéralisme, de la démocratie et du parlementarisme anglais. Des mouvements analogues à celui de Ram Mohan Roy[9] se formèrent, visant à relancer les principes de l'hindouisme à la lumière de la culture occidentale. La tradition culturelle indienne opposait un obstacle sérieux à la pénétration de l'idéologie communiste. Cela n'empêcha pourtant pas l'Inde de recevoir, en définitive, beaucoup d'aide de l'Union soviétique et du mouvement communiste. Elle suivit néanmoins sa propre voie, essentiellement grâce à un homme

9. Roy (Ram Mohan – 1772-1833) est un réformateur religieux et un homme politique issu d'une famille brahmane. Linguiste émérite en anglais, persan, arabe, sanskrit, il fut employé de 1804 à 1815 dans l'administration de l'East India Company. Il étudia les textes sacrés de diverses religions et combattit ardemment les défauts de la société indienne de son temps (adversaire de la pratique de l'immolation des veuves, *sati*, sur le bûcher funéraire de leur mari). Ce « père » de l'Inde moderne fonda en 1828 le Brâhma-Samâj, mouvement par lequel il pensait pouvoir faire passer l'Inde du Moyen Âge à l'âge moderne, tout en lui permettant de conserver son esprit traditionnel, grâce à l'éducation à l'occidentale.

qui lui fournit une idéologie propre à lutter contre le système colonial. En plein XXe siècle, quelqu'un se préoccupait de ramener au premier plan la tradition indienne telle qu'elle s'était forgée depuis le temps de l'empereur Açoka. C'était Gandhi, un avocat de Bombay, dont la silhouette émaciée deviendrait bientôt connue dans le monde entier.

Gandhi s'intéressait à la libération dans la mesure où elle était une étape sur la voie de ce qui lui tenait à cœur par-dessus tout : la régénération. Il regardait en arrière dans la culture millénaire du sous-continent et il y découvrait une société qui avait indubitablement beaucoup de défauts, mais qui n'était ni rapace ni avide. Il fallait retourner à cet idéal, à la vie patriarcale et simple édifiée sur les métiers artisanaux que le machinisme avait ruinés. Car Gandhi, très éloigné du marxisme, découvrait cependant l'essence des transformations sociales dans l'évolution des instruments de production. Cette société machiniste qu'il trouvait si condamnable, il la jugeait fondée sur la violence : fallait-il s'étonner qu'elle eût engendré le colonialisme ? Le colonialisme était injustice et la violence ne pouvait qu'engendrer l'injustice. Gandhi allait donc au tréfonds de la crise qui travaillait l'Occident et, en même temps, il traçait la voie de l'émancipation de son peuple. Celui-ci devait traduire en actes sa volonté de justice, mais, puisque la justice ne pouvait se fonder sur la violence, la lutte devait être « non-violente ». Gandhi s'efforça d'écarter les éléments négatifs implicites dans la société capitaliste, sans prendre la voie du communisme russe : l'aide mutuelle, la coopération. En somme, un socialisme non-violent pouvait — et devait — commencer immédiatement : réunir l'élite et les masses indiennes, et ne pas collaborer avec les maîtres étrangers. Cela paralyserait la machine gouvernementale de l'Inde et, alors, la Grande-Bretagne devrait bien négocier ! Le « roi sans couronne » avait donné à son pays l'arme la plus conforme à ses traditions et à sa mentalité pour lutter contre ses dominateurs.

Poursuivant leur politique de concessions modérées, les Anglais avaient introduit deux Indiens dans le *War Cabinet* et fait admettre un représentant indien à la Conférence de la paix. Mais la situation en Inde restait tendue et une dure répression dans le Pendjab fit monter le mécontentement.

Gandhi pensa qu'il était temps d'agir. Revenu d'une longue absence en Afrique du Sud, et trouvant que le parti du Congrès était pratiquement privé de personnalités de poids, il avait pris résolument en main la direction du mouvement et déchaîné la première vague de manifestations non-violentes pour protester contre la « domination des Anglais », remportant rapidement un immense succès. Les Britanniques cherchèrent à briser le mouvement en alourdissant encore la main. À Amritsar[10], le général Dyer fit tirer sur une foule pacifiquement rassemblée, provoquant un véritable massacre : 379 morts et 1 200 blessés. À Londres, certains dirent que Dyer avait sauvé l'Inde britannique. En réalité, il l'avait perdue.

Réuni en 1920, le Congrès précisa clairement l'objectif de l'indépendance : dans le cadre de l'Empire britannique, si possible, en dehors si nécessaire, Gandhi fut chargé de diriger la résistance non-violente dans l'Inde entière. Quelques violences se produisirent çà et là. Gandhi fit suspendre la campagne, mais peu après il fut arrêté et condamné à six ans de prison. Après son emprisonnement, le Congrès trouva un dirigeant énergique et dynamique en la personne de Nehru, un avocat qui avait embrassé une grande partie des idées de Gandhi. Le Mahatma fut libéré en 1924. Aussitôt, il lança une série de grandes campagnes nationales pour la régénération de l'homme : contre les boissons alcooliques, pour l'artisanat, contre l'industrialisation, pour la défense des Intouchables, et il mit sur pied la célèbre « Marche du sel » du 12 mars au 16 avril 1930.

Si Gandhi se préoccupait surtout de la réforme de l'homme, Nehru, en partie son disciple, pensait à la libération

10. À propos du massacre d'Amritsar, Salman Rushdie (*Patries imaginaires*, Paris, Christian Bourgois, 1993, p. 115) commente ainsi l'épisode : « En 1919, au Pendjab, les Britanniques étaient paniqués. Ils avaient peur d'une seconde émeute indienne (après la Grande Rébellion de 1857) [...]. La cour martiale a peut-être condamné Dyer, mais pas les colonialistes. Il avait donné une leçon aux "métèques" ; c'était un héros. Et quand il est rentré en Angleterre, il a reçu un accueil de héros. On a réuni des fonds dans le public et on en a fait un homme riche. Tagore, dégoûté par la réaction des Britanniques devant ce massacre, a renoncé à son titre de noblesse. »

de l'Inde. À ses yeux, le colonialisme était un système qui dégradait les oppresseurs comme les opprimés : il fallait le détruire. Nehru et Gandhi visaient tous deux essentiellement le rachat de la personne humaine. Gandhi lança sa deuxième campagne de désobéissance civile (1932-1933), ce qui conduisit à sa seconde arrestation. Mais le nombre de ses adeptes devenait imposant. Alors, en 1935, l'Angleterre céda et fit des concessions : les assemblées provinciales seraient dorénavant élues démocratiquement. Elles passèrent presque entièrement aux mains du Congrès.

Vint la Seconde Guerre mondiale. Qu'allait faire l'Inde ? Puisqu'ils se battaient pour la liberté, les Anglais furent priés de la libérer. Ils se laissèrent prier. Cependant, les leaders du peuple indien n'hésitèrent pas : la place de l'Inde ne pouvait être aux côtés des assassins hitlériens et des agresseurs japonais, « quoiqu'il ne faille pas oublier l'action militante du politicien nationaliste dissident Subhas Chandra Bose qui devint un héros national[11] ». Au nom de son pays, Sri Aurobindo se déclara publiquement contre Hitler et affirma que l'Inde devait coopérer à la victoire des pays démocratiques. Les soldats indiens apportèrent une contribution précieuse à la victoire des Nations unies : deux millions et demi furent volontaires pour combattre avec la Grande-Bretagne ; huit millions travaillèrent dans les services auxiliaires de l'armée ; cinq millions dans les ateliers de production de guerre, et plus de un million dans les transports.

11. Subhas Chandra Bose, en rupture avec Gandhi et Nehru, et qui avait cherché sans succès un appui auprès de Hitler à la cause de l'indépendance de l'Inde, se rallia aux Japonais et réussit à enrôler dans une armée improvisée un tiers des prisonniers indiens capturés par les Japonais en Malaisie et à Singapour, lors de la débâcle de 1942, soit environ 20 000 hommes.

Ils participèrent en 1944, aux côtés des troupes nipponnes, à une tentative d'invasion de l'Assam, opération de diversion lancée par l'état-major japonais pour retarder l'attaque alliée sur la Birmanie. Ce fut un fiasco militaire mais aussi une avancée au plan symbolique car les soldats perdus de Bose bénéficièrent de la sympathie d'une partie de l'opinion publique indienne (*Cf.* Markovits, « Le mouvement national et la décolonisation de l'Inde (1919-1947) », *Historiens et géographes : Dossier Inde*, 1989, p. 233).

Toutefois, afin qu'il fût bien clair que l'appui à la cause des Nations unies ne signifiait pas l'acceptation du colonialisme britannique, les leaders du Congrès ne suspendirent pas la lutte politique et idéologique contre les Anglais, de sorte que les conflits ne manquèrent pas. À la fin de la guerre, le nouveau gouvernement travailliste de la Grande-Bretagne ne put que tirer les conclusions des événements. L'Inde avait gagné son indépendance et on ne pouvait la lui refuser.

En 1947 sonna la dernière heure de la domination anglaise : les troupes britanniques quittèrent la péninsule. Le roi d'Angleterre renonçait au titre d'empereur des Indes. Or, au lieu d'une Inde, il en naissait deux, au grand désespoir de Gandhi. Depuis longtemps, les musulmans s'étaient rassemblés en organisations séparées, et l'idée d'une sécession avait fait son chemin. Les membres de la Ligue musulmane, sachant que les fidèles de l'islam étaient en minorité dans le pays, craignaient que leur communauté ne fût irrémédiablement négligée en cas de formation d'un État unique. Ainsi l'indépendance fut-elle octroyée, d'une part, à l'Union indienne et, d'autre part, au Pakistan, État musulman. L'Inde proclama la République tout en restant au sein du Commonwealth.

Contrairement à certaines interprétations, l'Inde britannique ne fut pas un « modèle de décolonisation réussie ». Si un conflit armé entre la puissance coloniale et le nationalisme indien fut évité, le sang coula néanmoins entre communautés indiennes, sous le regard indifférent d'un pouvoir colonial réduit à l'impuissance. Sans faire de la politique britannique l'unique cause des malheurs de la partition, on peut dire que la responsabilité de Londres fut néanmoins très lourde. Mais la partition fut également un grave échec pour le nationalisme indien, qui s'était toujours situé au-dessus des affrontements entre communautés religieuses. Le Congrès s'y résigna, pour des raisons avant tout pragmatiques : satisfaire Jinnah[12] et la Ligue musulmane aurait nécessité des concessions telles qu'elles auraient rendu le gouvernement d'un pays resté uni extrêmement difficile. Il parut préférable de trancher dans le

12. Jinnah, Muhammad Ali, homme d'État musulman chiite (1876-1948), dirigeant de la Ligue musulmane et partisan de la partition. Il fut après celle-ci, en 1947, le fondateur du nouvel État du Pakistan.

412   LE LIVRE NOIR DU COLONIALISME

vif et de laisser les provinces à majorité musulmane former
leur propre État (qui connut à son tour une partition en
1971). « La vie politique indienne allait rester profondément
marquée par le "communalisme", héritage d'une décolonisation chaotique[13]. » En 1950, l'Inde avait liquidé son régime
colonial.

Aspects caractéristiques et chiffrés
du colonialisme britannique en Inde

La domination de l'Occident, implicite depuis l'époque de
Christophe Colomb et de Vasco de Gama, devient sans
limites à partir du dernier tiers du XIXᵉ siècle. L'infériorité
numérique calculée des Blancs s'appuyant sur les multitudes
jaunes et noires comme condition pour limiter au départ le
coût humain des empires pour les métropoles est une caractéristique essentielle de toute la période coloniale contemporaine. Elle explique de surcroît la rapidité avec laquelle se
sont écroulés ces empires et la difficulté à dompter les traîtres
tropiques, milieu hautement pathogène pour l'homme blanc.
Ainsi, l'utilisation de la quinine contre la malaria dans le
monde colonial date de 1830-1840. Au milieu du XIXᵉ siècle,
la « stratégie de l'esquive », consistant à s'éloigner des zones
infectées, sauva beaucoup de vies humaines[14]. En Inde, c'est
grâce à ce type de stratégie que le taux de mortalité des soldats britanniques baisse à 69 % dans les années 1860, puis à
15 % à la fin du XIXᵉ siècle pour passer à 7 % entre 1920 et
1925. « Mais en fin de compte, l'emprise de l'homme blanc
sur des terres lointaines est possible parce que, partout sous
les tropiques, les colonisateurs ont recours à des intermédiaires et à des auxiliaires indigènes pour réduire le nombre des
soldats et des fonctionnaires européens exposés à l'insalu-
brité des milieux hostiles[15]. » En Inde, l'Européen ne peut se

13. *Cf.* C. Markovits, *op. cit.*, p. 236.
14. D'après P. D. Curtin, *Death by Migration. Europe's Encounter
with the Tropical World in the Nineteenth Century*, Cambridge,
Cambridge University Press, 1989.
15. B. Etemad, *La Possession du monde : poids et mesures de la
colonisation*, Bruxelles, éditions Complexe, 2000, p. 34.

passer d'intermédiaires locaux. «Des milliers d'esclaves, de serviteurs, d'auxiliaires, d'associés, de collaborateurs s'affairent autour de lui, cent fois, mille fois plus nombreux que ceux qui ne sont pas encore les maîtres[16]. » En limitant le nombre des soldats européens exposés aux maladies et au feu de l'ennemi, l'incorporation d'autochtones dans les armées coloniales contribue à réduire le coût de l'empire.

Le recours aux recrues indigènes est une pratique ancienne. Les Portugais l'adoptent dès les premières décennies du XVIᵉ siècle, puis elle s'étend ensuite à l'Inde où personne ne la poussera aussi loin que les Britanniques. L'armée de la Compagnie accueille, à la veille de la Grande Rébellion de 1857, plus de 310 000 cipayes, soit près de 90 % du total des effectifs. Cette part diminue à 64 % en 1881, pour remonter dans la première moitié du XIXᵉ siècle. Les troupes indiennes participent à l'expansion britannique en Birmanie (à différentes reprises de 1824 à 1885), en Perse (1856-1857), plusieurs fois en Chine (1839-1842, 1857-1860), durant la révolte des Boxers en 1900, en Afghanistan (1878-1880), en Égypte (1882-1885), en Afrique orientale et centrale (1897-1898 et 1902-1904), et en Afrique occidentale à la fin du XIXᵉ siècle. Nulle part ailleurs, au XIXᵉ, on ne retrouve une mobilisation aussi massive. Aucune autre puissance coloniale ne dispose, comme la Grande-Bretagne, d'un réservoir humain de la taille de l'Inde. Le colonisateur recrute chez les «races guerrières» : Rajput, Jat, Sikh, Gurkha. La solde relativement élevée, et surtout régulière, est un attrait suffisant pour inciter les guerriers autochtones à se mettre au service de l'East India Company. Pour la plupart des colonisés qui s'engagent dans l'armée du conquérant, l'ordre militaire peut apparaître comme moins injuste que la société coloniale. Vers 1913, 76 000 soldats anglais «tiennent» l'Inde, peuplée de 315 millions d'habitants. Le coût financier de la conquête et de la défense de l'empire n'est assuré par la métropole que dans le cas des dominions. Dans les colonies d'exploitation, de 1860 à 1912, les dépenses militaires représentent 35 à 40 % du budget. En Inde, Londres réussit à en

16. F. Braudel, *Civilisation matérielle, économie, capitalisme XVᵉ-XVIIIᵉ siècle*, t. III : *Le Temps du monde*, Paris, Armand Colin, 1979, p. 421.

faire endosser une partie significative[17]. Par ailleurs, les premières lignes de chemin de fer sont construites respectivement en 1853 et 1862. L'Inde est le premier territoire
d'Asie à être équipé du rail. L'installation des câbles télégra-
phiques intercontinentaux débute en 1870.

L'évaluation de l'impact colonial sur la population du sous-
continent indien embarrasse les historiens. La conquête militaire occidentale de l'Inde n'introduit pas, comme en Amérique et en Océanie, de nouvelles maladies. Par ailleurs, la
mortalité des Indiens atteint son plus haut niveau non pas au
moment de la conquête et des campagnes militaires (1757-
1857), mais dans la seconde moitié du xixᵉ siècle, à une époque où le colonisateur britannique s'efforce d'étendre à
l'ensemble de la population indienne des mesures sanitaires et
médicales. Les statistiques coloniales révèlent en revanche
que la malaria, les maladies respiratoires, la tuberculose et la
dysenterie sont à l'origine d'environ 90 % de la forte mortalité
indienne de 1872 à 1921. Autrement dit, ce sont moins les
maladies « importées » (peste, grippe espagnole) ou les grandes
famines — dont le colonisateur britannique est habituellement tenu pour responsable — qui expliqueraient les graves
crises démographiques de l'Inde coloniale, que la généralisation des maladies endogènes, et en particulier de la malaria
qui, à elle seule, tue plus d'un million de personnes par an.

La modernisation de l'Inde sous le joug des Anglais à
partir du milieu du xixᵉ siècle rompt brutalement des équilibres régionaux antérieurs. En provoquant une dislocation
des structures économiques traditionnelles, un brassage sans
précédent des populations, des bouleversements environne-
mentaux, la modernisation modifie de façon significative
l'écologie pathologique (*disease ecology*) du sous-continent,
exposant les masses indiennes pauvres et démunies à des
maladies importées et indigènes ayant désormais une portée
nationale. Le coût humain de la modernisation aurait-il pu
être évité ou réduit dans une Inde indépendante ? L'histoire-
fiction se prête aux affirmations les plus contradictoires.

17. *Cf.* L.E. Davis et R.A. Huttenback, *Mammon and the Pursuit
of Empire. The Political Economy of British Empire, 1860-1912*,
Cambridge, Cambridge University Press, 1986, p. 154-156.

Klein estime que 10 % environ des 280 millions de décès recensés en Inde entre 1901 et 1921 seraient liés à la nouvelle écologie pathologique. Tout le reste est à mettre sur le compte de forces de mort frappant l'Inde depuis des temps immémoriaux.

En raison de la situation coloniale, les relevés et les dénombrements « officiels » ne sont pas beaucoup plus fiables que les estimations « sauvages » des âges pionniers, car les populations colonisées sont réticentes à se faire enregistrer par des compilateurs venus d'« au-delà des mers ». Il va sans dire que les initiatives coloniales en matière de statistique varient aussi dans le temps et l'espace en fonction de la résistance et des initiatives des colonisés qui, en dépit de leur statut de dominés, ne perdent pas pour autant entièrement celui d'acteurs historiques.

La domination anglaise n'a pas laissé la même empreinte sur l'Inde britannique et l'Inde des quelque six cents États princiers qui, vers 1940, représentent environ le quart de la population totale du sous-continent et jouissent de plus d'autonomie que les provinces administrées directement. Un sondage récent effectué en Inde a révélé qu'« un tiers des personnes interrogées ignoraient que leur pays fut une possession britannique[18] ».

L'évaluation des populations coloniales, qu'elle résulte de « recensement », d'« énumération » ou d'« estimation », reste dans la plupart des cas incertaine. Le recensement administratif sert avant tout les besoins du colonisateur. Voici ce qu'en dit Kinsley Davis, l'un des meilleurs connaisseurs de la population du sous-continent[19]. Il rappelle d'abord qu'en Inde les opérations systématiques de recensement commencent dès 1867-1872, ce qui, compte tenu de son niveau de développement ou de retard économique, place ce territoire au-dessus de la « moyenne mondiale » en matière de statistiques historiques de population. Il décrit ensuite les obstacles particuliers rencontrés dans une telle tâche : « Imaginez un sous-continent massif et diversifié, abritant des centaines de millions d'habitants

18. B. Etemad, *op. cit.*, p. 146.
19. K. Davis, *The Population of India and Pakistan*, Princeton, Princeton University Press, 1951, p. 4-7.

dont la plupart sont des ruraux illettrés ; certains vivent isolés
dans des jungles ou des montagnes, certains attachés à des
superstitions hostiles à toute opération de comptage, certains
enfermés dans des clivages politiques et religieux, certains
assimilables à de véritables sauvages de l'âge de pierre. Imaginez tout cela, et la difficulté d'effectuer un recensement
devient évident. » La réticence des populations à l'enregistrement est due à l'existence de tabous ou de craintes non
justifiées. Redoutant la taxation, la corvée, la confiscation,
voire la déportation, les indigènes masquent leur nombre en
se dissimulant.

Après 1880, les rivalités entre puissances coloniales
changent. Un jeu plus complexe remplace d'anciens duels,
en raison de l'apparition de nouveaux concurrents (Allemagne, Italie, Belgique, Japon, États-Unis). Entre 1913 et
1938, l'heure est à la glorification des empires. L'entre-deux-
guerres marque, dans l'histoire de la colonisation, le début
d'une ère d'exploitation systématique des ressources et des
hommes soumis à la *pax colonia*.

Famines et responsabilité britannique : cynisme social

À partir des années 1860 et jusqu'en 1920 environ, l'Inde
connaît une succession de disettes et de famines qui sont
les plus graves de la période coloniale : en 1865-1866, le
Bengale, l'Orissa et l'Inde du Sud sont touchés ; de 1868 à
1870, le Rajasthan et l'Inde centrale ; entre 1876 et 1878, la
grande famine fait près de quatre millions de morts en Inde
du Sud ; de 1896 à 1900, cinq millions d'habitants périssent
dans la présidence de Bombay et les Provinces centrales ;
enfin, en 1907-1908, l'Inde du Nord est de nouveau atteinte.
Durant cinquante ans, le taux d'accroissement de la population — connu régulièrement depuis 1871 grâce aux recensements décennaux — ne dépasse guère 0,4 % par an pour
l'ensemble de l'Inde. En 1918, l'épidémie de grippe espagnole, qui décime une population déjà affaiblie par le paludisme ou le choléra et assaillie depuis 1896 par la peste, clôt
un demi-siècle de crises démographiques aiguës. Le caractère exceptionnel de cette série de famines de l'époque

coloniale est parmi les historiens, aujourd'hui comme hier, « l'objet d'affrontements plus idéologiques que scientifiques entre adversaires et défenseurs du pouvoir colonial[20] ».

Avec l'établissement du pouvoir colonial, qui s'incarne dans une administration centralisée, les statistiques d'État et, surtout, l'application progressive à partir de 1880 d'un Code de la famine, la crise agraire devient une réalité nouvelle, prévisible. « Si elle fait encore l'objet de rumeurs, la famine se définit désormais avec précision : le déficit pluviométrique, la montée du prix des céréales, la hausse de la mortalité et la chute du taux d'accroissement de la population sont autant d'indices que les fonctionnaires coloniaux apprennent à scruter[21]. » C'est la naissance du mouvement nationaliste qui fait des famines un enjeu dans la lutte politique. Journalistes, avocats, enseignants ou fonctionnaires indiens en font le stigmate le plus choquant de la « pauvreté de l'Inde », selon les discours de Dadabhai Naoroji[22], célèbres à la fin du xixᵉ siècle. En réponse, l'administration britannique attribue les famines aux vicissitudes de la nature : en 1902, le vice-roi lord Curzon leur reconnaît pour unique cause la fatalité climatique. Mais peut-on, pour expliquer l'intensité des famines qui s'enchaînent entre 1870 et 1920, se contenter d'évoquer, à l'instar des fonctionnaires coloniaux, une succession exceptionnelle d'années sèches ? Les nationalistes indiens, dont l'historien marxiste Romesh Chandra Dutt, ont, quant à eux, invoqué avec force la pauvreté du monde rural, qu'ils imputaient aux taux d'imposition fonciers élevés. Or ces taux, précise Roland Lardinois, ont diminué en valeur réelle à partir de 1850, tandis que les prix agricoles doublaient entre 1870 et 1915. Toutefois, à la fin du xixᵉ siècle, l'essor des moyens modernes de communication permet le développement de cultures d'exportation que l'Inde peut produire à bas prix : ce sont les cultures de l'opium, du jute et du thé, soutenues

20. R. Lardinois, « Les famines en Inde : la colonisation en question », *L'Histoire,* nᵒ 139, 1990, p. 35.

21. *Ibid.*

22. Publiciste et journaliste nationaliste d'origine parsie (1825-1917), il fut membre du Parlement de 1892 à 1895 et écrivit plusieurs ouvrages politiques exposant les doléances des Indiens.

par les grandes compagnies britanniques, et celles du coton, du blé et du riz. En 1890 — la balance commerciale de l'Inde est excédentaire ! —, ces six cultures représentent 60 % des exportations. Cette croissance s'est-elle faite au détriment de l'agriculture vivrière ? Pour les décennies 1860-1880, on ne remarque pas de diminution des surfaces cultivées en grains ni de baisse des rendements. Cependant, une lente détérioration des conditions agraires traditionnelles se produit dans la seconde moitié du XIXe siècle. Pour le monde rural, les famines sont dramatiques. Elles se traduisent d'abord par la diminution des travaux agricoles et de l'embauche de main-d'œuvre pour les paysans, et par l'arrêt des commandes de leurs patrons ancestraux pour les artisans, soit, pour tous, une chute du revenu en nature ou en argent. Tous sont en outre durement frappés par la hausse du prix du millet, qui triple, voire quadruple couramment en temps de famine. L'emprunt et les privations sont leur lot. Les témoignages de l'époque dans leur ensemble, y compris les rapports des commissions officielles instituées après chaque famine, attestent l'importance de l'endettement paysan et son augmentation au fil des ans[23]. C'est l'origine principale des émeutes qui déchirent l'Inde centrale en 1875, sans que les lois agraires qui se succèdent puissent y remédier.

Après 1920, la famine du Bengale, en 1943-1944, est la dernière famine de grande ampleur que l'Inde ait connue. Elle s'inscrit dans une nouvelle conjoncture économique et démographique, amorcée autour des années 1920. L'augmentation de la population due à un effondrement de la mortalité, notamment infantile, débute réellement à cette période et se poursuit jusqu'aux années 1970. Paradoxalement, cette évolution démographique ne s'accompagne d'aucun progrès agricole. Entre 1891 et 1947, la production s'intensifie, faiblement, au seul bénéfice de l'agriculture commerciale. Enfin, c'est juste autour de 1920 que s'inversent les conjonctures démographique et économique. La production agricole se dégrade au moment où la population augmente, entraînant inévitablement la paupérisation de la paysannerie. L'instauration, en 1880, de la première Famine Commission et l'établissement d'un Code

23. R. Lardinois, *op. cit.*, p. 37.

de la famine marquent un interventionnisme calculé pour contrôler le fléau. Il s'agit d'abord d'offrir aux plus démunis des revenus qui leur permettent d'acheter des grains. Les contraintes financières qui en découlent provoquent de nombreuses polémiques. « Faut-il maintenir nos paysans en vie à n'importe quel prix et sans regard aux dépenses ? » s'exclame le vice-roi lord Lytton en 1877. Au même moment, Richard Temple, envoyé du gouvernement britannique à Madras, impose une réduction des salaires et des rations alimentaires servies dans les camps de secours des réfugiés. Même le Famine Relief and Insurance Grant (Fonds d'assurance et de secours contre la famine), créé par le gouvernement en 1877-1878, est, quelques années plus tard, sévèrement critiqué : il est devenu une caisse noire du département des travaux publics[24].

La politique économique et sociale des Britanniques aurait toutefois aidé à contenir les famines, grâce notamment aux grands travaux d'irrigation et à la construction d'un réseau de chemin de fer. On a souvent reproché à cette politique ses conséquences économiques, sociales et écologiques : priorité accordée aux travaux financièrement rentables sur les ouvrages ordinaires conçus dans un seul but de protection ; dégradation des terres irriguées ; recrudescence de la malaria, etc. Cependant, il a été démontré que ces opérations ont permis, notamment au Pendjab, de développer une agriculture commerciale et ont assuré une plus grande flexibilité des structures agraires en période de sécheresse. La révolution des transports consécutive à la construction du chemin de fer a participé au désenclavement des marchés régionaux et facilité l'acheminement des grains en temps de crise. Enfin, la croissance industrielle (de 4 % par an environ entre 1919 et 1939), la multiplication des emplois dans ce secteur et l'expansion urbaine ont également contribué, en diversifiant les sources de revenu, à diminuer les conséquences des famines, qui ont presque disparu à l'indépendance. Pourtant, la production agricole stagne, l'industrie est peu développée, la population augmente régulièrement depuis environ 1920 et la situation alimentaire se dégrade[25]. L'historiographie reflète

24. R. Lardinois, *op. cit.*, p. 38.
25. *Ibid.*, p. 39.

cette évolution contradictoire, entre les nationalistes, pour qui les famines sont la conséquence de la pauvreté de l'Inde, du « drainage » des richesses du pays vers la métropole, et leurs adversaires, pour lesquels l'Inde n'aurait jamais surmonté ce fléau sans la politique de secours et de prévention mise en place par les Britanniques.

Si cet exposé sur la question des famines alimenté par l'étude rigoureuse et mesurée de Roland Lardinois ne semble pas conclure au cynisme, une vision plus noire, eu égard à la responsabilité des Britanniques, nous est offerte sous la forme d'un ouvrage tout récent sur la question. Le chercheur américain Mike Davis, dans son combat anti-impérialiste, va jusqu'à intituler son livre *Late Victorian Holocausts ; El Niño Famines and the Making of the Third World*[26]. Il nous brosse, entre autres, un tableau des famines de 1896 à 1908 sous une plume sagace, souvent narquoise à l'égard des dirigeants anglais, dans un chapitre intitulé (non sans humour grinçant) *skeletons at the feast* (littéralement : « squelettes au festin », mais qui signifie aussi « trouble-fête »). Voici quelques aspects de son analyse critique qui intéressent notre propos.

Les gouverneurs de l'Inde n'ont évidemment pas prévu que le jubilé de diamant de la reine Victoria (1897) serait célébré « l'année la plus triste dans son accumulation de calamités depuis le temps où l'Inde passa des mains de l'East India Company à la Couronne », ainsi que le dira plus tard Romesh Chandra Dutt au Congrès national indien. Pour l'heure, le sous-continent attend la mousson de 1896, persuadé qu'une famine à l'échelle de 1876 n'est plus possible. Grâce au rapport de la Commission de 1880 de Richard Strachey, il y a maintenant des codes de famine régionaux qui consignent des instructions pour l'organisation d'une assurance locale et fournissent de nouveaux contrôles (enregistrement à l'intérieur des sous-districts de « cercles de famine ») à l'égard des mouvements de populations en état de panique, analogues à ceux qui avaient tant alarmé le gouvernement vingt ans plus tôt. De plus, une « subvention de famine » et un « fonds d'assurance » ont été établis en 1878 pour permettre à Cal-

26. Mike Davis, *Late Victorian...*, Londres, New York, Verso, 2001, p. 141.

cutta de pouvoir financer l'assistance durant les sécheresses les plus importantes et les inondations, sans risque fiscal par rapport à ses autres priorités, en particulier la campagne militaire permanente le long de la frontière nord-ouest. En outre, écrit un économiste contemporain, « les conditions historiques de contrôle de la production et de la distribution avaient été révolutionnées ». L'intégration des énormes surplus de blé de Birmanie dans le système impérial, parallèlement aux 10 000 miles de nouveaux rails de voies ferrées (la plus grande partie financée par le Famine Fund), est annoncée comme pouvant fournir la population rurale avec une marge décisive de sécurité alimentaire. La « famine » au sens propre est devenue impossible. En cas de manque, la Birmanie peut nourrir le Pendjab et les North-West Provinces ou vice versa. De même, Madras peut aider Bombay ou le contraire. Ainsi lord Elgin rassure-t-il la reine Victoria : « Les progrès des moyens de communication, particulièrement le train, permettent maintenant de combattre la disette d'une façon qui était hors de portée des officiers des temps premiers. » Dans les faits, ces progrès se révèlent presque insignifiants. Un grave déficit de mousson fait obstacle à la moisson du printemps 1896 dans le Pendjab, les North-West Frontiers, l'Oudh, le Bihar et la présidence de Madras. Le manque de pluie est plus dévastateur encore dans les Provinces centrales et l'est du Rajputana (Rajasthan), où trois années de mauvais temps et de maigres moissons ont déjà appauvri les paysans. Dans toute l'Inde, le prix des grains augmente, puis monte en flèche après que la mousson d'automne a aussi manqué. Et les réserves de grains, spécialement dans la ceinture de blé du nord de l'Inde, ont été réduites par les exportations massives vers l'Angleterre destinées à compenser sa désastreuse moisson de l'année précédente. Tandis que les progrès « révolutionnaires » d'Elgin dans la distribution assurent simplement que les prix des produits agricoles seront aussi élevés dans les districts non affectés par la sécheresse que dans ceux où la récolte a fait défaut, les officiels britanniques, forts de leur foi doctrinaire dans la rationalité du marché, sont effrayés de voir le prix du millet et autres *poverty grains* dépasser celui du blé utilisé dans la fabrication du pain européen. De même que pour le Famine Fund dont on se glorifiait, et dont une partie substantielle avait été détournée malgré les protestations des Indiens au profit d'une autre mauvaise guerre afghane. À Londres, au meeting inaugural de la campagne pour le « secours à la famine indienne » en janvier 1897, le leader socialiste Henry Hyndman est contraint par la police de quitter l'estrade quand il propose que les « "Home Charges" pour l'année en cours soient suspendues, et que la totalité en soit versée pour les dépenses de l'assurance contre la famine ». Le gouvernement n'avait délibérément pas tenu compte des avertissements des nationalistes indiens ni non plus de ceux de leurs propres officiers de la santé concernant la population de pauvres, toujours croissante, et vulnérable à ces augmentations du prix de la nourriture. La malnutrition, pensaient les observateurs, avait atteint des niveaux épiques sans précédent dans l'histoire de l'Inde. Mais l'India Office n'est pas plus empressé en 1896 qu'il ne l'a été en 1876 de faire face au « cauchemar » de l'assistance aux pauvres en Inde. Les prix élevés transforment rapidement la sécheresse en famine. Une détresse accrue était déjà visible dans les Provinces nord-ouest et centrales en 1896 ; en octobre, la police ouvre le feu sur des pilleurs de grains au Bihar et dans la présidence de Bombay. Devant la police et les tribunaux, ceux-ci déclarent : « Arrêtez-nous pour vol et gardez-nous en prison. Là au moins nous ne mourrons pas de faim. » Margaret Denning, une missionnaire américaine, décrit le cas d'un petit cultivateur musulman acculé après avoir vendu sa terre, son habitation, et enfin ses ustensiles de cuisine, à « donner » l'aîné de ses enfants aux missionnaires — en violation de sa religion —, parce qu'il n'avait plus aucun espoir de pouvoir le nourrir et l'envoyer à l'école. Le garçon comprit son père. Ce dernier lui dit au revoir et, ne demandant rien pour lui-même, s'en alla. Plus tard, le gouvernement ouvrit à contrecœur une « maison de pauvres » (poorhouse) dans le voisinage, mais le père, sa femme et son dernier-né périrent, victimes du régime sordide des mauvaises conditions sanitaires, des rations de nourriture insuffisantes et du trop dur labeur.

De telles histoires sont monnaie courante et elles commencent à semer un certain malaise à l'étranger. Sir Edwin Arnold est mobilisé pour rassurer les Américains sur le fait que « les Anglais en Inde gouvernaient pour l'intérêt des Indiens en premier lieu, et pour les revenus, la réputation et le pouvoir ensuite ». Mais, à cause de *Spectator* et d'autres instances éditoriales d'importance qui l'admonestent pour son excessive parcimonie, le vice-roi — autrement préoccupé à détruire les villages rebelles le long de la frontière afghane — consent avec réticence à créer des structures d'assistance dans les districts les plus frappés. Il demeure obstinément opposé, cependant, à la charité privée, résistant aux intimations des missionnaires internationaux, et condamne aigrement la presse pour ses « exagérations ». Elgin interdit au gouvernement du Bengale d'avancer de l'argent aux commerçants pour importer du grain (la Birmanie, par exemple, exporte ses grands surplus de riz vers l'Europe). Enfin, alors que ses coffres sont drainés par la guerre sur la frontière nord-ouest, son gouvernement réduit d'un tiers la contribution au Famine Fund (passant de 1,5 roupie à 1 roupie), en flagrante violation des précédentes promesses officielles faites aux Indiens.

En décembre 1897, Elgin traverse Jubbulpor, dans les Provinces centrales. La sécheresse y est ininterrompue depuis celle de 1895 et le taux de mortalité mensuelle a encore grimpé depuis septembre. Le gouvernement a précédemment refusé les appels désespérés pour la mise sur pied d'un travail d'assistance, ou du contrôle du prix des grains. Mais Elgin, comme Temple et Lytton à Madras une génération plus tôt, reste froidement impassible devant tout ce qu'il voit : « Je peux juste dire que, voyageant ces derniers jours à Indore et à Gwalior et maintenant dans ces provinces aux portes de la ville, j'ai été frappé par l'apparence prospère du pays même avec la quantité réduite de pluie qui est tombée récemment. » Toute l'Inde est outragée par cette remarque fondée — déclare un reporter — sur un rapide coup d'œil depuis « la fenêtre du salon d'un train vice-royal[27] ». Convaincu que les Indiens sont naturellement des tire-au-flanc et des mendiants, Elgin importe sur le sous-continent cette vieille pierre angulaire disciplinaire de l'utilitarisme, la poorhouse. Prévues en faveur de ceux qui sont trop faibles pour le dur labeur, les maisons de pauvres sont rejetées par les paysans qui craignent qu'on ne veuille « les convertir au christianisme » ou qu'on ne les

27. Cité *in* Davis, *op. cit.*, p. 147.

déporte au-delà des mers, ce qui constitue un tabou pour les hindous. L'enfermement est particulièrement insupportable aux tribaux, tels que les Gond et les Baiga, dont un missionnaire déclare qu'ils « mourraient bientôt dans leur logis ou dans leur jungle native, plutôt que de se soumettre aux contraintes d'un règlement de "poorhouse" ». Ces propos sont relayés par une autorité anglaise sur la famine : « La haine de la poorhouse s'est dans bien des cas révélée plus forte que la peur de la mort. » Un visiteur officiel américain du Secours est horrifié par les conditions à l'intérieur des poorhouses, en particulier par l'alimentation : « La nourriture n'était rien d'autre que de la farine sèche et un peu de sel. Un œil habitué pouvait tout de suite voir que le grain était adultéré avec de la terre avant d'être mélangé à la farine. » Un missionnaire mennonite écrit à l'éditeur du *Christian Herald,* à New York, que « le taux de mortalité dans ce district, qui était normalement en dessous de 50 pour 1 000, était monté à cause du manque de nourriture au chiffre effarant de 627 pour 1 000 ».

La peste bubonique parvient à Bombay pendant l'été 1896, probablement « en passagère clandestine », nous dit Davis, sur un navire en provenance de Hong Kong. Bombay offrait une écologie idéale pour une pandémie : atmosphère fétide, taudis (*slums*) surpeuplés infestés par une population colossale de rats. Durant des années, les officiers de la santé ont prévenu les administrateurs britanniques que leur refus de dépenser la moindre somme pour l'état sanitaire des slums préparait le lit d'une « épidémie apocalyptique ». Florence Nightingale, l'éminente victorienne, a mené des croisades répétées contre la « fantasmagorie » des conditions de la maladie, mais les citadins européens font bloc contre une taxation accrue destinée à financer un renouvellement de l'eau et des projets de drainage. Le manque de nourriture et le choléra s'ajoutent rapidement à la peste, décimant en fin de compte un cinquième des travailleurs des basses castes de la ville. Plus alarmant encore pour les élites commerciales, des ports étrangers commencent à mettre en quarantaine des cargos de blé venant de Bombay. On craint qu'un embargo général ne détruise le commerce extérieur de l'Inde occidentale. Pendant ce temps-là, des cargaisons par voie ferroviaire de grains de secours contaminés répandent la peste avec une grande efficacité à travers les *ghats*[28] dans le Deccan aride et affamé. La modernisation et la montée de la misère forment à nouveau une combinaison meurtrière. Le nouvel Epidemic Disease Act donne à W. C. Rand, personnage connu pour son racisme arrogant, le pouvoir « de détenir et d'isoler les présumés pestiférés, de détruire leurs biens, d'inspecter, de désinfecter, d'évacuer et même de démolir les habitations suspectées d'abriter la peste, d'interdire des fêtes et des pèlerinages ». Rand se vante de ce que ses mesures « étaient peut-être les plus drastiques qui aient jamais été prises pour éradiquer une épidémie ». Des rumeurs se répandent à travers le pays selon lesquelles des patients indiens sont assassinés pour « en extraire une huile vitale devant servir d'onguent magique aux Européens ». À travers l'Inde, dans l'intervalle, éclata un scandale grandissant dû aux préparations somptuaires pour la célébration du soixantième anniversaire du gouvernement de la reine Victoria. Au Lahore Town Hall, un groupe de collégiens indiens interrompt un meeting de leaders anglais et de citoyens indiens pour déclarer que l'argent devrait être réuni en faveur des orphelins de la famine plutôt que pour un mémorial à la reine Victoria. Mais c'est dans une Poona affamée et infestée par la peste que l'arrogance impériale jaillit, en fin de compte, à l'occasion de ce que beaucoup interprètent comme un prélude à une seconde mutinerie. Le 22 juin, deux patriotes indiens assassinent Rand et son subordonné alors qu'ils quittent en voiture les feux d'artifice du jubilé de diamant à la Government House. Nombre d'actes du même ordre ont lieu. Une nouvelle Sedition Law est votée. « La moindre critique indigène sur l'assistance à la famine ou sur la campagne anti-peste était en fait "criminalisée"[29]. » Au même moment, la *Missionary Review of the World*, qui ordinairement fait l'éloge de la philanthropie britannique, dénonce le double langage par lequel le gouvernement a minimisé la gravité de la crise et saboté les efforts des missionnaires pour organiser un rapide secours international.

---

28. *Ghats* : « Marches » : nom donné aux rebords ouest et est du plateau du Deccan et qui déterminent, entre eux et la mer, d'étroites bandes côtières.

29. M. Davis, *op. cit.*, p. 152.

Cosmopolitan publie ostensiblement deux photographies de
victimes de la famine des Provinces centrales à côté de l'illustration d'un grand monument érigé à la gloire de la reine Victoria. D'après l'éditorial, « selon des estimations de base à
Londres, un total de plus de 100 millions de dollars serait
dépensé, directement et indirectement, pour les cérémonies
du jubilé de la reine ». Les critiques d'Elgin ne savent pas au
juste ce qui est le plus scandaleux : la somme qu'il a dépen-
sée pour l'extravagant jubilé de diamant, ou le peu qu'il a
alloué au combat contre la famine qui affecte cent millions
d'Indiens. En 1898, la presse mondiale titre à propos des
onze millions de morts qu'a faits la famine : « La Famine du
siècle ». Ce lugubre titre, cependant, est presque aussitôt
usurpé par une plus grande sécheresse et la famine plus
meurtrière encore de 1899-1902. Curzon, mieux qu'Elgin,
incarne une politique impériale rigide. Il s'adresse aux villageois affamés en leur disant : « Tout gouvernement qui
compromettrait la position financière de l'Inde pour des intérêts d'une philanthropie prodigue s'exposerait à de sérieuses
critiques ; mais tout gouvernement qui, par des aumônes
distribuées sans discernement, affaiblirait la fibre morale et
détruirait la confiance de la population en elle-même serait
coupable d'un crime public. » C. J. O'Donnell, un distingué
vétéran du Bengale Civil Service, commente sarcastique-
ment : « Avec la famine succédant à la famine dans chaque
province de l'Inde, et partout une peste dévastatrice, qui
pourra nier que nous avons enfin trouvé un véritable "vice-roi
impérialiste"[30] ? » Comme Lytton vingt ans plus tôt, Curzon va
devenir l'architecte d'une « *brilliantly organized famine* ».
Et tandis que Herbert Spencer avertit de la *rebarbarization*
(*sic*) de l'esprit anglais alimentée par un chauvinisme ram-
pant, la presse populaire ignore le nouvel « holocauste »
indien pour se focaliser presque exclusivement sur la lutte
contre les Boers qui opposent une résistance inattendue.

L'aide internationale la plus substantielle vient en Inde
non pas de Londres, mais de Topeka, sous la forme de
200 000 ballots de grains « en solidarité avec les fermiers
indiens » envoyés par des populations du Kansas. Elle est

---

30. *Ibid.*, p. 164.

suivie de notables contributions de tribus indigènes d'Amérique et de groupes d'Églises noires américaines. En 1901, *The Lancet*, revue médicale anglo-saxonne de très grande réputation, suggéra que les estimations minimales de l'excédent de la mortalité en Inde dans la décennie précédente (calculé à partir du *Census* de 1901 après soustraction des morts dues à la peste) étaient de 19 millions. Un certain nombre d'historiens, comme Kingsley Davis, Ira Klein et Pierre Le Roy, ont admis le chiffre en tant qu'ordre de grandeur approximatif pour la mortalité combinée de la crise de 1896-1902. Ces grandes famines de « fin de siècle », suivies par une autre combinaison « El Niño »/sécheresse/famine en 1907-1908, chiffrées de 2,1 à 3,2 millions de vies perdues dans les Provinces unies, projettent une grande ombre de mortalité sur les dix premières années du xxe siècle. Leurs réactions immunitaires affaiblies par la longue épreuve de la faim, les paysans pauvres du nord et de l'ouest de l'Inde sont fauchés par millions dans des vagues d'épidémies de malaria, de tuberculose et de peste. La peste noire se retranche dans les premiers districts touchés par la famine de l'Uttar Pradesh et du Pendjab, où l'on a déclaré 8 millions de nouvelles victimes en 1914. Le dommage cumulatif porté aux forces productives du sous-continent est colossal. « Presque tous les progrès apportés au développement agricole depuis 1880 furent annihilés pendant les famines. » Srivastava déclare que 92 % du bétail de labour du Pendjab meurt en 1896-1897. Pendant ce temps, dans la présidence de Bombay (selon Tomlinson, dans la *New Cambridge History*), les troupeaux ne regagnent pas leur niveau des années 1890 avant les années 1930. En partie à cause de ce manque de capacité animale, le réseau de terres cultivées à la fois dans la présidence de Bombay et dans les Provinces centrales en 1900 a décliné de 12 % par rapport à 1890. Dans les districts les plus frappés, la baisse des cultures varie de 25 à 41 %. La mécanique démographique du pays s'immobilise de même. Pour l'Inde dans son ensemble, seules les années 1880 ont connu un quotient relativement sain entre taux de naissance et taux de mortalité.

Quelle leçon les Britanniques tirent-ils de ces catastrophes ? Le rapport officiel le plus exhaustif, le *Report on the Famine in Bombay Presidency 1899-1902*, concède qu'une grande part de l'excessive mortalité aurait pu être évitée par « une assistance (Home) gratuite largement répartie depuis le début », mais soutient que « le coût en aurait été tel qu'aucun pays n'aurait pu le supporter — ou être sommé de le supporter » (bien que les Moghols, mentionne Davis, aient procuré cette forme de secours durant le XVIIIe siècle). De même, la principale conclusion du rapport de la *1901 (All-India) Famine Commission* était que — en dépit du fait qu'à peine un cinquième des victimes estimées de la famine avait reçu une assistance britannique — « l'aide distribuée était "excessive" ».

La catégorie coloniale abusive des « tribus criminelles » : cynisme législatif

La catégorie « tribus criminelles », illustrative d'un exemple d'aménagement de la domination britannique, ne traduit pas une conception propre à la société indienne, mais une notion importée dans l'Inde du XIXe siècle par les administrateurs et par les juristes du régime colonial britannique. Elle est appliquée à des groupes sociaux dont les occupations traditionnelles s'identifient selon eux à la « prédation » et à la « délinquance ». Le terme « tribu » se réfère à un caractère ethnique et celui de « criminel » affère au droit criminel issu directement du droit occidental : ces groupes ne deviennent criminels qu'en regard des conceptions occidentales de la marginalité. Loin d'être exclus des formes sociales spécifiques à l'ensemble des sociétés du sous-continent indien, ils évoluent dans son univers idéologique dont le principe dominant est celui du classement de la différence et de l'absence d'exclusion[31]. Ces dispositions légales prises à l'encontre des tribus criminelles doivent être considérées dans le contexte plus général des grilles variées d'inventoriation introduites par l'administration coloniale, en particulier celles du *Census* et des *Gazetteers*.

31. M. Fourcade, « Les dénommées "tribus criminelles" de l'Inde britannique : violence coloniale, violence traditionnelle », *Purushartha*, 16 : *Violences et non-violences en Inde*, Paris, éd. de l'EHESS, 1994, p. 187.

À partir de 1830, un changement s'amorce sous l'influence des courants évangélique et utilitarien. Ce dernier, motivé par la quête d'intérêts matériels, trouve ses fondements philosophiques au cœur de l'économie politique. Il a ainsi inspiré une politique sociale dont l'un des traits est l'élimination de certains « abus » de la société indigène. Ce sont, entre autres, le suicide des épouses sur le bûcher de leur mari et la criminalité des Thugs, une confrérie de bandits de grand chemin. Jusqu'alors, il ne s'était pas opéré de rupture fondamentale avec l'ordre traditionnel indien. Le gouvernement ne faisait que prendre à sa charge une partie de la fonction de défense et de répression que les villages indigènes assuraient eux-mêmes. Un pas décisif est franchi lorsque les conceptions occidentales en matière judiciaire punitive sont moulées dans les lois devenant impératives pour l'ensemble du corps social. Le point de départ en est le Criminal Tribes Act (CTA) de 1871 qui donne pouvoir à tout gouvernement provincial avec autorisation du gouverneur général de déclarer « criminel » tout groupe, tribu ou classe, qu'il tient pour « adonné à la perpétration systématique » de certaines catégories de délits attentant aux personnes et aux biens. Cette procédure équivaut donc à reconnaître coupable un groupe entier sans qu'il y ait procès. Elle permet aux autorités d'imposer au groupe incriminé une détention et un régime plus ou moins strict.

Citons le discours de J. V. Stephens, membre titulaire du portefeuille des lois du Conseil du vice-roi, pour introduire le projet de loi (*bill*) du CTA de 1871 :

> Le trait distinctif de l'Inde, c'est le système des castes. En vertu de ce système, les marchands sont constitués en castes, une famille de charpentiers restera une famille de charpentiers à un siècle ou à cinq siècles d'ici, si elle dure jusque-là. Gardons ce fait en tête et nous saisissons d'un coup ce qu'il faut entendre par criminel professionnel. Il s'agit d'une tribu dont les ancêtres sont criminels depuis les origines des temps, dont les membres sont voués par les lois de la caste à commettre des crimes et dont la descendance à son tour sera délinquante jusqu'à ce qu'elle soit exterminée comme on a fait pour les Thugs. Quand un homme vous déclare qu'il est délinquant, il faut comprendre qu'il est tel depuis le début et qu'il le sera jusqu'à la fin. Il est impossible de le réformer car c'est son

métier, sa caste, je dirais presque sa religion, que de commettre des crimes[32].

Amalgame de termes : caste, tribu, métier ; mélange de notions d'ordre rituel, ethnique et séculier, mises sur le même plan pour la commodité de la législation britannique ; l'impropriété du vocabulaire employé révèle le hiatus entre l'approche coloniale des réalités hindoues et ces réalités elles-mêmes qui se retrouvent détournées de la signification qu'elles recouvrent dans leur société d'origine. Le texte lui-même détermine une catégorie d'ordre pénal pur pour faciliter l'application d'une loi fondée sur des critères arbitraires, et non sur la prise en compte du système des castes dont l'inter-dépendance constitue un principe de base qui échappe à l'œil anglais.

Sous cette étiquette de « tribus criminelles » (qui n'englobe pas les authentiques tribus primitives de l'Inde ou *âdivâsî*), on trouve des groupes dont la profession est la prédation ; des groupes dont la prédation est accidentelle (famine, cata-clysme naturel...) ; les exclus, déclassés, dissidents originaires de castes ordinaires ; d'autres rassemblements encore, consti-tués au contraire de déclassés issus de milieux divers. Ils fonctionnent comme des creusets, accueillent des ressortis-sants d'origine, de caste ou de religion différentes[33]. Les histo-riens s'accordent depuis longtemps sur les origines mixtes de ces tribus criminelles dues, en partie, à leur recrutement ouvert. Indifférentes à une notion d'identité ou de pureté à préserver, elles possèdent leurs propres mythes d'origine, leurs valeurs intériorisées dès l'enfance, leur code d'honneur, et s'adonnent à des activités délictueuses qui leur tiennent lieu de fonction spécifique.

Le CTA, dans la pratique, autorise tout magistrat de district à répertorier et à agir sur ces groupes là où il juge bon de les assigner à résidence, ou de les enfermer dans une colonie de

32. G. Shankar, *Born Criminals*, Varanasi, Kishor Vidya Niketan, 1979, p. 61.
33. J. Pouchepadass, « Délinquance de fonction et marginalisation coloniale : les "tribus criminelles" dans l'Inde britannique, *in* (collec-tif) *Les Marginaux et les exclus dans l'Histoire*, Paris, Plon, 1979, p. 130.

redressement. Ces colonies ne sont pas gérées par la police mais par des fonctionnaires spécialisés ou, à partir de 1910, par des associations philanthropiques ou missionnaires (*London Mission, Salvation Army*).

L'examen des origines idéologiques du CTA de 1871 — et ses révisions ultérieures — montre qu'il est inspiré de notions contemporaines de la criminalité. Les définitions du crime en Inde données par les Britanniques sont reliées à leurs idées sur les structures et le fonctionnement de la société et de la culture indiennes aussi bien qu'à l'idéologie du gouvernement qui justifie leur domination et la sujétion des Indiens[34]. Les politiques légales du pouvoir colonial se fondent sur des assertions accommodantes et erronées concernant la société indienne et connaissent donc des résultats imprévus (voir Fourcade, 1994). L'autorité anglaise a fondu ensemble l'idée d'une influence morale avec le concept de «pouvoir de l'État[35]».

Une fois notifiés officiellement Criminal Tribes (CT), ces groupes n'ont pas de recours vis-à-vis du système judiciaire pour sortir de cette désignation. Des protestations sont entendues mais restent sans effet. La tendance des législateurs est d'accepter l'idée du «crime héréditaire» conformément aux théories criminologistes du temps. Les groupes identifiés comme CT sont estampillés de façon indélébile et dotés de caractéristiques sociales et comportementales. Le jugement officiel sur les CT aboutit à ce que nombre d'entre elles sont reconnues comme gitans (*gypsies*), tribus errantes (*wandering tribes*) ou tribus vagabondes (*vagrant tribes*). Cette conception des choses prend sens avec la vision contemporaine selon laquelle le vagabondage est la «pépinière du crime». Une exception pour le *Chief Commissioner* des Provinces centrales, qui reconnaît que ces groupes errants se sont souvent bien intégrés dans l'économie régionale et la société. «Chacune de ces tribus avait son propre nom, son artisanat, beaucoup étaient des visiteurs bienvenus dans les villages

34. B. Cohn, «Notes on the Study of Indian Society and Culture», *in* M. Singh et B. Cohn, *Structure and Change in Indian Society*, Chicago, J. L. Aldine.

35. *Ibid.*, p. 5-6, 78.

qu'ils fréquentaient[36]. » Les Britanniques ont donc considéré sans discrimination des groupes entiers comme délinquants, n'opérant pas ou peu de distinguo parmi les populations « péripatétiques », tels les bergers nomades, les bardes, les ménestrels, mendiants et marchands, ni parmi les castes et les tribus. Particulièrement à l'égard des groupes errants dont la mobilité est cause de suspicion, l'incompréhension est totale s'agissant des caractères saillants du nomadisme (variations rythmiques et cycliques pourtant prévisibles, changements de lieux avec limites territoriales ou frontières de structures lignagères définissant le groupe migratoire). Aussi les descriptions officielles des tribus criminelles sont-elles statiques, ne tenant pas compte de leur dimension historique[37]. Le contenu du CTA de 1871 a donc été forgé selon des idées contemporaines sur la causalité du crime autant que d'après les conceptions coloniales de la déviance.

Le régime colonial repose sur sa police à la fois comme agence de surveillance et de coercition. Et encore, les ressources que le pouvoir britannique se tient prêt à allouer à la police sont-elles restreintes par le souci de profit qui anime l'exploitation coloniale et par un désir d'interférer dans la société indienne aussi peu qu'il est compatible de le faire avec la mainmise du contrôle et des intérêts coloniaux.

L'abolition du CTA devenue réelle dans toute l'Inde en 1952, la délinquance des tribus criminelles est à nouveau tombée sous le coup du droit commun sans que cela entraîne « une augmentation considérable de la délinquance des groupes en question[38] ». Finalement, cette catégorie juridique donne lieu à des jugements et enfermements arbitraires, puisqu'elle est construite artificiellement sans tenir compte du modus vivendi des populations incriminées à tort, d'où son inefficacité et, à terme, son abandon.

36. Cité *in* A. A. Yang, *Crime and Criminality in British India*, Tucson, University of Arizona Press, 1985, 144, n° 25.
37. S. Nigam, « Disciplining and Policing the "Criminal by Birth". Part 2 : The Devlopment of Disciplinary System 1871-1900 », *The Indian Economic and Social History Review*, 27 (3), 1990, p. 257-287.
38. J. Pouchepadass, *op. cit.*, p. 149.

L'opium, « premier argent de la drogue » : cynisme moral

L'opiomanie de l'Inde, en conjonction avec l'alcoolisme, a été l'un des moyens auxquels l'Angleterre a eu recours pour maintenir sa domination. Le pavot, d'origine méditerranéenne, fut introduit en Inde comme en Chine par les Arabes, mais l'acclimatation en Inde aurait précédé l'époque du Prophète (570-632 apr. J.-C.)[39]. Les premiers voyageurs britanniques, dans le dernier quart du XVIe siècle, mentionnent « énormément d'opium » parmi les marchandises transportées d'Agra et de Patna au Bengale. Ces provenances attestent une culture bien établie au Malwa (Inde centrale) et dans la région de Patna qui resteront les principales régions productrices tout au long du XIXe siècle et jusqu'à nos jours. On les retrouve sous les deux appellations suivantes : opium du Malwa et opium du Bengale. Au début du XVIe siècle, sous l'empereur moghol Akbar, le pavot est la culture commerciale la plus imposée et donc objet d'un contrôle sévère de la part des administrations fiscales.

Les Européens donneront une ampleur sans précédent au commerce de l'opium, qu'ils utilisent comme moyen de financer leurs achats d'épices, de tissus de coton et de soie. À la suite des Portugais, puis, au XVIIe siècle, des Hollandais, les Anglais voudront gérer et accroître une production, source de revenus considérables, dont ils vont faire un outil d'empire décisif. « C'est sans doute la première fois, comme l'écrit judicieusement l'anthropologue Marie-Claude Mahias, qu'on peut véritablement parler d'"argent de la drogue" au sens où le financement d'une politique impériale est délibérément obtenu par la drogue, en misant sur la toxicomanie de l'autre[40]. »

L'exportation du narcotique indien a été légalisée par le traité de T'ien-tsin en 1858[41]. Le revenu du monopole

39. Marie-Claude Mahias, « Le tabac et l'opium en Inde : leur rôle dans l'histoire des Nilgiri », *in* A. Hubert et P. Le Failler, *Opiums : les plantes du plaisir et de la convivialité en Asie*, Paris, L'Harmattan, 2000, p. 216.

40. *Ibid.*, p. 217.

41. J. Pouchepadass, « L'opium », in *Paysans de la plaine du Gange : le district de Champaran 1860-1950*, Paris, École française d'Extrême-Orient (« EFEO » CLVII), 1989, p. 458.

gouvernemental de l'opium ajouté à la taxation de l'opium du Malwa, une région comprise dans les États princiers hindous, constitue dès lors un élément non négligeable des recettes de l'État colonial : 11 % en 1891-1892, encore 9 % en 1911-1912. L'opium de la vallée du Gange, exporté par Calcutta, représente au minimum les deux tiers du total des exportations indiennes de la drogue. Celle-ci est fabriquée, à partir du produit livré par les paysans, dans des manufactures autorisées et supervisées par le gouvernement. C'est ce gouvernement lui-même qui, au début du xxᵉ siècle, décide de mettre fin par étapes, dans le cadre d'accords conclus avec la Chine en 1907 et 1911, à cette activité jugée de plus en plus sévèrement à l'échelon international. La Régie d'opium du Bihar est dissoute en 1910. Après la Première Guerre mondiale, le gouvernement de l'Inde prend le contrôle complet des exportations d'opium et, conformément à la convention de Genève, n'en exporte plus qu'à des fins scientifiques et médicinales. Il s'emploie à partir de la fin des années 1920 à obtenir l'arrêt de la production des États princiers. Les exportations d'opium indien cessent complètement en 1935.

On connaissait donc bien l'usage de l'opium avant l'arrivée des Britanniques en Inde, mais sous une forme bénigne et dans des proportions modestes. Gandhi disait à ce sujet : « Avant les Anglais, il ne se trouvait en Inde aucun gouvernement pour encourager le mal qu'est l'usage de l'opium et en organiser l'exportation à des fins fiscales comme l'ont fait les Anglais. » Après leur installation, la consommation de l'opium a été en augmentant. En 1880, le haut-commissaire de la Birmanie adressait au gouvernement britannique un rapport officiel où l'on pouvait lire : « L'usage habituel de ces drogues sape les forces physiques et morales, démolit les nerfs, émacie le corps, diminue sa force et sa résistance, rend les gens paresseux, négligents et malpropres, annihile l'amour-propre, constitue une des sources les plus horribles de la misère, du dénuement et de la criminalité, peuple les prisons de pensionnaires flasques et veules, bientôt victimes de la dysenterie et du choléra, empêche l'extension désirable de l'agriculture et la progression morale de l'impôt foncier, arrête l'augmentation naturelle de la population et affaiblit la constitution de la génération subséquente. »

Cela n'a pas empêché une commission officielle d'envoyer en 1895 à Londres un rapport optimiste en bonne et due forme dont voici les principaux passages :

La consommation de l'opium n'est guère un vice aux Indes [...]. On a largement recours à ce produit à des fins non médicales comme pour des buts semi-médicaux, dans quelques cas avec de bons résultats et dans la plupart des circonstances sans suites nocives [...]. Il n'est pas nécessaire de ne permettre dans l'Inde la culture du *papaver* ainsi que la fabrication et l'usage de l'opium qu'à des fins médicales. Une expérience traditionnelle a enseigné au peuple indien à ne recourir à ce produit qu'avec circonspection et l'abus que l'on en fait est un trait de la vie du peuple indien auquel il n'y a pas lieu de s'arrêter *[sic !]*. La majorité des opiophages indiens n'est pas asservie à son habitude. Ces gens prennent les petites doses dont ils ont besoin sur le moment et peuvent renoncer à leur ration, l'appétence passée. L'opium est le plus commun et le plus apprécié des remèdes de bonne femme à la disposition des gens. Ils le prennent pour prévenir la fatigue ou l'atténuer, comme moyen prophylactique de la malaria ou encore pour réduire la quantité de sucre dans le diabète, et, de façon générale, il est employé par tous les âges comme sédatif. L'usage de l'opium à petites doses est un des moyens principaux de traiter les maladies infantiles [!]. Interdire la vente d'opium sans prescription médicale serait une mesure ridicule et nettement inhumaine à l'égard de nombreux millions d'êtres humains [!].

Ce rapport ne saurait se retrancher derrière le fait qu'on n'avait pas encore bien connaissance à l'époque des conséquences sur le corps et l'esprit de la prise d'opium. En effet, trois ans auparavant, en 1892, cinq mille médecins avaient déclaré en Angleterre que fumer ou manger de l'opium était nuisible au corps et désastreux pour l'esprit, et qu'il fallait aux Indes considérer l'opium comme un poison et le traiter en conséquence, de même que dans la métropole. Une commission de la SDN avait établi que la consommation annuelle normale d'opium à des fins médicales était de moins de 6 kilos pour 10 000 habitants (soit 0,6 g par habitant). Or, à Calcutta, dans les années 1900, la moyenne de consommation est de 144 kilos pour 10 000 habitants, ce qui représente pour chaque opiophage l'absorption de quantités énormes. En 1923, c'est la Commission des économies auprès du gouvernement qui publie un rapport, insistant nettement sur «l'importance du maintien de la vente d'opium, source capitale du rendement des impôts », et déclarant qu'il ne fallait pas songer à recommander une diminution du taux de la taxe. Le pasteur John Liggins écrit dans sa brochure sur l'opium : « À peine l'Angleterre avait-elle établi sa domination sur le pays que les fonctionnaires subalternes britanniques distribuaient gratis de l'opium aux indigènes pour créer un marché aux Indes. » Un autre pasteur, C. F. Andrews, rapporte ceci : « En 1921, le pasteur de mission J.-N. Roy présenta au Conseil législatif d'Assam une motion au terme de laquelle la vente de l'opium dans le pays devait être annuellement réduite de 10 %. Cette motion fut adoptée à une majorité écrasante ; ne se prononcèrent contre elle que les fonctionnaires, les Européens et quelques dignitaires indiens. Cependant, le gouvernement, détenteur du pouvoir exécutif, s'est refusé à déférer à la volonté de l'autorité législative… »

Les partisans de Gandhi organisent une campagne contre l'alcool et l'opium. Grâce à leur action purement morale, ils réussissent à abaisser de 50 % la consommation dans la province d'Assam. Que fait le gouvernement ? Il intervient pour jeter en prison quarante-quatre des soixante-trois orateurs qui parcourent le pays.

« Si le gouvernement du pays ne livrait plus ce toxique au peuple, celui-ci se le procurerait en contrebande, disent les Anglais en réponse aux accusations dont ils sont l'objet. Il est donc absolument normal que les autorités donnent satisfaction à un besoin existant et perçoivent l'impôt dont il est grevé. »

Dans une lettre de Calcutta à la *Nation* de New York, Gertrude Marvin Williams écrit, à la date du 2 juin 1925 :

En un seul jour, on a compté, dans un des seuls dépôts d'opium de l'administration à Calcutta, 2 300 acheteurs des deux sexes. J'ai visité l'un de ces dépôts qui se trouvait à proximité de Chowringhee, l'artère principale de la ville. Derrière une petite fenêtre en treillage de fer, un homme accroupi sur un comptoir enroulait dans une feuille verte des fragments d'opium brun gluant. À côté de lui, un autre individu recueillait un flot ininterrompu de pièces de 1 *anna* [environ 0,02 euro]. Les gens qui faisaient la queue appartenaient aux catégories les plus diverses. Pour 1 anna, on obtenait presque sept grains d'opium. Les défenseurs du monopole gouvernemental soulignent toujours que les dépôts ne doivent vendre à chaque client qu'une quantité limitée. Me renseignant à cet égard, j'ai appris que la limite est 1 *tola*, soit 188 grains, mais que les amateurs peuvent quotidiennement réclamer cette quantité. Rien ne les empêche non plus de faire le tour de tous les dépôts ou de revenir, cinq minutes plus tard, dans celui où ils ont fait leur première acquisition.

C'est ce qu'on appelle la Réglementation (*Government Regulation*) du trafic de l'opium ! Mais le plus grave est l'ingestion de l'opium par les enfants. Les femmes qui travaillent dans les fabriques de Calcutta et de Bombay en font prendre le matin à leurs nourrissons pour qu'ils dorment toute la journée et ne les importunent pas dans leur travail par leurs vagissements affamés. Dans les villages, elles étourdissent leurs bébés avant de partir aux champs.

L'Inde contemporaine est officiellement reconnue comme le principal producteur et consommateur d'opium, mais la culture du pavot est désormais strictement contrôlée par l'État, limitée à des zones facilement accessibles et pratiquée sous licence.

Censure du Raj sur les ouvrages bengalis « séditieux » : cynisme intellectuel

C'est Robert Darnton, historien spécialiste du XVIIIᵉ siècle français, qui nous ouvre cette fois des horizons sur le fonctionnement de la censure dans la littérature bengalie durant la dernière période du Raj[42]. Il nous introduit auprès de William Lawler, bibliothécaire instruit et « agent de police littéraire » sans pareil.

Lawler travaillait attablé devant une immense feuille de papier divisée en seize colonnes. Autour de lui s'amoncelait une énorme moisson de livres publiés au Bengale en 1879. Sa tâche consistait à remplir les colonnes. Dans les premières, il précisait le titre, l'auteur, l'éditeur, etc., de chaque ouvrage, informations exigées pour l'inscription de nouveaux livres conformément à la loi promulguée par l'Acte XXV du gouverneur général de l'Inde en Conseil pour 1867. En inscrivant un ouvrage et en payant deux roupies, son éditeur acquérait un

42. R. Darnton, « Un-British Activities », *The New York Review of Books*, 12 avril 2001, VIII (6), p. 84-88.

copyright pour toute l'Inde britannique et se protégeait contre
les poursuites, car un livre non enregistré était jugé illégal, et
son éditeur pouvait être puni par le gouvernement colonial
de deux ans de prison ferme assortis d'une amende de
5 000 roupies. En outre, au Bengale, le gouvernement conservait en archives tous les livres publiés dans la province. Ces
catalogues n'étaient pas consultables par le grand public. Ils
circulaient secrètement à l'intérieur des canaux de l'Indian
Civil Service (ICS) — une « matière » jugée confidentielle,
comme leurs analogues émanant d'autres gouvernements pro-
vinciaux. L'ensemble fournissait aux agents du British Raj un
rapide compte rendu de tout ce qui paraissait dans le sous-
continent ou, du moins, de tout ce que les éditeurs soumettaient à l'inventoriation. Les entrées au catalogue de 1868 à
1905 couvrent quelque 200 000 titres. Pour le seul Bengale,
les catalogues de ces années-là constituent environ quinze
volumes, contenant chacun au moins cinq cents pages.
L'Indian Civil Service y dialogue avec lui-même à propos des
natives (les Indiens) : un discours sur la littérature émanant
des autorités coloniales à l'apogée de l'impérialisme. En effet,
dans l'espace blanc sous la dernière des rubriques — colonne
16, « Remarks » —, Lawler résumait l'argument des romans,
poèmes et pièces de théâtre de manière à rendre leur morale
claire à leurs lecteurs — les hommes de l'ICS. Le catalogue
était, en réalité, un condensé littéraire, réservé aux administrateurs du Raj. En le consultant, un magistrat de district du
Pendjab ou un secrétaire à l'India Office de Londres pouvait
savoir ce que mijotaient les natives. Les lecteurs implicites de
la colonne 16 étaient les maîtres de l'Inde. Ils avaient besoin
d'être informés sur la littérature déversée par les presses des
imprimeries dans une ahurissante variété de langues. Mais
pourquoi le Raj se contentait-il d'accumuler de la connaissance ? Pourquoi ne réprimait-il pas les livres que des hommes
comme Lawler auraient brûlés sans remords ? Le catalogage
peut-il être considéré comme une forme de censure ? Évidemment non, même si l'histoire de l'impérialisme et des littératures indigènes implique bien plus que la simple répression.
  Le livre imprimé existait sur le sous-continent depuis 1556,
mais il restait confiné à de petites enclaves de missionnaires
dispersées le long des côtes, et le nombre total de publica-

tions, y compris pamphlets et nouvelles feuilles, atteignait moins de 2 000 titres en 1800. C'est dans la seconde moitié du XIXe siècle que le livre imprimé pénétra profondément la société indienne, rencontrant encore de formidables obstacles, comme l'illettrisme de masse. Quand les Anglais réfléchirent sur les ravages produits par la Grande Rébellion de 1857-1858, ils mesurèrent la distance culturelle qui les séparait des natives et se tournèrent vers une nouvelle forme d'impérialisme qui combinerait une augmentation de connaissance avec une expansion du pouvoir, et qui serait fondamentalement libéral. The Press and Registration of Books Act de 1867 fut l'une des tentatives pour restaurer l'ordre dans un monde encore tremblant après le choc de 1857 et les insurrections paysannes de 1858. Le Parlement abolit l'East India Company en 1858, mit l'Inde directement sous la Couronne, et gouverna au travers d'une administration qui dépendait de moyens modernes d'informations, c'est-à-dire d'un flot incessant de mots sur du papier. Depuis 1853, tout était scruté, cartographié, classé. Les catalogues de livres appartenaient au même effort de « tout cataloguer » : il y avait effectivement un *Census* de littérature indienne conçu selon les autorités impériales. Le système d'éducation, inspiré par Macaulay, d'une élite indienne, formée à l'anglais, développa une littérature moderne marquée par la tradition occidentale autant que par l'orientale (par exemple, le mouvement de la « renaissance bengalie »). Les *babus*[43], ainsi qu'on les nommait, parfois avec respect, parfois avec dérision, remplissaient les formulaires et établissaient les rapports qui donnaient forme à la compréhension que le Raj pouvait avoir de lui-même. C'était donc un processus complexe. Cette colonne 16 ne fut pas ajoutée à la *standard form* avant août 1871. La confrontation entre l'imagination victorienne et l'imagination bengalie dans la colonne 16 produisit des réactions de

---

43. En hindi, ce terme qualifie un employé de bureau indien et aussi une personne instruite, un gentilhomme. C'est également le terme d'adresse consacré pour le père, l'homme respectable, d'un certain rang. Dans le contexte de l'article, il signifie plutôt un produit du système du Raj, un peu verbeux, à la fois odieux aux Anglais et à ses propres compatriotes.

plus en plus compliquées, et les « remarks » enflèrent rapidement. En 1875, elle commença d'être lue comme la colonne d'un journal, et les remarques devinrent des comptes rendus. Après 1879, quand Chundra Nath Bose succéda à William Lawler, le catalogue fut compilé par des Indiens. Mais le ton des remarques resta essentiellement le même, « même si les bibliothécaires "babus" semblaient être moins obsédés par le sexe et plus concernés par l'exactitude philologique », précise Darnton (2001). Aux yeux des bibliothécaires anglais des années 1870, la littérature bengalie était un assortiment étrange d'éléments incompatibles. Dans les années 1890, quand les Indiens eurent pris le contrôle des catalogues, les expressions d'incompréhension cédèrent le pas à un second thème : le mépris pour la vaste littérature populaire, qui débordait des presses et que vendaient des colporteurs aux pauvres de Calcutta et aux paysans de l'arrière-pays. Cette littérature touchait aux horreurs urbaines — crapules, meurtriers, détectives, prostituées — et aux fantaisies rurales — contes de fées, magie, aventure, astrologie. Les « catalogueurs », qui jouaient un rôle de gardiens de la flamme de la culture, identifiaient la civilisation à la sanskritisation[44] ou à ce qu'ils considéraient comme un courant culturel retournant à un monde de pureté classique. Cette tendance appartenait aussi au Raj, conjointement construit par les Anglais et par les Indiens, et elle contenait un élément de *self-imposed orientalism*.

Enfin, la colonne 16 nous montre comment le Raj surveillait la littérature en tant que ferment de danger. Les responsables des catalogues consignaient énormément de livres qui déploraient l'assujettissement des Indiens à la loi étrangère et qui se lamentaient sur leur décadence, leur pauvreté et leur perte de pouvoir, un thème qui était fréquemment opposé à la gloire des anciens Aryens, célébrés tant pour leur fier esprit d'indépendance que pour leur culture supérieure...

---

44. Ce concept est proposé par l'anthropologue indien M. N. Srinivas pour désigner principalement la tendance des inférieurs à imiter les brahmanes dans l'espoir d'améliorer leur statut. Plus généralement, le terme se rapporte au(x) processus d'ascension sociale.

À côté de ce catalogage, moyen de connaissance et, par là même, de contrôle, quelle était la nature de la censure en elle-même ? Le régime (semi-foucaldien) était « surveiller » mais pas « punir ». Les Britanniques gouvernaient et la presse demeurait libre, libre même de se lamenter sur le manque d'indépendance du pays. Cet étrange faisceau d'incongruités tint ensemble jusqu'en 1905, quand les Anglais firent la partition du Bengale. Pour eux, cette partition avait un sens bénéfique, solide et bureaucratique. Le Bengale était une vaste province dotée d'une population de 85 millions d'habitants, plus de deux fois celle de l'Angleterre, et il ne pouvait être administré de façon adéquate par un lieutenant-gouverneur et des officiers de districts éparpillés. Mais, pour les Bengalis, c'était une atteinte meurtrière qui taillait profondément dans la chair de leur corps politique. Ils l'attribuaient à une stratégie cynique du « diviser pour régner » ; la nouvelle province du Bengale oriental et l'Assam fourniraient aux Anglais une dépendance docile des musulmans, tandis que les intellectuels nationalistes de Calcutta, un corps grandissant de babus très instruits et sous-employés, allaient perdre leur influence par rapport aux orateurs non bengalis du Bengale occidental. Les pétitions et meetings de protestation tombèrent dans l'oreille d'un sourd. Lord Curzon, le vice-roi, était aussi rigide que le corset de fer qu'il portait pour soutenir son dos. Et lord Minto, le collègue tory qui lui succéda en août 1905, montra encore moins d'intérêt pour les vœux de la population indigène, en dépit des incitations de son supérieur, John Morley, le secrétaire d'État pour l'Inde à Londres, qui prit ses fonctions avec le gouvernement libéral élu fin 1905. Il favorisa toutes sortes de réformes, y compris l'élection d'Indiens dans les conseils de province ; mais, quand il parla de la partition du Bengale comme d'un « fait acquis », les intellectuels bengalis se sentirent trahis par les principes mêmes qu'on leur avait inculqués dans les écoles anglaises. Après l'échec de la *mendicancy* — la politique de coopération préconisée par l'aile modérée du parti du Congrès —, les nationalistes bengalis se mirent à la *swadeshi*, une stratégie de boycott des importations anglaises favorisant les marchandises *home-made*. Le boycott des manufactures mena à celui des institutions, cours, écoles, Civil Service, et, enfin, à la demande de

swaraj (indépendance). Des groupes de militants s'inspi-
rèrent de l'hindouisme revivaliste, précurseur du fondamenta-
lisme actuel, pour développer des formes alternatives de vie
civile, mais cette stratégie les mena au conflit avec l'importante minorité des musulmans du Bengale, 30 % de la population de Calcutta elle-même. La création, encouragée par lord
Minto, de la *All-India-Muslim-League* fin 1906 renforça les
Bengalis dans leur conviction que les Anglais appliquaient le
« diviser pour régner ». Les émeutes hindoues-musulmanes à
Comilla et Mymensingh au printemps 1907 créèrent une distance entre les deux populations. Sous le prétexte de restaurer l'ordre, les Anglais suspendirent les libertés civiles et
commencèrent à arrêter les agitateurs partout, du Bengale au
Pendjab. Mais les hindous eux-mêmes se divisèrent quand le
parti du Congrès se scinda à son meeting annuel, en décembre
1907. Les extrémistes se retrouvèrent de plus en plus isolés,
dans l'impossibilité de collaborer avec la vieille élite politiquement modérée, d'une part, et incapables de mobiliser la
masse appauvrie et illettrée des paysans, d'autre part. Le
30 avril 1908, une bombe tua deux Anglaises à Muzaffarpur et
des faits similaires se reproduisirent jusqu'à l'attentat manqué
de lord Hardinge, successeur de Minto, en 1912. Le transfert
de la capitale à Delhi et la réunification du Bengale en 1911,
suivis par l'éclatement de la Première Guerre mondiale,
mirent fin à la première phase de l'agitation nationaliste. La
presse avait alimenté l'explosion du nationalisme depuis ses
tout premiers débuts. Les meneurs étaient des hommes de
lettres qui tiraient leur inspiration de la littérature, à la fois
indienne et anglaise, et qui se rassemblaient autour des journaux et des bibliothèques. Chansons, pièces de théâtre, poèmes,
pamphlets, etc., une littérature variée apparaissait partout,
propice à l'agent anglais en quête de signes de sédition. Les
serviteurs du Raj la connaissaient très bien, l'ayant suivie pendant quarante ans dans leurs catalogues. Après 1905, la question devint : comment utiliser cette information pour
réprimer la flambée du nationalisme ?

La répression, qui prit la forme de la censure, induisit les
mêmes sortes d'interventions policières que celles utilisées
en Europe : arrestation des auteurs, des éditeurs ; raids dans
les librairies ; interception de lettres et de colis dans le cour-

rier ; et même utilisation d'agents secrets pour rapporter ce qui se disait dans les meetings et ce qui était lu dans les écoles... Il devint clair que la littérature désormais jugée séditieuse était celle qui était parue pendant des années dans les catalogues. Partout, les Anglais sur le terrain semblaient considérer la liberté d'expression comme un luxe occidental qui rendrait impossible le gouvernement britannique en Inde. Lord Minto appuya leurs points de vue auprès de Morley, demandant des pouvoirs arbitraires pour brider la presse. Mais la liberté de la presse appartenait au plus sacré des articles de foi du credo libéral de Morley. La contradiction entre le prêche du libéralisme et la pratique de l'impérialisme apparut chaque semaine au moment des questions au Parlement, quand les députés, tel Henry Cotton, un expert bien informé des affaires indiennes, exposèrent le manque de libéralisme de la *British Rule* en Inde aux yeux du monde entier. Pendant que Minto et Morley se battaient à coups de dépêches, les humbles agents du Raj remplissaient la correspondance confidentielle de l'Indian Civil Service avec des rapports sur la répression. Lors d'un raid dans une association nationaliste, les livres confisqués par la police incluaient la *Politique* d'Aristote aussi bien que des ouvrages en anglais comme *The Awakening of Japan* et *The Life and Writings of Joseph Mazzini*... Le gouvernement mit aussi au ban une réimpression d'une *Histoire de l'East India Company,* publiée pour la première fois en 1838 et qui avait été disponible depuis dans plusieurs bibliothèques publiques. Dans le dossier de poursuite judiciaire, un conseiller légal au gouvernement ne discuta pas la justesse ou la date du livre, mais argumenta que le texte avait pris « une nouvelle signification ». Après avoir rempli les prisons du sous-continent avec des auteurs *under arrest*, il restait aux agents du Raj de les déclarer coupables au tribunal. Cette dernière étape était la plus difficile de toutes, parce qu'elle menaçait de mettre à nu les contradictions inhérentes à l'impérialisme libéral. Les Anglais s'étaient engagés à respecter les règles qu'ils avaient imposées aux Indiens. Mais la sédition avait acquis un sens particulier sous le Raj. Selon le Code pénal indien de 1860, rédigé dans la confusion de l'après-Grande Rébellion de 1857, la sédition s'appliquait à « quiconque excite ou tente d'exciter des

sentiments de désaffection à l'égard du gouvernement ».
La « désaffection », elle, demeura indéfinie jusqu'en 1898,
quand le gouvernement ajouta une note explicative aux dispositions de la loi principale, section 124A : « L'expression "désaffection" inclut la déloyauté et tous les sentiments d'hostilité. »
Cela clarifié, tout serait résolu durant les dix années suivantes,
quand le Raj poursuivrait en justice des douzaines d'auteurs
incitant à la sédition dans leurs œuvres. La plupart étaient
condamnés à un « emprisonnement ferme », habituellement pour
six ans, parfois assorti d'une lourde amende et d'une « déportation » dans une prison étouffante de chaleur à Mandalay.

Dans ces procès, le langage légaliste et la politesse forma-
liste — « Votre Honneur », etc. — démontraient la légitimité
de la justice anglaise dans le cadre de l'Inde. Or les Indiens
avaient aussi appris à jouer le jeu. Leurs avocats avaient étudié dans les écoles anglaises et pouvaient défendre leurs
clients en citant des précédents britanniques, ou, si nécessaire, Shakespeare et Milton. Par ailleurs, les agents du Raj,
qui se référaient aux décennies de commentaires rassemblés dans les catalogues, faisaient preuve de leur vaste
connaissance de la littérature indienne. Dans les cas clés,
les « catalogueurs » eux-mêmes témoignaient au tribunal. « Ainsi,
la salle d'audience se transformait en champ de bataille hermé-
neutique, où chaque partie jouait son interprétation de
l'autre, et l'impérialisme apparaissait, du moins pour quelques
moments, tandis que les mousquets étaient remisés dans leurs
étuis, comme une compétition pour une domination symbolique à travers l'exégèse textuelle[45]. »

Considérons le passage ci-dessous tiré d'un poème publié
dans une revue littéraire, *Pallichitra,* en 1910, et qui caractérise le matériau condamné comme séditieux dans les tribunaux. Parce que son auteur ne pouvait être identifié (il le fut
plus tard et envoyé en prison pour deux ans), l'éditeur du
volume fut jugé, déclaré coupable de sédition sous la section
124A et condamné à deux ans de prison ferme. En fait, le juge
annonça qu'il aurait mérité d'être déporté à vie, tant son crime
était odieux. Où donc était la perversité dans les mots qui suivent, traduits du bengali par le traducteur officiel du tribunal ?

45. R. Darnton, *op. cit.,* p. 87.

> *Under the stamp of Asur's feet there are no Parijat flowers
> in the Nanda Gardens ; and in the garb of a beggar, Indrani
> is sorely suffering in the most recess* [sic] *of her heart.*

> (« Sous les piétinements des Asura (démons), il n'y a point de
> fleurs Parijat dans les jardins de Nanda, et sous l'habit d'une
> mendiante, Indrani souffre cruellement dans le repli le plus pro-
> fond de son cœur. »)

À la plupart des Occidentaux, ces vers sont absolument opa-
ques. Pour le magistrat de district, il s'agissait d'une sédition
totale. Le poème ne contenait rien d'ésotérique qu'un « lecteur
ordinaire » ne puisse saisir, clama-t-il, car son sens était trans-
parent pour quiconque doté d'une connaissance élémentaire
de la mythologie hindoue : Indrani était la « Mère Inde » ; le
jardin fleuri était le paradis que les Britanniques avaient
détruit ; les Asura étaient des démons, c'est-à-dire les Anglais ;
et leurs ennemis, les Indiens désormais réduits à la mendicité,
étaient bientôt prêts à se soulever et à renverser leurs oppresseurs. Le contexte des événements en cours rendait le message du poème horriblement clair au juge qui présidait
l'affaire.

> Le poème a été publié [...] au milieu de juillet dernier ; il y
> avait eu avant sa publication une série d'attaques meurtrières
> sur des hommes anglais et des femmes anglaises, sur des offi-
> ciels britanniques en particulier. L'objet de l'écrivain était à
> l'évidence d'inciter ses compatriotes hindous à se rassembler
> pour tuer les Anglais en Inde. À la vue de l'effet terriblement
> pernicieux qu'une telle littérature est susceptible de produire
> sur la jeune génération du Bengale [...] je ne pense pas qu'il y
> ait aucune raison pour traiter à la légère ce délit. En consé-
> quence, je le condamne à deux ans de prison ferme[46].

Cette interprétation, cependant, n'était pas restée incontes-
tée. Le juge n'obtint sa sentence qu'après une bagarre entre
l'avocat de la défense et le ministère public.

Pourquoi ces procès ? Les autorités auraient pu fourrer en
prison les auteurs et les éditeurs sans les faire passer à travers
le rituel élaboré du tribunal. Au lieu de cela, ils avaient besoin
de faire la démonstration de la justice de leur gouvernement
aux natives et, plus important encore, à eux-mêmes. Si le Raj
ne pouvait être identifié avec la règle de la loi, il risquait

---

46. Cité *in* Darnton, *op. cit.*, p. 88.

d'être perçu comme gouvernant par la force. Si ses juges ne soutenaient pas la liberté de la presse, ils s'exposaient d'être pris pour des agents de la tyrannie. Et, malgré tout, il leur était impossible de permettre aux Indiens d'utiliser les mots aussi librement que les Anglais le faisaient chez eux. Ainsi ont-ils interprété des « sentiments d'inimitié » comme de la « désaffection » et la « désaffection » comme de la « sédition », traduisant librement d'un langage à l'autre selon leurs besoins. Que les Indiens les aient parfois surpassés à leur propre jeu ne faisait pas de différence, parce que les Britanniques détenaient la réponse ultime : la force. Non pas qu'ils saisissaient et emprisonnaient à une large échelle. Pour la plupart, ils restaient fidèles à eux-mêmes, s'embourbant dans un marais de contradictions — et l'impérialisme libéral était la plus grande de toutes. Aussi les agents du Raj faisaient-ils appel au maximum de « cérémonial », dans le but de s'aveugler eux-mêmes sur ce qu'il en était vraiment.

Conclusion

S'agissant d'évaluer, sous divers registres, la noirceur du colonialisme en Inde, ces coups de sonde portés pendant l'apogée et jusqu'aux heures crépusculaires du Raj nous ont montré, au cours de quatre exemples illustrant le « cyniquement correct » britannique, que dans chaque cas les Indiens ont été « criminalisés » par le pouvoir colonial.

On ne doit pas pour autant valoriser systématiquement le précolonial et l'indigène de façon simpliste, mais s'efforcer sans répit de relativiser les points de vue. Beaucoup d'Indiens ne souhaitaient pas le départ des Britanniques, parmi des élites éclairées de même que parmi le peuple. Si la situation était catastrophique sur le plan agricole en 1947, elle était bonne dans l'industrie légère où 50 % et plus des capitaux investis l'étaient par des Indiens. Nombre d'Anglais très attachés à l'Inde y sont restés après la partition, jusqu'à leur mort, attachés par des liens affectifs, philosophiques et esthétiques. Enfin, la délicate question que fut celle des « Anglo-Indiens » illustre également la complexité manifeste des relations colons/colonisés au-delà de la caricature.

Edward Said, dans son avant-dernier recueil, *Culture et impérialisme*, nous démontre comment le roman « a joué » un rôle immense dans la constitution des attitudes, des références et des expériences impériales, « tant les nations elles-mêmes *sont* des narrations[47] », mais aussi de quelle façon la domination occidentale a provoqué en retour dans les pays dominés de « considérables efforts de résistance culturelle », dont témoignent des œuvres littéraires majeures. Sa thèse prolonge une recherche amorcée il y a vingt ans dans *L'Orientalisme* où l'auteur expliquait alors comment l'Orient est une invention des orientalistes, c'est-à-dire des Occidentaux, et surtout comment cette invention a servi à justifier la « supériorité » de l'homme blanc sur le reste du monde. « C'est principalement par son entremise que la nébuleuse de la pensée critique, qu'on qualifie globalement de postmoderniste, a commencé à infiltrer l'historiographie indienne, avec les *Subaltern Studies*[48] comme point de fixation principal. Son effet le plus évident a été le déplacement de la critique du colonialisme du champ économique et politique au champ culturel[49]. »

La critique que fait Said en dénonçant les « représentations » coloniales de la société indienne, comme « créations » de l'imagination occidentale motivée par sa soif de domination, a servi à mettre en garde contre les utilisations sans discernement des sources coloniales. Mais, nous dit Marc Gaborieau, elle risque « de fausser et de stériliser la recherche en rompant la continuité historique entre la dure réalité coloniale et postcoloniale, d'un côté, et, de l'autre, la période

47. E. Said, *Culture et impérialisme*, trad. fr., Paris, Fayard, 2000 (éd. originale 1993), p. 13.

48. Les *Subaltern Studies* désignent le regroupement d'historiens indiens qui, depuis vingt ans, étudient les subalternes, c'est-à-dire les groupes de « rang inférieur » qui subissent l'hégémonie des classes dirigeantes, et dont la revue, *Subaltern Studies*, a connu une dizaine de livraisons. L'expression de subalterne (ou subordonné) est empruntée à Antonio Gramsci et renvoie aussi bien aux rapports de pouvoir sur les plans idéologique et culturel qu'à la paysannerie.

49. J. Pouchepadass, « Les Subaltern Studies ou la critique postcoloniale de la modernité », *L'Homme*, 156 : *Intellectuels en diaspora et théories nomades*, Paris, éd. de l'EHESS, 2001, p. 172.

précoloniale reconstruite sur le mode mythique comme un
âge d'or vierge de conflits où les identités étaient fluc-
tuantes[50] ». En utilisant de façon historique la documentation
de base rassemblée par les auteurs coloniaux, on évite
l'écueil du primordialisme et l'on peut ainsi restaurer la continuité de l'histoire indienne au cours de laquelle les identités
se sont constituées et modifiées dans la durée.

Dans *Culture et impérialisme*, Said centre son étude sur
les « cultures impériales » anglaise, française et américaine en
s'appuyant, entre autres, sur Dickens, Kipling, Forster,
Conrad et Camus. Surtout, il montre comment cette domination occidentale a été contrebattue dès la première moitié du
xxᵉ siècle par des écrivains et des artistes de pays colonisés,
tels Aimé Césaire et Salman Rushdie en passant par Rabindranath Tagore et Frantz Fanon. Or l'on peut constater
aujourd'hui, nous dit-il, que l'effet paradoxal de l'impérialisme a été de rapprocher les mondes : « Ignorer ou négliger
l'expérience superposée des Orientaux et des Occidentaux,
l'interdépendance des terrains culturels où colonisateurs et
colonisés ont coexisté et se sont affrontés avec des projections autant qu'avec des géographies, histoires et narrations
rivales, c'est manquer l'essentiel de ce qui se passe dans le
monde depuis un siècle[51]. » À l'historien de ne pas tomber
dans l'impasse de l'industrie de la (bonne) conscience, à la
mode dans l'Occident culpabilisé, où, pour reprendre l'ingénieuse expression de Jacques Berque, « l'Œdipe colonial » a
bien du mal à se résorber. À l'historien aussi d'éviter le piège
de la posture nationaliste ou « identitaire » puissamment présente dans les ex-pays colonisés.

Salman Rushdie nous fait nous souvenir qu'en 1982 Margaret Thatcher, dans l'euphorie de la victoire des Malouines, a
hissé ses couleurs au vieux mât du colonialisme, en affirmant
que le succès dans l'Atlantique Sud prouvait que les Britanniques étaient toujours le peuple qui « avait dirigé un quart

50. M. Gaborieau, « Identités musulmanes, orientalisme, ethnographie. Faut-il réhabiliter les auteurs coloniaux ? », Purushartha, 22 :
La Question identitaire en Asie du Sud, Paris, éd. de l'EHESS, 2001,
p. 88.
51. E. Said, *op. cit.*, p. 23.

du monde » ; et si « une telle responsable politique à un tel moment s'est crue autorisée à invoquer l'esprit de l'impérialisme, écrit-il, c'était parce qu'elle savait à quel point cet esprit est au centre de l'image que les Britanniques blancs de toutes les classes ont d'eux-mêmes. Je dis les Britanniques blancs, précise l'Enfant de minuit, parce qu'il est évident que Mrs. Thatcher ne s'adressait pas aux deux millions de non-Blancs qui ne pensent pas exactement la même chose sur l'empire[52] ». Certes, le discours victorieux et victorien de Mrs. Thatcher est décalé, car elle est elle-même un produit de l'éducation impérialiste et s'adresse à un peuple lui aussi émané du « Grand Âge rose ». Un même discours cent ans plus tôt eût emporté une adhésion univoque. Rares sont ceux qui sont les contemporains de leur époque ! En histoire, le passé varie en fonction du présent. Il y a interaction permanente entre les événements passés et notre connaissance présente de ces événements. Comme le rappelle Faulkner, « le passé n'est jamais mort, il n'est même pas passé[53] ». Et la compréhension du fait colonial ne peut se concevoir que sur le temps long, le seul apte à prendre en compte les mérites et démérites des protagonistes de l'Histoire, au-delà du post-colonialisme, au-delà du postmodernisme, et au-delà de tous les si contemporains *post-everything*.

52. S. Rushdie, *Patries imaginaires*, trad. fr., Paris, Christian Bourgois, 1993 (éd. originale 1991), p. 146.
53. Cité *in* H. Arendt, *La Crise de la culture. Huit exercices de pensée politique*, Paris, Gallimard, 1972, p. 20.

ANNEXE

Points de vue anticolonialistes de divers bords

Successivement, nous laisserons la parole à deux points de vue anticolonialistes émanant de courants politiques très contrastés.

Le premier nous est livré par Andrée Viollis, écrivain et journaliste communisante[54], dans *L'Inde contre les Anglais,* livre écrit en 1930, après cinq mois passés en Inde, et en réponse au livre de l'Américaine Katherine Mayo : *L'Inde avec les Anglais,* traduit chez Gallimard en 1929.

Le second est tiré de *L'Inde martyre* d'André Chaumet, antibritannique et collaborateur notoire[55]. Cet ouvrage a été publié aux éditions Jean Renard[56] en 1942 dans la collection « Problèmes actuels ».

54. Andrée Viollis (1879-1950), écrivain et journaliste, a été codirectrice de *Vendredi* (1935-1938). Cet hebdomadaire représentait la tendance du Front populaire proche du Parti communiste. Après la disparition de *Vendredi* en 1938, elle rejoignit *La Lumière,* hebdomadaire de gauche, en même temps que L. Martin-Chauffier et A. Wurmser. À la Libération, elle se retrouva aux côtés des communistes.

55. André Chaumet est un correspondant du *Weltdienst* dès 1935, salarié du DNB (agence de presse officielle allemande), créature avérée de la *Propaganda Abteilung,* suspect des plus douteuses accointances. Pour plus de détails sur le personnage, on lira avec profit le livre de Pascal Ory, *Les Collaborateurs 1940-1945,* Paris, Le Seuil, 1976, d'où sont tirées ces informations.

56. L'éditeur Jean Renard a fondé les éditions Jean Renard en octobre 1937. Mobilisé en 1939, il est fait prisonnier en juin 1940 et libéré seulement en février 1942. Le 17 novembre 1945, en cour de justice, il est accusé d'intelligences avec l'ennemi. On lui reproche, dans les 138 titres publiés par sa maison entre 1940 et 1944, 19 livres antisémites, antimaçonniques, antibritanniques et proallemands entre 1941 et 1943. Au procès, les conclusions de l'exposé

Un premier point de vue : Andrée Viollis

L'indianiste Sylvain Lévi, qui préface élogieusement *L'Inde contre les Anglais*, écrit : « Oui, Mme Andrée Viollis a raison : l'Inde est contre les Anglais. Ceux qui ont, comme moi, le fâcheux privilège de connaître l'Inde depuis longtemps ont vu avec douleur, dans ce pays si doux, si docile, si respectueux de l'autorité, la haine naître, grandir, et enfin faire explosion. Pourquoi ? Mme Viollis vous dira les explications qu'elle a entendues de la bouche même des Indiens qu'elle a consultés. Elle les reproduit avec une justesse de ton remarquable [...]. Elle sait [...] honnêtement rappeler la grandeur de l'œuvre accomplie par les Anglais dans l'Inde. Mais la question n'est pas là [...]. L'Angleterre n'est pas seulement une alliée, parfois capricieuse, il est vrai ; elle est la mère des libertés politiques qui ont créé la société moderne. Une ironie dramatique du sort l'a condamnée à se dresser contre une multitude qui réclame ces libertés mêmes. C'est l'équivoque poignante qui empoisonne le régime colonial. »

Extraits de courriers adressés à Andrée Viollis
à la fin des années 1920
    Lettre d'un grand homme d'affaires parsi : « Les choses vont ici [à Bombay] de mal en pis, on arrête l'un après l'autre nos présidents du Congrès [...] et quinze à vingt mille des meilleurs d'entre nous sont enfermés dans toutes les prisons du pays. Pure perte de temps que cette fameuse Conférence de la Table ronde. Il n'y a qu'une seule issue à la situation :

---

56. (suite) sont les suivantes : « À son retour, il a publié des ouvrages proallemands mais a ensuite abandonné cette voie au bout de quelques mois. Il a procédé personnellement à la destruction matérielle de nombreux exemplaires des ouvrages proallemands, réduisant ainsi leur diffusion. Ce geste onéreux pour la société a donc corrigé, dans une certaine mesure, la faute initiale. » Ainsi a-t-on estimé qu'il n'y avait pas lieu à poursuite judiciaire, mais à un simple blâme professionnel, et la cour ordonne le classement (cf. Fouché Pascal, *L'Édition française sous l'Occupation, 1940-1944*, Paris, Bibliothèque française contemporaine de l'université Paris-VII, 1987, p. 115).

les Anglais veulent-ils, oui ou non, nous laisser le contrôle de
notre Bourse, la direction de nos finances ? Tout est là. »

Lettre d'un volontaire gandhiste : « Nous ne tenons pas à
chasser les Britanniques de chez nous, nous serons même
heureux de coopérer avec eux ; mais nous voulons les
accueillir en égaux, en frères, et non subir leur joug. Qu'ils
nous rendent notre âme dégradée, notre fierté meurtrie par
tant de siècles de servage, et nous leur ouvrirons les bras. »

Lettre d'un membre d'une ligue de jeunesse : « Je viens de
faire une tournée dans les villages de la province de Madras.
La misère, causée par une série de mesures iniques, y est
atroce. Aussi la propagande contre l'Empire britannique,
incarnation du capitalisme, y prend-elle comme de l'amadou
et se propage-t-elle avec une rapidité qui m'étonne moi-
même. »

*Missive d'un Anglais, constructeur de ponts et de voies
ferrées* (Andrée Viollis précise qu'il s'agit d'un homme à
l'esprit droit et clair qui montrait alors, vis-à-vis de ceux qu'il
appelait dédaigneusement *the natives*, la plus intransigeante
arrogance) : « J'incline maintenant à croire que nous méritons
une grosse part de ce que nous souffrons aujourd'hui, car
nous n'avons pas su reconnaître le fait que nos sujets indiens
avaient, autant que nous, droit à l'existence sur ce globe ter-
restre dont ils ont peuplé une si grande partie. Le monde
change avec une déconcertante rapidité et nous devons évoluer avec lui... »

Propos d'un professeur d'économie politique hindou : « Ils
[les Anglais] se sont glissés furtivement chez nous comme des
larrons, et c'est en larrons qu'ils ont agi. L'Inde est la vache à
lait de l'Angleterre. »

« La *milk-cow* ! écrit Andrée Viollis. Que de fois en Inde j'ai
lu et entendu ce vocable, dans les journaux, sur les murs, les
affiches, les drapeaux, dans les discours et les manifestations
nationalistes ! »

L'Inde sans les Anglais : témoignages

*Confidences d'un professeur d'économie politique hin-
dou* : « Vers le milieu du XIXᵉ siècle, à la suite d'une guerre de
tarifs sans merci, tout était consommé. Les industries indiennes
locales étaient ruinées, l'exode naturel vers les villes arrêté,

les ports paralysés, les artisans villageois sans travail. Quant aux agriculteurs, ils ne peinaient plus que pour produire les matières premières payées à vil prix, destinées à alimenter les usines britanniques et à assurer leur prospérité. [...] Ce n'est pas tout, l'Angleterre, en entravant notre développement, empêcha les réformes sociales et religieuses que nous aurions faites si nous avions gardé notre liberté ; en déclarant en 1830 que l'anglais serait la seule langue utilisée dans les établissements scolaires, elle a ruiné nos écoles [...]. Les enfants de notre race ont l'intelligence vive et un désir passionné de s'instruire. Quel est pourtant notre bilan intellectuel après un siècle d'occupation anglaise ? 90 % d'illettrés, près de trois cents millions d'êtres plongés dans les ténèbres de l'ignorance. En nous empêchant de nous "réaliser", nos maîtres nous ont en outre dotés d'une mentalité d'esclave qu'ils ont beau jeu de nous reprocher aujourd'hui. Ils ont, pendant plus d'un siècle, asservi nos âmes, émasculé nos volontés, paralysé l'essor de notre esprit national...

A.V. : Et la rébellion de 1857, qui fit tant de victimes anglaises ?

— Simple mutinerie militaire, fomentée par des soldats mécontents et par des radjahs inquiets de sentir leur pouvoir et leurs privilèges leur échapper...

A.V. : Mais maintenant ?

— Oh ! maintenant, c'est autre chose. Étudiez attentivement les événements des quarante dernières années, vous vous apercevrez que l'égoïsme politique des Anglais s'est retourné contre eux. C'est à eux que nous devons notre sentiment patriotique, la solidarité toute neuve qui cimente chez nous races et castes, et les soulève pour la libération du pays. Mais ils ne l'ont pas fait exprès. »

Dialogue avec un économiste de Bombay : « Quand 90 % des habitants d'un pays fertile ne mangent pas à leur faim, n'est-ce pas la condamnation d'un régime ?

A.V. : Peut-être, mais les Anglais sont-ils uniquement responsables de cette situation ?

— Pour se borner à un exemple frappant, l'Inde fournit 64 % de la production mondiale en riz. Et le paysan y meurt de faim. N'est-ce pas une situation paradoxale et révoltante ? »

La misère des paysans en Inde

« Nous [la] déplorons, répondent [les Anglais], mais à qui la faute ? N'avons-nous pas fait notre possible et même davantage ? Les kilomètres de routes et de chemins de fer se comptent par centaines de mille ; nous avons construit des ponts, ouvert des marchés, foré des puits, mis en culture régulière lin, riz, froment, millet, coton, des milliers d'hectares de terres en friche, sans compter les innombrables canaux d'irrigation creusés par nos soins. Nous avons fertilisé le Pendjab, où la région irriguée atteint dix millions d'acres, et celle de Madras sept millions. Ne parlons pas du mouvement coopératif, que nous avons entièrement créé, des banques agricoles que nous avons fondées, que nous entretenons avec nos deniers, que nous défendons avec une tenace énergie contre la veule indifférence des intéressés. Alors que nous reproche-t-on ? Les impôts ? Mais ils existaient avant nous, plus lourds peut-être et perçus avec moins d'équité. Est-ce l'incurie et la paresse des Indiens, qui proviennent de leurs préjugés religieux et de leurs coutumes séculaires : mariages trop précoces qui épuisent la race, régime végétarien qui l'anémie, fatalisme qui détruit l'initiative et condamne le progrès, régime des castes qui met hors la vie et l'action soixante millions d'êtres ? [...]

« Les *zamindar*[57] sont indiens ; indiens aussi ces usuriers, les *baniya*[58], fléaux des villages. Il y a d'immenses fortunes indiennes. Aucune pourtant ne se consacre au relèvement du peuple. Interrogez les paysans : ils vous diront que comme administrateurs, collecteurs d'impôts, propriétaires même, ils préfèrent infiniment les Britanniques, plus justes, plus humains et surtout inaccessibles à la corruption, cette plaie de l'Inde. Nous avons par principe respecté la religion et les mœurs du pays. Sommes-nous responsables des vices et des tares qui en découlent ? [...]

« — Qui donc alors en est responsable ? rétorquent les Indiens. Si encore les Britanniques s'étaient bornés à nous dépouiller ! Mais, au XVIIIᵉ siècle, nous commencions à avoir des villes importantes, des ports fréquentés ; nos fabricants et

---

57. Littéralement : détenteurs du sol ; propriétaires terriens.
58. Marchands et prêteurs villageois.

nos négociants formaient une classe grandissante, où l'initiative et l'activité croissaient aussi, et qui commençait à prendre dans les affaires publiques la place des radjahs et des chefs féodaux affaiblis et divisés. L'Angleterre a peu à peu arrêté cette évolution naturelle. Puis son effort méthodique et tenace s'est manifesté à notre égard, au XIXe siècle, par une série de mesures douanières et financières qui, au premier abord, paraissaient innocentes. Toutes, pourtant, visaient à détruire notre commerce et notre industrie. Par ailleurs, l'Inde avait ses universités, ses écoles techniques et, dans chaque village, un rudiment d'école. Aujourd'hui, c'est à peine si 4 % des enfants fréquentent l'école primaire ; le nombre des illettrés est encore de 98 %. Comment les paysans ignorants pourraient-ils progresser, améliorer leur sort ? [...]

« Les zamindar, les baniya ? Mais ils sont protégés ou du moins tolérés par l'Angleterre. L'hygiène ? Qu'a-t-on fait pour l'enseigner dans les villages et les assainir ? Et si nous avions tenu le gouvernail, n'aurions-nous pas lutté contre les préjugés et les coutumes que l'on nous reproche, proposé et imposé des réformes ? Est-ce notre faute si on a arrêté notre développement normal, paralysé notre vie nationale ? »

Témoignage d'un ancien condisciple indien d'Andrée Viollis : « J'avais connu Srinivasa jadis à Oxford. Il suivait comme moi les cours du collège de *Corpus Christi* [...]. J'étais seule à m'en préoccuper. Jamais les jeunes filles anglaises n'égaraient vers lui leurs claires prunelles et leur gentil sourire. "Comment pouvez-vous vous intéresser à ce Noir ?" me disaient-elles avec dédain [...]. Il avait l'air d'un prince de miniature persane [...]. Je fis sa connaissance. Il appartenait à une riche famille brahmane du nord du Bengale, mais il n'était pas bavard comme les Bengalis. Il parlait peu, et ne parlait guère que de la Grande-Bretagne, dont il paraissait ardemment admirer les institutions politiques. Son unique ambition semblait être de s'habiller comme les Anglais, de pratiquer leurs sports, de prendre leurs habitudes et leurs idées. Il préparait le concours du Civil Service de l'Inde, l'un des plus difficiles de l'Angleterre, et ne songeait apparemment qu'à devenir un fonctionnaire modèle de ce corps d'élite. Un jour, je lui posais la question :

« Alors, bien que les Anglais soient maîtres et conquérants dans votre pays, vous êtes prêt à leur consacrer votre vie ? Vous les aimez ? […]

« Il hésita, puis d'une voix basse et frémissante :

« Je les hais ! me jeta-t-il passionnément, et il se tut. Mais pour les combattre, reprit-il, il nous faut leurs armes. Il nous faut connaître les rouages de leur administration, les secrets de leur gouvernement, les raisons de leur puissance. Il nous faut pénétrer dans tous leurs services. Le jour où nous y serons en nombre et en force… ah ! ce jour-là… »

À une autre occasion, se remémorant Oxford, il confie à Andrée Viollis : « J'étais très malheureux là-bas. Ce n'était pas seulement le climat, les coutumes ; mais peut-être nous autres hindous, avons-nous l'épiderme très sensible — ce sombre épiderme que l'on nous reproche si cruellement ! Pas un de mes jours ne se passait sans égratignure. Certes, nos camarades ne nous évitaient pas. Ils avaient reçu l'ordre de nous fréquenter. Mais, malgré eux, leur ton se faisait différent pour nous parler ; il y passait toujours quelque nuance de protection ou de dédain. Nos professeurs nous invitaient bien chez eux ; mais avec quel effort de politesse étudiée nous parlaient leurs femmes et leurs filles ! Une politesse qui était presque une insulte !

« Et au retour, sur notre sol même, malgré nos diplômes, c'est le même dédain qui nous poursuit. Toujours la question de la peau. Pour le plus vulgaire de ces Britanniques, nos savants, nos penseurs, nos grands poètes restent des "hommes de couleur". C'est, par exemple, le parsi Tata, grand capitaine d'industrie et milliardaire, qu'à Colombo on refuse de recevoir dans un hôtel. De retour à Bombay, il fait construire cet hôtel Taj Mahal où vous avez habité, le plus grand palace de l'Inde, et où les Indiens sont traités avec plus d'égard que les Blancs. C'est un de nos brahmanes, de la plus noble famille, qu'un sous-chef de gare expulse de la salle d'attente réservée aux Européens. Un autre encore, qui, prié par un officier anglais de quitter son compartiment de première, y installe par vengeance son secrétaire anglais, sa gouvernante allemande, son cuisinier français, des Blancs ceux-là !… Tant d'anecdotes. […]

« Dans les emplois plus élevés, le Civil Service par exemple, ce sont les postes inférieurs qui sont occupés par les nôtres. À talent égal, quelle peine pour arriver au sommet ! Un Indien se distingue-t-il par des qualités supérieures, initiative, esprit d'organisation et d'autorité, on l'aiguille doucement vers des voies latérales où il croupit et s'enlise. Montre-t-il de l'indépendance ? On lui brise les reins…

— … Et vous, voyons, vous ? Êtes-vous une telle exception ?

— Ah ! moi ? fait-il d'une voix ardente, que de patience, pendant des années, quels prodiges de souplesse et de diplomatie, pour capter la confiance des Britanniques ! Et je ne suis pas unique à penser, à agir ainsi. Des milliers d'entre nous se trouvent maintenant à tous les degrés, dans les services administratifs de la Grande-Bretagne. À l'exception de quelques vendus des anciennes générations, qui ont reçu honneurs et fortune, et dont le nombre d'ailleurs diminue tous les jours, vous n'en trouverez pas un seul qui, au fond du cœur, ne souhaite le départ des Anglais, et ne travaille contre eux, plus ou moins ouvertement, plus ou moins activement. Pourquoi resteraient-ils ? Ils se sont toujours conduits en étrangers ici. Les musulmans, avec les Grands Moghols, nous ont conquis, c'est vrai ; mais ils s'installaient chez nous, ils s'y mariaient, y faisaient souche, ils y naissaient, ils y mouraient. Ils s'entouraient de conseillers, de ministres hindous qui dirigeaient les affaires du pays. […] »

Je glisse :

« Ne dit-on pas que ce sont ces brahmanes, confidents et instruments des empereurs moghols, qui ont préparé et consommé leur ruine ? »

Seul un imperceptible sourire me répond.

« Mais eux, les Anglais, continue mon ami, ils arrivent en Inde uniquement pour nous exploiter et s'enrichir. Ils y viennent à l'âge d'homme, ils laissent en Angleterre leurs femmes, leurs enfants. Leur seule pensée est d'y retourner, et c'est avec notre argent, les pensions fastueuses que nous leur payons sur notre misère, qu'ils s'en vont là-bas terminer leur existence […]. Qu'ils restent donc pour toujours dans leur pays ! Nous leur avons emprunté tout le bagage nécessaire pour marcher seuls. Nous n'avons plus besoin d'eux […].

« — Mais vous ne leur gardez aucune gratitude ? Leurs grands administrateurs ont pourtant transformé l'Inde. Vous ne pouvez le nier, voyons !

— Est-ce bien sûr ? Au moment où ils ont débarqué, nous sortions de la période d'anarchie, nous allions nous développer, suivant nos traditions et nos idées. Ils ont arrêté notre évolution pour nous imposer par la force *leur* civilisation. Tout ce qu'ils ont fait ici, ils l'ont fait pour eux et contre nous. Nous en avons assez ! »

Un second point de vue : André Chaumet

André Chaumet précise dans son ouvrage *L'Inde martyre* : « Tous les détails cités dans le livre sont empruntés aux enquêtes faites par des commissions neutres ou anglaises, dont on est en droit de penser qu'elles ont plutôt tendance à faire le silence sur certains faits qu'à les exagérer. »

Scénario de l'Inde sans les Anglais

« On peut très bien s'imaginer quel aurait été le développement de l'économie nationale de l'Inde si les Anglais ne l'avaient pas enchaînée. De nombreuses années encore, l'agriculture et l'industrie à domicile réunies auraient pu continuer à former la base saine de la vie économique, d'autant plus que la qualité des produits n'aurait pu être si facilement reproduite par les articles fabriqués avec les machines de l'Occident. Une politique douanière judicieuse aurait facilité la transition vers une industrialisation du pays qui, finalement, aurait soutenu la concurrence d'autres pays. L'agriculture, en revanche, se serait servie des moyens de la technique moderne et aurait non seulement pu ravitailler l'Inde en denrées alimentaires mais encore compléter l'alimentation du monde entier en lui apportant son appoint.

« Vers 1850 environ, toutes les conditions d'une exploitation systématique étaient réalisées à la suite de la complète suppression des bases naturelles de la vie économique. L'équilibre formé par l'agriculture et l'artisanat était détruit. La foule des paysans grevés d'impôts trop élevés ne pouvait plus avoir recours aux gains procurés par l'industrie à domicile. Si les recettes provenant de la production des matières textiles suffi-

saient à peine à payer les impôts, la production agricole devenue moindre ne satisfaisait plus les besoins en vivres. Pénurie
aggravée encore par le fait que, quel que fût le résultat des
récoltes, d'importantes quantités de blé et de riz étaient
exportées. Les conséquences en étaient, d'une part, que la
foule des paysans se trouvait de plus en plus endettée et perdait ses terres et sa maison ; d'autre part, que des crises de
famine ravageaient le pays si gravement éprouvé.

« Vers le milieu du XIXᵉ siècle, on assiste à une lutte permanente entre l'Angleterre, acharnée à maintenir sa politique
économique consistant à maintenir l'Inde dans son rôle de
fournisseur de matières premières et de débouchés pour
l'Angleterre, et les forces antagonistes de l'Inde. Ces forces
augmentèrent peu à peu en influence. Elles s'incarnèrent de
plus en plus dans les milieux d'intellectuels indiens, élevés
d'abord en Angleterre, et qui, s'émancipant, commencèrent à
lui faire front. Lorsque enfin les foules trouvèrent en Gandhi
le chef qui sut réunir toutes les énergies populaires dans un
seul grand mouvement national, alors ces énergies hostiles
finirent par devenir un danger dont prit conscience l'Angleterre et contre lequel elle lutta (diplomatie sournoise, répression violente). Au début, on empêcha la création d'industries
nationales en maintenant aussi bas que possible les droits
d'importation. C'est seulement dans les branches où l'Inde
exerçait une sorte de monopole, par sa richesse en matières
premières, que certaines entreprises purent se former et se
développer. Ce fut le cas pour l'industrie du jute. Mais la
situation changea lorsque, pendant la guerre de 1914, cessèrent
les livraisons pour l'Angleterre ; les quelques années qui
s'écoulèrent de 1914 à 1919 suffirent pour donner naissance
à de puissantes industries de coton. Le nombre des métiers à
tisser pour l'industrie du coton s'éleva de 94 136 à 186 407
entre 1913 et 1930, et, dans l'industrie du jute, de 36 050 à
61 834. L'industrie métallurgique et minière se mit à fleurir,
de nombreuses plantations de thé furent créées. On vit alors
quel essor l'Inde pouvait prendre si on la laissait libre d'agir. »

L'armée anglo-indienne, instrument du British Empire

« L'Inde a été le point de départ de la "carrière impériale"
de l'Angleterre. Pour défendre l'Inde, il a fallu successivement

s'assurer d'Aden, de l'Afrique du Sud, du canal de Suez, de l'Égypte, de l'Afrique orientale, de la Palestine, de l'Arabie, de Chypre, de l'Irak, du Béloutchistan, de l'Indochine, de points d'appui en Extrême-Orient, dans le Pacifique et dans l'océan Indien.

« Peu de temps après le déclenchement de la guerre de 1914, lord Linlithgow, gouverneur général et vice-roi du pays, décréta que les Indiens devaient participer aux côtés de l'Angleterre à la "lutte pour la liberté et la démocratie". Des soldats indiens furent engagés sur le front de l'Ouest ainsi que sur divers fronts d'Orient et en Afrique : plus de 621 000 soldats et 475 000 civils de l'Inde furent embrigadés pour la guerre.

« Le 12 décembre 1934 (en séance de Parlement), Lansbury dépeignait, d'après les *Mémoires* de lord Birkenhead, l'impression produite sur quelques soldats anglais du front de l'Ouest par la "poignante tragédie du corps d'armée indien". Au prix de lourdes pertes, ce corps avait, avec le corps expéditionnaire britannique, arrêté le premier grand assaut allemand de l'automne 1914 et ainsi sauvé l'Empire britannique. [...] Ces troupes avaient été envoyées de leur patrie ensoleillée en France, la France qu'elles n'avaient atteinte qu'après une longue traversée. Nombre d'entre eux ne savaient pas quel était l'ennemi qu'ils venaient combattre : certains croyaient que c'étaient les Russes ! Absolument novices dans la tactique moderne, ces troupes avaient été subitement jetées dans l'affreux carnage d'Ypres. Et le député de poursuivre dans ces termes : "Je voudrais souligner qu'on était allé chercher ces hommes afin de lutter pour la liberté et le droit des petits peuples à se gouverner eux-mêmes. Et aujourd'hui, on leur dit qu'ils sont incapables de diriger leurs propres affaires !" »

La situation des ouvriers de l'industrie

« L'interdiction portée contre l'industrie à domicile avait enlevé leur travail et leur pain à des millions de gens qui furent rejetés vers l'agriculture où ils ne trouvaient pas des conditions d'existence suffisantes. Aussi les Indiens se pressaient-ils en foule aux portes des fabriques pour y obtenir, du moins passagèrement, du pain et du travail. Sans logement fixe, mangeant insuffisamment, on imagine comme les ouvriers indigènes étaient absolument à la merci des fabricants. Pendant et après la Grande Guerre, le développement industriel a cependant fait de rapides progrès et, suivant le recensement de 1931, environ 18 millions de personnes étaient occupées dans les entreprises industrielles, dans les mines, etc., cependant, cette foule ne représentait que 11 % environ de toute la population ouvrière.

« Sur les 319 millions d'habitants que comptait l'Inde en 1921, il n'y en avait que 22,6 millions, soit environ 7 %, qui sussent lire et écrire l'anglais, et bien peu d'entre eux étaient des ouvriers de fabrique [...]. C'est seulement quand l'industrie textile de l'Inde, dont les frais de production étaient beaucoup moindres que ceux de l'industrie anglaise, commença à faire une concurrence dangereuse à l'industrie textile de la métropole que soudain les industriels britanniques se souvinrent des pauvres ouvriers indiens exploités et réclamèrent en leur faveur des mesures sociales. Les Indiens virent donc nommer en 1875 une Commission d'enquête sur les conditions de travail dans l'industrie textile de l'Inde et six ans plus tard fut promulguée la première loi sur le travail. Elle interdisait le travail des enfants en dessous de sept ans et fixait à neuf heures par jour la durée du travail au-dessous de douze ans. Les enfants au-dessus de douze ans, les hommes et les femmes pouvaient encore être employés sans limitation de la durée du travail.

« Les fabricants faisaient valoir qu'ils ne pouvaient pas savoir l'âge des enfants puisque les naissances n'étaient pas enregistrées. "Lorsque nous entrions dans une filature, c'était aussitôt une fuite d'enfants qui travaillaient, et qui pensaient que nous étions des inspecteurs de fabriques[59]" ! Ce n'est qu'en 1891 que la durée du travail pour les femmes fut limitée à onze heures et, en 1910, celle des hommes à douze heures. En 1922, douze ans plus tard, la loi sur le travail réduisait la durée générale de la semaine de travail à soixante heures. [...]

59. Thomas Johnstone, membre du Parlement, et John F. Sime, secrétaire du Syndicat des ouvriers de l'industrie du jute et du chanvre pour le district de Dundee.

« Sans doute a-t-on officiellement aboli l'esclavage dans l'Empire britannique en 1834, mais, précisément, les Indiens ont eu à souffrir, en dehors des conditions de travail dans les fabriques, d'un autre système qui n'était pas moins atroce que celui de l'esclavage antique. L'abolition du servage des "nègres" avait créé un besoin pressant de main-d'œuvre dans l'Afrique du Sud, en Guyane, dans les îles de la Malaisie et dans les autres régions soumises à la domination anglaise. Pour éviter de devoir engager des salariés libres, les Anglais inventèrent le *Identured system*, c'est-à-dire le système de contrat. Sous le prétexte qu'il s'agissait d'un libre contrat de travail, une foule d'Indiens, venant notamment des contrées où régnaient la misère et la famine, durent s'engager à cinq années de travail dans les colonies anglaises. Arrivés à destination, on les fit travailler comme des bêtes de somme, ne leur payant que des salaires de famine. Comme ils ne pouvaient jamais faire assez d'économies pour payer les frais du voyage de retour au pays, ils restaient enchaînés à leur vie d'esclave jusqu'à leur mort. Ce système ne fut "formellement" aboli qu'en 1922, sans que toutefois se modifiassent réellement les conditions d'un tel travail.

« Le rapport impartial et objectif présenté à la Conférence internationale du travail, en janvier 1925, par Joshi, chef syndicaliste indien et représentant de l'Inde à cette conférence, relate les conditions de vie de l'ouvrier indien. En voici quelques extraits : "La durée du travail dans nos industries était extraordinairement longue il y a encore deux ans... Les fabriques de coton à Bombay pouvaient faire travailler jusqu'à seize heures par jour il y a peu d'années encore. Les patrons avaient coutume de dire que les ouvriers eux-mêmes souhaitaient une si longue durée de travail, afin de recevoir plus de salaire. La loi de 1922 sur le travail dans les fabriques ne vise en fait que les entreprises employant des machines et ayant un personnel d'au moins vingt ouvriers, la multitude des petites entreprises ne profite donc pas de la protection de cette loi. Suivant les constatations officielles, on travaillait encore dix-sept à dix-huit heures en 1921 dans les mines. L'Inde est actuellement le seul pays où les femmes soient occupées au fond des mines... Les faits s'appuient sur le (dernier) rapport du Bureau international du travail (BIT) concernant le travail industriel en Inde."

« Dans les centres de l'industrie textile tels qu'à Kanpur, où domine le patron anglais, on trompe de la façon la plus grossière l'ouvrier sur la durée du travail. Ainsi, au cours de la journée, on arrête à plusieurs reprises les horloges de la fabrique de façon à duper l'ouvrier qui n'a pas de montre, ou bien les directeurs racontent que la durée du travail est mesurée au nombre de tours que font les machines. »

Le traitement de la femme enceinte dans les fabriques

« En 1919, le gouvernement de l'Inde fut prié par la Conférence internationale du travail à Washington d'examiner la question de l'emploi de la femme avant et après l'accouchement et celle des allocations à lui fournir. L'intéressé répondit, en 1921, que les ouvrières ne pouvaient quitter leur place pendant la grossesse et qu'il n'y avait du reste pas assez de femmes médecins pour organiser une assistance générale à la mère […]. En 1924, un MLA (membre de l'Assemblée législative) déposa un projet de loi prévoyant l'interdiction du travail de la femme dans les fabriques, les mines et les plantations de thé avant et après l'accouchement, et demandant que lui fût versée durant ce temps une allocation. Le gouvernement de l'Inde rejeta ce projet de loi en disant que la nécessité de telles mesures n'était pas avérée et que l'acceptation de telles propositions entraînerait pour les ouvrières des conséquences incalculables. Or la description qui suit montre à quel point il était en réalité nécessaire pour les ouvrières indiennes d'introduire la protection de la mère : "La situation des ouvrières travaillant le jute est de beaucoup la pire au Bengale. Aucune sorte d'assistance n'est prévue pour les femmes en couches ; bien plus, les ouvrières qui sont empêchées par leur accouchement de se présenter au travail sont considérées congédiées, tout comme si elles avaient abandonné le travail pour n'importe quelle autre raison. La crainte d'être congédiée obligeant l'ouvrière à verser environ un mois de son salaire au contremaître pour être réembauchée pousse beaucoup de femmes à attendre leur accouchement dans l'atelier […]. En moyenne, 660 enfants d'ouvrières sur 1 000 meurent avant la première année révolue […]. La

femme enceinte travaille jusqu'au moment de l'accouchement dans d'épais nuages de poussière dégagée par les fibres
de la jute ; à peine remise de son accouchement, elle
retrouve cette atmosphère. Elle prend le nouveau-né avec
elle, elle le garde près de la machine qu'elle sert, et il n'est
pas rare de la voir porter l'enfant sur un bras, tandis que, de
l'autre, elle sert la machine."

« Jusqu'en 1937 où fut promulguée la loi sur les salaires,
l'arbitraire le plus complet régnait quant au paiement de ceux-
ci. Le patron les versait quand bon lui semblait. Un grand
nombre de patrons payaient en nature une partie du salaire
(occasion de tromper l'ouvrier impuissant à se défendre).

« Voici ce que disait, à la Chambre des communes, le
6 février 1935, le major Attlee, chef des travaillistes anglais :
"Dans ce pays, les conditions de la vie industrielle restent
déplorables. Rappelons-nous la situation dans les taudis
urbains [slums]. Quel est l'état des habitations dans les districts industriels ? Des ruelles étroites et tortueuses, des amas
de déchets en putréfaction et partout des cloaques. Les
hommes entassés dans de petites pièces misérables qui n'ont
ni fenêtre ni aération. Les pires symptômes de l'industrialisation se sont reproduits en Inde. Ils se sont reproduits sous
notre domination. Nous en sommes responsables." »

M.F.

BIBLIOGRAPHIE

Hannah Arendt, *La Crise de la culture. Huit exercices de
pensée politique*, Paris, Gallimard, 1972.

Ballhatchet, K., *Race, Sex and Class under the Raj. Imperial Attitudes and Policies and their Critics, 1793-1905*,
New Delhi, Vikas Publishing House, 1980.

Berque, J., *Dépossession du monde*, Paris, Le Seuil, 1964.

Braudel, F., *Civilisation matérielle, économie, capitalisme
XVe-XVIIIe siècle*, t. III : *Le Temps du monde*, Paris, Armand
Colin, 1979.

Chaumet, A., *L'Inde martyre*, Paris, Jean Renard (« Problèmes
actuels »), 1942.

Curtin, P. D., *Death by Migration. Europe's Encounter with the Tropical World in the Nineteenth Century,* Cambridge, Cambridge University Press, 1989.

Darnton, R., « Un-British Activities, » *The New York Review of Books,* 12 avril 2001,VIII (6), p. 84-88.

Davis, K., *The Population of India and Pakistan,* Princeton, Princeton University Press, 1951.

Davis L. E. et R. A. Huttenback, *Mammon and the Pursuit of Empire. The Political Economy of British Empire, 1860-1912,* Cambridge, CUP, 1986, p. 154-156 (chap. V de l'ouvrage consacré aux coûts de la défense de l'Empire britannique).

Davis, M., *Late Victorian Holocausts ; El Niño Famines and the Making of the Third World,* Londres, New York, Verso, 2001.

Etemad, B., *La Possession du monde : poids et mesures de la colonisation,* Bruxelles, Complexe, 2000.

Fouché, P., *L'Édition française sous l'Occupation, 1940-1944,* Paris, Bibliothèque de littérature française contemporaine de l'université Paris-VII, 1987.

Fourcade, M., « Les dénommées "tribus criminelles" de l'Inde britannique : Violence coloniale, violence traditionnelle », *Purushartha,* 16 : *Violences et non-violences en Inde,* Paris, éd. de l'EHESS, 1994, p. 187-211.

Gaborieau, M., « Identités musulmanes, orientalisme, ethnographie. Faut-il réhabiliter les auteurs coloniaux ? », *Purushartha,* 22 : *La question identitaire en Asie du Sud,* Paris, éd. de l'EHESS, 2001, p. 47-70.

Kiernan, V. G., *European Empires from Conquest to Collapse, 1851-1960,* Leicester, Leicester University Press, 1982.

Klein, I., « Population growth and mortality », I : « The climateric of death », *IESHR,* vol. 26 (4), 1989, p. 387-403, et « Population growth and mortality », II : « The demographic revolution », *IESHR,* vol. 27 (1), 1990, p. 33-63.

Lardinois, R., « Les famines en Inde : La colonisation en question », *L'Histoire,* n° 139, 1990, p. 32-39.

Luraghi, R., *Histoire du colonialisme des grandes découvertes aux mouvements d'indépendance,* Turin, UTET, trad. fr. Gérard et Cie, Verviers, 1964.

Mahias, M.-C., « Le tabac et l'opium en Inde : leur rôle dans l'histoire des Nilgiri », *in* A. Hubert et P. Le Failler, *Opiums : Les plantes du plaisir et de la convivialité en Asie,* Paris, L'Harmattan, 2000, p. 207-238.

Markovits, C., « Le mouvement national et la décolonisation de l'Inde (1919-1947) », *Historiens et géographes* : *Dossier Indo,* 1989, p. 227-237 ; *L'Asie orientale* (4 chap.), s. dir. Rotermund, Paris, Nouvelle Clio, 1999, p. 409-309.

Ory, P., *Les Collaborateurs 1940-1945*, Paris, Le Seuil, 1976.

Pouchepadass, J., « Délinquance de fonction et marginalisation coloniale : les "tribus criminelles" dans l'Inde britannique », *in* (collectif) *Les Marginaux et les exclus dans l'histoire*, Paris, Plon, 1979, p. 122-154 ; « L'opium », in *Paysans de la plaine du Gange : le district de Champaran 1860-1950*, Paris, École française d'Extrême-Orient (« EFEO » CLVII), 1989, p. 456-467 ; « Les Subaltern Studies ou la critique postcoloniale de la modernité », *L'Homme,* 156 ; *Intellectuels en diaspora et théories nomades,* Paris, éd. de l'EHESS, 2000, p. 161-185.

Rushdie, S., *Patries imaginaires*, trad. fr., Paris, Christian Bourgois, 1993, éd. orig. 1991.

Said, E., *Culture et impérialisme*, trad. fr., Paris, Fayard, 2000, éd. orig. 1993.

Sartre, J.-P., *Situations,* V : *Colonialisme et néocolonialisme,* Paris, Gallimard, NRF, 1964.

Shankar, G., *Born Criminals*, Varanasi, Kishor Vidya Niketan, 1979.

Viollis, A., *L'Inde contre les Anglais*, préf. de S. Lévi, Paris, éditions du Portique, 1930.

Yang, A. A., *Crime and Criminality in British India*, Tucson, University of Arizona Press, 1985.

Le colonialisme français en Indochine
par Pierre Brocheux

La contradiction est l'essence des choses.
Lénine

Le Second Empire français a lancé la conquête de la péninsule indochinoise avec celle du royaume du Vietnam[1] suivi du royaume du Cambodge, puis des principautés lao de la vallée du Mékong. Mais c'est la IIIe République, libérale et démocratique, ayant fait siennes les valeurs du siècle des Lumières et la devise « Liberté, Égalité, Fraternité », qui a parachevé l'entreprise, organisé et administré les possessions. Sa domination a été ressentie comme une oppression par beaucoup d'Indochinois, qui l'ont combattue, mais aussi comme un modèle et comme une source d'inspiration pour cette lutte. Ainsi le colonialisme contient-il un couple de contradictions, l'une interne, l'autre externe, qui sont toutes deux les ressorts de son évolution.

1. J'utilise le mot Vietnam (le Sud des Viêt) qui désignait le royaume qui s'étendait au XIXe siècle de la porte de Chine à la pointe de Ca Mau. C'est ainsi que l'empereur Gia Long avait baptisé son pays. Les monarques qui le précédèrent l'appelaient Dai Viêt (le Grand Viêt). Minh Mang, qui succéda à Gia Long en 1820, renomma le pays Dai Nam (le Grand Sud), mais cette appellation n'arriva pas à supplanter la précédente dans l'usage courant. Les Français utilisèrent le mot An Nam (Sud pacifié) que les Chinois employaient couramment pour rappeler que « pendant mille ans, le Nan Yue (Nam Viêt ou Viêt du Sud) fut une marche méridionale du Céleste Empire ». En reprenant cette appellation, les Français signifiaient qu'ils succédaient au « suzerain » précédent, d'autant que le roi Tu Duc avait fait appel à l'empereur de Chine contre les Français. Les nouveaux maîtres firent plus en réduisant le royaume d'Annam à la portion congrue : la partie centrale du royaume. Le Nord et le Sud, baptisés respectivement Tonkin et Cochinchine, furent soustraits à l'autorité (toute théorique) du monarque « protégé ».

Conquérir et se justifier

La France s'installa dans le sud de la péninsule en annexant les provinces méridionales du Vietnam (1860, 1862, 1867) et en se posant en protectrice du Cambodge vis-à-vis du Siam. Puis les Français remontèrent progressivement vers le nord, c'est-à-dire la Chine, principal sinon « unique objet » de leur convoitise. Ils en vinrent à faire la guerre pour s'emparer du nord du Vietnam, le Tonkin, où le fleuve Rouge leur paraissait une voie d'accès plus commode que le Mékong vers l'Empire chinois.

Alors que « le droit ou le devoir d'ingérence » n'était pas encore un concept ni un instrument des relations internationales, les gouvernements européens mettaient en pratique l'ingérence au nom du libéralisme économique et de la liberté religieuse, entendons celle des chrétiens. Napoléon III régnait alors sur la France. Vingt ans après l'entrée en Chine, il revint au républicain Jules Ferry de reprendre le flambeau de l'expansionnisme dont il se fit le théoricien. Dans le sillage de Léon Gambetta, Jules Ferry engloba la libre circulation des biens, des marchandises et des missionnaires chrétiens, mais aussi les mobiles géostratégiques liés à la compétition inter-impérialiste dans l'« action civilisatrice » qu'il invoqua pour justifier sa demande de crédits militaires devant la Chambre des députés et dans sa réplique à Georges Clemenceau : « Provocatrice, la civilisation, quand elle cherche à ouvrir des terres qui appartiennent à la barbarie ? Provocatrices, la France et l'Angleterre, quand, en 1860, elles imposaient à la Chine l'ouverture d'un certain nombre de ports et, par conséquent, une communication directe avec la civilisation[2] ? » Ainsi l'expansion coloniale était-elle parée de nobles intentions par un de ses avocats les plus éloquents[3].

2. Séance du 10 décembre 1883.
3. Cité par J.-M. Gaillard, *Jules Ferry*, Paris, 1989, chap. VI, p. 585.
C'est à la Chambre des députés, le 28 juillet 1885, que Ferry présenta un exposé global des mobiles en même temps qu'une légitimation de l'expansion coloniale. *Cf. Les Constructeurs de la France d'outre-mer*, anthologie par R. Delavignette et C.-A. Julien, Paris, 1945, p. 292-298.

Un peu plus tard et dans la même veine idéologique, le gouverneur général Paul Doumer convoqua le passé en même temps que l'avenir pour légitimer l'annexion du Vietnam et le regroupement des pays indochinois en une Union indochinoise sous la houlette de la France : « La France a, dans l'Annam, attaché, lié à elle chaque jour davantage, un parfait instrument pour le grand rôle économique et politique auquel elle peut prétendre en Asie. L'empire d'Annam a acquis sa plus grande puissance il y a un siècle, quand il était conseillé et dirigé par des Français. Devenu partie intégrante de la France, l'empire modernisé, la nouvelle Indochine, peut atteindre à une prospérité et une gloire que les ancêtres de nos sujets actuels n'auraient pas osé rêver[4]. »

Paul Doumer voulait articuler l'espace indochinois avec la zone d'influence française sur le sud de la Chine, principalement la province du Yunnan, car il était partisan d'une expansion à dominante économique transcendant les frontières politiques. Le chemin de fer du Yunnan qui reliait le port de Haiphong à Yunnansen fut l'expression tangible de l'ambitieux programme doumérien[5].

---

4. P. Doumer, *Indochine française (Souvenirs)*, s.d., cité par P. Ajalbert, *L'Indochine par les Français*, une anthologie, Paris, 1931.

Dans le passage souligné, Doumer reprend une idée reçue chez les Français selon laquelle le seigneur Nguyên Phuoc Anh (le futur empereur Gia Long) reconquit son domaine méridional, puis s'empara de tout le pays grâce à l'aide de Mgr Pigneau de Béhaine qui recruta des Français, marins, soldats et ingénieurs, pour diriger la flotte et l'armée du prince. Des étrangers (car les Portugais furent plus nombreux que les Français) se virent confier des commandements importants mais jamais les plus élevés. Les rares survivants furent récompensés par des titres honorifiques et des privilèges (voir la biographie de *Mgr Pigneau de Béhaine. Évêque d'Adran, dignitaire de Cochinchine*, par F. Mantienne, MEP, Études et documents 8, 1999). L'affirmation de Doumer est donc fausse, mais elle figure en bonne place dans l'argumentaire de la conquête et de la domination.

5. Ch. Fourniau, « Politique coloniale et politique mondiale : Doumer et le Yunnan », *in Mélanges en l'honneur de Louis Miège,* Publications de l'université de Provence, 1992, p. 49-72.

Guy de Maupassant[6]

Donc, on parle de guerre avec la Chine[7]. Pourquoi ? On ne sait pas. Les ministres en ce moment hésitent, se demandant s'ils vont faire tuer du monde là-bas. Faire tuer du monde leur est très égal, le prétexte seul les inquiète. La Chine, nation orientale et raisonnable, cherche à éviter ces massacres mathématiques. La France, nation occidentale et barbare, pousse à la guerre, la cherche, la désire. [...]

La guerre !... se battre !... tuer !... massacrer des hommes... Et nous avons aujourd'hui, à notre époque, avec notre civilisation, avec l'étendue de science et le degré de philosophie où est parvenu le génie humain, des écoles où l'on apprend à tuer, à tuer de très loin, avec perfection, beaucoup de monde en même temps, à tuer de pauvres diables d'hommes innocents, chargés de famille, et sans casier judiciaire. M. Jules Grévy fait grâce avec obstination aux assassins les plus abominables, aux découpeurs de femmes en morceaux, aux parricides, aux étrangleurs d'enfants. Et voici que M. Jules Ferry, pour un caprice diplomatique dont s'étonne la nation, dont s'étonnent les députés, va condamner à mort, d'un cœur léger, quelques milliers de braves garçons.

Et le plus stupéfiant, c'est que le peuple entier ne se lève pas contre les gouvernements. Quelle différence y a-t-il donc entre les monarchies et les républiques ?

Conquérir, pacifier et protéger étaient les mots-clés de larhétorique coloniale pour désigner la mainmise de la France sur les populations et les territoires indochinois. Pour mener à bien cette entreprise, les Français utilisèrent les contradictions de la société vietnamienne et les antagonismes interethniques de la péninsule. Ils recrutèrent leurs alliés et collaborateurs chez les catholiques, les Khmers krom (Cambodgiens de Cochinchine), et les montagnards du nord et du centre du Vietnam ; ils utilisèrent les tirailleurs cambodgiens rhadés ou thos pour réprimer les Vietnamiens. Les autorités françaises se conformaient à l'observation que

6. Guy de Maupassant, revue Gil Blas, 11 décembre 1883, cité p. 193-194, in La France colonisatrice, coll. « Les reporters de l'histoire », n° 3, Liana Lévi-Sylvie Messinger, 1983. (Texte choisi par Marc Ferro.)

7. Le 18 décembre 1884, la France déclare la guerre à la Chine, qui est intervenue au Tonkin. (NDLR.)

fit le capitaine Barrault en 1927 à propos de la Cochinchine : « Ne saute-t-il pas aux yeux que cette dualité de races dont les civilisations sont si dissemblables est le meilleur atout de la domination française[8] ? »

Le colonel Gallieni en avait fait un principe directeur de sa politique de « pacification » du Tonkin en rappelant : « L'action politique est de beaucoup la plus importante. [...] Un officier qui a réussi à dresser une carte ethnographique suffisamment exacte du territoire qu'il commande est bien près d'avoir obtenu la pacification complète. [...] Toute agglomération d'individus, race, peuple, tribu ou famille, représente une somme d'intérêts communs ou opposés. S'il y a des mœurs et des coutumes à respecter, il y a aussi des haines et des rivalités qu'il faut savoir démêler et utiliser à notre profit, en les opposant les unes aux autres[9]... »

Cette politique classique du « diviser pour régner » continua de produire ses effets lorsque les États recouvrèrent leur indépendance et que les guerres embrasèrent la péninsule entre 1945 et 1989, guerres dont les séquelles sont encore perceptibles aujourd'hui.

Comme toutes les guerres, celle qui instaura la domination française eut son cortège de morts au combat, d'exécutions capitales, de villages brûlés et rasés, de civils massacrés, de milliers de porteurs réquisitionnés[10] et... fusillés s'ils s'enfuyaient. En outre, la population fut décimée par les épidémies (paludisme, dysenterie, typhus et choléra) ou par la faim. La mort n'épargna pas non plus les soldats du corps expéditionnaire français atteints par un taux élevé de morbidité et de mortalité.

Les colonnes militaires françaises, accompagnées d'auxiliaires locaux, firent du Tonkin un « pays exsangue », car elles sévirent contre une population déjà éprouvée par des bandes armées chinoises qui parcouraient les confins frontaliers. L'historien

8. *Extrême-Asie*, sept.-oct. 1927, p. 146.
9. *Les Constructeurs de la France...*, *op. cit.*, p. 403.
10. « C'est ainsi qu'au moment où j'arrivai à Hanoï il y avait 11 000 coolies réquisitionnés, et le général me demandait, huit jours après, des réquisitions pour 6 000 coolies au moins... », déclara le gouverneur général Constans. Cité par P. Devillers, *Français et Annamites. Partenaires ou ennemis ? 1856-1902*, Paris, Denoël, coll. « Destins croisés », 1998, p. 375.

Ch. Fourniau cite Mgr Puginier, qui notait qu'en 1884 « peut-être la moitié des villages avaient été incendiés, pillés ou rançonnés » ; et il rapporte de nombreux témoignages sur les méthodes du corps expéditionnaire analogues à celui-ci : « En passant dans les villages, nous avions le droit de tout tuer et piller lorsque les habitants ne venaient pas se soumettre. Aussi nous n'avons pas manqué de poulets et de cochons... Nous partons le soir vers dix et onze heures, nous allons dans les villages et nous surprenons les habitants au lit. Nous tuons tout, hommes, femmes, enfants, à coups de crosse de fusil et à la baïonnette, c'est un vrai massacre[11]. »

Claude Farrère, *Les Civilisés*[12]

— Le Chinois est voleur et le Japonais assassin ; l'Annamite, l'un et l'autre. Cela posé, je reconnais hautement que les trois races ont des vertus que l'Europe ne connotât pas, et des civilisations plus avancées que nos civilisations occidentales. Il conviendrait donc à nous, maîtres de ces gens qui devraient être nos maîtres, de l'emporter au moins sur eux par notre moralité sociale. Il conviendrait que nous ne fussions, nous, les colonisateurs, ni assassins ni voleurs. Mais cela est une utopie. [...]

— Pourquoi ? interroge quelqu'un.

— Parce que, aux yeux unanimes de la nation française, les colonies ont la réputation d'être la dernière ressource et le suprême asile des déclassés de toutes les classes et des repris de toutes les justices. En foi de quoi la métropole garde pour elle, soigneusement, toutes ses recrues de valeur, et n'exporte jamais que le rebut de son contingent. Nous hébergeons ici les malfaisants et les inutiles, les pique-assiette et les vide-goussets — ceux qui défrichent en Indochine n'ont pas su labourer en France ; ceux qui trafiquent ont fait banqueroute ; ceux qui commandent aux mandarins lettrés sont fruits secs de collège ; et ceux qui jugent et qui condamnent ont été quelquefois jugés et condamnés. Après cela, il ne faut point s'étonner qu'en ce pays l'Occidental soit moralement inférieur à l'Asiatique, comme il l'est intellectuellement en tous pays...

---

11. Ch. Fourniau, *Annam-Tonkin, 1885-1896. Lettrés et paysans vietnamiens face à la conquête coloniale*, Paris, L'Harmattan, coll. « Recherches asiatiques », 1989, p. 22. G . Dreyfus, *Lettres du Tonkin - 1884-1886*, Paris, L'Harmattan, coll. « Mémoires asiatiques », 2001.

12. Claude Farrère, *Les Civilisés*, Ollendorf, prix Goncourt 1905, réédition Kailash, 1997. (Texte choisi par Marc Ferro.)

Gallieni avait justifié la nécessité d'user de telles méthodes tout en ne cachant pas les effets qu'elles auraient sur la population : « Le premier effroi calmé, il germera dans la masse des ferments de révolte que les rancunes accumulées par l'action brutale de la force multiplieront et feront croître encore[13]. »

Dans le centre du Vietnam, le 5 juillet 1885, lorsque les Français donnèrent l'assaut à la citadelle de Huê qui abritait les palais impériaux où la cour résidait, les rapports font état des massacres (1 500 Vietnamiens tués contre 11 Français), incendies et pillages de la ville. Les palais, les archives, la bibliothèque, tout un héritage culturel précieux, furent réduits en cendres. Des généraux eux-mêmes se servirent : « Un tel pillage à froid qui a duré deux mois surpasse de beaucoup… celui du palais d'Été de Pékin[14]. »

Au terme de la conquête et de la « pacification » du nord et du centre du Vietnam, qui dura de 1883 à 1896, ces pays furent le théâtre d'une véritable catastrophe démographique. Il fallut attendre 1910-1920 pour que leur population retrouvât une croissance normale.

Une fois la population soumise et la résistance réprimée, la souveraineté de l'État vietnamien fut confisquée, comme l'avaient été celle du Cambodge (en 1863) et celle du Laos (en 1893). Désormais, les trois pays furent soumis à un régime de protectorat purement nominal et leur fonctionnement évolua vers l'administration directe en vertu du postulat « les indigènes sont incapables de se gouverner eux-mêmes[15] ».

Pour dessaisir les pays de leur souveraineté, les gouverneurs généraux commençaient par désigner un nouveau monarque. L'arbitraire qui présidait à la décision, et éventuellement à la déposition, rend tout à fait plausible ce que l'écrivain Roland Dorgelès a relaté au sujet du choix de l'empereur Duy Tan : lorsque le roi Thanh Thai fut destitué par les Français en 1907, une délégation se rendit au palais, « le petit

13. *Les Constructeurs…*, *op. cit.*, p. 409.
14. Le journaliste Penne-Sieffert cité par Charles Fourniau, *op. cit.*, p. 34-35.
15. Nguyen The Anh, *Monarchie et fait colonial au Vietnam (1875-1925). Le crépuscule d'un ordre traditionnel*, Paris, L'Harmattan, coll. « Recherches asiatiques », 1992.

prince [fils du roi et d'une concubine] se mit à pleurer, à appeler sa mère, à trépigner, mais le major qui l'avait attiré à la lumière l'examina sans se laisser émouvoir. "Ma foi, celui-ci m'a l'air assez bien, fit-il en le tripotant, comme s'il avait eu à choisir, dans une portée de jeunes chiens, celui qu'on ne noierait pas... — Il vous plaît ? Eh bien, allons-y"[16] ».

L'usage perdura si bien qu'une trentaine d'années plus tard les Français sortirent Norodom Sihanouk de l'internat du lycée de Saigon pour le placer sur le trône, parce qu'ils le jugeaient plus docile et plus maniable que son cousin Monireth, à qui le trône revenait selon la coutume[17].

Une fois sur le trône, les souverains étaient réduits à un état politique végétatif, entamant fortement le crédit de l'institution monarchique : « Le roi du Cambodge n'était plus consulté. De 1884 à 1945, nos souverains n'étaient plus que ceux que le peuple khmer appelait les "perroquets dressés seulement à dire 'bat, bat', 'oui, oui'". Dès le début de son établissement, le protectorat est en réalité une dictature[18]. »

Les monarchies n'eurent plus la libre disposition de leurs budgets : le gouvernement général versa une liste civile aux souverains et fondit les revenus dans le budget général indochinois. C'est le résident supérieur de France qui présidait le Conseil des ministres et avait le dernier mot, et, dans chaque province, le mandarin était « coiffé » par un résident français. « Les Français ordonnent, les Vietnamiens obéissent, les fonctionnaires de tous rangs et de toutes fonctions flattent servilement les Français[19]. »

16. R. Dorgelès, *Sur la route mandarine*, Paris, 1925, p. 140

17. N. Sihanouk, *L'Indochine vue de Pékin. Entretiens avec J. Lacouture*, Paris, 1972, p. 27.

18. Extrait du poème d'un anonyme écrit vers 1900, publié dans sa transcription romanisée (*quoc ngu*) dans *Nghien cuu lich su, Recherches historiques*, n° 73, 1965, p. 21-29 ; version anglaise dans *Patterns of Vietnamese Response to Foreign Intervention, 1858-1900*, Yale, 1967, p. 140-151.

19. *Ibid.*, p. 143. Le lettré Phan Chu Trinh dénonçait lui aussi l'attitude servile et les pratiques de prévarication du mandarinat sous le protectorat, mais il ajoutait : « Quel que soit votre rang social, si un Français estime que vous lui avez manqué d'égards, vous êtes impitoyablement châtié même si vous êtes innocent... Ces faits sont communs

Les fonctionnaires français étaient nombreux, y compris aux échelons subalternes, au point de valoir à l'Indochine le qualificatif de « colonie d'encadrement ». Cette bureaucratie coloniale était destinée à perpétuer la suprématie européenne en maintenant la distance entre les colonisateurs et les colonisés et en gardant les fonctionnaires indochinois aux échelons inférieurs.

Quel que soit le régime politique et juridique, celui de colonie ou de protectorat, le colonialisme assit la domination d'une minorité étrangère sur une majorité autochtone. Il se trouva que majorité et minorité appartenaient à deux « races », selon la terminologie classificatoire du genre humain en usage au XIXe et au XXe siècle : la blanche et la jaune.

Cette dualité avait une traduction à la fois juridique, politique et sociologique dans une série de statuts distincts : Européens, indigènes, Asiatiques non indigènes, sujets et protégés français. Elle était renforcée par la hiérarchie socioprofessionnelle où les prises de décisions et les fonctions de commandement revenaient aux Blancs.

On ne saurait analyser de façon pertinente le colonialisme en ignorant la référence racialiste créée par le scientisme du XIXe siècle. Jules Ferry adhérait, comme beaucoup d'autres républicains et « humanistes », aux notions de races supérieures et inférieures. Simplement, il n'était pas de ceux qui en concluaient qu'il fallait éliminer les « races inférieures » : « Je répète qu'il y a pour les races supérieures un droit, parce qu'il y a un devoir pour elles. Elles ont le devoir de civiliser les races inférieures[20]… »

Le racialisme imprégnait le système colonial dans son ensemble, inspirait les opinions et les comportements racistes, c'est-à-dire discriminatoires, offensants et parfois criminels,

à tout le Vietnam et provoquent la peur et la colère… » (extrait de sa lettre au gouverneur général Paul Beau, 1908, p. 235, *Anthologie de la littérature vietnamienne,* t. III, XIXe siècle-1945, Hanoi, 1975). Pourtant, Phan Chu Trinh choisit la voie réformiste pour faire évoluer son pays sous l'égide de la France des droits de l'homme.

20. Séance de la Chambre des députés, 28 juillet 1885, cité in *Les Constructeurs…*, p. 295.

dans les relations quotidiennes entre colonisateurs et colonisés, même s'il n'y eut jamais un régime d'*apartheid* en Indochine. La chronique indochinoise était riche en incidents quotidiens marqués au sceau de la brutalité, de l'humiliation et de l'injustice. En dépit de la mise en garde d'Albert Sarraut contre les « verdicts de race », des Français coupables de meurtre furent soit acquittés, soit condamnés avec sursis, soit encore tenus de verser une somme dérisoire à titre de dommages-intérêts. En 1937, l'acquittement des deux auteurs français de l'assassinat d'un Vietnamien fit écrire à un banquier, un Vietnamien naturalisé, à un compatriote, lui aussi citoyen français : « Si le crime de… est horrible, il n'est qu'un des accidents qui arrivent quelquefois dans la vie en commun de deux peuples, mais ce qui est définitif, ce qui… *anéantit toutes nos illusions*[21], *c'est le verdict prononcé par l'élite française, reflétant la pensée française sur la valeur de la vie d'un Annamite*[22]… »

Au cœur du système colonial, le coefficient racial aggrava les inégalités et les tensions sociales, et donna une tournure plus aiguë aux confrontations politiques.

Extraire le maximum de profits de ses possessions

Dès le début de la conquête française en Indochine, l'expansion économique et l'exploitation des ressources naturelles et humaines apparurent clairement comme son ressort principal. À peine les Français étaient-ils installés en Cochinchine (le Vietnam méridional) que l'amiral de La Grandière voulut faire de Saigon « une deuxième Singapour ». Celle-ci, fondée par la Grande-Bretagne en 1819, était déjà un emporium prospère. Les Hollandais avaient tiré des profits considérables du *Kultuurstelsel*, système des cultures « forcées » que le gouverneur Van den Bosch avait instauré à Java en 1830 ; les Espagnols intégrèrent l'économie des Philippines dans l'économie mondiale en 1840 ; et le Siam ouvrit ses portes aux Européens en 1855, après la signature du traité Bowring.

21. Souligné par l'auteur.
22. Centre des Archives d'outre-mer, fonds Service de protection du corps expéditionnaire, 350.

Entre l'Asie du Nord-Est (Chine, Japon, Corée) qu'ils venaient d'ouvrir et le monde indien alors occupé entièrement par les Britanniques, l'Asie du Sud-Est devint un champ d'émulation pour les Européens en cette seconde moitié du xixe siècle[23].

Lorsque l'amiral Dupré se résolut à s'engager au Tonkin, il justifia sa décision par un télégramme adressé au gouvernement le 28 juillet 1873 : « Le Tonkin est ouvert de fait par le succès de l'entreprise Jean Dupuis[24]. Effet immense dans commerces anglais, allemand, américain. Nécessité absolue d'occuper le Tonkin avant la double invasion dont ce pays est menacé par Européens et par Chinois, et d'assurer à la France cette route unique. Demande aucun secours, ferai avec mes propres moyens[25]. »

À partir de 1897, Paul Doumer, alors gouverneur général de l'Indochine, construisit l'Union indochinoise, organisation politico-administrative rassemblant les pays de la péninsule, afin d'encadrer, d'articuler, d'orienter et de stimuler les initiatives économiques. Celles-ci furent accompagnées d'une action sanitaire et éducative[26] destinée à leur assurer efficacité, productivité et rentabilité.

Toutefois, il faut se garder de réduire cette action à sa seule dimension instrumentale et utilitaire. Deux des premiers administrateurs, le résident supérieur en Annam-Tonkin, Paul Bert, et le gouverneur général, Jean-Marie de Lanessan, furent respectivement physiologiste mondialement connu, académicien et médecin. Tous deux, républicains et franc-maçons, entremêlèrent étroitement leurs convictions philosophico-politiques — notamment leur foi dans l'essence progressiste de la civilisation européenne — et leur rôle de gouvernant[27].

23. *The Cambridge History of Southeast Asia*, vol. II, chap. I, Cambridge, UK, 1992.

24. Marchand et aventurier dont les principales activités se déroulaient en Chine du Sud. Il voulait obtenir la libre circulation sur le fleuve Rouge et dans ce but il entraîna les Français dans la première expédition militaire au Tonkin en 1873.

25. A. Thomazi, *La Conquête de l'Indochine*, Paris, 1934, p. 114.

26. *Cf.* L. Monnais-Rousselot, *Médecine et colonisation, 1860-1939*, CNRS éditions, 1999, et Trinh Van Thao, *L'École française en Indochine*, Karthala, 1995.

27. Ph. Devillers, *Français et Annamites…*, *op. cit.*

Malheureusement, leur gouvernement fut bref — moins de deux années — et leurs idées restèrent inappliquées.

Pour entreprendre ce qu'Albert Sarraut appelait la mise en valeur des colonies, les Français élaborèrent une législation, mobilisèrent des capitaux et recrutèrent sur place la main-d'œuvre nécessaire aux nouveaux secteurs de l'économie qu'ils ouvraient.

Le sol et le sous-sol furent décrétés domaine de l'État et une législation appropriée en matière de concessions foncières et minières réservait les activités agricoles et extractives aux Français et aux Indochinois, ce qui permit d'exclure les Chinois des activités minières qu'ils exerçaient en quasi-exclusivité avant l'arrivée des Français. Une des plus puissantes sociétés capitalistes dans ce domaine, la Société des charbonnages du Tonkin, détenait le quasi-monopole de l'extraction et de la vente du charbon tonkinois. En 1939, ses activités plaçaient l'Indochine au deuxième rang des producteurs de charbon d'Extrême-Orient derrière la Mandchourie[28].

Une politique très libérale de concessions de terres installa des Français, individus et grandes sociétés anonymes, sur de vastes domaines consacrés à la culture du riz, de l'hévéa et, à une échelle moindre, du café et du thé. En 1931, les Français détenaient 1,025 million d'hectares de concessions[29]. Ces domaines ne furent pas établis dans des zones densément peuplées, mais ils n'en eurent pas moins pour conséquence l'éviction des premiers occupants indigènes.

Dans le delta du Mékong, les grands domaines rizicoles de 2 000 à 10 000/15 000 hectares furent constitués aux dépens des petits défricheurs indigènes libres ignorant la législation ou la procédure de l'immatriculation foncière. Ils devinrent les tenanciers des latifundiaires, dans une situation comparable au péonage, parce que endettés ou soumis à des contrats dont ils ne comprenaient pas un traître mot.

Cette situation fut à l'origine de nombreux conflits fonciers qui atteignirent leur paroxysme dans les années 1936-1938 où

28. SFCT, Rapport annuel 1956.
29. Ch. Robequa, *in L'Évolution économique de l'Indochine française,* Paris, 1939.

les occupations de terres, les transgressions du droit colonial de la propriété foncière se multiplièrent. Bien que l'idée de réforme agraire fît son apparition, l'administration française ne passa jamais aux actes, parce qu'il ne pouvait être question de porter atteinte aux intérêts des latifundiaires français ou indigènes qui formaient la base sociale du système colonial[30].

Ailleurs, aux confins de la Cochinchine, du Cambodge et de l'Annam, là où les grandes sociétés établirent leurs plantations d'hévéa, une population numériquement faible (comme les Stieng, aux frontières du Cambodge et du Vietnam, dans la région de Mimot), qui pratiquait la culture itinérante sur brûlis, la chasse et la cueillette, se vit privée de ses terrains de parcours, d'écobuage et d'accès aux points d'eau[31].

Les grands travaux d'équipement — réseaux fluviaux et routiers, hydrauliques et agricoles —, indispensables à l'ouverture des chantiers, au défrichement des terres et à l'extension des surfaces cultivées, nécessitèrent un capital important. Celui-ci provint en grande partie des grosses sociétés comme le groupe franco-belge Hallet-Rivaud, la Société financière française et coloniale d'Octave Homberg, ainsi que des emprunts levés sur la place de Paris.

Au lendemain de la Grande Guerre, un engouement pour les placements indochinois s'empara en effet des milieux d'affaires français. Entre 1915 et 1925, 37 sociétés indochinoises avaient leur siège en France ; en 1924, la valeur de leurs actions cotées en Bourse s'élevait à 1,3 milliard de francs, et celle des actions non cotées à 207 527 500 francs, selon un rapport qui estimait que la valeur des investissements français (y compris les emprunts publics) dépassait les 3 milliards de francs[32].

30. P. Brocheux, *The Mekong Delta. Ecology, Economy and Revolution, 1860-1960*, Wisconsin-Madison, 1995.

31. CAOM (Centre des archives d'outre-mer), fonds Concessions 11. En 1927, sept demandes de concessions totalisant 27 560 hectares provoquèrent les plaintes de dix-sept villages stieng qui se voyaient enlever l'intégralité de leurs terres. Mêmes plaintes en 1937 (CAOM, fonds Résidence supérieure du Cambodge, 242).

32. CAOM, fonds Agence économique de l'Indochine, 927.

480 LE LIVRE NOIR DU COLONIALISME

Avant que ces investissements affluent, le gouvernement général préleva ses ressources financières sur place par le canal de la fiscalité. C'est aussi ces impôts qui permirent de rembourser les emprunts publics levés en métropole.

La fiscalité indochinoise fut organisée sous le gouvernorat de Paul Doumer qui créa le Budget général de l'Union indochinoise. Les prélèvements reposaient essentiellement sur les impôts indirects. « Dans les pays où les Européens sont peu nombreux, écrivait Paul Doumer, le pouvoir doit être fait pour défendre l'intérêt métropolitain et les intérêts communs de la colonie. [...] Les impôts directs approvisionnent les sources et les travaux d'intérêt purement local [tandis que] les contributions indirectes [...] peuvent être sans inconvénient affectées aux œuvres d'empire, c'est-à-dire au paiement des œuvres et des travaux d'intérêt général[33]. »

En relation avec cette doctrine, Paul Doumer organisa un système de prélèvement sur trois denrées de consommation courante, voire de première nécessité pour le premier : le sel, l'alcool et l'opium. Dans le régime précolonial, le sel et l'alcool étaient, pour l'un, récolté, pour l'autre, distillé, librement, le raffinage et la vente de l'opium étant affermés par l'empereur du Vietnam et le roi du Cambodge à des Chinois. Doumer établit le monopole d'État du sel, de l'alcool et de l'opium, et en fit ainsi les trois « bêtes de somme » du système fiscal de l'Indochine. Ces trois impôts furent des plus rentables pour le Budget général jusqu'à la Seconde Guerre mondiale, puisqu'ils en assuraient encore 29 % des revenus en 1942[34].

Lorsqu'on sait que le sel occupe une place centrale dans l'alimentation quotidienne des Vietnamiens, notamment sous la forme de la saumure de poisson (*nuoc-mâm*), mais aussi

33. Phrase de Doumer citée par H. Guermeur, *Le Régime fiscal de l'Indochine*, Hanoi, 1909, réédition à Paris, L'Harmattan, 1999, p. XV-XVI.
34. Ch. Descours-Gatin, *Quand l'opium finançait la colonisation en Indochine française*, Paris, 1992.
En 1942, l'opium rapportait 22 millions de piastres, l'alcool 18 millions et le sel 7 millions (CAOM, fonds Conseiller politique, 98). Sur *Les Monopoles de l'opium et du sel en Indochine*, voir J. Dumarest, Lyon, 1938.

chez les Cambodgiens (le *prahoc*, condiment de poisson fermenté), on imagine sans peine le poids que représentait cet impôt, d'autant que les saumuriers, auparavant producteurs libres, devenaient des employés de la Régie. Ainsi, la IIIe République avait rétabli dans ses possessions indochinoises la gabelle honnie que la Révolution de 1789 avait abolie. En ce qui concernait l'alcool, qui tenait une place très importante dans les fêtes et les rites, désormais, une grande firme française, la Société des distilleries d'Indochine, détenait la quasi-exclusivité de sa fabrication, privilège concédé par les Douanes et Régies de l'Indochine, et contrôlait le marché de vente en choisissant à sa guise les distributeurs. Ces deux impôts, sel et alcool, étaient d'autant mal supportés que les villageois étaient contraints d'en acheter la quantité que les notables fixaient à chacun, et qu'ils étaient soumis à une étroite surveillance des douaniers, autorisés à perquisitionner aux domiciles des contrevenants et à saisir leurs biens[35].

L'opium était considéré comme une drogue débilitante et donc dangereuse pour les individus et la société. Objet de réprobation morale, il était condamné par les autorités religieuses et les organismes internationaux, voire interdit par les États. Pourtant, en Indochine, l'État colonial en avait légalisé la consommation et les Douanes et Régies de l'Indochine participaient même à sa contrebande lucrative avec la Chine[36].

Ces trois impôts, mais particulièrement ceux sur l'alcool et le sel, en plaçant directement, face à face, la population et les autorités coloniales, représentèrent, par excellence, la nature oppressive du régime colonial ; leur dénonciation est le thème principal du pamphlet que rédigea Nguyên Ai Quôc/Hô Chi Minh en 1925 : *Le Procès de la colonisation française*.

Autre source de difficultés, la monétarisation de l'impôt contraignit les paysans de l'Annam et du Tonkin, qui utilisaient des sapèques de zinc pour leurs transactions quotidiennes, à acheter des piastres pour payer leurs impôts. L'échéance de

---

35. D. Niollet, *L'Épopée des douaniers en Indochine*, Paris, 1998.
36. Ph. Le Failler, *Opium et pouvoir colonial en Indochine. Du monopole à la prohibition (1897-1940)*, Hanoi, édit. EFEO, 1999.

l'acquittement faisait monter le taux de change d'une monnaie à l'autre et mettait les paysans en difficulté. Sur les hautes terres de la péninsule, les ethnies pratiquant des cultures de subsistance et le troc durent produire plus pour vendre leur surplus de production et se procurer l'argent des impôts.

Bien que la mesure du prélèvement soit impossible ou plus exactement parce qu'elle n'a pas encore été tentée de façon systématique, l'impôt foncier et la capitation qui constituaient la fiscalité directe pesèrent certainement lourd. Comme la carte d'impôt personnel servait de pièce d'identité, il était facile de vérifier à tout moment si les contribuables s'étaient bien acquittés de la capitation ; celui qui n'était pas en règle était aussitôt emprisonné.

La capacité des contribuables à payer leur impôts atteignit souvent la limite du supportable, comme en témoignèrent les mises en garde des administrateurs et des missionnaires, tandis que le baromètre des révoltes antifiscales oscillait des provinces (1908, 1930-1931, 1937-1938) aux localités où elles étaient plus fréquentes mais plus dispersées et par conséquent moins visibles pour être retenues par la chronique journalistique et judiciaire.

L'exploitation de la nature nécessitait la mobilisation d'une main-d'œuvre nombreuse rémunérée à bas prix. Le surpeuplement relatif des plaines septentrionales du Vietnam, delta du fleuve Rouge et plaines côtières du Centre-Nord, fit de celles-ci des réservoirs de recrutement et des bases de départ vers les plantations du Cambodge et des hauts plateaux du centre du Vietnam. Cette dernière région fournit également ceux que l'on appelait coolies, employés dans les mines et les chantiers forestiers du Laos ou envoyés dans les plantations lointaines des Nouvelles-Hébrides et dans les mines de nickel de la Nouvelle-Calédonie[37].

L'économie coloniale adopta une forme de traite de la main-d'œuvre qui ne fut certes pas l'esclavage ni le servage, mais une forme de dépendance oppressive inscrite dans des conditions de travail très dures, pas seulement pendant la

_____

37. J. Vanmai, *Chân Dâng. Les Tonkinois de Nouvelle-Calédonie au temps colonial*, Nouméa, 1980.

phase de défrichement forestier. Les travailleurs étaient transportés dans les *pig pen*[38], les journées de labeur de douze
heures les exténuaient, ils étaient souvent livrés à l'arbitraire
et aux coups de contremaîtres et de surveillants brutaux et le
paludisme et la dysenterie faisaient des ravages dans leurs
rangs. La main-d'œuvre des plantations connut une mortalité
élevée ; les distiques et des complaintes populaires évoquaient les hévéas qu'on laissait se reposer lorsqu'ils étaient
mal en point, contrairement aux coolies de plantations dont
des « dizaines de milliers d'ossements engraissent les arbres à
caoutchouc », de même que « notre sueur engraisse les Français ». Même lorsque les conditions matérielles — logement,
nourriture, hygiène, santé — furent améliorées, l'arbitraire et
la brutalité des cadres des plantations persistèrent au point
que le procureur général de la République dénonça en 1936
leur « mentalité de négriers qui suscite la haine » et réclama
des sanctions sévères à leur encontre. Le gouverneur de la
Cochinchine, Pagès, lui fit écho en 1937 à propos d'une des
plantations où Michelin traitait ses coolies « comme des
prisonniers, comme de pauvres loques que les assistants acca-
blaient de leur mépris et de leurs injures à défaut de
coups[39] ».

En multipliant les flux migratoires, le régime colonial renforça la mosaïque ethnique des pays d'Indochine sans qu'il se
produisît un réel amalgame. Il prépara ainsi un terrain favorable à l'éclosion des heurts interethniques qui se produisirent
dans les États postcoloniaux.

La France colonialiste n'a pas seulement puisé des travailleurs dans le réservoir démographique indochinois, principalement vietnamien, pour un emploi interne, mais, en
outre, elle fit venir une armée de travailleurs et de tirailleurs
pour servir en France au front et sur les arrières pendant les
deux guerres mondiales. En principe, ils étaient volontaires ;
dans les faits, beaucoup ne le furent pas. De 1915 à 1919,
42 922 tirailleurs et 49 180 travailleurs furent envoyés en

38. *Cf.* J. Conrad, dans *Typhoon.*
39. P. Brocheux, « Le prolétariat des plantations d'hévéa au Vietnam méridional. Aspects sociaux et politiques (1927-1937) », *Le Mouvement social,* 90, 1975, p. 55-86.

France[40]. En 1939, Georges Mandel réclama 80 000 Indochinois. Ils ne vinrent qu'à 28 000 en 1940 (8 000 tirailleurs et 20 000 travailleurs) ; 15 000 d'entre eux connurent l'occupation allemande, encasernés dans des conditions parfois déplorables[41].

De toutes les possessions françaises, l'Indochine fut celle, sans doute, qui fonctionna comme un système économique, où, compte tenu des variantes et des spécificités régionales et locales, les économies des colonies étaient pilotées de la métropole, par le rôle prééminent que joua la Banque de l'Indochine (BIC).

Finances et monnaie furent les deux piliers de ce système dont la Banque de l'Indochine devint rapidement la clé de voûte. Fondée par des grandes banques françaises, elle devint indépendante de bonne heure et fut dotée d'un très important privilège dans une France républicaine, celui de l'émission monétaire. En outre, dès 1888, elle devint l'auxiliaire indispensable du gouvernement général qui lui confia le Fonds de réserve de la colonie avec le droit d'y puiser de l'argent pour des placements à court terme, tout en prélevant un taux d'intérêt annuel de 2,5 % pour gérer ce fonds. La BIC remplit ce rôle jusqu'à la Seconde Guerre mondiale où, au 9 mars 1945, la BIC était créancière du gouvernement général pour 200 millions de piastres. Par ailleurs, à la fin de la guerre, la banque, en tant que négociatrice des échanges économiques avec les occupants japonais, se retrouva détentrice de 32 tonnes d'or déposées à son compte à la Yokohama Specie Bank.

En 1933, la banque se vit confier le soin d'assainir l'économie fortement endommagée par la crise. La banque absorba ainsi 27 sociétés et devint alors une grande banque d'affaires en même temps qu'un grand propriétaire immobilier par

40. CAOM, fonds Agence FOM 271, « Contribution de l'Indochine à l'effort de guerre de la métropole », 1920.
41. Lê Huu Khoa, « La communauté vietnamienne, 1940-1946 », *Approches-Asie*, 10, 1989-1990, Nice. Voir le témoignage de Le Huu Tho qui vint en France comme interprète des travailleurs en 1940 : *Itinéraire d'un petit mandarin,* Paris, 1997.

l'entremise de ses filiales, le Crédit foncier indochinois et la Société immobilière indochinoise. Elle atteignit alors le sommet de sa puissance[42], ce qui lui attira beaucoup d'inimitiés.

La grande dépression fut l'occasion de réorienter les exportations indochinoises, à commencer par le riz, vers la « métropole ». Mais encore, la monnaie fut un outil de resserrement des liens impériaux en même temps qu'un signe de la dépendance coloniale. En effet, la piastre indochinoise, auparavant liée au métal argent, fut rattachée à l'étalon-or en 1931 et très vite au franc français (1936), et son taux de change fixé à 10 francs pour une piastre. Ces deux mesures, en mettant fin aux fortes fluctuations du change tout en arrimant plus étroitement la piastre au franc, visaient à assurer une garantie aux capitaux métropolitains investis et au rapatriement de leurs profits.

L'intégration de l'Indochine dans une économie impériale fit partie plus largement de l'insertion dans l'économie mondiale, et cette double relation créa à la fois dépendance et vulnérabilité. La « grande crise économique de 1929 » dans les colonies asiatiques fut le prélude à la crise générale de l'empire colonial dont la Seconde Guerre mondiale fut porteuse, mais, dans un premier temps, elle renforça les « liens impériaux », tandis que le Parti communiste indochinois s'en servit pour annoncer la fin prochaine du système colonial.

Agression culturelle, humiliation sociale et répression politique

En opérant leur mainmise sur le royaume du Vietnam, les Français rencontrèrent une forte résistance. D'abord celle de l'État, puis, lorsque celui-ci capitula, celle des sujets conduits par les mandarins, voire des hommes du peuple. Ce ne fut pas seulement un affrontement entre deux États, deux armées, une armée et une population, qui se produisit alors, mais entre deux univers culturels différents.

---

42. M. Meuleau, *Des pionniers en Extrême-Orient. Histoire de la Banque de l'Indochine. 1875-1975*, Paris, 1990.

La conception évolutionniste de l'univers et des sociétés humaines confortée par le progrès technologique conduisit les Français, et les Occidentaux en général, à concevoir une hiérarchie des cultures, que certains entremêlaient avec une hiérarchie des « races » dont la « blanche » occupait le sommet. Une telle conception légitimait, aux yeux des Européens, leur domination, puisque celle-ci était porteuse de la civilisation moderne. Il leur revenait donc de mettre à jour les cultures attardées[43].

Le paradoxe du progrès et du meilleur imposés conduit un Français à s'interroger : « Peut-être est-il vrai que le peuple annamite est plus heureux depuis que nous le *protégeons* (un peu à la façon dont Arnolphe *protège* la jeunesse d'Agnès !). Les différences effrayantes de fortune qui existaient entre les différentes castes du vieil empire s'effacent peu à peu... Et la médecine ; c'est un fait que les épidémies, les maladies diminuent. La population annamite augmente, d'après les statistiques, dans des proportions considérables... Mais voilà justement le problème : un homme est-il plus heureux de servir un maître doux et bienveillant mais qui est un étranger, qui ne le comprend pas, que de recevoir les coutumiers coups de rotin d'un maître cruel mais qui est de la même race, qui a les mêmes coutumes, qui parle la même langue que sa victime ?... Il y avait peut-être un moyen de collaborer, de le diriger sans rudesse, en cherchant à aller dans son sens et non le ramener à soi, de ne pas lui faire sentir la férule, de gagner sa confiance[44]... »

Il ne faut pas cacher qu'il existe une vision sino-vietnamienne des autres très proche de celle des Européens, mais elle est culturocentrée et non racialiste, fondée sur l'idée que les sociétés évoluent de l'état de sauvagerie à celui de civilisation. Ainsi, au Vietnam, les ethnies des hautes terres sont considérées comme sauvages. Peut-être détermina-t-elle le ralliement de l'élite à la modernité européenne.

---

43. Cl. Liauzu, *Race et civilisation. L'autre dans la culture occidentale. Anthologie critique*, Paris, 1992. Voir également A. Ruscio, *Le Credo de l'homme blanc*, Paris-Bruxelles, 1995.

44. J. Tardieu, *Lettre de Hanoi*, Paris, 1997, p. 22-23. Jean Tardieu, poète et fils de Victor Tardieu, fondateur de l'École des beaux-arts de l'Indochine, accomplissait son service militaire en Indochine d'où il écrivit cette lettre à Roger Martin du Gard, en janvier 1928.

Au départ, les Vietnamiens revendiquaient leur différence, la valeur intrinsèque et relative de la personnalité nationale ainsi que son aptitude à évoluer de son propre chef, comme en témoignaient d'autres Asiatiques, Japonais et Siamois.

Capituler devant la domination française n'était pas seulement perdre son territoire et sa souveraineté politique (*mât nuoc*) mais aussi son âme (*mât hôn*). Lorsque l'idéologie occidentaliste envahit le monde, le darwinisme social était présent dans tous les débats sur la survie de la « race », de la patrie — « la terre des ancêtres » — qui enflammèrent les cercles de lettrés chinois et, par leur intermédiaire, vietnamiens.

Aux yeux de ceux qui avaient le regard tourné vers le passé, la substitution du *quôc ngu* (transcription de la langue dans l'alphabet latin) aux idéogrammes chinois, l'abolition ultime, en 1919, des concours des lettrés-fonctionnaires conçus sur le modèle chinois, l'instauration de l'enseignement franco-indigène apparurent comme autant d'assauts contre l'identité nationale. Ces mesures tranchaient en effet des liens plus que séculaires avec la civilisation chinoise, aussi déterminante et prégnante que la civilisation gréco-latine pour la culture française.

Le système colonial ne put davantage admettre les initiatives des dominés pour moderniser leur culture, comme en témoigne l'interdiction, en 1907, du mouvement culturel indépendant connu sous le nom de *Dong kinh nghia thuc*, « École hanoïenne de la Juste Cause ». Ce dernier s'inscrivait dans une effervescence culturelle et politique qui donna lieu à une nébuleuse d'initiatives dont *Zuy tân* (Modernisme) et *Minh tân* (Lumière nouvelle) dans le centre et le sud du Vietnam de 1907 à 1908[45]. L'intelligentsia, encore composée de lettrés de formation classique, c'est-à-dire sino-vietnamienne, avait pris un tournant, décidant d'adopter la modernité européenne en la greffant sur la culture nationale. Ils furent relayés par des intellectuels formés par l'enseignement franco-indigène, et cette « génération de 1925 » confirma l'évolution moderniste des Vietnamiens.

---

45. *Prose et poésies du DKNT*, édition trilingue, Hanoi, EFEO, 1997.
Sur les mouvements Zuy tân, Minh tân, voir D. Marr, *Vietnamese Anticolonialism, 1889-1925*, Berkeley, 1971, et *Vietnamese Tradition on Trial 1920-1945*, Berkeley, 1981.

La résistance culturelle contre la domination française devint inséparable de la résistance politique. La démarche des lettrés ou des intellectuels nouveaux consistait à emprunter au maître ses propres armes pour le combattre. Le réformisme modéré de Phan Chu Trinh, Bui Quang Chieu, Huynh Thuc Khang, le radicalisme de Nguyên An Ninh inspiré par le libertarisme, le marxisme et ses avatars léniniste et trotskiste chez Hô Chi Minh, Ta Thu Thau et d'autres envahirent le champ politique indochinois.

La fondation du Parti communiste indochinois fut un fait capital parce que le léninisme et la IIIe Internationale, à laquelle le PCI adhéra à partir de 1931, élaborèrent une théorie globale des phénomènes de la dépendance qui dota les anticolonialistes vietnamiens non seulement de l'argumentaire qui justifiait leur combat mais aussi d'une organisation porteuse d'un idéal et d'une volonté de faire triompher la cause anticolonialiste. L'itinéraire d'un homme comme Hô Chi Minh en est une bonne illustration[46].

Le développement d'une résistance pluridimensionnelle à l'imposition d'un « carcan-moule » à la française rendit illusoire la tentation assimilationniste s'il y en eut une. Il fallut bien se rendre compte que les siècles avaient façonné des personnalités collectives indochinoises — dont la plus réactive et la plus dynamique était celle des Vietnamiens, les autres Indochinois opposant davantage la force d'inertie aux colonisateurs —, qu'elles étaient réfractaires à une reproduction ou fac-similé, même imposée par la force.

Pour autant, les Français eurent-ils l'idée de suivre les Britanniques — pragmatiques dans leur politique coloniale —

Sur la période 1920-1928, voir Hue Tam Ho Tai, *Radicalism and the Origins of the Vietnamese Revolution*, Cambridge, Mass., 1992 ; et Trinh Van Thao, *Vietnam, du confucianisme au communisme*, Paris, 1990.

À l'un de ces « retours de France », Nguyên An Ninh écrivait qu'ils « y avaient reçu des mains des Français même l'acte de condamnation du régime imposé par les coloniaux à l'Indochine… Ils combattent ouvertement au nom des idées humanitaires et des principes de 1789 », extrait de la brochure *La France en Indochine*, avril 1925 (BDIC-Nanterre).

46. P. Brocheux, *Hô Chi Minh*, Paris, 2000.

dans la voie du dominion et du *self-government* en promouvant les élites indochinoises vers le pouvoir ?

Jusqu'à la Seconde Guerre mondiale, l'enseignement indochinois était loin d'accueillir toute la population en âge d'être scolarisée : sept enfants sur dix fréquentaient l'école ; le nombre d'étudiants de l'université de Hanoi atteignit les 1 500 en 1943-1944. Jusqu'au conflit mondial, la faculté de médecine n'avait qu'une filière courte qui ne formait que des « médecins indochinois » au terme de quatre années d'études, et non des docteurs en médecine. Les autres écoles supérieures étaient destinées à former des cadres subalternes. Par ailleurs, les Indochinois admis à poursuivre leurs études en France furent très peu nombreux.

Les naturalisations étaient octroyées avec parcimonie — 300 naturalisés en 1939 — et elles n'assuraient pas aux détenteurs de la citoyenneté française les pleins droits dont ils auraient dû jouir. Les capacitaires indochinois, y compris les détenteurs de diplômes métropolitains, subirent longtemps une discrimination en matière de salaire et d'avancement lorsqu'ils étaient fonctionnaires. En ce qui concerne l'évolution des carrières, l'inégalité la plus flagrante et la plus scandaleuse concernait les Indochinois officiers dans l'armée française, tous naturalisés français, souvent décorés pour leur bravoure au feu pendant la Grande Guerre, mais dont le commandement barra l'accès aux échelons les plus élevés de la hiérarchie militaire. Le cas du lieutenant-colonel Do Huu Chanh est significatif : cet officier appartenant à une famille anciennement naturalisée sollicita, en 1913, l'autorisation de suivre les cours des Hautes Études militaires. Le général Joffre, chef d'état-major de l'armée, motiva le rejet de la demande en ces termes : « Étant donné son origine, le lieutenant-colonel Do Huu Chanh ne doit pas arriver au sommet de la hiérarchie. Dans ces conditions, il n'est pas question de lui faire donner l'instruction militaire supérieure[47]. » Hiérarchie raciale et hiérarchie professionnelle ne pouvaient pas s'harmoniser.

---

47. Colonel Rives, deux articles sur les officiers indochinois de l'armée française dans le *Bulletin de l'Association nationale des anciens d'Indochine*, 1er et 2e trim. 2000. Le cas Do Huu Chanh n'est pas une exception, tous les officiers dont parle le colonel Rives se sont heurtés aux mêmes barrières.

On le voit, la disparité de statut et de traitement social entre indigènes et Européens s'enracinait dans la classification racialiste destinée à assurer la suprématie « blanche ». En 1926, de façon prémonitoire, le gouverneur général Alexandre Varennes avait alerté le ministre des Colonies sur l'existence du « tiers état annamite » qui revendiquait une place au soleil et auquel il ne fallait pas tarder à donner sa place si l'on ne voulait pas qu'il la réclame lui-même.

Le colonialisme meurt mais ne se rend pas

Cette paraphrase rend compte de la fin du régime colonial en Indochine, car les peuples, Vietnamiens en tête, furent obligés d'arracher leur indépendance aux maîtres français.

La domination française ne fut jamais acceptée de façon définitive. C'est pourquoi le gouvernement général avait créé un appareil de surveillance et de répression perfectionné et efficace : Sûreté générale indochinoise, garde indigène, infanterie coloniale indigène, troupes de marine et Légion étrangère européennes, marine, aviation, prisons et bagnes. Presse, livres et cinéma étaient soumis à la censure. Réunions et syndicats étaient interdits. On refusait l'*habeas corpus* aux inculpés, les sévices corporels étaient couramment pratiqués, du passage à tabac à la torture proprement dite. En période de troubles, les tribunaux d'exception fonctionnaient[48].

Un calme relatif régna de 1916 à 1926, puis la contestation reprit dans la jeunesse des écoles (1926-1929) et dans l'intelligentsia avant de s'amplifier jusqu'à toucher le pays entier : grèves ouvrières et manifestations antifiscales des paysans en 1928-1929, mutinerie des tirailleurs à Yen Bai en 1930, et soulèvement paysan généralisé dans tout le Vietnam en 1930-1931, avec l'épisode marquant des *xo-viets* du nord de l'Annam[49].

48. P. Morlat, *La Répression coloniale au Vietnam (1908-1940)*, Paris, 1990. Se reporter aussi à Ngo Van, *Au pays de la cloche fêlée. Tribulations d'un Cochinchinois à l'époque coloniale*, Paris, 2000. P. Zinoman, *The Colonial Bastille. A History of Imprisonment in Vietnam, 1862-1940*, Berkeley, Cal., 2001.

49. P. Brocheux, « L'implantation du mouvement communiste en Indochine française : le cas du Nghe Tinh, 1930-1931 », *Revue d'Histoire moderne et contemporaine*, 1er trim. 1977.

Puis il y eut en Cochinchine l'action légaliste du groupe stalino-trotskiste La Lutte[50] à partir de 1933, relayée et amplifiée en 1936 par le Front populaire français. La période 1936-1938 connut une effervescence politique et sociale parmi les plus vigoureuses dans les colonies françaises[51].

Le PCI alluma l'ultime incendie en Cochinchine en 1940 en fomentant une insurrection armée qui mobilisa 15 000 insurgés. L'armée, la marine et l'aviation françaises la brisèrent. Il y eut 106 condamnés à mort, d'après les sources officielles qui ne précisent pas que, jusqu'en mai 1941, ils furent fusillés par groupes de trois à dix sur les places de marché afin d'impressionner la population. Une violente vague de répression fit 5 248 victimes (d'après les Vietnamiens), des milliers d'emprisonnés (5 848 selon les Français, 8 000 d'après les Vietnamiens) rejoignirent ceux qui avaient été arrêtés en 1939 (en vertu du décret Sérol[52]) dans les bagnes de Poulo Condor, Son La, Lao Bao et dans les camps de regroupement de Ta Lai et Ba To, sans compter les prisons proprement dites[53].

Au début de la Seconde Guerre mondiale, l'ordre régnait en Indochine — au prix d'une répression impitoyable. Cependant, le système de domination supposait la puissance

Dans les dossiers de la commission d'enquête présidée par M. Morché, président de la cour d'appel de Hanoi, le nombre de victimes de la répression n'est pas précisé, mais il se compta certainement par centaines lorsque l'on sait par le commandant Lambert, de la Légion étrangère, qu'il avait reçu l'ordre verbal de « réprimer, tuer, faire le moins de prisonniers possible », CAOM, Nouveau Fonds Indochine, 1597. (Or les manifestants se comptèrent par milliers du 1er mai 1930 à avril 1931.)

50. La Lutte publia une presse et participa aux élections municipales de Saigon.

51. D. Hémery, *Révolutionnaires vietnamiens et pouvoir colonial en Indochine. Communistes, trotskistes et nationalistes à Saigon de 1932 à 1937*, Paris, 1975.

52. Le décret Sérol du 26 septembre 1939 dissout le PCI et ses organisations.

53. P. Brocheux, « L'occasion favorable, 1940-1945. Les forces politiques vietnamiennes pendant la Seconde Guerre mondiale », *in L'Indochine française 1940-1945*, P. Isoart (éd.), Paris, 1982, p. 131-178. Le bilan officiel français dénombra trois Européens tués, trois blessés, une trentaine de miliciens et de notables tués.

de l'État français, une économie prospère, une armée invain-
cue. L'Histoire en décida autrement : l'économie fut secouée
par la grande dépression mondiale, la société ébranlée par la
lutte des classes et la cohésion nationale entamée, l'armée
vaincue et le territoire occupé par les Allemands. Le maître se
retrouva nu.

La situation qui s'établit à ce moment-là conféra un caractère prémonitoire à l'avertissement lucide du général Henri
Claudel, inspecteur général des troupes coloniales, en mission d'enquête en Extrême-Orient entre mai et septembre 1931 : « Mais un mouvement social ne s'endigue pas, il
brise tout sur son passage. L'armée sait combattre un ennemi
armé, qu'elle voit, avec lequel elle peut se mesurer, elle ne
peut changer les mentalités et apporter des améliorations
sociales. La Sûreté arrêtera les hommes, elle n'emprisonnera
pas les pensées[54]. »

À partir de 1940, le protecteur n'assura plus son rôle
puisqu'il ne put empêcher la Thaïlande de s'emparer, en
1941, de 70 000 kilomètres carrés de territoire des protégés
cambodgien et lao, tandis que le Japon lui imposait la présence de ses troupes et la satisfaction de ses besoins
logistiques.

Le 9 mars 1945, le renversement des autorités françaises, le
désarmement de son armée, l'octroi de l'indépendance aux
monarchies indochinoises par l'occupant japonais, puis la
capitulation de celui-ci devant les Alliés, créèrent un vide
politique. Les Vietnamiens mirent à profit la situation pour
restaurer un État indépendant, proclamé République démocratique du Vietnam (RDV) le 2 septembre 1945.

Les Français refusèrent cet état de fait et entreprirent de
« restaurer la souveraineté française en Indochine ». Il s'agissait d'effacer le souvenir de la défaite de 1940 et de maintenir
la France au rang de puissance mondiale. Seulement, en
1945, ni l'état de la France ni l'état du monde ne le permettaient. C'est poussés par l'ignorance et l'arrogance que les
gouvernants de la IVe République plongèrent la péninsule
dans une guerre qui l'ensanglanta pendant neuf ans. Le premier événement qui marqua les esprits fut le bombardement

54. CAOM, NF Indo 2328.

de Haiphong, en novembre 1946, par la marine et l'aviation françaises. L'opération fit plus de 6 000 victimes dans la population, bien que le chiffre soit contesté et ramené à 600 (nombre du reste suffisant pour donner une idée de la gravité de l'action militaire française).

Mais, depuis octobre 1945, la guerre ravageait la Cochinchine. À l'issue du conflit, les pertes françaises furent estimées inférieures à 10 000, tandis que 30 000 à 40 000 combattants vietnamiens perdirent la vie. Civils compris, ce sont 400 000 à 500 000 personnes qui furent tuées.

L'affaire Boudarel, en 1991, fut l'occasion de rappeler les mauvais traitements infligés aux prisonniers français. Elle permit aussi d'exhumer une lettre (datée du 11 mars 1955) du général de Beaufort au sujet des réclamations françaises pour obtenir de l'adversaire la liste et le sort des prisonniers et disparus du corps expéditionnaire. En voici un extrait : « À titre de réciprocité [...] la nécessité pour nous de publier des listes analogues [...] risquerait de nous placer dans une situation désagréable sinon difficile puisqu'elles [feraient ressortir] plus de 4 500 détenus morts en captivité... Des renseignements officieux me permettent de penser que le nombre de prisonniers de guerre indochinois décédés et exécutés dépasse au total 9 000[55]. »

La guerre ne fut conventionnelle qu'à partir de 1950 dans le Nord, mais là et ailleurs elle conserva la forme d'une guérilla et d'une contre-guérilla dans lesquelles, bon gré mal gré, la population se trouva entraînée et souffrit considérablement. Ce type de conflit nécessite en effet que les populations soient gagnées, volontairement ou non, à la cause des belligérants : « nettoyages » et « ratissages », emprisonnements, prises d'otages, tortures, exécutions sommaires, massacres de « rééducation » furent monnaie courante en Indochine, n'épargnant ni les femmes ni les enfants, sans compter les

---

55. Le général de Beaufort était le chef de la mission militaire française de liaison auprès de la Commission de contrôle internationale des accords de Genève. Lettre citée p. 292 de la thèse non publiée du colonel Bonnafous, *Les Prisonniers de guerre du corps expéditionnaire français en Extrême-Orient dans les camps Viêt-minh, 1945-1954*, université de Montpellier-III, 1985.

exactions de droit commun des militaires : rackets, vols à main armée, viols, dont la population fut victime[56]. La guerre d'Indochine engendra tous les maux habituels d'une guerre, mais la situation coloniale justifia le mépris à caractère raciste des soldats français et leurs exactions. Dans cette « sale guerre », on allait « casser du Viet », « casser du nhac » (de *nha quê*, paysan), « casser du bougnoul ».

La transformation de la guerre d'Indochine en un front chaud de la guerre froide permit aux Français de se dégager de l'accusation de mener une guerre coloniale, au moins au yeux de ses alliés principaux, les Américains. Ils en firent un front de la lutte du « monde libre » contre le communisme international et, pour ce faire, ouvrirent un « contre-feu nationaliste ». Mais la mise en place de cette solution dite « Bao Daï » fut très lente et laissa percer la prégnance du colonialisme dans la persistance des Français à exercer une tutelle. Leur comportement explique les fortes réticences des nationalistes vietnamiens à s'engager à leur côté, comme il explique que le roi du Cambodge, Norodom Sihanouk, quitta Phnom Penh en 1953 pour mener la « croisade de l'indépendance » devant ce qu'il jugeait être la mauvaise volonté des gouvernants français à « lâcher le morceau ».

Conclusion

L'académicien-résident supérieur Paul Bert déclara que la France possédait « les secrets du progrès civilisateur », puis il évoqua la vision future d'« une colonie de marchands et d'industriels... de créateurs de ressources et de richesse [mais aussi] une colonie de citoyens libres où colonisés et colonisateurs travailleront en associés[57] ». Des gouverneurs

---

56. Le 23 avril 1947, le haut-commissaire de France Bollaert envoya une instruction secrète à tous les échelons du commandement du corps expéditionnaire français au sujet des exactions commises en groupes ou isolément par les troupes françaises : « Il faut mettre un terme définitif à ces abus », et il ajoutait que la responsabilité des supérieurs était engagée, CAOM, fonds Conseiller politique, 139.

57. Discours du 28 mars 1886, cité par *Le Progrès saigonnais*, 1er avril 1886.

généraux qui se succédèrent tinrent à peu près le même langage : en 1905-1906, Paul Beau assurait que la modernisation intellectuelle devait préparer et servir la colonisation économique ; en 1917, Albert Sarraut faisait miroiter la brillante perspective de « grandir nos protégés en puissance matérielle puis les associer aux bénéfices du commun domaine ». La nomination du radical-socialiste Varennes en 1925 fit revivre les espoirs, pour ne pas dire les illusions, des Indochinois au regard des réformes progressistes.

Qu'advint-il des perspectives radieuses ainsi ouvertes par le verbe de grandes personnalités de la IIIe République ? La répétition des idéaux et des bonnes intentions de la colonisation française n'effaça pas la réalité de la domination et de l'exploitation que ni les discours ni l'action sanitaire et éducative développée de façon progressive et lente ne compensèrent.

Dans la déclaration d'indépendance de la RDV, Hô Chi Minh rappela que la France avait violé la Déclaration des droits de l'homme et du citoyen qu'elle avait adoptée en 1789. Jean Tardieu affirma que la conquête militaire fut la faute originelle de la domination française et que, aux yeux des dominés, ce n'était pas le comportement individuel de tel ou tel Français qui pouvait la racheter : « [...] Tous les efforts que je tenterai pour être affable, bienveillant, souriant, et pour inspirer confiance à mes interlocuteurs annamites ne pourront leur faire oublier que je suis l'usurpateur, le conquérant[58]. »

À propos de l'Algérie, Jean-Paul Sartre insistait sur le fait que « le colonialisme est un système[59] ». La nature de ce système était double. Un premier volet consistait à transposer dans la colonie les activités du capitalisme financier et, à moindre degré, industriel de la métropole jusques et y compris une caractéristique française, l'intervention de l'État pour soutenir les groupes d'intérêts capitalistes. Un Vietnamien écrivit à un fonctionnaire français : « [...] Un chef de service (comme vous par exemple) ou un gouverneur général, fût-il le mieux intentionné du monde, ne pourra jamais améliorer en quoi que ce soit l'ensemble de toutes ces forces puissantes

58. *Lettre de...*, *op. cit.*, p. 13-15.
59. *Les Temps modernes*, 123, 1956, p. 1372-1386.

d'argent et d'exploitation qui dominent en France comme en Indochine, qui asservissent le prolétariat français et annamite politiquement, économiquement, socialement et personnellement[60]. »

En se référant à la vision marxiste des rapports sociaux, l'auteur de ces propos gommait ce qui distinguait l'oppression colonialiste de celle qu'exerçait le capitalisme, qui rendait le prolétariat européen moins sensible à la solidarité entre opprimés des colonies et des métropoles. Cette distinction représente le deuxième volet du système : le coefficient racial et son dérivé, l'idéologie raciste, aggravaient et exacerbaient les relations entre dominateurs et dominés. Ce fait fondamental n'avait pas échappé au général de Gaulle qui, s'entretenant avec un de ses proches, disait à propos des Algériens : « L'humiliation… n'oubliez pas l'humiliation[61]… »

60. Lettre datée du 15 mai 1927, adressée par l'instituteur Nguyên Van Ba à M. Sogny, chef de la Sûreté d'Annam, CAOM, fonds SLOT-FOM, III, carton 39, dossier 838.
61. Sur cette question, on lira avec beaucoup d'intérêt les souvenirs d'une Vietnamienne de l'élite éduquée au couvent des Oiseaux (établissement d'enseignement français) qui a ressenti la discrimination et le mépris, avant de rejoindre la lutte de libération nationale; Xuân Phuong, *Ao dai,* Paris, Plon, 2001.

ANNEXE

La grande pitié des travailleurs annamites*

Les extraits de ce rapport rédigé en 1928 par M. D., inspecteur des affaires politiques en Indochine, ont été publiés dans *La Résurrection*, journal vietnamien paraissant en France.

Le numéro 3 de *La Résurrection* (le numéro 2 ayant été saisi) publie la suite du rapport sous le titre :

« Sadisme ou barbarie ? »

Sévices-punitions corporelles — L'ensemble de la main-d'œuvre est dirigé par M. V., Belge de 23 ans, assistant de plantation. Les coolies se sont plaints d'un régime de brutalité auquel ils étaient soumis, tant de la part de M. V., dont ils signalaient tout spécialement la méchanceté, que des surveillants placés sous ses ordres. [...]

Les déclarations déposées au cours de l'enquête menée sur les plantations de Mimot les 27 et 28 mars ont permis d'établir les faits suivants :

1) Punition de vingt coups de rotin chacune infligée à une douzaine de coolies — Le 21 mars, après l'appel du matin, entre 4 h 30 et 5 heures, une douzaine de coolies, enfuis de la plantation, ayant été rattrapés, et sur l'ordre de M. d'U., directeur du Syndicat de Mimot, ont reçu chacun vingt coups de cadouille donnés par des *caïs* ou des surveillants. M. V. a déclaré qu'il avait procédé à cette exécution par ordre ; que, d'ailleurs, les coolies avaient été avisés que tout déserteur recevrait vingt coups de rotin.

* Cité p. 162-165 *in* Félicien Challaye, *Un livre noir du colonialisme. « Souvenirs sur la colonisation »*, Paris, Les Nuits rouges, 1998.

Ce fait a été reconnu dans sa déclaration du 26 mars par
M. d'U. C'est d'ailleurs par M. V. que je l'ai appris ; les coolies, lors de l'enquête, ne me l'ayant pas dénoncé.

2) 26 coups de nerf de bœuf donnés à Lê Van Tao par
M. V. — La nuit même qui suivit cette exécution collective,
trois autres coolies tonkinois s'évadaient à nouveau. Seul un
nommé Lê Van Tao, n° 649, originaire de Cu Thong, Huyên
Cat Giang (Haiduong), âgé de 33 ans, qui s'est engagé pour
pouvoir envoyer des subsides à sa femme et à ses trois
enfants restés au Tonkin, put être repris.

Rattrapé immédiatement, il était conduit par un caï et deux
surveillants à M. V. vers 11 heures du soir. Celui-ci, qui
occupe une chambre du pavillon du directeur, M. d'U.,
donna l'ordre de l'attacher à une colonne de la véranda en lui
faisant passer les deux bras autour de la colonne et lui réunissant les mains avec des menottes dont la direction possède
un certain nombre. Lê Van Tao passa la nuit dans cette position. Le lendemain matin, 22 mars, M. V. conduisit Lê Van
Tao, toujours avec les menottes, devant les coolies rassemblés pour l'appel sur la place du campement.

Il donna l'ordre au caï de l'équipe de Lê Van Tao, nommé
Lê Van Toan, de le tenir par les pieds et à un autre Annamite
qui n'a pu être identifié — personne n'ayant voulu ou osé le
dénoncer — de le tenir par les mains. De la déposition de Lê
Van Tao, ainsi que de nombreux autres (Tiên Khan, n° 645,
Van Thinh, n° 642, et 16 autres témoins), il semble ressortir
que Tao était ainsi tenu suspendu en l'air à environ 20 centimètres du sol, son pantalon lui ayant été retiré. Cependant, la
déposition du cas Tuân sur ce dernier point n'est pas concor-
dante. Comme il ne faisait pas encore jour, la scène se passait
à la lueur d'une lampe à pétrole. Ainsi maintenu, Lê Van Tao
reçoit de M. V., opérant lui-même, 26 coups de nerf de bœuf
qui entamèrent la peau en provoquant des plaies qui suppu-
raient lorsque j'ai examiné ce coolie, le 27 mars (voir constatations médicales jointes). Lê Van Tao fut alors envoyé au
travail et n'a pas été pansé. Le caï Lê Van Toan, qui a assuré
l'avoir tenu par les pieds, a déclaré que, s'il a agi ainsi, c'est
parce qu'il avait obéi au chef, M. V. qui l'avait plusieurs fois
frappé aussi.

M. V. a reconnu les faits concernant le nommé Lê Van Tao, tout en ramenant à 20 le nombre des coups de nerf de bœuf, quoique, sur le chiffre de 26, les déclarations des 18 témoins concordent avec celle du plaignant. [...]

3) Corrections à coups de canne données par M. V. à trois femmes, dont une enceinte, et à un coolie — Le 25 mars, vers la fin de la journée, sur un chantier situé à environ 2 kilomètres et demi du village de Dong, l'eau, apportée dans les touques par un coolie chargé d'approvisionner les travailleurs en eau potable pendant le travail, étant épuisée, quelques-uns d'entre eux, assoiffés, abandonnèrent leur tâche pour aller boire. Ils furent rencontrés en route par M. V., venant en sens inverse, qui les arrêta successivement sur son chemin et les ramena avec lui sur le chantier. Après une courte enquête, il relâcha ceux qui avaient reçu l'autorisation d'aller boire et retint trois femmes, Nguyên Thi Tuong, n° 9, âgée de 21 ans, épouse du caï Nguyên Van, en ce moment à l'hôpital de Kompong Som pour y apprendre le métier d'infirmier ; Nguyên Thi Liên, n° 1021, veuve, âgée de 30 ans, enceinte de six mois ; Nguyên Thi Nhon, âgée de 36 ans, mère de trois enfants, et un nommé Nguyên Van Ty, n° 312, âgé de 19 ans, célibataire.

M. V. leur fit signe de se coucher à terre, ce qu'ils firent tous quatre. Avec une canne de rotin, grosse comme le pouce et dont la poignée était entourée de fil télégraphique, il frappa lui-même successivement sur les fesses et le haut des cuisses les trois femmes ; d'abord la plus jeune, Thi Tuong, puis Thi Liên et enfin Thi Nhon. Elles reçurent chacune 10 coups.

Arrivé à Nguyên Van Ty, M. V. lui fit signe avec le bout de sa canne de retirer son pantalon, ce qu'il fit. Il lui donna alors sur les fesses 20 coups. M. V. explique ce redoublement de vigueur vis-à-vis de Nguyên Van Ty par le fait que, ne voulant pas déranger inutilement son surveillant, il lui avait demandé de lui dire sincèrement s'il avait une autorisation pour aller boire, lui promettant, au cas où il mentirait, une « ration double ». Celui-ci ayant menti, M. V., dit-il, exécuta sa promesse ; M. V. a prétendu n'avoir donné ou fait donner que 3 coups aux femmes et 10 coups à Nguyên Van Ty. Mais les constatations médicales indiquent que les femmes ont bien reçu au moins 10 coups, ce qui confirme leurs dires, et si, pour Nguyên Van Ty, le médecin n'a relevé que dix ecchymoses larges d'un centimètre et demi, il a constaté en outre un éclatement de la peau large de 2 centimètres et demi sur 5 de longueur, qui peut correspondre à plusieurs coups. Les constatations médicales relevant pour les femmes au moins 10 coups, la « ration double » infligée par M. V. à Ty devait donc bien être de 20, comme l'a déclaré le patient.

D'ailleurs, le porteur d'eau Tao Van Chi, n° 261, et le caï Nguyên Van But, n° 283, qui assistaient à cette exécution ont, par leurs déclarations, confirmé les dires des plaignants quant au nombre de coups donnés par M. V. Trois des plaignants, Nguyên Van Ty, Nguyên Thi Nhon et Nguyên Thi Liên, ont affirmé que, pour les battre, M. V. s'était servi d'une canne à bout ferré et que, pour les frapper, il tenait la canne par le petit bout, de façon qu'ils fussent cinglés par la poignée entourée de fil de fer.

Au Vietnam : un siècle de luttes nationales
par Alain Ruscio

La pensée coloniale française, parfois taxée d'incohérence, a au contraire connu de remarquables permanences dans l'espace et dans le temps.

Avec un axe essentiel, une sorte de colonne vertébrale du *credo* : la *paix française* que nous avons fait triompher sous les tropiques a sorti les peuples sous tutelle des ténèbres ; nous avons ouvert à ces nations naguère sans histoire, sans traditions, sans cultures, de tels horizons qu'elles ne peuvent que nous être reconnaissantes. Les peuples colonisés (on disait alors : les *masses indigènes*), qui ne sont pas ingrats, savent bien, eux, que notre présence est la garantie de leur tranquillité d'aujourd'hui, de leurs progrès de demain[1]. Si, malgré tout, mouvements de protestation il y a, c'est que des *meneurs* manipulés par l'*étranger* — ou même directement des *étrangers* — trouvent quelque trouble intérêt à menacer l'harmonie atteinte grâce à nous[2].

Dans le cas de l'Indochine, furent successivement dénoncés les dynasties chinoises lors de la conquête du Tonkin, les agitateurs nippons après la victoire du Japon sur la Russie tsariste, les agents du communisme international entre les deux guerres... puis, l'accélération de l'Histoire aidant, les déserteurs japonais de 1945... les communistes chinois, enfin, après 1949. Quand ce n'étaient pas les étrangers qui excitaient le peuple, les meneurs étaient montrés du doigt : mandarins

---

1. Je me permets de renvoyer à mon essai sur les mentalités coloniales françaises, *Le Credo de l'homme blanc*, Bruxelles, Éditions Complexe, 1996, nouvelle édition 2002.

2. Cette pensée perdure. Par une sorte de penchant naturel, le *Dictionnaire de la langue française* de la Maison Hachette, dans son édition de 1988, propose, comme illustration de l'utilisation du mot « rébellion » : « L'étranger arme la rébellion. »

fourbes, membres des sociétés secrètes, enfin, au xxᵉ siècle, bolcheviks annamites, révolutionnaires de l'ombre. Le vocabulaire lui-même a tenté de nier la réalité nationale des révoltes. Les mots « rebelles » et « pirates » ont abondamment servi, un siècle durant. Tout comme des expressions à la consonance vaguement mystérieuse : il y aurait une étude à faire sur l'utilisation, par le discours politique et par la presse, des expressions « Pavillons noirs » et *Viêt-minh*, à trois quarts de siècle de distance. Les mots mêmes de *Vietnam* et de *Vietnamien* ont disparu du discours officiel durant toute la période de la paix française, pour ne réapparaître que dans les trois ou quatre dernières années de la guerre d'Indochine. Par un paradoxe de l'Histoire, ces mots honnis ont alors été retournés par la propagande française contre le mouvement national. *Vietnam*, dans la presse bien-pensante française des années 1950, ne pouvait désormais que désigner l'État construit en partie par nous autour de la personne de Bao Dai, et *Vietnamiens* ne s'appliquer qu'aux bons ex-colonisés, ceux qui nous acceptaient...

Cette écriture particulière de l'Histoire — qui persiste encore, par îlots — oublie évidemment ces acteurs, les peuples colonisés. Les nationalistes, certes. Mais, au-delà, les populations qui n'acceptèrent jamais, dans leur masse, la domination de l'homme blanc.

La première résistance : le traditionalisme monarchique

Dès la conquête de la Cochinchine, première terre de la région annexée (à partir de 1859), des formes de résistance se manifestèrent. On vit alors régulièrement des mandarins prendre la tête de révoltes. Ou des paysans particulièrement déterminés, tel ce Phu Cao, surnommé *Ong Cop* (Seigneur Tigre), qui anima la résistance dans la région de My Tho. Ou encore Nguyên Trung Truc qui réussit, en décembre 1861, à incendier la canonnière l'*Espérance*, provoquant la mort de dix-sept marins français. La liste des révoltes contre cette première conquête française est longue : 1867, Vinh Long ; 1868, Rach Gia ; 1872, Ben Tre et Tra Vinh ; 1873, Long Xuyen ; 1878, My Tho...

Il en est de même lors des conquêtes de l'Annam et du Tonkin. La France de la IIIe République mobilise pourtant une masse de 30 000 hommes, auxquels doivent être ajoutés 6 500 tirailleurs tonkinois. Face à eux, ce ne sont pas seulement des paysans sans terre ou très pauvres, n'ayant rien à perdre, qui répliquent à l'implantation française. C'est la quasi-totalité de la population, la seule exception — mais elle est de taille — étant la communauté catholique, déjà très étoffée. À preuve, la révolte et le passage au maquis du roi Ham Nghi et de son entourage direct, dont le ministre de la Guerre, Ton That Tuyet, en juillet 1885. Dès cet instant, l'insurrection s'étend à tout le pays.

Cette opposition est passée dans l'Histoire sous son nom vietnamien : le *Can Vuong*, « Soutien au roi ». Résistance menée au nom de la tradition, au nom de la fidélité à la monarchie, dans le respect de l'idéologie et de la stratification sociale du Vietnam ancien[3]. Mais résistance de masse, d'essence populaire, comme en témoigne l'appel du roi Ham Nghi, le 13 juillet 1885 : « Nous, dont la vertu est mince, n'avons pu faire face aux événements et nous avons laissé la capitale tomber aux mains de l'ennemi, forçant ainsi le trône à s'en éloigner. Nous prenons sur nous toute la faute et la honte infinie. Mais subsiste l'ordre des liens qui nous unissent. Les mandarins grands ou petits ne nous abandonneront pas ; les hommes de talent vont nous apporter leurs plans, les hommes robustes mettre leur force à notre service, les riches donner leurs biens pour le service de l'armée, nos compatriotes s'unir au mépris du danger[4]… »

En moins de deux mois, c'est l'ensemble de l'Annam qui s'embrase. Les descriptions de la mobilisation autour d'un roi présumé *féodal* ont d'étranges reflets de guerre populaire du XXe siècle. L'édit royal est diffusé de village en village par des porteurs qui passent à travers les mailles du corps

---

3. Charles Fourniau, *Les Contacts franco-vietnamiens en Annam et au Tonkin de 1885 à 1896*, thèse de doctorat d'État, université de Provence, Aix-en-Provence, 1983. Publiée en ouvrage sous le titre *Annam-Tonkin, 1885-1896. Lettrés et paysans vietnamiens face à la conquête coloniale*, Paris, L'Harmattan, 1989.

4. Cité par Ch. Fourniau, *op. cit.*

expéditionnaire français. Là, l'assemblée communale se réunit dans le *dinh* (temple du génie local servant de lieu de réunion publique qui existait dans chaque commune du Vietnam ancien). Au milieu d'une forêt de drapeaux impériaux, un autel est dressé. L'édit royal, déposé dans un coffret laqué, est alors lu publiquement par le principal lettré du village. L'enthousiasme croît. Chacun promet de se joindre à la lutte, de chasser l'ennemi. On réunit les armes disponibles, on commence déjà à en forger d'autres. La troupe est constituée rapidement. Une hiérarchie militaire, souvent improvisée, est mise en place. Mais ces « soldats » d'un type si particulier, ces *guérilleros* avant le mot, peuvent très bien, en cas d'approche de l'ennemi, redevenir des paysans ou des petits lettrés paisibles, difficilement identifiables en tant que combattants. « Les chefs et un assez petit nombre de leurs fidèles sont seuls franchement pirates, note le résident de Nam Dinh en décembre 1885. Les simples soldats de cette armée sont fournis par tous les villages de la région indistinctement sur lesquels les chefs ont une action terrorisante. Arrive une colonne française, la bande, organisée surtout pour répandre le trouble dans le pays et pour mettre en mouvement nos soldats, résiste à peine pour la forme. Les chefs connus et leurs fidèles s'enfuient et il reste dans le pays le gros de l'armée et les chefs de moindre importance qui sont les paysans que nous côtoyons journellement. Il y a en quelque sorte une organisation latente qui, en présence de nos troupes, se confond avec le reste de la population et rentre dans le néant[5]. » On a vraiment l'impression que ces combattants vietnamiens appliquaient déjà la célèbre formule de Mao : « Le soldat est dans le peuple comme un poisson dans l'eau. »

Cette résistance, pourtant, est battue. Elle commet l'erreur majeure d'accepter le combat frontal contre l'armée française. En décembre 1886-janvier 1887, la forteresse de Ba Dinh est prise. Les troupes sont encore plus en difficulté après la capture du roi Ham Nghi, en novembre 1888[6]. Phan Dinh Phung,

---

5. Résident Gouin, cité par Ch. Fourniau, *op. cit.*
6. Ham Nghi est finalement exilé à Alger. Ce fut une pratique permanente du colonialisme français d'exiler les nationalistes encombrants dans d'autres colonies.

qui a pris le relais, tient le maquis, dans le Centre, jusqu'à sa mort au combat, en 1895. Peu à peu, les derniers éléments du Can Vuong, privés de chefs, privés de perspectives, se dispersent. La pacification de l'Annam et du Tonkin peut être considérée comme achevée. Mais nous sommes en 1895, près de quatre décennies après le premier coup de feu français en terre du Vietnam. Plusieurs milliers de combattants de métropole y ont laissé la vie. On estime que les opérations militaires au sud du Vietnam coûtèrent, en tout, 2 000 morts à ce premier corps expéditionnaire[7], celles du Centre et du Nord, 5 000 pour la seule année 1885, la plus meurtrière, il est vrai[8]. Ce qui, compte tenu de la disproportion des forces, est le signe d'une résistance acharnée.

Hoang Hoa Tham, dit Le De Tham, sorte de Robin des Bois vietnamien, tient encore tête dans des maquis isolés. Il ne sera assassiné qu'en 1913 ! Mais les officiels français de l'époque, qui évoquaient le plus souvent du piratage, et seulement cela, passaient à côté de la réalité. La persistance d'une résistance armée, si peu dangereuse pour l'ordre colonial fût-elle, était un signe qui n'aurait pas dû tromper. « Des gens connaissant le Tonkin pour y avoir vécu longuement avec les indigènes affirment que Le De Tham n'était ni plus ni moins que le symbole vivant de la protestation ou de la révolte contre la domination étrangère », écrit, en 1910, l'observateur plus avisé Adolphe Combanaire[9]. Ou encore le résident Neyret faisant, dès 1888, cette remarque pleine de bon sens : « Si la piraterie n'était qu'une association de brigands, elle aurait disparu. » Avant de tenter un parallèle historique qui, à la réflexion, est fondé : « La piraterie est une espèce de carbonarisme[10]. »

7. Paul Isoart, *Le Phénomène national vietnamien. De l'indépendance unitaire à l'indépendance fractionnée*, Paris, Libr. générale de droit et de jurisprudence, 1961.
8. Ch. Fourniau, *op. cit.*
9. *Mensonges et vautours coloniaux. L'Indochine en déliquescence*, Paris, Jouve et Cie, 1910.
10. « Rapport sur la situation dans la province de Hai Duong », 18 juin 1888 ; cité par Charles Fourniau, « Les traditions de la lutte nationale au Vietnam. L'insurrection des lettrés (1885-1895) », *La Pensée*, février 1966.

Lorsque commence le xxe siècle, en tout cas, le colonialisme français règne à peu près sans partage. Il peut se croire éternel. Sa domination est pour lui une évidence, est devenue un *fait de nature*.

Mais le bouillonnement s'est déplacé du fait militaire vers le fait politique.

La deuxième résistance : le modernisme nationaliste

Diverses sociétés secrètes agissent dans l'ombre. Surtout, étudient les expériences étrangères. La victoire du Japon sur la Russie tsariste, en 1905, le triomphe de la révolution républicaine en Chine, en 1911, ont des échos considérables dans l'Asie entière. La pénétration des idées généreuses du siècle des Lumières français est également un fait important. Curieusement, la IIIe République, qui se veut l'héritière des meilleures traditions démocratiques françaises, prend bien soin de contrôler ce mouvement. C'est par des traductions… chinoises que *Du contrat social* ou *De l'esprit des lois* sont connus au Vietnam.

C'est le nom de Phan Boi Chau qui domine les deux premières décennies du siècle[11]. Fin lettré, homme de grande expérience, c'est au Japon qu'il puise une partie de son inspiration. De Tokyo, il fait connaître à ses compatriotes ses idées dans un pamphlet puissant, « Lettre écrite d'outre-mer avec du sang ». En 1906, il crée l'Association pour la modernisation du Vietnam (*Viêt Nam Duy Tan Hoï*). Homme de la transition entre deux époques, Phan Boi Chau est tout aussi attaché au maintien d'une monarchie, qu'il veut libérée de la tutelle française, symbolisée par le prince Cuong De, qu'à la promulgation d'une Constitution moderne, calquée sur le modèle japonais. Chau comme le prince Cuong De s'installent d'ailleurs à Tokyo, d'où ils participent en secret à diverses actions contre la présence française, comme la tentative d'empoisonnement de la garnison de Hanoi, en 1908.

11. Georges Boudarel, « Phan Boi Chau et la société vietnamienne de son temps », revue *France-Asie-Asia*, n° 199, 4e trimestre, 1969.

Le Japon, cependant, allait décevoir cette première génération d'émigrés. Désireux d'obtenir des prêts auprès de financiers français, Tokyo expulse Phan Boi Chau et Cuong De. Chau, réfugié à Canton, y découvre la République, toute nouvelle en Chine. Peu à peu, il se convertit à l'idée républicaine. Il crée en 1912 une nouvelle Association, dite « pour la restauration du Vietnam » (*Viêt Nam Quang Phuc Hoï*). Des bombes sont lancées à Saigon, à Hanoi. Des assassinats de notables collaborateurs sont commis. À la veille de la Première Guerre mondiale, cette association est la bête noire des autorités coloniales. Phan Boi Chau est condamné à mort par contumace.

L'action et la pensée de Phan Chau Trinh[12], le second grand penseur du nationalisme vietnamien de ce début de siècle, sont de nature différente. Trinh, à la différence de Chau, est un moderniste convaincu et un adversaire de l'ancienne classe des mandarins et de la monarchie. Nourri de la lecture intensive des philosophes français du XVIIIe siècle (toujours en chinois…), il préconise pour son pays la mise en place d'une démocratie. Il n'est pas pour cela hostile a priori au protectorat français, mais souhaite un réaménagement des formes de la domination. Pour lui, c'est le développement économique de son pays, garant de l'éveil des populations, qui est la clé de tout progrès. Il est à l'origine de la création d'une école, à Hanoi, le *Dông Kinh Nghia Thuc* (1907), sans opposition des autorités françaises. L'enseignement, dispensé en vietnamien, en chinois et en français, est beaucoup plus moderne que dans les écoles confucéennes traditionalistes. Les sciences exactes et l'économie politique y ont une grande place. L'initiative a un énorme retentissement. Des milliers de jeunes Vietnamiens s'y pressent.

Mais cette nouvelle manifestation, même masquée, de l'esprit national inquiète le gouvernement général. L'école est fermée. Trinh, accusé de tenir dans l'ombre les fils de la contestation, est arrêté et déporté à Poulo Condor. Libéré en 1911, après une campagne animée notamment par la Ligue

12. Mme Cong Thi Nghia, alias Thu Trang, *Contribution à l'étude de la vie et de l'œuvre de Phan Chau Trinh (1872-1926)*, thèse de IIIe cycle, université Paris-VII, 1978.

des droits de l'homme, il se réfugie en France. Là, il poursuit son activité, ce qui lui vaut un nouvel emprisonnement, de un an, à la Santé. Par rapport à ses idées d'origine, il s'est pourtant progressivement rapproché de l'idée d'association franco-vietnamienne. En cela, il s'éloigne de ses jeunes compatriotes de la communauté vietnamienne de Paris, dont Nguyên Ai Quôc, qui le fréquente alors pourtant assidûment. En 1925, vers la fin de sa vie, il en est à déclarer : « Pour vivre et nous développer en Asie, nous avons besoin d'une force matérielle que seule la France pourra nous donner. La France de son côté pour maintenir son prestige en Extrême-Orient a besoin de notre collaboration. Unis, nous pouvons tout, séparés, nous ne pouvons rien[13]. » On voit que Trinh n'avait rien d'un extrémiste. De retour, finalement, dans son pays natal, il y meurt en 1926. Ses obsèques sont l'occasion d'une vibrante démonstration de la jeunesse patriote. Les manifestants saluent plus en lui l'homme droit, intègre, qui n'a jamais renoncé aux sacrifices, que le partisan de la coopération franco-vietnamienne. Les autorités coloniales ne s'y trompent pas et procèdent à de multiples arrestations et renvois des établissements scolaires.

Sous l'influence des milieux les plus conservateurs, le colonialisme français vient de laisser passer une première occasion de se réformer, par un dialogue franc avec un nationalisme modéré. Le pouvait-il ? L'a-t-il jamais pu ?

Plus radical apparaît le Viêt Nam Quôc Dan Dang (VNQDD), Parti national vietnamien, passé dans l'Histoire sous le nom de « Guomindang vietnamien ». En fait, son idéologie et ses pratiques étaient effectivement très proches de celles du grand aîné chinois. Créé en 1927 par un jeune instituteur, Nguyên Thai Hoc, ce parti (évidemment clandestin) voulait déstabiliser le régime colonial par des mesures terroristes généralisées. Le 9 février 1929, l'agent recruteur Bazin, directeur de l'Office général de la main-d'œuvre, est assassiné. L'acte a une haute valeur symbolique. Les réquisitions de main-d'œuvre, injustes et violentes, sont alors monnaie courante. Le VNQDD est vite identifié comme étant l'instigateur de l'assassinat. Ses militants sont poursuivis, emprisonnés. Plus ou moins traqué lui-même,

13. Cité par Thu Trang, *op. cit.*

Nguyên Thai Hoc décide alors de presser le mouvement et de passer à une action qu'il veut plus globale. Dans la nuit du 9 au 10 février 1930, les tirailleurs de la garnison de Yen Bai, dans l'extrême nord du pays, se révoltent et massacrent les quelques cadres français présents. Mais, contrairement aux attentes des leaders, qui n'ont pas réellement préparé la population (ils n'en ont d'ailleurs pas les moyens, leur organisation étant embryonnaire), la révolte de Yen Bai reste isolée. Nulle part il n'y a de mouvement de soutien. Le VNQDD est alors l'objet d'une violente et systématique répression. Les soldats mutins de Yen Bai sont exécutés. On voit même les autorités françaises ordonner le bombardement aérien du village de Co Am, où s'étaient réfugiés certains d'entre eux. Une série de procès s'ensuit : 1 086 inculpés sont jugés ; 80 d'entre eux sont condamnés à mort, 383 à la déportation… Nguyên Thai Hoc lui-même est arrêté et exécuté. Le VNQDD, épine dorsale du nationalisme non communiste vietnamien, est décapité. Ses rares dirigeants survivants se réfugient en Chine. Il ne renaîtra jamais totalement.

La troisième résistance : le radicalisme communiste

Mais un nouvel acteur historique a fait son apparition : le communisme vietnamien. Un nom le symbolise : Nguyên Tat Thanh, dit Nguyên Ai Quôc, dit, plus tard, Hô Chi Minh.

Nguyên Tat Thanh est né le 19 mai 1890, dans le village de Hoang Tru, commune de Kim Lien, dans la province du Nghe Tinh, l'une des plus pauvres du Vietnam colonial. Il est issu d'une famille de lettrés patriotes. Le grand-oncle du petit Thanh avait rejoint les partisans de Le De Tham. Le père, Nguyên Sinh Sac, également lettré, était lui aussi engagé dans les luttes contre les colonialistes. Il était un ami de Phan Boi Chau. Toute l'enfance du futur chef révolutionnaire a donc été bercée par les récits, encore frais, de l'épopée de la résistance et par les longues discussions sur la recherche des voies de la libération nationale.

Mais, contrairement à beaucoup de ses compatriotes, le jeune Thanh veut aller en Occident. C'est *au cœur du monstre* qu'il faut, selon lui, chercher les causes de l'échec du

LE LIVRE NOIR DU COLONIALISME

réussit à se faire embaucher, sur le bateau *Latouche-Tréville*,
de la Compagnie des Chargeurs réunis. Le 5 juin 1911, il voit
s'éloigner Saigon, puis les côtes du Vietnam. Le 6 juillet, il est
à Marseille. Puis il se fixe un temps à Sainte-Adresse, près
du Havre. Est-il tenté, un moment, par un rapprochement
avec cette France tant combattue par ailleurs ? Ou bien
cherche-t-il à mieux connaître encore, vraiment de l'intérieur, tous les rouages du système ? Toujours est-il qu'il
formule une demande d'admission à l'École coloniale, le
15 septembre 1911. Demande rejetée.

Fin 1912, il quitte la France. Il connaît alors une vie de
globe-trotter, acquérant ainsi une connaissance pratique du
monde, qui lui sera précieuse plus tard. Il connaît l'Afrique
du Nord, l'Afrique noire, où il observe la condition des colonisés, qu'il peut comparer à celle des paysans pauvres de
chez lui. Il séjourne également aux États-Unis : New York (où
il assiste à des meetings de Noirs à Harlem), San Francisco…

Au début de la Première Guerre mondiale, il est à Londres.
Il adhère à une société secrète vietnamienne, le *Lao Dông
Hai Ngoa* (Travailleurs d'outre-mer), devenu par la suite le
Cuu Quôc Hoï (Comité pour le salut de la patrie). C'est à
cette époque qu'il commence à correspondre avec Phan Chau
Trinh, de vingt années son aîné. Est-ce l'influence de Trinh ?
En 1917, il décide de venir se fixer en France. Il fréquente
alors assidûment les milieux nationalistes. Mais aussi des Français. Michele Zecchini, militant du parti socialiste SFIO à cette
époque, a bien connu Hô Chi Minh avant le congrès de Tours.
Il en a brossé un portrait émouvant : « Le jeune Nguyên Ai
Quôc de cette époque était un jeune homme pauvrement vêtu
à qui il était difficile de donner un âge, plutôt grand pour un
Annamite, malingre, aux traits creusés et cireux de paludéen,
avec des yeux qui vous sautaient littéralement au visage, vifs
et intelligents. Il suffisait de le rencontrer pour comprendre
que le bonhomme était d'une trempe peu commune et
qu'avec un tel regard il irait loin […]. Le futur Hô Chi Minh
avait un visage d'une grande pureté ascétique, animé d'une
telle foi révolutionnaire qu'il en devenait envoûtant[14]. »

14. *Planète-Action*, numéro spécial Hô Chi Minh, mars 1970.

À partir de 1919, le futur Hô Chi Minh semble avoir perdu ses dernières illusions sur le colonialisme français. Il n'a plus aucune retenue. Il a adopté l'un de ses pseudonymes les plus célèbres, Nguyên Ai Quôc, *Nguyên le patriote*. Il devient l'un des principaux animateurs de l'Association des Annamites patriotes, fondée en 1915 par Phan Chau Trinh. C'est à ce titre qu'il rédige (ou participe à la rédaction) et signe le tract « Revendications du peuple annamite », qu'il tente de faire parvenir aux délégués de la Conférence internationale de Versailles (1919). En vain : aucune délégation participante ne veut courir le risque de se brouiller avec le pays hôte pour ce petit Annam dont certains ignorent jusqu'à la situation dans le globe. C'est une cruelle désillusion pour Quôc et ses camarades. Mais ce texte, envoyé au pays par des voies clandestines, est fort remarqué par les milieux nationalistes vietnamiens. Il contribue grandement à la naissance de la légende Nguyên Ai Quôc.

Le jeune militant s'intéresse également à la vie politique française. Il est attiré par la gauche pour la bonne et simple raison qu'elle est la seule à lui accorder quelque attention. Seule de toute la presse nationale, *L'Humanité* a publié les « Revendications du peuple annamite[15] ». Nguyên Ai Quôc adhère aux Jeunesses socialistes en 1918, premier pas d'un engagement qui devait l'amener à la plus extrême radicalité.

Le reste est relativement connu. Dans le vaste débat qui agite la gauche socialiste de cet après-guerre, Nguyên Ai Quôc prend parti pour l'adhésion à la IIIe Internationale. Non par choix idéologique sérieusement élaboré. Il a avoué lui-même, plus tard, que bien des mots alors échangés lui échappaient[16]. Mais, pour lui, un critère emporte son adhésion : quelle tendance promet un appui sans faille à la lutte de libération de son pays ? C'est par la lecture de Lénine que Quôc est convaincu. Les communistes, par leur promesse de révolution mondiale, venaient de faire une recrue de choix. En décembre 1920, à Tours, Quôc vote, avec la majorité du Parti socialiste, pour l'adhésion à la nouvelle Internationale.

15. 18 juin 1919.
16. Tran Dan Tien (nom d'emprunt de Hô Chi Minh), « Nguyên Ai Quôc », *in L'Oncle Hô*, Hanoi, éd. Langues étrangères, 1979.

S'il avait espéré un changement rapide (et radical) des pratiques de la vieille SFIO, Nguyên Ai Quôc sera déçu. Le PCF
des premières années n'a pas encore le discours anticolonialiste radical et systématique qu'il aura à partir de la guerre du
Rif. Quôc se voit certes offrir des tribunes dans *L'Humanité*
et dans *La Vie ouvrière*. Il intervient régulièrement dans les
réunions communistes. La Librairie du Travail édite son livre-
pamphlet, « Le Procès de la colonisation française[17] ». Mais
c'est à peu près tout. Il est désormais convaincu que c'est en
se rapprochant du centre de la révolution mondiale qu'il servira le mieux la libération de son pays. Après six années passées en France, il quitte Paris pour Moscou.

À Moscou, justement, commence une intense activité pour
la formation des cadres des mouvements de défense des colonisés. La capitale soviétique est une cité cosmopolite où se croi-
sent des militants hostiles à l'Occident venus du monde
entier. Nguyên Ai Quôc est l'un d'entre eux. Son orthodoxie
bolchevique n'est d'ailleurs pas sans faille ! La révolution
communiste, affirme-t-il, trouvera un terreau plus fertile en
Asie qu'en Europe. Et de citer le sens de l'égalité, plus grand
en Asie, des pratiques de partage des terres très anciennes…
À l'appui de ses dires : « le grand Confucius » et « son disciple
Mencius[18] ». Dans un autre texte, à usage interne, il est vrai,
en 1924, il est encore plus explicite : « Marx a bâti sa doctrine
sur une certaine philosophie de l'Histoire. Mais quelle Histoire ? Celle de l'Europe. Mais qu'est-ce que l'Europe ? Ce
n'est pas toute l'humanité[19]. » Tout Hô Chi Minh est déjà dans
cette formule.

C'est donc très naturellement qu'il se déplace de nouveau
vers l'est. Il ne peut se rendre en Indochine, où sa tête est
mise à prix. C'est à Hong Kong qu'il est à l'origine de la
création du Parti communiste vietnamien (février 1930). À
noter d'ailleurs que l'Internationale communiste, en octobre,

17. Paris, 1925. Réédité au Temps des Cerises, Paris, 1999. Notes
et Introduction d'Alain Ruscio.
18. *La Revue communiste*, mai 1921.
19. « Rapport sur le *Tonkin*, l'*Annam* et la *Cochinchine* », Moscou,
1924 ; cité par Alain Ruscio, *Hô Chi Minh. Textes, 1914-1969*, Paris,
L'Harmattan, 1990.

impose aux militants d'adopter désormais l'appellation Parti communiste *indochinois*, approuvant par là le cadre de l'entité coloniale existante. Ce qui n'est pas sans signification. Le soupçon de *nationalisme petit-bourgeois* pèse lourdement sur les communistes vietnamiens. En pleine guerre d'Indochine, encore, Staline et ses porte-plume le laissèrent souvent entendre. C'est pourtant cette orientation patriotique qui expliquera leur implantation, puis leur succès final. Désobéir, de fait, à l'Internationale fut le meilleur service que les révolutionnaires vietnamiens rendirent… au communisme !

Dès sa première année d'existence, ce jeune parti s'impose un bras de fer avec le pouvoir colonial. À partir de mai 1930, des manifestations paysannes, mi-jacqueries spontanées, mi-mouvements communistes organisés, ont lieu dans les provinces du Nghe Tinh, au centre du pays. Le Nghe Tinh a toujours été une région rebelle, connue pour ses brusques fièvres. Mais, en 1930-1931, le mouvement dépasse largement le cadre de la simple révolte. Deux provinces sont totalement, un temps, aux mains des insurgés. Les agents vietnamiens de l'autorité coloniale s'enfuient ou se rendent. Beaucoup sont massacrés. Les Français quittent une à une leurs positions. Les paysans, encadrés par le PCI, réorganisent la production rizicole et forment des soviets. L'expression, utilisée à l'époque, est passée dans l'Histoire sous le nom de *Soviets du Nghe Tinh*. Il faudra une réaction impitoyable des autorités françaises — intervention sanglante de la Légion, bombardements aériens, milliers d'arrestations et d'exécutions — pour réduire le mouvement. Dès ce moment, le PCI est identifié comme la cible principale. Son premier secrétaire général, Tran Phu, arrêté en mars 1931, meurt en prison en septembre. Les cellules sont décapitées une à une. Poulo Condor regorge de prisonniers politiques. On estime à dix mille le nombre des suspects arrêtés.

Pourtant, contrairement aux mouvements nationalistes, les organisations communistes ne meurent jamais tout à fait. Sans doute parce que les modèles mêmes d'organisation de la lutte anticolonialiste diffèrent. Le VNQDD est toujours prisonnier des schémas hérités des sociétés secrètes, schémas très prégnants dans la pensée vietnamienne : quelques hommes courageux et décidés pratiquant l'action directe, souvent très violente, action censée « réveiller » le peuple et l'inciter à se soulever. À l'inverse, les communistes tentent de tisser un réseau dense d'organisations, tout aussi clandestines, mais très ancrées dans la population. De plus, le PCI est la seule force politique à savoir conjuguer *dialectiquement* l'aspiration nationale (fût-ce, on l'a vu, en prenant quelques libertés avec l'orthodoxie communiste) et la protestation sociale. Son activité dès la période des Soviets du Nghe Tinh marque, de ce point de vue, la spécificité communiste vietnamienne.

Le fait est là : la répression contre le VNQDD l'a définitivement mis hors d'état d'agir dès 1930 ; celle contre le PCI, tout aussi violente, tout aussi étendue, n'a jamais totalement éradiqué l'influence communiste. On le voit bien lorsque les évolutions métropolitaines permettent à quelques libertés de s'épanouir. En 1936, la victoire du Front populaire en France se traduit en Indochine par une période, exceptionnelle en milieu colonial, d'expression semi-légale de diverses forces politiques vietnamiennes. Le PC indochinois n'hésite d'ailleurs pas à s'allier avec les frères ennemis trotskistes, par exemple à Saigon. Naît alors un formidable mouvement, dit du *Congrès indochinois*, qui regroupera des centaines de milliers de manifestants. Les militants communistes, durant quelques mois, ne se cachent plus, prennent la tête du mouvement, font la preuve de leur profonde influence sur les masses urbaines, peu de temps après avoir fait la même démonstration avec la paysannerie.

La répression reprend vite le dessus. Qu'importe. Dès ce moment, l'hégémonie du communisme sur le mouvement national est un fait acquis. « Est-il abusif, s'interroge Pierre Brocheux, d'apercevoir dans la rupture de 1930-1931 les signes avant-coureurs du triomphe du PCI et l'incapacité d'un nationalisme ou d'une *troisième force* à émerger et à s'imposer dans l'histoire du Vietnam ? Une chose me paraît certaine : ce qui se passe au Vietnam en ces années 1930 est un mariage du communisme et du nationalisme, un processus de structuration, et non de simple convergence, qui n'en finit pas de s'opérer de nos jours[20]. » Tous les responsables politiques français[21], plutôt effrayés, font en effet ce constat, à la veille de la Seconde Guerre mondiale.

La guerre d'Indochine : un aboutissement

Il n'y a plus qu'à attendre l'*occasion favorable*.

C'est la Seconde Guerre mondiale qui va créer cette opportunité. En 1941, Nguyên Ai Quôc, après trente ans d'absence, est de retour au Vietnam. Il prend l'année suivante le pseudonyme définitif de Hô Chi Minh. Le pays est alors soumis à la double domination française et japonaise. Hô a entrepris de réorganiser le PCI. La majorité des militants des premières années étant morts ou en captivité, c'est une jeune garde, qui lui est entièrement dévouée, qui l'entoure : Pham Van Dông, Vo Nguyên Giap, Truong Chinh… Mais, s'il dirige dans la réalité, le PCI en tant que tel n'apparaît pas au premier plan. Il est à l'origine de la création d'un front, le *Viêt Nam Doc Lap Dông Minh*, en abrégé *Viêt-minh*.

Lorsque, après l'effondrement de l'édifice colonial français, en mars 1945, puis la capitulation des nouveaux maîtres japonais, en août, l'occasion favorable se présente, les communistes vietnamiens sont les seuls à pouvoir la saisir. Toutes les autres forces politiques vietnamiennes sont soit discréditées (les collaborateurs des Français, la cour de Huê, derrière Bao Dai, un temps projaponaise), soit éloignées (les résidus du VNQDD, réfugiés en Chine depuis quinze ans). Contrairement à ce qu'une certaine historiographie française écrit encore souvent, la révolution d'août 1945 ne fut ni un

20. « Vietnam : le grand tournant de 1930 », *L'Histoire*, n° 69, 1984.
21. Ainsi Marius Moutet, le mieux informé d'entre eux. Pourfendeur des brutalités coloniales, réformiste sincère, il n'en était pas moins fortement attaché à la présence française en Indochine. Devenu ministre des Colonies du Front populaire, il considère que l'ennemi principal est le communisme indochinois. Voir Daniel Hémery, *Révolutionnaires vietnamiens et pouvoir colonial en Indochine. Communistes, trotskistes, nationalistes à Saigon de 1932 à 1937*, Paris, Maspero, 1975.

putsch ni une manœuvre machiavélique des habiles communistes vietnamiens. Certes, l'intrépidité, l'opportunisme des
révolutionnaires sont incontestables. Certes, le Viêt-minh élimina impitoyablement ses adversaires, nationalistes et trotskistes. Peut-on pour autant prétendre que le Viêt-minh sut
manipuler une masse sans réaction, voire sans opinion ? Ce
serait oublier un peu vite ce qui a été rappelé ici : jamais la
contestation de l'ordre colonial par le peuple vietnamien
ne s'est réellement éteinte. Elle s'est manifestée sous
diverses formes. Mais chacun attendait. La notion d'occasion
favorable, si souvent utilisée pour analyser la révolution
d'août 1945, n'était pas une invention du Viêt-minh. Elle
était, depuis toujours, profondément ancrée dans la
conscience de la quasi-totalité des Vietnamiens. Paul Mus[22],
probablement le Français qui connaissait le mieux les Vietnamiens en 1945, a écrit sur ce thème des pages d'une profondeur sans égale.

Au fond, la domination coloniale française n'avait jamais
été vraiment acceptée. Elle était, pour tous, transitoire.
Combien de temps la transition allait-elle durer ? Quelques
années ? Quelques décennies ? Un siècle ? Peu importait. Elle
cesserait un jour. En 1945, les Français battus, la reconquête
de l'indépendance apparut non comme une rupture, mais
comme un retour à l'ordre normal, naturel, des choses.

S'il fallait une dernière preuve à cette affirmation, on pourrait la trouver dans la guerre qui s'ensuivit. En novembre-
décembre 1946, après une tentative infructueuse de règlement pacifique, France et République démocratique du Vietnam s'affrontent. Et, contrairement à ce qui s'était passé au
siècle précédent, le corps expéditionnaire français allait
progressivement s'enliser, comme l'écrira Lucien Bodard. De
1946 à 1949, les maquis Viêt-minh, totalement isolés de
l'extérieur, ne reçurent aucune aide du monde socialiste, qui
aurait pu, qui aurait dû, être leur allié naturel. Or, jamais,
malgré sa puissance de feu supérieure, le corps expéditionnaire ne put les anéantir. La jonction physique avec le
monde socialiste et l'aide massive de la Chine, après 1949,
ne pouvaient évidemment qu'ajouter aux malheurs de

22. *Vietnam, sociologie d'une guerre*, Paris, Le Seuil, 1952.

l'armée française. Dès cet instant, tout était joué. Quelques (rares) esprits lucides, côté français, le comprirent. Ou, en tout cas, l'écrivirent et le dirent.

L'inéluctable décolonisation

En 1913, Phan Chau Trinh, le plus modéré des nationalistes vietnamiens, avait déclaré à un journaliste français : « Ne pensez-vous pas que la France a intérêt à s'entendre avec les Annamites ? Le jour où le peuple d'Annam, instruit par la France, obtiendrait d'elle normalement son autonomie, la France qui nous aurait préparés à la liberté, qui nous l'aurait accordée, conserverait chez nous tous ses intérêts et nous demeurerions ses amis et ses alliés. Votre intérêt dicte votre devoir ; vous devez accorder au peuple d'Annam, qui en est digne, les réformes qu'il réclame[23]. » C'est cet homme que la justice coloniale envoya à Poulo Condor et à la Santé.

La rigidité coloniale, le refus de toute évolution réelle du système, l'absence de tout dialogue avec le nationalisme le plus modéré provoquèrent des situations invraisemblables de blocage. Un prudent réformisme colonial aurait sans doute évité que la colonisation ne se terminât de la façon que l'on sait, dans la morne cuvette de Diên Biên Phu. Plus tôt ou plus tard, sous la forme violente ou pacifique, elle aurait de toute façon pris fin.

Le divorce était inscrit dans la nécessité des choses. Depuis quand ? Probablement depuis le début de la conquête.

---

23. Interview accordée à Fernand Hauser, *Le Journal*, 3 mai 1913 ; citée par Thu Trang, *op. cit.*

ANNEXE 1

Un film aux côtés du viol et des bourreaux : *Les Visiteurs* d'Elia Kazan

Rares sont les films à inscrire au *Livre noir du colonialisme*, c'est-à-dire qui justifient les abus et les horreurs commis au Vietnam. Dans la production française en tout cas, plus qu'ils ne justifient leurs actes, les personnages des films de Schoendoerffer défendent la droiture de ceux qui ont survécu ou qui sont morts (*La 317ᵉ Section*, 1964 ; *L'Honneur d'un capitaine*, 1982 ; *Diên Biên Phu*, 1992). Le colonialisme sert ici de cadre, l'essentiel portant sur les combats plus que sur la guerre et moins encore sur ses causes, alors que *Fort de Fou*, de Léo Joannon, tente de justifier les pires méthodes de la guerre coloniale (1963), dont on devine les excès dans *Le Boucher*, de Claude Chabrol (1969).

Le fait essentiel est pourtant que, pendant plus de trente ans, pour le public français au moins, l'image de la guerre d'Indochine a été estompée par celle de la guerre du Vietnam que menaient les Américains — au point que celle-ci a quelque peu recouvert même la guerre d'Algérie. Les films qui ont eu le plus grand nombre de spectateurs ont été *Apocalypse Now*, de F. F. Coppola (1979, 600 000 spectateurs), et *Voyage au bout de l'enfer*, de M. Cimino (1979). Le bruit et la fureur de ces longs-métrages, la folie des hommes et la violence des situations ont fait oublier les données politiques des conflits, et plus encore les abus de la colonisation.

Pour trouver une justification politique des violences et des viols commis au Vietnam, il est toutefois un film qui s'y emploie : *Les Visiteurs*, d'Elia Kazan. Tourné en 1972, *Les Visiteurs* ne montre pas le Vietnam ; le cadre est une maison isolée de la montagne américaine. La légitimation de cette guerre et des horreurs commises passe par un scénario à suspense d'une subtilité perverse.

L'habileté de Kazan consiste à oser évoquer ces violences alors que la guerre se poursuit (qui a osé faire de même en France pendant la guerre d'Indochine ?) et à identifier les spectateurs à un jeune couple « radical » pacifiste, presque hippie. Ils sont là, dans la maison du beau-père, à élever leur bébé. La jeune femme se lasse-t-elle déjà de son compagnon, à moins que, depuis qu'il est de retour du Vietnam, ce ne soit le couple qui juge cette existence morne, sans avenir ?...

Voilà en tout cas que s'annoncent deux visiteurs, ceux qu'a dénoncés à leur commandant le jeune époux, indigné qu'ils aient violé, puis tué une Vietnamienne. Mais, quand ils arrivent, l'épouse ne sait pas qui sont ces « copains » de son mari.

Ceux-ci tiennent bien leur rôle, tandis qu'on pressent que le ballet se terminera en drame lorsqu'ils rôdent autour du bébé, le cajolent, flattent le beau-père, fier-à-bras romancier du Far West, qui, manifestement, préfère un de ces gaillards — le Blanc — à son gendre peu viril. Inévitablement, les visiteurs tabassent à mort le dénonciateur, qui se défend bien et, courageusement, finit prostré, brisé. Puis, calmement, les visiteurs violent la jeune épouse, comme séduite par le sergent blanc dont elle sait bien maintenant ce qu'il fut, les forfaits qu'il a commis et pourquoi il est là. Sous l'œil de la caméra, elle apparaît finalement consentante.

Ainsi, implicitement, le film dit que les pulsions sexuelles sont plus fortes que les idées, que la jeune gauchiste les abandonne pour se rallier à ceux qui les violent, et, par ce détour, justifie les horreurs de cette guerre.

La démonstration est faite au nom de ce qui a été le combat de Kazan : la lutte contre le communisme. Ce fut pour lui un problème moral, à l'heure du maccarthysme, lorsqu'il dénonça les cinéastes favorables à Moscou. Or la chronique de ces faits ignore qu'à l'heure du pacte germano-soviétique, que Kazan avait condamné, ces mêmes cinéastes l'avaient boycotté...

Quoi qu'il en soit, ce film apparaît bien comme la seule œuvre filmique qui justifie le viol et se met aux côtés des bourreaux.

M.F.

ANNEXE 2

Vietnam : l'autre aspect des conflits*…

La guerre d'Indochine et celle du Vietnam ont-elles seulement incarné « la lutte du monde libre contre l'expansion du communisme » ? Sont-elles exemplaires de la « révolution internationale aux prises avec les forces réactionnaires, une guerre de libération de la nation », points de vue défendus par Washington, Moscou, Paris ou Hanoi ? Cette idéologisation a eu pour effet de minorer le rôle du Sud, de Saigon, en raison de sa dépendance vis-à-vis des Américains, alors que les forces du Sud-Vietnam ont compté plus d'un million de combattants.

L'intérêt de la communication de Cam Thi Doan Poisson est de questionner la validité des discours officiels sur la réconciliation nationale et de montrer, au travers d'œuvres romanesques, quelle représentation réciproque avaient d'eux le « frère du Sud » et le « frère du Nord ».

Plusieurs relations amoureuses servent de baromètre à cette évaluation. *Fragile comme un rayon de soleil*, *Vents sauvages* et *Victimes*, trois nouvelles écrites par des romanciers du Nord, une femme et deux hommes, racontent des rapports amoureux. Rejoignant la figure classique de Roméo et Juliette, ils sont nécessairement interdits, clandestins. Les récits ont lieu la nuit, comme une confession, avant la mort d'un des protagonistes. Les héros du Nord finissent par se soumettre, ceux du Sud sont prisonniers ou prisonnières, ce qui permet au Nord de conserver son complexe de supériorité. Aucune de ces relations n'aboutit au mariage — peut-

* D'après Cam Thi Doan Poisson, *La Guerre du Vietnam au prisme de la littérature : amours entre ennemis dans trois fictions vietnamiennes contemporaines*, communication au colloque tenu à la Maison franco-japonaise, Tokyo, 2002.

être une ruse des auteurs pour tourner la censure, car, sauf exception, ces nouvelles ont été mal reçues par la critique.

Ces textes n'en montrent pas moins que, si le clivage Nord/Sud est bien ancré dans le passé vietnamien, ces guerres l'ont revivifié ; ils disent aussi que seuls la compréhension et l'amour ont pu permettre de dépasser ce qui a bien été une autre vraie guerre, au Victnam.

M.F.

Les Russes au Caucase

par Claire Mouradian

L'implosion de l'Empire soviétique s'est effectuée de façon unique et paradoxale : ce fut une « décolonisation » d'initiative russe, puisque, pour mettre fin aux fonctions de Gorbatchev, Eltsine proclama la souveraineté de la Russie au sein de l'URSS, exemple que suivirent les autres Républiques. Qu'elles aient, ou non, voulu devenir indépendantes, toutes ces Républiques le furent ainsi *de jure* et *de facto* sans qu'aucune vraie guerre ait eu lieu... du moins contre la Russie.

La Tchétchénie allait faire exception. En effet, résultat des restructurations institutionnelles et territoriales opérées à l'époque soviétique, la Tchétchénie n'était pas une République fédérale (telles la Géorgie, l'Arménie, etc.), mais une ancienne République autonome au sein de la Fédération de Russie (comme le Tatarstan). Un peu à la façon dont le statut de l'Algérie, qui constituait trois « départements » français et non un territoire à part, rendit plus complexe l'émancipation de cette colonie, le statut de la Tchétchénie paralysa la capacité de ses habitants à devenir indépendants. Ce trait ne constitue qu'un des aspects des relations entre les populations allogènes et les Russes.

L'Empire russe apparaît comme une puissance coloniale déconcertante, qui ne dit pas son nom. Sa désignation à travers les époques — Moscovie, *Rossiskaïa*[1] *Imperia*, Union des Républiques socialistes soviétiques, Fédération de Russie — renvoie davantage à un concept géographique, étatico-territorial, qu'à la nation conquérante d'une métropole aux contours incertains et en quête d'identité.

---

1. Le terme *Rossiskaïa*, russe au sens territorial (de Russie), n'a pas la connotation nationale de *russkaïa*, russe au sens ethnique.

524 LE LIVRE NOIR DU COLONIALISME

Il reste à écrire l'histoire de cet empire, l'un des plus anciens (xvie siècle) et des plus durables — il a survécu aux crises dynastiques et révolutionnaires comme aux revers militaires des deux guerres mondiales : une histoire sur la longue durée et dans toute son immense étendue, au-delà des ruptures politiques et de la variété des idéologies et pratiques dans le temps et l'espace, faisant la place qui leur est due à toutes ses composantes, aux interactions entre centre et périphérie, prenant en compte aussi bien les sources russes que celles, moins accessibles et négligées, des peuples assujettis. S'ils notent bien son caractère pluraliste, à quelques exceptions près[2], la plupart des travaux, tributaires des études et des archives centrales russes, abordent cet empire multiethnique comme un État-nation. Son expansion est considérée sous l'angle des relations internationales plutôt que sous celui des rapports avec les peuples conquis.

La configuration géographique n'est certes pas identique à celle des empires coloniaux européens « classiques ». Ici, pas de possessions outre-mer. L'expansion, dont l'un des objectifs était d'obtenir un débouché maritime, s'est effectuée dans la continuité territoriale d'un État national encore en gestation, sans « frontières naturelles ». Elle s'est accompagnée d'une politique de peuplement des territoires conquis pour mieux assurer leur défense autant que pour exploiter de nouvelles terres « vierges ». D'où l'absence de différentiation spatiale et démographique claire entre « métropole » et « colo-

2. *Cf.*, entre autres, l'étude, hélas inachevée, de Boris Nolde, *La Formation de l'Empire russe*, Paris, Institut d'Études slaves, 2 vol., 1952-1953, et, plus récemment, Andreas Kappeler, *La Russie, Empire multiethnique*, Paris, Institut d'Études slaves, 1994. Au xxe siècle, quand s'est développée l'historiographie du colonialisme, l'écriture de l'Histoire était étatisée ici. Et hormis la courte parenthèse de l'école historique de Pokrovski dans les années 1920, privilégiant la critique de l'Ancien Régime au lendemain de la révolution, l'histoire officielle soviétique a non seulement fabriqué l'image de l'URSS championne de la lutte anticoloniale chez elle et dans le monde, mais a progressivement réhabilité l'empire des tsars, comme « moindre mal », voire « bien absolu », par rapport aux « despotismes orientaux » voisins, puisqu'il allait permettre aux peuples conquis de connaître l'« avenir radieux » du communisme.

nies » dans cet empire d'un seul tenant, voire l'absence de
métropole autre que le siège du pouvoir politique.

Le fait qu'à la différence de l'Europe occidentale, la formation
de l'empire ne succède pas à la construction de l'État mais
l'accompagne, a aussi brouillé les lignes de partage. Idée nationale
et ambition impériale se confondent dès que Moscou, le premier
centre de l'État moderne, prend de l'ascendant sur les principautés rivales russes, puis sur ses suzerains mongols alors affaiblis.
S'étant libéré de l'adoubement et du tribut auxquels le soumettait
le khan tatar musulman de Kazan, Ivan III (1462-1505) se proclame souverain « autocrate ». Après son mariage avec Sophie
Paléologue, nièce du dernier empereur romain d'Orient, il adopte
le cérémonial byzantin et l'orgueilleux aigle bicéphale, symbole
d'empire mondial. Lorsque, à son couronnement (1547), son
petit-fils, Ivan IV le Terrible (1533-1584), magnifié plus tard par
Staline, ajoute solennellement à son titre de grand-prince celui de
« tsar » (c'est-à-dire César), on voit se confirmer le dessein impérial,
deux siècles avant que Pierre le Grand ne prenne vraiment le titre
d'empereur. Tandis qu'il s'affranchit définitivement de la Horde
d'Or en décomposition, l'État moscovite entreprend d'en annexer
les khanats successeurs — Kazan (1552), Astrakhan (1556) et
Sibérie (1584) — et leurs clients, comme « patrimoine héréditaire ». Même s'il échoue dans son offensive contre le khanat de
Crimée et les pays de la Baltique, annexés seulement deux siècles
plus tard, la dimension impériale apparaît donc consubstantielle à
l'État dès sa naissance.

La conception de cet empire à cheval sur l'Europe et l'Asie est
marquée du sceau d'une double tradition dont elle fait la synthèse.
Du douaire de Byzance, depuis que la chute de Constantinople,
en 1453, a fait de la Russie l'héritière de l'orthodoxie et son défenseur, Moscou tire sa conception patrimoniale, centralisatrice et
bureaucratique de l'autorité ainsi que son messianisme. Secondée
par une Église orthodoxe nationale devenue autocéphale[3] avec
l'affaiblissement du patriarcat grec de Constantinople, désormais

3. On date du synode de Moscou de 1448, qui, passant outre à
l'autorité du patriarcat de Constantinople, désigne un métropolite
refusant l'Union de Florence, le début de l'autocéphalie *de facto* de
l'Église russe. Elle est institutionnalisée par la création du Patriarcat
de Moscou en 1589.

sous domination ottomane, Moscou se veut la « troisième Rome ». Mais c'est aussi le premier pays d'Europe à englober une importante population musulmane rétive à la conversion. À l'ancien Empire nomade mongol aux frontières floues, divisant le monde entre « sujets » et « ennemis », l'État russe emprunte des modalités plus souples de pouvoir, une relative tolérance à l'égard des différences religieuses et une sorte d'*indirect rule* sur des peuples et États-clients, fondé sur l'allégeance personnelle des dirigeants et le paiement d'un tribut. L'ambivalence et le pragmatisme de cette domination la rendent donc difficile à cerner.

La singularité de l'Empire russe tient aussi au statut des territoires conquis : il s'agit en général de marches d'autres empires, des zones souvent envahies et partagées, avec des entités politiques plus ou moins structurées et autonomes, et une mosaïque ethnique et religieuse. Une partie de leurs élites recherche parfois l'appui des Russes, comme autrefois d'autres conquérants, pour s'émanciper de leur maître du moment, ou bien pour régler leurs querelles intestines ou leurs luttes dynastiques. Cela donnera naissance au mythe de l'« union volontaire avec la Russie », prolongeant le thème plus classique du « rassemblement des terres russes » et que semble étayer une pratique particulière, issue d'une autre conception féodale[4], de cooptation des élites loyales des zones conquises[5]. Ainsi des noblesses tatare, balte, géorgienne, entre autres, intégrées dans l'armée et l'appareil d'État impérial.

Autre particularité par rapport aux autres puissances européennes : la comparaison du niveau de développement politique et culturel et de la condition économique et sociale des « indigènes », à l'identité forte et au passé parfois glorieux et prospère, n'est pas toujours en faveur d'un colonisateur dont

4. *Cf.* André Berelowitch, *La Hiérarchie des égaux. La noblesse russe d'Ancien Régime, XVIe-XVIIe siècle*, Paris, Le Seuil, 2001.
5. En épousant la fille d'un prince kabarde en 1561, Ivan IV s'engage même personnellement dans le parrainage d'un souverain local comme interlocuteur privilégié et lui apporte son concours militaire contre ses rivaux.

les paysans sont soumis au servage et la noblesse domestiquée par l'État. Cela est manifeste dans la partie européenne de l'empire (Pologne, Baltique), mais aussi au Caucase et en Asie centrale, carrefours d'antiques civilisations et des grandes voies du commerce entre Orient et Occident, comme la route de la Soie. L'image du Russe, fruste et pauvre, est souvent médiocre auprès des colonisés, malgré son éventuelle supériorité numérique et militaire.

Dans la longue histoire de la formation de cet empire atypique qui commence au xvie siècle et se prolonge jusqu'à la fin du xxe, c'est probablement la difficile conquête militaire du Caucase[6], suivie de celle de l'Asie centrale, qui, même si elle a pu être définie comme un « impérialisme défensif » (Marc Raeff), s'apparente le plus à l'aventure coloniale européenne, dont elle est d'ailleurs contemporaine, tant au niveau des méthodes et des visées économiques et commerciales qu'à celui des effets sur les peuples, les sociétés et les États de ces régions. Peut-être aussi du fait de l'« exotisme » des populations conquises. En termes de puissance et d'image, c'est en effet ici que les Russes pourront se débarrasser de leur complexe d'« Asiatiques », comme ils étaient perçus à Paris ou Londres, au moins jusqu'à Pierre le Grand et Catherine II. La conquête de l'Ukraine, de la Pologne et de la Baltique les avait déjà rapprochés géographiquement de l'Europe occidentale. La poussée vers le sud et vers l'est, qui

---

6. Elle s'échelonne sur trois siècles, si on prend comme bornes la date de construction du premier fortin russe à l'embouchure du Terek sur la Caspienne (vers 1560) et la reddition du plus connu des résistants, l'imam Chamil (1859), voire près de cinq siècles, si on considère les guerres en cours pour conserver une Tchétchénie toujours insoumise. Sur l'histoire de la conquête militaire, *cf.* J. F. Baddeley, *The Russian Conquest of the Caucasus*, Londres, 1908, rééd. Curzon, 1999, et W. E. D. Allen, P. Muratoff, *Caucasian Battlefields : A History of the Wars on the Turco-Caucasian Border, 1828-1921*, Cambridge, Cambridge University Press, 1953. Pour une bibliographie plus générale sur l'histoire de la région, *cf.* C. Mouradian, « Éléments de bibliographie et de chronologie sur le Caucase entre les empires, xvie-xxe siècle », *Slovo* (Inalco), numéro spécial : *La Russie et le Caucase*, vol. 18-19, 1999, p. 235-304. Il existe aussi de nombreuses bibliographies sur Internet.

528   LE LIVRE NOIR DU COLONIALISME

les ancre en Asie, assoit leur « européanité » en leur permettant de projeter tous les stéréotypes de l'orientalisme sur les
vrais « Orientaux » de leur périphérie, avec les conséquences
de l'infériorisation de cet autre « barbare » et « arriéré » :
discours sur la mission civilisatrice ou légitimation de l'extermination des « sauvages » que sont le « montagnard » et le
« nomade[7] ».

Aujourd'hui, c'est ici que se concentre la quasi-totalité des
conflits « interethniques » ou des guerres civiles de l'ancien
espace soviétique, en fait d'inévitables conflits d'intérêts et guerres frontalières entre les anciens colonisés qui, lors de l'accès à
l'indépendance, luttent pour la révision des découpages territoriaux, des exils ou des statuts administratifs arbitrairement imposés par la puissance impériale. C'est aussi là que se déroule la
dernière guerre coloniale, en Tchétchénie, une guerre présentée comme une « opération de police » contre les « terroristes »
et les « bandits » au nom de l'« ordre constitutionnel » ou de la
lutte contre la « menace islamiste » et les « trafiquants » par une
Russie aux ambitions hégémoniques apparemment encore
intactes, mais se heurtant à la résistance obstinée des Caucasiens, et, au-delà des peuples non russes, au nom de ce que l'on
appelait à l'époque romantique l'amour de la liberté et, à l'ère
de l'ONU, le droit à l'autodétermination des peuples.

Des débuts de la poussée russe au xvie siècle jusqu'aux violences actuelles de la décolonisation en cours, dernier avatar du
colonialisme, cette périphérie méridionale joue ainsi le rôle de
laboratoire : du point de vue des modes d'expansion s'effectuant par de petites expéditions ou par une guerre totale, alliant
la diplomatie au coup de force ; du point de vue des pratiques
administratives[8] qui tâtonnent et, en fonction de la résistance

7. *Cf.* D. R. Brower et E. J. Lazzerini (éd.), *Russia's Orient. Imperial Borderlands and Peoples, 1700-1817*, Bloomington & Indianapolis, Indiana University Press, 1997, et K. Sapahni, *Crucifying the
Orient. Russian Orientalism and the Colonization of Caucasus
and Central Asia*, Oslo, White Orchid Press, 1998.
    8. Sur les pratiques administratives, *cf.*, entre autres, A. L. H.
Rhinelander, *Prince Michael Vorontsov, Viceroy to the Tsar*, Montréal, McGill-Queen's University Press, 1990.

rencontrée, alternent centralisme et régionalisme, gouvernement direct ou protectorat formel, multiplient les découpages territoriaux pour diluer les nationalismes et les risques de sécession ; du point de vue de l'exploitation des richesses naturelles (mines, pétrole) et de la colonisation par des sectateurs (Molokanes, Doukhobors), des Cosaques ou des Allemands ; du point de vue des relations avec les peuples locaux enfin. La très grande diversité ethnoreligieuse de la « Montagne des langues », comme l'appelaient les Arabes, y offre un terrain idéal pour la traditionnelle politique impériale du « diviser pour régner », comme pour celle de la « carotte et du bâton » : de la tolérance (ou désintérêt) à l'égard des différences culturelles et religieuses[9] à la russification imposée, de la cooptation des plus loyaux à la déportation massive ou à la destruction des plus rétifs, l'éventail des rapports avec les populations indigènes est large. Tout comme l'attitude de ces dernières à l'égard de la conquête russe, qui varie de la rébellion farouche à la collaboration. Ainsi l'expansion russe, prudente et exploratoire jusqu'à la fin du XVIIᵉ siècle, plus irrésistible à partir de Pierre le Grand (1695-1725) et surtout sous Catherine II (1762-1796)[10], fut-elle, en général, plus aisée au sud de la chaîne du Grand Caucase qu'au nord, même s'il convient de nuancer la distinction habituelle entre les peuples chrétiens d'Arménie et de Géorgie, favorables à la Russie, et les musulmans, irréductiblement hostiles. L'attitude des peuples dépasse en effet les clivages confessionnels et a été déterminée par bien d'autres facteurs :

9. *Cf.* R. P. Geraci et M. Khodarkovsky, *Of Religion and Empire. Missions, Conversion and Tolerance in Tsarist Russia*, Ithaca et Londres, Cornell University Press, avec plusieurs articles sur l'islam.
10. En 1722, la campagne de Pierre Iᵉʳ contre la Perse qui le mène jusqu'à Derbent et Bakou est la première d'une longue série de guerres contre les deux empires rivaux, ottoman (1768-1774, 1806-1812, 1828-1829, 1853-1856, 1877-1878) et persan (1804-1813, 1826-1828), qui aboutiront à l'instauration de la domination russe sur l'ensemble du Caucase. Ces guerres sont souvent imbriquées dans des conflits européens plus larges (guerres napoléoniennes, guerre de Crimée), et liées à la poussée russe dans les Balkans à l'ouest, et vers l'Asie centrale à l'est.

localisation géographique plus ou moins propice à la défense ou à un soutien extérieur, perception de la menace principale, intérêts d'une dynastie ou d'un clan, morgue ou au contraire intelligence administrative des gouverneurs russes. Des musulmans comme certains khans d'Azerbaïdjan peuvent choisir (ou essayer de jouer) le tsar contre le chah. Des orthodoxes comme les Géorgiens, dont le souverain signa un traité de protectorat avec la Russie (Gueorguievsk, 1783), n'accepteront pas sans combat l'annexion de leur royaume et la déchéance de l'ancienne dynastie régnante (1801), suivie de l'abolition de l'autocéphalie de leur vénérable Église nationale (1811). À la fin du XIXe siècle, la politique de russification (fermeture des écoles nationales, limitation des activités des sociétés de bienfaisance, confiscation des biens du clergé) provoquera le soulèvement des Arméniens.

Aussi toutes les périodes d'affaiblissement du centre impérial — défaites militaires, troubles politiques — se traduisent par la résurgence de mouvements d'émancipation. Mais aussi de heurts entre les peuples du Caucase dont le nationalisme naissant prend plus souvent pour cible le voisin immédiat que le pouvoir colonial. C'est le cas lors de la première révolution russe de 1905 qui adopte une tournure particulièrement violente du fait de la combinaison des luttes sociales et nationales : à Bakou, les premiers pogroms de février 1905 contre les Arméniens, désignés comme l'incarnation d'une riche bourgeoisie pétrolière prorusse, déclenchent pendant deux ans de sanglantes « guerres arméno-tatares[11] » qui, de l'avis des contemporains, ont été favorisées par le pouvoir tsariste comme un moyen de faire dévier la flambée révolutionnaire dirigée contre lui. Ce sera le prélude aux conflits frontaliers qui accompagneront les premières indépendances lors de l'éclatement de l'empire, en 1917.

---

11. Jusqu'à la création de la première République d'Azerbaïdjan, les Azéris, de religion chiite mais de langue turque, sont désignés comme les « Tatars du Caucase ». Voir F.-X. Coquin et C. Gervais-Francelle (éd.), *1905, la première révolution russe*, Paris, Publications de la Sorbonne-IES, 1986.

D'un empire l'autre

L'indépendance est éphémère. Dans le contexte de défaite militaire, de ruine économique et de chaos politique, les nouveaux États sont confrontés aux aspirations nationales de leurs minorités et se livrent des guerres féroces pour la délimitation de leurs territoires. Déchirée par ses multiples conflits internes, surchargée de réfugiés, la région est entraînée dans le jeu des rivalités entre les puissances qui continuent de s'y affronter, et entre les courants opposés qui traversent chaque camp : celui des puissances centrales (Allemands, Turcs ottomans puis kémalistes), celui des Alliés de l'Entente (Britanniques et Français), et les Russes, blancs ou rouges. Ce sont les bolcheviks qui sauront le mieux tirer parti de ces antagonismes multiples. Dès 1920-1921, l'Armée rouge ramène le Caucase dans l'orbite de Moscou, avec l'aide d'une poignée de bolcheviks locaux, dont certains seront appelés à jouer un grand rôle, tels Staline, Ordjonikidzé, Beria, Mikoyan.

Par les traités d'amitié avec la Perse (21 février 1921) et la Turquie kémaliste (16 mars 1921), la nouvelle Russie soviétique s'entend avec les puissances régionales pour fixer les frontières extérieures des trois Républiques transeaucasiennes — Arménie, Géorgie, Azerbaïdjan —, telles qu'elles existent à ce jour, en excluant les alliés franco-britanniques de cette zone. Les délimitations intérieures sont définies par le Bureau caucasien du Parti bolchevique, sous l'égide de Staline, qui veille à ce que les aspirations des nations se soumettent à l'« intérêt de la révolution » (le contrôle par le Parti communiste, la séduction des musulmans plus rétifs au retour des Russes, même devenus internationalistes et prolétariens). Ainsi l'État fédéral soviétique, pour afficher la rupture avec la « prison des peuples » qu'était l'Empire tsariste, crée des entités administratives à base ethnique, mais hiérarchisées suivant le « niveau de développement national » supposé des peuples, selon qu'ils possèdent une littérature écrite ou orale, notamment. Le pouvoir central cimente l'ensemble en enchevêtrant trois niveaux de découpage (économique, administratif, national), chapeautés par le parti unique, et en imbriquant des nations que leurs rivalités mutuelles permettent de mieux

contrôler. Le cas de l'enclave du Haut-Karabagh, organisé en
Région autonome (RA), rattachée contre la volonté de sa
majorité arménienne (95 %) à l'Azerbaïdjan, alors courtisé
comme point d'appui pour étendre la révolution en Orient,
en est l'une des premières illustrations.

En décembre 1922 est instituée une République socialiste
fédérative soviétique de Transcaucasie (capitale Tbilissi) qui
adhère à l'URSS. La Constitution soviétique de juillet 1936 la
dissout, l'Arménie, l'Azerbaïdjan et la Géorgie devenant des
républiques fédérées (RSS), à la souveraineté fictive, mais
dont les limites prennent désormais valeur de frontières.
L'organisation du Caucase du Nord, rattaché à la RSFS de Russie, change plusieurs fois : en janvier 1921 sont créées la
RSSA (République socialiste soviétique autonome) du Daghestan et une RSSA de la Montagne qui regroupe les districts
tchétchène, ingouche, kabarde, balkar, karatchaï, tcherkesse,
ossète du Nord. Ces districts sont ensuite séparés en RA
monoethnique entre 1922 et 1928, puis regroupés, entre 1934
et 1936, en RSSA biethniques. Certaines entités sont supprimées, alors que leurs nations titulaires sont déportées comme
« peuples punis ». Dès 1937, tandis que la terreur de masse
frappe l'intelligentsia nationale du Caucase, comme du reste
de l'URSS, ont lieu les premières déportations de Tchétchènes,
d'Ingouches, ainsi que des Kurdes d'Azerbaïdjan dont la RA
avait déjà disparu en 1930. Le pouvoir leur fait souvent payer
les révoltes contre la collectivisation forcée. Mais c'est en
1943-1944, lorsque les Soviétiques reprennent possession des
zones du Caucase du Nord qu'avaient occupées les troupes
allemandes, que s'effectuent les déportations des Tchétchènes,
des Ingouches, des Karatchaïs, des Balkars, des Meskhets,
« peuples punis » en tant que collaborateurs présumés ou
potentiels avec l'ennemi. Une partie de leurs territoires respectifs, dont le statut d'autonomie est aboli, est cédée à la
Géorgie ou à l'Ossétie du Nord, et peuplée d'autres populations déplacées. Ce n'est qu'en 1957, après la mort de Staline,
qu'ils seront réhabilités et autorisés à revenir sur leur territoire
partiellement reconstitué. D'où de nouveaux litiges, d'autant
que le « dégel » ravive le nationalisme culturel.

Malgré le discours internationaliste ritualisé sur « l'amitié
entre les peuples » et la création de « l'homme nouveau »

soviétique, le régime a paradoxalement favorisé l'évolution des Républiques en États-nations et renforcé leur identité. Commencée dès la période d'indépendance de 1918-1921 avec les mouvements de réfugiés, l'homogénéisation ethnique s'est progressivement accentuée au détriment des minorités, du fait de la conception stalinienne de l'autonomie culturelle sur une base territoriale, non assortie des libertés nécessaires à leur survie en tant que groupe. Les progrès réalisés dans le domaine de l'éducation, le dogme stalinien de la « culture nationale par la forme et socialiste par le contenu », puis le « dégel » et la réhabilitation sélective de la culture et du passé depuis les années 1960 ont conduit à une fétichisation du « national », sinon à sa folklorisation. Bien avant la *perestroïka*, le nationalisme culturel était devenu, en Transcaucasie, l'alternative à l'idéologie communiste, l'expression discrète du rejet du régime.

Lorsque, après l'échec militaire en Afghanistan (1985), Gorbatchev tente de réformer un régime à bout de souffle par sa campagne de perestroïka (restructuration) et de *glasnost* (publicité), les nations du Caucase sont, avec les Baltes, les premières à tenter, à nouveau, de s'affranchir du « dernier empire[12] » affaibli. En février 1988, prenant au mot les slogans appelant à corriger les erreurs du stalinisme, le Soviet régional du Haut-Karabagh vote la réunification de cette région à l'Arménie. Relayée par des grèves générales et des manifestations gigantesques à Stepanakert et Erevan, provoquant des pogroms antiarméniens en Azerbaïdjan, des heurts entre populations et des chassés-croisés de réfugiés, cette exigence d'autodétermination et d'émancipation de la tutelle d'une nation rivale, imposée par l'ancien colonisateur, joue le rôle à la fois de révélateur et de détonateur des multiples mouvements centrifuges qui feront s'écrouler l'édifice soviétique (décembre 1991).

Au Sud, les trois Républiques fédérées accèdent à l'indépendance et entrent à l'ONU. Au Nord, après une tentative avortée de reconstitution d'une Confédération de la Montagne (1989), seule la Tchétchénie manifeste un séparatisme radical

---

12. Selon l'expression de Robert Conquest dans le titre de son ouvrage *The Last Empire*, Amperstand Books, 1962, l'une des premières études occidentales de référence sur la question des nationalités.

534 LE LIVRE NOIR DU COLONIALISME

et proclame, en novembre 1991, une indépendance que Moscou refuse de reconnaître. Dans la nouvelle Fédération de Russie, comme dans les autres nouveaux États indépendants où existaient des enclaves nationales, on voit se multiplier les conflits, souvent présentés comme « interethniques », voire « interreligieux », en réalité des conflits politiques entre des aspirations autonomistes ou irrédentistes concurrentes, propres aux phases de décolonisation. Le Caucase, à l'instar des Balkans, apparaît comme une poudrière. Cinq des huit cas de conflits armés de l'ex-URSS s'y concentrent, dont quatre sécessionnistes — Haut-Karabagh, Ossétie du Sud, Abkhazie, Tchétchénie — et un dans le district de Prigorodnyi, où les anciens déportés ingouches font valoir leur droit au retour contre les Ossètes. En dix ans, ces conflits ont entraîné une centaine de milliers de morts, jeté sur les routes 2,5 millions de réfugiés et personnes déplacées, ruiné des régions entières. Ils menacent de s'étendre à d'autres zones sensibles : Daghestan, Adjarie et Djavakhétie au sud de la Géorgie, territoires lesghis au nord de l'Azerbaïdjan, etc.

Terrain d'expérimentation idéal de la conception stalinienne de la nation, la région est aujourd'hui, comme hier, un test des méthodes néo-impériales de la Russie. Celle-ci a su jouer du poids de l'Histoire, de sa propre suprématie démographique, économique et militaire, d'un quasi-monopole des sources d'énergie, de la présence de ses troupes, ainsi que des tensions politiques internes et des conflits, comme d'autant de leviers pour ramener dans son orbite le Caucase, de même que le reste de son « étranger proche », et, au-delà, se faire reconnaître son rôle de « gendarme » de l'Eurasie. Conquise de haute lutte, cette marge stratégique, au centre d'un arc de crise qui s'étend des Balkans à l'Asie centrale, représente en effet, face aux deux puissances régionales concurrentes (Turquie et Iran) qui tentent aussi de revenir dans leur ancienne sphère d'influence, une porte vers le « nouveau Moyen-Orient » ; elle constitue en même temps un verrou de sécurité, un moyen de préserver ce qui a été un de ses objectifs constants depuis le milieu du XVIe siècle : l'accès aux « mers chaudes » — Méditerranée et golfe Persique — par la mer Noire et la Caspienne, comme de prévenir l'éclatement à son tour de la Fédération de Russie. D'où la brutalité des guerres menées par Moscou contre les indépendantistes tchétchènes (1994-1996, et depuis 1999) qui évoquent les pires épisodes de la conquête tsariste.

Le cas des Tchétchènes

Avec les Ingouches, les Tchétchènes font partie du groupe Nakh de la famille des peuples paléocaucasiens du Centre-Est. Ils se répartissent en plus d'une centaine de clans (*teipe*) dont les chefs, avec les dirigeants religieux et les anciens, incarnent le pouvoir traditionnel dans une société peu hiérarchisée, essentiellement rurale et patriarcale, régie par le droit coutumier, l'*adat*, le devoir d'hospitalité et un code d'honneur qui légitime la vendetta. Des éléments de leurs anciennes croyances polythéistes (cultes aux montagnes, aux rochers, aux eaux, aux arbres, etc.) ont survécu jusqu'aujourd'hui, malgré leur adhésion au christianisme, puis à l'islam sunnite qui s'est imposé vraiment à partir du XVIIIᵉ siècle, avec une influence prépondérante des confréries soufies qui a été renforcée par la résistance à la conquête russe.

Une longue tradition d'insoumission

Les ancêtres des Tchétchènes, les Gargares, firent partie du puissant royaume de l'Albanie du Caucase contre lequel Pompée fit campagne. Retranchés dans les *aouls*, les villages fortifiés des hauteurs inviolables, lors des vagues successives d'invasion des peuples de la steppe — Huns, Khazars, Mongols, Tatars, etc. —, les Tchétchènes ne furent jamais réellement soumis. Mais c'est surtout face aux Russes et aux colons cosaques, dont la pénétration, commencée au milieu du XVIᵉ siècle, s'accentue à la fin du XVIIIᵉ siècle, qu'ils firent la démonstration de leur capacité de résistance.

La nouvelle forteresse de Groznyi (la « terrible »), l'actuelle capitale de la Tchétchénie, construite en 1817 par le général Ermolov, héros des guerres contre Napoléon mais bientôt tristement célèbre pour sa brutalité à l'égard des Caucasiens[13], est un des jalons importants de l'avancée au cœur de

13. Baddeley, *op. cit.*, cite sa profession de foi en matière de politique à l'égard des Caucasiens non pacifiables : « Je veux que la terreur

la chaîne. C'est l'une des bases des offensives menées contre le mouvement *murid*, centré au Daghestan autour de confréries pratiquant le soufisme, ce mélange de mysticisme religieux et de réformisme social qui réussit à mobiliser une grande partie des Caucasiens du Nord au nom de la Guerre sainte (*Ghazawat*) autour de chefs charismatiques : Khazi Mollah, le premier imam du Daghestan, et ses successeurs, Hamza Beg et, surtout, Chamyl, un chef avar[14].

Ce n'est qu'après l'annexion du Caucase du Sud (1828-1829) que la soumission du Nord est systématiquement entreprise. La chronologie est plus difficile à établir, puisqu'il ne s'agit pas ici de guerres classiques contre des États, conclues par des traités d'annexion, mais de guérillas. Soulèvements localisés et attaques punitives contre les deux grands foyers de résistance à l'ouest et à l'est de la chaîne se succèdent à des rythmes variables, entrecoupés de quelques campagnes de plus grande envergure (1837-1839, 1841-1844, 1847-1848, 1858). Alternant offensive et endiguement défensif, les Russes grignotent peu à peu sur la montagne, investissant les vallées les unes après les autres, chaque avancée étant consolidée par la construction de fortifications et de routes militaires, l'installation de colons et de garnisons, l'introduction de l'ordre et de lois « éclairées », comme les « tribunaux de tribu » élus pour combattre le droit coutumier ou chariatique, le recrutement d'auxiliaires locaux. Les résistants sont repoussés de plus en plus haut dans la montagne et isolés par une politique de terre brûlée.

de mon nom protège nos frontières plus puissamment que la ligne de forteresses et que ma volonté soit pour les indigènes une loi plus inévitable que la mort. La concession aux yeux des Asiatiques est un signe de faiblesse et c'est par pure humanité que je suis inexorablement sévère. Une exécution sauve des centaines de Russes de la destruction et des milliers de musulmans de la trahison. »

14. *Cf.* notamment M. Bennigsen-Broxup (éd.), *The North Caucasus Barrier. The Russian Advance towards the Muslim World*, Londres, Hust & Co., 1992 ; M. Gammer, *Muslim Resistance to the Tsar. Shamil and the Conquest of Chechnia and Daghestan*, Londres, Frank Cass, 1993, ainsi que, du même auteur, « Shamil and the Murid Movement, 1830-1859 : An Attempt at a Comprehensive Bibliography », in *Central Asian Survey*, vol. 10, n° 1-2, 1991, p. 189-247.

Villages détruits, habitants massacrés pour l'exemple, atrocités, populations déplacées, déforestation systématique pour déloger les montagnards, exploitation des antagonismes traditionnels, déshumanisation de l'ennemi présenté comme une horde de bêtes féroces : toutes les tactiques des guerres totales sont expérimentées.

Les guerres du Caucase ont constitué un véritable abcès de fixation pour la Russie : 170 000 à 200 000 hommes mobilisés en permanence, pendant plus de trente ans ; près de un million de morts au combat ou du fait des maladies comme la malaria, de la malnutrition, de l'absence de soins aux blessés. Coût en hommes, mais aussi en cadres : officiers issus de la noblesse, élites libérales ou nationales des périphéries turbulentes expédiées sur le front du Caucase par mesure punitive, non sans effet pervers, d'ailleurs. Ainsi les décembristes ou les insurgés polonais de 1831 envoyés en première ligne contribuent à la conquête tout autant qu'à sa dénonciation. Coût financier également : des dépenses militaires évaluées parfois à la moitié du budget de l'État, génératrices d'une pression fiscale accrue et de troubles dans le reste de l'empire. Coût moral enfin : les mauvais traitements des soldats russes les incitent à se venger sur l'ennemi. L'humiliation de la puissante Russie, tenue en échec par une poignée de montagnards moins armés, considérés de surcroît comme des sauvages, engendre à la fois haine et sentiment de culpabilité : haine dans les cercles militaires et dirigeants incitant à une guerre d'extermination ; culpabilité de l'intelligentsia libérale et romantique naissante qui passe de la conviction de la légitimité d'une conquête civilisatrice à l'autocritique féroce d'une politique qui n'a apporté que mort et ruines. De Pouchkine à Lermontov et Tolstoï, les grandes figures de la littérature romantique russe témoignent de cette évolution[15], ainsi que de

15. *Cf.* Susan Layton, *Russian Literature and Empire. Conquest of the Caucasus from Pushkin to Tolstoy*, Cambridge, Cambridge University Press, 1994, ainsi que Harsha Ram, « Prisoners of the Caucasus : Literary Myths and Media Representations of the Chechen Conflict », *Working Paper*, Berkeley, été 1999, pour une analyse sur l'héritage de cette image littéraire aujourd'hui.

l'image ambiguë du montagnard, emblème de la liberté, comme la nature sauvage et sublime dans laquelle il vit, mais aussi oriental « barbare » et « bandit ».

Pouchkine juge les Tcherkesses [16]

Les Tcherkesses nous haïssent. Nous les avons évincés de leurs gras pâturages, leurs *aouls* ont été rasés, des tribus entières anéanties. Ils s'enfoncent de plus en plus dans les montagnes et lancent de là leurs incursions. L'amitié des Tcherkesses pacifiés n'est pas sûre : ils sont toujours prêts à donner assistance à leurs turbulents congénères. L'esprit de leur farouche chevalerie a sensiblement déchu. Ils attaquent rarement à égalité numérique les Cosaques, jamais l'infanterie, et fuient quand ils voient un canon. En revanche, ils ne laissent jamais échapper une occasion de se jeter sur un faible détachement ou un individu sans défense. La contrée que nous traversons est pleine de la rumeur de leurs méfaits. Il n'y a à peu près aucun moyen de les faire tenir tranquilles tant qu'on ne les désarmera pas, comme on a désarmé les Tatars de Crimée, ce qui est extraordinairement difficile à réaliser en raison des discordes héréditaires et des dettes de sang qui règnent parmi eux. Le poignard et le sabre sont des membres de leur corps, et l'enfant apprend chez eux à s'en servir avant même de savoir parler. Le meurtre est pour eux un simple exercice corporel. Ils gardent leurs prisonniers dans l'espoir d'une rançon, mais ils les traitent avec une effroyable inhumanité, les font travailler au-dessus de leurs forces, les nourrissent de pâte crue, les frappent à leur fantaisie, leur donnent pour gardiens leurs gamins, qui peuvent pour un mot les mutiler avec leurs sabres d'enfant. On a récemment arrêté un Tcherkesse « pacifié » qui avait tiré sur un soldat : il a dit pour se justifier que son fusil était chargé depuis trop longtemps. Que faire d'un tel peuple ? Il faut cependant espérer que la conquête de la rive orientale de la mer Noire, qui a coupé les Tcherkesses du commerce avec la Turquie, les forcera à se rapprocher de nous. L'influence du confort peut contribuer à adoucir leurs mœurs : le samovar serait une importante innovation. Il est un moyen plus puissant, plus moral, plus conforme aux lumières de notre siècle :

16. Pouchkine, *Voyage à Erzeroum*, Paris, Gallimard, la Pléiade, 1973, p. 484-485. À l'époque, le terme de « Tcherkesses » désigne indifféremment divers peuples montagnards du Caucase du Nord. Aujourd'hui, les Tcherkesses forment avec les Karatchaïs une autre République, au sein de la Fédération de Russie. (NDLR)

la prédication de l'Évangile. C'est à une date très récente que les Tcherkesses ont adopté la foi musulmane. Ils y ont été entraînés par le fanatisme actif des apôtres du Coran, parmi lesquels s'est distingué Mansour, homme d'une qualité peu commune, qui a longtemps agité le Caucase contre la domination russe, qui a été finalement capturé par nous et qui est mort au monastère des Solovki. Le Caucase attend des missionnaires chrétiens. Mais il est plus facile à notre paresse de fondre des caractères morts que de faire entendre la parole vivante, et d'envoyer des livres muets à des gens qui ne savent pas lire.

L'ambiguïté n'est pas absente non plus dans l'attitude des puissances européennes, elles aussi engagées dans leurs propres guerres coloniales sur d'autres continents. Du recours par l'armée française, lors de la conquête de la Kabylie, à des « experts » russes de la guerre contre les montagnards, au réquisitoire contre les crimes tsaristes pendant la guerre de Crimée (1853-1856) et à l'admiration pour Chamyl, « l'Abd el-Kader du Caucase[17] », la tonalité varie au fil des renversements d'alliance. Mais le sort des peuples préoccupe moins que l'atteinte au prestige et l'embourbement d'un empire rival, même quand l'intérêt pour la région est à son faîte : de 1854 à 1860 seulement, une trentaine d'ouvrages ou de récits de voyages sont consacrés aux guerres du Caucase en Europe. *Le Caucase* ou les *Romans caucasiens,* d'Alexandre Dumas, en sont des exemples[18].

La reddition de Chamyl en 1859, puis celle des Abkhazes (1864) et des Oubykhs (1866) et la fin de la guerre sont suivies de massacres, de déportations et de l'exil forcé massif vers l'Empire ottoman où les Tchétchènes, comme d'autres peuples montagnards musulmans du Caucase — Tcherkesses, Oubykhs, Avars, etc., en tout près d'un demi-million —, sont souvent installés dans des marches stratégiques (où ils se vengent parfois sur les habitants chrétiens), utilisés à des postes militaires (on trouve encore aujourd'hui leurs descendants dans

17. Les deux hommes ont d'ailleurs eu une correspondance. B. Bessaïh, *De l'émir Abd el-Kader à l'imam Chamyl, le héros des Tchétchènes et du Caucase,* Alger, éditions Dahlab, 1997.
18. Alexandre Dumas, *Le Caucase. Impressions de voyage, suite de En Russie,* Paris, 1859, rééd. Paris, F. Bourin, 1990, et *Romans caucasiens,* Paris, éditions des Syrtes, 2001.

de telles fonctions, comme dans le cas de la garde tchétchène du roi de Jordanie). Sous les tsars, des révoltes eurent néanmoins encore lieu lors de la guerre russo-turque de 1877-1878, puis à nouveau pendant la Première Guerre mondiale.

De l'indépendance à la soviétisation

Comme dans le reste du Caucase, l'effondrement de l'Empire tsariste en 1917 donne un nouveau souffle aux aspirations autonomistes. Les Tchétchènes participent à l'éphémère République de la Montagne, confédération des peuples du Caucase du Nord, qui proclame son indépendance, en avril 1918, à Batoum et se heurte à l'hostilité des armées blanches comme des bolcheviks, avant d'être soviétisée par l'Armée rouge, au cours de l'hiver 1920-1921. Leur territoire est constitué en Région autonome en 1921, réuni à l'Ingouchie en 1934, et organisé en République autonome biethnique en 1936. À la fin des années 1920, des persécutions religieuses et la répression massive qui accompagne la collectivisation forcée entraînent une série de révoltes contre le régime. Le mouvement prend de l'ampleur au début de la Seconde Guerre mondiale, surtout après l'attaque allemande contre l'URSS et la poussée des troupes du Reich jusqu'au Caucase. Et, en février 1944, les Tchétchènes, avec les Ingouches, font partie des « peuples punis » que Staline décide de déporter dans leur totalité en Asie centrale, sous le prétexte d'une collaboration présumée avec les Allemands. À la destruction physique (un tiers des déportés périrent durant le transfert) s'ajoutèrent celle de la mémoire collective (archives, monuments) et la suppression de la République tchétchénoingouche. Les Tchétchènes ne sont réhabilités et autorisés à revenir dans leur République rétablie qu'en 1957. Le « dégel » post-stalinien permettra la reconstitution d'une élite et son insertion dans le tissu économique et social soviétique, même si l'importante minorité slave occupe souvent les emplois les plus qualifiés au niveau local.

La nouvelle guerre du Caucase

La perestroïka a trouvé, un peu comme en 1917, les Tchétchènes divisés en un camp « prorusse » et un camp indépendantiste, selon une ligne de partage à la fois géographique (montagne rurale contre plaine plus industrialisée) et clanique. En 1989, alors qu'une Confédération des peuples montagnards tente de se reconstituer, Moscou désigne pour la première fois un Tchétchène prorusse, Dokou Zavkaïev, au poste de Premier secrétaire. Ce dernier doit bientôt s'effacer devant le chef de file du mouvement sécessionniste, le général d'aviation Djokhar Doudaïev, qui proclame l'indépendance en novembre 1991, alors que l'URSS est en cours de disparition, et instaure un régime autoritaire. Après avoir essayé plusieurs fois de le renverser en appuyant ses opposants, les dirigeants russes optent pour l'intervention militaire, le 11 décembre 1994, escomptant une victoire rapide. Mais la guerre, qui dure deux ans et demi, s'achève par une humiliante défaite des forces fédérales, non sans d'importantes pertes civiles (plus de 4 000 soldats russes, 2 000 combattants tchétchènes, 35 000 victimes civiles et quelque 500 000 réfugiés) et d'énormes destructions, notamment dans la capitale bombardée.

Par l'accord de cessez-le-feu du 31 août 1996, la définition du statut de la République est reportée de cinq ans, tandis que Moscou s'engage à retirer ses troupes, à aider à la reconstruction et à laisser organiser des élections libres. En janvier 1997, le commandant militaire Aslan Maskhadov, successeur de Doudaïev mort dans un attentat (avril 1996), est élu à la tête d'un pays exsangue et désorganisé, en proie à une grave crise économique et sociale, à des dérives mafieuses et à une agitation intégriste. Il ne parvient pas à contrôler les autres chefs militaires. Comme le rappelle Silvia Serrano[19], l'attribut de la violence légitime n'appartient pas chez eux à l'État, mais au *teipe*, c'est-à-dire au clan, qui prime les autres allégeances ; il n'en est pas moins concurrencé par d'autres sources de légitimation. Ainsi, Aslan Maskhadov souhaitait transcender les allégeances traditionnelles en construisant un État ; pour prévenir la guerre civile, qui mènerait à l'engrenage des crimes de sang et

19. « Tchétchénie. Entre terreur et désarroi », in *Courrier des pays de l'Est*, Paris, La Documentation française, mai 2002, p. 61-69. *Cf.* aussi, sur les guerres récentes, J. B. Dunlop, *Russia Confronts Chechnya. Roots of a Separatist Conflict*, Cambridge, Cambridge University Press, 1998 ; I. Astigarraga, *Tchétchénie, Un peuple sacrifié*, Paris, L'Harmattan, 2000.

de vengeance clanique, il consent à ce que les islamistes accèdent à des postes-clés : « Il misait sur le compromis pour échapper au chaos : il aura le chaos et les islamistes. » Face à lui, Chamyl Bassaïev, bien que vaincu aux élections, n'en incarne pas moins le héros d'opérations terroristes (détournements d'avions, pénétration en terre russe, etc.) qui rappellent les actions héroïques des défenseurs du Caucase contre la pénétration russe. Adepte d'une confrérie soufie, il s'est associé aux islamistes sans s'intégrer à eux. Troisième homme issu des plus grands teipe, et membre d'une autre confrérie, Ahmad Kadirov, partisan de la manière forte contre les wahhabites, représente l'islam traditionnel : « Il sert de caution à une Russie qui cherche à présenter la guerre en Tchétchénie comme une croisade contre l'intégrisme. » À l'automne 1999, prétextant des attentats en Russie et des incursions au Daghestan voisin, attribués aux islamistes, Moscou lance une nouvelle campagne armée. Malgré une meilleure préparation que lors du conflit précédent, et en dépit des tensions politiques internes de la Tchétchénie, les forces russes apparaissaient, à l'automne 2002, de nouveau enlisées dans une « sale guerre », à l'issue incertaine, mais au bilan toujours dramatique. Si les organisations de défense des droits de l'homme dénoncent les atrocités d'un conflit qui prend parfois l'aspect d'une guerre d'extermination[20], la communauté internationale hésite à prendre parti dans ce qui est présenté par les Russes comme une « affaire intérieure » et une « opération de police » et qui constitue un test pour l'avenir de la Fédération. L'attentat de New York du 11 septembre 2001 a achevé de faire taire les timides réprobations américaines. Dans les heures qui suivirent l'attaque contre le World Trade Center et le Pentagone, Vladimir Poutine invoquait la nécessaire solidarité dans la lutte antiterroriste contre les amis d'Al-Qaïda pour obtenir un blancseing, sinon le soutien des États-Unis, à sa politique en Tchétchénie. Une argumentation confortée par l'attentat du théâtre de Moscou du 23 octobre 2002 : « Nous aussi, nous avons eu notre 11 septembre », ont pu dire les autorités russes, se prévalant de cet imparable facteur de solidarité.

---

20. La Fédération internationale des droits de l'homme et Amnesty International ont publié plusieurs rapports.

La colonisation japonaise : un colonialisme moderne mais non occidental

par Pierre-François Souyri

L'expansion japonaise occupe une place singulière dans l'histoire mondiale des politiques coloniales pour plusieurs raisons. Le phénomène de colonisation y a de lointaines racines, mais celles-ci plongent dans un univers de références culturelles très différent de celui de l'Occident. Quant à la création d'un empire colonial japonais dans la première moitié du XXᵉ siècle, elle est la seule tentative du genre menée par une puissance culturellement non occidentale. Dans les deux cas, c'est-à-dire avant et après la modernisation, cette colonisation s'appuie sur des présupposés politiques et idéologiques assez éloignés de ceux de l'Occident, sans pour autant qu'elle puisse apparaître comme d'une autre nature que les diverses expansions coloniales de la même période.

Au cours du premier millénaire, la mise en valeur de l'archipel peut se représenter sous la forme d'une expansion à partir d'un centre, le Kansai, qui tend à faire passer sous sa domination politique mais aussi dans son univers culturel des régions de plus en plus lointaines et étrangères. Cette expansion comporte certains aspects d'une colonisation militaire, économique et culturelle. Centré autour du Kansai (Nara puis Kyôto), de la mer Intérieure et du nord-ouest de Kyushu (actuelle région de Fukuoka), le Japon antique englobe tour à tour le Kantô (l'actuelle région de Tôkyô) et le sud de Kyûshû dès le VIIᵉ-VIIIᵉ siècle, puis pousse en direction du nord-est (conquis au début du IXᵉ, pacifié au XIᵉ-XIIᵉ mais guère intégré sur le plan économique avant le XVIIᵉ siècle). Les Japonais prennent pied à Ezo (le futur Hokkaidô) au XVᵉ siècle et les Ryûkyû (Okinawa) passent sous la domination de la principauté de Satsuma (Kagoshima) au début du XVIIᵉ siècle. Ces deux dernières régions, Hokkaidô au nord, Okinawa au sud, ne sont complètement intégrées administrativement dans la sphère japonaise que dans les années 1870, conséquence du mouvement de modernisation entrepris à l'époque Meiji.

Dans les processus de domination économique et les rapports de force politiques, l'histoire de l'expansion japonaise vers le nord (régions du Tôhoku, puis Eso Hokkaidô) ressemble par certains de ses aspects à celle de la colonisation anglaise ou française en Amérique du Nord : sociétés locales contraintes à l'acculturation, puis à la régression et finalement à la quasi-extinction sous l'impact économique de l'échange inégal avec la puissance coloniale et la poussée démographique des colons.

L'histoire de la domination japonaise sur Okinawa est sensiblement différente : il s'agit de l'absorption d'un ancien royaume insulaire tributaire de la Chine dans l'espace politico-culturel nippon, processus qui rappelle plutôt — avec certes des différences — celui de l'intégration corse à l'espace national français.

Mais, dans les deux cas, ces mouvements d'expansion, annexion, assimilation ou colonisation se conçoivent depuis le centre japonais dans le cadre des relations tributaires qui régissent les relations internationales depuis des siècles en Extrême-Orient : ces relations sont celles qu'entretiennent la plupart des royaumes locaux en Asie avec l'Empire chinois. En échange d'une reconnaissance officielle, le dynaste local admet la supériorité chinoise. Ici, ces relations sont reproduites à une moindre échelle par le Japon lui-même avec les populations périphériques. Or depuis la victoire anglaise contre la Chine lors de la guerre de l'Opium en 1842, ce système de domination plus ou moins fictive par le centre est en voie d'effondrement. Les relations internationales en Asie sont désormais pensées dans le cadre d'un autre univers mental, celui qui domine en Europe.

Il convient par ailleurs d'appréhender le phénomène de cette colonisation en Asie orientale dans un contexte international tendu. Depuis la signature des traités inégaux avec les pays occidentaux dans les années 1856-1863, les dirigeants japonais vivent dans la hantise d'une mainmise occidentale sur le pays. L'expansion s'inscrit dans un projet délibéré, celui formulé lors de la restauration Meiji de 1868 et résumé par le célèbre slogan : « Un pays riche, une armée forte. » Elle se présente comme une réponse du Japon aux menaces impérialistes occidentales. Mais, à s'en tenir à cette explication conjoncturelle — qui est assurément fondée —, on pourrait bien ne pas comprendre comment la colonisation japonaise est aussi la conséquence d'un processus inscrit dans la longue durée, qui répond à des logiques ou à des attentes identifiables dans un contexte culturel précis.

À partir des dernières années du XIXᵉ siècle, des politiques coloniales de grande ampleur et de type « moderne » — c'est-à-dire selon une « logique occidentale » — sont mises en œuvre par l'État japonais. Elles font très vite apparaître le Japon comme l'une des grandes puissances coloniales d'Asie aux côtés de la Grande-Bretagne, de la France, de la Russie, de la Hollande ou des États-Unis. Ces politiques d'expansion aboutissent à placer sous dépendance administrative et coloniale des régions entières de l'Extrême-Orient : l'île de Formose (Taïwan), la péninsule coréenne, les plaines de la Mandchourie, diverses concessions en Chine, mais aussi Sakhaline et les Kouriles ainsi que certaines îles de l'océan Pacifique comme Guam ou les Mariannes. De ce point de vue, le Japon se comporte là comme l'une des principales puissances impérialistes de son temps, dans un jeu de rivalités territoriales avec les autres grands empires coloniaux. Mais il est aussi la seule puissance non occidentale à en avoir été capable.

Or, à y regarder de plus près, on comprend que le Japon — comme la Russie — ne s'engage que régionalement. Avait-il la force d'intervenir ailleurs ? Les colonies qu'il développe sont contiguës à l'archipel. Elles peuvent aussi être considérées comme son prolongement. Le Japon est un État en expansion permanente en quelque sorte, un État qui englobe et cherche à assimiler plus ou moins adroitement les territoires connexes. Regardé ainsi, le Japon en Corée ressemble plus à l'Angleterre en Irlande qu'à la France en Indochine. À l'époque de l'impérialisme moderne, les grandes puissances ne cherchent pas à constituer un territoire d'un seul bloc. La Russie et le Japon semblent seuls dans ce cas.

Certaines zones assujetties à l'ancien Empire chinois (Formose qui était une colonie chinoise, la Corée qui était un État tributaire, la Mandchourie, berceau de la dynastie des Qing mais sinisée depuis plusieurs siècles) passent donc, à la fin du XIXe et au début du XXe siècle, dans l'orbite coloniale japonaise qui se constitue ainsi pour l'essentiel dans l'Asie sinisée, c'est-à-dire une zone relativement homogène d'un point de vue culturel.

Une expansion coloniale inscrite dans la longue durée, fonctionnant sur le principe chinois mais en modèle réduit, suivie d'une seconde phase d'expansion « à l'occidentale » mais selon un continuum territorial, tels sont les caractères particuliers du colonialisme japonais.

Un autre point, plus polémique sans doute, est aussi à prendre en compte. Les deux pays qui ont subi le plus longtemps — près d'un demi-siècle — le joug colonial japonais, c'est-à-dire Taïwan et la Corée, sont également les premiers parmi les anciens pays colonisés à avoir réussi leur décollage économique dans la seconde moitié du XXe siècle (avec Hong Kong et Singapour certes, ex-colonies britanniques, mais ce ne sont que des villes). En l'espace de deux générations, ces pays, pourtant plongés dans des difficultés sans nom, sont parvenus à émerger comme des puissances industrielles moyennes. Cette réussite qui leur a permis de rejoindre les rangs de l'OCDE et de pointer aujourd'hui entre la dixième et la quinzième place parmi les nations industrielles tient-elle au fait qu'il s'agisse d'anciennes colonies japonaises ? Certains cercles nationalistes japonais ne craignent pas de l'affirmer. L'industrialisation accomplie sous le régime colonial japonais a-t-elle, dans ces régions, contribué à poser les bases d'un développement économique durable, une fois le contexte politique et social pacifié ? En d'autres termes, le Japon a-t-il « objectivement » mis en place les conditions de l'expansion ? Dans les pays concernés, ces questions seraient malvenues si elles devaient être posées aussi crûment. On pourrait rétorquer que l'échec économique de la Corée du Nord est à la mesure de la réussite de son voisin du Sud et que cela n'a rien à voir avec l'occupation coloniale du Japon. Ou bien que l'essor chinois actuel a lieu plutôt dans les franges côtières, les régions de Shanghai et de Canton, et non en Mandchourie,

même si celle-ci constitue une des grandes régions industrielles chinoises. Reste que cela nécessite une relecture des réalités sociales et économiques de la colonisation japonaise.

Depuis la fin de la Seconde Guerre mondiale, les historiens
japonais ont eu tendance à décrire le phénomène colonial
nippon comme un aspect particulier de l'impérialisme économique et militaire du Japon. Ordre colonial et ordre impérialiste paraissent ainsi inextricablement liés. Le mot même de
colonie (en japonais, *shokuminchi*) ne désigne que l'extension territoriale « moderne » du Japon, pas les phénomènes
antérieurs. En Occident, il renvoie aussi bien aux cités de
Grande-Grèce ou du Pont-Euxin qu'aux empires coloniaux
espagnols ou hollandais créés à l'époque moderne, ou encore
aux expansions franco-britanniques du XIXe siècle. Au Japon,
on constate dans l'historiographie une césure entre une
expansion qualifiée de territoriale (celle d'avant la révolution
industrielle et la modernisation) et une expansion dite coloniale (qui commence en 1895, au lendemain de la victoire
japonaise sur la Chine). Autant la première est acceptée,
tenue pour la marche nécessaire vers la création d'un territoire aboutissant à la formation d'un État-nation, même si on
juge sévèrement ses excès, autant la seconde est généralement considérée comme illégitime, violente, mais en même
temps comme le prix qu'a dû payer le Japon (et faire payer à
ses voisins) pour éviter lui-même d'être victime de la colonisation occidentale. Autrement dit, dans la vulgate japonaise, il
y a bien différence de nature entre l'expansion japonaise
avant et après 1895. Cette différence de nature renvoie à une
différence de légitimité. Il est vrai que la partie s'est jouée à
peu de chose vers 1855-1875. Les Japonais ont pensé que les
Occidentaux, profitant d'un rapport de force qui leur était
favorable, allaient les mettre à genoux et que leur pays serait
occupé ou dépecé. La modernisation entreprise à marche forcée à partir de 1868 peut être comprise comme une réaction
nationale à la peur de la colonisation.

Comme en Occident, il y a certes une rupture entre les
politiques coloniales avant l'expansion impérialiste du
XIXe siècle et après. Mais, alors qu'en Occident cette coupure
est relative et qu'il n'est pas difficile de repérer aussi des

continuités, elle est décrite au Japon comme quelque chose qui relève d'un autre ordre. L'*Histoire des colonies japonaises* en huit volumes, qui vient de sortir aux éditions Iwanami au début de 2001, souligne que le colonialisme japonais moderne en Asie orientale se substitue comme ordre politique et idéologique à l'ancien ordre impérial chinois qui reposait depuis les Tang sur des relations tributaires avec les États périphériques de la Chine. Mais l'ouvrage ne fait qu'à peine mention du fait que l'État japonais lui-même possédait ou contrôlait, avant la modernisation, des territoires dans un rapport d'assujettissement qui relève bien d'un ordre colonial, même s'il est prémoderne. Rupture ou continuité ? Au Japon, le débat ne semble pas avoir lieu, tant l'entreprise coloniale moderne paraît marquer un changement d'échelle dans ses objectifs, ses enjeux internationaux et son ampleur.

Il convient de distinguer les principales phases de la colonisation japonaise en fonction d'une logique chronologique :

— une première phase — rarement admise en tant que telle par les courants principaux de l'historiographie japonaise — qui correspond à la formation de l'État japonais prémoderne et déclenche des conflits et des traumatismes chez les populations soumises dans les confins septentrionaux (Ezo) et méridionaux (les Ryûkyû). Ces régions qui doivent payer un tribut depuis le XVIᵉ ou le XVIIᵉ siècle sont assimilées par annexion ou colonisation démographique dans les années 1870 ;

— une deuxième phase qui va de l'annexion de Taïwan (1895) aux années 1940-1942 et s'inscrit dans un projet idéologique et culturel cohérent, même s'il est loin d'être accepté par les populations concernées, celui de l'assimilation culturelle forcée. Des territoires contigus à l'archipel japonais passent ainsi successivement sous sa domination : Taïwan, le Kwantung, Sakhaline dans son ensemble, la Corée en 1910, puis la Mandchourie après 1931 pour laquelle on maintient néanmoins la fiction d'un État indépendant ;

— une troisième phase, très brève, de 1942 à 1945, qui correspond à l'institution de la « sphère de coprospérité asiatique » et implique la naissance d'un bloc économique soudé dans une logique de guerre mondiale. Dans le contexte d'une occupation militaire, les pays anciennement colonisés par l'Occident (Indochine, Philippines, Malaisie, Birmanie, Indonésie) sont mis à disposition du Japon pour alimenter l'effort de guerre. Produits agricoles et matières premières industrielles sont réquisitionnés pour les besoins de l'appareil militaire nippon. Mais, pas plus que la France vaincue et occupée en 1940 par Hitler ne devient une colonie allemande, les anciennes possessions occidentales en Asie ne deviennent pour autant des colonies japonaises au sens strict.

La construction territoriale des frontières : Naichi et Hondo

Avant la défaite de 1945, il était courant parmi les habitants de Hokkaidô et des îles Ryûkyû de désigner le reste du pays et notamment les îles de Honshû, Shikoku et Kyûshû par des expressions particulières. Les habitants de la grande île septentrionale nommaient le reste du pays Naichi (« les terres de l'intérieur ») et ceux des Ryûkyû appelaient le Japon Hondo (« la terre principale »). Malgré une Constitution qui assurait aux habitants de ces contrées un statut identique aux autres, ceux-ci n'en ressentaient pas moins des différences de considération qui apparaissent dans le lexique. Ces dénominations avaient cours parce que les habitants avaient profondément conscience qu'ils vivaient dans des territoires « distincts » du reste du pays. Il est donc bien impossible d'évacuer le problème des colonies prémodernes dans une histoire de la colonisation japonaise.

Les territoires situés dans l'extrême nord de l'île principale de Honshû (le nord de l'actuel Tôhoku), l'île de Hokkaidô, les Kouriles et Sakhaline étaient autrefois peuplés de manière disparate par des populations asiatiques de chasseurs-pêcheurs, de culture non japonaise. Considérés comme des populations barbares par les habitants de l'archipel, ces peuples n'en avaient pas moins développé une civilisation originale qu'on désigne aujourd'hui sous le terme de civilisation aïnou et qui pratiquait vers le XIIIe siècle, dans les franges méridionales du moins, un début d'agriculture. Au XVe siècle, les habitants de Honshû, qui avaient l'habitude de commercer avec ces populations, commencent à entretenir des établissements permanents fortifiés (*tate*) sous la domination des seigneurs qui contrôlaient le détroit de Tsugaru : entreprises de défrichement agricole, centres de commerce et d'échange, points d'appui militaires en zone à moitié insoumise.

Au début du XVII⁰ siècle, les seigneurs qui dominent la région, des *daimyos* qui ont pour nom lignager Matsumae, entrent dans la vassalité shogunale en échange de leur reconnaissance officielle. Les populations non japonaises, minoritaires, du nord de Honshû, sont traitées en parias mais peu à peu assimilées, tandis que les populations de l'île du nord, Ezo (Hokkaidô), sont soumises ou repoussées. Un mouvement de colonisation est amorcé dès le XVI⁰ siècle dans le sud de Hokkaidô (autour de l'actuelle ville de Hakodate) et les terres des Aïnous sont envahies progressivement par des colons qui se les approprient. Les chefs des bourgades fortifiées qui essaiment dans l'île septentrionale accèdent au statut de samouraï.

Contraints de verser des tributs constitués par le produit de la chasse (fourrures) et de la pêche (mammifères marins), les Aïnous délaissent peu à peu l'artisanat et l'agriculture et se vouent désormais à une mono-activité, l'économie de prédation. En échange des fourrures et des produits de la pêche, les Aïnous obtiennent dans des termes extrêmement défavorables du riz, du saké, des produits artisanaux, notamment de la laque, parfois des outils en fer. Ils deviennent économiquement dépendants des colons japonais dont le niveau de vie est bien supérieur. Les relations entre les deux populations se détériorent sans cesse. Au cours du XVII⁰ et du XVIII⁰ siècle, les colons japonais deviennent d'ailleurs démographiquement majoritaires. Malgré des sursauts lors de révoltes rapidement matées, les Aïnous voient leur univers s'effondrer et leur société se déstructurer. Ils sont réduits à la fin du XIX⁰ siècle au statut de population minoritaire, durement exploitée par les colons.

En 1869, au lendemain de la restauration Meiji, est créée une « Mission pour le défrichement » qui succède à l'ancien fief seigneurial des Matsumae, puis le territoire est dirigé par une agence gouvernementale à partir de 1886. Il s'agit alors de favoriser la mise en culture de terres nouvelles et d'exploiter les matières premières de l'île. Pour le défrichement des forêts, la construction de routes, la mise en exploitation de mines, on réquisitionne la main-d'œuvre aïnou qui se révèle très rapidement insuffisante. L'État fait alors appel au travail des bagnards envoyés dans les confins du Nord pour assurer notamment les gros travaux d'infrastructure. Hokkaidô devient alors terre de relégation. Mais la main-d'œuvre pénitentiaire reste elle-aussi en nombre insuffisant. Des sociétés de colonisation invitent les Japonais « de l'intérieur » à venir dans ces terres nouvelles. Elles organisent l'émigration de paysans pauvres venus du Tôhoku, du Hokuriku ou même de régions encore plus éloignées, et leur cèdent des terres inoccupées, souvent anciens terrains de chasse pris aux Aïnous. Les Japonais de l'intérieur établis dans ce *far North* reconstituent dans les localités où ils s'installent des répliques des communautés qu'ils ont abandonnées. Au début du xxᵉ siècle, avec 1,7 million d'habitants (dont guère plus de 50 000 indigènes), l'île du Nord devient enfin économiquement viable. Mais le processus de colonisation et d'intégration à l'État japonais a entraîné l'effondrement de la société aïnou.

Par bien des traits, le développement de Hokkaidô à la fin du xixᵉ siècle fait penser à la politique menée par la Grande-Bretagne en Australie : une société locale déstructurée par l'émigration de populations de *convicts* qui deviennent rapidement majoritaires, relayés par un flux d'immigrants en provenance de la métropole. Outre l'échelle géographique, la différence réside dans le caractère contigu de l'île du Nord au reste de l'archipel. Du coup, la notion de ligne frontière, au contact des marges de l'Empire russe, se pose comme une question diplomatique de premier plan dès le milieu du xixᵉ siècle. Hokkaidô est devenu ainsi une sorte de *far North* du Japon, avec une *frontier*, un front pionnier qui recule au fur et à mesure de l'occupation des territoires par les colons japonais. Au gré des rapports de force entre le Japon et la Russie, des traités viennent fixer une ligne frontière qui reste mouvante au cours de l'Histoire : le Japon intègre finalement Sakhaline et les Kouriles au lendemain de la victoire de 1905 contre l'armée du tsar, puis les perd en 1945 devant l'avancée de l'Armée rouge. Les populations locales aïnou qui peuplent ou peuplaient ces contrées n'ont évidemment jamais été consultées.

La question des « territoires du Nord » (quatre îles des Kouriles du Sud au large de Hokkaidô), que réclame actuellement le Japon, repose sur une légitimité discutable. Des établissements de pêcheurs japonais s'y sont fixés depuis la fin du XVIIIᵉ siècle, époque à laquelle d'autres établissements russes sont également signalés. L'intégration de Kunashiri, l'une des îles revendiquées, au fief des seigneurs Matsumae date de 1789. C'est la conséquence de l'échec d'une révolte aïnou face aux samouraïs vassaux des Matsumae. Quoi qu'il en soit, la question de « l'archipel des brumes » continue d'empoisonner, de nos jours encore, les relations entre Moscou et Tôkyô.

En ce qui concerne l'archipel des Ryûkyû au sud de Kyûshû et son île principale Okinawa, la question coloniale se pose dans des termes très différents. L'archipel connaît en effet un développement autonome qui débouche sur la naissance d'une petite monarchie au XIVᵉ siècle. Les ambassadeurs des Ryûkyû sont reçus à la cour shogunale de Kyôto au XVᵉ siècle et sont considérés alors comme des « étrangers ». Les habitants des Ryûkyû se lancent dans le commerce international où ils jouent les intermédiaires, tandis que leurs jonques font relâche dans tous les grands ports d'Extrême-Orient dès les XVᵉ-XVIᵉ siècles. C'est sans doute par l'intermédiaire de ces « Requios » (gens des Ryûkyû) installés à Malacca que les Portugais entendent parler pour la première fois de l'archipel japonais au début du XVIᵉ siècle.

Pour survivre et être reconnue, la petite monarchie doit s'intégrer dans le système de relations internationales créé par l'Empire chinois et qu'il domine. Les chefs des États qui se créent sur les marges de l'empire du Milieu — et qui sont déjà sinisés ou en voie de l'être — sont institués par le Fils du Ciel comme des « rois » (*wang*) acceptant sa prééminence. Ils sont formellement les délégués et donc les sujets de l'empereur dans les territoires sur lesquels ils règnent. En échange de cette titulature officielle, leur reconnaissance par le souverain chinois leur assure prestige et souvent légitimité. C'est ainsi que les États périphériques de la Chine sont insérés dans une hiérarchie internationale. En refusant de se plier officiellement à ce régime (et en l'acceptant le plus souvent dans les faits), le Japon se maintient dans une indépendance théorique. Mais la monarchie des Ryûkyû n'a pas cette latitude et elle est contrainte, notamment pour pouvoir commercer dans les ports de l'empire, d'accepter la suzeraineté officielle chinoise qui équivaut aussi à une forme de protection. De même, la monarchie coréenne a, de tout temps, subi cette suprématie chinoise en échange de son autonomie : cette dernière est évidemment plus affirmée quand l'empire est en difficulté, plus faible quand l'empire est fort.

Telle est la situation dans la région au début du xvIIᵉ siècle. La montée en puissance du Japon sur le plan économique, l'émergence d'un pouvoir central relativement fort avec le régime de Hideyoshi (1582-1598), puis le shogunat des Tokugawa à partir de 1603, la consolidation locale des princes japonais, les grands daimyos, et comme celui de Satsuma dans le sud de Kyûshû, aboutissent à modifier localement le système de domination chinois. Non seulement les shoguns Tokugawa ne s'y plient plus, mais ils cherchent à constituer un système identique à leur avantage : ils exigent que la monarchie coréenne (les Japonais ont envahi la Corée par deux fois à la fin du xvIᵉ siècle) se situe dans un rapport de déférence vis-à-vis du shogun d'Edo. Ils obligent également les capitaines hollandais de Nagasaki à leur faire allégeance (de même que les Qing fixent les marchands anglais de la Compagnie des Indes à se livrer à cette cérémonie « humiliante » jusqu'au début du xixᵉ siècle). En 1609, le daimyo de Satsuma lance avec l'accord du shogun une expédition sur Okinawa : vaincu, le roi des Ryûkyû est contraint d'accepter la domination administrative des samouraïs de Satsuma et de payer un lourd tribut. Okinawa dès lors doit reconnaître une double suprématie, celle de la monarchie chinoise des Qing et celle des princes de Satsuma, chacun des suzerains feignant d'ignorer l'autre.

Sous la domination de Satsuma, la monarchie maintient une indépendance fictive, mais, écrasée sous le poids de l'impôt lié à ce système de double tribut, la population locale souffre. Le sucre de canne devient la seule production vraiment rentable susceptible de répondre aux exigences des autorités, et la canne à sucre devient à son tour produit d'exportation. Le ressentiment à l'égard de Satsuma est fort. L'arrivée des navires occidentaux — français notamment — dans les eaux d'Okinawa dans les années 1840 laisse un instant à la monarchie locale le vague espoir de pouvoir jouer l'indépendance. Des traités sont signés avec les puissances occidentales en même temps que ceux signés par le Japon. Mais, dès 1872, les velléités d'autonomie du monarque sont mises à mal : la politique étrangère du royaume sera déterminée par Tôkyô qui interdit à Okinawa de payer son tribut à la Chine en 1875, malgré les protestations de la population pour qui le tribut officiel chinois payé à un souverain fictif et lointain vaut toujours mieux que la domination japonaise bien réelle. Le royaume déjà transformé en simple seigneurie en 1872 devient un département japonais en 1879. Les Ryûkyû sont dès lors formellement partie intégrante du territoire japonais et la monarchie est abolie. Sans aucun moyen d'action sur un théâtre aussi éloigné, la Chine doit admettre cette annexion qui sera plus tard entérinée à la suite de sa défaite contre le Japon en 1895.

À Okinawa, le régime mis en place dans un territoire non japonophone (la langue des Ryûkyû s'apparente linguistiquement au japonais, mais elle en est différente) expérimente certaines futures pratiques coloniales japonaises. Le système scolaire n'enseigne que la langue de Tôkyô et les habitants d'Okinawa doivent attendre 1920 (une trentaine d'années après « Hondo ») pour pouvoir envoyer des députés à la Chambre basse. La crise du sucre en 1921 provoque un effondrement du niveau de vie des habitants dont beaucoup (plus de 50 000), poussés par la misère, s'expatrient à l'étranger (Hawaï surtout, mais aussi la Nouvelle-Calédonie française) ou dans les colonies, comme Taïwan.

Tant que le Japon reconnut *de facto* le système d'organisation des relations internationales en Asie, le sort d'Okinawa resta ambigu. La double sujétion à l'empire Qing et à Satsuma correspondait finalement à l'expression de l'ordre traditionnel en Extrême-Orient. Mais l'arrivée des canonnières britanniques en Chine brise cet ordre. La Chine doit accepter la titulature nouvelle qui reflétait non plus la fiction de la sujétion de tous les États à l'empire, mais une autre fiction, celle de l'ordre occidental qui impliquait des relations formellement égalitaires entre États indépendants.

Le Japon est le premier État asiatique à pénétrer dans cette faille idéologique pour imposer à son tour l'ouverture de la Corée en 1875 et introduire une rupture de taille dans l'équilibre millénaire construit autour de la Chine. Le processus de construction de l'État moderne japonais s'inscrit donc dans un contexte d'effondrement de l'ancien ordre impérial chinois et apparaît comme inséparable de sa disparition. Et son nouvel ordre colonial se présente très vite avec une nouvelle vocation : celle de le remplacer. En quelques années, les Ryûkyû sont unilatéralement absorbées, suivies peu de temps après par Taïwan puis par la Corée.

La colonisation dont sont victimes les populations des Ryûkyû est tragiquement confirmée lors de la bataille d'Okinawa au printemps 1945. Dans un terrible lapsus, l'état-major japonais la qualifie de « dernière bataille avant celle qui se déroulera sur le sol de la mère patrie » : la « bataille du Japon » ne commencera qu'après la chute d'Okinawa, considérée comme une possession coloniale dont la perte était parfaitement envisageable. Après tout, la Chine avait bien renoncé à Taïwan en 1895 sans pour autant disparaître. De même, il est révélateur de constater que l'armée japonaise en pleine bataille d'Okinawa fut contrainte d'annoncer officiellement que ceux qui parleraient dans la langue locale de l'île seraient traités comme des espions et fusillés.

Occupé par les Américains à partir de juin 1945, l'archipel est restitué au Japon en 1972 en échange du maintien d'installations militaires géostratégiques dans l'île principale. Il n'est pas inutile de rappeler que le département des Ryûkyû est le seul qui n'ait jamais été visité par l'empereur régnant. Sa présence n'est pas « souhaitée » par les insulaires...

La constitution d'un système colonial « moderne »

L'entreprise coloniale japonaise peut se comprendre dès lors comme un prolongement des expériences anciennes dans un contexte de rivalités internationales aiguës. Entre 1895 et la fin de la guerre du Pacifique, elle s'organise autour de quatre moments-clés :

— la victoire sur la Chine en 1895 permet au Japon d'obtenir que Pékin cesse d'entretenir avec la Corée des relations de type traditionnel. L'empire Qing reconnaît à la monarchie coréenne son indépendance dans le cadre des nouvelles relations entre États et renonce également à sa souveraineté sur Taïwan. L'île est immédiatement annexée par Tôkyô ;

— la victoire contre la Russie en 1905 laisse au Japon les coudées franches en Corée, constituée en protectorat dirigé par un résident général installé à Séoul. Mais le résident général Itô Hirobumi est assassiné en 1909 par un nationaliste coréen. Cet incident fournit le prétexte au Japon pour annexer la Corée l'année suivante. Dès les origines, l'intégration de la Corée à l'empire se fait dans un contexte de tension locale. Pour contrôler la péninsule, Tôkyô devra sans cesse agir en tenant compte d'une hostilité latente ou ouverte des populations. La répression constitue l'un des aspects majeurs de l'occupation coloniale en Corée ;

— depuis 1905, le Japon bénéficie d'une zone d'influence dans le sud de la Mandchourie, la région du Kwantung. Le contrôle du chemin de fer Transmandchourien représente l'un des enjeux importants de la présence nippone. Une politique de colonisation agricole est mise en place. L'« Incident de Mandchourie » en 1931 (à la suite d'un attentat contre la voie ferrée attribué à des nationalistes chinois, qui sert de prétexte à l'intervention directe des troupes japonaises) aboutit à l'éviction officielle de la Chine de la région et à la mise en place d'un État fantoche à la solde de Tôkyô, le Mandchoukouo. De 1931 à 1945, le Japon dispose au nord de la Corée d'une colonie qui n'en porte pas le nom ;

— les conquêtes militaires en Chine à partir de 1937 puis en Asie du Sud-Est créent des zones sous influence japonaise, mais Tôkyô ne les transforme pas pour autant en colonies : il laisse s'y constituer des gouvernements vassaux (dans la Chine occupée), maintient l'administration locale et coloniale (en Indochine) ou parfois élimine cette dernière (Philippines, Indes néerlandaises). Mais il s'agit alors plus d'une occupation militaire que de colonies au sens strict du terme. Il n'y a pas non plus d'émigration japonaise organisée vers ces pays.

C'est donc plutôt à Taïwan et en Asie du Nord-Est que la politique coloniale est à l'œuvre. Dès l'occupation de Taïwan, elle est définie et s'exerce à quelques nuances près et avec quelques décalages chronologiques dans les autres régions selon quelques grands principes :

— l'armée — et plus particulièrement l'armée de terre — assistée par une police politique, la *Kempeitai*, joue un rôle central dans l'administration des territoires ;

— les territoires conquis sont destinés à être « modernisés » : leur mise en valeur constitue l'un des objectifs de la colonisation. Avec, derrière, une idée force : ce qui a fait la réussite économique du Japon depuis 1868 est exportable ;

— le projet politique général est visible : les populations doivent donc être « japonisées » dans leur intérêt même. Un jour viendra où les colonisés seront les égaux des Japonais. Il faut donc se donner les moyens pour faire accéder les populations soumises à la « japonité ». La question de la culture devient donc centrale ;

— en creux, on lit les effets pervers du projet : l'occupation militaire liée à la répression, la réquisition des énergies pour une industrialisation forcée, l'« inaptitude » des populations colonisées à se sentir « japonaises » provoquent une discrimination systématique qui alimente la brutalité du système.

Le cas exemplaire de Taïwan

La domination chinoise sur Taïwan n'était pas si ancienne. Au XVIe siècle, l'île est encore à peu près inconnue de l'empire. Habitée par des populations relativement primitives d'origine malaise ou en provenance d'Asie du Sud-Est, « Xiao Liuqiu » (la Petite Ryûkyû), baptisée Formosa par les Portugais, connaît un début d'activité commerciale à la fin du XVIe siècle avec le développement de comptoirs où Chinois, Japonais et gens des Ryûkyû viennent échanger leurs produits dans ce que les historiens japonais appellent le « commerce de rencontre ». En 1624, les Hollandais occupent l'un de ces comptoirs, Anping, mais s'en font déloger en 1662 par Coxinga, un général chinois rebelle originaire du Fujian voisin, qui refuse la domination mandchoue des Qing sur l'empire. Depuis le début du XVIIe siècle, en effet, un mouvement d'émigration chinoise en provenance de la province du Fujian se développe et les colons chinois repoussent les populations locales vers l'intérieur des terres. À la fin du XVIIe siècle, après avoir été gérée de manière autonome par Coxinga et ses descendants, Taïwan entre officiellement dans le giron de l'empire. Mais, vue de Pékin, l'île est une lointaine possession coloniale peuplée par des Chinois du Sud et des populations indigènes. Aussi, devant l'agressivité japonaise, le gouvernement impérial abandonne Taïwan en 1895 sans considérer qu'il s'agit là d'une perte irrémédiable, ce qui contraste évidemment avec les déclarations actuelles de Pékin sur le caractère absolu de la nécessité de récupérer la « province de Taïwan ».

En 1895, le Japon envoie donc des forces militaires occuper l'île officiellement cédée par Pékin. Celles-ci se heurtent cependant à une résistance qui est surtout le fait des populations non chinoises, à laquelle s'ajoute la malaria qui frappe le corps expéditionnaire. Il faudra six mois aux Japonais pour prendre possession de l'île, trois ans pour briser la résistance qui se poursuivra de manière sporadique, en fait jusqu'en 1915. Cette guerre qui ne dit pas son nom fera plus de morts (près de 10 000) parmi les troupes japonaises que la guerre sino-japonaise de 1894-1895 et plus encore parmi les populations civiles locales. Si la résistance de la population chinoise établie dans les plaines est assez rapidement maîtrisée, il en va autrement des populations montagnardes, plus isolées : corvéables à merci, elles acceptent mal l'intrusion d'un appareil militaire qui désorganise leur univers traditionnel.

Tôkyô met alors en place une administration dominée par l'armée de terre mais s'appuyant sur un groupe de fonctionnaires civils. Pendant les vingt années qui suivent les débuts de la colonisation, les gouverneurs à Taïwan sont des généraux de l'armée de terre, tous choisis par l'homme fort du régime, Yamagata Aritomo, et issus, comme lui, de l'ancien fief seigneurial de Chôshû, l'un de ceux qui sont parvenus à abattre l'ancien régime shogunal et qui sont à l'origine de la restauration Meiji en 1868. Le premier des administrateurs civils qui collabore avec ces officiers, Gotô Shimpei, arrivé en 1896, a pour mission de dresser les cadres de la modernisation de l'île. Shimpei, qui avait étudié les modes britanniques d'administration coloniale, débarque avec une équipe dynamique : il ordonne une enquête sur les coutumes parmi les populations de l'île, fait dresser un cadastre des terres pour assurer les droits de propriété, crée la Banque de Taïwan, lance des travaux d'infrastructure (routes, ports, chemins de fer...) et travaille à la modernisation des industries sucrières.

Mais la prudence demeure : sur le plan du droit, par exemple, Gotô Shimpei, suivant les pratiques britanniques, est partisan de maintenir un statut juridique spécial dans l'île tenant compte de ses pratiques coutumières. Il se heurtera plus tard aux « politiques », c'est à dire à ceux qui comme Hara-Kei, futur Premier ministre en 1918, souhaitent arracher l'administration coloniale aux militaires et unifier sur le plan juridique « Naichi » (le Japon) et les colonies, ce qu'il parviendra d'ailleurs à réaliser en 1921. En attendant, Shimpei croit en la nécessité du *Ikkoku niseido* (« Un seul pays, deux systèmes[1] »). On retrouve là l'opposition entre deux types de politiques qui s'affrontèrent à Tôkyô à propos des colonies durant toute la période. Celle des « militaires[2] » d'une part, qui veulent éviter les heurts avec les populations autochtones, car les colonies représentent à leurs yeux des postes avancés utiles d'un point de vue stratégique si une éventuelle progression de l'armée en direction du sud (*nanshin*) devait avoir lieu (et elle aura lieu à partir de 1937). Shimpei, qui est pourtant un civil, est de cet avis et s'appuie sur l'exemple des Occidentaux dans leurs propres colonies. Et celle des « politiques », d'autre part, qui pensent que la meilleure manière de consolider les rapports sociaux au sein des colonies, c'est de mieux assurer l'intégration des populations, d'accélérer la « japonisation ». Taïwan, première colonie japonaise, constitue un laboratoire d'idées et d'expériences. Gotô Shimpei et ses hommes seront envoyés plus tard en Corée ou en Mandchourie et appliqueront des principes identiques.

En 1906, un plan quinquennal de développement des populations aborigènes est mis en place, tandis que des

1. On notera au passage que ce slogan sera repris par la propagande de Pékin à partir des années 1980 pour justifier la réintégration de Hong Kong, Macao et un jour de Taïwan au sein de la mère patrie : dans ce cas, « un seul pays, deux systèmes » signifie qu'il est possible de faire coexister le communisme et le capitalisme au sein du même État.

2. On entend par là des personnalités plutôt proches des milieux militaires, par opposition à d'autres plus proches des partis politiques.

opérations de « pacification » sont lancées contre les tribus de montagnards. Ceux-ci sont regroupés dans des zones spéciales sous contrôle, pendant que sont construites des routes et des lignes de chemin de fer à objectif stratégique autant qu'économique. La civilisation progresse au même rythme que la répression.

Dans le même temps se développe une immigration japonaise dont la structure est assez typique des sociétés coloniales. En haut de la hiérarchie, les administrateurs et les chefs d'entreprise venus du Japon, de Hondo. Mais on fait appel également à des travailleurs d'Okinawa, affectés au bâtiment et à la construction publique, qui, très vite, assument des fonctions d'encadrement : contremaîtres sur les chantiers ou policiers, notamment chargés de la répression en « zone difficile ». La population chinoise, descendant des anciens colons, issus du Fujian pour l'essentiel, est composée de paysans et de commerçants qui vivent surtout dans les plaines. Elle accepte sans trop de difficulté la présence japonaise, parce que celle-ci est à l'origine d'un processus de développement réel dont elle partage dans une certaine mesure les profits. Il en va autrement des populations d'origine locale, refoulées dans les montagnes et victimes de la discrimination, de la répression et de la réquisition pour les travaux les plus pénibles.

Ces populations que les Japonais apprennent vite à distinguer des Chinois, plus accommodants, sont qualifiées de *dohi*, « bandits locaux ». Ces bandits seront finalement réduits, preuve s'il le fallait depuis Tôkyô de la supériorité de la civilisation sur la barbarie : vue du Japon, la résistance est incompréhensible et ne peut témoigner que de la sauvagerie des indigènes. Un grave incident en témoigne en 1930-1931 quand des dohi des hauts plateaux massacrent une centaine de Japonais dans un village. La répression se déchaîne : 6 000 hommes appuyés par l'artillerie, des avions, munis d'armes lourdes et de gaz de combat, matent les quelques centaines d'insurgés qui, regroupés dans un camp, sont à leur tour massacrés par des indigènes projaponais. Véritable répétition générale des futures opérations sur le continent, cette démonstration de force en dit long sur la tension latente qui règne entre populations coloniales et populations colonisées à Taïwan. Mais elle n'empêche pas — comme c'est souvent le cas en régime colonial — le souci de l'administration coloniale de favoriser par exemple l'hygiène publique, de construire des hôpitaux ou d'ouvrir des dispensaires. Ainsi, en 1911, vingt-sept de ces centres de soins médicaux sont mis en place à Taïwan.

La gestion économique de l'empire

Au Japon même, l'idée de mettre toutes les forces possibles au service de l'industrialisation des colonies est perceptible dès l'occupation de Taïwan. Cette idée est en tout cas soutenue par le grand intellectuel Fukuzawa Yukichi, au lendemain de la victoire de 1895. Fukuzawa, qui est l'un des artisans de l'ouverture aux Lumières et le théoricien de la modernisation dans les années 1870, recommande de « mettre toutes les énergies de l'île au service de l'industrialisation et de la modernisation, car les profits seront ainsi considérables ».

Ce projet « développementiste » de la colonisation japonaise n'a pas été sans exercer un mirage sur les forces intellectuelles des pays voisins. Les étudiants chinois, coréens et même vietnamiens viennent, dès les années 1890, chercher à Tôkyô les recettes de l'indépendance nationale et de la modernisation. Dans les années 1920, on compte plusieurs milliers d'étudiants asiatiques inscrits dans les universités japonaises, fascinés par la qualité de l'enseignement qui leur est prodigué et, en même temps, déçus par les conditions discriminatoires qui leur sont faites.

Les territoires occupés et colonisés sont donc l'objet d'une mise en valeur réelle. Cela ne signifie toutefois pas que celle-ci soit conduite dans l'harmonie avec les populations, réquisitionnées, corvéables ou privées de tout accès aux profits. Si les investissements japonais se font le plus souvent sous une forme privée et essentiellement dans l'industrie sucrière à Taïwan, ils sont en Corée plutôt le fruit des efforts de l'État. Une armée de plus de 200 000 fonctionnaires japonais gouverne la Corée : une administration coloniale très centralisée organise la planification de l'économie. Les résultats sont inégaux, mais, de 1911 à 1930, la Corée connaît un taux annuel de croissance de 3,5 %. L'effort le plus remarquable est accompli dans le domaine des infrastructures, transports, aménagements portuaires, plans d'urbanisme, mise en valeur de terres nouvelles en Mandchourie surtout, où plus de 1,2 million de Japonais émigrent pour profiter des conditions favorables qui leur sont faites (lots de terre à bas prix et prêts à taux favorable), malgré un environnement climatique certes difficile. À Sakhaline, la construction d'usines de papier dans l'actuelle Korsakov transforme l'île en pourvoyeuse de papier pour tout l'empire.

La poussée des revendications sociales au Japon au lendemain de la Première Guerre mondiale, avec les émeutes du riz en 1918 et la montée du mouvement ouvrier, conduit les grandes entreprises à délocaliser une partie de leurs industries vers les colonies où la main-d'œuvre est moins chère. Par ailleurs, l'État cherche à accroître les importations de riz au Japon pour maintenir cette denrée à bas prix. En Corée, les conséquences sont dramatiques : alors que la production de riz n'a augmenté que de 10 % entre 1920 et 1930, les exportations ont triplé. La péninsule est au bord de la famine au début des années 1930. Les villes voient affluer des milliers de paysans misérables, ruinés, prêts pour survivre à émigrer vers le Japon où la machine productive tourne de nouveau à plein depuis le début de la guerre contre la Chine (1937). À Taïwan, les exportations agricoles vers le Japon s'intensifient dans les mêmes proportions qu'en Corée, mais les investissements lourds effectués par la métropole dans l'industrie sucrière atténuent les effets de cette ponction et rendent la crise plus supportable.

Les grandes compagnies japonaises qui exploitent les matières premières dans les colonies y installent également les premiers éléments d'une industrie lourde. C'est notamment le cas en Mandchourie où les investissements industriels autour du Mantetsu, la compagnie mixte d'exploitation du chemin de fer Transmandchourien, sont considérables. La bureaucratie japonaise, les conglomérats (*zaibatsu*), les universitaires s'intéressent aux expériences entreprises dans les colonies qui deviennent parfois des lieux d'expérimentation. C'est ainsi qu'à Taïwan, Gotô Shimpei, imité plus tard en Mandchourie, dessine des plans d'urbanisme prévoyant entre autres un assainissement des eaux usées. Le tout-à-l'égout est

installé expérimentalement à Taipei, alors qu'il est pratiquement inconnu au Japon.

Le cas des réseaux de chemin de fer et des réseaux de
transport en général est particulièrement éclairant des projets
lancés par Tôkyô. Bien entendu, il s'agit là d'assurer prioritairement le transport rapide des troupes. Mais la construction
d'un réseau ferré de Taïwan à Sakhaline, de Pusan jusqu'aux
confins de la Mongolie est une réalité à porter au crédit
du colonialisme japonais. En 1939, la métropole compte
18 000 kilomètres de réseau ferré et les colonies 15 000. On
peut acheter un billet de train en gare de Tôkyô, direction
Harbin en Mandchourie. Il se développe ainsi tout un réseau
de transport en étoile autour de la métropole qui constitue le
nœud d'un système.

Le Japon n'hésite pas à envoyer dans les colonies les
meilleurs de ses ingénieurs, de ses universitaires et de ses
administrateurs. La création de l'université impériale de Séoul
sur le modèle des universités impériales japonaises n'a pas
uniquement pour vocation d'accueillir les jeunes issus de
l'élite japonaise colonisatrice. Elle s'ouvre également aux élites locales japonisées qui commencent à composer dans les
années 1930 un embryon de classe moyenne. Et il est à noter
que la gestion des chemins de fer coréens est confiée à des
administrateurs et à des ingénieurs coréens formés par les
Japonais.

La « japonisation »

Dans le cadre du système de relations internationales mis
en place autour de l'Empire chinois, de nombreux peuples et
États pouvaient conserver leur autonomie et leurs particularismes et cohabiter en reconnaissant mutuellement leur existence. Cet ordre finalement était — on l'a bien vu dans les
cas des Ryûkyû — souple et ouvert, et le Japon, peu ou prou,
partageait cette conception des choses. Mais, pour répliquer
à la pénétration occidentale au XIXe siècle, il délaisse ces
conceptions et adopte assez vite les nouvelles configurations
politiques occidentales. Le point de départ de cet ordre nouveau, c'est la relation qui s'installe avec la Corée et qui
repose du point de vue de Tôkyô sur une dépréciation plus

ou moins systématique de l'autre (L. Babicz, 2002). Dans la conception de l'ordre en Asie orientale qui se constitue à la fin du XIXᵉ et au début du XXᵉ siècle, le Japon est au centre, et les colonies, à la périphérie, sont destinées à être assimilées par le centre lorsqu'elles auront accédé à une « japonité » suffisante : en attendant cette élévation, les peuples colonisés doivent supporter la tutelle des vainqueurs. Tel est l'axe de la politique coloniale japonaise.

Ainsi naît une conception hiérarchisée de l'espace. Des cercles concentriques sont tracés abstraitement autour du Japon, en fonction d'un degré plus ou moins élevé d'une japonité considérée comme la norme. Et cette répartition spatiale se traduit dans la plus ou moins forte intensité du contrôle politique et social exercé sur les populations, selon leur capacité à se soumettre au modèle imposé.

Les territoires extérieurs au Hondo (ou Naichi) doivent ainsi être placés sous tutelle impériale et « japonisés ». Le terme en japonais est *kôminka*, littéralement « processus de soumission des peuples à la figure impériale ». Okinawa est ou sera assimilée. Tôkyô souhaiterait faire de même pour Taïwan dont on admet que le processus de japonisation prendra plus de temps, parce que la structure des populations (Chinois, aborigènes) y est plus complexe. La Corée, sorte de Japon archaïque mal dégrossi, finira bien par rentrer dans le rang un jour et se japoniser à son tour, pense-t-on en substance dans les cercles colonialistes japonais. Pour mettre en place cette japonisation, un certain nombre de mesures, plus ou moins appliquées selon le contexte, visent à transformer les populations colonisées en « fidèles sujets de l'empereur ». Par exemple, on exige d'elles un serment de fidélité à l'empereur du Japon, on bâtit des sanctuaires shinto et l'on exige des populations qu'elles viennent y vénérer les divinités japonaises « exportées ».

Ce processus de japonisation repose largement sur l'éducation. À Taïwan, en Corée, en Mandchourie, on cherche à transformer les populations soumises en « sujets de l'empire » en leur donnant à apprendre une morale, une histoire centrées autour du respect et de la fidélité dus à la personne impériale. La clé de voûte est l'enseignement forcé du *kokugo*, la « langue nationale », c'est-à-dire le japonais. Dès

1911, on promulgue en Corée un décret impérial sur l'éducation qui marque le coup d'envoi de la nouvelle politique culturelle, destinée à « faire des Coréens un peuple fidèle ». Sous l'influence du soulèvement coréen du 1er mars 1919, un deuxième décret impérial établit en 1922 un système d'enseignement primaire en six années comme au Japon et supprime les écoles traditionnelles coréennes qui assuraient l'instruction dans la langue locale. Dans les nouvelles écoles, on utilise désormais des manuels japonais identiques à peu de chose près à ceux de la métropole. Avec le décret de 1937, la japonisation devient encore plus sévère. *Naisen ittai* était le slogan officiel : « faire des Coréens des Japonais à part entière » (littéralement : Japon et Corée, un seul corps). « L'histoire nationale (celle du Japon) a pour objectif de mieux faire connaître les principes du *kokutai* (l'essence nationale, concept mystique du nationalisme japonais) de manière à éduquer l'esprit des populations de l'empire en voie de japonisation. »

À Taïwan, où les premières écoles publiques apparaissent en 1899, la japonisation est plus lente : ce n'est qu'en 1922, avec l'accélération de la politique d'assimilation, que l'histoire et la géographie du Japon y sont systématiquement enseignées. Les manuels utilisés à Taïwan dans les écoles publiques ne sont guère différents de ceux de la métropole, et l'histoire de l'île qui nécessiterait trop de références à la Chine est bannie du contenu des livres d'histoire. En Mandchourie, les manuels enseignent l'histoire nationale de la Mandchourie dont « l'indépendance et le développement ne sont possibles que dans l'alliance indéfectible avec le Japon ». Les éditions de 1943 mettent en avant l'esprit du *Nichiman isshin ittai* (l'union de l'esprit et du corps entre le Japon et la Mandchourie).

Avec la montée des périls dans la seconde moitié des années 1930, la pression pour la japonisation s'accentue encore. À Taïwan, l'objectif est clair : faire perdre toute conscience nationale aux populations locales pour les préparer à participer à la guerre contre la Chine sur le continent. En 1937, le chinois classique est banni des écoles. Tous les enseignements sont assurés en japonais et des cours du soir ou des cours de rattrapage sont mis en place pour les enfants

taïwanais qui ne maîtrisent pas assez bien la langue des colonisateurs. Les résultats sont assez efficaces : on estime, en
1936, à 32 % la population japonophone de Taïwan. Le
chiffre passe à 51 % en 1940. Les autorités obligent les foyers
à coller dans chaque maison des étiquettes sacrées, éditées
par le grand sanctuaire d'Ise, et les populations sont invitées
à adopter des noms japonais dans « le style de Naichi ».

En Corée, la seule langue d'enseignement est le japonais, et
les élites locales qui finissent par se former (et qui fourniront
les cadres de ce pays après l'indépendance en 1945) sont
effectivement japonophones. Un décret de 1939 exige la
japonisation forcée des noms de famille coréens et certains
toponymes sont modifiés pour les faire ressembler à des
toponymes japonais. Cette obligation faite aux Coréens de
renoncer à leur nom (et qui était encore, il y a peu, une
condition de naturalisation pour ceux qui résidaient aux
Japon) a vivement marqué les mentalités en Corée, où elle se
heurta à une vive résistance. Pour l'ordre colonial, il s'agissait
d'accélérer un processus d'assimilation qui, à terme, devait
nier les différences entre les deux peuples. Pour les Coréens,
la chose fut vécue comme une volonté de leur faire perdre
leur identité en niant leur singularité.

Discrimination et répression, conséquences inévitables du système

Dans sa naïveté assimilatrice, le colonialisme japonais
engendre parmi les colons un fort complexe de supériorité,
qui confine au racisme primaire et provoque évidemment des
résistances. Les Chinois sont « sales, cupides et trouillards »,
les Coréens « puent et sont stupides », les Mandchous sont
« braves mais pas très futés ». Ce genre de stéréotype circule
dans les cercles de l'armée ou parmi les colons agricoles japonais, nombreux en Corée et surtout en Mandchourie, et
cache le plus souvent leur extrême arrogance. S'appuyant sur
un appareil militaire considérable, les colons se comportent
fréquemment de manière brutale et condescendante vis-à-vis
des colonisés.

Dans le numéro 2 de la revue *Kokudô* (1923) qu'elle édite
elle-même avec son compagnon coréen, une jeune Japonaise,

Kaneko Fumiko, rapporte, choquée et indignée, ses souvenirs d'enfance passée en Corée dans les années 1912-1919. Elle raconte comment les propriétaires japonais, transformés en usuriers, terrorisaient leurs débiteurs coréens en les obligeant à rembourser dix fois la somme due, sous peine d'être abattus à coups de fusil. La plupart des colons japonais étaient à l'origine des petits métayers misérables qui, au Japon, devaient subir leurs propriétaires fonciers ou leurs usuriers. À peine débarqués en Corée ou en Mandchourie, ils ressentaient les bienfaits de l'empire du Grand Japon qui obligeaient les Coréens et les Mandchous à courber la tête devant eux.

En témoigne à sa manière le jeune Takagi Utsuhiko, soldat-paysan sur le front pionnier en Mandchourie, dans une lettre datée de 1937 :

« Ici, les Japonais commandent. Depuis que je suis en Mandchourie, je mesure la chance que j'ai eue de naître dans l'empire du Soleil-Levant. La puissance japonaise est considérable. Nous autres, jeunes, nous pouvons utiliser à volonté la force de travail de ces grands Mandchous de un mètre quatre-vingts qui nous respectent en tout. Si on les traite bien, ils font de leur mieux. Nous avons l'impression d'être comme des dieux. C'est une grande et noble tâche que de devoir diriger ce peuple ignorant et simple[3]. »

De tels comportements engendrent évidemment des résistances. En Corée notamment, le mouvement nationaliste est extrêmement combatif, comme en témoigne, par exemple, le Mouvement du 1er mars 1919 à Séoul, manifestation au cours de laquelle l'indépendance de la Corée est proclamée sous les vivats de la foule. Dans les semaines qui suivent, des manifestations éclatent un peu partout en province, regroupant des centaines de milliers de personnes. La répression est très dure, avec plusieurs dizaines de milliers d'arrestations et des milliers d'exécutions. Malgré la terreur, les publications nationalistes ou indépendantistes fleurissent. Un gouvernement coréen indépendant et en exil s'installe à Vladivostok, puis à Shanghai. Le remplacement dans les colonies de l'administration militaire par une administration civile sous l'impulsion

3. Cité par Yamada Shôji, « Shokuminchi » (les colonies), dans *Nihon tsûshi*, Iwanami, 18, 3, 1994, p. 67.

du Premier ministre Hara au début des années 1920 aboutit à un relatif assouplissement de la dictature japonaise en Corée. Une police ordinaire se substitue à la police politique, tandis qu'est favorisée la promotion des Coréens dans l'administration locale. Pourtant, la résistance antijaponaise ne désarme pas pour autant et finit par aboutir, surtout dans le nord de la péninsule, à la constitution de maquis, contrôlés par les forces communistes coréennes. À Taïwan, un mouvement autonomiste voit le jour en 1921, favorable à la naissance d'un parlement local.

Mais la résistance ouverte n'est que l'un des aspects de la réaction des colonisés à la colonisation. L'autre attitude, à vrai dire fort répandue, est l'adhésion/soumission au système : par exemple, conséquence du développement de la politique d'assimilation, la mobilisation des jeunes conscrits taïwanais ou coréens dans l'armée japonaise se fait sans difficultés particulières. À Taïwan, des unités composées de montagnards de l'intérieur sont constituées et engagées à Bataan ou à Corregidor. Certaines sont affectées aux travaux d'infrastructure et d'approvisionnement des troupes, tandis que d'autres unités rassemblant des Taïwanais d'origine chinoise sont impliquées dans les combats. De même, des Coréens réquisitionnés dans l'armée sont fréquemment employés à la garde des prisonniers de guerre. Certains d'entre eux seront jugés comme criminels de guerre après 1945 par les Américains, abandonnés par les Japonais qui les considéreront alors comme des nationaux coréens et par les Coréens qui voient en eux des collaborateurs du Japon. La politique de japonisation se retourne contre eux en quelque sorte : « Je veux participer à la guerre comme les Japonais, je ne veux plus être victime de la discrimination », déclare ce jeune Taïwanais réquisitionné dans une usine japonaise en 1945[4].

Le cas de la Mandchourie

L'entreprise coloniale du Japon en Mandchourie entre dans un cadre un peu différent des autres tentatives de colonisation pour deux raisons : d'abord, l'importance de l'émigration

4. Cité par Yamada Shôji, *ibid.*, p. 77.

japonaise ; ensuite, le fait que le Japon ait préféré maintenir en place un État fantoche au lieu d'instaurer une administration directe.

Depuis la guerre russo-japonaise et la Première Guerre mondiale, le Japon a acquis des droits particuliers dans la région. Il gère notamment le chemin de fer sud-mandchourien qui relie Harbin à la péninsule de Liaodong ainsi que « la zone du chemin de fer », zone de quelques kilomètres de part et d'autre des rails sur laquelle il a obtenu un droit d'administration et qui échappe de fait au gouvernement chinois.

Après 1917 et le déclin de l'influence russe en Extrême-Orient, le Japon se trouve dans une position de force. Il obtient le droit pour ses citoyens de s'établir dans le pays, d'y acquérir des terres et d'exploiter les ressources du sous-sol. Mais, à la fin des années 1920, l'administration du seigneur de la guerre Zhang-Xueliang, installé à Moukden, attire l'immigration chinoise et les capitaux chinois, notamment à Harbin, où les intérêts japonais finissent par se sentir menacés. L'« incident » de septembre 1931, provocation japonaise, est la réponse de Tôkyô : l'armée japonaise bouscule les éléments chinois et toute la province est occupée, tandis que les agents japonais soutiennent en sous-main un mouvement national mandchou antichinois. La création en 1932 d'une Mandchourie « indépendante », le Mandchoukouo, aboutit à la rupture du Japon avec la SDN.

Si les institutions suprêmes de l'État mandchou sont peuplées de Chinois (la population d'origine chinoise est plus nombreuse que celle d'origine proprement mandchoue), la réalité du pouvoir se situe dans les ministères et l'administration où tous les secteurs-clés sont contrôlés par des Japonais liés à l'armée du Kwantung, qui, à vrai dire, tend elle-même à acquérir de l'autonomie par rapport à Tôkyô. Le Mandchoukouo devient le protectorat d'une armée coloniale autonome (M. Vie, 1996). Cette pratique de noyautage (dite naimen shidô : « conduire de l'intérieur ») s'inspire des tentatives déjà faites en Corée avant l'annexion officielle (notamment entre 1895 et 1910) et sera reprise, après 1937, dans les territoires chinois contrôlés par l'armée japonaise : les affaires courantes sont laissées aux mains de l'administration locale, mais toutes les questions essentielles sont gérées par des Japonais ou des hommes travaillant pour eux.

En Mandchourie, l'effort industriel japonais est cependant réel, motivé par des considérations stratégiques et par l'abondance de matières premières. Outre un secteur minier important (charbon, fer), des industries lourdes (acier, ciment) et de transformation sont créées, dont un étonnant début d'industrie automobile (camions, tracteurs) sous la houlette de Nissan. Au début des années 1940, la Mandchourie constitue un élément fondamental de la puissance industrielle japonaise, prête à soutenir l'effort de guerre.

La pénétration brutale des armées japonaises en Chine du Nord à partir de 1932, puis en Chine centrale à partir de 1937, correspond plus à un projet économique et militaire (mettre la main sur les richesses agricoles et les matières premières des régions concernées, soutenir les exportations industrielles du Japon, obéir à des considérations stratégiques globales) qu'à un projet colonisateur proprement dit. À partir de 1940-1942, les victoires japonaises élargissent d'un coup la zone sous contrôle à des régions extérieures à l'influence culturelle chinoise et déjà sous le joug d'un régime colonial : passent successivement dans l'orbite du Japon l'Indochine française, la Malaisie et la Birmanie britanniques, les Indes néerlandaises, les Philippines, colonie américaine depuis la victoire des États-Unis sur l'Espagne en 1898. C'est pour placer cet ensemble régional composite dans un cadre commun que Tôkyô invente, dès 1942, la « Sphère de coprospérité asiatique », conçue comme un bloc exclusif et fermé aux influences extérieures dans une Asie en guerre.

En guise de conclusion

Dès sa naissance, le système colonial japonais paraît lié aux entreprises militaires du Japon. De fait, il ne survit pas à la débâcle de l'appareil militaire nippon en août 1945, expressément souhaitée et organisée par les États-Unis. Produit direct de la défaite, la décolonisation japonaise s'effectue en l'espace de quelques jours et partout en même temps. Le départ des colons, des cadres et des soldats des armées d'occupation se déroule dans un désordre indescriptible qui ressemble fort à un sauve-qui-peut. Les règlements de comptes qui ont lieu en Corée ou en Mandchourie, entre autres contre les cadres ou les colons japonais soudain privés de tout appui militaire, en disent long sur le caractère fondamentalement répressif d'un système qui se voulait pourtant libérateur, à l'instar de la plupart des systèmes coloniaux. Le drame des enfants japonais confiés en catastrophe à des nourrices locales, finalement élevés par elles et bloqués par la suite derrière le « rideau de bambou » — en Mandchourie notamment —, alimente régulièrement la chronique médiatique en Extrême-Orient.

La rapidité de l'effondrement du système colonial japonais tient bien sûr dans la décision politique américaine de ne faire aucune concession à son adversaire et de mener la guerre jusqu'au bout. Cependant, l'effondrement tout aussi brutal de la France en 1940 ne conduit pas pour autant à la disparition de l'empire dans de telles conditions. Le caractère contigu de l'empire colonial japonais à la métropole, au lieu d'être une force, constituait sans doute une faiblesse.

La défaite de 1945 oblige le Japon à abandonner toute prétention directe sur les territoires conquis ou absorbés depuis la fin du XIXe siècle. De ce point de vue, et si on juge les choses de manière froide et objective, la guerre du Pacifique qui oppose le Japon à une alliance de puissances militaires occidentales (États-Unis, Grande-Bretagne, Hollande, et France après 1944) peut s'expliquer facilement en termes de conflit entre puissances coloniales rivales. Néanmoins, si le reflux des armées japonaises en 1945 est compris par les Occidentaux comme le retour à l'ancien ordre colonial européen et américain, au *statu quo ante*, il signifie pour les Asiatiques le début des guerres de libération nationale. Les victoires américaines débouchent partout sur le chaos, en Chine, en Corée, en Indochine, en Indonésie, en Malaisie, aux Philippines. Un seul pays échappe aux affrontements armés : le Japon, précisément. L'effondrement de l'ordre colonial japonais en Asie sonne non pas l'heure de la paix, mais bien celui de la guerre civile.

Le colonialisme japonais apportait une réponse à la menace occidentale en Asie et se concevait aussi comme un moyen de sortir l'Asie du sous-développement. En voulant unifier et

uniformiser, il niait la réalité existentielle des peuples dominés et créait les conditions d'un vif ressentiment à son égard.
Cette volonté d'assimiler culturellement des populations non
japonaises, pour totalitaire qu'elle puisse apparaître
aujourd'hui, s'accompagnait d'un réel effort de modernisation et d'industrialisation, dont on peut penser qu'il a laissé
des traces. Toutefois, ce projet d'assimilation forcée des
peuples coloniaux cache mal un état de fait, celui de la discrimination et de la surexploitation. Et, au-delà encore, il
n'échappe pas à ce qui est souvent la réalité de l'ordre colonial : le non-droit, la violence nue des rapports sociaux. En
témoigne, par exemple, l'enlèvement, organisé dès les
années 1930 et systématisé à partir de 1942 par l'armée impériale — souvent en collaboration avec le « milieu » local —, de
plus de 140 000 jeunes filles, dites « femmes de réconfort »,
d'origine coréenne, chinoise ou d'Asie du Sud-Est, enlevées
de force à leurs familles et jetées dans les bordels militaires.
Là, la sauvagerie du système apparaît à vif : elle conduit à la
réduction en esclavage d'une partie de la population colonisée (ici les jeunes filles).

Modernisation, industrialisation et répression : c'est de
cette ambivalence que le système se nourrit pour se faire
accepter. En Corée, le colonialisme rend aussi possible la formation d'une élite locale qui prend en main les destinées du
pays après 1945. Ce sont les cadres formés à « l'école japonaise » qui construisent, dans un climat de dictature anticommuniste féroce qui n'est pas sans rappeler la brutalité de
la dictature japonaise, la Corée du Sud des années 1950-1970.
Pour tenir idéologiquement face à la pression communiste de
la Corée du Nord, dans un pays coupé en deux et occupé par
l'armée américaine, cette élite, dont les parents ont souvent
collaboré avec les Japonais, reconstruit une identité nationale
par la communion dans un sentiment antijaponais primaire et
quasi systématique. Aujourd'hui encore, il contribue à maintenir une rancœur qui pèse sur l'avenir des relations entre les
deux pays, rancœur alimentée, il est vrai, par les déclarations
irresponsables de certains dirigeants japonais.

À Taïwan, le sentiment antijaponais est moins fort qu'en
Corée, sans doute parce que la situation taïwanaise a été rendue complexe par l'arrivée de réfugiés politiques, fuyant la

progression des armées de Mao à la fin des années 1940. Souvent originaires de la Chine centrale ou de Pékin, ces cadres du Guomindang s'emparent du pouvoir après le départ des Japonais, ne laissant guère de place aux élites locales chinoises d'origine méridionale. Écrasées sous une nouvelle dictature, anticommuniste celle-ci, et qui, pour un peu, ferait regretter la colonisation japonaise, les populations taïwanaises doivent encore subir dans les années 1950 une violente répression contre toute forme contestataire assimilée à de la propagande communiste.

Au Japon même, l'expérience coloniale n'a pas été sans conséquence sur la société d'après-guerre. Les administrateurs encore jeunes qui faisaient leurs classes dans les colonies japonaises au cours des années 1930 se sont retrouvés aux postes de commande vers 1950-1960 dans de nombreux domaines. Bien des systèmes d'organisation expérimentés dans les colonies avant la guerre, et qui étaient parfois en avance sur leur temps, ont été adaptés et redéployés vingt ou trente ans plus tard, et ont de temps à autre accompagné la formidable croissance du pays dans les années 1960.

Dernière remarque : le régime colonial japonais a la réputation en Occident d'avoir été particulièrement brutal. On vient de voir que cette domination s'est souvent accompagnée d'une grande violence. Mais gare aux préjugés : parce qu'elle n'était pas le fait d'hommes blancs, cette violence ne nous paraît-elle pas plus illégitime encore ? Était-elle pourtant d'une essence si différente que celle pratiquée dans les colonies occidentales ?

BIBLIOGRAPHIE

Lionel Babicz, *Le Japon face à la Corée à l'époque Meiji*, Maisonneuve & Larose, 2002.

Alain Delissen, « Ense et Abacco, la formation de l'Empire colonial japonais, 1895-1910 », *Historiens et Géographes*, 344, 1994.

P. Duus, R. Myers, M. Peattie (éd.), *The Japanese Wartime Empire 1931-1945*, Princeton, Princeton UP, 1996.

Iwanami Kôza Kindai Nihon to Shokuminchi (Le Japon moderne et ses colonies, ouvrage collectif), Tokyo, Iwanami Shoten, 8 volumes, 2001.

Saburô Ienaga, *The Pacific War, 1931-1945*, New York, Pantheon Books, 1978.

Akira Irye, *After Imperialism, the Search for a New Order in the Far East, 1921-1931*, Cambridge, Harvard UP, 1965.

Ken'ichi Kasaya, *Chôsen no kindai* (La Corée moderne), Tokyo, Yamakawa Shuppansha, 1996.

A. W. McCoy (éd.), *Southeast Asia under Japanese Occupation*, New Haven, Yale UP, 1980.

Frank Michelin, « Les Coréens enrôlés dans l'armée japonaise et les procès de l'après-guerre — Un état de la recherche », *Cipango, Cahiers d'études japonaises*, n° 9, automne 2000.

R. H. Myers, M. R. Peattie (éd.), *The Japanese Colonial Empire 1895-1945*, Honolulu, University of Hawai Press, 1984.

A. Nahm (éd.), *Korea under Japanese Colonial Rule*, Kalamazoo, Western Michigan University, 1973.

Eiji Oguma, *Nihonjin no kyôkai* (Les Japonais et la frontière), Tokyo, Shinyôsha, 1995.

Hartmut O. Rotermund, Alain Delissen, François Gipouloux, Claude Markovits, Nguyên The Anh, *L'Asie orientale et méridionale aux XIXe et XXe siècles*, Paris, Nouvelle Clio, PUF, 1999.

Pierre-F. Souyri, « Une forme originale de domination coloniale ? Les Japonais et le Hokkaido avant l'époque Meiji », dans *De Russie et d'ailleurs, feux croisés sur l'histoire. Pour Marc Ferro*, Paris, Institut d'études slaves, 1995.

Ronald P. Toby, *State and Diplomacy in Early Modern Japan, Asia in the Development of Tokugawa Bakufu*, Stanford, Stanford UP, 1984.

E. P. Tsurumi, *Japanese Colonial Education in Taiwan, 1895-1945*, Cambridge, Harvard UP, 1977.

Michel Vie, *Le Japon et le monde au XXe siècle*, Paris, Masson, 1996.

Shôji Yamada, « Shokuminchi » (Les colonies), dans *Iwanami kôza Nihon tsûshi*, 18, 3, Tokyo, Iwanami Shoten, 1994.

L'Afrique

Afrique centrale : le temps des massacres
par Elikia M'Bokolo

De la Centrafrique à l'Angola, de l'Atlantique aux Grands Lacs, l'Afrique centrale a connu trois colonisations — portugaise, française et belgo-léopoldienne — dont les discours de légitimation, formulés bien après la conquête, semblent profondément différents, mais dont les débuts, à la fin du XIXᵉ et au début du XXᵉ siècle, ont présenté bien des similarités. Mais c'est dans l'État indépendant du Congo, futur Congo belge, que les méthodes de conquête ont atteint un degré de brutalité qui en fait une sorte de modèle dans l'histoire des colonisations du XIXᵉ et du XXᵉ siècle.

Il faut partir de l'indépendance du Congo belge en 1960 pour mesurer à quel point les colonisateurs ont voulu légitimer l'entreprise colonialiste, au mépris de l'Histoire. Ne disait-on pas alors de ce pays qu'il était une *colonie modèle* : un modèle administratif grâce à son taux d'encadrement exceptionnellement élevé, et un modèle de rentabilité pour la métropole ?

Le jour de l'indépendance, le 30 juin 1960, Patrice Lumumba, la personnalité la plus en vue du mouvement nationaliste et Premier ministre du premier gouvernement congolais, eut le courage, qu'il devait payer de sa vie, de rappeler, contre le discours de légitimation prononcé par le roi des Belges Baudouin Iᵉʳ, ce qu'avait été l'histoire réelle des Congolais, l'histoire glorieuse de la lutte pour la liberté, mais aussi l'histoire terrible de la domination et de l'exploitation coloniales :

« Je vous demande de faire de ce 30 juin 1960 une date illustre que vous garderez ineffaçablement gravée dans vos cœurs, une date dont vous enseignerez la signification à vos enfants pour que ceux-ci à leur tour fassent connaître à leurs fils et petits-fils l'histoire glorieuse de notre lutte pour la liberté.

« Car cette indépendance du Congo, si elle est proclamée aujourd'hui dans l'entente avec la Belgique, pays ami avec qui nous traitons d'égal à égal, nul Congolais digne de ce nom ne pourra jamais oublier cependant que c'est par la lutte qu'elle a été conquise, une lutte de tous les jours, une lutte ardente et idéaliste, une lutte dans laquelle nous n'avons ménagé ni nos forces, ni nos privations, ni nos souffrances, ni notre sang.

« Cette lutte qui fut de larmes, de feu et de sang, nous en sommes fiers jusqu'au plus profond de nous-mêmes, car ce fut une lutte noble et juste, une lutte indispensable pour mettre fin à l'humiliant esclavage qui nous était imposé par la force.

« Ce que fut notre sort en quatre-vingts ans de régime colonialiste, nos blessures sont encore trop fraîches et trop douloureuses pour que nous puissions les chasser de notre mémoire[1]. »

L'Histoire donne raison à la mémoire de Patrice Lumumba, mais aussi aux témoignages accablants des contemporains de la conquête. En ce temps-là, Léopold II, le roi des Belges (1865-1909) et le tout-puissant propriétaire, à titre personnel, de l'État indépendant du Congo, était fréquemment représenté au côté du sultan ottoman Abdülhamid, artisan du massacre des Arméniens (1894-1895) qui allait déboucher sur le génocide de 1915-1916. Pour caractériser le colonialisme léopoldien, les sources les plus diverses utilisaient les notions et les concepts les plus évocateurs pour l'époque, *curse* (« malédiction »), *slave state* (« État esclavagiste »), *rubber slavery* (« esclavage du caoutchouc »), crime, pillage… Aujourd'hui, on n'hésite plus à parler de génocide et d'holocauste[2].

Officiellement, c'est avec la Conférence de Berlin (15 novembre 1884-26 février 1885) que vit le jour l'État

1. Le texte complet est dans J. Van Lierde (éd.), *La Pensée politique de Lumumba*, Paris, Présence africaine, 1963, p. 197.
2. E. Morel, *King Leopold II Rule in Africa*, Westport, Negro University Press, 1970 (1re éd. 1904) ; D. Vangroenweghe, *Du sang sur les lianes. Léopold II et son Congo*, Bruxelles, Didier Hatier, 1986 ; A. Hochschild, *Les Fantômes du roi Léopold. Un holocauste oublié*, Paris, Belfond, 1998.

La première rencontre[3]

Une tradition orale (recueillie par Haveaux et reproduite par Randles) raconte les premiers contacts des Noirs de l'Angola avec les Portugais, vers 1700[4] :

« Nos pères vivaient confortablement dans la plaine de Lualaba. Ils avaient des vaches et des cultures. Ils avaient des marais de sel et des bananiers.

Tout à coup ils virent sur la grande mer surgir un grand bateau.

Ce bateau avait des ailes toutes blanches, étincelantes comme des couteaux.

Des hommes blancs sortirent de l'eau et dirent des paroles qu'on ne comprenait pas.

Nos ancêtres prirent peur, ils dirent que c'étaient des Vumbis, des esprits revenants.

On les repoussa à la mer par des volées de flèches. Mais les Vumbis crachèrent du feu avec un bruit de tonnerre. Beaucoup d'hommes furent tués, nos ancêtres s'enfuirent.

Les notables et les devins dirent que ces Vumbis étaient les anciens possesseurs de la terre.

Nos pères se retirèrent, craignant le retour du bateau Ulungu.

Le bateau revint. Les hommes blancs demandaient des poules et des œufs. Ils donnaient des tissus et des perles.

De ce temps-là à nos jours, les Blancs ne nous apportèrent plus rien, sinon des guerres et des misères, le maïs, le manioc et la manière de les cultiver. »

indépendant du Congo, devenu ensuite Congo belge, et aujourd'hui République démocratique du Congo. Dès le 23 février 1885, l'Association internationale du Congo (AIC), formée en 1879 par Léopold II, fut reconnue comme « État souverain », fondé à signer, au même titre que quatorze homologues, l'Acte général de la conférence. Le 29 mai, un décret transforma l'AIC en EIC (État indépendant du Congo)

3. W. D. L. Randles, *Le Royaume du Congo*, Paris, 1974, cité p. 298, *in* Marc Ferro, *Comment on raconte l'histoire aux enfants à travers le monde entier*, Paris, Éditions Payot, 1992 (éd. revue et augmentée).

4. Les similitudes avec la mémoire aborigène sont frappantes, voir *supra* l'article d'Alastair Davidson. (NDLR)

et, le 19 juillet 1885, Léopold II était proclamé souverain à titre personnel de l'EIC, à la suite d'un vote du Parlement belge l'autorisant à le devenir.

Ces abracadabrants arrangements juridiques, réalisés avec l'accord de toutes les puissances européennes et des États-Unis d'Amérique, ont donné naissance à un régime de conquête coloniale qui a façonné le colonialisme naissant dans l'ensemble de l'Afrique centrale et dont les effets continuent de se faire sentir dans cette région jusqu'au début du xxiᵉ siècle.

Sans Henry Morton Stanley, le fameux journaliste américain d'origine anglaise, rendu célèbre par le périple (1869-1871) qui l'a conduit à retrouver l'explorateur et missionnaire David Livingstone, les rêves d'empire colonial du roi des Belges seraient restés lettre morte. C'est après son grand voyage d'exploration de l'Afrique centrale d'est vers l'ouest, mené entre 1874 et 1878, que Stanley fut approché par les émissaires de Léopold II et convaincu, moyennant de généreuses espèces sonnantes et trébuchantes, de se mettre au service du roi.

Il est remarquable que, contrairement à la pratique des autres puissances européennes, la pénétration coloniale du Congo — dont les débouchés maritimes se trouvaient sur l'océan Atlantique — se soit faite d'abord, grâce aux expéditions de Stanley, non par l'ouest, par les ports de la côte atlantique ouverts de longue date au commerce européen, mais par l'est, à partir des ports swahilis de l'océan Indien. Sur la côte atlantique, après quatre cents ans de traite négrière, l'antiesclavagisme forcené de la Grande-Bretagne et des autres pays européens avait contribué à l'émergence d'une économie africaine de production : tout en répondant aux normes de la division internationale du travail chères au libéralisme manchestérien, cette nouvelle économie reposait sur les initiatives et le travail productif des Africains qui surent fournir ces produits végétaux recherchés par l'industrie naissante et les villes d'Europe. Sur la côte orientale, en revanche, ce fut précisément au xixᵉ siècle que la traite esclavagiste prit de l'ampleur, encouragée par les États occidentaux aussi bien en amont du processus d'asservissement (par la fourniture de fusils de traite nécessaires à la capture des esclaves et par la vente de marchandises destinées à l'achat des esclaves) qu'en aval (grâce à l'achat de l'ivoire transporté par les esclaves et des épices de toute nature produites par les esclaves attachés au travail des plantations après leur arrivée sur la côte). Ce trafic était incarné par Tippu Tip, négrier swahili qui, après avoir aidé David Livingstone et Cameron dans leurs explorations, avait permis à Stanley en 1876 de découvrir le système de navigation du bassin du Congo et d'imaginer les ressources potentielles de la région. Dès le début, la colonisation léopoldienne se trouva ainsi associée aux formes les plus archaïques et les plus violentes de la présence étrangère en Afrique.

Or les autres puissances européennes présentes dans la région (France au Congo français, Portugal en Angola, Allemagne au Cameroun et en Afrique-Orientale allemande) s'empressèrent de reprendre les méthodes léopoldiennes, considérées comme les plus efficaces et les plus rentables. Cette compromission, lourde de conséquences, s'est affirmée dès la Conférence de Berlin. L'Acte général, signé « au nom de Dieu tout-puissant », par l'Allemagne, l'Autriche-Hongrie, la Belgique, le Danemark, l'Espagne, l'Italie, la Norvège, les Pays-Bas, le Portugal, le Royaume-Uni, la Russie, la Suède, mais aussi par l'Empire ottoman et par les États-Unis d'Amérique, s'illustrait par une rhétorique « civilisatrice » et « humanitaire » qui ne trouva jamais d'applications sur le terrain. Dans une de ces envolées « humanitaires » et « civilisatrices » dont l'Europe était devenue coutumière à l'égard de l'Afrique depuis les mesures d'abolition du commerce négrier, adoptées au début du XIXᵉ siècle, l'article 6 de l'Acte général prend en effet soin de préciser les « dispositions relatives à la protection des indigènes, des missionnaires et des voyageurs, ainsi qu'à la liberté religieuse » : « Toutes les puissances exerçant des droits de souveraineté ou une influence dans lesdits territoires, y est-il dit, s'engagent à veiller à la conservation des populations indigènes et à l'amélioration de leurs conditions morales et matérielles d'existence, et à concourir à la suppression de l'esclavage et surtout de la traite des Noirs ; elles protégeront et favoriseront, sans distinction de nationalités ni de cultes, toutes les institutions et entreprises religieuses, scientifiques ou charitables créées ou organisées à ces fins ou tendant à instruire les indigènes et à leur faire comprendre et apprécier les avantages de la civilisation. »

Cependant, tout le monde avait à l'esprit non pas la prétendue « mission civilisatrice » à laquelle concourait une Europe devenue brusquement unanime, mais les intérêts bien entendus du commerce et de l'économie de chacun des États. Il revint au cardinal Lavigerie, fondateur des Pères blancs et archevêque d'Alger, de donner une caution spirituelle à ce double langage et à cette hypocrisie. Au moment de lancer en 1888 une souscription destinée à financer les opérations de lutte contre l'« esclavagisme arabe », il prit bien soin d'indiquer à ses interlocuteurs les enjeux contrastés de cette nouvelle croisade : « La quatrième partie de la terre, jusqu'alors fermée, s'est ouverte avec ses richesses sans nombre, ses mines, la fertilité de son intérieur, son soleil fécondant, ses eaux abondantes. Mais il ne m'appartient pas de parler, je le répète, ni de commerce ni d'industrie. Je ne suis que la voix criant au désert : préparez les voies du Seigneur, c'est-à-dire les voies de la vérité et de la justice. »

Dans cet exercice de mensonge, Léopold II se révéla imbattable. Il réussit d'abord à tromper l'« opinion internationale » de son temps avant de tromper l'opinion publique et la classe politique de la Belgique, hostile aux aventures outre-mer. Dès avant son accession au trône, il était connu comme un admirateur des résultats de la colonisation hollandaise : peu importaient à ses yeux les méthodes — expropriations massives et travail forcé à large échelle — qu'Eduard D. Dekker, un ancien administrateur à Java, venait de dénoncer dans *Max Havelaar* (1860), sous le pseudonyme de Multatuli. Tout en prenant soin de se donner des allures humanitaires, en organisant à Bruxelles une Conférence géographique internationale (1876), il se disait résolu à « ne pas laisser échapper une occasion de [se] procurer une part de ce magnifique gâteau africain ».

La création du Comité d'étude du Haut-Congo (1878) donna le ton de ce qu'allait être, jusque vers 1908, la première occupation coloniale. Sous couvert d'explorations géographiques, il s'agissait d'un puissant syndicat financier réunissant, derrière Léopold II, des intérêts hollandais et britanniques. Or, compte tenu de l'immensité du territoire (quatre-vingts fois plus étendu que la Belgique), il fallait toujours plus d'argent pour se conformer aux exigences de la Conférence de Berlin (article 35) et « assurer […] l'existence d'une autorité suffisante pour faire respecter les droits acquis et, le cas échéant, la liberté du commerce et du transit », sans laquelle les autres puissances auraient pu faire valoir leurs « droits » à l'occupation. Léopold II dut donc investir une partie des revenus de sa fortune (11,5 millions de francs-or de 1878 à 1908) et solliciter des prêts de la Belgique (25 millions en 1890 et 6,8 millions en 1895).

Le système mis en place devait permettre au roi de recouvrer sa mise de fonds et, comme il se doit dans une bonne affaire, des bénéfices substantiels. Il faut parler d'un système, car les faits qui furent dénoncés par la suite relevaient bien d'une organisation cohérente mise au service d'un projet clairement défini, et non pas de quelques bavures à mettre sur le compte d'individus dévoyés, ayant perdu leurs repères dans l'isolement et la moiteur insupportables des forêts équatoriales.

Le système reposait sur plusieurs piliers : l'élimination des entreprises privées au profit de l'État ; les confiscations des terres indigènes ; le monopole de l'État sur les produits les plus rentables. Dès le 1er juillet 1885, une ordonnance déclara que « les terres vacantes devaient être considérées comme appartenant à l'État ». En 1889, on précisa que l'exploitation de ces terres serait soumise à une concession spéciale de l'État. Fidèle à sa tactique, Léopold II organisa à Bruxelles (18 novembre 1889-2 juillet 1890) une Conférence antiesclavagiste au cours de laquelle il se posa en champion de la lutte contre les trafiquants arabes qu'il allait cependant utiliser dans l'administration de l'EIC. Pour mener cette croisade, il lui fallait des moyens financiers ; d'où l'instauration, contrairement aux clauses de l'Acte final de la Conférence de Berlin, de droits de douane et de monopoles d'État. En 1891, un décret non publié au *Bulletin officiel* et des circulaires spéciales demandèrent aux administrateurs de « prendre les mesures urgentes et nécessaires pour conserver à la disposition de l'État les fruits domaniaux, notamment l'ivoire et le caoutchouc ». Les populations se virent interdire de chasser l'éléphant et d'exploiter l'hévéa, sauf si l'ivoire et le caoutchouc étaient remis aux autorités de l'État. En 1892, la région de la cuvette, représentant environ un quart de la superficie totale de la colonie et réputée pour ses ressources en éléphants et en hévéas, fut répartie entre trois partenaires dont les activités et les intérêts étaient étroitement mêlés les uns aux autres : la Société anversoise du commerce au Congo, dite l'Anversoise ; l'Anglo-Belgian India Rubber and Exploration Company, connue sous le sigle de l'ABIR ; et l'État, c'est-à-dire Léopold II en personne. Ce fut dans cette région, à laquelle se résumait alors le « Congo utile » en raison de sa grande production d'ivoire et de caoutchouc, que le colonialisme naissant montra son vrai visage.

Formées d'abord comme des sociétés de droit belge, ces deux compagnies allaient se transformer en janvier 1898 pour devenir des « sociétés de droit congolais », enregistrées au Congo, la manœuvre ayant pour but de les mettre à l'abri des contrôles éventuels de l'État et des parlementaires belges. Au moment de sa reconstitution, l'Anversoise avait un capital de 1,7 million de francs belges, réparti en 3 400 actions, dont 1 000 revenaient à l'État indépendant du Congo et 1 100 à un riche banquier d'Anvers, Alex de Browne de Tiège. Elle reçut, pour cinquante ans, la concession de toutes les forêts du bassin de la Mongala contre le versement à l'État de 5 % de la valeur des produits exportés et de taxes sur la récolte de caoutchouc et de cire. Quant à l'ABIR, son capital de 1 million de francs belges, réparti en 2 000 actions, était contrôlé par le même Alex de Browne de Tiège (qui possédait 1 000 actions en tant que mandataire de l'État et 60 en son nom propre), par l'Anversoise (150 actions), le reste allant à un petit nombre de personnalités proches ou à des hommes de paille du roi : l'ABIR reçut, dans les mêmes conditions que l'Anversoise, les bassins de la Lopori et de la Maringa. Le personnage-clé de ce dispositif, Alex de Browne de Tiège, était, avec les Rothschild, l'un des principaux banquiers et créanciers de Léopold II qui, en 1894, lui devait plus de 2 millions de francs belges. Si le roi ne remboursait pas, le banquier devait recevoir 16 millions d'hectares dans la cuvette équatorienne. Quant au « domaine de la Couronne », dont Léopold II prit grand soin de dissimuler, puis de brûler les textes constitutifs et les rapports d'activité, il occupait le sud de la cuvette, autour du lac Maï Ndombé.

Les exportations d'ivoire du Congo (EIC), 1886-1900 [5]			
Année	Poids (kg)	Valeur des francs belges	Exportations
1886	— —	373 320	—
1887	— —	795 700	—
1888	5 824	1 096 240	42
1889	45 252	2 270 640	52,8
1890	76 448	4 668 887	56,6
1891	59 686	2 835 508	53
1892	118 739	3 730 420	67,8
1893	223 384	3 718 668	60
1894	185 558	5 041 660	57,5
1895	273 287	5 844 640	53,4
1896	246 125	3 826 320	30,9
1897	280 117	4 916 480	—
1898	201 240	— — —	—
1899	292 193	— — —	11
1900	330 491	5 253 000	

Utilisant les méthodes de production les plus rudimentaires — chasse et cueillette —, l'économie de l'État indépendant du Congo reposa d'abord sur l'ivoire, puis sur le caoutchouc comme principal produit d'exportation et principale source de taxes. Déficitaire depuis la création de la colonie, le budget devint équilibré à partir de 1896. L'imagerie coloniale présenta ces modes d'exploitation comme spécifiques aux sociétés d'Afrique centrale : il n'y aurait donc pas eu une rupture avec les soi-disant « traditions » techniques des Africains, mais seulement une intensification de ces techniques, dans le but avoué de faire entrer la colonie dans la voie du « progrès ». En fait, au moment où les colonisateurs prétendaient prendre possession du bassin du Congo, les sociétés locales étaient engagées depuis plusieurs

5. Sources : A. J. Wauters, *L'État indépendant du Congo*, Bruxelles, Librairie Falk Fils, 1899, p. 415 ; M. Buchler, *Der Kongasteat Leopolds II* (Zurich, 1912), cité par L. H. Gann et P. Duignan, *The Rulers of Belgian Africa*, Princeton, The University Press, 1979, p. 118.

décennies dans des processus complexes d'innovation et de restructuration, à la suite notamment de l'abolition de la traite des esclaves sur la côte atlantique. Le premier mode de production, si l'on peut dire, instauré par la colonisation, constituait à tous points de vue une terrible régression.

Les exportations de caoutchouc du Congo (EIC), 1886-1909[6]			
Année	Poids (kg)	Valeur des francs belges	Exportations
1886		79 503	8,6
1887	30 050	116 768	5,89
1888	74 294	260 029	9,96
1889	131 113	458 895	10,67
1890	123 666	556 497	6,75
1891	81 680	326 720	5,95
1892	156 339	625 356	11,39
1893	241 153	964 612	15,54
1894	338 194	1 472 944	16,81
1895	576 517	2 882 585	26,34
1896	1 317 346	6 586 730	53,16
1897	1 662 380	8 311 900	47,61
1898	2 113 465	15 850 987	
1899	3 746 739	28 100 917	
1900	5 316 534	39 874 005	
1901	6 022 733	43 965 950	
1902	5 350 452	41 733 525	
1903	5 917 983	47 343 864	
1904	4 830 939	43 478 451	
1905	4 861 767	43 755 903	
1906	4 848 930	48 489 310	
1907	4 529 461	43 982 748	
1908	4 262 531	30 770 550	
1909	3 492 392	38 416 312	

Avec le mélange, caractéristique de cette première phase coloniale, d'ignorance, d'aveuglement, de mauvaise foi et de

6. Sources : A. J. Wauters, *op. cit.*, p. 415 ; M. Buchler, *op. cit.*, p. 219, cité par L. H. Gann et P. Duignan, *op. cit.*, p. 123.

croyance tranquille en la supériorité de la « race blanche »,
Léopold II et ses agents voulurent justifier, au nom des impératifs du « progrès », le recours systématique à la contrainte et
à la violence contre les Africains. Il s'agit bien d'un système
et non pas d'un ordre à la recherche de ses équilibres et
exposé, de ce fait, à des abus imputables à quelques individus. Il y eut chez les contemporains de Léopold II, abusés par
son discours humanitaire, et il subsiste encore chez certains
historiens, une tendance à dédouaner le système, dont l'existence est parfois même niée, pour épingler les individus. En
réponse à la campagne antiléopoldienne qui, partie d'Angleterre dans les années 1893-1904, se développait partout en
Europe et aux États-Unis, ce fut cette argumentation qu'utilisèrent les magistrats chargés d'organiser les procès contre
des agents de l'État et des compagnies ainsi que les membres
de la commission d'enquête envoyée au Congo en 1904-
1905. Les accusés bénéficièrent même souvent de circonstances atténuantes dans lesquelles on retrouve constamment les
mêmes considérations : « Les troubles nerveux dont il souffrait et les circonstances dans lesquelles il vivait au milieu
d'une population hostile et sauvage ; [...] les exemples de ses
chefs qui ne faisaient pas grand cas de la vie et des droits des
indigènes ; il sied de considérer qu'il était formé à la guerre
plutôt qu'au commerce[7]. » Ces références aux effets perni-
cieux de la « nature africaine » et de la proximité des « sauvages d'Afrique » étaient alors des lieux communs dont on a
longtemps fait justice[8].

Quoique Stanley se soit vanté d'avoir conclu plus de cinq
cents traités avec les chefs locaux dès avant la création de

7. Jugement rendu le 19 décembre 1900 contre Joseph Moray,
agent de l'Anversoise, accusé d'avoir tué le chef Alibu et condamné à
dix ans de réclusion, cité par D. Vangroenweghe, *Du sang sur les
lianes, Léopold II et son Congo*, Bruxelles, Didier Hatier, 1986,
p. 192.

8. Voir notamment Chinua Achebe, *Image of Africa : Racism in
Conrad's Heart of Darkness* (IIld Chancellor's Lecture, Amherst, University of Massachusetts, 18 février 1975), réédité dans Rimbrough
(éd.), *Heart of Darkness. An Authoritative Text. Backgrounds and
Sources. Criticism*, New York, Norton and Company, 1988, p. 251-
262.

l'État indépendant du Congo, l'occupation du territoire se révéla être partout une rude tâche, dont les administrateurs s'acquittèrent en recourant aux actions violentes les plus spectaculaires. L'un des plus connus, Charles Lemaire, qui arriva au Congo en 1889 après des études à l'École militaire et devint ensuite directeur du district d'Équateurville (1890-1893), inaugura des méthodes dont on devait retrouver de nombreux exemples par la suite. Il y avait d'abord la menace : « Bula Matari, chef de tout le pays, m'a envoyé pour faire ici un grand village. Ceux qui ne seront pas ses amis auront la guerre. Pour nourrir mes hommes, les villages d'amont viendront tenir marché à la station […], de même que les villages d'aval […]. Les villages fourniront des vivres aux Blancs […]. Chaque village fournira à son tour une dame-jeanne de vin blanc gratuitement. » Vint ensuite, face à la résistance des villages, la démonstration de force : « On refuse de me vendre la moindre des choses et je ne dispose plus de vivres pour nourrir mes hommes. Aussi menacé-je les indigènes que, s'ils continuent de refuser les tissus et les perles que je leur présente, ce seront les armes qui parleront. Je vise un groupe de Noirs et j'abats à trois cents mètres un homme. Tous disparaissent. Nous contrôlons cinq pêcheries et nous y trouvons quatre poules, un peu de manioc et quelques bananes[9]. »

La collecte du caoutchouc donna lieu aux mêmes mécanismes violents. Quoique, par précaution, les instructions aient été le plus souvent orales, celles dont on dispose ne laissent place à aucun doute : « J'ai l'honneur de porter à votre connaissance, dit une instruction à un chef de poste, que vous devez tâcher de livrer, dès le 1er janvier 1899, 4 000 kilos de caoutchouc. Pour cela vous avez carte blanche. Essayez d'abord par la douceur, mais, si les indigènes persistent à refuser les taxes réclamées par l'État, employez la force des armes[10]. »

9. Vangroenweghe, *op. cit.*, p. 29 et 41.
10. Cité par M. Merlier, *Le Congo de la colonisation belge à l'indépendance*, Paris, Maspero (Cahiers libres), n° 32-33, 1962, p. 28.

En plus de la fourniture obligatoire d'ivoire et de caoutchouc aux agents de l'État et des compagnies, les Africains se
trouvaient tenus à toute une série de contraintes — travail
forcé, portage, corvées, livraison de vivres, impôts et taxes... —
dont le non-respect entraînait la riposte immédiate du poste
administratif ou du comptoir le plus proche. Présenté d'abord
comme une nécessité, en l'absence de moyens de communication modernes, le portage fut légalisé dès 1891 et subsista
dans l'ensemble de la colonie bien au-delà de la construction
du chemin de fer reliant Léopoldville (Kinshasa) à Matadi
(1890-1898). Dans la phase de la conquête et de l'occupation
du territoire, ce fut dans le Bas-Congo que le portage se révéla
le plus désastreux : « Incessamment, raconte un témoin, nous
rencontrons ces porteurs, isolés ou en file indienne, noirs,
misérables, pour tout vêtement ceinturés d'un pagne horriblement crasseux, tête crépue et nue supportant la charge,
caisse, balot, pointe d'ivoire, panier bourré de caoutchouc,
baril, la plupart chétifs, cédant sous le faix multiplié par la lassitude et l'insuffisance de la nourriture, faite d'une poignée de
riz et d'infect poisson sec, pitoyables cariatides ambulantes
[...] organisés en un système de transport humain, réquisitionnés par l'État armé de sa force publique irrésistible, livrés par
les chefs dont ils sont les esclaves et qui raflent leurs salaires ;
[...] crevant au long de la route ou, la route finie, allant crever
de surmenage dans leur village[11]. » Héritier direct de cet esclavage dont l'abolition était l'une des principales justifications
de la présence des colonisateurs, le travail forcé fut légalisé en
1892 pour contribuer à la construction et à l'entretien des pistes et des premiers équipements collectifs, à la coupe de bois,
au portage. Quant à la livraison obligatoire de vivres, la pression ne cessa de croître en relation avec le nombre de personnes à nourrir, agents européens, commerçants, missionnaires,
soldats de la force publique et leurs dépendants. Produits de
la chasse, de la pêche, de la cueillette ou de l'élevage, tout
était bon à prendre. La livraison de *chikwangue* (bâtons de
manioc) était particulièrement éprouvante dans le Bas-Congo
et dans la région de l'équateur.

11. E. Picard, *En Congolie, 1909*, p. 96-98, cité par M. Merlier, *op.
cit.*, p. 29.

Tous les témoignages directs, en particulier ceux des missionnaires protestants et non belges, concordent pour attester le refus des Africains de se soumettre. Ainsi, en 1894, une chanson du Bas-Congo proclamait :

« Nous sommes fatigués de vivre sous cette tyrannie. Nous ne pouvons plus supporter de voir nos femmes et nos enfants emmenés pour être utilisés par les sauvages blancs. Nous ferons la guerre. Nous savons que nous mourrons, mais nous voulons mourir. Nous voulons mourir[12]. »

Il fallut donc mettre sur pied un impressionnant appareil de contrainte, non seulement pour obtenir l'exécution des tâches obligatoires, mais aussi pour réprimer et prévenir les révoltes. Avec les seuls Européens, le premier système colonial n'aurait guère tenu face aux Africains : toutes origines et professions confondues, ils n'étaient que 254 (dont 46 Belges) en 1886, 1 076 en 1895 (691 Belges), 1 958 en 1900 et 2 511 en 1905[13]. Il fallut recruter sur place les membres des forces de répression, mais des réticences locales à l'engagement, comme la peur de mettre des armes entre les mains d'indigènes prompts à se révolter, poussèrent d'abord à recruter les soldats hors du Congo, à Zanzibar, au Liberia, en Abyssinie, en Égypte et sur la côte occidentale d'Afrique (Sierra Léonais, Haoussa, gens de Gold Coast [Ghana] et du Dahomey).

Le recrutement local, une « affaire de première importance » selon Van Eetvelde (1892, Vangroenweghe 43), commença, dès 1885, parmi les Bangala, population du haut fleuve réputée belliqueuse : « Afin de stimuler le goût de la population, les volontaires sont immédiatement vêtus et armés, et, pendant deux jours, ils sont promenés, fiers comme Artaban, à travers les groupes de leurs concitoyens en admiration[14]. » À partir de 1890, trois modes de recrutement furent utilisés selon les lieux : prélèvement de quelques hommes dans les villages dont les chefs semblaient soumis ;

---

12. S. Axelson, *Culture Confrontation in the Lower Congo* (cité par Hochschild, p. 207).

13. A. J. Wauters, *op. cit.*, p. 431 ; L. Franck, *Le Congo belge,* t. II, p. 435.

14. *La Force publique*, p. 28.

obligation pour les villages réputés rebelles de fournir un nombre relativement élevé d'hommes ; achat pur et simple d'esclaves et de marginaux, qu'on déclarait aussitôt libérés en échange de plusieurs années de service. La force publique vit ainsi ses effectifs passer de 1 487 hommes en 1889 à 13 011 en 1907[15].

Tout fut mis en œuvre pour susciter, entretenir ou aggraver les divisions entre les Africains. Ces soldats devinrent des auxiliaires zélés des nouveaux dominants : tous — les jeunes et les nouvelles recrues en particulier — se montraient très sensibles aux privilèges que leur conférait leur nouveau statut : « Fiers d'être avec les plus forts, de commander à leur tour aux *basenji* [sauvages], très vite, ces aides deviennent à leur tour des chasseurs d'hommes et de caoutchouc et accompagnent les soldats, comme lanciers ou porte-fusil, pour mater et occuper de nouveaux villages[16]. » Actifs à prendre une sorte de revanche par rapport à des sociétés où ils étaient mal nés ou mal considérés, les *likili* (recrues de l'armée) et *capitas* (sentinelles) mirent à profit cette situation pour se constituer un capital important, le plus souvent en femmes (certains étaient crédités d'une vingtaine de femmes), et pour terroriser les villages, persuadés qu'ils étaient d'être couverts, voire félicités, par leurs supérieurs. Plus de quarante ans après les événements, le père Boelaert a recueilli de nombreux témoignages de cette violence dérivée : « J'ai vu, étant jeune, rapporte un dénommé Tswambe, le soldat Molili, gardant alors le village Boyeka, prendre une grosse nasse, y mettre dix indigènes arrêtés, attacher de grosses pierres à la nasse et la faire basculer au milieu du fleuve. Molili faisait comme cela, Losanja aussi. Waka et Ngondo, eux, coupaient la tête à leurs condamnés. La création du caoutchouc a causé assez de malheurs, c'est pourquoi nous ne voulons plus entendre parler de ce nom. Les soldats obligeaient les enfants mâles adultes à tuer ou à violer leurs propres mères et sœurs[17]. »

15. *Ibid.*, annexe 6.
16. E. Boelaert, « Ntange », *Aequatoria*, XV, 1952, p. 61.
17. *Ibid.*, p. 59.

Avec les arrestations et les prises d'otages — femmes et enfants le plus souvent, parfois les vieillards et anciens de lignages, pour obliger les hommes actifs à apporter le caoutchouc —, le Congo devint une sorte de vaste système concentrationnaire où l'arbitraire constituait la règle. Au cours des années 1890 et 1900, le publiciste britannique Edmund D. Morel et sa *Congo Reform Association* (1904-1913) surent émouvoir les opinions publiques européennes en dévoilant les photos d'Africains aux mains coupées. Ceux-ci étaient des survivants de massacres, laissés pour morts. En cas de livraison insuffisante de caoutchouc, la règle et l'usage imposaient en effet aux soldats de tuer les « coupables » avant de leur couper une main — généralement la droite — qu'on rapportait, le plus souvent séchée, pour prouver qu'on avait bien puni des ressortissants du village rebelle. De multiples rapports de missionnaires évoquent ainsi le nombre impressionnant de cadavres privés d'une main, rencontrés flottant sur le fleuve Congo et ses affluents. Exercée le plus souvent de manière collective et anonyme, la violence pouvait aussi s'abattre sur des individus réputés exemplaires. Le régime appliqué à ces derniers était la « chicotte » : sous l'œil complaisant d'agents européens, les capitas ou les soldats leur donnaient le fouet — jusqu'à cinquante ou cent coups — deux fois par jour, à six et à quatorze heures. Il était d'usage que les victimes restent exposées nues au soleil pendant toute la journée ; les moins chanceux étant fusillés après avoir été fouettés. Dans les concessions de l'ABIR et de l'Anversoise, certains agents raffinèrent cette pratique quotidienne de la torture : tel prenait plaisir à verser du copal sur la tête d'un prisonnier avant d'y mettre le feu et de regarder le supplicié mourir lentement ; tel autre soumettait les otages à des exercices physiques où ils avaient toutes les chances de perdre leur vie ; tel autre encore confisquait de jeunes garçons pour son plaisir.

Appliqué au « Congo utile » de l'époque, le régime des concessions épargna les autres zones, mais la violence n'y fut pas moindre. Avant même d'envisager l'exploitation de ces régions, leur occupation effective se révéla difficile. Partout où les chefs avaient signé des « traités » avec les émissaires de Léopold II, le malentendu était flagrant entre les indigènes,

croyant négocier avec ces marchands de passage qui pratiquaient de longue date la troque sur les côtes, et les agents
de l'État, convaincus que ces bouts de papier leur conféraient
une souveraineté pleine et entière sur les territoires concernés. D'où les combats incessants qui opposèrent les troupes
coloniales et les populations locales[18]. La chronologie
complète de cette résistance reste à établir mais ses modalités
sont bien connues.

La résistance des sociétés lignagères et villageoises fut la
plus acharnée et la plus longue. Elle s'affirma dès la première
expédition de Stanley « à travers le continent mystérieux »,
l'explorateur ayant dû livrer pas moins de trente-deux
batailles, et, par la suite, elle prit les formes les plus diverses :
affrontements armés avec les occupants ; refus de se soumettre aux obligations de l'État ; fuite individuelle ou collective,
déplaçant des villages entiers, éventuellement sur les territoires d'un autre colonisateur (Congo français, Rhodésie et
Angola, Afrique-Orientale britannique et allemande). Plus
connue, parce qu'elle valut à de nombreux officiers belges
leur réputation de « héros », la résistance des États fut plus
rapide à mater, en particulier dans les savanes au sud de la
grande forêt et dans les régions orientales. Toutefois, il fallut
plusieurs expéditions pour assujettir les États du Kwango
(1889-1893), du Katanga (1890-1892) et du Nord-Est (1883-
1894). La « question arabe » eut droit aux honneurs de la
presse, parce qu'elle confortait l'image d'entreprise humanitaire antiesclavagiste de l'EIC[19]. Maîtres de la plus grande partie de l'Est congolais, qu'ils avaient réussi à rattacher au
négoce de l'océan Indien, les Arabes de Zanzibar et leurs
alliés swahili (métis et Africains) collaborèrent d'abord avec
les Européens — Stanley, lors de sa première expédition, puis
les agents de Léopold II — dans une stratégie avantageuse

18. J.-L. Vellut, « Résistances et espaces de liberté dans l'histoire
coloniale du Zaïre avant la marche à l'indépendance (ca. 1876-
1945) », *in* C. Coquery-Vidrovitch, A. Forest et H. Weiss (dir.), *Rébellions Révolution au Zaïre, 1963-1965*, Paris, L'Harmattan, 1987,
p. 24-73.
19. P. Ceulemans, *La Question arabe et le Congo (1889-1892)*,
Bruxelles, Académie royale des sciences coloniales, 1959.

pour les deux parties : les Swahili y gagnaient de progresser vers l'ouest et les colonisateurs de proclamer à moindres frais leur présence dans une région convoitée également par les Britanniques et les Allemands. En 1887, Tippu Tip fut nommé *wali* (gouverneur) du district de Stanley Falls. Concurrence et antagonisme opposaient également Swahili et Européens. Les désaccords ne portaient pas seulement sur l'occupation terri- toriale ; ils étaient aussi de nature économique, les uns et les autres pratiquant une fructueuse économie de pillage (ivoire, esclavage et travail forcé). Au bout de deux années de guerre (1892-1894), les Swahili furent chassés ou soumis, laissant sur le terrain 70 000 morts, chiffre probablement exagéré[20]. Les grandes cités swahilies — Kasongo (environ 60 000 habi- tants), Nyangwe (40 000) et Riba-Riba — furent détruites et incendiées (Kasongo et Riba-Riba) ou abandonnées.

À peine sorti de cette série de batailles, l'État colonial eut à combattre une partie de ses propres troupes mutinées. Éta- lées sur plus de dix ans (1895-1907), ces mutineries, regrou- pant des soldats venus de toutes origines, apparaissent aujourd'hui comme la première expression de la « nation congolaise », fondée sur la communauté des conditions et des intérêts, et sur le même refus de l'ordre colonial.

Par ses caractéristiques majeures — organisation à une large échelle d'une économie concessionnaire de pillage, mise en œuvre d'un système généralisé de répression, désor- ganisation et souffrances qui en ont résulté pour les popula- tions locales, bénéfices colossaux recueillis par les initiateurs de cette entreprise —, le Congo servit de référence et de modèle pour les colonies voisines.

Son transfert au Congo français ne laissait pas de surpren- dre : d'une part, parce que, à la différence de l'État indépen- dant du Congo, propriété personnelle du roi des Belges, le Congo français était une colonie de la République française ; d'autre part, parce que l'ensemble territorial constitué pro- gressivement pour devenir le Congo français puis l'Afrique-

20. *Le Congo belge*, Office de l'information et des relations publi- ques pour le Congo belge et le Rwanda-Urundi, Bruxelles, 1958, p. 98-99.

Équatoriale française résultait d'un long processus de colonisation commencé dans la première moitié du XIXᵉ siècle et
marqué par l'idéologie des « trois C », c'est-à-dire la croyance
en la nécessité et la possibilité pour l'Europe de « civiliser
l'Afrique par le christianisme et le commerce ».

Ce fut après les voyages d'exploration de Pierre Savorgnan
de Brazza (1875-1886) que la colonisation effective commença.
Dans le contexte d'exaspération nationaliste de la France à
cette époque, Brazza se trouva auréolé par la gloire de celui
qui aurait su non seulement « découvrir » et « ouvrir » l'Afrique centrale, mais aussi barrer la route au méchant Anglais
Stanley travaillant pour le compte du roi des Belges. Aussi le
crut-on sur parole lorsque, dans un discours vibrant prononcé au cirque d'Hiver, à Paris (21 janvier 1884), il déclara
qu'il pourrait administrer le Congo français avec une allocation annuelle de 1 million de francs seulement. De fait, en
1886, le personnel administratif comptait à peine 36 Européens, plus 118 auxiliaires et tirailleurs venus d'Algérie et
d'Afrique occidentale ainsi que 500 travailleurs africains
recrutés sur la côte. Mais, comme son voisin léopoldien, le
Congo français passait pour receler d'immenses richesses.
Jules Ferry avait obtenu de Léopold II, en 1884, le « droit de
préférence » qui lui donnait une option sur les possessions
du roi au cas où celui-ci voudrait s'en dessaisir. En attendant,
il fallait exploiter un territoire relativement sous-peuplé et où
les sociétés se trouvaient brutalement déstructurées par les
violences étrangères. Vers le sud, en effet, de la côte atlantique au bassin du fleuve Congo, la pénétration physique des
Français avait ruiné tout le système de courtage qui assurait
aux intermédiaires locaux du négoce euro-africain l'accès
privilégié aux biens de consommation et de « prestige »
venus d'Occident. Ceux-ci en furent réduits à accepter des
métiers humiliants (« boys » et serviteurs des Blancs) ou à
déplacer leurs villages loin des établissements français et des
routes marchandes. Vers le nord, à la limite du Sahel, on
avait assisté à une forte poussée des razzias organisées par
certains sultans, le plus souvent d'origine étrangère et de
religion musulmane, à la recherche d'esclaves destinés aux
marchés locaux (en particulier dans le nord du Cameroun et
du Nigeria), et d'ivoire qu'ils troquaient contre des armes à

feu européennes[21]. Dotée de peu de moyens, l'expérience de Brazza fut un échec et le commissaire général remercié en 1897[22].

Ce fut précisément à cette époque que le système concessionnaire se mit en place, au milieu d'une active propagande animée par Paul Leroy-Beaulieu (auteur d'un gros livre à succès, *De la colonisation chez les peuples modernes*, édité en 1873) et par Eugène Étienne, meneur du Parti colonial[23]. Dès 1893, la Société du Haut-Ogooué avait obtenu une immense concession (11 millions d'hectares de forêts, 700 kilomètres de fleuve) avec des droits régaliens (impôts, police et protection), qui lui furent finalement retirés en 1896 : entrée en activité en 1897, elle se distingua par le non-respect des clauses relatives aux « réserves indigènes » et à l'obligation de replanter les zones exploitées. En 1899, 41 autres compagnies obtinrent à leur tour des concessions, se partageant 70 % du territoire. La plus importante, la Société des Sultanats du Haut-Oubangui, reçut 140 000 kilomètres carrés et la plus petite, la Société de la Nkémé-Nkéni, 12 000 kilomètres carrés. Le décret de concession comportait l'octroi d'un monopole de trente ans sur les produits du sol, la pleine propriété des terres exploitées au terme de ces trente ans et le versement d'une redevance de 15 % des bénéfices à l'État. Pour tourner les dispositions de l'Acte de Berlin, qui énonçait la liberté totale du commerce, les compagnies durent renoncer au monopole commercial, mais se constituèrent en sociétés d'exploitation avec jouissance exclusive des produits du sol. Cela n'empêcha pas certaines compagnies de tomber sous le contrôle de firmes étrangères — belges (Société de la Nkémé-Nkéni, Société de l'Alima) et hollandaises (Compagnie commerciale de colonisation au Congo français) — qui

21. E. M'Bokolo, *Noirs et Blancs en Afrique équatoriale. Les sociétés côtières et la pénétration française (ca. 1820-1874)*, Paris, éditions de l'EHESS, 1981 ; D. D. Cordell, *Dar al-Kuti and the Last Years of the Trans-Saharan Slave Trade*, Madison, The University of Wisconsin Press, 1985.

22. E. Rabut, *Brazza commissaire général. Le Congo français, 1886-1897*, Paris, éditions de l'EHESS, 1989.

23. C. Coquery-Vidrovitch, *Le Congo au temps des grandes compagnies concessionnaires*, Paris-La Haye, Mouton, 1972.

importèrent au Congo français les méthodes en vigueur au Congo léopoldien, admirées par ailleurs par les entreprises françaises. On retrouve ici la même prédominance, presque exclusive, de l'ivoire (90 tonnes en 1896 ; 210 en 1905 ; 120 en 1910 ; 97 en 1920) et du caoutchouc (1 950 tonnes en 1905), qui, de la même façon, entraîna la rafle des trésors d'ivoire thésaurisés par les lignages à des fins d'échange symbolique, le massacre des troupeaux d'éléphants, l'épuisement des hévéas et, à terme, un appauvrissement de l'économie coloniale qui n'a pas su se donner des ressources de remplacement.

La misère était encore plus grande pour les Africains eux-mêmes : travail forcé ; rachat de femmes et ramassage d'hommes maintenus en réalité en esclavage ; rétribution, au plus bas prix, lorsqu'il y en avait une ; fournitures obligatoires de vivres aux occupants, blancs et noirs ; impôt de capitation ; portage, particulièrement lourd dans les régions privées de navigation fluviale (entre Brazzaville et Loango et de l'Oubangui-Chari au Tchad) et à l'occasion de certaines grandes expéditions (la mission Marchand en 1896-1897 et la mission Gentil au Tchad en 1899) ; répression sévère des incessantes révoltes. Comme au Congo léopoldien, les populations connurent leur lot d'épidémies en progression, notamment la maladie du sommeil (dont la phase critique se situa précisément de 1898 à 1920), et de famines récurrentes. Contrairement à la tendance de l'époque, consistant à relever quelques abus dans un processus de conquête et d'occupation qui serait bénéfique dans l'ensemble, il faut reconnaître l'existence d'un système à l'intérieur duquel venaient s'inscrire quelques abus singulièrement féroces. Tel fut, entre autres, le scandale Gaud-Toqué impliquant trois administrateurs du fort Crampel, nœud stratégique sur la route du portage entre l'Oubangui-Chari et le Tchad. Au milieu d'une longue liste d'atrocités, l'administrateur Gaud fut convaincu de n'avoir rien trouvé d'autre, pour célébrer le 14 juillet 1793, que de faire sauter à la dynamite un prisonnier indigène[24]. Si les chiffres, trop rares, donnent lieu à des controverses, les travaux

---

24. J. Saintoyant, *L'Affaire du Congo 1905* (publié par Charles-André Julien), Paris, éditions de l'Épi, 1960.

des spécialistes confirment les témoignages de l'époque sur le désastre démographique que provoqua cette phase de la conquête du Congo français. La région du Niari (Moyen-Congo), ravagée par la maladie du sommeil, vit sa population baisser de moitié entre 1900 et 1910. En Oubangui-Chari, les proportions sont les mêmes dans la région du Chari et dans le sultanat de Bangassou soumis à une « économie de pillage modèle[25] ».

Au sud des deux Congos, l'Angola semble, à première vue, se détacher des logiques à l'œuvre dans ces colonies de création récente. Placé au cœur du projet portugais de constitution d'un « troisième empire » — après l'empire des Indes et l'empire du Brésil —, l'Angola avait derrière lui une longue histoire, celle de la première colonisation préimpérialiste caractérisée par le trafic d'esclaves et par une installation précoce de Portugais sur place. Mais, comme ailleurs, il était entendu que non seulement les colonies ne devaient rien coûter ou très peu à la métropole, mais qu'elles devaient en outre lui apporter des revenus appréciables. Alors que, après l'abolition de la traite des esclaves, les sociétés africaines avaient su trouver des alternatives aux demandes de l'économie internationale[26], l'administration coloniale se montra beaucoup moins imaginative et plus frileuse, et agita simplement plusieurs projets d'exploitation de minerais (fer et cuivre) et de culture (café et coton). En fait, l'économie coloniale connut un marasme permanent, à peine atténué par le boom du caoutchouc, du début des années 1880 à la fin du XIXe siècle, et par la production d'alcool de canne à sucre,

25. G. Sautter, *De l'Atlantique au fleuve Congo. Une géographie du sous-peuplement*, Paris, Mouton, 1966 ; E. de Dampierre, *Un ancien royaume Bandia du Haut-Oubangui*, Paris, Plon, 1967 ; Dr A. Retel-Laurentin, *Un pays à la dérive. Une société en régression démographique. Les Nzahara de l'Est centrafricain*, Jean-Pierre Delarge, Paris, 1979.

26. À la place des esclaves, les Africains ont développé ce que les Européens appelaient le « commerce licite » ou « commerce légitime » en vendant des produits tels que l'ivoire, la cire, l'orseille et la gomme copal, le caoutchouc. I. de Castro Henriques, *Commerce et changement en Angola au XIXe siècle. Imbangala et Tshokwe face à la modernité*, Paris, L'Harmattan, 1995.

échangé sur place contre des travailleurs que les Portugais revendaient pour les besoins de l'archipel de São Tomé et Principe.

La persistance de l'esclavage et son rôle central dans le système colonial furent l'une des originalités des débuts de la colonisation impérialiste en Angola. Cette situation était liée aux transformations économiques de São Tomé et Principe. Au large de l'Afrique centrale, ces îles avaient constitué, au xve et au xvie siècle, et grâce à la canne à sucre, le laboratoire portugais du système des grandes plantations esclavagistes qui fleuriraient plus tard au Brésil. Puis, au début du xixe siècle, l'introduction du café et du cacao allait faire la fortune de l'archipel : celui-ci devint, dans les années 1880-1914, la seule colonie rémunératrice du Portugal[27].

Pour maintenir une force de travail de quelque 30 000 à 40 000 personnes soumises à une forte mortalité, il fallait y injecter en moyenne 4 000 nouveaux travailleurs (*serviçais*) chaque année. Ceux-ci étaient recrutés en principe par contrat de cinq ans, renouvelable, et venaient en majorité d'Angola, quoiqu'on n'ait pas hésité à importer des Chinois de Macao. Confrontée à l'instabilité des cours des produits de la chasse et de la cueillette, l'économie de l'Angola s'organisa largement pour répondre à la demande de main-d'œuvre des planteurs santoméens qui reçurent, de 1885 à 1903, un total d'environ 56 200 travailleurs. Ainsi, des plantations établies dans le centre et le sud de l'Angola et dans l'arrière-pays de Luanda, qui utilisaient des esclaves — l'interdiction de l'esclavage, formulée en 1858, n'était devenue effective qu'en 1878 —, commencèrent à produire du sucre de canne, distillé pour fabriquer de l'eau-de-vie (*aguardente*), de plus en plus demandée en échange d'esclaves. La traite et l'esclavage, officiellement interdits, se mirent alors à fleurir, encourageant et entretenant les raids et les autres procédures de mise en esclavage dans la région. Envoyé, en 1904, en reportage sur le plateau central de l'Angola, connu comme le « pays de la faim », le journaliste Henry Nevinson a laissé, sur les colonnes

27. T. Hodges et M. Newitt, *Sao Tome and Principe. From Plantation Colony to Microstate*, Boulder et Londres, Westview Press, 1988.

d'esclaves destinés à devenir des serviçais, des descriptions qui rappellent en tout point les scènes les plus terribles des grands siècles de la traite négrière : « Le [fleuve] Cuanza est juste au-devant et derrière eux se trouvent les grands espaces du pays de la faim qu'ils ne pourraient jamais parvenir à traverser vivants, s'ils essayaient de s'enfuir pour retourner chez eux. Aussi, sur les arbres du pays de la faim sont suspendues à profusion des entraves pour les mains, pour les pieds, pour trois ou quatre esclaves entravés ensemble pendant la nuit. Les conducteurs d'esclaves le font en pensant qu'ils pourront les employer encore, quand ils reviendront avec le prochain chargement de marchandise humaine[28]. »

Comme pour l'État indépendant du Congo et pour le Congo français, les révélations sur ces pratiques firent scandale et conduisirent la Chambre de commerce de Liverpool et les Quakers, propriétaires de chocolateries utilisant le chocolat santoméen, à organiser son boycottage[29]. Malgré les mesures de circonstance prises sous la pression de l'opinion internationale, le système persista jusqu'après la Première Guerre mondiale.

L'insécurité entretenue par cet esclavage moderne était encore accrue par les incessantes campagnes de conquête, de pacification, de soumission et de punition menées par les troupes coloniales portugaises des années 1880 jusqu'aux années 1910 dans les régions de l'intérieur, tandis qu'à Luanda circulaient, depuis 1874, des rumeurs de révolte au sein des couches sociales les plus liées à la colonisation portugaise[30]. La révolte de cette « élite » noire et métisse, qui, tout en se distinguant des *gentios* (indigènes « non civilisés »), commençait à se revendiquer comme *filhos da terra* (enfants du pays), s'inscrivait dans une conjoncture coloniale nouvelle. Des Portugais affluaient de métropole, fonctionnaires coloniaux et, surtout, pauvres Blancs acquis pour la plupart

28. Cité par B. Davidson, *L'Angola au cœur des tempêtes*, Paris, Maspero, 1972 (Cahiers libres, 246-247), p. 115.

29. J. A Duffy, *Question of Slavery*, Oxford, Clarendon Press, 1971.

30. R. Pélissier, *Les Guerres grises : résistances et révoltes en Angola, 1845-1941*, Orgeval, Pélissier, 1977.

aux convictions du racisme colonial et partageant la même peur que ne se produise en Angola non pas un séparatisme à la brésilienne, mais une insurrection sur le modèle de celle d'Haïti. Il en résulta, outre les pratiques les plus humiliantes pour les Noirs et les métis, leur élimination systématique des postes publics de responsabilité. Ainsi, la réforme militaire de 1901 stipulait que « le commandement soit donné à l'Européen », que « les soldats indigènes soient fortement encadrés par des Européens » et que « la section d'artillerie soit servie par des soldats européens, car il ne convient pas de confier cette arme à des militaires indigènes ». Les filhos da terra répondirent à ces innovations par un nombre impressionnant de textes journalistiques, littéraires et politiques, et par la création de journaux et d'organisations de caractère nationaliste et « protonationaliste », tels que le livre collectif *Voz de Angola Clamando no Deserto Oferecida aos Amigos da Verdade pelos Naturais* (La voix de l'Angola clamant dans le désert offerte aux amis de la vérité par les indigènes), les journaux *Arauto Africano, O Angolense, Luz e Crença*, et les mouvements *Liga Angolana* (1912), *Gremio Africano* (1913). Si ces prises de position ne constituaient pas toujours une rupture frontale avec le colonialisme, elles n'en furent pas moins la première fissure politique dans laquelle allaient s'engouffrer les revendications nationalistes.

C'est dire que, malgré sa brutalité extrême, la conquête coloniale de la fin du XIXe et du début du XXe siècle non seulement n'a pas détruit la capacité de résistance des sociétés d'Afrique centrale, mais leur a donné des motifs supplémentaires pour s'insurger en même temps que des ressources nouvelles pour organiser cette insurrection. Il reste cependant à se demander si, par rapport à l'Afrique d'aujourd'hui, ce premier colonialisme n'agit pas comme un héritage empoisonné dont on peut repérer la trace dans la violence des États qui ont servi la colonisation, dans leur modes d'accumulation de richesses et dans les réponses, non moins violentes, des sociétés elles-mêmes.

La colonisation arabe à Zanzibar*
par Catherine Coquery-Vidrovitch

Ce qui se produit en Afrique orientale au XIXe siècle est contemporain de la colonisation occidentale, et ne vaut guère mieux sur le plan des droits de l'homme. Il s'agit bel et bien de la colonisation de la côte africaine par le sultan d'Oman, qui fixa la résidence impériale dans l'île de Zanzibar devenue sa capitale en 1840. De là, Saïd Bin entreprit la domination des établissements de la côte, longtemps disputée par les aristocraties locales swahilies plus ou moins métissées, héritée de l'islamisation des premiers temps de contact à partir du Xe et surtout du XIIe siècle. Les Arabes d'Oman avaient depuis longtemps affirmé leurs droits le long de la côte, depuis le cap Delgado en Somalie du Sud, jusques et y compris quelques vagues prétentions sur les Comores et même Madagascar. Mais leur autorité effective se limitait, au XVIIIe siècle, à Kilwa (Kisiwani), ancien port swahili assez déchu, et surtout à l'île de Zanzibar *stricto sensu*. Tout changea au XIXe siècle.

Il ne faut pas oublier les intérêts français et britanniques anciens dans la zone de l'océan Indien : au XIXe siècle, les Français continuaient d'y occuper l'île de la Réunion (ex-île Bourbon), tandis que les Anglais avaient pris pied à l'île Maurice (ex-île de France). Les colons français avaient entrepris depuis longtemps une économie de plantation pour laquelle ils utilisaient une main-d'œuvre servile puisée sur la côte africaine. C'est l'un d'entre eux qui introduisit à Zanzibar le clou de girofle, épice qui allait, au cœur du XIXe siècle, participer à la fortune du sultan.

* Ce texte s'inspire, entre autres, des données rassemblées par l'auteur in *L'Afrique et les Africains au XIXe siècle. Mutations, révolutions et crises*, Paris, Armand Colin, 1999, et de Jonathon Glassman, *Feasts and Riots. Revelry, Rebellion, and Popular Consciousness on the Swahili Coast, 1856-1888*, Londres, James Currey, 1995.

Le sultanat de Zanzibar, un État colonial

Le sultan avait fini par faire triompher son autorité sur l'ensemble de la côte, sur plusieurs milliers de kilomètres, depuis Mombasa au nord (au Kenya d'aujourd'hui) jusqu'aux confins du Mozambique tenu par les descendants des Portugais. Les chefs locaux lui payaient tribut, lui fournissaient esclaves et travailleurs ; il y entretenait des forces armées, au demeurant peu nombreuses, constituées en général de soldats issus du Béloutchistan ou de l'Hadramaout, essentiellement chargées de protéger les chefs des douanes indiens postés dans les différentes villes de la côte. L'empire vivait en effet du commerce international. Le principal personnage de l'État après le sultan était le maître des douanes, toujours choisi dans le milieu des grands commerçants et financiers indiens. Le sultan entretenait une flotte à la fois commerciale et militaire qui se montait, dans les années 1820, à 70 ou 80 voiliers de quatre à soixante-quatorze canons. C'était en 1834, au dire du consul britannique à Zanzibar, une flotte plus impressionnante que la totalité de celles qui existaient alors du cap de Bonne-Espérance au Japon. Entre 1830 et 1850, on vit de ses navires à Boston et à New York, à Londres et à Marseille.

Sous une forme différente de la codification européenne, il s'agissait bel et bien de colonisation à la fois économique et politique, cette dernière dans une moindre mesure, car grande demeurait l'autonomie des aristocraties locales.

Officiellement pourfendeurs de la traite négrière depuis 1807, les Britanniques eurent vis-à-vis du sultan de Zanzibar une position ambiguë. Ce qui leur importait, c'était de maintenir avec lui les bons rapports qui leur permettaient de protéger la route de l'Inde. Certes, ils lui arrachèrent périodiquement des actes promettant la suppression de la traite des esclaves, mais le consul anglais John Kirk, qui joua un grand rôle à Zanzibar à partir de 1866, ne se faisait guère d'illusions. Il admit, dans le traité de 1873, que l'esclavage était partie intégrante de l'islam arabe, seuls les Indiens (musulmans, pourtant) n'ayant pas le droit de posséder d'esclaves[2] : autre-

2. Daniel Liebowitz, *The Physician and the Slave Trade. John Kirk : The Livingstone Expeditions, and the Crusade against Slavery in East Africa*, New York, W. H. Freeman & Co, 1999.

ment dit, fidèles à leurs principes dits de « gouvernement indirect », les Britanniques cautionnaient encore en fin de siècle le colonialisme esclavagiste zanzibarite. La pression se fit néanmoins de plus en plus forte contre la traite : après la mort de Saïd en 1856, l'un de ses successeurs, Bargash, songea même à quitter Zanzibar pour échapper à la pression anglaise. Son idée, qui fut abandonnée à sa mort en 1888, était d'installer la capitale dans un endroit protégé de la côte pour y prolonger plus commodément le trafic, en créant un port à Dar es-Salaam (qui allait être repris comme capitale par les Allemands dix ans plus tard). En 1873, le marché d'esclaves de Zanzibar fut fermé. Mais l'exportation des esclaves de la côte d'Afrique était estimée à cette époque à environ 70 000 par an, et Londres était devenue la place mondiale du marché de l'ivoire africain. Au plus fort du *scramble for Africa*, en 1897, les Britanniques finirent par se décider à intervenir directement : ils bombardèrent le palais royal de Zanzibar et établirent leur protectorat. Mais ils maintinrent la fiction du sultanat jusqu'en 1964 et continuèrent de tolérer l'esclavage (officiellement interdit la même année 1897), au moins pour les femmes du harem, jusqu'en 1911.

C'est dire à quel point l'esclavage et la traite étaient au cœur de la colonisation zanzibarite, dite Omani, en référence à ses origines.

L'esclavage

Le sultanat avait mis en place un véritable mode de production esclavagiste. Celui-ci régissait la production du clou de girofle qui démarra en flèche vers la fin des années 1830 dans les îles de Zanzibar et de Pemba, et celle de plantations diverses — coton, canne à sucre, sisal — tout le long de la côte et dans l'arrière-pays. Le système atteignit sa plus grande expansion au milieu du siècle. La population servile de l'île passa de 12 000 en 1819 à plus de 100 000 dans les années 1830. Elle était encore de 40 000 à la fin du siècle. Le sultan possédait environ 4 000 esclaves sur ses plantations, les principaux dignitaires se contentant de 1 000 à 2 000 chacun. En 1895 encore, un gros planteur, Abdalla bin Salim, avait six plantations et 3 000 esclaves, et sa femme dirigeait sept plantations plus modestes cultivées

par 1 600 esclaves. Plusieurs planteurs possédaient à
Pemba 500 esclaves chacun ; quant aux Indiens de Zanzibar, ils possédaient un total de 8 000 esclaves vers 1860,
dont les deux tiers sur leurs plantations[3]. Le plus gros propriétaire indien était Jairam Sewji, qui en possédait 460,
mais la plupart en avaient nettement moins. La mortalité
était très élevée, ce qui signifie que 15 à 20 % des esclaves
de Zanzibar (soit entre 9 000 et 12 000 individus) devaient
être remplacés chaque année. La plupart provenaient des
alentours du lac Malawi, le reste de l'arrière-pays en face de
Zanzibar.

Il en allait de même dans la plupart des ports côtiers :
Mombasa, Pangani, Kilwa... Car sur la côte, sur plus de
mille kilomètres depuis Mombasa (au Kenya actuel) vers le
sud jusqu'à Kilwa, et au-delà jusque vers l'île de Mozambique, se développèrent entre 1830 et 1860 des plantations
de céréales (riz, mil, sorgho) pour nourrir un énorme peuple de caravaniers, mais aussi des plantations pour l'industrie locale et pour l'exportation (cocotiers, gomme coprah,
et, vers la fin du siècle, coton et sisal). L'apogée de l'économie négrière sur le continent intervint entre 1875
et 1884. On comptait, sur la côte kényane vers le nord, de
Mombasa à Lamu, près de 50 000 esclaves, soit 44 % de la
population. On en dénombrait près de 10 000 en 1897 sur
la côte en face de l'archipel de Lamu et de Paté. Enfin, la
canne à sucre fut développée à grande échelle en arrière
de Malindi après 1860 : six propriétaires y possédaient des
plantations de plus de 2 500 hectares ; les treize principaux planteurs, qui exploitaient chacun plus de 1 200 hectares, contrôlaient plus de la moitié des terres cultivables.
La population esclave de Malindi s'élevait en 1897 à plus
de 5 000 personnes, soit à peu près le même nombre qu'à
Mombasa[4].

3. Paul Lovejoy, *Transformations in Slavery. A History of Slavery
in Africa*, Cambridge, Cambridge University Press, 1983, p. 224, et
surtout Abdul Sheriff, *Slaves, Spices and Ivory in Zanzibar*, Athens,
Ohio University Press, 1991.
4. Frederick Cooper, *Plantation Slavery on the East Coast of
Africa*, New Haven, Yale University Press, 1977, p. 81-97.

Les plantations esclavagistes

Les esclaves vivaient dans des villages de 300 à 400 individus. Sur les plus grandes plantations, ils travaillaient en
équipes de quinze à vingt ouvriers placés sous la direction
de l'un des leurs. Ils étaient nourris par le maître et avaient
en sus le droit de cultiver un lopin pour eux à leurs heures
perdues. Le système fut étendu vers l'intérieur : on trouvait
des plantations esclavagistes jusqu'à Tabora ou Ujiji dans les
années 1870. Tippu Tip, grand planteur dont nous allons
reparler, investit dans une vingtaine de plantations à la fois
à Zanzibar et dans le Haut-Congo sur la rivière Lualaba, à
l'ouest du lac Tanganyika. Au cœur du continent, les esclaves
travaillaient au son du gong qui rythmait également leur
départ au travail. C'est que marchands, chefs de guerre et
souverains, qui contrôlaient la capture des esclaves, se
mirent aussi à exploiter leur force de travail sur le continent. Car les prix, sur le marché international de la traite,
avaient tendance à baisser compte tenu des difficultés du
trafic : le handicap principal fut l'interdiction officielle de la
traite atlantique par l'Empire ottoman en 1846 ; une dizaine
d'années plus tard, en 1857, la prohibition devint en principe définitive pour tout l'empire. La fermeture du grand
marché d'esclaves d'Istanbul, dès 1845, avait été un signe
fort. L'Empire ottoman était d'ailleurs favorable à la suppression de la traite en Afrique, qui lui importait peu car le
contrôle lui en échappait. Il ne cherchait à protéger que la
traite des provinces russes de Géorgie et de Circassie au
fond de la mer Noire[5]. La contrebande se poursuivit donc
essentiellement de ce côté, car le statut d'esclave restait une
catégorie reconnue par la loi ottomane, y compris lors de la
Conférence internationale de Bruxelles contre l'esclavage
en 1890[6].

Ainsi, en Afrique, les marchands se muèrent progressivement en planteurs. Paradoxalement, la politique occidentale
de suppression de la traite sur le marché international ne fit

5. Ehud R. Toledano, *The Ottoman Slave Trade and its Suppression : 1840-1890,* Princeton, Princeton University Press, 1982.
6. Y. Hakan Erdem, *Slavery in the Ottoman Empire and its
Demise, 1800-1909,* Londres, Macmillan Press Ltd, 1996.

qu'amplifier celle qui avait lieu au sein du continent. La baisse des prix attira de plus en plus d'Africains susceptibles de s'introduire dans le système. Ce fut le cas non seulement sur les côtes où le travail servile était généralisé (côte orientale au premier chef, mais aussi palmeraies de la côte nigériane), et surtout dans les vastes espaces de savanes qui s'étendaient d'ouest en est, de la Sénégambie à la Corne de l'Afrique. Or ces zones étaient entièrement dominées, au XIXᵉ siècle, par des sultanats islamisés, depuis les conquêtes d'El-Hadj Omar au Soudan occidental, le califat de Sokoto hérité d'Ousmane dan Fodio dans le Nigeria du Nord, en passant par le lamidat de N'Gaoundéré au Cameroun, jusqu'au Bornou conquis par Rabah, et, au-delà du lac Tchad, du Ouadaï et du Baguirmi, jusqu'au Bahr el-Ghazal et au Sennar sur le Nil Bleu, proche de l'Abyssinie, carrefours internationaux du trafic. Seule l'Éthiopie chrétienne privilégiait l'esclavage des musulmans...

Remarquons au passage que, en dépit de la suppression officielle de l'esclavage en Occident, en Afrique, le système n'était pas, au XIXᵉ siècle, réservé aux Arabes. Les Français négriers des îles de l'océan Indien ne respectèrent guère l'interdiction de la traite : quand celle de l'esclavage fut imposée par Schoelcher en 1848 dans les colonies françaises, ils se replièrent sur Kilwa pour approvisionner le commerce avec Zanzibar, voire le Brésil où la traite se poursuivait à partir du Mozambique en dépit du traité anglo-portugais de 1842[7]. Car plus au sud, en arrière de l'île de Mozambique, les Portugais avaient développé le même modèle. Dans l'île même, plus de la moitié de la population totale (5 800) était servile en 1875, date officielle de l'émancipation ; 9 000 autres étaient alors enregistrés à Quelimane. Si, tout au sud, à Lourenço Marques, on n'en décomptait que 276, c'est que la plupart n'étaient pas déclarés. Les Portugais constituaient alors une population mêlée de métropolitains, mais surtout de créoles originaires de Goa et de mulâtres naguère investis dans le commerce négrier. Ils étaient en majorité propriétaires d'esclaves, facile-

7. Edward Alpers, *Ivory and Slaves. Changing Patterns in International Trade in East Central Africa to the Later Nineteenth Century*, Berkeley, University of California Press, 1975, p. 238.

ment une centaine chacun. Dans l'intérieur, les *prazos,* ces
anciens fiefs consentis aux premiers explorateurs marchands,
étaient occupés par des armées d'*Achikunda* ou soldats-escla-
ves (quelque 20 000 en 1806) qui terrorisaient les paysans.
Dans la première moitié du siècle, ils étaient chargés de raz-
zier les esclaves de traite. Ils furent ensuite de plus en plus
utilisés comme chasseurs d'éléphants et porteurs de caravane, leur mobilité et leur dispersion leur permettant de
s'affranchir de leurs maîtres pour constituer à leur tour des
bandes de pillards. À partir des années 1830, ils se trouvèrent
en butte aux invasions des guerriers Ngoni qui remontaient
du sud en provenance du pays Zoulou vers la vallée du Zambèze. Beaucoup d'Achikunda quittèrent alors la région pour
pénétrer dans l'arrière-pays, où ils diffusèrent le système des
plantations vivrières nécessaires à leur survie. Ils s'y heurtèrent aux anciens porteurs Kololo amenés par le missionnaire
explorateur Livingstone. À partir des années 1880, ces derniers délogèrent certains Achikunda à leur profit et mirent
ces esclaves au travail, en particulier dans les champs de
sésame destiné à l'exportation.

Ajoutons que l'esclavage pratiqué par les Blancs sévit aussi,
bien après l'interdiction de la traite, du côté atlantique. À partir du moment où la traite atlantique devint impraticable
même par les Portugais, ceux-ci se reconvertirent dans la
canne à sucre, un peu plus tard dans les caféiers et enfin,
dans les années 1880, dans les cacaoyers. Le foyer principal
fut, à partir des années 1850, les îles de São Tomé et Principe, au fond du golfe du Bénin où, en principe, l'esclavage
stricto sensu était remplacé par le « travail sur contrat ». Un
scandale international n'en éclata pas moins au tournant du
xxᵉ siècle sur cette forme clandestine d'esclavage. Bien que le
climat s'y prêtât moins, il y eut des tentatives analogues dans
l'arrière-pays angolais, le long de la rivière Kwanza, en arrière
de Luanda. La première plantation fut tentée au début des
années 1830 par un immigrant brésilien. Dans les années
1870, des planteurs blancs s'étaient emparés de l'affaire, pro-
duisant café, vivres et palmistes ; en 1890, on y comptait
encore 3 800 esclaves sur 28 plantations de caféiers. Plus au
sud, en arrière de Moçamedes, c'est la canne à sucre qui fit
son apparition vers 1840 ; vers 1860-1870, le coton profita de

la crise américaine en employant entre 2 000 et 4 000 esclaves.
Les pêcheurs qui s'installèrent dans les années 1890 sur la
côte achetèrent à leur tour des esclaves : les hommes
servaient de matelots, les femmes séchaient et salaient le
poisson[8].

À l'extrême fin du siècle, au cœur de l'Afrique, on trouve
donc une extraordinaire mosaïque de seigneurs de guerre
commerçants et planteurs esclavagistes. Seuls l'éloignement
de la côte et le coût du transport limitaient l'expansion de ce
mode de production. La capture de femmes était particulièrement appréciée, puisqu'elles assuraient en même temps le
travail des champs et l'expansion biologique des groupes
concurrents. Elles étaient les premières à être saisies dans les
raids de représailles, ou cédées en cas de litige ou de dette.
On comprend donc leur triste sort et le nombre de celles qui
finirent par se réfugier dans les premières missions de la
région. On les connaît par le récit de leurs misères qu'elles
firent aux missionnaires. Ainsi Bwanika, née en pays Luba, et
qui vécut au temps du seigneur de guerre Msiri du Katanga :
elle échappa à des caravanes de traite qui l'entraînaient tantôt
vers la côte atlantique, tantôt vers celle de l'océan Indien,
mais elle fut vendue et épousée dix fois entre 1886 et 1911[9].

Tippu Tip

De tous ces grands marchands d'esclaves, le plus prestigieux, le mieux connu et le plus apprécié des Européens fut
Tippu Tip, en fait Hamed bin Muhammed bin Juma bin Rajad
el Murjebi[10], Arabe métissé qui parlait aussi bien arabe que
swahili et circulait du Haut-Congo à Zanzibar. Le banquier
indien Taria Topan, qui joua le rôle de trésorier sous trois sultans successifs, finança la plupart de ses expéditions négrières.

8. Gervase Clarence-Smith, *Slaves, Peasants and Capitalists in
Southern Angola 1840-1926*, Cambridge, Cambridge University
Press, 1979.
9. Marcia Wright, *Strategies of Slaves and Women. Life-Stories
from East Central Africa*, Londres, James Currey, 1995.
10. Telle est l'orthographe utilisée dans la transcription du récit de
sa vie qu'il dicta à Heinrich Brode en 1903 (Zanzibar, rééd. Gallery
Publications, 2000).

Pour protéger ses possessions africaines contre la pression
européenne, le sultan comptait, en 1882, le faire gouverneur
(*wali*) de Tabora, naguère le plus important marché d'esclaves de Zanzibar en pays nyamwezi (Tanzanie centrale), en
échange du monopole du commerce de l'ivoire dans l'intérieur des terres. Mais ce fut l'explorateur Stanley, qui avait
rencontré pour la première fois Tippu Tip en 1876, qui le
nomma, de 1887 à 1890, gouverneur de la province des Stanley Falls (Haut-Congo) pour le compte du roi des Belges Léopold II.

Le sultan Bargash lui exprimait, en 1886, sa désillusion :

> Je n'ai plus aucun espoir de garder le contrôle de l'intérieur.
> Les Européens [...] veulent mes terres [...]. Heureux sont
> aujourd'hui les morts, qui ne sauront rien[11].

Stanley laissa de lui le plus élogieux des portraits :

> C'est un homme grand à la barbe noire, de physionomie
> négroïde, [...] un modèle d'énergie et de force. Son visage est
> intelligent, [...] il est accompagné d'une large suite de jeunes
> Arabes qui le traitent en chef. [...] Avec son allure d'Arabe
> cultivé et ses façons courtoises, il m'a accueilli au village de
> Mwana Mamba, entouré de ses esclaves. [...] C'est l'homme le
> plus remarquable que j'aie jamais rencontré parmi les Arabes,
> les Swahili et les métis [*half-casts*] d'Afrique[12]...

À sa mort, en 1905, dans sa résidence de Zanzibar, Tippu
Tip eut les honneurs du *Times*[13]. Il avait entre-temps largement bénéficié du commerce avec l'océan Indien, où il
envoyait ivoire et esclaves, et recevait en échange les armes
dont il avait besoin pour imposer son pouvoir et ses raids : il
apprécia donc à leur juste valeur les fusils à répétition dont
Stanley lui fit miroiter le marché.

Car cette économie de plantation esclavagiste était née de
la traite et continuait d'être nourrie par une traite interne

---

11. Cité par Robert W. July, *A History of the African People,* Pros-
pect Heights, Waveland Press, 1998, p. 283.

12. Henry Morton Stanley, *Through the Dark Continent,* 1879.

13. Leda Farrant, *Tippu Tip and the East African Slave Trade*,
New York, St Martin's Press, 1975, et François Renault, *Tippu Tip.
Un potentat arabe en Afrique centrale au XIXᵉ siècle*, Paris, SFHOM,
1987.

d'esclaves qui connut son extension maximale dans le dernier tiers du XIXe siècle.

La traite négrière

L'économie zanzibarite était une économie mixte fondée sur la traite négrière, sur la chasse à l'ivoire et sur la production agricole à la fois vivrière et d'exportation. Quelque deux à trois mille grands marchands sillonnaient les pistes du continent. Les colons arabes dominaient dans les villes côtières grâce à leurs vastes plantations serviles et grâce à leur alliance avec les banquiers indiens qui finançaient les expéditions caravanières vers l'intérieur. Quant aux Swahili, ils participaient aussi à l'organisation des caravanes qui déferlaient sur la côte et dont la présence devint majoritaire dans le dernier tiers du siècle. Chaque année en septembre, au moment de l'arrivée des caravanes, le port de Bagamoyo comptait jusqu'à dix mille porteurs nyamwezi (Nyamwezi, dénomination adoptée ultérieurement par les Allemands, signifiait à l'origine « gens de l'Ouest », c'est-à-dire tous ceux de l'intérieur peu à peu inféodés au commerce de la côte). Ce petit peuple était cantonné dans les bas quartiers, endettés auprès de commerçants indiens à des taux exorbitants qui les mettaient sous la coupe de leur employeur : dans les années 1880, un homme d'affaires zanzibarite, Sewa Haji, s'était emparé par ce biais du monopole de recrutement des porteurs à Zanzibar et à Bagamoyo.

Dès le milieu du siècle, les Zanzibarites avaient créé dans l'arrière-pays des entrepôts caravaniers dominés par les Omani. Le principal marché était la ville de Tabora en pays nyamwezi, située au carrefour des pistes conduisant, au nord, vers les royaumes interlacustres et, à l'ouest, vers le bassin du Haut-Congo. Les musulmans installèrent aussi des stations sur le lac Tanganyika dont la plus connue fut Ujiji dans les années 1840.

En définitive, on distingue trois voies de pénétration vers l'intérieur, à partir des trois ports principaux :

— au centre, face à Zanzibar, Bagamoyo était gouverné par les Omani. C'est de là que partait vers l'ouest la route principale de l'ivoire chèrement disputée par les Nyamwezi de l'intérieur, d'où l'instabilité de l'arrière-pays. Quant aux Swahili, ils n'y intervenaient plus que par l'octroi de droits de passage qui leur furent de plus en plus chichement reconnus par les Zanzibarites alliés aux financiers indiens ;

— au nord, Pangani commandait la route vers le pays Masaï et le Kenya occidental. De 1867 à la conquête, Pangani fut le deuxième port exportateur d'ivoire après Bagamoyo, loin devant les autres. À partir de la fin des années 1870, ses exportations doublèrent ; elles atteignaient 70 000 livres en 1885 ;

— entre les deux, à Saadani, les Omani n'avaient jamais réussi à imposer un gouverneur face à la conjonction d'intérêts entre les Swahili et les gens de l'intérieur. La ville n'était encore en 1857, au moment où l'explorateur Burton la traversa, qu'un village de quelques centaines d'habitants ; mais la route fut privilégiée par les Européens à partir des années 1870 ; le port faisait en 1889 une concurrence si sérieuse à Bagamoyo que les Allemands entreprirent de le détruire pour faire pièce au chef Bwana Heri bin Juma, responsable depuis 1860 des caravanes nyamwezi, et jaloux de son indépendance aussi bien vis-à-vis de Zanzibar que des Allemands. Il symbolise néanmoins si parfaitement la fusion culturelle entre les deux mondes, « arabe » (côtier) et « africain » (intérieur), qu'aucun informateur ne s'accorde sur son origine réelle. Bwana Heri incarne à sa façon la complexité des rapports sociaux et politiques en cette fin de siècle : musulman prosélyte mais ami des missions, favorable à la pénétration économique européenne mais ennemi juré des Omani et des Allemands, et au demeurant grand négrier, il réussit finalement à tirer son épingle du jeu, rentra à Saadani sans collaborer au moment de la conquête et mourut tranquillement à Zanzibar en 1897.

Le travail devint, dans la seconde partie du siècle, un combiné d'économie de plantation esclavagiste et de prolétarisation du personnel caravanier, porteurs, chasseurs d'éléphants ou soldats mercenaires, le tout financé en majeure partie par des capitaux indiens. La population esclave était plus nombreuse que jamais ; malgré la réticence des maîtres, puisque le musulman ne pouvait être esclave, beaucoup se convertirent. La condition servile était d'ailleurs variable : à côté des esclaves de plantation,

les plus maltraités, ou des esclaves domestiques, ceux qui
étaient entreprenants furent autorisés à exercer leur artisanat ou à organiser des expéditions caravanières pour le
compte de leur maître.

Par ailleurs, plus les entrepreneurs de la côte s'avançaient
vers l'intérieur, moins les chasseurs et les porteurs de l'intérieur furent libres d'agir à leur guise : les caravaniers nyamwezi n'étaient arrivés jusqu'à la côte qu'au début du
XIXᵉ siècle. De plus en plus commandités par les hommes
d'affaires indiens ou omani, ils devinrent une « nation de porteurs » contrôlée par les Arabes, sous la forme d'une main-
d'œuvre payée à la tâche ou à la journée dont la condition
fut prolétarisée[14]. Les seuls qui résistèrent le firent par les
armes, comme Mirambo, chef nyamwezi qui se posa en rival
des marchands arabes de Tabora. Vers 1870, époque où
Tippu Tip édifiait son empire négrier, un certain nombre de
coutumes supposées réservées aux musulmans s'étaient
répandues dans l'intérieur, comme l'usage de la langue swahili et le port de cotonnades d'importation, la construction
de maisons en dur, voire la circoncision, l'usage de rituels
coraniques de médecine traditionnelle, l'école coranique et
la participation à la prière. Loin dans l'intérieur, des chefs
vivaient dans le culte de l'économie internationale, tel Mandara rencontré en 1885 par un missionnaire sur les pentes
du mont Kilimandjaro, qui parlait couramment le swahili,
s'était construit une maison de style zanzibarite et avait
appelé son fils *Meli*, du nom swahili des marchandises
importées par bateau à vapeur (*mail boat*, en anglais). Un
autre exemple est celui du chef Semboja de Mazinde (à plus
de cent kilomètres de la côte vers la haute Pangani), dont, en
1887, la maison était décorée de curiosités européennes
parmi lesquelles un tableau représentant une locomotive à
vapeur[15]. Ces signes ne sont que le révélateur de mutations
profondes qui s'avancèrent très loin dans l'intérieur : ainsi, à
partir des années 1840, le souverain Ganda développa-t-il
une flotte de pirogues sur le lac Victoria dont il devint le
riverain le plus puissant. Il entendait contrôler les routes de

14. Abdul Sheriff, *op. cit.*
15. Jonathon Glassman, *Feasts and Riots*, *op. cit.*, p. 50.

commerce tout en imposant aux voisins sa supériorité militaire, qui reposait sur les fusils acquis par le commerce à longue distance[16].

La monétarisation de l'économie

La monétarisation de l'économie devint la règle. Pratiquement tous les habitants étaient reliés d'une façon ou d'une
autre au circuit économique général. Même si, jusqu'à la fin
du siècle l'agriculture de subsistance resta dominante, tout le
monde produisait un tant soit peu pour le marché local ou
régional, voire international, qui des vivres pour les citadins
ou pour les caravanes, qui des cauris (petits coquillages utilisés comme monnaie) ramassés sur les plages et vendus aux
négociants allemands de Zanzibar, qui de la résine copal ou
des roseaux de mangrove ou bien des produits de plantation,
qui de l'ivoire ou des esclaves. Les gens des hautes terres
apportaient sur la côte leur production de tabac : le tabac
Yao de l'arrière-pays du Mozambique était apprécié à Zanzibar. Le sésame, introduit seulement vers le milieu du siècle
par des marchands français et allemands à partir de l'archipel
septentrional de Lamu, était devenu vers 1880 une des principales exportations de Pangani. Les femmes brassaient la
bière, teignaient les cotonnades ou vendaient les nattes à partir des matières premières qu'elles cultivaient dans leurs
champs ou achetaient aux marchands indiens. L'utilisation de
matières premières importées se généralisa : les forgerons
utilisaient du fer venu d'Europe ; le riz indien largement
consommé, surtout à l'occasion des fêtes, se popularisa. À
l'apogée de la traite, le plus humble des cultivateurs participait à la production d'un surplus. Après 1870, le paiement en
numéraire (en thalers d'argent toujours frappés à l'effigie de
l'impératrice Marie-Thérèse d'Autriche) devint ordinaire sur
la côte et dans le proche arrière-pays. Plus à l'intérieur, seules
des marchandises standardisées d'importation étaient acceptées comme paiement. Alors qu'au début du siècle l'obtention de cotonnades était symbole d'un immense prestige, les

16. R. Reid, « The Ganda on Lake Victoria : a Nineteenth Century
East Africa Imperialism », *Journal of African History*, XXXIX (3),
1998, p. 349-364.

villageois exigeaient désormais des pagnes, des perles ou du fil de cuivre, sans parler des fusils.

C'est que, même si le modèle culturel dominant était le swahili, personne, dès les années 1860 et bien avant la colonisation européenne, ne se faisait d'illusions : aux côtés du sultan Bargash, le pouvoir économique le plus prestigieux était celui des Occidentaux, au premier rang desquels figuraient les Britanniques dont deux conseillers du sultan étaient connus de tous : le commandant militaire, Lloyd Matthews, et le consul général, John Kirk. Cette appréciation était encouragée par la montée du prix de l'ivoire garantie par l'insatiable demande occidentale, tandis que la baisse des prix industriels rendait les termes de l'échange apparemment de plus en plus favorables aux entrepreneurs locaux.

Le rôle de l'Europe industrielle

D'où provenait cette masse d'armes relativement perfectionnées qui alimentait tout ce trafic ? De l'Europe industrielle, et ce commerce fut encore intensifié avec l'ouverture du canal de Suez (1869) qui fit de la Méditerranée un lac occidental, réduisant à trois semaines le voyage de Londres à Zanzibar, soit plus de la moitié. En sus, le télégraphe fut installé. Par là s'engouffrèrent des milliers de tonnes de marchandises qui approvisionnèrent le trafic de l'océan Indien. Parmi celles-ci, les armes occupaient la meilleure place.

Or la traite négrière africaine vivait du commerce international, et ce commerce était essentiellement approvisionné par les biens manufacturés issus de la révolution industrielle européenne et convoités par tous les autres partenaires internationaux. Parmi ces biens, les armes étaient indispensables aux négriers, car elles conditionnaient ce qui, pour eux, était une exigence de leurs affaires : les succès militaires pourvoyeurs d'esclaves, soit par la force, soit tout bonnement du droit du plus fort et du plus rémunérateur. Que la quasi-totalité des armes proposées dans l'océan Indien fût au XIXe siècle de facture européenne, ce n'était pas nouveau. Ce qui l'était, en revanche, c'est que l'approvisionnement se démultiplia. Ce fut, à l'origine, le corollaire inattendu de la paix européenne régie par les Britanniques au Congrès de Vienne de 1815. L'Europe tout entière, depuis la Révolution française et l'épopée napoléonienne, avait connu, quasiment sans discontinuer, vingt ans de guerre continentale. Des centaines de milliers de soldats furent renvoyés chez eux. Un stock énorme d'armes de rebut fut ainsi abandonné. Qu'en faire ? Des entrepreneurs industrieux saisirent l'aubaine. Ces vieux fusils étaient récupérables. Ils furent transformés en « fusils de traite », ceux qui convenaient aux goûts africains tout en représentant un danger moindre pour les Européens, et écoulés sur le marché africain. Une ville comme Liège, en Belgique, devint un des centres internationaux de cette nouvelle industrie sidérurgique de récupération. Ce fut la rançon des progrès industriels : d'année en année, les fusils se faisaient plus perfectionnés. Les grands moments d'approvisionnement furent ainsi les années 1845, 1860, 1880, qui suivirent le remplacement du fusil à pierre par le fusil à piston, puis par le fusil à répétition, celui précisément (à douze coups) grâce auquel Stanley convainquit Tippu Tip de collaborer avec les Belges dans le bassin du Congo. Course classique aux armements : lorsqu'une armée européenne entreprenait de se moderniser, toutes les autres en faisaient autant. C'était autant d'armes à fournir à la traite…

Le marché négrier atlantique se trouvait progressivement fermé, même à la traite de contrebande. Qu'à cela ne tienne : le marché méditerranéen musulman s'ouvrait ; la « course » traditionnelle aux esclaves, elle aussi en perte de vitesse, fut avantageusement remplacée par un marché moderne ; les pays du Maghreb et la Tripolitaine offraient à l'industrie européenne tout un échantillonnage de matières premières désormais très prisées en Europe occidentale : huile d'olive de Tunisie, céréales d'Algérie, coton d'Égypte, sans compter les produits de luxe venus du sud, comme les plumes d'autruche, la peau de crocodile ou le cuir de chameau, qui connurent (comme l'ivoire en provenance des ports de l'océan Indien) une vogue extraordinaire en Europe (et en Inde) au même moment. En échange, les Européens inondèrent la Méditerranée de leurs produits industriels, textiles et armes. De là, ils gagnaient par les pistes du désert ou par l'océan Indien le reste de l'Afrique où, partout, l'esclavage accrut la traite interne.

Cela fit la fortune de seigneurs de guerre esclavagistes descendus de l'intérieur. Paradoxalement, il s'agissait parfois d'hommes de basse condition, anciens esclaves échappés d'Égypte, du Soudan ou de Zanzibar reconvertis à leur tour dans le commerce de l'ivoire et des esclaves. Hommes nouveaux, ils utilisèrent des moyens modernes de domination reposant sur l'accumulation et la redistribution des biens d'importation, au premier rang desquels figuraient évidemment les armes et autres produits manufacturés.

Aussi l'Occident aurait-il tort de s'indigner vertueusement du régime esclavagiste zanzibarite : il en fut indirectement mais sûrement sinon l'instigateur, du moins le promoteur qui en assura continûment l'approvisionnement. Il ne fut pas le seul. De façon analogue, la prohibition de la traite prononcée en 1847 par l'Empire ottoman concernait spécifiquement l'Afrique et tout particulièrement l'Égypte, où il souhaitait affaiblir Méhémet-Ali qui avait évacué le pouvoir de ses mamelouks. Cela contribua à détourner vers le sud le trafic de la mer Méditerranée, où la « course » disparut dans les premières décennies du siècle. Les marchandises prirent au-delà la route de terre, à travers le Soudan, vers l'océan Indien et Zanzibar. Méhémet-Ali et ses successeurs avaient donc désespérément besoin des armes occidentales pour assurer l'autorité de l'Égypte sur le Soudan et s'y approvisionner en esclaves. Les observateurs y estimaient les arrivées au Caire à trois ou quatre mille esclaves au début du XIXe siècle[17]. Méhémet-Ali n'était pas le seul : Rabah, négrier fameux qui créa son empire autour du lac Tchad (où il fut tué par les Français en 1900), de même que les potentats esclavagistes de Centrafrique, du Dar-Kouti aux lamidats du Haut-Oubangui, ne furent ce qu'ils furent que grâce à l'armement européen qui parvenait jusqu'à eux par la plaque tournante de Khartoum[18]. Par exemple, Rabah

17. Cité par François Renault et Serge Daget, *Les Traites négrières en Afrique*, Paris, Karthala, 1985, p. 175.
18. Voir par exemple Dennis D. Cordell, *Daar al-Kuti and the Last Years of the Trans-Saharan Slave Trade*, Madison, The University of Wisconsin Press, 1985 ; ou, plus ancien, Eric de Dampierre, *Un royaume Bandia du Haut-Oubangui*, Paris, Plon, 1967, p. 517-578.

recevait de Tripoli aussi bien des boulets de canon que ses lunettes de vue.

Les Européens réalisèrent peu à peu qu'il n'était peut-être pas des plus efficaces d'autoriser leurs entrepreneurs à armer les Africains au moment même où les gouvernements entendaient conquérir ou « pacifier » (selon l'expression du temps pour « coloniser ») leur continent. Une succession de conventions internationales visèrent à réduire la vente des armes de traite. Lorsque la prohibition générale fut acquise, entre 1906 et 1911, on estime à 11 millions le nombre de fusils européens entrés en Afrique de 1860 à cette date[19].

Quant à la lutte des Britanniques contre la traite, elle fut réelle et répondait effectivement au courant humanitariste issu du siècle des Lumières, qui estimait inhumain d'acheter et de vendre des êtres humains. Mais, par un biais curieux, les hommes politiques britanniques, si prompts à mettre en œuvre toute la force et la diplomatie de leur pays pour exiger de leurs partenaires africains des traités contre la traite internationale, eurent vis-à-vis de l'esclavage une attitude bien différente : l'idée était admise que celui-ci relevait de la politique intérieure des États et qu'il était inhérent à l'islam. Il n'y avait donc rien à faire, au nom de la non-ingérence dans un État ami. En conséquence, la question à l'ordre du jour fut, dans la majeure partie du siècle, d'attirer l'attention non pas sur l'horrible condition des esclaves, mais essentiellement sur l'« horrible traite », afin d'empêcher leur circulation en dehors de la zone autorisée par le traité Hamerton de 1845 : le sultan d'Oman et de Zanzibar s'était alors engagé à en interdire l'exportation depuis ses terres africaines vers l'Asie. En revanche, l'escadre anglaise ne toucherait pas aux embarcations « transportant des esclaves d'une partie à l'autre de ses possessions africaines, depuis le port de Lamu au nord et ses dépendances […] jusqu'au port de Kilwa au sud et ses dépendances […] incluant les îles de Zanzibar, de Pemba et de Monfea[20] ». Encore en 1870, les diplomates

19. « Papers on Firearms in Sub-Saharan Africa, 1 & 2 », *Journal of African History,* 1971, XII (2 et 4), p. 173-254 et 517-578.

20. Article 4, à prendre effet en 1847, cité *in* Moses D. E. Nwulia, *Britain and Slavery in East Africa,* Washington D.C., Three Continent Press, 1975, p. 60.

britanniques faisaient la différence entre la « traite légale » (interne) et la traite interdite, tout en recommandant, pour des raisons humanitaires, le contrôle et l'extinction progressive de la branche légale du commerce[21]. Et si, trois ans plus tard, le consul Kirk et le sultan s'entendirent pour interdire aux Indiens musulmans de posséder des plantations (donc des esclaves), c'était surtout pour faire pièce à leur emprise financière.

Car la politique était d'assurer aux planteurs, et aux négriers qui les approvisionnaient de l'intérieur, toute latitude pour organiser à grande échelle une économie esclavagiste de plantation. Ils n'y manquèrent pas. Contrairement aux craintes du sultan Bargash, le traité de 1873, qui interdisait définitivement la traite, fut suivi non pas d'une crise, mais au contraire d'un essor économique remarquable dû à la croissance des biens d'exportation, substitués aux esclaves dorénavant astreints sur place à les produire : ivoire (dû à l'expansion de la chasse intérieure), coton, sisal, coprah..., le tout plus que jamais nourri du trafic d'armes. La politique continue du gouvernement britannique fut en effet de soutenir la puissance du sultan contre les fauteurs de troubles, qu'il s'agisse de ses concurrents internes, princes d'Oman toujours prêts à prétendre au pouvoir, ou, surtout, des concurrents internationaux. Or les plus redoutés des Britanniques furent, au milieu du siècle, les Français, qui faisaient précisément fortune sur la traite négrière dans les parages. Ce furent ensuite les Allemands qui prirent pied sur la côte tanzanienne, à Pangani, l'un des ports les plus riches, dès le début des années 1880. Le traité anglo-allemand de 1886 répartissait les zones d'influence anglaise sur la côte kényane et allemande sur la côte tanzanienne. Le rôle du consul Kirk,

21. Rapport du comité nommé par le Foreign Office pour enquêter sur la question de la traite en Afrique orientale, 24 janvier 1870, *ibid.,* p. 88-89. À noter qu'en Afrique occidentale la politique française fut identique, se gardant de contrer un esclavage interne qui officiellement n'existait plus. Or on estime, en 1900, en AOF à deux millions le nombre d'esclaves sur près de huit millions d'habitants, soit au moins le quart. *Cf.* Roger Botte, « L'esclavage africain après l'abolition de 1848. Servitude et droit du sol », *Annales,* 55ᵉ année, n° 5, 2000, p. 1009-1038.

devenu au fil du temps une sorte de ministre occulte du
sultan, consista à renforcer constamment son pouvoir économique et politique face à la menace allemande. Certes,
en cette fin de siècle, la pression humanitaire de la Société
antiesclavagiste britannique auprès du Foreign Office joua
son rôle pour rendre la tolérance antérieure indéfenda-
ble[22]. Mais c'est bien davantage pour faire pièce à la Compagnie allemande d'Afrique orientale de l'homme d'affaires
Carl Peters, et en définitive pour éviter d'être devancés
dans la « course au clocher » coloniale de la fin du siècle,
que les Anglais se décidèrent à intervenir directement, en
1897 seulement.

L'intense activité de la région, très largement dépendante du capitalisme européen, fut de profit faible, sinon
nul pour les Africains. Les razzias intensifiées transformèrent l'intérieur du continent en un champ de brigandage.
La désorganisation des structures politiques antérieures
était à son comble. Certes, en échange des hommes et de
l'ivoire, certains chefs développèrent d'immenses fortunes.
Cependant, l'économie de traite qui les accaparait les rendait inaptes à des investissements de production propres
au développement économique. Ils étaient payés par des
biens de consommation de luxe de seconde main, mais
d'un prix exorbitant au regard du marché mondial de
l'époque, ou bien par des moyens de destruction. Ces
armes, qui étaient de qualité inférieure à celles que les
Occidentaux utilisaient de leur côté, n'en permirent pas
moins de provoquer guerres et déséquilibres internes toujours accrus. Ces destructions et ces massacres pavèrent
en fin de siècle la voie de la colonisation européenne,

22. Correspondance du consul britannique Rodd de Zanzibar accusant en 1893 la *British and Foreign Anti-Slavery Society* d'exagéra-
tion à son égard : la société venait d'envoyer un long mémoire au
Foreign Office expliquant, documents à l'appui, que le régime esclavagiste de Zanzibar était le seul du genre désormais reconnu par la
Couronne. Archives citées *in extenso* in Peter Collister, *The Last
Days of Slavery. England and the East African Slave Trade 1870-
1900*, Dar es-Salaam, East African Literature Bureau, 1961, p. 123-
127.

d'autant plus aisément que l'économie occidentale pesait déjà de tout son poids depuis au moins trois quarts de siècle.

ANNEXE

Principales insurrections et révoltes en Afrique noire à l'âge de l'impérialisme[1]

1881	Insurrection du Mahdi au Soudan
	Insurrection des Baoulé en Côte-d'Ivoire (1881-1892)
1885	Insurrection de Mamamdou Lamine au Sénégal
1887	Capture et déportation de Jaja en Nigeria
1889-1991	Soulèvement contre les Portugais au Mozambique
1892	Béhanzin contre les Français au Dahomey (Bénin)
1893	Guerre anglo-ndebele en Rhodésie-du-Sud (Zimbabwe)
1895	Les Français maîtres de Madagascar
1896	Guerre d'indépendance en Rhodésie-du-Sud
1897	Le royaume de Nupe (Nigeria) en guerre contre les Anglais
1898	Nouveau soulèvement du Mahdi au Soudan
1899	Insurrection dans les Somalies
	Insurrection au Niger
1900	Mort de Rabah au Niger
	Révolte achanti en Côte-de-l'Or (Ghana)
1903	Révolte des Azande et Mandja en Afrique centrale
1904	Insurrection du Sud-Est malgache
	Tanganyika, insurrection Maji-Maji (Tanzanie)
1905	Révolte zouloue au Natal
	Révolte des Hereros en Afrique du Sud-Ouest (Namibie)

1. Chronologie établie à partir de E. M'Bokolo, *Afrique noire, Histoire et civilisations,* tome II, p. 299 et 409.

1908	Insurrection en Côte-d'Ivoire
1911-1915	Mouvement Ovembo en Angola du Sud
1909-1914	« Pacification » de la Côte-d'Ivoire
1912	Soulèvements au Cameroun
1911-1917	Résistance tutsi et hutu au Ruanda et en Urundi (Rwanda et Burundi)
1914-1918	Révolte des Holli et Somba au Dahomey et au Togo
1927-1931	Révolte des Baya en Oubangui-Chari (Centrafrique)
1931	Révolte de l'Urundi (Burundi) et des Pende au Congo belge

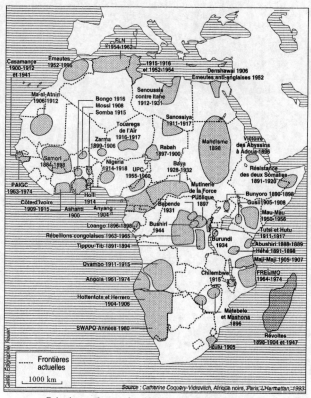

Casamance
1900-1912
et 1941

Émeutes
1952-1996

FLN
1954-1962

1915-1916
et 1952-1954

Denshawaï 1906
Émeutes anti-anglaises 1952

Ma-al-Atnin
1906-1912

Bongo 1916
Mossi 1908
Somba 1915

Sénoussis
contre Italie
1912-1931

Touaregs
de l'Air
1916-1917

Sanossiya
1911-1917

Mahdisme
1898

Victoire
des Abyssins
à Adoua 1896

Zarma
1899-1906

Rabah
1897-1900

Samori
1884-1898

Nigeria
1914-1918

UPC
1955-1960

Baya
1928-1932

Résistance
des deux Somalies
1891-1920

PAIGC
1963-1974

Holli
1914

UPC
1955-1960

Mutinerie
de la Force
Publique
1897

Bunyoro 1890-1898

Gusii 1905-1908

Côte-d'Ivoire
1909-1915

Ashanti
1900

Anyang
1904

Bapende
1931

Mau-Mau
1950-1956

Loango 1896-1898

Bushiri
1944

Tutsi et Hutu
1911-1917

Rébellions congolaises 1963-1965

Burundi
1934

Abushiri 1888-1889

Tippou-Tib 1891-1894

Héhé 1891-1898

Maji-Maji 1905-1907

Ovambo 1911-1915

Chilembwe
1915

FRELIMO
1964-1974

Angola 1951-1974

Hottentots et Herrero
1904-1906

Matebele
et Mashona
1896

SWAPO Années 1980

Révoltes
1896-1904 et 1947

Zulu 1905

Frontières
actuelles

1000 km

Source : Catherine Coquery-Vidrovitch, Afrique noire, Paris, L'Harmattan, 1993.

Principaux foyers de révolte au XXᵉ siècle colonial

Les pratiques de l'apartheid
par Elikia M'Bokolo

L'apartheid aura été la dernière phase, la plus violente, la plus dure, la plus combattue aussi, dans un long processus de domination, d'exploitation et de dépossession mis en œuvre aux dépens des Africains dès les débuts de la présence européenne en Afrique du Sud et jusqu'aux années 1990. En tant que concept et comme idéologie, l'apartheid (*séparation*, en afrikaans) est apparu assez tardivement : énoncé en 1935 par le professeur P. Van Biljoen, l'un des idéologues de l'ultra-nationalisme afrikaner, et diffusé à partir de 1943 dans les journaux nationalistes, tels que *Die Burger* du Cap, et par les politiciens du HNP (*Herenigde Nasionale Party,* Parti national réunifié), ce concept se voulait inédit et entendait désigner une politique nouvelle, fondée sur une division stricte et définitive des différentes « communautés » existant en Afrique du Sud et destinée à mettre en place le « développement séparé » de ces communautés, tout en « assurant la sécurité de la race blanche et de la civilisation chrétienne », selon les mots de Daniel Malan, le vainqueur, à la tête du HNP, des élections de 1948 et le premier artisan de cette politique. En fait, malgré la rhétorique qui l'entourait, l'apartheid se rattachait à des pratiques très anciennes de ségrégation, renforcées à partir de la fin du XIXᵉ siècle par le développement du capitalisme colonial et par l'adhésion d'un nombre croissant de Blancs aux thèses racistes et ultra-nationalistes.

Fondé en 1652 par des agents de la VOC (Compagnie hollandaise des Indes orientales), le comptoir du Cap ne fut d'abord qu'une escale sur la route des Indes néerlandaises, réputées à juste titre plus rentables pour l'époque. Très vite, cependant, le comptoir se transforma en colonie de peuplement, où le nombre d'Européens s'accrut régulièrement (200 personnes au milieu du XVIIᵉ siècle ; 2 000 vers 1700 ; 20 000 à la fin du XVIIIᵉ siècle). En majorité d'origine hollandaise, mais comptant aussi dans leurs rangs d'autres Européens — en particulier des huguenots français —, ces Blancs établirent très tôt des relations fort inégales avec les Africains[1].

Un mythe tenace, partie intégrante de l'idéologie de l'apartheid et entretenu par une historiographie complaisante, voudra qu'ils aient trouvé l'Afrique du Sud vide de toute occupation humaine, ce qui leur aurait conféré une sorte d'autochtonie exclusive[2]. En fait, les populations locales — Khoï, San et peuples de langue bantoue —, dont toutes les recherches confirment la présence très ancienne dans la région, ont été progressivement marginalisées et soumises par les Blancs, dont la majorité — des agents de la VOC — se transforma insensiblement en *boers* (paysans), puis en *trekboers* (paysans pratiquant le *trek*, le déplacement sur de longues distances imposé par l'élevage transhumant). Le refus des populations locales de travailler sur les fermes des colons obligea d'abord ceux-ci à importer la main-d'œuvre d'ailleurs, principalement de Madagascar, mais aussi d'Afrique occidentale et orientale, des Indes néerlandaises et du golfe de Bengale. De quelque 6 000 au début du XVIIIᵉ siècle, le nombre de ces esclaves passa à 30 000 cent ans plus tard (19 346 hommes et 10 515 femmes en 1806). Par ailleurs, le trek poussait les colons vers le nord et, surtout, vers les riches terres de l'Est, de plus en plus loin du Cap, ce qui provoqua une longue série de guerres : raids et contre-raids opposant les Blancs aux Khoï et aux San, « guerres cafres » contre les peuples xhosa (1750-1856), « guerres sotho » contre les Sotho (1858-1881), « guerres zouloues » (1838-1879). Tout en inscrivant la violence et la cruauté au cœur du processus colonial en Afrique du Sud, ces guerres étaient, pour les colons, l'un des moyens les plus sûrs pour accaparer les terres et réduire les Africains au statut de main-d'œuvre servile.

1. R. Elphick et H. Giliomee (éd.), *The Shaping of South African Society,* 1652-1840, Johannesburg, Maskew Miller Longman, 1989 ; E. Roux, *Time Longer Than Rope. A History of the Black Man's Struggle for Freedom in South Africa,* Madison, The University of Wisconsin Press, 1966 ; M. Wilson et L. Thompson (éd.), *The Oxford History of South Africa,* Oxford, Clarendon Press, 1971.

2. M. Cornevin, *L'Apartheid : pouvoir et falsification historique,* Paris, Unesco, 1979.

Autobiographies africaines [3]

« Ensuite les coutumes des Européens ont pénétré dans le pays et ont détruit tout ce qui nous faisait plaisir », se lamente le Zoulou. Le Blanc apporte le christianisme et il enseigne la lecture et l'écriture. Il prêche l'ordre dans la vie quotidienne et mène le combat contre les maladies. Il connaît et il fait mille choses qui font impression et on s'en rapproche avec passion et au prix de sacrifices. Toutefois, il reste le maître et la contrainte vient de lui. Il est le tiède qui « n'aime que de la bouche », le fuyant qui t'oublie demain, s'il n'a plus besoin de toi. Il est l'injuste dont la bouche profère facilement le mensonge, l'impie qui bat des vieillards devant leurs enfants et leurs subordonnés. Mais, par contre, une vie prolongée d'activité même peu satisfaisante au contact des Blancs amène le développement, dans les natures les plus nobles, de forces bienfaisantes. [...]

[...] Plus tard, les mœurs des Européens ont pénétré dans le pays ; tout ce qui nous faisait plaisir a été anéanti, tout ce que nous aimions le plus parce que nous l'avions appris de nos pères. Les Européens nous ont dispersés partout, ils affirmaient : « Vous faites paître vos bœufs sur nos fermes. » Ils discutaient de cela avec nos pères, les anciens du peuple. Nous avons vu certains, appelés à partir pour servir les Européens ; ils servaient parce que nous vivions sur la ferme. Si une famille n'avait pas d'enfant, elle devait donner un bœuf chaque année. D'autres s'en tiraient plus agréablement, ils n'avaient rien à payer, mais ils devaient garder les brebis ou le bétail des Européens. Celui qui refusait de le faire était battu, quelque vieux qu'il fût. Nous, cela nous surprenait beaucoup, nous les enfants, de voir un homme âgé, qui portait déjà le cercle sur la tête, être battu par les Européens. Cela nous surprenait parce que nous ignorions qu'un homme âgé puisse être battu par un autre homme. Ce n'était d'ailleurs pas admis que l'on frappât un adulte en notre présence, parce que nous étions jeunes. Et lorsqu'un Européen en frappait un, il ne s'arrêtait pas, mais le faisait tomber à terre. Nous, qui étions encore enfants, nous nous étonnions de voir un homme âgé, qui portait déjà le cercle sur la tête, jeté à terre de façon que le sang lui coulait des narines et que ses yeux et son visage s'enflaient. Ainsi s'acheva le temps de notre croissance, le temps au cours duquel nous jouissions librement de la vie. Ils furent dispersés de *kraal* après *kraal*, tous ceux de la génération précédente qui étaient en état de rendre service au kraal.

3. De D. Westerman, Paris, Éditions Payot, 1993. La première édition allemande de ce texte date de 1938 et sa première traduction française de 1943. (NDLR)

Elles allaient en outre façonner l'imaginaire des colons, construisant à l'Afrique du Sud un passé dans lequel les Africains n'apparaissaient que sous la forme d'« obstacles au progrès de la civilisation » et de vaincus de tous les affrontements jalonnant l'histoire de cette région. Cette histoire avait placé les colons dans un double rapport avec les Africains : d'un côté, la peur, peur d'une insurrection des esclaves et peur d'une victoire définitive des Africains coalisés ; d'un autre côté, le besoin, besoin de main-d'œuvre, mais aussi besoin obsessionnel de femmes dans une société coloniale hyper-masculine. D'où la précocité de ces dispositions juridiques qu'on va retrouver au XXe siècle dans l'apartheid officiel : interdiction aux esclaves de se grouper à plus de deux et de posséder des armes à feu ; obligation de détenir un *pass* dès qu'ils quittaient la propriété du maître ; diabolisation du « mélange des races » et des relations sexuelles entre les colons et les indigènes ou les esclaves, condamnées dès 1678 comme une « disgrâce pour les Pays-Bas et les nations chré-tiennes ». Devant la persistance des concubinages et l'augmentation régulière du nombre des métis, les autorités décidèrent de proscrire les mariages entre « gens de couleurs différentes » en 1685.

Maîtres du Cap dès 1795, les Britanniques étendirent à l'Afrique du Sud l'interdiction de la traite des esclaves (1807), puis celle de l'esclavage (1833). Mais, malgré une loi de 1828 proclamant l'égalité juridique entre les Blancs et les Noirs, ils ne changèrent rien aux pratiques discriminatoires.

Loin de s'atténuer, celles-ci allaient se renforcer à la suite de la découverte du diamant (1867) et de l'or (1886). Presque toute la mémoire africaine de l'apartheid renvoie au choc que fut l'instauration de l'économie minière à la fin du XIXe siècle. Cette mémoire africaine s'est attiré la sympathie des libéraux blancs, comme Alan Paton[4] : « Ici, à Johannesburg, ce sont les mines, tout vient des mines [...]. Vous venons du Transkei et du Basutoland et du Bechuanaland et du Swaziland et du pays

---

4. Voir notamment, J. Sévry, *L'Afrique du Sud : ségrégation et lit-térature,* Paris, L'Harmattan, 1989, et M. Orkin, *Drama and the South African State,* Johannesburg, Witwatersrand University Press, 1991.

des Zoulous. Et de même de Ndotsheni. Nous vivons dans des camps, nous devons abandonner nos femmes et nos enfants. Et si l'on trouve de l'or, ce n'est pas nous qui serons payés davantage pour notre peine. Ce sont les actions des Blancs qui monteront et vous pourrez le lire dans les journaux. Ils deviennent fous quand on découvre de l'or nouveau. Ils nous emmènent en plus grand nombre vivre dans des camps pour creuser le sol à trois shillings par jour. Ils ne disent pas : "Voici la possibilité de payer mieux nos travailleurs." Ils disent seulement : "Voici la possibilité de construire une plus grande maison et d'acheter une plus grosse voiture. Il est important de trouver de l'or, car toute l'Afrique du Sud est bâtie sur les mines." Il grommela et sa voix devint puissante comme un lointain tonnerre : "Mais elle n'est pas bâtie sur les mines, dit-il, elle est bâtie sur notre dos, de notre sueur, de notre travail. Chaque usine, chaque théâtre, chaque belle maison est construite par nous[5]." »

Les choses sont néanmoins plus complexes que la représentation du passé dans la mémoire. L'économie coloniale sud-africaine reposa en effet sur deux capitalismes aux intérêts contradictoires, mais aux effets identiques pour les Africains : le capitalisme minier et industriel, largement contrôlé par les Britanniques, et le capitalisme agraire, entre les mains des Boers, désormais fiers de s'appeler *Afrikaners* (littéralement « Africains »). À l'un et à l'autre il fallait des terres, ce qui signifiait des expropriations foncières massives des Africains ; l'un et l'autre avaient besoin de main-d'œuvre, ce qui signifiait des Africains prolétarisés, contraints à vivre du salariat. Mais, si l'industrie avait besoin d'une main-d'œuvre libre, mobile et flexible, le capitalisme agraire requérait des travailleurs attachés à la terre, en situation de quasi-servage. À cette contradiction, interne au capitalisme colonial, s'en ajouta une autre qui rendait impossible, à l'échelle de la colonie, la constitution d'une classe ouvrière : les ouvriers blancs, quelles que fussent leurs origines — britannique ou afrikaner — et leurs appartenances politiques avouées — travailliste, libérale ou nationaliste —, partageaient la même peur de la concurrence potentielle constituée par les travailleurs noirs. C'est

5. Alan Paton, *Pleure, ô pays bien-aimé*, 1950.

pourquoi ils adhérèrent aux principes du *colour bar* (barrière de la couleur) et du *job reservation* (système d'«emplois réservés» aux travailleurs blancs et interdits aux autres «races»), avec toutes leurs conséquences[6].

C'est entre la fin de la guerre des Boers (1899-1902) et le début de la Seconde Guerre mondiale, bien avant la victoire électorale des nationalistes en 1948, que furent posés les fondements juridiques et pratiques de l'apartheid. À peine l'Union sud-africaine avait-elle vu le jour comme dominion au sein de l'Empire britannique (1910) que le *Mines and Works Act* (1911) institua le colour bar dans les mines et dans l'industrie manufacturière. Ses dispositions furent étendues à l'ensemble des industries en 1926, liant durablement les ouvriers blancs au patronat contre les ouvriers noirs, cantonnés dans les emplois peu qualifiés et faiblement rémunérés. Tout aussi fondamental, le *Native Land Act* (1913) vint consacrer et aggraver les expropriations foncières dont les Africains avaient été victimes en créant des «réserves indigènes», confinées sur 7,5 % du territoire (pour 78 % de la population), alors que les zones «blanches» en recouvraient 92,5 %, et en limitant le droit d'un individu d'acquérir la terre à la seule zone réservée à sa «communauté». L'amendement adopté en 1936 (*Native Trust and Land Act*), qui prévoyait de porter à 13,7 % du territoire la part des réserves indigènes, ne changea rien au fond de ces dispositions sur lesquelles allait s'appuyer un durcissement des anciennes mesures discriminatoires. En effet, dès 1923, le *Native Urban Areas Act* confirma l'exclusion des Africains de tout droit de propriété en zone urbaine et leur assigna des zones d'habitat, les *townships*, situés à l'écart des quartiers européens. Par la même occasion, le pass, servant à contrôler à la fois l'identité

6. B. M. Magubane, *The Political Economy of Race and Class in South Africa*, New York-Londres, Monthly Review Press, 1979 ; C. Messiant et R. Meunier (dir.), *Apartheid et capitalisme*, Paris, Maspero, 1979 ; L. A Callinicos, *People's History of South Africa*, Johannesburg, Ravan Press, 1981-1993, 3 vol. ; J. et R. Sirnons, *Class and Colour in South Africa 1850-1950*, International defence and Aid Fond for Southern Africa, 1983 ; P. Bonner, P. Delius et D. Posel (éd.), *Apartheid's Geneis 1935-1962*, Braamfontein, Ravan Press, 1993.

des Africains, leur droit de séjour en ville et leur qualité effective de salarié, fut officialisé et généralisé. Toujours obsédées par le mélange des races, les autorités firent adopter en 1927 la loi sur l'immoralité qui interdisait les relations sexuelles entre Noirs et Blancs en dehors du mariage. Toutes ces lois entrèrent en application dans un contexte très particulier — reconversion difficile de l'économie de guerre, malaise économique, concurrence accrue entre ouvriers noirs et blancs — qui les faisait passer pour timorées aux yeux d'un nombre croissant de Blancs. En 1922, la grève des ouvriers du Rand tourna à l'insurrection : leur mot d'ordre, soutenu par le Parti communiste, formé en 1921, proclamait : « Travailleurs, unissez-vous et combattez pour une Afrique du Sud blanche. » La sévère répression du mouvement fit le jeu d'une société secrète, la *Jong Suid-Afrika* (Jeune Afrique du Sud), devenue ensuite l'*Afrikaner Broederbond* (Fraternité afrikaner). Recrutant des intellectuels — instituteurs et professeurs — liés à l'université de Stellenbosch, laboratoire du radicalisme afrikaner, cette société accrut rapidement son influence, grâce à ses cadres acquis à un nationalisme intransigeant. Parmi eux figuraient Daniel Malan et Johannes Strijdom, futurs Premiers ministres respectivement de 1948 à 1954 et de 1954 à 1958. Fortement marqués par les idéologies en vogue aux Pays-Bas — le national-christianisme — et en Allemagne — le nazisme —, où beaucoup d'entre eux avaient étudié, ces cadres étaient tous partisans d'une radicalisation de la ségrégation et de l'instauration d'un « ordre nouveau », définitif, en Afrique du Sud.

La pression blanche s'intensifia encore avec l'afflux vers les villes, au cours des années 1920, des *Wit Kaffirs* (Cafres blancs, c'est-à-dire « pauvres Blancs »), paysans afrikaners déracinés, souvent sans emploi, au racisme primaire. La crise économique et sociale des années 1930 et l'effort de guerre en faveur de la grande alliance contre l'Allemagne nazie exaspérèrent les tensions. Dès 1933, le Broederbond avait proposé des recettes expéditives en vue d'un « développement séparé », prévoyant de regrouper les « indigènes », y compris les travailleurs « détribalisés » des villes, en fonction de leurs origines, dans des régions spécifiques où ils s'organiseraient et « évolueraient » conformément à leurs « coutumes » et « traditions ». Arrangées de manière à plaire à l'opinion afrikaner et à apparaître comme un programme de gouvernement, ces idées donnèrent la majorité à une coalition de la droite et de l'extrême droite nationalistes, conduite par le Parti national réunifié de Daniel Malan lors des élections législatives de 1948.

L'impressionnant arsenal juridique, voté principalement sous l'impulsion du Premier ministre Daniel Malan et aménagé sous ses successeurs jusqu'en 1970, innovait peu en matière de ségrégation, se contentant de durcir les modalités et les possibilités de contrôle[7]. La grande nouveauté résidait dans la mise au point, à partir du *Population Registration Act* (1950), d'un système classificatoire des « groupes raciaux » dont allaient découler aussi bien la ségrégation renforcée que l'exclusion politique des Africains et le caractère de plus en plus policier du régime[8]. Désormais, les Sud-Africains se trouvaient divisés en trois groupes définis par leur apparence physique : les « Blancs » (2,6 millions, soit 20,8 % de la population en 1951), parmi lesquels on finit par ranger les Japonais ; les « colorés » (*coloured* — 1,1 million, 10,8 % de la population), privés de leur droit de vote en 1956 et au sein desquels on introduisit, en 1959 et en 1967, de nouvelles distinctions (*métis, métis du Cap, Chinois, Indiens, autres Asiatiques, autres colorés*) ; enfin, les « Noirs » (12,6 millions, 68,2 % de la population), dans lesquels on rangea « toute personne qui est généralement acceptée comme membre d'une race aborigène ou d'une tribu d'Afrique ». Pour les Noirs, dépouillés de tous les droits, cette assignation autoritaire de l'identité fut double : une « identité raciale », puis une « identité tribale » ou « ethnique ». Celle-ci apparut d'abord dans le *Promotion of Bantu Self-Government Act* (1959) qui ne distinguait pas moins de neuf groupes « ethniques » présentés comme « traditionnels », figés dans une sorte d'atemporalité, alors que les Boers eux-mêmes avaient été témoins, de la fin du XVIIIe siècle à la conquête coloniale

7. C. Meillassoux et C. Messiant (dir.), *Génie social et manipulations culturelles en Afrique du Sud*, Paris, Arcantère, 1991 ; P. Coquerel, *Afrique du Sud : l'histoire séparée*, Paris, Gallimard, 1992, et *L'Afrique du Sud des Afrikaners*, Bruxelles, Complexes, 1992.

8. A. J. Bullier, *Partition et répartition : Afrique du Sud, histoire d'une stratégie ethnique (1880-1980)*, Paris, Didier Érudition, 1988.

anglaise dans les années 1880, de la disparition de certains groupes et de la naissance de nouveaux, en relation avec des processus complexes de constitution d'États mis en branle par la formation du royaume zoulou au début du XIXe siècle.

L'imposition d'étiquettes raciales donna à la ségrégation une rigidité inconnue jusqu'alors. Sur le plan résidentiel, les Africains, une fois sortis de leurs réserves, se trouvaient, en ville comme dans les zones rurales blanches, dans une situation d'extrême précarité et souvent en état de violation des multiples lois régissant le droit de résidence et de circulation. L'*efflux control* permettait de surveiller les mouvements migratoires au départ des réserves, tandis que l'*influx control*[9], à l'entrée des zones blanches, revenait en réalité à orienter la main-d'œuvre africaine en fonction des besoins de l'économie agricole, minière ou industrielle blanche, système consolidé par les *reference books* ou *passes,* obligatoires pour les hommes et les femmes de plus de seize ans, et les nombreux *labour bureaux* qui recrutaient et plaçaient les travailleurs. Ces étiquettes raciales servirent aussi à faire respecter les dispositions du *petty apartheid* (apartheid mesquin), fondé sur la stricte séparation des lieux et services publics dont le *Reservation of Separate Amenities Act* (1953) énuméra l'interminable liste : bibliothèques, hôpitaux, églises et temples, ascenseurs, toilettes, bars et restaurants, salles de spectacles, stades et terrains de sport, transports, bancs des parcs publics… Ces mesures revenaient en fait à institutionnaliser la mauvaise qualité des services accordés aux Africains dans tous les domaines, en particulier dans celui de la santé et de l'éducation formelle[10].

---

9. *Efflux control* et *influx control* sont des concepts de l'apartheid précisés dans le *Group Area Act* (1950) et dans les textes ultérieurs. *Efflux* : « sortie » (des bantoustans) ; *influx* : « entrée » (dans les zones blanches). Pour plus de précisions, voir C. Meillassoux et C. Messiant, *op. cit.*, p. 289-290, 302.

10. Dans le débat, toujours vif en Afrique du Sud, sur le concept, la nature et l'origine de la « civilisation », les Noirs tiennent à distinguer l'« éducation formelle » (par les institutions scolaires) et les formes « traditionnelles » d'éducation (dont ils louent la distribution égale entre les enfants, chaque lignage ou chaque tribu, et dont ils soulignent l'efficacité). O. Guitard, *L'Apartheid*, Paris, PUF, 1983 ; J. Llelyveld, *Afrique du Sud, l'apartheid au jour le jour*, Paris, Presses de la Cité, 1986.

Une fois les Africains figés dans leur race et dans une ethnie ou une tribu, il devenait possible de s'engager à fond dans la politique des *bantoustans*, qui remontait aux réserves indigènes créées en 1913 et 1936, et qui fut codifiée dès 1951 (*Bantu Authorities Act*) pour être progressivement raffinée par la suite (*Promotion of Bantu Self-Government Act* en 1959, *Bantu Homelands Citizenship Act* en 1970 et *Bantu Homeland Constitution Act* en 1971). Non content d'avoir inventé des ethnies, le pouvoir blanc créa de toutes pièces, en lieu et place du Conseil représentatif des indigènes formé en 1936, une lourde hiérarchie d'autorités soi-disant traditionnelles auxquelles il attribua des terres, avant d'y organiser un système d'assemblées et de gouvernement. Le pouvoir y appartenait en fait aux fonctionnaires du *Department of Native Affairs,* devenu en 1978 le *Department of Cooperation and Development* et en 1986 le *Department of Development Planning.* Ces *homelands* (foyers nationaux) se sont vu d'abord reconnaître une apparente autonomie, puis certains d'entre eux, comme le Bophuthatswana, sont devenus officiellement « indépendants ». En réalité, leurs fonctions furent d'abord économiques : constituer, en recueillant leurs ressortissants auxquels on refusait désormais la nationalité sud-africaine, une réserve de production et de reproduction d'une main-d'œuvre bon marché, exploitable à merci et refoulée dans les homelands dès qu'on n'en avait plus besoin ou qu'elle exprimait la moindre manifestation de résistance. Il devint bientôt plus simple d'y exporter le capital et d'exploiter sur place la force de travail, ce qui accéléra du même coup le mouvement d'expropriations foncières et renforça la dépendance des bantoustans à l'égard de l'Afrique du Sud. Longtemps contenues, les révoltes s'y multiplièrent, au cours des années 1970 et 1980, devant l'arbitraire et la misère, entraînant l'intervention constante de la *South African Police,* de la *South African Defence Force* et des *vigilantes,* les milices formées à l'ombre de l'État sud-africain et assurées de la plus grande impunité.

Malgré quelques affrontements ethniques, toujours localisés, cette politique consistant à diviser pour régner fut un échec. Provenant inégalement de tous les « groupes raciaux », dont chacun créa ses organisations propres (comme le *Natal*

Indian Congress en 1894, ou le *Pan African Congress* en 1959), la résistance à l'apartheid réussit — grâce à des organisations transethniques telles que l'*African National Congress* (ANC, constitué dès 1912) et le *United Democratic Front* (UDF, fondé en 1983) — à contourner les manœuvres du régime de l'apartheid et à le combattre frontalement. De l'oppression aux résistances et des résistances aux répressions, la vie sociale et politique en Afrique fut une suite de violences incessantes[11]. Aussi la stratégie d'exclusion des Africains du jeu politique se durcit-elle à son tour, donnant progressivement au gouvernement raciste toutes les caractéristiques d'un régime policier et terroriste que rien ne put dissimuler, ni le soi-disant dialogue avec certains États africains parmi les plus dictatoriaux et les plus corrompus ni la stratégie de croissance économique largement appuyée par les investissements occidentaux[12] en violation des mesures internationales d'embargo. Adopté en 1950, le *Suppression of Communism Act* définissait le communisme de manière tellement vague qu'il donnait au gouvernement le pouvoir de poursuivre n'importe qui : était communiste quiconque adhérait à « toute doctrine visant à instaurer la dictature du prolétariat et à provoquer des désordres au sein de l'Union, en imposant des changements politiques, économiques ou sociaux avec l'appui d'un gouvernement étranger ou non ». En outre, le *Public Safety Act* et le *Criminal Law Act* (1953) permettaient de proclamer l'état d'urgence, de suspendre les libertés publiques et de condamner tout individu transgressant les lois ou aidant de quelque manière que ce soit les mouvements de résistance.

Inquiète devant l'accession d'un nombre croissant de pays africains à l'indépendance et le développement de la lutte armée de libération en Afrique australe, l'Afrique du Sud rompit avec le Royaume-Uni et avec le Commonwealth, et se proclama République (1961). Cet isolement accrut encore le

11. E. Roux, *op. cit.* ; T. Lodge, *Black Politics in South Africa since 1945*, Braamfontein, Ravan Press, 1983.
12. R. First, J. Steele et C. Gurney, *The South African Connection. Western Investment in Apartheid*, Harmondsworth, Penguin Books, 1972.

LE LIVRE NOIR DU COLONIALISME

système répressif. Artisan de l'*Internal Security Amendment Act* (1976), le ministre de la Justice James Kruger définit comme ennemis de l'État « les communistes, les leaders politiques noirs, les mouvements religieux radicaux et tous ceux qui cherchent la révolution ». Au cours des années 1970 apparut dans les milieux militaires la notion de *Total National Security,* que Magnus Malan, ancien chef d'état-major de la South African Defence Force, devenu ministre de la Défense en 1980, fut chargé de mettre en œuvre. Dans le cadre du *National Security Management System,* toutes les structures civiles de l'État furent doublées par des structures militaires, souvent secrètes. Ce fut désormais le *State Security Council* qui eut la charge d'élaborer et de prendre les décisions engageant l'avenir du pays. En 1982, les diverses forces armées regroupaient un effectif de 120 000 hommes, auxquels il faut ajouter les citoyens blancs armés, jeunes et vieux, hommes et femmes. Ces dispositions n'empêchèrent pas les mouvements de résistance de rester très actifs, acculant le gouvernement à une répression accrue : massacre de manifestants à Sharpeville le 21 mars 1960 (officiellement 69 morts et 180 blessés) ; procès iniques, dont celui des chefs de l'ANC, parmi lesquels Nelson Mandela, condamné à la réclusion à perpétuité (1963) ; violente répression des lycéens manifestant à Soweto contre l'introduction de l'afrikaans dans l'enseignement (1976) ; assassinat de militants anti-apartheid, à quelque « groupe racial » qu'ils appartiennent, aussi bien à l'étranger qu'en Afrique du Sud, comme celui de Steve Biko, activiste du *Black Consciousness*, torturé à mort par la police (1977).

La violence et le terrorisme persistants de l'État n'ont pu néanmoins sauver un régime fondé sur le déni permanent des droits les plus élémentaires. Organisée contre lui, la longue lutte des Africains, suivie à partir de la fin du XIXe siècle par les autres couches de la population, a fini par façonner un projet constructif d'une autre Afrique du Sud, énoncé dans la *Charte de la Liberté* (1955) : « L'Afrique du Sud appartient à tous ceux qui y vivent, aux Blancs comme aux Noirs, et aucun gouvernement n'est fondé en droit à prétendre exercer l'autorité s'il ne la tient pas de la volonté de tous. » C'est cette autre Afrique du Sud, dont la possibilité même a été constamment niée par l'apartheid, que les combattants de la liberté ont fini par imposer à partir de 1990. Cependant, confirmant l'inscription de l'apartheid dans une histoire de longue durée, la suppression des dispositions les plus mesquines de ce régime et la restauration de l'État de droit, laissant intactes les mesures économiques sur lesquelles l'apartheid a été construit, n'ont pas suffi à calmer l'impatience du plus grand nombre ni à fermer les vieilles blessures[13]. C'est en raison de ce déséquilibre hérité d'un long passé que la nouvelle Afrique du Sud apparaît si fragile au seuil du XXIᵉ siècle.

13. D. Darbon (dir.), *L'Après-Mandela. Enjeux sud-africains et régionaux*, Paris, Karthala, 1999.

ANNEXE 1

Paternalisme et violence dans les fermes du Transvaal de 1900 à 1950

par Charles Van Onselen*

Le choix des propriétaires blancs de recourir au *sjambok* si d'autres sanctions échouaient n'a rien de surprenant. Soulignons à ce propos que le fouet — à la différence des amendes, des violences physiques arbitraires ou de toute autre forme de sanction — a contribué à renforcer la dynamique sous-jacente du patriarcat et du paternalisme[1]. Deux points particuliers sont à mettre en lumière. Tout d'abord la flagellation, contrairement aux autres moyens de discipline plus « spontanés », était soigneusement réfléchie et ritualisée. Elle allait de pair avec l'acte de soumission physique du tenancier au propriétaire[2]. Ainsi l'« enfant » prenait la mesure de son

* Annales ESC, n° 1, janvier-février 1992, Armand Colin éditions.

1. Ce qui ne doit pas laisser entendre, bien sûr, que les propriétaires dans le triangle n'eurent pas recours à ces formes disciplinaires pendant l'entre-deux-guerres. On compte en nombre important les exemples de violence, de coups de fouet et d'amendes parmi les témoignages de fermiers qui sont conservés dans la M.M. Molepo Oral History Collection, Institut d'Études africaines (ASI), université du Witwatersrand (UW), Johannesburg.

2. Là où il n'y avait pas soumission, les propriétaires pouvaient faire venir de plus loin des parents ou des quasi-parents pour les aider à administrer la correction. Ces agressions commises par des gangs sont d'une brutalité sans équivoque, mais elles étaient considérées comme faisant partie de la « discipline familiale » par le propriétaire blanc. À propos de cette violence de gang préméditée chez les fermiers afrikaners, voir UW, ASI, M.M. Molepo Oral History Collection, interview n° 63 B et 64 A/B, J. M. Nkadimeng à Nebo, 22 octobre 1979, p. 22-23.

humilité face à l'autorité du « père ». D'autre part, le fouet était donné en dehors du contrôle judiciaire. Cette violence infligée par le patriarche aux familles dans l'intimité de la « famille » permettait de maintenir le tenancier dans un statut d'« enfant » au sein des structures de la société et de souligner le néant de sa situation au regard de la loi. Ces brutalités commises dans la famille auxquelles s'ajoutait le silence pesant d'une société aux structures racistes, tout rappelait aux tenanciers noirs qu'ils étaient soumis aux pouvoirs exorbitants des patriarches blancs dans un système paternaliste.

Pour que le fouet contribue efficacement à restaurer l'esprit de domination, il fallait que l'enfant puisse constater et saisir la différence entre la terreur que suscite la violence physique et la récompense qui accompagne manifestement le labeur et la soumission. Un système qui maniait le bâton à l'exclusion de la carotte perdait, presque par définition, son caractère paternaliste. Aussi, à tout acte de violence commis sur les fermiers devaient correspondre en compensation des cadeaux et des concessions en vue d'assurer à long terme la stabilité du système. « Le père » blanc avait le droit d'être sévère avec ses « enfants » noirs. Mais, s'il ne voulait pas se détourner de l'esprit chrétien qui inspirait la communauté, il devait se montrer capable de gestes de bienveillance, de marques d'attention et de générosité chaque fois que la situation l'exigeait.

Dans le sud-ouest du Transvaal, comme partout ailleurs en Afrique du Sud, à la campagne, on alliait sans peine sur l'exploitation les concessions faites à la foi chrétienne et les fondements de la vie sociale qu'étaient le patriarcat et le paternalisme. Les propriétaires afrikaners, qui jugeaient impossible, en toute autre circonstance, d'autoriser les fermiers noirs à pénétrer dans leur demeure pour une fête, ne voyaient rien d'incongru à inviter les mêmes Noirs dans l'intimité de leur salon pour la prière et les « huisgodsdiens » du soir. De telles assemblées présidées par le patriarche blanc permettaient de réunir la totalité de cette « famille » élargie et contribuaient au renforcement des liens de quasi-parenté puisque tous les membres présents s'inclinaient humblement devant Dieu. Cette même logique se retrouvait les jours de prière exceptionnelle des temps de sécheresse, quand tous,

642 LE LIVRE NOIR DU COLONIALISME

sur la propriété, se réunissaient dans un lieu approprié pour se recueillir devant Dieu. Dans ce cas, le patriarche blanc avait toujours un rôle de médiateur. Il présidait la réunion de famille et en fixait le déroulement[3].

De même, à l'occasion de rites de passage, les propriétaires afrikaners du triangle refusaient rarement aux fermiers respectés et aux serviteurs noirs les droits liés à la quasi-parenté. Pour les naissances, mariages et funérailles — même si les Noirs étaient invités à respecter une distance convenable, à être discrets, à observer une certaine retenue —, on leur conférait un rôle particulier dans le déroulement des cérémonies par ailleurs dicté par le noyau restreint de la famille et des amis du propriétaire. Si dans de telles circonstances le propriétaire ne répondait pas aux attentes raisonnables de la famille noire, les paysans ne se sentaient pas seulement profondément offensés, mais ce manquement constituait pour eux une atteinte grave à l'étiquette. Pratiquement de la même manière, on attendait des propriétaires qu'ils offrent à leurs ouvriers agricoles ou métayers un mouton pour la célébration de la naissance d'un enfant ou qu'ils assistent aux obsèques de vieux serviteurs ou d'anciens fermiers[4].

[...] C'est sur cette toile de fond que nous devons considérer le témoignage de Kas Maine, fils d'un métayer appartenant à la deuxième vague d'immigrants MoSotho établis dans le district de Schweizer-Reneke au début du siècle. Jeune homme, Maine a assisté à l'éclipse politique de quelques fermiers afrikaners parmi les plus pauvres, au profit d'un petit nombre de propriétaires anglais assez aisés après la guerre de 1899-1902 en Afrique du Sud :

« Les propriétaires afrikaners nous donnaient du lait caillé, du lait frais et de la bonne nourriture, les Anglais ont tout arrêté. À la place, ils nous ont donné quelques tasses de lait par jour. Ils comptaient le nombre de tasses qu'ils nous donnaient. Si on travaillait sur une ferme (anglaise), on avait droit

3. Ces exemples sont tirés de C. Van Onselen, *A Chameleon Amongst the Boers : The Life of Kas Maine, 1894-1985.*
4. Voir par exemple, U.W., A.S.I., M.M. Molepo Oral History Collection, interview n° 336, N. Makume interviewé par T. T. Flatela à Viljoensdrift, 10 août 1982, p. 38.

à une ration de trois tasses de lait caillé par jour. Ils ne nous donnaient pas le lait frais, nous devions l'acheter.

« Les Afrikaners ne vendaient pas leurs affaires. Ils nous donnaient des pantalons, des chaussures et autres choses. Mais les Anglais vendaient leurs vêtements. Ils ne nous auraient jamais donné une paire de pantalons sans la faire payer[5]. »

Ce riche témoignage oral nous donne une représentation graphique des liens entre le capitalisme, la culture, le don et la gestion des rapports paternalistes dans la majeure partie du sud-ouest du Transvaal au début du XXe siècle.

En plus du don occasionnel de vieux vêtements et de tabac, les propriétaires du triangle et leurs fermiers se trouvaient aussi étroitement engagés dans le rituel de Noël. Mais dans une société aux structures inégalitaires, de telles fêtes ne pouvaient à elles seules satisfaire l'échange de dons selon la tradition chrétienne consacrée. En fait, la période des fêtes donnait au propriétaire blanc une occasion de plus de faire montre de bienveillance, de générosité. Il pouvait ainsi accorder que l'on abatte une bête afin que ses « enfants » noirs fassent la fête, ce qui augmentait son prestige de patriarche et aidait à renforcer les liens paternalistes[6].

5. U.W., A.I., M.M. Molepo Oral History Collection, interview n° 234, interview de K. Maine par M. M. Molepo à Ledig, 17 septembre 1980, p. 18-19 (souligné par l'auteur).

6. Pour des exemples de ces fêtes de Noël, voir U.W., A.S.I., M.M. Molepo Oral History Collection, interview n° 336, N. Makume interviewé par T. T. Flatela à Viljoensdrift, 10 août 1982, p. 41 ; ou l'interview n° 403, M. T. Lerefudi interviewé par T. T. Flatela à Lichtenburg, 26 août 1982, p. 19.

ANNEXE 2

Du musée ethnographique
au musée de l'Apartheid, aujourd'hui

par Nadja Vuckovic

En Afrique du Sud du début du XIXe siècle à aujourd'hui, le contenu des expositions a varié selon les époques et selon la politique menée. De la mise en musée des espaces géographiques lors de la conquête jusqu'à celle de l'histoire des Européens, les musées auront été jusqu'à nos jours le reflet de la domination blanche sur les peuples de couleur.

Mais, devant les grands changements politiques de ces dernières années — dont la reconnaissance de l'apartheid comme crime contre l'humanité —, les musées ont réajusté leurs collections afin de restituer un passé plus « objectif » des différentes populations d'Afrique du Sud.

Musées d'histoire naturelle

Au début du XIXe siècle, il n'est pas surprenant de voir apparaître, en Afrique du Sud, les premiers musées qui consacrèrent leurs expositions principalement à l'histoire naturelle. En effet, l'Afrique du Sud regorgeant de nombreuses richesses — faune, flore, matières premières... —, les musées avaient pour fonction de décrire ses espaces géographiques, de les mettre en valeur — en un mot, d'être le reflet de la découverte et de la conquête des territoires d'Afrique du Sud par les colons hollandais et anglais.

Le South African Museum, premier musée créé en 1825 au Cap, rassemblait des collections zoologiques ; outre la description de la faune et de son milieu, « le but (du musée) n'[était] pas de rendre compte de la "chasse en Afrique" mais de témoigner de la chasse des Blancs en Afrique [...] — la victoire de la culture blanche sur la nature africaine. Le résultat de tout un processus muséologique qui transforme les animaux en objets culturels[1] ». À la logique scientifique se substituait la logique de domination.

D'autres, comme l'Albany Museum de Grahamstown, se spécialisaient dans les domaines de la géologie, de la minéralogie et de la botanique. Les musées n'étaient plus seulement des lieux de conservation, mais également des lieux de recherches. Mieux étudier les richesses du sous-sol sud-africain permettait de mieux les exploiter. C'est ainsi que la découverte de diamants en 1867, puis de l'or en 1886, rassura les colons qui trouvèrent en Afrique du Sud un réservoir fabuleux qui allait être la base de leur économie et celle de la « mère patrie ». L'impérialisme territorial et économique, à son apogée à l'aube de la révolution industrielle, s'affichait ouvertement dans les musées. À la connaissance scientifique s'ajoutait une réflexion économique.

En conclusion, « mieux connaître pour mieux dominer[2] ».

Musées ethnographiques/musées historiques
Déni du Noir/triomphe de la civilisation blanche

Au début du XXe siècle, à la suite de la paix de Vereeniging de 1902 qui met fin à la guerre entre les Boers et les Britanniques, quelques-unes des mesures ségrégationnistes prises par les Boers ont été abolies et d'autres ont perduré. C'est à cette même période et dans les années qui suivirent que certains musées ouvrirent leurs portes à des collections de type archéologique, ethnographique ou historique, bien que les musées d'histoire naturelle restaient majoritaires.

Néanmoins, à la différence des colonies d'Afrique de l'Ouest, où certains intellectuels et scientifiques avaient pris

1. Nélias Dias, « L'Afrique naturaliste », in *Prélever, exhiber : la mise en musées*, Jean-Loup Amselle (dir.), *Cahiers d'études africaines*, 155-156, XXXIX-34, Paris, 1999.
2. Emmanuelle Sibeud, *Une science sur mesure ? Logique coloniale et logique intellectuelle en Afrique française au début du XXe siècle*.

conscience de l'existence d'un art africain — arts premiers — ou concevaient une forme de reconnaissance des sociétés autochtones (histoire, état social, culture…) — non dépourvue de quelques idées colonialistes —, en Afrique du Sud, le regard porté sur l'objet africain n'était qu'ethnographique, de plus, doté d'une conception primitiviste du Noir — influencée par les théories évolutionnistes de l'époque qui affirmaient que « l'homme était un produit de l'évolution animale et que le maillon qui reliait l'Européen et l'animal était le sauvage, c'est-à-dire un être demeuré proche de la bestialité. […] Cette prétendue caution d'une différence radicale des "races" par le discours scientifique servira de nouvelle justification à l'expansion coloniale[3] ».

Suite à la création de l'Union en 1910, les premières lois ségrégationnistes contre les Noirs furent adoptées. La distinction faite entre « Blancs » et « non-Blancs » se retrouvait également dans la politique exercée par les institutions muséales en *parquant les collections consacrées aux cultures africaines dans la section ethnographique*, qui se trouvait elle-même parmi les collections des musées d'histoire naturelle. « On trouve ainsi la description d'artefacts "primitifs" dans les institutions des musées où les conservateurs ont tenté de mettre en évidence l'intérêt ethnographique qu'ils pouvaient révéler, dans le sens bien souvent d'une affirmation raciste du caractère inférieur ou décadent des peuples autochtones[4]. » Quant aux Européens, eux seuls figuraient dans les musées d'histoire.

Ces idéologies européocentristes — « la croyance en la nécessité de préserver la pureté biologique de la race, […] la crainte maladive du métissage aggravée par la progression numérique des non-Blancs, la défense de la civilisation chrétienne occidentale, seule garante des valeurs fondamentales […] » — prirent toute leur ampleur dans les années 1930, surtout avec le « Purified National Party » dirigé par le docteur

---

3. Katérina Sténou, *Images de l'autre. La différence : du mythe au préjugé*, Paris, Le Seuil/Unesco, 1998. Compte rendu de Gilles Boetsch dans *Cahiers d'études africaines*.
4. Pascal Letellier, *Les Arts de la résistance*, Du sud au sud, site Internet.

Malan, sensible aux théories discriminatoires professées par l'Allemagne nazie.

Pour les colons européens, l'entrée de l'Afrique du Sud dans l'histoire correspond à leur arrivée sur le continent. Le musée d'histoire prônait la supériorité blanche, la bienfaisance de la colonisation qu'ils considéraient être à l'origine de la civilisation en Afrique du Sud — l'industrialisation, l'urbanisation, l'enseignement, la santé… — par des tableaux de paysages, d'hommes qui ont participé à l'annexion territoriale ou encore des peintures d'histoire comme les « guerres des Cafres », guerres entre Noirs et Boers, ou le Grand Trek de 1834 quand les Boers furent chassés par les Anglais, installés au Cap depuis 1815.

Ainsi, la communauté scientifique, par sa proximité avec les milieux politiques, se mettait à leur service, en véhiculant, à travers les musées, les idéologies patriotiques, en incitant à la haine de l'autre, différent du Blanc, en célébrant les valeurs nationales et religieuses afrikaners, en omettant délibérément de mentionner la politique discriminatoire des Boers qui excluait tout droit élémentaire, toute liberté individuelle au non-Blanc.

En déniant que les peuples africains aient une histoire propre, le musée d'histoire « [concourait] à fabriquer un consensus[5] trompeur sur l'interprétation du sens des pratiques et la compréhension du rapport à l'histoire. Déni de l'Histoire qui [consistait] à décontextualiser les objets non seulement culturellement mais aussi historiquement afin de les maintenir dans cette catégorie des "arts primitifs". La fonction du musée [était] assignée à la fabrication d'une histoire épurée d'un certain nombre d'événements gênants à la mémoire nationale[6] ».

« Le musée militaire de fort Schanskop en était une bonne représentation. Il assurait la diffusion et la promotion d'idées relatives à la supériorité des Afrikaners sur d'autres nations.

5. Peut-être qu'au lieu de consensus le terme savoir eût été mieux approprié, pour autant qu'aucune réaction ne s'est exprimée.
6. Ibéa Atondi, « La violence muséale : aux origines d'un discours ambigu », in *Cahiers d'études africaines*, *Prélever, exhiber : la mise en musées*, p. 905-921.

Reconstruit dans les années 1970 — époque où le nationalisme afrikaner est à son comble —, sa collection comportait une justification de la domination des Afrikaners et de leurs droits sur les terres[7]. »

Les Européens avaient ainsi l'impression qu'à travers leurs institutions muséales leur patrimoine et leur histoire étaient protégés contre tout « étranger », au nom de la préservation de la race, et pouvaient, en ces lieux, observer la grandeur et la gloire de leur patrie. Le musée devient alors un instrument au profit de la civilisation colonisatrice occidentale.

La séparation entre collections africaines et européennes, en section ethnographique/section histoire, perdurera pendant tout le régime de l'apartheid. Les musées resteront « la vitrine de l'histoire de l'homme blanc et pas de ceux qu'il opprime, viole, pille et tue[8] ».

Musées contemporains

Jusque dans les années 1980, « dans les musées d'histoire contemporaine les portraits des pères de la nation ont remplacé ceux des gouverneurs coloniaux, mais la plupart continuent de fonctionner comme des lieux d'autocélébration des pouvoirs en place[9] », alors que, dans les démocraties occidentales, les thèmes des droits de l'homme et de l'égalité se développaient et que le continent africain gagnait peu à peu son indépendance. Ces événements auront un fort écho parmi la population noire.

Après la proclamation de l'indépendance de l'Afrique du Sud, de 1966 à 1978, le régime de l'apartheid s'était intensifié avec, entre autres mesures, l'instauration des bantoustans. « Le fameux slogan : *Keep the native in his place* [Que l'indigène reste à sa place][10] » devenait de plus en plus insuppor-

---

7. Charisse Levitz, « Les transformations des musées en Afrique du Sud », *CIDOC Bulletin*, vol. 7, août 1996.

8. Frantz Fanon, *Les Damnés de la terre*, Paris, Gallimard, 1961.

9. Anne Gaugue, « Musée et colonisation en Afrique tropicale », in *Cahiers d'études africaines*, p. 727-745.

10. Cité in Marc Aicardi de Saint-Paul, *Ségrégation et apartheid. Le contexte historique et idéologique*, Paris, Albatros, 1979, p. 165.

table. Simultanément, le nationalisme noir se radicalisait. À la suite des révoltes de Sharpeville du 21 mars 1960 et de celles de Soweto en 1977, qui se terminèrent en massacres et furent condamnées par la communauté internationale tout en dénonçant la pratique des lois raciales du régime du Parti national, le Premier ministre P. W. Botha favorisa une nouvelle politique dans un processus de réconciliation et de renouvellement en abolissant les lois discriminatoires du « *petty apartheid* » (apartheid mesquin).

Par cet « assouplissement politique », la reconnaissance par la communauté internationale de l'Apartheid comme crime contre l'humanité en 1973 et la pression progressive des Noirs à vouloir se réapproprier leur histoire, leur patrimoine, leur passé afin d'acquérir enfin une identité culturelle et sociale réelle, les musées étaient contraints de se transformer. « D'anciens musées renouvellent leurs collections dans un effort de présenter une histoire plus équilibrée des Sud-Africains, cependant qu'apparaissent de nouveaux musées qui s'attachent à des sujets jusqu'ici négligés, le musée de la lutte contre l'apartheid auprès de l'université du Cap Ouest, le Worker Museum (le musée des Travailleurs) qui se rend compte des dures réalités des travailleurs migrants (en cours de construction) ; l'ancien *Africana Museum*, renommé *Museum Africa*, a rouvert en août 1994, dans de nouveaux locaux, une exposition incluant désormais l'histoire noire, qui était autrefois passée sous silence[11]. »

Là encore, la logique politique influe sur la logique scientifique, mais de manière moins équivoque, puisque les musées contribuent à l'application de la nouvelle interprétation de l'histoire du peuple opprimé qui, prenant place sur la scène politique, à travers l'ANC, dont Nelson Mandela, et l'application des nouvelles constitutions de 1993 et 1996, se devait d'être représentée sur la scène culturelle et scientifique.

En quête de ses racines et d'une reconstitution de son passé, le gouvernement sud-africain a réitéré pendant des années sa demande auprès de la France pour que Saartije Baartman, « la Vénus hottentote », soit restituée à l'Afrique du Sud. « Depuis la fin de l'apartheid, [elle] est devenue le symbole national de

11. Charisse Levitz, article cité.

l'humiliation, de la colonisation et de l'exploitation des ethnies sud-africaines, symbole également d'une décolonisation
psychologique[12]. » Le musée de l'Apartheid, créé en 2002,
aurait pu bénéficier des mêmes symboles que la Vénus hottentote. Pourtant, les démarches politique et scientifique ont
été maladroites par la manière même dont il a été conçu.

Musée de l'Apartheid

En effet, la création de ce musée a été l'objet d'une négociation. Les frères Solly et Abe Krok — deux hommes
d'affaires connus dans la capitale surtout pour avoir fait le
commerce, sous le régime de l'apartheid, de crèmes pour
blanchir la peau des Noirs — ont obtenu une licence — au
prix d'une dizaine de millions d'euros — pour la construction
d'un casino et d'un parc d'attractions, Gold Reef City, à la
condition qu'ils financent le musée de l'Apartheid. Ainsi ce
dernier, lieu et témoin de la discrimination raciale brutale, se
trouve situé à côté d'un lieu de divertissement et d'oisiveté.
Étrange contraste qui, pour certains, signifie la banalisation
même de l'apartheid : un nouvel affront. Édifié à l'image
d'une usine (utilisation de matériaux comme le béton, le fer,
les déchets miniers, l'acier), le musée rappelle ainsi le passé
minier de Johannesburg tout en retranscrivant symboliquement la dureté et la froideur du régime de l'apartheid.

À l'entrée, deux couloirs, celui des Blancs et celui des non-
Blancs — séparés par des portraits d'hommes et de femmes
métis ou de couleur considérés « sans identité », « qualifiés de
"restes" par l'épouse de Frederik Willem De Klerk[13] » —, se
présentent aux visiteurs. Ces derniers reçoivent une carte
stipulant leur identité de Blanc ou de non-Blanc, lors de la

12. Rapport de M. Le Guarrec, au nom de la commission des affaires
culturelles, sur la proposition de loi adoptée par le Sénat, relative à la
restitution par la France de la dépouille mortelle de Saartije Baartman
à l'Afrique du Sud, le 7 février 2002, n° 3563, Assemblée nationale.
13. Chris McGeal, « La "nation arc-en-ciel" redécouvre le noir et
blanc. Le musée de l'Apartheid en Afrique du Sud », *Mail & Guardian*, article traduit in *Courrier international*, n° 587, 31 janvier-
6 février 2002, p. 38-39.

visite, et cela quelles que soient leur origine ou leur couleur de peau.

Avant de s'introduire dans l'un des deux couloirs, il est rappelé au public que bien avant l'instauration de l'apartheid en 1948, les non-Blancs vivaient déjà sous le coup des lois ségrégationnistes émanant d'un fort désir de préservation de la race de la part des Boers face à l'arrivée massive des immigrants qui venaient travailler sur leurs exploitations minières.

Alors que le couloir des « Blancs », comme son nom l'indique, était illustré de portraits et de cartes d'identité des Européens, celui des « non-Blancs » révélait la diversité des nationalités sud-africaines — africaine, chinoise, indienne… — à travers des photos de « Sud-Africains contemporains, anonymes ou connus, qui ont donné quelques souvenirs de famille exposés dans des "boîtes à mémoire"[14] », des cartes d'identité mentionnant leur appartenance raciale et ethnique.

Dans ce même couloir, la législation raciale y est représentée par les laissez-passer utiles aux non-Blancs pour le passage du bantoustan à la « ville blanche » et également par l'affichage d'une centaine de textes de loi, « de la loi sur l'interdiction des mariages mixtes en 1950 […] à celle sur l'administration des affaires bantoues de 1971[15] », et enfin par l'exposition des panneaux « non Européens » qui étaient placardés dans l'ensemble des endroits publics — séparation territoriale dans toutes les sphères de la société.

Naturellement, face à cette représentation politique de l'apartheid, le musée se devait d'évoquer la répression subie par les Noirs et les conséquences dramatiques qui en découlèrent : une centaine de nœuds coulants, correspondant à chaque prisonnier politique condamné à mort par pendaison ; des photos d'enfants incarcérés dans les années 1980 ; une vitrine vide destinée à recevoir les instruments de torture ; un « Caspir », fourgon blindé de la police.

Puis, à l'aide d'images d'archives télévisées, de témoignages enregistrés, le musée consacre une section aux révoltes, à la

14. Valérie Hirsch et Michelle Lamensch, « Pardonner sans oublier », Rossel et Cie SA, *Le Soir en ligne*, Bruxelles, 2002.
15. *Ibid*.

lutte, à la résistance des peuples opprimés face au régime de l'apartheid.

À la fin de la visite, d'une part, il est proposé au public d'archiver sur vidéo ses souvenirs ou ses impressions, et, d'autre part, lui est offert un exemplaire de la Constitution de l'Afrique du Sud telle qu'elle avait été rédigée à l'époque de l'apartheid.

Bien que la nécessité de ce lieu de mémoire soit indéniable, trois observations peuvent être formulées à son égard.

D'abord, on ressent qu'à travers ce musée ne transparaissent nullement le quotidien humiliant imposé aux Noirs et les conséquences familiales que cela engendra. En effet, « que signifiaient ces lois pour une femme contrainte d'élever seule ses enfants parce que la réglementation sur les laissez-passer interdisait aux femmes de rejoindre leurs maris dans les "villes blanches" ? Que représentaient pour les familles d'hommes, comme Ishmaël Essop, classé Malais et dont les quatre enfants étaient considérés comme métis, un autre Blanc, un autre Indien[16] ? ».

Les deux autres observations sont d'ordre politique. En premier lieu, on a complètement omis de s'étendre sur la collaboration de certains Noirs à l'application de l'apartheid. « Qui étaient-ils ? Pourquoi le faisaient-ils ? Comment les jugeait-on dans leur propre communauté[17] ? »

En second lieu, un visiteur blanc regrette que « le musée ne montre pas à quel point le gouvernement a utilisé le contexte de la guerre froide, en faisant croire que l'ANC imposerait une dictature communiste. Ce n'est pas un hasard si l'apartheid s'est effondré juste après la chute du mur de Berlin[18] ». En expliquant la naissance de la ségrégation et de l'apartheid qui en découle sur un mode strictement économique, le musée fait l'impasse sur la manière dont le gouvernement endoctrina ses nationaux dès l'enfance[19], en les entraînant,

16. Chris Mc Geal, article cité.
17. *Ibid.*
18. Cité *in* Valérie Hirsch et Michelle Lamensch.
19. *Cf.* les manuels scolaires, tel *Legacy of the Past, a History for Transvaal Schools*, STD, III, de A. N. Boyce, W. A. Harrison, Johannesburg, 1967-1977, 138 p.

par le biais des valeurs patriotiques, vers une politique raciale brutale.

Face aux transformations politiques du monde, les musées se doivent d'évoluer en redéfinissant leurs responsabilités au sein des sociétés. Les musées d'Afrique du Sud, malgré leurs difficultés budgétaires, essaient d'être la vitrine des changements politiques du pays qui aspire à une réconciliation. Ainsi ils tentent de bouleverser l'ancien ordre établi, de renouveler les mentalités et les attitudes dans un pays où certains quotas raciaux persistent. « Vocation formatrice de l'esprit […]. Morale : tirer leçon des événements, mettre en lumière les erreurs, afin de ne plus les commettre, mettre en valeur les réussites humaines[20]. »

Ce rôle « éducatif » est d'autant plus ardu que, pour l'instant, peu de Noirs se sont intéressés à ce nouveau musée. Cela peut s'expliquer de deux manières : l'une, du fait que, jusqu'aujourd'hui, aucun musée ne leur étant réellement consacré d'un point de vue historique, la démarche culturelle d'aller visiter un musée leur est inconnue. L'autre est que, devant faire face aux préoccupations actuelles — que ce soit la mise en pratique d'une « nouvelle vie quotidienne », ou le terrible après-apartheid dominé par l'épidémie de sida, la criminalité, le chômage, l'alcoolisme… —, la population noire ne veut peut-être pas revenir en arrière sur des années trop noires. On pourrait comparer ce « non-retour » au passé à celui des esclaves qui se refusèrent à parler de la traite à leurs descendants. Mais, comme le signale Charisse Levitz, « il ne faudrait pas que la réconciliation entraîne une occultation du passé[21] ».

Malgré ces changements positifs des institutions muséales, mettant en exergue un passé peu glorieux, ils ne suffisent pas en soi pour abolir la discrimination raciale. D'ailleurs, avec celle exercée sur les Noirs, aujourd'hui, voisine une discrimination inversée.

20. Jean Suret-Canale, *Essais d'histoire africaine. De la traite des Noirs au néocolonialisme*, Paris, Éditions sociales, 1980, p. 220-238.
21. Charisse Levitz, article cité.

La conquête de l'Algérie
par Marc Ferro

En s'inscrivant contre la traite, l'esclavage et la piraterie, la conquête de l'Algérie se place dans un colonialisme de deuxième type, celui qui préfigure sa « vocation civilisatrice ». Quand, vers 1802, Bonaparte imagine une première expédition, il juge que les Barbaresques déshonorent l'Occident par leurs pratiques — lui qui vient de rétablir l'esclavage à Saint-Domingue. Autre donnée, l'idée, qui date d'avant la Révolution française, que l'Empire turc est un « homme malade » et que l'heure est venue d'en dépecer les morceaux : conquérir l'Égypte ou l'Algérie, tel est le dilemme.

Après la faillite de l'expédition d'Égypte (1798), une mainmise sur les ports d'Algérie semble plus réaliste — et, surtout, la France ne courrait pas le risque de rencontrer les Anglais sur sa route. Il en est de même après 1815. Un contentieux du dey d'Alger avec des créanciers juifs marseillais sert ainsi de prétexte à une intervention, car il se situe dans un contexte à la fois plus complexe et plus vaste. Que le dey ait souffleté ou non le représentant de Charles X avec un chasse-mouches importe moins en effet que la volonté du monarque français de chercher, à l'extérieur, un succès nécessaire, croit-il, à la survie du régime.

Ces différentes données ne se coordonnent en rien. D'un côté, les flibustiers qui pratiquent la course avaient presque cessé leurs activités au temps de l'Empire, le blocus anglais permettant au dey de commercer normalement, puis celles-ci avaient repris de plus belle en 1815 ; d'un autre côté, l'absence de politique cohérente ou suivie caractérisa, pendant un demi-siècle au moins, le comportement des dirigeants français vis-à-vis du type de mainmise à opérer sur ce pays. Néanmoins, dans les cartons du ministre de la Guerre, Bourmont — le maréchal qui avait trahi Napoléon en 1815 —, tout était préparé pour un éventuel débarquement, avec

103 navires et 37 000 hommes. L'opération est menée depuis Sidi-Ferruch, prenant Alger à revers (1830). Le dey capitule, l'administration turque s'effondre.

La première idée avait été de se maintenir dans les ports, Alger, Oran, Bône, et de s'entendre avec les chefs indigènes de l'intérieur « à qui il faut abandonner le reste du territoire », selon l'*Instruction* du comte Molé au gouverneur général Damrémont. C'est bien ce que pensaient les généraux Desmichels et Bugeaud au tout début de la conquête. Aussi les Français négocièrent-ils, à l'Est, avec le bey de Constantine, Ahmed — de tradition turque, méprisant les Arabes —, et, à l'Ouest, avec Abd el-Kader qui conclut les accords avec Bugeaud, dits accords Desmichels, puis ceux de la Tafna. Ces protocoles instituaient une sorte de protectorat sur la « nationalité arabe », terme employé pour bien montrer la fin de la domination turque. Il y avait là un malentendu lié à l'existence de clauses secrètes, à des erreurs de traduction voulues ou non : dès le règne de Louis-Philippe, la métropole croit à la soumission d'Abd el-Kader. Or celui-ci, à qui Bugeaud fournit des armes — jusqu'à 1 000 fusils —, pense, lui, que les Français le laissent dominer l'essentiel du pays — quitte à l'aider à se débarrasser de ceux qui contestent les accords conclus. Mais voilà que le général Damrémont, à l'Est, occupe Constantine...

Abd el-Kader proclame alors la guerre sainte et Bugeaud se rallie à l'idée d'une conquête du pays tout entier, avec, en corollaire, la destruction de l'État arabe. Celui qui avait été un adversaire acharné de l'occupation totale quand il n'était pas gouverneur se convertit à la conquête dès qu'il est nommé à cette fonction.

Sa méthode ? Aux petits postes isolés, où les troupes sont décimées par des attaques-surprises, où la maladie s'installe, substituer des colonnes mobiles : « Ce sont les jambes de nos soldats qui nous donneront le pays. »

La morale de sa pratique, c'est... Victor Hugo qui la définit : « Deux partis à prendre : civiliser la population, coloniser le sol... Civiliser la population ? Je veux bien, mais quelle affaire... Ce n'est pas seulement fondre deux peuples, c'est fondre deux races [...] c'est rapprocher des siècles ; d'une part, chez nous, le XIXe siècle, celui de la presse libre et de la

pleine civilisation ; d'autre part, chez eux, le siècle pastoral et
patriarcal, homérique et biblique. Quel triple abîme à franchir… Ces hommes-là se ressemblent-ils autrement devant
Dieu ? […] Dans la vie, ils se repoussent et s'excluent, et l'un
chasse l'autre. Donc, coloniser le sol… Alors, dira-t-on, il faut
bien être un peu barbare parmi ces sauvages […]. La barbarie
est en Afrique, je le sais […]. Nous ne devons pas l'y prendre,
nous devons la détruire. Nous ne sommes pas venus ici pour
rapporter l'Afrique mais pour y apporter l'Europe[1]. » À
l'heure où Hugo était royaliste, les généraux répondent :
    « Nous tirons peu de coups de fusil, nous brûlons tous les
douars, tous les villages, toutes les cahutes ; l'ennemi fuit partout en emmenant ses troupeaux ; dans l'armée, il n'y a pas
cinq tués et quarante blessés. » En 1841, Tocqueville, ce
grand notable, concluait d'un voyage d'enquête en Algérie :
« Nous faisons la guerre de façon beaucoup plus barbare que
les Arabes eux-mêmes […] c'est, quant à présent, de leur
côté que la civilisation se rencontre. » Le colonel de Montagnac écrivait d'ailleurs en 1843 : « Il faut anéantir tout ce qui
ne rampera pas à nos pieds comme des chiens. » En 1845, le
général Pélissier enfuma un millier d'Arabes dans une grotte
du Dahra.
    Ces méthodes excitent les soldats à qui Bugeaud impose
une discipline de fer. Mais en échange, après la victoire, il
les laisse piller, violer — s'amuser, quoi. Il est toujours au
milieu d'eux, au cœur des batailles, d'où sa popularité et le
célèbre refrain : « L'as-tu vue, la casquette, la casquette, l'as-tu
vue, la casquette du père Bugeaud ? »
    Après que sa smala a été prise, Abd el-Kader se réfugie au
Maroc où il se sait soutenu par le sultan. Mais, à leur tour, les
armées du sultan sont vaincues à la bataille de l'Isly. Réduit à
faire la guerre par coups de main, ses armées détruites malgré
quelques succès au combat de Sidi-Brahim, Abd el-Kader se
rend au général de Lamoricière en 1847. La conquête est
achevée.
    « Il faut maintenant faire préférer notre gouvernement à
celui des Turcs ou d'Abd el-Kader, déclare Bugeaud. Nous
nous sommes toujours présentés aux indigènes comme plus

    1. *Reliquat*, 1847.

justes et plus capables de gouverner. Il faut faire connaître notre bonté et notre justice. »

Secrétaire de Bugeaud, Louis Veuillot, un catholique romain, regrette qu'on ne fasse pas la guerre sous une bannière sainte et que la religion ne fasse pas un devoir de douceur dont on saurait tirer meilleur parti. Il écrit à son ministre : « Les Arabes ont vu que nos procédés étaient durs et cruels, nos lois pleines de mansuétude et de faiblesse. [...] N'est-ce pas une chose propre à entretenir et à encourager la haine que nous inspirons de nous voir dans nos expéditions brûler, ravager tout, massacrer, comme il arrive trop souvent, jusqu'aux enfants et aux femmes, puis, lorsque nous saisissons un assassin isolé, le traduire avec grand soin de lui devant des tribunaux bénins, épuiser plusieurs degrés de juridiction et, enfin, après de longs procès, souvent l'acquitter ou faiblement le punir [...] il est à craindre que les colons peu scrupuleux en général ne se mettent à venger l'assassinat par l'assassinat. »

Jusque-là, l'Algérie était demeurée l'apanage de l'armée, près d'un tiers de ses effectifs s'y trouvait. Elle lui avait redonné la gloire qui s'était perdue tant que celle-ci avait été associée à la Révolution et à l'Empire : il était alors de bon ton de la persifler, note Stendhal, avec ses militaires « garnis de leurs croix, bêtes, insolents et hâbleurs, criards ». Les victoires d'Algérie mirent l'armée d'Afrique à la mode (comme, plus tard, celles d'Annam pour la marine). Mais, pour que la gloire de cette armée fût plus grande, grande devait être la force de l'adversaire. Abd el-Kader cristallise en sa personne cette reconnaissance. Elle correspondait à une réalité, puisque ce représentant d'une famille maraboutique, en s'appuyant sur l'aristocratie religieuse et réformiste, avait déjà lutté contre les communautés qui collaboraient avec le régime turc et qu'il incarnait une sorte de patriotisme arabe ou algérien. Dans sa lutte contre l'infidèle, son royaume dépassa rarement les limites de l'Oranie, mais la légitimité de son combat fut reconnue d'un bout à l'autre de ce qu'on dénommait la résidence d'Alger, même dans celle de Tunis et au Maroc, ce qui enracina la lutte contre la France dans l'ensemble du Maghreb. Son combat visait à édifier un État fondé sur l'indépendance, une notion moins mystique que

patriotique et qui ne dérivait pas du Coran. Une fois cet interlocuteur valable vaincu, ce qu'il représentait fut effacé.

Cependant, le roman de la nation française réutilisa sa
gloire passée, sous Napoléon III, en voulant en faire un partenaire de la lutte de la France en Syrie.

Ni l'armée ni le pouvoir — en l'occurrence Louis-Philippe — n'avaient de politique bien définie pour l'Algérie. Se
posait seulement une alternative concernant la mesure de la
conquête : occupation restreinte avec des *praesidios* à l'espagnole dans laquelle les projets commerciaux l'emporteraient,
l'idée d'une maîtrise de la mer, au moins de la Méditerranée
occidentale ; ou bien une occupation totale qui ressusciterait
les travaux et les jours de l'Empire romain — une référence
qui permettait de ne pas évoquer l'agression dont l'islam pouvait être l'objet.

En métropole, « colonistes » et « anticolonistes » s'affrontent. Les premiers l'emportent dès que pointe l'idée lancée
par le général Clauzel : dans dix ans, les denrées coloniales
rapporteront deux cents millions à la métropole. En vain
s'élève contre ces propos le général Berthezène, qui qualifie
de « contes orientaux » ces rêves dont on berce les imagina-
tions françaises. Les rapports de Veuillot, pourtant, n'étaient
pas très encourageants, mais qui voulait les lire ? « Cette ville
[Alger], qu'un peuple heureux semble bâtir pour de grandes
destinées, n'est qu'un hôpital et qu'une prison où règnent la
famine et la maladie. Ces soldats de si bonne mine ont la moitié de leurs camarades dans les mains des infirmières ; ces
marchands sont un avide troupeau de traitants, d'usuriers, de
spéculateurs, ramassis en grande partie d'aventuriers sortis de
toutes les boues d'Europe [...] ; la population indigène est
rongée de corruptions qu'augmente la progression constante
de ses misères, et la civilisation a plus fait sous ce rapport
que l'islamisme et la barbarie en plusieurs siècles [...]. »
Quant à la colonisation, « elle n'existe véritablement pas. On
ne vend rien, on ne consomme rien à Alger ou ailleurs qui
soit du sol. La population européenne vit de la paye, du sang,
et il faut bien le dire des débauches de l'armée. Que l'armée
disparaisse et tout disparaîtra ».

Bugeaud voit juste quand il dit : « Point de colonisation
sans culture, point de culture sans sécurité. »

Rapports à Guizot [2]

[...] Savoir ce qu'il faut faire pour tirer parti de l'Algérie, c'est une question immense. Quant à présent, d'ailleurs, un point domine tout : avant de tirer parti de l'Algérie, il faut la posséder. Le seul moyen à employer présentement, c'est la guerre [...]. La constitution guerrière des Arabes étant telle qu'on peut la défaire mais pas la soumettre. C'est pourquoi il est de la plus grande importance, Monsieur le Ministre, de mettre à la disposition du gouverneur des moyens d'action qu'il réclame, et dont l'urgence est universellement reconnue.

En même temps qu'il songe à bien conduire la guerre, le gouverneur médite un plan de colonisation qui n'est pas moins solidement raisonné que ses projets militaires : c'est la fondation de villages défensifs et agricoles, constitués de manière à pouvoir, en cas d'agression, attendre quelque temps les secours de l'armée. Ces villages formeraient de véritables tribus, sédentaires et chrétiennes, vivant du sol, s'y établissant à toujours, et pouvant en cas de guerre européenne nous garder l'Algérie ou même y nourrir une petite armée. Il faut construire d'avance les habitations, et ensuite y implanter une population brave, laborieuse et croyante capable de manier le fusil comme la charrue, ayant à défendre une famille, une nationalité, une foi. [...] Sans doute, cette population est difficile à trouver, mais il y a en Europe assez de malheureux et de persécutés pour la fournir. [...] On pourrait peut-être adjoindre aux Suisses, par l'entremise de M. Montalembert, quelques bonnes familles polonaises ; on aurait sans peine des Basques, des Alsaciens, peuples disposés à émigrer et foncièrement catholiques, ce qu'il ne faut pas perdre de vue, le sentiment religieux étant nécessaire et indispensable ici plus encore qu'ailleurs.

Un autre fait : la Mitidja est déserte. Nos fautes plus que la guerre en ont chassé les tribus qui l'habitaient jadis, et, des débris de ces tribus, de quelques émigrants des villes, de quelques Kabyles descendus de leurs montagnes, s'est formée sur les confins de la plaine, au pied de l'Atlas, la tribu féroce et hardie des Hadjoutes, plus brigands que guerriers, plus soucieux du gain peut-être que de la patrie. Occupant des retraites difficiles, embusqués dans les ravins, dans les broussailles, partout, ils nous empêchent de faire un pas en sécurité dans ce territoire désert. Ils étaient renseignés par une bande de misérables qui venaient, sous prétexte de soumission, se rendre parmi

2. Louis Veuillot, *Les Français en Algérie*, « Rapports à Guizot », appendice 1845, cité p. 38-40 et 44-46, *in La France colonisatrice*, Paris, Liana Levi, coll. « Les reporters de l'histoire », n° 3, 1983.

nous. On les accueillait, on les laissait libres d'aller et venir, et, d'après leurs avis, les Hadjoutes faisaient, de jour et de nuit, leurs pillages à coup sûr. Le gouverneur a rassemblé ces vagabonds et les a réunis sous bonne garde à la Maison Carrée. De plus, il a pris, de l'avis unanime du conseil d'administration, un arrêté ayant pour but de soumettre à de rigoureuses mesures de police la circulation des Arabes sur le territoire d'Alger : les contrevenants, saisis en armes, étaient traduits au conseil de guerre et pouvaient, dans certains cas, être punis de mort. C'est la loi qu'on porterait partout en pays conquis, et nulle part elle ne saurait être plus nécessaire qu'à l'égard des Arabes. Cet arrêté allait procurer quelque sécurité ; tout le monde le croyait du moins et s'en réjouissait. On s'en est épouvanté à Paris ; il a fallu le modifier et en partie revenir aux vieux errements procéduriers, dont l'inefficacité saute aux yeux de chacun, hormis des juges, faits à leur routine de France, dont très peu d'esprits ont la force de s'écarter.
[...] Si un Arabe d'Abd el-Kader est convaincu d'espionnage, s'il a seulement porté des proclamations contre le gouvernement d'Alger, on l'amène, on lui lit la loi, et on l'exécute. Nos conseils de guerre, la haute autorité qui doit approuver les jugements, auraient eu toujours plus de douceur. Cette forme évitait d'autres dangers. Il était à craindre que les colons peu scrupuleux en général, s'exaspérant à la longue, ne se mettent à venger l'assassinat par l'assassinat.

L'alternative de l'occupation totale l'ayant emporté, c'est également la solution des soldats-laboureurs (*ense* et *aratro*), chère à Bugeaud, qui est adoptée. Toutefois, animée par la propagande saint-simonienne, dont le père Enfantin est le chantre pour l'Algérie, l'idée fait son chemin d'une colonisation par sociétés anonymes de grandes propriétés, rationnelle, complétée par un ensemble de petits propriétaires, mais associés, tous protégés par l'armée. Les domaines des grandes tribus indigènes vont connaître le même sort, l'État intervenant chez les uns et les autres pour coordonner les grands travaux. Posant le problème colonial au cœur du développement capitaliste, ces saint-simoniens gagnent à leurs vues le général de Lamoricière. Mais c'est Napoléon III qui, plus tard, représente le mieux leurs idées dont l'accomplissement s'accommode d'un pouvoir arabe relativement autonome, alors que les petits colons ne veulent pas en entendre parler. La distinction faite désormais entre les territoires civils

et les territoires arabes ou militaires, avec leurs bureaux, procède quelque peu de ce conflit entre militaires et civils, ces
derniers l'emportant irréversiblement avec la chute du
Second Empire. Les colons, qui étaient 7 813 en 1833, sont
déjà 109 400 en 1848, et leur nombre ne cesse de croître.

Les tout premiers colons et les Maures d'Alger avaient joué
à qui trompera l'autre durant les premières années de la conquête : les Maures avaient vendu aux Français des terres qui
ne leur appartenaient pas, et, simultanément, Blida avait été
cédé par l'administration à des milliers de colons, alors que ni
la ville ni sa région n'étaient encore conquises, et ces terres
avaient été aussitôt revendues, l'État essayant de prendre
quelques mesures d'enregistrement tout en confisquant en
même temps les terres de tribus rebelles. Alors qu'on ne sait,
des civils ou des militaires, qui gouverne — une rivalité qui
occupe le devant de la scène politique —, seul Napoléon III,
saint-simonien convaincu mais aussi chantre des nationalités,
se présente comme l'ami des Arabes, leur défenseur devant
les violences de la colonisation. Or son sénatus-consulte de
1863, qui visait à consolider la propriété indigène, soulève
l'administration et les colons contre lui, et l'acte demeure lettre morte.

L'exemple de la vallée du Chélif, analysé respectivement
par Émerit et Yacono[3], permet de voir comment, pour la
population indigène, l'expropriation a suivi la conquête et a
constitué la première figure du colonialisme.

Lorsque les Français sont arrivés, on cultivait dans cette vallée du blé, de l'orge, du riz. Il y avait de petits barrages, des
arbres fruitiers et une modeste industrie familiale. L'élevage
était pratiqué sans soin, le commerce profitait seulement aux
grandes familles ; aux *khammès* — les métayers —, on donnait
le cinquième de la récolte. Avec la conquête française, les tribus sujettes ont détruit celles qui les dominaient, d'origine
turque, et qui ne payaient pas l'impôt foncier. Ainsi les Bei
Zoug Zoug se sont libérés des Ouzaghas. Les gens du Dahra
ont envahi la plaine, et les Kabyles ont fait de même en Miti-

---

3. M. Émerit, *Les Saint-Simoniens en Algérie*, 1941 ; X. Yacono, *La
Colonisation des plaines du Chélif*, Alger, 1955,

dja. L'État français s'est procuré des terres en confisquant les terres *maghzen* (de l'État) et en transformant les propriétés collectives en propriétés individuelles. Il a ainsi mis à la disposition dans la vallée du Chélif 40 000 hectares, mais quelques riches musulmans ont réussi, au passage, à agrandir leurs domaines. La colonisation libre s'est ensuite installée sur des terres que l'administration a cédées aux colons. On a doublé cette colonisation, avec la loi Wargnier, par l'établissement de villages arabes chargés de fournir la main-d'œuvre ; quarante-quatre d'entre eux sont tombés en ruine dans la région de Relizane et la famine de 1867 aurait fait périr un tiers de la population ; une partie du reste a rejoint les bidonvilles jouxtant les grandes cités. L'appauvrissement indigène, plus tard, n'a cessé de s'accentuer : en 1907, dans la vallée du Chélif toujours, chaque Européen détenait en moyenne 3,8 hectares, et chaque indigène 1,14 hectare ; en 1950, l'Européen possédait 3,8 hectares, et l'indigène 0,46 hectare. Mais, là comme dans les autres territoires civils, les textes législatifs, à la française, confondaient terres de parcours et terres incultes, indivision et propriété collective. Puis, en étendant le domaine de la forêt, on refoula les populations, qui ne disposèrent plus que de quantités réduites de terres. Le rythme de cette dépossession dépendait de la capacité des nouveaux colons à absorber ces nouvelles terres. Sauf dans les zones militaires du Sud, l'alternance renouvelée entre régime militaire et régime civil n'avait pas changé grand-chose au processus d'expropriation par des colons de plus en plus nombreux et désireux de cantonner les musulmans.

Après 1870, le programme « Algérie française » permet la relève du système de protectorat qu'avait esquissé Napoléon III. La chute de ce dernier mais plus encore la défaite de la France suscitent une insurrection généralisée qui aboutit à la proclamation de la guerre sainte, le 8 avril 1871, par le grand maître de la confrérie musulmane des Rahmaniya, Cheikh El-Haddad. Ce *dhijad* relance une guerre déjà déclarée par un notable, le *bachagha* El-Mokrani qui regroupait derrière lui 250 tribus. Plus du tiers de la population algérienne, du Constantinois à la Kabylie, est impliqué dans cette insurrection. Dès 1864, le général de Mac-Mahon jugeait que « les procédés des Européens à l'égard des Arabes étaient

durs et injustes [...] leur presse se livre à des attaques incessantes contre eux ; elle ameute les rancunes et les haines ».
Et, en 1870, le général Durrieu, gouverneur par intérim, estimait qu'un mouvement insurrectionnel impossible à prévenir
était imminent. C'est une guerre populaire, religieuse, patriotique également ; une guerre à la fois régulière et accompagnée d'attentats sanglants, comme à Palestro. Elle s'achève
par une répression très dure : « Les insurgés doivent être
dépouillés de leurs terres, de leurs bestiaux et biens de toute
sorte. Ce que nous demandons, c'est du refoulement et du
cantonnement. » On leur prit 54 000 hectares de terres, et ils
versèrent une amende de 64 millions de francs-or, soit, selon
Charles-Robert Ageron, 70 % de leur capital. « L'abîme ainsi
créé sera comblé un jour par des cadavres », écrivit alors le
général Lapasset.

    L'insurrection de 1871 marque la fin des grands soulève-
ments armés, même si quelques autres éclatent encore
ensuite. En 1848, les députés d'Algérie avaient demandé que
« leur pays fût réuni à la France comme la Corse [...] ».
« L'assimilation est un stimulant ; nous ne la demandons pas
pour les indigènes : aux Français la loi française, aux étrangers la loi internationale, aux indigènes la loi militaire. » L'arrivée des Alsaciens et Lorrains après 1871 confirme le projet
désormais bien ancré des colons : croître en nombre, assurer
la souveraineté de la population française et « l'écrasement,
j'ose dire le servage de la population indigène » (amiral Gueydon). En métropole se développe le mythe de cette assimilation que d'aucuns croient pouvoir appliquer aux Arabes...

    Pendant ce demi-siècle, l'Algérie a connu une colonisation
où les réminiscences romaines, la passion religieuse, les
notions d'honneur et de gloire, bref, une idéologie d'Ancien
Régime jouaient un grand rôle. Une nouvelle période commence après 1871, où le colonialisme triomphe, tandis que
chez les victimes la résignation gagne. Tout comme la Révolution de 1789 avait en France détruit les ordres, réduit la
société à un ensemble de citoyens, par l'application de lois
similaires, en ruinant les cadres sociaux qui préexistaient à la
conquête, la colonisation réduit les indigènes à eux-mêmes.

    Abdallah Laroui a bien vu que désormais il ne s'agit plus
pour la société d'Algérie de se reformer afin que les étrangers

puissent y exercer leurs activités — ce qui était le projet d'Abd el-Kader —, mais afin que ces Français acceptent qu'une part de responsabilité revienne aux indigènes.

Mais ils ne l'acceptèrent jamais.

Quand on consulte le recueil de photographies prises dans les douars du Constantinois en 1934 par l'ethnologue Thérèse Rivière, on est frappé de n'y trouver aucune trace de présence ou d'influence française : ni dans les manières de cultiver ou de se nourrir ni dans celles de tisser, de travailler ou de se vêtir. Ce recueil unique, si différent des images folkloriques que le cinéma offre à cette époque, témoigne qu'il y a quelque chose de vrai dans ce dicton : « La France n'a pas eu plus d'influence dans ces régions qu'une tique sur la queue d'un chameau. »

On retrouve, moins marqué, un phénomène voisin dans le Sud, « que l'islam nous cache », disait Michel Leiris. Si l'on se place vingt ans plus tard, en 1954, on observe que ce sont ces régions-là, les Aurès, le Sud, mais aussi la Kabylie, déjà révoltée en 1871, qui ont constitué les principaux foyers de la rébellion, c'est-à-dire celles qui ont été le moins touchées par la colonisation, les plus traditionnelles, les moins « clochardisées » — même si elles ont perdu une partie de leur cheptel. Il restait de l'énergie en elles, alors que dans le Nord, dans les plaines, une partie de la population était contrainte de s'adapter au régime colonial. Les notables musulmans d'abord, en rachetant des terres aux colons ou à l'administration — en 1930, 1 % des Algériens contrôlaient plus du cinquième de la terre possédée par les indigènes. Des petits commerçants aussi, exaspérés par les mesures discriminatoires prises par l'administration, et qui militaient dans les organisations nationalistes, tels les Jeunes Algériens. Et de nombreux fellahs qui se laissent engager dans la promesse que leur fait la métropole de les élever à la citoyenneté en récompense de leur sacrifice. Certains sont effectivement récompensés, mais très peu, grâce à Clemenceau notamment. En outre, pour en bénéficier largement, il faut abandonner son statut de musulman. Autre restriction, la loi Jonnart de 1919 proclamant l'égalité entre Arabes et Blancs de l'accès à toutes les professions, sauf celles de souveraineté, qui demeura sur le papier. De même que la citoyenneté française dans le statut musulman ainsi que la représentation parlementaire des indigènes demeurèrent lettre morte. De ce point de vue, l'Algérie était en retard sur le Sénégal.

Elle le resta.

La tradition républicaine évoque volontiers le projet de réformes Blum-Violette de 1936 qui devait accorder la citoyenneté à une première minorité de 21 000 indigènes distingués par leurs diplômes, les services civils ou militaires rendus, et qui provoqua à la fois la fureur des Français d'Algérie et un regain d'antisémitisme... Ainsi, non seulement les juifs avaient obtenu le statut de Français depuis le décret Crémieux en 1870, mais un juif voulait l'attribuer à des Arabes... « Nous ne permettrons jamais à un village, si petit fût-il, d'avoir un maire arabe », disait l'abbé Lambert, député d'Oran, à Ch.-A. Julien en 1936.

Vingt ans plus tard, le garagiste français d'Aïn el-Turck me disait à son tour que, « si un seul Arabe entrait au conseil municipal, il ressortirait son mauser de la guerre 14 ». Nulle haine : il partageait son plat de lentilles avec ses « ouvriers », et à la ferme, plus loin, les gosses, Arabes ou pas, jouaient ensemble, usaient les mêmes pantalons qu'on se passait d'un âge à l'autre. Il y avait seulement une triple frontière : le sexe, la politique et la hiérarchie. « Jamais je n'accepterai d'avoir un Arabe *sous* mes ordres », me confiait le directeur de la poste... Certes, car celui-ci aurait pu avoir des Européens sous les siens...

Ainsi, au civil comme au politique, le racisme sévissait à tous les niveaux. Au degré zéro, on tutoyait l'Arabe[4]. Même si on vivait ensemble, on ne se croisait pas, et l'interdit venait autant des Arabes que des Français.

Au total, très peu de musulmans — quelques professeurs, des avocats — pouvaient se hisser au niveau des maîtres européens. Mais cette petite bourgeoisie était frustrée et furieuse d'être écartée de la chose publique, déçue également par l'incapacité de la métropole à imposer des mesures démocra-

4. Pour les autres figures du racisme colonialiste, voir notre Introduction et l'article de Catherine Coquery-Vidrovitch, « Le postulat de la supériorité blanche et de l'infériorité noire ».

tiques. Les positions ne cessaient de se raidir, les écarts sociaux de se creuser, sauf pour cette minorité qui, précisément, animait le mouvement revendicatif et nationaliste.

Après Sétif, en 1945, et le comportement ambigu des communistes[5], le dernier espoir de ceux qui avaient foi en la France résidait en la prise du pouvoir par la gauche. Or il n'y eut jamais plus de truquages que lors des élections de 1947, « à la Naegelen », qui devaient donner un nouveau statut de l'Algérie : elles s'accompagnèrent de provocations, d'humiliations, de violence…

Désormais, pour les nationalistes, la solution était ailleurs.

L'« humanitarisme » au service du colonialisme

Dans une communication au colloque de Newcastle sur la colonisation (avril 2002), Bertrand Taithe, de l'université de Manchester, a analysé la réaction des autorités françaises aux calamités que l'Algérie a connues : sécheresse de 1866, tremblement de terre de 1867, famines et épidémies qui ont suivi. Il y aurait eu entre 130 000 et 450 000 victimes dans le Constantinois pour une population d'environ 1,4 million d'habitants en 1861.

À cette date, cette région se trouvait sous un régime géré par des militaires plus que par les civils et il ne manqua pas de bonnes âmes pour juger que les populations étaient vouées à une inéluctable extinction. Leur impuissance à combattre ces fléaux ne témoignait-elle pas de leur inculture, de leur arriération… Un article satirique dans *Le Figaro* du 18 mai 1868 attacha le grelot : cinq colons auraient été victimes du cannibalisme indigène. De fait, il y avait eu là une erreur de frappe — on avait voulu les tuer, ils avaient été manqués (pas mangés). Mais l'incident ouvrit le dossier de la violence indigène, des meurtres commis, des pratiques de vendetta, etc., de l'impossibilité d'« assimiler ces sauvages », comme avait pu l'imaginer la politique de Napoléon III.

Dans les faits, l'armée ne disposait pas de moyens suffisants pour sauver les populations, qui ne pouvaient compter que sur les réseaux de charité musulmane, insuffisants eux aussi.

Pour mettre fin à la misère, pour sauver le pays, il fallait ques les colons prennent la situation en main, se saisissent de la terre, mettent fin au régime militaire — ce que préconisaient

---

5. *Cf.* l'article suivant.

les libéraux, tels Prévost-Paradol, Emile Ollivier ; il fallait franciser les pratiques, christianiser le pays.

Au nom de l'humanitarisme, on déplaça des populations vers des lieux de regroupement. La prolétarisation de la population était ainsi en marche.

Au mythe d'une population langoureuse, qu'incarnaient les bains turcs et la débauche, succéda celui d'un pays sauvage, ainsi « africanisé », vidé, qu'il fallait sauver en l'occupant ; mais en l'occupant vraiment.

BIBLIOGRAPHIE

Charles-Robert Ageron, *Politiques coloniales au Maghreb*, Paris, PUF, 1973.

Jacques Berque, *Études d'histoire rurale maghrébine*, Tanger, 1938.

J. Bouvier, R. Girault, J. Thobie, *La France impériale, 1880-1914*, Megrelis, 1982.

H. Bresc et Veauvy (dir.), *Mutations d'identité en Méditerranée, Moyen Âge et époque contemporaine*, Saint-Denis, Bouchène, 2000.

Jean-Paul Charnay, *La Vie musulmane en Algérie d'après la jurisprudence de la première moitié du xxᵉ siècle*, Paris, PUF, 1991.

M. Émerit, *Les Saint-Simoniens en Algérie*, 1941.

T. Fabre et R. Ilbert (dir.), *Les Représentations de la Méditerranée*, Maisonneuve et Larose, 2000.

Raoul Girardet, *L'Idée coloniale en France, 1871-1967*, Paris, La Table ronde, 1972.

Victor Hugo, *Choses vues*, 1852.

Ch.-A. Julien, « Bugeaud », *in Les Techniciens de la colonisation*, Paris, PUF, 1947, p. 55-75 ; *L'Afrique du Nord en marche*, nouvelle édition, 1972.

M. Lacheraf, *L'Algérie, nation et société*, 1963.

Abdallah Laroui, *L'Histoire du Maghreb*, Paris, Maspero, 1970.

Gilbert Meynier, *L'Algérie révélée. La guerre de 1914-1918 et le premier quart du xxᵉ siècle*, Genève, Droz, 1981.

André Nouschi, *Enquête sur le niveau de vie des populations rurales constantinoises de la conquête jusqu'en 1919*, Paris, PUF, 1961.

D. Panzac, *Les Corsaires barbaresques : la fin d'une épopée (1800-1820)*, CNRS, 1999.

A. Rey-Goldzeiguer, J. Thobie, *Histoire de la France coloniale*, Paris, Armand Colin, 1991.

Thérèse Rivière, *Aurès/Algérie 1935-1936*, photographies, postface de F. Colonna, Paris, MSH, 1987.

A. Tocqueville, *De la colonie en Algérie. 1847*, Bruxelles, Éditions Complexe, 1988.

Lucette Valensi, *Le Maghreb avant la prise d'Alger*, Paris, Flammarion, 1969.

L. Verdès-Leroux, *Les Français d'Algérie de 1830 à aujourd'hui*, Paris, Fayard, 2001.

Louis Veuillot, *Souvenirs d'un voyage fait en 1841*, Mame, 1860, rééd. sous le titre *Les Français en Algérie*, Tchov-Lafont, 1978.

X. Yacono, « L'Algérie depuis 1830 », *in Vingt-Cinq Ans d'histoire algérienne*, 1956 ; *La Colonisation des plaines du Chélif*, Alger, 1955.

ANNEXE

Les colonisés au secours de la métropole

Une fois, deux fois — en 1914, puis en 1939 —, la métropole a fait appel, pour sa défense, à l'empire. Plus ou moins clairement, il était entendu qu'en échange de leur sacrifice les colonisés se verraient reconnaître des droits, individuels ou collectifs. Ces promesses n'ont pas été tenues et on peut juger que l'essor des mouvements de libération après 1918 et après 1945 y doit une partie de son élan, de sa colère.

Il est vrai que dès 1914 cet appel aux colonisés n'allait pas sans quelque équivoque. On connaissait le livre-manifeste du colonel Mangin, *La Force noire*, qui laissait croire que l'apport de centaines de milliers de soldats, d'Afrique noire et du Maghreb, pourrait jouer un rôle décisif dans l'affrontement qui s'annonçait avec l'Allemagne. Mais, tandis que Jaurès voit y pointer une menace prétorienne, les colons craignent que ces soldats, ultérieurement, ne se retournent contre eux, à moins qu'ils ne deviennent des citoyens à part entière, ce qu'ils combattent, assurément. Ils font ainsi obstacle aux projets du général Messimy qui, au vu du déclin démographique en métropole, aurait été favorable à la conscription. Difficulté supplémentaire, des insurrections éclatent en Kabylie et en Constantinois, qui nécessitent la présence des troupes, de sorte que les appels à l'engagement avant 1914 demeurent limités. La conscription est impopulaire pour une autre raison : les colons pensent que, par l'engagement, l'Arabe ou le Kabyle deviendront demandeurs et auront des exigences. Le problème est néanmoins de répondre à celles du gouvernement, Clemenceau demandant, en 1918, 50 000 soldats et 50 000 travailleurs. Au vrai, le total des appelés fut de 85 500 en quatre ans, celui des travailleurs, recrutés ou « libres », de 110 000 à 123 000 selon les estimations.

C'est au Maroc que le recrutement rencontre les difficultés les plus sérieuses. Le général Lyautey est pris entre deux feux : ou bien il explique que le sultan Moulay Youssef est « loyaliste » — puisqu'il déclare la guerre à l'Allemagne —, et il lui est difficile de refuser à la métropole les troupes et les travailleurs dont elle a besoin ; ou bien il doit reconnaître que l'État (*maghzen*) ne contrôle pas tout le *Siba* (l'intérieur), et son triomphalisme apparaît alors une mystification. En vérité, la métropole sait pertinemment que le pays n'est pas tout entier « pacifié ». Sans doute le sultan a-t-il déclaré que « désormais l'Empire chérifien et la France ne formaient plus qu'un seul pays », l'élite le suivant dans ces propos, mais deux confréries au moins, les Bouazzaouine et les Aïniyinne, ainsi que les cadres administratifs « modernes » — postiers, instituteurs —, sont hostiles au protectorat. Surtout, Kenitra, Taza sont assiégés par les rebelles et, dit Lyautey, « la bourrasque est rude ». « La défense du Maroc se fera en Lorraine », répond Paris, qui demande au général de se replier sur la côte pour envoyer des troupes en France. Cruel dilemme. « Tout craquera », annonce Lyautey qui préfère tenir l'intérieur, quitte à évacuer la côte. Surtout, il ruse pour envoyer le moins de troupes possible, au vrai des Algériens et des Sénégalais qui « tiennent » le Maroc. Au total, ce sont pourtant 38 bataillons dont 14 blancs et 24 indigènes, mais aussi des Marocains, les fameux tabors et tirailleurs, qui partent. Au début de 1918, pour sauver *son* Maroc, il a réussi à n'envoyer que 6 000 Marocains sur les 88 000 demandés, et Clemenceau fulmine : « On lui refusera les fonds pour le chemin de fer Meknès-Azrou. »

Ainsi, l'appel aux Marocains pose un véritable dilemme. C'est qu'en dépit des dires du sultan l'opinion demeure réticente, hostile même. Comme dans le reste du Maghreb, les sympathies des populations vont à l'Empire ottoman, au point qu'à Tunis, comme à Alger, il en est qui attendent un débarquement des Turcs. Et ceux qui en doutent comptent sur l'Allemagne de Guillaume II dont la puissance est connue. Des tracts en français et en arabe glorifient ses succès « contre les infidèles ». Depuis Madrid, l'ambassade du Kaiser fait passer de la propagande antifrançaise jusqu'en Algérie. « Ô gens du Maroc, jusqu'à quand patienterez-vous ? Profitez de la faiblesse de l'ennemi. » S'ajoute à la rancœur des tribus « loyalistes » le bilan des pertes, terrible dès 1914, puisque, sur 4 000 tirailleurs, 800 seulement ont survécu, proportion supérieure aux pertes des métropolitains. « Rien ne résiste à l'élan furieux des démons en djellaba », écrit Juin, le futur général. Avec Mangin, il les lance dans des attaques vaines.

Le paradoxe est que nombre de ces victimes deviennent bientôt les chantres de la colonisation. Car si au front, et même à l'usine, leurs conditions de vie sont innommables, elles restent à peu près égales à celles des autres Français. La guerre est une école d'égalité, et, décorés ou pas, ils n'y sont pas humiliés comme à la colonie. C'est plus tard qu'ils prendront la mesure de leur sacrifice. En Algérie, en 1920, le nombre des délits quadruple, presque plus encore en 1921, à la fois contre les propriétés, les personnes et la chose publique[1].

Après 1918, les promesses non tenues, la guerre du Rif, la politique berbère de la France n'ont pas manqué de réveiller le nationalisme marocain, de révéler l'Algérie à elle-même, d'autant que les réformes, celles de Blum-Violette par exemple, avortaient à peine annoncées. Pour les mêmes raisons qu'en 1914, loin d'être le réservoir d'hommes que la propagande exaltait, les troupes coloniales comptaient seulement 89 000 hommes en 1939. « La France ne nous a rien donné, pourquoi mourir pour elle ? » disait un mot d'ordre nationaliste en Algérie. Il y eut des insoumis.

Pourtant, avec l'effondrement de la France en 1940, un dilemme se posa aux peuples colonisés, et notamment au Maghreb. Les sympathies allaient aux Allemands, comme le disait le leader du Néo-Destour, Salah Ben Youssef, et comme en témoignent les images d'actualité de novembre 1942 en Tunisie.

Or, respectivement Allal el-Fassi et le sultan au Maroc, Ferhat Abbas en Algérie, Habib Bourguiba en Tunisie surent aller contre le sentiment populaire. Ce dernier s'expliqua avec force : « La croyance naïve que la défaite de la France est un châtiment de Dieu, que sa domination est finie et que

1. Gilbert Meynier, *L'Algérie révélée. La guerre de 1914-1918 et le premier quart du xxᵉ siècle*, Genève, Droz, 1981.

notre indépendance nous viendra d'une victoire de l'Axe considérée comme certaine, est ancrée dans beaucoup d'esprits, et cela se comprend. Eh bien, je dis que c'est une erreur, une erreur grave, impardonnable. » Il calcule que ce sont les Alliés qui vont gagner la guerre, qu'il faut les y aider, Français compris, car, ensuite, les États-Unis feront appliquer le pacte de l'Atlantique qui prévoit, à sa façon, la décolonisation. Une visite de Roosevelt au sultan du Maroc, en 1943, semble confirmer cette analyse.

De sorte que les « indigènes » d'Afrique du Nord se laissent engager dans les armées alliées, qui, en 1944, comptent 233 000 militaires en plus des Européens, bien qu'on ait dénombré jusqu'à 38 % d'insoumis dans l'arrondissement de Blida. Leur part est essentielle pendant la campagne d'Italie, à laquelle participe le caporal-chef Ahmed Ben Bella. L'A-OF avait mobilisé 42 300 hommes, l'A-EF et le Cameroun, aux côtés de De Gaulle les premiers, 22 844, et Madagascar, 27 000.

Sans doute « la France n'avait jamais été aussi consciente de la valeur de ses colonies » (René Pleven). Même les vocations coloniales s'affirmaient avec 1 300 candidats à « colo » contre 355 en 1940. Mais l'irruption des problèmes, d'abord en Syrie-Liban, puis en Indochine et au Maghreb, surprit l'opinion et la classe politique, toutes tendances confondues : plus que les déclarations de De Gaulle à Brazzaville, la Conférence de San Francisco réveilla les revendications de ceux qui s'étaient battus pour la France et que ses gouvernements successifs avaient oublié de remercier, négligeant de tenir leurs promesses : citoyenneté ou indépendance[2].

2. Sur l'Algérie et la naissance du nationalisme avant 1939, le livre déjà cité de Gilbert Meynier, que nous avons utilisé ici, est essentiel.

Estimations de l'importance numérique et composition des troupes coloniales régulières en temps de paix stationnées vers 1913 en Asie, dans les Antilles et en Afrique [3]

	Troupes coloniales (en milliers)	Proportion d'indigènes dans les armées coloniales (en % du total des effectifs)	Nombre de colonisés pour un militaire métropolitain (en milliers)
Puissances coloniales			
Allemagne[a]	6,5	62,2	4,4
Belgique[b]	18,3	97,6	24,9
Pays-Bas[c]	33,8	69,2	4,8
Italie	47,8	75,8	2,0
Portugal	10,2	69,0	1,8
États-Unis[d]	18,5	29,7	0,7
France[e]	101,6	86,7	3,6
Royaume-Uni [f]	280,7	63,9	3,7
dont Inde	247,5	69,3	4,1
Total et moyennes	517,4	69,8	3,3

[a] Afrique orientale, Sud-Ouest africain, Cameroun – [b] Congo belge – [c] Indes néerlandaises. Les troupes coloniales dans les Indes occidentales (Surinam et Caraçao) s'élèvent en 1913 à 497 hommes – [d] Philippines – [e] Troupes actives coloniales européennes + troupes indigènes régulières non compris les effectifs des troupes coloniales stationnées en métropole (28 600 en février 1914) – [f] Non compris les *dominions* (Canada, Australie, Nouvelle-Zélande, Afrique du Sud) ni la Chine du Nord.
Sources : D'après des annuaires statistiques nationaux des puissances coloniales et différentes livraisons de *Statesman's Yearbook, Statistical and Historical Annual of the States of the World*, Londres, Mac Millan & Co. : *Almanach de Gotha. Annuaire généalogique, diplomatique et statistique*, Gotha, J. Perthes. Complétés avec G. Pedroncini (sous la dir. de), *Histoire militaire de la France*, vol. 3 : *De 1871 à 1940*, Paris, PUF, 1992, p. 54 et 61.

M.F.

3. Cité p. 72 *in* Bouda Etemad, *La Possession du monde. Poids et mesures de la colonisation (XVIIIᵉ-XXᵉ siècle)*, Bruxelles, Éditions Complexe, 2000.

En Algérie :
du colonialisme à la veille
de l'insurrection
par Marc Ferro

L'héritage de Vichy

En 1948, à Oran, au lendemain des élections, on pouvait encore lire sur les panneaux électoraux de la ville : « Voter de Saivre, c'est voter Pétain ». À cette date, en métropole, on eût jugé qu'il s'agissait d'une de ces formules dont les communistes étaient familiers pour discréditer leurs adversaires politiques. En Algérie, nenni. C'était le slogan choisi par Roger de Saivre lui-même, un des anciens proches de Pétain chargé entre autres de sélectionner ceux qui méritaient de porter la francisque. Or de Saivre obtint plus de 20 % des voix au premier collège, celui des Européens.

Ainsi, le régime de Vichy était demeuré populaire, cinq ans après le débarquement de novembre 1942 puis l'installation à Alger du GPRF (Gouvernement provisoire de la République française, présidé par de Gaulle), quatre ans après la libération de Paris et la restauration des institutions républicaines.

Il est vrai que le régime de Vichy avait fait les belles heures des Français d'Algérie. Tout en s'étant montré, en métropole, plus intransigeant vis-à-vis des Allemands que ne l'étaient Pétain, Laval ou Darlan, le général Weygand avait appliqué en Algérie les lois de la révolution nationale avec la rigueur la plus extrême, à l'encontre des juifs notamment. Quant aux indigènes, le régime avait flatté leurs traditions, certes, comme un folklore, mais, sur l'essentiel, les Européens se sentaient renforcés dès lors qu'étaient écartées les velléités de l'époque de Blum et de Violette de promouvoir des mesures qui visaient à l'émancipation politique des musulmans.

Les obstacles que les autorités gaullistes rencontrèrent en 1943-1944 pour abolir les lois de Vichy, par exemple le retard à libérer des camps les internés, communistes, ou même gaullistes, témoignent de la résistance des colons à ce retour aux institutions républicaines, de la solidarité qu'ils entretenaient avec les fonctionnaires demeurés en place. La participation à la campagne d'Italie et à la libération du territoire n'avait pas entamé pour autant la nostalgie pour l'époque de Pétain. C'est en ce temps-là qu'on avait élevé outre-mer des statues en l'honneur de Jeanne d'Arc... pour ancrer la communauté algérienne dans le passé national... En Algérie même, le souvenir de Mers el-Kebir était constamment revivifié.

Dès que de Gaulle évoqua, pour les Arabes, « les droits acquis sur les champs de bataille », il s'institua en Algérie une sorte de *sudisme à la française*, d'opposition à tout ce que pouvaient impliquer de tels propos. Ce sudisme était apparu de façon embryonnaire en 1871 ; il explosa en mai 1958... (mais de Gaulle sut le récupérer). Simultanément, les nationalistes algériens des « Amis du manifeste et de la liberté » de Ferhat Abbas (le futur parti UDMA[4]) et le mouvement plus rural et plus radical de Messali Hadj (le futur PPA qui deviendra le MTLD) prennent leur élan et jugent insuffisantes les mesures prévues concernant le statut des personnes : puisque l'Algérie est composée, dit-on, de trois départements, tous ses habitants devraient devenir des citoyens à part entière et pas seulement quelques-uns d'entre eux. De plus, « nous exigeons un parlement élu », disent les nationalistes. Arrestations, répression s'aggravent au titre de l'article 80 (atteinte à l'intégrité du territoire français). Le fossé ne cesse dès lors de s'élargir entre les Européens, que le régime de Vichy a renforcés dans leur intransigeance, et les nationalistes, qui espèrent néanmoins que la victoire des démocraties modifiera le statut de l'Algérie.

4. Abréviations : CGTA, Confédération générale des travailleurs algériens ; CRUA, Comité révolutionnaire pour l'unité et l'action ; MTLD, Mouvement pour le triomphe des libertés démocratiques ; PCA, Parti communiste algérien ; PPA, Parti populaire algérien ; UDMA, Union démocratique du Manifeste algérien ; UGTA, Union générale des travailleurs algériens.

La communauté européenne est ainsi sur la défensive, ce qui ne diminue en rien son agressivité vis-à-vis du gouverneur Chataigneau, jugé trop libéral, et vis-à-vis de toute initiative venue de métropole. En face, l'impatience et l'exaspération des nationalistes s'accroissent après l'arrestation de leurs leaders. Le Constantinois devient bientôt l'épicentre de la peur et de la haine, et il y règne « une atmosphère électrique ». L'embrasement a lieu à Guelma et à Sétif à la fin des manifestations du 1er mai et du 8 mai 1945 où l'on scande : « Libérez Messali ! » À la répression succède le soulèvement des tribus (plus de cinquante mille insurgés) et une nouvelle répression, massive, appuyée par l'aviation[5].

Il est sûr qu'à cette date où doit renaître « la grandeur française » ni de Gaulle ni les socialistes ou MRP n'entendent voir l'Algérie « glisser » vers l'autonomie. Le fait nouveau est bien que, tétanisés par l'évolution de la guerre d'Indochine, les dirigeants politiques, en France, suivent le point de vue du lobby nord-africain animé par René Mayer, député de Constantine, dont l'intransigeance constitue une garantie pour les Français d'Algérie : ceux-ci comptent désormais sur l'administration pour « s'arranger » du statut de 1947 qui prévoit des élections à un double collège pour 1948. Les nationalistes algériens jugent néanmoins qu'ils peuvent encore garder espoir en la vigilance de la gauche française.

Ce fut leur illusion.

Les élections à la Naegelen

Le double collège signifiait qu'un million de Français d'Algérie disposeraient, à l'Assemblée algérienne, d'autant d'élus que les musulmans, huit fois plus nombreux. Pour l'administration, il ne fallait pas que les nationalistes y soient trop représentés. Successeur de Chataigneau, Raymond Naegelen, un socialiste, laisse se multiplier les atteintes à la liberté individuelle et à la liberté d'opinion à mesure que s'approche la date, tant attendue, de ces élections. On est

5. On trouve le récit le plus informé de ces événements tragiques dans le livre d'Annie Rey-Goldzeiguer, *Aux origines de la guerre d'Algérie, 1940-1945*, Paris, La Découverte, 2001.

traduit en justice pour avoir seulement évoqué l'indépendance (article 80). Parmi les soixante candidats MTLD (messalistes) du second collège, trente-huit sont successivement arrêtés. Surveillé par la troupe qui sévit au moindre incident, le scrutin est si ouvertement truqué qu'il donne naissance à l'expression « élections à l'algérienne ». Nous avons rencontré en personne le menuisier qui, près d'Oran, a confectionné les tables de vote qui lui avaient été commandées : introduits verticalement, les bulletins glissaient dans une trappe placée sur les côtés ; mais, soulevé, le tablier découvrait des bulletins empilés horizontalement au nom des candidats choisis par l'administration. Qu'un candidat de Kristel, averti, proteste, accompagné d'un huissier, celui-ci refuse de faire un constat de « peur de perdre sa charge ». Le sang coule à Champlain et à Descamoya, dans la commune mixte d'Aumale où, selon des témoins, des soldats occupent le bureau de vote pour assurer l'élection du bachagha Brahimi Lakadar, puis tirent sur des protestataires. Finalement, le truquage généralisé permet d'éliminer la plupart des candidats UDMA (Ferhat Abbas), MTLD ou communistes, et de proclamer « élus » ceux définis comme « indépendants », c'est-à-dire présentés par l'administration. Au total, les indépendants étaient 41, les MTLD 9, les UDMA 8, et les autres 2. Au premier collège européen, l'Union algérienne et le RPF réunis avaient obtenu 40 sièges, les indépendants 9, les radicaux et les SFIO 10, les communistes 1. Ce vote-là s'était effectué régulièrement.

Le gouvernement général commenta les élections en déclarant que le MTLD, « opposé à la présence française, avait perdu une grande partie de son influence ».

En prévision des élections cantonales de 1949, une circulaire adressée aux maires de communes mixtes explique qu'« aucun texte ne prévoit l'admission obligatoire des délégués officiels des candidats dans la salle de vote pendant le scrutin ; seuls les électeurs y ont entrée » — ce qui exclut tout contrôle : à Penthièvre, on inverse les résultats qui auraient été favorables au candidat MTLD ; à Boudouka, le candidat élu aurait obtenu 700 voix, alors que seulement une centaine d'électeurs avaient pris part au vote à cause du mauvais temps ; à une autre élection, un sous-préfet est sanctionné pour n'avoir pas « assez » modifié le résultat du scrutin, etc.

Ayant eu connaissance de certains de ces abus, le député MRP du Haut-Rhin, Fonlupt-Espéraber, envoie une lettre au ministre de l'Intérieur. On lui répond en stigmatisant « ces procédés d'agitation et de honteux chantage à l'égard des fonctionnaires ». Lors de son voyage à Alger, le président de la République, Vincent Auriol, félicite le gouverneur Naegelen pour avoir su susciter de la part de tous « adhésion et enthousiasme », et il entend le peuple entier « crier son amour de la France ».

On imagine les réactions des nationalistes algériens, de ceux qui envisageaient l'indépendance en association avec la France, de ceux, aussi bien, qui auraient accepté l'intégration, ou une solution fédérale.

Or les dates parlent clair. C'est après ces élections qu'au bureau politique du PPA, devenu MTLD, Aït Ahmed publie le manifeste qui va devenir le document fondateur de la révolution algérienne et de la création, plus tard, du FLN[6].

La part des communistes

Au début des années 1950, il peut apparaître que le Parti communiste algérien soutient massivement la plupart des revendications qui émanent des organisations nationales algériennes, que, par le chenal de l'UGTA, militants communistes et non communistes fraternisent. Toutefois, cet accord porte essentiellement sur les problèmes sociaux, le travail à la campagne ou sur les docks. Sur le terrain plus proprement politique, tout en s'affirmant plus proches du MTLD que de l'UDMA de Ferhat Abbas, les organisations d'extrême gauche sont, dans la réalité des faits, plus favorables aux revendications purement démocratiques qu'à l'aspiration des Arabes à voir reconnue leur identité collective, la « personnalité algérienne ». En outre, durant les années 1947-1952, il est clair que les communistes d'Algérie sont beaucoup plus attentifs

6. Nous renvoyons à notre *Histoire des colonisations*, p. 411-428, ainsi qu'aux travaux de M. Harbi, *Archives de la révolution algérienne*, Paris, Jeune Afrique, 1981, Benjamin Stora, *Messali Hadj*, Paris, Le Sycomore, 1982, et Gilbert Meynier, *Histoire intérieure du FLN*, Paris, Fayard, 2002.

au déroulement de la conjoncture internationale, à son contexte de guerre froide, à la lutte pour la paix que stimule
l'Appel de Stockholm, qu'ils ne se sentent vraiment concernés par des revendications d'ordre proprement nationaliste.
Par exemple, la demande de l'UDMA à propos de l'enseignement de l'arabe n'a jamais été réellement prise en considération. Au reste, à une date, 1947, où le retour au pouvoir des
communistes en France ne semble pas compromis à jamais,
l'idée d'une indépendance de l'Algérie apparaît quelque peu
contre-révolutionnaire aux communistes d'Algérie. C'est
l'époque de la guerre froide, et ils condamnent très vivement
« la pseudo-indépendance qui ne pourrait que renforcer
l'impérialisme américain ». Ils imagineraient plutôt que ce
pays pourrait constituer une sorte d'Ouzbékistan à la française, l'« Algéristan », si tant est qu'au pouvoir, à Paris, les
communistes puissent accomplir des réformes qui iraient
dans le sens d'une intégration-fédération des Républiques de
France et d'Algérie associées. D'ailleurs, à cette époque, le
PCA organise des voyages au « Turkestan » et les pèlerins, au
retour de Tachkent, ne manquent pas de chanter les louanges
de la politique musulmane des Soviétiques.

En vérité, durant ces années-là, la grande affaire des communistes algériens était de rallier les Arabes au combat pour
la paix. Dans ce contexte, la lutte de ces derniers pour leurs
revendications propres passait au second plan.

De leur côté, les Arabes sont circonspects. Ceux qui mili-
tent à l'UGTA acceptent les ordres de priorité proposés par le
bureau, mais le plus grand nombre exprime une certaine réticence. Manifestement, ils étaient méfiants vis-à-vis du PCA et
ils se rappelaient qu'à Sétif, en 1945, pour justifier l'action
répressive du gouvernement auquel ils participaient, les communistes français et algériens avaient parlé d'un « complot
fasciste ». L'UGTA jouissait pourtant, elle, d'une relative
faveur pour autant qu'elle n'est pas organiquement liée au
PCA, mais bien aux centrales syndicales de la métropole.
Cependant, les Arabes répètent qu'ils ne sont pas marxistes.
Après coup, ce trait est frappant, parce que les communistes
n'abordaient que rarement le problème de leur propre identité doctrinale. Toutefois, dans le contexte de l'époque, ce
propos signifiait seulement que les Arabes, en majorité

MTLD, se voulaient musulmans, pas matérialistes. Seuls les UDMA, amis de Ferhat Abbas et du docteur Francis, tenaient un langage plus laïc, arabisant par ailleurs. Mais étant donné qu'ils étaient considérés comme plus « modérés », comme « bourgeois », le Mouvement de la paix et les communistes s'attachaient moins à leur ralliement. Au reste, passant pour l'expression de la bourgeoisie, ils étaient par conséquent « sans avenir » et jugés avec une certaine méfiance. Or les communistes, si vigilants devant la dérive bourgeoise de l'UDMA, fermaient les yeux sur l'attachement des MTLD à l'islam ; en revanche, les socialistes (français ou arabes) se voulaient laïcs, vraiment laïcs, même si les Européens, auxquels s'ajoutaient des réfugiés républicains espagnols, étaient nombreux, à Oran notamment, et si les seconds l'étaient moins. Au Parti socialiste comme au MTLD et à l'UDMA, il existait néanmoins de forts contingents de militants arabes qui avaient l'esprit laïc : leur attachement à l'islam portait sur les aspects de sa pratique qui tiennent à la défense de l'identité arabe d'Algérie, plus qu'à une idéologie proprement musulmane.

Au début des années 1950, donc, les communistes algériens étaient ainsi greffés sur les luttes que l'on menait en France. Et, pour que leurs organisations grossissent et pèsent plus lourd sur la société algérienne, ils cherchaient à nouer une alliance avec les Arabes, soit en voulant ignorer leur attachement à l'islam, quelle qu'en fût la forme ou la fonction, soit en résistant à leurs aspirations spécifiques dès qu'elles pouvaient mettre en danger les liens que les organisations communistes, ou liées aux communistes, entretenaient avec les Arabes, et à la suite le processus de bureaucratisation et de contrôle qu'elles essayaient d'instituer. Superficiellement, on pouvait même juger que les communistes étaient tout à fait hostiles à ces aspirations pour autant qu'elles risquaient de compromettre le maintien des départements dans la République française. Quelques incidents exprimèrent ce désaccord fondamental. Lorsque, fin 1949, le MTLD propose au PCA une action commune sur la base d'une déclaration énonçant les droits du peuple algérien, et affirmant que « tous les peuples coloniaux sont en état de guerre contre le colonialisme », le PCA refuse de s'y associer, bien qu'une déclaration sur les droits du peuple algérien ait été lue au Congrès des peuples pour la paix. À Oran, pourtant, PCA et MTLD signent un texte commun, mais il n'est pas publié. Les communistes et les « centralistes » du MTLD ne sont associés que pour lutter contre la répression qui condamne 195 militants lors des procès de juillet 1951 : il est vrai que les élections « à la Naegelen » aboutissent, sur ce point aussi, à un accord contre les socialistes qui, en France également, participent à la répression.

Cette situation s'explique dans la mesure où l'électorat communiste est européen, vu l'existence de deux collèges électoraux. Dans ces conditions, même s'il comprend des Arabes au sein de son bureau, le PCA n'a que des élus européens, et ils sont nombreux puisque les communistes ont recueilli jusqu'au cinquième des voix à Oran. Paradoxalement le PCA est ainsi dominé par des Européens alors que l'UGTA, le syndicat de statut français, est composé d'une majorité d'Arabes... qui peuvent aussi bien être des membres d'autres partis politiques arabes : MTLD, UDMA, etc. Voulant s'algérianiser, le PCA finit alors par modifier la composition de ses instances dirigeantes : dès le VIe Congrès de 1952, les délégués musulmans y deviennent majoritaires. Il en va de même, ensuite, des adhérents, mais pas des électeurs.

Or, au moment où le parti commence à retourner sa position, où il veut constituer un Front anti-impérialiste pour l'indépendance — que les partis musulmans rejettent — et se rallie au slogan d'une République démocratique algérienne où il n'est même plus fait référence à l'Union française, à ce moment-là, la masse de l'électorat pied-noir est complètement hostile à toute émancipation des Arabes qui pourrait mettre en cause le monopole que les Européens exercent sur la vie politique ou, plus exactement, sur ses formes représentatives ou parlementaires. Seuls quelques intellectuels ou des membres de professions libérales sympathisant avec le PCA et connaissant les aspirations fondamentales des organisations nationalistes font exception, à côté des catholiques de gauche.

En 1952-1954, l'écho retentissant des succès du mouvement national, successivement en Iran (Mossadegh), en Égypte (Nasser), en Tunisie (Salah Ben Youssef et Bourguiba) et au Maroc (retour de Mohammed V), donne une impulsion extraordinaire au mouvement national algérien qui, jusque-là, manquait d'assurance (Mohammed Harbi). Les valeurs de l'intégration fascinaient encore un grand nombre, quelles qu'aient pu être les multiples violations et vexations que l'administration ait pu commettre à l'endroit des populations musulmanes. La défaite française de Diên Biên Phu (1954) persuade un certain nombre de militants du MTLD de rompre avec l'attitude soumise d'un parti politique, même extrémiste, mais sans avenir. La greffe de la lutte des Arabes d'Algérie sur la cause islamo-arabe agit comme un levain, comme un levier qui soulève le CRUA, puis bientôt les masses, dans un élan infini. Telle est la « révolution algérienne » de 1954 qui aboutit à la formation du FLN et à l'insurrection de novembre. Les scissionnistes du MTLD, passés au CRUA, puis au FLN, s'érigeaient, en quelque sorte, comme l'embryon d'un État algérien futur avec les prérogatives et le fonctionnement d'un gouvernement sans le nom : son exigence d'obéissance, par la terreur s'il le faut, son monopole de la décision, le terrorisme comme pratique de consolidation de son propre pouvoir, et enfin l'internationalisation du problème grâce à l'appui de Nasser et du bloc islamo-arabe.

Dans ce contexte, le PCA avait eu beau se rallier au principe de la République démocratique algérienne, il était complètement dépassé. En outre, l'allégeance du FLN au bloc islamo-arabe le maintenait prisonnier de ses anciennes réticences, sans parler de la résistance que ses ouailles pouvaient opposer à un appareil qui sentait le sol s'effondrer sous ses pieds, puisque ses troupes étaient pour l'essentiel constituées d'Européens et que, simultanément, le FLN lui demandait, comme aux autres partis, de se dissoudre.

Toutefois, il serait illusoire d'imaginer, après coup, que la « révolution » du 2 novembre 1954 fut ressentie et vécue comme telle dans tout le pays. Certes, cette date est devenue historique, et légitimement, mais c'est l'appareil FLN qui l'a instituée. Pour les populations d'alors, européenne ou arabe, qui, dans leur masse, ne connaissaient pas encore bien le FLN, la portée du 2 novembre ne fut pas vraiment perçue, une fois connus les attentats qui signèrent le commencement de la lutte armée. Les actes de terrorisme ne concernaient au début que le djebel et, pendant près d'un an, l'état de guerre ne fut pas, lui non plus, réellement perçu comme tel — sauf, naturellement, en Kabylie, dans les Aurès, et aussi au sein des organisations politiques, encore que celles-ci fussent restées discrètes sur leurs objectifs réels. Les villes étaient à dix années-lumière du drame qui était en train de naître, que les Européens voulaient ignorer à tout prix et dont la plupart des musulmans voyaient mal l'issue.

L'Oranie était davantage épargnée. Pour la masse de la population, alors que les troupes venues de métropole commençaient à débarquer à Alger, l'idée d'une solution politique apparaissait encore possible, même si, on le sait aujourd'hui, la direction du FLN entendait déjà mener la lutte armée jusqu'à l'indépendance, accompagnée pour certains, même, de l'idée de l'expulsion des Français. Toutefois, à la fin de 1955, bien peu eussent envisagé un tel aboutissement au problème algérien. Le climat politique se détériorait, assurément, mais la majorité des Européens raisonnait à partir du dogme de l'Algérie, départements français, et bien des Arabes espéraient seulement en une intégration réelle, au reste sans trop y croire. Les modérés de l'UDMA sont au croisement des chemins. Avec la victoire du Front républicain, un vrai changement semble concevable. Or tout bascule le 6 février 1956, lorsque Guy Mollet capitule devant le soulèvement des colons.

Quant aux communistes, leur retournement fut absolu. Coller à tout prix au FLN, susciter des maquis, passer dans l'illégalité, « porter des valises », tels furent les aspects divers d'une action qui s'accompagna d'un ralliement à l'indépendance, qui pour certains était antérieur au 6 février 1956. Quelques catholiques appartenant à l'ultra-gauche étaient associés à cette évolution. Néanmoins, pour l'essentiel, la population européenne se regroupa bientôt suivant d'autres critères, tels le ralliement ou la résistance à la politique de De Gaulle, ce qui, de toute façon, ne laissait plus de place à des libéraux.

Le PCA participa désormais à la lutte armée, même s'il avait perdu tous ses sympathisants, tous ses électeurs... Quant au FLN, il exigeait la dissolution de ces combattants de la libération et l'obtint, mais pas encore celle du PCA qu'il réclamait, comme celle des autres partis politiques depuis la « révolution » de novembre 1954. Ce sera pour plus tard...

Dix ans plus tôt, le PCA affirmait que l'indépendance ferait de l'Algérie une colonie des États-Unis. Simultanément, la droite française et les colons avaient déclaré que Nasser et le FLN n'étaient que des pions dans la main de Moscou. En 1955, le député pétainiste R. de Saivre soutenait encore que le vrai guide de l'insurrection algérienne était le PCA... Après coup, il est aisé de mesurer l'inanité de ces jugements. Il est néanmoins convenable d'observer qu'à l'époque où l'image de l'URSS et l'idée de la compétence des partis communistes étaient intactes, et où la présence française n'était pas mise en question, il ne venait à l'esprit de personne que les Arabes d'Algérie et le FLN l'emporteraient et qu'ils sauveraient leur identité, ici comme ailleurs, grâce à l'islam, après avoir triomphé à la fois de la puissance coloniale et du Parti communiste. Comme la révolution d'octobre 1917 en Russie, tout cela eût paru inouï et était impensable.

BIBLIOGRAPHIE

Charles-Robert Ageron, *Histoire de l'Algérie contemporaine*, Paris, PUF, t. II, 1978.

Henri Alleg, *La Guerre d'Algérie*, Paris, Scandéditions-Tem, 1961.

Jacques Cantier, *L'Algérie sous le régime de Vichy*, Paris, Odile Jacob, 2002.

Slimane Chikh, *L'Algérie en armes*, Sovices, Economica, 1981.

Consciences maghrébines, Alger, nos 1 (mai 1954) à 6.

Marc Ferro, *Suez*, Paris-Bruxelles, Éditions Complexe, 1981.

Mohammed Harbi, *Archives de la révolution algérienne*, Paris, Jeune Afrique, 1981.

Eric T. Jennings, *Vichy in the Tropics*, Stanford, Stanford University Press, 2001.

Kamel Katab, *Européens, indigènes, juifs en Algérie*, INED, PUF, 2001.

Gilbert Meynier, *Histoire intérieure du FLN*, Paris, Fayard, 2000.

Annie Rey-Goldzeiguer, *Aux origines de la guerre d'Algérie 1940-1945*, Paris, La Découverte, 2001.

ANNEXE

Contre la répression

Les protestations contre la répression et la torture n'ont pas manqué dès 1954 : les grands organes de presse, *Esprit*, *L'Express*, *Témoignage chrétien*, *Preuves*, *Le Monde* ont donné l'alerte avec, en leur sein, Robert Barrat, Jean Daniel, François Mauriac ainsi que Robert Bonnaud[1].

Rappelons pourtant que la classe intellectuelle ne s'est éveillée vraiment et manifestée politiquement qu'à partir de 1955, et surtout, après que de Gaulle a pris le pouvoir et que la conduite de la guerre ait déshonoré une partie de ceux qui la menaient. Mais, à de très rares exceptions près, cette classe intellectuelle est demeurée étrangère à la revendication arabe nationaliste et est restée dans une ignorance absolue du problème algérien.

En vérité, avant l'ère des intellectuels, il y a eu l'ère des avocats, que la tradition historique a plus ou moins passée sous silence : c'étaient eux — Me Pierre Stibbe, Me Renée Plasson, Yves Dechezelles, Me Jacques Vergès qui par leur contact avec les nationalistes avaient une vision plus réelle de la nature du conflit et de ses enjeux. Parmi les tout premiers à avoir connu la situation se trouvaient également des ethnologues, telle Germaine Tillon, et des spécialistes du monde arabe, tels Jacques Berque et Charles-André Julien.

1. Voir *supra* p. 14 son reportage publié dans *Esprit* en 1957.

Sur le terrorisme : lettre d'Albert Camus au comité Messali Hadj (25 mars 1955) [2]

Monsieur Daniel Renard   Paris, le 25 mars 1955
43 rue Liancourt
Paris (14e)
Cher Monsieur,

Je suis rentré d'Algérie à peu près au moment où vous avez essayé de me joindre et j'ai tout de suite été happé par les répétitions d'une pièce. Ceci vous expliquera les difficultés que vous avez eues à m'atteindre.

De toute manière, je ne puis songer pour le moment, pour des raisons personnelles, à accroître des activités auxquelles je ne puis plus suffire. Vous pouvez du moins, dans votre action actuelle, utiliser mon nom chaque fois qu'il s'agira de faire libérer des militants arabes ou de les mettre à l'abri des répressions policières. Mais, dans la mesure où mon opinion peut intéresser nos camarades arabes, je compte sur vous pour leur faire savoir que je désapprouve totalement le terrorisme qui touche aux populations civiles. (J'ai la même opinion du contre-terrorisme naturellement.) Le seul résultat de ces méthodes aveugles est en effet, j'ai pu le constater, de renforcer puissamment la réaction colonialiste et de réduire à l'impuissance les Français libéraux de là-bas dont la tâche est aujourd'hui de plus en plus difficile.

J'espère que je pourrai, un jour, au cours d'une conversation, vous dire avec plus de détails et de nuances mon opinion sur ce point. Mais, encore une fois, je serai avec vous dans la lutte contre la répression.
Cordialement vôtre,

Albert Camus.

2. Source : Archives BDIC.

Le *Manifeste des 121* contre la guerre d'Algérie (septembre 1960)

Publié dans *Le Monde* du 5 septembre 1960, le *Manifeste des 121* eut un large écho eu égard au grand nombre de personnalités de la vie culturelle qui le soussignèrent.

Le *Manifeste* énonçait :

« ... qu'était justifié le refus de prendre les armes contre le peuple algérien [...], justifiée la conduite des Français qui estiment de leur devoir d'apporter aide et protection aux Algériens opprimés au nom du peuple français.

[...]

« En effet, la cause du peuple algérien contribue de façon décisive à ruiner le système colonial et elle est par conséquent la cause de tous les hommes libres. »

Dû à l'initiative des *Temps modernes*, le *Manifeste* était signé en première ligne par Jean-Paul Sartre et Simone de Beauvoir, ainsi que par Jean Pouillon, Pierre Vidal-Naquet, Francis Jeanson, Robert Barrat. Cette liste de signatures d'origine comportait, entre autres, les noms des éditeurs François Maspero, Jérôme Lindon, Eric Losfeld ; des savants et universitaires Jean-Pierre Vernant, Marc Barbut, Louis Gernet, Laurent Schwarz, André Mandouze ; des écrivains, cinéastes et comédiens, Alain Resnais, Henri Lefebvre, Simone Signoret, Vercors, Claude Roy, Alain Robbe-Grillet, Jean-Louis Bory, André Panigel, Daniel Gélin, François Châtelet, Nathalie Sarraute, Jean-François Revel.

Un certain nombre d'intellectuels et de journalistes refusèrent de signer le *Manifeste*, tout en approuvant son contenu, pour ne pas entraver les négociations alors en cause entre de Gaulle et le FLN.

La décolonisation de l'Afrique française (1943-1962)

par Yves Bénot

Au 8 mai 1945, quand la Seconde Guerre mondiale s'achève en Europe, l'empire colonial français paraît intact, à l'exception de l'Indochine, occupée par le Japon, et de la Syrie-Liban, déjà promise à l'indépendance. En cette aube de la Libération — en Europe s'entend —, il est généralement admis que des réformes sont nécessaires dans ce système colonial. Des réformes seulement — à commencer par celles du vocabulaire qui remplace ministère des Colonies par ministère de la France d'outre-mer, et empire par Union française. Mais, avant même d'examiner les autres réformes, il importe de souligner qu'un mot — et la chose elle-même — est tabou : celui d'indépendance. Il le restera, même après que la défaite militaire eut contraint la IVe République à reconnaître celle du Vietnam ; elle récidivera avec l'Algérie, et cette guerre conduira le régime à sa perte. Dès la Conférence de Brazzaville[1], en février 1944, les gaullistes avaient proclamé ce tabou. Or la revendication d'indépendance n'avait pas attendu la guerre pour se faire entendre dans les pays colonisés. Elle avait retenti à Tananarive[2] le 19 mai 1929,

1. La Conférence de Brazzaville a réuni du 30 janvier au 8 février 1944 de hauts fonctionnaires coloniaux, en présence de De Gaulle, pour élaborer des projets de réformes à mettre en œuvre après la libération de la France. Il s'agissait de préserver l'empire colonial en le rénovant quelque peu. On y entendit aussi une mise en garde contre le rôle politique de l'islam.
2. Ce jour-là avait lieu une conférence publique qui avait pour objet de réclamer la pleine citoyenneté des Malgaches. La police décida d'interdire l'accès aux Malgaches, ne l'autorisant qu'aux seuls citoyens français reconnus. Il en résulta une forte manifestation qui lançait les mots d'ordre de « liberté et indépendance ».

elle s'impose dans l'Afrique du Nord, et si l'Afrique occidentale et équatoriale réclame plutôt des mesures d'égalité effective, c'est au moins une exigence d'autonomie qui s'y fait
jour. Dès le début de ce que nous appelons la Libération, les
heurts sont prévisibles ; ils vont prendre une telle âpreté que
la métropole, qui se vante d'avoir vaincu les fascismes, va utiliser les méthodes mêmes qu'elle réprouve chez eux, qu'elle
va recréer des Gestapo, employer à son tour la torture à
grande échelle. Ce qui n'ira pas sans conséquence sur la vie
intellectuelle et morale des colonisateurs, et encore plus sur
celle des colonisés, durant la lutte et après.

Pour en revenir à la situation initiale, lors du débarquement
des Alliés en Afrique du Nord en novembre 1942, c'est la
Charte de l'Atlantique à la main que ces armées sont arrivées.
Elle proclamait le droit à l'autodétermination de tous les
peuples. Faut-il s'étonner que Marocains et Algériens aient
pris au sérieux un tel engagement ? Il est vrai que la France
libre n'était pas encore signataire de la Charte à cette date,
mais enfin elle était dans le camp des Alliés. Aussi, dès le
printemps 1943, apparaît un premier manifeste algérien, présenté par Ferhat Abbas, qui réclame une existence autonome
pour le pays[3] ; il précède de quelques mois le premier manifeste marocain, en décembre de la même année, d'où est issu
le parti de l'indépendance ou Istiqlal[4]. On sait que Ferhat
Abbas, à ce moment-là, se serait contenté d'une République
algérienne fédérée à la France à laquelle il aurait encore laissé
la Défense et les Affaires étrangères. Mais les militants du
Parti du peuple algérien (PPA) dirigé par Messali Hadj,
alors en résidence surveillée après avoir été emprisonné,
étaient beaucoup plus exigeants — et sans doute plus proches des aspirations du peuple. Néanmoins, il y eut pendant
quelque temps une alliance entre les deux mouvements face

    3. Le manifeste est remis le 31 mars 1943 à Peyrouton, encore gou-
verneur de l'Algérie à cette date bien qu'ayant été vichyste ; puis un
additif, plus vigoureux, est remis le 11 juin au général Catroux, gouverneur gaulliste.
    4. Le parti a été créé le 23 décembre 1943 et le manifeste remis au
sultan le 11 janvier 1944, avec copie adressée au résident général
Gabriel Puaux.

à la mauvaise volonté très vite montrée par le gouvernement provisoire de De Gaulle installé à Alger. Emprisonnements de dirigeants et militants, propositions d'élargissement de la citoyenneté absolument dérisoires, telle fut la réponse adressée à Alger. Au Maroc, ce fut beaucoup plus grave en janvier 1944.

Le parti de l'Istiqlal avait présenté le fameux manifeste au sultan — déjà suspect depuis qu'il avait rencontré en tête à tête Roosevelt en juin 1943 — sans passer par les autorités coloniales. On doit rappeler qu'officiellement le Maroc n'est pas une colonie, mais un protectorat, et aussi que l'on s'y est battu jusqu'en 1934. Mais, en 1944, les troupes de ce pays combattent avec les Alliés sur le front d'Italie. Aussi bien l'Istiqlal demande-t-il que le Maroc participe aux futures négociations de paix. Rien de tout cela ne convient au nouveau pouvoir gaulliste, le sultan est sommé de désavouer l'Istiqlal, ce qu'il fait parce qu'il ne peut pas agir autrement. L'affaire est-elle terminée ? Nullement. Alors intervient la provocation, qui consiste cette fois dans l'arrestation de dirigeants connus et populaires de l'Istiqlal. Le lendemain, la foule manifeste à Rabat et dans d'autres villes, et les Forces françaises libres tirent dans le tas. À Fès, le mouvement de protestation prend une telle ampleur qu'il faudra un siège de quatre jours pour reprendre la ville. Au moins soixante morts dans cette opération. Ce premier massacre de l'après-Libération a lieu juste avant la conférence « réformiste » de Brazzaville. Il sera peu connu en Europe, mais le souvenir ne s'en perdra pas dans le protectorat. En Tunisie, autre protectorat, ce sont sans doute les arrestations massives opérées juste après le retour du pouvoir français, couplées avec le détrônement du bey, qui sont vivement ressenties par la population, réduite provisoirement à l'impuissance. Enfin, quand de Gaulle quitte Alger pour Paris, à l'été 1944, il a déjà perçu la montée de l'aspiration nationale dans le pays et, conséquemment, il a donné des ordres pour que l'Algérie « ne nous glisse pas entre les doigts[5] » ; le général Martin se charge d'y veiller. Pendant ce

5. Cité dans un rapport du 14 novembre 1946 du général Henry Martin, nommé commandant en chef des troupes en Algérie en août 1944 ; voir *La Guerre d'Algérie par les documents*, t. I, Vincennes,

temps, les troupes algériennes sont présentes sur les fronts d'Europe. Quant à la population française d'Algérie — les mobilisés mis à part —, elle dont la majorité a été vigoureusement vichyste, alors que les Algériens n'ont pas collaboré, elle juge de Gaulle trop complaisant à l'égard des revendications de ceux qu'elle nomme « indigènes ». On ne saurait trop insister sur cette donnée que la fin du fascisme ne se traduit pas en Afrique du Nord, ou encore à Madagascar, par des changements concrets dans les conditions d'existence, sauf la participation à la guerre. Les peuples de ces régions estiment que cette participation leur donne des droits et qu'il ne devrait pas être possible de continuer comme par le passé. Mais le pouvoir est surtout soucieux de maintenir la présence française, comme on dit élégamment, c'est-à-dire une domination étrangère. C'est ce climat heurté qui va déboucher sur la première tragédie du nouvel après-guerre, les massacres du Constantinois en mai-juin 1945.

Ici encore, une provocation au point de départ. Le dirigeant le plus populaire d'Algérie, Messali Hadj, est brusquement déporté dans l'extrême Sud avant d'être exilé au Gabon. Cela se passe à la fin avril 1945, alors que l'on sait que l'issue de la guerre est proche, et, de plus, juste à la veille du 1er Mai. C'est une fête légale dans un pays où se sont reconstitués les syndicats, notamment la CGT, et le Parti communiste algérien. De même les Amis du manifeste sont officiellement légaux. Le PPA, qui est, lui, toujours clandestin, a donné pour consigne à ses militants de participer aux défilés en arborant le drapeau algérien, signe ostensible de la revendication de l'indépendance. Des slogans réclamant la libération de Messali surgiront tout naturellement. Ces jours-là, l'ONU est en train de se mettre en place, et les colonisés attendent d'elle qu'elle donne corps au principe général d'autodétermination, tandis que du côté de l'Orient se constitue au Caire la Ligue arabe. Donc, le drapeau apparaît à Alger et à Oran, et la réaction de la police est immédiate et brutale ; les premiers morts tombent. Dans les jours suivants, à Alger,

SHAT, 1990, p. 171. Ce volume concerne les origines de la guerre à partir de la libération de l'Afrique du Nord, et demeure une des sources utilisables pour les événements de mai-juin 1945.

il y aura des arrestations, des militants torturés, au moins un d'entre eux[6] ne sort de prison que pour mourir des suites de ces mauvais traitements. Pour le jour où sera annoncée la fin des hostilités en Europe, le PPA a transmis aussi la consigne de manifester, si possible avec les Européens, de faire apparaître le drapeau interdit, de lancer les mots d'ordre d'« Algérie indépendante » et de « Libérez Messali ». En effet, les Algériens défilent dans de nombreuses villes, sauf à Alger et à Oran où la répression s'est déjà abattue ; un peu partout, il faut y insister, pas seulement dans le Constantinois, à Sétif ou à Guelma. Les consignes du PPA, notons-le, ne prévoient nullement une insurrection ; même si de nombreux militants y pensent sans aucun doute, elle n'est pas préparée par une direction qui n'en lancera l'ordre qu'après dix jours de répressions atroces, pour l'annuler presque aussitôt devant l'impossibilité pratique de l'appliquer. Pour le 8 Mai, les directives policières sont de n'autoriser les manifestations algériennes que sous la condition expresse qu'il n'y ait pas de drapeau algérien ni de banderoles et mots d'ordre dits subversifs ; telle est la conception coloniale d'une journée où l'on devrait célébrer le retour de la liberté ! À Sétif, l'importante manifestation qui se rassemble de bonne heure se met en marche pour se rendre au monument aux morts, après que les cadres ont vérifié que personne ne porte d'armes. C'est dans la ville européenne — toute ville coloniale comporte sa ségrégation — que le drapeau est brandi par un scout musulman qui marche en tête. Les policiers se précipitent. Un Français, le président de la délégation spéciale, autrement dit le maire de la ville, crie de ne pas tirer, et il est immédiatement abattu, en même temps que le scout algérien. C'est alors, alors seulement, que la foule, estimée à quelque huit mille personnes par la police, se déchaîne, riposte avec tout ce qui lui tombe sous la main et s'en prend aux membres de la

6. Il s'agit d'Ahmed Ouaghenoun, organisateur de la manifestation du 1ᵉʳ Mai ; voir Aït Ahmed, *Itinéraire d'un combattant,* Paris, 1983, p. 30. Le même indique aussi, p. 205-206, que le colonel Schoen, chef des services de renseignements du gouvernement général, avait essayé d'obtenir qu'il se livre à la police, moyennant sa promesse écrite qu'il ne serait pas torturé…

nation colonisatrice qu'elle a devant elle. Police et gendarmerie continuent à tirer, et tuent. Combien de morts ? vingt,
trente, quarante ? C'est la nouvelle de ce premier massacre
qui, en se répandant dès le début de l'après-midi, entraîne
d'énormes rassemblements paysans dans toute la région,
entre Sétif et la mer. Cette fois, c'est en effet une insurrection
spontanée qui s'attaque aux centres de colonisation de sa
zone. Le soir, nouveau massacre dans des conditions analogues à Guelma, où le sous-préfet Achiary avait tout prévu, y
compris l'armement des milices des colons qui vont se répandre jusque dans la prison et y procéder à des exécutions sommaires. Les insurrections spontanées s'étendent à une région
assez étendue, mais presque exclusivement les 8 et 9 mai.
L'intervention de l'armée, qui avait été préparée au cours de
manœuvres dans les mois précédents, permet une reconquête
très rapide des quelques centres que la foule avait occupés.
Mais son action va durer pendant plusieurs semaines, en
complément de celle des milices des colons armés. La population algérienne tente d'échapper au feu des soldats en se
réfugiant dans les montagnes. Elle y est poursuivie par l'aviation, tandis qu'un vaisseau de guerre canonne le rivage.
L'armée incendie les villages, pille ce qu'elle peut. L'ampleur
de ces massacres ne peut pas être chiffrée, même aujourd'hui.
Plus exactement, on dispose d'un chiffre précis pour les victimes européennes : 103 morts, dans lesquels sont inclus des
soldats, des tirailleurs sénégalais, alors que, pour les Algériens, les seuls chiffres fournis à l'époque par le ministre
socialiste de l'Intérieur, Tixier, de l'ordre de 1 100, ont toujours été jugés bien en dessous de la vérité. On pense généralement que ce serait 6 000 à 8 000 Algériens qui auraient
été tués. Parmi eux, il est bien établi que figurent des
familles de militaires qui dans le même temps servaient dans
l'armée française. Que dire de tel de ces soldats qui, à son
retour dans le Constantinois, découvre que tous les membres
de sa famille ont été jetés dans un ravin et qu'ils sont morts
dans d'atroces souffrances ? Pendant ces quelque six semaines, on tue, mais on veille aussi à faire souffrir, et la revanche
des colons et du pouvoir, pour avoir eu peur pendant quelques heures, est du même type que celle des nazis à Oradour-
sur-Glane quelques mois auparavant.

En France, bien que, même encore censurée, la presse ait mentionné les événements, les partis politiques sont loin de prendre conscience de la gravité de l'avertissement. Il est vrai que leur simultanéité avec un jour de fête, avec le climat euphorique à gauche de la période 1945-1946, aurait pu créer un malaise — pour le moins. En Algérie, les conséquences sont d'une autre dimension. Après la répression, avec ses morts et ses blessés, il y aura une répression judiciaire (28 exécutions), et un certain nombre de condamnés (une soixantaine au moins) ne retrouveront la liberté qu'à l'indépendance en 1962. D'autres, dès cette date, dans les Aurès et en Kabylie, prendront le maquis et seront en quelque sorte à pied d'œuvre lors du déclenchement de la guerre. Mais, surtout, il est apparu que l'espoir d'une voie pacifique, ou relativement pacifique, à travers manifestations, pétitions vers l'indépendance, était vain, et que seule une insurrection sérieusement préparée permettrait un jour d'y parvenir. Malgré cette conviction déjà répandue, en 1947 encore, la population participe aux élections municipales à l'appel de Messali, alors en liberté pour une assez brève période. Or, dès l'année suivante, le truquage électoral des élections à l'Assemblée algérienne enlève les dernières illusions à cet égard. Tout compte fait, il n'y a rien d'exagéré à voir dans les massacres de 1945 le point de départ du processus qui conduirait inévitablement à la guerre pour l'indépendance. On sait que le général Duval, qui avait commandé les opérations militaires dans le Constantinois, avait estimé que la répression assurait à la colonisation dix ans de répit, mais que les choses recommenceraient de façon beaucoup plus dramatique si rien n'était fait dans l'intervalle. Rien de sérieux ne fut entrepris. Les réformes intervenues ne changeaient rien pour la masse des Algériens, et ce n'était pas seulement des problèmes économiques qui se posaient pour eux.

Certes, il y a eu dans la période 1945-1947 des réformes du système colonial français, des réformes qui, dans la mesure même où elles n'étaient pas de façade, soulignaient par contrecoup ce qu'avait été la réalité coloniale, et dont il allait rester bien des traces. La principale consistait dans la suppression de l'indigénat, autrement dit de la confusion des pouvoirs exécutif et judiciaire entre les mains du représentant local de l'administration coloniale. Or non seulement ce pouvoir pratiquement absolu de l'administrateur n'allait pas disparaître subitement, mais, comme il n'y avait pas de corps judiciaire tout prêt sous la main, l'emploi, parmi d'autres fonctions, de juges d'instruction improvisés a été, on le verra à Madagascar notamment, catastrophique du point de vue du respect des droits de l'homme. Il faut une loi en 1946 pour abolir le travail forcé, dont la France, quinze ans plus tôt, niait l'existence, mais les sanctions en cas d'infraction ne seront définies qu'en 1952, lors du vote du code du travail outre-mer — car le code du travail français irait trop loin pour des colonisés ! En Algérie, les communes dites mixtes, c'est-à-dire régies par des administrateurs coloniaux, se maintiendront jusqu'à la guerre. Bien des décrets ou dispositifs anciens que l'on aurait cru avoir été abrogés subsistent et servent au bon plaisir du pouvoir. Ainsi utilise-t-on dans les protectorats une ordonnance de Louis XVI concernant les pouvoirs des représentants de la France dans l'Empire ottoman pour expulser les Français jugés subversifs. Les pouvoirs des gouverneurs des colonies, rebaptisés hauts-commissaires, dépendront jusqu'à la fin d'un sénatus-consulte de Napoléon III !

Les réformes, en vérité, touchent essentiellement l'Afrique au sud du Sahara, où l'on cherche à éviter que ne s'impose la revendication de l'indépendance. Mais ce qui est concédé, des assemblées territoriales élues pour l'instant à un suffrage sélectif, limité, ce sont des organes représentatifs finalement dépourvus de pouvoir réel, et qui sont souvent obligés, même après discussions vives, de ratifier les volontés des autorités. Ce qui a effectivement changé par rapport à l'avant-guerre, c'est l'orientation économique voulue par la métropole. Alors que, depuis une loi du 13 avril 1900, il était prescrit aux colonies de se financer sur leurs propres ressources, sauf pour les dépenses militaires, désormais, avec la création du Fonds d'investissement pour le développement économique et social pour l'outre-mer (FIDES), la métropole va engager des investissements importants, notamment dans le domaine des transports — routes et ports — ainsi que de l'Éducation nationale. Il faut tout de même rappeler que les Africains avaient aussi affirmé leur volonté de ne plus vivre

comme avant, au cours de la période de la Libération, par la
création de syndicats, dont celui des planteurs africains en
Côte-d'Ivoire qui avait engagé la lutte contre le travail forcé
sous la direction d'Houphouët-Boigny.

Le député Gabriel d'Arboussier, de Côte-d'Ivoire lui aussi,
intervient alors pour conter comment, en 1942, les administrateurs de cette colonie ralliée à de Gaulle s'étaient élevés contre
le travail forcé et comment certains d'entre eux avaient, à la
suite de cela, reçu des ordres de congé pour maladie[7]...

« C'est la colère contenue, refoulée, c'est la révolte muette
de tout un peuple qui accepte, impuissant, une situation insupportable et indigne ; c'est la haine contre le chef indigène qui
ne peut dire la vérité de peur de perdre sa place ; c'est la haine
contre le chef de division qui parle souvent de liberté sans
jamais la donner ; c'est la haine qui nie, par ailleurs, toutes les
bonnes actions.

Voilà ce qu'on ne sait pas sur Oudinot[8] et que vous devez
savoir !

L'indigène ne peut plus comprendre ni admettre ce servage,
cent cinquante ans après la Déclaration des droits de l'homme
et du citoyen et cent ans après l'abolition de l'esclavage.

Monsieur le ministre [Marius Moutet, socialiste], lorsque
vous étiez le président de la Commission des territoires d'outre-
mer, je vous avais demandé de faire insérer dans la Constitution
nouvelle la suppression de toute forme de travail obligatoire
dans les territoires d'outre-mer. Je ne sais si la commission de la
Constitution a réservé bon accueil à cette suggestion qui avait
reçu l'approbation unanime des membres de la Commission
des territoires d'outre-mer.

Quoi qu'il en soit, certains collègues et moi-même avons
déposé une proposition de loi tendant à la suppression radicale,
immédiate, du travail forcé. Chargé de la rapporter devant l'Assemblée, j'espère que l'occasion me sera bientôt offerte, d'une part,
de calmer les craintes de mon honorable collègue, M. Reste, quant
au ramassage des produits cette année et dans les années à venir,
et surtout de réfuter les accusations par trop intéressées des sabo-
teurs, des partisans de la politique de facilité, de la manière forte,
qui prétendent condamner irrémédiablement l'avenir économique

7. Cité p. 181-183 *in* Félix Houphouët-Boigny, *Discours sur le travail forcé*, *in* Félicien Challaye, *Un livre noir du colonialisme*.
« Souvenirs sur la colonisation », Paris, Les Nuits rouges, 1998.
8. Siège du ministère des Colonies, puis de celui de la Coopération. (NDLR)

698	LE LIVRE NOIR DU COLONIALISME

des territoires d'outre-mer du fait de la suppression du travail forcé.

Pour ne pas tomber dans des redites inutiles, je me bornerai aujourd'hui à déclarer que la liberté que nous réclamons n'est pas celle de dormir à longueur de journée à l'ombre de nos bois, mais la liberté de produire — excusez le terme — librement et davantage. Et maintenant disons quelques mots des conséquences politiques et sociales du recrutement forcé de la main-d'œuvre. Je ne vous cacherai pas la désaffection progressive de la France de la masse indigène, de ceux, du moins, qui l'exploitent cyniquement en son nom. La méfiance est née ; elle est mauvaise conseillère.

La suppression du travail obligatoire donnera à ceux qui représentent la France là-bas plus de liberté pour agir selon leur conscience.

Nous avons entendu parler, ici, de la mainmise des agents des trusts sur la vie politique et économique du pays, du sabotage savamment organisé par les réactionnaires. Et cela s'accomplit dans la métropole, où le gouvernement est le mandataire du peuple, où la critique est aisée et permise.

Imaginez la situation, devant ces mêmes agents, de tout un peuple à qui l'on a refusé jusqu'ici les droits attachés à la personne humaine, de tout un peuple encore soumis à une juridiction d'exception, incapable de s'exprimer, de critiquer, encore moins de se plaindre, et placé sous la tutelle d'une administration elle-même esclave.

En 1924, ému par le travail obligatoire auquel les colons recouraient exclusivement sans souci de la personne humaine, le gouverneur général Brunot, alors gouverneur intérimaire de la Côte-d'Ivoire, en ordonnait la suppression immédiate. Ce fut un tollé général. Le gouverneur fut froidement limogé, et l'année dernière encore, en octobre, quand il partit briguer les suffrages des colons et eut la franchise de dire qu'il s'opposait de toutes ses forces au travail forcé, vous savez comment il a été compris ! »

Au Cameroun, la naissance des syndicats suscite une telle hostilité des colons qu'ils tentent, en septembre 1945, de s'emparer du pouvoir et n'échouent que devant l'envoi de parachutistes. On assiste aussi à la naissance de partis politiques locaux, et dans certains cas, en Guinée surtout, de manifestations violentes contre les élections truquées par l'administration. Ici encore, la répression coloniale entre en action sous des formes multiples. On doit rappeler l'affaire de Thiaroye au Sénégal, près de Dakar, en décembre 1944. Dans ce camp militaire avaient été envoyés des tirailleurs sénégalais, libérés de camps de prisonniers en France (car les nazis, par pur racisme, avaient veillé à ce qu'ils ne pénètrent pas en Allemagne...). Le gouvernement leur devait un pécule non négligeable que, malgré leurs réclamations, il avait refusé de leur régler en France. Il ne leur avait pas davantage été payé une fois qu'ils avaient débarqué à Dakar, contrairement à la promesse faite. D'où une manifestation de protestation — qu'il est permis de qualifier de légitime —, et l'intervention militaire brutale. Là encore, des morts et des blessés, des condamnés qui ne sortiront de prison qu'à la faveur d'une amnistie en l'honneur de la visite du président Auriol en avril 1947. À Conakry, autres tirs mortels lors de manifestations en 1945. Au Cameroun, juste avant le coup de force mentionné plus haut, s'était réunie une sorte d'assemblée des colons français d'Afrique, essentiellement ceux de Côte-d'Ivoire et du Cameroun, pour la défense du statu quo colonial. Il s'agissait surtout d'exploitants forestiers à cette époque, ceux dont la dureté a été bien décrite par Albert Londres dans *Terre d'ébène*.

Cependant, le climat colonial n'est pas seulement fait de ces drames ostensibles et de plus ou moins grande amplitude quant au nombre des victimes. Il est d'abord celui de l'injustice ou du mépris dans la vie quotidienne des colonisés, y compris dans le langage. Il va de soi que cela commence par la grande liberté dont dispose la police, laquelle comprend aussi les policiers recrutés sur place, généralement dans les régions où la misère et le manque de travail rémunéré sont les plus aigus, et qui transmettront plus tard ces « traditions » dans les États indépendants. Contrairement à ce que l'on croit souvent, l'emploi de la torture n'a pas commencé avec la guerre d'Algérie, ni même avec les arrestations de 1950-1951 dans ce pays : elle était avant cela une pratique fréquente, et pas spécialement réservée aux détenus politiques. L'épisode suivant se passe au Maroc vers 1950, dans une zone au nord de l'oued Sebou. Un colon français avait acheté à un prix fort satisfaisant à un caïd voisin un terrain qui lui convenait pour étendre son orangeraie. Seulement, le terrain en question était depuis fort longtemps occupé et cultivé par un paysan marocain, qui sans doute ne disposait pas, comme le caïd, de papiers en bonne et due forme. Aussi, quand ledit colon voulut aller visiter son acquisition, il fut mal accueilli, chassé, et même, semble-t-il, giflé. L'appel à la gendarmerie ne tarda pas, le paysan et ses fils furent arrêtés et torturés à l'électricité, pour les convaincre de ne pas s'obstiner à défendre leur droit. Un exemple parmi d'autres, certainement. Dans la même région, un autre paysan, qui était aussi une sorte d'instituteur en arabe, avait longtemps auparavant vendu un bout de terrain contre une rente viagère. Elle avait été payée au début, puis, très vite, les paiements s'étaient interrompus. Que faire ? Au cadastre — car il y en avait un, bien que lacunaire —, le terrain était toujours inscrit à son nom, ce qui ne changeait rien à la réalité.

Peut-être jugera-t-on, de loin, qu'à côté de tant de faits de spoliation l'habitude de systématiquement tutoyer les « indigènes » serait une insulte mineure. On aurait tort, car c'est un rappel quotidien de la discrimination. Les petits faits ne manquent pas. À Conakry, c'est seulement un peu avant l'indépendance, au moment de la loi-cadre entrée en vigueur en 1957, que les cafés s'ouvraient à toute la clientèle sans distinction de couleur. Bien sûr, il n'y avait nulle interdiction officielle, mais il reste que, vers 1950, voir un Africain dans un café de la ville européenne éveillait le soupçon qu'il devait être fort engagé avec le pouvoir colonial. La ville coloniale était pratiquement ségrégée, encore une fois sans nulle décision officielle, mais le fait est qu'un Africain trouvé par la police la nuit dans la partie européenne risquait de se faire arrêter.

Tandis qu'en Afrique, au nord comme au sud du Sahara, tout cela est de plus en plus difficile à supporter et que l'organisation politique progresse, l'opinion française, à quelques exceptions près, dont nous parlerons plus loin, demeure totalement opposée à la reconnaissance des indépendances qui s'annoncent ; elle s'en remet à l'espoir d'une consolidation de la nouvelle Union française. Les motivations sont multiples : outre la considération des intérêts économiques et financiers, il y a l'inquiétude que l'influence américaine, voire anglaise, ne supplante celle de la France. En ces années, il est encore question d'un anticolonialisme américain, auquel parfois les colonisés croient aussi — pour leur malheur, dans le cas de Madagascar. Cette considération semble avoir pesé notamment chez les communistes français. Il y a aussi, obscurément, la crainte et la diabolisation de l'islam. Il y a la peur de la violence de l'éventuelle insurrection des colonisés, alors même que la violence est permanente dans la vie coloniale — et qu'elle peut se retourner contre les Français « subversifs ». Mais sans vouloir analyser de plus près cette opinion pas toujours bien informée, ni par ailleurs relever ici toutes les protestations élevées contre les répressions coloniales, on s'en tiendra à un article important du philosophe Paul Ricœur publié dans l'hebdomadaire *Réforme* du 20 septembre 1947, et qui énonce des principes « très généraux » absolument opposés à la politique effectivement pratiquée à cette date, au Vietnam ou à Madagascar, pour ne citer que les exemples les plus sanglants. Paul Ricœur résume ainsi sa position :

« La colonisation a pour fin la libération des indigènes ; la faute originelle de la colonisation précède toutes les agressions unilatérales des indigènes ; l'exigence même prématurée de liberté a plus de poids moral que toute l'œuvre civilisatrice des pays colonisateurs ; le racisme est le vice des Français aux colonies ; ce sont des minorités qui représentent la conscience nationale des peuples colonisés. Ces principes peuvent tout au plus créer un climat favorable pour apprécier sans colère ce mouvement de l'histoire coloniale qui en ce moment passe rapidement au stade de la libération avant d'avoir tiré tout le bénéfice du processus civilisateur des nations colonisatrices. [...] Oui, je crois que, comme chrétien, je dois dire oui à un mouvement de l'Histoire qui crée de la liberté. [...] Même si cette liberté est entachée d'illusion et de violence, elle est à sa racine une valeur positive ; c'est le trésor des nations. »

Ce texte remarquable répond par avance à tous les arguments qui seront avancés pour justifier la persistance du système colonial et l'emploi de la force brutale afin de tenter de le prolonger. Ce qui nous permet de nous abstenir de plus amples commentaires.

Rappelons seulement qu'à cette date un des pires massacres de l'après-guerre est encore en cours, à Madagascar. Alors que les représentants des grands ensembles d'Afrique-

Occidentale et d'Afrique-Équatoriale françaises ne demandent pas l'indépendance mais ce que l'on appelle l'« émancipation africaine », mot d'ordre du parti fondé en octobre 1946, le Rassemblement démocratique africain (RDA), d'emblée suspect parce qu'il est allié avec le Parti communiste français, les députés malgaches — deux en 1945, trois en 1946 — se mettent à réclamer l'indépendance, dans le cadre de l'Union française, ajoutent-ils. C'était en mars 1946, juste après l'annonce de l'accord avec Hô Chi Minh du 6 mars, qui donnait au Vietnam une large indépendance précisément « dans le cadre de l'Union française ». Mais le projet de loi que les députés déposent n'est même pas imprimé ni distribué. En septembre, ils récidivent. Ils ont dans l'intervalle créé un parti, le Mouvement démocratique de la rénovation malgache (MDRM), devenu tout de suite la bête noire des ministres défenseurs du colonialisme, en tête, le socialiste Moutet, ministre de la France d'outre-mer du début de 1946 à la fin de 1947, autrement dit, principal auteur de la nouvelle Union française ; Georges Bidault, MRP, président du Conseil à l'été 1946 et souvent ministre des Affaires étrangères, donc responsable des protectorats de Maroc et Tunisie ; et le président de la République lui-même jusqu'au début de 1954, le socialiste Vincent Auriol. Le gouverneur général envoyé par Moutet, de Coppet, a la réputation d'un libéral, parce qu'il a été l'ami d'André Gide dont il a favorisé le voyage au Congo. En fait, il est choqué d'entendre dès son arrivée, en mai 1946, le cri d'indépendance dans des manifestations de rue à Tananarive. Il s'efforcera de limiter les libertés, de multiplier les arrestations sous des prétextes divers de manière à affaiblir autant qu'il se peut le jeune MDRM. Avant la création du parti existaient des sociétés secrètes indépendantistes dont les membres intégrèrent pour la plupart le parti. Cette base fut sans cesse exposée aux tracasseries policières. Un de ses dirigeants, Monja Joana, est arrêté dès 1946 et condamné. Aussi les militants ne sont-ils pas loin de juger que les députés se font des illusions s'ils comptent sur les élections pour atteindre leur but ; ils croient de moins en moins à une voie pacifique. Le pouvoir colonial complète la répression par des manœuvres de division. Il entreprend d'appuyer et de mettre à son service un autre parti qui a surgi vers l'été 1946, le parti des déshérités (Padesm). D'où un violent conflit politique interne. Plus généralement, la propagande officielle tente d'opposer les populations « côtières » à celles des hauts plateaux de l'Imerina. Confondant statut social et « ethnie », la même propagande décrète que les Hova (hommes libres ou nobles) sont à Madagascar des oppresseurs du reste du peuple, et que c'est le pouvoir colonial qui seul protège ce peuple de ces dominateurs dont le MDRM serait l'instrument. C'est à peu près ce que Moutet exposera sans ciller à l'Assemblée nationale quand les événements auront éclaté. Aux élections législatives d'octobre 1946, le MDRM emporte encore les trois sièges de députés. Au 30 mars 1947 doit avoir lieu l'élection des conseillers de la République, et celle-là aussi sera gagnée par le MDRM. Il en va un peu différemment pour l'Assemblée territoriale, non que le parti n'ait pas eu la majorité des voix, mais parce que Moutet a divisé l'île en cinq régions, dotées chacune d'une assemblée formée de deux collèges, qui désignent les délégués constituant l'assemblée centrale. Il aurait suffi que la minorité Padesm du collège malgache s'allie à la majorité coloniale du collège des colons pour mettre en échec la majorité démocratique des colonisés. Mais on n'a pas eu à en venir là.

Donc, à la fin mars 1947, deux des députés, Ravoahangy — un vieux militant — et le poète Rabemananjara — que de Coppet connaît —, sont à Madagascar pour la campagne électorale des conseillers de la République, le troisième, Raseta, lui aussi compagnon de lutte de Ravoahangy dans l'entre-deux-guerres —, étant resté à Paris. Dans la nuit du samedi 29 au dimanche 30 mars, l'insurrection éclate. À la vérité, les services de renseignements français étaient au moins partiellement au courant, puisque à Fianarantsoa au sud et à Diégo-Suarez au nord, l'insurrection échoue tout de suite devant des forces militaires déjà en alerte. Elle n'éclate pas non plus à Tananarive, faute d'un recrutement d'hommes suffisant. Mais, dans toute la zone côtière où se concentre l'essentiel des plantations coloniales, elle progresse très vite, suivant d'abord dans la nuit le trajet des voies ferrées. Sur la ligne Tananarive-Tamatave, à Moramanga, important point de jonction ferroviaire, les insurgés attaquent un camp militaire où sont rassemblés des

tirailleurs sénégalais, destinés à être envoyés en renfort au
Vietnam. Les officiers français qui habitent en ville sont surpris et tués, mais les tirailleurs se défendent vigoureusement et repoussent les insurgés, qui vont se répandre dans
la campagne et entraîner les villageois dans la révolte. Ils
n'ont pas atteint leur but qui était de s'emparer d'armes,
eux qui attaquent le plus souvent avec seulement des
machettes. Au matin, les tirailleurs sortent du camp et
prennent leur revanche en massacrant et en détruisant la
ville malgache. Plus au sud, cependant, l'opération a eu un
meilleur succès. Quoi qu'il en soit de la riposte de Moramanga, les insurgés, pendant les premières semaines, parviennent à libérer un certain territoire, à occuper quelques
bourgs. Mais, à partir du 30 mars, la riposte coloniale se
déploie sur deux plans que l'on pourrait appeler l'atrocité
policière en ville, d'une part, et l'atrocité militaire dans les
campagnes, d'autre part. Cette dernière aurait fait, selon les
propos d'un général vers décembre 1948, 90 000 morts.
Les historiens jugent aujourd'hui ce chiffre excessif, mais
leurs calculs n'en mènent pas moins à des estimations de
l'ordre de 40 000 : il s'agit bien d'un massacre. Très vite
l'aviation est intervenue — en toute sécurité, pourrait-on
dire — contre des insurgés dépourvus d'armement. Et, pis,
on a fait monter des prisonniers dans les avions pour
ensuite les jeter de là-haut, avec l'intention d'intimider les
villageois au-dessus desquels on les larguait. Bien entendu,
l'armée coloniale, composée de troupes de l'Union française — toujours le travail de division — et de parachutistes métropolitains, n'a pas manqué de brûler et de piller les
villages « reconquis » sur les insurgés. Comme toujours, les
suspects ont été tués sans jugement et sans distinction. Des
années après, dans ces régions, persistaient le souvenir de
cette période de terreur et la terreur elle-même. On peut
estimer qu'elle a perduré jusqu'au réveil populaire de 1972,
ce qui témoigne effectivement de la dureté de ces opérations. Naturellement, dans le cadre de l'action militaire,
protégée par le secret, nombre de meurtres et d'horreurs
demeurent anonymes ou cachés dans l'ombre. On sait toutefois ce qu'il en a été des exécutions massives, notamment
à la gare de Moramanga, en mai 1947 : pas moins de

150 suspects ont été enfermés dans des wagons, sans manger, extraits seulement pour des interrogatoires avec tortures, et finalement exécutés — sauf un qui a réussi à s'échapper. Ou encore dans le Sud, à Mananjary où, vers la même date, plus d'une centaine d'otages qui auraient dû passer en jugement ont été abattus en pleine nuit selon les exigences des colons.

L'atrocité policière, elle, a pu être pleinement mise en évidence. Elle s'abat en tout premier lieu sur les élus du MDRM, qui ne participent pas à l'insurrection, qui restent sur place sans essayer de se cacher, qui ont même fait une déclaration désavouant l'insurrection. Mais il a déjà été décidé en haut lieu que ce sont eux qui ont déclenché le soulèvement par un télégramme du 27 mars aux sections de leur parti, les appelant à rester calmes et à ne pas se laisser entraîner dans tel ou tel mouvement. Ce télégramme, nullement dissimulé, est la seule preuve que brandit l'administration coloniale, qui soutient qu'il signifie tout juste le contraire de ce qu'il dit. Les bourreaux, cette fois, ont des noms connus. En premier lieu, le chef de la Sûreté, Baron, et son acolyte, le juge d'instruction Vergoz. Dès le 31 mars, un des premiers militants du MDRM, Stanislas Rakotonirina, conseiller provincial, secrétaire du syndicat des employés de banque, est appréhendé. Il est d'abord conduit chez le juge Vergoz qui l'inculpe et aussitôt le renvoie chez Baron, chargé de le faire avouer. Donc on exige de lui, comme d'ailleurs des autres inculpés, qu'il déclare que c'est Rabemananjara qui a donné l'ordre de l'insurrection. Devant son refus, ce sont d'abord les coups de nerf de bœuf administrés par Baron en personne, et les coups de poing. Puis les adjoints du chef de la Sûreté, Sénégalais ou Comoriens, lui plongent la tête dans un bidon rempli d'urine et de déjections, longuement. Après quoi, ce sera la simulation d'un tribunal militaire et la pseudo-condamnation à mort. Et même la tentative de corruption. Comme Rakotonirina tient bon, il est enfermé pendant un certain temps dans une sorte de cage à poule, sans air et sans nourriture. Encore d'autres coups de poing et de pied, de nerf de bœuf, administrés aussi par deux inspecteurs nommés Rabe et Gendron. Peu

à peu, tous les élus du MDRM présents dans la capitale
sont arrêtés, y compris les députés, théoriquement couverts par l'immunité parlementaire, et pour lesquels on
imaginera le curieux cas de « flagrant délit prolongé ». Le
gouvernement français non seulement couvrira les abus de
pouvoir, mais demandera et obtiendra de la majorité de
l'Assemblée la levée de l'immunité parlementaire de
Ravoahangy et de Rabemananjara, capturés à Tananarive,
mais également de Raseta, qui n'a pas quitté Paris. Pour
tous, le programme de tortures sera de la même teneur
que pour Rakotonirina. Quand, devant Vergoz, les uns ou
les autres voudront revenir sur ces aveux arrachés par la
torture, le juge les renverra chez Baron, et les horreurs
recommenceront pour tenter de les briser. Malgré toutes les
précautions prises — l'île se ferme aux journalistes, à moins
qu'ils ne soient sûrs, Paris dément —, les informations
finissent par filtrer, et c'est alors que les prises de position
des plus hautes autorités de la République française font
apparaître qu'il s'agit bien d'une terreur d'État. Il y a eu,
avant même le déclenchement de l'insurrection, une
volonté affirmée de détruire le parti indépendantiste,
volonté déclarée au sein même du Conseil des ministres et
devant le président de la République[9]. Les tortures et les
condamnations s'abattent, notons-le, sur un ensemble de
personnalités qui n'ont pas pris part à l'insurrection, mais
qui sont suspectées d'avoir des liens avec les communistes. Cette répression, qui s'ajoute aux massacres dans les
zones rurales ou les petites villes, permettra plus tard de
ne confier l'indépendance qu'aux mains d'« amis de la
France » éprouvés. Le « rétablissement de l'ordre » sous
toutes ses formes durera jusqu'à l'automne 1948, et il aura
son couronnement avec la condamnation à mort de deux
des trois députés, Ravoahangy et Raseta, qui seront ensuite
graciés, déportés en Corse pour n'être libérés qu'en 1956.
Ils ne seront autorisés à retourner à Madagascar que sous
de Gaulle, à la veille de l'indépendance...

9. Voir notamment dans le *Journal du septennat*, de Vincent
Auriol, Paris, 1970, t. I, le compte rendu du Conseil des ministres du
4 mars 1947, p. 121.

Justice pour les Malgaches[10]

Quelles furent les causes profondes de la rébellion qui éclata dans l'île de Madagascar le 29 mars 1947 ?

Il faut certainement distinguer ici entre les causes profondes et permanentes, celles qui ont créé une situation telle que des troubles devaient fatalement éclater un jour — et les causes immédiates ou, comme disent les scolastiques, « prochaines », qui ont provoqué le déclenchement de cette insurrection précise.

En ce qui concerne les causes immédiates, il est difficile de donner un avis certain des sociétés secrètes, appelées « Panama » et « Jina », qui exerçaient leur activité dans tout le pays, présentant le caractère d'un mouvement nationaliste extrême, décidé à transformer le statut de l'île par la force. Elles ne groupaient cependant, semble-t-il, qu'un nombre très restreint de Malgaches. Étaient-elles en relation avec des puissances étrangères ? Les colons l'ont prétendu, mais nullement prouvé, et l'imagination malgache, qui tendait à faire des Anglo-Saxons, et surtout des Américains, les protecteurs de la liberté des peuples coloniaux, peut avoir suffi à créer à ce sujet des légendes. En tout cas, ces sociétés étaient connues de la police. On a même avancé la thèse selon laquelle l'insurrection du 29 mars 1947 aurait été sciemment déclenchée par la police qui aurait trouvé là un motif pour écraser toutes sortes de revendications. C'est un procédé qu'utilisent de temps immémorial les polices de tous les pays ; mais le fait n'est, à l'heure actuelle, pas prouvé en ce qui concerne la rébellion malgache.

Ce qui est certain en revanche, c'est que si la police connaissait et suivait les préparatifs de la rébellion, elle n'a rien fait pour empêcher son déclenchement alors qu'il en était encore temps. Il est d'ailleurs extrêmement important de noter que le principal organisateur de la rébellion, chef de l'une des sociétés secrètes, Rakotondrabé, fut exécuté en hâte avant le procès des parlementaires malgaches, ce qui eut pour effet d'éviter les confrontations possibles et d'empêcher que l'origine réelle de la rébellion puisse être tirée au clair.

Au contraire, les causes profondes ou lointaines, il faudrait plutôt dire les causes permanentes, celles sans lesquelles la rébellion n'aurait jamais trouvé de terrain favorable, ne sont nullement mystérieuses. Elles sont d'abord d'ordre économique. Un article intitulé « L'insurrection malgache » a paru en 1950 dans le *Bulletin des Missions*, rédigé à l'abbaye de Saint-André-Lez-Bruges. Cet

10. Préface de Claude Bourdet à : Pierre Stibbe, *Justice pour les Malgaches*, Paris, Éditions du Seuil, 1954, p. 9-14.

article est tout à fait conformiste en ce qui concerne le jugement porté sur le procès (qui n'est décrit qu'en quelques lignes) ; l'auteur est hostile au mouvement démocratique malgache, écrit le mot colonialisme entre guillemets, est ironique à l'égard de la Charte de San Francisco et s'en prend même aux déclarations de Brazzaville et à l'abolition du travail forcé aux Colonies. En un mot, c'est la quintessence du conservatisme catholique. Mais ce que le missionnaire, auteur de cet article, qui connaît parfaitement le pays, signale sur les « causes lointaines » de l'insurrection n'en est que plus révélateur. L'insurrection ne s'est développée réellement que sur la côte est de Madagascar[11]. Or cette région a particulièrement souffert, non seulement sous Vichy, mais plus tard, des réquisitions et des abus. C'est la grande région productrice de café et celle où les abus des colons et des commerçants ont été les plus fréquents et les plus marqués, parce que la plupart des colons, petits concessionnaires sans ressources suffisantes, ont tendance, pour réduire leurs frais d'exploitation, à économiser sur la main-d'œuvre[12].

La période 1940-1942 a été pour les tenants de la manière forte un véritable âge d'or. Qu'à la faveur de cette réaffirmation de l'autorité des abus aient été commis ici et là en faveur de certains colons, notamment dans l'emploi de la main-d'œuvre réquisitionnée, nul esprit de bonne foi ne le niera. Plus tard, les autorités françaises sous le gouvernement du général Legentilhomme représentant sur place le Mouvement de la France libre se mirent à exiger des Malgaches encore plus de travail que les fonctionnaires du régime de Vichy. Pour assurer le ravitaillement des villes, le gouvernement local crée un « Office du riz » et, pour l'alimenter, il institue les réquisitions de « paddy » chez le producteur. On en arriva, dans certains cas, à ce résultat, que le paysan, obligé de vendre son paddy à très bas prix à l'Office se trouva réduit, pour se nourrir, à acheter beaucoup plus cher du riz usiné. Or, étant considéré comme producteur, il n'avait pas le droit aux distributions de l'Office et se trouvait parfois dans l'irritante obligation de recourir aux marchés clandestins pour s'en procurer… Les usiniers n'avaient plus à se soucier du financement de leurs campagnes ; celui-ci était assuré gratuitement par l'administration qui, ne disposant d'aucune coopérative de transformation, se trouvait à la merci des exigences des « riziers ». De là des fortunes considérables,

11. Où, soit dit entre parenthèses, ne vivent pas les Mérinas ou Hovas, anciens maîtres de l'île, mais des populations primitives que nous sommes, dit la thèse officielle, venues « protéger contre les Hovas » ! (NDLR)

12. « L'Insurrection malgache », p. 144. (NDLR)

et trop rapidement édifiées, qui aigrirent davantage les paysans[13].

À cette situation économique apportant aux paysans malgaches les bienfaits matériels de la colonisation, s'ajoutait le grand sens de fraternité que le peuple colonisateur apporte toujours avec lui. Presque tout le commerce de l'île est entre les mains de trois grandes compagnies qui pèsent de toute leur influence, aimable ou menaçante, selon les gouvernements qui se succèdent, sur l'administration. Elles ont rendu et rendent encore des services incontestables à la colonie, mais ce sont des maisons de commerce et non des sociétés de colonisation. En fait, et bien qu'elles soient convaincues du contraire, elles n'ont que très peu contribué à la mise en valeur du pays parce qu'elles y ont investi très peu de capitaux. Après avoir décrit la colonisation permanente, créole, fermée à toute préoccupation sociale et qui n'imagine même pas qu'il puisse exister une évolution politique à Madagascar, le *Bulletin* décrit les Français venus d'Europe : avec le personnel supérieur des grandes entreprises et des banques, nous avons affaire à la grande bourgeoisie européenne de Madagascar.

Paternaliste, bien élevée, distante, cette bourgeoisie n'entretient aucune espèce de relation avec la société malgache. N'ayant aucun lien personnel, aucune attache profonde dans le pays, elle s'intéresse peu à sa vie, ce qui n'empêche pas ses prétentions à la bien connaître. Conservateurs sur toute la ligne, ces Européens imaginent mal que les intérêts de la France et que ceux de Madagascar puissent ne pas se confondre toujours avec ceux des maisons qu'ils représentent.

Rangeons dans la catégorie du « petit colon », *lato sensu*, de très nombreux fonctionnaires subalternes — il y a du reste parmi eux beaucoup de créoles — et sans généraliser, constatons qu'ici comme ailleurs, moins leur condition sociale est relevée et plus ils sont exigeants envers le Malgache, moins ils le fréquentent et mieux ils prétendent le connaître, moins ils sont instruits et plus ils en remontent à tous et, comme dit André Gide, moins ils sont intelligents et plus ils trouvent que l'indigène est bête. Ajoutons aussi que moins leur peau est claire et plus ils sont racistes. On peut assimiler les hauts fonctionnaires, des cadres techniques, les magistrats et beaucoup d'officiers à la haute bourgeoisie dont nous parlions tout à l'heure, sur le plan des relations entre Européens et Malgaches.

Dans cette description, le *Bulletin des Missions* ne fait grâce qu'au missionnaire et au fonctionnaire d'autorité, l'administrateur, qui est le plus soucieux de justice, le plus dévoué et le plus attaché aux indigènes. Nous avons là l'éternel tableau de l'exploitation intensive d'une population de couleur par le capitalisme

13. *Ibid*, p. 9. (NDLR)

européen et par les éléments immigrés de la « race supérieure », qui vivent du travail du paysan et de l'ouvrier indigène, et les méprisent ou les ignorent. À Madagascar comme
ailleurs, ces conditions produisent, au XXᵉ siècle, un mouvement
de revendication nationale. Celui-ci, comme partout, s'est
exprimé de plusieurs façons.

Les massacres de la Grande Île visent également à intimider tous ceux qui, en Afrique au sud du Sahara, pourraient
être tentés d'emprunter la même voie que ces dirigeants du
MDRM qui avaient envisagé une indépendance obtenue
pacifiquement, et même dans le cadre de l'Union française.
Pour ce qui concerne les dirigeants du RDA, ils se sont en
outre couverts du crime d'être alliés avec le Parti communiste français — non pas d'être communistes, simplement
d'être alliés. La répression qui s'abattra spécialement sur les
militants et les foules de la Côte-d'Ivoire, pays où le RDA
est le plus fort, vise davantage à détacher son dirigeant et
ceux qui le suivent, en premier lieu Houphouët-Boigny personnellement, de cette alliance qu'à supprimer le RDA lui-
même. Le résultat voulu sera atteint en octobre 1950,
quand Houphouët annoncera que les élus RDA se désappa-
rentent du PCF de telle sorte qu'assez rapidement ils vont
se ranger dans la majorité gouvernementale et donc
approuver la guerre coloniale en Indochine. Or, avant d'en
arriver là, la répression aura fait ses preuves. Il aura suffi
d'incidents suscités par un parti rival favorisé par l'administration dans un quartier populaire d'Abidjan en février 1949
pour que la quasi-totalité de la direction du Parti démocratique de Côte-d'Ivoire soit appréhendée, le juge d'instruction
n'hésitant pas à affirmer à un inculpé : « J'ai ordre de vous
arrêter[14] ! » Mais c'est au début de 1950 que, face au mouvement de protestation qui va croissant — vers Noël 1949,
les femmes n'ont-elles pas organisé une marche sur la prison de Grand-Bassam pour délivrer les prisonniers ? —, le
pouvoir colonial se met à frapper fort et à tuer. Il y aura
même une tentative d'arrestation d'Houphouët chez lui, à
Yamoussoukro, qui échouera devant le refus du député

14. Cité par Bernard Dadié, *Carnet de prison*, Abidjan, 1981, p. 17.
Dadié, par ailleurs écrivain, était un des dirigeants arrêtés en février
1949.

d'obtempérer et devant la menace des foules ivoiriennes qui se mettront en mouvement pour lui venir en aide. Néanmoins, à l'occasion de réunions sur les marchés, les forces de l'ordre, et aussi des civils, dont, à ce qu'il semble, un juge de paix, tirent. Il y aura de vingt à trente morts.

Sans parler des divers moyens de pression mis en œuvre : révocation de chefs pourtant nommés par l'administration, suppression de traitement, voire refus de crédits pour des écoles. Bien entendu, si la Côte-d'Ivoire est le lieu où la répression a été la plus systématique, nous avons vu pourquoi, les autres territoires ont eu aussi leurs victimes. Il faut mettre à part le Cameroun, car le parti membre du RDA, fondé en 1948, l'Union des populations du Cameroun (UPC), a d'emblée réclamé l'indépendance de ce territoire sous mandat, en s'adressant directement à l'ONU, puisque la nouvelle organisation avait hérité la tutelle des mandats établis par la défunte SDN. Lors du tournant de la fin de 1950, l'UPC commence à apparaître comme une sorte d'hérésie au sein du RDA. Elle est évidemment la cible de l'administration coloniale, et ce d'autant plus qu'elle est pendant longtemps le seul parti politique vraiment organisé et disposant d'une réelle base populaire. Pour l'abattre, le gouverneur Roland Pré va utiliser le désaccord de la direction du RDA avec sa section camerounaise. Il laisse la voie libre à un mouvement qui prétend être le « vrai » RDA contre l'UPC. L'administration avait procédé de la même manière contre la section ivoirienne du RDA ! D'où des protestations et des incidents plus ou moins violents au départ, mais qui fournissent l'occasion attendue pour que la police tire sur les militants. C'est ce qu'on appelle les « émeutes » de mai : officiellement, 21 morts camerounais ; certainement plus en réalité. Le dirigeant du parti, Ruben Um Nyobé, est contraint de passer dans la clandestinité, tandis que l'UPC est d'abord exclue du RDA, puis interdite par le gouvernement français — à cette date, celui d'Edgar Faure. Le gouvernement de 1956, en principe de gauche, n'apportera aucune amélioration, ne voudra pas revenir sur l'interdiction, cherchera plutôt d'autres partenaires — comme à Madagascar —, ce qui provoqua la première lutte armée en Sanaga maritime en 1957-1958. Elle sera écrasée par une armée qui emploiera les mêmes méthodes que dans la guerre d'Algérie en cours à cette date : regroupement forcé des villageois le long des routes principales facilement contrôlées par l'armée, blocus des maquis afin de les affamer, destruction de cultures ou de forêts, menaces, et tortures éventuellement. Ruben Um Nyobé est lui-même tué le 13 septembre 1958, alors que la lutte armée est déjà à l'agonie. L'indépendance a donc été accordée moins de deux ans plus tard à des partis et à des hommes politiques qui ne l'avaient jamais réclamée, qui avaient combattu ceux qui la voulaient et la préparaient. Encore les nouveaux dirigeants ont-ils eu besoin de l'appui militaire de la France pour venir à bout d'une nouvelle résistance armée en 1960-1961. On doit cependant souligner que la répression au Cameroun, dont les moments aigus sont contemporains de la guerre d'Algérie, n'aurait pas été possible si les autres pays d'Afrique sous domination française n'avaient pas laissé les Camerounais seuls face aux forces armées françaises.

La guerre d'Algérie, qui commence à la Toussaint 1954, détermine par contrecoup des évolutions de la politique française à l'égard des protectorats d'Afrique du Nord et des territoires au sud du Sahara. Ce n'est pas le fruit d'une réflexion sur le devenir des relations entre les peuples, mais l'effet de cette simple constatation : la concentration des moyens militaires pour empêcher l'indépendance de l'Algérie interdit de s'exposer au risque d'une autre guerre nationale d'envergure. Le ministre des Affaires étrangères du gouvernement Guy Mollet, Christian Pineau, le reconnaîtra devant l'Assemblée. C'est pourquoi des réformes deviennent nécessaires en Afrique noire, où les élections de 1956 ont donné une majorité au RDA — que l'administration a jugé utile de laisser passer, à la différence des élections de 1951. Un certain degré d'autonomie sera donc concédé : des gouvernements africains, sous la présidence du haut-commissaire colonial, pourvus de compétences limitées, et, tant que durera la IVe République, à l'exclusion de la notion taboue d'indépendance. Mais on sait qu'avec de Gaulle elle viendra, dans un cadre et des conditions que nous n'avons pas à examiner ici. La répression au Cameroun n'a été possible que parce que quelques bataillons suffisaient contre une insurrection pratiquement dépourvue d'armement et de tous moyens de s'en procurer.

Les indépendances du Maroc et de la Tunisie reconnues en 1956 par le gouvernement Guy Mollet alors qu'il présidait à l'intensification de la guerre en Algérie ont, elles, été l'aboutissement de luttes beaucoup plus sanglantes, de la Libération à 1956. Au moment même où la terreur s'abattait sur Madagascar, le 7 avril 1947, avait lieu à Casablanca un véritable massacre, causant 65 morts et 120 blessés. Certains ont voulu prétendre qu'il aurait été le seul effet d'une hostilité constante entre tirailleurs sénégalais et Marocains, alors que l'opinion publique y voyait, non sans raison, le résultat d'une machination du chef de la région de Casablanca, Boniface, déjà acteur décisif de la provocation de 1944. À la même date, le sultan prononça à Tanger un discours qui fut jugé irrespectueux, parce qu'il n'avait pas entonné le couplet traditionnel de remerciement à la France civilisatrice. L'envoi successif des généraux Juin et Guillaume comme résidents généraux n'était pas de nature à apaiser le mouvement national marocain, qui s'appuyait aussi sur un mouvement syndical fort. Sans retracer tous les épisodes de ces années de tension quasi permanente, il suffit de rappeler que, finalement, le projet envisagé dès 1947 par Georges Bidault, ministre des Affaires étrangères, de déposer le sultan qu'il tenait pour féodal et médiéval[15] est réalisé le 20 août 1953. La résidence générale, sous le couvert d'une sorte de dissidence qu'elle avait elle-même organisée, met sur le trône le sultan de son choix, Ben Arafa. On sait la suite : tentatives d'attentat nombreuses, manifestations, début de guérillas, notamment au Nord, dans le Rif, paralysie progressive de l'administration. Dans le même temps, à la suite d'autres formes de répression en Tunisie, parmi lesquelles, à l'époque, les ratissages du cap Bon firent scandale, à la suite aussi de l'arrestation de Bourguiba et d'autres nationalistes, des guérillas font leur apparition. Le mot « fellagha » apparaît dans la presse française. Mais en décembre 1952, après une grève générale de protestation,

15. Voir le *Journal du septennat, op. cit.,* p. 223, Conseil des ministres du 14 mai 1947. Ramadier, président du Conseil, parle dans le même style.

le dirigeant syndical Ferhat Hached est assassiné par un groupe dénommé la Main rouge qui est en fait l'émanation des services secrets français. C'est là un fait nouveau dans le développement de la répression coloniale, que l'assassinat dirigé par les services secrets. Ainsi le dirigeant de l'UPC en exil, Moumié, sera-t-il assassiné à Genève en 1960. Et bien d'autres, pendant la guerre d'Algérie — et plus tard. Sur le coup, l'assassinat de Ferhat Hached suscite d'énormes mouvements de protestation tant en Tunisie qu'au Maroc. Et une fois encore, la police tire. Dans le système colonial tel qu'il fonctionne, toute manifestation de rue, toute grève sont a priori des menaces à l'ordre public, et pour le moins l'occasion de déploiements policiers impressionnants. Depuis la Libération, certes, on ne peut plus refuser aux colonisés le droit d'avoir des partis politiques ou des syndicats, mais dans la pratique toutes leurs activités sont surveillées car tenues pour suspectes. La légalité est réduite à la portion congrue.

Quoi qu'il en soit, la situation dans les protectorats dès 1954, au temps du gouvernement Mendès France, qui le premier a dû reconnaître une indépendance, celle du Vietnam, est telle qu'elle exige des réponses urgentes. En engageant des réformes en Tunisie, en faisant libérer Bourguiba, Mendès France obtient du même coup l'arrêt de la guérilla tunisienne. Celle-ci était près de déborder sur le territoire algérien ; en fait, c'est au mois de novembre 1954 que les fellaghas rendent leurs armes et arrêtent leurs activités, juste au moment où, de l'autre côté de la frontière, la guerre commence. Succédant à Mendès avec déjà cette nouvelle guerre coloniale bien engagée, Edgar Faure entreprend de parer à ce qu'il juge le plus pressé, c'est-à-dire de rétablir à Rabat le sultan Mohammed V, dont il est connu qu'il est modéré — en dépit des jugements abrupts de Bidault. Cela ne se fera pas sans qu'il y ait encore du sang versé en août 1955, mais enfin, le Maroc étant indépendant au printemps 1956, la concentration des forces militaires contre les Algériens peut se poursuivre sans risquer un deuxième ou un troisième front. La Tunisie est également devenue indépendante au printemps 1956.

Ainsi, qu'il s'agisse des indépendances maghrébines de 1956 ou des indépendances africaines en trois étapes —1956, 1958, 1960 —, c'est la guerre d'Algérie qui est le facteur décisif d'accélération de l'Histoire. Nous avons déjà noté que les massacres du Constantinois de 1945 ont pesé de manière essentielle dans le choix de la lutte armée, même prolongée. Aussi, tandis qu'à la suite d'une amnistie liée à l'instauration de la IVe République Messali Hadj recouvre la liberté et crée un parti légal, le Mouvement pour le triomphe des libertés démocratiques (MTLD), les jeunes de son parti vont fonder l'Organisation spéciale (OS), secrète, dont l'objectif est de concevoir cette insurrection générale qui n'a pu avoir lieu en 1945, faute de préparation. Pendant que l'OS travaille discrètement, ont lieu successivement les élections municipales de 1947, qui sont un succès pour le mouvement national, puis celles de 1948, pour constituer l'Assemblée algérienne. Celle-ci est le résultat de la dernière réforme coloniale : le statut de l'Algérie, voté à l'été 1947, est jugé dérisoire par les nationalistes. En effet, l'assemblée qu'il crée donne une représentation égale au million de Français et aux 8 millions d'Algériens, répartis dans deux collèges électoraux distincts, élisant chacun 60 conseillers ! L'Assemblée dispose toutefois de certains pouvoirs qu'elle s'abstiendra d'exercer. Car les élections de 1948 seront délibérément truquées, comme toutes celles qui suivront.

Les résultats d'avril 1948 contrastent de manière flagrante avec ceux de novembre 1947, il y a aussi d'invraisemblables renversements des résultats entre le premier et le second tour. On est revenu au système, tant décrié dans les manuels d'histoire, de la candidature officielle du temps de Napoléon III, avec des pressions ouvertes des diverses autorités le jour même du vote. Dans son témoignage sur les élections du 17 juin 1951, l'avocat Ahmed Boumendjel[16] rappelle que les préfets confectionnent les listes, à Alger, en présence des grands colons Borgeaud et Abbo. À Constantine, celui qui préside à cette opération est alors le préfet Maurice Papon. Mais surtout, l'accès aux bureaux de vote est refusé aux délégués des listes non officielles. Dans une circonscription où règne un féodal ami de l'administration, Ben Ali Chérif, le délégué de la liste du parti de Ferhat Abbas est non seulement

16. Témoignage publié dans la revue *Esprit*, octobre 1951.

interdit d'entrée au bureau de vote, mais s'entend menacer
lorsqu'il insiste : « Nous vous ramènerons sur une civière ! » À
la veille du scrutin, une circulaire impose aux délégués des
formalités inconnues jusque-là. Mais, même en règle, ils sont
expulsés des bureaux de vote. Ou encore jetés en prison
pour plus de sûreté jusqu'à tard le soir ou au lendemain
matin. Tel président de bureau de vote déclare que l'asses-
seur doit être agréé par l'administrateur, du moins c'est ce
qu'on lui a dit de répéter. À tel endroit, les électeurs reçoivent d'office le « bon » bulletin. Aux insultes s'ajoutent souvent les brutalités. Il faudrait encore mentionner que la
répartition des bureaux de vote dans les zones rurales est
organisée de manière à décourager les électeurs jugés suspects. Cependant, ces élections, appelées en Algérie « à la
Naegelen », sont constamment ratifiées par les gouvernements de Paris et par leur majorité à l'Assemblée, alors même
que les faits sont connus. Au passage, on notera que ces opérations de truquage électoral, comme d'autres mesures de
répression, se font avec le concours de ceux que l'on appel-
lera les « féodaux de la colonisation » ou encore ses « collaborateurs locaux », car il faut bien quelques exécutants sur
place, ainsi qu'il est de règle dans toute la colonisation européenne des XIXᵉ-XXᵉ siècles. Et donc, comme dans toutes les
luttes de libération nationale de cette période, la lutte armée,
quand elle s'engage, va nécessairement avoir à frapper ces
agents du pouvoir, si elle veut se développer. C'est alors que
les tenants de la colonisation vont crier que les insurgés tuent
leurs compatriotes. Ce qui est le cas. Et les truquages électoraux sont seulement un exemple parmi tant d'autres du rôle
que joue cette fraction très minoritaire, mais placée à des
points stratégiques.

Jusqu'en 1962, on continuera à truquer les élections. En
1955, pour des cantonales, les dernières élections avant celles
de 1958 décidées par de Gaulle, un militant communiste français, Gaston Donnat, décrit encore un processus analogue
dans la région de Ténès. Dans les zones rurales, toutes les
forces de l'ordre disponibles — policiers locaux, gardes
champêtres, gardes, cercle ou police nationale — font la tournée des villages en camion pour ramasser les électeurs et les
débarquent au bureau de vote où le caïd leur met dans la

main le bulletin qu'il faut — les autres étant souvent totalement absents. En ville, les assesseurs des mauvaises listes sont traités comme on en a pris l'habitude. Beaucoup de militants connus et fichés des partis nationalistes sont arrêtés, par précaution, pour le jour du vote[17]. Lorsque de Gaulle décidera des élections de 1958, une ancienne revendication, la suppression du double collège, sera soudain satisfaite. Mais rien ne sera changé à la comédie électorale, sinon que ce ne seront plus les policiers mais les soldats qui ramasseront les électeurs et les feront « bien » voter[18]. Tout cela sans préjudice de la manipulation des procès-verbaux. De la sorte, tandis que la grande masse des Algériens se convainc qu'il n'y aura pas de possibilité de recouvrer l'indépendance sans une lutte armée, pour laquelle elle espère un soutien extérieur, le pouvoir colonial, entre 1948 et 1954, juge que l'Algérie est calme. Par rapport aux deux protectorats qui la flanquent, elle crée en effet moins de problèmes visibles pour Paris.

Sans doute y a-t-il, en 1950-1951, les procès consécutifs à la découverte de l'OS, qu'à la vérité les services de renseignements surveillaient depuis un certain temps, avec l'objectif de ne procéder aux arrestations qu'après avoir amassé assez de faits pour atteindre le MTLD lui-même et obtenir sa dissolution. Ce but ne sera pas atteint, mais la série d'arrestations qui suit les révélations fortuites d'un exclu de l'OS va effectivement décapiter l'organisation. La police remonte jusqu'à celui qui est alors à la tête de l'OS, Ben Bella. Selon leurs habitudes, les policiers torturent systématiquement les centaines de détenus qu'ils ont sous la main pour leur arracher des aveux qui mettraient en cause Messali ou son parti. Faute d'y parvenir, ils persévèrent. Entre autres inventions sadiques, ils obligent les détenus à s'asseoir sur des goulots de bouteilles brisées ; le supplice de la baignoire est sans cesse employé. Plus grave s'il se peut, la magistrature, comme à Madagascar,

17. Gaston Donnat, *Afin que nul n'oublie,* Paris, L'Harmattan, coll. « Mémoires africaines », 1986, p. 312-313.
18. Voir Claire Mauss-Copeaux, *Appelés en Algérie. La parole confisquée,* Paris, L'Harmattan, 1999, p. 124-125. On peut aussi renvoyer à ce travail remarquable pour les directives de 1955 citées ci-dessous.

est complice ; un juge d'instruction peut signaler à un avocat que son client subit le supplice de la bouteille non seulement sans s'en émouvoir, mais en riant[19]. Si les gouvernements en place à Paris ne s'en émeuvent pas, un certain nombre de personnalités tentent d'intervenir, tels l'abbé Pierre, Claude Bourdet. En vain. Mais demeure pour la postérité l'article de ce dernier : « Y a-t-il une Gestapo en Algérie[20] ? » Une partie des condamnés réussira à s'enfuir, dont Ben Bella, mais bien d'autres ne sortiront de prison qu'à l'indépendance. En tout cas, quelques années plus tard, les organisateurs du soulèvement du 1er novembre 1954 auront en commun cette double caractéristique, d'avoir servi dans l'armée française durant la guerre contre le fascisme et d'avoir appartenu à l'OS.

Comme celle des esclaves à Saint-Domingue en 1791, comme celle des Malgaches de 1947, l'insurrection algérienne de 1954 entre en scène dans la nuit, celle de la Toussaint. À peine déclenchée, elle reçoit une réponse officielle cinglante : l'Algérie, c'est la France ! C'est le point de vue du gouvernement à cette date, ainsi que de la grande majorité du Parlement. Les communistes, qui, certes, ne s'y rallient pas, ne prononcent pas non plus le mot d'indépendance et ne se décideront à soutenir le Front de libération nationale que beaucoup plus tard. Mais ils dénoncent la torture et la répression dès ces semaines de novembre. Sur ce chapitre grave, ils ne cesseront de s'opposer aux répressions tant en Algérie qu'en France, même s'ils ne s'entendront pas forcément avec les autres opposants à la guerre sur les modes et moyens d'intervention. En tout cas, *l'Humanité*, avec *France-Observateur*, *L'Express* puis *Le Monde*, restera un des quelques organes de presse qui engageront le combat contre les massacres et les tortures en Algérie, au risque de la saisie et des procès, parfois même des arrestations. Ajoutons que quelques jeunes communistes mobilisés refuseront de faire cette guerre et que certains d'entre eux se retrouveront au bagne militaire de Timfouchi, lieu de total non-droit. Il reste que le pouvoir dans toutes ses composantes s'en tiendra sous la IVe République à ce mythe de « l'Algérie, c'est la France ».

19. Cité *in* Henri Alleg (dir.), *La Guerre d'Algérie*, t. I, Paris, Scandéditions-Tem., 1981, p. 277.

20. *France-Observateur*, 6 décembre 1951.

Autrement dit, la répression va se poursuivre pendant huit ans et prendre des dimensions encore plus inhumaines, s'il se peut, que ce qui se pratiquait déjà dans l'Union française. Plus que jamais, c'est l'emploi massif de la torture qui marque cette vraie guerre officiellement — et longtemps — baptisée opération de pacification (*sic*). Les colonisés en sont pourtant à ce point où l'explosion de colère « n'est autre que le choc en retour des exactions commises et des humiliations subies. Le moment est venu où personne ne peut plus les supporter[21] ». Cette appréciation d'un spécialiste français du monde musulman, Vincent Monteil, date de 1955, mais vaut dès le début. Avant d'y revenir, il convient d'en tracer le cadre chronologique. Rappelons que le noyau des fondateurs du Front de libération nationale (FLN) qui a préparé le soulèvement et a fixé à la lutte armée l'objectif non négociable de la reconnaissance de l'indépendance se compose des trois membres qui sont au Caire : Ben Bella, Aït Ahmed et Mohammed Khider (tous trois arrêtés le 22 octobre 1956), des six de l'intérieur : Mourad Didouche (assassiné en janvier 1955), Mostefa Ben Boulaïd (tué dans les Aurès le 27 mars 1956), Larbi Ben M'Hidi (« suicidé » par les paras en février 1957), Rabah Bitat (arrêté en mars 1955), Mohammed Boudiaf (appréhendé avec les trois de l'extérieur le 22 octobre 1956), et enfin Krim Belkacem, maquisard depuis 1947, et qui seul des neuf sera présent à Évian pour signer les accords qui mettront fin à la guerre et à la colonisation. Autour d'eux, un autre cercle de quelques dizaines d'hommes résolus. Tous veulent en finir avec les divisions internes du mouvement national, ce pourquoi ils réagiront très violemment quand Messali Hadj, assigné à résidence en France par le pouvoir colonial, prétendra leur disputer ce rôle dirigeant.

Dans une première période que l'on peut mener jusqu'au vote de l'état d'urgence en Algérie sous le gouvernement

---

21. Vincent Monteil fut pendant quelques mois conseiller de Soustelle, dont il se sépara vers le début de l'été 1956, pour de profonds désaccords. Il en alla de même avec Germaine Tillion. Ma citation vient d'un texte publié dans *Esprit* en novembre 1955 et signé alors François Sarrazin. Cité aussi par Mohammed Harbi, *La guerre commence en Algérie*, Bruxelles, Complexe, 1984, p. 148-149.

Edgar Faure (3 avril 1955), l'insurrection s'étend et se ren-
force. Elle est au début particulièrement active dans les Aurès
et en Kabylie, mais elle progresse en gagnant tout le territoire. Mendès France est renversé avant d'avoir pu éventuellement changer la politique guerrière décidée en novembre. Il
lègue à son successeur une nomination, celle de Jacques
Soustelle, qui passe pour « libéral ». On verra vite que c'est
une réputation usurpée. Ce que Soustelle proclame, c'est un
mot d'ordre d'« intégration », qui revient au refus de toute
négociation sur l'indépendance, et qui est par ailleurs totalement hors de la réalité, à moins de trouver le moyen de scola-
riser d'un seul coup les 90 % d'enfants algériens qui ne le
sont pas, de faire disparaître toutes les discriminations qui
sont l'essence même de la colonisation et ainsi de suite, sans
oublier une représentation proportionnelle dans le Parlement
français. Ce mot d'ordre, que les colons répéteront à satiété,
n'a pas d'autre sens que de prétendre justifier la guerre à
mort contre le FLN. Or, dès ces premiers mois, les hommes
politiques algériens, habituellement classés comme « modérés », commencent à s'interroger et, pour beaucoup, à se préparer à rallier le FLN, de peur de se retrouver coupés de leur
peuple. Soustelle, en septembre, aura la surprise de découvrir
que même les élus administratifs ne « marchent » plus et ils le
font savoir par le manifeste dit « des 61 ». L'instauration de
l'état d'urgence commence à transférer de l'autorité civile à
l'armée nombre de pouvoirs qu'elle exercera de manière
incontrôlée, et sans plus attendre. Là-dessus, le 20 août,
deuxième anniversaire de la déposition du sultan du Maroc,
les chefs de la *wilaya* (province) du Nord-Constantinois décident de lancer des actions de masse visant les principales
localités, avec un encadrement de quelques maquisards. Les
attaques ont principalement lieu sur Constantine, Philippeville (Skikda aujourd'hui) et la mine d'El-Milla. La riposte de
l'armée est, comme en 1945, disproportionnée. Selon les chiffres officiels eux-mêmes, les assauts des insurgés auraient fait
123 victimes, dont 79 Européens, tandis que l'armée aurait
tué 1 273 Algériens. En fait, ce nombre doit plutôt être de
l'ordre de 12 000 : 100 pour un !
    Si les pieds-noirs et Soustelle poussent des cris d'horreur à
la suite des événements du 20 août, pour l'opinion algé-

rienne, c'est le moment où l'on atteint le « point de non-retour », selon l'expression de Frantz Fanon, où elle « bascule », au dire de Mohammed Harbi[22]. Vers la fin de l'année apparaît, pour un court moment, l'espoir d'une ouverture de négociations, à la suite de la dissolution de l'Assemblée nationale par Edgar Faure et d'une campagne électorale où le thème de la paix en Algérie a tenu une grande place. La nouvelle majorité[23], apparemment de gauche, porte à la présidence du Conseil Guy Mollet, lequel, pendant quelques jours, semble vouloir faire quelque chose. Soustelle est rappelé, mais son départ est l'occasion d'une monstrueuse manifestation des pieds-noirs d'Alger, répétition générale de celle qui va accueillir Guy Mollet lui-même quelques jours plus tard ; le président du Conseil est assailli, menacé. Et il cède. Le général Catroux, qu'il avait déjà nommé et dont la réputation de libéral avait exaspéré les colons, ne viendra pas en Algérie. Ce sera Robert Lacoste qui, avec le titre de ministre résident, va, de 1956 à 1958, donner la plus grande liberté à l'armée et aux pieds-noirs. Pour lui aussi, l'Algérie, c'est la France, et, pour la garder française, tout sera permis. Peu après, Mollet aggrave les choses : il assure une couverture légale à toutes les pratiques répressives, en faisant voter, le 11 mars 1956, la loi des pouvoirs spéciaux. Il est vrai qu'il prétend dans le même temps engager une négociation avec le FLN, mais sur une base que l'on sait inacceptable pour ce dernier. Il s'agit d'un triptyque : cessez-le-feu, élections, négociation. Le Front ne saurait déposer les armes sans la garantie d'aller à l'indépendance.

Cette année-là, l'insurrection nationale progresse partout. Elle a obtenu le ralliement d'une partie de l'ancien MTLD de Ferhat Abbas, les communistes algériens ont dû y adhérer à titre individuel et non en tant que parti. Le Front rassemble

22. Frantz Fanon, *Les Damnés de la terre*, Paris, Maspero, 1968, p. 48 ; Mohammed Harbi, *op. cit.,* p. 146.
23. Majorité dans laquelle il n'y a pas de représentants de l'Algérie, parce que Soustelle avait décidé de ne pas y organiser les élections, en même temps qu'il maintenait en vigueur l'état d'urgence malgré la dissolution. Décisions d'une légalité douteuse, mais avalisées par le gouvernement.

tous les nationalistes algériens, à la seule exception du nouveau parti de Messali, recréé sous le sigle MNA (Mouvement national algérien). Mais ce conflit interne entre le FLN et le MNA, armé lui aussi, fera surtout des ravages en France, dans l'émigration algérienne, excepté la destruction sanglante du douar MNA de Melouza en 1957. Les dirigeants de l'insurrection renforcés par Abane Ramdane, qui était encore en prison à la Toussaint, ont pu tenir congrès dans la vallée de la Soummam en août 1956. Ils y ont notamment pris la décision stratégique de porter la lutte dans Alger même, en quelque sorte d'atteindre l'ennemi à la tête. Ils ont adopté un programme que leur journal clandestin, le Moudjahid, publiera. À Alger même, notons qu'il existe quelques groupes de Français libéraux (selon l'expression courante), qui sympathisent avec les nationalistes, et dont certains les aident très concrètement.

En cet été 1956, on doit rappeler que la situation géopolitique de l'Algérie a été modifiée, du fait que ses deux proches voisins sont devenus indépendants, donc en mesure de fournir une certaine aide à sa lutte[24]. Même si les gouvernements de Rabat et de Tunis sont tenus pour « modérés » — et le sont en effet —, ils doivent prendre en compte les opinions publiques totalement en faveur de la lutte des Algériens. Cette seule considération aurait dû s'imposer aux dirigeants de Paris pour les amener à traiter rapidement avec le Front. Il n'en a rien été. Bien au contraire, c'est précisément à ce tournant de la guerre que le gouvernement Guy Mollet accumule les erreurs — pour ne pas dire plus. D'une part, il s'engage dans une expédition militaire contre l'Égypte de Nasser, parce qu'il suppose que tout le mouvement algérien dépend de ce dernier et que, celui-ci abattu, le Front le sera aussi. De toute façon, le veto de l'URSS, et, plus encore, celui des États-Unis mettent rapidement fin à une aventure militaire amère pour les généraux et officiers de l'armée d'Algérie qui y ont été embarqués. Avant même de débarquer dans la zone du canal de Suez, cette armée a éprouvé sa force en faisant arraisonner illégalement un avion d'Air Maroc (avec pilote et équipage français) qui transportait de Rabat à Tunis pour une

24. Rappelons les dates de ces indépendances : 2 mars 1956 pour le Maroc, 20 mars pour la Tunisie.

conférence intermaghrébine les trois de l'extérieur plus Boudiaf. En vérité, l'état-major d'Alger avait reçu l'autorisation d'agir du ministre socialiste Max Lejeune, secrétaire d'État à la Guerre. Au Conseil des ministres qui suivit, une fois les faits exposés, le président de la République, René Coty, aurait proposé la remise en liberté des passagers de l'avion d'Air Maroc. Seuls Guy Mollet et le ministre des Affaires étrangères Christian Pineau l'auraient appuyé...

La bataille d'Alger, ainsi qu'on l'a nommée, permet au Front, dans le dernier trimestre de cette année (jalonnée aussi par le rapport Khrouchtchev et Budapest), de marquer des points. Sans nous arrêter sur la liste des attentats qui menacent la sécurité habituelle des quartiers européens d'Alger, on relèvera qu'à la fin décembre c'est un des grands notables de la colonisation, Amédée Froger, qui est tué. Mais il y a aussi des actions réussies de boycottage et de grève. Le Mouvement national algérien commence à retenir l'attention du monde entier et à créer des difficultés à la France pendant les réunions de l'ONU. D'autre part, lors des obsèques de Froger, comme lors de celles d'autres colons, les pieds-noirs se livrent à des chasses à l'homme contre les Algériens au hasard des rencontres, et ces morts s'ajoutent encore à ceux de la guerre, suscitant l'horreur au-dehors.

Un tournant d'une particulière gravité a lieu le 7 janvier 1957, quand, affolé devant l'offensive nationaliste, Lacoste transmet tous les pouvoirs de maintien de l'ordre à Alger et dans l'Algérois au général de parachutistes Massu et à sa division. Un des régiments est aux ordres du colonel Bigeard, qui, comme beaucoup de ceux qui sont sous les ordres de Massu, a déjà opéré en Indochine.

Alors commence une période difficile pour les dirigeants du Front et pour tous les Algériens. Au prix d'arrestations par milliers, de la torture généralisée, y compris à l'encontre des Français subversifs, de l'intervention brutale des soldats contre les commerçants et contre la population pour briser la grève de huit jours lancée par le Front à la fin de janvier, les paras finiront par gagner — encore que ce ne soit pas avant septembre que le dernier membre des groupes d'action, Ali la Pointe, sera tué. Dans l'intervalle, Larbi Ben M'Hidi a été arrêté et tué, assassiné par l'équipe du commandant Aussaresses,

724   LE LIVRE NOIR DU COLONIALISME

et la direction nationale du Front a dû quitter Alger pour gagner Tunis, non sans peine. À Alger, les nationalistes ne réapparaîtront activement qu'en décembre 1960. Mais ils recommenceront, preuve que leurs volontés n'ont pas changé. En contrepartie, la victoire des paras sur place suscite des protestations dans le monde entier quant à leurs méthodes. Il se trouve d'ailleurs un général, Bollardière, pour les refuser et s'exprimer dans une lettre ouverte publiée dans la presse. Il aura droit à soixante jours d'arrêts de rigueur notifiés par le ministre de la Défense, Bourgès-Maunoury, qui, quelque temps auparavant, avait jugé que trente jours de la même peine suffisait pour le général Faure qui, lui, préparait très sérieusement un complot contre la République. Et qui réitérera, en 1958, et encore en 1961, contre de Gaulle…

Au cours de cette période, la République s'occupe surtout d'interdire les envois d'armes et de munitions venant des pays voisins. Un autre ministre, Morice, sera fier d'avoir fait construire les fameux barrages électrifiés, face à la frontière tunisienne et à la frontière marocaine. Dans les premiers mois de 1958, le Front tentera plusieurs fois de forcer le barrage du côté tunisien et subira de très lourdes pertes. Malgré tout, des maquis subsistent un peu partout ; deux armées s'organisent aux frontières qui, si elles ne peuvent pas enfoncer les barrages, obligent au moins le commandement français à y maintenir des effectifs considérables. Plus tard, sous de Gaulle, en 1959, les forces intérieures du Front seront encore assez puissantes pour que le général Challe éprouve le besoin de monter une série d'opérations, province par province, qui seront meurtrières, mais, une fois encore, la victoire militaire apparente n'apportera pas de solution, en tout cas ne réalisera pas les vœux des colons.

Eux avaient eu leur heure de gloire. À la suite de complots préparés on pourrait dire à ciel ouvert, puisque le ministre de la Défense, Chaban-Delmas, y participait fort efficacement, leurs manifestations du 13 mai 1958 avaient commencé à renverser la IVe République — à la vérité, déjà couverte de sang et d'atrocités — au profit de De Gaulle. À partir de là, et les dirigeants nationalistes s'en rendaient parfaitement compte, beaucoup de choses allaient dépendre de cette personnalité. Or, de 1958 à 1962, les déclarations publiques du Général sur l'Algérie n'ont cessé d'évoluer. C'est de toute façon le 16 septembre 1959 qu'il parle pour la première fois d'« autodétermination » pour ce qui, hier encore, était officiellement la France et rien d'autre. De là à l'indépendance, en juillet 1962, il y aura encore trois ans d'affrontements sanglants combinés avec des tractations diplomatiques intermittentes. Mais, avant son retour au pouvoir, le même de Gaulle avait confié au futur Hassan II que l'Algérie avait vocation à l'indépendance. C'était en octobre 1956, peu de temps avant l'enlèvement de Ben Bella et des siens[25]. Le Général avait également dit des choses de ce genre à J.-M. Domenach, alors directeur de la revue *Esprit*[26], à Germaine Tillion, probablement à d'autres encore. Il est vrai qu'il ne parlait pas ainsi devant ceux de ses amis qui étaient d'ardents partisans de l'« Algérie française » — ils étaient nombreux. Il paraîtrait trop simple d'expliquer ces contradictions par ce que l'on nomme le pragmatisme.

Des idées assez claires permettent de donner une cohérence à l'action de De Gaulle président. D'abord, il est de fait que ceux qui l'ont ramené au pouvoir étaient en énorme majorité non pas seulement de droite, mais engagés à fond dans la défense du colonialisme et de ce qu'il en restait. Vichystes pour le plus grand nombre sous l'Occupation, restés réservés à l'égard de De Gaulle malgré une tournée de propagande qu'il avait faite en 1948, les pieds-noirs, en mai 1958, le portent au pouvoir avec l'aide de l'armée, parce qu'il représente pour eux le fossoyeur d'une république honnie qui laisse encore trop de voix discordantes s'élever contre la guerre — même si elle n'hésite plus à interdire des livres, à saisir des journaux. De Gaulle ne peut pas purement et simplement rompre en visière avec ceux-là auxquels il doit tout. Mais c'est dans son entourage immédiat que les partisans de l'Algérie française sont fortement présents : en tête, son Premier ministre, Michel Debré, qui le demeurera jusqu'à l'indépendance !

25. Révélé par le prince Hassan dans *Paris Match* du 18 août 1960. L'entrevue remontait au 3 octobre 1956, donc avant le piratage de l'avion de Ben Bella et de ses compagnons.
26. Révélé par J.-M. Domenach *in* J.-P. Rioux et J.-F. Sirinelli (dir.), *La Guerre d'Algérie et les intellectuels français*, Paris, 1991, p. 355. Cette entrevue avec de Gaulle se place en 1955.

De Gaulle : « cartiériste [27] » ?

Il vaut mieux pour la France une Algérie algérienne au sein de la Communauté qu'une Algérie française au sein de la France, qui nous mettrait à plat pour toujours ! Le maintien des départements algériens dans la France nous coûterait non seulement un grave préjudice moral dans le monde, mais un effort ruineux ! Ce serait le tonneau des Danaïdes ! Si l'Algérie restait française, on devrait assurer aux Algériens le même standard de vie qu'aux Français, ce qui est hors de portée. S'ils se détachent de la France, ils devront se contenter d'un niveau de vie très inférieur ; au moins, ils ne pourront plus en faire grief à la France, et ils auront une satisfaction de dignité, celle de recevoir le droit de se gouverner eux-mêmes.

La colonisation a toujours entraîné des dépenses de souveraineté. Mais aujourd'hui, en plus, elle entraîne de gigantesques dépenses de mise à niveau économique et social. C'est devenu, pour la métropole, non plus une source de richesse, mais une cause d'appauvrissement et de ralentissement.

Quand nous nous sommes installés en Algérie, comme dans les autres colonies, nous avions la perspective d'exploiter les matières premières qui dormaient jusque-là, de mettre en culture des marécages ou des plateaux arides. Nous pouvions espérer un rapport très supérieur au coût de l'installation. À cette époque-là, l'appât du gain était masqué par la proclamation d'un rôle qu'on nous présentait comme un noble devoir. Nous apportions la civilisation.

Mais, depuis la première guerre et surtout depuis la seconde, les coûts d'administration se sont aggravés. Les exigences des indigènes pour leur progrès social se sont élevées ; et c'est parfaitement naturel. Le profit a cessé de compenser les coûts. La mission civilisatrice, qui n'était au début qu'un prétexte, est devenue la seule justification de la poursuite de la colonisation. Mais puisqu'elle coûte si cher, pourquoi la maintenir, si la majorité de la population n'en veut pas ?

Plus généralement, le support politique du gaullisme nouvelle manière est essentiellement à droite, et, si de Gaulle travaille à élargir sa base — et y parviendra pendant quelque temps —, il n'entend surtout pas s'appuyer sur les forces politiques de gauche, il n'entend pas être l'expression de la rue.

27. Alain Peyrefitte, *C'était de Gaulle*, Paris, Librairie Arthème Fayard, 1994, t. I, p. 57 (en date du 20 octobre 1959).

Telle est la raison fondamentale qui va, selon ses propres dires, l'obliger à « manœuvrer[28] ». Une manœuvre qui sera menée de telle manière qu'elle provoquera les ultras de la colonisation, les poussera à deux tentatives, l'une en janvier 1960 (la semaine des Barricades), l'autre avec quatre généraux à leur tête en avril 1961 (le putsch des généraux Challe, Salan, Jouhaud, Zeller), qui échouera. De même, les négociations engagées avec le FLN à partir de juin 1960 buteront d'abord sur des exigences — la double nationalité pour les Français d'Algérie, la séparation du Sahara de l'Algérie — évidemment inacceptables pour les dirigeants algériens, et qui seront progressivement abandonnées. Il en restera pourtant dans les accords d'Évian des conditions, comme le maintien de l'armée française à Mers el-Kébir pour plusieurs années, celui de la base atomique de Reggane, et tout un dispositif de garanties pour les Français d'Algérie. Ce dernier n'aura pas lieu de fonctionner, à cause de l'exode massif des pieds-noirs entre la signature de l'accord et le référendum pour l'indépendance. Les bases, elles, seront évacuées plus tôt que prévu, et, en 1968, il ne subsiste plus rien de ces clauses dont on avait tant discuté pendant que la guerre continuait. De Gaulle est donc parvenu à ses fins, lui qui estimait que la continuation de la guerre en Algérie affaiblissait la France en l'empêchant de mener une grande politique au plan mondial. Mais l'accumulation de toutes ces « manœuvres » a pris du temps, et la guerre se poursuit dans toute son atrocité. Les droits de l'homme sont toujours bafoués en Algérie — et même en France —, de même que les conventions internationales sur la conduite de la guerre. Certes, de Gaulle a oralement prescrit de ne pas torturer, mais, faute de sanctions contre des responsables qui étaient aussi de ses partisans (Massu, par exemple, n'a été muté d'Algérie qu'en janvier 1960), rien n'a changé. De Gaulle a, c'est vrai, lors de son entrée à l'Élysée en janvier 1959, gracié un certain nombre de condamnés à mort — dont Yacef Saadi, maître d'œuvre de la bataille d'Alger — et suspendu les exécutions pendant un certain temps. Sur le terrain, cependant, les mêmes mœurs régnaient, et il le savait. De plus, les ultras, frustrés de leur victoire de mai 1958, ont mis sur pied

28. *Mémoires d'espoir*, Paris, Plon, 1970, p. 51.

une organisation clandestine, l'Organisation armée secrète (OAS), qui tuera en Algérie, et aussi en France, des Français jugés libéraux et des Algériens, mais bien davantage d'Algériens que de Français. De Gaulle lui-même sera visé et échappera à plusieurs attentats projetés, dont deux tentés en 1961 et en 1962. Le jeu était risqué, on le voit. D'autant plus que, presque jusqu'au bout, les manifestations de gauche contre l'OAS ont été interdites, que des livres et des journaux ont continué à être saisis.

Ces quelques indications, sommaires, montrent assez que la guerre d'Algérie se déroule et se joue sur plusieurs plans simultanément. Elle est, on vient de le souligner suffisamment, un élément de la politique intérieure de la France elle-même. Elle constitue aussi une part non négligeable de la politique internationale de ces années. Enfin, comme nous allons le voir à présent, elle témoigne d'une crise morale d'une exceptionnelle gravité, car elle est le lieu d'un déploiement inouï de la torture et de toutes les entreprises visant à briser des êtres humains dans leur dignité d'homme.

Dans une première période qui va jusqu'à l'instauration de l'état d'urgence par Edgar Faure (3 avril 1955), la torture est le fait de la police qui en a déjà une longue habitude. Cette dernière a raflé en masse des militants et responsables du MTLD fichés depuis longtemps, et qui ne savaient rien des préparatifs de l'insurrection de 1954, laquelle avait été l'affaire d'un groupe très restreint. Mais les policiers veulent à toute force qu'ils sachent quelque chose et qu'ils parlent ; donc, les grands moyens. Un peu plus tard, un article de Claude Bourdet décrit ainsi la répression policière : « À l'heure actuelle, nous savons par une série de témoignages concordants et dignes de foi que les sévices de 1950-1951 sont répétés et dépassés. Le supplice de la baignoire, le gonflage à l'eau par l'anus, le courant électrique sur les muqueuses, les aisselles ou la colonne vertébrale sont les procédés préférés car, "bien appliqués", ils ne laissent pas de trace visible. Le supplice de la faim est également constant. Mais l'empalement sur une bouteille ou un bâton, les coups de poing, de pied, de nerf de bœuf ne sont pas non plus épargnés[29]. » Une fois encore, l'arti-

29. *France-Observateur,* 13 janvier 1955.

cle constate la complicité de la magistrature, car, bien que la loi oblige à présenter le détenu devant le juge pas plus tard que vingt-quatre heures après l'arrestation, cela n'est fait ici que cinq ou dix jours plus tard, pour avoir le temps de torturer et, peut-être, d'arracher des aveux. Les magistrats du parquet couvrent les juges d'instruction et justifient les policiers. Pis, s'il se peut, le juge d'instruction dispose de certains médecins qui établissent des certificats assurant l'état « normal » des torturés. Sous le ministère de Mendès France, et à la suite d'articles de la même veine (de Mauriac, d'autres dans l'*Humanité*), certains policiers sont mutés, et, surtout, un rapport est demandé à un inspecteur général de l'administration, Wuillaume. Celui-ci mène une enquête sérieuse, recense de nombreux cas de tortures indiscutablement prouvés — par les méthodes indiquées dans l'article de Bourdet — et conclut non pas qu'il faut bannir de telles méthodes, mais qu'il faudrait en faire un emploi « modéré », précisément celles qui emploient l'eau et l'électricité[30] ! Quand il remet son rapport, le gouvernement qui l'avait commandé ne dirige plus le pays. Il est vrai que Soustelle, alors gouverneur de l'Algérie, et qui en prend connaissance, ne l'avalisera pas. Mais on va voir que, de toute façon, les choses sont déjà en train de s'aggraver. Il reste que les conclusions du rapport Wuillaume sont révélatrices de la sorte de destruction de la morale publique qu'entraîna la guerre d'Algérie dès ses débuts. Un autre rapport fut rédigé par le directeur de la Sûreté nationale, Jean Mairey, un ancien résistant qui n'avait pas oublié la Résistance[31]. Il n'eut aucun effet, et Mairey démissionna…

Avec l'état d'urgence et les arrivées successives de renforts qui porteront l'armée d'Algérie à plus de 400 000 hommes, celle-ci voit s'accroître très vite ses pouvoirs et son champ d'action. En juin, le haut commandement donne des instructions précisant notamment que « le feu doit être ouvert sur tout suspect qui tente de s'enfuir ». Il est également ordonné, en cas d'incident, d'utiliser « sans délai les moyens les plus

30. Rapport publié par Pierre Vidal-Naquet *in La Raison d'État*, Paris, 1962, p. 60 et suivantes.
31. Il écrivait qu'il y avait en Algérie « la reprise des pires méthodes de police, rendues trop célèbres, hélas ! par la Gestapo ».

brutaux ». À un autre endroit, il est dit qu'il faut « rechercher le succès sur les bandes rebelles par tous les moyens ». C'est en ces termes que Lacoste, le 7 janvier 1957, autorisera Massu à employer la torture sans la moindre limite. Dans toutes ces directives de juin 1955, on remarque qu'il n'est plus jamais question de sommations préalables. Il n'est pas davantage précisé ce qu'est au juste un « suspect », terme passe-partout. De plus, toutes les unités en campagne reçoivent l'ordre de faire de la recherche de renseignements. Même, « le renseignement est la condition nécessaire à la réussite de toute opération ». Ce qui revient à dire que c'est sur le terrain, auprès de chaque unité en campagne, que l'on va désormais torturer : conformément aux ordres, en somme — sans compter toutes les initiatives particulières que de telles instructions peuvent couvrir. Ce n'est pas tout : des décisions prises à la même période établissent le principe de la responsabilité collective, autre mode de répression rappelant ceux des nazis sous l'Occupation en France : si un villageois a rejoint l'armée du Front (Armée de libération nationale, ALN), ou simplement si une action de l'ALN a eu lieu près d'un village, c'est le village dans son ensemble qui est tenu pour coupable. Du même coup, les unités en campagne sont libres de piller ce lieu jugé suspect. Quand la population s'est enfuie à temps, les soldats prennent ou tuent volailles et petit bétail. Quand des habitants sont encore là, tous sont fouillés, y compris les femmes, et l'on sait quel destin est prévu pour les « suspects ». Ces mesures sont prises par le haut commandement au temps de Soustelle, avec son accord, et, notons-le, avant ces événements du 20 août 1955, par lesquels certains ont voulu expliquer le raidissement du gouverneur général. Au demeurant, il faut remarquer qu'avant le 20 août, dans cette zone du Constantinois relativement calme depuis la mort au combat de Didouche Mourad en mars, l'armée avait déjà sévi en juin et juillet. Elle avait, selon des chiffres officiels, tué 65 « rebelles » et procédé à 1 170 arrestations, plus que dans les Aurès et la Kabylie où le Front était pourtant plus actif. C'est dire que l'action militaire avait déjà contribué à exaspérer une population qui n'avait pas oublié les massacres de mai 1945. Après le 20 août, les directives du haut commandement sont dans le même style que les instructions de juin ; la répression doit être menée avec « rigueur et même brutalité ». Elle le sera en effet, on a vu les chiffres. Mais en France la censure — d'une légalité douteuse, elle aussi — a interdit aux journaux de reproduire des photos montrant les corps de centaines de fusillés entassés dans le stade de Philippeville. Toutes ces opérations se poursuivront pendant plusieurs jours, au moins jusqu'à la fin du mois, avec leur cortège d'exécutions sommaires.

Les mesures mises en œuvre sous le règne de Soustelle comportent encore d'autres chapitres. L'un d'eux, présenté alors comme une mesure libérale, a été la création des Sections administratives spécialisées (SAS), destinées aux zones rurales, que des Sections administratives urbaines (SAU) compléteront pour les villes, plus tard. Cette décision revient à confier à des officiers des responsabilités directes d'administration en temps de guerre totale, c'est-à-dire qu'ils peuvent eux aussi avoir à faire du renseignement, que là aussi on torturera, à moins qu'il ne s'en trouve un assez courageux pour refuser. Mais les SAS doivent également être comprises en liaison avec une entreprise de vaste portée, celle qui est officiellement intitulée « regroupement ». Et qui dans les faits consiste en la déportation de masses considérables de populations rurales arrachées à leur terroir, autrement dit à leurs déjà maigres moyens de subsistance. Parquées dans de véritables camps, elles vivent à la limite du nécessaire, voire quelque peu en dessous. À la fin de la guerre, le nombre des déportés s'élève à plus de deux millions, plus du quart de la population algérienne. Cela dans l'espoir d'isoler les maquisards et de les affamer en attendant de pouvoir les tuer. Bien entendu, s'il y a lieu d'insister sur le rôle de l'armée, parce que, par la volonté du gouvernement lui-même, elle détient le pouvoir réel, il n'en résulte pas que les policiers ne sont pas impliqués dans les tortures et sévices de toutes sortes. Certains sont détachés auprès des unités en campagne. Quand, à la suite de la bataille d'Alger, seront créés des Dispositifs opérationnels de protection (DOP), détachements formés de « spécialistes » ou « professionnels » de la torture auprès des unités sur le terrain, des policiers pourront également faire partie de ces spécialistes. Il reste que, pour de simples raisons arithmétiques, le plus gros du travail incombe aux soldats.

Voici ce qui se passe dans la région de Cherchell en 1957 selon un rappelé interrogé vers 1990 (mais ce sont des souvenirs indélébiles). Son unité allait chercher des suspects dans les villages avoisinants, tout le monde sachant que ces villageois sympathisaient avec le Front (mais quel village aurait été indifférent à l'aspiration à l'indépendance en 1957 ?). Puis on les interroge. « D'abord, on commence par déshabiller les gars pour les humilier. Ensuite, il y a toujours quelques sadiques pour donner quelques coups de poing, quelques gifles, quelques coups de pied… Et puis après… dans certains cas limites, il y avait utilisation de la gégène[32]. » Le vieillard que le futur photographe Gilles Caron, parachutiste en 1960, a vu « pendu la tête en bas à un arbre, accroché par un pied » et que l'« on tabassait sans ménagement » était-il aussi un de ces suspects que l'on voulait faire parler[33] ? Ce témoignage-là concerne la période gaulliste du conflit, il atteste que, quels qu'aient été les désirs du Général, rien n'avait changé dans le visage quotidien de la guerre.

La bataille d'Alger, quelques mois après le vote des pouvoirs spéciaux, marque une nouvelle aggravation. Son déroulement révèle un haut degré d'organisation et d'esprit méthodique dans la mise en œuvre de la terreur. Premier temps : saisie d'un fichier des Renseignements généraux d'Alger concernant tous ceux qui étaient soupçonnés, à tort ou à raison, avec ou sans preuves suffisantes, d'activités nationalistes. N'importe, cette liste a été à la base d'une rafle massive dans les quartiers musulmans de la ville, menée de nuit par les paras, avec une extrême brutalité. Après, les centres d'interrogatoire, la torture, notamment à l'électricité, pour tous ceux — ou celles, car la rafle s'abat sans distinction d'âge ou de sexe — qui ne « parlent pas ». Par la suite, et pour plus d'efficacité, on torturera sur place, dans les maisons mêmes où les suspects sont arrêtés, de manière à pouvoir exploiter sans délai le moindre renseignement arraché. D'ailleurs, les quartiers en question, et notamment la Casbah, ne sont plus seulement encerclés, mais occupés, par les paras

---

32. Cité par Benjamin Stora, *La Gangrène et l'Oubli*, Paris, 1991, p. 30.

33. *Ibid.*, p. 34.

avec des guetteurs sur les terrasses. Après la torture, nombre
d'Algériens sont assignés à résidence, dans des camps de
l'armée, en fait. C'est à ce point de la terreur que l'on arrive à
avoir une première donnée sur ceux qui ont laissé leur vie
dans les chambres de torture. En effet, le secrétaire à la
Police, Paul Teitgen, ancien déporté lui-même, qui n'avait pas
conservé beaucoup de pouvoir depuis le 7 janvier 1957,
devait cependant signer ces ordres d'assignation à résidence.
Il a ensuite essayé de contrôler la présence effective des assignés dans les camps. Le bilan a fait état, pour environ 24 000
assignations, de 3 000 à 4 000 « disparus ». Autrement dit,
ceux (ou celles) qui n'étaient plus « présentables » à l'issue de
ces séances, outre ceux qui avaient succombé, expliquent
sans doute ces 4 000 manquants. Comme la machine répressive, une fois lancée, s'est abattue aussi sur les Français suspects : susceptibles d'aider le Front, communistes — ce qui,
aux yeux des Massu et Bigeard ne valait pas mieux que d'être
FLN —, certains cas ont fini par être connus et faire scandale.
Arrêté en juin, le mathématicien communiste Maurice Audin
est un peu plus tard officiellement assigné à résidence, tandis
que l'armée répond à sa femme, qui demande des explications, qu'il s'est évadé. En réalité, il a été mis à mort, et personne ne l'a revu après son passage entre les mains des paras.
Henri Alleg réussira à tenir le coup et à faire sortir de la prison le récit des tortures subies, avec, en addition à l'électricité, l'utilisation du penthotal, le « sérum de vérité ». Ce que
La Question, publiée au début de 1958, révèle, c'est le sort
commun de milliers d'hommes qui passent entre les mains de
paras obéissant aux ordres d'officiers et, au-dessus d'eux, de
généraux qui tiennent la torture pour un « mal nécessaire »,
comme le soutiendra encore le général Bigeard en l'an 2000.
Mais aussi bien l'affaire Audin que le récit d'Alleg sont des
faits publics, que le pouvoir civil, encore en place à Paris, ne
peut ignorer ; pas plus qu'il n'a pu ignorer les directives du
haut commandement, et encore moins les libertés laissées par
Lacoste à Massu. D'ailleurs, Guy Mollet — qui, lui non plus, ne
peut pas ignorer comment on fait la guerre — ou, si l'on veut,
comment on « pacifie » — a bien envoyé des commissions de
sauvegarde des libertés et des droits — titre dérisoire face
aux réalités. Lesquelles n'ont rien changé. Si, pourtant : elles

ont attiré l'attention sur un autre domaine de violation des droits de l'homme. On a en effet découvert, dans les régions de Tlemcen, Mascara et Blida, des prisonniers de guerre qui avaient été enfermés dans des caves à vin. Malgré leurs appels au secours, ils avaient été intoxiqués par des émanations d'anhydride carbonique. Des officiers sont mis en cause. Si prudente que fût la commission, en mentionnant ces morts, au moins une centaine[34], elle mettait le doigt sur une autre question grave : celle des prisonniers de guerre. Les communiqués ou les comptes rendus d'opérations qui mentionnent les pertes de l'ennemi signalent beaucoup de tués, peu de blessés, encore moins de prisonniers. Cependant, les témoignages des rappelés ne laissent guère de doute : il y a bien eu des prisonniers de guerre de l'ALN, seulement ils ont pour la plupart été abattus. Ce dernier mot est bien employé dans lesdits communiqués, mais toujours accompagné d'un autre terme : fuyard. Seuls auraient donc été « abattus » des prisonniers qui tentaient de s'enfuir. Un rappelé se souvient qu'il a invité des combattants FLN encerclés à se rendre comme prisonniers de guerre, et il commente : « Je savais quand même que c'était pour les tuer après... mais enfin... Je mentais[35]. » Les exemples ne manquent pas. Ils ne concernent pas tous des combattants, mais aussi des Algériens de toutes catégories. Ainsi de ceux à qui on faisait en campagne porter des postes de radio et des munitions et qui étaient abattus en fin d'opération. Il y avait les fameuses corvées de bois, avec le prisonnier conduit de nuit en dehors du camp, parfois invité à reprendre sa liberté, de toute façon abattu. On signale aussi des cas où des soldats irrités après un combat massacraient des prisonniers à coups de pelle après que les détenus eurent été contraints de creuser leurs tombes[36]. Il y a eu ceux qui ont été embarqués dans des hélicoptères et largués brutalement. Ce ne sont pas là des exemples de bavures particulières à telle ou telle unité, à tel soldat ou tel officier. Bien entendu, tous ces prisonniers ont d'abord subi des « interrogatoires approfondis », euphémisme officiel pour torture.

34. Benjamin Stora, *op. cit.*, p. 33.
35. Claire Mauss-Copeaux, *op. cit.*, p. 168-169.
36. *Ibid,* p. 164.

Qu'il y ait eu institutionnalisation de la torture au plus haut niveau de l'armée est attesté par deux données, aussi effarantes l'une que l'autre. Tout d'abord, la création d'un enseignement de la torture dans des centres de formation militaire, destiné notamment aux officiers de réserve. L'historien Jacques Julliard révèle qu'au début de 1960 il lui « a été donné d'assister à des cours spécialisés sur la pratique de la torture » près d'Arzew[37]. Pour ce qui est de la pratique justement, l'armée avait créé des centres spécialisés dans la torture en série. L'un de ces camps, dans le Constantinois, était la ferme Ameziane, du nom de son propriétaire, riche au demeurant, qui s'était réfugié à Paris. L'existence de ce lieu et de ses activités avait été révélée par le bulletin semi-clandestin *Vérité-Liberté* en mai 1961, mais il fonctionnait déjà avant le 13 mai 1958. Le fils du propriétaire, qui, à Constantine, aidait effectivement le FLN, y a été lui-même enfermé et torturé longuement. S'il a survécu, il avait été traité de telle manière que toute paternité lui soit interdite… D'autres y sont morts. Aux coups, aux sévices de toutes sortes s'ajoutaient la saleté dans laquelle devaient vivre ou survivre les victimes, le manque de nourriture, le manque de sommeil. Un commandant était à la tête de ce camp militaire qui, s'il est le mieux connu, n'était pas un cas exceptionnel.

Malgré ce déploiement de « brutalité », pour reprendre un terme des instructions de 1955, la terreur en Algérie n'a pas plus réussi à briser l'aspiration à l'indépendance qu'elle ne l'avait fait en Indochine. Car il convient de rappeler que la torture et les méthodes dignes des nazis avaient déjà été employées au cours de cette guerre coloniale, que ces violations de tous les principes des droits de l'homme proclamés par la IVe République avaient déjà été révélées et dénoncées. Même si les gouvernements en place avaient obstinément nié les faits, ils ne pouvaient prétendre ignorer ces dénonciations. Bigeard, par exemple, avait commencé à sévir là-bas, le pouvoir ne pouvait affirmer ne pas le savoir. Or si, à force d'emploi de la « gégène », la bataille d'Alger paraît gagnée en 1957 — militairement, s'entend, pas sur le plan de l'opinion

37. Voir J.-P. Rioux (dir.), *La Guerre d'Algérie et les Français*, Paris, Fayard, 1990, p. 159.

publique —, trois ans plus tard, en décembre 1960, l'armée française n'est plus en face de commandos, mais de toute la foule des quartiers algériens qui manifeste en masse pour l'Algérie libre au cri de « Vive Ferhat Abbas ! », alors président du Gouvernement provisoire de la République algérienne (GPRA) formé en 1958, peu après l'arrivée de De Gaulle au pouvoir. Il y aura encore des morts parmi les manifestants quand l'armée tirera, mais les manifestations se multiplieront jusqu'au 19 mars 1962. Si le Front n'a pas pu vaincre militairement sur le champ de bataille — mais ses dirigeants n'ont certainement jamais pensé qu'ils auraient les forces suffisantes pour un nouveau Diên Biên Phu, que le Général tenait avant tout à éviter —, il n'en était pas moins politiquement appuyé par une écrasante majorité. Cela lui valait du même coup, et comme il l'avait escompté, le soutien d'une grande part de l'opinion dans le monde — et pas seulement dans le tiers-monde. Ainsi, les gouvernants français et l'armée s'étaient déshonorés, sans pour autant rien y gagner. Car les crimes accumulés pendant ces huit ans, et dont on n'a trouvé ici que quelques exemples frappants et déjà peu supportables (on n'a pas parlé des viols de femmes, souvent torturées au préalable, ni de leurs conséquences, problème encore d'actualité), sont des crimes d'État. Ils impliquent la responsabilité des ministres successifs de la Défense, de l'Intérieur (ou ministres résidents), de la Justice, et, au-dessus d'eux, des présidents du Conseil ou Premiers ministres. S'il se peut que quelques-uns des gouvernants aient déploré personnellement ces atrocités, ils ne l'ont pas déclaré publiquement, excepté Mendès France, qui démissionna du gouvernement Guy Mollet en 1956, ainsi qu'Alain Savary, à la suite du piratage de l'avion de Ben Bella et de ses compagnons. Le Parlement, au moins dans la majorité qui a soutenu les différents gouvernements, n'est pas moins impliqué que l'appareil d'État civil et militaire ni que les officiers coupables des tortures. Quand des atrocités précises ont été on ne peut plus officiellement constatées, comme dans l'affaire des caves à vin, quelles sanctions ont été prises ? Pas plus que pour l'assassinat d'Audin, ou les prétendus « suicides » de Larbi Ben M'Hidi ou d'Ali Boumendjel. C'est cette terreur d'État qu'en l'an 2000 on a encore à demander qu'elle soit reconnue et condamnée.

La guerre d'Algérie, on l'a dit, ne pouvait pas ne pas avoir de répercussions dans l'Hexagone métropolitain[38]. Elle a suscité les protestations d'une grande partie des intellectuels français, soulevant l'indignation de tous ceux d'entre eux qui comptaient et comptent encore, de Sartre à Boulez en passant par le professeur Mandouze ou l'abbé Davezies[39]. Certains ont directement aidé le Front avec le réseau Jeanson[40]. Que ce soit sous la IVe ou la Ve République, ils ont toujours eu contre eux les autorités en place. Et il ne faut pas oublier que la police gaulliste, à quelques semaines du cessez-le-feu, le 8 février 1962, chargeait encore une manifestation contre l'OAS et tuait huit manifestants. Mais la France était aussi le théâtre de la lutte entre les Algériens tenants du Front, qui par leur contribution financière jouaient un rôle important, et les tenants de Messali Hadj, majoritaires au temps où la guerre commençait, et qui ne le seront plus par la suite. C'est sur le fond de ce conflit, sanglant lui aussi (quelque 4 000 morts, y compris parmi les indicateurs de police et harkis contre lesquels le Front a eu à se défendre), et qui a pu parfois déconcerter des anticolonialistes français, que s'inscrit un autre massacre, celui du 17 octobre 1961 à Paris, au moment même où les pourparlers avec le GPRA entraient dans leur phase finale. Le préfet de police Papon, qui avait précédemment officié à Constan-

38. Faute de pouvoir ici reprendre l'étude de tout le mouvement de résistance à la guerre d'Algérie, on doit au moins rappeler le rôle du Comité Audin à partir de juin-juillet 1957 dont P. Vidal-Naquet fut, avec Madeleine Rebérioux, parmi les animateurs, et la publication de *La Question* l'année suivante.

39. Voir *La France en guerre d'Algérie*, Paris, 1992, article de J. P. Rioux, p. 146-150, sur l'évolution, souvent méconnue, de l'opinion française. En juillet 1957, 53 % des sondés sont partisans d'une négociation avec le FLN dans la perspective de l'indépendance algérienne.

40. Le réseau Jeanson, du nom du philosophe qui l'anima, avait pour but, au cours de la guerre d'Algérie, d'aider le FLN, à l'exception de toute action militaire cependant. Il fournissait des refuges à ses militants, transportait ses valises, selon l'expression célèbre de Jean-Paul Sartre, c'est-à-dire les fonds collectés par les nationalistes, dont il fallait assurer le transfert en Suisse. Nombre de ses membres furent arrêtés en 1960-1961 et condamnés.

tine, après avoir été en poste à Bordeaux sous l'occupation allemande, comme chacun sait, avait eu l'idée d'imposer à la
nombreuse population algérienne de la capitale et de sa banlieue un couvre-feu, sans parler de l'invitation à ne pas circu-
ler en groupe la nuit. Il est vrai que, dans le cours de la lutte,
des agents de police de Paris avaient été tués ; mais le corps
lui-même n'était sans doute pas exempt de toute faute. Quoi
qu'il en soit, la Fédération de France du FLN, réfugiée en Allemagne de l'Ouest, avait déjà interdit les exécutions de
policiers parisiens. En même temps, elle appelait à une manifestation pacifique contre le couvre-feu. De fait, le soir du
17 octobre, on estime que c'est entre 20 000 et 30 000 Algériens qui sont descendus manifester à Paris, venant de banlieue ou de la ville même. La riposte de la police, notamment
sur les Grands Boulevards et dans le Quartier latin, fut terri-
fiante. En dehors des 11 000 arrestations, les morts étaient très
nombreux, car la police tira. Le mieux est encore de laisser la
parole à Claude Bourdet dans un article écrit à chaud. Inutile
de préciser que la réponse à tout ce qui y est présenté sous
forme interrogative est : « Oui, c'est vrai. » « D'abord, est-il vrai
qu'au cours de cette journée il n'y a pas eu de blessés par balles au sein de la police ? Est-il vrai que les cars radio de la
police ont annoncé, au début de la manifestation, dix morts
parmi les forces de l'ordre, message nécessairement capté par
l'ensemble des brigades... et qui devait donc exciter au plus
haut point l'ensemble des policiers ?... De même, est-il vrai
qu'un grand nombre des blessés ou des morts ont été atteints
par des balles de même calibre d'une grande manufacture qui
fournit l'armement de la police ? Qu'une grande partie de ces
balles ont été tirées à bout portant ?... Est-il vrai que, dans la
« cour d'isolement » de la Cité, une cinquantaine de manifestants arrêtés apparemment dans les alentours du boulevard
Saint-Michel sont morts ?... Est-il vrai qu'il y a eu de nombreux
corps retirés de la Seine[41] ? » Il parle plus loin de 150 morts ;
on pense aujourd'hui qu'ils furent au moins 200. Mais de

41. *France-Observateur*, 2 novembre 1961. Voir aussi J. Einaudi,
La Bataille de Paris, 17 octobre 1961, Paris, 1991, et le livre reportage publié aussitôt après chez Maspero (et aussitôt interdit) de Pau-
lette Péju, *Ratonnades à Paris*, republié en l'an 2000.

Gaulle a continué à couvrir le préfet Papon. C'est dire que la
guerre telle qu'elle était menée entraînait aussi la France dans
ce qu'un livre de cette période (interdit comme bien d'autres)
appelait la « gangrène[42] » — la torture en France même et les
massacres.

À tant de faits de déshonneur, les défenseurs de l'armée et
de l'Algérie française ont prétendu répondre non seulement
par l'argument du « mal nécessaire » déjà évoqué, mais par
celui des crimes imputés à l'adversaire. On remarquera cependant que les dirigeants du Front et du GPRA n'ont pas donné
de directives du même genre que celles que nous avons
citées, que de vives discussions ont eu lieu parmi eux sur tous
ces sujets. Nous ne pouvons ici faire l'histoire interne de la
direction algérienne[43]. Mais, de toute façon, il suffit de repren-

42. Le mot avait déjà été employé par l'ancien gouverneur des
colonies Delavignette dans un article de L'Express du 13 décembre 1957 : « [...] la notion de liberté est obscurcie non seulement en
Algérie, mais aussi en métropole. Nous assistons en Algérie à une
décomposition de l'État, et cette gangrène menace la métropole elle-
même. » Le livre interdit, lui, faisait état de tortures subies à Paris y
compris par des étudiants algériens militants ; un de leurs avocats,
Ould Aoudia, fut assassiné à Paris même. Par la suite, des harkis
furent employés dans la capitale et torturèrent leurs compatriotes
nationalistes.
43. Il y a eu bien des divergences parmi les dirigeants du FLN, puis
du GPRA à partir de 1958. Pas seulement de ces heurts de personnalités qui pourraient à la rigueur expliquer l'exécution d'Aban Ramdan
en décembre 1957. Il y en a eu une, très lisible, sur l'attitude à prendre à l'égard de la minorité européenne dans le cadre d'une Algérie
indépendante. Le texte du 1er novembre de même que celui du
congrès de la Soummam appelaient explicitement les Européens à
participer, s'ils le voulaient, à l'édification du nouvel État. Mais il est
bien connu que Ben Bella ou Boumediene, pour ne citer que ces deux
futurs chefs d'État, n'envisageaient pas une indépendance avec une
forte présence européenne. Il y a lieu de penser que c'est cette position qui était la plus largement partagée par la base combattante. Il
n'empêche que l'on s'est ainsi affronté à propos d'un problème que
l'exode des pieds-noirs a supprimé dans la pratique. Ce ne fut pas le
seul clivage. Dans un cas bien connu, l'obsession de la présence
d'agents ennemis infiltrés (il y en avait, certes, comme dans toute
guerre), ainsi que l'anti-intellectualisme latent de certains responsables sur le terrain ont été mis à profit par les services français pour

dre les termes d'une sorte de contre-manifeste d'universitaires et d'enseignants en 1960 pour la défense de l'Algérie française, qui prétendait répondre au manifeste dit des 121 proclamant le droit à l'insoumission en face d'une guerre injuste, pour mesurer à quelles absurdités on se trouvait alors entraîné. Pour eux, le Front n'était qu'une « minorité de rebelles fanatiques, terroristes et racistes », tandis que la présence de la France en Algérie représentait la « civilisation ». Si même on voulait un instant admettre cette définition arbitraire du nationalisme algérien, elle n'autoriserait en rien ceux qui se réclament de leur propre « civilisation » à se conduire en terroristes et en racistes à une grande échelle, appuyés plutôt sur la supériorité militaire et policière que sur la force civilisatrice. Elle ne les autorisait en rien à admettre que la France civilisée viole les conventions internationales qu'elle a signées — celles de Genève, la Déclaration universelle des droits de l'homme — ainsi que ses propres Déclarations des droits de l'homme et du citoyen de 1789 et de 1946. Ni à violer les principes de la démocratie que la Constitution de 1958 elle-même inscrit en tête de son texte. De plus, les nationalistes constituaient l'immense majorité de l'Algérie. Ils ont dû recourir à la violence, après une période de cent trente ans où les colonisateurs ne les avaient décidément pas convaincus de la supériorité de leur civilisation. On en revient ici à Ricœur et à Monteil : c'est la violence coloniale qui est originelle et qui ne cesse d'engendrer la violence. La violence de l'opprimé ne peut en aucun cas justifier la violation des droits de l'homme par ceux-là mêmes qui s'en revendiquent. Tel était l'enjeu de la guerre d'Algérie, et il reste actuel.

« intoxiquer » le commandant de la zone de Kabylie, Amirouche, en lui faisant croire que la plupart des intellectuels ou étudiants qui rejoignaient les maquis étaient des traîtres et des agents français. Il en serait résulté quelque 2 000 exécutions. Amirouche fut tué au combat alors qu'il se rendait à Tunis. Mais d'autres débats ont eu lieu, à propos de la stratégie des attentats, par exemple. On ne peut s'étendre sur cette histoire interne, qui montre des organismes de direction nullement monolithiques ; toutefois, on doit rappeler que les conditions de cette lutte militairement inégale imposaient une grande décentralisation des décisions et des actions, en dépit de tous les efforts d'unification.

Le coût humain de la guerre d'Algérie

Les données chiffrées qui ne sont pas sujettes à contestation concernent les colonisateurs.

1) Les pertes de l'armée française : 15 580 morts jusqu'au 19 mars 1962 ; 9 031 morts « accidentellement » dans la même période ; 2 056 morts dans la Légion étrangère ; 1 000 disparus (environ) ; 1 277 morts des suites de leurs blessures. Total : 28 944.

L'armée admet qu'il y aurait eu à peu près 500 déserteurs, chiffre que certains jugent trop faible. La proportion étonnamment élevée des « accidents » mortels n'a pas reçu d'explication satisfaisante.

2) Les morts civils européens, toujours au 19 mars 1962, auraient été au nombre de 2 788, plus quelque 857 disparus.

L'OAS a à son bilan 2 360 assassinats et 5 419 blessés, dont une écrasante majorité d'Algériens.

3) Les pertes algériennes sont beaucoup plus difficiles à chiffrer. Il faut d'abord mentionner 8 000 villages incendiés et détruits et un million d'hectares de forêts incendiées.

L'armée française admet avoir tué 141 000 combattants FLN, et affirme que 69 000 « musulmans » auraient été éliminés par le FLN. Une donnée plus sûre est que 2,137 millions d'Algériens et Algériennes ont été déportés dans des camps dits de regroupement, sur environ 8 millions d'Algériens en 1954. Quant au nombre de morts parmi la population algérienne : tombés au combat, prisonniers de guerre « abattus », suspects ou simples villageois pris dans le déchaînement de la fureur guerrière, les historiens hésitent entre 200 000 — un minimum — et 500 000, ce qui est plus vraisemblable. Mentionnons que le ministère algérien des Anciens Combattants avait recensé 336 000 combattants et combattantes de la libération en vue de l'attribution de la carte de combattant aux survivants ou aux ayants droit des morts.

Y. B.

Évolution démographique
de l'Afrique coloniale
par Catherine Coquery-Vidrovitch

Les études d'histoire de la population sont explicites, en Afrique du moins, car ailleurs, curieusement, les recherches sont moins avancées : la colonisation a eu des effets très contrastés sur l'histoire de la démographie.

Schématiquement, on peut distinguer trois périodes : l'économie de pillage de la phase primitive de la colonisation, qui a provoqué un massif dépeuplement partout où elle a été mise en œuvre, en Afrique du Nord comme en Afrique noire ; la phase de redressement, qui a pu se prolonger sur au moins une génération, durant laquelle la population s'est stabilisée, voire a commencé à redémarrer non sans hésitations ; la troisième période, en revanche, quand les autorités coloniales se sont mises à se préoccuper sérieusement de la santé des colonisés, s'est traduite par un essor démographique brutal, qui, dans certains cas, est encore loin de s'être calmé.

Néanmoins, la chronologie diffère, et parfois de plusieurs décennies. La rupture provoquée par le boom démographique qui explosa à partir des années 1950 est frappante. Pourtant, les analyses tendent à montrer que le cœur du XIXᵉ siècle fut déjà marqué par une croissance de la population, mais qui fut stoppée net par l'intrusion européenne de la fin du siècle. Ainsi l'Égypte serait passée de 2,5 millions (ou de 4,5, selon les estimations) en 1800 à presque 10 millions en 1897. Il n'est pas inconcevable de penser que l'Afrique comptait, vers 1860, plus de 150 millions d'habitants. Or il n'y en avait plus que 95 millions environ à la fin du XIXᵉ siècle. Ce recul résulte de la phase d'impérialisme colonial[1].

1. C. Coquery-Vidrovitch, *L'Afrique et les Africains au XIXᵉ siècle*, Paris, Armand Colin, 1999, p. 20-22.

L'Afrique du Nord

Le décalage chronologique des trois phases selon les zones provient du décalage de la colonisation. Une étude attentive permet de chiffrer en 1830 la population algérienne à au moins 3 millions d'habitants au moment de la conquête française[2]. Mais les premières décennies d'occupation se traduisirent par un recul démographique sensible. Les raisons en sont évidentes : d'abord, l'âpreté des opérations militaires, qui se poursuivirent pendant une vingtaine d'années, bien au-delà de la reddition d'Abd el-Kader (1847). La technique de la terre brûlée mise en œuvre par Bugeaud à partir de 1840 fit des ravages. Les gens qui n'étaient pas massacrés mouraient de faim, de malnutrition et de maladies. L'Algérie serait donc tombée à moins de 2,5 millions en 1856, serait remontée à 2,7 millions en 1861, mais à nouveau retombée à 2,1 millions dix ans plus tard. La crise fut en effet effroyable dans les années 1866-1870, où se cumulèrent les effets de la sécheresse, de l'appauvrissement, du choléra et de la famine. La population n'aurait récupéré son chiffre de départ que vers 1890, encore que la période 1886-1896 fut à nouveau une phase de tassement par rapport à la phase précédente (1876-1886). En outre, la vie urbaine était en 1830 relativement active, bien que très localisée (5 à 6 % de la population totale) : Alger ou Constantine comptaient peut-être 25 000 à 30 000 habitants ; Tlemcen, Mascara ou Oran environ 10 000. Ces chiffres ne furent pas retrouvés, pour la population musulmane, avant 1891 pour Tlemcen, 1901 pour Mascara, 1906 pour Alger, 1911 pour Constantine ! C'est seulement entre 1896 et 1901 que la population musulmane retrouva un accroissement annuel moyen plus normal (61 000 individus par an), et après 1903 que le taux de natalité aurait pour la première fois atteint un chiffre supérieur à celui des Européens[3]. C'est donc de cette date que

2. Xavier Yacono, « Peut-on évaluer la population de l'Algérie vers 1830 ? », *Revue africaine*, 3e semestre, 1954.
3. Mais cela suppose que toutes les naissances algériennes aient été auparavant enregistrées, ce qui est douteux. Il faut noter que le taux de natalité des Européens du Sud (Italiens, Espagnols) était alors très

l'on peut faire partir l'accroissement démographique, plus de soixante ans après la conquête.

Il est intéressant de noter que cette chronologie correspond à celle de l'autre bout de l'Afrique, au Zimbabwe (alors Rhodésie-du-Sud), également colonie de peuplement, dans des conditions comparables d'environnement. L'explication est similaire : le cycle infernal sécheresse/famine/épidémie y fut brisé plus tôt qu'ailleurs[4]. Comme en Algérie, la croissance démographique commença au début du XXe siècle avec un taux annuel d'environ 2,3 % entre 1901 et 1911, et de 2,4 % dans la décennie suivante, fait unique dans le reste de l'Afrique centrale et orientale. Ensuite, la croissance se précipita. La population passa ainsi en Rhodésie de moins de un million d'Africains en 1904 à plus de 8 millions en 1984 (l'État noir y est reconnu en 1980). C'est encore plus net en Afrique du Sud, où la croissance démographique précoloniale des années 1820 connut précocement un brutal rappel à l'ordre lorsque les Blancs entreprirent de repousser la « frontière » aux dépens des populations autochtones, pour se rétablir avec près d'un siècle d'avance sur le reste de l'Afrique.

En Algérie, les contemporains ne laissèrent pas de s'étonner de la reprise démographique de fin de siècle qui effrayait fort les colons. Car certains en étaient restés à l'idée que « l'histoire est là pour prouver que les races inférieures ont toujours été absorbées ou détruites par les races supérieures[5] ». Cette reprise fut attribuée partiellement à l'amélioration des statistiques, ce qui est probable, et pour le reste au poncif de la « vitalité de cette race[6] ». Tous s'accordaient évidemment pour vanter l'amélioration des conditions de vie. Il faut être prudent en ce domaine, car les mesures sanitaires étaient

élevé. Voir Charles-Robert Ageron, *Les Historiens musulmans et la France, 1871-1919*, Paris, PUF, 1968, t. I, p. 548-550. Voir aussi Yves Lacoste, André Nouschi et André Prenant, *L'Algérie. Passé et présent*, Paris, Éditions sociales, 1960, p. 217-220 et 316-317.

4. John Iliffe, *Famine in Zimbabwe 1890-1960*, Zimbabwe, Mambo Press, 1990.

5. P. Gaffarel, *L'Algérie. Histoire, conquête et colonisation*, Paris, 1883, p. 190.

6. *Le Journal des Débats*, 23 février 1897, cité par Ageron.

encore très faibles : il n'y eut entre 1896 et 1901 que 54 000
doses de vaccin (antivariolique) distribuées en communes
mixtes et indigènes, soit guère plus de 9 000 par an. Plus
généralement, la fin des guerres de conquête et de « pacification », la fin des déplacements et regroupements forcés de
population, et un début d'administration civile moins préda-
trice furent à l'origine du processus.

Le redémarrage se précisa dans les dernières décennies
du siècle, permettant à la population musulmane d'atteindre
4 millions en 1901, avec un taux de croissance remarquable
pour l'époque tournant autour de 1,5 % par an, et 4,7 millions en 1911. Au-delà de la Première Guerre mondiale,
l'essor connut une nouvelle pause (avec 4,9 millions en
1921), due à la mobilisation — en 1918, le tiers des hommes
d'Algérie de 20 à 40 ans se trouvaient en France —, et à la
surmortalité provoquée par la famine de 1920 et par la grippe
espagnole. Près de 49 % de la population musulmane avait
alors moins de 19 ans, contre 45 % de 20 à 59 ans, et seulement un peu plus de 5 % au-delà. La jeunesse de la population confirme que les taux de natalité devaient être proches
du maximum biologique. Autrement dit, la croissance était
due exclusivement à la baisse de la mortalité, cas classique
partout en Afrique jusqu'à il y a peu d'années. Or cette baisse
résultait davantage de l'amélioration de l'alimentation pendant les années prospères que de progrès sanitaires encore
très modérés. Mais pour ce peuple agricole pauvre, car 6 %
seulement de la population « indigène » était urbaine en 1914,
aux territoires progressivement réduits par l'avancée de la
colonisation, la progression démographique représentait surtout une charge supplémentaire[7]. Comme les progrès médicaux commencèrent à se manifester entre les deux guerres,
l'accélération du processus accentua la paupérisation des
campagnes. Il en résulta, au tournant de la grande dépression
des années 1930, le démarrage en flèche des migrations
urbaines. C'est aussi en 1930 qu'apparurent dans le protectorat voisin les premiers bidonvilles autour de Tunis.

La Tunisie aurait en effet suivi un cheminement analogue,
stagnant de un million au début du xixᵉ siècle à 1,1 en 1860.

7. Ageron, *op. cit.*, t. II, p. 815-817.

Lucette Valensi suggère une chute de la démographie tunisienne dans les années 1860, c'est-à-dire aussi au moment où la pression européenne se fait sentir. Mais la reprise fut plus précoce, qui fit ensuite doubler la population jusqu'en 1914. Le Maroc, lui, serait passé de 3 à 4 millions entre 1800 et 1914, mais après un déclin sensible lors des grandes famines de 1878-1881.

Il faut rappeler, en fin de course, que la guerre d'Algérie causa environ un million de morts parmi les Algériens, contre 60 000 chez les Français.

L'Afrique noire

En Afrique noire en revanche, sauf en Afrique australe où la reprise eut lieu plus tôt, la chute de la population serait devenue brutale seulement en fin de siècle au temps de la conquête, entre 1880 et 1920 : du tiers à la moitié selon les cas et les études, avec des pertes élevées surtout en Afrique centrale et orientale. Et ce pour des raisons somme toute similaires, toutes proportions gardées, à celles qui dépeuplèrent l'Amérique quatre siècles plus tôt : le désastre de maladies nouvelles contre lesquelles les populations n'étaient pas protégées. La conquête européenne, parvenue, au cours du dernier quart du siècle, dans sa phase d'accélération finale, aboutit dans ses cas les plus violents, comme au Congo belge, par la combinaison de la guerre, de la maladie et de la faim, à détruire probablement entre 1876 et 1920 la moitié de la population totale de la région[8]. Ailleurs, sauf peut-être en Afrique occidentale côtière, depuis plus longtemps habituée aux contacts internationaux, on tourna autour de la disparition du tiers de la population. L'augmentation globale supputée entre les années 1890 et 1920, qui amènerait à cette date l'Afrique à environ 120 millions d'habitants, serait donc exclusivement due aux extrémités nord et sud du continent.

8. Jan Vansina, *Sur les sentiers du passé en forêt. Les cheminements de la tradition politique ancienne de l'Afrique équatoriale*, Université catholique de Louvain/Centre Aequatoria, Louvain-la-Neuve/Mbandaka, 1991, p. 307.

Le recul démographique

Ce ne sont pas les guerres de conquête de la fin du XIXᵉ siècle qui firent le plus de victimes. Elles furent, sauf exception,
courtes : la disproportion des moyens techniques mis en
œuvre fit que les pouvoirs africains résistèrent peu de temps.
Mais il n'en alla pas de même des effets induits de la colonisation. D'abord, la colonisation zanzibarite, puis la pénétration
européenne massive du XIXᵉ siècle et de la première phase
coloniale firent des ravages, dus en majeure partie à l'expansion incontrôlable de grandes endémies : peste bovine introduite à la fin des années 1880, introduction probable et
diffusion certaine des maladies vénériennes, expansion
majeure de la maladie du sommeil, jusqu'alors relativement
circonscrite. Notons que la traite négrière des îles françaises
de l'océan Indien joua un rôle important jusqu'au milieu du
XIXᵉ siècle au moins, ainsi que l'esclavage zanzibarite, qui
connut sa plus grande extension à partir des années 1860.
Grâce à l'accroissement formidable de sa production d'exportation sur le marché international[9], le sultanat de Zanzibar
devenait un intermédiaire de plus en plus présent entre l'Afrique de l'intérieur et le monde occidental industrialisé.

Pour la fin du XIXᵉ siècle, on a maintenant assez bien étudié
le cycle infernal de la correspondance sécheresse/famine/épi-
zootie/épidémie qui s'attaqua à des populations fragiles, incapables de supporter un double choc, celui de la conquête en
même temps qu'un cycle de sécheresses exceptionnelles à
partir des années 1880-1890[10]. En Afrique orientale, les périodes 1881-1896 puis 1899-1923 furent toutes deux caractérisées par des épidémies répétées et meurtrières de choléra
(dont le foyer de diffusion fut plutôt les grands rassemblements de pèlerins à La Mecque). La peste bovine, sortie des
steppes russes dans les années 1860, toucha d'abord l'Égypte,
puis gagna le Soudan occidental en 1865. C'est surtout au
début des années 1880 que du bétail infecté fut importé par

9. Abdul Sheriff, *Slaves Spices and Ivory in Zanzibar*, Londres,
James Currey, 1987, Introduction. Voir le chap. x du présent volume.
10. Rapports coloniaux et textes d'époque cités par Alpha Bou-
réïma Gado, *Une histoire des famines au Sahel. Études des grandes
crises alimentaires XIXᵉ-XXᵉ siècles*, Paris, L'Harmattan, 1993.

les Européens en Érythrée à la fois de Russie et d'Inde. À partir de 1889, l'épizootie décima périodiquement le cheptel d'Afrique orientale et australe. En 1896, elle avait atteint la province du Cap en Afrique du Sud. Ce fut l'origine, entre 1880 et 1920, jusqu'à ce que l'on apprît à s'en protéger, d'épizooties répétées qui provoquèrent la décimation périodique du bétail, jusqu'à 95 % des têtes, et donc la morbidité accrue des populations dans l'ensemble de l'Afrique orientale et australe, depuis le Kenya jusqu'à l'Afrique du Sud. Dans la région de Bukoba, au Tanganyika (Tanzanie aujourd'hui), entre 1891 et 1892, le bétail tomba de 400 000 à 20 000 têtes. Dans la région du mont Kenya, foyer des peuples pastoraux Masaï et Kikuyu, cette calamité laissa le pays appauvri et vide au moment où arrivaient les premiers colons, qui purent ainsi entretenir l'illusion que le pays était à peu près inhabité. Au Ruanda (Rwanda), les Belges ne vinrent à bout du fléau que dans les années 1930.

L'arrière-pays, depuis le Kenya occidental jusqu'aux abords du Mozambique, fut, à partir du dernier tiers du XIXe siècle, ravagé par une extension sans précédent de la maladie du sommeil qui laissa le pays déserté et exsangue : 4 millions de milles carrés furent infectés de mouches tsé-tsé, toujours prêtes à relancer le mal[11]. La progression dramatique de la maladie du sommeil est le cas le plus typique[12]. En Afrique orientale, elle commença d'abord à s'étendre avec les bouleversements internes provoqués par l'expansion du commerce négrier de la colonisation zanzibarite. En Afrique centrale et occidentale, son avancée suivit à peu près exactement celle des explorations puis des migrations du travail provoquées

11. John Ford, *The Role of Trypanosomiases in African Ecology. A Study of the Tse-tse Fly Problem*, Londres, Oxford Clarendon Press, 197 ; Helge Kjekshus, *Ecology Control and Economic Development in East Africa the Case of Tanganyika 1850-1950*, Londres, Heineman, 1977, p. 215.

12. Ford, *op. cit.* ; Gilles Sautter, *De l'Atlantique au fleuve Congo : une géographie du sous-peuplement. République du Congo, République gabonaise*, Paris-La Haye, Mouton, 1966 ; C. Coquery-Vidrovitch, *Le Congo au temps des grandes compagnies concessionnaires, 1898-1930*, chap. XVIII, « La population du Congo », Paris-La Haye, Mouton, 1972, p. 487-506.

par la colonisation. Ce fut le cas des déboisements, après 1865, en Sierra Leone et, au début du XXe siècle, en Afrique équatoriale puis occidentale, où la maladie ne fut éradiquée, en Côte-d'Ivoire, qu'après la Seconde Guerre mondiale. Or, elle resta, jusqu'au milieu des années 1930, une maladie mortelle. Elle fit des ravages en somme comparables à ceux du sida aujourd'hui, à une vitesse effrayante, car un malade suffisait à infecter une zone entière pour peu que la mouche tsétsé y sévît : ce fut le cas au Moyen-Congo où les villes carrefours du commerce fluvial, abondamment décrites dans les années 1880 par les compagnons de l'explorateur Savorgnan de Brazza, avaient disparu quinze ans plus tard[13]. Quant à la côte congolaise, la maladie y anéantit, entre 1900 et 1911, la moitié de la population Loango épuisée à assurer la liaison par portage entre Brazzaville et la côte atlantique. Quelques travailleurs infectés furent importés au début du siècle dans l'Ogooué, au Gabon : il n'en fallut pas plus pour que la zone fût dévastée à son tour. Une mission médicale envoyée sur les lieux pour mesurer l'extension des dégâts suivit l'expansion de la maladie le long du fleuve Congo et de son affluent l'Oubangui, jusqu'au cœur de la Centrafrique dont elle rapporta un rapport circonstancié de plus de sept cents pages[14].

D'autres maladies, comme la variole importée d'Inde et, localement, les maladies vénériennes, sans doute apportées par les Arabes, ont connu leur expansion maximale avec le début de la pénétration coloniale : la variole, décelée au XVIIIe siècle, connut ses plus grands ravages en 1885, 1891, 1895, 1898 et 1900. Les maladies vénériennes se généralisèrent en Afrique francophone après la Première Guerre mondiale avec le retour des quelque 160 000 mobilisés. Elles furent de la même façon repérées à Nairobi à partir de 1914.

Certes, les phases de grande sécheresse climatique avaient toujours joué un rôle important, et le fléau acridien était aussi une donnée récurrente des crises de subsistance au

13. Gilles Sautter, *op. cit.*
14. G. Martin, Lebœuf et Roubaud, *Rapport de la mission d'études de la maladie du sommeil au Congo français, 1906-1908*, Paris, 1909.

Sahel[15]. Mais, par son intrusion brutale, la colonisation eut une responsabilité indéniable en amont — dans la rupture de l'équilibre hommes/ressources ou bétail/ressources —, et en aval, par des incidences démographiques que l'on peut schématiser de la façon suivante : morbidité et mortalité accentuées dans la première moitié du siècle, paupérisation et migrations vers les villes ensuite. Le tout suggère l'alternance entre périodes de relatif bien-être et périodes défavorables au développement économique et social des populations[16].

Enfin, et peut-être surtout, les calamités démographiques de la fin du XIXᵉ et du début du XXᵉ siècle provoquèrent de la part des populations ainsi agressées une réaction de survie classique en société préindustrielle : les taux de natalité, déjà élevés, augmentèrent de façon soutenue. Cette hausse n'est donc pas nécessairement redevable à l'héritage culturel africain ancien. Elle fut confirmée et amplifiée par les méfaits des traites négrières internes induits par la fermeture du marché atlantique et la domination zanzibarite, puis par les carnages provoqués par le premier demi-siècle de colonisation européenne[17].

La transition

L'analyse approfondie d'une famine survenue en 1949 au Malawi (alors Nyassaland), à la suite d'une sévère sécheresse, montre à quel point les modalités de la catastrophe sont passées de famines de pénurie et d'incurie des débuts

15. Il faudrait bien entendu étudier de plus près d'autres éléments de l'environnement, et en particulier la fragilité des sols africains, qui rend l'action anthropique si dangereuse. Consulter à ce propos le classique Jean-Paul Harroy, *Afrique, terre qui meurt. La dégradation des sols africains sous l'influence de la colonisation*, Paris, Paul Lechevalier, 1944, p. 553.

16. Cette alternance a été bien étudiée dans le Nigeria septentrional (*cf.* Michael Watts, *Silent Violence. Food, Famine and Peasantry in Northern Nigeria*, Berkeley, University of California Press, 1983) et dans le Sahel nigérien (*cf.* Alpha Bourëima Gado, *op. cit.*, 1992).

17. Bogumil Jewsiewicki, « Are High Birthrates "Authentically" African ? », *in* Dennis D. Cordell et Joel W. Gregory, *African Population and Capitalism. Historical Perspectives,* Boulder et Londres, Westview Press, 1987, p. 272.

de la colonisation à des facteurs d'action coloniale plus modernes mais non moins destructeurs. La structure agraire et l'organisation du travail avaient énormément évolué depuis le début du siècle, dans un cadre démographique beaucoup plus dense. Les observateurs coloniaux l'ont bien vu, en incriminant la spécialisation accentuée du travail qui s'était mise en place : les paysans exportaient désormais une partie importante de leur production en sorgho, mais aussi en biens non alimentaires (coton, tabac). Beaucoup d'entre eux dépendaient du marché pour leur propre subsistance. D'ailleurs, après la famine, la plupart se mirent à planter du manioc à maturation rapide pour prévenir les risques de disette. Mais la famine ne provenait pas seulement de l'abandon des cultures de subsistance au profit de cultures d'exportation : elle relevait aussi de la répartition du travail. Les hommes étaient partis nombreux travailler sur les chantiers et les mines, dans les villes ou à l'étranger. Les femmes, restées sur place, assumaient le gros du travail rural. Or ce sont elles qui furent les moins aidées par les autorités. Les victimes de la famine ne furent donc pas les mêmes que celles qui en auraient été les plus atteintes au début de la période coloniale : les vieillards, les infirmes, les malades, les enfants furent secourus par les colonisateurs qui prenaient ainsi le relais des anciennes solidarités coutumières, de même que les salariés, c'est-à-dire les hommes. En revanche, l'État délaissa les femmes, à savoir la main-d'œuvre agricole la plus présente, les renvoyant aux structures sociales anciennes qui n'étaient plus capables de les assumer. La souffrance fut donc à la fois allégée par l'« État providence », mais aussi beaucoup plus inégalement répartie que par le passé, en fonction de l'intégration plus ou moins avancée dans l'économie de marché[18]. De façon analogue, en pays Zarma (Niger) ou Mossi (Burkina Faso central), les migrations du travail des hommes et les politiques agricoles coloniales ont organisé

18. Megan Vaughan, *The Story of an African Famine. Gender and Famine in Twentieth Century Malawi*, Cambridge, Cambridge University Press, 1987, p. 183.

la faim de terre[19]. Diverses études de cas montrent que ce modèle peut être généralisé à l'échelle du continent.

Au demeurant, les grandes épidémies, une des causes principales de la mortalité, ne reculèrent, après l'épidémie de grippe espagnole de 1918-1919 et de 1921-1922 qui fit plusieurs millions de morts, qu'avec les campagnes de vaccination. Or si la vaccination antivariolique avait fait des progrès, c'est bien la seule avant la Seconde Guerre mondiale. Celle contre la fièvre jaune, par exemple, ne fit son apparition expérimentale qu'en 1940. Mais l'époque vit néanmoins prendre les premières mesures prophylactiques : des centres médicaux furent systématiquement mis en place, notamment les AMI (Actions médicales indigènes), à partir de 1924 en Afrique française. La lutte contre la maladie du sommeil fut conduite avec énergie par un médecin militaire, Jamot, qui mit au point ses techniques autoritaires, depuis la Centrafrique (Oubangui-Chari) et le Congo pendant la Première Guerre mondiale, jusqu'en Côte-d'Ivoire à la veille de la Seconde, en les appliquant entre-temps au Cameroun, où il passa la plus grande partie de sa carrière.

La population se rétablit donc lentement. C'est surtout à partir de la guerre de 1914 (où au minimum 30 000 Noirs furent tués au front sans compter ceux parmi les 250 000 « soldats inconnus ») que les coloniaux se préoccupèrent de « faire du nègre[20] », car les rapports sur la situation alarmante de la main-d'œuvre se multipliaient. Les études d'histoire démographique sont hypothétiques en raison de la valeur discutable des sources statistiques, et les situations diverses d'un point à l'autre du continent. Néanmoins, les chercheurs sont arrivés à quelques conclusions. Par exemple, au Gabon, c'est pendant la période coloniale que s'établit la stérilité des femmes, encore persistante aujourd'hui, sous l'influence des

19. In Cordell et Gregory, op. cit. : Thomas Painter, « Making Migrants. Zarma Peasants in Niger, 1900-1920 », p. 136, et Raymond Gervais, « Labor and Agricultural Policies in Southern Mosi, 1910-1940 », p. 109-121.

20. Myron Echenberg, « "Faire du nègre". Military aspects of Population Planning in French West Africa, 1920-1940 », in Cordell et Gregory, op. cit., p. 95.

maladies vénériennes : 22 % de celles nées avant 1890
étaient stériles, mais près de 40 % de celles nées entre 1915
et 1919, sans compter un nombre croissant de cas de stérilité secondaire. En conséquence, la croissance démographique du Gabon fut pratiquement nulle durant la totalité de la
période coloniale[21]. Au Moyen-Congo en revanche, siège de
la Fédération, la natalité reprit vers la fin des années 1920.
Stagnant à nouveau pendant la grande dépression, elle redé-
marra après 1936. Quant à l'Oubangui-Chari, l'évidence de la
régression démographique provoquée par les débuts du
colonialisme est encore plus probante : la disparition quasi
totale, en 1960, des gens nés avant 1910 (9 % d'adultes de
plus de 50 ans et 3 % de plus de 60 ans, contre respectivement 20 % et 10 % au Gabon) souligne les traces laissées par
les exactions françaises du début du siècle. Le phénomène
est encore plus marqué au Congo belge, si meurtrier pendant la première période, où la population eut bien du mal à
se rétablir ensuite : 9,5 millions en 1925 ; 10,5 millions en
1940 ; 11,5 millions en 1950 — contre 14 millions à l'indépendance (1960) et plus du double un quart de siècle plus
tard (29,6 millions en 1984)[22]. Si en Afrique occidentale le
choc fut moindre, il n'empêche qu'au Sénégal, notamment,
le taux de croissance démographique, qui, sauf dans la
région arachidière, était avant 1958 de moins de 1 %, sinon
de 0,5 %, a sauté à l'indépendance à plus de 3 ou 4 % (1958-
1976)[23].

L'essor démographique

Celui-ci a été tardif et est, évidemment, redevable à la politique coloniale. Après la guerre, en effet, les équipements
sanitaires furent largement améliorés et accompagnés d'inves-

---

21. Rita Headrick, « Studying the Population of French Equatorial
Africa », *in* Bruce Fetter (éd.), *Demography from Scanty Evidence.
Central Africa in the Colonial Era,* Boulder et Londres, Lynne Rie-
ner Publ., 1990, p. 282.
    22. Léon de Saint-Moulin, « What is Known of the Demographic
History of Zaire since 1885 ? », Fetter, *op. cit.,* p. 307.
    23. Charles Becker *et al.,* « L'évolution démographique régionale
du Sénégal et du bassin arachidier (Sine Saloum) au XXᵉ siècle, 1904-
1976 », Cordell et Gregory, *op. cit.,* p. 80.

tissements économiques (FIDES[24], plan de Constantine) qui, aussi maladroits fussent-ils souvent, contribuèrent dans l'ensemble à améliorer le niveau de vie des populations. La politique sanitaire préventive, devenue la règle, fit brutalement baisser la mortalité infantile, jusqu'alors de plus de 250 ‰, à moins de 100 ‰, résultat quasi automatique des campagnes de vaccination. Les taux de natalité restant, en règle générale, à leur maximum, et même améliorés par les débuts d'une politique maternelle et infantile, la chute brutale des taux de mortalité entraîna un essor non moins brutal de la population. En quelques années, l'Afrique tropicale connut ce qui s'était déjà produit aux deux extrémités du continent : un essor démographique galopant. Compte tenu de la paupérisation également croissante des campagnes, accentuée par la politique nouvelle d'industrialisation, cet essor s'est accompagné du démarrage tout aussi foudroyant d'un processus seulement amorcé dans les années 1930 : les migrations urbaines. Le taux d'urbanisation de l'Afrique tropicale, qui n'était que de l'ordre de 2,5 % en 1920 (soit à peine 2 millions de citadins), monta à 15 % en 1950. C'était encore bien peu face au doublement atteint en 1980 (30 %), mais c'était suffisant pour annoncer de graves problèmes.

Il est donc hors de question d'accuser, après la Seconde Guerre mondiale, la colonisation de méfaits démographiques. Les efforts entrepris sont indéniables. Ce qu'on doit déplorer, en revanche, c'est la totale inadéquation des mesures prises pour remédier à ce brutal renversement de tendance. Compte tenu du retard accumulé, la situation devint bientôt inextricable dans les campagnes, où commença de se faire durement sentir la faim de terre jusqu'alors presque inconnue, et dans les villes, qui grossirent comme des champignons. Mais comme cette poussée démographique démarra

---

24. Le Fonds d'investissement et de développement économique et social (FIDES) fut créé en 1947. Il inaugurait pour l'Afrique noire et Madagascar une politique d'investissements pour la première fois financée (à 45 %) par la métropole, et non plus seulement par les budgets coloniaux ou par des emprunts. Le plan de Constantine lança de même un énorme chantier de modernisation de ce port en Algérie, mais il fut interrompu par la guerre d'indépendance.

seulement quelques années avant les indépendances, et s'accéléra sans cesse ensuite, les effets s'en firent surtout sentir dans les jeunes États : c'est vers 1965 que la poussée scolaire devint peu à peu angoissante, et au début des années 1970 que la première génération née après la guerre se mit à peser de tout son poids sur le marché exigu du travail. C'est alors que naquit dans les pays développés l'idée d'un *urban bias*, le « mal urbain » des pays du tiers-monde. Ce sont les jeunes gouvernements indépendants, particulièrement mal préparés à affronter ce récent mais redoutable héritage, qui se trouvèrent en première ligne. Dans ce processus entamé et intensifié par les pouvoirs coloniaux préexistants, c'est eux qui furent les premiers accusés et non l'imprévoyance antérieure. C'est d'ailleurs en grande partie face aux implications économiques du problème démographique dont ils prévoyaient le coût que les milieux coloniaux commencèrent de lâcher du lest : ils estimèrent qu'après tout les charges sociales de la colonisation devenant de plus en plus pesantes, mieux valait passer à ce que Kwame Nkrumah avait dès lors surnommé le « néocolonialisme », à savoir la mise en coupe réglée de l'ancien pré carré : les États indépendants seraient les seuls habilités dorénavant à assumer la charge financière des politiques démographiques, sociales et urbaines héritées dont la croissance exponentielle se révélait inévitable.

IV
Le sort des femmes

Femmes et colonialisme

par Arlette Gautier*

L'aventure d'Anna Leonowen, gouvernante du roi du Siam vers 1860, a été portée à l'écran à trois reprises, en 1946, 1956 et 1999[1]. Si l'histoire reste à peu près identique d'une version à l'autre, les représentations de ses acteurs ont nettement changé, notamment celles du roi et de son Premier ministre, qui ne sont plus mis en scène comme des primitifs à peine vêtus ni des adultes-enfants qu'il faut éduquer. Le caractère mercantile et violent de la colonisation est désormais critiqué, mais la gouvernante anglaise est toujours pleine d'une dignité compatissante et les Siamoises asservies. La figure émouvante et forte de la reine du Siam (Thaïlande, aujourd'hui) qui, souffrant de la polygamie, obtenait l'éducation de son fils pour aboutir à l'occidentalisation des mœurs a disparu au profit d'un florilège d'épouses charmantes mais sans consistance.

Les évolutions des représentations cinématographiques sont assez parallèles à celles de l'historiographie : la condescendance du regard a disparu des études sur les pays anciennement colonisés et la présence des femmes blanches dans la colonisation est enfin reconnue. Reste que celle des colonisées est encore peu étudiée. Ce phénomène est particulièrement flagrant en France, à l'exception des livres d'Yvonne Knibiehler et Régine Goutalier, et de beaux numéros de la revue *Clio*[2]. Le statut des femmes demeure un des points où l'impact de la colonisation paraît le moins négatif, voire

---

* IRD-UMR 151-SFRD. Cet article a été écrit en 2000 lors d'un séjour au département de démographie de l'université de Montréal, pendant lequel j'ai pu bénéficier de ses belles bibliothèques.

1. Successivement : *Anna and the King of Siam*, de John Cromwell ; *The King and I*, de Walter Lang ; *Anna and the King*.

2. Notamment Yvonne Knibiehler et Régine Goutalier, *La Femme au temps des colonies*, Paris, Stock, 1985 ; *Clio. Histoire, femmes et*

même, dans certains cas, positif. Ce point de vue n'est pas forcément celui des colonisées. Ainsi, Pandita Ramabai écrit, en 1886 : « Il n'y a pas d'espoir pour les femmes en Inde, que ce soit sous le régime britannique ou sous le régime indien[3]. » En 1947, Funmilayo Ransome-Kuti accuse le colonialisme de faire des Nigérianes des esclaves en leur retirant leur pouvoir traditionnel sur elles-mêmes et sur les filles[4].

Il est impossible de traiter de façon exhaustive cette question, du fait de la multiplicité, dans le temps et dans l'espace, tant des styles de colonisation que des sociétés colonisées, où le statut des femmes diffère notablement. Or les conséquences pour les femmes des colonisations varient en fonction de leur situation initiale. Ainsi, au Siam, les femmes peuvent être données par leur père en mariage contre leur gré, ce que l'on peut définir comme du sexage[5], marqué par l'appropriation matérielle du corps et de la personne des femmes, en opposition à d'autres formes de domination masculine, définies par une exploitation plus similaire à celle des hommes, voire à une relative — ou totale — égalité entre les sexes, comme dans le cas iroquois. Les femmes colonisées peuvent faire partie de classes différentes : ainsi, dans le dernier film tiré de l'histoire d'Anna Leonowen, *Anna et le roi,* sont représentées une esclave et une propriétaire d'esclave, pour lesquelles le projet de remise en question de l'esclavage n'aura pas les mêmes

---

sociétés : « Femmes d'Afrique », 1997, 6, « Femmes du Maghreb », 1999, 9, et « Le genre de la Nation », 2000, 10.

3. Pandita Ramabai, *The High Caste Hindu Woman*, 1886, cité par Chakravart Uma, « Whatever happened to the Vedic Dasi ? Orientalism, nationalism and a script for the past », *in* Sangari Kumkum et Vaid Sudesh (éd.), *Recasting Women. Essays in Indian Colonial History*, New Brunswick, Rutgers University Press, 1990, p. 74.

4. Cheryl Johnson-Odim, « Action louder than words : the historical task of defining feminist consciousness in colonial West Africa », *in* Pierson Ruth Roach et Chandhuri Nupur (éd.), *Nation, Empire, Colony. Historicizing Gender and Race*, Bloomington et Indianapolis, Indiana University Press, 1998, p. 77-90.

5. Colette Guillaumin, *Sexe, race et pratique du pouvoir. L'Idée de nature*, Paris, Côté-Femmes, 1992 ; Michèle Causse, *Du sexage*, Paris, POL, 2000.

conséquences. De plus, le caractère fragmenté, lacunaire et non homogène des sources et des études rend toute synthèse aussi difficile que stimulante. Une chose est certaine : comme dans les films cités précédemment, c'est la construction même des genres, c'est-à-dire à la fois ce qui était attendu en fonction du sexe et les rapports entre les sexes, qui a été bouleversée par les différentes colonisations. Ces transformations seront donc présentées pour la première colonisation, menée au nom du Christ et du roi et marquée par la conquête de l'Amérique et des Antilles, la traite et l'esclavage, comme pour la seconde, justifiée par la science et le progrès, et qui verra l'opposition du migrant forcé et de la villageoise ou de la recluse, l'invention du droit coutumier, et la propagande par la santé et l'éducation. Certains points sont communs aux deux périodes : le rôle de la religion, l'imaginaire masculin du harem colonial, l'exclusion politique des femmes. L'analyse portera surtout sur l'Afrique, les Antilles, l'Algérie, l'Inde et l'Indonésie.

Au nom du Christ et du roi

La première colonisation, entamée avec l'arrivée de Christophe Colomb aux Antilles, s'est réalisée en deux temps. Tout d'abord, la conquête et la destruction (pas toujours volontaire) des sociétés et des populations. Certaines d'entre elles ont cependant résisté particulièrement longtemps, ce qui, paradoxalement, a permis aux Iroquoiennes[6] d'améliorer leur position. Ensuite, l'importation massive d'Africains pour exploiter les terres ainsi vidées. Que ces esclaves aient été composés à deux tiers d'hommes et à un tiers de femmes a profondément marqué les rapports entre les sexes, que ce soit en Afrique ou aux Antilles, d'autant plus que le nouveau mode de production défavorisait ces dernières.

---

6. L'ethnonyme « Iroquoien » désigne la famille linguistique dont font partie, entre autres, les Iroquois, les Hurons, les Cherokee. L'ethnonyme « Iroquois » ne se réfère qu'à une alliance fédérative entre cinq de ses nations, les peuples de la Maison-Longue, créée vers 1560 et élargie à six au XVIIIe siècle.

La conquête

La poignée d'Européens partis découvrir les Indes rencontrèrent une mosaïque de peuples ayant des coutumes, des modes de production et des systèmes politiques fort variés. Ils étaient souvent en guerre les uns contre les autres, ou avaient été récemment conquis, et se montraient désireux de recouvrer leur indépendance. Les conquérants menèrent à la fois une guerre féroce, s'appuyant sur une stratégie de terreur, faite de viols, de massacres et de sévices divers, et une politique d'alliances avec certains groupes.

À cette époque, il n'y avait, ni pour les Indiens ni pour les Espagnols, de vision unifiée de « l'Indien », et les chroniqueurs décrivirent les sociétés qu'ils rencontraient avec plus ou moins de véracité ou d'imagination, intégrant les mythes antiques et médiévaux. La difficulté de juger des relations entre les sexes à partir des récits de l'époque, écrits par des hommes blancs, jésuites et autres missionnaires, militaires ou administrateurs, et par deux femmes seulement, est bien manifestée par les descriptions contradictoires qu'ils ont données de la situation iroquoienne. Pour le jésuite Lafitau, qui y passa cinq ans, l'Iroquoisie est « l'empire des femmes ». « C'est dans les femmes que consistent la Nation, la noblesse du sang, l'arbre généalogique, l'ordre des générations et de la conservation des familles. C'est en elles que réside toute l'autorité réelle. Le pays, les champs et toute leur récolte leur appartiennent ; elles sont l'âme des conseils, les arbitres de la paix et de la guerre ; elles conservent le fisc ou le Trésor public, c'est à elles qu'on donne les esclaves. Elles font les mariages, les enfants sont de leur domaine, et c'est dans leur sang qu'est l'ordre de la succession[7]. » Les nombreux récits allant dans ce sens ont conduit à créer, particulièrement au XIXe siècle, le mythe du matriarcat. Cependant, selon un autre jésuite : « Ces mêmes femmes qui sont en quelque façon les maîtresses de l'État, du moins pour la forme, et qui en font le corps principal, quand elles sont parvenues à un certain âge et qu'elles ont des enfants en âge de les faire respecter, n'ont

---

7. Charlevoix père François-Xavier, *Journal d'un voyage fait par ordre du roi dans l'Amérique septentrionale*, 1744, rééd. 1994, I, p. 558.

avant cela nulle considération et sont dans le domestique les esclaves de leurs maris. » De fait, la vision unifiée « des » femmes peut être trompeuse pour les sociétés où les rapports d'âge sont importants et où le pouvoir n'est possible pour les femmes qu'avec la ménopause.

En réalité, selon Roland Viau[8], au moment des premiers contacts, une division des tâches relativement rigide n'aurait pas empêché l'égalité des sexes. Les Iroquoiennes sont des « femmes de personne », c'est-à-dire qu'elles ne sont pas échangées par un père, un oncle ou un mari : elles peuvent vivre avec qui elles veulent, conservent une grande liberté sexuelle après le mariage, et peuvent divorcer quand elles le désirent. Dans cette société matrilinéaire et matrilocale (où la parenté s'hérite par les femmes et où les gendres vont habiter chez leur belle-mère dans une maison longue multifamiliale), la fonction procréatrice des femmes est particulièrement valorisée : « Ils se réjouissent davantage de la naissance d'une fille que d'un fils. » Les femmes sont « propriétaires » de la maison, des meubles et des terres, alors que les hommes n'ont que leurs armes, leurs vêtements et leurs outils. Selon Mary Jameson, une Anglaise ayant épousé un chef iroquois, son travail était comparable à celui d'une femme blanche, à cette différence près que « nous n'avions pas de maître pour nous surveiller et nous surmener et ainsi nous pouvions travailler à notre propre rythme[9] ».

Sur le plan symbolique, le féminin n'est pas subordonné au masculin. La créatrice du monde chez les Hurons est une femme : Actaentsia. Les femmes guérissent par les plantes. La mère du clan propose l'aspirant chef civil et la présence des femmes est indispensable pour la cérémonie de la résurrection des chefs. La mise en perspective historique des textes des premiers chroniqueurs montre un renforcement de la position des femmes à partir de la seconde moitié du

8. Roland Viau, *Femmes de personne. Sexes, genres et pouvoirs en Iroquoisie ancienne*, Montréal, Boréal, 2000, p. 87.
9. Cité par John A. Dickinson et Marianne Mahn-Lot, *1492-1992. Les Européens découvrent l'Amérique*, Lyon, Presses universitaires de Lyon, 1991, p. 76-78. Selon ces auteurs, la notion de propriété n'a pas réellement de sens pour les Iroquoiens.

XVIIe siècle, à la suite des premières vagues d'épidémies (notamment de variole) et des guerres incessantes, proches et lointaines, mais aussi de l'expansion du commerce de la fourrure, qui maintiennent les hommes éloignés pour de longs mois de leurs maisons. Ces guerres ont fourni des captifs, dont certains sont mis à mort après diverses humiliations et tortures, y compris par les femmes ; d'autres sont adoptés par l'aînée du clan pour remplacer un parent tué et peuvent même devenir chefs, d'autres encore restent captifs toute leur vie. Tant qu'ils sont asservis, ils remplacent les femmes dans les travaux agricoles et domestiques les plus longs et les plus fastidieux. La résistance à la colonisation aurait donc perpétué ou renforcé une certaine égalité entre les sexes.

Il est plus difficile d'évaluer les arrangements entre les sexes dans les sociétés qui ont été rapidement conquises, car elles ont été plus vite et plus profondément transformées[10]. Les femmes de l'élite avaient des fonctions cosmogoniques importantes. Elles pouvaient être données en mariage ou pour une nuit, afin de former des alliances. Les femmes du peuple avaient de nombreuses fonctions productives, mais un rôle limité sur le marché. Elles étaient sages-femmes, guérisseuses. Dans les Andes, toutefois, seuls les hommes avaient un droit sur la terre et la parenté passait par eux. L'État aztèque connaissait déjà l'esclavage et la prostitution, ainsi qu'une forte stratification sociale qui bénéficiait aussi à quelques princesses. De nombreuses Amérindiennes ont été violées, tuées ou réduites en esclavage. D'autres se sont intégrées plus facilement que les hommes indiens à la société blanche, notamment par le concubinage, devenant de petits entrepreneurs sur le marché foncier ou immobilier en se servant des lois espagnoles qui leur assuraient une part d'héritage de leurs parents égale à celle de leurs frères, ainsi que l'héritage de

10. Catherine Delamarre et Bertrand Sallard, *La Femme au temps des conquistadores*, Paris, Stock, 1992 ; Susan Migden Socolow, *The Women of Colonial Latin America*, Cambridge, Cambridge University Press, 2000, p. 17-44 ; June Nash, « Aztec women : the transition from status to class in empire and colony », *in* Etienne et Leacock (éd.), *Women and Colonization. Anthropological Perspectives,* New York, Praeger Publishers, 1980, p. 134-148.

leur mari. Dans quelques régions, comme dans la Mixteca, les femmes de l'élite ont réussi à maintenir leurs droits à la chefferie et ont continué à recevoir un tribut de leurs dépendants indiens. Cependant, la plupart des femmes ont souffert de cette période de profondes transformations sociales qui ont restructuré les rapports entre les genres. D'une part, elles ont, comme les hommes, été réparties dans les *encomiendas* pour le travail forcé dans les champs ou ailleurs. Les filles étaient enrôlées dès l'âge de dix ans et les garçons seulement à partir de douze ans. Les femmes ont été exclues du travail des mines en 1533 et les femmes enceintes ont été libérées des tâches les plus lourdes, mais ces textes de loi n'ont pas souvent été respectés. Traditionnellement, elles devaient porter les charges lorsque leur mari partait à la guerre et elles ont donc été mobilisées dans les expéditions espagnoles. En zones inca et maya, elles ont supporté l'essentiel du tribut en textile, car la fabrication de vêtements en coton faisait elle aussi partie de leurs tâches traditionnelles. Irene Silverblatt souligne que cette activité est alors devenue plus fastidieuse et plus monotone parce qu'elles ont été contraintes de tisser de grandes quantités, en travaillant parfois enfermées[11]. De façon plus générale, la catastrophe démographique qui a suivi la conquête a alourdi les tâches agricoles et fragilisé la situation des veuves et des orphelins. Elle a également conduit les colons à aller chercher des esclaves en Afrique.

La traite

Le continent africain connaissait l'esclavage bien avant que les Européens débarquent, même si toutes les régions n'étaient pas touchées. L'esclavage y présentait un continuum de formes, des plus dures, proches de celles de l'Amérique des plantations, à des formes plus douces, qui laissaient beaucoup d'autonomie aux esclaves et les intégraient rapidement dans un lignage libre, voire leur permettaient exceptionnellement d'en former. Toutefois, la privation de statut était radicale et conduisait à de nombreuses résistances. La

---

11. Irene Silverblatt, « The universe has turned inside out... There is no justice for us here. Andean women under spanish rule », *in* Etienne et Leacock, 1980, p. 149-185.

traite transsaharienne déportait déjà à travers le désert de nombreux captifs. Les esclaves étaient très majoritairement des femmes, ce qu'on explique généralement par leur rôle de reproductrices, mais ce sont surtout leurs qualités de travailleuses et leur polyvalence qui en faisaient des sujets de choix. La progéniture conçue entre esclaves semble n'avoir été qu'un sous-produit de leur exploitation, sans avoir nulle part contribué à la reproduction esclavagiste. Dans les sociétés lignagères, les esclaves femmes fournissaient l'essentiel du travail agricole et domestique. Dans les sociétés dynastiques, elles jouaient un rôle important au niveau administratif et politique, parce qu'elles étaient perçues comme non dangereuses, étant l'« anti-parent », celui avec lequel aucune alliance ne peut se conclure[12]. Il était avantageux pour un homme d'acheter une esclave pour en faire sa concubine. Non y compris là où la matrilinéarité prévalait. De plus, l'achat d'une esclave revenait moins cher que le « prix de la fiancée » qu'il fallait payer aux parents libres.

Cependant, la traite transatlantique a profondément modifié la donne. Elle a déporté, de 1440 à 1870, treize millions d'individus, dont deux millions sont morts pendant la traversée[13]. Beaucoup d'autres ont sans doute péri en Afrique même, capturés pendant les guerres ou au cours de leur transport jusqu'aux ports. La traite a été particulièrement importante au XVIIIe siècle, quand la moitié des captifs ont été déportés, ce qui a provoqué bien des bouleversements, parmi lesquels l'émergence d'États dont la principale activité était la chasse aux esclaves. Enfin, certaines régions ont été plus touchées que d'autres : trois millions d'esclaves ont ainsi été déportés de Loango et plus généralement de la zone correspondant actuellement aux deux Congos, deux millions de

12. Claude Meillassoux, *Anthropologie de l'esclavage. Le ventre de fer et d'argent*, Paris, PUF, 1986 ; Harris Memel-Foté, *L'Esclavage lignager africain et l'anthropologie des droits de l'homme,* Leçon inaugurale de la Chaire internationale du Collège de France, Paris, 1996.

13. Hugh Thomas, *The Slave Trade. The History of the Atlantic Slave Trade, 1440-1870*, Londres, Papermac, MacMillan, 1998, p. 805 ; Philip Curtin, *The Atlantic Slave Trade*, University of Wisconsin Press, 1969.

Sénégambie, de la côte des Esclaves (soit aujourd'hui le Togo, le Bénin et la partie occidentale du Nigeria), et un million et demi de la Côte-de-l'Or (Ghana actuel). La traite a également étendu l'esclavage à des sociétés, comme celle des Sherbros de Sierra Leone[14], où il semble qu'il n'existait pas, d'après les récits des premiers voyageurs. Et, augmentant le nombre de captifs, elle a rendu l'esclavage essentiel au fonctionnement de sociétés où il ne jouait auparavant qu'un rôle marginal. Des plantations de type américain se sont même développées, en Angola par exemple, où l'on comptait, en 1759, des domaines d'exploitation agricole de plus de mille esclaves[15].

On sait qu'en moyenne la traite transatlantique a déporté un tiers de femmes pour deux tiers d'hommes, car le travail des hommes était plus valorisé en Amérique qu'en Afrique. En conséquence, le prix des captives était plus élevé sur le marché africain, à l'inverse du marché atlantique, où les hommes coûtaient plus cher. Lorsque des sociétés étaient razziées, en revanche, les femmes étaient enlevées en aussi grand nombre que les hommes, et emmenées loin de leurs proches pour qu'elles ne puissent pas retourner chez elles.

Certes, selon un proverbe swahili : « Une femme n'est jamais libre[16]. » Elle est mariée par son lignage, doit obéir à son mari et lui doit même souvent force salutations ; elle n'a pas de droits sur ses enfants, qui appartiennent soit à son lignage, soit à celui de son conjoint. Cependant, elle a une véritable autonomie économique et peut participer dans certaines sociétés à des associations de femmes qui la défendent contre les mauvais traitements. En devenant esclave, elle doit subir les avances de l'homme à qui son maître la prête, n'a plus le bénéfice de son travail, ne dispose plus du soutien de son lignage. Elle peut être revendue autant que ses maîtres

14. Carol P. Mac Cormack, « Slaves, slave owners and slave dealers : Sherbro coast and hinterland », *in* Claire C. Robertson et Martin A. Klein, *Women and Slavery in Africa*, Madison, The University of Wisconsin Press, 1983, p. 271-286.

15. Paul E. Lovejoy, *Transformations of Slavery in Africa*, Cambridge, Cambridge University Press, 1983, p. 128.

16. Margaret Strobel, **Muslim Women in Monbasa, 1890-1975**, New Haven, 1979, p. 43.

successifs le décident, comme Bwarika, vendue et épousée dix fois entre 1886 et 1911 en Afrique centrale[17]. Leur moindre déplaisir suffit pour cela. Ainsi, les femmes sont vendues pour des motifs spécifiques : refus du mariage, divorces répétés, infidélités. L'esclavage en Amérique a donc constitué une menace efficace pour limiter l'autonomie féminine.

Dans les régions où la traite transatlantique sévissait davantage, on trouvait, parmi les adultes de quinze à soixante ans, 80 hommes pour 100 femmes, voire, en Angola, 40 à 50 hommes pour 100 femmes. Ce phénomène a eu de nombreuses conséquences, tant au niveau du travail que des pratiques matrimoniales[18]. Avant la traite transatlantique, on comptait 67 jeunes et personnes âgées pour 100 adultes : au plus fort de la traite, ce rapport serait monté à 85 %, accroissant le travail des femmes. Là où les Africains pratiquaient une agriculture sur brûlis, les hommes enlevaient les souches d'arbres, défrichaient et faisaient généralement les travaux de force. Les femmes ont dû assurer ces tâches en plus de leur travail agricole, ou planter moins. Les hommes pêchaient et chassaient : la part des protéines animales a donc diminué dans l'alimentation. La croissance du nombre des femmes s'est traduite également par une augmentation de la pratique de la polygynie et du nombre d'épouses par homme. Si les jésuites du XVIIe siècle notaient déjà l'existence de la polygynie en Angola, elle n'y avait pas l'importance numérique que décrivent les voyageurs du siècle suivant. Au Congo, les généalogies dynastiques remontant au XIVe siècle indiquent que certains rois du Buganda étaient monogames et que d'autres n'avaient pas plus de trois épouses jusqu'en 1734, date à partir de laquelle aucun n'en a moins de treize[19].

Toutefois, les femmes de l'élite avaient d'autant plus besoin de l'esclavage qu'elles n'avaient pas droit, comme l'avaient

---

17. Catherine Coquery-Vidrovitch, *Les Africaines. Histoire des femmes d'Afrique noire du XIXe au XXe siècle*, Paris, éditions Desjonquières, 1994, p. 42-56.

18. John Thornton, « Sexual demography : the impact of the slave trade on the family structure », *in* Robertson et Klein, 1983, p. 39-48.

19. Nakanike B. Musisi, « Women, elite polygyny and Buganda state formation », *Signs*, 16, 4, 1991, p. 757-786.

les hommes, au travail des membres de leur parenté[20]. Même si les esclaves ne leur appartenaient pas, ils exécutaient souvent le travail agricole ou domestique qu'elles auraient dû faire. En outre, ces femmes privilégiées pouvaient être marchandes d'esclaves, pour le compte d'un parent, d'un concubin européen ou pour leur propre compte, comme les *Signares* du Sénégal. Cependant, elles possédaient rarement plus d'une vingtaine d'esclaves, alors que des Africains les comptaient par centaines.

L'esclavage des Africains en Amérique

Les captifs déportés l'étaient pour travailler, au départ, côte à côte avec les colons et quelques engagés européens qui, souvent, étaient traités bien plus durement, car ils ne constituaient pas un capital. Mais, très vite, vint l'ère du sucre et des grandes plantations : 5 millions d'Africains furent achetés pour travailler dans les plantations de canne à sucre, 2 millions dans celles de café, autant dans les mines et au service personnel des maîtres, 500 000 dans le coton, 250 000 dans les plantations de cacao et autant dans le secteur de la construction[21]. L'esclavage du Nouveau Monde a été un véritable tombeau pour les captifs, du fait d'une très forte mortalité des nouveaux arrivants mais aussi des esclaves nés aux Antilles. La natalité, elle, était faible. Des auteurs de la seconde moitié du XVIIIe siècle l'expliquaient par le refus des femmes esclaves de mettre au monde des enfants privés de liberté. Certains les accusaient même d'inoculer le tétanos à leurs rejetons en leur enfonçant une épingle dans la fontanelle pour les faire disparaître et leur éviter l'esclavage. Aussi les maîtres infligeaient-ils aux femmes qu'ils soupçonnaient diverses tortures pour les en empêcher[22]. Les Africaines

20. Claire C. Robertson et Martin A. Klein, *Women and Slavery in Africa*, Madison, The University of Wisconsin Press, 1983 ; Harris Memel-Foté, « La traite des négresses au XVIIIe siècle », *in* Fauré Christine, *Encyclopédie politique et historique des femmes*, Paris, PUF, 1997, p. 233-276.
21. Thomas, 1998, *op. cit.*, p. 806.
22. Arlette Gautier, « Traite et politiques démographiques esclavagistes », *Population,* n° 6, déc. 1986, p. 1005-1024.

auraient transmis leurs connaissances sur la contraception et l'avortement et auraient laissé mourir leurs enfants pendant les neuf premiers jours où, traditionnellement, ils n'ont pas encore de nom[23]. Avoir des enfants esclaves était fort douloureux, comme l'indiquent les récits des anciens esclaves enregistrés aux États-Unis dans les années 1930[24]. Ils mouraient deux fois plus que les enfants blancs et les mères devaient leur apprendre à vivre dans un environnement hostile, à se taire devant le maître, à accepter leur condition. L'apprentissage de cette sévère discipline était une nécessité, car il y allait de leur survie et de celle de leurs proches. Avoir une fille était une douleur supplémentaire, car la violence des hommes blancs, mais aussi celle des Noirs, était une menace permanente. Les mères esclaves souffraient violemment des séparations et ont tout fait pour retrouver leurs enfants après l'abolition. Dans ces conditions, on comprend qu'elles aient pu ne pas désirer enfanter.

« Animak[25] »

« Il partit en effet, sans adieux à la femme,
Sans caresse à l'enfant, sans ce retour de l'âme
Vers les lieux délaissés et que l'on a connus.
Il partit, tel s'en va tremblant sur ses pieds nus
Un voleur, dans la nuit, dans l'ombre et dans la brise. »

Aminak, étant obligée de retourner au champ paternel, sait qu'elle serait embarrassée par l'enfant.

---

23. Barbara Bush, « Hard labor. Women, childbirth and resistance in British Caribbean slave societies », *in* Gaspar David Barry et Hine Darlene Clark (éd.), *More than Chattel. Black Women and Slavery in the Americas,* Bloomington and Indianapolis, Indiana University Press, 1996, p. 193-217.

24. Wilma King, « Suffer with them till death. Slave women and their children in nineteenth-century America », *in* Gaspar et Hine, *op. cit.,* p. 147-168.

25. Jean Ricquebourg, *Les Coupes de porphyre,* Paris, Alphonse Lemerre, 1903, cité *in* Jennifer Yee, *Clichés de la femme exotique. Un regard sur la littérature coloniale française entre 1871-1914,* thèse de doctorat publiée, Paris, L'Harmattan, 2000.

> « Elle eut un cri sauvage et son poing menaça.
> "Ah, bâtard ! rejeton de l'Étranger, du Blanc !
> Sois maudit pour avoir pris naissance en mon flanc !"
> Elle empoigna son fils par un pied et, farouche,
> Le sang perlant aux yeux et l'écume à la bouche,
> Le fit tourner dans l'air puis, d'un coup l'assommant,
> Le front vint éclater sur le foyer fumant. »
>
> Elle incendie la maison, mais son délire de joie cruelle est tel
> que, dansant et criant autour des flammes, elle oublie de
> s'enfuir et meurt ensevelie sous les débris embrasés.
>
> Conclusion :
> « Les pays merveilleux qu'admirent en passant
> Les voyageurs pensifs, courbés au bastingage,
> Subissent au parcours des siècles renaissant
> Leur destin implacable, ô fatal héritage ! »

Leur résistance est cependant difficile à quantifier. Les témoignages des maîtres ont tendance à nier la sous-alimentation et l'excès des charges excessives (plus de seize heures par jour pendant la roulaison des cannes) : bien des fausses couches pour lesquelles les femmes étaient torturées n'étaient nullement provoquées. Ainsi, l'étude minutieuse de la saisonnalité des naissances et des décès d'enfants en Virginie montre que ces derniers sont plus nombreux au moment des plus forts travaux et de l'incidence maximale de la malaria et des infections[26].

L'esclavage, organisé par le code noir depuis 1684 dans les colonies françaises, abolit ce que la plupart des droits coutumiers organisaient, c'est-à-dire l'appropriation des filles puis des épouses par le père, oncle maternel ou chef de lignage, puis par l'époux ou la famille de l'époux. Avec le code noir, seul le maître possède l'esclave, qu'il soit homme ou femme, et son pouvoir n'est limité que par ce texte que les autorités publiques ne cherchent pas à faire respecter. Femmes et

---

26. Richard Steckel, « Women, work and health under plantation slavery in the United States », *in* Gaspar et Hine, *op. cit.,* p. 43-60 ; Cheryll Ann Cody, « Cycles of work and childbearing. Seasonality in women's lives on low plantation country plantations », *ibid.,* p. 61-78.

hommes esclaves subissaient une oppression et une exploitation semblables par bien des aspects. Cette similarité de positions juridique et sociologique a conduit des auteurs à voir dans l'esclavage du Nouveau Monde un espace où a été mise en œuvre une égalité de traitement entre hommes et femmes, dans une même exploitation sauvage[27]. Cependant, une division sexuelle du travail s'est mise en place dès la fin du XVIIe siècle, qui réservait les travaux d'ouvriers et de contremaîtres ainsi que les emplois permettant une plus grande liberté (marins pêcheurs, chasseurs, cochers) aux esclaves masculins, alors que les femmes n'avaient accès qu'à quelques emplois dans la maison du maître, la grand'case, et que les autres travaillaient à la houe ou risquaient leurs mains et avant-bras en fournissant le moulin en cannes à sucre[28]. Pour les femmes, les places à la grand'case dépendaient du cycle de vie : les filles commençaient par travailler comme servantes, puis étaient souvent envoyées aux champs, pour revenir à leurs premières tâches lorsqu'elles étaient devenues trop fatiguées ou trop vieilles. Seules échappaient à cette trajectoire celles qui accédaient aux rares fonctions qualifiées ouvertes aux femmes : infirmière, couturière, ménagère. Certaines ménagères parvenaient à des positions de pouvoir importantes dans des plantations : à la Barbade, l'une d'entre elles a réussi à placer toute sa famille dans la maison du maître et à posséder des esclaves[29]. Toutefois, Mary Prince[30], ménagère et seule esclave antillaise à avoir laissé un texte autobiographique, a été brutalisée par les trois quarts de ses maîtres, verbalement et physiquement, bien qu'elle eût la responsabilité de la maison des maîtres et de leurs enfants. Elle a

27. Eugene Genovese, *Roll, Jordan, Roll*, New York, Vintage Book ; 1972, rééd. 1976 ; Reddock Rhoda, « Women and slavery in the Caribbean. A feminist perpective », *Latin American Perspectives*, 12 (1), hiver 1985, p. 63-80.

28. Arlette Gautier, *Les Sœurs de solitude. La condition féminine pendant l'esclavage*, Paris, Éditions caribéennes, 1985.

29. Hilary Beckles, « Black females slaves and white households in Barbados », *in* Gaspar et Hine, *op. cit.*, p. 111-125.

30. Mary Prince, *La Véritable Histoire de Mary Prince, racontée par elle-même et commentée par Daniel Maragnès*, Paris, Albin Michel, 2000.

été séparée de son mari parce qu'elle a dû suivre ses maîtres. À Saint-Domingue, la colonie la plus riche du XVIIIe siècle, sont qualifiés, en 1780 : 40 % des hommes travaillant sur les plantations de canne à sucre, 15 % de ceux cultivant le caféier, et seulement 5 % des femmes[31]. Or les esclaves qualifiés étaient mieux nourris, mieux logés, et recevaient de petites gratifications. La taille des jeunes esclaves, relevée dans le cadre de la lutte contre la traite auprès de plus de 50 000 d'entre eux, entre 1820 et 1860, aux États-Unis, montre qu'ils étaient anormalement petits, mais que les jeunes garçons récupéraient ce retard de développement au moment de l'adolescence, à la différence des filles[32]. Ce que confirment les déclarations des adultes, puisque 38 % des anciens esclaves hommes déclaraient avoir souffert de la faim contre 48 % des femmes. La « brutale égalité entre les sexes » a bien existé, mais au XVIIe siècle et dans les petites plantations seulement.

Pourtant, les anciennes esclaves se mettent en scène dans leurs récits comme des femmes dynamiques, conformes aux critères moraux de l'époque, cherchant avant tout à protéger leur communauté des Blancs. L'image qu'elles veulent donner d'elles-mêmes est non seulement positive mais héroïque.

Au nom du progrès et de la « domestication » des femmes

La seconde colonisation, celle de l'impérialisme industriel, qui se met en place vers 1840, se vante d'être plus humanitaire que la première, car elle transporte le capital là où se trouvent les ouvriers au lieu de les déporter. Il faut « élever l'indigène » vers l'homme civilisé, le faire sortir de l'ignorance et lui faire abandonner ses coutumes mauvaises et néfastes, y compris en le faisant travailler de force pour lutter contre sa « paresse » naturelle. Cette action « civilisatrice » est inséparable d'un darwinisme social, qui rêve d'un arbre généalogique de

31. Susan Socolow, 1996, « Economic roles of the free women of color of Cap Français », in Gaspar et Hine, op. cit., p. 279-292 ; David Geggus, « Slave and free colored women in Saint-Domingue », ibid., p. 262.

32. Steckel, op. cit., p. 49.

l'espèce humaine dans lequel le Noir se situerait tout en bas, l'Asiatique à un niveau intermédiaire, suivi de la femme blanche puis, tout en haut, de l'homme blanc. Le développement de l'espèce impliquerait une division accrue des tâches, notamment entre l'homme et la femme, et le repli de celle-ci vers sa sphère essentielle : le foyer domestique, où elle s'occuperait avec un dévouement, devenu « scientifique », de son mari et de ses enfants, ce que Barbara Rogers appelle « la domestication des femmes[33] », et cela pour son plus grand bien. Ainsi un administrateur britannique en Birmanie de 1887 à 1891 critique-t-il l'indépendance des Birmanes, l'égalité entre les sexes et la nature pacifique de ce peuple : « Les hommes et les femmes ne sont pas encore suffisamment différenciés en Birmanie. C'est la marque d'une jeune race, comme l'ont montré les anthropologues […]. Les femmes doivent perdre leur liberté dans l'intérêt de tous[34]. »

La colonisation va exproprier les « indigènes », contraindre les hommes à travailler pour les Européens et les femmes à nourrir tout le monde, en les maintenant dans les villages ou dans les villes.

Le migrant forcé, la villageoise et la recluse

Dans les « vieilles colonies » françaises (Guadeloupe, Guyane, Martinique, Réunion), 1848 marque la fin du droit de posséder des hommes. Cependant, tandis que les affranchis pensent pouvoir disposer de cette terre qu'ils travaillent depuis si longtemps, la France n'en a pas décidé ainsi. Les anciens esclaves n'obtiennent aucune réparation pour le sort qui leur a été fait, alors que les anciens maîtres reçoivent des compensations généreuses pour accepter l'abolition. Les affranchis ne sont même pas autorisés à rester dans leur case et à cultiver leur jardin s'ils ne continuent

33. Barbara Rogers, *The Domestication of Women : Discrimination in Developing Societies*, Londres, Tavistock Publications, 1980.

34. Hall Fielding, *A People at School*, cité par Maria Mies, *Patriarchy and Accumulation on a World Scale. Women in the International Division of Labour*, Londres, Zed Books Limited, 1986. Voir aussi Anne McClintock, *Imperial Leather. Race, Gender and Sexuality in the Colonial Context*, New York et Londres, Routledge, 1995.

pas à travailler dans la plantation où ils vivent. De plus, bien que nombre d'entre eux fuient les plantations, des décrets contre le vagabondage et un système de livret les obligent, à partir de 1855, à y rester. Alors qu'ils préféreraient travailler contre un salaire, les colons réussissent à imposer, avec l'aide de l'administration, un système d'association puis de colonat partiaire qui oblige tous les membres de la famille à travailler la terre sans autre rémunération qu'un tiers du produit brut. L'esclavage est alors remplacé par une forme de servage qui inclut les femmes et les enfants. Pour vaincre les réticences des anciens esclaves, Napoléon III accepte l'immigration de travailleurs africains, chinois, japonais et indiens, ce qui permet de diminuer les rétributions du travail versées aux anciens esclaves[35].

Dans les nouvelles colonies, l'expropriation des terres indigènes, cédées ensuite aux colons européens, déstructure les rapports sociaux et transforme les paysans en salariés agricoles, industriels, en domestiques ou en chômeurs[36]. L'imposition aura un effet analogue, obligeant l'agriculteur de subsistance à trouver un emploi salarié pour payer son dû[37]. Bien que des règlements l'interdisent, les femmes sont

35. Alain-Philippe Blérald, *Histoire économique de la Guadeloupe et de la Martinique du XVIIe à nos jours*, Paris, Karthala, 1986, p. 89-128.

36. Ainsi, en Algérie, 35 % des agriculteurs ont cessé de l'être entre 1930 et 1948 (Marnia Lazreg, *The Emergence of Classes in Algeria. A Study of Colonialism and Socio-political Change*, Boulder (Co), Westview Press), les membres des tribus passent de 6 millions en 1830 à 2,5 millions en 1852 et plus de 65 % des hommes sont au chômage à Alger, Constantine et Oran vers 1870 (P. R. Knauss, *The Persistence of patriarchy: Class, Gender, and Ideology in twentieth century Algeria*, New York, Praeger, 1987, p. 19 et 22).

37. En A-EF, 10 % des adultes masculins sont réquisitionnés, 150 ‰ en meurent (Dennis D. Cordell et J. Gregory, *African Population and Capitalism. Historical Perspectives*, Boulder et Londres, Westview Press, 1987, p. 142). Au Congo belge, plus de 500 000 porteurs sont réquisitionnés en 1893 (Mupasi, *idem*, 1987, p. 87) ; la Première Guerre mondiale mobilise plus de 700 000 soldats des colonies françaises (Georges Hardy, *Histoire sociale de la colonisation française*, Paris, Larose, 1953, p. 207) ; Sven Lindqvist, *Exterminez toutes ces brutes. L'odyssée d'un homme au cœur de la nuit et les origines du génocide européen*, Paris, Le Serpent à plumes, 1998.

réquisitionnées au Vietnam, en Indonésie ou en Afrique[38]. Elles participent à la réfection des routes, dament la chaussée, portent les cailloux, font la cuisine, décortiquent les arachides ou travaillent dans les missions, celles qui sont enceintes comme les autres. Parce qu'elles sont contraintes de dormir dehors, les enfants contractent des pneumonies. En 1898, l'expédition française au Niger qui reçut le triste surnom de « Chop-chop » pour sa promptitude à manier la machette contre les Africains — elle brûla 50 villages — était formée de 6 officiers français, 600 soldats africains, 200 femmes et 800 porteurs[39]. En Afrique-Équatoriale française, les femmes représentaient 10 % des 25 000 travailleurs réquisitionnés de 1919 à 1926 pour la construction des chemins de fer, où la mortalité atteignit 111 ‰[40]. Les lois limitent les journées de travail et prévoient un certain salaire, mais elles ne sont pas respectées.

L'engagement de travailleurs contre un passage gratuit vers ce qui est présenté comme un eldorado est utilisé de l'Inde ou du Congo vers les Antilles, ou de la Chine et de Java vers Sumatra, où la population passe de 100 000 en 1880 à 1,5 million en 1930[41]. Les entreprises avancent l'argent du billet vers le nouvel eldorado puis celui de la vie quotidienne. Les travailleurs se retrouvent endettés pour fort longtemps. À l'appui de ce type d'exploitation, un système répressif est mis

38. Arlene Eisen Bergman, *Femmes du Vietnam*, Paris, Éditions des femmes, 1975 ; Cora Vreede de Stuers, *L'Émancipation de la femme indonésienne*, Paris, Mouton, 1959 ; Laurent Fourchard, « Les conditions de travail de la femme dans les pays de colonisation. 1935 », *Clio. Histoires, femmes, sociétés*, 1997, p. 195-200 ; Dennis Cordell et Joël Gregory, Victor Piché, *Hoe and Wage. A Social History of a Circular Migration System in West Africa*, Boulder, Westview, 1993, p. 236.

39. Thomas M. Painter, « Making migrants. Zarma peasant in Niger, 1900-1920 », *in* Cordell et Gregory, *op. cit.*, p. 125.

40. Dennis Cordell, « Extracting people from precapitalist production. French equatorial Africa from the 1890 to the 1930s », *in* Cordell et Gregory, *op. cit.*, p. 148.

41. Cette formule avait été employée au tout début de la colonisation des Antilles et du Canada. Ann Laura Stoler, *Capitalism and Confrontation in Sumatra's Plantation Belt, 1870-1979*, New Haven, Yale University Press, 1985, p. 43.

en place qui punit le moindre signe d'insoumission d'amendes, de peines d'emprisonnement ou du travail forcé. Ainsi, à Sumatra, 5 à 10 % des travailleurs ont été condamnés à diverses peines entre 1917 et 1926.

Les femmes ne représentent que 10 à 20 % de la main-d'œuvre sur les plantations ou dans les mines, mais leurs salaires sont de moitié inférieurs à ceux des hommes, voire trois fois moindres, comme en Algérie — insuffisants en tout cas pour qu'elles puissent se nourrir ou payer les impôts[42], et qui plus est se loger, alors qu'aucun logement ne leur est assuré. Les interprétations diffèrent sur ce point : certains historiens y voient une façon de les inciter à se prostituer, d'autres un moyen d'augmenter la promiscuité et donc les naissances. De même, les entreprises n'emploient pas d'hommes mariés pour ne pas avoir à construire de logements plus grands ou à fournir d'aides sociales. Les travailleurs, sans cesse déplacés d'une plantation à l'autre, ne peuvent donc pas développer de liens affectifs stables.

En Afrique, les politiques diverses et massives de recrutement de jeunes hommes ont le même effet que la traite autrefois. En 1922, dans les colonies, le rapport de masculinité va de 72 à 100 hommes pour 100 femmes (85 au Sénégal, par exemple), un chiffre inférieur à celui de la France, pourtant ravagée par les terribles saignées de la guerre de 14-18[43]. C'est là l'effet conjugué des réquisitions de travailleurs par les colons et l'armée, des décès et des fuites. Le décalage est d'autant plus grand que l'occupation de l'espace est sexuellement différenciée : ainsi au Congo belge, entre 1955 et 1957, il y a 130 hommes pour 100 femmes en zone urbaine, alors qu'en zone rurale ils sont 80 pour 100 femmes[44]. Les hommes

42. Eisen Bergman, *op. cit.*, p. 58 ; Amidu Magassa, *Papa-commandant a jeté un grand filet devant nous. Les Exploités de la rive du Niger, 1900-1962*, Paris, François Maspero, 1978 ; Sall Babacar, *Le Travail forcé en Afrique-Occidentale française (1900-1945)*, Paris, Karthala, 1993, p. 290.

43. Myron Echenberg, « Faire du nègre. Military aspects of population planning in French West Africa, 1920-1940 », *in* Cordell et Gregory, *op. cit.*, p. 100.

44. Anatole Romaniuk, *La Fécondité des populations congolaises*, Paris, Mouton, 1967, p. 158.

migrent, certains meurent, d'autres acquièrent des qualifications et un peu d'argent ; les femmes, elles, restent au village avec les enfants et les aînés. Une chanson malawi se lamente de cette séparation forcée : « Mon mari, ne t'inquiète pas/ne me laisse pas seule/ne va pas à Boni/puisque tu as besoin de vêtements/puisque tu as besoin d'argent pour la taxe foncière/Je brasserai la bière/Nous vendrons la bière/Ne va pas à l'esclavage[45]. » Face à cette saignée, les femmes doivent donc prendre en charge plus de tâches agricoles, abandonnant parfois la culture du sorgho et du millet pour celle du manioc, qui demande moins de soins et croît plus rapidement, mais est moins nutritif. En outre, les expropriations des meilleures terres attribuées aux colons européens ont souvent augmenté le temps nécessaire pour aller aux champs, aussi les femmes ont-elles désormais moins de temps pour s'occuper des enfants et de la préparation de la nourriture, et la santé de tous s'en ressent[46]. Les colons importent peu les technologies, telle la herse qui pourrait remplacer la houe utilisée par les femmes, alors que la charrue, réservée aux hommes, se développe[47]. En Afrique orientale, les maigres salaires reçus permettent aux jeunes hommes de se marier plus tôt et diminuent l'accaparement des jeunes femmes par les anciens, mais cela ne semble pas être le cas en Afrique occidentale[48].

Ces évolutions n'ont rien de naturel : elles résultent de luttes de genre et d'alliances surprenantes entre colonisateurs et colonisés, au détriment des jeunes et des femmes. Les colonisateurs en effet ont besoin de main-d'œuvre, et ils préfèrent

45. Au Malawi où le nombre d'hommes pour 100 femmes tourne autour de 87 entre 1921 et 1939 (Joël Gregory et Elias Mandela, « Dimensions of conflicts. Emigrant labor from colonial Malawi and Zambia, 1900-1945 », *in* Cordell et Gregory, *op. cit.*, p. 221-239).

46. Cordell, *op. cit.*, p. 152.

47. Au Lesotho, il y avait, en 1875, 238 herses et 2 749 charrues (Elizabeth A. Elredge, « Women in production : the economic role of women in 19th century Lesotho », *Signs*, 16, 4, 1991, p. 707-731).

48. Meredith Turshen, « Population growth and the deterioration of health in mainland Tanzania, 1920-60 », *in* Cordell et Gregory, *op. cit.*, p. 187-200. Même constat par Marc H. Dawson, « Health, nutrition and population in central Kenya, 1890-1945 », *ibid.*, p. 201-220.

ne pas s'encombrer d'enfants qui augmenteraient les coûts d'entretien. Les chefs, eux, veulent garder les femmes au village pour leurs capacités productives et reproductives, et comme moyen de pression pour que les jeunes hommes reviennent s'y marier et leur versent des dots de plus en plus élevées. En Rhodésie, les chefs se plaignent que les femmes veuillent aller en ville retrouver leur mari ; ils obtiennent des ordonnances interdisant aux femmes de quitter les villages sans leur autorisation et punissant sévèrement l'adultère fémi-nin[49]. En Afrique du Sud, les tribunaux indigènes interdisent de demander un divorce avant deux ou cinq ans de sépara-tion, alors qu'autrefois c'était l'assemblée du village qui décidait, à laquelle des femmes, âgées ou importantes, partici-paient[50]. Dans les zones où se développent les cultures pour l'exportation, tel le cacao, comme en Côte-d'Ivoire ou en Gambie, la position des femmes ne s'en dégrade pas moins, car la division sexuelle du travail s'intensifie et elles sont peu à peu transformées en salariées, rétribuées de façon aléatoire, là où elles contrôlaient autrefois la commercialisation de leurs productions[51].

En Inde, une certaine « ruralisation » des femmes se met également en place, mais les raisons de ce processus sont dif-férentes. D'une part, les femmes restent en zones rurales pour maintenir les droits familiaux sur la terre, même si l'homme est parti chercher du travail ailleurs. D'autre part, alors que les femmes des classes populaires ou des « basses castes » travaillaient souvent à l'extérieur, elles sont exclues par la mécanisation de leurs occupations artisanales tradition-nelles dans le village (poterie, fabrication de sacs, épluchure

---

49. Jane Parpart, « Class and gender on the copperbelt in Northern Rhodesian copper mining community, 1926-1964 », *in* Claire Robert-son et Berger Iris, *Women and Class in Africa*, New York, Londres, Holmes et Meiers éd., 1986, p. 141-160.

50. Maria Rosa Cutrufelli, *Women of Africa. Roots of Oppression*, Londres, Zed Books, 1983, p. 24.

51. Achola Pala Okeyo, « Daughters of the lakes and rivers : coloni-zation and the lands rights of Luo women », *in* Etienne et Leacock, p. 186-213 ; Mona Etienne, « Women and men, cloth and coloniza-tion : the transformation of production-distribution relations among the Baule (Côte-d'Ivoire) », *in* Etienne et Leacock, p. 214-238.

du riz)[52], et ce plus que les hommes. Au tournant du siècle, elles formaient encore le tiers des travailleurs de l'industrie du jute ou dans les plantations de thé ; lorsque celles-ci déclinent, elles sont renvoyées, au nom du danger que ces activités représentent pour leur santé[53].

Quand les épouses rejoignent les maris dans les villes, en Inde ou au Maghreb, les hommes les calfeutrent dans les *zedanas*, les enveloppent sous des voiles de plus en plus longs au fur et à mesure que les colonisateurs investissent l'espace. Nul, et surtout pas le colonisateur indiscret, ne doit plus voir les femmes, désormais éloignées de leurs familles et soumises au seul bon vouloir de leur époux[54]. Leur travail domestique devient plus pesant et plus solitaire. À Sumatra, lors de la dépression de 1930, les femmes sont renvoyées des plantations mais ne sont pas rapatriées dans leur lieu d'origine. Puis, lorsque leurs conjoints sont réembauchés (à 25 % de leurs salaires précédents !), on leur octroie un bout de terre et un logement afin de fixer les travailleurs et de maintenir les salaires de ces derniers à leur minimum. Cette stratégie est également appliquée par les propriétaires des mines de cuivre de Rhodésie[55].

Par ailleurs, la substitution de la propriété privée à la propriété collective conduit à la création de nouveaux rapports de force entre les genres, car elle se fait souvent au seul profit des hommes. En Afrique noire, notamment, où les femmes avaient une grande autonomie économique, des terres traditionnellement travaillées par des femmes qui gardaient le bénéfice de leur vente le sont désormais par les hommes qui

52. Marc Ferro, *Histoire des colonisations. Des conquêtes aux indépendances. XIIIᵉ-XXᵉ siècle*, Paris, Le Seuil, Points histoire, 1994, p. 39-40.

53. Il y avait 2,2 millions de travailleuses agricoles en 1881 et 1,4 million en 1801 (Nirmala Banerjee, « Working women in colonial Bengal : modernization and marginalization », *in* Sangari et Vaid, 1990, *op. cit.*, p. 269-301).

54. Dagmar Engels, 1996, *Beyond Purdah ? Women in Bengal, 1890-1939*, Delhi, Oxford University Press, p. 18-19 ; Marnia Lazreg, *The Eloquence of Silence. Algerian Women in Question*, Londres, Routledge, 1994, p. 53.

55. Stoler, *op. cit.* ; Parpart, *op. cit.*

y cultivent des produits destinés à l'exportation, les femmes n'étant plus rétribuées que de façon aléatoire. Là où elles héritaient de leurs parents, comme en Algérie[56], leur position est affaiblie par leur fréquente réclusion et leur absence de droits civils. Les archives judiciaires sont remplies d'histoires de femmes venant se plaindre qu'un parent ou un conjoint s'est approprié indûment leurs biens par une simple déclaration orale. Encore ces femmes ont-elles eu la possibilité de se plaindre en justice, car la majorité est analphabète, accède difficilement aux informations, et se trouve plus dépourvue que les hommes face à la nouvelle administration coloniale. Ainsi, à Lagos, les administrateurs coloniaux, d'après les comptes rendus de procès et autres archives juridiques, tranchent souvent en faveur des hommes, qu'ils côtoient dans divers conseils ou entreprises[57].

L'invention du droit coutumier

En 1984, la Cour suprême indienne refusa d'abolir la « restitution du droit conjugal » : au nom des traditions hindoues et de la nécessité de lutter contre le « mal du siècle », le divorce, les femmes se voyaient donc obligées de revenir chez leur mari, fût-ce accompagnées par la police. Or la restitution du droit conjugal n'existait pas dans la coutume hindoue, elle n'avait été introduite qu'en 1857, lorsque les hautes cours des tribunaux anglais et indiens avaient fusionné.

En 1884, une Indienne de vingt-deux ans, Rakhmabai, mariée à onze ans, refusa d'aller vivre chez son mari. Celui-ci fit appel de la loi anglaise, posant un problème complexe à tous les acteurs politiques. Au terme d'un procès qui dura trois ans, le juge anglais déclara que la Cour devait suivre la seule coutume locale, et ne pouvait donc appliquer la loi anglaise, alors même que des hindouistes manifestaient pour son application ! En appel, d'autres juges conclurent que les mariés devaient vivre ensemble. Mais Rakhmabai préférait aller en prison. Finalement, le mari reçut une compensation

56. Lazreg, *op. cit.*, p. 100.
57. Kristin Mann, « Women, landed property and the accumulation of wealth in early colonial Lagos », *Signs*, 16, 4, 1991, p. 682-706.

financière et accepta de laisser la liberté à sa « femme », qui
entreprit des études de médecine en Angleterre et revint
ensuite pratiquer en Inde[58]. Ce cas est exemplaire de ce que
Hosbawm et Ranger[59] appellent l'« invention de la tradition »,
c'est-à-dire la légitimation d'un ensemble de pratiques faisant
référence à la continuité du passé, alors qu'elles sont récentes
ou même inventées, et qui introduisent une certaine rigidité
là où la souplesse régnait. Cette opération permet de légitimer le pouvoir colonial en l'insérant dans les traditions du
pays colonisé tout en laissant certains colonisés profiter
d'une position d'intermédiaire, voire garder une partie de
leur pouvoir. Ils montrent aussi que l'intervention coloniale a
été bien plus complexe que ne le laissait entendre sa justification officielle par la lutte contre certaines pratiques, certes
guère défendables, comme la crémation des veuves (le *sati*),
le mariage d'enfants, le mariage forcé, le lévirat (mariage obligatoire de la veuve avec le frère pour empêcher qu'elle ne
bénéficie de son héritage) ou la polygynie. Les interventions
en ce domaine ont été lentes et peu suivies d'effets ; elles
visaient davantage à marquer la soi-disant supériorité morale
des colonisateurs et à légitimer leur domination qu'à assurer
une liberté féminine, qui était encore loin d'être acquise en
Europe même. En effet, depuis le début du XIXe siècle, le droit
renforçait l'appropriation des femmes mariées par leur époux
et faisait perdre les droits civils et politiques aux catégories
de femmes qui en disposaient. Au XXe siècle, des lois interdirent l'avortement et la contraception féminine, privant les
Européennes de droits reproductifs. Toutefois, entre 1856
et 1882, les féministes anglaises réussirent à garantir la propriété des femmes mariées, ce qui ne plaisait guère aux administrateurs anglais, ni chez eux ni en Inde. En France, le
devoir d'obéissance de la femme n'a disparu des textes

58. Chandra Sudhri, *Enslaved Daughters of India. Colonialism,
Law and Women's Rigts*, Delhi et Londres, Oxford University Press,
1998. Voir aussi Roland Lardinois, « En Inde, la famille, l'État, la
femme », *in* Burguière, *Histoire de la famille*, Paris, Armand Colin,
t. II, p. 267-299.
59. Éric Hosbawm et Terence Ranger (éd.), *The Invention of Tradition*, Cambridge, Cambridge University Press, 1983.

qu'en 1938 et 1942, et la notion de chef de famille ainsi que les droits afférents entre 1965 et 1985 seulement.

Un droit restrictif d'origine européenne a été imposé à des femmes dont le statut variait grandement selon la région et la position sociale. Si le statut légal des hindoues n'était guère plus enviable que celui des Anglaises, malgré le renom de certaines poétesses et de saintes, quelques Amérindiennes et Africaines étaient réellement libres, d'autres avaient des droits civils ou politiques, rarement reproductifs, plus étendus que ceux des Européennes et d'autres moins. De même, si les Siamoises (actuelles Thaïlandaises) de l'aristocratie, comme les autres Asiatiques du Sud-Est, subissaient le mariage forcé, la réclusion et parfois le lévirat, celles des classes populaires jouissaient d'une autonomie économique et civile appréciable, dans le cadre d'une différenciation sexuelle relativement faible[60]. Ce qui n'empêcha pas les femmes colonisées, y compris les esclaves, de lutter autant qu'elles le pouvaient pour leur autonomie et leur liberté, individuellement et collectivement.

L'invention du passé a été fréquente dans toutes les colonisations de la fin du XIXe siècle, à partir d'informations que des magistrats ou des administrateurs, qui cherchaient à appliquer la coutume locale, recueillaient auprès de notables masculins. En Inde, ce fut auprès de lettrés brahmanes, qui filtraient les informations sur le passé à travers leur propre conception du monde, mais que l'on écoutait aussi parce qu'ils faisaient écho à la vision orientaliste des officiels britanniques. Selon Mani Lata[61], la mission régénératrice de la civilisation n'était pas conceptualisée comme l'imposition d'une norme chrétienne, mais comme la récupération de la vérité des traditions indigènes. Ainsi, la tentative d'abolition du sati, sauf lorsqu'il est choisi par la veuve, déjà tentée par des dirigeants indiens, notamment sikhs, à la fin du XVIIIe siècle, est renouvelée par l'administration britannique en 1829. Elle a

60. Chilla Bulbeck, *Re-orienting Western Feminisms. Women's Diversity in a Post-colonial World*, Cambridge, Cambridge University Press, 1998, p. 22-23 ; Vreede de Stuers, *op. cit.*

61. Mani Lata, « Contentious traditions : the debate on sati in colonial India », *in* Sangari et Vaid, *op. cit.*, p. 88-126.

pour effet pervers de légitimer et de faire apparaître comme indienne une pratique particulière, tant au niveau régional que social, alors que celle-ci n'était observée que par les hautes classes hindoues de la région de Calcutta. De plus, l'autorité religieuse interrogée avait indiqué que le sati n'était pas mentionné par le texte fondamental hindou, le *manu*, qui glorifiait plutôt le veuvage féminin ascétique, mais qu'il était permis pour les quatre hautes castes.

Par la suite, les lois relevant l'âge minimal du mariage, à dix ans en 1860, douze en 1891, et quatorze en 1931, ne posaient pas la question du consentement des intéressées et furent peu appliquées. Elles provoquèrent de nombreuses manifestations, et le gouverneur général précisa qu'il fallait procéder au cas par cas. Depuis 1928, les féministes indiennes demandaient qu'il soit porté à seize ans[62]. La question du remariage des veuves agita aussi l'opinion anglo-indienne : du fait de la différence d'âge entre époux, un tiers des femmes hindoues étaient veuves en 1891 au Bengale[63]. Dans l'Uttar Pradesh en 1921, 12 641 jeunes filles de moins de quinze ans étaient déjà veuves et dans l'impossibilité de se remarier[64]. Cependant, les veuves des basses castes se remarient ou vivent en concubinage. Les chansons populaires féminines ne mentionnent pas ces problèmes, qui restent ceux des hautes castes hindoues[65]. Par ailleurs, la lutte contre le lévirat ne fut pas prise au sérieux. Dans l'État d'Haryana, où les femmes jouaient un rôle productif important et où les Anglais recrutaient de nombreux militaires, des veuves pétitionnèrent auprès des tribunaux contre leur remariage forcé avec le frère de leur mari défunt. En vain : les hommes assuraient que le mariage avait eu lieu, et il était difficile de prouver le

---

62. Le pourcentage de filles mariées avant 15 ans était passé de 70 % en 1911 à 50 % en 1931. Himani Banerji, « Age of consent and hegemonic social reform », *in* Clare Midgley, *Gender and Imperialism*, Manchester, Manchester University Press, p. 21-44.

63. Engels, *op. cit.*, p. 41-45.

64. Kumar Kapil, « Rural women in Oudh, 1917-1947 : Baba Zam Chandra and the woman's question », *in* Sangari et Vaid, *op. cit.*, p. 337-369.

65. Samanta Banerjee, « Marginalization of women's popular culture in 19th century Bengal », *in* Sangari et Vaid, *op. cit.*, p. 127-203.

contraire puisque les membres de la famille étendue cohabitaient. En outre, les Anglais ne voulaient pas indisposer les chefs de famille[66].

Cette construction conjointe du « droit coutumier » par les notables hommes, tant colonisateurs que colonisés, se retrouve également en Afrique, et notamment en Rhodésie-du-Sud (actuel Zimbabwe). Les administrateurs qui cherchaient à connaître les coutumes Shona et Ndebele interrogeaient des « experts légaux », invariablement des hommes, chefs de village ou anciens. Ils avaient besoin de leur collaboration pour envoyer les plus jeunes dans les mines et convaincre ces derniers que leur épouse les attendrait fidèlement. De plus, les conceptions qui sous-tendaient la colonisation étaient influencées par le social-darwinisme. À propos de la femme, un commissaire britannique écrit, en 1924 : « Son cerveau n'est pas suffisamment équilibré pour lui permettre de penser valablement, aussi je considère que le mâle doit être encouragé et assisté dans la tutelle des femmes[67]. » Les notables africains ont profité d'une telle orientation pour renforcer leurs anciennes bases de pouvoir et en établir de nouvelles en prétendant que les réclamations faites par les femmes au sujet d'abus ou de négligences n'étaient pas prises en considération par la coutume. Alors qu'auparavant l'épouse pouvait se retirer dans sa famille, en attendant d'être réclamée par son conjoint, les tribunaux coloniaux exigeaient que le « prix de la fiancée » soit restitué au mari, ce qui incitait les familles à renvoyer leurs filles. Enfin, alors que la coutume voulait que les enfants restent avec le père, mais tenait compte du bien de l'enfant et pouvait être assouplie selon les cas, la garde en a été rigidement confiée aux pères. De même, en Algérie, les tribunaux coloniaux jugeaient en tort la femme qui quittait son conjoint parce qu'il prenait une autre femme, la battait ou buvait tout l'argent qu'il gagnait. Ils proposaient même que l'épouse soit emprisonnée, voire fouettée, si elle refusait de retourner

66. Prem Chowdhry, « Customs in a peasant economy : women in colonial Haryana », *in* Sangari et Vaid, *op. cit.*, p. 302-336.
67. Elizabeth Schmidt, « Patriarchy, capitalism and the colonial state in Zimbabwe », *Signs*, 16, 4, 1991, p. 732-756.

chez son mari[68]. Ces alliances « contre nature » entre colonisés et colonisateurs pour le contrôle des femmes avaient
sans doute pour but de réduire les oppositions des colonisés
à la colonisation ; elles ne les empêchaient cependant pas.
Ainsi à Mombasa, sur la côte swahilie, c'est le dirigeant de la
résistance antibritannique qui écrit au nouvel administrateur
pour lui demander d'interdire le mariage des femmes,
qu'elles soient libres ou esclaves, avec quelqu'un qui ne soit
pas de leur caste[69].

Ces alliances entre colonisés et colonisateurs n'étaient pas
propres aux Britanniques. Bien que la France fût supposée
vouloir l'assimilation des Algériens, elle reconnaissait le droit
musulman en matière de droit privé. Celui-ci, qui n'accordait
aux musulmanes que la moitié des biens de leurs parents en
héritage, leur laissait néanmoins la personnalité civile, que les
Françaises perdaient avec le mariage, ainsi que le droit au
divorce. Les Algériennes désireuses de divorcer ont fait appel
aux tribunaux indigènes et français, car les juges français
acceptaient plus facilement les revendications concernant la
dot et la pension alimentaire, tandis que les tribunaux musulmans étaient plus compréhensifs lorsqu'il s'agissait d'impuissance ou de désintérêt sexuel. Or nombre d'entre elles furent
renvoyées de force par la police à leur mari, parfois avec
l'obligation de lui payer des dommages et intérêts et en étant
accusées de ne pas bien remplir leurs devoirs domestiques.
Même la polygynie n'était pas un motif suffisant pour obtenir
le divorce[70] aux yeux des magistrats français.

Au Vietnam, la situation de confusion décrite par Osborne[70]
eût pu être assez cocasse si elle n'avait pas desservi les
femmes. Les mandarins ne se montrant pas prêts à cautionner
la colonisation française formalisée par le traité de Saigon en

68. Lazreg, p. 104-105 ; J.-P. Charnay, *La Vie musulmane en Algérie d'après la jurisprudence du xxᵉ siècle*, Paris, PUF, p. 42-47. Allan
Christelow, *Muslim Law Courts and the French Colonial State in
Algeria*, Princeton, Princeton University Press, 1985.

69. Margaret Strobel, « Slavery and reproductive labor in Mombasa », *in* Robertson et Klein, *op. cit.*, 1983, p. 111-129.

70. Milton E. Osborne, *The French Presence in Cochinchina and
Cambodia. Rule and Response (1859-1905)*, Ithaca et Londres, Cornell University Press.

1862, les Français durent attendre qu'un orientaliste traduise ce qu'ils croyaient être la coutume locale, le *Gia Long*, pour pouvoir l'appliquer. Mais ce texte de 1812 copiait en fait la législation chinoise, beaucoup plus inégalitaire que le code des Lê (1470-1497), qui intégrait nombre de coutumes vietnamiennes. Dans ce dernier, les filles ont un droit égal à l'héritage, peuvent avoir un domicile séparé dès l'âge de quinze ans et choisir leur conjoint. La femme a toute propriété sur ses biens et peut demander le divorce pour absence prolongée du mari. Toutefois, elle peut être répudiée si elle ne donne pas naissance à un garçon, si elle commet un adultère ou si elle néglige ses beaux-parents. Au contraire, le Gia Long entérine le principe confucéen des trois obéissances requises de la femme : au père, au mari, puis, si ce dernier meurt, au fils aîné. À partir des années 1880, les Français, quelque peu débordés par la complexité des affaires à juger, appliquèrent un système mixte, en suivant généralement la pratique soi-disant vietnamienne s'il y avait un précédent, mais ils refusaient, par exemple, que le fait de ne pas avoir de garçon soit un motif de divorce[71].

Malgré le dénigrement systématique de la position des femmes colonisées, toujours présentées comme des bêtes de somme asservies à l'homme, et les exhortations des féministes, la France ne chercha que tardivement à se préoccuper d'améliorer leur sort[72]. Dans les colonies françaises, l'opposition à la polygynie était surtout justifiée par le fait qu'elle réduirait les naissances et permettrait aux hommes de ne pas chercher un salaire puisque les femmes travaillaient pour eux. Aussi, à partir de 1927, les Africains convertis au christianisme ne furent plus justiciables des tribunaux coutumiers en

71. Un nouveau code civil ne sera promulgué dans le Nord qu'en 1959 et dans le Vietnam réunifié qu'en 1987. Nelly Krowolski, « Mariage et statut de la femme vietnamienne à travers le code de la dynastie Lê », *in* Josiane Cauquelin, *L'Énigme conjugale. Femmes et mariage en Asie*, Clermont-Ferrand, Presses universitaires Blaise Pascal, 2000, p. 73-96 ; Danièle Bélanger, *Rapports intergénérationnels et rapports hommes-femmes dans la transition démocratique au Vietnam de 1930 à 1990*, thèse de démographie à l'université de Montréal, p. 37-68.
72. Knibiehler et Goutalier, *op. cit.*, p. 267-294.

Afrique-Équatoriale française et ils n'eurent donc plus le droit d'avoir plusieurs conjointes. Cependant, on en resta là, car le colonisateur avait besoin des chefs coutumiers pour recruter de la main-d'œuvre. Beaucoup d'entre eux avaient plusieurs épouses, et il a donc toléré cette situation. Par ailleurs, les effets de la lutte contre la polygynie pouvaient être pervers : il arrivait que les hommes remplacent les secondes épouses ayant un statut clair par des concubines n'ayant aucun droit. Quelques arrêtés en faveur des femmes furent pris entre 1928 et 1934, mais ce sont surtout les décrets Mandel, en 1939, œuvre de la sœur Marie-Andrée du Sacré-Cœur, et les décrets Jacquinot, en 1951, qui introduisirent l'obligation du consentement des fiancés et relevèrent l'âge minimal du mariage. Toutefois, la Constitution de 1946, en acceptant que les habitants des colonies soient régis par le droit coutumier en matière de statut personnel[73], assura la pérennité de droits coutumiers discriminatoires en Afrique. Si certains anthropologues notent un effet de ces mesures, c'est pour le déplorer : elles auraient déstabilisé les familles, encouragé les femmes à divorcer pour un oui ou pour un non — bref, ils reprennent les arguments de leurs informateurs masculins[74]. En Algérie, ces décrets ne sont introduits qu'en 1959, soit trois ans avant l'indépendance, en pleine guerre, ce qui les a rendus peu effectifs. De plus, ils ne s'appliquent pas au Mzab, vallée du Sahara à six cents kilomètres d'Alger, où le mariage forcé de filles est fréquent. Si ces décrets avaient été pris au tournant du siècle, ils auraient été nettement plus utiles[75].

Dans les quatre vieilles colonies françaises (Guadeloupe, Guyane, Martinique, Réunion), l'abolition de l'esclavage a introduit un système de discriminations légales au profit des hommes. D'une part, les hommes affranchis obtinrent, en

73. Le statut personnel englobe toutes les questions de droit qui concernent directement la personne : l'état civil (le nom), la capacité, l'union libre et le mariage, la filiation par le sang et adoptive, le régime matrimonial et les successions.

74. Marlene Dobkin, « Colonialism and the legal status of women in Francophonic Africa », *Cahiers d'études africaines*, 8, 31, 1960, p. 390-405.

75. Lazreg, 1994, *op. cit.*, p. 88-92 et 103-104.

1848, le droit de vote au même titre que les citoyens français,
alors que les anciennes esclaves, comme les métropolitaines,
devront attendre un siècle pour en bénéficier. D'autre part,
conformément au Code civil de Napoléon, les épouses
n'avaient pas de droits civils et les enfants naturels pas les
mêmes droits que les légitimes. Or, en 1936, la moitié des
naissances sont illégitimes : c'est dire que le droit civil français ne correspond absolument pas à la situation réelle des
femmes et ne leur accorde aucune protection. Par ailleurs, si
les codes électoral et civil s'appliquent dans les colonies
comme en métropole, l'application des lois sociales et fiscal-
les, elle, doit être demandée par le gouverneur local, parce
que ces lois n'ont pas été instituées comme valables également dans les colonies. En ce qui concerne la famille, on
étend tout de suite aux colonies les lois de 1920 et de 1923
pénalisant la contraception et l'avortement ainsi que, en
1938, la loi de 1932 sur la généralisation des allocations familiales aux seuls salariés (à l'exception du personnel domestique, majoritairement féminin), mais à des conditions bien
plus strictes qu'en métropole. Qui plus est, les développements ultérieurs de ces textes ne seront pas étendus aux
colonies. Cependant, en 1938 et 1942, le devoir d'obéissance
est aboli dans le Code civil français (qui maintiendra pourtant
jusqu'en 1970 la notion de chef de famille) et les femmes des
colonies bénéficient de cette mesure. Ce premier pas vers
l'égalité civile anticipe sur l'égalité politique obtenue avec
le droit de vote accordé aux femmes en 1944[76].

L'éducation et le « sauvetage de la race »

L'éducation et les campagnes de santé ont joué un grand
rôle dans les tentatives de légitimation de l'ordre colonial et
sont souvent encore citées parmi ses bienfaits. Toutefois,
elles n'ont guère touché les femmes.

La tâche d'éduquer les indigènes, ne serait-ce que jusqu'à
l'instruction primaire, n'a d'ailleurs jamais été réalisée. En
1950, à la fin de la période coloniale, le pourcentage

76. Arlette Gautier, « Nou pa lez enfan batars. La construction du
genre par la France outre-mer », *Clio. Histoire, femmes, sociétés*,
2000, p. 10.

d'enfants enrôlés dans le primaire était, d'après l'Unesco, de 21 % dans les colonies anglaises, 16 % dans les colonies belges, 10 % dans les colonies françaises, 5 % dans les colonies portugaises et (anciennement) italiennes, ces résultats dépendant tant du développement économique différencié des colonies que de la volonté coloniale[77]. Nuance supplémentaire à apporter à ces chiffres : les filles ne représentent souvent que le tiers des garçons scolarisés[78]. Au Vietnam, la situation est encore pire : en 1924, 20 % des garçons allaient à l'école et seulement 3 % des filles. Au Bengale, pourtant directement administré par les Britanniques, où quelques femmes sont devenues institutrices, médecins ou infirmières dès la fin du XIXe siècle, seules 5 % d'entre elles pouvaient écrire leur nom en 1931[79]. De même, l'École normale de Rufisque, créée en 1939 pour former des institutrices africaines, ne reçut à son apogée que 120 étudiantes, dont la future romancière Mariama Bâ[80].

77. Claire C. Robertson, « Women's education and class formation in Africa, 1950-1980 », *in* Claire Robertson et Iris Berger, *op. cit.*, p. 106. La France apprend à parler français aux fils de notables africains pour qu'ils puissent servir d'intermédiaires, alors qu'en Indochine elle ferme les écoles traditionnelles, où étaient recrutés les administrateurs, soupçonnées d'anticolonialisme, pour ouvrir des écoles françaises, dont la moitié du programme dénigre les réalisations vietnamiennes. L'administration fait passer des examens aux Vietnamiens mais pas aux Africains ; au CM1, ces derniers apprennent les additions et les soustractions et les Vietnamiens l'algèbre et la géométrie (Gail P. Kelly, « Colonialism, indigenous society and school practices : French West Africa and Indochina, 1918-1938 », *in* G. Philipp Altbach et Gail P. Kelly, *Education and the Colonial Experience*, New Brunswick et Londres, Transaction Books, 1984, p. 9-38).

78. En Algérie (Lazreg, p. 62), au Dahomey, au Niger, au Soudan, et 35 % en Haute-Volta (Claude Tardits, « Réflexions sur la scolarisation des filles au Dahomey », *Cahiers d'études africaines*, 2, 10, 1962, p. 266-288 ; notamment p. 67).

79. Vietnam : Eisen Bergman, *op. cit.*, p. 69. En Indonésie, le pourcentage de filles scolarisées atteint 10 % (Vreede De Stuers, *op. cit.*, p. 33) ; Bengale : Engels, 1996, *op. cit.*, p. 59.

80. Pascale Barthelemy, « La formation des institutrices africaines en Afrique-Occidentale française », *Clio. Histoire, femmes, sociétés*, 6, 1997, p. 155-167.

Comme dans les pays européens, l'administration coloniale a longtemps été réticente à ouvrir l'enseignement aux filles : un décret français de 1887 prévoit des écoles pour musulmanes en Algérie, mais sans rendre l'éducation obligatoire, et refuse de payer le salaire des principales[81]. Par la suite, cette administration priva de débouchés l'enseignement féminin en refusant d'accepter des femmes dans la fonction publique, alors que les femmes fonctionnaires étaient déjà nombreuses en métropole. Or les garçons n'allaient à l'école que pour passer des concours, accéder à une profession libérale ou travailler dans le commerce et l'industrie. Tous ces débouchés étaient fermés aux femmes. Ainsi les Dahoméennes interviewées par Tardits en 1955[82] se déclarent-elles déçues de se retrouver, comme leurs mères, illettrées, commerçantes ou artisanes. De plus, il devint plus difficile de trouver un mari, car les hommes avaient peur de ces femmes à qui les livres de lecture et les exhortations des missionnaires et des instituteurs avaient inculqué le goût des robes, tellement chères à l'époque, et le dégoût du travail agricole, qui était pourtant le destin de la plupart d'entre elles, ainsi qu'une certaine idée de l'égalité entre les sexes. Les parents refusaient parfois l'éducation telle qu'elle était proposée. Ainsi les pères Igbo du Nigeria jugent qu'il est bien suffisant pour une fille de savoir planter les ignames et obéir à son mari, et que la religion peut les améliorer[83], à condition toutefois de les tenir à l'écart des robes, des colifichets et de l'instruction.

Comme en Europe, l'enseignement pour les garçons a un but professionnel et celui pour les filles une vocation

81. Lazreg, *op. cit.*, p. 66.
82. Tardits, *op. cit.*, p. 267.
83. Estelle Pagnon, « Une œuvre inutile ? La scolarisation des filles par les missionnaires catholiques dans le sud-ouest du Nigeria (1885-1930) », *Clio. Histoire, femmes, sociétés*, 7, 1997, p. 35-59 ; également Deborah Gaitskell, « A home with hegemony ? Coercicion and consent in the education of African girls for domesticity in South Africa before 1919 », *in* Dagmar Engels et Sheila Marks (éd.), *Contesting Colonial Hegemony. State and Society in Africa and India*, Londres, British Academic Press, 1994, p. 110-128. En Grande-Bretagne même, l'enseignement de la couture est devenu obligatoire en 1862 pour les filles si les écoles veulent toucher des subventions publiques.

792   LE LIVRE NOIR DU COLONIALISME

domestique, que ce soit dans les colonies françaises ou
anglaises. Elles sont certes initiées à quelques rudiments
d'éducation générale le matin, mais l'après-midi est en principe consacré à des travaux de couture. Un tel programme
est apprécié de la bourgeoisie tunisienne, mais les mères Igbo
du Nigeria, habituées à jouer un rôle actif dans leur société,
comme commerçantes, chasseresses d'éléphants ou même
guerrières, le refusent. En 1925-1926, le mouvement d'opposition des « femmes qui dansent » réfute cette école de la
domesticité qui casse l'autonomie traditionnelle et critique
toutes leurs traditions, qu'elles soient corporelles (port
d'anneaux, peintures sur le corps), vestimentaires (nudité du
buste), culturelles (les danses, par exemple, sont jugées
lubriques) ou rituelles (excision). Ce mouvement permettra
aux femmes de reconquérir un certain pouvoir et, une fois
que de nouveaux débouchés, tant matrimoniaux que professionnels (comme le métier de couturière), s'ouvriront à elles,
ces mères souhaiteront mettre leurs filles à l'école.

Manquant de contenu professionnel par rapport à celui
réservé aux garçons, l'enseignement féminin est aussi plus
idéologique, axé vers l'endoctrinement, du moins à considérer les contenus des programmes en Algérie tels que les analyse Marina Lazreg[84]. Elle cite ainsi le cas de ces orphelines
algéroises qui, en fin d'études, jouent une pièce louant la
France bienfaitrice qui leur donne l'occasion d'étudier, alors
même que leurs parents s'étaient rebellés contre elle, car
avec un autre vainqueur elles auraient connu le déshonneur :
« La France, elle, combat pour la justice. » On comprend
qu'un tel enseignement se soit opposé au refus des parents.
Après l'indépendance, en revanche, le taux de scolarisation
féminin augmentera très rapidement en Algérie et en Tunisie.

Les missionnaires[85], qui ont joué un rôle essentiel dans
l'enseignement des colonisés, et cela même en France, insistaient tout particulièrement sur l'éducation morale des femmes,
dont ils voulaient faire des mères compétentes, selon les

84. Lazreg, *op. cit.*, p. 75.
85. Anne Hugon, « La contradiction missionnaire. Discours et pratique des missionnaires méthodistes à l'égard des femmes de la Côte-
de-l'Or (1835-1874) », *Clio. Histoire, femmes, sociétés*, 1997, 7, p. 15-34.

critères récemment découverts de l'hygiène, et des épouses vertueuses pour des mariages chrétiens qui fussent de réels compagnonnages « dans la différence ». Les « écoles de fiancées » du Cameroun auront ainsi pour but de former les futures épouses des catéchumènes, sachant tenir un foyer et coudre des vêtements décents destinés à cacher leur propre nudité, encore trop fréquente. En Inde, selon Borthwick[86], l'éducation prodiguée par les missionnaires aurait conduit à une redéfinition des relations conjugales parmi les classes moyennes hindoues. Or, selon d'autres auteurs, les traditions indiennes, notamment védiques, développées pour résister à l'islamisation, auraient eu un impact beaucoup plus important. Toujours est-il que des Indiennes de différents milieux ayant fréquenté les écoles missionnaires y ont trouvé une volonté d'exister par elles-mêmes[87].

En ce qui concerne l'autre volant de l'action sociale colonisatrice : la santé, il faut d'abord rappeler que la colonisation a provoqué de nombreuses morts, en particulier parmi les jeunes hommes. Toutefois, les situations sont très diversifiées : la population a doublé au Maghreb ; elle s'est accrue modérément en Afrique occidentale ; et en Afrique équatoriale elle a diminué de 1890 à 1920, plus faiblement de 1920 à 1945, pour augmenter ensuite à partir de 1960[88].

Au début du siècle, les colonisateurs lancèrent des campagnes d'éradication des maladies, notamment par les vaccinations, souvent appliquées sous la contrainte des policiers. Mais les populations rurales[89], comprenant la plus forte concentra-

86. Meredith Borthwick, *The Changing Role of Women in Bengal, 1849-1905*, Princeton, Princeton University Press, 1984.

87. Rama Mehta, *The Western Educated Women*, New York, Asia Publishing Book, 1970.

88. R. Raymond Gervais, « Contribution à l'étude de l'évolution de la population de l'Afrique-Occidentale française, 1904-1960 », *Les dossiers du CEPED*, 23, 50 p. ; Moncer Rouissi, *Populations et sociétés au Maghreb*, Tunis, Cérès productions, 1977 (notamment p. 81).

89. Ainsi, seules 36 % des consultations des adultes portent sur les femmes dans les centres médicaux en Côte-d'Ivoire en 1932 (Danielle Domergue-Cloarec, *La Santé en Côte-d'Ivoire, 1905-1938*, Paris, Académie des sciences d'outre-mer, t. I, p. 374). Pour tout ce paragraphe, Kniebielher et Goutalier, *op. cit.*, p. 187-200 ;

tion de femmes, furent oubliées. Cependant, après la Première
Guerre mondiale, apparut la volonté d'exploiter les découvertes pasteuriennes, de prévenir les maladies par l'éducation des
mères, et de « sauver la race » menacée par la sous-fécondité.
Thème récurrent en Europe même, mais dont les causes
seraient différentes puisqu'elles proviendraient en Afrique des
maladies sexuellement transmissibles et de la pratique de la
polygamie, bref, d'une « copulation excessive », cette explication permettant d'occulter le rôle de la colonisation. Une
maternité indigène fut inaugurée à Dakar en 1919 ; à Constantine, en 1923, un dispensaire pour femmes (60 000 consultations) ; en Afrique, des succursales de l'Institut Pasteur
ouvrirent en 1923. L'éducation des mères tendait souvent à les
culpabiliser : elles étaient jugées à la fois dissolues et sauvages,
« pires que les animaux », car, selon les colonisateurs, elles
détruisaient leurs enfants par des pratiques aussi dégoûtantes
que nocives. Des efforts furent faits pour éradiquer la médecine traditionnelle, dans laquelle les femmes jouaient souvent
un rôle important. Or, si certaines pratiques se révélèrent
effectivement dangereuses ou nuisibles tant pour les mères
que pour leurs enfants, certaines plantes avaient une efficacité
réelle, au point qu'elles sont aujourd'hui utilisées par les
industries pharmaceutiques. La politique reproductive se montra répressive envers les femmes, avec la condamnation de
l'avortement et de la contraception, et incitative envers les
hommes, avec des dégrèvements d'impôts et des primes aux
pères de famille nombreuse.

Toutefois, en Afrique tout particulièrement[90], ces efforts
restèrent de l'ordre du discours, et les populations touchées

89. (suite) Charles Becker et René Collignon, « A history of
sexually transmitted diseases and AIDS in Senegal : difficulties in
accounting for social logics in health policy », in Philip Setel et al.,
Histories of Sexually Transmitted Diseases and HIV/AIDS in Sub-Saharan Africa, Wesport et Londres, Greenwood Press, 1999, p. 65-96 ;
Jean-Paul Sanderson, « Le Congo belge entre mythe et réalité. Une
analyse du discours démographique colonial », Population, 55, 2,
mars-avril 2000, p. 331-355.

90. Tanzanie : Turshen, op. cit. Congo : Romaniuk, op. cit.,
p. 29. Pour une population de près de quinze millions en 1960 :
WWW.GRIDS2.CR.USGS.GOV/GLOBALPOP/AFRICA/OPP-2.PHP3. Carole Summers,

par les services sanitaires, les avantages financiers ou les répressions demeurent très faibles : en Tanzanie, 5 à 15 % des hommes et des femmes bénéficièrent des services sanitaires ; au Congo, seulement 210 000 chefs de famille recevaient des allocations familiales en 1955[91]. Même en Ouganda, où l'action des missionnaires se voulait insistante, le fait que le taux de natalité dépasse à partir de 1924 le taux de mortalité ne peut être porté à leur crédit : en 1926 encore, seules 2 000 des 16 000 naissances d'enfants vivants furent suivies par des sages-femmes. Au Kenya comme en Tanzanie, l'aide alimentaire aurait été plus efficace que les interventions bio-médicales pour contrecarrer la crise démographique. En effet, les mères évitaient le personnel médical et paramédical, parce qu'il était souvent masculin et étranger, et qu'il critiquait leurs pratiques. La faiblesse de l'enseignement primaire, sans même parler du secondaire, explique la difficulté à trouver les femmes qualifiées dont l'administration découvre sur le tard seulement qu'elle en a besoin. L'école de médecine de Dakar ne forma, de 1921 à 1944, que 336 sages-femmes et 53 infirmières visiteuses. Ces dernières parlaient rarement les langues vernaculaires. Ces différentes campagnes se firent plus fréquentes après la Seconde Guerre mondiale. Pourtant, l'espérance de vie ne dépassait pas trente-cinq ans en Afrique française en 1955, et il faudra attendre l'indépendance pour que les famines disparaissent en Inde. En Indochine[92], les politiques sanitaires et le développement d'un réseau très dense d'irrigation ayant développé la production agricole auraient permis de diminuer la mortalité, mais, là aussi, le progrès colonial n'a pas été à la mesure du coût payé par ceux qui furent colonisés, notamment lors des guerres.

« Intimate colonialism : the imperial production of reproduction in Uganda. 1907-1925 », *Signs*, 16, 4, 1991, p. 787-807. Kenya : Dawson, *op. cit.* École de Dakar : Kniebielher et Goutalier, *op. cit.* Voir également la magistrale étude de Domergue-Cloarec sur la Côte-d'Ivoire *(op. cit.)*.

91. Robert Blanc et Gérard Théodore, « Les populations d'Afrique noire et de Madagascar : enquêtes et résultats récents », *Population* 15, 3, juillet 1960, p. 430-431.

92. Pierre Brocheux et Daniel Hemery, *Indochine, la colonisation ambiguë (1858-1954)*, Paris, La Découverte, 1994.

La seconde colonisation différa de la première en opérant une séparation plus radicale entre les genres. D'autres interventions coloniales sont restées plus constantes à travers le temps, qu'elles portent sur la religion, la sexualité ou l'éradication du pouvoir politique féminin.

Transversalités coloniales

Religion

Bien que la première colonisation se soit faite au nom du Christ et la seconde au nom du progrès, les missionnaires ont joué dans les deux cas un rôle assez proche, essentiel au niveau de la légitimation de la colonisation, mais assez marginal au niveau des réalisations concrètes, sauf dans certaines enclaves. Ils proposaient un modèle de relation entre les sexes contraire à l'autonomie des femmes qui rencontra une résistance là où elle existait, mais qui a pu être perçu comme une amélioration dans d'autres sociétés.

Le modèle familial proposé par les missionnaires, qu'ils fussent catholiques ou protestants, était assez proche : élimination de la liberté sexuelle prémaritale et conjugale, du droit au divorce, de la polygynie mais aussi de la polyandrie, subordination des épouses à leur mari. Un Montagnais-Naskapi, à qui un jésuite expliqua que, si la femme était infidèle, on ne savait pas si l'enfant était bien celui du mari, répondit : « Vous, les Français, vous n'aimez que vos enfants, alors que nous aimons tous les enfants de notre tribu. » Les hommes furent ainsi encouragés à assumer l'essentiel de la production et de la distribution des biens et à assumer la direction des familles, fût-ce par la violence. Certains hommes renvoyaient aux femmes un discours influencé par les propos missionnaires : « C'est vous, les femmes, qui gardez les démons parmi nous. Vous ne voulez pas être baptisées. Quand vous passez devant la croix, vous ne la saluez jamais, vous voulez être indépendantes. Maintenant, sachez que vous obéirez à vos maris et vous, les jeunes, sachez que vous obéirez à vos parents. Et si vous ne le faites pas, nous ne vous donnerons rien à manger. » Quelques femmes acceptaient ce discours et se confessaient aux prêtres : « Mon père, j'ai offensé Dieu, je n'ai pas obéi à mon mari... » D'autres se rebellèrent[93].

Cependant, la christianisation a souvent été formelle et peu intense, elle n'a donc pas transformé en profondeur les relations entre les sexes. Ainsi, au Mexique, dès 1540, presque tous les Indiens vivaient formellement dans les lois du mariage chrétien ; mais l'espace domestique, au XVIIIᵉ siècle, restait encore régi par la communauté[94]. En effet, le clergé fut relativement clairsemé et pas toujours d'une conduite exemplaire. De plus, les moyens de pression reposaient surtout sur la parole et la persuasion. Néanmoins, les multiples accusations de l'Inquisition contre des Indiennes jugées comme sorcières manifestent à la fois la résistance des indigènes, et particulièrement des femmes, et l'existence d'une réelle répression[95]. Aux Antilles françaises, alors que la traite prend des proportions gigantesques, le nombre moyen d'esclaves que chaque religieux est supposé éduquer augmente fortement. Des couples mariés sont assez nombreux au XVIIᵉ siècle, alors qu'ils sont devenus très rares au XVIIIᵉ siècle, où ils n'existent que sur certaines grosses plantations appartenant à des religieux ou à des maîtres catholiques. Beaucoup d'entre eux étaient néanmoins, selon les religieux, de « mauvais ménages », parce que les captifs ne croyaient pas à l'indissolubilité du mariage, ou que la polygynie persistait, notamment chez les esclaves qualifiés. Au XIXᵉ siècle, la perspective de l'abolition propagea le thème de la nécessaire moralisation des esclaves, mais cette campagne de moralisation ne se traduisit que par une augmentation dérisoire de la moyenne annuelle de mariages entre esclaves, qui n'atteignait pas la cinquantaine par an. Après l'abolition, bien des mariages et

93. R.G. Thwaites (éd.), *The Jesuit Relations and Allied Documents*, 71 volumes, Cleveland, Burrows Brothers, 18, 1906, p. 107 et 195-197, cité par Eleanor Leacock, « Montagnais women and the jesuit program for colonization », *in* Leacock et Étienne, *op. cit.*, p. 25-42.

94. Carmen Bernand et Serge Gruzinski, « Les enfants de l'apocalypse », *in* André Burguière, *L'Histoire de la famille*, Paris, Armand Colin, t. II, 1986, p. 177 et 192.

95. Socolow, *op. cit.*, 2000, p. 47.

légitimations d'enfants eurent lieu, mais ce mouvement ne se prolongea pas[96].

L'opinion des esclaves sur cette christianisation est peu connue. Ils ont en tout cas réussi à maintenir une certaine autonomie et à continuer à pratiquer, notamment à Saint-Domingue, devenu Haïti, des cultes d'origine africaine comme le vaudou, où les femmes jouent un rôle déterminant. Les missionnaires protestants ont, semble-t-il, plus souvent réussi à convertir les esclaves en profondeur, que ce soit aux Antilles anglaises ou dans la fédération américaine. La religion, tout en inculquant une idéologie de respectabilité sexuelle, que les esclaves femmes ne pouvaient pas toujours mettre en œuvre, donnait cependant un sens et un langage à l'oppression qu'elles subissaient, comme les juives en Égypte. Aussi les femmes qui écrivent une autobiographie le font-elles en des termes religieux[97].

À Bombay, les motifs de conversion des hindoues étaient assez variés[98]. Alors que les hommes se convertissaient souvent pour des motifs théologiques abstraits, les femmes le faisaient à la demande de leur mari ou parce qu'elles s'estimaient opprimées par l'hindouisme. La célèbre Pandita Ramabai qui, après des séjours en Angleterre et aux États-Unis, fonda la première association de femmes du Maharashtra et créa une maison de réhabilitation pour prostituées ainsi qu'une école, se convertit à une Église chrétienne dissidente en 1883, parce qu'elle préférait une religion qui n'établissait pas de différences de caste, de couleur ou de sexe. Beaucoup de veuves qui fréquentaient son école se convertirent, malgré les mauvais traitements que leur infligeait leur famille en réaction. Elles y trouvaient une vie quotidienne plus facile, en

96. Arlette Gautier, « Les familles esclaves aux Antilles françaises, 1635-1848 », *Population*, 2000, vol. 55, n° 2, novembre-décembre, p. 975-1001.

97. Statson Erlene, « Studying slavery », *in* Gloria Hull, Patricia Bell Scott, Barbara Smith, *All the Women are White, all the Blacks are Men, But Some of us are Brave*, Old Wesbury (NY), The Feminist Press, 1982, p. 61-92.

98. Pamela Anagol, « Indian christian women and indigenous feminism, c. 1850-1920 », *in* Claire Midgley, *op. cit.*, p. 79-103.

particulier parce qu'elles n'étaient plus soumises au faisceau
d'interdictions liées à leur supposée impureté que leur imposait l'hindouisme. Ce choix ne les empêcha pas de critiquer
le racisme des missionnaires, femmes ou hommes, et d'insister sur leur propre indianité. En Afrique aussi, des femmes se
convertirent, parfois pour des motifs assez matérialistes, et
notamment pour profiter du Code civil qui leur permettait
d'hériter de leur conjoint, contrairement à la coutume.
Certaines d'entre elles, africaines, fondèrent également des
Églises chrétiennes dissidentes[99].

En Afrique, à la fin du XIXᵉ siècle, des missionnaires rache-
tèrent des captifs pour les affranchir ainsi que des jeunes
filles qui s'étaient réfugiées chez eux pour échapper à des
mariages forcés ou pour poursuivre leur éducation. Ils luttèrent
parfois contre les remariages forcés de veuves et tentèrent
d'améliorer le sort des femmes. Au point qu'au Zimbabwe
des chefs refusèrent d'accepter une mission sur leur territoire : « Si je bats mes femmes, elles courront chercher protection auprès du professeur. » Au Ghana ou au Cameroun,
d'autres missionnaires chapitrent les hommes violents mais
surtout les femmes coupables d'insubordination[100]. L'action
des missionnaires n'a donc pas toujours été négative, comme
dans les contextes de forte subordination des femmes.

Le harem colonial

De Marco Polo aux romans coloniaux, où filles et femmes
colonisées s'offrent ou sont offertes par leur père ou leur
mari, en passant par les cartes postales montrant des femmes
plus ou moins dénudées dans la même posture alanguie,
quelle que soit leur civilisation, se construit un imaginaire
colonial masculin dans lequel les femmes sont disponibles
pour toutes les voluptés[101]. Représentation bien différente de

99. Mann, *op. cit.*, p. 693 ; Coquery-Vidrovitch, *op. cit.*, p. 83-88.
100. Ghana : Schmidt, *op. cit.*, p. 748 ; Hugon, *op. cit.* Cameroun :
Jeanne-Françoise Vincent, *Femmes Beti entre deux mondes. Entretiens dans la forêt du Cameroun*, Paris, Karthala, 1976, réèd. 2001.
Un informateur déclare qu'avant on tuait les veuves, alors que maintenant on se contente de les bâtonner.
101. Voir le cahier de photos dans Bulbeck, *op. cit.*

celle de l'Europe où les familles et les Églises surveillent de plus en plus pesamment l'accès aux femmes et où l'image de femmes libertines à la sexualité insatiable est remplacée par celle de femmes sans désirs, figées dans leurs costumes. Ce harem colonial, selon l'heureuse formulation d'Alloula[102], certains hommes vont le chercher à travers le monde, de l'Amérique à l'Indochine, et même sous les voiles des Algériennes. Les conquistadores cherchent avec autant de voracité les femmes que l'or et ils constituent leur harem en s'entourant de captives. Lorsqu'ils se révoltent à Hispaniola, ils réclament de ne plus avoir à travailler et de disposer d'autant de femmes qu'ils en veulent[103].

Ce rêve des uns devint parfois le cauchemar des autres. C'est d'abord la guerre de conquête, avec son cortège de viols non punis contre des femmes désarmées, parce qu'ils soulagent les soldats pour qui l'autre n'est plus un être humain mais un ennemi, et qu'ils terrorisent et humilient les populations. Les Indiennes qui se refusent sont fouettées, tuées ou jetées aux chiens, comme au Yucatán. Le viol peut être une stratégie de terreur, comme en Algérie, où les filles de notables récalcitrants sont envoyées dans des bordels militaires de campagne (BMC)[104]. Puis — ou parallèlement — vint le temps des alliances avec quelques groupes stratégiques pour dominer la population en la divisant. Les femmes servent alors d'interprètes linguistiques et culturelles, apprennent la géographie physique et sociale à leurs amants, les aident à déjouer les complots et les insurrections. L'idylle de Pocahontas[105] représente la relation entre colonisateur et colonisée, aussi bien entre les sexes qu'entre les groupes, comme une

102. Malek Alloula, *The Colonial Harem*, Minneapolis, University of Minneapolis Press, 1986.

103. Delamarre et Sallard, 1992, *op. cit.*, p. 28-30 et 63.

104. Lazreg, 1994, *op. cit.*, p. 59 ; pour l'Amérique latine, voir Delamarre et Sallard, *op. cit.*, p. 66-68 ; Socolow, *op. cit.* ; Giraud Michel, « Viol et société coloniale. Le cas de la Nouvelle-Espagne au XVIIIᵉ siècle », *Annales ESC*, 3, mai-juin 1986, p. 625-637.

105. Peter Hulme, *Colonial Encounters. Europe and the Native Caribbean, 1492-1797*, Londres et New York, Methuen, 1986, p. 137-169.

alliance et non comme une guerre. Cependant, les mariages entre dominants et dominées sont fort rares.

G. Groslier, *La Route du plus fort*[106]

Pierre Ternier, décrivant sa femme Vétônea, dit d'elle : « Pourquoi, en effet, serait-elle inférieure parce que d'une autre race ? Elle a un cœur et une âme. Sont-ils bien les mêmes et en use-t-elle de la même façon que nous ? Cet attachement, cette obéissance, cette discrétion, cette attention étroite dont elle vous entoure et qui, chez elle, sont des qualités femelles qu'elle ne s'impose pas, mais qu'elle dispense ataviquement, prennent lentement à vos yeux couleur d'amour et, de jour en jour, vous perdez pied. Des comparaisons que vous proposez vous justifient bientôt. Ce n'est pas une Française qui serait ainsi ! Certes non. Et la Française vous paraît lourde, épaisse, vulgaire, bruyante, parce que vous avez sous vos yeux ce corps fluet, souple et passif. La toilette occidentale devient compliquée, ridicule, car vous vous accommodez mieux, maintenant, d'un pagne de soie toujours frais et d'une écharpe. La Française souffre du climat, transpire, ses toisons vous répugnent, tandis que cette indigène demeure fraîche, sèche et douce comme l'ivoire. »

Ils n'ont des chances d'être tolérés qu'avec les princesses, comme pour Pocahontas, devenue lady Rebecca et présentée au couple royal anglais avant de mourir à Londres, c'est le rang qui blanchit plus que l'argent. Même alors cette stratégie n'est jamais fréquente : seuls 10 % des conquistadores ont épousé des princesses indiennes à Hispaniola en 1514, ce qui leur permit d'ailleurs de réclamer des terres[107]. Au xviie siècle, Colbert rêvait d'une colonie métisse au Canada, mais le gouverneur Vaudreuil écrivit au début du xviiie siècle qu'« il ne faut pas mêler le bon sang avec le mauvais ». Au xixe siècle, les idéologues français espèrent en vain le mariage des fils de colons avec les filles kabyles.

---

106. Cité *in* Bernard Gay, « Les relations entre hommes et femmes au Cambodge et au Laos vues par la littérature coloniale de fiction », *in* Denys Lombard (dir.), *Rêver l'Asie. Exotisme et littérature coloniale aux Indes, en Indochine et en Insulinde*, 1993, p. 39 et p. 83-84.
107. Delamarre et Sallard, *op. cit.*, p. 92.

Le concubinage était la véritable institution des rapports sexuels sous le colonialisme : il n'assurait aucun droit à la compagne ni à sa progéniture, et permettait d'en changer à volonté. Certains conquistadores comme certains planteurs antillais ou hollandais laissaient choisir une femme à leurs dépendants, qu'ils soient salariés ou esclaves « à talents », comme récompense, ou pour les contenter, mais aussi pour qu'ils n'aillent pas courir partout, ce qui nuirait à leur santé et à leur productivité, et pourrait fâcher les autres travailleurs. Les règles d'accès aux rares femmes dépendaient de la « race », des qualifications et de la séniorité. Sur les plantations de canne de Saint-Domingue, de jute en Inde au XVIIIᵉ siècle, ou de caoutchouc à Sumatra à la fin du XIXᵉ, ces arrangements étaient encouragés par les compagnies et administrations qui refusaient de payer le passage des épouses et enfants de leurs employés et de leur accorder quelque avantage que ce soit, encourageant silencieusement le concubinage avec les colonisées[108]. Comme le souligne un officier sanitaire au Congo allemand : « Le concubinage est plus avantageux que nocif pour la santé [...]. Même sous la peau noire, l'éternel féminin est un excellent fétiche contre le manque émotionnel qui arrive si facilement dans la solitude africaine[109]. » Il ajoute que ces relations protègent de nombreux dangers, mais que toute reconnaissance et protection officielles doivent leur être retirées. Lorsque la domination est assez instituée, qu'il faut se préoccuper de la légitimer moralement et que les métis se multiplient, ou encore lorsque des résistances s'organisent, il faut opposer le groupe des dominants à celui des dominés selon des bases raciales, en coupant tout pont entre eux. Alors les administrations et les compagnies

108. Ann-Laura Stoler, « Carnal knowledge and imperial power. Gender, race and morality in colonial Asia », *in* Roger N. Lancaster et Micaela di Leonardo, *The Gender Sexuality Reader*, Londres, Routledge, 1997, p. 13-31.

109. Cité par Maria Mies, p. 98. Même discours chez des docteurs militaires exerçant en A-OF (François Simonis, « Splendeur et misère des *Moussos*. Les compagnes africaines des Européens du cercle de Ségou au Mali (1890-1962) », *in* Catherine Coquery-Vidrovitch (éd.), *Histoire africaine au XXᵉ siècle. Sociétés – Villes – Cultures*, Paris, L'Harmattan).

font venir les épouses ; ce sont elles que l'on blâme d'une plus grande distance entre les groupes ethniques.

Les filles ou les esclaves peuvent être données par les pères ou les maris américains ou africains en marque d'honneur. Que le destinataire de ce don soit un Européen ou un homme de leur société ne changeait peut-être rien pour elles. Ces liaisons étaient sans doute plus éphémères, mais on peut faire l'hypothèse qu'elles s'en sont parfois réjouies. Certaines « femmes de personne », Amérindiennes, Signares de Saint-Louis ou de Tamatave[110], ont pu choisir leurs relations. Cette situation assurait certains avantages matériels aux femmes, ce qui n'était pas négligeable quand le colonialisme appauvrissait et affamait les populations, mais ils n'étaient pas toujours conséquents. Au XXᵉ siècle, une Malgache vécut dix-sept ans avec un homme, lui donna deux enfants, puis il emmena l'un d'eux en métropole. Elle n'eut plus jamais aucune nouvelle. Grâce à cette liaison, elle put cependant aider ses parents et acquérir une épicerie. Autour d'elle, on la méprisa, puis les gens finirent par accepter sa situation.

Les relations vénales existaient bien avant le colonialisme, notamment en Algérie, où elles étaient organisées dans les ports par la puissance ottomane, et en Inde, où les prostituées constituaient un groupe professionnel. Elles acquirent toutefois plus d'ampleur avec le développement des migrations masculines, la déstructuration des liens tribaux et familiaux, l'appauvrissement généralisé, ainsi qu'avec la présence des armées coloniales. Les femmes abandonnées ou rebelles n'avaient guère d'autre solution de survie, leurs salaires ne représentant le plus souvent que la moitié de ceux des hommes (un tiers en Algérie), et leurs activités indépendantes, comme la vente de la bière qu'elles brassaient en Afrique du Sud, étant la plupart du temps interdites. Dans un quartier d'Ibadan au Nigeria, les prostituées représentaient 20 % des urbaines ; elles organisaient des sections féminines dans les organisations politiques, alors que les ménagères étaient recluses. Mais la prostitution se rigidifia et devint une tare indélébile. Les relations informelles ou, au contraire, rituelles

110. D. Blois, « Tamatave, la cité des femmes », *Clio. Histoire, femmes, sociétés*, 1997, 6, p. 61-86.

furent étiquetées ou stigmatisées sous le même sceau infamant. Les femmes ainsi labellisées furent soumises à des contrôles vénériens et on limita leur mobilité[111].

Quant aux esclaves, leur sort dépendait du bon vouloir du maître. Il est évidemment difficile de parler de désir de la part d'une femme qui n'a pas la possibilité de se refuser. Dans le Sud esclavagiste des futurs États-Unis, 60 % des femmes esclaves entre quinze et trente ans risquaient d'être approchées par un homme blanc[112]. Si le code noir permettait aux esclaves de se plaindre d'un maître, dans la réalité, ce droit n'a pas été accordé, même en cas de tortures manifestes. Or le viol, qui n'était pas reconnu, que ce soit comme délit ou comme crime, l'était d'autant moins socialement que la beauté des esclaves femmes ajoutait à leur valeur, donc à leur utilisation sexuelle. Certains maîtres avouaient dans leur correspondance laisser les ouvriers blancs se servir dans les rangs des négresses. De plus, les représentations faisaient de l'esclave la libertine, et du Blanc la victime des tentatives de séduction de la « femme de couleur ». Il y eut cependant des histoires d'amour fou entre maîtres et esclaves, tel ce maître français qui passa dans les colonies anglaises plutôt que de perdre sa mulâtresse. D'autres esclaves femmes monnayaient leurs faveurs. Les plaintes déposées entre 1800 et 1850 par des esclaves femmes (peut-être privilégiées) auprès de l'Inquisition à Lima (où vivaient 60 % des esclaves du Pérou) montrent qu'elles avaient cédé pour obtenir des bénéfices immédiats, rarement à cause de la violence, puis qu'elles avaient utilisé l'argument de la « virginité corrompue » pour obtenir leur liberté. La grand-mère d'Alexandre Dumas fut simplement revendue avec trois de ses quatre enfants par leur père[113]. La

---

111. Lazreg, *op. cit.*, p. 29-35 ; Philippa Levine, « Orientalist sociology and the creation of colonial sexuality », *Feminist Review*, été 2000, p. 5-21 ; Cutrufelli, *op. cit.*, p. 34.

112. Herbert Gutman et Richard Sutch, « Victorians all ? The sexual mores and conduct of slaves and their masters », *in* Paul A. David et al., *Reckoning with Slavery*, New York, Oxford University Press, 1976, p. 134-164. Pour les Antilles : Arlette Gautier, *op. cit.*, 1985, p. 152-185.

113. Christine Hünefeldt, *Paying the Price of Freedom : Family and Labor among Lima's Slaves, 1800-1854*, Berkeley, University

Louisianaise Jacqueline Lemelle, née esclave et vendue plusieurs fois comme domestique, devint la ménagère d'un Blanc, sa concubine, puis la mère de ses filles. Affranchie avec ces dernières, elle finit par hériter des biens de son ancien propriétaire et par devenir elle-même propriétaire d'esclaves[114]. Le concubinage explique que les affranchissements des esclaves femmes soient plus nombreux que ceux des hommes. Cela dit, ils restèrent très limités : pas plus de 3 femmes sur 1 000 furent affranchies. De plus, contrairement à ce que colportent les mythes, si les femmes devenues libres, ménagères et marchandes au Cap français, vendaient et achetaient des propriétés et des esclaves, elles ne détenaient que 10 % des propriétés à Saint-Domingue[115].

Des esclaves résistaient au harcèlement sexuel des Blancs, mais le prix à payer était souvent élevé, pour elles — fouet, tortures — comme pour leurs familles. Ainsi, pour punir Harriet Jacobs de lui avoir résisté, son maître sépara son oncle et sa tante qui s'aimaient tendrement et vendit son frère adoré. Les silences et les ellipses des autobiographies d'esclaves révèlent la longue douleur de ce harcèlement perpétuel, y compris derrière des réussites éclatantes, comme celle de Mme Keckley, ancienne esclave devenue modiste et confidente de Mme Lincoln[116].

L'érosion de l'influence politique des femmes

La reine Isabelle d'Espagne lança la *conquista* avec son époux, et la reine Victoria régna pendant le renouveau d'expansion de l'Empire britannique. Néanmoins, les colonisations entraînèrent une perte radicale du pouvoir politique

of California Press, 1994 ; Gilles Henry, *Monte Cristo ou l'extraordinaire aventure des ancêtres d'Alexandre Dumas*, Paris, Librairie académique Perrin, 1976, p. 124.

114. Virginia L. Gould, « Urban slavery-urban freedom ; The manumission of Jacqueline Lemelle », *in* Gaspar et Hine, *op. cit.*, p. 298-314.

115. Socolow, *op. cit.* ; Geggus, *op. cit.*, p. 270-271.

116. Jennifer Fleischner, *Mastering Slavery. Memory, Family, and Identity in Women's Slave Narratives,* New York et Londres, New York University Press, 1996.

des femmes, là où il existait, alors que les colonisateurs négo-
cièrent avec certaines structures masculines ou en inventèrent afin de se concilier des alliés. Il n'est pas toujours
possible de connaître précisément l'étendue du pouvoir politique des femmes avant la colonisation ou même à ses
débuts, car les premiers récits ont été écrits par des Européens souvent imbus de préjugés. Ainsi, selon Anderson[117],
les missionnaires jésuites en Iroquoisie n'auraient pas perçu
le pouvoir politique des femmes parce sa réalité était trop
éloignée de leurs catégories mentales. Ce pouvoir était
cependant reconnu chez les Iroquois, et dès 1650 par Marie
de l'Incarnation, Supérieure des Ursulines du Québec, peut-
être parce qu'elle fut la première femme à écrire sur les Amérindiens. Les femmes auraient délégué les premiers ambassadeurs pour traiter la paix à Montréal en 1653. En revanche,
selon Viau[118], la présence des femmes dans les conseils serait
apparue après la colonisation, avec les guerres contre les
Européens. Les femmes âgées, tout particulièrement,
gagnèrent alors en autorité sociale, disposèrent d'un pouvoir
politique considérable et n'hésitèrent pas à s'immiscer au
besoin dans les affaires relatives à la guerre. Ce pouvoir aurait
commencé à s'effriter après l'indépendance américaine,
quand les Iroquois durent se replier dans des enclaves réduites.
Les gouvernements canadien et américain ainsi que les missionnaires essayèrent alors d'intéresser les hommes à l'agriculture et les femmes au ménage. En 1848, les femmes furent
exclues de leurs droits politiques par la Ligue iroquoise aux
États-Unis[119] et, en 1876, par la loi indienne du gouvernement
canadien. Cette même loi retira le statut d'Indien aux femmes
qui épousaient un Blanc, les privant ainsi d'accès aux soins
médicaux et à l'éducation, du droit de vote et du droit de
propriété sur les réserves. Elle ne fut amendée qu'en 1985,

---

117. Karen Anderson, *Chain Her by One Foot. The Subjugation of
Native Women in Seventeenth Century New France*, New York,
Routledge, 1991. Voir aussi Theda Perdue, *Cherokee Women :
Gender and Culture Change, 1700-1835*, Lincoln, University of
Nebraska Press, 1998.
118. Viau, *op. cit.*
119. Rothenberg, *in* Etienne et Leacock, *op. cit.*, p. 81.

grâce à des femmes, comme l'Iroquoise Mary Two-Axe Earley, qui fondèrent l'association Droits égaux pour les femmes indiennes dans les années 1960[120].

Les colonisateurs ne reconnaissaient pas non plus les structures politiques duelles là où elles existaient, que ce fût en Amérique[121] ou en Afrique australe ou tropicale[122]. En Côte-de-l'Or (actuel Ghana), les épouses des chefs achanti, qui assuraient l'intérim lors de l'absence de leur conjoint, perdirent ce rôle officiel, tandis qu'au sud du Nigeria les femmes Igbo furent évincées des conseils locaux institutionnalisés dans le cadre de l'administration indirecte après la Première Guerre mondiale. En Afrique francophone, les femmes furent davantage exclues encore. Même les Signares du Sénégal, qui jouèrent un rôle essentiel d'insertion des étrangers dans la société locale, aussi bien au niveau économique que politique, furent écartées des conseils et de la citoyenneté, alors que les hommes de Gorée, Saint-Louis, Dakar et Rufisque furent reconnus citoyens français en 1916. Néanmoins, certains moments de crise furent plus propices à la reconnaissance politique des femmes. Ainsi, en Sierra Leone, Mme Yoko, épouse puis veuve d'un chef, utilisa le pouvoir colonial pour se hisser à la position de chef des Kpaa-Mende à Freetown. Elle protégea les commerçants britanniques et participa à la répression de la guerre des impôts en 1898. Après cette insurrection, d'autres femmes furent nommées à la place des hommes qui avaient résisté.

Les deux sexes ont lutté contre les colonisations. Les Indiennes ont joué un rôle important dans les grandes révoltes dirigées par Tupac Amaru et sa femme, Micaela Bastides[123]. Elles ont réagi aux mauvais traitements par une « grève du ventre », notamment au Nicaragua, obtenant la promesse que leur sort serait amélioré. Esclaves[124], elles se sont battues de

120. John Dickinson et Brian Young, *Diverse Pasts. A History of Quebec and Canada*, Toronto, Copp Clark Pitman, 1995, p. 374.

121. Silverblatt, *op. cit.*, p. 170-171.

122. Odile Goerg, « Femmes africaines et politique : les colonisés au féminin en Afrique occidentale », *Clio. Histoire, femmes, sociétés*, 1997, 6, p. 105-125.

123. Silverblatt, *op. cit.*, p. 164.

124. Gautier, *op. cit.*, 1985, p. 221-257.

toutes les manières possibles. Cependant, les situations respectives des deux sexes ont déterminé des modalités particulières de résistance. La plus grande mobilité des hommes, envoyés faire les travaux du roi, et armés par les Blancs pour la chasse ou pour la défense des colonies contre les attaques indiennes ou étrangères, ou même dans les conflits révolutionnaires, a accru pour eux les possibilités de marronnages et leur visibilité dans les insurrections. Au contraire, les femmes avaient la charge des enfants, ce qui rendait plus difficile leur fuite, même si quelques-unes partirent avec eux ou les laissèrent chez leurs maîtres. Les enfants étaient alors parfois chargés de chaînes pour les punir du crime de leurs mères. Comme la plupart des révoltes, celles-ci étaient organisées par ceux qui se trouvaient déjà dans une position de relative autorité : les commandeurs, les cochers, comme Toussaint Louverture, le fameux héros de la libération haïtienne. Ils retournaient leurs armes contre ceux qui les leur avaient données dès que la possibilité leur en était offerte. En revanche, l'étude systématique des récits d'esclaves américains prouve que les femmes furent plus nombreuses que les hommes à engager des confrontations verbales ou physiques avec les Blancs. De même, les journaux de plantations ou les listes de punitions des King, qui possédaient des plantations à Grenade, en Dominique et à l'actuel Guyana, témoignent que les femmes étaient plus insolentes, plus désobéissantes et querelleuses que les hommes[125]. Ce furent bien les « rebelles naturelles » qu'évoque Hilary Beckles, triplement exploitées dans leur travail, productif et reproductif, et dans leur sexualité[126].

Quelques colonisées développèrent une conscience féministe, sous l'effet, chez certaines, de l'éducation coloniale. Outre l'Indienne Pandita Rumabai déjà citée, on peut évoquer le club des Ouest-Africaines éduquées, fondé au Nigeria en 1927, qui protestait contre l'obligation de payer des impôts sans avoir le droit de vote. La princesse indonésienne Kartini fréquentait quotidiennement, malgré sa réclusion, une Hollan-

125. Escott, p. 86-93 ; Bush, *op. cit.*, p. 222-243.
126. Hilary Beckles, *Natural Rebels. A Social History of Enslaved Black Women in Barbados,* Londres et New Brunswick, Zed Books ltd et Rutgers University Press, 1989.

daise, qui lui faisait lire la presse féministe. Mais des femmes illettrées s'organisèrent aussi. En Uttar Pradesh, en 1925, des réunions eurent lieu dans de nombreux villages : les femmes y demandaient l'abolition de la polygynie, des salaires et un héritage égal à celui des hommes, ainsi que leur accession au poste de *passchayats* (conseillères municipales)[127]. Les Kikuyu du Kenya préparèrent, seules, de nombreuses manifestations entre 1925 et 1960. Elles obtinrent ainsi une nette amélioration de leurs conditions de travail et, notamment, la diminution des agressions sexuelles. Toutefois, en 1952, 8 000 d'entre elles furent emprisonnées[128]. Les rébellions contre le colonialisme n'empruntent pas toujours les voies occidentales. Les Igbo du Nigeria utilisèrent des formes traditionnelles d'action pour lutter contre la menace d'avoir à payer des impôts. Après plusieurs confrontations, durant lesquelles elles manifestèrent, vêtues de leurs tenues de guerre, des jupes de paille qu'elles soulevaient en signe de dérision, l'administration abandonna le projet[129].

La première colonisation s'est traduite par une augmentation du nombre des femmes réduites en esclavage, tant en Afrique qu'en Amérique. Cet état limita sévèrement leur liberté, même si certaines d'entre elles réussirent à se libérer ou à acquérir quelques biens grâce à des relations privilégiées avec des Blancs, qui ne leur ont cependant jamais permis d'être « compétitives » face aux possibilités d'enrichissement des hommes, dont les plus aisés, rois ou marchands, traitaient à égalité avec les commerçants européens[130]. Le développement de l'esclavage a aussi servi à menacer les insoumises.

127. Engels, *op. cit.*, p. 1-2.

128. Cora Ann Presley, « Labor unrest among Kikuyu women in colonial Kenya », *in* Robertson et Berger, *op. cit.*, p. 255-273. Des femmes Bamileke du Cameroun détruisirent également des plantations : Jeanne Bisilliat et Michèle Fieloux, *Femmes du tiers-monde*, Paris, Le Sycomore, 1983.

129. Au Nigeria, plus de 10 000 femmes appartenaient à la fédération des marchandes de Lagos qui regroupait 84 associations. Sylvia Leith-Ross, *African Women. A Study of the Ibo of the Nigeria*, Londres, 1939.

130. John Thornton, *Africa and the Africans in the Making of the Atlantic World, 1400-1680*, Cambridge, Cambridge University Press, 1992.

La seconde colonisation a séparé les sphères masculine et féminine, en développant les migrations des hommes vers les plantations ou les usines, en reléguant les femmes dans les villages ou dans les maisons et en dévalorisant leurs outils de production traditionnels sans leur permettre d'accéder à ceux que les innovations techniques auraient pu mettre à leur disposition[131]. Dans ce but, hommes colonisateurs et colonisés, notables et « anciens » ont tissé d'étranges alliances, qui n'empêchaient pas de très réelles oppositions de se développer par ailleurs. Aux discours religieux anciens sur la nécessaire obéissance des femmes se sont superposés des discours plus récents sur la faiblesse de leur cerveau et surtout sur la nécessité de leur enseigner l'hygiène et la domesticité.

Toutefois, la faiblesse des moyens mis en œuvre pour cette tâche montre bien qu'elle avait davantage fonction de légitimer la colonisation que de changer quoi que ce fût. De même pour les dénonciations du sati, du voile ou des mariages précoces et arrangés qui servaient à disqualifier les colonisés, alors même que le colonisateur enlevait aux femmes leurs droits civils et politiques, leur accès à la terre, ou les obligeait à revenir chez leur mari accompagnées par la police. Quant à la polygynie, combattue officiellement par les missionnaires, puis par les administrations, elle était largement pratiquée par les colonisateurs eux-mêmes, y compris les religieux, et elle a été aggravée tant par la traite que par les migrations imposées aux hommes colonisés. Sa non-reconnaissance légale dans les « anciennes colonies » françaises (Guadeloupe, Guyane, Martinique, Réunion) ou pour les chrétiens de nouvelles colonies a eu des effets néfastes pour les concubines et leurs enfants. Le colonialisme, de même qu'il s'est greffé sur les structures féodales ou lignagères, s'est appuyé sur les structures patriarcales existantes et les a renforcées. Cependant, de même que les alliances avec certains notables n'empêchaient pas les expropriations et le refus de la souveraineté, les compromis entre hommes pour le contrôle des femmes n'empêchaient pas l'appropriation sexuelle, comme menace et parfois comme réalité.

131. Paola Tabet, « Les mains, les outils, les armes », *L'Homme*, XIX, 3-4, 1979, p. 5-61.

Le colonialisme appliqua aux colonisées bien des schémas de pensée sortis de son propre univers mental, que ce soit l'éternelle culpabilité des femmes, leur prétendue infériorité « naturelle » ou « prouvée scientifiquement ». Après tout, les femmes occidentales elles-mêmes ne jouissaient pas encore de la plénitude des droits civils, politiques et reproductifs. Il fut toutefois plus dur à l'égard des colonisées qu'à l'égard des Européennes. Cela peut s'expliquer en partie par des causes psychosociales : les colons étaient des célibataires, misogynes par vocation ou par institution, ou fuyant la domesticité devenue trop pesante depuis que les femmes avaient pris plus de pouvoir dans les foyers[132]. Aux colonies, ils pouvaient laisser libre cours à leurs rêves d'aventures, loin du pouvoir quotidien que les femmes, malgré tous les codes et toutes les institutions contraires, avaient pu construire dans leur société. Mais l'inégalité de traitement dont firent les frais les colonisées se comprend surtout par la nécessité politique de maintenir l'ordre social aux colonies et par la volonté de leur faire endosser tout le poids de la reproduction humaine.

Aujourd'hui, les stigmates du colonialisme sont encore sensibles, dans les droits coutumiers inventés il y a un siècle, dans les droits à la terre perdus, dans le tourisme sexuel abusant des enfants. Un siècle après la mort en couches de Kartini, princesse javanaise et recluse depuis l'âge de douze ans, mariée par son père à un homme qu'elle ne connaissait pas, les mots qu'elle écrivit pour sa fille qui n'était pas encore née sont toujours d'actualité : « Quoi qu'elle fasse, qu'elle le fasse par sa propre volonté[133]. »

132. John Tosh, « Imperial masculinity and the flight from domesticity in Britain, 1880-1914 », *in* Timothy Foley (éd.), *Gender and Colonialism*, Galway, Galway University Press, 1995, p. 72-85.
133. Jean Taylor, « Colonialism and feminism : an Indonesian case study », *in* Altbach et Kelly, *op. cit.*, p. 148.

V
Représentations et discours

L'anticolonialisme
par Marcel Merle

Si les grandes découvertes furent le fruit du hasard, la colonisation qui en résulta devint rapidement une entreprise systématique et gigantesque. On n'étend pas impunément son emprise sur des territoires lointains et des populations étrangères sans consentir à de lourds et multiples investissements dans tous les secteurs de l'activité politique, militaire, économique, administrative et culturelle. Les uns et les autres bénéficièrent du soutien des autorités en place dans les pays européens concernés par cette aventure qui marque le début des Temps modernes. Mais les initiatives des pouvoirs publics heurtèrent aussi des sensibilités, des convictions et des intérêts. Pour asseoir leur domination et mobiliser l'appui de leurs propres ressortissants, les gouvernements eurent besoin de justifier et de légitimer leur politique de conquête et d'implantation territoriale : ce fut l'objet d'une idéologie, précisément du « colonialisme ».

Comme il arrive toujours, cette idéologie suscita, de la part des opposants, la construction d'une idéologie contraire : l'anticolonialisme. Encore faut-il bien préciser, avant d'ouvrir ce dossier, un certain nombre de traits caractéristiques de ce courant de pensée.

Le premier est que les Européens ont été les seuls, parmi les grands colonisateurs que furent Rome puis l'Islam, à avoir suscité un mouvement de contestation interne. On pourrait porter au crédit de notre continent cette forme de résistance à la doctrine officielle. Sans négliger cet aspect, trop souvent méconnu, du problème, il faut souligner les caractères propres de cette forme séculaire de résistance.

D'abord, l'anticolonialisme a été, au long des trois derniers siècles, un courant minoritaire au sein des métropoles. De la colonisation, on pourrait dire ce que Proudhon disait de la guerre par rapport à la paix : « Elle a toujours pour elle le fait, c'est-à-dire une possession (de six mille ans), tandis que la paix est toujours à l'état de projet et de perspective. » La colonisation va donc s'imposer à la majorité des populations comme une situation normale, dès l'instant où elle est entrée dans les mœurs et dans la vie des États.

Ensuite, l'anticolonialisme ne se présente pas à l'état pur. Il est toujours associé à une vision plus globale de la société et comporte parfois des concessions à la cause de la colonisation. Pour ne pas tomber dans une vision caricaturale des choses, il convient de respecter le tracé des frontières mentales, qui échappent souvent aux travaux des polémistes des deux bords.

Enfin, l'anticolonialisme n'est pas une doctrine unitaire ni cohérente. C'est bien plutôt un faisceau de propositions qui reposent sur des motivations variées, sinon parfois contradictoires, et débouchent sur des solutions différentes les unes des autres — depuis le réformisme modéré jusqu'à la contestation radicale. Entre ces diverses tendances, il n'y a jamais eu, à un moment donné, de coalition générale. L'épisode final de la décolonisation, dans la seconde moitié du xxᵉ siècle, pourrait donner à penser que l'anticolonialisme l'a finalement emporté sur son rival, grâce à l'union sacrée de toutes ses composantes. Il s'agit là, comme on le verra, d'une version très superficielle des choses. En réalité, la colonisation s'est effondrée sous le poids de ses propres contradictions, et ses adversaires ont souvent volé au secours d'une victoire qui n'était pas la leur.

La contestation d'origine confessionnelle

Si l'on commence par elle, ce n'est pas seulement parce que ce fut la première dans l'ordre chronologique, mais parce qu'elle a mis en cause des autorités qui avaient forcément partie liée, sur le terrain, avec les colonisateurs. Dans la mesure où ceux-ci invoquaient le « devoir d'évangélisation » parmi les justifications de leurs conquêtes, ils allaient devoir rendre des comptes aux Églises, plus qualifiées que le pouvoir politique pour assumer cette tâche et très tôt présentes sur place par l'entremise des missions. Entre politiques et religieux s'ouvrait une longue période de cohabitation forcée, au cours de laquelle ont alterné phases de tension et de compromission. L'image, trop longtemps répandue, du missionnaire, auxiliaire complaisant de l'administrateur colonial, est en tout cas loin de correspondre à la réalité.

Dès la première moitié du XVIe siècle, la protestation émane du clergé espagnol, témoin des atrocités de la conquête et de la brutalité des méthodes de l'occupant. L'évêque Las Casas demeure l'avocat le plus célèbre de la cause des Indiens, dont il prendra la défense en plusieurs occasions, dont la plus fameuse reste la *Très Brève Relation de la destruction des Indes*, adressée en 1552 au roi d'Espagne. Las Casas obtiendra de Charles Quint quelques « lois nouvelles » pour adoucir le sort des indigènes, mais celles-ci ne seront pas appliquées.

Au-delà de cette contestation, d'inspiration morale et humanitaire, le débat a été élevé au niveau des principes par les plus réputés des théologiens espagnols, notamment par Francisco Vitoria (1480-1546). La question fondamentale posée par Vitoria dans ses *Relectiones theologicae* (*De Indis*, 1532) n'est autre que celle du droit de colonisation revendiqué par les Espagnols. Parmi les nombreux justificatifs invoqués par ceux-ci, Vitoria n'en retient que trois, et encore avec bien des réserves : 1) le « droit naturel de société et de communication » (à condition de ne porter aucun préjudice aux habitants et de ne pas leur faire la guerre, sauf pour assurer, en cas de besoin, la légitime défense des occupants) ; 2) « la propagation de la religion et la défense des barbares convertis », sous les mêmes réserves, avec cette « observation » restrictive : « Il peut très bien arriver que ces guerres [...] aient pour effet d'empêcher la conversion des barbares plutôt que de l'amener et de la faciliter... Je veux bien croire que les Espagnols ont dû employer la force et les armes pour se maintenir dans ces pays ; mais je crains qu'ils n'aient été beaucoup plus loin qu'ils n'en avaient le droit et qu'il ne leur était permis » ; 3) le « droit de tutelle », présenté comme une solution possible, mais facultative et non assurée de succès, au problème posé par le sous-développement des peuples indigènes.

Ces idées sont novatrices à double titre. Le « droit naturel de société et de communication » repose sur une conception de la communauté politique universelle, exposée dans une autre leçon (*De potestate civili*) et reprise un siècle plus tard par un autre théologien espagnol, Francisco Suárez (1548-

1617), vision qui anticipe de plusieurs siècles l'idée d'un gouvernement mondial, transcendant les particularismes nationaux et les revendications souverainistes. D'autre part, la formule de la tutelle rejoint, au mot près, la solution que les premières organisations politiques internationales (SDN, ONU) avaient cru découvrir pour régler, au moins provisoirement, le sort d'une partie des territoires coloniaux qui ne semblaient pas encore mûrs pour l'indépendance. Ce régime n'est plus qu'un souvenir. Mais il redevient aujourd'hui d'actualité pour traiter le sort d'un certain nombre de pays qui n'ont pas réussi, depuis leur indépendance, à assurer leur propre sécurité et leur passage à l'État de droit.

Si l'on doit saluer la prescience de ceux qui constituaient l'École de Salamanque, il faut souligner la rupture que constituent leurs idées avec les prétentions simplistes des colonisateurs. Mais le débat n'en est pas resté au stade des controverses théoriques. La papauté est intervenue à maintes reprises non seulement pour la défense des droits des indigènes, mais aussi pour le respect des usages du pays et par l'interdiction formelle faite aux missionnaires de se méfier de « la politique et des affaires de l'État[1] ».

La lucidité du Saint-Siège est peut-être plus remarquable encore si l'on en juge par la création, en 1620, de la Sacrée Congrégation pour la propagation de la foi. Cet organisme, directement dépendant du Saint-Siège, avait évidemment un objectif religieux. Mais il avait aussi, et a toujours gardé, au fil des siècles, une fonction éminemment politique : contrôler et coordonner depuis le centre du dispositif ecclésial l'activité de toutes les sociétés missionnaires et soustraire ainsi celles-ci à la tentation permanente de collusion avec les entreprises coloniales.

On verra plus loin des procès plus radicaux contre la colonisation. Mais la réserve de l'Église n'en représente pas moins un frein aux méthodes et aux finalités de l'expansion européenne. Elle contribue aussi à l'édification d'un patrimoine intellectuel et spirituel qui lui permettra de jouer un rôle spécifique au cours de la dernière phase de la décolonisation.

1. Cf. les textes de 1563, 1639, 1659 cités dans L'Anticolonialisme européen de Las Casas à Marx, en bibliographie.

Témoin privilégié, Chateaubriand, dans le livre IV du *Génie du christianisme*, porte au crédit de ce dernier l'invention de l'activité missionnaire, « une de ces grandes et nouvelles idées qui n'appartiennent qu'à la religion chrétienne », et souligne, à bon droit, semble-t-il, que « les cultes idolâtres ont ignoré l'enthousiasme divin qui anime l'apôtre de l'Évangile. Les anciens philosophes eux-mêmes n'ont jamais quitté les avenues d'Académie et les délices d'Athènes pour aller, au gré d'une impulsion sublime, humaniser le sauvage, instruire l'ignorant, vêtir le pauvre et semer la concorde et la paix parmi les nations ennemies ».

S'agit-il, pour autant, de pactiser avec les colonisateurs ? Le point de vue de Chateaubriand est beaucoup plus subtil. D'abord, il assigne aux missions un rôle essentiellement civilisateur. Ce qui constitue pour lui un sous-produit naturel de l'évangélisation figurera bientôt en tête du programme de militants agnostiques, sinon anticléricaux, sous le nom de « mission civilisatrice », et servira longtemps de justification au système colonial. Malgré le triomphalisme de son ouvrage, Chateaubriand se garde bien de mettre en avant la motivation proprement religieuse de l'ambition coloniale.

Par ailleurs, l'auteur du *Génie du christianisme* récuse sans hésiter les méthodes de l'expansion coloniale. Dans une belle formule, il déclare : « Le christianisme s'est efforcé de réparer au Nouveau Monde les maux que les hommes y ont faits et dont on l'a si injustement accusé d'être l'auteur. » Et il évoque, pour la défense de la cause des missions catholiques, le témoignage du docteur Robertson — « Anglais, protestant et même ministre presbytérien » (*sic*) : « Les missionnaires espagnols furent des ministres de paix pour les Indiens et s'efforcèrent toujours d'arracher la verge de fer des mains de leurs oppresseurs… Les Indiens regardent encore les ecclésiastiques, tant séculiers que réguliers, dans les établissements espagnols, comme leurs défenseurs naturels, et c'est à eux qu'ils ont recours pour repousser les exactions et les violences auxquelles ils sont encore exposés[2]. »

2. *Histoire de l'Amérique*, tome IV, livre VIII, traduction française, 1780.

Jésus-Christ aux colonies [3]

Ah ! L'évangélisation des sauvages, la dilatation et l'accroissement en eux de l'Église, choses voulues si passionnément par le Christophore, que nous en sommes loin ! Pas même un semblant d'équité rudimentaire, pas un tressaillement de pitié seulement humaine pour ces malheureux. C'est à trembler de la tête aux pieds de se dire que les belles races américaines, du Chili au nord du Mexique, représentées par plusieurs dizaines de millions d'Indiens, ont été entièrement exterminées, en moins d'un siècle, par leurs conquérants d'Espagne. Ça c'est l'idéal qui ne pourra jamais être imité, même par l'Angleterre, si colonisatrice pourtant.

Il y a des moments où ce qui se passe est à faire vomir les volcans. On l'a vu, à la Martinique et ailleurs. Seulement le progrès de la science empêche de comprendre et les horreurs ne s'arrêtent pas une seule minute. Pour ne parler que des colonies françaises, quelle clameur si les victimes pouvaient crier ! Quels rugissements, venus d'Algérie et de Tunisie, favorisées, quelquefois, de la carcasse du président de notre aimable République ! Quels sanglots de Madagascar et de la Nouvelle-Calédonie, de la Cochinchine et du Tonkin !

Pour si peu qu'on soit dans la tradition apostolique de Christophe Colomb, où est le moyen d'offrir autre chose qu'une volée de mitraille aux équarrisseurs d'indigènes, incapables, en France, de saigner le moindre cochon, mais qui, devenus magistrats ou sergents-majors dans des districts fort lointains, écartèlent tranquillement des hommes, les dépècent, les grillent vivants, les donnent en pâture aux fourmis rouges, leur infligent des tourments qui n'ont pas de nom, pour les punir d'avoir hésité à livrer leurs femmes ou leurs derniers sous ! Et cela, c'est archi-banal, connu de tout le monde, et les démons qui font cela sont de fort honnêtes gens qu'on décore de la Légion d'honneur et qui n'ont pas même besoin d'hypocrisie. Revenus avec d'aimables profits, quelquefois avec une grosse fortune, accompagnés d'une longue rigole de sang noir qui coule derrière eux ou à côté d'eux, dans l'invisible — ils ont écrasé tout au plus quelques punaises dans de mauvais gîtes, comme il arrive à tout conquérant, et les belles-mamans, éblouies, leur mijoteront des vierges.

J'ai devant moi des documents, c'est-à-dire tels ou tels cas. On pourrait en réunir des millions. L'histoire de nos colonies,

3. Léon Bloy, *Le Sang du pauvre*, Paris, 1909, cité in *La France colonisatrice*, coll. « Les reporters de l'histoire », n° 3, 1983, p. 233-234.

surtout dans l'Extrême-Orient, n'est que douleur, férocité sans
mesure et indicible turpitude. J'ai su des histoires à faire sanglo-
ter les pierres. Mais l'exemple suffit de ce pauvre brave homme
qui avait entrepris la défense de quelques villages Moï, effroya-
blement opprimés par les administrateurs. Son compte fut bientôt réglé. Le voyant sans appui, sans patronage d'aucune sorte,
on lui tendit les simples pièges où se prennent infailliblement
les généreux. On l'amena comme par la main à des violences
taxées de rébellion, et voilà vingt ans qu'il agonise dans un
bagne, si toutefois il vit encore. Je parlerai un jour, avec plus
de force et de précisions, de ce naïf qui croyait aux lois[4].

L'attitude religieuse face à la colonisation restera longtemps
placée sous le signe de l'ambiguïté, surtout au regard du
grand public, peu sensible aux distinctions élaborées par les
théologiens et aux prescriptions du magistère ecclésiastique.
La prudence et la sagacité des autorités religieuses empêche-
ront toutefois la confusion entre mission et colonisation, et
contribueront, lorsque sera venu le temps des ruptures politiques, à sacrifier en douceur la seconde à la première.

La longue et parfois tumultueuse cohabitation entre les
missions et l'administration coloniale, entre la propagation de
la foi et la défense des intérêts de la métropole, suffirait à
expliquer le rôle spécifique joué par les Églises pendant la
décolonisation. Il faut bien comprendre que celle-ci a affecté
des pays européens, majoritairement chrétiens, sinon catholiques (France, Espagne, Portugal) où les clercs et les laïcs se
trouvèrent soumis à une double allégeance, nationale et
confessionnelle, lors des conflits avec les territoires d'outre-
mer. Il en a résulté de multiples cas de conscience. Le problème est de savoir quand et comment ils ont été résolus, au
sein des Églises, le plus souvent sans drame ni révolte.

L'Église catholique aurait pu tirer un brevet d'anticolonialisme du livre publié par François Méjean, *Le Vatican contre
la France d'outre-mer*[5] ? Mais ce pamphlet anticlérical reste

4. Georges Bloy, le propre frère de Léon Bloy, fut condamné à six
ans de bagne plus six ans de déportation à la Nouvelle-Calédonie en
1886 pour avoir tenté de défendre, en Indochine, les indigènes
contre l'administration française. (NDLR)

5. Librairie Fishbacher, Paris, 1957.

au niveau polémique et masque une réalité beaucoup plus complexe et plus nuancée.

La mission n'est pas assimilation des indigènes ni auxiliaire de la colonisation [6]

Les missionnaires devront donc être surtout des initiateurs, mais l'œuvre durable doit être accomplie par les Africains eux-mêmes, devenus chrétiens et apôtres.

Et il faut bien remarquer ici que nous disons : devenus *chrétiens et apôtres* et non pas devenus *français et européens.* Ce serait un contresens que d'en faire des Européens et des Français. Il faut donc se contenter de travailler leur cœur, leur âme, leur intelligence, l'intérieur en un mot, pour le rendre sincèrement chrétien, et leur conserver, au contraire, tout l'extérieur indigène, le vêtement, le coucher, la nourriture et surtout la langue.

[...] Je conseille la plus grande réserve et retenue dans les relations avec les sociétés laïques ou hétérodoxes. J'ordonne absolument aux supérieurs de ne point laisser s'établir de relations suivies entre les simples missionnaires et les agents de ces sociétés qui habitent l'Afrique équatoriale. Il en résulterait des inconvénients, des indiscrétions et, à la longue, des tiraillements de toute sorte. Pour les missions catholiques, on ne devra jamais s'établir dans leur voisinage, c'est-à-dire à une distance de moins de vingt lieues de l'endroit où elles seraient déjà fixées. On ne leur permettra pas non plus de s'établir dans des lieux déjà occupés par la mission.

[...] On se gardera bien, comme je l'ai expliqué, de l'idée absurde de faire de ces enfants des Français. Ce sont des Noirs de l'intérieur de l'Afrique, qu'il faut élever de façon à les rendre le plus utiles possible à leurs compatriotes et non des enfants destinés à vivre en France... Je défends aussi expressément d'enseigner méthodiquement aux jeunes enfants aucune langue européenne, par exemple le français, ils devront l'apprendre par l'usage.

Dans une structure aussi fortement centralisée que l'est celle de l'Église catholique, la stratégie adoptée par le centre pèse lourdement sur le comportement des fidèles. Sur le ter-

6. Instructions aux Pères blancs de l'Afrique équatoriale, 1878, 1879, citées dans cardinal Lavigerie, *Écrits d'Afrique,* Paris, Grasset, 1966.

rain doctrinal, le Saint-Siège n'a pas changé de discours, même si les circonstances donnent à ses propos une résonance plus favorable qu'auparavant à l'émancipation coloniale. Mais ce sont les initiatives « internes », c'est-à-dire purement ecclésiales, qui révèlent un changement de mentalité : d'une part, la multiplication des circonscriptions ecclésiastiques outre-mer permet d'adapter l'implantation des Églises locales au découpage imposé sur le terrain par les puissances coloniales ; d'autre part, l'indigénisation du clergé — et surtout de l'épiscopat local —, inaugurée dès 1921, va s'accélérer fortement à partir de 1951. Ces mesures contrastent avec la passivité ou le conservatisme dont font preuve, dans le même temps, les puissances coloniales. Elles permettent de dire que l'Église a anticipé sur le mouvement de l'Histoire en procédant d'avance à sa décolonisation interne, ce qui lui a permis d'accueillir avec une relative sérénité la décolonisation politique.

Sur un autre terrain, celui de l'opinion publique à l'intérieur des métropoles, l'Église a agi avec une prudence remarquable. Tout en laissant entrevoir ses préférences intimes pour le règlement pacifique des conflits entre métropoles et colonies, elle s'est gardée de toute prise de position officielle qui aurait pu permettre, face à un cas particulier, de la classer dans un camp ou dans l'autre. Elle a laissé s'exprimer les évêques, sur un registre qui comportait des modulations réelles mais des écarts limités ; elle a aussi laissé s'engager dans la lutte les mouvements, les journaux d'inspiration catholique et les personnalités individuelles qui militaient dans un sens opposé — depuis les « progressistes » jusqu'aux « traditionalistes » —, tout en refusant d'accorder sa caution à des minorités actives mais isolées face à une majorité hésitante. L'Église n'a certes pas pu empêcher tout recours à la violence, mais elle a au moins contribué à contenir celle-ci à l'intérieur des pays sur lesquels elle disposait d'une réelle influence.

La preuve de cette efficacité est fournie, *a contrario*, par le cas du Portugal. Si ce pays a été le dernier à décoloniser, et ce dans des conditions dramatiques, c'est parce qu'il n'y a eu aucun frein intérieur pour contrarier la politique coloniale de Salazar et de ses successeurs. Le Portugal « bénéficiait » d'un concordat (du 7 mai 1940) assorti d'un « accord missionnaire », qui plaçait les missions catholiques dans les « provinces d'outre-mer » sous le contrôle de l'État et faisait de leurs responsables des sortes de hauts fonctionnaires. Ainsi s'explique que l'Église catholique du Portugal, contrairement à celle des autres pays européens, ait fermement et publiquement soutenu la lutte armée du gouvernement contre les mouvements de libération, notamment en Angola et au Mozambique, jusqu'à la révolution des Œillets, en 1974.

Somme toute, sur la palette de l'anticolonialisme, on peut trouver des mouvements beaucoup plus engagés que les Églises, mais celles-ci ont récupéré, sur le long terme, une capacité d'influence qui tient à la modération de leur discours.

L'anticolonialisme profane

Alors que la contestation d'origine confessionnelle a mis en présence deux types d'acteurs, en compétition sur le même terrain tout au long de la période considérée et dont les opinions ont assez peu varié au fil du temps, l'anticolonialisme profane était constitué de diverses composantes et a vu son intensité varier au fil des siècles. Celui des « Lumières » apparaît comme l'âge d'or de l'anticolonialisme. Ce dernier subit un reflux dans la première moitié du XIXᵉ siècle, avant de connaître un réveil tardif lié à la reprise de la colonisation. La première moitié du XXᵉ siècle est caractérisée par un débat confus dans lequel les adversaires de la colonisation s'épuisent en de vaines querelles intestines avant de céder la parole à la révolte des colonisés.

Le siècle des Lumières : âge d'or de l'anticolonialisme

On peut parler d'âge d'or, parce qu'on retrouve, au XVIIIᵉ siècle, non seulement toutes les composantes de la palette anticolonialiste — depuis la compassion à l'égard des victimes jusqu'à la condamnation radicale du système —, mais aussi l'extraordinaire diversité des motivations qui l'ont inspiré — depuis la philanthropie jusqu'aux calculs les plus froids et les plus intéressés. On distinguera le point de vue des « philosophes » de celui des « utilitaristes ».

Le point de vue des « philosophes ». — Le ton est donné, dès le XVIᵉ siècle, par un humaniste fameux, Michel de Montaigne. Au chapitre XXXI des *Essais* (1580), il aborde la question des « cannibales ». Curieusement, ce n'est pas la condition matérielle des indigènes qui l'émeut, mais le procès en « barbarie » instruit contre eux par les conquérants européens. Bravant l'opinion dominante, il considère qu'« il n'y a rien de barbare et de sauvage en cette nation, à ce qu'on m'a rapporté, sinon que chacun appelle barbarie ce qui n'est pas de son usage ». Il vante les mérites d'une existence proche de la nature, très supérieure à l'état de corruption qui caractérise la prétendue civilisation, et il va jusqu'à écrire : « Nous les pouvons bien appeler barbares eu égard aux règles de la raison, mais non pas eu égard à nous qui les surpassons en toute sorte de barbarie. » C'était ouvrir la voie au mythe du « bon sauvage » qui devait si souvent servir de thème de conversation dans les salons, sans améliorer pour autant le sort des peuples colonisés.

Au cours du XVIIIᵉ siècle, il n'est guère d'auteur soucieux de sa renommée qui n'ait eu son mot à dire sur, ou plutôt contre, la colonisation. Certains se sont contentés d'exprimer leur indignation à l'égard de la condition imposée aux indigènes ou leurs critiques à l'endroit de l'administration coloniale. Voltaire, qui se consolera aisément de la perte des « quelques arpents de neige » du Canada, s'apitoie sur le sort des « esclaves nègres ou mulâtres qui travaillent aux sucreries, aux plantations d'indigo, de cacao, et qui abrègent leur vie pour flatter nos appétits nouveaux, en remplissant nos nouveaux besoins que nos pères ne connaissaient pas », et ironise sur le trafic de cette « marchandise humaine » : « Nous leur disons qu'ils sont hommes comme nous, qu'ils sont rachetés du sang d'un Dieu mort pour eux, et ensuite on les fait travailler comme des bêtes de somme ; on les nourrit plus mal ; s'ils veulent s'enfuir, on leur coupe les jambes […] après cela, nous osons parler du droit des gens[7]. » Mais il n'ira pas, pour autant, jusqu'à réclamer l'abolition du régime colonial.

Le marquis de Mirabeau — père de l'orateur révolutionnaire et fondateur de la démographie en France — vitupère

_____

7. *Essai sur les mœurs*, 1761, chap. CLII.

de son côté l'inconstance et la légèreté de la politique coloniale « à la française » : « Le Français enfin est ainsi que les
autres, dans ses colonies, marqué au coin de son gouvernement... Un gouverneur, un intendant, se prétendant tous les
deux maîtres, et jamais d'accord ; un Conseil pour la forme ;
gaieté, libertinage, légèreté, vanité... de belles entreprises et
jamais de suite ; le fisc qui serre l'arbre naissant et déjà
s'attache aux branches ; le monopole dans toute sa pompe ;
voilà nos colonies et voilà nos colons[8]. » Mais, dans la troisième partie du même ouvrage, il souligne le paradoxe de
toute entreprise coloniale, « système tout neuf, et si j'ose le
dire monstrueux, qui repose sur la combinaison de l'esprit de
domination, celui du commerce et celui de la population ».
Sans aller jusqu'à préconiser l'abandon des colonies existantes,
il n'hésite pas à prédire l'accès inévitable de celles-ci à
l'indépendance : « Le Nouveau Monde certainement secouera
le joug de l'Ancien ; il y a même apparence que cela commencera par les colonies les plus fortes et les plus organisées ;
mais dès que l'une aura fait le saut, autant en feront toutes les
autres. » Belle prescience, vingt ans avant la révolte des *Insurgents* d'Amérique...

Bernardin de Saint-Pierre est plus connu pour son œuvre
littéraire que pour ses écrits politiques. Il a eu cependant
l'avantage de voyager au-delà des mers et a brossé de son
séjour à l'île de France — aujourd'hui l'île Maurice —, en
1769, un tableau très sombre des mœurs des colons et de
l'impuissance de l'administration royale à les réformer. Il
parle des « dissensions de plusieurs corps qui, en France
même, ne peuvent se concilier dans la marine du Roi, la
plume et l'épée », et il conclut que « la discorde règne dans
toutes les classes, et a banni de cette île l'amour de la
société... Tous sont mécontents, tous voudraient faire fortune et s'en aller bien vite... ». Quelques années plus tard,
dans les *Études de la nature* (1784), l'auteur de *Paul et Virginie* souligne la responsabilité des dirigeants de la métropole dans le peuplement et dans la gestion des colonies
d'Amérique : « Peu d'hommes dans les Conseils des rois
s'occupent du bonheur des hommes... En tenant nos colo-

---

8. *L'Ami des hommes*, 1756, t. II, chap. IX.

nies dans un état perpétuel de dépendance, d'agitation et de pénurie, nos politiques ont méconnu le caractère de l'homme, qui ne s'attache au lieu qu'il habite que par le bonheur... En leur donnant perpétuellement de nouveaux chefs militaires et civils, des magistrats qui leur sont étrangers, qui les tiennent sous un joug dur, des hommes enfin avides de fortune... ils n'ont réussi à en faire ni des colons pour l'Amérique ni des patriotes pour la France ; et ils ont méconnu à la fois les intérêts de leur nation et de leurs rois qu'ils voulaient servir. »

La « philosophie » a donc contaminé la littérature, mais elle a aussi inspiré le point de vue des hommes politiques. On en trouve la preuve dans ce passage que Necker consacre aux colonies dans son tableau de *L'Administration des finances de la France* (1784). Tout en se gardant bien de préconiser l'abandon des possessions d'outre-mer, il se prononce en faveur de l'abolition de la traite et stigmatise les vices du système en vigueur : « Les colonies de la France contiennent, comme on vient de le voir, près de cinq cent mille esclaves ; et c'est seulement par le nombre des malheureux qu'on y mesure la fortune. Quel funeste coup d'œil ! Quel profond sujet de réflexion ! Ah ! que nous sommes inconséquents, et dans notre morale et dans nos principes ! Nous prêchons l'humanité, et tous les ans nous allons porter des fers à vingt mille habitants de l'Afrique ! Nous traitons de barbares et de brigands les Maures qui, au péril de leur liberté, viennent attaquer celle des Européens, et les Européens, sans danger et comme de simples spéculateurs, vont exciter à prix d'argent le trafic des esclaves, et toutes les scènes sanglantes qui en sont les avant-coureurs ! Enfin nous nous enorgueillissons de la grandeur de l'homme, et nous la voyons avec raison, cette grandeur, dans le mystère étonnant de toutes les facultés intellectuelles : cependant une petite différence dans les cheveux, ou dans la couleur de l'épiderme, suffit pour changer notre respect en mépris, et pour nous engager à placer des êtres semblables à nous au rang de ces animaux sans intelligence, à qui l'on impose un joug sur la tête, pour se servir impérieusement de leur force et de leur instinct. »

Il manque encore à ce tableau le nom de l'abbé Raynal, qui fut pourtant le plus célèbre des anticolonialistes de l'époque, du moins si l'on en juge par l'ampleur de son œuvre (de quatre à dix volumes selon les éditions) et le nombre des éditions dont elle a bénéficié (malgré ou peut-être à cause de la censure dont elle a été l'objet). L'*Histoire philosophique et politique des établissements et du commerce des Européens dans les deux Indes* (1770) est une œuvre aussi monumentale que discutable. Elle manque d'une connaissance du terrain, de bases historiques solides et, surtout, de rigueur dans l'argumentation. Ses contemporains ont accusé l'auteur d'avoir prêté sa plume à d'autres écrivains plus célèbres mais plus prudents (comme Diderot) et d'avoir composé un ouvrage « incohérent dans ses idées » et rempli « de tous les paradoxes les plus opposés », selon le jugement de Turgot. Le succès de librairie qui a porté ce livre n'est donc pas dû au talent d'un auteur dont la prolixité et la confusion n'apportent aucun élément nouveau au débat : il témoigne d'une mode bien établie parmi les membres de l'intelligentsia de l'époque.

Tous les auteurs qui viennent d'être cités critiquent, déplorent, mettent en garde, mais aucun d'entre eux ne porte une condamnation radicale du système colonial. Pour pousser l'audace à cette extrémité, il fallait le courage et la rigueur de Jean-Jacques Rousseau.

L'auteur du *Contrat social*, qui a écrit tant de pages sur la politique, n'a consacré aucun de ses ouvrages ou nombreuses brochures au traitement spécifique du problème colonial. Cependant, toute son œuvre est un vigoureux plaidoyer en faveur de l'égalité. Et, à l'inverse des auteurs de sa génération, il ne milite pas seulement en faveur de l'égalité entre les hommes (source de la compassion envers les indigènes), mais de l'égalité entre les peuples. Cette préoccupation lui inspire une condamnation radicale de toute guerre de conquête et de toute forme de domination imposée par la force. Le thème revient à maintes reprises dans ses écrits, notamment dans le *Contrat social*[9] : « À l'égard du droit de conquête, il n'a d'autre fondement que la loi du plus fort. Si la guerre ne donne pas au vainqueur le droit de massacrer les peuples vain-

9. 1762, livre I, chap. IV.

cus, ce droit, qu'il n'a pas, ne peut fonder celui de les asservir. […] En supposant même ce terrible droit de tout tuer, je dis qu'un esclave fait à la guerre, ou un peuple conquis, n'est tenu à rien du tout envers son maître, qu'à lui obéir autant qu'il y est forcé. En prenant un équivalent à sa vie, le vainqueur ne lui a point fait grâce : au lieu de tuer sans fruit, il l'a tué utilement. Loin donc qu'il ait acquis sur lui nulle autorité jointe à la force, l'état de guerre subsiste entre eux comme auparavant, leur relation même en est l'effet ; et l'usage du droit de guerre ne suppose aucun traité de paix… Ainsi, de quelque sens qu'on envisage les choses, le droit d'esclavage est nul, non seulement parce qu'il est illégitime, mais parce qu'il est absurde et ne signifie rien. Ces mots esclavage et droit sont contradictoires : ils s'excluent mutuellement. »

Mais le texte le plus explicite est sans doute celui qui figure dans la « Réponse à M. Bordes à propos du *Discours sur les sciences et les arts*[10] » : « Ainsi, de ce que nous n'avons pu pénétrer dans le continent de l'Afrique, de ce que nous ignorons ce qui s'y passe, on nous fait conclure que les peuples en sont chargés de vices : c'est si nous avions trouvé le moyen d'y porter les nôtres, qu'il faudrait tirer cette conclusion. Si j'étais chef de quelqu'un des peuples de la Nigritie, je déclare que je ferais élever sur la frontière du pays une potence où je ferais pendre sans rémission le premier Européen qui oserait y pénétrer et le premier citoyen qui tenterait d'en sortir. L'Amérique ne nous offre pas des spectacles moins honteux pour l'espèce humaine. Surtout depuis que les Européens y sont. On comptera cent peuples barbares ou sauvages dans l'ignorance pour un seul vertueux. Soit, on en comptera au moins un : mais de peuple vertueux et cultivant les sciences, on n'en a jamais vu. Si des barbares ont fait des conquêtes, c'est qu'ils étaient très injustes. Qu'étions-nous donc, je vous prie, quand nous avons fait cette conquête de l'Amérique qu'on admire si fort ? Mais le moyen que des gens qui ont du canon, des cartes marines et des boussoles puissent commettre des injustices !… Qui jugerons-nous le plus courageux de l'odieux Cortés subjuguant le Mexique à force de poudre, de perfidie et de trahison, ou de l'infortuné

10. 1752, *Œuvres complètes*, la Pléiade, tome III, p. 91.

Guatimozin étendu par d'honnêtes Européens sur des charbons ardents pour avoir ses trésors, tançant un de ses officiers à qui le même traitement arrachait quelques plaintes, et lui disant fièrement : "Et moi, suis-je sur des roses ?" »

En quelques phrases, tout est dit. Cette fois, sans être expressément nommée, la colonisation est directement visée. L'interdit jeté sur elle, au nom de la justice et du droit, est sans excuses, sans nuances, sans réserves et sans appel. S'il fallait établir une hiérarchie parmi les adversaires de la colonisation, Rousseau mériterait sans doute de recevoir la palme. Peut-être ses idées n'ont-elles pas eu, sur-le-champ, la faveur des propos plus modérés et plus mondains tenus par ses contemporains. Mais la force de la condamnation, érigée en principe catégorique, s'infiltrera par la suite dans les esprits et servira de matrice à toute une série de principes politiques qui triompheront plus tard, comme le droit des peuples à disposer d'eux-mêmes et le droit à la révolte des peuples dominés.

Le point de vue des « utilitaristes ». — Réduire l'anticolonialisme à une révolte intellectuelle et morale serait l'amputer d'une dimension essentielle : la contribution des utilitaristes. Sous ce vocable doivent figurer tous ceux qui, sans se soucier des grands principes ni des considérations humanitaires, posèrent le problème en termes de calcul (investissements/rentabilité). Somme toute, il s'agissait de répondre à la question lancinante, mais occultée par les philosophes : les colonies sont-elles un avantage ou une charge pour les métropoles ? Si le plateau de la balance penche en faveur du déficit, alors, la colonisation doit être abandonnée. Il sera ainsi prouvé qu'elle ne heurte pas seulement des convictions mais aussi des intérêts.

Les premiers intérêts à défendre, pour les métropoles, sont d'ordre démographique ou, comme on disait à l'époque, de « peuplement ». La chose peut surprendre, parce que les perspectives dans lesquelles s'inscrivirent les rapports de population entre métropoles et colonies ont beaucoup changé depuis le XVIIIe siècle, par exemple avec la hantise de la surpopulation créée par les thèses de Malthus, puis avec l'intégration des populations d'outre-mer dans la stratégie militaire des puissances européennes[11]. Au XVIIIᵉ siècle, la mortalité reste encore très élevée, les épidémies sont très meurtrières (la Grande Peste de Marseille date de 1720) et les catastrophes naturelles, comme le tremblement de terre de Lisbonne (qui fit, en 1745, 40 000 victimes), font redouter une stagnation sinon un déclin de la population. D'où la crainte que l'immigration des Européens en direction des colonies ne devienne la cause d'une hémorragie dommageable à la puissance du pays. Le premier à donner l'alarme est Montesquieu. Bien que ce dernier se soit montré plus tard favorable à la colonisation (*De l'esprit des lois*, 1748, chapitre XXX, 21), il s'élève dans les *Lettres persanes* (1721) contre les « colonies de peuplement » : « L'effet ordinaire des colonies est d'affaiblir les pays d'où on les tire, sans peupler ceux où on les envoie… Il faut que les hommes restent où ils sont… Lorsque nous sommes transportés dans un autre pays, nous devenons malades… Depuis la dévastation de l'Amérique, les Espagnols qui ont pris la place de ses anciens habitants n'ont pu la repeupler ; au contraire, par une fatalité que je ferais mieux de nommer justice divine, les destructeurs se détruisent eux-mêmes et se consument tous les jours… Les princes ne doivent pas songer à peupler de grands pays par les colonies » (lettre CXXI).

Le comte de Boulainvilliers renchérit : « Nos colonies de l'Amérique n'ont pas peu contribué à diminuer le nombre des citoyens… Le commerce avec l'Amérique a diminué notre puissance politique parce qu'il s'est formé aux dépens de notre population… Si le gouvernement fait prendre un état des sujets qui passent à l'Amérique, il verra que de cent il y en a soixante qui périssent en arrivant… En entretenant continuellement nos colonies au nombre de 20 000 habitants seulement, il faut que notre population générale en Europe diminue tous les siècles au-delà de 500 000 citoyens, dont la branche est perdue sans retour pour la monarchie. C'est dire (les choses restant dans le pied présent) qu'il faut qu'après

11. À la veille de la Seconde Guerre mondiale, en France, le gouvernement lance, pour rassurer le pays, le slogan des « cent millions de Français ».

une certaine période de temps révolu l'Amérique ait entièrement dépeuplé la France[12]. »

Ces propos alarmistes, plus ou moins fondés en l'absence de données statistiques sur les mouvements migratoires, peuvent paraître exagérés. Mais ils reflètent tout de même une préoccupation de l'époque. À quoi s'ajoute l'aspect qualitatif du problème. Certes, il n'est pas encore question de l'exode des cerveaux. Mais de la qualité du peuplement des colonies dépendent à la fois la prospérité de celles-ci et l'avenir de leurs rapports avec les métropoles. En soulignant les contradictions entre l'esprit de domination, celui du commerce et celui de la population, le marquis de Mirabeau a bien montré que l'effet d'une « dépendance absolue » par rapport à la métropole irait à l'encontre du « penchant naturel qu'ont des sujets si éloignés à secouer le joug… Vous convenez qu'il faut peupler et fortifier vos colonies ; je crois qu'il en est, à leur égard, comme d'un champ qu'il faut défricher, labourer, fumer et semer, avant que de rien recueillir[13] ».

Cette fois, les statistiques ne sont pas en cause, mais la conduite des gouvernements à l'égard de leurs propres sujets expatriés. C'est une critique que les colonisateurs auraient bien fait de prendre en compte. De son côté, Bernardin de Saint-Pierre déplore le mauvais état d'esprit et le comportement fâcheux des Français installés outre-mer : « Tous ceux que j'ai vus aux îles s'y regardent toujours comme des étrangers. Pendant vingt ans de séjour dans une habitation, ils ne planteront pas un arbre devant la porte de leur maison pour s'y procurer de l'ombre : à les entendre, ils s'en vont tous l'année prochaine. » Et il n'hésite pas à mettre en cause la responsabilité des gouvernements dans la politique d'immigration : « C'est le mauvais choix des sujets qu'on a fait passer [dans nos colonies] qui les a remplies en tout temps de discorde. Comment peut-on espérer que des citoyens qui ont troublé une société ancienne puissent concourir à en faire prospérer une nouvelle ? Les Romains et les Grecs

12. *Les intérêts de la France mal entendus dans les branches de l'Agriculture, de la Population, des Finances, du Commerce, de la Marine et de l'Industrie*, 1756.
13. *L'Ami des hommes, op. cit.*, 3ᵉ partie, chap. IX.

employaient la fleur de leur jeunesse et leurs meilleurs citoyens pour fonder leurs colonies ; elles sont devenues des royaumes et des empires. Ce sont les célibataires, marins, de robe et de tout état ; ce sont les états-majors, qui emplissent les nôtres des passions de l'Europe, du goût des modes d'un vain luxe d'opinions corrompues, et de mauvaises mœurs. On n'eût rien craint de semblable de la part de nos simples cultivateurs[14]. »

Ainsi, de quelque côté qu'on l'envisage, la question du peuplement soulève des difficultés qui peuvent entretenir un procès larvé contre la métropole : veut-on des colons sains et prospères ? On les encourage à l'indépendance. Laisse-t-on envahir les colonies par des gens sans scrupules et sans moralité ? On les pousse au désordre permanent. Il sera toujours difficile de trouver un équilibre entre ces deux tendances, qui contiennent en germe, l'une et l'autre, la fin du système colonial.

Mais ce sont les intérêts économiques qui sont, dans l'immédiat, le plus directement en cause. Ici encore, la chose peut intriguer. Héritiers du régime du « Pacte colonial » (instauré par Colbert) qui réservait à la métropole le monopole du fret et du commerce avec les colonies, les sujets de Louis XV auraient pu se croire assurés de la rentabilité de leurs possessions. Cependant, l'exemple de l'Espagne, ruinée deux siècles après avoir pillé les fabuleuses richesses de l'Amérique, pouvait inciter à la perplexité. Plus tard, à la fin du siècle, la révolte et l'indépendance des *Insurgents* d'Amérique devaient dissiper bien des illusions.

C'est pourquoi les premiers économistes de renom étaient loin de partager l'optimisme de Montesquieu. Le banquier britannique, Richard Cantillon, admet que « le commerce des Indes orientales est avantageux à la République de Hollande [parce qu'elle] en fait tomber la perte sur le reste de l'Europe en vendant les épices... qui lui rendent tout l'argent qu'elle envoie aux Indes et bien au-delà : il est même utile à la Hollande d'habiller ses femmes et plusieurs autres habitants des Manufactures des Indes plutôt que d'étoffe d'Angleterre et de France... L'Angleterre et la France auraient tort d'imiter en

14. *Études de la nature*, 1784, XIII.

cela les Hollandais. Ces royaumes ont chez eux les moyens
d'habiller les femmes de leur cru ; et quoique leurs étoffes
reviennent à un plus haut prix que celles des Manufactures
des Indes, ils doivent obliger leurs habitants à n'en porter
d'étrangères ; ils ne doivent pas permettre la diminution de
leurs ouvrages et de leurs manufactures, ni se mettre dans la
dépendance des étrangers, ils doivent encore moins laisser
enlever leur argent pour cela[15] ».

Autrement dit, pour parler le langage contemporain, il
convient de soustraire la production métropolitaine à la
concurrence des colonies, bref, de faire prévaloir en toutes
circonstances le principe de la « préférence nationale », dût la
prospérité des colonies en souffrir. Les prétendus « avantages »
sont donc relatifs et doivent être calculés en fonction de la
priorité à accorder à l'industrie métropolitaine. On est encore
aux antipodes du libéralisme. Ce que Cantillon propose n'est
qu'une version, plus restrictive encore, du Pacte colonial.

Dans le même temps, en France, le marquis de Mirabeau,
critique décidément impitoyable, stigmatise le commerce des
denrées alimentaires : « En quoi ce commerce si vanté est-il
avantageux à l'État dans la partie qui ne consiste qu'à y porter
nos farines et nos vins pour en rapporter les denrées du
pays ?… Ce commerce-là est très ruineux ; c'est échanger
notre suc alimentaire contre des denrées de nulle subsistance, nourrir des peuples éloignés, et dont le souverain ne
peut tirer presque aucun des services qu'il doit tirer de ses
sujets, aux dépens de ceux qui devraient environner son
trône, accoutumer les régnicoles à échanger le nécessaire
contre le superflu et les créoles à n'avoir qu'une subsistance
précaire et si coûteuse que la forme seule en prononce peine
de mort contre le peuple et les pauvres. » À qui lui objecte les
avantages du « transport qui nourrit et entretient un nombre
de matelots et de gens de mer », il répond : « En ce qui
concerne les gens que le transport et la voiture font vivre, il
vaut mieux que ces frais entretiennent les gens de rivière et
de canaux et autres voituriers[16]. » Autrement dit, il faut proté-

15. *Essai sur la nature du commerce en général*, 1755, 3ᵉ partie,
chap. I.
16. *L'Ami des hommes*, *op. cit.*, 3ᵉ partie, chap. IX.

ger contre le déséquilibre du commerce colonial non seulement le trafic alimentaire mais encore l'emploi de la main-
d'œuvre dont les travaux seraient plus utiles au développement de la métropole qu'à celui de la navigation.

À ce conflit entre les intérêts de la métropole et ceux des
colonies vient s'ajouter, si l'on en croit François Quesnay, l'un
des fondateurs de l'École des physiocrates, un autre partenaire
dont l'intrusion n'a pas fini d'alimenter les controverses
puisqu'il s'agit du troisième larron qui pourrait, comme dans la
fable, tirer les marrons du feu : c'est la catégorie des « intermédiaires », bien placés pour empocher la mise au passage. Dès
1758, l'auteur multiplie les questions qui n'auront pas manqué
de surprendre les lecteurs de l'époque : « [...] Le commerce de
la métropole avec ses colonies, qui procure de grands gains aux
commerçants, par la gêne de leur commerce, n'est-il pas plus
séduisant que réel et avantageux à la nation ? Les marchandises
que l'on vend aux colons trois fois plus cher qu'elles n'ont
coûté, et celles que les colons vendent sur le même pied, procu-
rent-elles par ces prix excessifs de véritables richesses ?... Ces
prix excessifs ne diminuent-ils pas aussi la consommation chez
l'étranger, et par conséquent la production dans les colonies, et
la production aussi d'une plus grande quantité de denrées qu'on
exporterait vers la métropole et qui se consommeraient dans les
colonies si on les y vendait moins cher[17]... ? »

Quelques années plus tard, Quesnay croise le fer avec Montesquieu à propos de la prétendue rentabilité des colonies :
« Ce serait un très mauvais moyen pour arriver à ce but
[l'extension du commerce] que de donner le privilège du
commerce de ces colonies à un corps quelconque de commerçants, de quelque pays qu'ils soient, fût-ce même au corps
des commerçants nationaux... Colonies et métropoles seraient
toujours à la merci des agents intermédiaires qui, à l'abri de
toute concurrence étrangère, ne connaîtraient de bornes dans
le prix des salaires qu'ils se feraient payer par les métropoles et les colonies que celles qu'y mettrait leur intérêt personnel bien ou mal entendu[18]... » Plus progresse l'analyse

17. *Questions intéressantes sur les populations, l'agriculture et le
commerce...*, 1758, art. XXIV.
18. *La Gazette et Journal d'Agriculture*, avril 1766.

économique et plus se dévoilent le nombre et la complexité des flux qu'entraîne ce mode particulier de relations, plus il apparaît que la menace qui pèse le plus fortement sur l'ensemble du système colonial est le principe de l'« exclusif » et les privilèges qu'il occasionne tant au profit des États que d'une partie de ses propres ressortissants.

Il revenait à l'École britannique, fondatrice du libéralisme économique, de prendre en tout point le contre-pied du colbertisme et, notamment, du Pacte colonial. Le grand architecte de cette véritable révolution allait être Adam Smith. Par rapport à l'ambition de ce dernier, les critiques qui précèdent ne sont que des remarques isolées et accessoires. L'auteur entend fonder une nouvelle théorie économique dont les deux préceptes fondamentaux, « laisser faire » et « laisser passer », doivent s'appliquer non seulement à l'intérieur des frontières (pour y affranchir toutes les formes de travail et de transactions), mais aussi à l'extérieur des États, c'est-à-dire à travers les frontières, y compris, naturellement, celles imposées sur la carte du monde par le découpage colonial. Une coïncidence en partie fortuite veut que les *Recherches sur la nature et les causes de la richesse des nations* aient été publiées en 1776, l'année même de la révolte des Insurgents d'Amérique. Simple hasard ? Adam Smith prendra en tout cas vigoureusement parti en faveur de l'indépendance des colonies américaines, mais il démontre aussi son intérêt pour l'aspect « colonial » de son programme en y consacrant près de deux cents pages des quatre volumes de son ouvrage.

Cette contribution au débat ne relève pas d'un anticolonialisme primaire. Adam Smith associe à son raisonnement économique des considérations multiples et souvent très riches et nuancées sur le rôle et l'apport de la colonisation à l'histoire du monde. Cependant, il considère que cette phase de la civilisation est révolue, non seulement par suite de la révolte inéluctable des colons contre la domination métropolitaine, mais surtout par suite des abus qu'entraîne le monopole commercial au profit de petites minorités et aux dépens de l'intérêt général : seule l'abolition des barrières commerciales pourra, à ses yeux, provoquer l'abaissement universel des prix, contribuer à l'harmonisation générale des intérêts et, aussi, faciliter l'instauration de la paix, en mettant fin aux rivalités des puissances européennes.

Il n'est pas besoin d'insister sur ces thèses qui ont fait déjà le tour du monde et qui inspirent encore, aujourd'hui, les travaux du FMI et de la Banque mondiale, ainsi que les débats sur la mondialisation. Ce qu'il faut souligner, c'est que les thèses d'Adam Smith ont emporté, sur le coup, l'adhésion de tout ce que l'Europe comportait de bons esprits.

En France, Turgot, invité à réfléchir par le roi sur les « affaires d'Amérique », rédige un rapport substantiel où il apporte sa caution aux thèses de l'Écossais. Il conteste la rentabilité économique du système de l'exclusif (« le gain de la nation se réduit à une partie du profit que font les négociants de nos ports sur les frais de transport de marchandises des îles en France... Ce gain [...] est un objet très modique, et on se tromperait beaucoup en estimant les avantages de ce commerce par la valeur des productions ou des exportations de nos îles ») ; mais il conteste aussi « les avantages que retire de la possession de ses colonies la France considérée comme État », pour conclure que « le revenu que le gouvernement tire des colonies est une ressource nulle pour l'État considéré comme une puissance politique [...] si l'on compte ce qu'il en coûte chaque année pour la défense et l'administration des colonies, même pendant la paix » ; et il en vient à se demander « s'il n'eût pas été plus avantageux pour nous de les abandonner à leurs propres forces avec une entière indépendance, même sans attendre le moment où les événements nous forceront de prendre ce parti[19]... ».

En Grande-Bretagne, le philosophe Jeremy Bentham, tenu pour le chef de file de l'École utilitariste, abonde dans le même sens que Smith et Turgot, sur un ton encore plus catégorique, puisqu'il pose en axiome qu'« il n'est pas dans l'intérêt de la Grande-Bretagne de conserver, en aucune façon, des dépendances étrangères[20] ». Et il déconseille, sauf

19. *Mémoire sur la manière dont la France et l'Espagne devraient envisager les suites de la querelle entre la Grande-Bretagne et ses colonies*, 6 avril 1776.
20. *A Plan for an Universal and Perpetual Peace*, 1789.

circonstances particulières, de créer de nouvelles entreprises coloniales, tout en recommandant, pour des motifs d'intérêt, d'émanciper les colonies existantes[21]. Arthur Young, à l'occasion de ses célèbres *Voyages en France*[22] (1792), fait un sombre bilan de l'état du royaume et ne manque pas d'en imputer la cause aux charges que la colonisation fait peser sur la métropole ; il appelle « tous les pays [à] ouvrir leurs colonies à toute la terre sur des principes de liberté et de libéralité », et il ajoute qu'« il serait encore mieux de faire un pas de plus et de ne plus avoir de colonies ».

Désormais, tous les ingrédients sont là, ceux provenant de la morale et de la philosophie, et ceux fournis par le calcul économique. Leur dosage sera modifié, ils seront amalgamés, mais on n'apportera plus d'élément nouveau à la controverse. Avec ses incohérences et ses contradictions internes, le modèle de l'anticolonialisme a atteint une sorte de perfection, dont les successeurs ne feront qu'exploiter, en détail, les sous-produits.

L'éclipse révolutionnaire

Après l'éclat des Lumières, on aurait pu attendre, de la part des hommes de la Révolution française ou de leurs successeurs immédiats, un changement radical de la politique coloniale française. Curieusement, la contribution au changement de cette courte mais cruciale période est très faible, comme si une éclipse était venue masquer les décennies d'ébullition précédente.

Sans doute l'inspiration humanitaire se prolonge-t-elle à travers les travaux de la Société des amis des Noirs, fondée en 1789 par Brissot. Mais celle-ci se défend de toute collusion avec la révolte négrière qui couve déjà à Saint-Domingue (Haïti) et dont Toussaint Louverture deviendra, quelques années plus tard, le héros et la victime. D'ailleurs, si Brissot et ses amis se prononcent contre la traite, ils prennent bien soin de souligner qu'ils restent favorables à l'esclavage. Celui-ci sera aboli par le décret du 18 pluviôse an II, qui semble

21. *Manual of Political Economy*, 1798.
22. Voir le tome III.

n'avoir jamais été appliqué, comme tant d'autres textes de la période.

Le cri fameux de Robespierre (« Périssent les colonies plutôt que les principes... »), replacé dans son contexte et rétabli dans sa formulation exacte (Assemblée constituante, séance du 12 mai 1791), n'a pas la portée idéologique qu'on lui attribue très souvent. Il s'agit d'une fin de non-recevoir parmi beaucoup d'autres (notamment celles de Brissot, de Mirabeau le fils) à l'encontre de la prétention des colons antillais qui refusaient le droit de vote à leurs esclaves mais qui prétendaient comptabiliser ceux-ci parmi la population en vue d'augmenter le nombre de leurs propres représentants dans les assemblées parisiennes.

Les vues généreuses de Condorcet relèvent de l'utopie et elles confondent allègrement émancipation des colonies et assimilation, sinon destruction des « nations sauvages » (sic) qui occupaient encore de vastes contrées d'Amérique (Esquisse d'un tableau historique des progrès de l'esprit humain, 1793). Ce trait ne vaudrait même pas la peine d'être signalé s'il ne préfigurait une spécificité de la colonisation française qui considère l'apport de la civilisation européenne aux natifs du pays comme un cadeau préférable à l'octroi de l'indépendance aux territoires qu'ils habitent. Finalement, ce sont encore des conservateurs qui sont les plus raisonnables. Le vicomte de Bonald préconise, en 1796, le relâchement des liens de dépendance entre les colonies et la mère patrie (Théorie du pouvoir politique et religieux, tome III) et l'abbé de Pradt regrette que le congrès de Vienne ne se soit pas saisi, pour le régler pacifiquement, du contentieux entre l'Espagne et ses colonies d'Amérique en cours d'émancipation (Du congrès de Vienne, 1815).

Finalement, la Révolution et ses héritiers ne s'intéresseront pas beaucoup au problème colonial : le Directoire et le Consulat ne surent faire ni la paix ni la guerre en Haïti, qui proclamera unilatéralement son indépendance en 1804, et Napoléon vendra la Louisiane aux États-Unis, en 1803, pour 15 millions de dollars. Après tout, que pèsent quelques « îles à sucre » face à la fascination du brasier révolutionnaire puis de la gloire de l'Empire ? Le cours des idées doit aussi tenir compte de l'existence des faits.

Au xixe siècle : un anticolonialisme en demi-teinte

Entendu au sens large (1815-1914), le xixe siècle constitue, pour l'anticolonialisme, l'heure de vérité. L'épreuve, à peine entrevue au cours de l'âge d'or qui précède, tient à deux raisons qui vont combiner leurs effets, selon un dosage différent au cours des deux périodes qui se succèdent (1815-1870/1870-1914). D'abord, les progrès continus de la démocratie vont obliger à descendre de l'empyrée des discussions doctrinales jusqu'au terrain de la politique. La colonisation n'est plus seulement l'objet d'un débat théorique, mais un enjeu politique qui va pénétrer dans l'enceinte des parlements et influer sur la stratégie des partis. Du général au particulier, de l'universel au quotidien, l'anticolonialisme va perdre de sa superbe et se trouver dans l'obligation de composer avec l'ensemble des contraintes qui pèsent sur les jeux de pouvoir. Ensuite, la colonisation va connaître, surtout à partir de 1870, un essor sans précédent, dont l'achèvement de l'Empire français sous la IIIe République fournit le meilleur exemple, sans oublier l'extension continue de l'Empire britannique, ni l'entrée en scène de nouveaux compétiteurs comme l'Allemagne, la Belgique, les États-Unis et l'Italie. Bref, c'est l'âge d'or de l'impérialisme. Dès lors, les positions en présence vont forcément se durcir, mais aussi se compliquer du fait des rivalités entre puissances coloniales et de l'exacerbation des nationalismes qui va en résulter. L'anticolonialisme aura souvent du mal à se frayer un chemin entre les tensions contradictoires auxquelles il va être soumis.

De 1815 à 1870. — Pour comprendre ce qui va suivre, il faut commencer par se défaire de l'image simpliste, mais encore très répandue, selon laquelle les anticolonialistes seraient de gauche et les colonialistes de droite. Certes, il existe des traces de continuité d'un siècle à l'autre, mais aussi des ruptures, des dissidences et des défections. Une présentation par thèmes permettra de repérer les unes et les autres.

Dans la lignée de la tradition humaniste et libérale figure d'abord Benjamin Constant. Toutefois, s'il condamne vigoureusement la traite et s'il souhaite voir « adoucir le sort des

hommes de couleur[23] », il n'ose pas encore prendre clairement parti contre l'esclavage. Cette question va cependant
devenir le point de ralliement de tous les « libéraux », de
Lamartine[24] à Victor Schoelcher en passant par Tocqueville[25]
pour la France, de W. Wilberforce à Thomas Buxton pour la
Grande-Bretagne. Mais il faudra tout de même attendre l'avènement de la IIe République, en 1848, pour voir proscrire
l'esclavage. Encore faut-il observer que les motivations des
partisans de cette mesure ne sont pas toujours désintéressées.
Soucieux de prévenir les objections à son projet, Lamartine
tient à rassurer les colons : « Le colon y gagne une propriété
honnête, morale ; une propriété de droit commun, investie
des mêmes garanties que les nôtres... Le lendemain de l'émancipation, vos capitaux coloniaux vaudront le double[26]. »
Curieuse conception d'une émancipation qui améliore la
position pécuniaire des propriétaires d'esclaves.

Au cours de la même période, on relève d'autres formes de
continuité avec les propositions du courant « réformiste » qui
veut améliorer l'administration coloniale, sans pour autant la
supprimer. Devant la Chambre des communes, Thomas
B. Macaulay se montre particulièrement sévère à propos du
gouvernement de l'Inde : « D'un point de vue purement
égoïste, il serait de beaucoup préférable pour nous que le
peuple de l'Inde soit bien gouverné et indépendant de nous
que mal gouverné et soumis à notre autorité », déclare-t-il. Le
publiciste catholique Louis Veuillot, retour d'un voyage en
Algérie en 1841, se résigne à la possession de l'Algérie, mais
déplore l'absence d'un grand projet de civilisation qui pourrait seul justifier l'occupation militaire : « Les Arabes, quoique
pacifiés, seront longtemps encore enclins à la révolte... Que
fait-on pour s'assimiler ces populations fanatiques... ? Que
fait-on pour les attacher à la France, pour changer leurs idées
et leurs mœurs, pour apaiser ce fanatisme redoutable ? On ne

23. Discours à la Chambre des députés, 16 juillet 1824, 8 janvier
1825, 3 juin 1826.
24. Discours à la Chambre des députés, 15 février 1838, et à la
Société française de l'émancipation de l'esclavage, 10 février 1840.
25. Intervention à la Chambre des députés, 30 mai 1845.
26. Discours de 1840.

fait rien, absolument rien ; et, qui pis est, on ne veut rien faire[27]. » Avec sa rigueur et sa lucidité habituelles, Tocqueville se livre, à propos du problème algérien, qui est à l'époque au centre de toutes les controverses, à une appréciation sévère du « génie français, qui paraît peu favorable à la colonisation », mais aussi des méthodes de gestion des territoires coloniaux, trop centralisée et trop assimilatrice — en quoi il s'oppose à l'opinion précitée de Veuillot : « On a pu nous accuser quelquefois d'avoir moins bien civilisé l'administration indigène que d'avoir prêté à sa barbarie les formes et l'intelligence de l'Europe[28]. » Les travaux que Tocqueville a consacrés au problème colonial et, plus particulièrement, à l'Algérie sont l'une des meilleures sources d'information et de réflexion, sans complaisance ni indulgence, sur la situation de l'époque. Mais ils se situent à l'intérieur du statu quo et non contre l'entreprise coloniale en elle-même. De son côté, Gladstone, qui n'en est pas encore, comme il le fera plus tard, à prêcher l'indépendance des colonies, reproche au gouvernement britannique d'avoir freiné le peuplement européen en privant les territoires coloniaux des libertés auxquelles les candidats potentiels à l'émigration sont si fortement attachés (discours à la Chambre des communes, 21 mai 1862). Les critiques contre le système colonial n'ont donc pas manqué tout au long de cette période ; mais elles ont épargné, jusqu'ici, l'existence même de ce système. Il en va différemment des écoles de pensée qui vont militer ouvertement contre lui. Au premier rang se situent forcément les économistes libéraux.

Tous ceux qui se réclament d'Adam Smith partagent, sans hésitation, son hostilité à l'égard de la colonisation. Ainsi le *Traité d'économie politique* publié en 1826 par Jean-Baptiste Say (auteur classique et célèbre à l'époque) considère-t-il la question comme réglée ou sur le point de l'être : « Il est impossible que les peuples de l'Europe ne comprennent pas bientôt combien leurs colonies leur sont à charge... Les anciens se faisaient, par leurs colonies, des amis par tout le monde alors connu : les peuples modernes n'ont su s'y faire

27. *Les Français en Algérie*, 1845.
28. *Œuvres complètes*, t. III.

que des sujets, c'est-à-dire des ennemis. » Quelques années plus tard, un économiste belge, Molinari, reprendra à son compte la critique dévastatrice du système du monopole (ou de l'exclusif) qui gouverne encore l'ordre colonial existant (*Dictionnaire de l'économie politique*, article « Colonies », 1854).

En Angleterre, les libéraux, groupés au sein de l'École de Manchester, se déchaînent et finiront par obtenir l'abolition des lois sur les grains (*Corn Laws*) vilipendées par Richard Cobden, le bouillant animateur de la Ligue pour le libre-échange. Cette doctrine n'est pourtant pas totalement désintéressée : le démantèlement des frontières coloniales ne peut que profiter à la puissance économique du moment, c'est-à-dire à la Grande-Bretagne, qui dispose également d'une domination maritime écrasante. Cobden avoue sans scrupules que, « s'il y a quelque vérité dans les principes de la liberté du commerce que nous avons adoptés comme vrais, il doit en résulter qu'au lieu de nous laisser confinés dans le commerce, comparativement insignifiant, d'îles ou de continents presque déserts, la liberté du commerce nous donnera accès sur le marché du monde entier. En abandonnant le monopole du commerce avec nos colonies, nous ne ferons qu'échanger un privilège misérable contre le privilège du commerce avec le monde entier. Que personne ne vienne donc dire qu'en abandonnant ce monopole l'Angleterre nuira à sa puissance ou à sa prospérité futures[29] ! ». L'énoncé des grands principes sert souvent de masque à la défense d'intérêts bien palpables[30].

Avec des nuances, James Mill (1824), John Stuart Mill (1862) et, surtout, Goldwin Smith (*The Empire*, 1863) viendront renforcer les thèses des économistes libéraux. Mais c'est surtout le débat sur l'Algérie qui révèle la force respective des positions en présence dans la France du milieu du siècle. Dès le début, la conquête avait été controversée. L'un des premiers à donner l'alerte n'avait été autre que le général Bugeaud, peu suspect de sympathie pour les idées

29. Discours au meeting de Bradford, 1850.
30. On pourra faire à peu près le même constat à propos de la position des États-Unis face à la libéralisation du commerce mondial au cours de la seconde moitié du XXe siècle.

« de gauche » ; en 1837, dans un *Mémoire sur notre établis-sement dans la province d'Oran*, le chef des opérations militaires écrivait : « Quoique guerrier par goût et par profession, je ne me sens pas le courage de conseiller à mon pays cette conquête. » Le 13 janvier 1840, il récidivera publiquement dans un discours prononcé devant la Chambre des députés, où il ira jusqu'à dire : « Tout le monde sait bien que j'ai toujours considéré l'Algérie comme le plus funeste des présents que la Restauration ait faits à la monarchie de Juillet. » Même s'il en tire paradoxalement la conclusion que « la possession d'Alger est une faute ; mais, puisque vous voulez la faire, puisqu'il est impossible que vous ne la fassiez pas, il faut que vous la fassiez grandement… », la brèche était ouverte, dans laquelle allaient s'engouffrer les chefs de l'opposition parlementaire (de Sade, Dupin Aîné, Desjobert, Duvergier de Hauranne, Piscatory). Ceux-ci purent s'appuyer sur l'autorité d'un polémiste de talent, en la personne de Frédéric Bastiat, qui utilisera les thèses ultra-libérales pour pourfendre les partisans du maintien de la France en Algérie (*Œuvres complètes*, 1855, « Pamphlets », 1854). Bastiat entraînera dans son sillage un autre pamphlétaire redoutable, l'économiste Louis Reybaud, auteur d'une satire intitulée *Jérôme Paturot à la recherche de la meilleure des Républiques* (1862).

C'est donc bien l'anticolonialisme d'inspiration libérale, à contenu économique, qui donne le ton et qui semble, en apparence, l'emporter. La question se pose alors de savoir où se situent, dans cette controverse, ceux qu'on aurait pu s'attendre à rencontrer parmi les adversaires de l'impérialisme français en Algérie : les romantiques — par ailleurs dispensateurs de propos humanitaires et pacifistes — et les socialistes. Non seulement les uns et les autres sont absents du recensement, mais on les retrouve du côté des « colonialistes ». La défection des premiers s'explique par la découverte de la « mission civilisatrice » (sorte d'équivalent laïque de ce qu'avait pu être, au XVIe siècle, l'évangélisation pour les hommes d'Église). Lamartine et Victor Hugo, pour ne citer que les principaux d'entre eux, sont convaincus que l'Occident en général et la France en particulier sont investis d'une « mission », qui consiste à porter la « civilisation » aux peuples barbares. (Ce sont à peu près les propres termes utilisés par Victor

Hugo dans sa célèbre conversation avec Bugeaud, *Choses vues*, 1841.) Le prophète va jusqu'à s'écrier dans son discours d'ouverture au congrès de la Paix, le 21 août 1849 : « Au lieu de faire des révolutions, on ferait des colonies ! Au lieu d'apporter la barbarie à la civilisation, on apporterait la civilisation à la barbarie ! » Quant à Lamartine, il jouait à la fois sur la corde du patriotisme et sur celle de la culture : « Dans ma conviction, de grandes colonisations entrent indispensablement dans le système politique que l'époque assigne à la France et à l'Europe. L'Orient les rappelle et, à défaut de débouchés intérieurs, les rend nécessaires à nos populations croissantes… Remettre les rivages et les villes de l'Afrique à des princes arabes, ce serait confier la civilisation à la barbarie » (discours à la Chambre des députés, 1er mai 1834). Le plus conservateur des hommes d'État contemporains n'oserait pas s'exprimer de la sorte… Mais, si l'on excepte les excès du vocabulaire, il faut au moins admettre deux choses. La première est que le problème du « choc des cultures » soulevé par la colonisation reste posé aujourd'hui encore ; la seconde est que le thème de la mission civilisatrice est comme le ver dans le fruit ou, si l'on préfère, comme le virus dans le réseau informatique, et qu'il continuera longtemps à polluer les professions de foi altruistes, comme on va bientôt le vérifier.

Le cas des socialistes est un peu différent. Certes, il s'agit là d'un courant de pensée nouveau, qui se projette dans l'avenir plutôt que dans le passé. Aussi bien les socialistes « utopistes » (Saint-Simon et ses disciples, Fourier) vont-ils construire un avenir radieux dans lequel il y aura place pour de nouveaux aménagements du terrain, de nouvelles techniques de transformation de la nature, et ils ont tendance à voir dans ce que les autres appellent « colonies » un champ largement ouvert à leurs expériences et à leurs inventions. Quand il leur arrive, comme à Fourier dans certaines de ses divagations, de pénétrer sur le terrain de la politique, ils sont aussi prisonniers d'une vision ethnocentrique du monde que l'ont été leurs cousins romantiques — le seul disciple de Saint-Simon qui se soit prononcé contre la colonisation est Auguste Comte, pour des raisons qui sont propres à sa vision positiviste de l'évolution[31]. Au

---

31. *Cours de philosophie positive*, 1842, t. VI.

moins aurait-on pu espérer que l'avènement du socialisme scientifique allait permettre de « remettre la pyramide sur sa base », pour reprendre les termes du contentieux entre Marx et Hegel.

Pourtant, Marx ne sera pas parvenu à échapper totalement à l'esprit du temps. Il aura seulement tenté (ce qui est déjà une preuve de son génie) de concilier quatre aspects différents du phénomène de la colonisation : 1) l'aspect inhumain de la domination de l'homme par l'homme, qui vaut condamnation morale ; 2) l'aspect progressiste du transfert de civilisation, qui vaut absolution de beaucoup de crimes ; 3) l'aspect économique, qui repose sur l'exploitation capitaliste des ressources coloniales par les métropoles ; 4) l'aspect stratégique et révolutionnaire, qui fait de la colonisation, en termes de lutte internationale des classes, une étape nécessaire et provisoire sur la voie de l'autodestruction du capitalisme. Le fait que Marx ait « voté pour le libre-échange » au congrès de Londres en 1848 et l'analyse qu'il propose de la domination britannique en Inde[32] permettent d'accréditer cette thèse, dont la subtilité dialectique posera bien des problèmes à ses successeurs.

De 1870 à 1914. — Cette période correspond à l'apogée de l'expansion impérialiste d'origine européenne, accessoirement américaine, dans le monde : en quelques années, la quasi-totalité du continent africain, puis de larges secteurs du Sud-Est asiatique et du Moyen-Orient vont passer sous domination coloniale. Ce résultat n'a pu être atteint sans un regain de tensions, internes et internationales. À la recrudescence des rivalités entre États et aux risques de conflits qu'elles impliquent sont venus s'ajouter les débats internes justifiés par l'importance des enjeux de la politique coloniale. Les convictions aussi bien que les calculs des protagonistes sur la scène politique continuent à jouer leur rôle traditionnel. Mais celui-ci fut altéré par l'apparition de nouveaux courants, notamment le pacifisme et le nationalisme. Selon les circonstances, la combinaison de ces valeurs entre elles allait freiner ou accentuer le courant anticolonialiste, faire varier les opi-

---

32. Dans les colonnes du *New York Daily Tribune*, au cours des années 1850-1860.

nions dans le temps, estomper les contours des courants
antérieurement identifiés ou encore brouiller les cartes au
point de produire, occasionnellement, des alliances à revers.
La cohérence de l'idéologie anticolonialiste, déjà faible auparavant, va être mise à rude épreuve par la confrontation avec
la flambée sans précédent de l'impérialisme.

La tradition humaniste n'a évidemment pas disparu. Penseurs, écrivains ou témoins (voyageurs et missionnaires) se
relaient pour dénoncer les nuisances de la colonisation. Mais
la diversité de cette famille de pensée ne manque pas de surprendre. On y trouve aussi bien des radicaux, comme Clemenceau, que des patriotes inconditionnels, comme
Déroulède, et des polémistes connus d'extrême droite (Drumont, Léon Bloy, Bernanos), des anticléricaux notoires,
comme Anatole France, des responsables religieux comme
Mgr Le Roy, Supérieur de la congrégation missionnaire des
Pères du Saint-Esprit, et des écrivains, sans attache partisane
précise, comme Pierre Loti. De toutes parts, et sous diverses
formes, les critiques abondent ainsi que les appels aux réformes. Mais les uns et les autres s'arrêtent au bord du seuil
décisif qui conduirait à demander l'abolition pure et simple
du régime colonial, bref, la décolonisation. Seuls quelques
socialistes iront jusqu'à franchir ce pas (voir *infra*).

La barbarie coloniale [33]

Oh ! nous savons bien que les Noirs de l'État libre du Congo,
les esclaves de S. M. le roi des Belges ne sont pas moins cruellement torturés. Nous savons bien qu'en Afrique, en Asie, de toutes les colonies, à quelque peuple qu'elles appartiennent,
montent les mêmes plaintes, les mêmes hurlements de douleur
vers le ciel sourd. Nous savons, hélas ! cette vieille et terrible
histoire. Voilà quatre siècles que les nations chrétiennes se dis-
putent entre elles l'extermination des races rouge, jaune et
noire. C'est ce qu'on appelle la civilisation moderne.

Les Blancs ne communiquent avec les Noirs ou les Jaunes
que pour les asservir ou les massacrer. Les peuples que nous

33. Anatole France, discours prononcé au meeting de protestation
contre la France coloniale, le 30 janvier 1906, in *Vers les temps
meilleurs*, Paris, Édouard Pelletan, 1906, 3ᵉ volume, p. 72.

appelons barbares ne nous connaissent encore que par nos crimes. Non, certes, nous ne croyons pas qu'il se commette sur cette malheureuse terre d'Afrique plus de cruautés sous notre pavillon que sous les drapeaux des royaumes et des empires. Mais il nous importe, à nous Français, de dénoncer avant tout les crimes commis en notre nom ; il y va de notre honneur, sans compter que parlant de ce qui nous regarde, de ce qui est notre affaire, nous avons un peu plus de chances de ne pas parler en vain.

À notre tour, et sans nous lasser, nous dénoncerons les exactions et les crimes commis par l'administration des colonies françaises. Nous les dénoncerons avec l'aide de ceux des administrateurs coloniaux — et il y en a, et leur nombre est grand — qui, sous un climat perfide, dans la solitude mauvaise, se sont gardés de la mélancolie, de la fureur, des perversions mentales, des terreurs et des hallucinations homicides, et ont su demeurer justes et modérés. Impérieusement et sans nous lasser, nous réclamerons la répression des crimes et la réforme d'un régime qui les a favorisés ou permis.

Impérieusement et sans nous lasser, nous demanderons pour les Jaunes et les Noirs de notre empire colonial le respect des droits de l'homme. Nous demanderons justice au nom de l'humanité que l'on n'outrage pas en vain ; au nom de la patrie dont on sert mal les intérêts par cette barbarie coloniale.

Plusieurs motifs propres à la période concernée expliquent cette retenue. D'abord, la persistance, inavouée mais partout sous-jacente, du mythe de la mission civilisatrice ; ensuite, le fait que chaque nouvelle avancée impérialiste — expédition militaire, manœuvre diplomatique, incident du type Fachoda — pouvait donner lieu à une appréciation différente et même à des revirements complets d'une circonstance à l'autre, ainsi de Clemenceau et des députés radicaux. Par ailleurs, l'obsession de la revanche et de « la ligne bleue des Vosges » conduit à des coalitions inattendues, comme celle qui réunit contre Jules Ferry et ses projets indochinois Clemenceau et Déroulède. Enfin, les progrès du pacifisme inclinèrent beaucoup de dirigeants, quelle que fût leur appartenance politique, à lutter contre les entreprises coloniales pour atténuer le risque d'une nouvelle guerre en Europe entre puissances impérialistes. « Des réformes, oui ; une révolution, non », pourrait-on dire en reprenant une formule célèbre.

Du côté des économistes, il faut noter un changement de cap, au moins momentané. Paul Leroy-Beaulieu s'inscrit dans la ligne de ceux qui veulent, avec Renan, contribuer au redressement du pays après l'humiliation de la défaite de 1870, et il publie, en 1874, un plaidoyer en faveur de la colonisation, *La Colonisation chez les peuples modernes*. Bien que plus nuancé, Charles Gide se rallie à ce point de vue (*À quoi servent les colonies ?*, 1885) pour ne pas rompre le front patriotique, cela au moment même où l'extrême gauche et l'extrême droite font alliance contre l'expédition du Tonkin, et pour ne pas compromettre les chances d'une « revanche » sur le sol européen. Cependant, la majorité des économistes libéraux (Frédéric Passy, Yves Guyot, Molinari) restera fidèle au message anticolonial d'Adam Smith. Il semble que cette constance dans la doctrine ait eu peu d'influence sur la pratique des gouvernements successifs, plus sensibles aux manœuvres et aux pressions de l'occulte mais puissant « parti colonial ».

Si les socialistes ont droit à un traitement distinct, c'est d'abord parce qu'ils constituent, depuis 1870, une force politique neuve et active sur le plan électoral et parlementaire, avant d'accéder elle-même au gouvernement à la veille de la Première Guerre mondiale ; c'est, en second lieu, parce que le socialisme français constitue une section de l'Internationale ouvrière (fondée par Marx en 1860 et réorganisée en 1889) dont on pouvait penser qu'elle allait placer la question coloniale au centre de sa stratégie ; c'est, enfin, parce que les propos des socialistes sont en effet parmi les plus sévères que l'on puisse trouver, au cours de cette période, dans la littérature anticolonialiste.

Pourtant, leur message n'est pas de nature à justifier le triomphalisme rétrospectif auquel se sont parfois livrés des propagandistes trop zélés. Au sein de l'Internationale comme au sein du mouvement socialiste français, des tendances diverses et, parfois même, opposées, se sont fait jour. En 1896, le congrès de Londres déclare que, quel que soit le prétexte religieux ou soi-disant civilisateur de la politique coloniale, celle-ci n'est que l'extension du champ de l'exploitation capitaliste dans l'intérêt exclusif de la classe capitaliste. Marx aurait sans doute contresigné le texte de cette motion. Mais la colonisation n'est-elle vraiment qu'un avatar du capitalisme ? Et suffirait-il d'abolir le capitalisme pour faire disparaître du même coup le fait colonial ?

La motion du congrès de Stuttgart (1907), adoptée à l'issue de vives controverses entre ultras et modérés, paraît réitérer la condamnation précédente : « La politique coloniale capitaliste, par son essence même, mène directement à l'asservissement, au travail forcé et à la destruction des populations indigènes dans le domaine colonial. La mission civilisatrice dont se réclame la société capitaliste ne lui sert que de prétexte pour couvrir sa soif d'exploitation et de conquête. » Mais la motion finale ajoute : « Seule la société socialiste pourra offrir à tous les peuples la possibilité de développer pleinement leur civilisation. » Le compromis intervenu ouvre ainsi la porte à une solution de rechange, puisqu'il condamne la politique coloniale capitaliste et admet, *a contrario*, la légitimité d'une politique coloniale socialiste. Quant au congrès de Bâle (1913), il sera obsédé par la hantise de la guerre et délaissera de ce fait le débat sur le colonialisme.

Ces tensions doctrinales se retrouvent au sein de la famille socialiste française, où s'affronteront aussi maximalistes (Jules Guesde, Paul Louis, Gustave Hervé) et minimalistes (Jaurès, Pressensé). À travers bien des fluctuations personnelles, Jaurès apparaît comme la figure de proue du mouvement et l'arbitre entre tendances contradictoires. Or il est clair que Jaurès répugne à un anticolonialisme dogmatique. Dans un article du 17 mai 1896, il admet que « la politique coloniale est délicate, parce qu'elle touche aux passions chauvines et aux intérêts immédiats de tous les peuples », et il poursuit : « En fait, tous les peuples sont engagés dans une politique coloniale ; et ce ne sont pas nos formules d'avenir qui leur feraient rebrousser chemin ; la loi d'expansion et de conquête à laquelle ils cèdent tous semble irrésistible comme une loi naturelle ; et nous aurons beau dénoncer toutes les vilenies, toutes les corruptions, toutes les cruautés du mouvement colonial, nous ne l'arrêterons pas... » La seule solution, pour Jaurès et la majorité des dirigeants socialistes français de l'époque, consiste donc à substituer à la mauvaise politique coloniale menée par les capitalistes une bonne politique coloniale qui sera gérée par les socialistes. Il ne faut donc pas s'étonner de lire, sous la plume d'un autre socialiste, Félicien Challaye, en 1912, ce verdict sans appel : « Il n'est pas un socialiste pour demander l'abolition des colonies. »

On serait tenté de conclure que les socialistes d'avant 1914 sont, somme toute, moins anticolonialistes que les économistes libéraux, dont ils reprennent d'ailleurs les thèses à leur compte quand il s'agit, pour mieux flétrir l'exploitation coloniale, de démontrer qu'elle dessert aussi l'intérêt national. Mais il y a plus. Les socialistes empruntent aussi aux pacifistes (qui ne sont pas tous socialistes...) la crainte d'une guerre intra-européenne entre puissances impérialistes. Et en vue de justifier le recours à une « autre » politique, enfin purgée du virus capitaliste, ils puisent dans la tradition humaniste la critique des mœurs et des méthodes de l'administration coloniale.

Ainsi se dégage, entre 1871 et 1914, une sorte de consensus implicite, dans lequel l'anticolonialisme nourrit la bonne conscience et sert involontairement d'alibi à la perpétuation du fait colonial, aussi longtemps que le socialisme ne l'aura pas emporté. Le double langage des socialistes, quand ils accéderont au pouvoir dans la période suivante, fournira une nouvelle preuve de cette étrange coalition.

On est loin, très loin, de la stratégie révolutionnaire inventée par Marx et du rôle assigné par ce dernier à la révolte des colonies dans la chute du capitalisme. Il faudra la main de fer de Lénine pour remettre la machine infernale sur les rails, avant de passer la main (et la parole) aux « damnés de la terre ».

Le XXᵉ siècle : de l'anticolonialisme à la décolonisation

« Pour qui sonne le glas ? » Les soldats qui s'entre-tuaient, en 1916, dans le charnier de Verdun ne se doutaient certainement pas qu'ils participaient à une guerre civile européenne et que leurs empires ne seraient plus, un demi-siècle plus tard, qu'un souvenir. Quelle a été la part des anticolonialistes dans cette débâcle ?

Lénine et la IIIᵉ Internationale joueront, momentanément au moins, un rôle d'accélérateur, avant de servir, provisoirement aussi, de frein au mouvement. Les courants humanistes et humanitaires vont s'affadir : en repoussant sur leurs marges les opposants radicaux, ils vont venir renforcer, au centre, un réformisme qui servira à la fois de consensus et d'alibi ; du scepticisme, on passera bientôt à la lassitude et à la résignation.

La relève sera assurée, pendant ce temps, par la clameur des colonisés, encouragés par le déclin de l'Europe et par le soutien des deux grandes puissances du moment, les États-Unis et l'Union soviétique. Ce sont les représentants des damnés de la terre qui vont donner le coup de grâce au colonialisme.

L'apport du communisme. — La publication, en 1917, de *L'Impérialisme, stade suprême du capitalisme* consacre la rupture de Lénine avec les tergiversations de la IIᵉ Internationale et sa propre conversion à une nouvelle stratégie révolutionnaire. Dès lors que la guerre impitoyable que se livrent sous ses yeux les pays européens ne suffit pas pour détruire le système capitaliste, il reste à exploiter la contradiction suprême que constitue l'impérialisme. En suscitant de façon délibérée la révolte des pays décolonisés, Lénine espère atteindre de façon mortelle son adversaire et provoquer ainsi la révolution mondiale.

Ce projet devait constituer l'un des objectifs de la IIIᵉ Internationale, fondée à Moscou en 1919. La huitième des vingt et une conditions d'adhésion imposées aux partis communistes nationaux qui feraient acte de candidature était ainsi rédigée : « Les partis des pays dont la bourgeoisie possède des colonies ou oppriment des nations doivent avoir, sur la question des colonies et des nationalités opprimées, une ligne de conduite particulièrement claire et nette. Tout parti voulant appartenir à l'Internationale a pour devoir de dévoiler impitoyablement les menées de "ses" impérialistes aux colonies, d'exiger que soient expulsés des colonies les impérialistes de la métropole, d'inculquer aux travailleurs de son pays des sentiments véritablement fraternels à l'égard de la population laborieuse des colonies et de mener dans l'armée une agitation systématique contre toute oppression des peuples coloniaux. »

On pourrait difficilement trouver dans l'histoire une profession de foi plus anticolonialiste que celle-là. Elle a d'autant

plus d'importance qu'elle figure au programme d'une instance internationale, dont le rôle est précisément de coordonner et d'animer l'action des partis nationaux qui sont ou qui
vont en devenir membres. Sur le terrain doctrinal, ce texte
marque l'apogée du discours anticolonialiste.

Cependant, le dernier mot n'était pas dit. Il restait à l'Internationale de Moscou (*Komintern*) à trancher les délicats problèmes stratégiques soulevés par la prédilection accordée à
l'émancipation des colonies : la tâche incomberait-elle aux
partis nationaux ou bien à la direction du Komintern, qui
serait seule habilitée à déterminer le calendrier, la localisation
et les méthodes de la décolonisation ? Dans ce combat, pourrait-on ou non faire alliance avec les mouvements nationalistes « bourgeois », souvent plus enclins, dans les colonies, à
faire la révolution que les membres d'un prolétariat inorga-
nisé et dépourvu de conscience de classe ? Enfin, et peut-être
surtout, que faire en cas de contradiction entre les impératifs
de la lutte frontale contre les États capitalistes bourgeois et
ceux qu'exigerait le soutien inconditionnel aux peuples
colonisés ?

Toutes ces questions, hautement stratégiques, furent évoquées, du vivant même de Lénine, aux congrès du Komintern
entre 1920 et 1922. Des délégués musulman (Sultan Galiev)
ou indien (N. Toy) voulaient accorder la priorité absolue à la
lutte anticoloniale. Leurs thèses ne furent pas retenues, surtout après la mort de Lénine. L'Union soviétique ne se sentait
pas assez forte pour entreprendre une croisade solitaire à
l'échelle universelle. Elle préféra s'abriter, au moins provisoirement, derrière la doctrine du « socialisme dans un seul
pays », contrôler étroitement l'orientation du Komintern et
soumettre aux seules directives du « centre » (entendons Moscou) les initiatives des partis communistes nationaux, bref,
faire prévaloir en toutes circonstances les intérêts de puissance de l'État soviétique sur ceux de ses partenaires ou de
ses alliés présumés.

Dès le milieu des années 1920, le rêve de Lénine avait
échoué. Il n'en restera qu'un thème de propagande, rideau
de fumée destiné à sauver une réputation avantageuse et à
masquer le réalisme cynique de Staline. Les partis communistes nationaux (y compris le Parti communiste français dans

l'affaire du Rif en 1925 ou dans ses efforts ultérieurs d'implantation en Algérie) furent souvent bridés ou contrariés dans leurs initiatives par la dictature du Komintern. Celle-ci devait s'exercer sans partage jusqu'à la Seconde Guerre mondiale.

La question devait toutefois rebondir dans le contexte très différent de l'après-guerre. Cette fois, l'intérêt de l'Union soviétique concordait avec l'émancipation des pays colonisés. Dans la confrontation avec l'Occident (spécialement avec les États-Unis qui faisaient eux aussi, pour des raisons différentes, profession d'anticolonialisme), l'indépendance des territoires placés sous domination européenne ne pouvait, au moins dans la vision marxiste de la situation internationale, qu'affaiblir le camp adverse. Effectivement, la diplomatie soviétique rechercha toutes les occasions pour courtiser les pays membres de ce que l'on allait appeler bientôt le « tiers-monde ». Elle soutint militairement le Vietnam ou économiquement Cuba et l'Égypte de Nasser ainsi que d'autres pays qui sollicitèrent son aide, et elle commençait même, à la fin des années 1970 et au début des années 1980, à s'immiscer dans des guerres civiles internes (Éthiopie, Angola), où sa présence fut considérée comme une provocation de type impérialiste. En fait, l'histoire de cette période montre d'abord que l'URSS n'a pas eu la capacité — ni sans doute la volonté — de soutenir tous les mouvements de libération, ensuite que ces mouvements, avant et surtout après l'indépendance, se souciaient fort peu d'échanger une domination contre une autre. Des appellations comme « tiers-monde » ou « mouvement des non-alignés » (fondé à Belgrade en 1960) témoignent d'un souci de distanciation à l'égard des deux « camps », socialiste aussi bien que capitaliste. Tant et si bien qu'en dehors du soutien très sélectif accordé à des pays stratégiquement en bonne position (comme l'Égypte ou Cuba), les rapports entre l'URSS et les anciennes colonies se soldèrent par une série de déceptions, de malentendus ou de rendez-vous manqués (comme celui d'Alger en 1974 où les pays du tiers-monde ont refusé la participation de l'URSS à leurs débats).

Finalement, l'Union soviétique et le mouvement communiste international auront certainement contribué, à leur manière, à lutter contre une colonisation déjà fort ébranlée. Mais cette influence a été limitée, dans l'espace et dans le temps, par la crainte d'une contamination idéologique. Placé au service d'une nouvelle forme d'expansion impérialiste, l'anticolonialisme d'inspiration communiste a suscité des réactions de rejet de la part de sociétés soucieuses de ne pas aliéner ce qui subsistait de leurs propres systèmes de valeurs.

Libéraux et socialistes : le piège du réformisme. — Longtemps opposés par leurs idéologies politiques, libéraux et socialistes vont se retrouver très voisins dans leur approche du phénomène colonial. Le courant libéral s'épuise lentement, face à une opinion publique qui s'enflamme tardivement pour découvrir les vertus de l'Empire colonial, célébré par l'Exposition de 1931. Il reste tout de même des témoins et des observateurs pour critiquer sinon le principe, au moins les méthodes de la colonisation française. Mais leur nombre et leur notoriété se réduisent. Avec son *Voyage au Congo* (1927), André Gide fait exception, encore que ce banal carnet de route ne comporte pas de jugement bien sévère sur la condition des populations indigènes ni sur la conduite des administrateurs coloniaux. L'œuvre romanesque de Joseph Conrad (notamment *Au cœur des ténèbres*, publié à Londres en 1902) est autrement plus corrosive. La mini-tempête soulevée par la publication de l'ouvrage de Gide témoigne seulement de la puissance du courant colonialiste dans l'opinion de l'époque.

À gauche, les socialistes abandonnent volontiers le monopole de l'anticolonialisme doctrinaire au Parti communiste. Léon Blum déclare, en 1925 — année de la guerre du Rif : « Nous avons trop l'amour de notre pays pour désavouer l'expansion de la pensée, de la civilisation françaises… Nous admettons le droit et même le devoir des races supérieures d'attirer à elles celles qui ne sont pas parvenues au même degré de culture et de les appeler aux progrès réalisés grâce aux efforts de la science et de l'industrie. » Le Parti communiste n'abuse d'ailleurs pas du rôle d'opposant officiel dans lequel il est confiné. Ses déclarations témoignent, au fil du temps, à mesure que la menace de guerre contre l'Allemagne se précise, d'une volonté de conciliation entre la défense des colonies et celle de l'intérêt national.

Toujours est-il que modérés et socialistes se retrouvent au centre (ou au « marais », comme on voudra) et vont noyer leur mauvaise conscience dans des propositions réformistes face à l'agitation qui se manifeste déjà en Afrique du Nord et au Moyen-Orient. Les mesures, plutôt timides, qu'ils préconisent, sans toujours pouvoir les mettre en œuvre, sont inspirées par une volonté d'assimilation des populations, qui semble bloquer toute évolution vers l'autonomie et, à plus forte raison, vers l'indépendance. De ce point de vue, la continuité entre la IIIe et la IVe République est frappante. Au lendemain de la guerre, le MRP (Mouvement républicain populaire, issu de la Démocratie chrétienne d'avant-guerre) et les socialistes accèdent au pouvoir dans des coalitions comme le Tripartisme ou la Troisième Force. Aucun d'entre eux ne réagira aux massacres de Sétif (1945) et de Madagascar (1947). Sur le plan institutionnel, ils firent adopter, dans la Constitution de 1946, une Union française, si maladroitement conçue que ses rouages n'ont pratiquement jamais pu fonctionner, et ils durent affronter les révoltes d'Indochine et d'Afrique du Nord. Durant toute la durée de la crise, qui s'acheva par la chute du régime provoquée par l'incapacité de ce dernier à résoudre le problème algérien, on a multiplié les concessions, dans l'espoir d'éviter la solution de l'indépendance, qui paraissait inconcevable à la majorité de la classe politique et de l'opinion publique.

C'est l'échec patent de cette politique réformiste qui suscita, dans les années 1950 et 1960, la formation, en marge du système politique (gouvernemental, parlementaire ou partisan), de groupuscules où se réfugia le dernier bastion de l'anticolonialisme pur et dur. Ces groupes étaient constitués de façon hétérogène. On y retrouvait pêle-mêle d'anciens résistants, des chrétiens progressistes, des syndicalistes et des intellectuels de gauche (J.-P. Sartre, notamment). Plusieurs publications, comme *Les Temps modernes* ou *Témoignage chrétien*, propagèrent leurs thèses radicales ; mais certaines de ces personnalités ne se contentent pas d'user de l'écrit ou de la parole. Elles forment des groupes clandestins qui iront jusqu'à porter aide et assistance aux mouvements de libération coloniaux en lutte ouverte contre l'autorité française (comme les « porteurs de valises » du FLN, qui transportaient des armes destinées au Front de libération nationale en lutte contre l'armée française en Algérie). L'action des uns et des autres ne semble pas avoir exercé d'influence notable sur une opinion traumatisée, plutôt prédisposée à l'abandon qu'au sacrifice.

Quelle qu'en ait été la cause, dès la fin de 1960, l'empire français des années 1930 s'est effondré comme un château de cartes. Les médecins aux bons sentiments qui se sont penchés sur son chevet n'auront fait que prolonger son agonie

Le revirement des milieux d'affaires. — On a déjà souligné le contraste entre la condamnation de la colonisation par les économistes libéraux (à l'exception de quelques-uns d'entre eux au début de la IIIe République) et la perpétuation de la politique coloniale des gouvernements, fussent-ils dominés par des partisans du libéralisme économique. Or les milieux d'affaires vont enfin s'aligner sur la doctrine des théoriciens.

Il ne s'agit pas là d'un revirement opportuniste ou de la fuite éperdue de passagers qui quittent le navire en flammes. Jacques Marseille a démontré (*Empire colonial et capitalisme français. Histoire d'un divorce*, 1984) que le changement de perception du problème colonial chez les financiers et les chefs d'entreprise s'était amorcé dès le début des années 1930, puis avait été conforté ultérieurement par l'appui d'une poignée de hauts fonctionnaires anticonformistes. L'idée selon laquelle le protectionnisme auquel la gestion des territoires coloniaux condamnait l'économie française ne bénéficiait qu'à une minorité d'entreprises ou d'intermédiaires privés et allait à l'encontre des intérêts de l'économie nationale devait finir par s'imposer. Ce fut le fruit d'une mûre réflexion, appuyée sur l'expérience et sur l'examen minutieux des données statistiques. Elle aboutit à la conclusion que les impératifs de la modernisation du pays étaient incompatibles avec les charges imposées par l'entretien d'un très vaste empire et qu'il convenait donc de rapatrier sur l'Hexagone les ressources inutilement dispersées au-delà des mers.

Peut-on comptabiliser ce revirement tardif parmi les composantes de l'anticolonialisme ? La réponse à cette question aurait été différente sans l'intervention, dans le débat, du directeur de l'hebdomadaire *Paris Match*, Raymond Cartier, en août-septembre 1956. Considéré en lui-même, le changement de stratégie préconisé et mis en œuvre par une fraction du patronat français n'impliquait pas une lutte frontale contre la politique des gouvernements ni contre les manœuvres de retardement conduites par les privilégiés du système. Il se traduisit par des mesures, efficaces mais discrètes, comme la modification des flux d'investissements, qui auraient pu échapper, sur-le-champ, à l'opinion publique.

Il en alla forcément de manière différente dès lors que ce tournant fut repris à son compte, popularisé et vulgarisé par un hebdomadaire à grand tirage. De ces articles on a fait une doctrine — le « cartiérisme » —, rapidement prise en charge par certains courants d'extrême droite. (C'est un candidat à la présidence de la République, J.-L. Tixier-Vignancour, qui semble avoir inventé ce slogan aussi inepte que populaire : « La Corrèze ou le Zambèze ».)

À ce niveau d'argumentation, on tombe dans la caricature, que Jacques Marseille a raison de stigmatiser. Il n'empêche que le cartiérisme n'aurait pas connu un tel succès s'il ne répondait pas à une certaine attente de l'opinion publique, à qui il a fourni les explications et les excuses dont elle avait besoin pour se dégager du guêpier colonial. Il reste aussi que l'argument économique aura sans doute pesé plus lourd dans le débat que les états d'âme des idéalistes et des militants doctrinaires. S'il en est ainsi, ce n'est pas seulement parce que les circonstances ont fait surgir à point nommé des slogans populaires, mais c'est aussi parce que l'analyse de la faible rentabilité de l'entreprise coloniale émise par les économistes libéraux (approuvés en cela par Karl Marx) était fondamentalement correcte.

Ainsi l'anticolonialisme a-t-il, au cours de sa longue carrière, fait feu de tout bois.

Quelle a été, en fin de compte, l'influence de l'anticolonialisme sur la décolonisation ? La réponse n'est pas si simple que celle suggérée, à l'époque de cet ultime épisode, par les flots de propagande.

Il faut d'abord rappeler que les deux premières vagues de décolonisation, qui ont affecté successivement les colonies britanniques d'Amérique du Nord — Canada excepté — et ibériques en Amérique latine, ont été provoquées par les colons implantés sur ces territoires et non par les populations autochtones. Ce fut donc une révolte contre les prétentions des métropoles à réglementer les activités, surtout économiques, d'une partie de leurs propres ressortissants établis outre-mer. L'indépendance a ainsi bénéficié à une minorité des populations, confirmant la domination de celle-ci sur les indigènes. Cette première forme de décolonisation a favorisé l'éclosion de vigoureux nationalismes, mais elle a laissé subsister sur place de fortes tensions entre les deux couches de population en présence.

Il en va différemment de la seconde vague de décolonisation, celle du XXᵉ siècle, qui ruina en quelques décennies les empires européens d'au-delà des mers. Ce sont, cette fois, les autochtones qui se révoltèrent à la fois contre la domination des « occupants » d'origine européenne (devenus minoritaires) et contre la tutelle exercée sur leur territoire par les puissances métropolitaines. Cette fois, ce sont les « Blancs » qui cherchèrent appui et protection auprès des métropoles contre les revendications indépendantistes des nationalistes locaux. L'anticolonialisme devint alors la cause de tous les leaders charismatiques (dont Gandhi fournit la figure emblématique) et des mouvements de libération, forgés dans l'ombre puis en lutte ouverte contre l'occupant « étranger ».

Face à la violence de ce courant, encouragé par les deux grandes puissances du moment et devenu irrésistible au fur et à mesure qu'il s'étendait à de nouvelles parties du monde, l'idéologie anticolonialiste des Européens semble bien n'avoir joué qu'un rôle d'appoint. Tandis que l'opinion était acquise — ou, au mieux, indifférente — au paternalisme colonial, les courants anticolonialistes restèrent le plus souvent minoritaires, sinon marginaux.

En réalité, la décolonisation s'inscrivait dans une évolution qui démasquait, à terme, le vice congénital de l'entreprise coloniale. Celle-ci n'a que très partiellement et très imparfaitement rempli la « mission civilisatrice » que les plus généreux de ses défenseurs lui avaient assignée. Là où une ségrégation malencontreuse ne l'a pas emporté (comme dans les possessions britanniques), les efforts d'assimilation et d'intégration (plus conformes au modèle français de colonisation) n'ont pas réussi à entamer profondément le particularisme des sociétés indigènes. Certes, l'apport linguistique et culturel, au moins dans le domaine éducatif, n'a pas été négligeable. Cependant, le mimétisme institutionnel est déjà plus suspect, comme le prouve la lente dégradation des modèles occidentaux depuis la décolonisation.

Par-dessus tout, les métropoles étaient hors d'état d'assurer, avec leurs seules ressources, le développement — économique et social — des pays qu'elles avaient pris en charge. Tant qu'il s'est agi de couvrir les dépenses de souveraineté (armée, police, justice), la partie était jouable. Or, dès l'instant où il fallut satisfaire les aspirations des peuples colonisés à l'amélioration de leur condition — matérielle, mais aussi bien morale et sociale —, le « fardeau de l'homme blanc » cher à Kipling devint trop lourd à porter. On l'a bien vu dans le cas, à tous égards exemplaire, de l'Algérie. Ce n'est pas la défaite des armées françaises sur le terrain qui a poussé le général de Gaulle à accorder l'indépendance, mais les perspectives inquiétantes du plan de Constantine (1959) qui soulignaient le coût exorbitant de l'intégration des populations musulmanes dans la société française. La démonstration ne pouvait déboucher que sur la séparation de corps, c'est-à-dire sur l'indépendance.

S'il fallait donc établir, pour conclure, une hiérarchie dans l'influence des composantes de l'anticolonialisme sur la décolonisation, c'est sans doute à la thèse utilitariste qu'il conviendrait d'attribuer la palme. Ce constat chagrinera sans doute les idéalistes. Mais la suite des événements suffit à vérifier le bien-fondé du diagnostic : la décolonisation n'a nullement porté ombrage au développement des anciennes métropoles — bien au contraire ; en revanche, elle a contribué à enfoncer dans l'anarchie politique et dans la misère les peuples émancipés.

S'il y avait un jour un procès en responsabilité, les Européens devraient figurer au banc des accusés à titre de complices, sous la double inculpation de viol de domicile avec effraction, à l'origine, et de non-assistance à personne en danger, au terme du processus.

BIBLIOGRAPHIE

Le rôle des Églises :

L'espace réduit assigné à ce chapitre n'a pas permis de traiter des religions autres que le catholicisme. On trouvera des indications contemporaines mais aussi historiques dans :

Robert Delavignette, *Christianisme et colonialisme*, Paris, Fayard, 1960, 127 p., bibliographie.

Marcel Merle (éd.), *Les Églises chrétiennes et la décolonisation*, Paris, Armand Colin, 1967, 519 p.

L'anticolonialisme profane :

Charles-Robert Ageron, *L'Anticolonialisme en France de 1871 à 1914*, Paris, PUF, 1973, 96 p. ; bibliographie pour la période de 1919 à nos jours.

Raoul Girardet, *L'Idée coloniale en France, 1871-1967*, Paris, La Table ronde, 1972.

Jacques Marseille, *Empire colonial et capitalisme français*, Paris, Albin Michel, 1984 ; coll. « Points histoire », 1989 ; 459 p., bibliographie.

Marcel Merle, *L'Anticolonialisme européen de Las Casas à Marx*, Paris, Armand Colin, 1969, bibliographie, 397 p. ; trad. espagnole, *El anticolonialismo europeo desde Las Casas a Marx*, Madrid, Alianza editorial, 1972 ; trad. portugaise, *O anticolonialismo europeo*, Lisbonne, 1975.

Le postulat de la supériorité blanche et de l'infériorité noire

par Catherine Coquery-Vidrovitch

> *Il n'est pas bon, mes compatriotes, vous qui connaissez tous les crimes commis en notre nom, il n'est vraiment pas bon que vous n'en souffliez mot à personne, pas même à votre âme par crainte d'avoir à vous juger. Au début vous ignoriez, je veux le croire, ensuite vous avez douté, à présent vous savez, mais vous vous taisez toujours.*
>
> Jean-Paul Sartre, préface aux *Damnés de la terre*, de Frantz Fanon, 1961.

Le monde antique

Le postulat de la supériorité blanche a une longue histoire en Occident. Il n'existait sans doute guère dans l'Antiquité, et il semble qu'alors la curiosité l'emportait sur le mépris. Les Grecs étaient des Méditerranéens accoutumés aux teints basanés, et la plupart de leurs esclaves étaient blancs. Au ve siècle av. J.-C., Hérodote, qui éprouvait la plus grande admiration pour l'Égypte, bien qu'il exprimât des préjugés favorables aux Grecs, dit des Libyens (c'est-à-dire des Africains) qu'ils sont « les plus sains des peuples du monde[1] ». Il n'en décrit pas moins les « Troglodytes-Éthiopiens » comme des mangeurs de serpents et de lézards, émettant des sons plus proches des chauves-souris que de la voix humaine[2] ; il peuple le sud du monde connu d'animaux monstrueux sans tête avec les yeux sur le ventre[3]... On a récemment discuté férocement,

---

1. Hérodote, *Histoires*, livre 4, 187.
2. *Ibid.*, 183.
3. *Ibid.*, 191.

entre égyptologues « classiques » et afrocentristes militants,
pour savoir si les Égyptiens étaient noirs ou blancs. La polémique, en soi peu convaincante, a au moins eu l'intérêt de
montrer que les Anciens étaient peu regardants sur la couleur. Ce qui importait, c'était d'être grec, et qui plus est
citoyen de sa ville. Quant aux Égyptiens, ils étaient, de l'avis
même des Grecs, pour la plupart métissés, compte tenu du
climat et des échanges multiples dont cette terre a été le
creuset[4], mais cela avait à leurs yeux moins d'importance que
leur qualité d'étrangers. Une preuve, s'il en était besoin, est
le fait que nous ignorons la couleur de la reine Cléopâtre
(69-30 av. J.-C.), aimée de César et d'Antoine, ou plutôt qui
n'eut d'autre choix, pour essayer de sauver son royaume, que
de pactiser avec les envahisseurs romains. Pour démontrer
qu'elle était blanche, l'éminente littéraire spécialiste du
monde hellène, Mary Lefkowitz, a utilisé des arguments assez
fallacieux[5]. Nous n'en retiendrons qu'un seul, car il est important ici, bien que peu convaincant dans ce cas particulier : le
racisme des Grecs — non un racisme de couleur mais d'origine ; Cléopâtre était la dernière représentante de la dynastie
grecque des Ptolémées descendant d'un général d'Alexandre
(mort en 323 av. J.-C.) ; or les Ptolémées n'auraient pu frayer
avec des étrangers, c'est-à-dire des « Barbares » (*barbaroi*),
non intelligibles, fussent-ils leurs propres sujets. Il n'est pas
inintéressant de constater que le premier à faire de Cléopâtre
une femme de couleur fut, au tournant du XVIIe siècle seulement, Shakespeare, qui la qualifie tantôt de *tawny*, tantôt de
black. C'était l'époque de la maturation du préjugé de
couleur.

L'esclavage antique, pour être un élément majeur de la vie
productive, était indiffférent à la couleur. Les Grecs mirent
d'autres Grecs en esclavage, les Romains eurent des esclaves
grecs, mais plus souvent venus des confins de l'empire, sur-

---

4. Il faut être américain, où le métis n'est pas reconnu en tant que
tel (on ne peut être que « noir » ou « blanc »), pour ne pas admettre
cette idée simple.

5. Mary Lefkowitz, *Not out of Africa. How Afrocentrism Became
an Excuse to Teach Myth as History*, Harper Collins Publ., 1996,
chap. II.

tout de Germanie, de Thrace, du Proche-Orient ou des steppes nordiques lointaines. Au Vᵉ siècle av. J.-C., Aristote, inspiré par Platon qui avant lui avait fait des Barbares les ennemis naturels des Grecs[6], fut le premier à conseiller de préférer les non-Grecs comme esclaves, « car que certains aient à gouverner et d'autres à être gouvernés n'est pas seulement nécessaire, mais juste ; de naissance, certains sont destinés à la sujétion, d'autres non ». Les habitants du nord de l'Europe sont décrits comme manquant d'habileté et d'intelligence, et ceux d'Asie comme manquant d'esprit : en conséquence, un Barbare était par nature un esclave, car moins propre que d'autres à l'exercice de la liberté[7].

L'esclavage fut effectivement un instrument essentiel de l'infériorisation d'une partie de l'humanité. Les Gallo-Romains du haut Moyen Âge connurent des pratiques esclavagistes qui se prolongèrent au moins jusque vers le Xᵉ siècle de notre ère. Les Africains ne furent sans doute pas moins esclavagistes que les autres. Mais ce qui différencie l'Afrique au sud du Sahara, c'est que, très tôt, elle fournit surtout des esclaves de traite lointaine, c'est-à-dire vendus à d'autres peuples et à d'autres contrées, voire sur d'autres continents. La spécificité des Européens, c'est d'avoir statué que seuls les Noirs pouvaient être asservis. Dès lors, le Noir devenait un inférieur pour ceux qui le mettaient en esclavage. Cela dura jusqu'à la fin du XIXᵉ siècle au moins.

La religion

La tradition judéo-chrétienne n'arrangea pas les choses. La Bible n'est pas en elle-même porteuse de racisme anti-noir, au contraire. La question est abordée à deux ou trois reprises — et il ne s'agit pas de la malédiction de Cham, puisque la référence au peuple noir y est une invention apocryphe ultérieure. La première concerne Moïse, dont il est dit qu'il avait épousé une Éthiopienne, « car il avait pris une femme éthiopienne », insiste le texte, ce qui tend à montrer que ce n'était pas courant ; et Dieu châtie Miriam, la sœur de Moïse, pour

6. Platon, *La République*, 5, 470.
7. *Politique*, livre I, 2, 4 et 6.

avoir critiqué l'union : il l'enveloppe d'une nuée dont elle sort « blanche comme la neige… et lépreuse[8] ». L'exégète grec d'Alexandrie, Origène (IIIe siècle apr. J.-C.), voit dans cet épisode l'union spirituelle de la Loi (Moïse) et de l'Église (l'éthiopienne) ouverte à tous. Quant au *Cantique des cantiques*, il célèbre la beauté de Sulamite, la Noire aimée du roi Salomon : « Je suis belle et noire », disait le texte, plus tard transformé en « Je suis belle *mais* noire » dans la Vulgate (traduction latine du IVe siècle[9]). C'est à nouveau Origène qui introduit à ce propos la symbolique des couleurs, aussi bien pour évoquer la noirceur du péché que la beauté éthiopienne de la convertie[10].

Un dernier signe de l'indifférence de la Bible à la couleur réside dans le récit de la visite de la reine (éthiopienne) de Saba au roi Salomon : nulle part dans les Chroniques (II, 9) il n'est fait allusion à son teint de peau. Tout au plus repère-t-on un commentaire, à l'occasion d'un passage de *Jérémie* comparant l'Éthiopien qui ne peut changer de peau au léopard qui ne peut effacer ses taches, cela permettant d'identifier l'Éthiopien comme noir[11]. En somme, durant les premiers siècles, les Noirs étaient reçus par l'Église au même titre que les autres.

La traite des Noirs

La traite des Noirs fut incontestablement « inventée » par les Romains et, avant eux, sans doute dans une certaine mesure par les Phéniciens et les Carthaginois, mais nous n'en savons pas grand-chose. Des images négatives du Noir remontent

---

8. Pentateuque, Nombres, 12, 2-15.

9. 1, 5. Les traductions récentes (2001) conservent l'ambiguïté : « Je suis belle et pourtant noire », propose l'une (bible de Jérusalem) ; « Je suis noire et magnifique » selon l'autre (Mediaspaul).

10. Frank M. Snowden, *Before Color Prejudice. The Ancient View of Blacks,* Harvard, Harvard University Press, 1983, p. 106-107. L'ouvrage français sur la question est *L'Invention du racisme : Antiquité et Moyen Âge*, de Christian Delacampagne, Paris, Fayard, 1983. Et du même auteur : *Une histoire du racisme*, Le Livre de Poche, n° 575, 2000.

11. *Jérémie* 14, 23.

très loin : Tacite, par opposition, vantait déjà la pureté de la race des Germains qui, détenteurs de qualités supposées perdues ou perverties chez les Romains, avaient toujours évité de se mélanger à d'autres nations, tandis que le géographe Solinus, au IIIe siècle, traitait les Noirs d'Afrique de « bâtards entre les bâtards[12] ».

Les préjugés augmentèrent avec l'essor de la traite arabe, car au Moyen Âge les Arabes importaient beaucoup plus d'esclaves noirs que les Romains quelques siècles auparavant. Le déclenchement de la traite des Noirs remonterait au *baqt*, traité conclu avec les Nubiens en 31/652 par le conquérant arabe Abddallah ben Sayd qui leur aurait imposé un tribut de 360 esclaves par an[13]. À la grande époque des empires musulmans, à partir du Xe siècle, des millions de Noirs furent transportés vers le monde méditerranéen et l'océan Indien. Les musulmans ne considéraient pas seulement les Noirs comme des païens, mais aussi comme une race inférieure destinée à l'esclavage, si bien que le mot arabe pour désigner l'esclave, *abid*, devint plus ou moins synonyme de Noir (*Zenj* était un terme plus vague pour désigner les « sauvages »). La littérature arabe, dès les VIIIe et IXe siècles, associe la peau noire à des caractéristiques négatives comme une mauvaise odeur, une physionomie répulsive, une sexualité débridée, des signes extérieurs de sauvagerie ou de débilité. La mise en esclavage des Noirs relevait de la normalité au même titre que l'utilisation des animaux de bât. Ils étaient utilisés comme travailleurs de la terre ou des mines, comme soldats, eunuques ou *ghilman* (pages). Les femmes, plus nombreuses, étaient employées comme concubines ou servantes. Un texte du XIe siècle distingue les Nubiennes, qui allient « grâce, aisance et délicatesse », les Éthiopiennes, gracieuses mais fragiles, les Zenj, qui sont laides et ont mauvais caractère, et les Zaghawa, qui sont encore pires[14]. Les mauvais traitements provoquèrent en 869 une violente révolte des Zenj en basse Mésopotamie,

12. C. Julius Solinus, *De Memoralibus Mundi*.

13. François Renault, *La Traite des Noirs au Proche-Orient médiéval, VIIe-XIVe siècle*, Paris, Geuthner, 1989, p. 11-29.

14. Ibn Butlan, traduit *in* Bernard Lewis, *Race et couleur en pays d'islam*, Paris, Payot, 1982, p. 140-147.

qui ne fut écrasée qu'en 883. C'est dire son ampleur : le nombre des victimes aurait oscillé entre 500 000 et 2,5 millions[15] ! Néanmoins, la politique suivie fut relativement assimilationniste et les métissages, ne serait-ce que par le concubinage et les harems, assez fréquents : la descendance de beaucoup de ces Noirs finit par se fondre dans la population, au point que les transferts de peuples, devenus parfois peu visibles, furent relativement négligés dans l'histoire jusqu'à une époque récente.

Les Occidentaux n'ont donc pas tout inventé. Ibn Khaldun, s'il exceptait de son mépris les souverains du Soudan occidental, n'était pas tendre avec leurs voisins :

« Au sud du Nil se trouve un peuple noir appelé les Lamlam. Ils sont païens [...]. Ils constituent la masse ordinaire des esclaves [du Ghana et du Tekrur] qui les capturent et les vendent à des marchands qui les transportent vers le Maghreb. Au-delà, vers le sud, il n'y a pas de civilisation à proprement parler. Des êtres y sont plus proches d'animaux muets que d'humains doués de raison [...]. Ils se mangent fréquemment les uns les autres. On ne peut les considérer comme des êtres humains[16]. »

L'image transmise par les Arabes fut effectivement nuancée. *L'Atlas catalan* de 1375, offert six ans plus tard par l'infant Juan d'Aragon au jeune roi de France Charles VI, présente le meilleur résumé des connaissances cartographiques de l'époque. Il propose en illustration sur la carte d'Afrique une série de types humains accompagnés de commentaires, parmi lesquels un Touareg voilé sur son chameau au Sahara occidental, un Pygmée nu cravachant une girafe un peu plus à l'est, et un roi noir, glorieux, qui incarne en Afrique de l'Ouest la puissance de l'or du Kankan, Musa Mali, bien connu des voyageurs arabes. L'autre roi noir de l'atlas, situé dans une île mythique au-delà de l'Inde, symbolise l'inconnu et règne sur « un peuple différent de tous les autres [...], ils

15. Alexandre Popovic, *La Révolte des esclaves en Iraq aux IIIe-IXe siècles*, Paris, Geuthner, 1976.

16. Ibn Khaldun, *Al-Muqaddima, Discours sur l'Histoire universelle*, traduit par Vincent Monteil, Beyrouth, Unesco, 1967-1968, vol. I, p. 118-119. Rééd. Actes Sud, Arles, 1997.

sont noirs et dépourvus de raison. Ils mangent les étrangers chaque fois qu'ils le peuvent[17] ».

Les Portugais et São Tomé

Ce sont les Occidentaux qui, après les Romains, inventèrent une nouvelle forme de production esclavagiste, fondée cette fois-ci sur la couleur. L'affaire n'apparut pas aussitôt aux Amériques, puisque, dans la première moitié du xvie siècle surtout, ce furent d'abord les Indiens, comme on l'a vu, qui firent les frais de la conquête. Ce n'est qu'avec l'essor des plantations de canne à sucre au Brésil que la traite des Noirs prit son extension majeure.

Mais les prémices de l'esclavage noir furent élaborées bien avant sur les côtes d'Afrique, dès le début de la découverte portugaise. Le laboratoire d'expérimentation en fut une île déserte occupée et colonisée par les Portugais dès les années 1470 : São Tomé, au fond du golfe de Guinée. C'est là qu'on systématisa la pratique qui faisait du Noir non plus un homme, mais un outil de travail. Vers 1506 s'y trouvaient déjà 2 000 esclaves permanents, devenus 5 000 ou 6 000 en 1540, importés pour la plupart du delta du Niger et principalement du Congo, et employés sur les plantations de canne à sucre, venue d'Asie via l'Afrique du Nord. Une grande révolte éclata entre 1530 et 1536. C'est à partir de ce moment que furent élaborées les premières théories de l'infériorité du Noir[18]. C'est bien la raison pour laquelle le mot « race » apparaît seulement à la fin du xve siècle et n'est appliqué à la différenciation des groupes humains qu'à partir de 1684.

Les origines du code noir

La culture de la canne apparut au Brésil au milieu du xviie siècle, passa vers la fin du siècle dans les Antilles anglaises de la Jamaïque et des Barbades, gagna de là, au xviiie, les îles à

17. « The Catalan Atlas », Ronald Sanders, *Lost Tribes and Promised Lands*, Boston, Little, Brown & Co, 1978, p. 3-16. L'Atlas est conservé à la BNF.
18. Marian Malowist, « Les débuts du système de plantations dans la période des Grandes Découvertes », *Africana Bulletin*, n° 10, Varsovie, 1969, p. 9-30.

sucre françaises, Martinique, Guadeloupe et surtout Saint-Domingue, et s'épanouit enfin dans le dernier tiers du siècle dans l'île espagnole de Cuba. Dès le début du XIXᵉ siècle, le relais fut pris par les plantations de coton au sud des États-Unis. De la canne à sucre au coton, les Noirs étaient soumis à la condition d'esclaves depuis qu'en 1530 Charles Quint, puis, à nouveau en 1570, le roi du Portugal, Sébastien, avaient interdit la réduction des Indiens en esclavage. En 1537, un bref papal statua que les Indiens étaient des hommes véritables et non des animaux sauvages, et en conséquence ne pouvaient être privés de liberté non plus que de la souveraineté de leurs biens[19]. Ce fut la fin d'un débat long et violent où s'opposèrent aristotéliciens et théologiens. La décision finale fut arrachée, d'une part, parce que la population amérindienne était en cours d'extinction et, d'autre part, grâce à la campagne humanitariste énergique menée par quelques grands penseurs, dont le plus célèbre fut Bartolomé de Las Casas. Pour celui-ci, partisan de l'égalité absolue entre tous les hommes, il ne pouvait y avoir d'esclaves par nature, ni de gens sans liberté et pouvoirs, ni de peuples sans souveraineté[20].

Or les Noirs échappèrent à cette loi. Dès 1454, le pape Nicolas V avait autorisé le roi du Portugal à pratiquer la traite, au nom de l'évangélisation nécessaire des Noirs. Deux siècles plus tard, en même temps que Colbert exprimait sa désapprobation du recrutement forcé d'immigrants blancs et réduisait, en 1670, le temps de service des « engagés », les Noirs d'Afrique devenaient esclaves aux îles par leur nature même d'étrangers : ils n'étaient naturalisés que par l'affranchissement qui les rendait sujets naturels et libres du roi de France. L'acte fondateur vint de France, sous la forme du code signé par Louis XIV en 1685 — année, faut-il le souligner, de la révocation de l'édit de Nantes. Les deux actes relèvent de la même idéologie

19. Bref du pape Paul III, 9 juin 1537, *Amérique latine. Philosophie de la conquête*, Paris, La Haye, Mouton, 1977, p. 163-164.

20. B. de Las Casas, *Très Brève Relation de la destruction des Indes et Trente propositions très juridiques*, trad. française, Paris, La Haye, Mouton, 1974, rééd. Paris, La Découverte, 1996. Du même auteur, traduit pour la première fois *in extenso* : *Histoire des Indes*, Paris, Le Seuil, 2002.

religieuse rigide et réactionnaire. Ce code, surnommé ultérieurement code noir, n'était pas à l'origine destiné aux seuls « nègres ». La descendance créole, née à la colonie, des captifs déportés héritait de leur statut d'étranger-esclave. Il importait de justifier cette discrimination : les juristes et les idéologues, Église en tête, s'y employèrent avec succès[21].

L'esclavage des Noirs fut justifié par les théologiens en raison de la « malédiction de Cham ». Celle-ci se réfère à l'épisode selon lequel le jeune homme regarda dormir nu son père Noé, qui s'était enivré au jus fermenté de la première vigne qu'il avait plantée. Cham appela ses frères aînés, mais ceux-ci, à la différence de lui, se précipitèrent à reculons pour couvrir la nudité de leur père sans avoir à le regarder. Noé, réveillé de son ivresse, maudit son plus jeune fils pour son insolence : « Maudit soit Canaan [fils de Cham] ! Qu'il soit pour ses frères le dernier des esclaves[22] ! » La Bible s'arrête là. Il n'en fut pas de même pour ses commentateurs. Au texte sacré s'ajoutèrent une série de contes dont celui de Koush, autre fils de Cham. Celui-ci, à nouveau, aurait désobéi à Noé qui avait interdit à sa descendance d'avoir des rapports sexuels dans l'Arche. Or Cham conçut un enfant pendant le déluge : Koush. Dieu le maudit et le fit naître noir. De lui naquirent les Éthiopiens et tous les Noirs africains. L'histoire, dont l'origine serait à repérer chez l'un des Pères de l'Église, Origène, fut d'abord développée chez les Arabes au xe siècle par l'érudit al-Tabari. Elle fut retransmise en Occident au xvie siècle et officialisée au xviiie par le *Dictionnaire historique de la Bible,* de Dom Augustin Calmet[23]. Cette

21. Louis Sala-Molins, *Le Code noir, ou le calvaire de Canaan,* Paris, PUF, 1987, mais à amender par Florence Gauthier, « L'ordre ségrégationniste dans la colonie de Saint-Domingue au xviiie siècle. Exclusion par la nationalité et l'assimilation ou droits de l'homme ? », Atelier histoire des concepts/assimilation, séminaire de Gérard Noiriel, EHESS, 27 avril 2000.

22. Genèse 9, 21-27.

23. Guillaume Postel, 1561, repris par P. Tournemine, *Remarques sur le mémoire touchant l'origine des nègres et des Américains,* 1734, cité par Sala-Molins, *op. cit.,* p. 30, note 1. Benjamin Braude, « Cham et Noé. Race, esclavage et exégèse entre islam, judaïsme et christianisme », *Annales,* 57, n° 1, 2002, p. 93-125.

fiction pénétra surtout au début du XIXᵉ siècle dans le monde catholique[24].

La tradition d'exégèse occidentale issue de saint Augustin, combinée au legs d'Aristote et aux récits gréco-romains qui situaient au sud de l'Égypte et du désert quantité de monstruosités, s'ingénia donc à faire des Africains noirs les descendants maudits de la lignée de Cham. Dès lors, la malédiction de Cham, associant la noirceur de la peau à la noirceur de l'âme, resta l'argument fondamental des esclavagistes[25] : les Noirs portaient de façon indélébile la marque de la faute qui les avait fait naître, « Cham fut maudit dans son fils, c'est-à-dire dans son œuvre[26] ».

Le code de Colbert, destiné aux îles françaises des Antilles et de la Réunion, fut complété et durci par celui de 1724, destiné aux esclaves de Louisiane. C'est donc au nom de « l'Église catholique, apostolique et romaine » que le roi « règle ce qui concerne l'état et la qualité des esclaves » de nos îles. Les deux sont étroitement liés ; les premiers articles portent sur la religion, les suivants sur le statut de l'esclave. Tous les esclaves, en effet, doivent être « baptisés et instruits dans la religion catholique », et toute autre religion est interdite. Seuls des catholiques sont habilités à « la direction des nègres », qui ne travailleront pas le dimanche, jour du Seigneur — c'est bien la seule faveur qui leur est accordée. Le mariage mixte est interdit, et le concubinage puni d'amendes, aussi bien entre Blancs et Noirs qu'entre affranchis et esclaves. Les enfants nés de mariages entre esclaves sont esclaves, même si la mère seule est esclave, et appartiennent au maître de la mère. Toute assemblée d'esclaves est proscrite, et les maîtres en sont tenus responsables. Les esclaves n'ont le droit de rien vendre ni de rien posséder « qui ne soit à leur maître ». Ils ne circulent qu'avec l'autorisation du maître, ils ne peuvent être chargés d'aucun office et n'ont pas le droit de témoigner. Le maître a néanmoins charge de les

24. Pierre Charles, « Les Noirs, fils de Cham le maudit », *Nouvelle Revue théologique*, 1928, t. LV, p. 721-739, et « Les antécédents de l'idéologie raciste », *ibid.*, 1939, t. LXVI, p. 131-156.

25. Sala-Molins, *op. cit.*, p. 22-23.

26. Saint Augustin, *La Cité de Dieu*, 16, 2.

nourrir, de leur fournir deux habits par an, et d'entretenir les vieux et les infirmes. Mais «l'esclave qui aura frappé son maître, sa maîtresse ou le mari de sa maîtresse avec contusion ou effusion de sang, ou au visage, sera puni de mort». Et tout à l'avenant : nous n'en sommes qu'à l'article 33, il y en a soixante. Bref, l'esclave, quoique doté d'une âme, n'était qu'un bien, une chose, qui pouvait être enchaîné, frappé de verges ou de cordes, et dont la valeur marchande était remboursable au maître en cas de condamnation à mort...

L'héritage paradoxal du siècle des Lumières

Paradoxalement, le siècle des Lumières fut aussi celui où l'infériorité du Noir fut poussée à son paroxysme. Car ce fut le siècle de la plus grande expansion de la traite atlantique : la moitié des esclaves traités, soit environ six millions sur douze, le furent durant cette période. Le courant fut double : d'un côté, le rôle des planteurs, devenus un des groupes de pression les plus influents de l'économie occidentale, et tout particulièrement anglaise et française, fut déterminant pour codifier l'infériorité des Noirs. De l'autre, les Lumières elles-mêmes, élaborant la conviction d'une sorte de montée fatale du progrès, établirent ce faisant une hiérarchie implicite ou explicite dont l'homme noir occupait le niveau inférieur.

Le résultat est ambigu : le siècle des Lumières fut celui où, d'une part, se durcit, dans les colonies comme en France, l'attitude envers les Noirs esclaves, et où, d'autre part, la lutte antiesclavagiste se doubla d'une montée du racisme de couleur.

La genèse de la ségrégation aux îles

Le durcissement légal et la montée du racisme s'expliquent par l'importance croissante de la production esclavagiste et, partant, le nombre toujours grandissant d'esclaves. Aux îles, l'introduction des esclaves connut une progression verti-gineuse en moins d'un siècle : 5 000 esclaves en 1697, 15 000 en 1715, 450 000 en 1789 à Saint-Domingue. La rupture démographique s'accusait (un Blanc pour vingt Noirs environ) ; l'étroite aristocratie des planteurs ne pouvait se défendre contre la masse croissante de la population noire que par la peur et la loi.

Les colons des Antilles étaient des hommes durs et cruels envers leurs Noirs. L'idéologie raciste dominait tous les esprits. La torture, théoriquement interdite par le code noir, était pratiquée couramment. Les fugitifs étaient punis par le port d'un collier hérissé de tiges de fer. En 1671, le conseil de la Martinique avait décidé de lutter contre le marronnage en autorisant les habitants à « couper et faire couper les nerfs du jarret à ceux de leurs nègres qui continueront dans leur fuite et évasion ». Le code confirma la possibilité pour les maîtres d'exercer une police domestique, et leur permit, « lorsqu'ils croiront que leurs esclaves l'auront mérité, [de] les faire enchaîner et les faire battre de verges et de cordes ». On avait aussi inventé, parmi d'autres tourments, la muselière de fer-blanc, qui permettait d'emprisonner la tête des esclaves accusés d'avoir croqué des tiges de canne : c'est en 1785 seulement qu'un arrêt en interdit l'importation et la fabrication. L'ordonnance de 1784 édictée par Louis XVI pour humaniser le régime se contenta d'interdire de donner plus de cinquante coups de fouet et… de réclamer l'application de l'édit de 1685 et du code de la Louisiane de 1724.

L'*Encyclopédie,* qui cite longuement le code noir (article « Nègres »), met en valeur son rôle de protection des esclaves. Ce n'est pas inexact, dans la mesure où le durcissement de la ségrégation s'accrut jusqu'à la fin du siècle. Des mesures discriminatoires inventèrent et légiférèrent sur la grande terreur des Blancs : le métissage. Cette codification, issue du groupe de pression des colons, finit par entériner juridiquement l'infériorité des « Nègres ». La France eut le triste privilège d'être la première puissance à l'édicter sous cette forme catégorique, qui allait subsister — sauf pendant le bref intermède révolutionnaire — jusqu'à l'abolition de 1848. On affina tout au long du siècle une gradation maniaque des degrés de métissage (nègre, mulâtre, quarteron) jusqu'à la septième génération[27], et on légiféra, le plus souvent sans grand succès,

27. Médéric Moreau de Saint-Méry, *Description topographique, physique, civile, politique et historique de la partie française de l'isle de Saint-Domingue,* 1797-1798, pub. Société d'Histoire des colonies françaises, Paris, 1958, vol. I, p. 100 *sq. Cf.* Florence Gauthier, *Triomphe et mort du droit naturel en Révolution,* Paris, PUF,

contre toutes les formes de concubinage. L'ordre ségrégationniste résulta du refus des créoles, c'est-à-dire des Blancs nés aux îles, de satisfaire l'aspiration de la partie libre de la société coloniale, profondément métissée, à se différencier des esclaves par assimilation culturelle avec les classes supérieures, en fabriquant une catégorie sociale « blanche ».

Cela avait commencé en 1703, quand l'ordre de la noblesse ne voulut pas recevoir des colons qui avaient épousé des femmes de couleur. Il fallait donc se faire reconnaître comme « blanc ». Entre 1705 et 1724, des ordonnances successives distinguèrent « nègres affranchis » et « libres de couleur ». De 1724 à 1772, les libres métissés furent progressivement exclus des charges de judicature et des offices royaux, puis des fonctions de médecin, chirurgien et sage-femme. Entre 1760 et 1770, les fonctions d'officier supérieur dans les milices locales furent réservées aux Blancs. Les libres de couleur devinrent péjorativement des « sang-mêlé ».

La France n'était pas le seul pays où le racisme donnait lieu à des absurdités. Aux États-Unis, en 1857, débuta une affaire judiciaire particulièrement aberrante : une jeune esclave métisse, blonde aux yeux bleus, revendiqua sa qualité de « blanche » au long de trois procès et de deux recours en Cour suprême. À la veille de la guerre de Sécession, les juges n'avaient pas encore réussi à se faire une opinion[28]...

Ainsi, la ségrégation devint nécessaire au maintien du système colonial esclavagiste, physiquement et moralement fragile[29]. Le contrepoids consistait à établir dans l'opinion une

1992, et « Conflits coloniaux et ethniques. De l'esclavage à l'aristocratie de l'épiderme. L'exemple du colonialisme du royaume de France aux XVIIe et XVIIIe siècles », *in* Marie-Claire Hoock-Demarle et Claude Liauzu (éd.), *Transmettre les passés. Nazisme, Vichy, conflits coloniaux. Les responsabilités de l'Université*, Paris, Syllepse, 2001, p. 235-264.

28. Walter Johnson, « The Slave Trader, the White Slave, and the Politics of Racial Determination in the 1850s », *The Journal of American History,* juin 2000, p. 13-38.

29. Yvan Debbasch, *Couleur et liberté. Le jeu du critère ethnique dans un ordre juridique esclavagiste, I. L'affranchi dans les possessions françaises de la Caraïbe, 1635-1833*, Paris, Dalloz, 1967.

double distance : celle qui existe entre les esclaves et les maîtres, celle qui existe entre les esclaves et les libres de couleur.
L'effet espéré était d'associer la couleur noire à la servitude et
la couleur blanche à la liberté[30]. L'objectif était atteint au
temps de la Révolution : les pro-esclavagistes siégeant à la
Constituante, en particulier Moreau de Saint-Méry, député de
la Martinique, voulaient maintenir l'esclavage en dépit de la
vigoureuse opposition de Robespierre (« Dès le moment où,
dans un de vos décrets, vous aurez prononcé le mot esclaves,
vous aurez prononcé et votre propre déshonneur et le renversement de votre constitution[31] »). Ils firent admettre l'idée que
l'esclavage est « constitutionnel » à la nature des « Africains
[qui], soustraits au plus dur des esclavages qui fait la base et la
constitution indestructible de ce peuple barbare, ont été transportés sur les rives fortunées de Saint-Domingue[32] ».

Remarquons que c'est un raisonnement analogue qui évita
aux Français, encore plus d'un siècle plus tard, de s'opposer en
Afrique occidentale française à la traite et à l'esclavage autochtones, bien utiles à la production : l'interdiction de la traite
interne n'intervint qu'en 1902 et celle de l'interdiction de
l'esclavage dans les sociétés locales en 1905[33]. Cette idéologie
ségrégationniste avait néanmoins échoué à proscrire les
mariages interraciaux et à déshériter les enfants métissés légitimes : les colons blancs mariés avec des femmes de couleur
entamèrent un processus de contestation du nouvel ordre juridique qui divisa profondément la classe des maîtres. Dès les
années 1760, des familles mixtes se réfugièrent en métropole[34].

30. Florence Gauthier, *op. cit.*
31. Archives parlementaires, t. 84, séance du 13 mai 1791, p. 60,
cité par Florence Gauthier, « De Jaucourt à Marx en passant par
Robespierre », *in Périssent les colonies plutôt qu'un principe !*,
Paris, Société des Études robespierristes, 2002.
32. Cocherel, député de Saint-Domingue à l'Assemblée constituante,
26 novembre 1789 (Archives parlementaires, t. x, p. 263), cité par Florence Gauthier, « Conflits coloniaux et ethniques… », *op. cit.*
33. Roger Botte, « L'esclavage africain après l'abolition de 1848.
Servitude et droit du sol », *Annales*, n° 5, 2000, p. 1009-1038.
34. Sur le racisme aux colonies au xixᵉ siècle, voir Sudel Fuma, *Un
racisme ordinaire, réflexions sur quelques aspects du racisme dans*

La genèse du racisme antinoir en France

En France, les conditions étaient différentes. Il semblerait que les régions du Sud-Ouest aient accueilli favorablement ces grands planteurs, souvent nobles, cherchant refuge pour eux-mêmes et leur famille. Mais, devant leur nombre, la législation n'en évolua pas moins dans un sens restrictif. Que l'esclavage fût toléré en métropole dans la première moitié du siècle et récusé ensuite ne révèle pas seulement un adoucissement des mœurs : l'antiesclavagisme s'accompagna paradoxalement de la montée du racisme. Le corollaire fut qu'on accepta de moins en moins la présence des Noirs en dépit de leur nombre limité, de l'ordre de 4 000 environ. Jusqu'alors, en effet, régnait le vieux principe du privilège de liberté. Le fait remontait au xviᵉ siècle : en 1571, le parlement de Bordeaux avait pour la première fois affranchi des esclaves africains, « parce que la France ne peut admettre aucune servitude "sur son sol"[35] ». Durant le xviiᵉ siècle, un certain nombre d'esclaves firent jouer cette clause en leur faveur. C'est le nombre croissant de ces esclaves amenés en métropole par leurs maîtres qui fit évoluer le droit dans un sens de plus en plus contraignant.

Les autorités des grands ports négriers, notamment le parlement de Nantes, réclamaient instamment que l'on précisât le statut des esclaves. Il en résulta l'édit de 1726, qui stipulait que les planteurs et les militaires qui venaient des îles pouvaient conserver leurs esclaves, à condition d'avoir préalablement obtenu l'autorisation du gouverneur et de les enregistrer à l'arrivée en métropole, où ils étaient supposés venir apprendre un métier ou approfondir leur éducation chrétienne. En 1738, une nouvelle réglementation limita à trois ans la durée du séjour autorisé. En cas de contravention, il n'était plus question de libérer l'esclave sur place : il serait réquisitionné au nom du roi pour être renvoyé dans la colonie. Néanmoins, comme ces mesures ne furent pas

---

la société coloniale réunionnaise au xixᵉ siècle, ADER [Association des écrivains réunionnais], Saint-Denis de la Réunion, 1990.

35. Cité par Pierre Pluchon, *Nègres et Juifs au xviiiᵉ siècle. Le racisme au siècle des Lumières*, Paris, Tallandier, 1984, p. 119. À noter que l'équivalent n'existait pas en Grande-Bretagne.

enregistrées par le parlement de Paris, la jurisprudence fut très variable. Dans les années 1750 où, avec la montée du courant antiesclavagiste, les procès se multiplièrent, plus de cent cinquante esclaves obtinrent leur liberté devant la cour de l'Amirauté de Paris. Quand, en 1759, le parlement de Paris eut à son tour reconnu la liberté d'un esclave, Francisque, qui avait été amené en France par son maître, le sieur Brignon, la poussée d'affranchissements provoqua un durcissement : en 1762, l'enregistrement des Noirs, déjà tenté à plusieurs reprises auprès des maîtres d'esclaves, devint obligatoire pour tous. Le vocabulaire est révélateur de ce phénomène : on ne parlait plus seulement d'esclaves (ou de nègres), mais de Noirs et de mulâtres ; autrement dit, on adopta un langage racial. Cela devint évident en 1777 avec la publication d'un nouveau texte restrictif, la *Déclaration pour la Police des Noirs,* qui prétendait interdire l'entrée dans le royaume de tous les « Noirs, mulâtres, et autres gens de couleur ». Ils seraient désormais retenus dans divers dépôts organisés dans les ports de France, en attendant que leur maître les fît rembarquer pour la colonie dans le prochain navire en partance. C'était, en France, le premier texte légal qui légiférait en termes de couleur[36]. L'année suivante, il devint obligatoire pour tous les Noirs de France d'être porteurs d'une carte d'autorisation de résidence, et les mariages mixtes furent officiellement interdits.

Ce régime légal de ségrégation fut brièvement aboli par la Révolution. Les Assemblées révolutionnaires successives prirent acte du courant antiesclavagiste issu du siècle des Lumières, qui avait abouti en 1788 à la création de la Société des amis des Noirs par Brissot, Condorcet, La Fayette et Mirabeau. Celle-ci reprenait les arguments humanitaristes des antiesclavagistes anglais dont le premier succès avait été, en 1772, le « cas Wilberforce », procès retentissant d'un esclave fugitif à Londres qui permit d'instaurer une jurisprudence interdisant l'esclavage sur le sol britannique. En 1791, la Constituante reconnut le droit de vote aux Noirs de parents

---

36. Sue Peabody, « *There are no Slaves in France* ». *The Political Culture of Race and Slavery in the Ancien Regime,* Oxford, Oxford University Press, 1996, Introduction.

libres, puis légalisa l'usage ancien statuant que tout individu mettant le pied sur le sol français était libre[37]. Sous l'impact de la révolte de Saint-Domingue, la Législative élargit le droit de vote à toutes les « personnes libres de couleur », et la Convention abolit l'esclavage deux ans plus tard. Mais celui-ci fut rétabli dès 1802 (loi du 30 floréal an X) par Napoléon Bonaparte, soucieux de récompenser les milieux d'affaires qui avaient soutenu le coup d'État du 18 Brumaire tout en se débarrassant des « idéologues ». Paru quelques semaines auparavant, l'ouvrage *Les Égarements du négrophilisme* reflète les débats du temps et révèle le climat passionnel qui les animait. Son auteur, un avocat créole, entendait renverser « l'échafaudage dressé par le charlatanisme qui se cache sous les couleurs fausses de l'humanité », et proposait une synthèse touffue et véhémente de ses plaidoiries nourries de l'argumentaire antiabolitionniste habituel. Le tout aboutissait à une vibrante apologie de l'esclavage et de la traite, qui mêlait aux vieilles revendications du courant autonomiste colonial des ouvertures sur des perspectives économiques nouvelles, par exemple à Madagascar[38]. L'obligation pour les Noirs d'être encartés fut rétablie[39]. C'est en vertu de cette mesure que, en 1806-1808, le ministère de la Police put lancer auprès des préfets une enquête sur les Noirs et gens de couleur résidant en France : l'idée était de les engager dans l'armée et de s'en débarrasser en les expédiant au royaume de Naples[40]...

37. François Isambert, *Recueil général des anciennes lois françaises*..., Paris, Belin-Leprieur, 1830, vol. 25, p. 81, note 1. Voir aussi Roger Botte, « L'esclavage africain après l'abolition de 1848. Servitude et droit du sol », *Annales*, n° 5, 2000, p. 1015-1018.

38. Claude Wanquet, « Les égarements du négrophilisme de L. N. Baudry Deslozières ou les criailleries suraiguës du "parti colon" », colloque *Rétablissement de l'esclavage dans les colonies françaises 1802-1830*, université Paris-VIII, Saint-Denis, 20-22 juin 2002.

39. Un arrêté du 13 thermidor an X revigora l'ancienne mesure royale imposant la « cartouche » (carte d'identité) pour les Noirs ; la Police des Noirs aurait été appliquée jusqu'en 1821. Isambert, *op. cit.*, vol. 25, p. 81, n. 1. *Cf.* Peabody, *op. cit.*, p. 138 et 188.

40. Mickaël Sibalis, « Les Noirs en France sous Napoléon », colloque *Rétablissement de l'esclavage...*, *op. cit.*

Progressivement, la curiosité virait à la répulsion. Les attitudes sociales restaient contradictoires, avec une tolérance incontestable envers les femmes et les enfants, mais un rejet des hommes noirs. Leur présence en métropole avait d'abord plutôt soulevé un engouement : il était devenu à la mode dans l'aristocratie d'avoir son esclave, son serviteur ou son négrillon. Le nombre croissant de planteurs ou d'officiers de retour des colonies explique cette mode. Le 8 février 1786, le chevalier de Boufflers, alors au Sénégal, écrit dans son journal intime qu'il « achète en ce moment une petite négresse de deux ou trois ans pour l'envoyer à Mme la duchesse d'Orléans[41] ». Il était loin d'être le seul, peintres et graveurs nous en ont légué la preuve. Le négrillon était un objet de curiosité et de luxe, voire de tendresse, que certaines grandes dames de la cour aimaient posséder et exhiber. Les femmes noires rencontraient aussi, de leur côté, un succès certain, aussi bien aux colonies — où la loi s'efforçait en vain de lutter contre les métissages — qu'en métropole. La différence était qu'en France l'opinion tolérait qu'un Blanc aimât, sans déchoir, une Noire, à condition que la beauté de ses traits fît pardonner la noirceur de sa peau. Les clients des maisons de prostitution en étaient friands. Ainsi, en 1790, un opuscule spécialisé signale aux amateurs « la liste des bordels honnêtes », au premier rang desquels figure un « bordel de négresses […]. Le prix n'y est point fixe, la négresse, la métisse et la mulâtresse y sont marchandées comme on marchande les femmes d'une caravane[42] ». Non seulement l'acte sexuel mais le mariage ou la progéniture d'un Blanc et d'une Noire ne choquaient pas nécessairement la sensibilité des Français de France, en dépit des préjugés et des lois, et plusieurs « esprits libres » les mettaient en scène. Le plus caractéristique est Restif de la Bretonne, qui raconta d'autant plus volontiers la chose qu'il eut lui-même une histoire d'amour avec une Noire dont naquit une fille[43]. C'est sur l'homme noir que reposait l'horreur de la condition.

41. Pluchon, *op. cit.*, p. 138.
42. *Ibid.*, p. 140-141.
43. Épisode relaté dans un roman de 1793 : Restif de la Bretonne, *La Dernière Aventure d'un homme de quarante-cinq ans,* rééd. sous

Les premiers domestiques noirs apparurent à Bordeaux vers la fin du XVIIe siècle, et ils furent de plus en plus nombreux à partir de 1725. Un tiers environ étaient libres, les deux tiers esclaves. Ils exerçaient les métiers les plus divers : perruquiers, charrons, forgerons, menuisiers, cuisinières, nourrices, bonnes d'enfants. C'était une population jeune, en majorité masculine, tolérée tant qu'elle n'apparaissait pas concurrentielle : en 1775, les maîtres d'armes de Bordeaux interdirent l'accès de leur profession aux Noirs et aux sang-mêlé ; au début de la Révolution, les domestiques blancs se dressèrent contre la concurrence des Noirs[44] ; des mesures antinoires furent prises à Nantes ; on tint à La Rochelle un registre des enfants noirs abandonnés différenciés des autres.

On trouvait aussi des Noirs en Languedoc, à Béziers ou Montpellier, le plus souvent des esclaves domestiques ramenés par un colonial ou un marin. En Provence, ils arrivaient par Marseille et Toulon. En mai 1777, on recensait 71 nègres et mulâtres provençaux, dont 30 esclaves et 41 libres exerçant de petits métiers. Enfin, Paris possédait aussi sa colonie de Noirs libres, gens de couleur et esclaves, qui donnaient parfois du fil à retordre à la maréchaussée[45]. Le nombre en était encore modeste : en 1762, on en recensait 159 sur quelque 500 000 habitants, pour les deux tiers des hommes.

Cependant, c'était apparemment le plus important marché d'esclaves de France. Le préambule des ordonnances de l'Amirauté de mars et avril 1762 le relève avec agacement : « La France, surtout la capitale, est devenue un marché public où l'on a vendu les hommes au plus offrant et dernier enchérisseur ; il n'est pas de bourgeois ou d'ouvrier qui n'ait eu son nègre esclave [avec des] maîtres qui osent exercer sous nos yeux un pouvoir contraire à l'ordre public et à nos lois[46] ».

Or, avec l'homme noir, aucune alliance n'était concevable car horrible et contre nature. L'union interraciale symbolisait

le titre *Sara, ou l'amour à quarante-cinq ans. Épisode de Monsieur Nicolas*, Paris, Garnier, 1886.

44. Pluchon, *op. cit.*, p. 127-128.

45. Arlette Farge (éd.), *Vivre dans la rue à Paris au XVIIIe siècle*, Paris, Gallimard, 1992.

46. Pluchon, *op. cit.*, p. 133-134.

la plus odieuse des infamies. Le même Restif de la Bretonne, si indulgent à l'égard des femmes noires, adopte un comportement opposé quand il considère l'autre sexe. *Le Paysan perverti*, accouru au secours de sa sœur, hurle de honte et de douleur : « J'ai découvert des horreurs, Ursule… Un nègre hideux… On voulait que le fruit de ses entrailles l'effrayât un jour… » L'homme noir, proche de l'animal, en a aussi l'instinct bestial.

Les Lumières et l'inégalité des hommes : nature versus culture

Pour les philosophes, néanmoins, le sauvage n'est pas un barbare. Diderot a écrit, sous le nom de Raynal, des textes très forts pour dénoncer la « barbarie européenne[47] ». C'est le « civilisé » qui a révélé sa barbarie en traitant le monde et les hommes qui l'habitent comme des étendues désertiques où l'on pouvait massacrer les peuples, les piller et les asservir. Le sauvage, lui, incarne l'état de nature, par opposition à celui de culture. Mais, si on lui accorde une sagesse innée, c'est en raison de son ignorance même qui l'a mis à l'abri des méfaits de la civilisation. Comme il doit son bonheur à son état primitif, la sensibilité occidentale à son égard est empreinte de condescendance, ce qui n'est pas loin d'un mépris implicite. Ce sera un des thèmes littéraires du romantisme, depuis Jean-Jacques Rousseau et son « bon sauvage » jusqu'à Friedrich Hegel, qui fait de tous les non-Européens des êtres inférieurs dans la mesure où ils n'ont pas la pleine conscience de leur être : « En Afrique, nous rencontrons ce qui a été appelé l'"état d'innocence", où l'homme est supposé vivre en accord avec Dieu et la nature. En cet état, l'homme n'est pas encore conscient de lui-même […] ; cet état naturel primitif est en fait un état d'animalité. Le paradis était un jardin zoologique où l'homme vivait dans un état animal d'innocence[48]. »

47. Abbé Raynal, *Histoire philosophique et politique des deux Indes*, rééd. Paris, La Découverte, Textes choisis, 1981, livre III, chap. XII, p. 68. Cité par F. Gauthier, « De Jaucourt à Marx en passant par Robespierre », *op. cit.*
48. Friedrich Hegel, *Lectures on the Philosophy of World History*, (1822-1828), cité par Emmanuel Chukwudi Eze, *Race and the Enligh-*

Les philosophes vivaient dans un climat tendu, et ils n'en ont eu que plus de mérite à s'élever vigoureusement contre l'esclavage. À l'opposition barbares/civilisés soulignée par les physiocrates et les naturalistes, ils substituent un concept beaucoup plus moderne, celui de la contradiction irréductible entre esclavage et liberté. L'*Encyclopédie* ne mâche pas ses mots : « On tâche de justifier ce que ce commerce [la traite des Noirs] a d'odieux et de contraire au droit naturel en disant que ces esclaves trouvent ordinairement le salut de leur âme dans la perte de la liberté[49]. » Dans l'article « Traite des nègres », Jaucourt est plus explicite encore : la traite est un « négoce qui viole la religion, la morale, les lois naturelles et tous les droits de la nature humaine ».

Toutefois, les philosophes sont nettement plus mesurés sur la nature des Noirs : même l'abbé Raynal, le plus actif des anticolonialistes dans la campagne antiesclavagiste, jette sur l'Afrique un regard désolé : rien n'y « porte l'empreinte d'une civilisation un peu avancée ». Au sein de ce « peuple si peu éclairé, les arts sont peu de chose [...]. On n'y connaît que ceux qui se trouvent dans des sociétés naissantes, et encore sont-ils dans l'enfance[50] ». Quant à Voltaire, qui n'est pas le plus vigoureux à condamner l'esclavage, il est ouvertement raciste aussi bien contre les juifs que contre les Noirs. La question ne l'intéresse guère : sur les quelque trois mille huit cents volumes de sa bibliothèque, cent trente-trois seulement portaient sur le monde non occidental, dont quatre sur l'Afrique[51]. Dans les Noirs, il ne voyait que des « animaux » : « Leurs yeux ronds, leur nez épaté, leurs lèvres toujours grosses, leurs oreilles différemment figurées, la laine de leur tête, *la*

---

tenment. *A Reader*, Londres, Blackwell, 1997, p. 128. Voir aussi Léon François Hoffmann, *Le Nègre romantique. Personnage littéraire et obsession collective*, Paris, Payot, 1973.

49. Article « Nègre », *Encyclopédie ou dictionnaire raisonné des sciences, des arts et des métiers,* publiée par Denis Diderot et Jean d'Alembert (1751-1772).

50. Raynal, *Histoire philosophique et politique...*, 1777, 7ᵉ éd., rééd. Paris, PUF, 1951.

51. Michèle Duchet, *Anthropologie et histoire au siècle des Lumières : Buffon, Voltaire, Rousseau, Helvétius, Diderot*, Paris, Flammarion, 1971, p. 68-69.

mesure même de leur intelligence[52], mettent entre eux et les
autres espèces d'hommes des différences prodigieuses. Et ce qui
démontre qu'ils ne doivent pas cette différence à leur climat,
c'est que des Nègres et des négresses transportés dans les pays
les plus froids y produisent toujours des animaux de leur
espèce, et les mulâtres ne sont qu'une race batarde. » Son
humour grinçant va très loin, puisqu'il laisse tomber : « Il n'est
pas improbable que dans les pays chauds des singes aient subju-
gué des filles[53]. » Et Pluchon de généraliser en attribuant aux philosophes ce qui n'était que l'air du temps : « Les penseurs des
Lumières se flattent d'appartenir à l'aristocratie du monde. Tous
nourrissent un mépris instinctif pour les Nègres et les Juifs[54]. »

Il est au moins un homme qui ne mérite pas ce commentaire : l'abbé Grégoire. À l'opposé des autres, il est antiraciste mais non anticolonialiste. Dans un ouvrage qui a
beaucoup influencé les intellectuels noirs du XXe siècle, et
notamment Léopold Sédar Senghor, *De la littérature des
Nègres,* au sous-titre explicite : « Recherche sur leurs facultés intellectuelles, leurs qualités littéraires, suivie de Notices
sur la vie et les ouvrages des Nègres qui se sont distingués
dans les sciences, les arts et les lettres[55] », il démontre que
les Noirs sont les égaux de tous les hommes. Il ne reste
donc qu'à coloniser l'Afrique, c'est-à-dire à la christianiser,
pour leur permettre de participer à la fête universelle de la
pensée[56]. Il n'y avait guère eu avant lui, en France, que le
botaniste Michel Adanson, de passage au Sénégal en 1754,
pour s'étonner de voir les Noirs raisonner pertinemment sur
les astres, et estimer qu'avec de bons instruments ils devien-
draient de bons astronomes[57]. Paradoxalement, le meilleur

---

52. Souligné par CCV.
53. Voltaire, *Essai sur les mœurs,* cité par Pluchon, *op. cit.,* p. 156.
54. Pluchon, *op. cit.,* p. 157.
55. Paris, Maradan librairie, 1808, rééd. Perrin, 1991.
56. *Cf.* Amady Ali Dieng, « L'abbé Grégoire et l'Afrique noire », et Marcel Dorigny, « Intégration républicaine des colonies et projets de colonisation de l'Afrique : civiliser pour émanciper ? », *Revue française
d'histoire d'outre-mer,* numéro spécial « Grégoire et la cause des Noirs.
Combats et projets (1789-1831) », 2e semestre 2000, p. 76-88 et 89-106.
57. Michel Adanson, *Voyage au Sénégal,* 1757, rééd. Publ. de
l'université de Saint-Étienne, 1996, p. 119.

précurseur (élève ?) des Lumières fut en Russie le tsar Pierre Ier qui, dès le début du XVIIIe siècle, fit acheter à la cour ottomane trois jeunes esclaves noirs pour démontrer que (à condition d'être d'ascendance aristocratique !) leur talent n'était pas moindre que celui des petits Russes : parmi eux Abraham, fils de chef enlevé au nord du Cameroun, devint général en chef et le véritable Vauban de son maître. Ce fut le bisaïeul du poète Pouchkine qui n'en était pas peu fier[58]...

Mais pour la quasi-totalité des philosophes, le progrès est implicitement linéaire : les intellectuels français sont arrivés au point le plus haut de la civilisation de leur époque. Donc les autres en sont loin. Et il est particulièrement douteux, pour ne pas dire impossible, que les Noirs participent jamais à cet accomplissement.

Le rôle des naturalistes

Néanmoins, soyons clairs : *ce ne sont pas* les philosophes qui « inventèrent » le racisme, mais les colons de Saint-Domingue — c'est un colon ségrégationniste qui rédigea l'article « Mulâtres » de l'*Encyclopédie*. Ce que les penseurs du XVIIIe siècle introduisirent, c'est une méthode de pensée : la pensée scientifique. On attribue au naturaliste Buffon (1707-1788) d'avoir le premier, dans son *Histoire naturelle,* introduit le concept de race. Il se montra néanmoins prudent : bien qu'il en distingue six — les Esquimaux, les Tatars ou Mongols, les Asiatiques, les Européens, les Américains, et les Éthiopiens ou Noirs —, il leur attribue une origine commune. Il les différencie par la couleur, la taille et la physionomie, et aussi par les mœurs et l'intelligence, mais il explique ces variations essentiellement par le climat, qui serait à l'origine des variantes biologiques ultérieures. L'*Encyclopédie* est plus catégorique, qui fait des nègres « une nouvelle espèce d'hommes », tout en ajoutant de façon sibylline : « Tous ces peuples [...] divers sont-ils sortis d'une même mère ? Il ne nous est pas permis d'en douter... » Si la discussion n'apparaît pas au grand jour, c'est que l'Église interdisait de discuter

---

58. Dieudonné Gnammankou, *Abraham Hanibal : l'aïeul noir de Pouchkine. Biographie*, Paris-Dakar, Présence africaine, 1996.

le mythe d'Adam et Ève. N'importe comment, dans cette question qui sera au cœur des débats scientifiques du XIXe siècle, qu'ils descendissent d'un ancêtre commun ou non, les Noirs étaient toujours placés au bas de l'échelle[59]. Dans ce même article de l'*Encyclopédie*, les nègres sont essentiellement définis par la « laideur » de leur physionomie et leur couleur[60] : « Si l'on s'éloigne de l'équateur vers le pôle antarctique, le noir s'éclaircit, mais la laideur demeure » ; et « ce vilain peuple » est opposé aux « teints de lis et de rose » des pays nordiques, où « la Danoise aux cheveux blonds éblouit par sa blancheur ». Le philosophe Emmanuel Kant, qui écrivit « Qu'est-ce que les Lumières ? », s'exprima clairement contre la colonisation et l'esclavage[61]. Il n'en paraît pas moins se rallier en fin de siècle à l'opinion de David Hume qui, dès 1748, proposa une progression linéaire de l'humanité, qui serait passée progressivement de l'enfance à la jeunesse et à la maturité, et suggéra que « toutes les autres espèces de l'humanité [...] sont naturellement inférieures aux Blancs[62] ». Kant établit

59. William B. Cohen, *Français et Africains. Les Noirs sous le regard des Blancs, 1530-1880*, Paris, Gallimard, 1981 (la meilleure mise au point). Jusque très récemment, les historiens français ne se sont guère penchés sur la question, sinon Claude Liauzu à propos du monde arabe : *Race et civilisation : l'autre dans la culture occidentale : anthologie historique*, Paris, Syros, 1992, et *La Société française face au racisme de la Révolution à nos jours*, Bruxelles, éd. Complexe, 1999, 190 p. Voir surtout l'épais florilège rassemblé par Alain Ruscio, *Le Credo de l'homme blanc : regards coloniaux français XIXe et XXe siècle*, Bruxelles, éd. Complexe, 1996, 410 p. Enfin, François-Xavier Fauvelle-Aymar, *L'Invention du Hottentot. Histoire du regard occidental sur les Khoisan (XVIe-XIXe siècle)*, Paris, Éditions de la Sorbonne, 2002.
60. Article « Nègre » rédigé par le médecin Le Romain, qui s'appuie sur la *Dissertation sur la cause physique de la couleur des nègres* de M. Barrère (Paris, 1741).
61. *Cf.* Marc Belissa et Florence Gauthier, « Kant, le droit cosmopolitique et la société civile des nations », *Annales historiques de la Révolution française,* numéro spécial France-Allemagne, n° 317, 1999, p. 495-511.
62. « I am apt to suspect the negroes and in general all other species of men (for there are four or five different kinds) to be naturally inferior to the whites », David Hume, *Of National Characters*, 1747,

ainsi une hiérarchie de la perception du beau et du sublime : les Germains se trouveraient au sommet de la pyramide devant les Anglais et les Français, tandis que les Noirs se situent en queue du classement. Il ne leur attribue finalement que le « goût des sornettes[63] ». Le passage mérite d'être cité en entier : « M. Hume défie qui que ce soit de lui citer l'exemple d'un nègre qui ait montré des talents, et il affirme que, parmi les centaines de mille de Noirs transportés loin de leur pays, et dont un grand nombre cependant ont été mis en liberté, il ne s'en est jamais trouvé un seul pour produire quelque chose de grand dans les arts, dans les sciences ou dans quelque autre noble discipline, tandis qu'il n'est pas rare de voir des Blancs issus de la plèbe susciter l'admiration du monde par l'excellence de leurs dons. » L'*Encyclopédie,* de son côté, en rajoute : « <u>Caractère des nègres en général</u>. Si par hasard on rencontre d'honnêtes gens parmi les nègres de la Guinée (le plus grand nombre est toujours vicieux), ils sont pour la plupart enclins au libertinage, à la vengeance, au vol et au mensonge… »

Peu de temps après, en 1775, un médecin allemand, Johann Friedrich Blumenbach, proposa sa thèse *De generis humani varietate nativa*[64], où il reprend peu ou prou la même classification en y ajoutant la théorie d'une dégénérescence raciale à partir de la race « la plus belle », à savoir la blanche ou caucasienne[65]. Sa thèse fit bientôt autorité. Enfin, du côté français, le baron Cuvier élabora, en 1797, la classification définitive, distinguant, dans son *Royaume*

cité par Eze, *op. cit.,* p. 29 et 33. Dans l'édition posthume du même ouvrage de Hume, plus explicitement encore, la note devient en 1777 : « I am apt to suspect "the negroes" to be naturally inferior to the whites », *ibid.,* p. 37.

63. Emmanuel Kant, *Observations sur le sentiment du beau et du sublime* (1764), 2ᵉ éd., Paris, J. Vrin, 1980, p. 60.

64. Il distingue cinq races : les Caucasiens (il est le premier à utiliser le terme), les Mongols, les Américains, les Malais et les Éthiopiens. *Cf.* Johann Friedrich Blumenbach, *De l'unité du genre humain et de ses variétés*, traduit du latin, Paris, Allut, an XIII-1804.

65. Johann Friedrich Blumenbach, *ibid.*, traduction anglaise, *On the Natural Varieties of Mankind*, 1776, cité par Eze, *op. cit.*, p. 79.

animal, trois races humaines principales : la caucasienne ou
blanche — dont la civilisation supérieure a toujours été égale
à elle-même —, la mongole ou jaune, et l'éthiopienne ou
noire, de tout temps caractérisée par son état barbare. C'est
donc au tournant du XIXe siècle que le mot « race » va générer
une attitude raciste[66]. On retrouve toujours les trois couleurs
à l'entrée « Race » dans le dictionnaire Larousse, et même
dans le *Dictionnaire universel francophone* de 1997[67].

　　Les savants des Lumières ont été à l'origine des droits de
l'homme. Mais, dans leur découverte de la rationalité scientifique, ils jetèrent sans en prévoir les effets les semences du
mouvement raciste « scientiste » de par leur volonté de
découvrir les « lois naturelles » régissant l'Univers.

　　Les nations en faisaient partie, qui pouvaient donc être étudiées, disséquées, analysées et, le cas échéant, améliorées si
l'on en révélait les lois. Francis Bacon et John Locke intervinrent dans cette codification en prônant l'observation empirique comme le moyen de les découvrir. Jefferson, le futur
président des États-Unis, à la fois diplomate et savant lié aux
milieux révolutionnaires français, en tirait en fin de siècle
les conséquences, de façon encore prudente mais nette :
« *I advance it therefore as a suspicion only, that the blacks,
whether originally a distinct race, or made distinct by time
and circumstances, are inferior to the whites in the endow-
ments both of body and mind* » (« J'émets donc l'hypothèse
provisoire que les Noirs, qu'ils soient issus d'une race
distincte ou qu'ils doivent leur spécificité à l'histoire et à
l'environnement, sont inférieurs aux Blancs aussi bien physiquement qu'intellectuellement[68] »). Dès lors, la caution scientifique est en marche.

---

　　66. La connotation raciste n'intervenait pas encore dans le *Dictionnaire universel de la langue française* (C. M. Gatel, 3e édition, Lyon,
1819) où le terme de « race » concerne « ceux qui viennent d'une
même famille » et « a trait particulièrement à une souche commune »,
sans allusion à la couleur.
　　67. *Dictionnaire universel francophone,* Paris, Hachette et Aupelf-
Uref, 1997. Il y est néanmoins précisé, dans la rubrique Encycl., que
cette « notion n'a aucun fondement biologique ». (Voir aussi note 124.)
　　68. *Notes on the State of Virginia,* Londres, John Stockdale, 1787,
p. 143 (rééd. Williamsburg, University of North Carolina Press, 1955).

XIXe siècle : le recours à la science des inégalités raciales

Les hommes du XVIIIe siècle distinguaient trois critères de différenciation : le climat et la culture, déterminants de la race. Or seul ce dernier critère subsiste au siècle suivant. La boucle est bouclée avec l'avancée scientifique de Charles Darwin, dont la grande œuvre fut publiée en 1859[69]. Le sous-titre révèle l'esprit du temps : « La préservation des races favorisées dans la lutte pour la vie ». Le drame fut que, à la faveur de la vague de l'expansion coloniale de la seconde partie du siècle, la révélation de la sévérité de la sélection naturelle des espèces, impliquant conquête, domination et destruction, fut transposée dans le court terme par les sociologues darwiniens : dans la jungle des luttes de classes, de nations et de races, il devenait normal et justifié non seulement que les vainqueurs dominent les peuples inférieurs, mais aussi qu'ils les éliminent au profit de la survie à long terme de l'espèce humaine[70]. Darwin le confirmait lui-même en 1871 en appliquant sa théorie au genre humain : « *The civilized races of man will almost certainly exterminate and replace the savage races throughout the world*[71]. »

C'est que, à partir du rétablissement de l'esclavage par Napoléon Bonaparte, tout fut à refaire. Étouffé par la répression napoléonienne, renforcé par les théories racistes émergentes, le mouvement abolitionniste français ne connut qu'une lente renaissance au cours des quinze années de la Restauration. Il prônait tout au plus un processus économique de

---

69. Charles Darwin, *The Origin of Species by Means of Natural Selection ; or, the preservation of favoured races in the struggle for life and the descent of man and selection in relation to sex*, Londres, Murray, 1859 (éd. moderne : *La Filiation de l'homme et la sélection liée au sexe*, Paris, ICDI, Syllepse, 2000).

70. Philip Yale Nicholson, *Who Do We Think We Are ? Race and Nation in the Modern World*, Londres, M.E. Sharpe, 1999.

71. Charles Darwin, *The Descent of Man*, New York, Appleton, éd. 1888, p. 159-160. Néanmoins, il explique que l'homme, par la civilisation, est susceptible de procéder à une inversion progressive en faveur du dépérissement de la loi sélective.

transition lente vers l'extinction graduelle de l'esclavage aux colonies. C'est seulement avec l'aide anglaise qu'une nouvelle organisation prête à s'attaquer à la traite, et plus tard à l'esclavage, put se former en 1821, la Société de la morale chrétienne. Tout ce qu'elle put accomplir fut de fortifier la lutte contre la traite devenue de contrebande[72]. Le combat antiesclavagiste ne reprit qu'après la Révolution de juillet 1830.

Dès la fin des années 1820, le baron Roger, alors en fonction à Saint-Louis du Sénégal, et Jomard, l'un des fondateurs de la Société de géographie, avaient commencé de faire entendre une tonalité différente, celle des premiers explorateurs de terrain essayant momentanément de réagir contre le racisme ambiant. Roger, dans sa « Notice sur le gouvernement, les mœurs et les superstitions des nègres au pays du Walo[73] », défendait l'idée de la perfectibilité des sociétés. Jomard s'éleva contre les « détracteurs des Noirs » qu'il trouvait parmi « les philosophes et les anatomistes » qui « mesurent l'intelligence des Noirs sous l'angle facial et les autres signes physionomiques […] et qui établissent sur la conformation de la face l'infériorité de la race noire[74] ». Les deux hommes établirent en France une association patronnée par le ministère de la Marine, chargée de l'instruction de dix-sept « Noirs ou hommes de couleur » : deux renoncèrent, douze moururent, mais trois retournèrent comme prêtres au Sénégal, dont l'abbé Boilat. Celui-ci, devenu l'une de nos meilleures sources, laissa de nombreux écrits et croquis sur la Sénégambie, et fut même élu, en 1853, membre de la Société de géographie. Il précédait ainsi le premier élève noir à entrer, en 1878, à l'École polytechnique (tandis qu'à l'occasion de l'Exposition universelle le Jardin d'acclimatation

---

72. Lawrence Jennings, « La lente renaisssance du mouvement abolitionniste en France », colloque *Rétablissement de l'esclavage…*, *op. cit.*

73. *Bulletin de la Société de géographie*, t. VIII, 1828, p. 349-359.

74. E.-F. Jomard, *Bulletin de la Société de géographie*, t. VIII, n° 58, p. 61-76. Cité et développé par Anna Pondopoulo, « Les représentations sur les Peuls aux XIXᵉ et XXᵉ siècles », thèse de l'université Paris-VII, 2003.

exhibait dans le même temps quatre cents figurants indigènes dans un « village nègre[75] »...).

Ce furent des exceptions qui confirmaient la règle. Entre 1802 et 1950, la quasi-totalité des Blancs se situait sans hésiter au sommet d'une échelle raciale hiérarchisée.

La suppression de l'esclavage en 1848 a entretenu la vision d'une fin de siècle antiraciste dans la tradition quarante-huitarde. C'est tout à fait inexact. Le Noir est devenu, sans conteste possible, un inférieur. Aucune voix ne s'élevait plus contre ce qui était alors une vérité admise, même pas celle de Marx, qui eut en revanche des paroles définitives contre l'esclavage : « Faire des Français une nation se livrant à la traite des esclaves serait le plus sûr moyen d'asservir la France qui, quand elle était elle-même, eut l'audace de proclamer à la face du monde entier : "Que périssent les colonies, mais que les principes vivent[76] !" » Pourtant, pas plus qu'Engels, il ne s'interdit d'employer le mot *nigger* ni de parler de « spécificités raciales » impliquant l'infériorité des Noirs[77].

La Réforme intellectuelle et morale de la France [78]

La régénération des races inférieures ou abâtardies par les races supérieures est dans l'ordre providentiel de l'humanité. L'homme du peuple est presque toujours, chez nous, un noble déclassé, sa lourde main est bien mieux faite pour manier l'épée que l'outil servile. Plutôt que de travailler, il choisit de se battre, c'est-à-dire qu'il revient à son premier état. *Regere imperio*

75. Quant au premier athlète noir à être médaillé, ce ne fut qu'en 1924 aux Jeux olympiques de Paris. Pascal Blanchard, Éric Deroo et Gilles Manceron, *Le Paris noir,* Paris, Hazan, 2001.
76. Article de Karl Marx, « Le gouvernement britannique et la traite des esclaves », *New York Daily Tribune,* 2 juillet 1858, cité par F. Gauthier, « Périssent les colonies plutôt qu'un principe !... », *op. cit.*
77. Karl Marx, *Le Capital,* livre 3, p. 325, et lettre d'Engels à Marx, 2 octobre 1866, citée par Paul Gordon Lauren, *Power and Prejudice. The Politics and Diplomacy of Racial Discrimination,* Londres, Westview Press, 1988, p. 36 et 301-302.
78. Ernest Renan, cité *in* Aimé Césaire, *Discours sur le colonialisme*, Paris, Présence africaine, 1955, p. 12-13.

populos, voilà notre vocation. Versez cette dévorante activité
sur des pays qui, comme la Chine, appellent la conquête étrangère. Des aventuriers qui troublent la société européenne, faites
un *ver sacrum*, un essaim comme ceux des Francs, des Lom-
bards, des Normands, chacun sera dans son rôle. La nature a fait
une race d'ouvriers, c'est la race chinoise, d'une dextérité de
main merveilleuse sans presque aucun sentiment d'honneur ;
gouvernez-la avec justice, en prélevant d'elle, pour le bienfait
d'un tel gouvernement, un ample douaire au profit de la race
conquérante, elle sera satisfaite ; une race de travailleurs de la
terre, c'est le nègre ; soyez pour lui bon et humain, et tout sera
dans l'ordre ; une race de maîtres et de soldats, c'est la race
européenne. Réduisez cette noble race à travailler dans l'ergas-
tule comme des nègres et des Chinois, elle se révolte. Tout
révolté est, chez nous, plus ou moins, un soldat qui a manqué sa
vocation, un être fait pour la vie héroïque, et que vous appli-
quez à une besogne contraire à sa race, mauvais ouvrier, trop
bon soldat. Or la vie qui révolte nos travailleurs rendrait heureux un Chinois, un fellah, êtres qui ne sont nullement militaires. Que chacun fasse ce pour quoi il est fait, et tout ira bien.

Le plus virulent des racistes, le comte de Gobineau, n'avait
pas attendu la caution scientifique de Darwin pour publier,
entre 1853 et 1855, son *Essai sur l'inégalité des races humaines*.
Il y défend sans ambages la supériorité de la race blanche, et
plus précisément des « Aryens » dont, conformément à ses
prédécesseurs, il propose les Germains pour archétype de la
pureté de la race supérieure. On présente aujourd'hui son opinion comme exceptionnelle : elle poussait simplement à son
paroxysme ce que les savants de l'époque, biologistes et philosophes, cautionnaient de leurs « observations ».

Le médecin Georges Cuvier avait fait reconnaître au début
du siècle par l'Académie le principe de la fixité des races[79] ;
Hippolyte Taine, qui associait la race, le milieu et le moment,
attribuait l'esprit français à la supériorité du Nord sur le Sud
transmise par la voie du sang[80] ; Ernest Renan, dans un écrit
de jeunesse, avait suivi le mouvement en glorifiant l'histoire

79. Cité par Ivan Hannaford, *Race : the history of an idea in
the West*, Washington, D.C., Woodrow Wilson Center Press, 1996,
p. 256-258.
80. *Histoire de la littérature anglaise*, 1863, et *Origines de la
France contemporaine*, 1875 à 1893.

nationale des Celtes dont la race était restée pure[81] — mais il eut l'immense mérite de se rétracter publiquement en rejetant l'identification race/nation au moment de la vague de racisme de la fin du siècle[82]. Quant au sociologue Léopold de Saussure, il prôna la colonisation « préservatrice » qui consistait à conserver ce jardin du passé, les colonisés n'étant pas susceptibles de progrès[83].

On comprend mieux dans ce contexte l'anecdote révélatrice rapportée avec causticité par le biologiste Stephen Gould sur les mésaventures de la Vénus hottentote — ce surnom même qui lui fut donné par dérision révèle le mépris dans lequel on tenait cette « semi-guenon ». Cette femme bochiman (on dit aujourd'hui, par référence aux langues de ces peuples, khoisan) fut considérée, au début du XIXe siècle, comme l'un des prototypes raciaux de l'espèce humaine. L'histoire est exemplaire. Il s'agissait à l'origine de l'esclave d'un petit fermier d'Afrique du Sud qui eut l'idée de l'« importer » en Angleterre afin de l'exhiber dans les foires. La jeune femme, appelée par son maître Saartjie Baartman, était en effet dotée d'un trait morphologique classique en Afrique australe mais particulièrement développé chez elle : un fessier rebondi ou stéatopyge[84]. Elle mourut en 1815 à Paris, où elle finit sur la table de dissection de Cuvier, car elle excita aussi l'intérêt des grands naturalistes du moment. Le savant laissa de cette opération une description riche en mensurations de toutes sortes[85]. Il était moins intéressé par la protubérance de

81. *Poésie des races celtiques,* 1857. Curieusement, la BNF ne possède que l'édition anglaise, *Poetry of Celtic Races,* Londres, W. Scott publ., 1896.

82. Ernest Renan, *Qu'est-ce qu'une nation ?,* conférence à la Sorbonne, 11 mars 1882, cité par Ivan Hannaford, *op. cit.,* p. 303-304.

83. Léopold de Saussure, *Psychologie de la colonisation française, dans ses rapports avec les sociétés indigènes,* Paris, F. Alcan, 1899.

84. Son portrait en pied figure *in* Geoffroy de Saint Hilaire et Frédéric Cuvier, *Histoire naturelle des mammifères, avec figures originales, colorées, dessinées d'après des animaux* [sic] *vivants,* Paris, 1824.

85. Georges Cuvier, monographie publiée dans les Mémoires du Muséum d'histoire naturelle, cité par Stephen Jay Gould, *Le Sourire du flamant rose. Réflexions sur l'histoire naturelle*, Paris, Le Seuil, 1988, p. 318.

son fessier que par une particularité morphologique répandue chez les Khoisan qui intriguait alors les naturalistes : le « tablier hottentot », dit aussi « voile de la pudeur », c'est-à-dire le dépassement plus développé que chez les autres femmes des petites lèvres de l'organe génital féminin. Personne ne songea alors que cela pouvait résulter d'une coutume mutilante imposée à ces femmes dont l'anatomie sexuelle était peut-être en tout point semblable à celle des Européennes[86]. L'intérêt des savants fut si vif que les organes de Saartjie furent conservés par Cuvier, et voisinaient encore il y a peu sur une étagère semi-oubliée du musée de l'Homme (ex-musée d'Ethnographie fondé par Jules Ferry en 1880) avec deux autres bocaux contenant le même genre d'objet, étiquetés « une Négresse » et « une Péruvienne[87] ». Ce qui rend l'anecdote encore plus instructive, c'est qu'à la fin du XIXe siècle, au temps de l'anthropologie physique, le médecin Broca réexamina le cas. On était alors au plus fort de la théorie sur le déterminisme biologique. Broca voulait, en 1862, définir le critère physique déterminant la hiérarchie des races humaines. Il crut le trouver dans le rapport entre la longueur du radius et de l'humérus. Le rapport le plus élevé, correspondant aux avant-bras les plus longs — ceux du singe —, aurait indiqué la race inférieure. Or il était en moyenne de 0,79 chez les Noirs contre 0,73 chez les Blancs. Las ! Les mensurations de la Vénus hottentote allaient ruiner son hypothèse, puisque le rapport n'était chez elle que de 0,70...

On croit rêver en lisant aujourd'hui ces élucubrations. Elles n'en sont pas moins représentatives d'un état d'esprit racialiste qui imprégnait les critères de scientificité élaborés à cette époque à propos du concept de civilisation. Car natura-

86. Gould, *op . cit.,* chap. XVIII, « La Vénus hottentote » ; Bernth Lindford, « Courting the Hottentot Venus », *Africa*, 1985, 40 (I), p. 133-148 ; Robert Gordon, « The Venal Hottentot Venus and the Great Chain of Being », *African Studies,* 51, 1992 ; Gérard Badou, *L'Énigme de la Vénus hottentote*, Paris, Jean-Claude Lattès, 2000.

87. Notons un certain retour des choses, puisque le cerveau de Broca continuait de se décomposer sur une étagère voisine... Les restes de Saartjie Baartman ont été restitués en 2002 à l'Afrique du Sud.

listes, médecins et ethnologues marchaient alors en Europe la main dans la main. Ce n'est pas un hasard si le « père » de l'ethnologie allemande fut le médecin de marine Adolf Bastian (1826-1905) qui occupa à partir de 1867 la chaire de Berlin, suivi d'un autre médecin enseignant l'ethnologie à Marburg. Définitivement, ce fut le biologiste Ernst Haeckel (1834-1919) qui introduisit en Allemagne le déterminisme racial de Darwin, thème privilégié de l'anthropologie allemande jusqu'aux années 1930, avant de dégénérer sous le national-socialisme hitlérien[88].

Les Achantis au Jardin d'acclimatation [89]

— Eh bien ! non, je maintiens qu'ils sont affreux. Il y a une beauté humaine, soyez-en sûrs. Un beau visage est celui qui, par sa conformation, n'éveille point l'idée des fonctions nutritives et des instincts égoïstes, mais n'exprime que des sentiments de sociabilité ou des préoccupations intellectuelles. Une belle bouche, par exemple, est celle dont on oublie qu'elle est faite pour manger, et que l'on croit formée uniquement pour sourire, pour chanter, ou pour être baisée. Or la bouche des Achantis est trop évidemment faite pour manger, et pour manger malproprement, à grands coups de canines dans la chair sanglante. Elle est deux ou trois fois grande comme la nôtre ; elle est soutenue par de très larges mâchoires ; elle dépasse de beaucoup la ligne du nez ; elle est toute jetée en avant ; elle menace. Leur nez ne semble fait que pour flairer la proie et leurs yeux pour la guetter. Le retrait du front sans presque fait de leur visage un mufle. Si un animal avait cette gueule, il pourrait être un fort bel animal, et qui même n'aurait pas l'air plus méchant qu'un lion ou un léopard. Mais cette tête carnassière, étant supportée par des corps semblables aux nôtres, fait peur et fait mal, peut-être parce que, ainsi placée, elle nous rappelle brutalement nos origines bestiales. En somme, ces bons Achantis sont déplaisants à voir, non parce qu'ils ont des têtes d'animaux, ayant ces têtes, ils ont cependant l'air d'être des hommes.

88. Youssouf Diallo, « L'africanisme en Allemagne hier et aujourd'hui », *Cahiers d'études africaines*, n° 161, 2001, p. 13-44.
89. Jean Lemaitre, *Impressions de théâtre*, 1re série, Paris, Éditions d'imprimerie et de librairie, 1887, cité in *La France colonisatrice*, coll. « Les reporters de l'histoire », n° 3, Paris, Liana Lévi-Sylvie Messinger, 1983.

Du moins les Achantis (je ne parle que des mâles) ont d'assez beaux corps, moins beaux cependant que ceux des gymnastes de nos cirques, et portés sur des jambes un peu grêles. Les femmes ont des têtes plus présentables que les hommes, et une douceur de bêtes soumises dans les yeux et dans la bouche. Mais elles sont petites, massives, le torse court, les jambes comme des piliers, les mamelles longues et pendantes comme des outres et, au bout, des rugosités de peau d'éléphant qui forment le mamelon. Les deux sexes sont ceinturés de cotonnades rayées ou de peaux teintes de couleurs vives.

[…] Quelqu'un, auprès de moi, demandait ingénument et presque avec colère :

— Mais, enfin, à quoi les Achantis servent-ils ? Pourquoi y a-t-il des Achantis ? Qu'est-ce que ces gens-là sont venus faire au monde ?

— Ils y sont venus manger, boire, danser, jouir, souffrir, dormir, mourir — tout comme les civilisés. C'est déjà bien joli. Mais vous pensez peut-être que cela ne les excuse pas suffisamment de vivre ? Vous croyez que nous, les Aryas, nous avons seuls ou presque seuls, par nos rêves, par notre art, par nos vertus, par la connaissance toujours plus grande que nous prenons de l'univers, de valables raisons d'exister ? — Eh bien ! disons donc que les Achantis et les autres sauvages existent pour nous servir un jour. […]

> *Chers primitifs, ô Bamboulas,*
> *Benjamins de la terre antique,*
> *Grands innocents qui n'avez pas*
> *De morale ni d'esthétique,*
>
> *Ô vous qui ne songez à rien,*
> *Qui n'avez ni Codes ni Bibles,*
> *Que méprise l'Européen*
> *Et qui n'êtes pas perfectibles !*
>
> *Puisque c'est un chemin sans bout*
> *Que nous ouvre l'étude austère,*
> *Plus heureux par l'oubli de tout,*
> *Vivez la vie élémentaire !*
>
> *Et riez, comme aux cieux sereins*
> *Rit le soleil, père du monde ;*
> *Jouissez de sentir vos reins*
> *Piqués par la chaleur profonde ;*

> *Et dansez sous ses flèches d'or,*
> *Dans l'ivresse de la lumière,*
> *Ô bons nègres, tout près encore*
> *De l'inconscience première !*

L'époque coloniale et ses séquelles

Forte de cet héritage qui remontait à deux siècles au moins, la colonisation n'eut aucun mal à s'insérer dans le moule « racialiste » qui était devenu l'idéologie dominante sinon exclusive de la fin du XIXᵉ siècle. L'acte issu de la Conférence internationale de Berlin, en 1885, qui entérina le principe de généralisation de la colonisation en Afrique, exclut nommément l'Afrique de la sphère des droits de l'homme. L'idée des droits de l'homme fut détournée pour servir de principe de discrimination en devenant le répertoire principal de la mission civilisatrice, donc de l'infériorité irréductible ou temporaire — tension qui persiste au sein des idéologies coloniales — des Noirs. C'est l'État colonial, de par la mise en perspective ontologique et chronologique des Africains, qui se promut défenseur des droits de l'homme, monopolisant à son profit ce qui est en principe du ressort des individus et de la communauté civile déclarée inexistante[90]. En conséquence, aucun droit n'était reconnu aux « indigènes » dont les métropoles promettaient seulement la « conservation », en améliorant « leurs conditions de vie morales et matérielles » et en luttant « contre l'esclavage et tout particulièrement contre la traite[91] ».

Le théoricien raciste de l'époque le plus en vogue fut un Britannique, Houston Stewart Chamberlain, fils d'un amiral anglais, élevé en France, éduqué en Suisse et domicilié en Autriche. Son ouvrage majeur, paru en 1899, défendait les idées alors classiques de la lutte et de la pureté raciales, de

90. Florence Bernault, communication personnelle et « What Absence is Made of Human Rights in Africa », Jeffrey N. Wasserstrom et al. éd., *Human Rights and Revolutions*, Lanham, Rowman & Littlefield, 2000, chap. VIII.

91. Acte de la Conférence de Berlin, I, 6, commenté par Florence Bernault, *ibid.*

l'infériorité des juifs et des nègres, et de la supériorité des
« Teutoniques » ou « Germaniques » (Aryens) blancs. Il fut
traduit dans toutes les langues, réédité à plusieurs reprises, et
qualifié dans la préface à l'édition anglaise (1910) de « *one of
the masterpieces of the century*[92] ». Les Français ne furent
pas en reste : Fustel de Coulanges attribuait la grandeur française à sa filiation romaine[93] ; Francis de Pressensé, virulent
antidreyfusard, exprimait un impérieux nationalisme[94]. Le
plus patriotiquement raciste des romanciers fut Maurice
Barrès (1862-1923), qui haïssait autant les socialistes que les
juifs[95], et fut immensément populaire.

L'impérialisme colonial

La période s'imposa comme celle dite de l'« impérialisme
colonial » : en 1870, la création d'un puissant État allemand,
l'unification de l'Italie, la défaite humiliante de la France,
l'isolement de la Grande-Bretagne et la montée de l'Empire
russe contribuèrent à façonner la volonté de créer, de recouvrer ou de maintenir la grandeur nationale à travers la compétition coloniale. Les théories raciales venaient à point pour
justifier les ambitions politiques et stratégiques internationales, pour soutenir les ambitions économiques outre-mer,
promesses d'investissements et de profits, et pour donner un
nouvel élan à l'action missionnaire chargée de civiliser les
païens en les christianisant. Théories, intérêts et ambitions se
conjuguèrent pour promouvoir l'achèvement du partage de
l'Afrique et la domination des peuples d'Asie et du Pacifique.
L'interrelation entre la science, la pensée scientifique et
l'expansion impérialiste s'imposa : « L'affirmation qu'il était
souhaitable que les hommes maîtrisent la nature, et que les
Européens étaient les mieux armés scientifiquement […]

---

92. *Die Grundlagen des neunzehnten Jahrhunderts* (les fondations du xixᵉ siècle). Cité par Paul Gordon Lauren, *op. cit.*, p. 45-47.
Trad. française, *La Genèse du xixᵉ siècle*, Paris, Payot, 1913 (3ᵉ éd.).

93. *Histoire des institutions politiques de l'ancienne France*,
Paris, Hachette, 1888-1892, 6 vol.

94. *Gabegie et atrocités coloniales,* discours prononcé à la Chambre des députés, Paris, Librairie les Hommes du jour, 1909, 22 p.

95. *Le Culte du moi*, 3 vol., Paris, Perrin, 1888-1891 ; *Le Roman
de l'énergie nationale*, 3 vol., Paris, Fasquelle, 1897-1902.

pour ce faire inspira à nombre d'auteurs la conviction que c'était le destin et le devoir des Européens de prendre en main les régions occupées par des peuples moins avancés [...]. La demande croissante en matières premières des zones industrialisées d'Europe et d'Amérique du Nord devint l'une des rationalités les plus fréquemment invoquées pour justifier l'expansion impérialiste en Afrique, en Asie du Sud-Est, et même dans des zones aussi peuplées et cultivées que la Chine[96]. »

Cet élan fut accéléré et soutenu, entre 1885 et la Première Guerre mondiale, par une propagande impériale qui fit feu de tout bois. Tandis que la presse colonialiste et missionnaire s'acharnait à démontrer la cruauté et l'ignorance des peuples à conquérir, qu'il fallait sauver de l'anthropophagie et de l'esclavage et faire naître à la civilisation, la facilité relative de la conquête entretint le mépris envers ces peuplades incapables de se défendre, renforçant encore les préjugés raciaux par le sentiment de supériorité de la « race blanche[97] ». Elle permit aussi de justifier à bon compte la répression féroce des principales révoltes des colonisés : celle de Bugeaud en Algérie en 1845-1846, celle des guerres maories en Nouvelle-Guinée dans les années 1850, celle de la révolte des Cipayes en Inde en 1857, jusqu'au massacre des Herero du Sud-Ouest africain par les Allemands en 1904-1907 et à l'élimination des Aborigènes d'Australie. Ce fut, selon le mot de Madeleine Rébérioux, la montée du « racisme nationaliste[98] ». La collection d'affiches coloniales qui a été dressée par le musée de la BDIC en présente de multiples exemples, dont le fameux « Y a bon Banania », qui régna jusqu'aux années 1950, n'en fut qu'un parmi les plus anodins[99].

96. Michael Adas, *Machine as the Measure of Men. Science, Technology, and Ideologies of Western Dominance*, Ithaca, Cornell University Press, 1989, p. 217.

97. *Cf.* V. G. Kiernan, *The Lords of Human Kind : Black Man, Yellow Man, and White Man in an Age of Empire*, Boston, Little Brown, 1969.

98. « L'essor du racisme nationaliste », *in* Patrice de Comarmond et Claude Duchet (éd.), *Racisme et société*, Paris, Maspero, 1969, p. 139-140.

99. Pascal Blanchard et Nicolas Bancel (éd.), *Images et colonie,* Syros, Paris, 1993, et *Images d'Empire (1930-1960). Trente Ans de propagande officielle*, Paris, La Martinière-Documentation française, 1997.

On ne s'attardera pas sur le florilège colonial lui-même. Un volume n'y suffirait pas. On s'attachera plutôt à montrer que ce courant ne fut pas limité aux expansionnistes coloniaux, en eux-mêmes peu nombreux. Il contribua à façonner l'opinion publique pour plusieurs générations. En témoigne, entre autres, une étude de presse consacrée à la représentation du Dahomey dans l'opinion française à l'époque de la conquête, véritable sottisier de tous les clichés racistes dont s'inspiraient les portraits à la fois physiques et moraux des Noirs[100]. Après la Première Guerre mondiale, il n'y eut plus que par accès des massacres d'une ampleur comparable aux précédents (répression de la révolte *baya* en A-EF à la fin des années 1920, révoltes de Sétif ou de Madagascar en 1947, etc.), et ils furent plutôt dissimulés que revendiqués. En revanche, Albert Bayet inventa en 1931 le concept de « colonisation démocratique », qui signifiait la nécessité et le devoir d'inclure dans l'ordre du progrès les sociétés indigènes considérées, au mieux, en enfance. C'était un racisme d'exclusion à la française : en hiérarchisant des hommes en fonction de critères culturels et historiques, il maintenait le fossé entre le colonisé et le colonisateur. C'est à cette époque que remonte l'essor du racisme colonial à la française fondé au moins autant sur la culture que sur la couleur — et nourri du racisme antiarabe exacerbé en Algérie.

Le racisme antiarabe trouvait évidemment ses racines au XIXᵉ siècle, et prit son essor avec la conquête à partir de 1830. Le XIXᵉ siècle inventa notamment le mythe de la supériorité « raciale » des Berbères sur les Arabes. Ce fut le « mythe kabyle », dont l'histoire a été analysée à plusieurs reprises[101]. Cette théorie fut, comme le racisme antinoir, fortement connotée de scientisme, puisque d'abord lancée par les cent soixante-seize médecins militaires qui accompagnèrent les troupes françaises d'occupation. Elle fut appuyée par les saint-

100. Véronique Campion-Vincent, « La Belle Époque », *Les Temps modernes,* août 1968, p. 317-345.

101. *Cf.* Charles-Robert Ageron, *Les Algériens musulmans et la France, 1871-1919*, Paris, PUF, 1968, t. I, p. 267-277, et Patricia M. E. Lorcin, *Imperial Identities : Stereotyping, Prejudice and Race in Colonial Algeria*, Londres, I. B. Tauris, 1995.

simoniens de l'École polytechnique : on distinguait donc les « deux races », les Kabyles et les Arabes, les Kabyles étant les premiers occupants, possiblement arrivés du nord, mais conquis, soumis et (peu ou mal) islamisés par les Arabes. Le mythe, bien enraciné dès 1845, année où le docteur Eugène Bodichon défend dans ses *Considérations sur l'Algérie* la force de l'hérédité, fut habilement utilisé par les colons contre le « royaume arabe » indigénophile rêvé par Napoléon III. Le médecin Joanny-Napoléon Périer, qui avait servi quatre ans en Algérie, le renforça à la Société d'anthropologie de Paris dont il fut un membre éminent pendant vingt ans, diffusant les idées racistes de Gobineau dans son mémoire *Des races dites berbères et de leur ethnologie* (1870)[102]. Le mythe repartit de plus belle au XXᵉ siècle à propos du Maroc. « Nos Berbères » furent crédités des mêmes qualités que naguère « nos » Kabyles, « cette Auvergne de l'Afrique du Nord[103] », et pour la même raison : ils étaient « issus comme la nôtre de la race aryenne[104] ». On ne compte pas les ouvrages de vulgarisation de l'entre-deux-guerres concernant la « race berbère » marocaine dont le prototype était supposé régner dans le Haut-Atlas. Ses qualités furent célébrées face à l'islam arabe, car « les Berbères de race pure sont très peu pratiquants[105] ». Mais, comme ils s'avérèrent plus musulmans que prévu, c'est le « Chleuh à tête ronde » qui relaya dans la littérature coloniale le « Kabyle à tête ronde cousin de nos Gaulois ». Ainsi les frères Tharaud écrivent-ils : « Les Chleuhs ressemblent à nos Auvergnats, ils en ont la forte carrure et les vertus solides : le travail, l'économie, une aisance à s'adapter étonnante [...]. C'est sur ces Berbères malléables tout prêts à accepter notre civilisation, ce qui leur apportera quelque argent, que nous pouvons compter le plus[106]. »

102. Publié in *Mémoires de la Société d'anthropologie de Paris*, vol. I, 2ᵉ série, 1873, p. 1-54.
103. Cité par Charles-Robert Ageron, *Politiques coloniales au Maghreb*, Paris, PUF, p. 110-120.
104. *L'Écho du Maroc*, 17 octobre 1923.
105. R. Montagne, *La Vie sociale et politique des Berbères*, Paris, Éditions du Comité de l'Afrique française, 1931.
106. Cité par Ageron, *Politiques coloniales...*, *op. cit.*, p. 115.

Tels étaient les clichés de la littérature coloniale maghrébine. Le stéréotype fut créé, et le groupe berbère privilégié par le pouvoir colonial, notamment en matière d'éducation, face à son antithèse supposée, l'Arabe inassimilable… Le régionalisme s'accrut ; entre les deux guerres, la seconde langue des jeunes Berbères eut tendance à devenir le français plutôt que l'arabe. Ces théories ont fait, on s'en doute, des ravages, et pas seulement en France, léguant à l'Algérie un héritage difficile fait d'affabulation et de rancœur. Le Kabyle martyrisé par l'Arabe est, hélas, devenu une réalité. Mais c'est dans l'idéologie française une vieille histoire.

La contamination de l'opinion publique

L'opinion publique fut dressée à partager ces vues. Parmi les événements les plus populaires, il faut mentionner les multiples expositions coloniales organisées dans les principales villes de France, dans les ports comme Marseille et dans la capitale. La plus fameuse fut l'Exposition coloniale internationale de 1931, dont l'impact a été bien étudié[107]. Ces événements avaient pour objet de glorifier la « mission civilisatrice » de la métropole. Ce qu'on a oublié, c'est que ces manifestations présentaient de véritables zoos humains, où les « indigènes » étaient exposés comme des animaux, sans que cela choquât personne. On invitait les visiteurs à examiner, derrière des enclos d'exposition, les sauvages, des gens « pas comme nous ». La première du genre avait été, dès le début du xixᵉ siècle, la Vénus hottentote, citée plus haut, qui dénudait ses fesses dans une cage posée, à Londres, sur la place de Piccadilly Circus, avant d'être revendue à Paris à un montreur de foire. De façon analogue, en 1877, Geoffroy de Saint-Hilaire, directeur du Jardin d'acclimation, avait, pour redresser les finances chancelantes de son institution, organisé deux « spectacles ethnologiques » en présentant des Nubiens et des Esquimaux. Le succès fut foudroyant : les Parisiens accoururent pour découvrir ce que la grande presse qualifia de « bandes d'animaux exotiques, accompagnés par des individus non moins singuliers » ; la fréquentation du jardin

---

107. Catherine Hodeir et Pierre Michel, *L'Exposition coloniale 1931*, Paris-Bruxelles, Complexe, 1991.

doubla, atteignant cette année-là le million d'entrées. Le directeur récidiva, en 1890, en exposant de sauvages guerrières « Amazones » du Dahomey ou supposées telles[108]. Entre 1877 et 1912, une trentaine d'« exhibitions ethnologiques » similaires furent organisées dans l'établissement.

L'attraction la plus courue de 1931, comme elle l'avait déjà été à l'exposition de 1878, puis à nouveau en 1889, 1894, 1900, 1906, 1907 et 1922 à Marseille, Lyon ou Paris, était le spectacle de la vie « traditionnelle » au village : en 1878 et 1889, un « village nègre » peuplé de 400 figurants indigènes avait constitué l'une des attractions majeures ; en 1900, on avait exécuté un diorama « vivant » sur Madagascar. Les foires et les expositions régionales devinrent les lieux de promotion par excellence de ces exhibitions : « Il n'est dès lors pas une ville, pas une exposition et pas un Français qui ne découvre, à l'occasion d'un après-midi ensoleillé, une reconstitution "à l'identique" de ces contrées sauvages, peuplées d'hommes et d'animaux exotiques, entre un concours agricole, la messe dominicale et la promenade sur le lac[109]. » Même si les indigènes importés étaient rétribués pour s'exhiber, on ne les en objectivait pas moins pour la seule joie du public français...

Celui-ci ne fut pas le seul à bénéficier du spectacle : en Grande-Bretagne comme aux États-Unis, ce genre de représentation était fréquent. Une étude récente en retrace les principaux épisodes entre 1810 et 1930[110]. Le public anglo-américain était en particulier friand d'exhibitions de Zoulous, de Bochiman et de « Hottentots ». Un missionnaire acheta aussi au Congo un Pygmée, Ota Benga, qu'il importa aux États-Unis pour le présenter, en 1904, à l'Exposition

108. Hélène d'Almeida-Topor, *Les Amazones,* Paris, Rochevignes, 1984, p. 104 et 142-145.

109. Nicolas Bancel, Pascal Blanchard et Sandrine Lemaire, « Ces zoos humains de la République coloniale », *Le Monde diplomatique,* août 2000, p. 16 ; des mêmes (sous la dir. de), *Zoos humains, de la Vénus hottentote aux reality shows,* Paris, La Découverte, 2002.

110. Bernth Lindfors (éd.), *Africans on Stage. Studies in Ethnological Show Business,* Indiana University Press, 1999. Voir aussi R. Corbey, « Ethnographic Showcases, 1870-1930 », *Cultural Anthropology,* 1993, 8, n° 3, p. 338-369.

internationale de Saint Louis. Ota Benga fut également exposé au Musée d'histoire naturelle de New York, puis dans la cage aux singes du zoo du Bronx. Bien que délivré par une campagne humanitaire, il finit par se suicider de désespoir[111].

La contamination des enfants

L'infériorité des indigènes fut enseignée comme un fait établi dans les écoles. Les larges taches roses de l'Empire français s'étalaient sur une grande partie de l'Afrique occidentale — Afrique du Nord et Sahara compris —, de l'Afrique dite « équatoriale française » et de la péninsule indochinoise. Les images du matériel scolaire eurent la vie dure : en 1966-1967 encore (six ans après l'indépendance), ma fille aînée eut droit au manuel de géographie Demangeon du cours préparatoire d'une école publique parisienne (édition de 1956) où s'étalait en double page l'image d'une caravane à travers la forêt dense : derrière un officier colonial tout de blanc vêtu, casque inclus, suivait en file indienne une cohorte de porteurs noirs à demi nus, témoignant de l'effort courageux de la colonisation. Hélas ! une étude récente démontre que l'école véhicule toujours un certain nombre de clichés[112]…

Plus insidieuse et plus généralisée, la littérature enfantine a transmis pendant ces générations une image dépréciée du colonisé, noir ou jaune. Au tournant du siècle, les écrivains pour enfants se complaisaient dans des récits d'exploration où la race noire était toujours traitée en humanité inférieure. Parmi eux, on peut citer P. Bory (*À l'assaut de l'Afrique*), E. Monteil (*Le Roi Boubou*), A. Badin (*J.-B. Blanchard au Dahomey*), et surtout Louis Boussenard (*Le Tour du monde d'un gamin de Paris,* et *Aventures extraordinaires d'un homme bleu*). Dans le premier de ces ouvrages, publié en 1880, il décrit une scène atroce destinée à prouver que les Noirs « ne demandent pas mieux que d'être esclaves ; ils se vendent entre eux, même entre frères, puis reviennent

111. Philippe Wamba, *Kinship. A Family Journey in Africa and America,* Londres, A Dutton Book, Penguin Ltd, 1999, p. 231-237.
112. Sandrine Lemaire, « De la bonne manière d'être citoyen : colonisation/immigration dans les instructions officielles et manuels scolaires d'histoire-géographie », Revue *Passerelles*, n° 16, 1998, p. 261-271.

humblement se faire réenchaîner[113] ». Quant au commandant
Driant, dans *Robinsons de l'air*, publié en 1909, il fait jeter
du ballon, en qualité de lest, le serviteur noir : « "Jetez quelque chose... n'importe quoi !"... Soulever le nègre et le faire
basculer par-dessus le bordage fut pour sir Elliot l'affaire d'un
instant... Ils en étaient à l'heure de la lutte pour la vie, et au
vingtième siècle comme au premier siècle, les races inférieures, comme on appelait la race de Cham, étaient tenues
de fournir les sacrifiés[114]. »

Les clichés les plus simplistes étaient inculqués dès le
plus jeune âge. L'éléphant Babar, en 1932, délivre sa femme
Céleste d'une bande bondissante de « féroces sauvages
cannibales » tout noirs, armés de sagaies et à peine vêtus de
pagnes, qui se préparent à la faire bouillir dans une énorme
marmite — double page qui sera éliminée dans la réédition
de 1985[115]. La caricature et les bandes dessinées de
l'époque sont sans pitié sur cette « Afrique noire inventée[116] ». On a glosé sur le racisme naturel de *Tintin au
Congo* (1937) où les sauvages les plus gentils ne parlent
que « petit nègre ». On a oublié que cette langue dite alors
« français tirailleurs » fut inventée et enseignée au temps de
la Première Guerre mondiale par l'armée française, qui
confectionna et diffusa abondamment des fascicules pour
faciliter la communication avec les soldats venus de toute
l'Afrique occidentale.

113. P. 77-81.
114. Cité par Olivier Dumas, « La race noire dans l'œuvre de Jules
Verne », *in* François Raymond et Simone Vierne (éd.), *Jules Verne et
les sciences humaines*, Paris, 10/18, 1980, p. 265.
115. Jean de Brunhoff, *Le Voyage de Babar*, Paris, éditions du Jardin des Modes, 1932, p. 10-11.
116. Sandrine Lemaire, « L'Afrique noire inventée : de la Première
Guerre mondiale aux indépendances », *Historiens et Géographes*,
n° 367, 1998, p. 93-109. *Cf.*, dans le même genre, Yong-Ja Kim, « Le
Chinois dans la bande dessinée et la caricature de la presse euro-
péenne francophone durant l'entre-deux-guerres », Jean Pirotte, éd.,
Stéréotypes nationaux et préjugés raciaux aux XIXᵉ et XXᵉ siècles,
Louvain-la-Neuve, Collège Érasme, 1982, p. 58-77 ; Gilles Bœtsch et
Christiane Villain-Gandossi (éd.), « Stéréotypes dans les relations
Nord-Sud », *Hermès*, 30, CNRS Éditions, 2001.

Le romancier pour la jeunesse le plus populaire et le plus lu, jusque dans les années 1950 au moins, fut évidemment Jules Verne, dont on aurait étonné les lecteurs des années 1930 en traitant ce vieux quarante-huitard de raciste... Et pourtant, malgré un sentiment anticolonialiste certain nourri de son anglophobie, il était bien le représentant de son temps. Il en transmet les préjugés, même si, comme le remarque Jean Chesneaux, il distingue les « bons sauvages » des méchants[117]. Force est de reconnaître que, à la différence des Indiens par exemple, quasiment tous les Africains de ses romans font partie des seconds — seul échappe à la règle le Camerounais Khamis du roman tardif *Le Village aérien* (1901), qui possède par ailleurs son lot habituel d'anthropophages. Les Noirs sont qualifiés, au choix, dans *Cinq Semaines en ballon,* de « misérables nègres », de « moricauds », de « vilains bonshommes », d'« horribles bêtes », de « fauves à tête humaine » ; leurs faces sont « animalisées » et ils ont une « agilité de singes ». Le roi noir de *Capitaine de quinze ans* est un « nègre abruti » décrit comme un « singe arrivé au temps de l'extrême vieillesse ». Bref, on retrouve sous la plume de Jules Verne tous les clichés du temps sur le méchant sauvage comme, d'ailleurs, sur le péril jaune.

La littérature pour adultes ne valait guère mieux, y compris chez les auteurs les plus favorables aux Noirs. Les missionnaires étaient bien de leur temps, partageant les convictions de leur milieu d'origine. Ils croyaient au rôle d'éducatrice que devait jouer « cette grande race blanche, prédestinée par Dieu à être l'initiatrice et la protectrice de toutes les autres[118] ». Ce sentiment de supériorité avait été renforcé au XIXe siècle par le contexte romantique du renouveau missionnaire, issu entre autres du *Génie du christianisme,* de Chateaubriand (1802), qui faisait du missionnaire « un pauvre moine parti à pied [...] humaniser le sauvage, instruire l'ignorant, guérir le malade, vêtir le pauvre... », chez des « païens

---

117. Jean Chesneaux, *Une lecture politique de Jules Verne*, Paris, Maspero, 1971, p. 102. Voir aussi Marc Soriano, *Jules Verne (le cas Verne)*, Paris, Julliard, 1978.

118. *Revue des Jésuites,* octobre 1892, p. 443, cité par Jean Pirotte, *Stéréotypes nationaux...*, *op. cit.*, p. 85.

infortunés dont l'âme est encore plus noire que le corps[119] ».
Mettre l'accent sur la barbarie des populations renforçait le
mérite du chemin parcouru : le missionnaire devenait un
héros pour les jeunes, un modèle à imiter. Entre les deux
guerres seulement, à la suite de l'encyclique de Benoît XV,
Maximum illud (1919), puis surtout de celle de Pie XI,
Rerum ecclesiae (1926), qui suggéraient la nécessité d'adapter l'apostolat aux mentalités locales et de préparer des
cadres autochtones, commença de se faire jour le souci de
« ne rien écrire à l'usage des Occidentaux que nous n'ose-
rions mettre sous les yeux des indigènes[120] ».

On ne peut guère en dire autant des dictionnaires usuels,
qui ont effrontément véhiculé, à partir du XIXᵉ siècle, et
jusqu'à une date tardive, à l'entrée « Cham », le thème de sa
descendance noire, la race maudite, comme issue de la
Bible : dictionnaire Bescherelle (1857 et 1880[121]), *Dictionnaire d'aujourd'hui* (Mame, 1937), et surtout *Le Petit
Larousse*, sans discontinuer, de 1908 à 1955 : « Ses descendants, les Chamites, ont formé, dit l'histoire sainte, la race
nègre. » La nuance introduite ensuite est le conditionnel :
« auraient constitué... » (1967) ; mais, en 1977 (bien que le
mot race ait disparu, tandis que le mot nègre est devenu à
son entrée : « anciennement, esclave noir »), l'information
erronée se fait encore plus précise : « D'après la Genèse, il
[Cham] serait l'ancêtre des habitants de l'Afrique et de
l'Asie occidentale. » Les mêmes dictionnaires affirment
comme évidente l'infériorité des nègres : « Cette race, inférieure à la race blanche, a presque toujours été asservie par
celle-ci[122] », « race d'hommes noire, inférieure en intelligence à la race blanche[123] ». La nuance péjorative du mot
« nègre » n'est consacrée par *Le Petit Larousse* qu'à partir

119. *Revue des Spiritains,* janvier 1904, p. 2, et *ibid.,* p. 87.
120. *Grands lacs,* 1939, cité par Jean Pirotte, *ibid.,* p. 88.
121. M. Bescherelle aîné, *Dictionnaire national ou dictionnaire
universel de la langue française*, Paris, Garnier, 5ᵉ éd. 1857, 18ᵉ éd.
1880, t. I, p. 587.
122. Bescherelle, *op. cit.*
123. Pierre Larousse, *Dictionnaire complet illustré*, en un vol.,
1896 à 1914, p. 516.

de 1953[124]. Mais il fallait entre les deux guerres la liberté
d'esprit d'un Romain Rolland (prix Nobel 1916) pour s'indigner : « Ces questions de suprématie de races sont niaises et
dégoûtantes[125]. » Car les plus grands écrivains n'en restaient
pas moins de leur temps. Ainsi André Gide, dont le *Voyage
au Congo* dénonça courageusement les abus sanguinaires
dont il fut le témoin, estimait tout naturellement en se dirigeant vers le Tchad que les « indigènes… dignes… s'affinent
et se spiritualisent, tandis qu'on remonte vers le nord »
musulman et arabisé[126]. Quant à René Maran, prix Goncourt
1921 pour *Batouala, véritable roman nègre*[127], et lui-même
antillais ouvertement proafricain, car, comme il le note avec
un humour féroce dans son introduction, « si l'inintelligence
caractérisait le nègre, il n'y aurait que fort peu d'Européens », il n'en multiplie pas moins les scènes « sauvages »
de transes, d'excisions sanglantes et de danses érotiques : la
foule est « grouillante », l'« ivresse sexuelle » est « doublée
d'ivresse alcoolique », dans une « immense joie de brutes »
aux « bouches démesurément hurlantes » ; le chef est naturellement abandonné sans soins car, « pour un blessé, doit-
on négliger un troupeau de gogous meuglant à une portée
de sagaie ? C'est pourquoi […] on vous avait laissé mon
Batouala […] pour courir après les bœufs sauvages[128] ».

Les poncifs cinématographiques

Le cinéma ne fut pas le moindre véhicule des poncifs coloniaux. Celui de la première période, reflet des idées ambiantes,
est héroïque, chantant les louanges des troupes coloniales
dans leur œuvre de conquête. À partir des années 1920, il
idéalise au contraire l'œuvre coloniale, civilisatrice et humanitaire, motivée par l'ambition de repousser les frontières de

124. En revanche celui-ci, bien qu'il insiste sur le faciès négroïde,
ne mentionne plus l'infériorité raciale. Et l'édition 2002 qualifie enfin
d'« aberrante » la notion de race, « fondement de divers racismes ».
125. Cité par *Le Nouveau Petit Robert* à l'entrée « race ».
126. André Gide, *Voyage au Congo. Carnets de route*, Paris, NRF,
1927, p. 219.
127. Paris, Albin Michel, 1921, p. 9-10.
128. *Ibid.*, p. 63, 84, 93, 105, 180-181.

l'ignorance, de la maladie et de la tyrannie[129]. Mais, dans tous les cas, il présente des indigènes une image dévalorisante. Georges Méliès a commencé dès 1897 avec *Vente d'esclaves au harem*. Un autre petit film comique des frères Lumière met en scène, en 1906, Dranem au lit qui, rêvant d'une pulpeuse blonde, se réveille chaque fois en cauchemar auprès d'une grosse femme noire[130]. Les mêmes prennent pour cible, en 1904, dans *Le Musulman rigolo,* les habitudes culinaires des Nord-Africains[131]. Prôner la grandeur de l'empire impliquait du même coup donner des indigènes une image négative. Il est rare que l'on trouve un personnage noir sympathique, comme dans *Sanders of the River* (1935), trilogie anglaise inspirée d'un roman à succès de 1911, opposant au méchant roi nègre Mofalaba le bon chef noir Bosambo (Paul Robeson), qui va être sauvé par le héros colonial blanc. Dans *Rhodes of Africa,* Matabele (le chef de la rébellion contre les Blancs) n'en est pas moins, en qualité de grand chef zoulou, rempli d'admiration envers Sanders, « guerrier royal qui tempère la conquête par le don de gouverner ». À ces exceptions près, l'Afrique est continûment peuplée de cannibales : cela va de 1910 (*Rastus in Zululand,* comédie d'Ernst Lubin) à *Killers of Kilimandjaro* (1959) qui célèbre la lutte des Blancs contre l'esclavage ; cela se poursuit jusqu'au remake britannique des *Mines du roi Salomon* (1985) où l'on retrouve aussi le poncif habituel des hordes de sauvages armés de sagaies. Quant aux femmes et à l'Égypte, elles sont incarnées pour des décennies dans la vision lascive et manipulatrice à l'orientale de la *Cléopâtre* de Cecil B. DeMille (1934). Mention particulière doit être faite d'un roman de 1887, *She,* qui a donné lieu à plusieurs versions cinématographiques dont la dernière ne

---

129. *Cf.* C. Coquery-Vidrovitch, *Histoire de la France coloniale*, Paris, Armand Colin, 1991, t. II, p. 305-308.

130. Projeté par l'ACHAC, Institut du monde arabe, février 1994. « Images de l'Afrique, images d'Afrique. Maghreb et Afrique noire au regard du cinéma colonial et des indépendances », *Le Film africain. Bulletin professionnel du cinéma du Sud et du Nord*, 1994, n° 14, p. 1-32.

131. Ella Shohat et Robert Stam, *Unthinking Eurocentrism. Multiculturalism and the Media,* Londres, Routledge, 1994, p. 109-112.

remonte qu'à 1965, avec Ursula Andress[132]. L'action se passe dans une jungle de pacotille où une reine blanche obsédée de sexe, Ayesha, règne cruellement sur un peuple noir auquel elle impose d'horribles mises à mort rituelles, avant de mourir elle-même, victime de ses bas instincts. Le message est clair : primitifs noirs et sexualité féminine sont deux formes analogues de sauvagerie opposées à la sagesse supérieure de l'homme blanc.

Le modèle colonial n'est pas mort au cinéma avec la décolonisation. On retrouve peu ou prou la même image stéréotypée d'une histoire dont les seuls protagonistes sont des Blancs, et les seules langues audibles le français ou l'anglais, dans le décor planté de films aussi célèbres que *Les hommes préfèrent les blondes* (1953), sur fond de mines de diamants sud-africaines ; *L'homme qui en savait trop* (1954), avec la présence française au Maroc ; *Les Belles de nuit* de René Clair (1952), encore dans le cadre de la colonisation française en Afrique du Nord, et plus récemment les *highlands* du Kenya dans *Out of Africa* (1985). L'anticolonialisme était encore impensable au cinéma : René Vautier tourna bien, en 1950, le premier film du genre, *Afrique 50*, mais il lui valut treize inculpations et une condamnation à une année de prison. De même, le film de René Capita, *Le Rendez-vous des quais*, fut saisi par la police en 1955 pour oser présenter des dockers marseillais refusant de charger sur les navires des canons en partance pour l'Indochine. Il faudra attendre trente-trois ans pour que, retrouvé en 1988 dans les casemates des Archives du film à Bois-d'Arcy, il soit projeté officiellement au festival de Cannes. C'est, en 1965, *La Bataille d'Alger* qui signale le démarrage d'un cinéma tiers-mondiste de contestation. Et c'est encore plus tard, d'Algérie cette fois, que Vautier réalisa le premier long métrage confrontant fiction et guerre, *Avoir vingt ans dans les Aurès* (1971). Mais le cinéma anticolonial demeure très minoritaire face aux grandes productions qui bénéficient d'une bien meilleure distribution internationale.

132. Gwendolyn Audrey Foster, *Captive Bodies. Postcolonial Subjectivity in Cinema*, Albany, SUNY Press, 1999, p. 59-63.

Qui plus est, les poncifs incluent la période de l'indépendance. Ainsi, de même que foisonnaient entre les deux guerres les films à la gloire de la Légion étrangère, *Les Oies sauvages* (Andrew McLaglen, 1978) présente en héros sympathiques, joués par des acteurs célèbres comme Richard Burton ou Roger Moore, les mercenaires qui ont contribué à maintenir les pires régimes, tel que l'apartheid en Afrique du Sud, ou la minorité blanche en Rhodésie ; le racisme est à peine camouflé par la présence, au sein du groupe des mercenaires, d'un unique Noir. Nous sommes induits à apprécier la précision clinique d'une mission réussie où pourtant, selon les schèmes classiques depuis le début du siècle, des centaines de Noirs meurent chaque fois qu'un seul Blanc est tué. Les années 1980 continuèrent de ressusciter l'émotion nostalgique de l'épopée coloniale, comme dans *Ashanti* (1979), où Michael Caine glorifie la lutte acharnée des Anglais contre l'esclavage... On doit néanmoins signaler, dans la même veine de nostalgie coloniale, l'apparition tardive mais novatrice d'une dérision critique de la part de réalisatrices françaises : *Chocolat* de Claire Denis, *Le Bal du gouverneur* de Marie-France Pisier, et *Outre-mer* de Brigitte Rouan, trois films sortis en 1990.

Le tournant scientifique

La notion de race a été conservée très tard. Bien peu de voix s'étaient élevées au XIXᵉ siècle à la façon de John Stuart Mill (1806-1873) — mais ce penseur humaniste, qui faisait aussi partie d'une minuscule poignée d'hommes féministes, était en contradiction avec les convictions scientifiques de son temps —, capable d'observer : « De toutes les façons ordinaires d'éviter d'aborder l'action des influences sociales et morales sur l'esprit humain, la plus commune est d'attribuer la diversité des conduites et des caractères à des différences naturelles inhérentes[133]. »

133. « Of all the vulgar modes of escaping from the consideration of the effects of social and moral influences on the human mind, the most vulgar is that of attributing the diversities of conduct and character to inherent natural differences », John Stuart Mill, *Analysis of*

Les précurseurs

Le mouvement antiraciste fut interrompu en France par la Seconde Guerre mondiale et les lois scélérates du gouvernement de Vichy qui officialisèrent l'antisémitisme dès octobre 1940. C'est donc aux États-Unis, pourtant ségrégationnistes, que le monde scientifique entreprit de régler son compte au concept de race[134]. Mais cela prit au moins une génération. Le tournant avait été annoncé dès 1931 par le livre remarquablement précoce de Julian Huxley, zoologue à l'université de Londres, qui venait de découvrir l'Afrique et les Africains à l'occasion d'une mission de trois mois en Afrique orientale britannique. Il y rejette, au nom de la génétique, science apparue dans les années 1920, la notion de race, « terme de pure convenance pour aider à appréhender la diversité humaine[135] ». Il récidiva peu après en suggérant de remplacer le concept de race par celui de « groupe ethnique[136] ». Cet avis fut confirmé lors d'une conférence de l'anthropologue Ashley Montagu qui fit sensation : *The meaninglessness of the anthropological conception of race* (Le non-sens de la conception anthropologique de race), à l'Association américaine d'anthropologie physique à Chicago, en avril 1941, suivie l'année suivante de son livre abondamment réédité, *Man's Most Dangerous Myth : the Fallacy of Race* (1942). Montagu enfoncera le clou quelques années plus tard, au nom de l'impossibilité de prouver l'existence de races par la génétique : il répétait encore en 1964, au nom d'un « nombre croissant » de biologistes et d'anthropologues physiciens estimant que « le concept biologique de race était devenu

the Phenomena of the Human Mind, Londres, Longmans, Green, Reader, and Dyer, 1878 (3ᵉ éd.).

134. *Cf.* E. Barkan, *The Retreat of Scientific Racism. Changing Concepts of Race in Britain and the United States between the World Wars*, Cambridge, Cambridge University Press, 1992.

135. Julian Huxley, *Africa View*, Londres, Chatto & Winders, 1931, chap. XXXIII, « Racial Chess », p. 395. Il s'agit du frère du romancier Aldous Huxley.

136. Race is « a cloak for selfish economic aims which in their uncloacked nakedness would look ugly enough », Julian Huxley & A. C. Haddon, *We Europeans : a Survey of « Racial Problems »*, New York et Londres, Harper, 1936, p. 268 et 287.

inacceptable », qu'« il vaudrait mieux abandonner totalement le mot de race[137] ». Ce sont les biologistes qui ont renoncé au terme les premiers : pour la première fois, en 1951, un dictionnaire de biologie ne fait plus nulle part usage du mot, auquel sont définitivement substitués ceux d'espèce et de sous-espèce.

Les réactionnaires : l'anthropologie physique

L'anthropologie physique fut nettement plus longue à convaincre, et nombre de ses spécialistes jouèrent aux Nations unies le rôle d'un frein. En effet, dès le lendemain de la guerre, sous les effets du nazisme, l'Unesco entreprit de lutter contre le racisme. C'était relativement aisé face à l'antisémitisme, cela se révéla beaucoup plus hésitant face à la question noire. L'Unesco avait primitivement rédigé une déclaration d'une remarquable modernité, discutée par un aréopage d'anthropologues et de biologistes. Ce texte de 1950 n'utilise le mot race que dans un sens négatif, et précise : « Les graves erreurs entraînées par l'emploi du mot "race" dans le langage courant rendent souhaitable qu'on renonce complètement à ce terme lorsqu'on l'applique à l'espèce humaine et qu'on adopte l'expression de "groupes ethniques"[138]. » Mais les propositions furent loin de faire l'unanimité. L'opposition fut si forte que, de son propre aveu, l'organisation réunit l'année suivante une nouvelle commission dont le texte, sans être scandaleux, se montrait prudemment en retrait ; dès le deuxième paragraphe il affirme, sans crainte de contredire le précédent (rédigé, faut-il le préciser, par une majorité d'anthropologues... mais pas les mêmes) : « Les anthropologues sont *tous*[139] d'accord pour considérer la notion de race comme permettant de classer les différents groupes humains dans un cadre zoologique propre à faciliter l'étude des phénomènes d'évolution. » Le texte révisé ne

137. Ashley Montagu (éd.), *The Concept of Race*, New York, Free Press of Glencoe, 1964, p. XII et 12.
138. On décèle dans cette expression l'influence de Julian Huxley qui, sans être membre de la commission, collabora à la rédaction de l'acte final.
139. Souligné par CCV.

contient pas moins de 32 fois le mot race (contre 16 fois dans le texte précédent) et 4 fois le mot racial, et trouve même le moyen d'utiliser, sans les rejeter expressément, les expressions de groupe racial « supérieur » et « inférieur ».

La réédition organisée par l'Unesco en 1960 des textes alors rassemblés pour « élaborer une documentation scientifique sur ce qu'il est convenu d'appeler la "question raciale" » révèle encore ces ambiguïtés[140]. Certes, Michel Leiris souligne « les limites de la notion de race » et s'élève contre « le préjugé racial », ou Claude Lévi-Strauss recommande de substituer à l'étude des races celle des cultures. Mais le mot « race », bien que traité du bout des lèvres, n'est nulle part récusé. Les titres de chapitre en font foi : « Les différences raciales et leur signification », « Les mélanges de races », « Race et civilisation », « Race et culture », « Race et biologie », etc. Le concept bénéficie d'une série de propositions de définitions visant à en relativiser le sens, ce qui souligne surtout son imprécision, mais ne pose jamais son inutilité scientifique. Néanmoins, quatre ans après, l'un des derniers anthropologues physiciens de renom, Jean Hiernaux, affirma à son tour que « renoncer à toute classification raciale signifierait que l'anthropologie a réussi à se libérer des poncifs dont elle a trop longtemps usé, et pourrait se consacrer à son but actuel : comprendre la diversité humaine[141] ».

La vulgarisation de cette idée de base s'engagea enfin en 1978 avec un ouvrage du généticien des populations, Albert Jacquard, selon lequel la notion de race n'a aucun fondement biologique et qui écrit : « Les individus de l'espèce humaine sont fort différents les uns des autres [...] mais il est impossible de tracer des frontières permettant de regrouper ces populations en races distinctes[142]. »

140. *Le Racisme devant la science*, Unesco, Paris, Gallimard, 1960. Textes des fascicules préparés à l'occasion des déclarations de 1950 et de 1951 publiées en annexe, p. 533-544.

141. Déclaration amorcée au 6e Congrès international des sciences anthropologiques et ethnologiques, 1960. Jean Hiernaux, « The concept of race and the taxonomy of Mankind », *in* Montagu, *op. cit.,* p. 43-44.

142. *Éloge de la différence, la génétique et les hommes,* Paris, Le Seuil, 1978, et (entre autres) *Cinq Milliards d'hommes dans un vaisseau,* Paris, Le Seuil, 1987.

Il faudra bien longtemps encore au sens commun pour se débarrasser de ce long et lourd héritage, si tant est que le travail soit un jour achevé.

Les préjugés aujourd'hui : un legs tenace

On n'a pas la place ici de rappeler ce qu'on a développé ailleurs, à savoir à quel point l'« afro-pessimisme » de mise dans les médias est redevable à cet héritage raciste[143] : presque des animaux au temps de l'esclavage, au mieux de grands enfants à l'époque coloniale, hommes incapables aujourd'hui, les Africains n'ont jamais cessé de souffrir d'un préjugé défavorable touchant leur intellect plutôt que leur nature, jugée moins « fourbe » que celle des Arabes, ou moins « tortueuse » que celle des Asiatiques.

Ces préjugés eurocentrés qui présentent des Noirs ou des Jaunes une image dépréciée demeurent partout en filigrane. Deux événements récents ont provoqué l'indignation des intéressés, surpris que leurs homologues blancs restent insensibles à ce qu'il leur paraît dorénavant inacceptable. Le premier fut une exposition organisée par le Musée royal de l'Ontario, au Canada, en 1989-1990, « Au cœur de l'Afrique », qui exposait les 375 pièces d'Afrique occidentale et centrale possédées par le musée, reçues de militaires, de missionnaires et de collectionneurs privés. Il s'agissait de faire apparaître le rôle joué par les Canadiens dans la colonisation. L'une des salles reconstituait la perception que les missionnaires pouvaient avoir de la vie et de la culture locales. L'implicite ironique des commentaires d'époque, suggéré par des guillemets, fut jugé insuffisamment explicite par beaucoup d'Africains. De même, une comédie musicale de 1993, une adaptation de *Mme Butterfly*, intitulée *Miss Saïgon*, où l'héroïne est une prostituée abandonnée par un marine américain lors de la guerre d'Indochine, fut critiquée par les Vietnamiens comme un condensé de tous les clichés accumulés sur la femme orientale, exotique, soumise et objet sexuel.

143. C. Coquery-Vidrovitch, « L'anthropologie, ou la mort du phénix ? », *Le Débat*, n° 90, 1996, p. 114-128, et « Peut-on être vivant en Afrique ? Le point de vue d'une historienne », *in* M. Chemillier-Gendreau (éd.), *Peut-on être vivant en Afrique ?*, Paris, PUF, 2000, p. 55-67.

Dans les deux cas, la polémique fit rage[144] : ce qui sonne comme de l'humour inoffensif pour les uns est reçu par les autres comme l'expression d'un intolérable mépris séculaire. Les exemples sont analysés au Canada. Il ne serait pas difficile d'en trouver autant en France.

C'est que l'hydre du racisme est toujours présente. On pourrait penser que les excès sont réservés à quelques réactionnaires, voire négationnistes, dont il est honteux de penser que certains continuent d'exercer au sein de l'Université française — car il est heureusement impossible aujourd'hui d'y nier la Shoah. Mais il reste anodin de mépriser les Africains. Ainsi Bernard Lugan conclut-il un ouvrage récent par quelques phrases d'une redoutable perversité, car elle est enrobée sous l'aspect du combat contre les excès du « tiers-mondisme » et pour la défense des « ethnies[145] » : « N'approcherions-nous pas enfin du moment où nous pourrions poser la question des insuffisances, des lacunes, non pas tant de l'Afrique, mais des Africains ? [...] Ils n'y peuvent rien, car ils ont toujours procédé ainsi et les pères de leurs pères avant eux, [...] si bien que la colonisation fut probablement une chance historique pour l'Afrique noire, qui n'a pas su la saisir. »

Sommes-nous si loin de la « malédiction de Cham » ?

Hélas ! ces idées ne sont pas le fait de quelques isolés, pas plus que Gobineau n'était le seul théoricien raciste de son temps. Elles demeurent fortes non seulement dans l'imaginaire populaire, mais, plus grave peut-être, dans l'esprit de nombre de « développeurs » et de responsables politiques que l'on ne peut taxer de négationnisme, bien au contraire. Ainsi Pierre Messmer, ancien ministre de De Gaulle, n'a pas répondu autrement quand j'essayais de faire passer quelques

---

144. Carol Tator, Frances Henry et Winston Mattis, *Challenging Racism in the Arts. Case Studies of Controversy and Conflict*, Toronto, University of Toronto Press, 1998.

145. Bernard Lugan, *Afrique, l'histoire à l'endroit*, Paris, Perrin, 1989, p. 261-263. L'auteur est maître de conférences en histoire de l'Afrique à l'université Lyon-III. Il sous-titre une page consacrée à la colonisation, dans *Le Figaro Magazine* du 16 décembre 2000, p. 58 : « La "légende" noire de la colonisation, cette escroquerie historique. Devrions-nous laisser la déferlante migratoire nous submerger ? »

idées sur la modernité africaine en marche : « Vous avez beau dire, en Afrique il y a toujours eu et il y aura toujours des ethnies[146]. » Il transmet ainsi, sans le savoir, un legs qui lui est parvenu à travers des générations de penseurs occidentaux eurocentrés... Christian Colombani ne relevait-il pas en novembre 2000, dans la rubrique « En vue » du *Monde,* cette ineptie confondant racisme et génétique : « "Grâce à cette méthode on pourra séparer Asiatiques, Européens et Africains", souligne B. Brinkmann, chercheur de Münster, en félicitant les biologistes de l'université Humboldt de Berlin, dont les travaux sur l'ADN permettront de déterminer l'origine ethnique des individus » ?

Le savoir tout récent de quelques africanistes de bonne volonté est encore impuissant à contrer cet énorme héritage que l'on peut qualifier aujourd'hui d'abominable, car il n'a plus pour le justifier ou du moins l'expliquer et le comprendre le contexte économique et scientifique dépassé du siècle colonial. Il relève de préjugés banals et, en définitive, de l'ignorance.

146. Sénat, séance préparatoire au colloque sur la prévention des conflits, Mémorial de Caen, 1994.

ANNEXE

L'image du Noir dans l'art européen[1]

Ce n'est qu'au Moyen Âge que l'Africain acquiert une importance capitale en ce qui concerne le symbole. Mal connu et lointain, l'interprétation se fera sur deux plans opposés.

En tant que Noir il sera assimilé à la nuit, au monde des ténèbres, aux forces du mal, il personnifiera même, dans la tradition populaire, le diable, quoique, à la suite des invasions mongoles, l'enfer gothique ait été peuplé surtout de monstres d'inspiration orientale[2]. Si nous ne pouvons pas accepter la formulation par trop gérée de B. Baranowski, selon laquelle le diable pour les Européens était le plus souvent représenté par l'habitant noir de l'Afrique[3], certaines anecdotes et légendes rapportées entre autres par le grand poète polonais J. Tuwim au XVe et au XVIe siècle font clairement état du diable personnifié par l'Éthiopien noir[4]. Remarquons que la noirceur est un défaut souvent imputé à l'étranger que l'on n'aime pas. Il s'agit d'une noirceur venue de l'intérieur, et qui communique au teint : il faut donc, dit la légende, bien regarder dans la bouche ! Bystron mentionne aussi des cas de paysans appelant du nom de « cire » les nobles et les bourgeois de la région de Cracovie. Un proverbe disait même : « Noir comme un Suédois ». S'agit-il toujours d'une réminiscence du stéréotype

1. Ignacy Sachs, « L'image du Noir dans l'art européen », *Annales ESC*, n° 4, juillet-août 1969, Paris, Armand Colin-Éditions de l'EHESS, p. 885-886, 888-892.
2. Voir sur ce point notamment J. Baltrusaitis, *Le Moyen Âge fantastique*, Paris, 1955.
3. B. Baranowski, *Pozegnanie z diablem i crarownica*, Lodz, 1965, p. 33.
4. J. Tuwim, *Czary Lezarly polskie*, Varsovie, 1960, p. 16, 17 et XXX.

diable = noir[5] ? Rappelons qu'en France aussi différents sur-
noms du diable emploient l'adjectif « noir »[6].

Pour nous en tenir aux exemples empruntés au Moyen
Âge, dans *La Chanson de Roland*, il n'y a point de symétrie
dans le traitement de l'émir à la barbe blanche — un vrai
baron s'il était chrétien — et la tribu maudite des nègres, qui
de blanc n'ont que les dents[7].

Le Noir qui frappe le Christ, dans la scène de l'*Improperium* à la chapelle dei Scrovegni à Florence, est-il une réminiscence de cette interprétation ? La question est difficile à
trancher[8], de même qu'il est impossible d'accepter comme
pleinement satisfaisante l'interprétation courante des personnages noirs du *Jardin des délices* de Bosch comme symboli-
sant la luxure[9]. (Remarquons tout de même que, dans presque
toutes les scènes de l'*Adoration des Mages*, les nègres sont
invariablement jeunes, sveltes, beaux et rayonnants de joie de
vivre.)

En tant qu'habitant d'une contrée lointaine, le nègre sera
associé aux créatures fantastiques de l'ordre animal et végétal,

5. J. Bystron, *Megalomania narodowa*, Varsovie, 1935, p. 66-69.
6. Ainsi le diable est tour à tour appelé le cavalier noir, le grand
nègre (surnom aussi réservé à Léonard, maître de la magie noire),
l'homme noir, le Jéhovah noir. (*Cf.* J. Toudrian, R. Villeneuve, *Dictionnaire du diable et de la démonologie*, Verviers, 1968, p. 63-64
et 110.)
7. Voir *La Chanson de Roland*, strophes LXXII et CCXXIX pour la
description de l'émir ; CXLIII et XLIV pour les vitupérations à l'égard
des nègres.
8. Nous tenons à remercier ici le professeur Enrico Cerulli qui,
dans une lettre de novembre 1966 au professeur S. Strelcyn, a bien
voulu faire connaître son interprétation du tableau. Le professeur
Cerulli, en faisant remarquer qu'il s'agit bien de l'*Improperium* et
non de *Flagellation*, comme il est couramment admis, ne souscrit
pas aux opinions des historiens qui soulignent l'importance formelle
de la tache noire dans la composition du tableau, ou parlent
d'influences byzantines. Pour lui, le problème reste insoluble. Le professeur Jacques Le Goff pencherait pour une interprétation prenant
en compte l'existence d'esclaves noirs en Italie médiévale.
9. Voir, par exemple, Mario Bussagli, *Bosch*, Florence, 1966, p. 26.
En revanche, W. Fraengler (*Le Royaume millénaire de Jérôme
Bosch*, Paris, 1966) y voit le paradis retrouvé par les Adamites.

dans ce monde merveilleux — cette *Imago Mundi* — qui sera
figuré sur les façades des cathédrales à la plus grande gloire
de Dieu. Il aura même connu au XIVe siècle une aventure
assez extraordinaire et fera carrière en tant que symbole de
l'œcuménisme de l'Église dans l'*Adoration des Mages*.

Cet épisode du Nouveau Testament était d'habitude illus-
tré, jusqu'à la moitié du XIIIe siècle au moins, par la représentation de trois personnages, blancs « comme tout le monde »,
différant à peine par l'âge.

Les grandes découvertes et la multiplication des rapports
avec l'Afrique, l'Asie et l'Amérique, jusque-là inconnue et
même insoupçonnée, éveillent au XVIe siècle une réflexion
anthropologique intense. L'Europe se sent obligée de se définir par rapport aux cultures non européennes avec lesquelles
elle prend contact, et, dans ce cadre, de repenser son attitude
envers les Africains.

Cette question ne pouvait pas ne pas agiter les grands esprits
de la Renaissance, ainsi que les commerçants, les aventuriers,
l'Église et les chancelleries des puissances maritimes. C'était,
somme toute, une catégorie assez restreinte de personnes, et il
faut certainement donner raison à Hallett lorsqu'il écrit à propos du XVIIIe siècle, ce qui vaut *a fortiori* pour la période antérieure : « Pour un paysan français, un artisan allemand ou un
valet de ferme anglais, l'Afrique devait signifier aussi peu que
l'Europe pour un berger fulani, un cultivateur bambara ou un
artisan yoruba[10]. » Mais, l'enjeu étant grand, les attitudes se
polarisent et s'affirment avec vigueur, voire brutalité.

Ainsi, d'un côté, l'attitude déjà préfigurée dans le *Jugement
dernier* de Memling se manifesta à travers une série d'études
passionnées des têtes de nègres. Leurs auteurs transcende-
ront l'intérêt purement esthétique que l'observation de types
anthropologiques nouveaux suscite chez les peintres et s'atta-
cheront à retrouver, dans ces visages, les passions communes
à tous les humains. Nous songeons, en particulier, aux admi-
rables dessins de Dürer, très sensible encore au détail anthropologique, aux études de Rubens, Van Dyck et De Crayer,
dont se sont inpirées sans doute de nombreuses générations
d'Othello et qui mériteraient bien d'être appelées études sur

10. R. Hallett, *Penetration of Africa to 1815,* Londres, 1965, p. 38.

les âmes, à la mélancolie sans bornes des nègres de Rembrandt, au regard sérieux et triste du garçon de Watteau.

Sur le plan littéraire, cette inspiration, par excellence humaniste, aboutira au bon sauvage nègre, tel le héros du roman *Oroonoko*, de Mme Aphra Behn, publié vers la fin du XVIIᵉ siècle. Ce livre fut adapté pour la scène, inspira peintres, poètes, et compositeurs, et connut un immense succès[11].

Elle est déjà présente, sans doute, dans *Othello*, quoique l'interprétation suggérée par Kott nous semble unilatérale. « Othello est noir. Desdémone est blanche », écrit Kott. Quoique noir, Othello est noble. Othello a écrit contre ce « quoique[12] »... Mais Shakespeare a bien tenu à mettre en évidence le racisme à fleur de peau de tout l'entourage. Et Othello, aveuglé par la passion, il est vrai, s'exclame : « *Arise, black vengeance from the hollow hell* » (III, 3).

Sa mutation est brusque et totale, il perd la raison, ce que l'interprétation de Lawrence Olivier souligne peut-être d'une façon excessive, sans pour autant être infidèle au texte. Car *Othello* s'inscrit dans la tradition du théâtre élisabéthain qui mettait en scène des personnages africains par goût de l'exotisme, mais aussi pour exploiter des situations nouvelles. Le goût de l'époque s'attachait à la création théâtrale du Maure noir et méchant, personnage de tragédie, auquel l'on opposait le Maure blanc et païen, mais tout de même vertueux. Shakespeare s'inspire de ces deux stéréotypes tout en les transcendant, bien entendu, pour créer un personnage complexe, superbe et fragile comme tous les humains, sans cesser pour autant d'être un Maure[13].

11. Voir Paul Hazard, *La Pensée européenne au XVIIIᵉ siècle, de Montesquieu à Lessing*, Paris, 1946. J. Kott n'a donc pas raison lorsqu'il écrit dans *Szkola Klasykow* (Varsovie, 1955, p. 51) que, depuis le fameux *Essai sur les cannibales* de Montaigne jusqu'à *L'Ingénu* de Voltaire, aucun nègre n'a jamais joué le rôle noble du bon sauvage. Bien entendu, il ne s'agit que d'une exception à la règle que Kott formule bien : « Les nègres ne se prêtaient pas du tout aux rôles héroïques, ils travaillaient durement sur les plantations de canne à sucre et étaient vendus comme bêtes de somme dans toutes les colonies... »

12. J. Kott, *Szicke o Szekspirze*, Varsovie, 1961, p. 233.

13. Voir l'excellente étude de E. Jones, *Othello's Countrymen. The African in English Renaissance Drama*, Londres, 1965.

Ce courant de pensée est loin d'être majoritaire, pourtant.
La réalité sociale l'emporte. Un épisode historique, bref et
isolé, il est vrai — la conversion des rois du Congo au catholicisme à l'époque même où l'on massacrait les Indiens
d'Amérique —, nous a valu le beau buste d'Antoine Emmanuel Ne Vunda, ambassadeur du roi Alvaro II, mort à Rome
en 1608, œuvre de Francesco Caporale ornant une des
églises de Rome. Mais, en règle générale, le statut social des
nègres en Europe était celui de serviteurs, voire d'esclaves.
Ils apparaissent donc, dans de nombreuses scènes mytho-
logiques et bibliques, ainsi que dans la peinture de genre,
adonnés à des tâches sinistres — telle la servante à la boucle
d'oreille dans la *Judith* d'Andrea Mantegna —, ou chargés de
menus services, tel le garçon tendant la lettre à Bethsabée
dans le tableau de Rubens, ou tenant le parasol de la mar-
quise de Grimaldi posant pour Van Dyck. Les serviteurs
nègres font irruption jusque dans le nord de l'Europe et souvent y sont bien traités, comme le montre un portrait de
famille hollandaise peint par Frans Hals, ne serait-ce que
parce que la mode pour l'exotisme et la rareté des serviteurs
africains en font un objet de convoitise de la part des voisins.
Lozinski note que le nègre qui, en 1599, servait chez un
grand seigneur polonais, Andrzej Fredro, faisait sensation
dans toute la province[14].

Serviteur exotique à l'habit bariolé servant une boisson
exquise — thé, café, chocolat —, voici la condition du nègre
en Europe tout au long des XVIᵉ, XVIIᵉ et XVIIIᵉ siècles. Le Maure
de Tiepolo acquiert ainsi une valeur de document social. La
boutade de Voltaire vient à l'esprit : « Henri IV déjeunait avec
un verre de vin et du pain blanc ; il ne prenait ni thé, ni café,
ni chocolat ; il n'usait point de tabac ; sa femme et ses maîtresses avaient très peu de pierreries ; elles ne portaient point
d'étoffes de Perse, de la Chine et des Indes. Si l'on songe
qu'aujourd'hui une bourgeoise porte à ses oreilles de plus

14. Wladyslaw Lozinski, *Zycie polskie w dawnych wiekach*, Cracovie, 1954, str. 94. Déjà le roi Stefan Batory avait un garçon noir
parmi ses serviteurs (B. Baranowski, *Znajamosc wchodu w danwej
Polsce do XVIII w.*, Lodz, 1950, p. 203).

beaux diamants que Catherine de Médicis ; que la Martinique, Moka et la Chine fournissent le déjeuner d'une servante[15]… »

Le nègre porte en quelque sorte sur ses épaules l'économie coloniale, qui fait la richesse de l'Europe.

À mesure que progressent la colonisation et la traite d'esclaves, l'image du nègre s'avilit et se charge de préjugé racial. La tradition toujours vive du nègre symbole de ténèbres est ravivée, et certains stéréotypes sur l'affectivité et la sexualité des nègres, par opposition à la cérébralité des Européens, commencent une longue et tenace carrière, dont nous ne voyons pas encore la fin, hélas ! L'acceptation de l'esclavage n'est pas générale, surtout au XVIIIe siècle. Montesquieu, Condorcet, Locke, Pope, Defoe, Adam Smith, Tom Paine et beaucoup d'autres penseurs se prononcent contre. Vers la fin du XVIIIe siècle, le mouvement abolitionniste prend une grande ampleur. Mais il y a encore lieu de s'étonner qu'un savant aussi scrupuleux que Buffon[16] ait cru à l'infériorité de la race noire, ou tout au moins lui ait attribué peu d'esprit en lui reconnaissant beaucoup de sentiment. Diderot, dans l'*Encyclopédie*, aura la même position, tout en dressant un réquisitoire contre les Européens : « Quoiqu'en général les nègres aient peu d'esprit, ils ne manquent pas de sentiment. Ils sont sensibles aux bons et aux mauvais traitements. Nous les avons réduits, je ne dis pas à la condition d'esclaves, mais à celle de bêtes de somme ; et nous sommes raisonnables ! Et nous sommes chrétiens[17] ! » Quant à Voltaire, il essaya même de justifier la traite des esclaves en rejetant la faute sur les nègres[18]. Des personnages influents à l'époque comme lord Chesterfield allaient plus loin encore dans le mépris : « Les Africains sont les gens les plus ignorants et impolis au monde,

15. Voltaire, *Essai sur l'histoire générale et les mœurs et l'esprit des nations*, Paris, Garnier, 1963, t. II.

16. Buffon, *Œuvres complètes*, vol. IX (*De l'homme*), Paris, 1833, p. 233.

17. *Encyclopédie* (extraits), Paris, J'ai lu, 1963, p. 367 (article « Humaine espèce »).

18. Voltaire, *Essai sur l'histoire générale et les mœurs…*, *op. cit.*, vol. II, p. 805.

différant à peine des lions, tigres, léopards et autres fauves, qui abondent dans leurs contrées[19]. »

De là il n'y a plus qu'un pas pour s'exclamer, comme un historien des Antilles en 1774, qu'un mari orang-outang ne ferait pas déshonneur à une femme hottentote et pour considérer les nègres non pas comme des êtres humains, mais comme des animaux susceptibles d'apprendre la civilisation de la même façon que l'on apprend aux singes à manger, boire et s'habiller comme des hommes[20]. L'éventail des attitudes est donc complet si l'on songe que Jean-Jacques Rousseau préférait, de son côté, accorder aux grands singes d'Asie et d'Afrique, maladroitement décrits par les voyageurs, le bénéfice du doute jusqu'à preuve du contraire et se demandait s'ils « ne seraient point en effet de véritables hommes sauvages, dont la race dispersée anciennement dans les bois n'avait eu l'occasion de développer aucune de ses facultés virtuelles, n'avait acquis aucun degré de perfection, et se trouvait encore dans l'état primitif de nature[21] ».

Sur le plan iconographique, le préjugé racial s'exprimera par un glissement de l'exotique vers le grotesque. Si l'on continue à accorder au nègre individuel, fût-il un serviteur, des traits humains, voire sympathiques, les allégories de l'Afrique, donc les représentations collectives des nègres, deviendront franchement caricaturales[22]. *Le Maure aux émeraudes* de Dinglinger et encore plus la statuette du roi africain en porcelaine, fabriquée en Allemagne vers 1750 (Metropolitan Museum) présentent un stéréotype qui se continue jusqu'à nos jours dans de nombreuses illustrations de livres d'enfants ; si bien que, par exemple, après 1960, de vastes fractions de l'opinion publique allemande, pour citer une

---

19. Cité par Hallett, *op. cit.*, p. 37.

20. Long, *History of Jamaica*, cité par K. L. Little, *Race and Society*, Paris, 1958, p. 15.

21. J.-J. Rousseau, *Discours sur l'origine et les fondements de l'inégalité parmi les hommes*, Paris, Éditions sociales, p. 166.

22. P. D. Curtin (*The Image of Africa, British Ideas and Action, 1780-1850*, Madison, 1964, p. 36) remarque que vers la fin du XVIIIᵉ siècle, plusieurs auteurs commencent à présenter une double image des Africains, assez bienveillante envers les individus mais hostile à la collectivité.

étude récente, font encore une confusion des plus fâcheuses entre le type « Lumumba » et l'ancien cliché du « cannibale[23] ». Les têtes de nègres grotesques auront surtout connu une grande vogue dans les décorations rococo.

Au XIXe siècle, les représentations de nègres se feront plus rares et seront d'une façon générale dépourvues de toute autre signification que la recherche de l'exotisme doublée d'un intérêt esthétique pour le jeu des couleurs. Les *Femmes d'Alger dans leur appartement*, de Delacroix, sont un bon exemple à l'appui. Nous sommes tentés de dire que plus l'Afrique était explorée et moins elle était représentée. La fin du XIXe siècle verra naître toute une littérature coloniale qui abonde en préjugés radicaux[24].

23. Voir l'étude de F. Ausprenger, « L'Afrique et l'Allemagne », publiée dans *L'Afrique contemporaine*, n°s 28 et 29 (novembre-décembre 1966 et janvier-février 1967), p. 19-23 et 14-19.

24. Voir à ce propos l'étude récente de Léon Fanoudh-Sieger, *Le Mythe du nègre et de l'Afrique noire dans la littérature française (de 1800 à la Deuxième Guerre mondiale)*, Paris, 1968. (L'article date de 1969.)

Chantons sous les tropiques…
ou le colonialisme à travers la chanson française
par Alain Ruscio

C'est un fait, étudié depuis longtemps : la chanson, commentaire ou témoignage, a accompagné tous les phénomènes historiques depuis la nuit des temps[1]. Pourquoi le phénomène colonial y aurait-il échappé ?

On pourrait même, malicieusement, prétendre que l'histoire coloniale peut se résumer à quatre étapes. Milieu du XIXᵉ siècle, toute l'armée française fredonne « Travadjar la Mouker » : l'ère de la conquête[2]…

Début XXᵉ siècle, Henri Christiné et Vincent Scotto lancent *Ma Tonkinoise*, reprise et immortalisée plus tard par Joséphine Baker, qui n'avait pourtant rien d'Asiatique : l'ère de la possession[3]. Années 1930, Marie Dubas crée *Mon légionnaire*, popularisée par la môme Piaf une décennie plus tard : l'ère des certitudes viriles[4]…

1. Voir surtout Pierre Barbier et France Vernillat, *Histoire de France par les chansons*, huit volumes, Paris, Gallimard, 1956 à 1961.
2. *La Mouker. Chanson d'Afrique*, dite *Travadjar la Mouker*, paroles de Griolet, musique de G. Castello, éd. F. Bigot, À la chanson populaire, Paris, s.d. (vers 1850), interprète : Eugène Dubreuil. Cité p. 357-358 in Alain Ruscio, *Que la France était belle au temps des colonies ! Anthologie de chansons coloniales et exotiques françaises*, Paris, Maisonneuve & Larose, 2001.
3. *Petite Tonkinoise*, paroles d'Henri Christiné, musique de Vincent Scotto, Paris, éd. Salabert, 1906.
4. *Mon légionnaire*, paroles de Raymond Asso, musique de Marguerite Monnot, Paris, éd. de Paris, 1936. Interprètes : Édith Piaf, Suzy Solidor, Serge Gainsbourg. Cité p. 178-179 in Alain Ruscio, *Que la France était belle…, op. cit.*

La Mouker

Mes amis, de l'Afrique,
J'en ai plein l' dos
Plein l' dos
On y marche trop vite,
On n' boit qu' de l'eau !
La bière est amère,
Le vin est trop cher,
L'on voit des moukers
Noir's comme des corbeaux

Refrain
Travadjar la mouker
Travadjar bono
Travadjar sens devant derrière
Travadjar chouetto
Bono Blidah !
Bono Blidah !
Bono Blidah !
Boufarik et mascara !
Barca !

La cantinière berbique
N'a rien dans l' bidon
Jamais l' nez ne se pique
Avec son picton
Pour prendr' sa pistache
Faut le dire à Dach'
Qui répond Macach'
Kifkif bourriquot

Refrain
Pour laver sa limace
Faut voir l' mercanti
Qui fait une grimace
Kifkif le Chadi
Ateni douro
Djid el monaco
Vilain arbico
Ou j' te crèv' la peau !

Refrain
Fumant une bouffarde,
Portant la chéchia,
On pille et on chaparde
Dans la razzia

Mais dans le gourbi
En f'sant du fourbi
Fatma qui sourit
Fait cocu l'Arbi !

Refrain

Années 1960, Enrico Macias, pied-noir sympathique et amer, crée un premier monument de la *nostalgérie* en chantant « J'ai quitté mon pays » : l'ère des désillusions[5]…

En fait, il n'y a pas *une* chanson coloniale, mais plusieurs catégories qui peuvent s'y rattacher.

Mon légionnaire

Il avait des grands yeux très clairs
Où parfois passaient des éclairs
Comme au ciel passent des orages.
Il était plein de tatouages
Que j'ai jamais très bien compris.
Son cou portait : « Pas vu, pas pris »,
Sur son cœur, on lisait : « Personne »,
Sur son bras droit, un mot : « Raisonne ».

Refrain
J' sais pas son nom, je n' sais rien d' lui.
Il m'a aimée toute la nuit,
Mon légionnaire !
Et me laissant à mon destin
Il est parti dans le matin
Plein de lumière !
Il était minc', il était beau
Il sentait bon le sable chaud,
Mon légionnaire !
Y avait du soleil sur son front
Qui mettait dans ses cheveux blonds
De la lumière !

Bonheur perdu, bonheur enfui,
Toujours je pense à cette nuit,

5. *Adieu mon pays*, paroles et musique de G. Ghenessia, Paris, éd. EPM, 1962.

Et l'envie de sa peau me ronge.
Parfois je pleure et puis je songe
Que lorsqu'il était sur mon cœur,
J'aurais dû crier mon bonheur…
Mais je n'ai rien osé lui dire,
J'avais peur de le voir sourire !

On l'a trouvé dans le désert,
Il avait ses beaux yeux ouverts,
Dans le ciel passaient des nuages.
Il a montré ses tatouages
En souriant et il a dit,
Montrant son cou : « Pas vu, pas pris »,
Montrant son cœur : « Ici, personne. »
Il savait pas… je lui pardonne

Refrain
J' rêvais pourtant que le destin
Me ramèn'rait un beau matin
Mon légionnaire !
Qu'on s'en irait tous les deux
Dans quelque pays merveilleux,
Plein de lumière !
Il était minc', il était beau
On l'a mis dans le sable chaud,
Mon légionnaire !
Y avait du soleil sur son front
Qui mettait dans ses cheveux blonds
De la lumière !

La veine héroïque

Toutes les phases de la prise de possession coloniale ont
été accompagnées de chansons. On ne compte plus les couplets patriotiques exaltant la lutte de nos soldats affrontant
bravement les combattants indigènes. À un siècle de distance,
deux chansons ont exactement la même structure. Vers
1840, un auteur anonyme écrit cet *Hommage aux héros de
Mazagran* : « Voyez-vous d'ici dans la plaine/Surgir ces cavaliers nombreux ?/C'est l'Arabe, en proie à la haine/Qui va
nous couvrir de ses feux./Au nom du souverain prophète/Il
avance, sûr du succès :/Il croit de cent vingt-trois Français/À

Mascara porter la tête[6]. » En 1936, Raymond Asso écrit, dans
Le Fanion de la Légion : « Les *salopards* tiennent la plaine/
Là-haut dans le petit fortin/Depuis une longue semaine/La
mort en prend chaque matin/La soif et la fièvre/Dessèchent
les lèvres/À tous les appels du clairon/C'est la mitraille qui
répond[7]. » Les adversaires sont toujours en surnombre. Ils
agissent dans l'ombre, ils sont fourbes et sauvages. Tout au
long de l'histoire coloniale, la menace est permanente. Les
Arabes se faufilent « comme des hyènes » (*Le Fanion...*). Ils
attaquent toujours durant la nuit, profitant de l'ombre
complice. À l'opposé, les hommes *blancs* agissent en pleine
lumière. Les fiers légionnaires sont présentés « Le torse nu,
couverts de gloire/Sanglants, meurtris et en haillons » (*Le
Fanion...*). Ils sont encerclés, harassés, mais une colonne
viendra les délivrer à l'ultime moment... De fait, la chanson
héroïsante est un signe d'inquiétude parmi d'autres. Le colonial ressent une sensation permanente d'encerclement. Il est
le plus fort, il le sait. La quasi-totalité des chansons guerrières
connaît une fin heureuse. Le droit, le bien triomphent finalement. Mais vient — ou viendra — un moment où la colonne
salvatrice se fera trop attendre, comme dans les westerns qui
finissent mal.

La Mère du déserteur[8]

I. C'étaient deux camarades d'enfance
Quand ils partir'nt au régiment
Les pauvres mères dans les transes
Devisaient sur leurs chers enfants
L'une murmurait : j' suis pas inquiète
Mon fils est très obéissant

---

6. *Hommage aux héros de Mazagran*, chanson anonyme, vers
1840 ; citée par le capitaine L. Lehuraux, « Chants et chansons de
l'Armée d'Afrique », Paris, éd. Soubiron, 1933.
7. *Le Fanion de la Légion*, paroles de Raymond Asso, musique de
Marguerite Monnot (les auteurs, la même année, de *Mon légionnaire*), Paris, éd. de Paris, 1936.
8. Anonyme, vers 1900, Feuille, Charleroi, Impr. Baujard, s.d. Cité
p. 140-141 *in* Alain Ruscio, *Que la France était belle..., op. cit.*

L' mien disait : l'autre a mauvaise tête
J'ai peur de ses comportements
Et chaque jour on voyait les deux mères
Parler entr' elles de leurs fils adorés
Ell's se forgeaient de bien tristes chimères
Car les mamans sont faites pour pleurer

II. Ils écrivaient chaque semaine
L'un disait : ça ne va pas trop mal
Car j'espèr' sans beaucoup de peine
Dans quèqu' temps passer caporal
L'autre disait : c'est le contraire
À chaque instant on m' fich' dedans
J'aurai bien du mal à m'y faire
Car j' suis mal vu par l'adjudant
Mon cher petit, soupirait la pauvr' mère
Reviendra-t-il, je n'ose l'espérer
J'ai toujours peur de leur conseil de guerre
Car les mamans sont faites pour pleurer

III. Pour les deux mèr's quell' différence
Le bon soldat devient sergent
Tandis que l'autre à bout de patience
S'enfuit un jour du régiment
L'humanité voici mon rêve
Disait-il, et pour n' pas marcher
Contre les ouvriers en grève
J'ai bien mieux aimé déserter
Ô mon enfant ! s'écria la pauvre mère
À tout jamais nous voilà séparés
Il ne me reste que ma pein' sur terre
Car les mamans sont faites pour pleurer

IV. À son tour l'autre eut sa tristesse
Aux colonies son fils partit
Puis il mourut avec noblesse
En combattant pour le pays
L' voyant tomber, sur sa tunique
L' capitaine mit la croix d'honneur
La mère en rec'vant cett' relique
Eut d' la fierté parmi ses pleurs
Mais l'autre mèr' lui dit d'une voix grave
Cett' médaill' là n' vous rend pas votre enfant
J' pardonne au mien d' n'avoir pas été brave
J' le verrai plus… mais je le sais vivant !

La veine romantique

Que de plages bordées de palmiers, que de déserts farouches, mais domptés, que de ports tropicaux, que de casbahs ont été fredonnés par trois ou quatre générations de Français ! Tous les lieux colonisés par la France ont été salués, à un moment ou à un autre, par des auteurs d'œuvrettes sans prétention. En cette période où la majorité des Français voyageait peu, la chanson a pu servir d'expérience exotique de substitution. Pour quelques sous, on pouvait acheter une partition et chantonner à la maison les succès des vedettes de l'heure. Se donner ainsi l'illusion de vivre, quelques minutes, sous le ciel du Congo, dans le port de Saigon, à Casablanca ou, championne toutes catégories de cet exotisme à bon marché, dans l'île de Tahiti. Mais cette leçon de géographie tropicale ne nous aura vraiment rien appris, deux siècles durant. On a parfois l'impression que les couplets pourraient être échangés, seuls restant les noms de lieux. On ne compte plus les expressions toutes faites, les « brûlants soleils », les « soirs mystérieux » ou les « nuits d'ivresse »... Il faut même un certain courage pour lire sans se lasser ces alignements d'images dérisoires, comme dans ce *Casablanca* de 1948 : « Casablanca du fond des cafés maures/Dans l'air mystérieux monte jusqu'à l'aurore/Le tam-tam de l'islam et le parfum du caoua[9]. » Dans de tels lieux enchanteurs ne pouvaient naître que des amours délicieuses. L'exaltation de la beauté de la femme indigène est une permanence de la chanson coloniale exotique. Les filles, sous les tropiques, ont toujours la peau dorée et sucrée. Comble de délices, elles ne sont point farouches. Là où la Française est compliquée, la jeune sauvageonne, si proche de la nature, considère les choses de l'amour avec simplicité. « Tu me plais, j' te plais, tu m' prends, j' te prends/Y en a du plaisir, du plaisir, du plaisir », fredonne le héros de *À la Martinique*[10]. Les descriptions d'idylles entre hommes blancs et femmes indigènes (le contraire

9. Paroles et musique de Georges Ulmer et Géo Koger, Paris, éd. Robert Salvet.
10. *À la Martinique ! Chanson nègre*, arrangement d'Henri Christiné, sur une chanson américaine de George M. Cohan, Paris, 1912.

est rare, mais ce n'est pas une surprise) abondent. On a déjà
cité *La Petite Tonkinoise*, mais on pourrait également évoquer un autre immense succès, *J'ai deux amours* : contrairement à bien des idées reçues, c'est de l'Afrique, outre Paris,
qu'il est question dans cette chanson. Le personnage joué par
Joséphine Baker était en fait une Africaine, Chiquita, éprise
d'un colon français[11].

La veine comique

Nos aïeux, nos parents, peut-être nous-mêmes avons ri en
écoutant Charlus chanter *Arrouah Sidi*[12], Mayol *Boudou
badabouh*[13], ou Bourvil *Timichiné La Pou Pou*[14]…
Aujourd'hui, il est bien difficile de relire ces textes dits comi-
ques sans ressentir un certain malaise. Ces strophes affligean-
tes ne nous arrachent même plus un sourire. Ou alors un
rictus. Les indigènes sont toujours tournés en ridicule, sans la
distance qu'observaient à la même époque des genres plus
sérieux. Qui n'a pas lu le *Tintin au Congo* dans sa première
mouture ne peut imaginer ce qu'était le rire colonial à son
apogée. Le racisme agressif y côtoie le plus invraisemblable
paternalisme. Les colonisés y sont présentés comme bêtes,
singeant les colonisateurs sans jamais parvenir à les égaler,
voire à les approcher. Il n'est que de citer *Nénufar*, autopro-
clamée « Marche de l'Exposition coloniale », chantée par Alibert sur toutes les scènes de France en 1931 : « Quittant son
pays/Un p'tit négro d' l'Afrique centrale/Vint jusqu'à Paris/
Voir l'Exposition coloniale/C'était Nénufar/Un joyeux lascar/
Pour être élégant/C'est aux pieds qu'il mettait ses gants/
Nénufar, Nénufar/T'as du r'tard/Mais t'es un p'tit rigolard/

11. Paroles de Géo Koger et Henri Varna, musique de Vincent
Scotto. Tiré de la revue *Paris qui remue*, Casino de Paris, 1930 ;
Paris, éd. Salabert, même date.
12. Paroles de P. Briollet et J. Combe, musique d'Albert Valsien,
Imprimerie française, Nîmes, s.d. (vers 1910).
13. *Boudou badabouh. Chanson nègre*, paroles de Lucien Boyer,
musique d'Albert Valsien, Paris, 1913.
14. Paroles de Bourvil, musique d'Étienne Lorin, Paris, éd. Fortin,
s.d. (vers 1950).

T'es nu comme un ver/Tu as l' nez en l'air/Et les ch'veux en paille de fer... » Et ainsi de suite[15]. Face à ces hommes imparfaits (mais perfectibles ?), le Blanc apparaît toujours comme la référence, celui qui apporte avec lui la sagesse et la raison. Car, si Nénufar « a du r'tard », c'est par rapport à qui, par rapport à quoi ?

Misère de la chanson anticolonialiste

Face à ce déferlement de bonne conscience et de racisme plus ou moins primaire, la résistance (par la chanson) a été assez faible. On trouve certes, çà et là, des protestations contre la conquête de l'Algérie, allant même jusqu'à reconnaître à la lutte d'Abd el-Kader une justification nationale[16]. On trouve également quelques pamphlets violents contre Jules Ferry lors de la conquête du « Tonkin »[17]. Au début du siècle, les anarchistes, qui ont adopté la chanson comme un vecteur majeur de la protestation, dénoncent à longueur de couplets les horreurs coloniales, sans qu'il soit d'ailleurs facile de discerner les parts respectives de l'anticolonialisme, de l'antimilitarisme et de l'anticléricalisme[18].

Lors des divers conflits coloniaux, des années 1930 à 1950, du Rif à l'Indochine, les communistes prennent le relais. Aragon, dans une chanson peu connue, montre l'exemple[19]. En pleine crise de la décolonisation, enfin, Boris Vian écrit une chanson célébrissime, *Le Déserteur*[20], qui a été reçue comme une chanson contre les guerres d'Indochine et d'Algérie, mais

15. Paroles de Roger Féral et Jacques Monteux, musique de Maurice Roget, Paris, éd. Salabert, 1931.
16. Voir Charles Gille, *L'Arabe en fuite*, chanson de 1848, citée *in* Robert Brécy, *Florilège de la chanson révolutionnaire de 1789 au Front populaire*, Paris, éd. Hier et Demain, 1978.
17. Voir une chanson parmi d'autres : Jules Jouy, *Au Tonkin*, citée par Pierre Barbier et France Vernillat, *op. cit.*, vol. 8.
18. Voir Gaetano Manfredonia, *La Chanson anarchiste des origines à 1914*, Paris, L'Harmattan, 1997.
19. *Han ! Coolie !*, chanson de Fritz Hoff traduite et réécrite par Aragon, 1933, citée par Robert Brécy, *op. cit.*
20. Boris Vian, 1954, musique de Boris Vian et Harold Berg, *in Chansons*, textes établis et annotés par Georges Unglik et Domini

qui était surtout antimilitariste ou, comme le disait Vian, « procivile[21] ».

Le Déserteur

Monsieur le Président
Je vous fais une lettre
Que vous lirez peut-être
Si vous avez le temps
Je viens de recevoir
Mes papiers militaires
Pour partir à la guerre
Avant mercredi soir
Monsieur le Président
Je ne veux pas la faire
Je ne suis pas sur terre
Pour tuer des pauvres gens
C'est pas pour vous fâcher
Il faut que je vous dise
Ma décision est prise
Je m'en vais déserter
Depuis que je suis né
J'ai vu mourir mon père
J'ai vu partir mes frères
Et pleurer mes enfants
Ma mère a tant souffert
Qu'elle est dedans sa tombe
Et se moque des bombes
Et se moque des vers
Quand j'étais prisonnier
On m'a volé ma femme
On m'a volé mon âme
Et tout mon cher passé
Demain de bon matin
Je fermerai ma porte
Au nez des années mortes.
J'irai sur les chemins

Rabourdin, Paris, Christian Bourgois, 1994. Interprètes : Boris Vian, Mouloudji, Richard Anthony, Serge Reggiani, Claude Vinci, Joan Baez, Peter, Paul and Mary. Citée p. 270-271 *in* Alain Ruscio, *Que la France était belle…, op. cit.*

21. *Le Canard enchaîné*, 28 septembre 1955 ; cité *in* « Boris Vian de A à Z », *Obliques*, n° 8-9, s. d. (1976).

> Je mendierai ma vie
> Sur les routes de France
> De Bretagne en Provence
> Et je crierai aux gens
> Refusez d'obéir
> Refusez de la faire
> N'allez pas à la guerre
> Refusez de partir
> S'il faut donner son sang
> Allez donner le vôtre
> Vous êtes bon apôtre
> Monsieur le Président
> Si vous me poursuivez
> Prévenez vos gendarmes
> Que je n'aurai pas d'armes
> Et qu'ils pourront tirer.

La guerre d'Algérie, par exemple, n'est l'occasion d'aucune création originale dans le domaine de la chanson, si l'on excepte quelques vers de Léo Ferré ou de Jean-Roger Caussimon[22].

C'est peu, eu égard à la prolifération, signalée plus haut, des chansons de vulgarisation coloniale. Mais c'est sans doute un reflet de la misère de l'anticolonialisme français.

22. Voir Alain Ruscio, « La décolonisation en chantant. Les guerres d'Indochine et d'Algérie à travers la chanson française », in *La Guerre d'Algérie au miroir des décolonisations françaises. Hommage à Charles-Robert Ageron*, Paris, SFHOM, 2000.

Filmer les colonies,
filtrer le colonialisme
par Sylvie Dallet

Un récit apocryphe décrit ainsi la disparition du leader marocain Ben Barka en 1964 : « Ben Barka est tombé dans le piège ; il s'est rendu sans méfiance à un rendez-vous, parce qu'on lui avait proposé de travailler à un scénario sur le tiers-monde. »

Dans l'enjeu colonial, le cinéma a-t-il été une frontière, une arme ou un opium ? Le diagnostic définitif n'est pas chose aisée. Si la réalité coloniale offre un panorama cruel, son auscultation pâtit parfois de la lumière crue que les médias braquent sur le passé. De fait, le cinéma exotique fonctionne le plus souvent comme une indigeste palingénésie et non comme un récit ésotérique qui se laisserait lentement dévoiler.

En 1952, Jean Thévenot, grand reporter et premier « chasseur de sons », stigmatise ainsi le fonctionnement de l'imaginaire colonial :

« Que les marchands de pellicule aient rapidement décelé l'avantage commercial qu'il y aurait pour eux à transporter dans un décor polaire, ou équatorial, authentique ou factice, les éternelles intrigues qui commençaient à s'affadir dans leur cadre habituel est d'ailleurs une preuve supplémentaire du désir certain de dépaysement du public. […] Il y a le pittoresque oriental, le conflit de l'amour et des impératifs raciaux, la caravane d'animaux interchangeables (chameaux, buffles, biches, vaches, moutons selon le scénario) avançant en une seule file sur le sommet d'une colline lointaine et se détachant sur le ciel obscurci […]. Et surtout il y a le poncif colonial : le brav' légionnaire, le colon apôtre, l'Arabe traître et le Noir grand enfant[1]… »

---

1. Jean Thévenot, « Le cinéma saisit le vif », *in* Georges Michel Bovay, *Cinéma, un œil ouvert sur le monde*, Lausanne, La Guilde du livre, 1952.

Avant d'entreprendre une perspective filmographique qui nous enseignera sans doute ce que nous pressentons confusément, à savoir une histoire falsifiée de masques et de souffrances muettes, posons les armes et attendons. Le cinéma colonial, tissé d'alertes chaudes, de razzias et de drames, se déguste rarement à l'affût : seul, peut-être, le film *Coup de torchon* (1981), de Bertrand Tavernier, décrit une moiteur d'attente vaine, un piétinement des corps et des esprits tels que les romanciers russes en décrivaient l'ennui à travers leurs personnages repus et tristes. Les colonies d'outre-mer, comparables en cela à la Russie du XIXe siècle, exposent à travers leurs sites grandioses des « âmes mortes », vendues comme des objets, niées comme sujets.

Symptôme amplifié d'un regard superficiel, la caméra s'attarde sur le mouvement et les gestes des indigènes plus que sur leurs visages. Le cinéma colonial reflète alors un espace — décor immobile dans lequel l'indigène, filmé comme un animal, se déplace mystérieusement et que le colon découvre avec précaution. L'indigène, en quelque sorte, n'a pas d'espace pour lui : il se cache, il traverse, il se fige à l'écran ; l'espace écrase le temps, dans un territoire sans histoire. On peut résumer l'ambivalence du colonialisme à travers les quatre minutes d'un documentaire français anonyme, *Dans la brousse*. L'un avance en automobile, précédé de domestiques qui se fraient la route au coupe-coupe, l'autre apparaît affalé dans un *tipoy*, porté par ses serviteurs. Deux visages blancs hilares, aux regards croisés. Quelques scènes parachèvent le tableautin : sur l'ordre des colons, la route est damée par « le rouleau compresseur » noir, c'est-à-dire foulée grâce aux pieds et aux objets apportés par les boys.

Pour autant, la mise en scène des colonies reste liée, en miroir inversé, à une histoire récente. Il est difficile d'en estimer la masse globale, plusieurs milliers d'œuvres sans doute, dont quelque deux mille consacrées aux seuls Indiens d'Amérique. En effet, le cinématographe, né en même temps que la psychanalyse, a manqué la conquête de l'Ouest de quelques années. Les enregistrements des Indiens ne seront jamais des reportages sur les guerres indiennes. Au contraire, le colonialisme européen connaît un âge d'or en parallèle avec l'essor du cinématographe : les services rendus de part et d'autre seront multiples.

Ausculter le cinéma colonial, voire colonialiste, revient à regrouper sous un épais volume des palimpsestes divers : à la complexité de la colonisation répond un arsenal de genres tels les actualités filmées — le genre le plus conventionnel —, le documentaire, la fiction ou le film de reconstitution historique.

Dès 1909, le cinéma français s'inspire du territoire colonial avec les *Actualités filmées algéroises* de Félix Mesguich. Il faut attendre trente années supplémentaires pour que les reportages européens (malgré les « carnets de route » des équipes du banquier philanthrope Albert Kahn) témoignent d'une écoute ethnologique fondamentale, et encore quelque dix années pour que le colonisé s'empare de la caméra. Le déroulé des œuvres mondiales témoigne d'une production filmique saccadée ou hachurée, qui exprime des imaginaires contradictoires. La mise en scène de la colonisation puise aux sources des psychodrames nationaux, dans une relation constante à la violence et au refoulé.

Entre des fictions amnésiques où la colonie sert de toile de fond au « fardeau de l'homme blanc », des enquêtes documentaires qui rapportent, dans un vrac ordonné, une moisson d'images partiales et des œuvres militantes, liées aux mouvements de libération nationale, le tri se fait mal. Tout se brouille de nouveau à partir des années 1980 : les historiens, sollicités à grand renfort, aident les scénaristes à reconstruire des canevas plausibles et mythiques à la fois, entre la nostalgie des paysages et la prescience des chocs à venir, ceux du tourisme et du capitalisme international.

Pour évaluer la signification de ce terme de colonialisme attribué à une œuvre ou à une filmographie tout entière, il faut s'attacher à quelques interrogations simples sur l'identité des protagonistes, le cadre de leur action et la signification de leurs déplacements. Dans un premier temps, nous aborderons la mise en scène de l'espace au travers de la guerre et du territoire de la conquête. Dans un second temps, la domination des corps, de la traite au travail forcé. La puissance coloniale s'exprime le plus souvent par l'imposition de styles caractéristiques tels l'épopée ou le roman, alors que le drame, le mélodrame et le documentaire se prêtent à la vision des vaincus. Ce jeu des formes convenues révèle parfois des failles : le scénario se laisse bousculer par des plages sonores ou des images d'archives dérobées au vivant.

Enfin, ce matériau composite enregistré par des caméras tour à tour militantes, candides ou cyniques fabrique de l'Histoire pour demain. Cette construction chaotique de mille récits sur des millions d'événements constitue une matrice qui, dans quelques années, nourrira, *via* les rediffusions, un imaginaire mondial orphelin de souvenirs. Le cinéma des colonies, qui débute après la décolonisation, masque ainsi d'autres colonisations à venir, dans un télescopage où les nostalgies et les acculturations futures se constituent aujourd'hui un butin d'images.

Occuper l'espace, réfléchir le territoire

En 1956, l'ouvrage anticolonialiste *Caméras sous le soleil* mentionne sobrement : « Le cinéma, d'une manière à peu près systématique, oublia de révéler ce qu'il voyait[2]. » Cette jolie citation, construite en ellipse, désigne, en vrac, plusieurs fauteurs de troubles : le réalisateur, le producteur, la censure… sur l'implicite regret que le merveilleux outil du cinématographe ait collaboré à une honteuse falsification de l'Histoire.

Point trop de naïveté. Nul doute que le cinéma colonial, dans sa définition première, c'est-à-dire tourné dans les colonies, de 1896 jusqu'aux indépendances, n'ait été un produit contrôlé. L'euphémisme de la litote dévoile une série de malaises en pourtour. En effet, les mécanismes de la censure officielle n'expliquent pas toutes les images et encore moins l'imaginaire véhiculé par des siècles de colonialisme ou de déni de l'autre, plus ou moins assumé. La censure officielle n'est que la partie émergée de l'entreprise de confusion coloniale. En tant que telle, elle n'intervient vraiment qu'en période de décolonisation avancée, voire de crise de cette décolonisation. Auparavant, nous avons affaire soit à un jeu de simulacres candides ou machiavéliques, soit à une impossibilité économique de mener à son terme tout projet filmique.

2. M.-R. Bataille et C. Veillot, *Caméras sous le soleil*, Alger, 1956.

En effet, les colonies offrent à la fois un réservoir d'images et un marché potentiel. Dès 1895, on projette au Vietnam deux films Lumière. Avant 1914, la filmographie française distille ses messages sur près du quart des écrans internationaux. Les révolutions soviétiques expulsent avec les studios Pathé les saynètes de propagande qui faisaient office de documents d'actualités russes et fournissent dès 1924, sur le thème de la colonisation, une œuvre de science-fiction singulière, *Aélita* de Jakov Protazanov.

Après 1920, l'impérialisme culturel américain concurrence désormais des maisons de production européennes structurées autour des colonies : la Société Indochine Films et Cinéma, fondée en 1923, et la Société des Cinéthéâtres d'Indochine à partir de 1930 se partagent un public vietnamien local tout en envoyant vers la métropole un lot contrôlé de reportages édifiants. Pour mémoire, le *Bulletin de la Ligue française de l'enseignement*, organe d'une gauche militante, reprend mot pour mot cette remarque de la revue *France extérieure*, organe du comité Dupleix, qui préconise l'usage de la lanterne magique dans l'enseignement colonial :

« Peut-être bien que la solution de la question coloniale que l'on va chercher si loin est tout bonnement au fond de ces boîtes de vues sur verre. En tout cas, elles y aideront considérablement[3]. »

Les premières révoltes anticolonialistes du début du XXe siècle portent un coup d'arrêt à l'imaginaire romantique du cinématographe. C'en est fini des œuvres-paysages qui, comme *L'Atlantide* de Jacques Feyder (1921), laissent la part belle aux mystères de l'Orient ou du désert. À partir de 1932, tout film tourné au Maghreb doit avoir son scénario estampillé par les autorités coloniales. À partir de cette date, les films coloniaux témoignent d'occurrences significatives : l'arrivée de la Légion sur les écrans, la fascination pour les bouges, les hommes sans nom, les filles perdues.

Le Maghreb devient un paysage dangereux, truffé d'embuscades, dans lequel il ne fait plus bon vivre.

3. *Bulletin de la Ligue française de l'enseignement*, n° 159, « Propagande coloniale par l'enseignement de l'aspect », 17 mars 1897.

Le Grand Jeu (1934)

Fils de famille sans grand caractère, qui manque de ruiner les siens par les folles dépenses qu'exige de lui sa maîtresse (Marie Bell), Pierre s'exile au Maroc pour éviter le déshonneur. Mais elle refuse de le suivre. Désespéré, Pierre (Pierre Richard-Willm) s'engage dans la Légion, trouvant refuge pendant les permissions dans un tripot que dirigent une tenancière (Françoise Rosay), qui le prend en affection, et son mari (Charles Vanel). Pierre croit reconnaître Florence, sa maîtresse, en Irma, une prostituée. Il tue le tenancier qui s'approchait un peu trop d'elle. Puis il est tué à son tour dans une mission « contre les salopards » après que la tenancière a lu son destin dans les cartes.

Ce mélodrame de Jacques Feyder, tourné en bonne partie au Maroc, donne de la Légion une vision qui paraît authentique. Mais les Marocains en sont absents, sauf pour donner la mort. Parmi les phrases censurées : « Les Rifains défendent leurs terres. »

France, de Jacques Feyder, scénario de Charles Spaak, N.B., 120 min., musique de Hanns Eisler, décors de Lazare Meerson, avec Marie Bell, Pierre Richard-Willm, Françoise Rosay et Charles Vanel.

Pépé le Moko (1937)

Comme dans La Bandera, Pépé le Moko (Jean Gabin), un truand réfugié au Maghreb après un crime, est recherché par un inspecteur, Lucas Gridoux, grimé en Arabe, Slimane. Rusé, celui-ci attire Pépé le Moko dans un guet-apens : alors qu'il est caché dans la Casbah où il règne en maître, Pépé le Moko, fasciné par la femme de luxe (Mireille Balin) que Slimane lui fait rencontrer, se risque à quitter son repaire pour la rejoindre. Près d'être capturé, il se suicide.

La Casbah reconstituée est une des figures du film, mais ses héros ne sont pas arabes. Lucas Gridoux et Dalio — qui incarne un délateur — représentent autant les juifs tels que les voient les antisémites que les musulmans. La Mauresque jouée par Line Noro est une dénonciatrice elle aussi, par jalousie car elle aime Gabin, et les rôles « négatifs » sont attribués à des personnages qui ne sont jamais des métropolitains. Pour ceux-ci, Alger apparaît comme une terre d'exil, comme le chante Fréhel sur un phonographe qui transmet les notes d'un vieux disque rayé.

France, de Julien Duvivier, 100 min., d'après Ashelbé, dialogues d'Henri Jeanson, musique de Vincent Scotto, avec Jean Gabin (Pépé), Lucas Gridoux (Slimane), Mireille Balin (Gaby), Line Noro (Inès), Olga Lord (Aïcha).

Le film de Marcel Carné, *Hôtel du Nord* (1938), tire un trait définitif sur cet Orient de pacotille en le réduisant à l'étrave d'un bateau : la jeune fille, à qui son amant-souteneur avait promis une vie nouvelle libérée du passé, choisit de revenir à Paris sans avoir abordé à Port-Saïd.

En réalité, cette fenêtre ouverte vers un ailleurs mystérieux fonctionne en trompe-l'œil pour le spectateur, dans la mesure où l'espace ainsi présenté n'offre aucune garantie de liberté aux hommes qui s'y promènent. Les styles narratifs adoptés par les œuvres ne se font pas faute d'entretenir les confusions de lecture. Le paysage se dévoile tour à tour en toile de fond et en horizon symbolique, alors qu'il fonctionne toujours comme un territoire.

Pour exemple, le cinéma américain traditionnel aménage deux genres du récit littéraire : le mélodrame et l'épopée. L'épopée américaine correspond à la conquête de l'Ouest, popularisée au cinéma par le western. Celui-ci constitue une illustration particulièrement nette de l'occultation du territoire par l'idéal de l'horizon à conquérir. C'est au travers du western que les Indiens (et, dans un registre d'apparition moindre, les autres minorités de couleur, Noirs, Mexicains et Asiatiques) apparaissent à l'écran. Curieusement, les colonisés sont totalement exclus du mélodrame jusque dans les années 1980, date à laquelle les repères des genres s'estompent autour de l'imprécis fourre-tout romanesque.

L'absence des colonisés sur les écrans du mélodrame s'explique par la nature de celui-ci. Né à la fin du XVIIIe siècle, popularisé par le théâtre, il a une structure qui évoque des destins collectifs à travers des temporalités longues. Le peuple incarné dans les multiples personnages évolue sur de longues années, se transforme, affronte des dangers multiples et recouvre prospérité et bonheur à la fin du récit. Jamais aucun Indien n'a bénéficié d'un tel traitement à l'écran ni même, après la période de contestation filmique initiée par les Indiens et des maisons de production amies, n'a investi le genre occidental du mélodrame. Au bénéfice de la colonisation, le western évite les mises en perspective sociales, contourne les chronologies, se défie des scènes de foules (circonscrites à certains combats brefs) et récuse l'apitoiement et le psychologisme inhérent au mélodrame.

L'assignation du colonisé au cadre de l'épopée ne procède pas d'une décision relevant de la censure politique, mais de choix culturels américains profonds. Cet implicite trouvera un relais paradoxal parmi la critique française de gauche des années 1960, celle-là même qui applaudira le retour de l'Indien sur les écrans après 1970 et qui bafouera le drapeau américain sur le Vietnam. En effet, dans un contexte de réception particulier, dû à l'après-guerre, l'épopée, liée à l'espace et au culte inconscient du chef de meute, plaît à cette jeune critique qui conspue, le plus souvent par immaturité personnelle, le mélodrame, axé sur la souffrance, l'enfance et la misère.

A contrario, des réalisateurs perspicaces, souvent issus de l'émigration allemande des années 1930, vont faire évoluer à la fois la structure du western et l'image de l'Indien, lui donnant un espace personnel que la filmographie traditionnelle lui refuse globalement. Ce n'est pas un hasard si Douglas Sirk signe dans les années 1950 deux œuvres qui incluent, jusqu'au titre, une présence indienne : *Tara, Son of Cochise* (*Tara, fils de Cochise*, 1954) et *Sign of the Pagan* (*Le Signe du païen*, 1954). Sirk, grand admirateur de l'art musical de Jean-Sébastien Bach, campe des personnages morcelés et complexes, tandis que son art évolue entre les règles du mélodrame et celles du western, dont il affadit subtilement la composante épique.

L'image de l'Indien renseigne autant sur le refoulé des sociétés colonisatrices que sur la censure en exercice, si ce n'est que les westerns les plus édulcorés apparaissent lors de la promulgation du code Hays en 1922 et durent jusque dans les années 1960. À cet égard, l'incertitude des films primitifs reste particulièrement éclairante. Pour exemple, David Wark Griffith, élevé dans la société coloniale du Sud, particulièrement raciste envers le Noir et hostile aux idéaux de la Révolution française, réalise vers 1910 des œuvres attentives aux Indiens, avant de tourner casaque dans des réalisations postérieures. L'Indien, au contraire du Noir et du Chicano, n'est pas perçu comme une minorité mais comme une altérité fantomatique ou expansive du Blanc. On peut dire, en ce sens, que l'imaginaire de l'Indien, non caractérisé jusque dans les années 1970, accompagne l'identité américaine jusqu'à lui être constitutif, en relation de couple, ou, selon la forte expression du psychiatre Carl Gustav Jung, comme sa « part d'ombre ».

Ce n'est donc pas un hasard si, autour des années 1950, en plein maccarthysme, certains réalisateurs commencent à s'insurger contre le stéréotype de l'Indien belliqueux : *Broken Arrow* (*La Flèche brisée*, 1950), de Delmer Daves, brosse des portraits d'Indiens à la Fenimore Cooper, attentifs à la nature. Le récit s'attache à la médiation menée par un pionnier, Tom Jeffords, entre les Apaches conduits par Cochise et les Blancs. Cette figure rousseauiste/ethnologique perdure à travers *A Man Called Horse*, d'Elliot Silverstein (*Un homme nommé cheval*, 1970), bientôt battue en brèche par les récits du génocide. Le second western de Delmer Daves, *Drumbeat* (*L'Aigle solitaire*, 1954), raconte la guerre des Modocs de 1872, où Cochise intervient dans une relation nouvelle à la violence militaire. De même, *Ulzana's Raid* (*Fureur apache*, 1972), de Robert Aldrich, renvoie dos à dos les deux peuples et les deux cultures dans un conflit mortel. Il faut enfin mentionner *Dances with the Wolves*, de Kevin Costner (*Danse avec les loups*, 1990), qui constitue un véritable tournant dans l'imaginaire de la conquête[4].

La mise en scène des films militants indianistes contribue à la remise en question de la forme du western. Les cinéastes indiens, dédaignant l'alternative du mélodrame, choisissent, pour faire éclater le consensus cinématographique, de reconsidérer les symboles à travers des films tournés en vidéo.

Dès 1970, le Festival du film et de la vidéo des Indiens d'Amérique du Nord développe une relecture du passé, du territoire sacré et du génocide. La caméra vidéo devient, grâce au « langage universel des images de synthèse », une arme qui prépare le grand public au panorama des cultures indiennes (importance des récits fondateurs, de la cosmogonie matricielle, de la terre mère) plutôt qu'à la diversité des relations tribales. La parole des témoins, la redécouverte des collines sacrées des Black Hills relient la part

4. Bernadette Rigal-Cellard, « Dances with the wolves : un Indien peut en cacher un autre », in *Revue française d'études américaines*, n° 57, juillet 1993, Presses universitaires de Nancy.

prophétique des nations indiennes à la découverte du nouveau « médium[5] » : en 1984, le fameux *Our Sacred Land* du cinéaste Nouma Chris Spotted Eagle définit les Black Hills comme les équivalents spirituels de La Mecque ou de Jérusalem.

L'espace reste structurant, dans une relation désormais transcendantale avec le sacré. Des réalisateurs tels que le Creek Bob Hicks, le Choctaw Phil Lucas, le Hopi Victor Masayesva ou le Pueblo Larry Littlebird continuent à témoigner, dans le cadre d'une narration documentaire ou de montage d'archives, de l'identité de nations qui, symboliquement dépouillées de leurs plumes pittoresques, conservent une spiritualité vivante qui transcende la revendication politique à l'occidentale. Plutôt que décrire les massacres des siècles derniers, les sources polluées, les couvertures empoisonnées avec des bubons de variole ou la honte des déracinements, les cinéastes indiens parlent de la parole donnée et reprise, des traités non respectés et surtout d'un immense amour pour la terre de leurs ancêtres, les enfants et les femmes.

Dans un esprit analogue, les œuvres canadiennes pro-indiennes parmi lesquelles *Box of Treasures*, de Chuck Olin (1983), exhument patiemment des coutumes interdites par les Blancs, telle la pratique du potlatch, réprimée depuis les années 1920 en Colombie-Britannique.

À l'inverse, les Américains blancs commencent lentement une plongée aux enfers, de l'ordre de celle que les contestataires de la *pax americana* ont initiée contre les atrocités du Vietnam. Les fictions sanglantes qui initient en ce sens la critique émergent autour des années 1970, avec *Soldier Blue* de Ralph Nelson (*Soldat bleu*, 1970) et *Little Big Man* (*Les Extravagantes Aventures d'un visage pâle*, 1970) d'Arthur Penn.

5. *Sur* la problématique de la contestation filmographique, voir l'ouvrage collectif *Les Indiens et le cinéma (des Indiens d'Hollywood au cinéma des Indiens)*, Trois Cailloux/Maison de la culture d'Amiens, 1989, ainsi que le n° 57 de la *Revue française d'études américaines*, « Cinéma américain : aux marches du paradis », Presses universitaires de Nancy, juillet 1993.

Little Big Man (1970)

Un très vieil homme se remémore sa vie, hésitant entre le ridicule, la joie et le malheur : capturé enfant par les Indiens Cheyenne, puis « récupéré » adolescent par les Blancs, Jack Crabb est le témoin involontaire de la guerre sans merci que se livrent les deux populations. S'il choisit enfin les Indiens contre les Blancs, choqué par l'atrocité du massacre perpétré par le général Custer, Crabb restera toute sa vie un être ballotté entre deux cultures, profitant étourdiment des joies éphémères que la vie lui dispense avant de comprendre la tragédie de son destin. Cette œuvre romantique et burlesque marque un tournant dans la prise de conscience occidentale des années 1970.

États-Unis, d'Arthur Penn, d'après le roman de Thomas Berger, avec Dustin Hoffman, Faye Dunaway, Martin Balsam, Richard Mulligan, Chief Dan Georg…

Les métaphores coloristes prennent alors toute leur signification : dans un décor bariolé où le Blanc demeure la non-couleur de référence, l'Indien devient un « nègre rouge », tandis que les « jaunes » sapent le bleu des espoirs américains.

La valorisation du paysage fonctionne donc comme un jeu de cartes biseautées qui évacue en défausse tantôt la culture indienne, tantôt le génocide. Les films n'ont pas encore, autant que je sache, montré la diversité des réponses indiennes ni les capacités d'adaptation de nations côtières qui se sont forgé un alphabet et une littérature contestataire dès la fin du XIXe siècle. En un sens, la colonisation puis la ségrégation ont été fondues dans l'imaginaire indifférencié de l'espace, tandis que la mémoire des communautés perdure grâce à une constante réappropriation d'outils de communication mobiles et légers. Il semble que l'on pourrait rapprocher cette attitude du conflit emblématique mené par les deux partis de la diaspora juive, les sadducéens et les pharisiens, sur la priorité de la lutte pour le territoire ou pour la préservation des coutumes. À ma connaissance, aucun film indigéniste ne fait explicitement le corrélat. Le public composite des salles occidentales peut néanmoins entrer en résonance avec les thèmes de la préservation de l'environnement, de la non-violence et du respect des morts, dans une circulation intime de sensibilités dont nul exégète ne peut reconnaître la trace.

Dominer les corps, fragmenter le temps

Alors que l'Indien reste relié à un espace, l'esclave noir apparaît le plus souvent décrit comme un meuble, dans une économie prioritairement domestique et industrielle. Cependant, alors que la traite puis l'esclavage sont officiellement abolis au XXᵉ siècle, de part et d'autre de l'Atlantique, les Africains subissent une colonisation européenne bien différente de la ségrégation nord-américaine.

Le Noir intervient peu dans le western, si l'on excepte *Sergent Rutledge* de John Ford (*Le Sergent noir*, 1960), où le cinéaste dénonce le racisme plus que la colonisation. En réalité, les modèles historiques de la traite et de l'esclavage s'incarnent allusivement dans une variante exotique de l'épopée, celle du péplum : le public américain se voit proposer une identification historique au Romain, dans une relation complexe à l'esclavage, légitimé pour dettes, razzia ou faits de guerre. Cette identification permet d'éviter que les humiliations de l'esclave ne soient vraiment décrites ni que s'exprime ouvertement le racisme. En effet, la ségrégation nord-américaine se définit à l'envers des usages du subcontinent sud-américain. Aux États-Unis, une seule goutte de sang noir fait le Noir, alors qu'au Brésil une seule ascendance blanche blanchit l'identité de l'individu. Les cinéastes américains, tel Griffith, vont, jusque dans les années 1930, tantôt mettre en scène des Noirs très sombres de peau, tantôt simplement occulter leur existence.

Cette occultation ne va pas sans contre-exemples éclatants, comme, en 1939, *Gone with the Wind* (*Autant en emporte le vent*), qui, quoique axé sur une saga amoureuse, décrit par le menu la société sudiste en proie à la guerre de Sécession. Il faudra attendre les années 1990 pour que le cinéma afro-américain renoue à rebours avec la saga : Spike Lee valorise la couleur noire dans la fresque qu'il initie sur le leader Malcom X (*Malcolm X*, 1992).

Au contraire, le cinéma colonial français présente la caractéristique, unique au monde, d'avoir montré des populations très diverses, dans une relation complexe avec le pouvoir. C'est en France que le cinéma ethnographique connut une reconnaissance réelle, avec des reportages sincères, sinon

objectifs. Les tentatives d'un cinéma de propagande furent
plus rares, telle l'éphémère mission cinématographique Sar-
rault, créée en 1920 en Indochine. Des réalisateurs comme
Marc Allégret (*Voyage au Congo*, 1927), Jean d'Esme (*Peau-
Noire*, 1930 ; *La Grande Caravane,* 1934 ; *Sentinelles de
l'Empire*, 1938), Alfred Chaumel (*Symphonie malgache, Le
Réveil d'une race,* 1926) ou Léon Poirier (*Caïn,* 1929 ; *Aventures des mers exotiques*, 1930), attentifs aux sociétés indigènes, révèlent la solidité des liens tissés depuis l'Exposition
coloniale de 1931 et l'existence d'un public plus friand d'exotisme que soucieux du maintien de l'ordre dans les colonies.
Pour exemple, *Peau-Noire* produit par le documentariste
Jean d'Esme, un reportage (38 minutes séquencées à partir de
la mission Douala/Brazzaville dirigée par d'Esme) dont la réalisation est confiée à René Moreau. Dans cette œuvre atta-
chante, une caméra sensible capte magnifiquement, à travers
des paysages que rien ne trouble, les jours et les jeux d'une
population originale et paisible. Laissé à l'initiative privée ou
scolaire, le cinéma « de voyage[6] » rencontre un succès croissant dont témoigne, à partir de 1938, sa programmation régulière au musée de l'Homme.

Jean d'Esme, né à Shanghai mais originaire de la Réunion,
apparaît également comme l'auteur de romans subtils (tel *Le
Soleil d'Éthiopie*, 1929), qui réfléchissent en miroir les chocs
culturels et les passions amoureuses induits par la colonisation. Là s'arrête l'audace cinématographique : aucune production, qu'elle soit documentaire ou de fiction, ne se hasardera
jamais, sous la IIIe République, à évoquer l'amour partagé
d'une Blanche avec un homme de couleur ni même à suggérer des relations intellectuelles profondes entre les ethnies.
Cependant, c'est de France que deux œuvres fondatrices,
antiesclavagistes, pourront être produites et sauront, grâce à
la vigilance de la critique, trouver un public.

En 1957, John Berry réalise avec *Tamango* le récit d'une
révolte d'esclaves sur un bateau négrier. En 1968, Serge Roullet met en scène *Benito Cereno*, d'après le récit de Herman

---

6. *Sur le cinéma ethnographique et colonial du début du siècle,
voir l'ouvrage de Pierre Leprohon, *L'Exotisme et le cinéma*, J. Susse,
1949.

Melville : l'occupation du bateau de la traite après la liquidation des marins. La composition classique du premier, en noir
et blanc, mêle la tragédie au dernier amour des captifs, tandis
que la seconde œuvre bâtit une épure en couleur entre hommes. *Benito Cereno* se déroule sur un bateau à la dérive,
déserté par ses matelots portugais ; un Noir vêtu d'un seul
pagne rouge semble guider du regard le capitaine qui arpente
le pont d'une allure somnambulique. Le récit en voix off
raconte la stupéfaction des officiers britanniques devant
l'étonnant cortège, jusqu'à ce que le capitaine fausse compagnie à son gardien et provoque le dénouement sanglant. Les
relations ambiguës et culturelles entre les hommes, tissées de
sadomasochisme, donnent à *Benito Cereno* une trame originale qui démonte les mécanismes de l'acculturation et de la
violence.

Little Senegal (2001)

Passionné par l'histoire de son pays, le vieil Alloune, guide à
la maison des Esclaves de Gorée, part aux États-Unis à la recherche des descendants de ses ancêtres déportés, voici deux siècles. Ses investigations minutieuses le mènent des registres aux
maisons des plantations, dans une quête qui s'achève devant le
kiosque à journaux d'une lointaine parente, Ida, qui survit difficilement dans le quartier de Harlem. La confrontation passion-
nelle entre les deux cousins dévoile un canevas d'histoires
adjacentes complexes où le « melting-pot » américain témoigne
de terribles fêlures : familles éclatées, amnésies collectives, violences privées…

Les Noirs américains, fragilisés par un racisme latent, évitent
de réfléchir à leurs racines et considèrent le plus souvent l'émi-
grant africain comme une menace. Le réalisateur d'origine algérienne, Rachid Bouchared, signe ici une œuvre sensible sur le
quotidien d'un colonialisme sans mémoire, dont les repères
s'estompent aux seuls profits du dollar et de la violence.

France, de Rachid Bouchared, avec Sotigui Kouyaté, Roschdy Zem, Sharon Hope, Karim Houssein Traoré, Adetoro
Makinde.

Dans le cinéma colonial français, le corps, sans être explicitement asservi, ne se meut pas en liberté. Les seuls corps qui,

dans les films de fiction, semblent asservis à la discipline sont
ceux des soldats, valorisés par leur nombre, leurs vêtures et
leur étrangeté physique. Jamais la fréquence des punitions
corporelles n'est évoquée avant le brûlot lancé en 1951 par
René Vautier, *Afrique 50*. Cependant, l'insistance sur les militaires révèle, *a contrario*, le malaise de la population civile et
gomme toute allusion au travail forcé ou aux châtiments corporels.

Un exemple : Léon Poirier, cinéaste officiel de la IIIᵉ République, brosse en 1939 le portrait de *Brazza*, sous-titré *L'Épopée du Congo*. À la même date, Jacques de Baroncelli réalise,
sur un mode de narration voisin, *L'Homme du Niger*, l'histoire d'un médecin dévoué qui se sacrifie à ses malades.

L'Homme du Niger (1939)

Le commandant Bréval organise l'édification d'un gigantesque barrage d'irrigation sur le Niger, sous la direction de l'ingénieur français Jean Aubert. Bréval est aidé dans son entreprise
par un ancien ministre dont il aime la fille. Mais Bréval, contaminé par la lèpre, rompt ses fiançailles. Il s'éteint à son poste,
quelque temps plus tard, assassiné par des indigènes soudanais
fanatiques.

L'Homme du Niger procède à la fois du documentaire et du
drame, brossant à l'envi le portrait de quelques apôtres de la
colonisation, un militaire, un ingénieur et un médecin, un exercice de style lancé par Léon Poirier à la fin des années 1930
autour des figures de Charles de Foucauld ou de Savorgnan de
Brazza.

France, de Jacques de Baroncelli, avec Victor Francen,
Harry Baur, Jacques Dumesnil, Annie Ducaux, Habib Benglia.
Scénario d'Albert Dieudonné, adaptation d'André Legrand, dia-
logues de Joseph Kessel.

Les deux œuvres, réalisées à la veille de la guerre, magni-
fient le « fardeau de l'homme blanc » luttant contre les chefe-
ries et pour le progrès. Toutefois, la violence reste un interdit
majeur de ces films à grand spectacle, très structurés entre
des paysages grandioses, des hommes exceptionnels et des
situations contingentes. Quand on scrute avec attention les
images, on observe toutefois des silhouettes moins cadrées,

dont la facture relève du reportage : en effet, les ouvrages évoqués, telle l'érection du barrage du Niger, ont été conduits par le travail forcé de quelque mille cinq cents ouvriers, au prix de souffrances extrêmes. Aujourd'hui, les cinéastes du Niger considèrent même ces images comme véritablement patrimoniales, au détour de l'épopée des bâtisseurs sur laquelle les cinéastes blancs ont axé la mise en scène. Jacques de Baroncelli révèle lui-même, comme à regret :

« Dans notre premier projet, le barrage du Niger était le principal personnage du film. C'était une vedette qui s'annonçait assez peu photogénique. J'ai pourtant essayé, surtout dans les scènes de grève qui menacent un moment l'entreprise, d'en tirer tout le parti possible... Mais je me suis bien vite aperçu que le barrage du Niger n'était qu'une face de l'œuvre française en A-OF. Une autre m'apparut bientôt, plus belle encore, plus noble sans doute et déjà presque accomplie : la lutte contre la maladie et la mort[7]. »

En Afrique française, les images liées à l'hygiène et à l'éradication des pandémies l'emportent sur celles de la domestication des corps. Le cinéma du Congo belge présente une matrice très différente du cinéma colonial français, dans la mesure où une filmographie catholique très active cautionne, dans son ensemble, la ségrégation des fonctions. La Belgique a instauré un régime séparé des indigènes et des Blancs qui se traduit par l'existence d'une cinématographie de propagande, explicitement destinée aux Noirs. Officiellement, le natif ne peut accéder à des métiers de responsabilité, alors que les missions catholiques formaient des hommes de valeur, parfaitement aptes à assumer un avenir collectif. De fait, des films mettent en scène des quasi-dirigeants, dans des métiers relatifs à la libération ou au travail des corps : pas de médecins, seuls des assistants médicaux, pas d'ingénieurs, seuls des chefs de chantier. La formation des élites belges est revendiquée sur les écrans, tandis qu'un habile montage leur confisque l'exercice du pouvoir. Cette ségrégation concerne également les métiers du cinéma : la Belgique coloniale est le seul pays au monde avec l'Afrique du Sud qui n'a jamais

---

7. Leprohon, *op. cit.*

considéré que les acteurs noirs puissent avoir un statut de professionnel.

Deux exemples éclairent de façon quasi psychanalytique l'implicite de la relation coloniale : *Bongolo* d'André Cauvin (1952), et *Sikitu, le boy au cœur pur*, d'André Cornil (1951). Ces œuvres présentent dans un style presque documentaire des moments de vie de deux Congolais, à des postes de responsabilité.

Sikitu, le boy au cœur pur met en scène sur 55 minutes en noir et blanc une tranche de vie domestique. Au matin, Sikitu, soucieux de la maladie de sa femme, part travailler. La maîtresse de maison, remarquant sa peine, conduit la Congolaise à l'hôpital et soigne personnellement le doigt blessé du domestique. Durant la journée, Sikitu veille sur l'enfant des maîtres. Pendant la courte absence des parents, deux voyous à vélo agressent le domestique pour mieux cambrioler la villa. Sikitu se libère de ses liens, poursuit les malandrins et les capture, grâce au renfort de son maître arrivé à la rescousse en automobile. Le courageux boy est décoré par le commissaire de police.

Bongolo, tourné l'année suivante en couleur, situe son action en brousse et en ville. Un jeune Congolais, assistant médical dans un village, s'éprend de la fille du roi local et la persuade de renier, au nom du progrès, les coutumes ancestrales qui doivent la conduire à un mariage arrangé. Les villageois menés par les sorciers brûlent le dispensaire et pourchassent la fugitive qui, rendue à sa tribu par la maréchaussée, s'échappe de nouveau vers la ville et tente l'aventure seule.

Les deux auteurs de ces œuvres appartiennent à la société des colons (dite « belgicaine ») et ont été formés sur le tas, au gré de leurs parcours personnels : le laïc André Cauvin, avocat, est reconnu internationalement comme un « cinéaste belgo-congolais », tandis que l'abbé Cornil appartient à la forte mouvance missionnaire, traditionaliste et patriote. Sikitu comme naguère Casimir, Mama Louisa, Mayele ou Kazadi sont les héros d'aventures simples qui conjuguent, dans un souci d'édification globale, morale domestique et vertus religieuses. L'abbé Cornil, en effet, a réalisé depuis 1949 une soixantaine de films éducatifs et patriotiques à l'intention des

indigènes. Au contraire, André Cauvin, chef de la mission
cinématographique belge à Londres durant l'Occupation, puis
responsable des Actualités belges pour la Metro-Goldwyn-
Mayer, fait des films dans une perspective de reportage et se
tient à distance des missions. Cependant, les deux œuvres
restent cousues au scénario linéaire très écrit, qui tient pour
acquise la ségrégation sociale, même si André Cauvin plaide
pour une émancipation ultérieure.

Cris, contes et écrans sonores

En lutte contre le canevas littéraire très maîtrisé de certains
réalisateurs, l'irruption sonore demeure l'expression d'une
authenticité plus fiable que celle de l'image, que ce sonore
dérobé ou valorisé relève du bruit, de la musique ou du dialogue.

Nous avons tous dans l'esprit la colère du réalisateur Louis
Daquin après que les ciseaux de la censure ont amputé le
film historique *Bel Ami* (1954) de quelques scènes majeures
et proscrit les mots « Afrique », « Maroc », « Sahara »,
« Bédouins » et « Berbères » des dialogues allusifs issus du
texte même de Maupassant. Cette opération de découpage
abusif[8] apparaît liée à une période contrastée, violente certes,
mais où les enjeux, en pleine décolonisation, sont clairs :
« Qu'en pensent les Marocains ? — Les Marocains ne pensent
pas, madame » — les Marocains ont été remplacés par les
« plantes exotiques ». Cette attention nationale au sens des
mots ne se dément pas durant toute la colonisation, qu'elle
soit à son apogée ou en crise.

Dans des œuvres où le procédé du montage, subordonné
au récit didactique, n'est pas créateur, les sons et les mouvements de caméras apportent parfois un lot d'informations à la
sauvette. Pour exemple, *Bongolo* comporte de remarquables
scènes de fêtes ou de cérémonies, dont une longue scène de
circoncision. Le réalisateur s'attache à décrire la jeune princesse noire, déterminée et songeuse, dans un tourbillon de
chants, d'images et de cris qui sonnent comme autant de sou-

---

8. Interview réalisée in *Jeune Cinéma*, n° 16, juin/juillet 1966,
Paris.

venirs identitaires. Cette imprégnation physique avec le milieu, cette hétérogénéité sociale, semble totalement absente des œuvres d'André Cornil. Dans la filmographie catholique, le mouvement est circonscrit à l'action principale, et, tandis que l'Afrique ne fait pas de bruit, seules les conversations en français parviennent à nos oreilles.

La problématique du muet et du parlant reste au cœur de l'action coloniale. Les années 1920 ont donné naissance à de somptueuses réalisations silencieuses, tournées en décors naturels, telles *L'Atlantide*, de Jacques Feyder (1921), ou *Inch'Allah* (1925), de Luitz Morat. Dans ces panoramas du bled ou du désert, relayés dans les années 1930 par les fresques de Jacques Séverac ou de Léon Poirier, l'indigène ne dispose d'aucun temps de parole, de même que l'armée qui le surveille.

Itto (1934)

Ce film est une exception[9] : il est le seul (avant *Goha* de Jacques Baratier, 1957) à évoquer la vie des indigènes, leurs problèmes personnels et politiques. Ici, au Maroc, dans la tourmente de guerres intestines — entre ceux qui sont favorables à la France et les autres —, un médecin français et sa femme, adoptant un bébé d'une rebelle tuée au combat, manifestent leur compréhension vis-à-vis des Berbères insurgés. Le rôle d'Itto était tenu par la cantatrice Simone Berriau ; la plupart des participants étaient Marocains. Le tournage dura cinq mois dans une région rebelle, près de Taliouine.

France, de Jean Benoît-Lévy et Marie Epstein, 95 mn, avec Simone Berriau, Pauline Carton, Aïsha Fadah, Moulay Ibrahim.

La « grande muette » ou les « hommes sans nom » de la Légion étrangère qui inspirent le film homonyme de Jean Vallée (*Les Hommes sans nom*, 1937) se déplacent sur un territoire sans identité langagière ni sonore : les musiques d'ambiance meublent et occultent à la fois un véritable silence colonial.

9. On trouve la liste des films tournés au Maghreb avant la Seconde Guerre mondiale dans Pierre Boulanger, *Le Cinéma colonial*, Paris, Seghers, 1975.

La Bandera (1935)

Auteur d'un meurtre commis en métropole, Pierre Gilieth (Jean Gabin) s'engage dans la Légion étrangère espagnole. Il y est retrouvé par un « privé », Fernando Lucas (Robert Le Vigan), qui espère toucher la prime promise par les parents de la victime. Entre les deux hommes se déroule le jeu de la fascination et de la méfiance. Mais ils se retrouvent ensemble au combat « contre les salopards » du Rif espagnol, dans une unité que commande le capitaine Weller (Pierre Renoir). Tous meurent lors d'une attaque — sauf Fernando. Dans une scène célèbre, l'appel aux morts, à chaque nom il répond, dans le silence de la citadelle, et de plus en plus exalté : « Mort à l'ennemi. »

Tourné dans le Rif, ce film ne montre pas plus de Marocains que Le Grand Jeu de Jacques Feyder. Le drame des deux protagonistes s'ajoute à leur amour pour Aïcha qui choisit de se marier avec Pierre. Le rôle de cette Mauresque est joué par Annabella, tandis qu'une autre prostituée est interprétée par Viviane Romance à ses débuts. Une fois de plus, les Marocains incarnent la mort et n'apparaissent jamais, sauf dans le lointain, et leurs femmes sont des prostituées...

France, de Julien Duvivier, 100 mn, scénario de Charles Spaak, d'après un roman de Pierre Mac Orlan, musique de Jean Wiener, avec Jean Gabin, Annabella, Robert Le Vigan, Pierre Renoir.

Plusieurs expériences témoignent cependant d'une prise de conscience lente du pouvoir musical. En Amérique, le réalisateur Woodbridge S. Van Dyke exprime, pour la Metro-Goldwyn-Mayer, cette aubaine idéologique que constitue le cinéma muet à travers White Shadows in the South Seas (Ombres blanches, 1928), au titre à lui seul chargé d'une involontaire symbolique.

Le film a été coréalisé avec Robert Flaherty qui vient de signer son fameux Nanook of the North (Nanouk l'Esquimau, 1921), le premier documentaire ethnologique sur les Esquimaux. Van Dyke, comme plus tard Zoltan Korda (qui cosignera Elephant Boy avec Flaherty, Grande-Bretagne, 1937) ou le Français Jean Rouch (Moi, un Noir, 1958), participe de la réflexion rousseauiste menée par Flaherty à propos des sociétés vierges de colonisation.

White Shadows in the South Seas (1928)

Un jeune médecin, Matthew Lloyd, échoue sur une île poly-
nésienne préservée de l'arrivée des Blancs. Bien accueilli par
les natifs, il épouse une jeune femme et partage la vie primitive
et heureuse de la communauté. Par un soir fatal, il signale à un
équipage de passage l'existence de son éden. Cette erreur
d'appréciation conduit à la catastrophe : les trafiquants blancs
sans scrupules pervertiront l'île par le jeu, l'argent et l'alcool.
Le médecin sera tué et les dernières images évoquent la prostitution forcée des femmes.

Ombres blanches, réalisé d'après le roman de Frederick
O'Brien (1919), est le premier film sonore projeté en France,
où il rencontre, après l'Amérique, un vrai succès public. Le
cinéaste Luis Buñuel situe ce poème visuel parmi parmi les dix
chefs-d'œuvre du cinéma.

Le film a été sonorisé après montage dans une polyphonie
quasi musicale qui alterne chants, lamentations indigènes et
cris d'oiseaux.

États-Unis, de Robert Flaherty et Woodbridge S. Van Dyke,
avec Monte Blue, Raquel Torres, Robert Anderson, René Buch,
Napua...

L'adoption du parlant est symboliquement illustrée par
l'œuvre américaine, *The Jazz Singer* (*Le Chanteur de jazz*,
1927), d'Alan Crosland. Cette œuvre commanditée par la
Warner est narrativement remarquable : elle met en scène un
phénomène d'acculturation entre trois communautés américaines, la juive, la laïque nord-occidentale et la noire. Un
jeune garçon, fils d'une dynastie de cantors juifs, souhaite
devenir chanteur de jazz. Chassé de chez lui par son père, il
devient célèbre à Brooklyn, grimé en nègre, et popularise,
par cet artifice, la musique afro-américaine. Lors de la cérémonie de Kippour, il interprétera avec les siens, mais à la
façon d'un jazzman, le « Kol Nidre » de ses ancêtres, avant de
rejoindre sur scène la meneuse de revue qui deviendra sa
femme.

À la même époque, l'Allemand Walter Ruttmann imagine
une *Melodie der Welt* (*Mélodie du monde*, 1929), conçue
contre l'entreprise coloniale : un kaléidoscope d'images et de
sons plaide expérimentalement pour une conscience universelle. En 1992, la réalisatrice italienne Fiorella Mariani réussit

un pari similaire avec *Homo sapiens*, qui fonctionne, grâce à la musique de Beatriz Ferreyra, comme une véritable œuvre de montage électroacoustique. Ruttmann exprime ainsi sa foi dans la capacité libératoire des sons :

« Ce qu'il importait de montrer, c'était les ressemblances comme les dissemblances des hommes, leur parenté avec les bêtes, les liens qui les unissent aux paysages et aux climats comme l'effort qu'ils font pour se détacher des bêtes ou de leur milieu. Il fallait donner une forme sensible à tout ce qui agite l'homme par-delà toutes les époques et toutes les frontières : l'amour, le culte, l'armée, la guerre... »

Et le romancier de l'Afrique et des voyages, Paul Morand, de lui répondre :

« Walter Ruttmann est, me dit-on, musicien [...]. Les cris des derviches, le battement des tambours de guerre nègres, les voix creuses des orateurs américains, la lourde chute des corps japonais dans la lutte, les rauques triomphes des fantasias, les lamentations judaïques, les fracas des vagues sur les récifs, le martèlement répété des coups de piston dans les flancs des paquebots, les frémissements des coups de canon, les réveils au clairon, tels que les a orchestrés Ruttmann [...]. Je consentais à être de tous les pays, à servir sous tous les drapeaux, à émigrer sans nostalgie sur l'ordre du cameraman. [...] Banni de toutes les patries, j'étais simplement natif de la planète Terre[10]. »

Dialogue des esprits, réponses sonores et cris de souffrance : dès les années 1950, le documentaire s'engage majoritairement dans une « chanson de geste » qui s'attarde avec respect sur les formes du jeu et de la danse. Un moyen métrage (20 minutes) anonyme, produit par le ministère de la France d'outre-mer, *Terre d'action et de magie*, évoque les coutumes originales du pays guéré (jongleurs et mangeurs de feu), tandis que le commentateur, en philosophe, prévient le spectateur : « La caméra [est] moins émotive que l'œil... » Malgré ces bonnes volontés qui se font jour, l'incompréhension subsiste. Alain Resnais résume paradoxalement, en 1953, l'impossible dialogue culturel dans le contexte immanent de la colonisation : *Les statues meurent aussi* apportent du

10. Leprohon, *op. cit.*

silence de l'Afrique un témoignage poétique, axé sur les féti-
ches. Chris Marker, qui en signe le commentaire, annonce
ainsi le propos du film :

« Colonisateurs du monde, nous voulons que tout nous
parle : les bêtes, les morts, les statues. Et ces statues-là sont
muettes. Elles ont des bouches et ne parlent pas. Elles ont
des yeux et ne voient pas. Et ce ne sont pas des idoles.

« L'art nègre : nous le regardons comme s'il trouvait sa raison d'être dans le plaisir qu'il nous donne. Les intentions du
nègre qui le crée, les émotions du nègre qui le regarde, cela
nous échappe. Parce qu'elles sont écrites dans le bois, nous
prenons ses pensées pour des statues. Et nous trouvons du
pittoresque là où un membre de la communauté noire voit le
visage d'une culture[11]. »

Dans cette perspective, la parole confisquée puis restituée
sert tantôt de jauge, tantôt d'arme. En 1962, Georges Régnier
réalise pour Fred Orain un surprenant moyen métrage de fiction, *Rossignol de Kabylie*. Cette œuvre met en scène, en
pleine guerre d'Algérie, un poète kabyle auquel un officier
français vient rendre hommage dans le massif montagneux où
il réside. Touché par la respectueuse candeur du jeune
homme, le vieillard improvise à son intention un bref poème
nostalgique en arabe. Durant la nuit, les maquisards du FLN
jugent le poète pour trahison. Celui-ci demande, avant de
mourir, de pouvoir composer un ultime poème, qu'il crée en
leur présence. Sensibles à cette élégance, les maquisards le
libèrent. Au final du film, tandis que le poète, égaré dans la
montagne, s'affaisse, touché par une balle perdue, l'air vibre
du lamento d'un rossignol, en répons plaintif au crépitement
des mitrailleuses.

Plus tardivement, deux réalisateurs, le Guadeloupéen François Migeat et le Mauritanien Habib Med Hondo, vont porter
l'étendard de la langue et de la musique à travers le territoire
mélangé des Antilles. *Le Sang du flamboyant* (1980) et *West
Indies* (1979) s'attachent, dans une atmosphère baroque, à
construire une épopée métissée d'opéra. Comme un conte de
veillée, le sang du flamboyant mêle le créole, parler de la

11. *Cf.* le dossier réalisé par l'Institut Jean Vigo à partir de son festival « L'Afrique noire au cinéma », Perpignan, 1983.

révolte, et le français, langue de ce colonisateur duplice qui, naguère, exportait les idéaux de la Révolution française. *West Indies* mise sur une véritable cacophonie de sons et de musiques pour reconstruire, à l'inverse, la geste flamboyante des nègres marrons.

L'événement sensible et la construction de l'Histoire

Le film colonial suppose une bonne connaissance du terrain, des choix géographiques précis, mais il fonctionne tout autant sur un imaginaire fantasmatique préexistant : l'exotisme exorcise et conjure des peurs concrètes. Au début du siècle, les opérateurs de prises de vues de la guerre mexicaine falsifiaient les reportages militaires par crainte d'échauffourées mortelles : ils renvoyaient en Amérique les images truquées des batailles annoncées par la radio. Pendant longtemps, ces bandes d'actualités fantaisistes ont passé pour des documents d'archives authentiques[12].

Les producteurs occidentaux hésitent à récrire l'histoire du colonialisme avant les années 1970, malgré la contestation engagée par des documentaristes tels Joris Ivens aux Pays-Bas, Chris Marker, René Vautier et Marie-Claude Deffarge en France ou Gordian Troeller en Allemagne[13]. Dans leur ensemble, les films issus des pays décolonisés préféreront témoigner sur les guerres de libération, comme dans *Le Vent des Aurès* (Algérie), plutôt que décrire les mécanismes de la domination.

Il n'existe pas encore, dans le tiers-monde, de tradition d'investigation comparable à la moisson d'images consacrées par les cinéastes français à l'occupation allemande. La cinématographie de fiction algérienne accepte la première d'évoquer les racines de la colonisation agraire : *Les Spoliateurs* (1972) puis *Les Déracinés* (1976), de Lamine Merbah, deux

---

12. Margarita de Ouellana, « Le cinéma de la "guerre mexicaine" dans la tradition des actualités filmées », *in* Sylvie Dallet, *Guerres révolutionnaires (Histoire et cinéma)*, Paris, L'Harmattan, 1984.

13. *Cf.* les témoignages recueillis *in Guerres révolutionnaires (Histoire et cinéma)*, *op. cit.*

Le Vent des Aurès (1966)

Les débuts de la guerre en Algérie : une ferme de colon incendiée, les fellahs bombardés au retour des moissons, un douar détruit par l'aviation... le jeune Lakhdar est emmené par des soldats, et sa mère, dont le mari vient d'être tué, part à sa recherche. Le film dit sa quête désespérée pour retrouver son fils, de caserne en prison, de prison en caserne. Elle n'a qu'une poule à offrir à celui qui lui permettra de voir son fils. Elle le découvre enfin, mais quand, dans une tempête de sable, elle revient pour le voir, il ne paraît pas et ses compagnons internés évitent son regard. Dans son désespoir, elle meurt électrocutée en s'accrochant aux barbelés qui protègent le camp.

Pathétique comme *La Mère* de Poudovkine, ce film dit les horreurs du colonialisme et de la guerre. Tourné trois ans après les accords d'Évian (1962), il jaillit tout cru de la terre martyre, sans violence, sans haine pourtant contre l'oppresseur, ce qu'une partie de la critique a pu lui reprocher.

De Mohammed Lakhdar-Hamina, avec Keitaim, Mohammed Choukh, Hassan el-Hassani, Thania Tingad.

projets didactiques, seront mieux perçus par les Algériens que *Chronique des années de braise* de Mohammed Lakhdar-Hamina (1975). Cette dernière fresque est restée liée à la distribution internationale en raison de sa facture romanesque.

Fait significatif, la filmographie tiers-mondiste militante puise plutôt dans les archives documentaires (exception faite pour Cuba qui lance immédiatement à l'indépendance une importante production de fiction), dans une relation rénovée avec le ton de l'épopée. *L'Aube des damnés* (1965), du cinéaste algérien Ahmed Rachedi, dénonce, avec le concours du Français René Vautier, l'exploitation coloniale, sur des images directement issues des archives françaises.

On doit attendre vingt années après les indépendances africaines pour que des œuvres de fiction, complexes et documentées, se fraient difficilement un chemin parmi une distribution filmographique encore tributaire des réseaux internationaux. Pour exemple, le Nigérien Mahamane Bakabé offre dans *Si les cavaliers* (1981) une sobre reconstitution de la révolte du sultan de Zinder contre le pouvoir colonial en 1906. Dans un autre registre, soutenu par un financement

panafricain (Maroc/Sénégal/Guinée), *Amok* (1975), du Marocain Souheil Ben Barka, dénonce le régime sud-africain à travers la descente aux enfers d'un instituteur des townships.

Parallèlement à l'émergence d'une conscience filmique
nationale ou internationale (notamment illustrée par le
cinéaste italien Gillo Pontecorvo avec *La Bataille d'Alger*,
1966), les fictions occidentales enregistrent une lente évolution thématique.

Si l'on excepte le cas particulier des documentaires sur la
guerre d'Espagne qui servent de détonateur international, les
premières failles dans le film de fiction colonial proviennent,
à la fin des années 1930, des émigrés d'Europe centrale :
Georg Wilhelm Pabst réalise en France *Le Drame de Shanghai* en 1938 et, l'année suivante, supervise *L'Esclave blanche*
de Marc Sorkin. Ces œuvres à gros budget offrent, sous couvert d'une romance officielle, des analyses politiques complexes relatives aux Empires chinois et turc. Là n'est pas le
seul attrait de cette filmographie émigrée dont on suit l'argument en pointillé entre la France, l'Angleterre et l'Amérique :
elle présente les révolutionnaires comme des réformistes
honnêtes que seule la déliquescence des grandes puissances
contraint à l'action illégale. Pour ces cinéastes, les valeurs
occidentales de la liberté et de l'amour, traitées sur un mode
romanesque, évoquent indirectement l'espoir induit par les
indépendances à travers la métaphore du couple d'amants. La
femme amoureuse, émancipée et moderne, fait éclater le corset des comportements exotiques et relègue l'islam au rang
d'une anecdote de harem.

Cette veine s'illustre également autour du thème du bandit
social avec l'exemple de *Viva Zapata !*, réalisé par Elia Kazan en
1952 (États-Unis) et de *Martin Fierro*, de l'Argentin Torre Nilsson, en 1968. Ce bandit d'honneur s'incarne aussi, passé les
années 1970, dans plusieurs productions mexicaines, argentines
ou brésiliennes. La figure populaire, orgueilleuse et solitaire,
du redresseur de torts semble, depuis le *Juan Morreyra* de
l'Argentin Mario Gallo en 1908, se substituer à toute réflexion
latino-américaine sur les fondements de la colonisation. Rares
sont les réalisateurs qui, comme Torre Nilsson, évoquent les
libertadores du siècle passé : *El Santo de la espada* (1970)
met en scène l'aventure exceptionnelle de Don Juan San Mar-

tín, libérateur de l'Argentine, du Chili et du Pérou, mort à Paris dans la misère après avoir abandonné le pouvoir.

Les cinématographies d'Amérique latine ont été longtemps tributaires de la distribution et de la vente de la pellicule nord-américaine. Malgré des indépendances acquises depuis le xviiiᵉ siècle, elles restent, dans le domaine de la circulation cinématographique, inféodées dans leur ensemble au financement nord-américain. Pour autant, la majorité des films occidentaux consacrés aux colonies reflètent les stéréotypes communs dès que les œuvres mettent en scène la ville, le gouvernement et l'armée.

Les Indes apparaissent comme un des foyers spécifiques de cette domination, dans une convergence constitutive avec la filmographie du Royaume-Uni. Le canevas des productions des années 1930 insiste sur la continuation de l'empire, soudé par l'héroïsme de ses fonctionnaires civils et militaires, à travers des œuvres à succès telles que *The Lives of a Bengal Lancer* (*Les Trois Lanciers du Bengale*, 1935), de l'Américain Henry Hathaway, suivi de *The Real Glory* (*La Glorieuse Aventure*, 1939), consacré à l'impérialisme philippin, et *Gunga Din* (1939), de George Stevens. Au Royaume-Uni, *The Drum* (*Alerte aux Indes*, 1938) ou *The Four Feathers* (*Les Quatre Plumes blanches*, 1939), réalisés par Zoltan Korda, sont produits par Alexandre Korda, autre émigré d'Europe centrale et grand pourvoyeur de films historiques britanniques. L'éthique militaro-paternaliste fut vraisemblablement stoppée par la mobilisation des troupes de l'empire lors de la Seconde Guerre mondiale, et *Gunga Din* fut même interdit de diffusion en Inde, au Japon et en Malaisie, parce qu'il offensait les sensibilités raciales et religieuses.

Le second cycle de production, lié aux indépendances, révèle un tissu nostalgique complexe qui cherche à intégrer l'indigène naguère méconnu. Les films évoquent alors les relations de respect mutuel entre les chefs rebelles, le courage des loyalistes indiens, et critiquent les manœuvres des officiers britanniques. L'Empire britannique a donné naissance à une filmographie brillante sur les qualités des armées en présence, de *The Charge of the Light Brigade* (*La Charge de la brigade légère*, 1936), de Michael Curtiz, à *Zulu Dawn* (*L'Ultime Attaque*, 1979), de Douglas Hickox. Dans cette

dernière œuvre, tournée à gros budget, le réalisateur critique
ouvertement la solution finale imaginée par le gouverneur du
Natal (contre l'avis du Premier ministre britannique Disraeli)
pour éradiquer le « problème zoulou ».

Des cycles analogues sont perceptibles dans la filmographie française, si ce n'est que l'héroïsme cède le pas, sous la
IIIᵉ République, à des portraits romanesques plus tempérés
où la mafia se mélange dans les villes avec des militaires
démobilisés. Dans tous les cas, les révoltes sont peu évoquées
spatialement et jamais montrées dans une continuité tempo-
relle qui fasse sens pour le public.

Dès 1949, *Les Conquérants solitaires* de Claude Vermorel,
un ancien assistant d'Abel Gance, expriment leur désespoir et
leur dégoût de la colonisation africaine. Ce film, témoin
engagé d'un certain « culpabilisme » français, trouvera sa
continuité quelque vingt années plus tard dans le feuilleton
télévisé, *Yao,* qui vante la richesse des relations humaines
dans une Afrique antérieure à la conquête. Le feuilleton sera
plébiscité par le public. De même, Jean-Luc Godard exprime
les doutes et la confusion de la majorité des Français quand il
fait dire au *Petit Soldat* (1963) : « Moi, je suis très fier d'être
français, mais en même temps je suis contre le nationalisme.
On défend des idées, on ne défend pas des territoires. J'aime
la France parce que j'aime Joachim Du Bellay et Louis Aragon. J'aime l'Allemagne parce que j'aime Beethoven [...] et je
n'aime pas les Arabes parce que je n'aime pas le désert ni le
colonel Lawrence, encore moins la Méditerranée et Albert
Camus[14]. »

La victoire en chantant de Jean-Jacques Annaud (1976)
ouvre pour la France une période irrespectueuse dont les
œuvres de Bertrand Tavernier ou de Claire Denis se feront le
relais. Curieusement, les réalisations humanistes des années
1990, tels *Fort Saganne* d'Alain Corneau (1984), *Indochine*
de Régis Wargnier (1992), ou *Les Caprices d'un fleuve*, de
Bernard Giraudeau (1995), puisent à la fois dans un réservoir
d'images splendides et manient une caméra lente qui
s'attarde sur l'humiliation des corps. Tandis que la filmogra-

---

14. Cité *in* Michel Marie, « Godard et le mythe de la guerre révolutionnaire », *in* Sylvie Dallet, *Guerres révolutionnaires, op. cit.*

phie anglo-américaine se meut nerveusement dans le montage serré des événements, la filmographie française explore encore la moiteur du quotidien, dans un désenchantement sensible des idéaux de la République.

Enfin, la perspective occidentale, pour rapide qu'elle soit, ne saurait être complète sans l'étude des cas soviétique et israélo-palestinien. Tranchant sur les cycles longs de la construction de l'Histoire, ces deux filmographies modifient par des anamorphoses complexes les évolutions lentes observées dans le panorama général. Dans les deux cas, la définition de la colonisation est moins nette que dans les exemples précédents. Tandis que les Soviétiques ont répudié la notion d'empire pour des partenariats en réseau, la tragédie de la Palestine va bien au-delà d'une définition sémantique. En réalité, ces espaces de fracture, du pourtour de la Méditerranée aux Balkans, témoignent de l'enchevêtrement des civilisations maritimes et montagnardes, à la fois farouchement individualistes et très favorables aux échanges. La situation de ces sociétés, instables et traditionnelles à la fois, a donné lieu, en proportion, à une importante filmographie.

L'analyse des cinématographies non russes (par exemple, issues des Républiques arménienne, kirghize, géorgienne[15]) met en évidence des leitmotive très différents du message collectif volontariste de la cinématographie russe. Ils revendiquent des cycles culturels liés à une philosophie coutumière antérieure à la soviétisation. Le film russe correspond le plus souvent à une esthétique de la décision, dans une perspective de rédemption et de progrès qui la rapproche de l'intrigue américaine. Au contraire, les filmographies non russes développent une série de refus métapolitiques qui se traduisent par un imaginaire culturel et philosophique contestataire. Celui-ci, articulé sur des structures narratives relevant du conte, fonctionne en bulle sourde, résolument imperméable aux sirènes russes. La distraction, l'anachronisme, la coutume offrent une panoplie de réponses à un impérialisme russe qui n'est jamais explicitement désigné. Mais les allusions abondent,

15. Sylvie Dallet, « Culture et politique dans les cinématographies arménienne, géorgienne et kirghize », in *Communisme*, Paris, CNRS, 1984.

telle la conversation des libérateurs de l'Arménie dans un cimetière (*Les Frères Sarojan*, d'A. Ajrapetian et A. Abramjan, 1968). Les films non russes tiennent compte, jusqu'au démantèlement de l'URSS, des gains apportés par les Soviets (et l'électricité…) mais se refusent à conforter l'imaginaire culturel du régime. Ce front dispersé du refus se lit au travers des multiples cérémonies menées au sein de la cellule familiale. Ces œuvres, fortes de leur provocante insouciance envers la représentation politique dominante, font la part belle à des exigences inconnues des filmographies consensuelles occidentales : un paradoxal quotidien et la beauté du vivant.

Dans un registre plus dur, la filmographie palestino-israélienne traduit ses errances à travers le registre de la dramaturgie tragique. Cette matrice s'est pour l'instant étroitement attachée à des descriptions guerrières, dont l'exemple le plus achevé, *Sadot Yeroukim (Green Fields,* 1989), de Yitzhak Tzepel Yeshurun, démonte les mécanismes de la violence à travers le pique-nique halluciné d'une famille juive égarée sur le territoire palestinien.

À l'aube du XXIe siècle, la représentation du colonialisme révèle un véritable échafaudage mental qui fait coexister les mémoires individuelles avec des cultures de refus, plus ou moins explicites. Pour exemple, la part des rivalités locales reste largement minorée dans l'imaginaire filmique du colonialisme. Jusqu'à aujourd'hui, la cinématographie turque n'a jamais évoqué le génocide arménien, et très rarement le problème kurde, alors que la filmographie arménienne de l'ex-URSS demeure imprégnée du désastre.

De fait, l'imaginaire du colonialisme dépend majoritairement des États-Unis, à partir de substrats humanistes interchangeables : les films à grand spectacle fonctionnent sur des effets de masque, en adoptant une norme aseptisée sans grande sensibilité historique. On assiste, eu égard aux règles tacites de la distribution internationale, à une lente substitution des valeurs collectives qui préfèrent aux passions amoureuses et à l'honneur (de type « conquérants solitaires ») une morale universaliste parfois très proche de l'ancienne tradition du « fardeau de l'homme blanc ». Cette intellectualisation du sentiment est le propre de la cinématographie occidentale à partir des années 1980 tel que les multiples versions de

Christophe Colomb ou le feuilleton ethnologico-moderniste *Indiana Jones* peuvent en témoigner. La psychologie de ces nouveaux héros n'est pas sans rappeler le comportement de Monsieur Spock, le Vénusien hybride du vaisseau intersidéral *Enterprise* mis en scène dans les années 1960, dont la sensibilité est le reflet inversé de sa compréhension scientifique des données...

La représentation majoritaire du colonialisme englobe dans un même consensus les regards autrefois séparés de l'Europe et de l'Amérique. Le public en perçoit l'effet de ressemblance, mais sans pouvoir l'identifier, faute de connaissances historiques précises. En bref, l'idéologie de Walt Disney adaptée au film historique fournit un horizon technique à l'interprétation du passé (les productions migrent à travers l'Histoire ainsi qu'au travers du silence des espaces interplanétaires). Le passé s'exprime comme un paysage collectif sans étrangeté, c'est-à-dire sans identité forte. La colonisation redevient alors le musée imaginaire de la fiction : les métamorphoses du présent négligent le substrat d'une histoire collective dont le récit semble toujours dévolu au montage d'archives commentées.

La Négritude : une forme de racisme héritée de la colonisation française ?
Réflexions sur l'idéologie négro-africaine en Mauritanie*
par Mariella Villasante Cervello

Un tigre ne proclame pas sa tigritude.
Wole Soyinka

Dans le cadre des études africanistes, nous sommes habitués aux discours savants et parfois ordinaires soulignant l'idéologie raciste des colonisateurs européens vis-à-vis des peuples africains, plus ou moins conquis selon les régions et les périodes historiques considérées. Néanmoins, un élément tout aussi important pour comprendre le passé et le présent de ces peuples est régulièrement passé sous silence : le fait que certains peuples conquis, dominés et colonisés ont adopté les mêmes idéologies européennes de la race, en vogue dans les écrits (dits savants) de l'anthropologie physique du XIXe siècle et de la première moitié du XXe siècle. Des textes anthropologiques qui légitimaient notamment l'idée de la supériorité de la race blanche et les pratiques racistes des agents de la colonisation française en Afrique.

L'un des meilleurs exemples de l'adoption de l'idéologie raciale importée d'Europe en Afrique est sans doute celui de l'idéologie de la Négritude, forgée et développée par des intellectuels africains (notamment Léopold Sédar Senghor), et antillais (dont Aimé Césaire), au cours des années 1930. Portée dans le champ du politique, la Négritude continue à agir

* Pour leur aide précieuse dans la rédaction de cet article, je remercie Christophe de Beauvais, Hélène Claudot-Hawad, Paulo de Moraes Farias, Jim Searing et Saskia Walentowitz.

de nos jours dans des pays tels la Mauritanie et le Sénégal voisin. L'hypothèse que je voudrais avancer ici est que la Négritude est une forme de racisme différentialiste — un racisme qui pose une entité humaine comme distincte —, héritée de la colonisation française, et complètement étrangère aux idéologies de l'altérité sociale et des conceptions de l'autre chez les peuples africains. J'aborderai ensuite la question de l'influence de la Négritude dans l'émergence des mouvements politiques « négro-africains » en Mauritanie, ce point constituant l'arrière-plan historique et idéologique de violences politiques, exposées en termes raciaux, et des terribles massacres qui eurent lieu en Mauritanie et au Sénégal en 1989.

Avancer que l'idéologie de la Négritude est une forme de racisme différentialiste héritée de la colonisation française peut sembler scandaleux ; pourtant, cette proposition n'est pas nouvelle. Abordant le thème du différentialisme social, Bourdieu note que « la Négritude à la manière de Senghor accepte certains traits de la définition dominante du Noir, telle la sensibilité, [mais] elle oublie que la "différence" n'apparaît que lorsqu'on prend sur le dominé le point de vue du dominant et que cela même dont elle entreprend de se différencier [...] est le produit d'une relation historique de différenciation[1] ». De manière plus précise, Wieviorka évoque le problème de l'héritage occidental dans les sociétés colonisées, en particulier la récupération de la notion de « race » associée à l'identité sociale : « [...] On constate que l'idée de race, au moment où elle est désertée par la plupart des autorités scientifiques et morales du monde occidental, fait paradoxalement son chemin du côté de ceux que jusqu'ici elle stigmatisait, opprimait ou excluait. Ce chemin est parfois un produit surprenant d'un relativisme culturel poussé à l'extrême. [...] Mais le plus spectaculaire, ici, va bien au-delà de ce cheminement intellectuel ; il est dans le développement, sur fond d'éveil nationaliste et d'action anticolonialiste, de courants identitaires oscillant entre des définitions d'eux-mêmes plutôt culturelles, historiques et politiques, ou plutôt

1. Pierre Bourdieu, *La Domination masculine*, Paris, Le Seuil, 1998, p. 70.

raciales — avec alors par exemple des appels à l'africanité ou à la Négritude, ou le projet d'un "Black Power"[2]. » En un mot, « les dominés aussi peuvent s'approprier le thème de la "race"[3] ». Or, comme le précise Wieviorka, le « racisme » est bien plus qu'une simple idée d'exclusion ou de refus d'altérité. Défini de manière plus précise, il implique « la présence de l'idée d'un lien entre les attributs ou le patrimoine (physique, génétique ou biologique) d'un individu (ou d'un groupe) et ses caractères intellectuels et moraux ». C'est dans ce sens que la Négritude est une forme de racisme différentialiste.

Pourtant, on constate que les analyses sur cette question en France sont encore rares, voire inexistantes (à ma connaissance) pour des cas spécifiques comme celui de la Négritude. Est-ce parce que l'idée d'une affirmation raciale, menant au développement de pratiques racistes, semble inconcevable chez des peuples « noirs », anciennement colonisés — étant sous-entendu que les Européens ont le monopole du racisme ? Ou parce que l'idéologie néocoloniale de victimisation des Africains empêche encore une analyse de la Négritude ? À moins que cela ne soit parce que l'on n'ose pas rappeler que la Négritude fut largement légitimée par des illustres intellectuels français tels Sartre, Griaule, Balandier, Gide ou Monod — pour ne citer qu'eux —, ce qui remettrait en cause leurs apports à d'autres problématiques sociales[4].

L'idéologie de la Négritude : un racisme différentialiste

Si Aimé Césaire, poète antillais de Guadeloupe, est couramment reconnu comme l'inventeur du mot « Négritude », Léopold Senghor en fut le principal divulgateur et idéologue.

2. Michel Wieviorka, *L'Espace du racisme*, Paris, Le Seuil, 1991, p. 61.
3. Michel Wieviorka, *Le Racisme, une introduction*, Paris, La Découverte, 1998, p. 22.
4. Citons ici les conceptions existentialistes de Sartre, les recherches sur la cosmogonie des Dogon du Mali de Griaule, et les études pionnières sur le rapport entre colons et colonisés de Balandier, ainsi que sa théorie du désordre social.

Césaire, Senghor et, plus tard, Léon-Gontran Damas forgent le concept pendant leurs séjours d'études à Paris ; il sera employé pour la première fois par Césaire dans la revue *L'Étudiant noir* en 1931[5].

Pendant toute sa vie politique et littéraire, Senghor s'attachera à approfondir le sens de ce concept. Pour mieux en saisir toutes les implications, voici un long passage de l'introduction à *Liberté 1, Négritude et humanisme*, un recueil des textes écrits sur ce thème par Senghor à partir des années 1930[6] :

 « Je le sais, on querellera l'auteur sur l'idée de Négritude. Des Blancs et des nègres. Je crains que ce ne soit une querelle de mot, non d'idée. La Négritude, c'est ce que les Anglo-Saxons désignent sous l'expression de « personnalité africaine ». Il n'est que de s'entendre sur les mots. Car pourquoi ceux-ci auraient lutté pour l'indépendance si ce n'était pour recouvrer, défendre et illustrer leur personnalité africaine ? La Négritude est, précisément, le versant noir de cette personnalité, l'autre étant arabo-berbère. Il y a dans toute cette querelle, au-delà ou plutôt en deçà du mot, un complexe, que l'on a peur de diagnostiquer. Et de guérir.

 « La Négritude, c'est donc la personnalité collective négro-africaine. Il est plaisant d'entendre certains nous accuser de racisme, qui prônent, à l'envi, la "civilisation gréco-latine", la "civilisation anglo-saxonne". N'est-ce pas, mon cher Denis de Rougemont ? Ne sont-ce pas d'éminents Européens — un Maurice Delafosse, un Leo Frobenius — qui nous ont parlé d'une "civilisation négro-africaine" ? Et ils ont eu raison. Nous nous sommes contentés de l'étudier — en la vivant — et de lui donner le nom de Négritude. Je dis "nous". J'allais oublier de rendre à Césaire ce qui est à Césaire. Car c'est lui qui a inventé le mot dans les années 1932-1934.

 « La Négritude n'est donc pas racisme. Si elle s'est faite d'abord raciste, c'était par antiracisme, comme l'a remarqué

5. Joseph Roger de Benoist, *Léopold Sédar Senghor. Suivi du témoignage de Cheikh Hamidou Kane*, Paris, Beauchesne, 1998, p. 33.
 6. Senghor, *Liberté 1*, Paris, Éditions du Seuil, 1964, p. 8-9. Sous le même titre générique furent publiés : *Liberté 2, Nation et voie africaine du socialisme* ; *Liberté 3, Négritude et civilisation de l'universel* ; *Liberté 4, Socialisme et planification* ; et enfin *Liberté 5, Le Dialogue des cultures* (Le Seuil).

Jean-Paul Sartre dans *Orphée noir*. En vérité la Négritude est un humanisme. C'est le thème de ce premier tome de *Liberté*.

« Il serait sot de nier qu'il y ait une race noire, métissée, au demeurant, d'Arabo-Berbères et de Khoisan. Mais, pour nous, la race n'est pas une entité : une substance. Elle est la fille de la Géographie et de l'Histoire ; en d'autres termes, c'est la Géographie multipliée — donc modifiée — par l'Histoire. Elle n'en est pas moins une réalité. Non au sens de Hitler, mais de Pierre Teilhard de Chardin.

« Or donc, la Négritude, c'est, comme j'aime à le dire, l'ensemble des valeurs culturelles du monde noir, telles qu'elles s'expriment dans la vie, les institutions et les œuvres des Noirs. Je dis que c'est là une réalité : un nœud de réalités. Ce n'est pas nous qui avons inventé les expressions "art nègre", "musique nègre", "danse nègre". Pas nous la loi de "participation". Ce sont des Blancs européens. Pour nous, notre souci depuis les années 1932-1934, notre unique souci a été de l'assumer, cette Négritude, en la vivant et, l'ayant vécue, d'en approfondir le sens. Pour la présenter au monde, comme une pierre d'angle dans l'édification de la Civilisation de l'Universel, qui sera l'œuvre commune de toutes les races, de toutes les civilisations différentes — ou ne sera pas.

« C'est en cela que cette Négritude ouverte est un humanisme. Elle s'est enrichie singulièrement des apports de la civilisation européenne, et elle l'a enrichie. [...]

« Si race il y a — et comment le nier ? —, celle qui lui parle ici est une voix sans haine. Nous avons tout oublié, comme nous savons le faire : les deux cents millions de morts de la traite des Nègres, les violences de la Conquête, les humiliations de l'Indigénat. Nous n'en avons retenu que les apports positifs. Nous avons été le grain foulé au pied, le grain qui meurt, pour que naisse la Civilisation nouvelle. À l'échelle de l'Homme, intégrale. »

Ce texte est doublement paradoxal. D'abord, il explicite le substrat éminemment « racial et culturel » de la Négritude, mais la définition qu'il en donne est parfaitement incohérente. Senghor affirme ainsi que la Négritude est le « versant noir » de la personnalité africaine, l'autre étant « arabo-berbère ». Par la suite, il récuse l'accusation de racisme en arguant que ce sont des Européens (Frobenius et Delafosse) qui ont parlé en premier de « civilisation négro-africaine » ; et après il rappelle que si la Négritude s'est faite raciste « d'abord », c'était par antiracisme (d'après le mot étrange de Sartre). Ultérieurement, il soutient que la « race » est une réalité et pas une substance, alors même que sa définition de Négritude souligne les « valeurs culturelles » des « Noirs ». Du reste, en parlant du colonialisme, il laisse croire que seuls les « apports positifs » ont été retenus dans l'idéologie de la Négritude, au détriment de tous les aspects négatifs, telles la traite et les violences coloniales. En résumé, Senghor veut nier une accusation de racisme déjà présentée dans les années 1960, mais il le fait de manière tellement contradictoire qu'en fin de compte il apporte lui-même les arguments pour procéder à une critique distanciée.

L'opposition raciale des Noirs et des Arabo-Berbères

Le thème de l'opposition des Noirs et des Arabo-Berbères en Afrique n'est pas européen, mais plonge probablement ses racines dans les idéologies arabes forgées après la conquête arabe et musulmane. Ainsi, comme le note Marc Ferro, « au départ, être arabe et musulman était pratiquement équivalent, mais à mesure que la conversion à l'islam progressa, par la force le plus souvent, une nouvelle catégorie apparut, les non-Arabes convertis à l'islam[7] ». Parmi ces derniers se trouvent les peuples africains englobés sous la dénomination de *Sūdān* (sg. *sūdanī*). L'éthique islamique ne distingue pas des « races supérieures ou inférieures[8] », mais classe les peuples en fonction de leurs croyances religieuses. Néanmoins, l'expansion musulmane créa un type nouveau de discrimination raciale. Bernard Lewis explique cet important changement d'attitude par trois faits nouveaux : la conquête impliqua l'établissement de différences entre « conquérants » et « conquis », et les musulmans non arabes furent considérés comme inférieurs. Le deuxième fait est l'accroissement des connaissances des Arabes de contrées éloignées ; ils associèrent ainsi la peau claire aux civilisations plus développées, et les hommes à la peau sombre aux civilisations moins développées. Enfin, le troisième fait nouveau est l'expansion de la

---

7. Marc Ferro, *Histoire des colonisations*, Paris, Le Seuil, 1994, p. 238.
8. Bernard Lewis, *Race et esclavage au Proche-Orient*, Paris, Gallimard, 1993, p. 85.

traite et de la mise en esclavage des groupes non musulmans, de quelque « couleur » qu'ils soient.

Il faudrait rappeler également que, bien avant les colonisations européennes, des penseurs arabo-berbères, comme le célèbre Ibn Khaldūn — qui vivait à Tunis au xivᵉ siècle —, exprimaient des conceptions raciales proches de celles qui allaient être développées par l'anthropologie physique européenne au xixᵉ siècle. Ainsi, dans l'« introduction » de son histoire universelle, *al-Muqaddima* (*Les Prolégomènes*), Ibn Khaldūn développe l'idée (héritée des Grecs) que le climat a des influences directes sur l'état de civilisation et sur le caractère des peuples. Les Sūdān et les Saqaliba(Slaves) appartiennent aux peuples « à caractère bestial », cette identification reposant sur des caractères naturels. À propos des Sūdān, Ibn Khaldūn écrit : « Les Noirs du Soudan, on l'a vu, sont généralement caractérisés par la légèreté (*khiffa*), l'inconstance (*taysh*) et l'émotivité (*kathrat at-tarab*). Ils ont envie de danser dès qu'ils entendent de la musique. On les dit stupides. C'est que, selon les philosophes, la joie et le contentement résultent de la dilatation et de la diffusion de l'esprit animal (*rūhi hayawānī*) Inversement, la tristesse est due à la contraction de celui-ci. [...] Or les Noirs vivent dans les pays chauds. La chaleur domine leur tempérament et leur formation. [...] L'Égypte en est un autre exemple. Les Égyptiens sont remarquables pour leur gaieté, leur légèreté et leur insouciance⁹. » Les peuples Sūdān, considérés comme « païens, non civilisés », deviendront ainsi des sujets de choix pour l'asservissement — il devenait de plus en plus difficile de se procurer des esclaves slaves — et seront classés à l'extrême périphérie de la nouvelle catégorisation statutaire de domination des Arabes.

Dans *Histoire des colonisations*, abordant le thème du racisme des non-Européens, Marc Ferro note que « la tradition anticoloniale, devenue tiers-mondiste ces dernières décennies, est demeurée longtemps silencieuse aussi sur le rôle et les responsabilités des Arabes dans la traite et l'esclavage,

9. Ibn Khaldūn, *Discours sur l'histoire universelle. Al-Muqaddima*, trad. Vincent Monteil, Paris, Thesaurus, Sindbad, 1997, p. 133-134.

sur leur racisme aussi bien[10] ». Cependant, comme Ferro le précise, l'argumentaire esclavagiste a été également grossi et exagéré, et « les travaux et colloques sur la traite et l'esclavage portent en majorité sur l'Atlantique ; est-ce fortuit[11] ? ». Je répondrai que cela n'est pas fortuit, car l'importance démesurée accordée au thème de la traite ne semble pas étrangère à l'influence de l'idéologie de la Négritude en France et dans ses anciennes colonies.

D'autre part, le thème de la traite a été largement influencé par des idéologies qui rendent responsables les seuls Européens ou les Arabes et qui tiennent peu compte de la collaboration des Africains eux-mêmes dans ce commerce licite au cours de plusieurs siècles. On évoque aussi l'idée que le commerce d'esclaves est un fait européen, importé en Afrique, ce qui est parfaitement faux. Dans le cadre des hiérarchies sociales africaines, les formes extrêmes de dépendance (ou esclavage domestique), la mise en esclavage et le commerce d'esclaves font partie de l'histoire de tous les peuples méditerranéens, sahariens, sahéliens et subsahariens[12]. Aussi, il semble déplacé de continuer à parler de la traite des Noirs sans évoquer dans le même mouvement les hiérarchies statutaires et les diverses formes de servilité existantes en Afrique, lesquelles, bien après le départ physique des Européens, se perpétuent dans des pays tels la Mauritanie, le Mali, le Niger ou le Soudan.

Cela étant posé, Senghor ne s'intéresse guère aux nouveaux classements socioculturels issus de la conquête musulmane en Afrique. Il préfère s'inspirer des idéologies européennes et françaises qui ont bercé son éducation dans son pays natal, le Sénégal. Le père de Senghor, lui-même catholique, avait inscrit son fils à l'île de Gorée (l'une des

10. Marc Ferro, *op. cit.*, p. 237.
11. *Ibid.*
12. Il s'agit là d'une des principales contributions de notre livre collectif : Villasante-de Beauvais (dir.), *Groupes serviles au Sahara. Approche comparative à partir du cas des arabophones de Mauritanie*, Paris, CNRS éditions, 2000. Voir dans cet ouvrage mon étude : « La question des hiérarchies sociales et des groupes serviles chez les *Bidân* de Mauritanie », p. 277-322.

quatre communes des « originaires » du Sénégal) et l'avait fait baptiser. En 1914, Senghor fut envoyé étudier à la mission catholique française de Ngasobil, tenue par les pères du Saint-Esprit. Senghor rend compte lui-même de l'influence de ces prêtres dans son éducation lorsqu'il écrit qu'ils « avaient compris que le premier mouvement d'une bonne éducation consistait à enraciner l'enfant dans son terroir, dans les valeurs culturelles de son peuple, voire de son ethnie. C'est seulement après cet enracinement qu'on pouvait s'ouvrir aux apports fécondants d'autres civilisations, celles-ci seraient-elles considérées comme "supérieures", ainsi que le croyaient les bons pères[13] ».

L'enracinement comme modalité d'assignation statutaire des Africains dans leurs « valeurs », nécessaire à l'ouverture vers la civilisation supérieure européenne, exprime, dans d'autres termes, l'idéologie de la Négritude qui se serait enrichie des apports de la civilisation européenne et de la chrétienté.

La légitimation des théories racistes par l'anthropologie physique européenne

Pour fonder et légitimer, d'un point de vue « scientifique », l'idéologie de la Négritude, Senghor s'appuie sur d'« éminents Européens », Maurice Delafosse et Leo Frobenius. À le lire, on pourrait croire que le fait que des Européens, et non des Africains, aient parlé en premier de « civilisation négro-africaine » était à ses yeux une preuve de la véracité d'une telle notion.

Il précise sa pensée sur ce point lorsqu'il écrit :

> « J'adopte le mot (Nègre) après d'autres ; il est commode. Y a-t-il des Nègres, des Nègres purs, des Nègres noirs ? La Science [*sic*] dit que non. Je sais qu'il y a, qu'il y a eu, une culture nègre, dont l'aire comprenait les pays du Soudan, de la Guinée et du Congo au sens classique des mots. Écoutons l'ethnologue allemand : "Le Soudan possède donc, lui aussi, une civilisation autochtone et ardente. C'est un fait que l'exploration n'a rencontré, en Afrique équatoriale, que d'anciennes civilisations, vigoureuses et fraîches, partout où la prépondérance des Arabes, le sang hamite ou la civilisation européenne n'ont point enlevé

13. *Horizons africains*, n° 33, 1970, cité par Joseph Roger de Benoist, *op. cit.*, p. 15.

aux noirs phalènes la poussière de leurs ailes jadis si belles. Partout !" Culture […] une et unitaire : "Je ne connais aucun peuple du Nord qui se puisse comparer à ces primitifs par l'unité de civilisation."

« Civilisation, je précise : culture qui naquit de l'action réciproque de la race, de la tradition et du milieu ; qui, émigrée en Amérique, est restée intacte dans son style sinon dans ses éléments ergologiques. La civilisation a disparu, oubliée ; la culture ne s'est pas éteinte. Et l'esclavage, justement, suppléa au milieu et à l'action désagrégative du métissage[14]. »

L'ouvrage de Leo Frobenius cité est *Histoire de la civilisation africaine* (1933), traduit en français en 1952, alors que la principale référence de Maurice Delafosse est *Les Nègres*, publiés en 1927. Évidemment, ces ethnologues fondaient leurs réflexions dans le cadre de l'anthropologie physique élaborée au XIXᵉ siècle (et encore reprise au cours des premières décennies du XXᵉ siècle), qui donnait une interprétation biologique aux différences entre groupes humains, classés selon des critères raciaux. En Allemagne, les œuvres de Frobenius suscitent des critiques des milieux universitaires. Cet ostracisme semble cependant étonnant car, comme le note Izard[15], « les conceptions de Frobenius sur l'histoire culturelle de l'Afrique, dont l'idée d'un développement cyclique des civilisations, n'étaient pas éloignées de celles de bon nombre de ses confrères — dont F. Graebner et B. Ankermann ». De fait, Frobenius n'est pas un esprit inclassable, comme le pense Izard. Sa conception unitaire de la civilisation africaine, qui accorde une première place à l'expression plastique, et sa thèse des « cercles culturels » (*Kulturkreisen*[16]) relèvent des idées simplistes, déterministes et racistes largement répan-

14. « L'homme de couleur », *Présences*, Paris, Plon, 1939. Cité in *Liberté 1*, *op. cit.*, p. 22-23.

15. Michel Izard, « Frobenius Leo », *in Dictionnaire de l'ethnologie et de l'anthropologie*, P. Bonte et M. Izard (éd.), Paris, PUF, 1991, p. 299-300.

16. Frobenius considère que la culture n'est pas une simple addition d'éléments, et, à partir de la notion de morphologie culturelle, il tente de cerner l'interdépendance organique des cultures, considérées en tant que « formes vivantes », dotées d'une âme immanente, et formant des cercles culturels (E. Conte, « Allemande (pays de langue) », *in Dictionnaire de l'ethnologie et de l'anthropologie*, *op. cit.*, p. 38).

dues dans les sciences sociales européennes de l'époque. Celles-ci sont également présentes dans les travaux de Delafosse, administrateur colonial français en Afrique de l'Ouest (Côte-d'Ivoire, Soudan français) devenu ethnologue et linguiste[17].

Or, « il faut le dire d'emblée, et très nettement, les sciences sociales ont largement contribué à l'invention du racisme, à sa mise en forme doctrinaire et savante[18] ». Mieux, « elles ont accordé une place non négligeable à la notion de race, elles en ont souvent fait une catégorie permettant de rendre compte de la structure, ou du changement des sociétés, ou du mouvement de l'Histoire — ouvrant alors la voie au racisme des idéologues ».

Sur cette question, Boetsch et Ferrié précisent :

« Pour l'anthropologie physique, les hommes s'étudient d'abord comme divisions à l'intérieur d'une espèce (chez les monogénistes) ou comme ensemble d'espèces plus ou moins interfécondes (chez les polygénistes) ; en d'autres termes, l'homme s'appréhende d'abord zoologiquement, selon l'expression de Quatrefages (1865, III). [...] En fait, ainsi conçue — comme des configurations discrètes regroupant de traits zoologiques limités et comparables —, la diversité humaine se prêtait au classement linéen et à ses avatars. [...] On peut bien sûr trouver ridicule cette volonté de classement, mais on doit garder à l'esprit qu'elle est la manière la plus évidente de connaître puisqu'elle simplifie et stabilise les êtres. Cette manière de faire pouvait sembler pratique — ou du moins sans conséquences — tant que l'on considérait les groupes humains en général, à partir de quelques distinctions "évidentes" — du point de vue de l'expérience commune — comme les "couleurs". Mais il faut maintenant tenir compte du fait que l'anthropologie se développa au moment où l'Europe colonisait le monde, et où les dynamiques nationalistes prenaient leur essor ; bref, au moment où la diversité était l'un des éléments saillants de l'expérience commune du monde. [...] Pour l'anthropologie physique, le monde était donc composé de groupes "raciaux" : de ce point de vue, les relations entre collectivités différentes étaient des relations régies par la concurrence plutôt que par l'entente, par la domination plutôt que par la collaboration[19]. »

17. Gérald Gaillard, *Dictionnaire des ethnologues et des anthropologues*, Paris, Armand Colin, 1997.
18. Michel Wieviorka, *L'Espace du racisme, op. cit.,* p. 26.
19. G. Boetsch et J.-N. Ferrié, « De la modernité paradoxale, du point de vue de l'anthropologie physique, sur les groupes serviles au Sahara », *in* Mariella Villasante-de Beauvais (dir.), *op. cit.*, p. 269-270.

Nous savons que les théories raciales de l'anthropologie physique furent largement critiquées et dépassées dans la période de l'après-guerre, lorsque l'usage du terme race dans le milieu académique fut — sauf par les ignares — soigneusement évité. Il rappelait en effet la honte des doctrines nazies de supériorité de la race aryenne[20]. Des concepts anthropologiques autrement plus complexes furent ainsi forgés et utilisés dans les écrits académiques de l'après-guerre. Citons ici les travaux de Fredrik Barth, anthropologue norvégien, qui conceptualise la notion de *groupe ethnique* en 1969 — une catégorie d'attribution et d'identification opérée par les acteurs eux-mêmes —, et d'*ethnicité* en tant qu'identité sociale en construction, parmi d'autres identités sociales[21].

Le terme « race » — et ses dérivés — reste cependant employé dans le parler ordinaire de la plupart des langues occidentales, probablement parce qu'il relève d'un sens commun conçu comme étant « objectif ». On distinguera alors les gens selon leur couleur de peau, de cheveux ou d'yeux, et on y attachera des caractères moraux. Ainsi, tandis que « la race devient une notion antiscientifique et nuisible pour ceux qui se réclament de la science et de la morale, elle est brandie dans leur combat par des groupes dominés ou exclus[22] ». C'est dans ce cadre qu'il faudrait placer l'émergence et le développement de l'idéologie de la Négritude dont le discours central souligne l'appartenance des nègres à une « race noire », et qui naturalise les traits de culture des divers peuples africains, en les englobant dans une supposée civilisation noire aussi globalisée que la civilisation occidentale (européenne, devrions-nous préciser). Ce qui renvoie aux théories anthropologiques

20. Élisabeth Tonkin, Maryon McDonald et Malcolm Chapman, *History and Ethnicity*, Routledge, Londres et New York, ASA Monographs 27, 1989, p. 1-21.

21. Fredrik Barth, introduction à *Ethnic Groups and Boundaries : The Social Organization of Culture Difference*, George Allen & Unwin, Bergen/Oslo, Londres, *in* Philippe Poutignat et Jocelyne Streiff-Fenart, *Théories de l'ethnicité*, Paris, PUF, 1969, p. 203-249.

22. Michel Wieviorka, *L'Espace du racisme, op. cit.*, p. 61.

européocentriques défendues par les « maîtres » de Senghor, Frobenius et Delafosse, et qui sont, bien évidemment, complètement fausses. Une même pigmentation de
peau ne saurait représenter une unité de culture et de civilisation ni en Afrique ni nulle part ailleurs. Et pourtant, de
nombreuses publications continuent à voir le jour en hommage à Senghor, sans que les traits racialistes de son idéologie soient relevés.

La Négritude, raciste par antiracisme

Senghor nie et affirme à la fois que l'idéologie de la Négritude contienne du racisme. Pour légitimer cette position, il
fait appel à Sartre, lorsqu'il écrit, dans *Orphée noir*[23], les
étranges propos que voici :

> « [...] Le nègre, comme le travailleur blanc, est victime de la
> structure capitaliste de notre société : cette situation lui
> dévoile son étroite solidarité, par-delà les nuances de la peau,
> avec certaines classes d'Européens opprimés comme lui ; elle
> l'incite à projeter une société sans privilège où la pigmenta-
> tion de la peau sera tenue par un simple accident. Mais si
> l'oppression est une, elle se circonstancie selon l'histoire et
> les conditions géographiques : le Noir en est la victime, en
> tant que Noir, à titre d'indigène colonisé ou d'Africain
> déporté. Et puisqu'on l'opprime dans sa race et à cause d'elle,
> c'est d'abord de sa race qu'il lui faut prendre conscience [...].
> L'unité finale qui rapprochera tous les opprimés dans le même
> combat doit être précédée aux colonies par ce que je nomme-
> rai le moment de la séparation ou de la négativité : ce racisme
> antiraciste est le seul chemin qui puisse mener à l'abolition
> des différences de race. »

Pour Sartre, la lutte des opprimés a deux poids, deux mesures : aux colonies, le combat doit se fonder sur la défense de
la différence des Noirs — qui n'est pas un « racisme antiraciste » comme il le prétend, mais une forme de racisme tout
court. Tout se passe en effet comme si, pour Sartre, la « pigmentation de la peau » et l'appartenance « raciale » étaient des
réalités aussi objectives que l'oppression coloniale. Et, de fait,
tous ceux qui écrivaient dans des revues comme *Présence*

23. Jean-Paul Sartre, « Orphée noir » (Préface à L.S. Senghor, *Anthologie de la nouvelle poésie nègre et malgache de langue française*),
Les Temps modernes, n° 37, Paris, 1948.

africaine[24] partageaient ces points de vue racialistes influencés par les doctrines de l'anthropologie physique, et peut-être aussi par un ethnocentrisme implicite et inconscient. Bourdieu note avec raison — je l'évoquais précédemment — que l'affirmation de la différence n'échappe pas à une forme d'essentialisme, présent dans la Négritude de Senghor qui reprenait à son compte les définitions des Européens dominants sur les Noirs dominés, dont la sensibilité particulière serait le « trait dominant ».

Les caractères raciaux des Noirs : substantialismes et différentialismes

La Négritude défendue par Senghor reprend non seulement le thème de la « sensibilité », mais tous les traits ou plutôt les autres préjugés que les Européens dominants avaient forgés sur le « Noir », notamment au temps des colonies. Dans les écrits de Senghor, il est ainsi question d'âme nègre, de sensibilité émotive, d'humour, d'animisme :

> « *L'émotion est nègre, comme la raison hellène* [...]. La nature même de l'émotion, de la sensibilité du Nègre, explique l'attitude de celui-ci devant l'objet, perçu avec une telle violence essentielle. Mais, parce que le Nègre est émotif, l'objet est perçu à la fois dans ses caractères morphologiques et dans son

24. Dans le premier numéro, paru en décembre 1947, sous la direction d'Alioune Diop, on trouve, parmi d'autres, des articles de E. Mounier, A. Gide, Th. Monod, M. Griaule, J.-P. Sartre, P. Masson-Oursel, G. Balandier, P. Naville, C. Bettelheim, P. Rivet, M. Leiris, P. Mercier, L. Senghor, Dia Cissé, Birago Diop, B. B. Dadié, et R. Remondon. Parmi les collaborateurs français réguliers on trouvait Gilles Martinet, Théo Bernard, Gérard Rosenthal, David Rousset, Paul Rivet et M. Leiris (Fernando Neves, *Negritude, independência, revoluçao*, Paris, Éditions etc., 1975, p. 85). D'autres intellectuels furent également influencés par l'idéologie de la Négritude, citons ici D. Forde (*African Worlds*, Londres, 1954), Cheikh Anta Diop (*Nations nègres et culture*, Paris, éditions Présence africaine, 1955), Franz Fanon (*Les Damnés de la terre*, Paris, Maspero, 1961) et J. Suret-Canale (*Afrique noire*, 3 vol., Paris, Éditions sociales, 1968). Enfin, plusieurs revues émergent pour véhiculer les idées de la Négritude, citons ici *Africa* (International African Institute, Londres), les *Cahiers d'études africaines* (EPHE, EHESS, Paris), et *Présence africaine* (revue culturelle du Monde noir, Paris) (Neves, *ibid.*, p. 23-24).

essence. On parle de réalisme des sentimentaux, de leur manque d'imagination. Réalisme nègre qui, dans les situations inhumaines, sera la réaction de l'humain pour aboutir à l'humour.
Pour l'instant je dirai que le Nègre ne peut imaginer l'objet différent de lui dans son essence. Il lui prête une sensibilité, une
volonté, une âme d'homme, mais d'homme noir. On l'a fait
remarquer, ce n'est pas exactement de l'anthropomorphisme.
Les génies, par exemple, n'ont pas toujours figure humaine. On
parle de leur animisme ; je dirai leur anthropopsychisme. Qui
n'est pas nécessairement du négro-centrisme[25]... »

D'autres traits des « Nègres » sont aussi évoqués : l'importance de la palabre, de la musique nègre et de la danse[26], et
surtout l'émotivité :

> « C'est ainsi que le Nègre se définit essentiellement par sa
> *faculté d'être ému* : et c'est à bon droit que le comte de Kayser-
> ling parle de la "vitalité orageuse" et de la "grande chaleur émo-
> tionnelle du sang noir" [*in Méditations sud-américaines*,
> p. 82]. Mais ce qui émeut le Noir, ce n'est pas l'aspect extérieur
> de l'objet, c'est la *réalité*, ou mieux — puisque "réalisme" est
> devenu sensualisme — sa *surréalité*. [...] C'est dire que le
> Nègre est un *mystique*. Le surréel l'atteint donc. Mais avec une
> telle violence *essentielle* qu'il quitte son moi pour adhérer à
> l'*objet*, pour le connaître en s'identifiant à lui. Attitude d'aban-
> don, d'assimilation, non de domination : *attitude d'amour*[27]. »

On ne saurait mieux expliquer les idées essentialistes, diffé-
rentialistes et hautement réductrices appliquées à divers peuples d'Afrique, englobés sous une dénomination fondée sur
l'idée fallacieuse de l'unité d'une « race noire ». L'idéologie de
la Négritude apparaît ainsi comme une forme de racisme qui,
d'après P. Taguieff, postule l'irréductibilité des différences
culturelles : « Un racisme qui, à première vue, ne postule pas
la supériorité de certains groupes ou peuples par rapport à
d'autres, mais "seulement" la nocivité de l'effacement des
frontières, l'incompatibilité des genres de vie et des traditions[28]. » Si ce racisme différentialiste, présent dans les pays
anglo-saxons, n'a pas comme thème dominant l'hérédité

---

25. « Ce que l'homme noir apporte », *Présences*, cité in *Liberté 1*,
op. cit., p. 24.
26. Senghor, *Liberté 1*, *op. cit.*, p. 32 et 36.
27. *Ibid.*, p. 70-71.
28. Étienne Balibar et Emmanuel Wallenstein, *Race, nation, classe*,
Paris, La Découverte, (1988), 1997, p. 33.

biologique et la race, celles-ci sont au contraire prioritaires dans l'idéologie de la Négritude de Senghor. De telle sorte que la différence essentielle de la culture noire et de la race noire est « naturalisée ». Les peuples noirs sont enfermés dans « une généalogie, une détermination d'origine immuable, intangible[29] ». Plus précisément : « Le racisme différentialiste est, du point de vue logique, un méta-racisme, ou ce que nous pourrions appeler un "racisme de seconde position", qui se présente comme ayant tiré les leçons du conflit entre racisme et antiracisme, comme une théorie politiquement opératoire des causes de l'agressivité sociale. [...] Il faudrait respecter des "seuils de tolérance", maintenir les "distances culturelles", c'est-à-dire en vertu du postulat qui veut que les individus soient les héritiers et les porteurs exclusifs d'une seule culture, ségréger les collectivités (la meilleure barrière étant encore à cet égard la frontière nationale)[30]. » Le racisme différentialiste mène en effet à des oppositions politiques, souvent violentes, pensées et vécues comme des luttes raciales. J'y reviendrai dans la seconde section de cette étude, centrée sur les événements tragiques de 1989 en Mauritanie et au Sénégal.

Un autre passage d'un discours de Senghor, sur le thème « Éléments constitutifs d'une civilisation d'inspiration négro-africaine[31] », illustre bien l'influence des théories déterministes dans la pensée de la Négritude :

« J'ai dessein de commencer par définir les *conditions* de la civilisation négro-africaine, je veux dire le milieu physique et l'infrastructure économique qui déterminent en grande partie les superstructures sociales et culturelles. On se récriera "Mais c'est la méthode marxiste". À quoi je répondrai que l'on ne peut aujourd'hui ignorer cette méthode, qui informe la pensée contemporaine. [...] Donc l'économique, même pour Marx, n'est pas seul *déterminant* dans l'information de la société. Il est à son tour déterminé par le milieu naturel. Il y a plus car

29. *Ibid.*
30. *Ibid.*, p. 35.
31. Senghor, *Présence africaine*, IIe Congrès des artistes et écrivains noirs, mars-avril 1959 ; cité *in* Senghor, *Liberté 1*, *op. cit.*, p. 252-286.

l'économique ne détermine la société que par certaines média-
tions — races, familles, groupes de toutes sortes. [...]

« On peut gloser à longueur de page sur le terme de "race". Il
n'empêche que le mot correspond à une réalité, tout comme le
mot "civilisation", que Marcel Mauss définit comme "un ensemble de phénomènes suffisamment nombreux et suffisamment
importants s'étendant à un nombre suffisamment considérable
de territoires". S'agissant de la race, on peut retenir la définition
qu'en donne, après Vallois, le docteur Jean Price-Mars dans son
rapport. C'est un "groupement naturel d'hommes présentant un
ensemble de caractères physiques héréditaires communs". Ce
qui me frappe chez les Nègres d'Amérique, c'est la permanence
de caractères non pas physiques mais psychiques du Négro-Africain, malgré le métissage, malgré le milieu nouveau. Qu'on ne
nous parle pas de "ségrégation". Bien sûr, la ségrégation explique en partie la permanence de caractères physiques, singulièrement le don de l'émotion ; elle n'explique pas tout, surtout
pas chez les Nègres d'Amérique latine, où la ségrégation est
moins réelle[32]. »

Dans ses conclusions Senghor résume ses considérations
sur la civilisation négro-africaine, et les caractéristiques des
nègres, essentialisées et réduites à des caractéristiques psychiques qui n'ont rien à envier à la description des « caractères des races européennes » que Kant présentait dans son
Anthropologie pragmatique :

« Récapitulons les "thèmes" et les "totems" de la civilisation
négro-africaine. Il y a d'abord l'environnement, le milieu agricole
et pastoral qui a informé le corps, surtout le tempérament et
l'esprit du Négro-Africain. Celui-ci se caractérise par sa faculté
d'être ému, l'émotion se définissant comme projection dans le
monde mystico-magique. Dans ce monde de la *participation*, les
principaux éléments du milieu (l'arbre, l'animal, le phénomène
naturel et le fait matériel) sont vécus comme images-analogies,

32. Senghor, *Liberté 1, op. cit.*, p. 252-254. L'assertion est fausse.
L'Amérique latine a hérité de la colonisation espagnole un système
particulièrement strict et rationnel de classements des groupes ethniques selon les « origines raciales » ; n'oublions pas que la politique
raciale de *limpieza de sangre* (« propreté du sang ») fut inventée dès
le XIIIᵉ siècle par les chrétiens de l'Espagne non occupée par les
royaumes musulmans (quelques auteurs considèrent ce fait comme la
source du racisme européen). Aussi, les esclaves d'origine africaine
et leurs descendants ont occupé et occupent toujours la place la plus
basse de la hiérarchie sociale/raciale en Amérique latine.

comme *symboles*. Ce qui explique les caractères originaux de la religion, de la société et de l'art négro-africains. La religion ici est la doctrine, la technique — dogme et rites — qui lient l'homme vivant à Dieu à travers les ancêtres ; la société est faite du tissu d'institutions qui lient les uns aux autres les groupes et les personnes. Quant à l'art, il est l'instrument le plus efficace de la *communion*, le fil qui conduit l'influx vital des uns aux autres. Il est, sur un autre plan, l'imagination qui, au confluent du Désir [*sic*] et du réel, crée les *mythes*, c'est-à-dire les formes vivantes du monde mystico-magique[33]. »

On croirait lire les propos de Lévy-Bruhl sur la mentalité primitive[34]... Ce qui est certain, c'est que l'idéologie de la Négritude exposée par Senghor cherche à se légitimer en mimant le discours scientifique qui se fonde sur des évidences visibles (la race, les arts). Un autre passage, tiré d'une conférence donnée par Senghor à l'université du Caire en 1967, est encore plus précis sur la « science caractérologique » :

« Mais qu'est-ce que la culture ? Dans les *Lois psychologiques de l'évolution des peuples*, Gustave Le Bon[35] écrit : "L'impression la plus claire que j'aie rapportée de mes voyages lointains dans les pays les plus divers, c'est que chaque peuple possède une constitution mentale aussi bien établie que ses caractéristiques anatomiques. C'est de cette constitution mentale que découlent ses sentiments, ses pensées, ses institutions, ses croyances et son art."

« Voilà ce qu'est la Culture : la constitution psychique qui, au sein de chaque peuple, explique sa civilisation. En d'autres termes, *c'est une certaine façon, propre à chaque* peuple, de sentir et de penser, de s'exprimer et d'agir. Et cette "certaine façon", ou caractère, comme nous dirions aujourd'hui, résulte

33. *Ibid.*, p. 283.
34. Lucien Lévy-Bruhl, philosophe et professeur à la Sorbonne, est l'auteur renommé de *La Mentalité primitive*, publié en 1922, ouvrage dans lequel il avance que celle-ci est mystique et prélogique, c'est-à-dire insensible à la contradiction et à l'impossible. Cette mentalité serait spécifiquement différente de la « mentalité civilisée ». Son œuvre fut rejetée par la majorité des anthropologues de l'époque (J. Jamin, « Lévy-Bruhl », in *Dictionnaire de l'ethnologie et de l'anthropologie*, P. Bonte et M. Izard (éd.), Paris, PUF, 1991, p. 419-420).
35. G. Le Bon, *Lois psychologiques de l'évolution des peuples*, Paris, Librairie Félix Alcan, 1927, p. 19. Cité par L. Senghor, « The Foundations of "Africanité" or "Négritude" and "Arabité" », *Présence africaine* (1967), 1971, p. 37.

de la symbiose de la géographie et de l'histoire, de la race et du groupe ethnique.

« Depuis des philosophes comme Le Senne et Gaston Berger, la caractérologie s'est établie et affirmée comme une discipline autonome, non seulement en tant que science des individus, mais également en tant que science des peuples. Elle est devenue un instrument indispensable pour tous ceux qui dirigent des hommes, et plus particulièrement pour les dirigeants politiques. Pourtant, dans son traité sur *La Caractérologie ethnique*, le professeur Paul Griéger range les Méditerranéens —Arabes, Latino-Américains et nègres inclus — dans le même "type ethnique" : celui des Fluctuants[36]. »

Le savoir scientifique, ou plutôt ce qui passait pour tel dans les années 1920-1930, est ici appelé au secours d'une idéologie qui n'a rien à voir avec la science. En effet, sur le plan biologique et génétique les races n'existent pas, et ce fait est complètement évacué dans les discours de la Négritude — même ultérieurs aux années 1970.

Cependant, comme le note Axel Kahn, il serait erroné d'affirmer que, puisque les races n'existent pas d'un point de vue biologique, le racisme est illégitime et devrait disparaître ; « cela reviendrait à reconnaître que, si elles existaient, le racisme serait alors recevable ». En réalité, les idéologies qui soulignent la différence culturelle représentent la nouvelle forme de racisme ; mais celui-ci n'a rien à voir avec la science (biologique ou anthropologique), puisque, comme dit Kahn, « il n'existe pas de définition scientifique de la dignité humaine, il s'agit là d'un concept philosophique[37] ».

La Négritude est-elle une spécificité française ?

Pour clore ces remarques sur la Négritude chez Senghor, on pourrait se demander si cette idéologie peut être considérée comme une spécificité française en Afrique. Autrement dit, la Négritude aurait-elle pu être conçue par d'autres intellectuels africains, lusophones ou anglophones ? D'après les propos de C. Coquery-Vidrovitch sur la question, la Négritude est bien une spécificité française :

36. *Ibid.*, p. 37-38.
37. Axel Kahn, « Génie, biologie et racisme », *in Le Monde*, 5 septembre 2001.

> « C'est parce que les francophones se sentirent directe-
> ment menacés dans leur être même ("Faites que chaque
> enfant — recommandait-on aux instituteurs — soit un vrai Fran-
> çais de langue, d'esprit, de vocation") qu'ils réagirent par un
> mouvement de nationalisme culturel né de la volonté d'opposer
> à l'universalisme français l'affirmation de leur identité à préten-
> tion également universelle : la Négritude. Et c'est sans doute
> parce que les anglophones ne souffrirent pas de la même aliéna-
> tion qu'ils accueillirent unanimement le courant avec un scepti-
> cisme sans indulgence. ("Un tigre ne proclame pas sa tigritude",
> ironisa l'auteur nigérian Wole Soyinka)[38]. »

La Négritude n'est pas vraiment un « nationalisme culturel », on l'a vu. Pour ce qui est de la politique coloniale française, il est certain qu'elle se fondait sur la défense de
l'universalisme civilisateur du pays des droits de l'homme, « à
laquelle correspond la pratique de l'assimilation des populations dominées, et par conséquent, la nécessité de différencier et de hiérarchiser les individus ou les groupes en
fonction de leur plus ou moins d'aptitude ou de résistance à
l'assimilation. C'est cette forme à la fois subtile et écrasante
d'exclusion/inclusion qui s'est déployée dans la colonisation
et dans la variante proprement française (ou "démocratique")
du "fardeau de l'homme blanc"[39] ».

L'idéologie de la Négritude ne fut pas cependant unani-
mement acceptée dans les anciennes colonies françaises en
Afrique. Certaines voix ouest-africaines et francophones se
sont élevées pour s'y opposer dans les années 1970. Ainsi
J.-P. Ndiaye (1971) écrit : « La Négritude est la négation de
la lutte de classes » ; Pathé N'Diaye (1972) considère « la
Négritude comme théorie assimilationniste qui renonce
explicitement à l'essentiel du patrimoine culturel et linguistique africain : la Négritude comme une vision aliénée et
impérialiste de l'histoire et du destin des peuples
d'Afrique » ; et S. Adotevi (1972) affirme :

> « La Négritude aujourd'hui, c'est le discours du néocolonia-
> lisme. La Négritude est la manière noire d'être blanc. [...]

38. Catherine Coquery-Vidrovitch, *L'Afrique noire*, Paris, PUF,
(1974), 1993, p. 192.
39. Étienne Balibar et Emmanuel Wallenstein, *op. cit.*, p. 37-38.

> « La Négritude creuse, vague, inefficace, est une idéologie.
> Tant que le "nègre-poète" ne s'insérera pas dans le combat de
> son peuple, tant qu'il refusera de trahir ses maîtres, il sera
> négrologue, négrophile. Il fera la négritration, il fera de la Négri-
> tude. Mais du nègre il ne parlera pas[40] ! »

On remarquera que ces critiques se centrent plutôt sur la
dimension politique de la Négritude (est-elle un instrument
de libération ou de néocolonialisme ?), et guère sur sa dimension raciale. Pour nuancer cette affirmation, on citera les
propos de A. Sékou Touré[41], organisateur de la Guinée indépendante, qui, en réponse à la publication d'« Orphée noir »
de Sartre, exprime son désaccord, tout en évoquant une sorte
d'essence de la « personnalité africaine » :

> « La "Négritude" est présentée par certains philosophes "désa-
> fricanisés" comme une donnée scientifique mobilisatrice. Or la
> Négritude est un non-sens que, malheureusement, on continue
> à enseigner dans les écoles africaines. C'est une sorte de néga-
> tion de nous-mêmes que cette définition de nègres par rapport
> à l'Africain... Il s'agit d'un produit de l'Histoire, un produit des
> races blanches qui ont instauré des systèmes de domination,
> d'exploitation et d'oppression, et pratiquent l'impérialisme et le
> colonialisme... Il est symptomatique de constater que la Négri-
> tude, à l'heure actuelle, à l'heure de l'indépendance de l'Afrique,
> est redevenue le cheval de bataille des forces mystificatrices
> impérialistes qui veulent retarder continuellement son émanci-
> pation... En conséquence [...] les peuples d'Afrique imposе-
> ront, à toutes les tentatives de subordination et d'asservissement
> de l'Afrique, la personnalité africaine, fondée sur un humanisme
> dont on est loin d'avoir découvert la quintessence[42]... »

La Négritude serait donc une spécificité de la colonisation
française qui défendait les convictions républicaines d'assimilation des indigènes, alors que la colonisation anglaise était
menée « en gardant les distances », selon le mot de Ferro[43]. Il
est probable que la différence des méthodes coloniales peut
expliquer en partie l'émergence de la Négritude en milieu
francophone. En partie seulement, car, comme l'a brillamment

---

40. Textes cités par Fernando Neves, *Négritude...*, *op. cit.*, p. 131.
41. Avant qu'il devienne un dictateur sanguinaire.
42. Sékou Touré, *L'Afrique et la Révolution*, éd. Présence africaine, cité *in* Neves, *op. cit.*, p. 131.
43. Marc Ferro, *op. cit.*, p. 38.

expliqué Wole Soyinka[44], homme de lettres nigérian, prix
Nobel de littérature en 1986, cette idéologie fut forgée par
une petite élite africaine complètement occidentalisée qui
concernait peu les peuples africains — y compris au Sénégal
où elle était l'idéologie officielle —, et son essor releva en
bonne partie de la participation directe des intellectuels
français dans sa construction la plus dogmatique. En fait,
contrairement à la situation en France et dans les pays francophones, la Négritude fut critiquée ouvertement et très tôt par
des intellectuels africains anglophones qui, comme Soyinka,
contestaient ses fondements racistes, réducteurs et européocentriques.

Soyinka, écrivain et philosophe, présente une critique ser-
rée de la Négritude dans son livre *Mythe, Literature and the
African World* :

> « Il faut ne jamais sous-estimer ni minimiser la vision de la
> Négritude. Si elle s'est fourvoyée, cela tient à ce que j'ai désigné
> plus haut comme l'invention d'une idéologie créatrice reposant
> sur des bases falsifiées d'identification à la vision sociale. En soi,
> cette vision était celle d'une restauration et d'une reconstruc-
> tion d'une psyché raciale, de l'établissement d'une entité
> humaine distincte et de la glorification de ses attributs long-
> temps étouffés. (Et, à encore plus long terme, elle prenait la
> forme d'une alliance universelle avec tous les dépossédés du
> monde.) Mais, pour atteindre ce but louable, la Négritude a
> emprunté la voie de la simplification outrancière[45]. »

La deuxième proposition de Soyinka est que la mise en
avant des valeurs de la Négritude ne se fonde pas sur un véritable effort de recherche du système africain des valeurs
sociales, mais qu'elle se fonde plutôt sur une vision européenne et manichéenne des sociétés et sur ses syllogismes
racistes :

> « Sa revalidation des valeurs noires n'a pas été précédée d'une
> tentative approfondie pour pénétrer ce système de valeurs afri-
> cain. Elle a exalté l'apparent. Ses références ont été trop forte-
> ment teintées par les idées européennes, alors même que ses
> Messies se proclamaient fanatiquement africains. En cherchant à

44. *Mythe, Literature and the African World*, Cambridge University Press, 1976.
45. Wole Soyinka, *op. cit.*, p. 126. (Extraits traduits par O. De-
mange.)

réfuter l'évaluation à laquelle la réalité noire avait été soumise, la Négritude a adopté la tradition manichéenne de la pensée européenne et l'a imposée à une culture qui est on ne peut plus radicalement antimanichéenne. Non contente d'accepter la structure dialectique des affrontements idéologiques européens, elle a puisé aux composantes mêmes de son syllogisme raciste[46]. »

Sa troisième proposition critique concerne la contribution d'intellectuels européens à la création de la Négritude. Soyinka expose de manière fort instructive et claire la participation de Jean-Paul Sartre dans ce processus ainsi que dans la légitimation d'une idéologie qui fut intoxiquée par ses idées marxisto-raciales :

« En guise de développement, élargissons la classification proposée par Sartre de la Négritude, "terme mineur d'une progression dialectique". L'"affirmation théorique et pratique de la suprématie de l'homme blanc dans sa thèse ; la position de la Négritude comme valeur antithétique est le fond de la négativité" (Sartre, "Orphée noir", 1948). Telle était la position où se trouvait la Négritude ; présentons à présent deux syllogismes empruntés à la philosophie raciste qui a présidé à sa naissance :

« a) La pensée analytique est une marque de développement humain élevé. Or l'Européen emploie la pensée analytique. Donc, l'Européen a atteint un niveau de développement élevé.

« b) La pensée analytique est une marque de développement humain élevé. Or l'Africain est incapable de pensée analytique. Donc, l'Africain n'a pas atteint un niveau de développement élevé.

« (On peut remplacer "pensée analytique" par inventivité scientifique, etc.) [...]

« Chose curieuse, la Négritude a approuvé cette méthodologie partielle, acceptant sans réserve les prémisses tant du syllogisme que de la conclusion de a), justifiant le commentaire de Sartre selon lequel l'affirmation théorique et pratique de la suprématie de l'homme blanc était la thèse tacitement adoptée, et échouant entièrement à la détruire. Personne n'a jamais contesté la conclusion de a), alors même que l'on s'efforçait de proposer de nouvelles définitions de ce qui constitue un développement élevé. La méthode a consisté à reconstruire entièrement b) tout en laissant a) intact. Telle a été l'erreur initiale. La Négritude n'a pas pris la peine de libérer la race noire du fardeau de son acceptation. La

46. *Ibid.*, p. 127.

LE LIVRE NOIR DU COLONIALISME

deuxième prémisse de *a)* "l'Européen emploie la pensée analytique" est elle aussi mal posée, car elle sous-entend déjà un séparatisme racial qui fournit l'argument central. Tout l'exercice ne devient-il pas vain dès lors que nous remplaçons cette proposition par "l'homme est capable de pensée analytique" ? Les représentants de la Négritude ne l'ont pas fait, ils ont accepté le champ de bataille des préjugés eurocentristes et du chauvinisme racial, et ont entrepris de remplacer le syllogisme *b)* par une version amendée : *c)* la compréhension intuitive est aussi une marque de développement humain. Or l'Africain emploie la compréhension intuitive. Donc l'Africain a atteint un niveau de développement élevé[47]. »

Pour Soyinka, il n'y a aucun doute, la proposition de Sartre sur la supériorité des Européens (qui analysent, eux), reprise par Senghor et autres chantres de la Négritude, relève du racisme. À propos des « Négritudinistes » il écrit : « Ils disent : mais oui, tous les Gobineau du monde ont raison ; les Africains ne réfléchissent ni n'élaborent parce que — voilà — ils procèdent par intuition ! Et ils ont entrepris de bâtir un édifice romantique, convaincus que ses échos rythmiques engloutiraient la conclusion répugnante de la proposition *b)*, laquelle a bien sûr tout bonnement refusé de disparaître[48]. »

Ce type de prémisse fut constamment renforcé par des affirmations qui soulignaient les prétendues caractéristiques « émotives » des Noirs. Ainsi, on acceptait l'un des blasphèmes courants du racisme selon lequel : « L'homme noir n'a rien dans le cerveau, et [on] entreprenait de subvertir le pouvoir de la poésie pour glorifier cette justification inventée de toutes pièces de la domination culturelle européenne [49]. »

Enfin, Soyinka souligne l'intoxication des idées de Sartre dans la construction d'une idéologie à base raciale ; et il soutient également que le but envisagé par Sartre était la transcendance des concepts raciaux dans le cadre de la lutte du prolétariat. Cependant, ce que le philosophe français ignorait, c'était que, d'une part, la Négritude et la recherche d'une identité raciale noire étaient le fait d'une petite élite et que, d'autre part, la Négritude (en tant qu'idéologie homogé-

47. *Ibid.*, p. 127-128.
48. *Ibid.*, p. 129.
49. *Ibid.*

néisante) était une sorte de diversion contre la montée éventuelle de luttes nationales révolutionnaires. En d'autres termes, les porte-drapeaux de la Négritude étaient plutôt représentés par l'élite au pouvoir, ils ne pouvaient donc pas représenter un véritable mouvement de libération nationale.

L'idéologie négro-africaine en Mauritanie et les massacres de 1989

Soyinka souligne avec raison que l'idéologie de la Négritude concernait une petite élite d'intellectuels bourgeois, souvent d'origine sénégalaise, et qu'en conséquence elle ne devint jamais un mouvement de masse. Mais il n'en reste pas moins que les idées raciales avancées par cette idéologie ont eu et ont encore des effets directs sur l'organisation du politique, toujours aux mains des élites intellectuelles dans les anciennes colonies françaises en Afrique de l'Ouest. Notamment dans l'ancienne colonie du Sénégal, qui englobait une partie de la Mauritanie (dont les frontières étatiques actuelles furent fixées en 1946), et en Mauritanie contemporaine.

Du reste, comme le signalait Sékou Touré, la Négritude, « un produit des races blanches », était enseignée dans les écoles africaines, ce qui implique un haut degré de diffusion des idéologies raciales au sein des populations rurales et citadines. Et même si on considère que le rôle de la propagande « négritudiniste » n'a jamais égalé les propagandes raciales menées par les États du Rwanda ou de l'ancienne Yougoslavie, on ne peut pas minimiser son influence au sein du petit peuple ouest-africain.

L'examen du cas mauritano-sénégalais est particulièrement intéressant pour l'analyse des effets sociaux de la Négritude dans le champ politique. Ces deux pays fabriqués par la colonisation française forment un espace de frontière entre le Sahara et le Sahel, entre les peuples sahariens et les peuples sahéliens. Des peuples qui furent vite classés par les administrateurs coloniaux — notamment Paul Marty — comme « Blancs » ou « Noirs », alors même que ces classements sont parfaitement étrangers aux classements africains des groupes humains — on y reviendra. Au début du XXᵉ siècle, l'espace désertique situé au nord du fleuve Sénégal, la future Mauritanie, était habité majoritairement par des populations berbérophones et arabophones qui se donnaient le nom de *Bidân*. Au sud du fleuve, dans le futur Sénégal, habitaient les Wolof majoritaires, et des minorités Sereer, Halpular'en et Soninké, ainsi que des communautés bidân commerçantes.

Portée sur le champ politique, la Négritude est à l'origine de l'émergence de mouvements et de partis politiques qui, dès les années 1940, prônaient des revendications sur la base de l'appartenance à la race noire. Dans le contexte de la grande crise climatique, économique et politique des années 1980, ces mouvements ont débouché sur des luttes de classement (au sens de Bourdieu[50]) posées en termes raciaux, aussi bien en Mauritanie qu'au Sénégal. Ainsi, les propagandes racistes menées par le parti sénégalais d'Abdoulaye Wade (opposant à Senghor dès 1978, et à Diouf dès 1981, président du Sénégal depuis 2000), et par un mouvement extrémiste mauritanien, ont contribué puissamment au déclenchement final des massacres de Nouakchott et de Dakar d'avril 1989. Ceux-ci ont fait un nombre indéterminé de morts et de blessés, et des milliers de personnes déplacées, expropriées et expulsées.

Les classements raciaux des colonisateurs français et les classements endogènes

La Négritude ne saurait se comprendre sans l'influence des idées coloniales françaises, parmi lesquelles les classements raciaux, complètement étrangers aux classements endogènes de l'altérité. Les intellectuels africains qui, comme Senghor, s'attachèrent à fonder la Négritude étaient tous directement

---

50. Pour Bourdieu, les luttes de classement sont des « luttes pour le monopole du pouvoir de faire voir et de faire croire, de faire connaître et de faire reconnaître, d'imposer la définition légitime des divisions du monde social et, par là, *de faire et de refaire les groupes* : elles ont en effet pour enjeu le pouvoir d'imposer une vision du monde social à travers des principes de division qui, lorsqu'ils s'imposent à l'ensemble du groupe, font le sens et le consensus, et en particulier sur l'identité et l'unité du groupe… » (Bourdieu, *Ce que parler veut dire. L'économie des échanges linguistiques*, Paris, Fayard, 1982, p. 137).

influencés par ces classements qui passaient à l'époque pour scientifiques et donc « objectifs ».

En Afrique de l'Ouest, les races étaient conçues par les colonisateurs comme des substances naturelles, immuables et fixes distinguant globalement les « Noirs », les « Arabes » et les « Berbères ». Des sous-classements différenciaient aussi les « races guerrières » des « races agricoles », car les militaires français considéraient qu'il y avait un lien direct entre la race et les capacités militaires[51].

Dans la région qui reçut le nom de Mauritanie, occupée à partir du Sénégal et du Soudan français dès la fin du xixe siècle, les administrateurs coloniaux donnèrent le nom de « Maures » au peuple saharien, nomade, produit d'un large métissage berbère, soudanais et arabe, qui s'autodésignait par le terme de Bidân — terme dont le premier sens se rapporte à la population arabophone, mais qui d'un point de vue endogène englobe les hommes libres et nobles de la société. Une distinction supplémentaire, tenant compte à la fois des statuts et des races, fut également établie entre les « Maures blancs » et les « Maures noirs », c'est-à-dire entre les Bidân à la « peau claire », de statut libre, et les Bidân à la « peau foncée », de statut servile (*'abîd*, « esclaves » ; *hrâtîn*, « affranchis »). Une distinction semblable fut imposée aux Touareg, distingués en « Blancs » (nobles), les « vrais » Touareg, et les « Noirs » ou « nègres », censés être des serviteurs. Les Noirs étaient par ailleurs distingués, selon un classement racial englobant, sous la dénomination de « *Bella* », alors qu'ils faisaient partie du même peuple Touareg.

Suivant une logique européenne, les administrateurs coloniaux en Mauritanie ont toujours voulu affirmer l'appartenance des Bidân à la race « blanche ». Aussi ont-ils forgé l'idée que ceux-ci possédaient une double origine, arabe et berbère. D'après le classement exposé, certaines « tribus » seraient ainsi plutôt arabes et d'autres plutôt berbères, les premières étant bien évidemment supérieures aux secondes. Comme on

51. James Searing, « Military Recruitment and Generational Conflict in a Sereer-Safen Village (Bandia), 1920-1938 », sous presse, *Journal of African History*. Je remercie l'auteur pour m'avoir communiqué cet article en janvier 2001.

pouvait s'y attendre, les Maures noirs furent classés tout en bas de cette échelle raciale, et on passa sous silence les mélanges matrimoniaux entre tous les Bidân, y compris les serviteurs, et avec les peuples soudanais et berbères voisins. Le système social et politique des Bidân étant complexe et surtout très éloigné des repères européens, les administrateurs coloniaux imaginèrent de lui appliquer une grille de lecture facilitant son accès et son contrôle. Ici comme ailleurs en Afrique, on inventa donc des correspondances entre une appartenance raciale et un statut social de manière à figer, une fois pour toutes, les identités des groupes colonisés.

Les premiers contacts européens (Portugais, Anglais, Hollandais, Français) furent établis, au XVIIᵉ siècle, avec les Bidân de la *gibla*, région du Sud-Ouest mauritanien actuel. Les groupes religieux de cette région trouvaient que l'établissement de la « paix coloniale » valait mieux que l'anarchie et les guerres qui caractérisaient leur mode de vie ordinaire. Ils collaborèrent donc avec les Français (dont Louis Faidherbe, créateur du Sénégal, et Xavier Coppolani, créateur de la Mauritanie), et ces derniers entérinèrent une partie de leurs traditions orales comme des faits historiques. Parmi celles-ci, on doit en citer une qui passe encore aujourd'hui comme attestée et valide pour l'ensemble du territoire des Bidân, bien qu'elle soit inexistante dans la région orientale (*sharg*) du pays : la tripartition de la société, selon les activités économiques et culturelles, en trois groupes : les religieux, les guerriers et les tributaires. Ainsi, alors que, dans la structure sociale et dans la pratique historique, la division de la société en trois groupes statutaires était (et reste) un référent culturel, une conception variable au cours du temps, les administrateurs en firent un fait associé à la race, et donc immuable. Les guerriers (*'arab, hassân*) furent classés comme Arabes, les religieux (*tolba, zwâya*) comme Berbères, et les tributaires comme Berbères ou « Noirs ». Dans ce classement, les Arabes sont supérieurs aux autres races, et les guerriers dominent la société. Mais les administrateurs coloniaux ne comprirent jamais que la race n'avait pas sa place dans le système social hiérarchique et holiste[52] des Bidân. De plus, le pouvoir politi-

---

52. Louis Dumont, *Homo hierarchicus*, Paris, Gallimard, 1966.

que n'était pas un pouvoir absolu détenu par un seul groupe, car le pôle politique, représenté par les guerriers, nécessitait le pôle des religieux pour légitimer sa prédominance sociale durant un laps de temps bien précis.

Le général Faidherbe fut le premier idéologue de la répartition raciale des peuples dans cette partie de l'Afrique occidentale. Dans *Le Sénégal* (1899), il ne se contente pas seulement de classer racialement, en blanche et noire, les sociétés en voie de conquête et de domination ; il reprend à son compte un certain nombre de préjugés des Wolof (groupe ethnique majoritaire du Sénégal) contre les Bidân, et les présente comme des faits scientifiquement attestés. Il est vrai que dans ce XIXe siècle les idées scientistes issues des théories darwiniennes « exercent une véritable fascination[53] ». Ses diatribes contre les Bidân, « Blancs », « esclavagistes, voleurs, menteurs », peuvent être considérées comme les précédents les plus directs de l'idéologie de la Négritude et de ses prolongements politiques dans les mouvements négro-mauritaniens des années 1940-1990.

Les sociétés sahéliennes non arabophones (Wolof, Halpular'en, Soninké ou Sarakollé) furent simplement classées comme « noires » ou « africaines ». Évidemment, elles étaient majoritaires au sud du fleuve Sénégal, mais, au moment de la création de la frontière administrative, moderne, entre les deux colonies, l'administration française décida que la ligne médiane constituée par le fleuve Sénégal (du mot *Znâga*, nom des anciens Berbères ouest-sahariens) séparerait dorénavant la Mauritanie au nord et le Sénégal au sud. Ici comme ailleurs, la création d'une frontière fixe, ayant un tracé parfaitement arbitraire, et dans un lieu de passage et d'échanges ancien, sera au cœur des litiges politiques et identitaires entre les mêmes groupes établis de part et d'autre du fleuve, puis entre les deux États modernes qui devront se partager le contrôle de ces populations et du territoire qu'elles occupent.

Les recensements coloniaux utilisaient le classement racial ou « ethnique » pour figer les populations dans des appartenances immuables — le nouveau terme « ethnique » étant utilisé par les anthropologues de l'époque pour désigner les

53. Marc Ferro, *op. cit.,* p. 39.

races des peuples non occidentaux étudiés et leurs cultures. Une critique fondamentale de la notion d'ethnie sera proposée plus tard par Fredrik Barth[54], entre autres anthropologues contemporains. La Mauritanie et le Sénégal indépendants (comme les autres pays ouest-africains) n'ont pas remis en cause cette racialisation des populations. Cependant, on doit noter deux changements intéressants. Dans les deux pays, on a remplacé le terme « race » par « groupe ethnique » ou « ethnie », considérés comme plus modernes et savants, mais qui ont pourtant les mêmes connotations que le mot « race » pour les fonctionnaires sénégalais et mauritaniens. Par ailleurs, lors du recensement de 1988, la Mauritanie a renoncé à l'emploi de ces termes euphémisés et classe désormais les populations selon leurs langues — ce qui tend à gommer la distance statutaire entre les groupes serviles et les groupes arabophones libres et nobles.

Les classements européens, repris par l'idéologie de la Négritude, sont, comme le dit Soyinka, « *alien to the African world-view* ». Par exemple, les classements sociaux des Bidân, parmi d'autres peuples sahariens et sahéliens, ne se fondent pas sur la race, catégorie d'insertion « naturelle » dans une catégorie d'hommes, mais sur l'usage des langues et sur les humanités acquises. Ainsi, le terme « Bidân » a deux sens : vis-à-vis de l'extérieur, c'est un ethnonyme englobant qui désigne (depuis au moins le XVIIIe siècle) les arabophones sahariens parlant le *hassâniyya* ou le *klâm el-Bidân* (le parler des Bidân) ; utilisé au sein de cette société hiérarchisée, en revanche, il désigne la qualité des hommes libres (*ahrâr*), et (en conséquence) nobles. Dans cette acception, les Bidân s'opposent aux 'abîd, personnes soumises aux formes les plus extrêmes de dépendance. Donc, contrairement à ce que certains spécialistes pensent, la couleur « blanche » évoquée dans le terme arabe bidân n'a aucune espèce d'importance dans la signification du mot. Si les Européens ont forgé l'idée des « couleurs », notamment l'opposition Blanc/Noir, pour parler des races humaines, les peuples sahariens comme les Bidân et les Touareg n'ont pas de tels référents. Au sein de leurs sociétés holistes et hiérarchiques, l'individu est subor-

54. *Op. cit.*

donné au groupe qui lui confère son statut, et les gens sont classés suivant ce statut libre ou servile, qui est lui-même sujet à des changements dans le temps. À l'extérieur de la société, les peuples sont classés suivant leurs langues et leur plus ou moins grande proximité par rapport aux valeurs culturelles et religieuses des Bidân.

Les Bidân appellent ainsi l'ensemble des peuples voisins qui ne parlent pas l'arabe du terme englobant *Kwâr*, qui signifie « non arabophone » ; au sein de ce groupe, les Bidân distinguent les Halpular'en ou « ceux qui parlent le *pulaar* », parmi lesquels on différencie les groupes sédentaires (*Tukuleer*) et les groupes nomades *Peuls* (ou *Fullān* en arabe) ; ainsi que les Wolof et les *Serqelle* (ou Soninké, ou Bambara selon le classement colonial).

Cependant, la couleur de la peau n'a aucun sens de classement collectif pour les Bidân. Cela d'autant plus que nous sommes ici dans une société profondément métissée, ayant reçu des apports des peuples amazigophones (Znâga) et soudanais (Kwâr) anciens, et plus tard des groupes arabes venant du nord de l'Afrique. Aussi, lorsqu'ils veulent décrire le teint des gens, les Bidân — comme les Touareg — se servent des couleurs fondamentales de leur système de perception du monde : ceux qui ont le teint clair sont dits « jaunes » (*asfar*) ; ceux qui ont la peau mate et les Kwâr de teint clair sont dits « rouges » (*ahmar*) ; enfin, ceux qui ont le teint foncé ainsi que les Kwâr de teint foncé sont dits « verts » ou « bleus » (*ahdar*). Remarquons bien que les personnes ahdar peuvent être Bidân ou non. Pour ce qui est des Touareg, les avis de Charles de Foucauld, souvent cité comme autorité en la matière, sont complètement faux ; il pensait en effet que les Touareg pouvaient être distingués en deux races, la « race blanche » (avec quatre teints) et la « race noire » (avec trois teints)[55].

Les mouvements revendicatifs des « Noirs » mauritaniens

La création d'une frontière administrative fixe, concrétisée par la ligne médiane du fleuve Sénégal, allait être la source de

---

55. *Cf.* Mariella Villasante-de Beauvais, « Mauritanie. Catégories de classement identitaires et discours politiques dans la société (*bidân*) », *Annuaire de l'Afrique du Nord*, 1997-1999, p. 83-85.

conflits politiques entre les colonies, puis entre les États indépendants de la Mauritanie et du Sénégal. Fidèle à son idéologie jacobine, la France avait décidé de créer une colonie à dominante « blanche » en Mauritanie, et une colonie à dominante « noire » au Sénégal. Tous les discours et les écrits des administrateurs attestent bien de cette situation.

Dès les années 1940, on peut identifier la naissance de mouvements mauritaniens clairement influencés par l'idéologie de la Négritude. Rien d'étonnant à cela, les mêmes (grandes) familles d'intellectuels francophones et francophiles habitaient des deux côtés du fleuve. Ils étaient tous attentifs aux argumentations de Senghor et craignaient la possibilité de perdre leurs privilèges dans une Mauritanie « blanche ». En 1947 se forme l'Union générale des originaires de la vallée du fleuve, et en 1957 est créé le Bloc démocratique du Gorgol (proche du Bloc démocratique sénégalais fondé par Senghor). Ces formations politiques étaient majoritairement constituées de Halpular'en et estimaient que les Noirs n'étaient pas suffisamment représentés au sein des institutions mauritaniennes en voie de création en 1959.

Après la proclamation de la République islamique de Mauritanie le 28 septembre 1958, est créée l'Union nationale mauritanienne (UNM), qui reproche au parti au pouvoir (Parti du Regroupement mauritanien) d'avoir choisi en majorité des Bidân aux postes importants. Ce PRM était une section du Parti fédéraliste africain, animé par les dirigeants de la Fédération du Mali qui regroupait à l'époque le Sénégal et le Mali. La création du Parti du Peuple mauritanien (PPM), en 1961, était censée relativiser ces revendications qui se présentaient d'abord comme raciales. Mais ce parti n'obtint pas le succès escompté. Tout au long de la vie républicaine (du moins sur le papier) de la Mauritanie, des mouvements et des partis se formèrent pour affirmer l'idée que la principale distinction au sein du peuple mauritanien était une distinction de race. Tous ces groupes politiques adoptèrent rapidement la terminologie de la Négritude et introduisirent le terme « Négro-Mauritanien » pour se désigner. Ils travaillèrent la main dans la main avec les sections sénégalaises et ouvrirent des bureaux à Dakar et à Paris. Lors de leurs réunions, ils se reconnaissaient

« Négro-Africains » pour affirmer leur commune appartenance raciale.

Cette idéologie négro-africaine était également présente dans les États modernes habités par les Touareg (Niger, Mali, Burkina Faso), où l'héritage colonial avait sûrement été influencé par la Négritude, puis relayé par l'idéologie des mouvements noirs américains. Ainsi, comme le note Claudot-Hawad :

> « Plusieurs de ces mouvements reprennent à leur compte les thèses racistes et coloristes des "Blancs" à l'encontre des "Noirs" en se contentant d'inverser les termes (comme par exemple le mouvement des Noirs musulmans américains d'Ali Farakan). Cette interprétation des différences sociales en référence à des critères raciaux produit une vision stratifiée et statique de la société et de l'humanité. [...] Après la naissance d'un mouvement de résistance armée chez les Touareg en 1990 et la signature des premiers pactes de paix dès 1991, les États concernés (Niger, Mali) vont laisser libre cours au développement de cette idéologie qui explique le social par le biologique et l'inné. Journalistes, intellectuels et hommes politiques africains seront nombreux à faire écho à ce schéma simpliste et raciste. Au Mali, les miliciens *Songhaï* du mouvement Gandakoy, qui se sont autoproclamés "maîtres de la terre", prônent ouvertement l'extermination des Touareg et des Maures "blancs". Dans un discours calqué sur les thèmes favoris de l'antisémitisme européen, leurs tracts et manifestes stigmatisent ces "peuplades errantes", sans patrie, sans État, venues du désert en tribus minuscules (*La Voix du Nord*, n°0), les définissant comme des êtres apatrides, transnationaux, agents de puissances étrangères, prédateurs, voleurs, asociaux, génétiquement tarés[56]... »

Parallèlement au développement politique de la Négritude en Mauritanie, les gouvernements mauritaniens se mirent à

---

56. Hélène Claudot-Hawad, *in* Mariella Villasante-de Beauvais (dir.), *Groupes serviles au Sahara. Approche comparative à partir du cas des arabophones de Mauritanie*, *op. cit.*, p. 258-259. Sur la question de la résistance du peuple touareg et ses luttes politiques, voir Hélène Claudot-Hawad, « Touaregs. Voix solitaires sous l'horizon confisqué », *Ethnies*, 1996, p. 20-21. Sur les effets de la colonisation chez les Touareg, voir H. Claudot-Hawad (dir.), « Le politique dans l'histoire *touarègue* », *Les Cahiers de l'IREMAM*, n° 4, 1993, et « Touaregs et autres Sahariens entre plusieurs mondes », *Les Cahiers de l'IREMAM*, n° 7-8, 1996.

affirmer l'arabité de la nation mauritanienne. Certes, le pana-
rabisme caractérise ces années 1960-1970, mais il n'en reste
pas moins que la Négritude contribue puissamment à la
défense des valeurs nationales en termes de race. Pendant
toute la période de vie autonome mauritanienne, les tensions
politiques, posées en termes essentialistes de « lutte de races »
ou de « luttes ethniques » (dans le langage officiel et dans
celui des journalistes les deux termes reviennent au même),
ont opposé les « Arabo-Berbères » aux « Négro-Africains ».
Remarquons que les épithètes identitaires s'exprimaient et
s'expriment toujours en français. La langue devient alors le
centre de débats passionnés. Alors qu'au Sénégal le français
est la langue officielle, des courants nationalistes arabes au
sein du gouvernement mauritanien commencent à développer l'idée que le français est la langue des colons, et que
l'attachement des Négro-Mauritaniens au français est une
preuve de leur « proximité » suspecte à un moment où l'on se
doit de réaffirmer la dignité nationale (nationalisation des
mines de fer, sortie de la zone franc, imposition de l'arabe
dans le système scolaire). La proximité des Négro-Africains
entre les deux rives du fleuve n'est un secret pour personne
non plus. La Mauritanie accuse souvent le Sénégal d'ingérence dans ses affaires internes, et il est difficile de dire le
contraire[57].

La racialisation des luttes de classement en Mauritanie —
entre arabophones et non-arabophones, entre hommes libres
et hommes soumis au statut servile — devint de plus en plus
intense. Après la grande crise climatique des années 1970, la
majorité des groupes serviles s'étaient libérés de leurs maîtres, des mouvements revendicatifs firent leur apparition
(dont le « Mouvement El-Hor » [L'homme libre], dirigé par des
intellectuels issus des groupes serviles). Cependant, les revendications des chefs politiques d'origine servile furent posées
en termes d'opposition raciale.

De nos jours, deux clivages sociaux sont décelables en
Mauritanie, d'une part, celui qui divise les arabophones et les

57. *Cf.* Mariella Villasante-de Beauvais, *Parenté politique en Mauritanie. Essai d'anthropologie historique. Le devenir contemporain
des Ahl Sīdī Mahmūd*, Paris, L'Harmattan, 1998.

non-arabophones, les Bidân et les Kwâr ; et, d'autre part, celui qui sépare encore les nobles arabophones des membres réels ou supposés des groupes serviles, les Bidân et les hrâtîn — terme englobant et ambigu qui explicite l'existence de formes extrêmes de dépendance dans ce pays.

Les idéologies de la Négritude, et en amont la racialisation coloniale des peuples d'Afrique, apparaissent comme les principaux facteurs de cette évolution politique et sociale. Voilà l'arrière-plan des tragiques événements qui agitèrent les deux pays en 1989.

Les violences politiques posées en termes raciaux et les massacres de 1989[58]

La République islamique de Mauritanie connut la période de violence politique la plus extrême de son histoire en avril 1989. Cette vague de violences concerna également le Sénégal, pays voisin du sud. Les 22-23 avril 1989, une série de pillages commencèrent dans plusieurs villes sénégalaises, notamment dans la capitale, Dakar. Les nouvelles arrivées à Nouakchott, capitale de la Mauritanie, faisaient état d'un massacre de milliers de Mauritaniens, et provoquèrent une réponse d'une violence jamais enregistrée dans le pays. Les 24-25 avril, environ cent cinquante à deux cents personnes, considérées comme sénégalaises, furent abattues, avec des armes de fortune, par des membres du groupe servile de la société arabophone (Bidân) mauritanienne. L'État sénégalais rendit l'armée mauritanienne responsable de ce massacre. Les 28-29 avril, des groupes formés en majorité par de jeunes Sénégalais entre quinze et vingt ans tuèrent environ une centaine de Mauritaniens arabophones dans les quartiers où ils résidaient à Dakar. Les gouvernements mauritanien et sénégalais se déclarèrent publiquement débordés par cette violence

---

58. Ce texte est une version remaniée d'une conférence que j'ai présentée dans un colloque sur la violence en Afrique, tenue à Barcelone le 26 janvier 2001. Mariella Villasante-de Beauvais, « Conflits, violences politiques et ethnicités en République islamique de Mauritanie. Réflexions sur le rôle des propagandes à caractère raciste dans le déclenchement des violences collectives de 1989 », *Studia Africana*, 12, 2001, p. 69-94.

et acceptèrent l'aide internationale pour rapatrier les rescapés mauritaniens du Sénégal et sénégalais de la Mauritanie.

Entre mai 1989 et avril 1992, une situation de conflit politique marquée par l'arbitraire et l'autoritarisme étatique
caractérisait la Mauritanie. Le gouvernement mauritanien de
Maaouya Ould Sid'Ahmed Taya ordonna l'expulsion des
Négro-Mauritaniens supposés être de nationalité ou d'origine
sénégalaise. Parallèlement, des groupes armés négro-mauritaniens entamèrent des attaques contre l'ennemi désigné, ceux
qu'ils appelaient les « Arabo-Berbères ». La répression de
l'armée mauritanienne fut violente ; le nombre de militants,
avérés ou supposés, assassinés par celle-ci au cours de cette
période est inconnu. À l'intérieur de la Mauritanie, les populations bidân se sentaient menacées et une distance idéologique réelle commença à se creuser entre eux et les autres,
c'est-à-dire les non-arabophones. L'hystérie politique s'installa
pour quelques années. En 1990, une tentative de coup d'État
des officiers négro-mauritaniens de la marine et de l'armée fut
déjouée, la répression fit des dizaines, voire des centaines de
morts. À l'extérieur du pays, une guerre ouverte contre le
Sénégal fut évitée de justesse. En avril 1992, les deux pays
rétablirent leurs relations diplomatiques, rompues en 1989.
En janvier 1992, la Mauritanie procéda à la première élection
présidentielle au suffrage universel de son histoire. De nouveaux incidents diplomatiques avec le Sénégal se produisirent
en juin 2000.

Les revendications politiques des élites négro-mauritaniennes se focalisèrent longtemps sur le refus de l'arabisation de
l'enseignement et sur la défense du français, langue officielle
du Sénégal, alors même que le wolof est la langue de communication de tous les Sénégalais. Mais, progressivement, ces
revendications se radicalisèrent à partir d'une vision racialiste
fondée sur leur opposition à la construction de la nation
mauritanienne par les Bidân. Au sein de cette élite négro-
mauritanienne composée essentiellement d'intellectuels francophones, ce sont les Halpular'en qui dominaient, tant du
point de vue du nombre que de la direction politique du
mouvement.

Le terme Halpular'en, je l'ai déjà noté, désigne les pulaaro-
phones composés de deux groupes : les Tukuleer, agricul-

teurs issus d'un métissage entre les Sereer et les Peuls, et les Peuls proprement dits, large population nomade du Sahel, sédentarisée depuis les années 1970 — tout comme les nomades bidân. Les Halpular'en habitant au Sénégal et en Mauritanie restent très attachés à leur passé de dominance politique, centrée dans la région du Fuuta Tooro, dans la moyenne vallée du fleuve Sénégal. Leurs activités politiques depuis 1947, lorsque fut créée une Union générale des originaires de la vallée du fleuve, semblent être alimentées par l'idée d'un rétablissement de cette dominance régionale. Ces espoirs furent cependant régulièrement annihilés par les gouvernements mauritaniens, ce qui fut source de ressentiments et de mécontentements permanents. Il est permis de penser qu'au sein des Halpular'en des groupes dits subversifs représentaient un pôle de dissidence ou de contestation communautaire semblable au groupe ethnique *Joola* de Casamance qui s'oppose aux gouvernements sénégalais à dominance wolof. En tout état de cause, les Halpular'en étaient largement représentés dans le Front de libération des Africains de Mauritanie (FLAM) qui se créa en 1985 et dont le siège était à Dakar.

En 1986, le FLAM diffusa un texte, au niveau national et international, qui allait alimenter puissamment la violence à venir entre les communautés ethniques arabophones et non arabophones. Il s'agissait du « Manifeste du Négro-Mauritanien opprimé », tract d'inspiration marxiste dans lequel les revendications politiques d'une participation plus importante au sein des institutions étatiques, l'armée et la fonction publique, apparaissent comme des exigences de la communauté noire de Mauritanie. Selon ce manifeste, l'objectif final du FLAM consistait dans « le renversement du pouvoir beydane et la destruction de son État[59] », les « Noirs mauritaniens » devant assurer eux-mêmes leur destinée. La lutte politique et armée apparaissait désormais comme la seule garantie de sauvegarde de cette communauté. Le FLAM développa ainsi, pour la première fois dans l'histoire du

---

59. Cité par M. Duteil, « Chronique mauritanienne », *Annuaire de l'Afrique du Nord 1985*, 1987, p. 687 ; Villasante-de Beauvais, *op. cit.*, 2001, p. 80.

pays, une vision racialiste de l'ordre politique mauritanien.
Les diverses communautés ethniques non arabophones,
auparavant jamais unifiées politiquement, étaient présentées
unies sous la bannière de la race noire, devenue ennemie de
la race blanche des Arabo-Berbères ou Beydanes — terme
qui, employé dans les tracts du FLAM, est ouvertement péjo-
ratif, la prononciation correcte étant Bidân. L'État mauritanien était aussi accusé de racisme et de pratiquer
l'apartheid.

Le discours du FLAM comportait des appels à la violence et
au meurtre. En particulier lorsqu'il s'agissait de la défense de
la terre, devenue un puissant catalyseur des conflits politiques interethniques après la grande sécheresse sahélienne.
Les auteurs du manifeste écrivent par exemple :

> « Nous saisissons l'occasion pour rappeler aux populations du
> Sud qu'il est formellement interdit de vendre la terre. Boycot-
> tez, bannissez, tuez s'il le faut tous ceux qui encouragent la
> vente des terres. Détruisez, brûlez les biens de ces étrangers qui
> viennent emménager sur vos terres. La terre appartient au vil-
> lage. La seule réforme foncière acceptable pour nous est celle
> qui permet la redistribution de la terre proportionnellement aux
> besoins de tous les membres du village[60]. »

Les Bidân sont classés comme des « étrangers » susceptibles
d'être tués si nécessaire. De plus, les membres du FLAM pro-
posent une vision englobante selon laquelle les membres des
groupes serviles de la société bidân, couramment nommés
hrâtîn, feraient eux aussi partie du groupe négro-mauritanien
en vertu de leurs « origines noires ». Le poids démographique
important des membres des groupes serviles de la société
bidân n'était pas étranger à cette prétention d'assimilation au
sein du nouveau groupe racial négro-mauritanien. Dans un
texte adressé aux « Frères haratines » en mai 1990, le FLAM
écrivait :

> « Mon frère, je ne t'apprends rien en te disant que, depuis
> l'accession de notre pays à l'indépendance, les régimes civil et
> militaire, de Daddah [premier président mauritanien] au triste-
> ment célèbre Taya [président actuel], toi et moi sommes tou-

60. Cité par Baduel, « Mauritanie 1945-1990 », *Revue du monde
musulman et de la Méditerranée*, n° 54, p. 40 ; Villasante-de Beauvais, *op. cit.*, 2001, p. 80.

jours relégués au rang d'esclaves et de figurants. [...] Au fond,
leurs tactiques consistent à frapper tour à tour les composantes
de la communauté noire. [...] Sache que, pendant nos raids,
nous faisons tout pour épargner les frères haratines. [...] La
lutte que je mène est celle de toute la communauté négro-mau-
ritanienne à laquelle tu appartiens. Je lutte contre le régime
raciste qui est notre ennemi commun[61]. »

Cependant, le FLAM — comme tant d'autres observateurs
extérieurs — oubliait, ou faisait mine de le faire, que l'ethnicité et la culture des hrâtîn est avant tout arabe et bidân,
qu'ils font partie de la société et de la culture des arabophones de Mauritanie, et que leur « couleur noire » n'entre
pas — forcément — en ligne de compte dans la construction des identités culturelle et sociale. Et cela contrairement à certaines analyses qui voudraient voir une
opposition entre les origines soudanaises des hrâtîn et l'arabité généalogique[62]. La grande majorité des hrâtîn reconnaît
une identité arabe — il en va de même chez les populations
contemporaines du Soudan, du Tchad, de Libye ou de
l'Égypte.

61. Mariella Villasante-de Beauvais, « Mauritanie. Catégories de classement identitaires et discours politiques dans la société », *op. cit.*,
p. 98.
62. Pierre Bonte (« Être arabe au Sahara. Dénomination, identité,
classement », *L'Astrolabe, revue de l'AFEMAM*, 2000, p. 74), spécialiste de la Mauritanie, a proposé récemment une analyse selon
laquelle : « Le problème de l'assimilation des hrâtîn reste cependant
aigu, à la mesure de la difficulté à les intégrer dans le schéma de
l'ancestralité, d'en faire des Arabes. » Ces propos semblent trahir
l'idée que l'arabité se fonde sur des bases généalogiques. Alors que
nous savons que l'ethnicité arabe, comme n'importe quelle autre ethnicité ou identité sociale ethnique, se fonde sur des traits divers,
construits socialement, et nullement ramenés au seul référent du
« sang » qui est mis en relief dans les représentations sociales. Un
autre chercheur, Roger Botte (« RimayBe, Hratin, Iklan : les damnés
de la terre, le développement et la démocratie », *in* Bougeot (dir.),
*Horizons nomades en Afrique sahélienne. Sociétés, développement
et démocratie*, Paris, Karthala, 1999, p. 59), a émis une idée semblable, selon laquelle les hrâtîn et les Bidân nobles seraient des groupes
distincts, séparés biologiquement. Il montre ainsi son absolue mécon-
naissance de cette société dans laquelle le métissage fut et reste largement pratiqué.

La vision politique raciale défendue par le FLAM ne pourrait se comprendre sans se référer à l'idéologie de la Négritude, et de la défense de la francophonie qui se proposait de construire la nation sénégalaise en unifiant toutes les communautés ethniques sous cette bannière, bien qu'elle fût parfaitement étrangère aux idéologies locales d'ethnicité. La défense du français comme langue nationale associée à la Négritude s'opposera ainsi politiquement à l'emploi de la langue arabe choisie par la Mauritanie mais qui coexistait, jusqu'en 1991, avec l'emploi officiel du français. C'est dans ce cadre qu'il faut placer le développement de l'idéologie de l'arabité depuis la création de la Mauritanie.

Les événements tragiques de 1989

Pendant les trois années qui ont précédé les tragiques événements d'avril 1989, la polarisation des luttes politiques se plaçait dans un cadre de lutte ethnique et linguistique entre « Noirs » francophones et « Arabes ». Cependant, si nous fûmes plusieurs chercheurs à observer cette radicalisation politique inquiétante, je pense que personne ne pouvait prévoir le déclenchement de massacres collectifs d'une telle violence.

Divers faits qui sont du ressort de la radicalisation des oppositions des communautés ethniques négro-mauritaniennes, mais aussi de l'arbitraire ou de la violence d'État, eurent lieu entre 1986 et 1989. En 1986, le gouvernement militaire de Ould Sid'Ahmed Taya n'hésita pas à réprimer violemment les auteurs du « Manifeste » et le FLAM en général. Lors d'un procès ordinaire, 23 personnes furent incarcérées et inculpées d'atteinte à la sécurité de l'État. En octobre 1987, un complot d'officiers Halpular'en qui tentaient un coup d'État au nom du FLAM fut déjoué. Cette fois, les principaux accusés subirent un procès militaire ; 3 officiers furent condamnés à mort et 18 autres reçurent des peines d'emprisonnement. La même année, en septembre 1987, 17 membres du parti pro-irakien Baas furent arrêtés ; 6 d'entre eux, des Bidân, furent condamnés à six mois d'emprisonnement. En juillet 1988, une nouvelle vague d'arrestations concerna les baasistes : 13 personnes furent condamnées à des peines de prison. En septembre 1988, 4 Négro-Africains détenus en raison de leur activisme politique contre l'État moururent en prison[63]. La même année, lors des élections présidentielles au Sénégal, le chef du parti d'opposition au président Diouf, Me Abdoulaye Wade, fit de la propagande antimauritanienne et anti-bidân pour déstabiliser son opposant et gagner des voix.

Une première distinction semble ici importante. Les quelques auteurs qui ont abordé les événements tragiques de 1989 considèrent que tous les faits que je viens d'évoquer sont les antécédents directs de la violence collective de 1989[64]. C'est-à-dire qu'ils soutiennent que la répression des autorités mauritaniennes était guidée par son racisme antinoir ordinaire[65]. Pour nuancer cette proposition, il faut préciser que le racisme antinoir n'était pas une caractéristique centrale des gouvernements mauritaniens qui ont toujours compté dans leurs rangs des représentants des élites négro-africaines, et également des membres des groupes serviles d'origine africaine. Comme le dit Wieviorka : « Parler de racisme est peut-être excessif lorsqu'un État central tend à affaiblir les langues et les cultures minoritaires, ou à les réduire à un folklore, comme ce fut le cas dans la France républicaine[66]. » Par ailleurs, parmi les opposants à l'État mauritanien et au régime de Ould Sid'Ahmed Taya il y avait non seulement les membres du FLAM, Négro-mauritaniens — surtout des Halpular'en —, mais également des membres du parti Baas, nationaliste arabe, composé essentiellement par des arabophones. Cela étant posé, après les événements, le gouvernement mauritanien fondera sa propre violence (légitime) sur une conception politique raciale de mise à l'écart des Négro-Africains devenus les « ennemis de la nation ». Sous ce chef d'accusation, plusieurs milliers parmi eux seront

63. Amnesty International, *Mauritanie, 1986-1989. Contexte d'une crise*, Éditions francophones d'Amnesty International, 1989.

64. Philippe Marchesin, *Tribus, ethnies et pouvoir en Mauritanie*, Paris, Karthala, 1992 ; Makhtar Diouf, *Sénégal, les ethnies de la nation*, Paris, L'Harmattan, 1994.

65. Voir Makhtar Diouf, *op. cit.*, et Alassane Harouna Boye, *J'étais à Oualata. Le racisme d'État en Mauritanie*, Paris, L'Harmattan, 1999.

66. Michel Wieviorka, *La Démocratie à l'épreuve. Nationalisme, populisme, ethnicité*, Paris, La Découverte, 1993, p. 51.

expulsés de Mauritanie, surtout vers le Sénégal, entre 1989 et 1992.

L'examen plus détaillé des événements qui eurent lieu entre février et avril 1989 fournit des éléments intéressants sur la radicalisation des discours et des actions. Il y eut d'abord quelques incidents violents : les 22-23 février contre des Bidân dans les villes de Dakar, Rufisque, Thiès et Kaolack, suivis de réponses antisénégalaises à Nouakchott les 24-25 février 1989. Le 9 avril, la presse sénégalaise rendait compte d'affrontements entre éleveurs négro-africains (Soninké et Peuls) des deux rives du fleuve Sénégal dans la localité de Diawara (ou de Sonko selon la presse mauritanienne), faisant deux morts côté sénégalais et des blessés côté mauritanien. Le Sénégal accusa des gardes forestiers mauritaniens ; la Mauritanie affirma qu'il s'agissait d'une rixe entre éleveurs. Le 11 avril 1989, deux jours après les premiers incidents frontaliers, *Sopi* (« Changement », le journal de l'opposition sénégalaise) titrait à la une : « L'armée mauritanienne tire sur les populations », et précisait : « Au nord, des bruits de bottes inquiétants se font entendre de l'autre côté du fleuve. De Saint-Louis à Matam, en passant par Dagana, les populations sont sur le pied de guerre et ne dorment plus que d'un œil par crainte d'être surprises dans leur sommeil par les belliqueux Beydanes[67]. »

À partir de cette date, des Sénégalais commencent à piller les boutiques de commerçants Bidân dans les villes sénégalaises de Matam et de Bakel. D'autres pillages se poursuivent un peu partout au Sénégal contre des Bidân et des hrâtîn, de quelque nationalité qu'ils soient. Il existait en effet une importante communauté bidân de nationalité sénégalaise dans ce pays, alors que d'autres Bidân également installés au Sénégal avaient la nationalité mauritanienne.

Le 14 avril 1989, *Sopi* titrait : « Cinq villages brûlés par les Mauritaniens ». Et le 21 avril 1989, il annonçait : « Un boutiquier maure tire sur un jeune Sénégalais », en expliquant : « Pauvres Sénégalais, les étrangers nous tuent pendant que ceux qui devraient nous défendre sont tous occupés à nous tuer. » Un autre journal sénégalais, *Le Cafard libéré*, écrivait à

---

67. *Le Monde*, 27 avril 1989.

propos de l'incident frontalier du 9 avril : « Les gardes mauritaniens ont agi exactement de la même manière que leurs ancêtres des siècles passés. Ils ont tué des hommes, emmené d'autres en captivité, incendié des villages après avoir fait main basse sur le bétail et les vivres considérés comme butin de guerre. » Et le 20 avril, le même journal regretta que « les canons n'aient pas tonné[68] ».

Mais le pire vint plus tard. Les 22-23 avril 1989, une vague de violence sans précédent contre les arabophones mauritaniens et leurs commerces est déclenchée à Dakar et dans d'autres villes sénégalaises — telles Mbour, Diourbel, Louga, Tambacounda, Konda et Ziguinchor. D'après Sally N'Dongo, président de l'Union générale des travailleurs sénégalais en France, ces pillages furent l'œuvre de jeunes, organisés en bandes, que des hommes politiques de l'opposition, dirigée par Abdoulaye Wade, avaient déjà utilisés en 1988 pour fomenter des émeutes contre le président Diouf. En fait, les semaines précédant les violences antimauritaniennes, de nombreux jeunes avaient manifesté à l'appel du parti de Wade et des saccages avaient été commis à Dakar[69]. On trouve également référence à ces « bandes de jeunes » chez Mamadou Diouf[70]. Parlant du mouvement dakarois « Set/Setal » (« propre/rendre propre ») constitué par des jeunes destructeurs/nettoyeurs, il précise : « Le mouvement du Set/Setal a commencé à se manifester après les violentes crises du *Sopi* consécutives à la campagne et aux élections de février 1988. Il marque l'échec des politiques d'institutionnalisation de modes d'action politique et consacre définitivement la jeunesse comme la part maudite de la société sénégalaise. » D'après Diouf, pour ces jeunes, « la peur de l'avenir s'exprime par une formidable rage de détruire » ; et en évoquant les « chasseurs des Mauritaniens », il ajoute : « La violence juvénile a passé le relais à une sorte de folie dense restée jusque-là une énigme. »

68. *Mauritanie Demain*, n° 9, Nouakchott, juin-juillet 1989.
69. *Libération*, 27 avril 1989.
70. Mamadou Diouf, « Fresques murales et écriture de l'histoire. Le Set/Setal à Dakar », *Politique africaine*, n° 46, 1992, p. 41-54.

Dans un ouvrage plus récent, Diouf[71] parle de l'ambivalence du Set/Setal :

> « Les expressions politiques et les pratiques sociales des jeunes sont ambivalentes : ils sont à la fois très nihilistes et très idéalistes. Par exemple, les jeunes Sénégalais qui ont égorgé des Mauritaniens (1989) ont été capables de nettoyer la rue et de peindre les murs (1990). Ils sont réfractaires aux procédures institutionnelles du politique ; leurs manifestations relèvent toujours de pratiques buissonnières dont l'idiome principal est la violence — on entend souvent dire qu'ils n'ont pas d'ancrage, qu'ils s'expriment pour détruire, car ils ne s'inscrivent pas dans des modes positifs d'expression. Pourtant, beaucoup de jeunes, à l'image de tel acteur sénégalais du Set/Setal, insistent sur la valeur morale de ce mouvement en s'exclamant : "Faire du Set/ Setal c'est se débarrasser de tout l'héritage colonial régulant notre façon d'être, de concevoir les choses. Le Set/Setal est une obligation absolue de se débrouiller et une nécessité de s'exprimer selon les nouveaux concepts et dans un langage nouveau, dans cette bataille pour vivre." »

Des propos assez étranges, dans lesquels on relate tranquillement que les mêmes jeunes Sénégalais qui ont égorgé des Mauritaniens en 1989 ont nettoyé la ville de Dakar l'année suivante. Et, sans donner aucune explication à des faits aussi stupéfiants, Diouf préfère citer les propos d'un acteur sénégalais censé défendre la « valeur morale » d'un mouvement de « nettoyeurs » à prétention anticoloniale.

Revenons à la chronologie des faits de 1989. Les nouvelles qui arrivèrent à Nouakchott le 23 avril, passablement exagérées par la rumeur qui faisait état de milliers de morts, déclenchèrent une riposte d'une violence inouïe. Les 24-25 avril, au marché Capitale de Nouakchott et dans deux arrondissements pauvres de la ville (5ᵉ et 6ᵉ), environ cent cinquante ou deux cents personnes supposées être des Sénégalais furent tuées avec des armes de fortune (bâtons, barres de fer), et environ six cents furent blessées par des membres des groupes serviles de la société bidân[72]. Selon divers témoignages que j'ai recueillis à Nouakchott, ces derniers agissaient sous les ordres de leurs maîtres, qui leur

71. Mamadou Diouf, *Histoire du Sénégal*, Paris, Maisonneuve & Larose, 2001, p. 216.
72. *Le Monde*, 27 avril 1989.

avaient offert des biens (terres, argent...) en compensation
de leurs actions de « défense de l'honneur des Bidân ». Certains chercheurs considèrent que ces actions consistaient en
des émeutes déchaînées, des explosions de violence plus ou
moins spontanées qui peuvent arriver n'importe où et à
n'importe quelle époque... Or je pense que cette manière
de voir ne tente nullement d'expliquer les faits, mais simplement de les décrire, en les plaçant sous l'ordre de l'impulsion, de l'instinctif, de l'inconscient ou de l'involontaire.
Rien de tel dans les événements sanglants dont nous parlons
ici, car il semble évident que les ressorts profonds des tueries sont associés à la diffusion d'idées racistes d'origine
coloniale.

Parmi les personnes attaquées, on comptait également des
Guinéens, des Maliens et d'autres ressortissants des pays africains subsahariens[73]. Les forces de l'ordre se déclarèrent
débordées durant trente-six heures et affirmèrent qu'elles ne
purent rétablir le calme que le 25 avril dans l'après-midi, en
instaurant un couvre-feu de 20 heures à 6 heures à Nouakchott et à Nouadhibou (deuxième ville du pays), où l'on enre-
gistra aussi des troubles[74]. Mais les tueries ne s'arrêtèrent pas
là. Le jeudi 29 avril, le président sénégalais Diouf éleva « une
vive protestation » auprès du gouvernement de Nouakchott et
déclara que, « si la responsabilité des forces de l'ordre mauritaniennes est établie » dans les massacres, il prendrait les
mesures nécessaires[75]. En fait, de manière à peine voilée,
Diouf rendait responsable l'armée mauritanienne des massacres et laissait penser que la riposte du Sénégal pourrait être
radicale. Selon des témoignages recueillis par G. Millet, journaliste français, de nombreux Sénégalais de Dakar interpré-
tèrent les propos de Diouf comme une déclaration de guerre
à la Mauritanie. Déclaration qui allait légitimer, les 28 et
29 avril, le déclenchement du massacre d'environ une centaine
d'arabophones mauritaniens. On ne saura en effet jamais
combien de Bidân de nationalité sénégalaise se comptaient
parmi les morts. Un Dakarois interviewé déclara à G. Millet :

73. *Le Monde*, 3 mai 1989.
74. *Le Monde*, 27 avril 1989.
75. *Le Monde*, 29 avril 1989.

« Au début on ne voulait pas les tuer. On a juste volé ce qu'il y avait dans leurs boutiques. Mais maintenant c'est autre chose, depuis que l'on a appris ce qu'ils ont fait aux Sénégalais en Mauritanie. On va tous les poursuivre, on va tous les retrouver, les assassiner[76]. »

Aucun quartier de Dakar habité par des Mauritaniens ne fut épargné, des maisons et des boutiques furent brûlées et mises à sac, les occupants tués et mutilés à l'arme blanche. Les principaux responsables de ces actes étaient de jeunes citadins dont les plus vieux avaient vingt ans, organisés par groupes d'une cinquantaine d'individus. Ils s'attaquèrent également à des commerçants libanais et marocains de Dakar, détruisant leurs commerces ou exigeant des rançons pour les épargner. La violence contre les Bidân mauritaniens ou supposés tels s'étendit à plusieurs villes sénégalaises, Ziguinchor, Tambacounda et Mbour, où les pillages continuèrent plusieurs jours. Les représailles furent nombreuses, ainsi, par exemple à Toua, douze Mauritaniens furent tués pour venger la mort du chef confrérique mouride[77] à Nouakchott[78].

Dans ce climat d'hystérie politique collective, le gouvernement de Ould Sid'Ahmed Taya devient aussi hystérique et fait état de « complots fomentés par les Négro-Africains », signe typique de grande fragilité, d'éloignement de la réalité et de délires de persécution des gouvernements

76. *Libération*, 29-30 avril 1989.
77. La confrérie musulmane mouride fut fondée vers 1888 par Ahmadu Bamba, Wolof du Waalo, homme de religion, formé dans la voie soufie *Qadiriyya*, l'une des plus influentes en Afrique de l'Ouest au XIXe siècle. Ses disciples furent et restent nombreux au Sénégal, où la confrérie s'est développée en captant notamment les *ceddo*, esclaves soldats des princes wolof. Pendant longtemps, les administrateurs français ont considéré qu'ils étaient de dangereux « dissidents », et affirmaient que leur confrérie représentait une « batardisation de l'islam » (Chris Harrison, *France and Islam in West Africa, 1860-1960*, Cambridge, Cambridge University Press, 1988, p. 115-117). La confrérie mouride est l'une des plus importantes du point du vue démographique, surtout au Sénégal, en moindre mesure en Mauritanie.
78. *Le Monde*, 3 mai 1989.

affaiblis[79]. Les Négro-Africains de Mauritanie étant devenus des ennemis de la nation, ils furent expulsés par milliers, et leurs terres dans la vallée du fleuve furent expropriées. Parallèlement, le gouvernement déploya une large propagande nationaliste arabe qui fit une « quasi-unanimité[80] » chez les Bidân. Cependant, tous les Mauritaniens n'acceptèrent pas cet état de violence institutionnalisée, et les exactions commises à l'encontre des compatriotes négro-mauritaniens furent dénoncées dans la presse indépendante et sur la scène internationale. Pourtant, un examen approfondi des faits n'a pas encore eu lieu ni en Mauritanie ni au Sénégal, l'horreur des massacres perpétrés semble trop présente dans les consciences collectives.

Le rôle de la presse internationale

Si, dans un premier temps, la presse internationale rendit compte des faits de manière assez objective et distanciée, les analyses proposées après les plus graves événements reprenaient dans sa simplicité trompeuse la version sénégalaise des massacres. C'est-à-dire une version fondée sur la « lutte raciale » entre « Noirs et Arabes » dans cette partie de l'Afrique. Elle contribua ainsi directement à alimenter les préjugés raciaux et les fantasmes des deux communautés, sénégalaise et mauritanienne, à l'encontre l'une de l'autre.

Sur un plan plus général, les versions simplistes de la presse épousaient également les préjugés européens sur une Afrique qui, par la violence de ses conflits politiques, reste perçue comme un continent sauvage. Abordant le thème du racisme dans les anciennes colonies, Balibar considère d'abord que la proposition de Benedict Anderson[81] selon laquelle il n'y a pas de racisme antiblanc dans le tiers-monde est incomplète, et il

79. E. Terray, « Heurs et malheurs des nations d'Europe centrale. Réflexions sur deux essais d'Istvan Bibo », *Le Genre humain*, octobre 1989, p. 42-43. L'hystérie politique est définie par I. Bibo et par E. Terray comme un état durable de frayeur collective.

80. A. W. Ould Cheikh, « L'évolution de l'esclavage dans la société maure », *in* E. Bernus, *Nomades et commandants*, Paris, Khartala, p. 32.

81. *Imagined Communities*, Londres & New York, Verso, 1983.

ajoute : « S'il n'y a pas, en Afrique, en Asie et en Amérique latine de contre-racisme "tiers-mondiste", il y a pléthore de racismes dévastateurs, à la fois institutionnels et populaires, entre "nations", "ethnies", "communautés". Et, en retour, le spectacle de ces racismes, déformé par la communication mondiale, ne cesse d'alimenter les stéréotypes du racisme blanc, en entretenant la vieille idée selon laquelle les trois quarts de l'humanité sont incapables de se gouverner eux-mêmes[82]. »

Une vieille idée qui fait la part belle à la sauvagerie européenne, au travers des deux guerres mondiales, reste jusqu'à présent inégalée. Très schématiquement, le concept-clé semble ici s'organiser autour de la prédominance des idées européocentriques selon lesquelles les Africains « noirs » sont les éternelles victimes de l'Histoire. S'agissant de la France en particulier, les sympathies ordinaires des journalistes s'adressent aux « Noirs » Africains francophones des anciennes colonies de l'Afrique-Occidentale française, jugés plus dociles et reconnaissants envers les bienfaits de la civilisation française. Cela contrairement aux Arabes et aux nomades, dont les Bidân de Mauritanie et les Touareg, censés être des esclavagistes, anciens razzieurs, enclins aux pires violences[83].

Conclusions

L'idéologie de la Négritude apparaît comme un avatar de la colonisation française en Afrique de l'Ouest. Elle découle d'une sorte de colonisation idéologique par laquelle les idées occidentales de classements raciaux des sociétés humaines sont adoptées et revendiquées par des intellectuels africains eux-mêmes racisés, tel Senghor. En tant que grand idéologue de la Négritude, Senghor produit un discours fondé sur la différence raciale et culturelle des « Noirs » supposée rendre la dignité aux peuples africains. Pour ce faire, il s'appuie sur les

82. Étienne Balibar et Emmanuel Wallerstein, *op. cit.*, p. 63.
83. Cette idée coloniale et européocentrique est parfois reprise par les auteurs contemporains, par exemple Philippe Marchesin, (*op. cit.*, p. 48), qui écrit : « Il est vrai qu'il existe une tradition bien établie en matière de pratique musclée de dévolution de pouvoir dans ces sociétés. »

œuvres d'ethnologues, censés posséder un savoir scientifique attesté — et donc empli de vérité — sur les sociétés africaines, dont l'Allemand Frobenius et le Français Delafosse. Dans le discours de Senghor, le fait que des scientifiques et des intellectuels européens défendent les thèses de l'unité de la civilisation africaine, et de la différence raciale, représente une preuve irréfutable de la véracité de ses arguments. Dans cette entreprise de légitimation de la Négritude, le discours racial se mêle de manière inextricable avec le discours culturel. Et le résultat final est la mise en avant d'une forme de racisme différentialiste qui est d'autant plus revendiqué par les négritudinistes que des intellectuels français illustres, tel Sartre, s'attachent à légitimer cette nouvelle doctrine racialo-africaine. Comment expliquer cet état de choses ? Comment des intellectuels comme Gide, Monod, Griaule et Balandier ont-ils pu collaborer à cette entreprise de racialisation des sociétés ouest-africaines ? Croyaient-ils que la Négritude, l'affirmation de la différence culturelle et raciale « noire », allait rendre la dignité aux Africains ? Au prix d'une logique d'autoracisation pouvant mener à la purification/épuration/ extermination, selon la proposition de Taguieff ? Le racisme implicite, ordinaire, se retrouvait-il chez ces intellectuels d'avant-garde qui reprenaient à leur compte les préjugés les plus scandaleux vis-à-vis des « Noirs », tels la sensibilité, l'émotivité, le rythme, le mysticisme ou l'intuition ?

Les méfaits idéologiques de la colonisation française, l'intoxication des classements raciaux appliqués aux peuples africains sont encore à redécouvrir. Et l'idéologie de la Négritude, dans toutes ses implications intellectuelles et politiques, reste encore à analyser de manière détaillée, approfondie et sans parti pris.

ÉPILOGUE

Qui demande des réparations
et pour quels crimes ?
par Nadja Vuckovic

Dans la déclaration finale de la Conférence mondiale contre le racisme, qui s'est tenue à Durban du 31 août au 7 septembre 2001, la communauté internationale inscrit et reconnaît l'esclavage et la traite négrière comme crimes contre l'humanité. La France y est citée en exemple par de nombreuses délégations ; en effet, elle est le premier et le seul pays européen à avoir institué, en mai 2001, la proposition de loi de la députée guyanaise Christiane Taubira et des Français descendants d'esclaves vivant dans les départements d'outre-mer.

Il s'agit essentiellement de la traite pratiquée par les Européens — la traite transatlantique — et non pas de celles qui l'ont précédée et accompagnée — les traites transsaharienne et orientale contrôlées par les négriers arabes[1].

Cependant, avant d'en arriver à cette reconnaissance, long et sinueux fut le « chemin juridique » du processus de condamnation de l'esclavage. De fait, le premier traité entre États européens, qui déclarait que « le commerce connu sous le nom de traite des nègres d'Afrique [...] comme répugnant aux principes d'humanité et de morale universelle », date du congrès de Vienne en 1815[2], année de l'abolition officielle de l'esclavage. Mais, parce qu'il a perduré et perdure toujours de manière illégale, nombreuses et nécessaires furent les résolutions successives qui ont participé pleinement à sa reconnaissance aujourd'hui — que ce soient les conférences de Berlin en 1885, de Bruxelles en 1890, de La Haye en 1899 et 1907

---

1. Voir *supra* l'article de Marc Ferro, « Autour de la traite et de l'esclavage », et celui de Catherine Coquery-Vidrovitch, « La colonisation arabe à Zanzibar ».
2. Voir *supra* : « Étapes de l'abolition et résurgences ».

qui ont abouti à la convention finale de la SDN en 1926 qui condamnait toutes les formes de l'esclavage, incluant le travail forcé, formulation reprise dans la Déclaration universelle des droits de l'homme en 1948 ; ou que ce soit, plus récemment, l'ONU, créée en 1945, qui, depuis la signature de la Convention pour la prévention et la répression du crime de génocide, en 1948, oppose une série de conventions et de déclarations internationales, aux crimes du droit humanitaire dont l'esclavage et le racisme, la discrimination, la xénophobie et l'intolérance qui lui sont associés.

Quant au « crime contre l'humanité[3] », le terme est apparu pour la première fois, en 1915, dans une déclaration de la France, de la Grande-Bretagne et de la Russie qui condamnaient le massacre des Arméniens par les Turcs. Toutefois, sa première mention juridique date de 1946 et il est ainsi défini dans l'article 6 des statuts du tribunal militaire international de Nuremberg : « L'assassinat, l'extermination, la réduction en esclavage, la déportation et tout autre acte inhumain commis contre toutes les populations avant ou pendant la guerre, ou bien les persécutions pour des motifs politiques, raciaux ou religieux, lorsque ces actes ou persécutions, qu'ils aient constitué ou non une violation du droit interne du pays où ils ont été perpétrés, ont été commis à la suite de tout crime entrant dans la compétence du tribunal, ou en liaison avec ce crime. »

À la reconnaissance de l'esclavage comme crime contre l'humanité — devoir de mémoire — s'ajoute la demande d'excuses et de réparations — dette morale et financière ; c'est ce qui ressort des proclamations de la Conférence mondiale sur les réparations à l'Afrique et aux Africains de la diaspora, organisée en décembre 1990 à Lagos (Nigeria), et de la Conférence panafricaine de l'Organisation de l'unité africaine (OUA) qui s'est tenue à Abuja (Nigeria) en 1993[4]. Et c'est bien sur ces deux points qu'il y a litige entre les parties.

---

3. Antoine Garapon, *Des crimes qu'on ne peut ni punir ni pardonner. Pour une justice internationale*, Paris, Odile Jacob, 2002, p. 115-160.
4. Jullyette Ukabiala, « La Conférence contre le racisme aboutit à une déclaration historique, mais les Africains ont d'autres revendications », *Afrique Relance*, ONU, vol. 15, n° 3, octobre 2001, p. 5.

Bien qu'il y eût des précédents — le repentir du pape Jean-Paul II en 1991 « pour les péchés commis par l'Europe chrétienne contre l'Afrique », lors de sa visite à l'île de Gorée au Sénégal, et les excuses de Bill Clinton, lors de son voyage en Afrique, pour le rôle de l'Amérique dans la traite (excuses qu'il n'a pas exprimées aux Noirs américains) —, cela n'a pas encouragé pour autant les représentants européens présents à Durban à adopter une position commune sur cette question. Pourquoi ? parce que la notion d'excuses, de regrets ou de pardon, certes, peut renvoyer au désir positif et sincère d'unité de l'État-nation, mais, entretenant un lien étroit avec la notion de justice, elle peut être également empreinte de stratégie politique tactique.

« Le siècle et le pardon [5] »

Même si des mots comme « crime contre l'humanité » circulent maintenant dans le langage courant, cet événement fut lui-même produit et autorisé par une communauté internationale à une date et selon une figure déterminées de son histoire. […] Cette sorte de mutation a structuré l'espace théâtral dans lequel se joue — sincèrement ou non — la scène de repentir qui nous occupe. […] Elle répond aussi, heureusement, à un « bon » mouvement. Mais le simulacre rituel, l'hypocrisie, le calcul ou la singerie sont souvent de la partie, et s'invitent en parasites à cette cérémonie de culpabilité. […] Qu'on y voie un immense progrès, une mutation historique ou un concept encore obscur dans ses limites, fragile dans ses fondations (et on peut faire l'un et l'autre à la fois — j'y inclinerais pour ma part), on ne peut dénier ce fait : le concept de crime contre l'humanité reste à l'horizon de toute la géopolitique du pardon. Il lui fournit son discours et sa légitimation. Prenez l'exemple saisissant de la Commission Vérité pour la Réconciliation en Afrique du Sud. […] Eh bien, ce qui a donné son ultime justification, sa légitimité déclarée à cette commission, c'est la définition de l'apartheid comme crime contre l'humanité par la communauté internationale dans sa présentation onusienne [en 1973]. […]

Plus que jamais, les trois motifs — la question des droits de l'homme, le concept de crime contre l'humanité mais aussi la

---

5. Jacques Derrida, *Le Monde des débats*, n° 9, décembre 1999, propos recueillis par Michel Wieviorka.

souveraineté — sont liés dans l'espace public et dans le discours politique. Bien que souvent une certaine notion de la souveraineté soit positivement associée au droit de la personne, au droit à l'autodétermination, à l'idéal d'émancipation, en vérité à l'idée même de liberté, au principe des droits de l'homme, c'est souvent au nom des droits de l'homme et pour punir ou prévenir des crimes contre l'humanité qu'on en vient à envisager, au moins par des interventions internationales, de limiter la souveraineté d'un petit État-nation. [...] Soyons toujours attentifs, comme Hannah Arendt le rappelle lucidement, au fait que cette limitation de souveraineté n'est jamais imposée que là où c'est « possible » (physiquement, militairement, économiquement), c'est-à-dire toujours imposée à des petits États, relativement faibles, par des États puissants. [...] Ils pèsent aussi de façon déterminante sur les décisions internationales. C'est là un ordre et un « état de fait » qui peuvent être ou bien consolidés au service des « puissants » ou bien, au contraire, peu à peu disloqués, mis en crise, menacés par des concepts, [...] comme ceux des nouveaux « droits de l'homme », ou de crime contre l'humanité, par des conventions sur le génocide, la torture, le terrorisme. Entre les deux hypothèses, tout dépend de la politique qui met en œuvre ces concepts. Malgré leurs racines et leurs fondements sans âge, ces concepts sont tout jeunes, du moins en tant que dispositifs du droit international. Et quand, en 1964 — c'était hier —, la France a jugé opportun de décider que les crimes contre l'humanité[6] resteraient imprescriptibles[6] [...], elle en a implicitement appelé à une sorte d'au-delà du droit dans le droit. [...] À jamais, « éternellement », partout et toujours, un crime contre l'humanité sera passible d'un jugement et on n'en effacera jamais l'archive judiciaire. C'est donc une certaine idée du pardon et de l'impardonnable, d'un certain au-delà du droit (de toute détermination historique du droit) qui a inspiré les législateurs et les parlementaires, ceux qui produisent le droit. [...]

Donc, tout d'abord, la notion positive d'excuses permettrait à un État, par la levée des tabous[7] de son histoire, par le face-à-face avec son passé (ouverture d'archives, poursuites judiciaires), par le devoir de mémoire : en reconnaissant son crime et ses victimes (loi), en organisant des lieux et des actions « garan-

6. Il faudra attendre novembre 1968 pour que l'ONU adopte la convention sur l'imprescriptibilité des crimes de guerre et des crimes contre l'humanité. (NDLR)

7. Sur le contrôle du discours historique par les institutions, voir Marc Ferro, *Les Tabous de l'histoire*, Paris, Robert Laffont, 2002.

tissant la pérennité de la mémoire » (enseignement scolaire), de renforcer son unité nationale. Cette notion, ainsi débarrassée de son traumatisme, laisserait alors place au deuil et à la commémoration. Les excuses donnent place à la réconciliation. « Le pardon est nécessaire pour un nouveau départ, un nouveau recommencement », déclarait Martin Luther King dans un discours de 1963 à Washington. D'ailleurs, c'est au nom de cette réconciliation pour résorber les conflits armés, c'est au nom de cette unité nationale, que les peuples autochtones du monde entier demandent la reconnaissance de leur identité et de leurs traditions ancestrales, la récupération de leurs terres, des excuses, et la possibilité d'accéder à l'autodétermination[8].

Au cours du XXᵉ siècle, qui a débuté par l'extermination des Herero, des Arméniens, qui a été marqué par le génocide des juifs, jalonné de plus d'une centaine de conflits dont, récemment, le génocide au Rwanda et l'épuration ethnique dans l'ex-Yougoslavie, où les scènes de repentir se sont succédé, au cours de ce XXᵉ siècle donc, la notion d'excuses, sur la scène internationale, indissociable de la notion de justice et de dommages et intérêts, s'entache alors.

En effet, la crainte de litiges devant les tribunaux se substitue à la dette morale, à tel point que, dans un premier temps, l'Union européenne a failli s'abstenir de faire preuve de repentance à Durban. Elle avait peur de jouer la scène des excuses ou d'employer même ce terme qui, selon elle, pourrait ouvrir la voie aux demandes de réparations financières par les esclaves et leurs descendants. Mais le progrès réside dans la déclaration finale de la Conférence mondiale contre le racisme, où il est noté que l'Union européenne présente des excuses pour les crimes passés et où l'esclavage et la traite négrière sont reconnus comme crimes contre l'humanité. Il est cependant également précisé qu'en aucun cas elle ne verserait de dédommagements. Sur ce point, l'Union européenne est soutenue par les États-Unis qui avaient boycotté les deux précédentes conférences sur le racisme organisées par les Nations unies à Genève en 1978 et 1983.

8. Voir *supra* l'article de Pap Ndiaye : « Les Indiens d'Amérique du Nord », et celui d'Alastair Davidson : « Une race condamnée : la colonisation des Aborigènes d'Australie ».

Si les pays occidentaux et les États-Unis font front commun contre les réparations, « le front des pays africains, quant à lui, n'est pas uni. Les anglophones, comme le Ghana et le Nigeria, défendent une position maximaliste [le versement intégral d'indemnités sous la forme de transfert de capitaux et/ou d'annulation de la dette] tandis que les francophones se contenteraient d'une reconnaissance morale et de "regrets"[9] ».

En revanche, à l'heure de la Décennie de lutte contre le racisme (1994-2003) et de l'Année internationale de la mobilisation contre le racisme (2001) organisées par l'ONU, des groupes afro-américains établis aux États-Unis soutiennent la campagne de réparations de certains pays africains qui, dans la proclamation d'Abuja, déclarent : « Le tort qu'ont causé l'esclavage, le colonialisme et le néocolonialisme n'est pas seulement une réalité historique, mais se manifeste encore douloureusement dans les vies mises à mal des Africains d'aujourd'hui, de Harlem à Harar, de la Somalie au Surinam[10]. » Ce sera un des arguments-clés des plaignants africains et noirs américains descendants d'esclaves dans leur procès contre les entreprises américaines.

En vérité, le concept d'indemnisation et le débat sur les réparations ne sont pas des phénomènes nouveaux — les États-Unis ont une longue histoire à ce sujet —, mais ils resurgissent, car des événements récents y ont contribué, que ce soit l'obtention d'indemnisations par les juifs, victimes de l'Holocauste et du travail forcé sous Hitler, auprès de l'Allemagne et de la Suisse ; ou bien le dédommagement des Américains d'origine japonaise emprisonnés et internés dans des camps pendant la Seconde Guerre mondiale — qui ont eu gain de cause en 1988 après plus de quarante ans de demande, le Congrès ayant débloqué la somme de près de 1,6 milliard de dollars pour 80 000 d'entre eux ; ou encore les compensations versées par le gouvernement américain aux Sioux pour la spoliation de leurs terres[11].

---

9. Théophile Kouamouo, « Au départ de la route des esclaves. Le délicat débat sur l'indemnisation », *Le Monde*, 10 septembre 2001, Ouidah, Bénin.

10. Jullyette Ukabiala, article cité, voir note 4.

11. Yves Laudy, « Combien pour l'esclavage ? », *La Libre Belgique*, Défis Sud, n° 47.

Le cas des descendants d'esclaves noirs américains

Certes, le débat des réparations des descendants d'esclaves aux États-Unis reprend de l'actualité, il n'en reste pas moins que sa première évocation date de 1865. En effet, alors que le décret de Schoelcher en août 1848 n'a pas empêché la France d'indemniser les maîtres colons aux Antilles de 6 millions de francs en 1849[12] — pour perte de main-d'œuvre —, les esclaves libérés restant sans terres, aux États-Unis, en revanche, dès la fin de la guerre de Sécession en 1865, le général William Sherman avait promis à chaque famille d'esclaves libérés « quarante acres et une mule pour labourer, comme indemnité du crime de l'esclavage ». Son successeur, le président Lincoln, avait décidé de respecter cette promesse. Mais, après son assassinat, le président Andrew Johnson a, par la publication d'un nouveau décret, repris les terres distribuées aux esclaves pour les restituer aux confédérés.

« Quarante acres et une mule ne peuvent pas suffire à faire oublier la déportation, les coups de fouet, les massacres, les mutilations et les viols. Cependant, l'indemnisation des Noirs affranchis aurait témoigné d'une volonté sincère de réduire les inégalités qu'a creusées l'esclavage[13]. »

Dans les années 1960, déjà, l'obtention de réparations auprès de l'Allemagne par les victimes de l'Holocauste a servi de précédent à la demande de réparations inscrite dans *la Déclaration du programme en dix points* des Black Panthers qui a ressorti le dossier : « Quarante acres et une mule, c'est ce

---

12. De même, pour l'obtention de son indépendance et la reconnaissance de la suppression de l'esclavage, Haïti versa une indemnité à la France et aux planteurs dépossédés ou à leurs ayants droit, à la suite d'une ordonnance du 17 avril 1825 du roi Charles X. Pour pouvoir honorer cette dette, Haïti a dû contracter un emprunt auprès de la France — ancienne puissance coloniale. Fixée à la somme de 150 millions de francs en 1825, la dette coloniale diminua à 90 millions de francs à l'issue du traité de février 1838 signé par les deux pays.

13. Cité *in* Pascal Riché, « Pour ou contre dédommager les Noirs. Aux États-Unis, l'indemnisation de l'esclavage refait débat », *Libération*, 17 août 2001.

qu'on nous a promis il y a cent ans comme indemnité du travail d'esclave et du génocide de notre peuple. Nous accepterons un paiement en espèces. Les Allemands aident bien aujourd'hui les juifs en Israël à cause du génocide du peuple juif. Les Allemands ont assassiné 6 millions de juifs. Les Américains racistes ont participé au massacre de plus de 50 millions de Noirs. C'est pourquoi nous considérons que nos exigences sont modestes. » La *Déclaration* évoque également Frantz Fanon : « Le colonialisme et l'impérialisme ne sont pas quittes avec nous quand ils ont retiré de nos territoires leurs drapeaux et leurs forces de police. [...] Dans la bouche des Européens, au lendemain de 1945, une seule phrase : "L'Allemagne paiera." De son côté, M. Adenauer, au moment où s'ouvrait le procès Eichmann, a, au nom du peuple allemand, encore une fois demandé pardon [...] a renouvelé l'engagement de son pays à continuer de payer à l'État d'Israël les sommes qui doivent servir de compensations aux crimes nazis[14]. »

Depuis lors, de nombreux mouvements noirs ou blancs reprennent le slogan. Que ce soit le député John Conyers, qui, depuis 1989, dépose chaque année un projet de loi pour la création d'une commission qui étudierait la question ; ou bien des personnalités, comme Jesse Jackson, qui préparent des poursuites contre le gouvernement fédéral et les entreprises, soutenues par le Reparation Coordinating Committee, comité de coordination créé par Charles Ogletree, professeur à Harvard, et Randall Robinson — fondateur de Transafrica[15] et auteur de *The Debt : What America owes to Blacks*[16] ; ou bien, le mouvement N'Cobra (National Coalition of Blacks for Reparations in America) ; ou encore Barbara Lee, représentante démocrate de Californie, membre du Black Caucus, qui a fait appel à des stratégies de compensations, considérant

14. Frantz Fanon, *Les Damnés de la terre*, Paris, Maspero, 1961, rééd. Gallimard, 1991. La phrase « L'Allemagne paiera », reprise par Frantz Fanon pour la période 1945, date en fait de 1918.

15. Lobby qui a imposé avec succès des sanctions à l'Afrique du Sud du temps de l'apartheid.

16. *La Dette : Ce que l'Amérique doit aux Noirs*, éditions Dutte/ Plumes, 1999. Fabrice Rousselot, « "Les profiteurs de l'esclavage" traînés en justice à New York », *Libération*, 28 mars 2002.

que la condition de la communauté noire américaine porte toujours en elle les stigmates de la colonisation, de l'esclavage et de la discrimination.

Bien que toutes ces tentatives contre l'État fédéral aient échoué, en 2001, deux États — la Floride et l'Oklahoma — ont indemnisé respectivement les survivants noirs d'un massacre de 1923 et ceux d'une émeute de 1921.

Mais « toutes ces demandes, par le passé, ont établi une jurisprudence permettant aux victimes des droits de l'homme d'exiger auprès des entreprises ou des successeurs d'entreprises qui ont abusé d'elles des réparations », déclare Edward Fagan, un des avocats des plaignants[17]. La plainte collective (*class-action*)[18], ouverte à tous les descendants d'esclaves pouvant justifier d'un lien de parenté avec des esclaves, sous l'impulsion de Deadira Farmer-Pullmann[19], a été déposée devant la Cour fédérale de New York. Le mouvement Initiative de Gorée, regroupant une quarantaine d'ONG, et le mouvement noir américain se sont associés dans cette « lutte ».

Deux des avocats des plaignants participent à la procédure — John Cochrane, célèbre pour avoir défendu avec succès O. J. Simpson, et Edward Fagan, qui s'est fait un nom dans les années 1990 en intentant des actions en justice contre les banques suisses au nom des victimes de l'Holocauste et du travail forcé sous le régime de Hitler, qui ont bénéficié d'un versement à l'amiable de 8 milliards de dollars. Puis Edward Fagan a entrepris deux procédures contre les entreprises allemandes Degussa et Siemens. Bien qu'elles fussent tout d'abord rejetées par un juge « qui estimait que la question des réparations était une affaire politique étrangère et non de droit […] [sous la pression de l'opinion publique, des menaces

17. Michel Moutot, « Réparations de l'esclavage : le secteur privé américain pris pour cible », AFP International, New York, 25 mars 2002.

18. Plainte collective signifie le recours en justice d'un groupe de personnes — ici au nombre de quatre plaignants —, par opposition à un individu, contre une entreprise.

19. Activiste new-yorkaise qui étudie depuis de longues années la relation entre l'esclavage et le monde de l'entreprise, sources Philippe Bolopion, « Des fortunes construites au prix de la sueur des esclaves », RFI, www.democraf.com, article 298, juin 2002.

des autorités américaines ou des sanctions brandies par les institutions locales], les entreprises et le gouvernement allemands ont décidé de créer un fonds de 5,2 milliards de dollars, aujourd'hui en cours de versement[20] ». Il a également participé à l'équipe juridique aux côtés de Dumisa Ntsebeza, ancien commissaire de la Commission vérité et réconciliation (TRC) et un des principaux avocats de l'Apartheid Reparations International Legal Claim (l'Action juridique internationale pour les réparations de l'apartheid), qui a déposé un recours en justice contre des entreprises américaines et suisses. « Les cibles sont les multinationales privées basées aux États-Unis et en Europe ayant réalisé des bénéfices à partir de leurs transactions commerciales en Afrique du Sud pendant la période allant de 1948 à 1993. Les réclamations sont faites aux États-Unis en conformité avec la législation américaine qui autorise les citoyens non américains à déposer des requêtes portant sur les droits humains et sur la torture aux tribunaux de ce pays — contre des entreprises qui y fonctionnent[21]. »

Pour en revenir aux États-Unis, la plainte fut déposée contre trois entreprises — Aetna Inc, CSX Corp et Fleet Boston Financial Corp —, mais d'autres devraient suivre contre Lehman Brothers, Norfolk Southern, Lloyd's de Londres, New York Life.

Aetna Life Assurance, une des premières sociétés d'assurances des États-Unis, a admis avoir émis des polices d'assurance vie aux propriétaires d'esclaves. En effet, ces derniers bénéficiaient d'une assurance sur leur « cheptel », à la mort d'un de leurs esclaves, aux seules conditions que la mort de ce dernier ne fût pas causée par le lynchage, l'épuisement au travail ou le suicide. Quant à la Fleet Boston, elle a succédé à la Pro-

20. *The Economist*, « Les descendants d'esclaves bientôt indemnisés ? », Londres, traduit in *Courrier international*, n° 535, 1er-7 février 2001.

21. Anthony Stoppard, « Des avocats qui envisagent de poursuivre des banques suisses et américaines pour avoir violé les sanctions financières internationales [abrogées par l'ONU] contre l'Afrique du Sud de l'apartheid recrutent actuellement des victimes de l'oppression raciale, pour leur recours collectif en justice », www.ipsnews.net.

vidence Bank of Rhode Island. Cette dernière fut créée au milieu du XIXe siècle par John Brown, homme d'affaires fort respecté de Rhode Island et également l'un des plus grands esclavagistes, négrier notoire de la région. Comme de nombreux autres propriétaires terriens, plusieurs fois par an, il affrétait des bateaux pour la traite des Noirs en Afrique. Enfin, les compagnies qui ont précédé CSX ont eu recours à des esclaves pour la construction des voies de chemin de fer sur tout le territoire américain.

Comme le souligne si bien Elie Wiesel, « le bourreau tue toujours deux fois, la deuxième fois par le silence ». Bien que les esclaves, au prix de leur sueur, aient contribué à la richesse des États-Unis et à la construction de nombreuses fortunes sur leur travail non payé, « l'esclavage a laissé des traces dans la société d'aujourd'hui et a condamné la population noire à la pauvreté, au chômage, au manque d'éducation. C'est cela que nous voulons réparer », a précisé l'un des avocats, Robert Wareham[22].

« M. Kennedy, professeur de droit à Harvard, estime que le débat sur les réparations ne fait que commencer et qu'il naît de la remise en question de l'*affirmative act,* cette politique qui consiste à compenser, par des dispositions spécifiques, l'inégalité des chances liée à l'origine ethnique[23]. »

Dans la justice américaine, après le dépôt d'une plainte, un juge doit être saisi du dossier et décider s'il y a lieu ou non de poursuivre. Cette procédure peut durer des mois, le magistrat étant susceptible de demander des compléments d'informations ou organiser des auditions.

C'est pourquoi les avocats des plaignants ont invité les responsables politiques au niveau des États à « obliger » les entreprises de leurs juridictions à ouvrir leurs archives et à créer des commissions chargées d'étudier l'impact de l'esclavage. La première application en date est une loi californienne du 1er janvier 2001 qui force déjà les sociétés d'assurances à dévoiler si elles ont indemnisé des propriétaires d'esclaves à la mort de ces derniers.

22. Yves Laudy, article cité.
23. Source : Patrick Jarreau, « La communauté noire américaine divisée sur la question des réparations », 30 août 2001.

Cinquante-trois pour cent des Noirs[24] interrogés pensaient que l'État devait payer des dommages et intérêts, non pas au nom des crimes commis contre leurs ancêtres, mais au nom du respect de leur droit humanitaire, de leur droit légitime à une vie digne et non discriminatoire ; d'autant plus que les séquelles de l'esclavage se retrouvent dans la condition des Noirs américains qui affichent, aujourd'hui, des revenus plus faibles, une éducation inférieure, une espérance de vie plus courte, une criminalité plus forte, un taux plus élevé de divorces qu'au sein de la population blanche.

S'appuyant particulièrement sur le préjudice vécu par la population noire américaine, mais devant la difficulté de le chiffrer exactement, la plainte de vingt pages n'a pas spécifié, pour l'instant, le montant exact des réparations. En revanche, pour les modalités de versements, les avocats pensent que la bonne solution serait la « constitution d'un fonds — comme celui destiné aux victimes du 11 septembre 2001, lequel est conjointement financé par les compagnies aériennes — qui serait chargé de financer les projets humanitaires dans les secteurs de la santé, de l'éducation, du développement social ».

Mais les entreprises ne l'entendent pas ainsi. « Kathy Burns, porte-parole de CSX, considère cette plainte sans fondement. "C'est une utilisation perverse du système juridique pour s'attaquer à des problèmes qui remontent largement à plus d'un siècle et ce aux dépens des travailleurs et actionnaires d'aujourd'hui." Aetna Inc., quant à elle, rappelle qu'elle a déjà exprimé ses profonds regrets pour cette attitude pendant l'esclavage et affirme avoir investi plus de 34 millions de dollars au bénéfice de la communauté afro-américaine[25]. »

Par la lenteur de la procédure et la multiplication des procès, les plaignants espèrent lasser les entreprises. Ainsi deux situations peuvent émerger : soit celles-ci sont prêtes à payer ou à régler à l'amiable la question ; soit elles jouent de leur lobby — plus influent que celui des Noirs — pour faire pression sur le gouvernement afin qu'il dédommage à leur place

24. Une étude réalisée par les universités de Chicago et Harvard en octobre 2001.
25. Reuters (Washington), « Plainte contre des société américaines pour esclavage », 25 mars 2002.

le travail non rémunéré fourni par les esclaves dont il a aussi bénéficié. Ingénieuse ruse… Prenant acte des tentatives échouées de poursuite contre le gouvernement fédéral, c'est par le biais du secteur privé, donc de manière indirecte, que les plaignants arrivent à l'atteindre.

Divergences

Du côté africain, à la Conférence de Durban, les revendications et les modalités de paiement des réparations se jouent sur un tout autre registre et divergent selon les représentants des États africains.

Le président du Cap-Vert, Pedro Verona Rodrigues Pires, propose que l'indemnisation prenne la forme d'un soutien concret au développement du continent africain afin de contribuer à son intégration dans l'économie mondiale, alors que le Premier ministre du Mozambique, Pascoal Mocubi, estime que c'est sous la forme d'une annulation pure et simple de la dette que les pays africains peuvent espérer des perspectives plus viables en matière de développement. Quant au président togolais, Gnassingbé Eyadéma, il va encore plus loin en précisant que l'annulation de la dette africaine n'est qu'une partie de la réparation demandée.

Certes, mais tous trois omettent d'évoquer un fait important : la participation active des élites et des pouvoirs de certains pays africains dans le passé. Des rancœurs entre ethnies africaines subsistent aujourd'hui.

Au Bénin (ancien Dahomey), par exemple, l'ethnie Yoruba, victime des guerres de capture d'hommes (« chasses à l'homme »), n'a jamais pardonné aux rois d'ethnie Fon leur complicité dans l'esclavage. Alors qui doit être indemnisé et qui doit indemniser, d'autant plus que l'esclavage continue d'être pratiqué par des Africains dans certains pays d'Afrique aujourd'hui ? « L'occultation de l'esclavage interne aux sociétés africaines est largement partagée. Deux raisons aux connivences qui oblitèrent le sujet : d'une part, l'abolition de l'esclavage est historiquement le fait des pouvoirs coloniaux, et les Africains n'en sont nullement les acteurs ; d'autre part, avec l'opposition colonisé/colonisateur s'est établie une analogie entre inégalité de l'esclavage et sujétion politique. Dans des contextes marqués par les luttes pour la décolonisation puis par l'idéologie tiers-mondiste, la vision de la domination comme métaphore de l'esclavage excluait toute tentative d'étudier l'esclavage réel. Aujourd'hui, en parler contredit une certaine image de la modernité africaine incompatible avec l'opprobre associé à l'esclavagisme. [...] Alors comment légitimer la demande d'une indemnisation compensatoire et expiatoire, si l'on ne reconnaît pas chez soi l'existence de pratiques serviles[26] ? »

En effet, en Afrique, outre les formes canoniques de l'esclavage, une nouvelle traite s'est également développée qui conduit des milliers de femmes et d'enfants de pays « fournisseurs » (Bénin, Burkina Faso, Mali, Togo, Ghana) vers des pays « employeurs » (Côte-d'Ivoire, Nigeria, Gabon) transitant par le Cameroun ou la Guinée équatoriale. En avril 2001, quarante-trois enfants (vingt-trois âgés de 5 à 14 ans et une vingtaine d'adolescents) originaires du Bénin, du Mali ou du Togo, passagers de l'*Etireno,* sont bloqués au port de Cotonou. L'enquête menée a montré que la plupart des enfants trouvés à bord devaient être vendus à de riches Gabonais pour leur servir de domestiques ou travailler dans les plantations... Achetés au prix de 10 000 à 15 000 CFA (15 à 23 euros) dans les villages, ils sont revendus jusqu'à 300 000 CFA (450 euros). « Le Bénin est pauvre et le Gabon, riche. Les deux pays ont signé des conventions des Nations unies sur les droits de l'enfant. Et pourtant aucun n'a aboli le commerce des esclaves ou élaboré de loi pour punir les trafiquants[27]. » En revanche, une procédure est en cours contre les responsables de ce bateau. Le juge espagnol Baltasar Garzon — célèbre pour avoir participé à l'arrestation de Augusto Pinochet à Londres en 1998 — a été saisi du dossier après le dépôt d'une plainte pour crime contre l'humanité par une association espagnole de défense des droits de

26. Rencontre avec Roger Botte, anthropologue et chercheur au CNRS, sur la question de l'esclavage, *Le Monde*, 30 août 2001.

27. Olenka Frenkiel, « *Etireno,* le bateau de l'esclavage », *Mail & Guardian*, Johannesburg, traduit in *Courrier international*, n° 580, 13-19 décembre 2001, p. 66-67. *Etireno* est un bateau nigerian affrété par une compagnie béninoise qui avait pour itinéraire habituel Cotonou-Libreville-Douala-Lomé.

QUI DEMANDE DES RÉPARATIONS… ?

l'homme contre le ou les responsables de l'*Etireno*. À l'heure actuelle, trois mandats d'arrêt internationaux ont été diffusés contre le propriétaire, l'affréteur, le capitaine et l'équipage de ce navire.

« Si les propositions de l'Afrique sont acceptées, elles donneraient également l'opportunité de poursuites contre les autres pays qui ont pratiqué la traite, au premier rang desquels les pays arabes. Les victimes de l'esclavage actuel, comme en Mauritanie[28], pourraient-elles aussi s'appuyer sur ce texte pour réclamer des réparations ? » Ou encore la communauté noire pourrait-elle demander des réparations aux pays arabes ?

Ce qui est essentiel, c'est de garantir la pérennité de la mémoire des actes liés à la traite négrière — pour qu'ils ne tombent pas dans l'oubli — par la promotion de sites, de monuments et de lieux de mémoire ou par son « inscription » dans les manuels scolaires, ou encore, comme en France, en célébrant, à l'appel de l'Unesco, le 23 août de chaque année, la Journée internationale du souvenir de la traite et de son abolition, date de l'insurrection de Saint-Domingue en 1791[29] et de la naissance de la première République fondée par des esclaves noirs.

Le cas des Herero (Namibie)[30]

« Les Herero furent les premiers à subir un génocide […] et à inaugurer le travail forcé dans les camps de concentration où le colonisateur allemand les a déportés et enfermés. […] D'aucuns pourraient être tentés de considérer le destin des Herero comme la résultante non d'une attitude particulière des colonisateurs allemands, mais de la logique coloniale globale. […] [Mais c'est] l'Allemagne de Guillaume II qui

---

28. Fabienne Pompey, « Durban : les descendants d'esclaves demandent réparations », *Le Monde*, 7 août 2001. Voir *supra* l'article de Mariella Villasante Cervello : « La Négritude… »

29. Voir *supra*, « Autour de la traite et de l'esclavage ».

30. Sur ce sujet, lire Ingolf Diener, *Namibie, une histoire, un devenir*, Paris, Karthala, 2000 (rééd.).

constitue une matrice des camps de concentration nazis, voire de la Shoah[31]. »

Ce passé a refait surface en 2000, tout d'abord par l'obtention d'indemnisation pour les juifs — en tant que victimes du génocide et du travail forcé sous le régime hitlérien — et également par la découverte de squelettes humains dans le désert namibien — témoins des crimes du passé. C'est pourquoi, aujourd'hui, des procédures judiciaires sont en cours contre des entreprises allemandes ainsi que contre le gouvernement, pour obtenir réparation des crimes commis pendant la colonisation.

En effet, le XXᵉ siècle débute, en 1904, avec l'extermination des Herero — peuple nomade de pasteurs de langue bantoue qui migra dans cette contrée au XVIIᵉ siècle, déjà occupée par les Bochimans (San) et les Khoikhoi (Namas). Théâtre de longues guerres tribales, certes, mais c'est avec l'arrivée des Européens aux XVIIIᵉ-XIXᵉ siècles que la région va devenir le terrain de violents et destructeurs affrontements qui vont plonger les différentes ethnies indigènes dans le cauchemar.

Découvrant les zones diamantifères de la côte, en 1883, Adolf Lüderitz, négociant de Brême, signa deux traités commerciaux avec la tribu herero locale, qui lui permirent d'établir des comptoirs — dont Angra Pequeña (actuelle ville de Lüderitz), relié par voie ferrée à la ligne Windhoek-Le Cap. Réalisant que cette région pourrait être un fabuleux réservoir de minerais (diamants et or) et de matières premières, Otto von Bismarck la déclara protectorat allemand en 1883, avant de l'officialiser un an après à la Conférence de Berlin. L'Allemagne, qui avait toujours été isolée du partage de l'Afrique entre les puissances européennes, prend sa revanche en s'octroyant le Sud-Ouest africain (*Deutsch Südwestafrika*) — appellation de la nouvelle colonie, dont le premier gouverneur civil nommé est Heinrich Göring[32] — qui s'agrandira entre 1891-1894 aux régions du Ruanda (Rwanda), de l'Urundi (Burundi), de la Tanzanie, du Cameroun et du Togo…

---

31. Joël Kotek, Pierre Rigoulot, *Le Siècle des camps : emprisonnement, détention, extermination, cent ans de mal absolu*, Paris, Jean-Claude Lattès, 2000.
32. Père du chef nazi Hermann Göring.

Si, dans un premier temps, l'établissement de traités commerciaux, territoriaux, militaires a permis une certaine cohabitation plus ou moins pacifique, les relations s'enveniment peu à peu avec la mise en œuvre d'une politique de conquête territoriale par Curt von François, prolongée par T. Leutwein, administrateur nouvellement nommé à Windhoek, en 1894. Sa stratégie consistait à exacerber les tensions interraciales (Namas et Herero) afin de tirer profit de la situation pour signer différents traités avec l'une ou l'autre partie ; bénéficiant de leur confiance, il les dépossédait ainsi progressivement de territoires de plus en plus larges. « L'administration coloniale allemande estime que seule une ponction permanente effectuée par les commerçants allemands […] pourra réduire le bétail à des propositions raisonnables et permettra ainsi aux Allemands de s'installer au sud de la rivière Nossob [à l'est du pays] […]. Chaque année, les Herero se départissent des milliers de bêtes qui vont gonfler les troupeaux des colons[33]. » Spoliation des terres, perte du bétail, victime de la peste bovine de 1897 ou saisi par l'administration, salarié malgré lui au service des fermiers ou des entrepreneurs allemands, maltraité à coups de fouet et exploité, résument les dix années de colonisation allemande et suscitent au sein de la population herero et nama des sentiments de colère.

La première révolte, alliant Herero et Namas, traditionnellement hostiles, contre le pouvoir colonial éclata en 1896. Malgré leur défaite, ils réitérèrent le 12 janvier 1904. Ce soulèvement fournit aux Allemands le « prétexte tant attendu pour mettre leur plan [en marche — celui] de transformer le Sud-Ouest africain en une colonie de peuplement blanc, de parquer les indigènes dans des réserves, s'ils se révèlent récalcitrants et gênants, de s'en débarrasser purement et simplement. […] En effet, la guerre prend vite les allures d'un affrontement plus racial que colonial[34] ».

33. Carine Gilloin, *Une histoire des grands hommes. Anthropologie historique de la communauté herero, 1840-1993 (Namibie)*, thèse de doctorat sous la direction d'Olivier de Sardan, EHESS, mai 1999, p. 188-192.
34. Joël Kotek, Pierre Rigoulot, *op. cit.*, p. 83-84.

Les survivants sont conduits dans des *homelands*, en plein désert, par les troupes allemandes qui obstruent toutes voies de fuite possible, qui les soumettent à la mort en les privant de nourriture (laissant périr ainsi leur bétail) et d'eau (en empoisonnant les puits). « Lorsque arriva la saison des pluies, des patrouilles allemandes trouvèrent des squelettes gisant autour de trous secs profonds de douze à seize mètres que les Africains avaient creusés en vain pour trouver de l'eau[35]. »

La volonté flagrante de von Trotha d'éradiquer la tribu herero se traduisit par un *Ordre dit d'extermination* (*Vernichtungsbefehl*) du 2 octobre 1904 : « Les Herero ne sont plus des sujets allemands. [...] Je dis au peuple : quiconque nous livre un Herero recevra 1 000 marks. Celui qui me livrera Samuel Maherero (chef de la révolte) recevra 5 000 marks. Tous les Herero doivent [...] partir ou mourir. Telle est ma décision pour le peuple herero[36]. » Suite à de nombreuses protestations et pressions nationales et internationales, Guillaume II décide de lever l'*Ordre dit d'extermination*, la même année. Von Lindequist, nommé en novembre 1905, déclare que « dorénavant tout Herero qui ne se rend pas aux autorités ne sera plus abattu, mais considéré comme "prisonnier", astreint aux travaux forcés et marqué des lettres GH pour "Herero capturé" (*gefangene*)[37] ». Le gouvernement allemand passa ainsi d'une politique d'extermination systématique à celle des camps, du travail forcé et de l'esclavage.

Dès août 1904, des camps ont été construits pour les prisonniers, dont l'existence a précédé leur appellation — le terme *Konzentrationslagern* n'apparaissant qu'en janvier 1905. « [...] S'il est vrai que la réalité du phénomène concentrationnaire préexiste au "traitement" du cas Herero par les Allemands, le camp subit à cette occasion, par l'association de l'enfermement et du travail forcé, une mutation décisive. Pour la première fois, en effet [...] l'usage du camp intervient hors contexte militaire », au bénéfice des entreprises locales et civiles, victimes de pénurie de main-d'œuvre suite à la guerre. Bénéfice d'autant plus grand que cette

35. Auteur anonyme, www.lautre.dad.be
36. Carine Gilloin, *op. cit.*
37. *Ibid.*

main-d'œuvre était gratuite, puisqu'une circulaire stipulait qu'« en tant que prisonniers il ne saurait être question de les payer pour leur travail[38] ». Fait nouveau également, certaines sociétés créèrent leurs propres camps — comme la compagnie maritime Woermann — que les Herero poursuivent aujourd'hui. Dans ces camps, les Herero ont été victimes de sous-nutrition, d'épuisement, d'humiliation (cris et insultes), de violences (coups de fouet, assassinats), de viols ; plus de la moitié d'entre eux ont péri dès la première année d'internement.

En 1908, les camps ont été démantelés. Mais pour garder un contrôle permanent sur les « anciens prisonniers » et sur toute la population indigène, le droit à la propriété et au bétail leur est interdit ; ils sont « fichés », dès l'âge de sept ans, grâce à un passeport avec un numéro d'identification ; les déplacements étant interdits, des « passeports de voyage » sont distribués pour limiter au maximum les flux de population, et une taxe y est associée en 1912. À défaut de ce document, les anciens prisonniers portent au cou un disque de métal où figure leur numéro matricule[39].

Le recensement de 1911 indique que sur les 80 000 Herero que comptait la tribu, il n'en reste tout au plus que 15 000 ; les Namas, quant à eux, passent de 20 000 à 10 000.

A suivi la guerre avec l'Afrique du Sud puis la Première Guerre mondiale qui mit fin à l'occupation allemande. Par décision de la Société des Nations (SDN), le Sud-Ouest africain a été confié à l'Afrique du Sud, en tant que territoire sous mandat. Les Sud-Africains ont maintenu la politique de ségrégation sous la forme d'une politique de « développement séparé » — transposition de leur apartheid — à l'égard des Herero.

Les nombreuses luttes de résistance, la mobilisation, les rébellions sanglantes des différentes tribus, qui débutèrent dès 1912 contre les Allemands et continuèrent jusqu'à nos jours contre la politique discriminatoire sud-africaine, ont permis l'obtention d'élections libres en 1989, qui donnèrent

38. Jan-Bart Gewald, *Hereros heroes*, éd. James Currey (Oxford) et David Philip (Le Cap), Ohio University Press (Athens), 1999, p. 188.
39. Carine Gilloin, *op. cit.*

naissance à l'indépendance de la Namibie le 21 mars 1990
(appellation donnée sous l'égide de l'ONU en 1968), sous la
présidence de Sam Nujoma.

Deux raisons essentielles ont poussé le Conseil pour les
dédommagements au peuple herero — créé sous l'impulsion
du chef des Herero, Kuaima Riruako, et du professeur Mburuma Kerina, descendants directs du peuple herero qui a
souffert pendant cette époque — à poursuivre en justice, en
juin 2001, le gouvernement allemand et les entreprises accusées d'alliance dans la politique coloniale de l'Empire au
début du XXᵉ siècle, devant la Haute Cour du district de
Columbia. Ce tribunal peut, grâce au « droit fédéral des États-
Unis et [au droit international], imposer des compensations
légales pour des crimes commis dans le passé, même lointain,
et qui ont profité aux accusés ».

La première a pour but d'« alerter les instances internationales sur le génocide oublié et de permettre aux Herero une
reconnaissance symbolique essentielle à leur reconstitution
identitaire. [...] Si le premier génocide du siècle a eu lieu en
Namibie, c'est qu'il est apparu dans l'espace colonial. C'est
donc le procès du colonialisme qui se joue à travers la cause
herero. Il est par conséquent essentiel de reconnaître cet
épisode, de l'intégrer dans l'historiographie du XXᵉ siècle
[...][40] ».

Outre la demande de reconnaissance (comme pour les
esclaves noirs américains, c'est sur le travail non rémunéré
des Herero que la richesse de l'État et des entreprises s'est
construite), c'est au nom des inégalités flagrantes et persistan-
tes du présent — conséquences des crimes passés — et pour
rectifier ce gouffre qui sépare la classe dominante blanche
des Herero qu'ils réclament des dommages et intérêts auprès
de plusieurs entreprises. La plupart des anciens colons, de
souche sud-africaine et allemande, restés en Namibie gardent
toujours un pouvoir économique écrasant, que ce soit dans le
secteur industriel ou agricole, et possèdent la majorité des
terres exploitables. À la suite de la réforme agraire de 1991,
pour éviter un conflit avec les grandes propriétés blanches,
quelques terres ont été restituées aux paysans noirs, dont une

40. Auteur anonyme, www.lautre.dad.be

grande partie continue à vivre d'une agriculture de subsistance. En 1994, le chômage touchait encore 40 % de la population active.

Même si, aujourd'hui, l'Allemagne participe au développement de la Namibie, octroyant des fonds d'aide — plus d'un milliard d'euros ont été versés à ce jour —, pensant ainsi éponger sa dette pour les actes commis par ses ancêtres, il n'en reste pas moins que les « Herero qui sont à l'heure actuelle plus de 100 000, demeurent inflexibles. Ils exigent une "véritable" compensation. […] "Ils nous ont déshumanisés. Ils nous ont dépossédés de tout. Voilà pourquoi nous réclamons des dédommagements"[41] ».

Phil Musolino et Dessel, les deux avocats du Conseil, demandent 2 milliards de dollars d'indemnisation auprès de la Deutsche Bank AG, Terex Corporation et Woermann Line, appelée maintenant Deutsche-Africa-Linien. Il a été prouvé, documents à l'appui, que la Deutsche Bank a été le principal groupe bancaire contrôlant pratiquement toutes les opérations financières effectuées dans le Sud-Ouest africain entre 1890 et 1929 environ. « Les accusés et l'Allemagne impériale ont formé une entreprise commerciale qui, de sang-froid, a pratiqué une politique d'extermination. Celle-ci comprenait la destruction de la culture tribale et de l'organisation sociale, l'établissement de camps de concentration, le travail forcé, des expérimentations médicales et l'exploitation des femmes et des enfants aux profits financiers communs de ces compagnies[42]. »

Autre document : le *Blue Book*, publié en août 1918 par le gouvernement britannique, inclut des traductions de documents des dossiers officiels allemands sur les camps et des récits détaillés et assermentés de témoins qui ont assisté aux actes perpétrés par les Allemands dans les camps. Il fut détruit en partie en 1926, dans le cadre du processus de réhabilitation de l'Allemagne ; cependant, quelques copies ont survécu et sont utilisées par les Herero pour leurs actions en justice. « Johann Noothout, jeune Hollandais naturalisé

41. Catherine Chabu Mwewa, « Namibie, dédommagements de guerre », *ANB-Bia*, supplément, n° 421, Issue Édition, novembre 2001.
42. Catherine Chabu Mwewa, article cité.

britannique, parlant du camp de Lüderitzbucht : "[...] J'ai vu des cadavres de femmes... mangés par des oiseaux de proie. Certaines d'entre elles avaient été manifestement battues à mort [...]. Tout prisonnier qui tentait de s'échapper était amené au lieutenant qui lui administrait cinquante coups de fouet. La punition était donnée de la manière la plus cruelle possible ; des morceaux de chair volaient dans les airs." [...][43] »

À la demande de 2,2 milliards de dollars supplémentaires auprès du gouvernement allemand, Roman Herzog, en 1998, admettait les « actes incorrects » commis pendant cette période mais « soutenait que la tribu ne pouvait réclamer des compensations, parce que les lois internationales sur la protection des civils n'étaient pas encore en vigueur lors du soulèvement des Herero et que toute action judiciaire est impossible du fait qu'à l'époque aucun texte légal ne permettait de qualifier juridiquement l'extermination[44] ». La convention de La Haye de 1899 sur la protection des droits des populations civiles est omise.

Il osa ajouter qu'il refusait de présenter ses excuses, prétextant que trop de temps s'était écoulé pour qu'elles aient une quelconque valeur. Maigre victoire en août 2001, *a contrario*, le ministre des Affaires étrangères, Joschka Fischer, déclara à la Conférence mondiale de Durban : « [...] Dans beaucoup de parties du monde, les souffrances et les conséquences de l'esclavagisme, de l'exploitation coloniale, se font encore sentir profondément. Les injustices du passé sont irréversibles, mais en reconnaissant notre culpabilité, en assumant notre responsabilité, en admettant nos obligations historiques, nous pouvons au moins rendre aux victimes et à leurs descendants la dignité dont ils ont été privés. C'est ce que je voudrais faire maintenant, ici, au nom de la République fédérale d'Allemagne. »

43. Joël Kotek, Pierre Rigoulot, *op. cit.*
44. Catherine Chabu Mwewa, article cité. En effet, le terme de génocide a été rétroactivement attribué aux Herero, puisqu'il n'apparaît qu'en 1944, dans l'ouvrage du juriste polonais Raphaël Lemkin consacré à l'occupation de l'Europe par les puissances de l'Axe, *Axis in Occupied Europe*.

Les métis noirs allemands, victimes oubliées du nazisme

L'idée de stériliser la race noire est née en Namibie. Influencé par les théories darwinistes ou encore par celles de Joseph Gobineau — qui « prétendait fonder sur une base physique et réaliste la supériorité de la race nordique et germanique[45] » —, Eugen Fischer, généticien allemand, concentra ses travaux sur les Herero, particulièrement les « métis », sur la menace de ce « mélange racial » — découlant le plus souvent des viols pratiqués par les militaires sur les femmes herero — et sur la pureté génétique de la race aryenne. Il commença son étude au sein même des camps — quelques prisonniers, survivants de la guerre de 1904, devenant des cobayes humains pour ses expériences médicales. De ses recherches, il publia deux livres. Le premier, en 1913, *Les Bâtards de Rehoboth et le problème de la bâtardisation chez l'être humain*, défend la théorie que « les enfants issus de mariages entre Noirs et Blancs ont des capacités intellectuelles plus réduites que […] les enfants de deux géniteurs blancs[46] ». Le second, en 1921, *Les Théories de l'hérédité humaine et l'« eugénisme »*, élabore ce que l'idéologie nazie n'allait pas tarder à mettre en pratique à une tout autre échelle. En 1908, à la fermeture des camps, les mariages interraciaux sont interdits ou annulés. Les Allemands concernés sont déchus de leurs droits civiques.

Au lendemain de la défaite de la guerre 14-18, l'obsession de la pureté de la race blanche s'intensifie — surtout, lorsque, dépossédée de ses colonies d'Afrique, l'Allemagne voit la Rhénanie occupée par des troupes de soldats des colonies africaines françaises. Humiliation extrême : déjà, au traité de Versailles, les Allemands avaient demandé d'exclure ces soldats des combats, alors comment supporter leur présence en tant que gardiens de l'autorité d'occupation en Rhénanie et comment tolérer qu'ils puissent donner des ordres aux populations blanches considérées comme supérieures ? « Une série

---

45. Définition des théories de Joseph Arthur Gobineau du dictionnaire *Robert*, édition 2000.
46. Joël Kotek, Pierre Rigoulot, *op. cit.*

de mythes se forgent sur les ruines de l'ancien ordre établi.
[...] L'un d'eux permet de se réfugier dans un environnement
rassurant où les fautes sont rejetées sur une entité étrangère,
extérieure au "groupe". Le soldat noir transformé par la propagande en une antithèse extrême de l'Allemand type remplit
parfaitement ce rôle d'exutoire[47]. »

Pendant les années 1920, toute une politique de propagande a été menée contre les soldats noirs des troupes
coloniales — en particulier les tirailleurs sénégalais. La campagne contre la *Honte noire*, aidée dans sa diffusion par des
associations nationalistes, des journaux, des ligues féministes, diffuse l'image du soldat noir en la rapprochant de celle
du singe (ce ne sera pas la seule !). À l'image simiesque
s'ajoute celle d'un être avide de pulsions sexuelles incontrô-
lables, à tel point que, pour assouvir son engouement, le
soldat noir agresse des femmes et même des enfants. Il
incarne également le porteur de maladies (vénériennes ou
autres) et d'épidémies, qu'elles soient exotiques ou non.
« Une loi de la nature, loi première et sacrée, édicte l'inégalité des races et veut que les races supérieures supplantent
les races inférieures. Elle a réservé à la race aryenne le rôle
de civiliser le monde et de le dominer. Encore faut-il que le
sang aryen se conserve pur : le métissage est le péché
suprême contre la nature, qui, insultée, se venge [...][48]. » Au
nom de cette loi et au risque que les soldats noirs désobéissent aux lois interdisant les relations sexuelles interraciales,
Hitler préféra donner l'ordre d'en stériliser un grand nombre, sur les quelque 25 000 qui vivaient en Allemagne en
1935, et de les déporter dans des camps de travail forcé. Fin
1937, au moins 400 métis, nommés péjorativement « bâtards
rhénans », étaient stérilisés et 400 autres disparaissaient
dans les camps.

47. Estelle Fohr-Prigent, *La « Honte noire ». Racisme et propagande allemande après la Première Guerre mondiale*, maîtrise
d'histoire des relations internationales, sous la direction de M. Frank
et Mlle Badel, Paris-I, 1998-1999, p. 57.
48. Dossier proposé par Youssef Serrar, Mina Baje, Nassera Bou-
rayeb sur « Le racisme dans l'idéologie nazie ». Sur les viols pendant la
Première Guerre mondiale, voir les travaux de S. Audoin-Rouzeau.

Hans Hauck, une des victimes du programme de stérilisation de Hitler, raconte : « Nous avions la chance de ne pas être destinés à l'euthanasie ; nous étions seulement stérilisés. Il n'y avait pas d'anesthésie. Une fois reçu mon certificat de vasectomie, on m'a fait signer un papier par lequel je m'engageais à ne jamais avoir de relations sexuelles avec des Allemandes[49]. »

Certaines victimes, aujourd'hui, pensent qu'il faudrait se battre pour obtenir des compensations. Par la complexité même de la loi sur la restitution et devant les nombreuses procédures administratives à mettre en œuvre, les plaignants se découragent. Cette loi allemande stipule que toute personne qui a été soumise à la discrimination et à la persécution du régime nazi peut obtenir la restitution inconditionnelle de toute propriété (biens et droits). Mais « les personnes qui ont subi une stérilisation, par exemple, doivent fournir une documentation détaillée pour prouver leurs souffrances (certificats de stérilisation, documents attestant des dommages physiques). À elle seule, la preuve physique ne suffit pas. La loi fédérale sur la compensation ne définit même pas qui est habilité à réclamer[50] ». S'ajoute à cela l'indifférence attestée du gouvernement allemand, qui n'aide en rien à résoudre la question du dédommagement. « Il est temps que l'Afrique, ses enfants et sa diaspora fassent un effort gigantesque à propos de la question des réparations. Un jour [peut-être], les coupables entendront[51]. »

Les métis d'Australie, victimes de la politique de l'*Australia Keep White*

Dépossédés de leurs terres et maltraités (parquage dans des réserves, main-d'œuvre maltraitée, exploitée, déni de leurs racines, discrimination) pendant plus de deux siècles, les Aborigènes d'Australie célèbrent le dixième anniversaire du

---

49. Un des nombreux témoignages des victimes de la stérilisation cités in *The New West Indian*, n° 16, mai 2002.
50. Regina Jere-Malanda, « Les Africains, victimes oubliées du nazisme », *New African*, Londres, traduit in *Courrier international*, n° 469, 28 octobre-3 novembre 1999.
51. *Ibid.*

jugement Mabo[52], et de la reconnaissance de leurs droits de propriétaires terriens par la Haute Cour de justice australienne, le 3 juin 2002 (Mabo Act). S'ils ont obtenu quelques victoires, les Aborigènes, victimes de tous les problèmes sociaux aujourd'hui, ont d'autres requêtes — un pardon officiel qui les réhabilite, une plus forte participation aux décisions gouvernementales les concernant, un amoindrissement des inégalités sociales ou encore des réparations aux familles victimes d'enlèvements d'enfants métis.

« La Conférence du Commonwealth sur la situation des indigènes en 1937 était explicite : "Le futur des métis aborigènes ne réside que dans leur absorption définitive" ; elle réitéra en 1951 que "l'assimilation est le but. Jusqu'à ce que tous les Aborigènes vivent comme tout Australien blanc"[53]. » *Keep Australia White* (l'Australie aux Blancs).

Du début du XXe siècle jusqu'à la fin des années 1960, sur ordre du gouvernement, les enfants aborigènes métissés de sang blanc (*half caste*) sont enlevés à leurs familles pour être placés dans des institutions, des orphelinats ou des familles d'accueil afin de leur inculquer une éducation de type « européen » pour en faire « de bons petits Australiens ». « Les *chief protectors* nommés par chaque État deviennent les tuteurs officiels des enfants métis jusqu'à dix-huit ans[54]. »

La période 1994-2004 a été proclamée la « Décennie des peuples autochtones » par l'ONU. C'est en 1994 également que la tragédie de la génération volée fut dévoilée par la *Going Home Conference* regroupant six cents Aborigènes victimes de ces enlèvements à Darwin, puis par l'ouverture d'une grande enquête, « *Bringing Them Home* » (Ramenez-les à la maison), sous l'impulsion de Paul Keating, membre du gouvernement travailliste.

52. Voir *supra* l'article d'Alastair Davidson, « Une race condamnée : la colonisation et les Aborigènes d'Australie ».
53. Michèle Descout, « Au-delà des Jeux olympiques de Sydney. Le rêve perdu des Aborigènes », *Le Monde diplomatique,* octobre 2000. M. Descout est l'auteur du livre *Les Pistes du rêve*, Paris, Jean-Claude Lattès, 2000.
54. Michèle Descout, article cité.

Mais, en 1996, John Howard, plus conservateur, refuse de faire des excuses et encore moins de nommer un tribunal spécial chargé des réparations. « En Australie, les traités internationaux relatifs aux droits de l'homme ne sont pas directement applicables et doivent faire l'objet d'une loi pour être valides en droit. C'est pourquoi une personne ne peut se plaindre devant un tribunal d'une violation des obligations internationales auxquelles a souscrit l'Australie dans le domaine des droits de l'homme, à moins que le droit en question n'ait été incorporé dans la législation du pays[55]. »

Malgré le rapport *Bringing Them Home*, rendu public en avril 1997, qui reconnaît que, de 1885 à 1967, 30 à 50 % des enfants aborigènes — soit entre 70 000 et 100 000 enfants — ont été arrachés à leur mère et placés dans des institutions, John Howard ose affirmer, en avril 2000, que « pas plus de 10 % d'enfants aborigènes ont été séparés de manière forcée de leurs parents — et certains pour de bonnes raisons. Cela ne représente donc pas une génération, mais quelques dizaines de milliers de familles à traiter au cas par cas ». La population, choquée par un tel toupet, organisa le lendemain du jour du Pardon — le *National Sorry Day*, célébré le 26 mai — une grande marche à la mémoire de la génération volée à Sydney qui a réuni plus de 100 000 personnes. « La demande de deux victimes de la génération volée a été rejetée, le 11 août 2000, par la Cour fédérale. Le juge n'a pas trouvé utile de tenir compte des 621 témoignages, des 3 000 documents et de l'immense traumatisme des deux plaignants : "Leur enlèvement n'allait pas à l'encontre des lois en vigueur à l'époque[56]." »

Une autre commission d'enquête se réunit au mois d'octobre 2000, où le rapporteur spécial (E/CN.4/2000/16, par. 4, 36, 45-46) fait état que les enfants aborigènes sont toujours enlevés à leurs familles et à leurs communautés dans des proportions démesurées ; c'est le contact avec les systèmes de protection des enfants et de justice pour mineurs qui explique que de nombreux enfants aborigènes sont séparés

---

55. *Traités, ratifications, réserves*, Bilan 2002, vol. 6., sur le site www.hri.ca.

56. Michèle Descout, article cité.

de leurs familles ; partout, en Australie, les enfants d'indigènes sont toujours surreprésentés dans les établissements de
placement familial, en particulier à long terme ; de plus, un
fort pourcentage de ces enfants vivent dans des familles
d'accueil non autochtones.

« En vertu de la résolution 48/163 de l'Assemblée générale,
la Décennie a commencé le 10 décembre 1994. [...] Son programme met l'accent sur le rôle essentiel de l'éducation et de
la coopération internationale pour résoudre les problèmes
auxquels font face les populations autochtones dans les
domaines tels que les droits de l'homme, l'environnement, le
développement, l'éducation et la santé [...] tout en protégeant leurs droits ancestraux[57]. »

Les victimes du Vietnam

Si la demande de réparations du Vietnam ne paraît pas légitimement associée à celles traitées jusqu'ici, c'est qu'elle
n'entre ni dans le cadre d'un crime commis lors de la
conquête ou de la colonisation ni dans celui d'une politique
raciale, mais dans celui d'un crime commis lors d'une lutte
pour l'indépendance, du côté vietnamien, et d'une lutte
contre le communisme, du côté américain — un crime de
guerre. Néanmoins, un crime de guerre pour lequel il est
demandé réparation.

Durant la guerre du Vietnam, les États-Unis ont arrosé le
sud du pays ainsi que certaines régions du Laos et du Cambodge d'un produit chimique — l'agent orange — de 1961 à
1971, puis le régime de Saigon a pris le relais jusqu'au début
des années 1970, où l'épandage a définitivement cessé sous la
pression internationale. Ces opérations, menées sous le nom
de code *Operation Ranch Hand* (opération Ouvrier agricole), avaient pour but de détruire l'ensemble de la végéta-
tion afin de protéger les bases militaires américaines contre
les attaques des soldats nord-vietnamiens qui auraient pu y
trouver refuge ; mais également de mettre à nu les positions
militaires, les dépôts d'armes et les voies de ravitaillement de

---

57. *Sur la question des peuples autochtones,* voir le *Bilan 1998
de l'ONU.*

la résistance pour faciliter la visibilité aux forces aériennes et à l'artillerie ; enfin, par la destruction massive des récoltes, elles ont affamé la population.

D'autre part, si les procédures d'indemnisation préalablement étudiées cicatrisent les crimes du passé, à l'inverse, celles du Vietnam anticipent sur les crimes du futur, servant de précédent à d'éventuelles demandes de réparations par des victimes à venir. L'actualité l'a prouvé… Des débats étaient survenus, tout d'abord, au sujet des soldats américains exposés au gaz moutarde lors de la guerre du Golfe[58], qui, pour certains d'entre eux, sont morts quelques mois après le retour, tandis que d'autres ont été atteints de graves maladies. La même question s'était posée, lors de la guerre au Kosovo, pour certains soldats français exposés quant à eux à l'uranium appauvri. D'ailleurs, l'article 3 des statuts du Tribunal pénal international pour l'ex-Yougoslavie (TPIY) stipule qu'il a la « compétence de poursuivre les personnes qui commettent des violations des lois ou coutumes de la guerre — la première d'entre elles est la violation par l'emploi d'armes toxiques ou d'autres armes conçues pour causer des souffrances inutiles ». Mais aucun rapport n'ayant pu prouver les liens entre les produits chimiques et les symptômes des soldats, pour l'instant l'affaire en reste là… Néanmoins, comme au Vietnam, un comité sera peut-être créé pour enquêter sur les conséquences du recours aux armes chimiques pendant la guerre et cela pourrait donner lieu à de nouvelles demandes de réparations par les victimes (soldats ou civils) de crimes

58. Lire, à ce propos, Fread Pearce, « Guerres et environnement : réaction en chaîne », *Courrier de l'Unesco*, n° 25, 2000. F. Pearce est spécialiste de l'environnement, collaborateur de l'hebdomadaire britannique *The New Scientist*. « Le gaz moutarde (ypérite) a été utilisé pendant la guerre en Irak de 1987-1988. La première enquête médicale a été effectuée en 1998 par le docteur Christine Gosden, professeur à l'université de Liverpool. Dans son rapport à l'Institut de recherches sur le désarmement des Nations unies, elle relève des cas de cancers rares, de malformations chez les enfants, de fausses couches, d'infections pulmonaires récurrentes et de problèmes neuropsychiatriques graves. Le gaz moutarde a brûlé des cornées, provoquant des cécités. Des cancers risquent de n'apparaître que cinq à dix ans après. »

de guerre. Certes, ce n'est pas au Vietnam que furent utilisées, pour la première fois, les armes chimiques — rappelons-nous de la Première Guerre mondiale —, mais la demande de réparations de la part des vétérans américains à leur propre gouvernement est novatrice.

À la suite des poursuites judiciaires des anciens combattants américains, le Département d'État comme les sociétés américaines productrices d'agent orange — telles que Dow Chemical (une des plus puissantes entreprises de ce type), Thompson, Diamond, Monsanto, Hercules, Uniroyal[59] — ont été forcés de les indemniser de même que leurs alliés australiens, néo-zélandais et sud-coréens ayant combattu au Vietnam. « En revanche, aucune des centaines de milliers de victimes vietnamiennes n'a reçu un cent d'indemnisation ni même ses anciens alliés. Les victimes de l'agent orange et leurs enfants reçoivent une aide mensuelle modeste ainsi que les anciens combattants (3 à 6 dollars par mois), alors que les soldats engagés dans les forces du Sud-Vietnam vivent sans aucune aide[60]. »

Si la nature a, en grande partie, éliminé la dioxine, de nombreuses études menées aux États-Unis et au Vietnam débouchent sur les mêmes résultats et établissent un lien entre l'agent orange et diverses affections, à savoir « un taux élevé de cancers, un affaiblissement du système immunitaire exposant davantage le sujet à toutes les maladies infectieuses, des troubles métaboliques, un taux plus élevé des problèmes durant la grossesse (fausses couches, cancer de l'utérus...) et des malformations congénitales, qui en plus sont héréditaires. Cette substance reste toujours présente dans le sang et les tissus adipeux des humains, ainsi que dans le lait maternel[61] [...] ».

59. Schofield Coryell, « Le grand mensonge des "guerres propres". Au Vietnam, l'agent orange tue encore », *Le Monde diplomatique*, mars 2002, p. 12.

60. Peter Jaeggi, *« Quand mon enfant est né, j'ai ressenti une grande tristesse ». Vietnam, quand les armes chimiques frappent à retard*, Bâle, éd. Lanos, 2002.

61. Lê Cao Dai, « Les retombées de l'agent orange (AO) », Hanoi, octobre 2000 ; *Agent Orange and its Consequence*, Croix-Rouge viet-

Autre phénomène nouveau : au Vietnam, bien que le lien ait été établi entre l'agent orange et les diverses affections qui touchent la population, le refus américain de verser une indemnisation, malgré l'urgence médicale (la crainte que la troisième génération ne soit également affectée par les malformations congénitales), a suscité des demandes de coopération qui se sont substituées aux demandes de réparations de guerre.

Après la levée de l'embargo économique, en 1994, Vietnam et États-Unis coopèrent pour : le rapatriement des dépouilles des G.I's disparus au cours du conflit ; l'exécution du programme de départs volontaires des Vietnamiens vers les États-Unis ; le programme HO (départs des hauts officiels de l'ex-gouvernement de Saigon) ; le programme ODP (*Orderly Departure Program* — Départs en ordre), qui a aidé plus de 486 000 Vietnamiens à se fixer aux États-Unis — parmi eux la génération des enfants amérasiens, qui ont bénéficié de la loi *Coming Home*.

Les États-Unis ont remis pour la première fois au Vietnam des équipements de déminage en juin 1999 à la suite de la signature d'un accord de coopération dans ce domaine, et Washington a promis de verser 3,2 millions de dollars pour aider au déminage.

On a pu vérifier la difficulté avec laquelle les États héritiers d'un passé peu louable ont à faire acte de repentance, à reconnaître le crime ou encore à verser des réparations.

Peut-être que ces procédures en cours vont faire ressurgir d'autres demandes de victimes. Peut-être qu'aux revendications des Herero s'associeront celles des homosexuels ou de dizaines de milliers de Tsiganes allemands victimes également du régime nazi. « Pour Romani Rose, président du Conseil central des Sinti et des Rom, créé en 1982, ce ne serait que

namienne, 1999, 234 p. Lê Cao Dai est directeur de l'AGORAVIF (Fonds en faveur des victimes de l'agent orange), professeur, docteur en médecine, secrétaire général du Comité national pour l'étude des répercussions des produits chimiques utilisés pendant la guerre du Vietnam de 1994-1995.

justice[62]. » Ou peut-être que l'on verra apparaître des nouvelles demandes des victimes des régimes dictatoriaux et/ou militaires (celui de Pol Pot et des Khmers rouges au Cambodge...), des régimes communistes (les victimes du stalinisme, les victimes chinoises), ou anticommunistes (en Amérique latine)[63]...

Les procès pour l'obtention d'indemnisation et les événements récents — camps de la mort au Cambodge, du génocide au Rwanda et du nettoyage ou épuration ethnique dans l'ex-Yougoslavie — ont fait prendre conscience à la communauté internationale qu'il fallait s'occuper du sort des victimes. À la Conférence de Durban, cette idée a été réitérée, insistant sur le fait qu'il était important pour les victimes d'avoir l'institution juridique adéquate pour poursuivre les auteurs et les complices de crimes contre l'humanité, de crimes de guerre et de génocides. « Tant que la communauté internationale ne pourra pas démontrer que ceux qui portent la responsabilité dernière des violations des règles les plus fondamentales sur lesquelles repose la protection de l'être humain seront déférés à la justice, l'Histoire se répétera », témoigne Hans Corell, secrétaire général adjoint aux affaires juridiques à l'ONU.

C'est pourquoi l'entrée en vigueur des différents tribunaux au cours du xxᵉ siècle marque une étape importante sur la prévention du génocide, des crimes de guerre, des crimes contre l'humanité, et pose les fondements de la future Cour pénale internationale à vocation permanente et universelle. Tout d'abord, le TPIY, créé en 1993 pour juger les crimes de guerre dans l'ex-Yougoslavie, puis le TPIR, en novembre 1994, pour le génocide au Rwanda, ont tous deux pour fonction de poursuivre et de condamner les responsables de violations graves du droit international humanitaire commises sur ces territoires.

62. « Les Tsiganes veulent être associés au fonds d'indemnisation des travailleurs forcés du Troisième Reich », Michel Payen, *L'Analyse du jour* ; Programme français de la radio Deustche Well.

63. Ben Kierman, « Sur la notion de génocide », *Le Débat*, Paris, mars-avril 1999, traduit par Éric Vigne.

Enfin, la demande de la création d'une Cour criminelle permanente a de nouveau émergé. Sa création date de décembre 1948, lors d'une assemblée générale de l'ONU. Les travaux ont débuté en 1951, puis ont été gelés par la guerre froide. Le statut de la Cour pénale internationale fut adopté à Rome, en juillet 1998, et il entra en vigueur le 1er juillet 2002. L'un des thèmes et objectifs de la Conférence mondiale contre le racisme de Durban était consacré à cette Cour. En effet, son statut réaffirme « le concept de génocide comme il a été codifié et défini en 1948 ; reconnaît que la réduction en esclavage est un crime contre l'humanité ; le viol, l'esclavage sexuel, la prostitution forcée, la grossesse forcée, la stérilisation forcée et toute autre forme de violence sexuelle […] » (article 7 [1] et 8 [2]). À ces crimes pourront être associées des demandes de réparations. L'article 73 du projet de la CPI propose que « tout coupable soit contraint de faire des réparations, y compris sous forme de restitution, indemnisation et réhabilitation aux victimes », et prévoit que soit créé un Fonds au profit des victimes.

« Il est important de noter que la Cour sera une entité séparée et non un organe des Nations unies ou du Conseil de sécurité. Cela permet de s'assurer non seulement qu'elle remplira les exigences nécessaires à une indépendance et à une impartialité qui se doivent d'accompagner tout processus judiciaire, mais aussi qu'elle se tiendra à l'écart des blocs puissants qui ont dominé les affaires du monde pendant la seconde moitié du XXe siècle » (article 1, [2 et 12-18]).

Par crainte de cette indépendance, le 6 mai 2002, le gouvernement américain annonce officiellement son opposition à la CPI, dénonçant le traité de Rome signé par l'administration de Bill Clinton le 31 décembre 2000. Les États-Unis affirment, dans une lettre aux Nations unies, ne « plus avoir d'obligation légale résultant de la signature » du traité. La CPI vient se mettre en obstacle devant la volonté des États-Unis de diriger le monde, mais c'est également parce qu'ils refusent de voir leurs ressortissants — particulièrement leurs soldats — faire l'objet de poursuites.

La Conférence de Durban s'est également penchée sur le sort d'autres victimes souvent oubliées — femmes et enfants.

Triste bilan du XXᵉ siècle : « Deux millions d'enfants ont été tués dans des conflits ; plus de quatre millions et demi ont été rendus infirmes et ont subi un handicap physique permanent, plus de trente millions ont été arrachés à leur foyer ; plus de dix millions ont subi un grave traumatisme psychologique ; plus de un million sont devenus orphelins ou ont perdu contact avec leurs parents ; sans parler des jeunes femmes qui ont été soumises à des sévices sexuels ou des enfants soldats qui se sentent isolés et rejetés par la société dans laquelle ils vivent », témoigne Olara Otanu, représentant spécial du secrétaire général de l'ONU pour les conséquences des conflits armés sur les enfants.

Il a été demandé que le projet du statut affirme que « la Cour doit prendre les mesures appropriées pour protéger la vie privée, la dignité, le bien-être physique et psychologique et la sécurité des victimes et des témoins, en particulier lorsque le crime s'accompagne d'actes de violence sexuelle ». On note que le viol, la disparition et la persécution sont ajoutés à la liste des crimes énumérés par le tribunal militaire international de Nuremberg, mais que la déportation en a été extraite.

Table des témoignages et documents

Textes

Sur la torture : « La paix des Nementchas », extrait de Robert Bonnaud, *Esprit*, avril 1957 14

« Comment les sauvages du Canada traitent leurs prisonniers », abbé Raynal 78

Chicanos : « Proclamation dite d'Alcatraz », Robert Jaulin, *L'Ethnocide à travers les Amériques*, Paris, Fayard, 1972 86

« Des hommes étranges : les Whitefellas », traduit de *The Aborigenal Children's History of Australia*, Melbourne, 1970 . 97

« L'histoire de l'esclavage racontée aux enfants des Caraïbes », extrait de Marc Ferro, *Comment on raconte l'histoire aux enfants à travers le monde entier*, Paris, Payot, [1981] 1992 142

« Le rapport du chirurgien Falconbridge relatant son expérience à bord d'un négrier pendant une tempête... », *in* Jean Métellus, Marcel Dorigny, *De l'esclavage aux abolitions XVIIIᵉ-XXᵉ siècle*, Paris, Cercle d'Art, 1998 146

« À propos des massacres des Blancs en 1804 à Saint-Domingue », extrait de Leslie Manigat, « La révolution de Saint-Domingue débouche sur l'indépendance nationale », in *Éventail d'histoire vivante d'Haïti*, 1999 149

« Dix conseils pour acheter des hommes et des femmes esclaves », *in* B. Lewis, *Race et couleurs en pays d'islam*, Paris, Payot, [1971] 1982 151

« La *Marseillaise* noire » imaginée par Lamartine dans *Toussaint Louverture*, in *Œuvres poétiques*, Paris, Gallimard, la Pléiade, 1963 152

« La déclaration de Schoelcher », 1848, *in* Jean Métellus, Marcel Dorigny, *op. cit.* 152

« L'*Asiento* et la traite atlantique » 153

« México como nación independiente y libre », 1822, attribué à Tadeo Ortiz, cité *in* Robert Jaulin, *L'Ethnocide...*, *op. cit.* ... 265

« La fibre anticoloniale de l'écrivain néerlandais Multatuli en 1860 », extrait de Multatuli, *Max Havelaar ou les ventes de café de la Compagnie commerciale des Pays-Bas*, 1860 ... 327

« Poepoetan à Bali en 1906 », extrait de Vicki Baum, *Sang et volupté à Bali*, Paris, Stock, 1966 334

« La tentative de coup d'État de Raymond Westerling en 1950 »,
extrait de R. Westerling, *Mes aventures en Indonésie*, 1952   342

« La nostalgie des Indes néerlandaises », extrait d'Adriaan Van
Dis, *Les Dunes coloniales*, Arles, Actes Sud, 1999   345

Circulaire du gouvernement général du Bengale aux collecteurs
du district, 13 juillet 1810   378

Éditorial du *Times* de Londres, 31 août 1857   394

Extrait de Guy de Maupassant, revue *Gil Blas*, 11 décembre
1883   470

Extrait de Claude Farrère, *Les Civilisés*, Paris, Kailash, 1997   472

« Pouchkine juge les Tcherkesses », extrait de Pouchkine,
Voyage à Erzeroum, Paris, Gallimard, la Pléiade, 1973   538

« La première rencontre des Noirs de l'Angola avec les
Portugais », extrait de W. D. L. Randles, *Le Royaume du
Congo*, Paris, 1974   579

Sur l'apartheid : extrait de D. Westerman, *Autobiographies africaines*, Paris, Payot, 1993   629

« Rapports à Guizot », extrait de Louis Veuillot, *Les Français en
Algérie*, appendice 1845   660

Bertrand Taithe, « L'"humanitarisme" au service du colonia-
lisme », 2001   667

Sur le terrorisme : lettre d'Albert Camus au comité Messali Hadj,
25 mars 1955   687

Manifeste des 121 contre la guerre d'Algérie, septembre 1960   688

Discours du député ivoirien Gabriel d'Arboussier en 1942 :
« Comment les administrateurs de la colonie ivoirienne se
sont élevés contre le travail forcé »   697

« Justice pour les Malgaches », extrait de la préface de Claude
Bourdet à Pierre Stibbe, *Justice pour les Malgaches*, Paris,
Le Seuil, 1954   707

« De Gaulle : cartiériste ? », extrait d'Alain Peyrefitte, *C'était de
Gaulle*, Paris, Fayard, 1994   726

Clichés sur la femme exotique : « Animak », poème tiré de Jean
Ricquebourg, *Les Coupes de porphyre*, Paris, Alphonse
Lemerre, 1903   770

Hommes et femmes aux colonies : « La Route du plus fort »,
extrait de Pierre Groslier, *La Route du plus fort*, 1926   801

« Jésus-Christ aux colonies », extrait de Léon Bloy, *Le Sang du
pauvre*, 1909   820

« La mission n'est pas assimilation des indigènes ni auxiliaire de
la colonisation », instructions aux Pères blancs de l'Afrique
équatoriale, 1878-1879   822

« La barbarie coloniale », Anatole France, discours prononcé au
meeting de protestation contre la France coloniale, 30 jan-
vier 1906   847

Extrait d'Ernest Renan, *La Réforme intellectuelle et morale de
la France*   891

« Les Achantis au Jardin d'acclimatation », extrait de Jules
    Lemaître, *Impressions de théâtre*, 1887   895
« Le siècle et le pardon », Jacques Derrida, *Le Monde des débats*,
    décembre 1999   1025

Films et chansons

La Mouker, paroles de Griolet, musique de Castello   928
Mon légionnaire, paroles de R. Asso, musique de M. Monnot   929
La Mère du déserteur, anonyme   931
Le Déserteur, paroles de Boris Vian, musique de Boris Vian et
    de Harold Berg   936
Le Grand Jeu de Jacques Feyder, 1934   944
Pépé le Moko de Julien Duvivier, 1937   944
Les Extravagantes Aventures d'un visage pâle (*Little Big Man*)
    d'Arthur Penn, 1970   949
Little Senegal de Rachid Bouchared, 2001   952
L'Homme du Niger de Jacques de Baroncelli, 1939   953
Itto de Jean Benoît-Lévy et Marie Epstein, 1934   957
La Bandera de Julien Duvivier, 1935   958
Ombres blanches (*White Shadows in the South Seas*) de
    Robert Flaherty et Woodbridge S. Van Dyke, 1928   959
Le Vent des Aurès de Mohammed Lakhdar   963

Tableaux

Recensement des Aborigènes au 30 juin 1939   95
Réserves australiennes   106
Estimations chiffrées de la traite des Noirs   138
Estimations chiffrées de la traite du fait des Arabes et du fait des
    Européens   140
Motifs et destinations des marrons de Caroline-du-Sud   171
Les exportations d'ivoire du Congo, 1886-1900   585
Les exportations de caoutchouc du Congo, 1886-1909   586
Estimations de l'importance numérique et composition des
    troupes coloniales régulières en temps de paix stationnées
    vers 1913 en Asie, dans les Antilles et en Afrique   674
Le coût humain de la guerre d'Algérie   741

Cartes

Le peuplement indien de l'Amérique en 1492   68
Le partage du monde et le commerce triangulaire,
    xve-xviie siècle   155
Principaux foyers de révolte au xxe siècle colonial   625

Index des noms de personnes

A

ABBAS, Ferhat, 40, 45, 49, 672, 676, 678-679, 681, 690, 715, 721, 736
ABBO, 715
ABD EL-KADER, 539, 656-658, 661, 665, 744, 935
ABD EL-KRIM, 39
ABDÜLHAMID, 578
ABRAHAM, 885
ABRAMJAN, A., 968
ACHIARY, 694
AÇOKA, 408
ADANSON, Michel, 884
ADENAUER, 1030
ADOTEVI, S., 990
AGERON, 13, 664
AGUNG, 315
AHMED, Aït, 656, 679, 719
AI QUÔC, Nguyên, v. Hô Chi Minh, 508-509
AJRAPETIAN, A., 968
AKBAR, 433
ALBUQUERQUE, 23
ALDRICH, Robert, 947
ALEXANDRE, 864
ALEXANDRE III, 31
ALFONSÍN, Raúl, 274
ALI LA POINTE, 723
ALIBERT, 934
ALLEG, Henri, 733
ALLÉGRET, Marc, 951
ALLENDE, Salvador, 272
ALLOULA, Malek, 800
ALPHONSE LE SAGE, 232
ALVARO II, 922
AMADOR, Carlos Fonseca, 272

AMARU, Túpac, 262, 268, 807, 216
AMHERST, 76
ANACAONA, 59
ANDERSON, 806
ANDERSON, Benedict, 1017
ANDERSON, Robert, 959
ANDRESS, Ursula, 910
ANDREWS, C. F., 436
ANKERMANN, B., 980
ANNABELLA, 958
ANNAUD, Jean-Jacques, 966
ANTOINE, 864
ARAGON, Juan d', 868
ARAGON, Louis, 935, 966
ARANA, Diego de, 54
ARBENZ, Jacobo, 271-272
ARBOUSSIER, Gabriel d', 697
ARENDT, Hannah, 9, 1026
ARIAS, Gómez, 192
ARISTOTE, 443, 865, 872, 193
ARITOMO, Yamagata, 558
ARNOLD, Edwin, 422
ASHELBÉ, 944
ASSO, Raymond, 931
ATAHUALPA, 247, 186
ATANASIO, José, 234
ATTLEE, 464
AUDIN, Maurice, 733, 736
AUGUSTIN, saint, 872
AURANGZEB, 356
AURIOL, Vincent, 679, 702
AUROBINDO, Sri, 410
AUSSARESSES, 13, 723
AYALA, Guaman Poma de, 216

B

BÂ, Mariama, 790

BAARTMAN, Saartjie, 649, 893-894
BACH, Jean-Sébastien, 946
BACON, Francis, 888
BADIANO, Juan, 187
BADIN, A., 904
BAIROCH, Paul, 35
BAKABÉ, Mahamane, 963
BAKER, Joséphine, 927, 934
BALANDIER, 973, 1019
BALDÉS, Basilio, 233
BALIBAR, 1017
BALIN, Mireille, 944
BALSAM, Martin, 949
BAO DAI, 494, 502, 515
BARANOWSKI, B., 918
BARATIER, Jacques, 957
BARBUT, Marc, 688
BARGASH, 605, 611, 616, 620
BARON, 705-706
BARONCELLI, Jacques de, 953-954
BARRAT, Robert, 686, 688
BARRAULT, 470
BARRÈS, Maurice, 898
BARTH, Fredrik, 982, 1000
BASRA, 140
BASSAÏEV, Chamyl, 542
BASTIAN, Adolf, 895
BASTIAT, Frédéric, 844
BASTIDES, Micaela, 807
BATMAN, 105
BATRAVILLE, Benoît, 306
BAUDIN, 289
BAUDIN, Nicolas, 111
BAUDOUIN Ier, 577
BAUM, Vicky, 335
BAUR, Harry, 953
BAYET, Albert, 900
BAZIN, 508
BEATRIX, 347
BEAU, Paul, 495
BEAUFORT, de, 493
BEAUVOIR, Simone de, 688
BECKER, Charles, 139
BECKLES, Hilary, 808
BEETHOVEN, 966
BÉHANZIN, 623
BEHN, Aphra, 921
BELKACEM, Krim, 719

BELL, Marie, 944
BELLEGARDE, Dantès, 307
BEN ARAFA, 713
BEN BARKA, Souheil, 939, 964
BEN BELLA, Ahmed, 19, 49, 673,
    717-719, 725, 736
BEN BOULAÏD, Mostefa, 719
BEN M'HIDI, Larbi, 719, 723, 736
BEN YOUSSEF, Salah, 682
BENGA, Ota, 903-904
BENGLIA, Habib, 953
BENOÎT XV, 907
BENOÎT-LÉVY, Jean, 957
BENSA, Alban, 37
BENTHAM, Jeremy, 384-385, 837
BENTINCK, 385-386
BERGER, Gaston, 989
BERGER, Thomas, 949
BERIA, 531
BERLIN, 652
BERNANOS, 847
BERNIER, 357
BERQUE, Jacques, 401, 448, 686
BERRIAU, Simone, 957
BERRY, John, 951
BERT, Paul, 477, 494
BERTHEZÈNE, 659
BIDAULT, Georges, 702, 713-714
BIGEARD, 723, 733, 735
BIKO, Steve, 638
BIRKENHEAD, 460
BISMARCK, Otto von, 1038
BITAT, Rabah, 719
BLACKBURN, 108, 119, 128
BLOY, Léon, 847
BLUE, Monte, 959
BLUM, Léon, 675, 855
BLUMENBACH, Johann Friedrich,
    887
BLUM-VIOLETTE, 666, 672
BOBADILLA, 59, 61-62
BOBO, Rosalvo, 291, 302
BODARD, Lucien, 516
BODICHON, Eugène, 901
BOELAERT, 591
BOETSCH, 981
BOILAT, 890
BOLIVAR, 20

BOLÍVAR, Simón, 236
BONALD, 839
BONAPARTE, Napoléon, 25, 30, 147, 173, 655, 879, 889
BONARD, 282-283
BONIFACE, 713
BONNAUD, Robert, 14, 686
BOPHUTHATSWANA, 636
BORDES, 829
BORGEAUD, 715
BORNO, Louis, 306
BORTHWICK, 793
BORY, Jean-Louis, 688
BORY, P., 904
BOSE, Chundra Nath, 440
BOSE, Subhas Chandra, 410
BOTHA, P. W., 649
BOTTE, R., 150
BOUCHARED, Rachid, 952
BOUDAREL, 493
BOUDIAF, Mohammed, 719, 723
BOUFFLERS, de, 880
BOUGAINVILLE, 314
BOUKHARINE, 26
BOUKMAN, 147
BOULAINVILLIERS, 831
BOULEZ, 737
BOUMENDJEL, Ahmed, 715
BOUMENDJEL, Ali, 736
BOUQUET, Henry, 76
BOURDET, Claude, 718, 728-729, 738
BOURDIEU, 972, 984, 996
BOURGÈS-MAUNOURY, 724
BOURGUIBA, Habib, 672, 682, 713-714
BOURMONT, 655
BOURVIL, 934
BOUSSENARD, Louis, 904
BRAZZA, Pierre Savorgnan de, 595-596, 750, 953
BRETON, Raymond, 65
BRIGNON, 878
BRINKMANN, B., 917
BRISSOT, 838-839, 878
BROCA, 894
BROCHEUX, Pierre, 514
BROUWERS, Jeroen, 344

BROWN, John, 108, 1033
BROWNE DE TIÈGE, Alex de, 584
BRUNOT, 698
BUCH, René, 959
BUFFON, 885, 923
BUGEAUD, 12, 29, 656-659, 661, 744, 843, 845, 899
BUI QUANG CHIEU, 488
BUÑUEL, Luis, 959
BURGAT, François, 32
BURKE, 384
BURNS, Kathy, 1034
BURTON, Richard, 613, 911
BUTLIN, 95
BUXTON, Thomas, 841
BWANA HER BIN JUMA, 613
BWANA HERI, 613
BWANIKA, 610
BWARIKA, 768
BYSTRON, 918

C

CABRAL, PEDRO ÁLVARES, 182
CAINE, Michael, 911
CALMET, Dom Augustin, 871
CAMERON, 581
CAMUS, Albert, 36-37, 448, 687, 966
CANAAN, 871
CANTILLON, Richard, 833-834
CAO, Phu, 502
CAONABO, 54-55, 59
CAP, 644, 647, 649
CAPITA, René, 910
CARNÉ, Marcel, 945
CARON, Gilles, 732
CARTIER, Raymond, 858
CARTON, Pauline, 957
CASTRO, 49
CASTRO, García de, 196
CATARI, Tomás, 268
CATHERINE II, 527, 529
CATINEAU-LAROCHE, 149
CATLIN, George, 70, 76
CATROUX, 721
CAUSSIMON, Jean-Roger, 937
CAUVIN, André, 955-956

CÉSAIRE, Aimé, 9-10, 448, 971, 973-974
CÉSAR, 864
CHABAN-DELMAS, 724
CHABROL, Claude, 518
CHALLAYE, Félicien, 851
CHALLE, 724, 727
CHAM, 865, 871-872, 905, 907, 916
CHAMBERLAIN, Houston Stewart, 897
CHAMBERLAIN, Joseph, 24
CHAMYL, 536, 539
CHARLES QUINT, 312, 817, 870
CHARLES VI, 868
CHARLES VIII, 187
CHARLES X, 268, 655
CHARLUS, 934
CHATAIGNEAU, 677
CHATEAUBRIAND, 819, 906
CHÂTELET, François, 688
CHAU, 506-507
CHAU, Phan Boi, 506-507, 509
CHAUMEL, Alfred, 951
CHAUMET, André, 450, 458
CHE GUEVARA, 49, 267
CHEIKH EL-HADDAD, 663
CHÉRIF, Ben Ali, 715
CHESNEAUX, Jean, 906
CHESTERFIELD, lord, 923
CHEVARNADZE, 18
CHIEF JOSEPH, 83
CHINH, Truong, 515
CHIRAC, 49
CHRISTINÉ, Henri, 927
CLAIR, René, 910
CLARK, Manning, 121
CLAUDEL, Henri, 492
CLAUDOT-HAWAD, 1003
CLAUZEL, 659
CLEMENCEAU, Georges, 468, 665, 670-671, 847-848
CLÉOPÂTRE, 864
CLINTON, Bill, 1025, 1055
CLIVE, Robert, 354, 358, 363, 401
COBDEN, Richard, 843
COCHISE, 947
COCHRANE, John, 1031

COELHO, Duarte, 182
COEN, Jan Pieterszoon, 315
COHEN, Jean, 36
COLBERT, 801, 833, 870, 872
COLIJN, 333
COLIJN, Hendrikus, 333
COLLIER, John, 85
COLOMB, Christophe, 23, 53-54, 56, 59, 61-63, 69-70, 237, 239, 242, 412, 761, 820, 179, 187, 190
COLOMB, Diego, 62
COLOMBANI, Christian, 917
COLONNA, Fanny, 18
COMBANAIRE, Adolphe, 505
COMTE, Auguste, 845
CONDILLAC, 401
CONDORCET, 839, 878, 923
CONFUCIUS, 512
CONRAD, 166
CONRAD, Joseph, 448, 855
CONSTANT, Benjamin, 840
CONSTANTINE, 656
CONYERS, John, 1030
COOK, Cecil, 113
COOK, James, 96, 99
COOPER, Fenimore, 947
COPPOLA, F. F., 518
COPPOLANI, Xavier, 998
COQUERY-VIDROVITCH, 989
CORELL, Hans, 1054
CORNEAU, Alain, 966
CORNIL, André, 955, 957
CORNWALLIS, 365, 367, 369
CORTÉS, Hernán, 21, 55, 242, 247, 829, 181, 185
CORTÉS, Martín, 249
COSTNER, Kevin, 947
COTTON, Henry, 443
COTUBANA, 59
COTY, René, 723
COXINGA, 557-558
CRAZY HORSE, 83
CRÉMIEUX, 666
CROSLAND, Alan, 959
CROW, Jim, 169
CRUZ, Martin de la, 187
CUONG DE, 506-507

CURTIZ, Michael, 965
CURZON, 417, 426, 441
CUSTER, Yellow Hair, 83, 88, 949
CUVIER, Georges, 887, 892-894

D

DADDAH, 1008
DAENDELS, Herman Willem, 318, 320
DAGET, 139
DALHOUSIE, 386, 391, 404
DALIO, 944
DAMAS, Léon-Gontran, 974
DAMRÉMONT, 656
DANIEL, Jean, 686
DAQUIN, Louis, 956
DARLAN, 675
DARNTON, Robert, 437, 440
DARWIN, Charles, 889, 892, 895
DAVES, Delmer, 13, 947
DAVEZIES, 737
DAVIS, Kingsley, 415, 424, 427-428
DE BRY, 190
DE COPPET, 702-703
DE CRAYER, 920
DE KLERK, Frederik Willem, 650
DE MILLE, Cecil B., 909
DEBRÉ, Michel, 725
DECHEZELLES, Yves, 686
DEFFARGE, Marie-Claude, 962
DEFOE, 923
DEGLER, Carl, 73
DEKKER, Eduard D., 582
DELACROIX, 925
DELAFOSSE, Maurice, 974-975, 979-981, 983, 1019
DELCASSÉ, 292
DEMANGEON, 904
DENIS, Claire, 911, 966
DENNING, Margaret, 422
DÉROULÈDE, 847-848
DESJOBERT, 844
DESMICHELS, 656
DESSALINES, Jean-Jacques, 148-149, 268
DESSEL, 1043

DIAS, Bartolomeu, 179
DÍAZ DE L'ISLA, Rodrigo, 187
DICKENS, 448
DIDEROT, 828, 882, 923
DIDOUCHE, Mourad, 719
DIEGO, Juan, 211
DIEUDONNÉ, Albert, 953
DIOUF, Mamadou, 996, 1011, 1013-1015
DISNEY, Walt, 969
DISRAELI, 26, 966
DO HUU CHANH, 489
DOBYNS, Henry, 70
DODSON, Pat, 123, 126, 131
DOM PEDRO, 185
DOMENACH, J.-M., 725
DOMINGO DE IRRAZAVAL, 234
DON HENRIQUE, 59
DONG SY BINH, 40
DÔNG, Pham Van, 515
DONNAT, Gaston, 716
DORGELÈS, Roland, 473
DORIGNY, Marcel, 152
DOUDAÏEV, Djokhar, 541
DOUMER, Paul, 469-470, 477, 480
DOUWES DEKKER, Eduard, 326
DRAKE, Francis, 184
DRANEM, 909
DRIANT, 905
DRUMONT, 847
DU BELLAY, Joachim, 966
DU PERRON, Edgar, 330-331
DUCAUD, Jean, 38
DUCAUX, Annie, 953
DUMAS, Alexandre, 539, 804
DUMESNIL, Jacques, 953
DUNAWAY, Faye, 949
DUPIN, Aîné, 844
DUPLEIX, 355, 360
DUPRAT, Catherine, 286
DUPRÉ, 477
DUPUIS, Jean, 477
DÜRER, 920
DURRIEU, 664
DUTERTRE, 64-65
DUTT, Romesh Chandra, 417, 420
DUVAL, 695
DUVERGIER DE HAURANNE, 844

DUVIVIER, Julien, 944, 958
DUY TAN, 473
DYER, 409

E

EAGLE, Nouma Chris Spotted, 948
EARLEY, Mary Two-Axe, 807
EICHMANN, 1030
EISLER, Hanns, 944
ELGIN, 421, 423, 426
EL-HADJ OMAR, 608
ELKIN, A. P., 116
ELKINS, Stanley, 163
ELTIS, 140
ELTSINE, 523
ÉMERIT, 662
ENGELS, 891
ENGERMAN, 166
EPSTEIN, Marie, 957
ERIK LE ROUGE, 69
ERMOLOV, 535
ESCALANTE, Tadeo, 218
ESCOVADO, Rodrigo, 54
ESME, Jean d', 951
ESNAMBUC, Belain d', 64
ESSOP, Ishmaël, 652
ESTENSSORO, Víctor Paz, 271
ETEMAD, Bouda, 401
ÉTIENNE, 596
EYADÉMA, Gnassingbé, 1035

F

FADAH, Aïsha, 957
FAGAN, Edward, 1031
FA-HIEN, 321
FAIDHERBE, Louis, 998-999
FALCONBRIDGE, 146
FANON, Frantz, 36, 448, 721, 863, 1030
FARAKAN, Ali, 1003
FARMER-PULLMANN, Deadira, 1031
FARRÈRE, Claude, 472
FAULKNER, 449
FAURE, Edgar, 711, 714, 720-721, 724, 728
FERRÉ, Léo, 937
FERREYRA, Beatriz, 960

FERRIÉ, 981
FERRO, Marc, 976-978, 991
FERRY, Jules, 25, 468-469, 475, 595, 848, 894, 935
FEYDER, Jacques, 943-944, 957-958
FIRMIN, Antenor, 294
FISCHER, Eugen, 1045
FISCHER, Joschka, 1044
FLAHERTY, Robert, 958-959
FODIO, Ousmane dan, 608
FOGEL, 166
FONLUPT-ESPÉRABER, 679
FORD, John, 950
FORSTER, 448
FOUCAULD, Charles de, 953, 1001
FOUR BEARS, 76
FOURCADE, 431
FOURICHON, 279
FOURIER, 845
FOURNIAU, 471
FRACASTORO, Girolamo, 187
FRANCE, Anatole, 649
FRANCEN, Victor, 953
FRANCIS, 681
FRANCISQUE, 878
FRANÇOIS Iᵉʳ, 28, 183
FRANÇOIS, Curt von, 1039
FRASER, Malcolm, 121
FRAZIER, E. Franklin, 160
FREDRO, Andrzej, 922
FREEMAN, Cathy, 114
FRÉHEL, 944
FREYRE, Gilberto, 230
FROBENIUS, Leo, 974-975, 979-980, 983, 1019
FROGER, Amédée, 723
FUKUZAWA, Yukichi, 561
FUMIKO, Kaneko, 567
FURNISS, 294
FUSTEL DE COULANGES, 898

G

GABIN, Jean, 944, 958
GABORIEAU, Marc, 447
GAITÁN, Eliecer, 271
GALIEV, Sultan, 20, 853

GALLIENI, 12, 471, 473
GALLIMARD, 450
GALLO, Mario, 964
GAMA, Vasco de, 412, 179
GAMBETTA, Léon, 468
GANCE, Abel, 966
GANDA, 614
GANDHI, 399-400, 408-411, 434, 436, 459, 859
GARAY, Juan de, 188
GAUD, 597
GAUD-Toqué, 597
GAULLE, de, 496, 673, 675-677, 684, 686, 688, 691-692, 697, 706, 712, 716-717, 724-725, 727-728, 736, 738, 860, 916
GAUTIER, Arlette, 35
GÉLIN, Daniel, 688
GENDRON, 705
GENOVESE, Eugene, 162, 167
GENTIL, 597
GEORG, Chief Dan, 949
GERBET, François, 277
GERNET, Louis, 688
GERONIMO, 83
GIAP, Vo Nguyên, 515
GIDE, André, 702, 709, 849, 855, 908, 973, 1019
GILBERT, Humphrey, 24
GIRAUDEAU, Bernard, 966
GLADSTONE, 842
GLASER, Antoine, 42
GOBINEAU, Joseph, 892, 901, 916, 994, 1045
GODARD, Jean-Luc, 966
GOODYEAR, Charles, 224
GORBATCHEV, 523, 533
GÖRING, Heinrich, 1038
GORTARI, Salinas de, 273
GOUDA, Ahmed, 39
GOULD, Stephen, 893
GOUTALIER, Régine, 759
GOVE, 119, 128
GRAEBNER, F., 980
GRAHAMSTOWN, 645
GRÉGOIRE, abbé, 884, 194
GRÉVY, Jules, 469
GRIAULE, 973, 1019

GRIDOUX, Lucas, 944
GRIÉGER, Paul, 989
GRIFFITH, David Wark, 946, 950
GRIMALDI, 922
GRUZINSKI, Serge, 208
GUACANAGARI, 53-54, 59
GUARIONEX, 59
GUATIMOZIN, 830
GUÉRIN, Élie, 305
GUESDE, Jules, 850
GUEYDON, 664
GUILLAUME d'Orange-Nassau, 312
GUILLAUME II, 298, 671, 1037, 1040
GUILLAUME III, 328
GUILLAUME, général, 312, 713
GUIZOT, 660
GUTTIEREZ, Pedro, 54
GUYOT, Yves, 849
GUZMÁN, Abimael, 273

H

HAASSE, Hella, 344
HACHED, Ferhat, 714
HADJ, Messali, 39, 676-677, 690, 692-693, 695, 715, 717, 719, 722, 737
HAECKEL, Ernst, 895
HAJI, Sewa, 612
HALLET-Rivaud, 479
HALLETT, 920
HALS, Frans, 922
HAM NGHI, 503-504
HAMZA BEG, 536
HANDLIN, Oscar, 73
HARBI, Mohammed, 721
HARDINGE, 442
HASSAN II, 725
HASTINGS, Warren, 355, 363-364, 368, 371, 383-384
HATHAWAY, Henry, 965
HATTA, Muhammed, 338, 340-341
HAUCK, Hans, 1047
HAVEAUX, 579
HAVELAAR, 327-328
HAWKE, Bob, 129
HEGEL, Friedrich, 404, 846, 882

HENRI II, 28
HENRI IV, 922
HERNANDARIAS, 189
HÉRODOTE, 863
HERSKOVITS, Melville, 160
HERVÉ, Gustave, 850
HERZOG, Roman, 1044
HICKOX, Douglas, 965
HICKS, Bob, 948
HIDEYOSHI, 553
HIERNAUX, Jean, 914
HIROBUMI, Itô, 556
HITLER, 10, 307, 410, 549, 975,
    1028, 1031, 1046
HÔ CHI MINH, 40, 44, 481, 488,
    495, 509-512, 515, 702
HOFFMAN, Dustin, 949
HOMBERG, Octave, 479
HONDO, Habib Med, 961
HOPE, Sharon, 952
HOSBAWM, 782
HOUPHOUËT-BOIGNY, 697, 710
HOUTMAN, Cornelis de, 312
HOWARD, John, 124-125, 129-131,
    1049
HUÁSCAR, 247
HUETING, 346
HUGHES, Robert, 29
HUGO, Victor, 656, 844
HUMBOLDT, Alexander von, 218,
    229
HUME, David, 886-887
HUXLEY, Julian, 912
HUYNH THUC KHANG, 488
HYNDMAN, Henry, 422

I

IBN KHALDUN, 868, 977
IBRAHIM, Moulay, 957
INIKORI, Joseph, 139
ISABELLE, 57, 61, 805
ISABELLE LA CATHOLIQUE, 191
ITURBIDE, 20
IVAN III, 525
IVAN IV LE TERRIBLE, 525
IVENS, Joris, 962
IZARD, 980

J

JACKSON, 82
JACKSON, Jesse, 1030
JACOBS, Harriet, 805
JACQUARD, Albert, 914
JACQUINOT, 788
JAFAR, Mir, 358
JAJA, 623
JAMESON, Mary, 763
JAMOT, 753
JAONA, Monja, 702
JAUCOURT, 883
JAULIN, Robert, 86, 265
JAURÈS, 850
JAVOUHEY, Anne-Marie, 279-284,
    287-288
JEANNE D'ARC, 676
JEAN-PAUL II, 1025
JEANSON, Francis, 688, 737
JEANSON, Henri, 944
JEFFERSON, Thomas, 74, 888
JINNAH, 411
JOANNON, Léo, 518
JOFFRE, 489
JOHNSON, 85
JOHNSON, Andrew, 1029
JOMARD, 890
JONES, William, 383
JONNART, 665
JORDAN, Winthrop, 73
JOSEPH Ier, 224
JOSHI, 462
JOUHAUD, 727
JUIN, 672, 713
JULIEN, Charles-André, 666, 686
JULLIARD, Jacques, 735
JUNG, Carl Gustav, 947

K

KADIROV, Ahmad, 542
KAHN, Albert, 941, 989
KAHN, Axel, 989
KALIDASA, 383
KANT, Emmanuel, 886, 987
KARANG Asem, 333
KARTINI, 808, 811
KAYSERLING, de, 985

KAZAN, Elia, 518-519, 964
KEATING, Paul, 122, 1048
KEI, Hara, 559, 568
KENNEDY, 85, 1033
KERINA, Mburuma, 1042
KESSEL, Joseph, 953
KHAZI MOLLAH, 536
KHIDER, Mohammed, 719
KHODJA, Hamdane, 46
KHROUCHTCHEV, 723
KILLEARN, 340
KING, Martin Luther, 169, 1027
KIPLING, 37, 448, 860
KIRK, John, 604, 616, 620
KLEIN, Ira, 415, 427
KNIBIEHLER, Yvonne, 759
KOLCHIN, Peter, 169
KORDA, Alexandre, 965
KORDA, Zoltan, 958, 965
KOTT, 921
KOUSH, 871
KOUYATÉ, Sotigui, 952
KROK, Abe, 650
KROK, Solly, 650
KRUGER, James, 638
KUYPER, Abraham, 335

L

La BOLLARDIÈRE, général de, 45, 724
LA FAYETTE, 878
LA GRANDIÈRE, 476
LACOSTE, Robert, 721, 723, 730, 733
LAFITAU, 762
LAKADAR, Brahimi, 678
LAKHDAR-HAMINA, Mohammed, 963
LAMARTINE, 281, 841, 844-845
LAMBERT, 666
LAMINE, Mamamdou, 623
LAMORICIÈRE, 657, 661
LANDA, Diego de, 209
LANESSAN, Jean-Marie de, 477
LANGEVELD, Herman, 333
LANSBURY, 460
LANSING, 293

LAPASSET, 13, 664
LAPERRINE, 29
LARDINOIS, Roland, 417, 420
LAS CASAS, Bartolomé de, 11, 34, 45, 54-56, 60, 62, 74, 817, 870, 189-191, 193-194
LATA, Mani, 783
LAVAL, 675
LAVIGERIE, 582
LAWLER, William, 437-438, 440
LAWRENCE, 966
LAYRLE, 284
LAZREG, Marina, 792
LE BON, Gustave, 988
LE DE THAM, 505, 509
LE ROY, Mgr, 847
LE ROY, Pierre, 427
LE SENNE, 989
LE VIGAN, Robert, 958
LECLERC, 149
LEE, Barbara, 1030
LEE, Spike, 950
LEFEBVRE, Henri, 688
LEFKOWITZ, Mary, 864
LEGENTILHOMME, 708
LEGRAND, André, 953
LEIRIS, Michel, 665, 914
LEJEUNE, Max, 723
LEMAIRE, Charles, 588
LEMAÎTRE, Jules, 895
LEMELLE, Jacqueline, 805
LÉNINE, 11, 26, 403, 467, 511, 851-853
LEONOWEN, Anna, 759-760
LÉOPOLD II, 578-580, 582-584, 587, 592-593, 595, 611
LERMONTOV, 537
LEROY-BEAULIEU, Paul, 596, 849
LEUTWEIN, T., 1039
LÉVI, Sylvain, 450
LÉVI-STRAUSS, Claude, 914
LEVITZ, Charisse, 653
LÉVY-BRUHL, 988
LEWIS, Bernard, 976
LICHTENBERG, 56
LIGGINS, John, 436
LINCOLN, 805, 1029
LINDON, Jérôme, 688

LINLIGTHGOW, 460
LITTLEBIRD, Larry, 948
LIVINGSTONE, David, 136, 580-581, 609
LOAYZA, Rodrigo de, 196
LOCKE, John, 99, 130, 888, 923
LOMBARD, Denys, 316
LONDRES, Albert, 275, 289, 699
LORD, Olga, 944
LOSFELD, Eric, 688
LOTI, Pierre, 847
LOUIS XIV, 870
LOUIS XV, 833
LOUIS XVI, 696, 874
LOUIS, Paul, 850
LOUIS-PHILIPPE, 656, 659
LOZINSKI, 922
LUBIN, Ernst, 909
LUCAS, Phil, 948
LÜDERITZ, Adolf, 1038
LUGAN, Bernard, 916
LUMIÈRE, 909, 943
LUMUMBA, Patrice, 577-578
LYAUTEY, 671
LYTTON, 419, 423, 426

M

MABO, Eddie, 120, 127-128
MAC ORLAN, Pierre, 958
MACAULAY, Thomas B., 385, 439, 841
MACIAS, Enrico, 929
MAC-MAHON, 663
MACMILLAN, 19
MAGELLAN, 239, 179
MAHDI, 623
MAHERERO, Samuel, 1040
MAHIAS, Marie-Claude, 433
MAINE, Kas, 642
MAIREY, Jean, 729
MAKINDE, Adetoro, 952
MALAN, Daniel, 627, 633-634, 647
MALAN, Magnus, 638
MALCOM X, 950
MALENFANT, 145
MALET-ISAAC, 12
MALI, Musa, 868

MALTHUS, 830
MAM LAM FOUCK, Serge, 285
MANDARA, 614
MANDEL, Georges, 484, 788
MANDELA, Nelson, 638, 649
MANDOUZE, André, 688, 737
MANGIN, 670, 672
MANIGAT, Leslie, 291
MANNE, Robert, 124
MANSOUR, 539
MANTEGNA, Andrea, 922
MAO, 504, 573
MARAN, René, 908
MARCHAND, 597
MARCOS, 273
MARIANI, Fiorella, 959
MARIE DE L'INCARNATION, 806
MARIE-ANDRÉE, 788
MARIE-THÉRÈSE D'AUTRICHE, 615
MARKER, Chris, 961-962
MARKUS, 110, 113
MAROLANDA, Manuel, 271
MARSEILLE, Jacques, 857-858
MARTI, Augusto Farabundo, 270
MARTÍ, José, 222
MARTIN, 691
MARTY, Paul, 995
MARX, Karl, 512, 846, 849, 851, 858, 891, 986
MASAYESVA, Victor, 948
MASKHADOV, Aslan, 541
MASPERO, François, 688
MASSU, 13, 723, 727, 730, 733
MATARI, Bula, 588
MATTHEWSO, Lloyd, 616
MAUPASSANT, Guy de, 956
MAURIAC, François, 686, 729
MAURO, Frédéric, 140
MAUSS, Marcel, 987
MAXIMILIEN, 269
MAYER, René, 677
MAYO, Katherine, 450
MAYOBANIX, 59
MAYOL, 934
MCDONALD, 298
MCHUGH, 109
MCLAGLEN, Andrew, 911
MCMAHON, William, 129

MÉDICIS, Catherine de, 923
MEERSON, Lazare, 944
MÉHÉMET-ALI, 618
MÉJEAN, François, 821
MEKNÈS-AZROU, 671
MÉLIÈS, Georges, 909
MÉLINON, Eugène, 277, 282, 288
MELUN, Armand de, 286
MELVILLE, 952
MEMLING, 920
MENCIUS, 512
MENDÈS FRANCE, 714, 720, 729, 736
MENDEZ, Diego, 59
MENDOZA, Antonio de, 204
MENDOZA, Pedro de, 188
MENEM, Carlos, 274
MERBAH, Lamine, 962
MESGUICH, Félix, 941
MESSIMY, 670
MESSMER, Pierre, 916
MÉTELLUS, Jean, 152
METTAS, 139
MEYER, 166
MICHELE DE CUNEO, 54
MICHELET, 296
MICHELIN, 483
MIGEAT, François, 961
MIGGRODE, Jacques de, 190
MIKOYAN, 531
MILIUS, 276-278, 285
MILL, James, 384, 843
MILL, John Stuart, 843, 911
MILLET, Georges, 1015
MILLET, Gilles, 1015
MILOSEVÍC, 44
MILTON, 444
MINTO, 441-443
MIRABEAU, 825, 832, 834, 839, 878
MIRAMBO, 614
MIRIAM, 865
MITCHELL, José, 221
MITCHELL, Thomas, 110
MOCUBI, Pascoal, 1035
MOHAMMED V, 682, 714
MOÏSE, 865-866
MOLÉ, 656

MOLINARI, 843, 849
MOLLET, Guy, 19, 684, 712-713, 721-723, 733, 736
MONARDES, Nicolás, 187
MONIRETH, 474
MONOD, 973, 1019
MONROE, Dana G., 302
MONROE, James, 269-270, 299, 302, 185
MONTAGNAC, 657
MONTAGU, Ashley, 912
MONTAIGNE, Michel de, 825
MONTALEMBERT, 660
MONTEIL, E., 904
MONTEIL, Vincent, 719
MONTESINOS, Fray, 62
MONTESQUIEU, 831, 833, 835, 923
MONTT, Efraín Ríos, 272
MOONEY, James, 70
MOORE, Roger, 911
MORAN, Rolando, 272
MORAND, Paul, 960
MORAT, Luitz, 957
MORE, Thomas, 194
MOREAU, René, 951
MOREL, Edmund D., 592
MORGAN, Sally, 123
MORICE, 724
MORLEY, John, 441, 443
MÖRNER, Magnus, 35
MOSOTHO, 642
MOSSADEGH, 682
MOUMIÉ, 714
MOURAD, Didouche, 730
MOUTET, Marius, 697, 702-703
MSIRI, 610
MULLIGAN, Richard, 949
MULTATULI, 326-327, 345, 582
MUNDA, Birsa, 398
MUNRO, Thomas, 367
MURRA, John V., 246
MURRELL, Congo, 105, 107
MUS, Paul, 516
MUSOLINO, Phil, 1043

N

N'DIAYE, Pathé, 990

N'DONGO, Sally, 1013
NAEGELEN, Raymond, 667, 677, 679, 682, 716
NAJMAN, Charles, 147
NAOROJI, Dadabhai, 417
NAPOLÉON, 147, 318, 535, 789, 839
NAPOLÉON III, 269, 468, 659, 661-663, 667, 696, 715, 775, 901
NAPOLÉON, Louis, 279
NASSER, 38, 682-683, 685, 722, 854
NDIAYE, J.-P., 990
NE VUNDA, Antoine Emmanuel, 922
NECKER, 827
NEEB, 332
NEGARA, Karta Natta, 326
NEHRU, 33, 37, 44, 409-410
NELSON, Ralph, 948
NEVINSON, Henry, 599
NEYRET, 505
NGUYÊN AI QUÔC, v. Hô Chi Minh, 481
NGUYÊN AN NINH, 488
NICOLAS II, 31
NICOLAS V, 870
NICOT, Jean, 223
NIGHTINGALE, Florence, 424
NILSSON, Torre, 964
NKRUMAH, Kwame, 41, 756
NOÉ, 871
NOOTHOUT, Johann, 1043
NORO, Line, 944
NTSEBEZA, Dumisa, 1032
NUJOMA, Sam, 1042

O

O'BRIEN, Frederick, 959
O'DONNELL, 426
OGLETREE, Charles, 1030
OLIN, Chuck, 948
OLIVIER, Lawrence, 921
OLLIVIER, Emile, 668
OLMOS, Andrés de, 210
OMETOCHTZIN, Carlos, 210
ORAIN, Fred, 961

ORDJONIKIDZÉ, 531
ORELLANA, 200
ORIGÈNE, 866, 871
ORLÉANS, duchesse d', 880
ORTA, García d', 187
OSBORNE, 786
OTANU, Olara, 1056
OVANDO, Nicolas de, 59-61, 190

P

PABST, Georg Wilhelm, 964
PAGÈS, 483
PAINE, Tom, 923
PAL, B. C., 33
PANIGEL, André, 688
PAPON, Maurice, 715, 737-738
PASAMONTE, Juan de, 57
PASSY, Frédéric, 849
PATON, Alan, 630
PAYERAS, Mario, 272
PÉLISSIER, 657
PENN, Arthur, 948-949
PÉRALTE, Charlemagne, 306
PÉRIER, Joanny-Napoléon, 901
PERÓN, Eva, 267
PERÓN, Juan D., 271
PÉTAIN, 675-676
PETERS, Carl, 621
PEYREFITTE, Alain, 726
PHAM VAN DÒNG, 39
PHAN CHU TRINH, 488
PHILIPPE II, 312, 179, 190, 193, 204
PHILIPPE V, 153
PHILLIPS, Ulrich B., 73, 165
PHU, Tran, 513
PHUNG, Phan Dinh, 504
PIAF, 927
PICHON, 297
PIE XI, 907
PIERRE LE GRAND, 21, 31, 525, 527, 529, 885
PIERRE, abbé, 718
PIERRE, Michel, 29
PINEAU, Christian, 712, 723
PINZÓN, Martin Alonso, 187
PISCATORY, 844

PISIER, Marie-France, 911
PIZARRO, Francisco, 12, 237, 247, 185-186, 200
PIZARRO, Gonzalo, 249, 200
PLASSON, Renée, 686
PLATON, 865
PLATT, 269
PLEVEN, René, 673
PLUCHON, 884
POCAHONTAS, 801
POIRIER, Léon, 951, 953, 957
POISSON, Cam Thi Doan, 520
POIVRE, Pierre, 318
POL POT, 1054
POLO, Marco, 239, 799
POMPÉE, 535
PONTECORVO, Gillo, 964
PONTIAC, Ottawa, 81
POONA, 425
POPE, 923
POTOSÍ, 199
POUCHKINE, 537-538, 885
POUDOVKINE, 963
POUILLON, Jean, 688
POUTINE, Vladimir, 542
PRADT, 839
PRÉ, Roland, 711
PRESSENSÉ, Francis de, 850, 898
PRESTES, Carlos, 270
PRÉVOST-PARADOL, 668
PRIAM, 61
PRICE-MARS, Jean, 987
PRINCE, Mary, 772
PRINCEN, Proncke, 347
PROTAZANOV, Jakov, 943
PROUDHON, 815
PRUNIER, Georges, 148
PTOLÉMÉES, 864
PUGET, Louis Edgar, 292
PUGINIER, 471

Q

QUATREFAGES, 981
QUESNAY, François, 835
QUIROGA, Vasco de, 194-195
QUÓC, Nguyên Ai, v. Hô Chi Minh, 510-512, 515

R

RABAH, 608, 618, 623
RABE, 705
RABEMANANJARA, 703, 705-706
RACHEDI, Ahmed, 963
RACINE, 285
RADCLIFFE-BROWN, 94
RAEFF, Marc, 527
RAFFARIN, 49
RAFFLES, Thomas Stamford, 319-320
RAJAD EL MURJEBI, Hamed bin Muhammed bin Juma bin, 610
RAKHMABAI, 781
RAKOTONDRABÉ, 707
RAKOTONIRINA, Stanislas, 705-706
RALEIGH, Walter, 184
RAMABAI, Pandita, 760, 798
RAMDANE, Abane, 722
RAND, 425
RANDLES, 579
RANGER, 782
RANSOME-KUTI, Funmilayo, 760
RASETA, 40, 703, 706
RAVOAHANGY, 703, 706
RAYNAL, abbé, 828, 882-883
READ, Peter, 114
REBECCA, 801
RÉBÉRIOUX, Madeleine, 899
RÉGNIER, Georges, 961
REMBRANDT, 921
RENAN, Ernest, 849, 892
RENOIR, Pierre, 958
RENOUVIN, Pierre, 297
RESNAIS, Alain, 688, 960
RESTE, 697
RESTIF DE LA BRETONNE, 880, 882
REVEL, Jean-François, 688
REYBAUD, 844
REYNOLDS, 92
RICHARD-WILLM, Pierre, 944
RICŒUR, Paul, 16, 701, 740
RICQUEBOURG, Jean, 770
RIMBAUD, Arthur, 322
RIRUAKO, Kuaima, 1042
RIVIÈRE, Thérèse, 665
ROBBE-GRILLET, Alain, 688

ROBERTSON, 109, 819
ROBESON, Paul, 909
ROBESPIERRE, 839
ROBINSON, 104
ROBINSON, Randall, 170, 1030
RODRIGO, Juan, 234
RODRÍGUEZ DE SAN MIGUEL, Juan, 265
ROGER, 281, 890
ROGERS, Barbara, 774
ROLLAND, Romain, 908
ROMANCE, Viviane, 958
ROOSEVELT, Theodore, 74, 85, 270, 299, 673, 691, 185
ROOT, Elihu, 292, 297, 299
ROSAS, 268
ROSAY, Françoise, 944
ROSE, Romani, 1053
ROTHSCHILD, 584
ROUAN, Brigitte, 911
ROUCH, Jean, 958
ROUGEMONT, Denis de, 974
ROULLET, Serge, 951
ROUMAIN, Edmond, 295
ROUSSEAU, Jean-Jacques, 828, 830, 882, 924
ROWLEY, 102
ROY, Claude, 688
ROY, Jean, 16
ROY, Ram Mohan, 386, 407
RUBENS, 920, 922
RUMABAI, Pandita, 808
RUSHDIE, Salman, 46, 448
RUTTMANN, Walter, 959-960

S

SÁ, Mem de, 184, 219
SAADI, Yacef, 727
SABA (reine de), 866
SADE, 844
SAÏD BIN, 447-448, 603, 605
SAID, Edward, 447
SAINT-ARNAUD, 12, 29
SAINT-HILAIRE, Geoffroy de, 902
SAINT-MÉRY, Moreau de, 876
SAINT-PIERRE, Bernardin de, 826, 832

SAINT-SIMON, 845
SAIVRE, Roger de, 675, 685
SALAN, 40, 727
SALAZAR, 823
SALIM, Abdalla bin, 605
SALOMON, 866
SAM, 305
SAN MARTÍN, Don Juan, 964
SANDINO, 270
SARRAUT, Albert, 476, 478, 495
SARRAUTE, Nathalie, 688
SARTRE, Jean-Paul, 404, 495, 688, 737, 856, 863, 973, 975, 983, 991, 993-994, 1019
SAUSSURE, Léopold de, 893
SAVARY, Alain, 736
SAY, Jean-Baptiste, 842
SAYD, Abdallah ben, 867
SCHANSKOP, 647
SCHOELCHER, Victor, 25, 45, 148, 173, 608, 841, 1029
SCHOENDOERFFER, 518
SCHUMPETER, 26
SCHWARZ, Laurent, 688
SCOTT, 103-104
SCOTTO, Vincent, 927, 944
SÉBASTIEN, 870
SEMBÈNE, Ousmane, 140
SEMBOJA, 614
SENGHOR, Léopold Sédar, 37, 884, 971-976, 978-979, 983-984, 986, 988-989, 994, 996, 1002, 1018-1019
SEPULVEDA, 34
SÉROL, 491
SERRANO, Silvia, 541
SÉVERAC, Jacques, 957
SEWJI, Jairam, 606
SHAKESPEARE, 444, 864, 921
SHARPEVILLE, 638, 649
SHELLEY, William, 103
SHERMAN, William, 1029
SHIMPEI, Gotô, 558-559, 562
SIBERG, J., 37
SIGNORET, Simone, 688
SIHANOUK, Norodom, 474, 494
SILVERBLATT, Irene, 765
SIMON Ella, 117

SIMPSON, O. J., 1031
SINH SAC, Nguyên, 509
SIRAJ-UD-Daula, 358
SIRK, Douglas, 946
SITTING BULL, 83
SJAHRIR, Sutan, 338
SMITH, Adam, 836-837, 842, 849, 207
SMITH, Goldwin, 843
SMITH, Stephane, 42
SOEKARNO, 32
SOLINUS, 867
SOPHIE PALÉOLOGUE, 525
SORE, Jacques, 184
SOUSTELLE, Jacques, 38-39, 720-721, 729-731
SOWETO, 638, 649
SOYINKA, Wole, 971, 990, 992-995, 1000
SPENCER, Herbert, 426
SRIVASTAVA, 427
STALINE, 513, 525, 531-532, 540, 853
STAMPP, Kenneth, 73
STANLEY, 611
STANLEY, Henry Morton, 580-581, 587, 593, 595, 611, 617
STANNARD, David, 75
STENDHAL, 658
STEPHENS, J. V., 429
STERN, Steve J., 248
STRACHEY, Richard, 420
STRIBBE, Pierre, 686
STRIJDOM, Johannes, 633
SUÁREZ, Francisco, 817
SUKARNO, 338, 340, 343
SULAMITE, 866
SULTAN, Tipu, 355
SYLVAIN, Georges, 305

T

TA THU THAU, 488
TABARI, al, 871
TACITE, 867
TAGORE, Rabindranath, 448
TAGUIEFF, P., 985, 1019
TAINE, Hippolyte, 892

TAITHE, Bertrand, 667
TANG, 548
TARDIEU, Jean, 495
TARDITS, 791
TAT THANH, Nguyên, 509
TATA, Yamshed, 406, 456
TAUBIRA, Christiane, 1023
TAYA, Maaouya Ould Sid'Ahmed, 1006, 1008, 1010-1011, 1016
TECUMSEH, Shawnee, 82
TEILHARD DE CHARDIN, Pierre, 975
TEITGEN, Paul, 733
TEMPLE, Richard, 419, 423
THAI HOC, Nguyên, 508-509
THAM, Hoang Hoa, 505
THANH THAI, 473, 509
THARAUD, 901
THATCHER, Margaret, 448-449
THIERS, 286
THORBECKE, 329
THORNTON, Russell, 71, 75
TIEPOLO, 922
TILLON, Germaine, 686, 725
TIP, Tippu, 581, 594, 607, 610-611, 614, 617
TITU CUSI, 193
TIXIER-VIGNANCOUR, J.-L., 694, 858
TOCQUEVILLE, 12, 657, 841-842
TOER, Pramoedya Ananta, 338
TOLEDO, Francisco de, 196, 202
TOLSTOÏ, 537
TOMLINSON, 427
TON THAT TUYET, 503
TOPAN, Taria, 610
TORRE, Haya de la, 271
TOURÉ, A. Sékou, 991, 995
TOUSSAINT LOUVERTURE, 146-148, 268, 808, 838
TOY, N., 853
TRINH, Phan Chau, 507-508, 510-511, 517
TROELLER, Gordian, 962
TROTHA, von, 1040
TRUC, Nguyên Trung, 502
TURGOT, 828, 837
TURNER, Nat, 167
TURNIER, Alain, 302
TUWIM, Julian, 918

U

UBELAKER, Douglas, 71
UM NYOBÉ, Ruben, 711-712
UTSUHIKO, Takagi, 567

V

VALDIVIA, Pedro de, 188
VALENSI, Lucette, 747
VALLÉE, Jean, 957
VALLOIS, 987
VAN BILJOEN, P., 627
VAN DAALEN, 332
VAN DEN BOSCH, Johannes, 321, 325, 328, 476
Van Dis, Adriaan, 344
VAN DYCK, 920, 922
VAN DYKE, Woodbridge S., 958-959
VAN EETVELDE, 590
VAN HEUTSZ, 332, 347
VAN VOLLENHOVEN, 339
VANEL, Charles, 944
VARENNES, Alexandre, 490, 495
VARGAS, Getúlio, 271
VATTEL, Emmerich de, 99
VAUDREUIL, 801
VAUTIER, René, 910, 953, 962-963
VEGA, Garcilaso de la, 194
VERCORS, 688
VERELST, 363
VERGÈS, Jacques, 686
VERGOZ, 705-706
VERMOREL, Claude, 966
VERNANT, Jean-Pierre, 688
VERNE, Jules, 906
VERONA, Pedro, 1035
VESPUCCI, Amerigo, 239
VEUILLOT, 659, 842
VEUILLOT, Louis, 658, 841
VIAN, Boris, 935-936
VIAU, Roland, 763, 806
VICTORIA, 393, 420-421, 425-426, 805
VIDAL-NAQUET, Pierre, 688
VILLA, Pancho, 270
VINCENT, Stenio, 306
VIOLETTE, 45, 675

VIOLLIS, Andrée, 450-452, 455-456
VITORIA, Francisco, 817
VOLTAIRE, 286, 825, 883, 922-923
VON LINDEQUIST, 1040

W

WADE, Abdoulaye, 996, 1011, 1013
WALDSEEMÜLLER, Martin, 239
WAREHAM, Robert, 1033
WARGNIER, Régis, 663, 966
WARNER, 64
WATSON, Irène, 93
WATTEAU, 921
WELLESLEY, 369, 372
WESTERLING, Raymond, 342
WESTERMAN D., 629
WIENER, Jean, 958
WIESEL, Elie, 1033
WIEVIORKA, 972-973, 1011
WIK, 120, 127-128
WILBERFORCE, W., 45, 841, 878
WILLIAMS, Gertrude Marvin, 436
WOUNDED KNEE, 88
WUILLAUME, 729
WYLD, 91

Y

YACONO, 662
YASSINE, Abdessalem, 31
YESHURUN, Yitzhak Tzepel, 968
YOKO, 807
YOUNG, Arthur, 838
YOUSSEF, Moulay, 671
YOUSSEF, Salah Ben, 672
YUPANQUI, Atahualpa, 12

Z

ZAPATA, Emiliano, 270
ZAVKAÏEV, Dokou, 541
ZECCHINI, Michele, 510
ZEDONG, Mao, 270
ZELLER, 727
ZEM, Roschdy, 952
ZHANG-XUELIANG, 569
ZUMÁRRAGA, Juan de, 211

Index de géographie historique

A

Abidjan, 710
Abkhazie, 534
Abuja, 1024, 1028
Abyssinie, 590, 608
Acapulco, 232
Accord de Linggadjati, 340
Accord franco-anglo-indien, 66
Accords d'Évian, 40, 727, 963
Aceh, 331
Acomayo, 218
Açores, 218
Acre, 269, 183
Aden, 460
Adjarie, 534
A-EF, *v.* Afrique-Équatoriale française, 673
Afghanistan, 26, 374, 413, 533
Afrique, 10, 26, 42, 60, 67, 71, 73, 89, 137, 141, 147-148, 150, 153-154, 159-160, 165, 168, 288, 296, 306-307, 402, 460, 581, 587, 590, 595, 601, 605, 607-608, 610, 617-619, 634, 637, 645, 657-658, 696, 699-700, 710, 712, 743, 745-748, 750, 753, 761, 766-767, 776-777, 785, 788, 794-795, 799, 807, 809, 822, 827, 829, 845, 847-848, 865, 867-870, 882-884, 897-899, 907, 909, 912, 916-918, 920, 924-925, 928, 934, 956-957, 960-961, 966, 971, 976, 978, 980, 983, 985, 989-991, 998, 1005, 1017-1018, 1023, 1025, 1036-1038, 1045, 1047, 187, 219, 223
Afrique australe, 637, 747, 749, 893
Afrique centrale, 30, 45, 136, 144, 413, 577, 580, 585, 595, 599, 601, 623, 745, 747, 749, 768, 934
Afrique de l'Ouest, 144, 150, 645, 868, 981, 995, 997, 1018
Afrique du Nord, 135-136, 143, 510, 673, 690, 692, 712, 743-744, 856, 869, 901, 904, 910
Afrique du Sud, 30, 45, 91, 110, 124, 126, 399, 409, 460, 462, 627-628, 630-631, 633, 636-639, 641-642, 644, 647-649, 652-653, 745, 749, 779, 803, 893, 911, 954, 1032, 1041
Afrique équatoriale, 750, 793, 822, 979
Afrique noire, 10, 19, 25-27, 33, 45, 48, 135-136, 140, 510, 670, 712, 743, 747, 780, 905, 916
Afrique occidentale, 136-137, 141, 413, 595, 701, 747, 754, 778, 793, 904-905, 999
Afrique occidentale et centrale, 915
Afrique occidentale et équatoriale, 690
Afrique occidentale et orientale, 628
Afrique orientale, 28, 136, 140, 413, 460, 581, 603, 745, 747-749, 778
Afrique Sud-Ouest, 623
Afrique tropicale, 755
Afrique-Équatoriale française, 594, 702, 776, 788

Afrique-Occidentale française, 150, 876, 1018
Afrique-Orientale britannique, 912
Afrique-Orientale britannique et allemande, 593
Agadir, 26
Agra, 386, 433
Ahmedabad, 400
Ain el-Turck, 666
Alabama, 159
Alaska, 69, 82
Albanais, 22
Albanie, 535
Alcatraz, 86-89
Aléoutiennes, 82
Alexandrie, 866
Alger, 37, 40, 46, 582, 656, 658-659, 661, 671, 675, 679, 684, 691-693, 715, 721-724, 732, 744, 788, 844, 854
Algérie, 9, 12, 14, 16, 18-19, 21-22, 29-32, 36, 38-40, 42-43, 45, 47, 49, 143, 495, 523, 595, 617, 655, 657-661, 663-664, 666-667, 671-672, 675-677, 679-681, 683-685, 689, 691-693, 695-696, 712-719, 721-722, 725-729, 735-736, 739-740, 744-745, 761, 777, 781, 785, 788, 791-792, 800, 803, 820, 841-844, 854, 857, 860, 899-902, 910, 935
Algérie (guerre d'), 937
Algérois, 723
Allahabad, 406
Allemagne, 25-26, 41, 48, 124, 126, 291-294, 298-299, 339, 416, 581, 633, 647, 670-671, 699, 840, 855, 895, 924, 962, 966, 980, 1028-1030, 1037-1038, 1043, 1045-1046
Allemagne de l'Ouest, 738
Allouagues, 63
Amazone, 201
Amazonie, 269, 181, 183, 198-200, 225
Amboine, 315

Américains, 222
Amérique, 19, 21, 23, 27, 30, 35, 58, 69, 72, 135, 143-145, 148, 153, 160-161, 169, 238-239, 242, 245-246, 253, 256, 260, 262, 264, 414, 427, 747, 761, 765, 767-769, 800, 807, 809, 826-827, 829, 831-833, 836-837, 839, 920, 922, 940, 958-959, 962, 964, 969, 980, 1025, 180, 189, 198, 222
Amérique centrale, 20, 270, 272, 297, 192, 223
Amérique du Nord, 26-27, 69-71, 73-75, 77, 80-81, 89, 129, 139, 144, 160-161, 544, 858, 899, 223
Amérique du Sud, 26, 149, 268, 199
Amérique hispanique, 189, 219, 227, 230-233
Amérique ibérique, 267
Amérique latine, 162, 267, 270-271, 274, 299, 859, 965, 987, 1018, 1054, 185, 211, 235
Amériques, 29, 144, 146, 869, 179, 203, 207-208, 213, 230
Amritsar, 409
Amsterdam, 312, 347
Anabon, 221
Andalousie, 60
Andes, 243, 246-247, 255, 258, 262, 272, 764, 181, 186, 188, 192, 197-198, 202-203, 205-206, 209, 214-217, 223
Angleterre, 10, 22-23, 25-26, 33, 42, 142, 153, 269, 294, 358, 377, 380, 394-395, 402, 405, 410-411, 421, 433, 435-436, 441, 451-453, 455, 457, 459-460, 468, 545, 587, 782, 798, 820, 833, 843, 893, 964, 179, 185, 194, 221
Angola, 22, 28, 137, 144-145, 577, 581, 593, 598-599, 601, 767-768, 824, 854
Angola du Sud, 624
Angra Pequeña, 1038

Annam, 470, 479, 481, 503, 505, 511, 517
Annam-Tonkin, 477
Anping, 557
Antilles, 67, 147, 761, 769, 776, 797-798, 869, 872, 874, 924, 961, 1029, 179, 188, 225-226, 231
Antilles anglaises, 147
Antilles britanniques, 139
Antilles néerlandaises, 335
Antioquia, 226
Antofagasta, 269
Anvers, 312, 584
A-OF, *v.* Afrique-Occidentale française, 954
Aoudh, 359, 361-362, 372, 391-392
Apartheid, 627
Arabie, 136, 374, 386, 460, 223
Arabie saoudite, 138, 173
Araucanie, 188
Argentine, 269, 271, 273-274, 965, 189, 192, 194, 203
Arménie, 523, 529, 532-533, 968
Arnhem, 348
Aruba, 184
Arzew, 735
Asie, 25, 239, 316, 320, 344, 358, 363, 374, 376, 402-404, 414, 470, 506, 508, 512, 525, 528, 544, 546, 549, 554, 570-571, 619, 847, 865, 898, 920, 924, 1018, 179, 225
Asie centrale, 21, 23, 527, 534
Asie du Nord-Est, 477, 556
Asie du Sud, 353, 357
Asie du Sud-Est, 30, 315, 357, 477, 556-557, 572, 899
Asie Mineure, 26
Asie occidentale, 907
Asie orientale, 544, 564
Assam, 399, 436, 441
Astrakhan, 525
Athènes, 819
Atlantique Sud, 448
Atlas, 660
Aumale, 678

Aurès, 665, 684, 695, 719-720, 730
Australie, 27, 29, 37, 92, 97, 99-100, 102-103, 105, 107-109, 113, 115-116, 119, 121-124, 126-127, 130, 341, 551, 1047-1050
Australie du Sud, 114
Australie-Occidentale, 100-101, 117, 123, 127
Autriche, 897
Autriche-Hongrie, 581
Auvergne, 901
Azerbaïdjan, 530-534

B

Ba Dinh, 504
Ba To, 491
Bagamoyo, 612-613
Baguirmi, 608
Bahia de Todos los Santos, 182, 184, 215, 220, 223
Bahr el-Ghazal, 608
Bakel, 1012
Bakou, 20, 530
Bali, 311, 315, 321, 327, 334
Balkans, 534, 967
Baltique, 525, 527
Banda, 315
Bandung, 41, 342
Bangassou, 598
Bangladesh, 22, 353
Banten, 312-313, 315-316
Bantous, 140
Barbade, 148, 274, 772, 869
Bas-Congo, 589-590
Basse-Terre, 65-66
Basutoland, 630
Bataan, 568
Bataille d'Alger, 723, 727, 731-732, 735
Bataille de l'Isly, 657
Bataille de la Vega Real, 57
Bataille du Japon, 555
Batavia, 315-318, 320, 331, 333, 340-341
Batoum, 540

Bayeux, 299
Bechuanaland, 630
Belges, 617, 847
Belgique, 292, 416, 578, 581-583, 617, 840, 954
Belgrade, 854
Belize, 268, 274
Béloutchistan, 353, 460, 604
Ben Tre, 502
Bengale, 315, 319, 356, 358-363, 367, 371, 375-380, 383, 386, 392, 397-399, 416, 418, 423, 433, 437-438, 441-442, 445, 455, 463, 628, 784, 790
Bénin, 609, 767, 1035-1036
Bérengie, 69
Béring, 69
Berlin, 596, 895, 917
Béziers, 881
Biafra, 19, 144
Bihar, 377, 392, 398-399, 421-422, 434
Birmanie, 315, 353, 374, 391, 413, 421, 423, 434, 549, 570, 774
Biscaye, 211
Blida, 662, 673, 734
Bogor, 320
Bogotá, 209
Bois-d'Arcy, 910
Bolivie, 268-269, 183, 211
Bombay, 37, 354, 360, 362, 364, 372, 392, 397, 406, 408, 416, 421-422, 424, 427, 437, 451, 456, 462, 798
Bon, cap, 713
Bonaparte, 148
Bône, 656
Bonne-Espérance, cap de, 604, 179
Bordeaux, 147, 737, 877, 881
Bornéo, 311, 321
Bornou, 608
Boston, 604
Boudouka, 678
Bourgogne, 280
Boyeka, 591
Brazzaville, 597, 673, 691, 750

Brême, 1038
Brésil, 22, 140, 143-145, 147-148, 159, 168, 173, 237, 269-271, 273, 316, 598-599, 608, 869, 950, 180, 182-186, 189, 194, 199, 204, 208, 210-211, 215, 218-223, 226-227, 230, 235
Bristol, 11
Bronbeek, 348
Brooklyn, 959
Bruxelles, 582-583
Budapest, 723
Buenos Aires, 268, 188-189, 207, 218, 233-235
Buganda, 768
Buitenzorg, 320
Bukoba, 749
Burgos, 240
Burkina Faso, 752, 1003
Burundi, 624, 1038
Buxar, 359
Byzance, 525

C

Cabesterre, 66
Cachemire, 405
Cadix, 141, 207
Caffa, 23
Caire (Le), 618, 692, 719
Cajamarca, 248, 185-186
Calcutta, 354, 364, 371, 378-380, 382-383, 386, 406, 420, 434-437, 440-442, 784
Calicut, 179
Californie, 87, 1030, 184
Callao, 184
Cambodge, 467-468, 473-474, 479-480, 482, 494, 1050, 1054
Cameroun, 45, 581, 595, 608, 624, 673, 698-699, 711-712, 753, 793, 799, 1038
Campagne d'Italie, 673, 676
Canada, 23, 28, 89, 124, 801, 825, 858, 915-916
Canal de Suez, 616
Canaries, 143
Canberra, 129

Candelaria, 211
Cannes, 910
Canton, 379, 382, 507, 546
Cap (Le), 153, 627-628, 630, 749
Cap-Vert, 1035
Caracas, 233, 236
Caraïbes, 23, 27, 62, 72, 141-142, 144-145, 147-148, 158-159, 161, 165, 237, 246, 268, 297, 183-184, 188, 207, 230
Carnatic, 361
Caroline-du-Sud, 72, 161, 165, 171
Carolines, 81
Carpentras, 63
Cartagena, 212, 233
Casablanca, 713, 933
Casamance, 1007
Castille, 53, 239-240
Cathay, 239
Caucase, 527, 530-537, 539-540, 542
Caucase du Nord, 532
Cayenne, 276, 283
Célèbes, 311, 315-316, 325, 338
Centrafrique, 577, 618, 624, 750
Ceribon, 326
Ceylan, 316, 225
Champlain, 678
Chari, 598
Charleston, 168
Charte de l'Atlantique, 690
Charvein, 290
Chélif, 663
Cherchell, 732
Chéria, 14, 16
Chiapas, 273
Chicago, 912
Chihuahua, 270
Chili, 269, 271-272, 820, 965, 184, 192, 198, 202
Chine, 142, 365, 374, 376, 378-379, 382, 413, 433-434, 468-470, 477, 481, 506-507, 509, 515-516, 544-545, 547-548, 552, 554-556, 562, 565, 571, 573, 776, 892, 899, 922-923, 187

Chine centrale, 570
Chine du Nord, 570
Chine du Sud, 330
Chiquinquirá, 211
Chocó, 226
Chôshû, 558
Chypre, 135, 460
Cibao, 54-55, 225
Cipangu, 239
Circars, 371
Circassie, 607
Co Am, 509
Cochinchine, 470, 476, 479, 491, 493, 502, 820
Cocoya, 21
Colombie, 270-271, 273, 181, 211, 226
Colombie-Britannique, 948
Colombo, 456
Colonisation, 543-544
Columbia, 1042
Comilla, 442
Comores, 603
Comorin, 353
Conakry, 699-700
Condor, v. Poulo Condor, 491, 507
Congo, 45, 48, 137, 141, 143-144, 577-581, 584-585, 587-588, 590, 592-594, 597-598, 617, 702, 753, 768, 776, 795, 802, 847, 869, 903, 922, 933, 979
Congo belge, 45, 577, 579, 624, 747, 754, 777, 954
Congo français, 594-595, 597-598, 600
Congos, 766
Constantine, 677, 715, 720, 735, 737, 744, 794
Constantinois, 663, 665, 667, 670, 677, 692-695, 715, 730, 735
Constantinople, 525
Corée, 16, 19, 477, 545-546, 548, 553, 555-556, 559, 561-569, 571-572
Corée du Nord, 546, 572

Corée du Sud, 47, 572
Corne de l'Afrique, 136, 608
Coromandel, 360
Corranderrk, 105
Corregidor, 568
Corrèze, 858
Corse, 43, 49, 664
Côte-d'Ivoire, 19, 48, 623-624, 697-699, 710-711, 750, 753, 779, 981, 1036
Côte-de-l'Or (Ghana), 144, 623, 767
Cotonou, 1036
Coyoacán, 217
CPI, 1055
Cracovie, 918
Crampel (Fort), 597
Crète, 135
Crimée, 21, 525, 538
Cuba, 20, 56, 58, 148-149, 159, 269, 272, 297, 854, 963, 183-185, 188, 220-223, 235
Curaçao, 153, 311, 184
Cuzco, 253

D

Dagana, 1012
Daghestan, 532, 534, 536, 542
Dahomey ; v. Bénin, 590, 623-624, 900, 903, 1035
Dahra, 657, 662
Dakar, 37, 698-699, 794-795, 807, 996, 1002, 1005, 1007, 1012-1016
Danemark, 173, 581
Dar-Kouti, 618
Deccan, 354, 361-362, 392, 399, 425, 223
Delft, 322-323
Delhi, 359, 391, 442
Déli, 320
Descamoya, 678
Diawara, 1012
Diégo-Suarez, 703
Diên Biên Phu, 517, 683, 736
Diourbel, 1013
Djavakhétie, 534

Dominique, 65-66, 146, 808
Dong, 499
Douala/Brazzaville, 951
Durban, 10, 1023, 1025, 1027, 1055

E

Écosse, 142
Edo, 553
Égypte, 22, 27, 41, 47, 136, 138, 142, 148, 413, 460, 590, 617-618, 655, 682, 722, 743, 748, 798, 854, 863, 872, 909, 977, 1009
El-Milla, 720
Empire britannique, 402, 409, 452, 460, 462, 805, 840, 965
Empire chinois, 468, 544, 546
Empire du Milieu, 552
Empire du Soleil-Levant, 567
Empire français, 840, 857, 904
Empire moghol, 353, 355-356, 366
Empire ottoman, 26, 539, 581, 607, 618, 671, 696
Empire romain, 401
Empire russe, 526, 551, 898
Empire soviétique, 18, 523
Empire tsariste, 531, 540
Équateur, 274, 589, 185, 197, 200, 226
Équateurville, 588
Erevan, 533
Érié, 75, 81
Érythrée, 749
Escaut, 327
Espagne, 21, 23, 57-60, 63, 142, 144, 153, 269, 312, 570, 581, 805, 817, 820-821, 833, 179, 183, 185, 189-190, 207, 220-223, 228, 230-231
Espírito, 218
Estonie, 44
États-Unis, 25-26, 48, 71, 74, 89-90, 129, 139, 147, 149, 154, 157-163, 167, 169-170, 172-173, 269-270, 273, 291-294,

297-299, 302, 304-306, 331, 341, 399, 416, 510, 542, 545, 570-571, 580-581, 587, 673, 685, 722, 770, 773, 798, 804, 806, 839-840, 852, 854, 870, 875, 888, 903, 912, 950, 952, 968, 1027-1029, 1032-1033, 1042, 1050, 1052-1053, 1055, 185, 211, 222

Éthiopie, 23, 272, 608, 854

Eurasie, 534

Europe, 10, 28, 33, 35, 41, 46, 64, 67, 72, 77, 97, 102, 135, 142-144, 148, 237, 262, 267-268, 291, 293, 297, 301, 312-315, 326-327, 336, 357-358, 376-377, 399, 403, 407, 423, 442, 472, 512, 525, 539, 544, 580-582, 587, 595, 615-617, 657, 660, 689, 691, 693, 782, 791, 794, 800, 831, 833, 842, 845, 848, 852, 865, 895, 899, 920, 922-923, 969-971, 1025, 1032, 180, 186-187, 189, 219, 223, 226, 228

Europe centrale, 964-965

Europe occidentale, 356, 525, 527

Européens, 48, 395, 749

Eva Valley, 129

Évian, 719

Expédition d'Égypte, 655

Extrême-Orient, 312, 460, 478, 492, 544-545, 552, 554, 569, 571, 821

Ex-Yougoslavie, 1054

Ezo, 543, 548, 550

F

Fachoda, 25, 848

Falkland, 23

Faridpur, 377

Fédération de Russie, 21, 523, 534, 542

Fernando Po, 221

Fès, 691

Fianarantsoa, 703

Flandres, 312

Florence, 919

Florès, 338

Floride, 78, 80, 82, 1031

Fontibon, 209

Formosa, 557

Formose, 545-546

Fort Pitt, 76

Fort William, 364

Françafrique, 48

Français, 478

France, 9-10, 12-13, 15, 18, 23-26, 28, 31, 33, 40-42, 48-49, 81, 142, 147-150, 153, 161, 173, 275, 279, 286, 288-289, 291-294, 296-299, 305, 311, 344, 348, 355, 361, 460, 468-470, 472, 474, 477, 479, 483-484, 489, 492, 494-497, 503, 508, 510, 512, 514, 516-517, 519, 545, 549, 571, 581, 655, 658-659, 661, 664-665, 667, 671-673, 677, 679-682, 690, 695-696, 698-700, 702, 706, 712-713, 718-719, 721-723, 725-728, 730-731, 739-740, 746, 759, 774, 777, 782, 786-787, 792, 820-822, 825-827, 832-834, 837, 841, 843-845, 870, 874-875, 877-881, 884, 890-891, 897-898, 902, 912, 916, 919, 933-934, 950-951, 957, 962, 964, 966, 973, 978, 992, 1002, 1011, 1018, 1024, 1029, 1037, 179, 184-185, 187

Franche-Comté, 280

Freetown, 807

Frise, 327

Fujian, 557, 560

Fukuoka, 543

Fuuta Tooro, 1007

G

Gabon, 42, 48, 692, 750, 753-754, 1036

Gambie, 779

Gange, 361-362, 372, 390-393

Gênes, 23
Genève, 714, 740, 1027
Géorgie, 159, 165, 523, 529, 532, 534, 607
Ghana, 41, 144, 590, 767, 799, 807, 868, 1028
Gibraltar, 294
Glenthorne, 117
Goa, 608, 187, 210
Gold Coast, 41, 590
Golfe de Guinée, 28
Golfe Persique, 138, 148, 374, 534, 223
Gorée, 807, 952, 978, 1025
Grand Caucase, 529
Grand-Bassam, 710
Grande-Bretagne, 30, 74, 108, 148, 161, 173, 268-269, 291, 294, 311, 318, 340, 353-355, 357, 359, 363-365, 367, 374, 376, 380-382, 401, 404, 406, 408, 410-411, 413, 455, 457, 476, 545, 551, 571, 580, 837, 841, 843, 898, 903, 958, 1024
Grande-Grèce, 547
Grandes Antilles, 62, 64
Grèce, 46, 142
Grenade, 66, 808
Groenland, 69
Groznyi, 535
Guadalupe, 210-211, 215
Guadeloupe, 63, 65, 145, 774, 788, 810, 870, 973, 184
Guam, 545
Guanabara, 184
Guanajuato, 227, 229
Guatemala, 271-272, 191, 194, 223
Guayaquil, 224
Guelma, 677, 693-694
Guentis, 14-15
Gueorguievsk, 530
Guérilla maoïste, 272
Guerre anglo-ndebele, 623
Guerre au Kosovo, 1051
Guerre civile du Guatemala, 272

Guerre d'Algérie, 518, 699, 712, 714, 728-729, 737, 740-741, 935, 961
Guerre d'Espagne, 964
Guerre d'Indépendance, 81, 167, 623
Guerre d'Indochine, 494, 502, 513, 515, 518-520, 677, 915, 935
Guerre de 1812, 82
Guerre de 1914, 460
Guerre de Bali, 338
Guerre de Crimée, 539
Guerre de Dix Ans, 222
Guerre de l'Opium, 544
Guerre de Mixton, 204
Guerre de Sécession, 78, 83, 154, 157, 167-169, 875, 950, 1029
Guerre de Sept Ans, 66, 81, 184
Guerre de Succession d'Espagne, 153
Guerre des Boers, 632
Guerre du Golfe, 1051
Guerre du Pacifique, 269, 555, 571
Guerre du Paraguay, 268
Guerre du Rif, 512, 672, 855
Guerre du Vietnam, 518, 1050
Guerre russo-japonaise, 569
Guerre russo-turque de 1877-1878, 540
Guerre sino-japonaise, 558
Guerres arméno-tatares, 530
Guerres de la Ligue d'Augsbourg, 81
Guerres de la Révolution et de l'Empire, 380
Guerres des Cafres, 628, 647
Guerres du Caucase, 537
Guerres sotho, 628
Guerres zouloues, 628
Guinée, 144-145, 698, 869, 887, 964, 979, 991
Gujarat, 360, 399
Guomindang, 573
Guyana, 808

Guyane, 28-29, 145-148, 275-276, 279, 281, 283, 285, 287-288, 290, 462, 774, 788, 810, 184, 201
Guyane française, 275, 283
Guyane hollandaise, 280
Gwalior, 423

H

Hadramaout, 604
Haiphong, 39, 470, 493
Haïti, 30, 53, 56, 58-59, 146-148, 268, 291-302, 304-307, 601, 798, 838-839, 221
Hakodate, 550
Hambourg, 298
Hanoi, 489, 506-507, 520
Harar, 1028
Harbin, 563, 569
Harlem, 307, 510, 952, 1028
Harvard, 1030, 1033
Haryana, 784
Haut-Atlas, 901
Haut-Congo, 607, 610-612
Haut-Karabagh, 532-534
Haut-Nil, 137
Haut-Oubangui, 618
Haut-Rhin, 679
Hawaï, 554
Hedjaz, 137-138
Higuey, 59
Himalaya, 353
Hispaniola, 53, 57, 60, 800-801, 187, 190, 225
Hoang Tru, 509
Hokkaidô, 543-544, 549-552
Hokuriku, 551
Hollande, 314, 318, 320, 345, 545, 571, 833
Hondo, 549, 554, 560, 564
Honduras, 67
Hong Kong, 424, 512, 546
Honshû, 549-550
Horde d'Or, 525
Horn, cap, 184
Huancavelica, 249
Huánuco, 192

I

Ibadan, 803
Imerina, 703
Impérialisme, 444
Inde, 10, 12, 18-19, 22-23, 25-27, 30-31, 37, 45, 142, 315, 341, 353-360, 362-365, 367-370, 374-376, 379-387, 389-395, 399-402, 404-418, 420-430, 432-434, 437-439, 441, 443-446, 450-453, 455-464, 604, 617, 749-750, 760-761, 776, 779-780, 782-783, 793, 802-803, 841, 846, 868, 899, 965, 179, 187, 223-224
Inde centrale, 392
Inde du Nord, 392, 397
Inde du Sud, 367, 397
Inde occidentale, 372, 382
Inde orientale, 371-372, 397
Indes, 30, 33, 55, 239, 259, 312-314, 318, 320-323, 325, 328, 330-332, 335-337, 339, 341, 343-348, 353, 360, 367, 391, 395, 402, 435, 598, 762, 922, 965, 190, 193
Indes néerlandaises, 311, 331, 343, 348, 556, 570, 627-628
Indes occidentales, 187
Indes orientales, 321, 353, 833, 187
Indochine, 16, 30, 33, 40, 460, 470, 472, 476-478, 480-481, 483-485, 490-494, 496-497, 501, 512, 514, 545, 549, 556, 571, 673, 689, 710, 723, 735, 795, 856, 910, 935
Indochine française, 570
Indochinois, 489
Indonésie, 30, 32, 45, 311, 315, 334, 336, 340-344, 347, 549, 571, 761, 776, 225
Indore, 423
Ingouchie, 540
Insulinde, 30, 328
Irak, 138, 460
Iran, 45-46, 534, 682

Irian Jaya, 311
Irlande, 545
Irlande du Nord, 124
Iroquoisie, 806
Ise, 566
Israël, 22, 43, 1030
Istanbul, 607
Italie, 23, 135, 416, 581, 691, 840, 898, 187

J

Jacatra, 315
Jakarta, v. aussi Batavia, 315, 342
Jamaïque, 56, 58-59, 142, 148, 159, 161, 168, 869, 184, 220-221
Jambi, 334
Japon, 21, 23, 26, 41, 339-340, 343, 416, 477, 492, 501, 506-507, 543-549, 551-571, 573, 604, 689, 965, 187
Java, 30, 311, 313, 315-321, 325, 328, 330, 340-341, 367, 476, 582, 776
Javanais, 328
Jérusalem, 23, 948
Johannesburg, 630, 650
Jordanie, 540
Jubbulpor, 423
Jura, 277

K

Kabylie, 539, 662-663, 665, 670, 684, 695, 720, 730
Kagoshima, 543
Kalimantan, 311
Kanpur, 406, 463
Kansai, 543
Kansas, 426
Kantô, 543
Kaolack, 1012
Karang Asem, Anak Gde Ngurah, 332
Karklins, Rasma, 43
Kasongo, 594
Katanga, 593, 610
Kazan, 31, 525

Kenitra, 671
Kentucky, 158
Kenya, 604, 606, 749, 795, 809, 910
Kenya occidental, 613
Khartoum, 618
Kilimandjaro, 614
Kilwa, 603, 606, 608, 619
Kim Lien, 509
Kinshasa, 589
Kisiwani, 603
Koeta Reh, 332
Kompong Som, 499
Konda, 1013
Korsakov, 562
Kosovo, 22, 44
Kouriles, 23, 545, 549, 551-552
Kristel, 678
Kunashiri, 552
Kwango, 593
Kwantung, 548, 556, 569
Kyôto, 543, 552
Kyûshû, 543, 549, 552-553

L

La Haye, 344, 347, 1044
La Martinique, 65
La Mecque, 151, 748, 948
La Nouvelle Amsterdam, 37
La Havane, 20, 184, 221-222
La Rochelle, 881
Lagos, 781
Lamas, 201
Lamu, 606, 615, 619
Lancashire, 357
Languedoc, 881
Lao Bao, 491
Laos, 473, 482, 1050
Le Havre, 296, 298, 510
Lebak, 326
Léopoldville, 589
Liaodong, 569
Liban, 673, 689
Liberia, 590
Liège, 617
Lima, 261, 268, 272, 804, 184, 191, 218, 228, 233, 236

Lisbonne, 11, 60, 141, 312, 831, 182, 185, 219
Loango, 597, 766
Lombok, 321, 327, 332-333
Londres, 144, 294, 354, 359-360, 364, 374, 376-377, 379, 382, 386, 393-394, 409, 411, 413, 422, 426, 435, 438, 441, 510, 527, 604-605, 616, 855, 878, 902, 912, 956
Long Xuyen, 502
Longue Marche, 270
Lopori, 584
Lorraine, 671
Louga, 1013
Louisiane, 159, 839, 872, 874, 222
Lourenço Marques, 145, 608
Luanda, 143, 599-600, 609
Luba, 610
Lucayes, 57
Lüderitzbucht, 1044
Lyon, 903

M

Macao, 599
Macassar, 316
Madagascar, 38-40, 45, 603, 623, 628, 673, 692, 696, 701, 703, 706-711, 713, 717, 820, 856, 879, 900, 903
Madère, 143, 218-219
Madras, 354, 362, 364, 371-372, 392, 399, 406, 419, 421, 423, 452, 454
Madrid, 62, 240, 261, 671
Madura, 340
Magellan, 184
Maghreb, 23, 32-33, 36, 45, 138, 403, 617, 658, 670-671, 673, 780, 793, 868, 943
Maghrébins, 48-49
Maharashtra, 399, 798
Malabar, 360, 397
Malacca, 316, 552
Malaisie, 33, 37, 462, 549, 570-571, 965, 225

Malawi, 606, 751
Mali, 978, 1002-1003
Malindi, 606
Malouines, 23, 448
Malwa, 433-434
Mana, 275-285, 287-290
Mananjary, 705
Manaus, 225
Manchester, 377, 667
Mandalay, 444
Mandchoukouo, 556, 569
Mandchourie, 26, 478, 545-546, 548, 556, 559, 562-571
Manhattan, 86
Mani, 209
Manille, 179
Maranhão, 199
Marburg, 895
Mariannes, 545
Maringa, 584
Maroc, 26, 29, 32, 45, 657-658, 671-673, 682, 691, 699, 702, 713-714, 720, 747, 901, 910, 944, 956-957, 964
Maroni, 275, 280, 288, 201
Marquises, 29
Marseille, 510, 604, 831, 881, 902-903
Martinique, 21, 63, 66, 145, 774, 788, 810, 820, 870, 874, 923, 933, 184
Mascara, 734, 744, 931
Massachusetts, 72
Matadi, 589
Matam, 1012
Matanzas, 221
Mataram, 315-316
Maurice, 318, 603, 826
Mauritanie, 19, 138, 173, 972, 978, 986, 995-1000, 1002-1007, 1009-1010, 1012, 1015-1018, 1037
Mazinde, 614
Mbour, 1013, 1016
Medan, 320, 341
Medellín, 273
Medina del Campo, 191
Médine, 151

Mékong, 467-468, 478
Melouza, 722
Mérida, 209
Mers el-Kébir, 676, 727
Méso-Amérique, 246, 198, 202, 204, 206, 214, 216
Mésopotamie, 374, 867
Mexico, 261, 265, 267, 183, 194, 204, 207, 210-211, 216-217, 229
Mexique, 21, 237, 240, 269, 273-274, 357, 797, 820, 829, 179, 181, 185-188, 192, 208-210, 215, 222, 229
Mexique central, 203
Mezquital, 188
Michoacán, 194
Mimot, 479, 497
Minas Gerais, 226-227
Mississippi, 81-83, 159
Missouri, 76
Mitidja, 660, 662
Moçamedes, 609
Moka, 923
Moluques, 311, 314-315, 318, 343
Mombasa, 604, 606, 786
Monfea, 619
Mongala, 584
Mongolie, 563
Mont Rouse, 105
Montevideo, 234
Montgomery, 159
Montpellier, 881
Montréal, 806
Moramanga, 703-704
Morelos, 270, 222
Moscou, 11, 343, 512, 520, 525, 531, 534-535, 541-542, 552, 685, 852-853
Moukden, 569
Moyen-Congo, 598, 750, 754
Moyen-Orient, 534, 846, 856, 218
Mozambique, 144-145, 604, 606, 608, 615, 623, 749, 824
Münster, 917
Musée de l'Apartheid, 644, 650

Muzaffarpur, 442
My Tho, 502
Myall Creek, 101
Mymensingh, 442
Mysore, 355, 362, 372
Mzab, 788

N

N'Gaoundéré, 608
Nagasaki, 553
Naichi, 549, 564, 566
Nairobi, 750
Nam Dinh, 504
Namibie, 623, 1037, 1042-1043, 1045
Nantes, 11, 147, 877, 881
Naples, 879, 181, 187
Napo, 200
Nara, 543
Narre Warren, 105
Natal, 623, 966
Navarre, 181
Ndotsheni, 631
New York, 37, 302, 424, 436, 510, 542, 604, 213
Newcastle, 667
Nghe Tinh, 509, 513
Niari, 598
Nicaragua, 270, 807, 224
Niger, 136, 623, 752, 776, 869, 953-954, 978, 1003
Nigeria, 595, 608, 623, 767, 791-792, 803, 807-809, 1024, 1028, 1036
Norvège, 581
Nouadhibou, 1015
Nouakchott, 996, 1005, 1012, 1014-1016
Nouveau Monde, 30, 69
Nouveau-Mexique, 189, 198
Nouvelle-Angleterre, 81, 180
Nouvelle-Calédonie, 29, 36, 482, 554, 820
Nouvelle-Espagne, 240, 249, 252, 258-259, 265, 179-181, 183, 192, 196, 207, 217, 227, 229

Nouvelle-France, 180
Nouvelle-Galice, 204
Nouvelle-Galles-du-Sud, 97, 101, 103, 117, 129
Nouvelle-Grenade, 148, 181, 192, 209
Nouvelle-Guinée, 343, 899
Nouvelle-Orléans, 159
Nouvelles-Hébrides, 482
Nouvelle-Zélande, 124
Nupe, 623
Nuremberg, 126, 1024, 1056
Nyangwe, 594
Nyassaland, 751

O

Occident, 21, 35, 357, 384, 509, 512, 527, 543, 547, 549
Océanie, 414
Ogooué, 750
Okinawa, 543-544, 552-555, 560, 564
Oklahoma, 76, 82, 1031
Oman, 603, 619-620
Ontario, 915
Oradour-sur-Glane, 694
Oran, 36, 38, 656, 666, 675, 681-682, 692-693, 744
Oranie, 658, 684
Oregon, 78
Orénoque, 184, 199, 201
Organabo, 280
Orient, 508, 525, 527, 532, 692, 845
Orissa, 416
Oslo, 272
Ossétie, 532, 534
Ouadaï, 608
Oubangui-Chari, 597-598, 624, 753-754
Oudh, 421
Ouganda, 795
Ouro Preto, 226
Ouzbékistan, 680
Oxford, 455-456

P

Pachuca, 229
Pacifique, 24, 111, 268, 898
Pacte colonial, 833-834, 836
Pacte de l'Atlantique, 673
Pacte germano-soviétique, 519
Paix de Vereeniging, 645
Pakistan, 353, 411
Paku Alam, 319
Palembang, 341
Palestine, 22, 460, 967
Palestro, 664
Palmares, 220
Panamá, 22, 269, 274, 294, 297, 184-185, 226
Pangani, 606, 613-615, 620
Pará, 199, 224
Paraguay, 269, 280, 192, 194, 201-202, 215
Paraná, 189
Paris, 43, 144, 147, 173, 282, 296, 301, 307, 479, 512, 520, 527, 661, 675, 680, 691, 706, 716-718, 722, 733, 735, 737-738, 878, 881, 893, 902-903, 934, 965, 974, 1002
Pasundan, 342
Paté, 606
Patna, 433
Pax neerlandica, 334
Pays-Bas, 311-313, 319-320, 322, 325, 327-329, 331, 335-337, 339, 341-348, 581, 630, 633, 962
Pearl Harbor, 339
Pékin, 473, 555, 558, 573
Pemba, 605, 619
Pendjab, 372, 374, 392, 399, 408, 419, 421, 427, 438, 454
Péninsule Ibérique, 62, 186
Pennsylvanie, 76
Penthièvre, 678
Pernambouc, 182, 184, 218, 220
Pérou, 20, 237, 249, 259, 268-269, 272-273, 804, 965, 181, 184-186, 191-194, 196, 208-

211, 215-216, 218, 222, 227-229, 236
Perse, 142, 406, 413, 531, 922
Petites Antilles, 58, 62
Philippeville, 720, 731
Philippines, 23, 476, 549, 556, 570-571, 179, 185, 222, 232
Phnom Penh, 494
Plassey, 354, 358, 361, 366, 380, 391
Ploërmel, 283
Plymouth, 81
Pocahontas, 800
Pologne, 527
Pont-Euxin, 547
Port Phillip, 105
Port-au-Prince, 297-298, 301
Porto Plata, 149
Porto Rico, 57-58, 63, 297, 222
Port-Saïd, 945
Portugal, 23, 60, 135, 153, 312, 581, 599, 821, 823-824, 870, 179, 182-183, 185, 219, 221, 223-224, 227
Potosí, 238, 249, 197, 226-229
Poulo Condor, 39, 491, 507, 513, 517
Preanger, 316
Première guerre d'indépendance, 391
Priangan, 316
Prigorodnyi, 534
Principe, 599
Provence, 881
Provinces-Unies, 312
Puebla, 266
Puebla-Tlaxcala, 216
Puerto Rico, 149, 185
Pusan, 563
Putumayo, 200

Q

Québec, 76
Queensland, 100-101, 110
Quelimane, 608
Querétaro, 218, 227
Quito, 200, 216-217, 222, 233

R

Rabat, 691, 714, 722
Rach Gia, 502
Rajasthan, 392, 416, 421
Rajputana, 421
Rampa, 398
Rangoon, 19
Redfern, 122
Reggane, 727
Reich, 170, 540
Relizane, 663
République, 1044
République de la Géorgie, 19
République de la Montagne, 540
République démocratique du Vietnam, 516
République dominicaine, 270, 297, 300
République fédérale d'Allemagne, 1044
République française, 40
République socialiste fédérative soviétique de Transcaucasie, 532
Réunion, 603, 774, 788, 810, 872, 951
Rhénanie, 1045
Rhode Island, 1033
Rhodésie, 593, 745, 779-780, 911
Rhodésie-du-Sud, 623, 785
Riau-Johore, 319
Riba-Riba, 594
Rif, 21, 713, 854, 935, 958
Rio, 185
Rio de Janeiro, 145, 184
Río de la Plata, 148, 268-269, 181, 188-189, 192, 198, 207, 234
Rome, 142, 525, 815, 922, 1055
Royaume-Uni, 41, 581, 965
Rufisque, 790, 807, 1012
Russie, 10, 14, 21, 25-26, 42, 165, 403, 501, 506, 523, 525-526, 528-532, 534, 537, 542, 545, 551, 556, 581, 749, 885, 940, 1024

Rwanda, 19, 42, 624, 749, 995, 1027, 1038, 1054
Ryûkyû, 543, 548-549, 552-555, 557, 563

S

Saadani, 613
Sahara, 696, 700, 710, 712, 727, 788, 865, 868, 904, 956, 995
Sahel, 595, 751, 995, 1007
Saigon, 474, 476, 507, 510, 514, 933, 1050, 1053
Saint-Christophe, 64, 66
Saint-Dié, 239
Saint-Domingue, 145-147, 149, 159, 173, 268, 270, 291, 295, 655, 718, 773, 798, 802, 805, 838, 870, 873, 876, 879, 885, 1037, 220-221
Sainte-Adresse, 510
Sainte-Lucie, 66
Saint-Kitts, 64
Saint-Laurent, fleuve, 80, 277, 223
Saint-Laurent-du-Maroni, 289
Saint-Louis, 803, 807, 890, 904, 1012
Saint-Malo, 153
Saint-Nicolas, 294
Saint-Vincent, 66-67, 145
Sakhaline, 545, 548-549, 551, 562-563
Salvador, 270, 273
Samana, 149
San Francisco, 510
San Juan, 58
San Salvador, 224
Sanaga, 711
Sand Creek, 83
Santa Cruz de la Sierra, 269
Santa Fe, 189
Santo Domingo, 59, 149
São Paulo, 183
São Tomé, 141, 219
São Tomé et Principe, 28, 141, 599, 609, 869, 219
São Vincente, 218

Satsuma, 543, 553-554
Seconde Guerre mondiale, 403, 515
Semarang, 319
Sénégal, 40, 48, 140, 623, 666, 698, 754, 769, 777, 807, 880, 884, 890, 964, 972, 978-979, 986, 992, 995-1000, 1002, 1004-1007, 1011-1012, 1015, 1017, 1025
Sénégambie, 144-145, 608, 767, 890
Sennar, 608
Séoul, 556, 563, 567
Serbes, 22, 44
Sétif, 39, 667, 677, 680, 693-694, 856, 900
Séville, 153, 189, 207
Shanghai, 546, 567, 951
Shikoku, 549
Siam, 468, 476, 759-760
Sibérie, 21, 23-24, 69, 525
Sicile, 60
Sidi-Brahim, combat de, 657
Sidi-Ferruch, 656
Sierra Leone, 173, 750, 767, 807
Sigchos, 216
Sind, 374
Singapour, 47, 320, 546
Skikda, v. Philippeville, 720
Soconusco, 223-224
Sokoto, 608
Solovki, 539
Somalie, 1028
Somalie du Sud, 603
Somalies, 623
Son La, 491
Sonde, 19, 33, 342
Songhaï, 136
Sonko, 1012
Soudan, 25, 28, 42, 136, 608, 618, 623, 748, 868, 977-979, 981, 997, 1009
Soummam, 722
Southampton, 167
Sri Lanka, 22, 315, 405
Stepanakert, 533
Stockholm, 680

Sud-Est asiatique, 846
Sud-Ouest africain, 899
Sud-Vietnam, 1052
Suède, 581
Suez, 330, 406, 460, 722
Suisse, 41, 1028
Sulawesi, 311
Sumatra, 311, 321, 325, 328, 331-332, 335, 340-341, 776-777, 780, 802
Surabaya, 338
Surinam, 147-148, 168, 311, 331, 335, 1028
Swaziland, 630
Sydney, 117, 122, 1049
Syrie, 659, 673, 689

T

Ta Lai, 491
Tabasco, 198
Tabora, 607, 611-612, 614
Tachkent, 680
Tadjikistan, 44
Tafna, 656
Tahiti, 933
Taipei, 563
Taïwan, 545-546, 548, 554-566, 568, 572
Taliouine, 957
Tamatave, 703, 803
Tambacounda, 1013, 1016
Tamouls, 22
Tanah Abang, 333
Tananarive, 689, 702-703, 706
Tanganyika, 607, 612, 623, 749
Tanger, 713
Tanzanie, 611, 623, 749, 795, 1038
Tapanoeli, 334
Taree, 117
Tasmanie, 103-104
Tatarstan, 523
Taza, 671
Tbilissi, 532
Tchad, 42, 597, 608, 618, 908, 1009

Tchétchénie, 14, 21, 523, 528, 533-535, 542
Tébessa, 16
Tejuco, 226
Tekrur, 868
Ténès, 716
Tennessee, 159
Tenochtitlán, 242, 248, 253
Tepeyac, 211
Ternate, 315
Terre de Feu, 69
Terre-Neuve, 69
Territoire-du-Nord, 94, 101, 113, 127
Texas, 159
Thaïlande, 492
Thiaroye, 698
Thiès, 1012
Tibet, 26
Tidore, 315
Timfouchi, 718
Tjakranegara, 333
Tlaxcala, 210
Tlemcen, 734, 744
Tobago, 184
Togo, 624, 767, 1038
Tôhoku, 544, 549, 551
Tôkyô, 506-507, 543, 552, 554, 556, 558-561, 563-564, 569-570
Tonkin, 12, 468, 471, 477, 481, 498, 503, 505, 820, 849, 935
Topeka, 426
Toraja, 338
Torres, 120, 129
Toua, 1016
Toulon, 881
Tours, 511
Tra Vinh, 502
Transcaucasie, 533
Transkei, 630
Transvaal, 640-641, 643
Trinidad, 63, 142
Tripoli, 137, 619
Tripolitaine, 617
Tsugaru, 550
Tucumán, 197

Tunis, 658, 671, 722, 724, 746, 977
Tunisie, 27, 41, 138, 617, 672, 682, 691, 702, 713-714, 746, 792, 820
Tunja, 211
Turkestan, 21, 680
Turquie, 143, 531, 534, 538

U

Ujiji, 607, 612
Ukraine, 527
Ulster, 44
Union d'Utrecht, 312
Union des Républiques socialistes soviétiques, Fédération de Russie (URSS), 11, 19, 43, 271, 523, 532, 534, 540-541, 685, 722, 854, 968
Union européenne, 46, 1027
Union française, 856
Union soviétique, 341, 407, 852-854
URSS, 854, 968
Uruguay, 269, 271, 194
Urundi, 624, 1038
Uttar Pradesh, 427, 784, 809

V

Venezuela, 27, 41, 63, 181, 203, 207, 224, 236
Venise, 23, 60
Vera Paz, 194
Veracruz, 270
Verdun, 851
Vichy, 675-676, 708, 912
Victoria, 104, 123, 614
Vietnam, 13, 272, 467-468, 470, 473, 476, 479-480, 482, 485-487, 490, 502-505, 509-510, 514, 518-521, 689, 701-702, 704, 714, 776, 786, 790, 854, 943, 946, 948, 1050-1053

Vila Rica, 226
Vilcabamba, 193
Vinh Long, 502
Virginie, 81, 157, 167, 296, 771
Vladivostok, 567
Vught, 344

W

Waini, 201
Waitangi, 119, 129
Washington, 13, 170, 292, 294, 301-302, 463, 520, 1027, 1053
Windhoek, 1038-1039

X

Xaragua, 59
Xochimilco, 187

Y

Yamoussoukro, 710
Yen Bai, 490, 509
Yeso-Hokkaido, 21
Yogyakarta, 319
Yougoslavie, 995, 1027
Ypres, 460
Yucatán, 800, 181, 192, 198, 202, 209, 223
Yunnan, 470
Yunnansen, 470

Z

Zacatecas, 226-227, 229
Zambèze, 609, 858
Zamora, 226
Zanzibar, 136, 138, 590, 593, 603-608, 610-613, 615-616, 618-619, 748
Zaruma, 226
Ziguinchor, 1013, 1016
Zimbabwe, 623, 745, 785, 799
Zinder, 963

Index thématique

A

À l'assaut de l'Afrique, 904
À quoi servent les colonies ?, 849
ABIR, 584, 592
Abkhazes, 539
Abnakis, 81
Aborigènes, 13, 92-105, 107-113, 115-123, 125-130, 899, 1047-1048
Acéens, 331-332
Achantis, 895-896
Achikunda, 609
Actions médicales indigènes, *v.* AMI, 753
Adoration des Mages, 919-920
Aélita, 943
Aetna Life Assurance, 1032, 1034
Africains, 60, 72-73, 75, 111, 136, 139, 143-145, 157-160, 279-280, 287, 580, 585, 587, 589-593, 597, 608, 621, 627-628, 630-638, 696, 761, 768-769, 776, 787, 822, 863, 865, 872, 876, 897, 906, 912, 915-917, 920, 923, 950, 973, 978-979, 994, 1018-1019, 1028, 1035, 1040, 206, 210, 213, 219-220
African National Congress, *v.* ANC, 637
Afrikaner Broederbond, 633
Afrikaners, 643, 647
Afrique, 1035
Afrique 50, 910, 953
Afro-Américains, 86
AIC, 579
Aïnous, 550-551

Alassers, 332
ALENA, 273
Aleuts, 82
Algériens, 13, 15-16, 38-39, 46, 496, 665, 671, 690, 692, 694-695, 714-715, 717, 720, 722-723, 726, 728, 733, 737-738, 741, 747, 786, 963
Allemands, 157, 292-295, 298-299, 492, 529, 531, 540, 594, 605, 612-613, 620, 672, 675, 899, 1030, 1039-1041, 1043, 1045, 1047
All-India-Muslim-League, 442
Allouagues, 63, 66
ALN, 730, 734
Al-Qaïda, 542
Alsaciens, 660, 664
Américains, 20, 38, 41, 46, 83-84, 89, 169-170, 172, 270, 292-294, 297-302, 306, 337, 341, 494, 518, 520, 555, 568, 885, 948, 1028, 1030
American Indian Movement, 86
Amérindiens, 284, 806
AMI, 753
Amizdat, 145
ANC, 637-638, 649, 652
Anglais, 18-20, 24-25, 28, 30, 33-35, 64, 66-67, 80-81, 91, 107, 147-148, 157, 319, 332, 358, 376, 401, 404-408, 410-411, 414, 422, 433-434, 436, 439-443, 445-446, 450-458, 462, 603, 642-643, 655, 784-785, 887, 911, 998, 184
Anglo-Australiens, 110

Anglo-Belgian India Rubber and Exploration Company, *v.* ABIR, 584
Anglo-Indiens, 446
Anglo-Saxons, 974
Angolas, 212
Anna et le Roi, 760
Annamites, 517
Anthropologie pragmatique, 987
Anticolonialisme, 700, 815-816, 824, 830, 836, 838, 840, 844, 851, 854-856, 858-860, 910, 935, 937
Antiracisme, 48
Anversoise, 584, 592
Apaches, 83, 947
Apartheid, 30, 110, 126, 476, 627-628, 630, 632, 635, 637, 639, 648-653, 911, 1025, 1041
Apartheid Reparations International Legal Claim, 1032
Apocalypse Now, 518
APRA, 271
Arabes, 10, 32, 36, 38, 43, 135-138, 140-141, 337, 433, 593, 603, 608, 611, 614, 656-658, 660-666, 679-685, 750, 841, 867-868, 871, 900-901, 915, 966, 976-979, 989, 997-998, 1010, 1018
Arabo-Berbères, 976, 1004, 1006, 1008
Arapahos, 83
Arauto Africano, 601
Armée de libération nationale, *v.* ALN
Armée zapatiste de libération nationale, *v.* ALENA
Arméniens, 44, 137, 152, 530, 578, 1024, 1027
ARP, 335
Aryas, 896
Aryens, 440, 898
Ashanti, 911
Asiatiques, 75, 475, 487, 571, 634, 885, 915, 917, 945

Assemblée nationale constituante, 286
Association américaine d'anthropologie physique, 912
Association des Annamites patriotes, 511
Association internationale du Congo *v.* AIC
Association pour la modernisation du Vietnam, 506
Au cœur des ténèbres, 855
Augustins, 208, 216-217
Australia Keep White, 1047
Australiens, 92-94, 99, 122, 125-126, 128, 131
Auvergnats, 901
Avancement des Aborigènes, 115
Avars, 539
Aventures des mers exotiques, 951
Aventures extraordinaires d'un homme bleu, 904
Avoir vingt ans dans les Aurès, 910
Azande, 623
Azéris, 44
Aztèques, 60, 188

B

Baas, 1010
Bagne, 275, 283, 289-290
Baiga, 424
Balinais, 334
Balkars, 532
Baltes, 533
Bambara, 1001
Bangala, 590
Bank of India, 406
Banque, 300
Banque centrale, 297
Banque de l'Indochine *v.* BIC
Banque de Taïwan, 558
Banque mondiale, 41, 837
Banque Morgan, 300
Banque nationale, 297, 299

Banque nationale d'Haïti, 300, 302
Baoulé, 623
Barbaresques, 655
Barunga (déclaration dite), 129
Basques, 660
Batouala, véritable roman nègre, 908
Bédouins, 151, 956
Bei Zoug Zoug, 662
Bel Ami, 956
Belges, 25, 45, 577-578, 580, 590, 594-595, 749
Bengale Civil Service, 426
Bengalis, 441-442, 455
Benguelas, 212
Benito Cereno, 951-952
Berbères, 32, 900-902, 956-957, 997-999
Bible, 865-866
BIC, 484
Bidân, 996-1002, 1005-1008, 1010, 1012, 1015-1018
Birmans, 19
Black Caribs, 67
Black Caucus, 1030
Black Consciousness, 638
Black Panthers, 1029
Black Power, 86
Bloc démocratique du Gorgol, 1002
Bloc démocratique sénégalais, 1002
Blue Book, 1043
Board of Control, 354, 364, 405
Bochiman, 903, 1038
Boers, 426, 631, 634, 645, 647, 651
Bolcheviks, 21
Bongolo, 955-956
Boni, 147
Box of Treasures, 948
Boxers, 413
Brazza, 953
Bringing Them Home, 1049
Britanniques, 81-82, 93, 157, 353, 356, 365-366, 368, 375, 383-384, 389, 392-393, 409, 413, 419-420, 427, 431-432, 434, 441, 445-446, 448-449, 452, 454, 456-457, 477, 488, 594, 604-605, 616, 619-620, 630-631, 645, 786, 790
Broederbond, 633
Broken Arrow, 947
Bruxelles, 1023
Budget général de l'Union indochinoise, 480
Budi Utomo, 336
Bulletin de la Ligue française de l'enseignement, 943
Bulletin officiel, 583
Bureau caucasien du Parti bolchevique, 531
Bureau des affaires indiennes, 84-85
Bureau du recensement américain, 70, 83
Bureau international du travail, 463
Bureaux de protection, 113

C

Cafres blancs, 633
Caïn, 951
Calchaquis, 192
Cambodgiens, 470, 481
Caméras sous le soleil, 942
Camerounais, 712
Can Vuong, 503, 505
Canadiens, 915
Canaques, 36
Cañari, 186
Cantique des cantiques, 866
Capitaine de quinze ans, 906
Capitalisme, 26
Caprices d'un fleuve, 966
Caraïbes, 62-66
Carib, 199, 201
Carthaginois, 866
Casa de contratación, 207
Castillans, 247
Caucasiens, 42, 528, 535-536
Cause islamo-arabe, 683
Celtes, 893

CGT, 692
Chambre de commerce de Liverpool, 600
Charte de la Liberté, 638
Charte de San Francisco, 708
Chemin de fer, 414
Chemins de fer, 297, 559, 563
Cherokees, 78, 81-82
Cheyennes, 83, 949
Chichimèques, 223
Chickasaws, 81
Chinois, 316, 337-338, 477-478, 480, 557-558, 560, 566, 569, 599, 892
Chinois, Aborigènes, 564
Chiriguano, 200
Chocolat, 911
Choses vues, 845
Christian Herald, 424
Christianisme, 56, 58, 142, 397, 423, 535, 595, 787, 819, 201, 208, 215-216
Christophe Colomb, 969
Chronique des années de braise, 963
Chroniques, 866
Chupacho, 192
CIA, 271
Cinq Semaines en ballon, 906
Cipayes, 401
Circassiens, 137-138
Cléopâtre, 909
Clio, 759
Cocama, 201
Cochinchine, 483
Code Hays, 946
Code noir, 771, 804, 869, 871, 874
Codex Badianus, 187
Colomb, 225-226
Colonial Office, 405
Colonialisme, 664
Colonisation, 9-11, 16, 20, 22, 42, 70, 75, 77, 93, 99, 238, 243-244, 253, 256, 259, 265, 275, 277-279, 284, 288, 348, 353, 389, 416, 495, 517-518, 543-544, 548, 551, 555, 577, 595, 598-599, 604, 650, 659, 661-663, 667, 672, 716, 720, 723, 726-727, 743, 746, 760, 764, 773-774, 796, 806, 810, 815-816, 818, 821, 824-825, 830, 836, 838, 840, 842, 845-847, 849-850, 854, 857, 886, 897, 900, 904, 915, 923, 941, 943, 950, 960, 964, 967, 990, 1031, 1038, 1050, 195
Colonisation allemande, 1039
Colonisation anglaise, 991
Colonisation britannique, 74, 405
Colonisation espagnole, 260-262
Colonisation européenne, 53-54, 82, 616, 621
Colonisation française, 855, 971-972, 991, 1018-1019
Colonisation hispanique, 263
Colonisation ibérique, 239
Colonisation japonaise, 545, 547-549, 573
Colonisation léopoldienne, 581
Colonisation nord-américaine, 158
Colonisation occidentale, 547, 603
Colonisation portugaise, 600
Colonisation zanzibarite, 748-749
Coloquios dos simples, 187
Comanches, 83
Comité des droits de l'homme des Nations unies, 127
Comité des Nations unies pour l'élimination de la discrimination raciale, 120, 128
Comité Messali Hadj, 687
Comité pour l'abolition du commerce des esclaves, 173
Comité pour l'élimination de la discrimination raciale, 127
Comité pour la réconciliation, 129
Comité pour la réconciliation aborigène, 123, 125, 129

Comment les sauvages du Canada traitent leurs prisonniers, 78

Commissie Van Galen, 347

Commission d'Afrique du Sud pour la vérité et la réconciliation, 124

Commission des griefs indiens, 85

Commission vérité et réconciliation, 1032

Commission vérité pour la réconciliation en Afrique du Sud, 1025

Commonwealth, 22, 115-116, 127, 637

Communisme, 9, 12, 17, 408, 494, 513-514, 520, 637, 1050

Comoriens, 705

Compagnie allemande d'Afrique orientale, 621

Compagnie anglaise des Indes orientales (*East India Company*), 353

Compagnie commerciale de colonisation au Congo Français, 596

Compagnie commerciale des Pays-Bas, 327

Compagnie de Guinée, 153

Compagnie de Jésus, 208, 219

Compagnie des Chargeurs réunis, 510

Compagnie des Indes, 402, 553

Compagnie des Isles d'Amériques, 184

Compagnie française des Indes, 353, 355, 357

Compagnie générale transatlantique, 296

Compagnie hollandaise des Indes orientales, 314, 627 *v. aussi* VOC

Compagnie Van Verre, 312

Company Raj, 367-368, 379, 381, 383, 385, 390

Confédération de la Montagne, 533

Confédération des peuples montagnards, 541

Confédération Powhatan, 80

Conférence antiesclavagiste, 583

Conférence de Berlin, 578, 581, 583, 1038

Conférence de Brazzaville, 689

Conférence de Durban, 1035, 1054-1055

Conférence de La Haye, 341, 1023

Conférence de la Table ronde, 451

Conférence de San Francisco, 673

Conférence du Commonwealth, 1048

Conférence internationale de Berlin, 897

Conférence internationale de Bruxelles contre l'esclavage, 607

Conférence internationale de Versailles, 511

Conférence internationale du travail, 462-463

Conférence latino-américaine des évêques, 273

Conférence mondiale contre le racisme, 170, 1023, 1027, 1055

Conférence mondiale de Durban, 1044

Conférence panafricaine de l'Organisation de l'unité africaine (OUA), 1024

Conférences de Berlin, 1023

Congo Reform Association, 592

Congolais, 577

Congos, 212

Congrès de Bâle, 850

Congrès de la Paix, 845

Congrès de Londres, 846, 849

Congrès de Stuttgart, 850

Congrès de Tours, 510

Congrès de Vienne, 616, 1023

Congrès des peuples pour la Paix, 682

Congrès du Komintern, 853
Congrès indochinois, 514
Congrès national des Aborigè-
    nes, 129
Congrès national indien, 399,
    406
Conquérants solitaires, 966
Conquistadores, 74, 143, 239,
    247-248, 250, 253, 800-802,
    180-181, 190-191, 230
Conseil de l'Europe, 127
Conseil de sécurité, 1055
Conseil fédéral des insulaires
    aborigènes du détroit de Tor-
    res, 118
Conseil pour les dédommage-
    ments au peuple herero, 1042
Considérations sur l'Algérie,
    901
Contes des *Mille et Une Nuits*,
    141
Convention de Genève, 434
Convention des Nations unies
    pour l'élimination de toutes
    les formes de discrimination
    raciale, 120-121
Convention nationale, 147
Convention pour la prévention
    et la répression du crime de
    génocide, 1024
Coran, 137, 143, 150, 402, 539,
    659
Coréens, 565-568
Cosaques, 529
Cosmopolitan, 426
Coup de torchon, 940
Cour pénale internationale, 1055
Cour pénale internationale *v.* CPI
CPI, 1055
Crédit foncier indochinois, 485
Crédit industriel et commercial,
    299
Créoles, 268, 276, 608, 834, 875,
    206-207, 213, 220
Criminal Tribes, 431
Criminal Tribes Act (CTA), 429
Croisade de l'indépendance, 494
CRUA, 683

CSX Corp, 1032-1034
CT, 431
CTA, 429-432
Culture et impérialisme, 447-
    448
Cuu Quôc Hoi, 510

D

Dahir, 32
Dahir berbère, 32
Dances with the Wolves, 947
*De generis humani varietate
    nativa*, 887
De Indis, 817
De l'esprit des lois, 831
*De la colonisation chez les peu-
    ples modernes*, 596
De la littérature des nègres, 884
De potestate civili, 817
*Debt : What America Owes to
    Blacks*, 170
Déclaration d'indépendance de
    la RDV, 495
Déclaration des droits de
    l'homme, 147
Déclaration des droits de
    l'homme et de la souverai-
    neté, 129
Déclaration des droits de
    l'homme et du citoyen, 697
Déclaration pour la réconcilia-
    tion, 123, 129
Déclaration universelle des
    droits de l'homme, 129, 740,
    1024
Déclarations de Brazzaville, 708
Déclarations des droits de
    l'homme et du citoyen, 740
Degussa, 1031
Démocratie chrétienne, 856
Département d'État, 292
*Department of Cooperation
    and Development*, 636
*Department of Development
    Planning*, 636
Department of Native Affairs,
    636

Dépossession du monde, 401
Des races dites berbères et de leur ethnologie, 901
Deutsche Bank AG, 1043
Deutsche-Africa-Linien, 1043
Diamond, 1052
Dictionnaire d'aujourd'hui, 907
Dictionnaire de l'économie politique, 843
Dictionnaire historique de la Bible, 871
Dictionnaire universel francophone, 888
Die Burger, 627
Diên Biên Phu, 518
Discrimination, 85, 89, 110, 113, 120, 122, 650, 653, 1024, 1047
Dix conseils pour acheter des hommes et des femmes esclaves, 151
Dominicains, 57, 191, 193-194, 208, 216
Dong kinh nghia thuc, 487, 507
DOP, 731
Douanes et Régies de l'Indochine, 481
Dow Chemical, 1052
Dresden Bank, 300
Droits égaux pour les femmes indiennes, 807
Du Congrès de Vienne, 839
Du Contrat social, 506, 828

E

East India Company, 35, 357, 365, 393, 405, 413, 420, 439
École britannique, 836
École coloniale, 510
École de Manchester, 843
École de Salamanque, 818
École des physiocrates, 835
École militaire, 588
École polytechnique, 890, 901
École utilitariste, 837

Église, 823, 844, 920
Église catholique, 821-822, 824, 872
Église nationale, 530
Église romaine et apostolique, 61
Égyptiens, 864, 977
EIC, 354, 359-365, 376-377, 390
EIC (État indépendant du Congo), 353-355, 357-358, 366, 369-370, 372, 374, 376-377, 379-380, 382-383, 385, 388-391, 579, 593
El Niño Famines and the Making of the Third World, 420
El Pajaro verde, 265
El Santo de la espada, 964
Elephant Boy, 958
Elf, 42
Ellora, 402
Empire colonial et capitalisme français. Histoire d'un divorce, 857
Encomiendas, 58, 190-192
Encyclopédie, 874, 883, 885-887, 923
Enfance, 136, 142-143, 152
Épices, 313-314, 318, 581
Epidemic Disease Act, 425
Épidémies, 75-77
Esclavage, 66, 71-73, 75, 81, 135-137, 139, 142-144, 149, 154, 157-158, 163-165, 169-170, 172-173, 265, 281, 287, 289, 327, 462, 482, 578, 581, 589, 594, 597, 599, 604-605, 608-609, 619, 630, 655, 697, 748, 760-761, 764-765, 767-769, 771-772, 775, 778, 788, 809, 829, 838, 841, 867, 870-871, 876-879, 883, 886, 889-891, 897, 899, 909, 911, 915, 923, 950, 977, 980, 1023-1024, 1027-1029, 1031, 1033-1037, 1040, 1055, 185, 190, 192, 205, 212, 218, 222-223, 231, 235

Espagnols, 20, 22, 28, 53-54, 57-58, 63-64, 66-67, 80-81, 141, 143, 241, 246-248, 252-254, 257, 262, 312, 476, 762, 817, 831, 184-186, 188-190, 196, 198, 200-204, 206-207, 210, 212, 221, 225-226

Esprit, 686, 725

Esquimaux, 885, 902

Esquisse d'un tableau historique des progrès de l'esprit humain, 839

Essai sur l'inégalité des races humaines, 892

Essais, 825

Estoniens, 44

État indépendant du Congo, 584-585, 588, 594, 600

Éthiopiens, 137, 863, 871, 885

Études de la nature, 826

Européens, 35, 40, 55, 62, 69, 71-73, 75-76, 78, 80, 97, 99, 136-138, 141, 143, 149-150, 157, 239, 276, 292, 336-337, 348, 358, 360, 375, 378-380, 382-383, 392, 402-403, 425, 433, 436, 456, 475-477, 480, 486, 490, 510, 590, 593-595, 601, 610-611, 613, 617, 619, 627-629, 644, 646, 648, 651, 663, 666, 673, 675-676, 681-684, 720, 744, 762, 774, 806, 815, 822, 827, 829-831, 859-860, 865, 885, 898-899, 917-918, 923, 973, 978-979, 983-984, 994, 1000, 1023, 1030, 1038, 199, 201, 206, 210

Évangéliques, 385

Exposition, 855

Exposition coloniale, 311, 951

Exposition coloniale internationale, 902

Exposition internationale, 903

Extermination, 112, 847, 1038, 1040, 1043-1044

F

Famine, 65

Famine Commission, 428

FARC, 271

Fascisme, 11

Federal Writers' Project, 163

Fédération australienne, 110

Fédération du Mali, 1002

Femmes, 273, 205-206

Femmes d'Alger dans leur appartement, 925

FIDES, 696, 755

FLAM, 1007-1010

Fleet Boston Financial Corp, 1032

FLN, 40, 683-684, 720-724, 733-741

FMI, 837

Fon, 1035

Fonds monétaire international, 41, 274

Foreign Office, 621

Fort de Fou, 518

Fort Saganne, 966

Fragile comme un rayon de soleil, 520

Français, 19, 23, 25, 28, 30-31, 36, 38-40, 63-66, 75, 80-81, 148, 150, 293, 361, 468, 470, 473-474, 476, 478, 483, 485-486, 488, 491-492, 494, 510, 513, 515-516, 595, 603, 608, 618, 620, 623, 656, 662, 664-666, 672-673, 675, 677, 684, 696, 701, 722-723, 726-728, 733, 747, 787, 796, 822, 832, 848, 876, 880, 887, 891, 898, 933, 966, 998, 1023, 182, 184, 206

France extérieure, 943

France-Observateur, 718

Franciscains, 203-204, 208-209

Francs, 892

Front de libération des Africains de Mauritanie (FLAM), 1007, 1010-1011

Front de libération nationale (FLN), 38, 40, 43, 679, 683, 685, 718-720, 724, 727, 730, 732, 741, 856-857, 961
Front populaire, 514
Front sandiniste, 272

G

Gabonais, 1036
Gallo-Romains, 865
Gargares, 535
Gaulois, 901
Genèse, 907
Génie du christianisme, 819, 906
Génocide, 74-75, 89, 121, 124-126, 1054-1055
Génois, 135
Géorgiens, 44, 138, 530
Germains, 867, 887, 892
Germanie, 865
Germaniques, 898
Ghurkas, 343
Glasnost, 533
GMPR, 14, 16
Goba, 957
Going Home Conference, 1048
Gojos, 332
Gond, 424
Gone with the Wind, 950
GPRA, 736-737, 739
Grande Guerre (1914-1918), 293, 461, 479, 489
Grande Rébellion, 354, 381, 389, 391, 398
Grecs, 832, 863-865, 977
Gremio Africano, 601
Gualpa *v.* par pays, 227
Guarani, 280-281, 215
Guineas, 212
Guinéens, 1015
Gunga Din, 965
Guomindang, 508
Gurkha, 413

H

Hadjoutes, 660-661
Haïti intégrale, 305
Haïtiens, 148-149, 292, 295, 301-302, 305, 307
Halpular'en, 996, 1001-1002, 1006-1007, 1010-1011
Haoussa, 590
Haratines, 1008
Hercules, 1052
Herenigde Nasionale Party Parti national réunifié, 627
Herero, 623, 899, 1027, 1037-1045, 1053
Het Indisch Platform, 347
Histoire ancienne, 401
Histoire de l'Amérique, 819
Histoire de l'East India Company, 443
Histoire de la civilisation africaine, 980
Histoire de la colonisation nord-américaine, 90
Histoire de Saint-Domingue, 145
Histoire des colonies japonaises, 548
Histoire des colonisations, 977
Histoire des Indes, 193
Histoire naturelle, 885
Histoire philosophique et politique des établissements et du commerce des Européens dans les deux Indes, 828
HNP, 627
Hollandais, 23, 28, 30, 37, 91, 111, 143, 153, 333-334, 337-338, 367, 433, 476, 557, 834, 998, 182, 184, 201
Holli, 624
Holocauste, 124-125
Homo sapiens, 960
Hôtel du Nord, 945
Hottentots, 903
Hova, 703
Huns, 535
Hurons, 75-76, 763

I

ICCPR, 129
ICESR, 129
ICS, 406, 438
Igbo, 809
IIe Internationale, 852
IIIe Internationale, 511, 851-852
Impérialisme, 9, 24-27, 33, 41, 47, 267, 296, 304, 438-439, 443, 446, 448-449, 545, 547, 680, 743, 773, 840, 844, 852, 898, 943, 965, 991, 1030, 182, 185, 193
Incas, 60, 182, 184, 193
Inch'Allah, 957
Inde, 427, 446
India Act, 364, 368
India Office, 405, 422, 438
Indian Civil Service *v.* (ICS), 438, 443
Indian Reorganization Act, 85
Indiana Jones, 969
Indiens, 13, 18, 20, 30, 34-35, 53-54, 56-64, 66-67, 69-78, 80-82, 84-86, 88-90, 237, 239, 241-244, 246, 249-251, 253-254, 257-265, 268, 273-274, 368-369, 385, 392-393, 402, 404-405, 407, 414, 422, 431, 438, 440-441, 443-444, 446, 451, 454, 456, 460-462, 604, 606, 620, 762, 797, 817, 819-820, 869-870, 906, 922, 940, 946, 949, 180, 182-183, 188-206, 208-212, 214-217, 224, 226-229
Indiens Galibi, 284
Indiens Guarani, 194
Indiens Pequots, 81
Indiens Reche, 188
Indiens Taïnos, 225
Indigènes, 1048
Indo's, 337, 344
Indochine, 475
Indochine, 966
Indochinois, 467, 478, 484, 488, 495

Indonésiens, 325, 330, 335-339, 343, 347-349
Ingouches, 532, 535, 540
Initiative de Gorée, 1031
Inquisition, 210-211
Institut Pasteur, 794
Instruction, 656
Insurgents, 833
Internationale communiste, 511-513, 849
Internationale des peuples, 20
Internationale ouvrière, 849
Irlandais, 157
Iroquois, 76, 806
Islam, 31-32, 46-47, 49, 136-137, 317, 383, 406, 411, 535, 542, 604, 619, 665, 681, 685, 701, 815, 901, 933, 964, 976, 180
Istiqlal, 690-691
Itto, 957

J

J.-B. Blanchard au Dahomey, 904
Japonais, 19, 337, 339-340, 487, 547, 551, 553, 557, 560, 562, 565, 567-570, 573, 634
Jardin des délices, 919
Jat, 413
Javanais, 326, 330
Jérôme Paturot à la recherche de la meilleure des Républiques, 844
Jésuites, 762, 768, 182, 194, 202, 205, 208-209, 212, 214, 219, 222
Jeunes Algériens, 665
Jeunesses socialistes, 511
Jong Suid-Afrika, 633
Juan Morreyra, 964
Jugement dernier, 920

K

Kabyles, 32, 660, 901
Karatchaïs, 532
Keckley, 805
Keep Australia White, 1048

Khazars, 22, 535
Khoï, 628
Khoikhoi, 1038
Khoisan, 894
Kikuyu, 749, 809
Killers of Kilimandjaro, 909
Knesset, 43
KNIL, 338-339, 342-343, 348
Kokudô, 566
Komintern, 853-854
Kurdes, 532
Kwâr, 1005

L

L'Administration des finances de la France, 827
L'Afrique sans Africains, le rêve blanc du continent noir, 42
L'Atlantide, 943, 957
L'Aube des damnés, 963
L'Enorgueillissement des Noirs vis-à-vis des Blancs, 140
L'Esclave blanche, 964
L'Esprit des lois, 506
L'Étranger, 36
L'Étudiant noir, 974
L'Express, 686, 718
L'Homme du Niger, 953
L'homme qui en savait trop, 910
L'Honneur d'un capitaine, 518
L'Humanité, 718, 729
l'Humanité, 511-512
L'Imitation de Jésus-Christ, 29
L'Impérialisme, stade suprême du capitalisme, 852
L'Inde avec les Anglais, 450
L'Inde contre les Anglais, 450
L'Inde martyre, 450, 458
L'Orientalisme, 447
La 317ᵉ Section, 518
La Bandera, 944
La Bataille d'Alger, 910, 964
La Caractérologie ethnique, 989
La Chanson de Roland, 919
La Colonisation chez les peuples modernes, 849
La Déclaration du programme en dix points, 1029
La Destruction des Indes, 189
La Flèche brisée, 13
La Force noire, 670
La Grande Caravane, 951
La Ligue, 305
La Lutte, 491
La Marseillaise noire, 152
La Mère, 963
La Patrie, 305
La Possession du monde, 401
La Question, 733
La Résurrection, 497
La Tribune, 305
La victoire en chantant, 966
La Vie ouvrière, 512
La Voix du Nord, 1003
Lacandon, 194
Lamlam, 868
Lao Dông Hai Ngoa, 510
Larousse, 888
Late Victorian Holocausts, 420
Latino-Américains, 989
Le Bal du gouverneur, 911
Le Boucher, 518
Le Cafard libéré, 1012
Le Caucase, 539
Le Drame de Shanghaï, 964
Le Figaro, 667
Le Grand Jeu, 944, 958
Le Livre noir du communisme, 9
Le Miroir, 46
Le Monde, 686, 688, 718, 917
Le Musulman rigolo, 909
Le Pays d'origine, 330-331
Le Petit Larousse, 907
Le Procès de la colonisation française, 481, 512
Le Rendez-vous des quais, 910
Le Réveil d'une race, 951
Le Roi Boubou, 904
Le Sang du flamboyant, 961
Le Sénégal, 999
Le Serment du roi Caïman, 147
Le Soleil d'Éthiopie, 951

Le Tour du monde d'un gamin de Paris, 904
Le Vatican contre la France d'outre-mer, 821
Le Vent des Aurès, 962
Le Village aérien, 906
Légation française, 297
Lehman Brothers, 1032
Léninistes, 49
Les Aborigènes exigent le droit d'être citoyens, 115
Les Bâtards de Reboboth et le problème de la bâtardisation chez l'être humain, 1045
Les Belles de nuit, 910
Les Damnés de la terre, 36
Les Déracinés, 962
Les Dossiers noirs de la politique africaine de la France, 42
Les Égarements du négrophilisme, 879
Les Frères Sarojan, 968
Les hommes préfèrent les blondes, 910
Les Hommes sans nom, 957
Les Nègres, 980
Les Oies sauvages, 911
Les Spoliateurs, 962
Les statues meurent aussi, 960
Les Temps modernes, 36, 856
Les théories de l'hérédité humaine et l'« eugénisme », 1045
Les Visiteurs, 518
Lettres persanes, 831
Leyes nuevas, 191-192, 231
Libellus de medicinalibus indorum herbis, 187
Liberté, 975
Liberté 1, Négritude et humanisme, 974
Libyens, 863
Liga Angolana, 601
Ligue arabe, 692
Ligue chichimèque, 227
Ligue des Aborigènes, 115
Ligue des droits de l'homme, 507

Ligue musulmane, 411
Ligue pour le libre-échange, 843
Lister Institutes, 45
Little Big Man, 948
Livre des merveilles du monde, 239
Loi Dawes, 84
Lois de protection des Aborigènes, 117
Lois psychologiques de l'évolution des peuples, 988
London Mission, 431
Luz e Crença, 601

M

Main rouge, 714
Maji-Maji, 623
Malais, 37
Malgaches, 12, 38, 718
Maliens, 1015
Man's Most Dangerous Myth : the Fallacy of Race, 912
Mandans, 76
Mandchous, 566-567
Mandja, 623
Manifeste des 121, 688
Manifeste du Négro-Mauritanien opprimé, 1007
Mantetsu, 562
Manufactures des Indes, 833-834
Maoïstes, 49
Maoris, 119
Mapuche, 188, 202
Marathes, 372, 381, 392-393
Marocains, 136, 671, 690, 713, 956-958
Marronnage, 168, 171, 808, 874
Martin Fierro, 964
Martinique, 876
Marxisme, 11
Masaï, 749
Matsumae, 552
Maures, 143, 150, 662, 827, 997-998, 1003
Mauritaniens, 1005, 1012-1014, 1016-1017

Max Havelaar ou les ventes de café de la Compagnie commerciale des Pays-Bas, 326, 582
Mayas, 198
MDRM, 702-703, 705-706, 710
Méditations sud-américaines, 985
Melodie der Welt, 959
Mémoire, 122-123, 647, 652, 1024, 1026-1027, 1037, 1049
Mémoire, 11
Mémoire sur notre établissement dans la province d'Oran, 844
Mercantilisme, 376, 380
Mères de la place de Mai, 273
Meskhets, 532
Métis, 95, 258, 337, 343, 593, 611, 630, 634, 210, 229, 231
Mexicains, 945, 183, 185
Mexicas, 246, 182
Mines du roi Salomon, 909
MIR, 272
Miss Saïgon, 915
Mission pour le défrichement, 550
Missionary Review of the World, 425
Missions, 821-822
Missions catholiques, 824
Mme Butterfly, 915
Moï, 821
Moi, un Noir, 958
Moluquois, 344
Mondialisation, 47-48
Mongols, 535, 885
Monroe (doctrine de), 222
Monsanto, 1052
Mossi, 752
Moudjahid, 722
Mouvement de la Paix, 681
Mouvement El-Hor, 1004
Mouvement national algérien (MNA), 722-723
Mouvement républicain populaire (MRP), 677, 679, 856

MTLD, 676, 678-679, 681-683, 715, 717, 721, 728
My Place, 123
Mythe, Literature and the African World, 992

N

N'Cobra, 1030
Namas, 1039, 1041
Nanook of the North, 958
Natal Indian Congress, 636
Natchez, 81
National City Bank, 301-302
National Congress of American Indians, 86
National Security Management System, 638
Nations unies, 121, 341, 410-411, 913, 1027, 1036, 1055
Nazisme, 9, 11-12, 17
Néerlandais, 311-312, 315-318, 321-323, 329, 332-333, 337-341, 343, 345-346, 348-349
Négro-Africains, 1004, 1010-1011, 1016-1017
Négro-Mauritaniens, 1004, 1006, 1011
Néocolonialisme, 10, 19-20, 27, 40, 47-48, 756, 990-991, 1028
Néonazisme, 48
New Cambridge history, 427
New York Life, 1032
Nez-Percés, 83
Ngoni, 609
Nissan, 570
Non-violence, 949
Norfolk Southern, 1032
Nubiens, 151, 867, 902
Nyamwezi, 612

O

O Angolense, 601
OAS, 40, 728, 737
Occidentaux, 486, 547, 559, 571, 621
OCDE, 546

Office général de la main-d'œu-
    vre, 508
Omagua, 200-201
Omani, 612-613
Ombres blanches, 959
ONU, 43, 528, 692, 711, 723,
    818, 1026, 1028, 1042, 1048,
    1054-1055
Ordre dit d'extermination, 1040
Organisation de coopération et
    de développement économi-
    que (OCDE), 127
Organisation internationale du
    travail, 127
Organisation spéciale (OS), 715
Oroonoko, 921
Orphée noir, 975, 983, 991, 993
OS, 717-718
Ossètes, 534
Othello, 921
Ottomans, 137
Oubykhs, 539
Our Sacred Land, 948
Out of Africa, 910
Outremer, 911

P

Padesm, 703
Pallichitra, 444
Pan African Congress, 637
Papauté, 818
Paris Match, 858
Parti antirévolutionnaire, *v.* ARP
Parti colonial, 596
Parti communiste, 338, 531, 633,
    685, 855
Parti communiste algérien, 679,
    692
Parti communiste français, 702,
    710, 853
Parti communiste indochinois
    (PKI), 338, 488, 513
Parti communiste vietnamien,
    512
Parti du Congrès, 441-442
Parti du Peuple mauritanien,
    1002

Parti du Regroupement maurita-
    nien, 1002
Parti fédéraliste africain, 1002
Parti libéral, 329
Parti national, 649
Parti national réunifié, 634
Parti socialiste, 511, 681
Parti travailliste, 124
Paul et Virginie, 826
Pax britannica, 356
PCA, 680-684
PCI, 491, 513-515
Peau-Noire, 951
Pende, 624
Pentagone, 542
Pépé le Moko, 944
Pères du Saint-Esprit, 847, 979
Perestroïka, 533, 540
Permanent Settlement, 371-372,
    375
Petit Soldat, 966
Peuls, 1001, 1007, 1012
Pieds-noirs, 721, 723, 727
Plan de Constantine, 755, 860
Plan Marshall, 341
Plantations, 459, 767, 773, 775,
    780, 797, 802, 808, 810, 869-
    870
Ponchos, 202
Portugais, 19, 22-23, 28, 31, 141,
    143, 153, 413, 433, 552, 557,
    579, 598-600, 604, 608-609,
    623, 869, 998, 179, 182-184,
    189, 193, 201, 205-206, 218,
    223-224
PPA, 676, 679, 690, 692-693
Première Guerre mondiale, 115,
    316, 334, 395, 434, 442, 507,
    510, 540, 562, 569, 746, 750,
    753, 793, 807, 849, 899-900,
    905, 1041, 1045, 1052
Présence africaine, 983
Preuves, 686
PRI, 270
PRM, 1002
Procès du colonialisme, 12
Proche-Orient, 865
Proclamation dite d'Alcatraz, 86

Providence Bank, 1032
Purified National Party, 646

Q

Qing, 546, 553-554, 556-557
Quakers, 600
Quatuor navigationes, 239
Quijo, 200

R

Racisme, 10, 20, 34-37, 48-49, 73, 84, 116, 124, 158, 307, 384, 666, 864, 873, 877, 885, 890, 893, 899-900, 905, 913, 916, 950, 952, 972-973, 981, 983, 985-986, 989, 1017, 1019, 1024, 1028
Rastus in Zululand, 909
RDA, 702, 710-712
Recherches sur la nature et les causes de la richesse des nations, 836
Recopilación de leyes de las Indias, 260
Red Power, 86
Réduction (reducciones), 241
Réforme, 701
Réforme, 16
Régie d'opium, 434
Regulating Act, 364
Relations géographiques, 240
Relectiones theologicae, 817
Reparation Coordinating Committee, 1030
Réparations, 774, 1024, 1027-1029, 1031, 1033-1035, 1037-1038, 1047-1051, 1053, 1055
Répertoire des expéditions négrières françaises au XVIIIᵉ siècle, 139
Report on the Famine in Bombay Presidency 1899-1902, 427
Révocation de l'édit de Nantes, 870
Révolte, 833
Révolte des cipayes, 391

Révolte des *Insurgents*, 826, 836
Révolte kabyle, 12
Révolte tchéchène, 19
Revoluci mental, 37
Révolution, 876, 878, 881
Révolution algérienne, 679
Révolution américaine, 82, 169
Révolution cubaine, 270-271
Révolution d'août 1945, 515-516
Révolution d'Octobre, 399
Révolution de 1789, 25, 481
Révolution de juillet 1830, 890
Révolution des Œillets, 824
Révolution du Nicaragua, 272
Révolution française, 616, 655, 838, 946, 962
Révolution industrielle, 26, 35
Révolution mexicaine, 270
Révolution nationale bolivienne, 271
Révolution républicaine, 506
Révolution russe de 1905, 530
Rhodes of Africa, 909
Robinsons de l'air, 905
Roll, Jordan, Roll, 162
Rom, 1053
Romains, 832, 864, 866-867, 869
Romans caucasiens, 539
Roots, 145
Rossignol de Kabylie, 961
Royal African Company, 157
Royal Navy, 268
Royaume animal, 887
RPF, 678
Russes, 21-22, 44, 460, 523, 527, 531, 535-536, 542, 885

S

Sacrée Congrégation pour la propagation de la foi, 818
Sadot Yeroukim, 968
Sakuntala, 383
Salvation Army, 431
San, 628
San Martín, 236
Sanders of the River, 909
Sarekat Islam, 336

SAS, 731
Sassak, 333
SAU, 731
SDN, 435, 711, 818, 1024, 1041
Seconde Guerre mondiale, 10, 12, 33, 116, 170, 271, 311, 403, 410, 480, 484-485, 489, 491, 515, 547, 632, 689, 750, 753, 755, 795, 854, 912, 965, 1028
Séminoles, 82
Sendero luminoso/Sentier lumineux, 20, 272-273
Sénégalais, 671, 705, 1005-1006, 1012, 1014-1016
Sentinelles de l'Empire, 951
Sereer, 996, 1007
Sergent Rutledge, 950
Sermon sur la montagne, 62
Serqelle, 1001
Set/Setal, 1013-1014
SFIO, 510, 512, 678
She, 909
Si les cavaliers, 963
Siamois, 487
Siemens, 1031
Sierra Léonais, 590
Siete Partidas, 232
Sign of the Pagan, 946
Sikh, 413
Sikitu, le boy au cœur pur, 955
Sinti, 1053
Sioux, 78, 83, 1028
Situations, 404
Socialisme, 11, 304-306, 335, 408, 849, 853
Société abolitionniste, 281
Société anti-esclavagiste britannique, 621
Société anversoise du commerce, 584
Société asiatique du Bengale, 383
Société d'anthropologie de Paris, 901
Société de géographie, 890
Société de la morale chrétienne, 890

Société de la Nkémé-Nkéni, 596
Société des amis des Noirs, 173, 838, 878
Société des charbonnages du Tonkin, 478
Société des Cinéthéâtres d'Indochine, 943
Société des distilleries d'Indochine, 481
Société des missions religieuses, 103
Société des Sultanats du Haut-Oubangui, 596
Société du Haut-Ogooué, 596
Société financière française et coloniale, 479
Société générale, 299
Société immobilière indochinoise, 485
Société Indochine Films et Cinéma, 943
Society of American Indians, 86
Sœurs de Saint-Joseph de Cluny, 279, 283
Soldier Blue, 948
Somba, 624
Soninké, 996, 1001, 1012
Sopi, 1012
Sopi, 1012-1013
Sotho, 628
South African Defence Force, 636, 638
South African Police, 636
South Sea Company, 153
Soviétiques, 38, 532, 680, 967
Soviets du Nghe Tinh, 513-514
Spectator, 423
Speyers and Cy, 301
Staliniens, 49
Standard Oil, 269
Stieng, 479
Subaltern Studies, 447
Sud-Africains, 634, 649, 651, 1041
Swahili, 594, 611-613
Sydney Morning Herald, 100
Symphonie malgache, 951

T

Tadjiks, 44
Taïnos, 58, 60, 62-63
Taïwanais, 568
Tamango, 951
Tapuya, 206
Tara, Son of Cochise, 946
Tasmaniens, 112
Tata Iron and Steel Company, 406
Tatars, 535, 538, 885
Tcherkesses, 538-539
Tchétchènes, 21, 532, 535, 539-540
Témoignage chrétien, 686, 856
Temps Modernes, 688
Terex Corporation, 1043
Terre d'action et de magie, 960
Terre d'ébène, 699
Terrorisme, 13, 17, 638, 683
The Awekening of Japan et The Life and Writings of Joseph Mazzini..., 443
The Charge of the Light Brigade, 965
The Debt : What America owes to Blacks, 1030
The Drum, 965
The Economics of Slavery, 166
The Empire, 843
The Fatal Shore, 29
The Four Feathers, 965
The Jazz Singer, 959
The Lancet, 427
The Lives of a Bengal Lancer, 965
The Press and Registration of Books Act, 439
The Real glory, 965
The Universal Dictionary of the English Language, 91, 98
Théorie du pouvoir politique et religieux, 839
Tiers-monde, 736, 756, 854, 939, 962, 1017
Time on The Cross, 166
Times, 611

Tintin au Congo, 905, 934
Titres primordiaux, 204
Tlaxcaltèques, 186
Tlingits, 83
Tokugawa, 553
Totoks, 337, 343-344
Touareg, 997, 1000-1001, 1003, 1018
Trail of Tears, 88
Traite, 761, 765-768, 879, 890, 897, 923, 950, 975, 977-978, 1023, 1027, 1036-1037
Traité anglo-allemand de 1886, 620
Traité Bowring, 476
Traité d'économie politique, 842
Traité d'Utrecht, 153
Traité de Londres, 319
Traité de Paris, 66, 81-82
Traité de Rome, 1055
Traité de Saigon, 786
Traité de T'ien-tsin, 433
Traité de Tordesillas, 179, 182
Traité de Versailles, 1045
Traite des Noirs, 138, 385, 581, 615-617, 619-621, 748, 866-867, 869, 883, 978, 1033, 230
Traité Hamerton, 619
Traités de Vienne, 173
Transafrica, 1030
Très Brève Relation de la destruction des Indes, 817, 189
Trésor public, 300
Tribunal pénal international pour l'ex-Yougoslavie (TPIY), 1051, 1054
Tricontinentale, 20, 41
Triple-Alliance, 268
Trotskistes, 49
Tsiganes, 1053
Tukuleer, 1006
Tukuleer, 1001
Tupi, 182, 200
Turcs, 143, 531, 657, 671, 1024
Tyrannies et cruautés des Espagnols, 190

U

UDMA, 40, 676, 678-682, 684
UGTA, 679-680, 682
Ukrainiens, 44
Ulzana's Raid, 947
Unesco, 790, 913-914, 1037
Union algérienne, 678
Union des Deux Couronnes, 179
Union européenne, 127, 1027
Union française, 682, 689, 700, 702, 704, 710, 719
Union générale des originaires de la vallée du fleuve, 1002, 1007
Union générale des travailleurs sénégalais en France, 1013
Union indienne, 411
Union indochinoise, 470, 477
Union nationale mauritanienne (UNM), 1002
Union patriotique, 305
Uniroyal, 1052
United Democratic Front (UDF), 637
United Fruit, 271
UPC, 711, 714
Ursulines, 806

V

Vatican II, 273
Vente d'esclaves au harem, 909
Vents sauvages, 520
Vénus hottentote, 649-650, 893-894, 902
Vérité-Liberté, 735
Viêt Nam Doc Lap Dông Minh, 515
Viêt Nam Duy Tan Hoï, 506
Viêt Nam Quang Phuc Hoï, 507

Viêt Nam Quôc Dan Dang (VN-QDD), 508-509, 513-515
Viêt-minh, 40, 502, 515-516
Vietnamiens, 40, 473-474, 480, 487-488, 490-492, 507, 516, 1053
Viva Zapata !, 964
VOC, 315-319, 627-628
Volksraad, 337
Voyage au bout de l'enfer, 518
Voyage au Congo, 855, 908, 951
Voyages en France, 838
Voz de Angola clamando no deserto oferecida aos amigos da verdade pelos naturais, 601

W

Welfare State, 18
White Shadows in the South Seas (Ombres blanches), 958
Woermann Line, 1043
Wolof, 996, 999, 1001
World Trade Center, 542

Y

Yao, 966
Yokohama Specie Bank, 484
Yoruba, 1035

Z

Zamindars, 371, 373, 390, 397
Zanj, 140-141, 152
Zanzibarites, 612-613
Zarma, 752
Zoulous, 631, 903
Zulu Dawn, 965

Les auteurs

Thomas Beaufils, ethnologue, maître de conférences au département d'études néerlandaises de l'université Marc-Bloch, à Strasbourg. Il est l'auteur de : « La Hollande, l'autre pays du structuralisme », *Gradhiva*, 21, coédition musée de l'Homme, EHESS, éditions Jean-Michel Place, 1997 ; « L'énigme du Pavillon hollandais », *Gradhiva*, 26, 1999 ; *Les Veufs des Indes. Permanence et illusion d'un empire aux Pays-Bas*, thèse d'anthropologie sociale et d'ethnologie, Paris, soutenue à l'EHESS, 2000 ; « J. P. B. de Josselin de Jong, une postérité défaillante », *Septentrion*, Rekkem, 2002 ; « Un volcan sous La Haye. Le patrimoine architectural néerlandais à Jakarta », *Septentrion*, Rekkem, 2003 ; *Mer du Nord, villes de Flandre,* Paris, Guide Autrement, 2003.

Yves Bénot a été journaliste aux *Lettres françaises*, à *Afrique-Asie*, enseignant à Conakry, à Accra et en France ; il est aujourd'hui président de l'Association pour l'étude de la colonisation européenne 1750-1850. Il a notamment publié : *Diderot, de l'athéisme à l'anticolonialisme*, Paris, Maspero, 1970 ; *Idéologies des indépendances africaines*, Paris, Maspero, 1969 ; *La Révolution française et la fin des colonies*, Paris, La Découverte, 1988 ; *La Démence coloniale sous Napoléon*, Paris, La Découverte, 1992 ; *Massacres coloniaux 1944-1950*, Paris, La Découverte, 1994 ; *La Guyane sous la Révolution*, Cayenne, L'Ibis rouge, 1997.

Carmen Bernand, professeur de sociologie et d'anthropologie à l'université Paris-X et membre de l'Institut universitaire de France. Elle a notamment publié : *Histoire du Nouveau Monde*, 2 tomes (en collaboration avec Serge Gruzinski), Paris, Fayard, 1991-1993 ; *Pindilig. Un village des Andes équatoriennes*, Paris, éditions du CNRS, 1992 ; *Buenos Aires*, Paris, Fayard, 1997 ; *Negros esclavos y libres en las ciudades hispanoamericanas*, Madrid, Fundación Histórica Tavera, 2001 ; *Buenos Aires, 1880-1936. Un mythe des confins*, Paris, Autrement, coll. « Mémoires », 2001.

Pierre Brocheux, historien spécialiste du Vietnam et de l'Asie du Sud-Est. Il a récemment publié : *The Mekong Delta. Ecology, Economy and Revolution, 1860-1960*, Monograph 12, Center for Southeast Asian Studies, University of Wisconsin-Madison, 1995 ; *Hô Chi Minh*, Paris, Presses de Sciences-po, 2000 ; *Indochine, la colonisation ambi-*

guë (en collaboration avec D. Hémery), Paris, La Découverte, 2001 (2ᵉ éd.). Il est également coauteur et éditeur de : *Des conflits d'Indochine aux conflits indochinois*, Bruxelles, Complexe/IHTP, 2000 ; *French Exposé : French Scholarship on Twentieth Century Vietnamese Society*, Ann Arbor, The University of Michigan Press, 2002.

Catherine Coquery-Vidrovitch, professeur émérite à l'université Paris-VII-Denis-Diderot, a reçu, en 1999, le ASA Distinguished Africanist Award (USA) ; membre du bureau international du CISH (Congrès international des sciences historiques) 2000-2005. Elle a publié, entre autres : *L'Afrique noire de 1800 à nos jours*, Paris, PUF, Nouvelle Clio, 1974 (en collaboration avec Henri Moniot) ; *Afrique noire. Permanences et ruptures*, Paris, Payot, 1985, prix d'Aumale de l'Académie française (2ᵉ éd. révisée, Paris, L'Harmattan, 1994) ; *Histoire des villes d'Afrique noire des origines à la colonisation*, Paris, Albin Michel, 1993 ; *Les Africaines. Histoire des femmes d'Afrique du XIXᵉ au XXᵉ siècle*, Paris, Desjonquères, 1994 ; *L'Afrique et les Africains au XIXᵉ siècle*, Paris, Armand Colin, 1999 ; *Le Congo [A-EF] au temps des grandes compagnies concessionnaires, 1898-1930*, Paris, éditions de l'EHESS, 2001 (rééd. 1972).

Pascale Cornuel est agrégée d'histoire et prépare une thèse, sous la direction de Marcel Dorigny, à l'université Paris-VIII, sur les débuts de la colonisation du nord-ouest de la Guyane française. Elle est également chargée de programmes à Arte, unité de programmes Thema. Elle a publié des articles notamment dans les revues *Esclavage, résistance et abolitions*, CTHS, 1999 ; *Regards sur l'histoire de la Caraïbe, des Guyanes aux Grandes Antilles*, Ibis rouge, 2001 ; *Chrétientés australes du XVIIIᵉ siècle à nos jours*, AHIOI, la Réunion, 2001 ; *Religieuses entre terre et mer*, Transversalités, 2000.

Sylvie Dallet, professeur d'histoire culturelle à l'université de Marne-la-Vallée, responsable de l'Institut Charles-Cros, directeur du Centre d'études et de recherche Pierre-Schaeffer. Elle a notamment publié : *Guerres révolutionnaires (histoire et cinéma)*, dir., Paris, L'Harmattan, 1984 ; *La Révolution française (de Lumière à la télévision)*, Lherminier/Les Quatre Vents, 1988 ; *Filmographie mondiale de la Révolution française*, en collaboration avec Francis Gendron, 1989 ; *Itinéraires d'un chercheur (bibliographie commentée de l'œuvre éditée de Pierre Schaeffer)/A Career in Research (A Commented Bibliography of Published Works of Pierre Schaeffer)*, en collaboration avec Sophie Brunet, éditions du Centre Pierre-Schaeffer, 1996 ; *Du sonore au musical (50 années de recherches concrètes)*, dir. avec Anne Veitl, Paris, L'Harmattan, 2001.

Alastair Davidson est actuellement professeur de Citizenship Studies à la Swinburne University of Technology et professeur émérite à la Monash University, à Melbourne. Il a notamment publié : *The Communist Party of Australia, A Short History*, Hoover, 1969 ; *Antonio Gramsci, Towards an Intellectual Biography*, Merlin, 1977 ; *Italian Communism in Theory and Practice,* vol. I, Merlin, 1982 ; *The Invisible State : The Formation of the Australian State*, Cambridge University Press, 1990 ; *From Subject to Citizen. Australian Citizenship in the Twentieth Century*, Cambridge University Press, 1997 ; *Citizenship and Migration. Globalization and the Politics of Belonging* (avec Stephen Castles), Macmillan, 2000.

Marc Ferro, directeur d'études à l'EHESS, codirecteur des *Annales*. Il a publié, entre autres : *La Révolution russe de 1917*, 2 tomes, Paris, Aubier-Montaigne, 1970-1976 (rééd. en 1 volume, nouvelle préface, Paris, Albin Michel, coll. « Bibliothèque de l'évolution de l'humanité », 1997) ; *Cinéma et histoire*, Paris, Denoël, 1976 (rééd. entièrement refondue, Paris, Gallimard, coll. « Folio », 1993) ; *Comment on raconte l'histoire aux enfants à travers le monde entier*, Paris, Payot, 1983 (rééd. Gallimard, coll. « Folio », 1986) ; *Histoire des colonisations, des conquêtes aux indépendances (XIIIe-XXe siècle)*, Paris, Le Seuil, 1994 ; *Histoire de France*, Paris, Odile Jacob, 2001 ; *Les Tabous de l'histoire*, Paris, NiL, 2002 ; *Le Choc de l'islam (XVIIIe-XXIe siècle)*, Paris, Odile Jacob, 2002.

Marie Fourcade est historienne et anthropologue de formation. Ses recherches portent sur l'Inde coloniale britannique et sur l'orientalisme. Elle est rédactrice de la collection du Centre d'études de l'Inde et de l'Asie du Sud (CNRS-EHESS), *Purushartha*, publiée aux éditions de l'École des hautes études en sciences sociales. Elle a publié notamment : « Biographie(s) de Verrier Elwin (1902-1964). Anthropologie buissonnière en Inde : anglocentricité et tribalisation », in *Purushartha*, 23, 2002 ; *Tribus et basses castes : résistance et autonomie dans la société indienne*, Paris, éditions de l'EHESS.

Arlette Gautier, maître de conférences en démographie au département de sociologie de l'université Paris X-Nanterre. Elle a mené des recherches sur la construction sociale des rapports entre les sexes, la famille et la fécondité pendant l'esclavage aux Antilles françaises (*Les Sœurs de solitude. La Condition féminine pendant l'esclavage*, Paris, Éditions caribéennes, 1985), dans les départements d'outre-mer depuis cinquante ans (avec Jacqueline Heinen [éd.], *Le Sexe des politiques sociales*, Paris, L'Harmattan, 1993) et au Mexique (avec André Quesnel : *Politique de population, médiateurs institutionnels et régulation de la fécondité au Mexique*, Paris, éditions de l'ORSTOM, 1993).

Leslie Manigat, ancien professeur à Sciences-po, ancien professeur à l'université Paris-VIII, ancien président de la République d'Haïti. Il a notamment publié : *L'Amérique latine au XXe siècle, 1889-1929*,

Paris, éditions Richelieu, 1973 ; *Les Deux Cents Ans d'histoire du peuple haïtien, 1804-2004*, Port-au-Prince, Sudac, mai 2002.

Elikia M'Bokolo, directeur d'études à l'EHESS. Producteur de l'émission d'histoire *Mémoire d'un Continent* (Radio France Internationale). Il a publié, notamment, *Noirs et Blancs en Afrique équatoriale. Les sociétés côtières et la pénétration française (1820-1874)*, Paris, éditions de l'EHESS, 1981 ; *Au cœur de l'ethnie. Ethnicité, tribalisme et État en Afrique* (avec Jean-Loup Amselle), Paris, La Découverte, 1999 (rééd. 1985) ; *L'Afrique au XXᵉ siècle. Le continent convoité*, Paris, éditions du Seuil, 1985 ; *Afrique Noire. Histoire et civilisations*, 2 vol., Paris, Hatier Aupelf, 1993 et 1995 ; *Afrique. Une histoire sonore (1960-2000)*, coffret de 7 CD (avec Philippe Sainteny), Paris, Frémeaux et associés, 2002 ; *Kwame Nkrumah*, Paris, Presses de Sciences-po, 2003.

Marcel Merle, agrégé de droit public, professeur émérite à l'université Paris-I depuis 1989. Il a notamment publié : *Le Procès de Nuremberg*, Pedone, 1948 ; *La Vie internationale*, Armand Colin, 1963 ; *Pacifisme et internationalisme*, Armand Colin, 1966 ; *L'Anticolonialisme européen*, Armand Colin, 1969 ; *Sociologie des relations internationales*, Paris, Dalloz, 1974 (rééd. 1988) ; *Forces et enjeux dans les relations internationales*, Paris, Economica, 1980 ; *La Politique étrangère*, Paris, PUF, 1983 ; *Les Acteurs dans les relations internationales*, Paris, Economica, 1986 ; *La Guerre du Golfe et le nouvel ordre international*, Paris, Economica, 1991 ; *Bilan des relations internationales contemporaines*, Paris, Economica, 1995.

Claire Mouradian, historienne, directeur de recherche au CNRS, chargée de cours à l'INALCO. Elle a publié, entre autres : *De Staline à Gorbatchev, histoire d'une république soviétique : l'Arménie*, Paris, Ramsay, 1990 ; *L'Arménie*, Paris, PUF, coll. « Que-sais-je ? », 1995 ; plusieurs dossiers à La Documentation française dont : « Le Caucase des indépendances : la nouvelle donne », 1993 ; « La CEI : un nouvel acteur sur la scène internationale », 1996 ; « La Russie et l'Orient », 1998 ; « États et nations en Transcaucasie » (en collaboration avec T. Gordadzé), 1999.

Pap Ndiaye, normalien, agrégé d'histoire, maître de conférences à l'EHESS, est spécialiste d'histoire économique et sociale des États-Unis. Il a récemment publié *Du nylon et des bombes. Du Pont de Nemours, le marché et l'État américain, 1900-1970*, aux éditions Belin.

Jacques Poloni-Simard, agrégé d'histoire, maître de conférences à l'EHESS, directeur de la rédaction des *Annales*, spécialiste de l'Amérique espagnole coloniale. Il est l'auteur de *La Mosaïque indienne. Mobilité, stratification sociale et métissage dans le corregimiento de*

Cuenca (Équateur) du XVIe au XVIIIe siècle, Paris, éditions de l'EHESS, 2000.

Jacques Pouchepadass, directeur de recherche au CNRS, est chercheur au Centre d'Études de l'Inde et de l'Asie du Sud de l'École des hautes études en sciences sociales et spécialiste de l'histoire de l'Inde coloniale. Il a notamment publié *L'Inde au XXe siècle*, Paris, PUF, 1975, *Planteurs et paysans dans l'Inde coloniale* , Paris, L'Harmattan, 1986, *Paysans de la plaine du Gange, 1860-1950*, Paris, École française d'Extrême-Orient, 1989, et a dirigé huit ouvrages collectifs dont *Caste et classe en Asie du Sud*, Paris, EHESS, 1982 ; *Colonisations et environnement*, Paris, Société française d'Histoire d'Outre-Mer, 1993 ; (avec J.-P. Puyravaud) *L'Homme et la forêt en Inde du Sud*, Paris, Karthala, 2002.

Alain Ruscio consacre depuis de nombreuses années ses recherches à la colonisation française, en particulier en Indochine. Dernier ouvrage paru : *La Guerre française d'Indochine : les sources de la connaissance*, Les Indes savantes. Il a également porté son attention sur les manifestations de l'esprit colonial. À ce sujet, il vient de publier : *Que la France était belle au temps des colonies*, Paris, Maisonneuve & Larose, 2001 ; *Le Credo de l'homme blanc*, Bruxelles, éditions Complexe, 2002.

Pierre-François Souyri, codirecteur de la revue *Annales*, enseigne l'histoire du Japon à l'Institut national des langues et civilisations orientales, directeur de la Maison franco-japonaise à Tokyo. Il a notamment publié : *L'Histoire du Japon sous le regard japonais* (avec H. Ninimiya), *Annales HSS*, n° 2 (numéro spécial), mars-avril 1995 ; *Le Monde à l'envers, la dynamique de la société médiévale*, Paris, Maisonneuve & Larose, 1998 ; *Le Japon des Japonais* (avec Philippe Pons), Liana Levi, 2002.

Mariella Villasante Cervello, docteur en anthropologie sociale (EHESS), chercheur associé à l'Institut de recherches et d'études sur le monde arabe et musulman (IREMAM, CNRS, Aix-en-Provence), travaille en Mauritanie depuis 1986 et dirige la rubrique « Mauritanie » de l'*Annuaire de l'Afrique du Nord* (CNRS-Éditions). Elle est l'auteur de *Parenté et politique en Mauritanie. Essai d'anthropologie historique. Le devenir contemporain des Ahl Sidi Mahmud, confédération bidan de l'Assaba*, coll. « Sociétés Africaines », Paris, L'Harmattan, 1998 ; (dir.) *Groupes serviles au Sahara. Approche comparative à partir du cas des arabophones de Mauritanie*, coll. Études de l'*Annuaire de l'Afrique du Nord*, CNRS-Éditions, 2000.

Nadja Vuckovic, EHESS, rédactrice de *La Lettre* pour la recherche, collaboratrice de la chaîne *Histoire*.

Remerciements

Les éditions Robert Laffont remercient les éditeurs qui ont bien voulu accorder leur autorisation pour la reproduction des extraits d'articles publiés dans cet ouvrage, ainsi que les auteurs que nous avons pu joindre. Nous nous tenons à la disposition de ceux dont nous n'avons pas eu de réponse.

Nos remerciements personnels vont, naturellement, à Elsa Rosenberger qui a su maîtriser la composition de cet ouvrage pour en assurer l'édition. Ils vont également à Nadja Vuckovic qui a accompagné ce projet depuis ses origines et doit être considérée, outre sa participation personnelle, comme son co-auteur.

Table

Le colonialisme, envers de la colonisation, *par Marc Ferro* 9

I
L'EXTERMINATION

La destruction des Indiens de l'aire caraïbe, *par Yves Bénot* 53
L'extermination des Indiens d'Amérique du Nord,
    par Pap Ndiaye 69
Une race condamnée : la colonisation et les Aborigènes
d'Australie*, *par Alastair Davidson* 91

II
LA TRAITE ET L'ESCLAVAGE

Autour de la traite et de l'esclavage, *par Marc Ferro* 135
Les esclaves du sud des États-Unis, *par Pap Ndiaye* 157
    ANNEXE : Étapes de l'abolition et résurgences 173

III
DOMINATIONS ET RÉSISTANCES
Le Nouveau Monde

Impérialismes ibériques, *par Carmen Bernand* 179
L'Amérique espagnole : une colonisation d'Ancien Régime,
    par Jacques Poloni-Simard 237
    ANNEXE : Interventions impérialistes et luttes en Amérique
    latine 267
Guyane française : du « paradis » à l'enfer du bagne,
    par Pascale Cornuel 275
Haïti : de l'hégémonie française à l'impérialisme américain,
    par Leslie Manigat 291

ANNEXE : Idéologie et mouvements politiques en Haïti,
   1915-1946, *par David Nicholls* 304

L'Asie

Le colonialisme aux Indes néerlandaises, *par Thomas Beaufils*   311
L'Inde : le premier siècle colonial, *par Jacques Pouchepadass*   353
   ANNEXE : Luttes de résistance dans l'Inde coloniale   397
Les Britanniques en Inde (1858-1947) ou le règne
du « cyniquement correct », *par Marie Fourcade*   401
   ANNEXE : Points de vue anticolonialistes de divers bords   450
Le colonialisme français en Indochine, *par Pierre Brocheux* ...   467
   ANNEXE : La grande pitié des travailleurs annamites   497
Au Vietnam : un siècle de luttes nationales, *par Alain Ruscio* ..   501
   ANNEXE 1 : Un film aux côtés du viol et des bourreaux :
      Les Visiteurs d'Elia Kazan   518
   ANNEXE 2 : Vietnam : l'autre aspect des conflits…   520
Les Russes au Caucase, *par Claire Mouradian*   523
La colonisation japonaise : un colonialisme moderne mais non
occidental, *par Pierre-François Souyri*   543

L'Afrique

Afrique centrale : le temps des massacres, *par Elikia M'Bokolo*   577
La colonisation arabe à Zanzibar, *par Catherine Coquery-
Vidrovitch*   603
   ANNEXE : Principales insurrections et révoltes en Afrique noire
      à l'âge de l'impérialisme   623
Les pratiques de l'apartheid, *par Elikia M'Bokolo*   627
   ANNEXE 1 : Paternalisme et violence dans les fermes
      du Transvaal de 1900 à 1950, *par Charles Van Onselen* ..   640
   ANNEXE 2 : Du musée ethnographique au musée de l'Apartheid,
      aujourd'hui, *par Nadja Vuckovic*   644
La conquête de l'Algérie, *par Marc Ferro*   655
   ANNEXE : Les colonisés au secours de la métropole   670
En Algérie : du colonialisme à la veille de l'insurrection,
   par Marc Ferro   675
   ANNEXE : Contre la répression   686
La décolonisation de l'Afrique française (1943-1962),
   par Yves Bénot   689
Évolution démographique de l'Afrique coloniale,
   par Catherine Coquery-Vidrovitch   743

IV
LE SORT DES FEMMES

Femmes et colonialisme, *par Arlette Gautier** 759

V
REPRÉSENTATIONS ET DISCOURS

L'anticolonialisme, *par Marcel Merle* 815
Le postulat de la supériorité blanche et de l'infériorité noire,
   par Catherine Coquery-Vidrovitch 863
    ANNEXE : L'image du Noir dans l'art européen 918
Chantons sous les tropiques… ou le colonialisme à travers
la chanson française, *par Alain Ruscio* 927
Filmer les colonies, filtrer le colonialisme, *par Sylvie Dallet* 939
La Négritude : une forme de racisme héritée de la colonisation
   française ? Réflexions sur l'idéologie négro-africaine
   en Mauritanie, *par Mariella Villasante Cervello* 971

ÉPILOGUE, Qui demande des réparations et pour quels crimes ?,
   par Nadja Vuckovic 1023

Table des témoignages et documents 1057
Index des noms de personnes 1061
Index de géographie historique 1077
Index thématique 1095
Les auteurs 1113
Remerciements 1119

*Composé par Nord Compo
à Villeneuve-d'Ascq*

*Achevé d'imprimer en août 2009
sur les presses numériques de l'Imprimerie Maury S.A.S.
Z.I. des Ondes – 12100 Millau*

HACHETTE LITTÉRATURES – 31, rue de Fleurus – 75006 Paris

Collection n° 25 – Édition : 08
Dépôt légal : 08/09
N° d'impression : G09/43832L

Imprimé en France